VATIKANISCHE QUELLEN

ZUR

GESCHICHTE DER PÄPSTLICHEN HOF- UND FINANZVERWALTUNG

1316—1378.

IN VERBINDUNG MIT IHREM HISTORISCHEN INSTITUT IN ROM

HERAUSGEGEBEN

VON DER

GÖRRES-GESELLSCHAFT.

III. BAND.

PADERBORN.
DRUCK UND VERLAG VON FERDINAND SCHÖNINGH.
MDCCCCXIV.

DIE AUSGABEN

DER

APOSTOLISCHEN KAMMER
UNTER BENEDIKT XII., KLEMENS VI.
UND INNOCENZ VI.
(1335—1362.)

BEARBEITET

VON

K. H. SCHÄFER.

PADERBORN.
DRUCK UND VERLAG VON FERDINAND SCHÖNINGH.
MDCCCCXIV.

61751

Seiner Gnaden dem Apostolischen Protonotar

Msgr. Dr. Stephan Ehses,
Komtur hoher Orden, Direktor des römischen Instituts der Görresgesellschaft,

gewidmet.

Vorwort.

Der vorliegende Band umfaßt drei Pontifikate von im ganzen 27 Jahren, also einen 1½mal längeren Zeitraum als der vorhergehende Band, welcher, neben einer Übersicht über die Gesamtausgaben und Bilanzen aller Avignoneser Päpste bis zur Rückkehr nach Rom, nur den Pontifikat Johanns XXII. enthält. Um aber die Menge des Stoffes auf diesen Raum, der nicht viel größer ist als im früheren Bande, zusammenzudrängen, waren starke Kürzungen notwendig, die freilich nichts Wesentliches, weder Namen noch Tatsachen, übergehen durften. Grundsätzlich sind die Kürzungen der einzelnen Einträge in ähnlicher Weise erfolgt wie im vorhergehenden Bande, wo (S. 5* f.) bereits darüber gesprochen wurde. Jedoch ist in der Gesamtanlage eine wichtige Änderung erfolgt, die allein weitere Kürzungen ermöglichte. Während nämlich im vorhergehenden Bande die Eintragungen der Introitus et Exitus nach der Reihenfolge und Zahl der einzelnen Ausgabetitel veröffentlicht wurden und allein unter dem umfangreichen Titel »pro cera et quibusdam aliis« eine systematische Unterteilung nach bestimmten Kategorien erfolgte, ist im vorliegenden Bande nur das jeweilig erste oder zweite Pontifikatsjahr mehr oder weniger entsprechend der Reihenfolge der Originaleinträge wiedergegeben worden. Sonst wurde regelmäßig in einem **A** überschriebenen Teile bloß eine Übersicht über die einzelnen Ausgabetitel und ihre Schlußsummen gegeben, in dem Teile **B** findet man dann, systematisch nach 10 Hauptgruppen mit mehr oder weniger Unterteilen (je nach der Art der Ausgaben) geordnet, alle wissenswerten Angaben aus den verschiedenen Ausgabetiteln so übersichtlich zusammengestellt, daß es teils dem forschenden Gelehrten leicht wird, sich ein Bild von der Menge und dem Werte der mancherlei Aufwendungen zu machen, und daß andernteils eine große Zahl weiterer Kürzungen möglich wurde.

Es muß gleich hier ein für allemal bemerkt werden, daß die verschiedenen Ausgabetitel der Introitus et Exitus sehr oft unter sich Eintragungen aufweisen, die unter einen ganz anderen Titel gestellt werden sollten, namentlich ist dies bei dem meist sehr umfangreichen Abschnitt »pro cera et quibusdam extraordinariis« der Fall, so daß schon im Blick hierauf eine wirklich systematische Anordnung des Stoffes von Vorteil erschien.

Der leitende Gedanke bei der Reihenfolge der Haupt- und Nebengruppen war, die geschichtlich wichtigeren Eintragungen voranzustellen. Daher wurden unter Abschnitt 1 aus allen Ausgabetiteln die chronikalisch bemerkenswerten Angaben über Handlungen, Entscheidungen, Gesandtschaften, Boten von und an die Kurie, Geschenke von und an den Papst, sowie die Kriegsausgaben untergebracht, meist mit den Nebengruppen 1a für wohltätige Zwecke, 1b Kriegsausgaben; oft sind auch die Geschenke des Papstes an Verwandte und Staatspersonen unter einem Nebenabschnitt vereint worden, desgleichen zuweilen die Ausgaben für Boten und Gesandtschaften, je nachdem in einem Jahre nach der einen oder anderen Richtung zahlreiche Eintragungen erschienen.

In dem 2. Hauptabschnitt wurde alles vereint, was sich über Anstellung und Belohnung, wie über den Pflichtenkreis der Kurialbeamten Bemerkenswertes vorfand, oft mit übersichtlichen Unterabteilungen.

Im 3. Hauptabschnitt sind alle Ausgaben für Brot- und Getreideversorgung untergebracht worden; zuweilen findet man darunter auch sonstige trockene Viktualien (Käse, Obst).

In der 4. Gruppe stehen die meist recht umfangreichen Angaben für die Weinanschaffungen, sei es daß der Wein fertig in Fässern angekauft wurde, oder daß man die Trauben in den Weinbergen erwarb und an Ort und Stelle durch die Arbeiter und Beamten der Kurie keltern ließ, oder daß nur die Unkosten für die Weinernte auf den päpstlichen Gütern gebucht wurden. Unter dieser Gruppe kommen auch die Ausgaben für Öl und Essig vor, soweit sie in den Introitus et Exitus spezifiziert erscheinen. Der Abschnitt ist besonders bemerkenswert wegen der meist ausführlich beschriebenen Einkäufe und Verfrachtung der Burgunder Weine.

In der 5. Gruppe sind die Ausgaben für Fleisch- und Fischeinkäufe, für Wildbret und Geflügel, sowie für Vieh- und Pferdeeinkäufe vereint. Nicht immer finden sich freilich Angaben über alle diese Dinge. Da die Hafereinkäufe nur der Pferde wegen geschahen, so wurden sie hier in einem Unterabschnitt hinzugefügt, desgleichen die Heu- und Strohanschaffungen.

In der 6. Gruppe findet man die Angaben über Kleidung und Gewebe jeglicher Art, auch über Pelze, sowie über Paramente und andere kirchliche Gegenstände. Je nach dem vorhandenen Stoffe sind hier mehrere Untergruppen gemacht worden.

Abschnitt 7 enthält in 2 Unterteilen die Ausgaben für Wachs und Kerzen, sowie für Krämerwaren und Medizinalien.

Dann kommt die meist sehr umfangreiche 8. Gruppe über Bauausgaben und was damit im weiteren Sinne zusammenhängt, wie Holz- und Kohleneinkäufe, Zimmereinrichtung, Goldschmiedearbeiten (zuweilen ergänzt durch die Untergruppe von Abschnitt 6 über Paramente und kirchliche Gegenstände), militärische Ausgaben zur Verteidigung Avignons, Wohnungsmieten u. a.

In einer kleinen **9.** Gruppe werden die meist geringfügigen Aufwendungen für Bibliothek, Papier- und Pergamenteinkäufe vermerkt.

Im **10.** und letzten Abschnitt sind sonstige Ausgaben, namentlich auch diejenigen für die Gartenkultur untergebracht worden.

Der alphabetische **General-Index** (S. 825—906) enthält die Fundstellen sämtlicher Namen und vieler, unter allgemeinere Kategorien wie Alamannia, Avignon u. a. gebrachter Wörter. Aus den mannigfachen Merkwürdigkeiten, die uns bei der Durchsicht desselben in die Augen fallen, sei darauf hingewiesen, daß nicht selten derselbe Name ganz verschieden geschrieben wird, ja daß zuweilen die gleiche Person mehrere völlig verschiedene Namen trägt. Es sei nur an den Kurier-Meister (eine Art von Postmeister würde man sagen) Petrus de Carreria erinnert, der ein andermal de Giers, de Cursoribus, de Corriere und auch de Scarparia genannt wird. Bemerkenswert ist ferner, daß der Beruf eines Mannes als sein Eigenname im Genetiv erscheint (vgl. z. B. Corderii und Marescalli).

Außer dem alphabetischen General-Index ist noch ein »systematisches Verzeichnis aller im vorliegenden Bande erscheinenden Kurialbeamten, Adeligen, Kaufleute und Handwerker« gegeben worden. Das Verzeichnis der nach den vielfältigen Verwaltungszweigen und Berufen geordneten Namen ergänzt nicht nur die bisherigen Beamtenlisten (Vat. Quellen II), sondern wird nach verschiedener Richtung willkommen sein. Bei den Beamten sind noch tunlichst die Anfangs- und Endjahre ihres Auftretens in den Quellen verzeichnet worden. Dahingegen wurden die Fundstellen nicht wiederholt, sondern blieben folgerichtig einzig dem Haupt-Index vorbehalten.

Für die Geschichte der kurialen **Beamtenschaft** wird in diesem Bande wiederum ein reiches Material erschlossen. Auf einige besonders bemerkenswerte Einzelheiten sei hier ganz kurz verwiesen. So hören wir auf S. 814 f. (1362 März 19), daß die beiden Elemosinare der Panhota, welche regelmäßig Cisterzienser-Mönche waren (vgl. Vatik. Quellen II S. 640), von der Menge des durch sie und ihre Diener den Armen im päpstlichen Almosenhaus verteilten Brotes bis dahin bestimmte Provisionen erhielten. Und zwar jedesmal für das aus einer Last Getreide (sauma bladi) gebackene und verteilte Brot 12 Avignoneser Denare. Ihre beiden Diener und die übrigen Gehilfen der Panhota 4 Avignoneser Denare. Als Gehalt hatten die Elemosinare bloß 3 große Turnosen monatlich auf den Mann erhalten (vgl. Vatik. Quellen II S. 640) mit der Verpflichtung, für ihre beiden Diener aufzukommen. Offenbar infolge der knappen Bezahlung hatten sich anscheinend üble Gewohnheiten im Almosenamt eingeschlichen: man ließ sich von den Bäckern des Armenbrotes Geschenke machen, worunter wohl Qualität und Quantität der von ihnen gelieferten Waren zu leiden hatte. Um diesen Übelständen abzuhelfen, wurde im Jahre 1362 eine Neuordnung getroffen durch gänzliche Abschaffung der Provisionen und durch das Verbot, Geschenke von den Bäckern anzunehmen. Dahingegen erhielten hinfort die beiden Elemosinare monatlich zusammen an Gehalt 15 Goldgulden und 8 Avignoneser Schilling, also auf den Mann 7½ Goldgulden 4 Schilling. Das war eine gewaltige Erhöhung ihres Gehaltes.

Für die im folgenden Bande vorkommenden **Beamten-Entschädigungen bei dem Verzicht auf das betreffende Amt** (eine Vorstufe für den im 15. Jahrhundert an der Kurie so verbreiteten Ämterkauf) finden wir schon im vorliegenden Bande ein Beispiel bezeugt. Das »officium scobatoris et lignorum« wurde von dem Kleriker Robert Belenguel aufgegeben. Sein achtwöchentliches Gehalt betrug 3 fl. 16 s., also jährlich rund 20 Goldgulden. Diese selbe Summe erhielt er bei seinem Verzicht (vgl. S. 614).

Wir haben ferner in unseren Quellen nicht nur die gewohnten Beispiele von Pfründenhäufung, sondern auch bemerkenswerte Fälle von Vereinigung zweier verschiedener Ämter in derselben Person. So erscheint (S. 745) der päpstliche Scriptor Egidius de Ulcheyo Castro zugleich als Hausmeister des Ritters Hugo von Genf. Ein »serviens armorum pape« ist zugleich Hauptmann der »servientes marescalli iustitie curie« (ebd.). Zwei Angestellte von Kardinälen (»socius cardinalis«) Arnold de Faya und Petrus de Latapetra sind zugleich Schreiber der päpstlichen Penitenziarie, bezw. scriptor pape (S. 813). Bartholomeus de Vassinhaco ist päpstlicher Küchenmeister und zugleich serviens armorum pape (S. 811).

Für die **Laufbahn** der **Kurialbeamten**, die bereits im 2. Bande der Vatikanischen Quellen (S. 9*) besprochen wurde, haben wir zahlreiche weitere Beispiele, durch die wir die Stellung einzelner Ämter noch besser zu würdigen vermögen. Betrachten wir zunächst einmal das Amt der päpstlichen cursores (Kuriere). Woher wurden sie genommen und welche weiteren Beamtenstufen konnten sie erklimmen? Zur Beantwortung der ersteren Frage haben wir weniger Material: Johann Bruni war zuerst scobator (Palastkehrer), Johann Malferio (Matfienhus) zuerst brodarius coquine (Suppenkoch), Heinrich von Tongern (de Tongris) zuerst päpstlicher Palafrenar (Zügelhalter), wie ähnlich schon früher (Vat. Quellen II S. 9*) zwei Kuriere. Guillelmus de Maurenges war zuerst Bote (messagerius) des Viscont Turenne. Johann Bruni wurde später päpstlicher usserius oder ostiarius minor (Türhüter), ebenso die cursores Johann de Auriavalle, Jakob de Tornaco, Johann de Roma, Jakob Cabanerii, Ancelotus de Pontoysa oder Pontisara (porterius porte ferri), Johann Sicaldi, Dominicus de Lucarel. Merkwürdigerweise erscheint dagegen Petrus de Vassinhaco zuerst als porterius prime porte, dann als cursor pape.

Wir sehen also, daß die Laufbahn der cursores häufig zum angesehenen Amte der päpstlichen Türhüter führte, die teils in dem Range der servientes armorum, teils in dem der domicelli standen. Die cursores Johann de Roma und Rotger de Montealto wurden servientes armorum pape. Es kam auch vor, daß tüchtige Handwerker, die dauernd an der Kurie beschäftigt waren, in den Rang der cursores und später in den der servientes armorum erhoben wurden mit dem betreffenden Gehalte (vgl. Galterii, Petrus).

Für den Aufstieg zum Bullatoren-Amte haben wir zwei Beispiele. Bernard Puiol war vorher päpstlicher Stallmeister. Bernard Petri war früher päpstlicher Elemosinar.

Der Elemosinar Guillelmus Amici war vorher nuntius sedis Apostolice.

Der Panatar Bernard Barralha (Barrallia) vorher päpstlicher Kaplan.

Der Kammernotar Johann Palaysini wurde scriptor pape.

Der Priester Philipp de Aggeduno erscheint anfangs als Gehilfe (servitor) des Kücheneinkäufers Bernard Gaucelmi, dann als dessen Vertreter und endlich als dessen Nachfolger.

Petrus de Frigidavilla wurde aus einem päpstlichen subcollector zum hohen Amte eines administrator Panhote berufen.

Bartholomeus de Vassinhaco bekleidete zuerst das Amt eines emptor hospicii (Einkäufer, Ökonom) bei den Nichten des Papstes Innocenz VI., dann wurde er serviens armorum, scutifer pape, erhielt die Kustodie des Schlosses Somnana und endlich das Amt des magister coquine.

Wilhelm von Benevent war erst Hausmeister des Viscont Turenne, dann Kammerkleriker und Kriegsthesaurar der Mark Ancona.

Jakob von Broa erscheint zuerst als familiaris pape (Benedicti XII.), dann als Vorsteher des Wachsamtes und schließlich als päpstlicher (Klemens VI.) Schatzmeister.

Bernard Rascassii wurde vom Amte der Avignoneser Bistumsrichters zum hohen Marschallamt der Kurie berufen.

So ließen sich noch manche Beamten-Promotionen aufzählen, die man an der Hand des Registers leicht feststellen kann.

Daß der vorliegende Band, ähnlich wie der vorhergehende, eine Fülle von wissenswertem Stoff für Kultur- und Wirtschaftsgeschichte enthält, braucht kaum noch hervorgehoben zu werden. Eine kleine Probe besonders bemerkenswerter Einzelheiten auf S. 936 wird das verdeutlichen. Namentlich sei gegenüber der noch jüngst hervorgetretenen Anschauung, daß wie die Privathäuser, so auch der Papstpalast im 14. Jahrhundert noch keine verglasten Fenster besessen habe, auf das Stichwort »Glasfenster« hingewiesen.

Als unerläßlicher Grundlage zur Preisgeschichte bedürfen wir nicht nur der bereits im 2. Bande der Vat. Quellen gegebenen Geschichte des

Geldkurses, sondern auch einer größeren Klarheit über die verschiedenen Maße und Gewichte, die in unseren Quellen vorkommen und an den hauptsächlichen Plätzen Europas üblich waren. Doch habe ich mich zu einer Veröffentlichung darüber noch nicht entschließen können, teils weil die gesammelten Grundlagen dafür bislang nicht hinreichen, teils weil ich die Ergebnisse erst für die eigene Darstellung des kurialen Haushaltes nutzbar machen möchte.

Aus den gleichen Gründen mußte die Veröffentlichung eines Glossars für zahlreiche technische Ausdrücke und sonst ungebräuchliche Worte verschoben werden.

Den einzelnen Pontifikaten selbst sind besondere Einführungen und Übersichten vorangeschickt worden.

Zu danken habe ich für freundliche Unterstützung bei oft schwierigen Lesungen den Beamten des Vatikanischen Archivs: dem immer hilfsbereiten Herrn Prof. Herzen und dem unermüdlichen Herrn Cav. Ranuzzi, für die Mitdurchsicht der Korrekturbogen Herrn Pfarrer Dr. Vidal in Moskau und Herrn Konservator Dr. L. H. Labande in Monaco.

Witzenhausen, am 2. August 1914.

Karl Heinrich Schäfer.

Inhaltsverzeichnis.

Vorwort S. VII—XII.

Ergänzungen und Druckfehler-Berichtigung S. XV—XVI.

III. Buch: Die Ausgaben der Apostolischen Kammer unter Benedikt XII. S. 1—166.
   Vorbemerkungen S. 1—13.
   Quellen S. 14—166.

IV. Buch: Die Ausgaben der Apostolischen Kammer unter Klemens VI. S. 167—506.
   Vorbemerkungen S. 169—183.
   Quellen S. 184—506.

V. Buch: Die Ausgaben der Apostolischen Kammer unter Innocenz VI. S. 507—824.
   Vorbemerkungen S. 508—520.
   Quellen S. 521—824.

Register.
   A. Alphabetisches Register aller Namen S. 825—906.
   B. Systematisches Verzeichnis aller im vorliegenden Bande erscheinenden Kurialbeamten, Adeligen, Kaufleute und Handwerker S. 907—935.
   C. Einige besonders bemerkenswerte Einzelheiten S. 936.

Ergänzungen und Druckfehler-Berichtigung.[1]

Es muß gelesen werden:
- S. 22 im 3. Absatz: Rogerius de Convenis.
- S. 23 im 1. Absatz: archid. Gamagen in eccl. Vasaten.
  - im 6. Absatz: pro reparandis basilica ... itinere per ipsum faciendo.
- S. 24 im 2. Absatz: comitem Montis Cauiosi.
- S. 36 Dez. 23: per Bernardum de Asilhano.
- S. 40 Mai 31: Biterr. dioc.
- S. 44 Nr. 38: Petro Piscis.
- S. 53 im 2. Absatz: per venerabiles viros.
- S. 57 im 4. Absatz: episcopi Bobiensis.
- S. 60 in der 10. Zeile von unten: Stephano de Ucis.
  - in der 8. Zeile von unten: Iohanni de Tregossio.
- S. 85 oben: domino de Brantulis; unten: Andreas de Beluaco, über diesen Maler vgl. J. M. Vidal in *Gazette de Beaux-Arts* 1907.
- S. 105 Nov. 22: Iohanni Mathe; Dez. 24: Pontio Guioti.
- S. 113 Juli 7: ex causa gratuiti doni.
- S. 133 im 2. und 4. Abschnitt: Andree de Benuays.
- S. 136 Nr. 13: de Podio Calvo Iuniori.
- S. 146 Okt. 25: curiam sequenti.
- S. 148 in der 12. Zeile von unten: barbacanis, merletis et buietis.
- S. 154 Anm. 1: Der Dom von Tarascon ist St. Martha geweiht, deren Gebeine dort ruhen sollen.
- S. 158 unten: Raimundo scobatori.
- S. 170 in der 12. Zeile von oben: Graf von Valentinois.
- S. 171 im 3. Absatz: St. Maximin bei Avignon, Canton Uzès, Dép. Gard.
- S. 189 im 2. Absatz: Mormoyronum.
- S. 194 im 2. Absatz: comiti Armaniac.
- S. 199 im 2. Absatz: Iohanni Feutrerii ... dicta ymago.
- S. 220 unten: Raymundo Guibaudi.
- S. 225: Stephano d'Ifferneto; Stephano Liautart.
- S. 234 8. Zeile von oben: Geraudo Fornerii; unten Nr. 20: Helye de Latrangis; Nr. 39: Gastono de Pestilhaco.
- S. 242 Anm. 1: Die 2. Kardinalpromotion demnach nicht am 27. Febr. (Eubel), sondern schon am 3. Januar.
- S. 246 im 3. und 6. Absatz: Bontous Darlay; im 9. Absatz: de Viuandis.
- S. 249 im 3. Absatz: usque ad stufas.

---

[1] Bei Gelegenheit der Herstellung des alphabetischen Namenverzeichnisses, wie auch infolge der nachträglichen Durchsicht der Aushängebogen durch Herrn Pfarrer Dr. Vidal in Moskau ergaben sich die folgenden Korrekturen, die vielfach auf Verschreibungen in der Originalvorlage selbst zurückzuführen sind. Sie wurden im alphabetischen Index berücksichtigt.

XVI   Ergänzungen und Druckfehler-Berichtigung.

S. 254 Sept. 22 Matheum Iohannoti.
S. 260 unten: castro de Visano.
S. 263 Okt. 21: Ricauo Beluacensi.
S. 321 im 2. Absatz: Mastino de Scala.
S. 344 Febr. 19: ad canandum opera.
S. 361 Nr. 37: Guillelmo Vitalis.
S. 462 oben Nr. 27: Pontius de Tornamira.
S. 562 im 2. Absatz: modicis de Mariavalle.
S. 600 im 3. Absatz: 20 lb. (*zu je* 14 d.).
S. 604 oben: apertis et clausis.
S. 615 Nr. 7,5: Antonius Bernardi.
S. 744 Nr. 12: Gaubertus Grifi.

NB. Für die Bauten am Papstpalaste in Villeneuve sind noch mehrere Manualien vorhanden in Intr.-Exit. 204. 205. 232 für 1342 und 1343 »expense pro edificiis pape in Villanova . . . etiam pro hospicio † d. Neapolionis cardinalis«, das letztere war dem älteren Papstpalaste in Villeneuve benachbart und wurde durch einen Gang mit ihm verbunden.

III. Buch.

Die Ausgaben der apostolischen Kammer unter Papst Benedikt XII.

Vorbemerkungen.

Bereits im II. Bande der Vatikanischen Quellen zur Geschichte der päpstlichen Hof- und Finanzverwaltung wurde von mir S. 15* f. an der Hand der Jahresausgaben rein zahlenmäßig nachgewiesen, wie unter Benedikt XII. der päpstliche Haushalt sehr starke Einschränkungen erfuhr, daß insbesondere die apostolische Kammer unter diesem Papste die von allen Avignoneser Pontifikaten geringsten Ausgaben zu verzeichnen hatte. Hierdurch wird das aus anderen Quellen schon bekannte Bild von der Einfachheit und mönchischen Zurückgezogenheit dieses Papstes nur bestätigt. Wie daher die Registerbände der von der Kurie ausgehenden Urkunden unter Benedikt XII. verhältnismäßig wenig umfangreich sind[1] (im größten Gegensatz zu seinem unmittelbaren Vorgänger Johann XXII.), so ist das auch bei den Introitus- et Exitusbänden der Fall. Im folgenden können wir das für alle Titel der Ausgabeakten bestätigt sehen. Sogar die Beamtenschaft der Kurie wird möglichst vermindert, namentlich die weltlichen, militärischen Hofstellen, die Kriegsausgaben verschwinden fast gänzlich, Küche und Brotamt brauchen beinahe um die Hälfte weniger. Für Kleidung wird nur der dritte Teil verausgabt. Die Bauausgaben dagegen steigen bedeutend, ebenso das Almosenwesen. Da der Krönungstag Benedikts XII. (Iacobus Novelli erwählt 20. Dez. 1334) auf den 8. Januar (1335) fiel, so laufen auch alle Berechnungen der Jahresausgaben von diesem Tage her.

Wir lassen zunächst, ebenso wie es für Johann XXII. geschah, eine in Goldgulden auf Grund der unten folgenden Quellenbelege umgerechnete Übersicht über die Jahresausgaben der einzelnen Titel wie auch ihr prozentuales Verhältnis zur Gesamtausgabe und zu den betreffenden Ausgaben des vorhergehenden Pontifikates folgen.

---

[1] Vgl. G. Daumet, Benoit XII., Lettres closes, patentes et curiales 1 vol., J. M. Vidal, Lettres communes 3 vol. in »Biblioth. des écoles Françaises« 1899, 1902—1911. Vidal vol. 3 p. XVII spricht über diesen Gegensatz der Register Benedikts XII. zu denen der anderen Päpste und über die inneren Gründe dafür, die er richtig in einer einschränkenden Reformtätigkeit des Papstes sieht.

1. Übersicht über die jährlichen Ausgaben der päpstlichen Küche (coquina) unter Benedikt XII.

Pontifikatsjahr	Jahreszahl	Summe in Goldgulden berechnet
1.	1335	3331
2.	1336	3480
3.	1337	2849
4.	1338	2192
5.	1339	2160
6.	1340	1796
7.	1341	1762
8.	1342 (Jan. 8.—Mai 4.)	487
	Gesamtsumme	18 057

Wenn wir von dem letzten, unvollständigen Jahre absehen, so ergibt sich als jährlicher Durchschnitt der Küchenausgaben unter Benedikt XII. 2510 fl. (nicht 2487, wie irrtümlicherweise in Vatik. Quellen 2 S. 22* berechnet wurde). Wir machen dabei die Beobachtung, daß sich die Küchenausgaben von Jahr zu Jahr in absteigender Richtung bewegen, so daß sie seit 1338 hinter dem Durchschnitt immer mehr zurückbleiben. Im Vergleich mit den Gesamt-Jahresausgaben[1] betragen die Aufwendungen der Küche durchschnittlich 2,55%. Im Vergleich mit den Durchschnittsausgaben der Küche unter Johann XXII. betragen sie unter Benedikt XII. jährlich 2125 fl. weniger, also beinahe halbsoviel.

2. Übersicht über die jährlichen Ausgaben des päpstlichen Brotamts (panataria) unter Benedikt XII.

Pontifikatsjahr	Jahreszahl	Summe in Goldgulden berechnet
1.	1335	281
2.	1336	275
3.	1337	220
4.	1338	189
5.	1339	211
6.	1340	111
7.	1341	192
8.	1341 (Jan. 8.—Juni)	65
	Gesamtsumme	1544 fl.

---

[1] Vatik. Quellen 2 S. 15*

Als jährliche Durchschnittsausgabe für das Brotamt unter Benedikt XII. ergibt sich die Summe von 211 fl. Das entspricht bloß 0,21% des jährlichen Gesamthaushaltes. Auch hier macht sich ein fast stetiger Rückgang in der Höhe der Ausgaben bemerklich. Im Vergleich zu demselben Titel unter Johann XXII. ist der Jahresdurchschnitt unter Benedikt XII. nur 0,54 so groß.

3. Übersicht über die jährlichen Ausgaben der päpstlichen **Kellerei** (buticularia) unter Benedikt XII.

Pontifikatsjahr	Jahreszahl	Summe in Goldgulden berechnet
1.	1335	1030
2.	1336	775
3.	1337	1104
4.	1338	979
5.	1339	ca. 880
6.	1340	848
7.	1341	735
8.	1342 (unvollständig)	7

Gesamtsumme 6358

Als jährliche Durchschnittsausgabe der Kellerei ergibt sich die Summe von 908 fl. Das macht 0,91% der jährlichen Durchschnitts-Gesamtausgaben unter Benedikt XII. und auffallenderweise 86 fl. durchschnittlich **mehr** als unter Johann XXII.

4. Übersicht über die jährlichen Ausgaben des päpstlichen **Marstalls** (marescallia) unter Benedikt XII.

Pontifikatsjahr	Jahreszahl	Summe in Goldgulden berechnet
1.	1335	662
2.	1336	1154
3.	1337	1306
4.	1338	913
5.	1339	288
6.	1340	205
7.	1341	321
8.	1342 (unvollständig)	546

Gesamtsumme 5395

Als jährlicher Durchschnitt ergibt sich die Summe von 692 fl., das sind 0,69% der durchschnittlichen Jahres-Gesamtausgaben unter Benedikt XII.

und bloß 78 fl. weniger, als im Durchschnitt unter seinem Vorgänger für den Marstall ausgegeben wurde.

5. Übersicht über die jährlichen Ausgaben für Kleidung und Gewebe (pro vestibus, pannis et folratura) unter Benedikt XII.

Pontifikatsjahr	Jahreszahl	Summe in Goldgulden berechnet
1.	1335	1644
2.	1336	1702
3.	1337	2468
4.	1338	3026
5.	1339	ca. 5090
6.	1340	1598
7.	1341	2156
8.	1342 (unvollständig)	4254

Gesamtsumme 21938

Als Durchschnittsausgabe für Kleidung und Gewebe unter Benedikt XII. ergibt sich die Summe von 2526 fl., wenn wir vom letzten Jahre absehen. Das macht 2,54% der durchschnittlichen Jahres-Gesamtausgaben unter Benedikt XII. und jährlich 5316 fl. weniger als unter Johann XXII., d. h. nur etwa ein Drittel soviel wie unter seinem Vorgänger.

6. Übersicht über die jährlichen Ausgaben für Paramente und Kunstsachen (pro ornamentis) unter Benedikt XII.

Pontifikatsjahr	Jahreszahl	Summe in Goldgulden berechnet
1.	1335	ca. 1874
2.	1336	ca. 830
3.	1337	2352
4.	1338	ca. 972
5.	1339	ca. 1750
6.	1340	ca. 914
7.	1341	629
8.	1342 (unvollständig)	ca. 145

Gesamtsumme 10466

Als Durchschnitt ergibt sich die Summe von 1474 fl., d. h. 1,49% der jährlichen Gesamtausgaben, während unter Johann XXII. nur 413 fl. durchschnittlich im Jahre für diesen Titel verausgabt wurden (0,17% des Gesamthaushaltes).

7. Übersicht über die jährlichen Ausgaben für Bibliothek und Schreibwaren (pro scriptura et libris) unter Benedikt XII.

Pontifikatsjahr	Jahreszahl	Summe in Goldgulden berechnet
1.	1335	111
2.	1336	85
3.	1337	1123
4.	1338	291
5.	1339	ca. 162
6.	1340	197
7.	1341	450
8.	1342 (unvollständig)	131

Gesamtsumme 2550

Als Durchschnittsausgabe für Bibliothek und Schreibwesen ergibt sich unter Benedikt XII. die Summe von 345 fl. (also nicht 323, wie Vatik. Quellen 2 S. 27 berechnet wurde), d. h. **0,35%** des Gesamthaushaltes,[1] während unter Johann XXII. zwar absolut jährlich 25 fl. mehr verausgabt wurden, aber doch nur 0,16% des durchschnittlichen Gesamtetats.

8. Übersicht über die jährlichen Ausgaben für päpstliche Bauten (pro edificiis et operibus) unter Benedikt XII.

Pontifikatsjahr	Jahreszahl	Summe in Goldgulden berechnet
1.	1335	16396
2.	1336	33767
3.	1337	29494
4.	1338	16980
5.	1339	6430 / 6415 für St. Bernard in Paris
6.	1340	8605 / 2584 ½ für St. Bernard in Paris
7.	1341	5756
8.	1342 (unvollständig)	930

Gesamtsumme 127357 ½

Als jährliche Durchschnittsausgabe für Bauten unter Benedikt XII. berechnet sich die Summe von 18061 fl., d. h. etwas über 18% der durchschnittlichen Gesamt-Jahresausgabe unter diesem Papst, während sie

---

[1] Vatik. Quellen 2 S. 27* ist infolge eines doppelten Druckfehlers statt 0,35 ein 0,22% gesetzt worden.

unter Johann XXII. absolut und relativ weit dahinter zurückbleiben, da letzterer Papst durchschnittlich im Jahre nur 6800 fl. (2,9% des Gesamtetats) für Bauten aufwendete.

9. Übersicht über die jährlichen Ausgaben für das Siegelamt (pro bulla et literis curie) unter Benedikt XII.

Pontifikatsjahr	Jahreszahl	Summe in Goldgulden berechnet
1.	1335	186
2.	1336	117
3.	1337	47
4.	1338	64
5.	1339	70
6.	1340	13
7.	1341	83
8.	1342	—
	Gesamtsumme	580

Als jährlicher Durchschnitt ergibt sich die Summe von 83 fl., d. h. bloß 0,083% des Gesamtetats, höchst bezeichnend für die aus anderen Quellen und Beobachtungen heraus schon bekannte Einschränkung der Provisions- und Pfründenverleihungs-Urkunden unter diesem Papste. Unter Johann XXII. hingegen wurden im Durchschnitt jährlich 255 Gulden für das Siegelamt aufgewendet (0,12% seines Gesamthaushaltes).

10. Übersicht über die jährlichen Ausgaben für außerordentliche Gehälter (pro vadiis extraordinariis) unter Benedikt XII.

Pontifikatsjahr	Jahreszahl	Summe in Goldgulden berechnet
1.	1335	13620[1]
2.	1336	1060
3.	1337	440
4.	1338	1430
5.	1339	732
6.	1340	840
7.	1341	606
8.	1342 (unvollständig)	187
	Gesamtsumme	18915

---

[1] Hier sind die Ausgaben für die Bemannung von vier Galeeren einbegriffen, die noch unter Johann XXII. ausgerüstet wurden.

Als jährlicher Durchschnitt ergibt sich die Summe von 2675 fl. Wenn wir dagegen vom ersten Jahre absehen, so sind es bloß 851 fl. (0,85%), während unter Johann XXII. unter diesem Titel jährlich 6600 fl. verbucht wurden.

11. Übersicht über die jährlichen Ausgaben pro cera (Wachs) et quibusdam extraordinariis unter Benedikt XII.

Pontifikatsjahr	Jahreszahl	Summe in Goldgulden berechnet
1.	1335	3436
2.	1336	3809
3.	1337	7986
4.	1338	9282
5.	1339	1848
6.	1340	8715
7.	1341	3884
8.	1342 (unvollständig)	2936
	Gesamtsumme	41896

Als jährlicher Durchschnitt ergibt sich die Summe von 5566 fl., d. h. 5,6% des Gesamthaushaltes, also relativ wie absolut viel weniger als unter Johann XXII., wo in diesem Titel 63,7% des Gesamthaushaltes und jährlich im Durchschnitt 150000 Goldgulden verbraucht wurden. Man sieht hier die Wirkung der großen Friedensliebe Benedikts XII., oder vielmehr das Aufhören der italienischen Kriege.

12. Übersicht über die jährlichen Gehaltszahlungen an die päpstlichen Beamten (pro vadiis ordinariis) unter Benedikt XII.

Pontifikatsjahr	Jahreszahl	Summe in Goldgulden berechnet
1.	1335	29367 (6 solutiones)
2.	1336	36745 (7 solutiones)
3.	1337	30440 (6 solutiones)
4.	1338	35533 (7 solutiones)
5.	1339	29800 (6 solutiones)
6.	1340	34775 (7 solutiones)
7.	1341	31529 (7 solutiones)
8.	1342	8724 (2 solutiones)
	Gesamtsumme	236913

Als jährlicher Durchschnitt der Gehaltszahlungen an die päpstlichen Beamten ergibt sich unter Benedikt XII. die Summe von 32598, d. h. fast 33% des Gesamtetats. Für die einzelnen Zahlungstermine (48 für je 8 Wochen) ergibt sich als Durchschnitt die Summe von 4935 fl.

Wenn wir die Beamtenzahlungen unter Johann XXII. in Vergleich ziehen (Durchschnitt 29645), so ergibt sich die auffallende Tatsache, daß damals etwas weniger unter diesem Titel verausgabt wurde. Doch hängt dies nicht mit einer Erhöhung der Beamtenzahl unter Benedikt XII. zusammen, sondern vielmehr ist der Grund darin zu suchen, daß unter Johann XXII. zahlreiche Beamte jährlich zu auswärtigen Missionen verwandt und ihr Gehalt unter dem Titel pro cera oder pro extraordinariis verbucht wurde.

13. Übersicht über die jährlichen Ausgaben zur Erweiterung des päpstlichen Grundbesitzes (pro possessionibus emptis) unter Benedikt XII.

Pontifikatsjahr	Jahreszahl	Summe in Goldgulden berechnet
1.	1335	2515
2.	1336	9582
3.	1337	1073
4.	1338	15066
5.	1339	1001
6.	1340	—
7.	1341	23600
8.	1342	—

Gesamtsumme 52837

Als Jahresdurchschnitt ergibt sich die Summe von 7548 fl., d. h. 7,6% der durchschnittlichen Gesamt-Jahresausgaben. Die entsprechenden Zahlen für Johann XXII. finden sich Vatik. Quellen 2 S. 34*.

14. Übersicht über die jährlichen Ausgaben für **wohltätige Zwecke** (elemosina) unter Benedikt XII.

Pontifikatsjahr	Jahreszahl	Summe in Goldgulden berechnet
1.	1335	7245 [ca. 11260] = + 5630 saum. bladi
2.	1336	23222
3.	1337	21550
4.	1338	17137
5.	1339	12255
6.	1340	17536
7.	1341	24672
8.	1342 (unvollständig)	6502
	Gesamtsumme	130119

Wenn wir vom letzten, unvollständigen Jahre absehen und die im ersten Jahre verbrauchte Getreidemenge mit 11260 fl. (die Last zu 2 fl.) ansetzen, so ergibt sich als jährlicher Durchschnitt der Ausgaben für wohltätige Zwecke unter Benedikt XII. die Summe von 19268 fl., d. h. 19,4% des Gesamtetats. Dieser Papst hat also prozentuell im Verhältnis zu dem übrigen Haushalt 2,7 mal soviel für wohltätige Zwecke aufgewandt als sein Vorgänger und auch absolut jährlich über 2500 fl. mehr gespendet als Johann XXII.

15. Übersicht über die jährlichen **Vorschüsse** (pro mutuis) unter Benedikt XII.

Pontifikatsjahr	Jahreszahl	Summe in Goldgulden berechnet
6.	1340	8000
7.	1341	6308
8.	1342	831
	Gesamtsumme	15139

Da diesergestalt Ausgaben nur für drei Jahre verbucht sind, läßt sich über ihren Jahresdurchschnitt nichts sprechen. Sie waren unter Benedikt XII. mehr zufälliger Art.

16. Übersicht über die jährlichen Ausgaben von Wohnungsmieten (pro pensionibus domorum) unter Benedikt XII.

Pontifikatsjahr	Jahreszahl	Summe in Goldgulden berechnet
3.	1337	1073
6.	1340	23
7.	1341	967
8.	1342	25

Gesamtsumme 2088

Überblick über die wichtigsten Ausgabetitel unter Benedikt XII. nach ihrem prozentualen Verhältnis zum Gesamthaushalt.

1. Beamtengehälter . . . . 33 %
2. Wohltätigkeit . . . . 19,4 %
3. Bauten . . . . 18 %
4. Grundbesitz . . . . 7,6 %
5. Extraordinaria et cera . . . . . 5,6 %
6. Küche . . . . 2,55 %
7. Kleidung und Gewebe . . . . . 2,54 %
8. Paramente . . . . 1,49 %
9. Kellerei . . . . 0,91 %
10. Außerordentliche Gehälter . . . 0,85 %
11. Marstall . . . . 0,69 %
12. Bibliothek . . . . 0,35 %
13. Brotamt . . . . 0,21 %
14. Siegelamt . . . . 0,083 %.

Daß dieser Überblick über die Finanzverwaltung unter Benedikt XII. so gänzlich anders erscheint als der unter Johann XXII. (Vatik. Quellen 2 S. 37*), hat seinen Grund fast ausschließlich in dem Wegfall der Kriegsausgaben, die unter Johann XXII. beinahe zwei Drittel des Gesamthaushaltes ausmachten. Dadurch schnellt die Prozentualhöhe aller Titel unter Benedikt XII. mehr oder weniger in die Höhe. Auffallend hoch ist nur der Titel für die Palastbauten, die unter diesem Papste besonders gefördert wurden. Ebenso beachtenswert erscheinen die Ausgaben für wohltätige Zwecke (19,4%), hinter denen diejenigen unter Johann XXII. bedeutend zurückbleiben, besonders wenn wir noch die von Benedikt XII. für die Instandhaltung von St. Peter in Rom und für den Bau von St. Bernard in Paris bestimmten Summen aus den anderen Titeln (cera et extraordinaria) hinzurechnen. Für St. Peter sind unter Benedikt XII. ca. 13000 fl. (1335. 1336. 1340), für St. Bernard 10000 fl. aufgewandt worden. Das sind 3,3% der Gesamtausgaben. Dazu kommen noch manche Spenden unter anderen Titeln, die man auch als Elemosina bezeichnen könnte. Für Paramente finden wir ebenfalls weit größere Aufwendungen als unter Johann XII. Wir dürfen daher sagen, daß unter Benedikt XII. der kanonische Grundsatz von dem Vierteil der Ausgaben für die Armen (vgl. Vatik. Quellen 2 S. 37*) annähernd erfüllt worden ist. Das andere Vierteil für Kirchenbau könnte man dann in gewissem Sinne in der ganz bedeutenden Förderung des Palastbaues (mit mehreren Kapellen) und in der Erweiterung des kirchlichen Grundbesitzes finden, die zusammen über 25% der Gesamtausgaben beanspruchten.

Die Ausgaben des ersten Pontifikatsjahres Benedikts XII.
1335.

NB. *Krönungstag 8. Januar 1335. Die Abrechnungen laufen daher vom 8. Januar bis 7. Januar des folgenden Jahres.*

A. Übersicht über die Schlußsummen und die Verwaltung der einzelnen Titel.

Vorbemerkung. Für den Pontifikat Benedikts XII. sind die jährlichen Gesamtausgaben wie die Schlußsummen der einzelnen Titel zusammengestellt in Introitus-Exitus 144 *und ohne Ergänzung der Lücken abgedruckt bei J. M. Vidal,* Lettres communes des papes d'Avignon, Benoit XII., *p. 436 ss. Die jährlichen Gesamtausgaben habe ich bereits im II. Bande der Quellen S. 12 ff. abgedruckt und S. 15* auf Goldgulden berechnet. Im folgenden sind die Schlußsummen aus* Intr. Exit. 144, *alles übrige aus* Intr. Exit. 146 *f. 63 ss. genommen.*

1. Pro coquina *(Ausgaben für die päpstliche Küche).*

Schlußsumme: 1428 l. 5 s. 9 d. coron., 213½ fl. — ligna: 577 l. 14 s. 1 tur. p., *alles bezahlt mit* 2373 fl., 476 d. agn., 273 regal. auri, 46 s. 1 d. tur. p., 11 l. 9 s. 7 d. ob. cor.

(I. E. 146 f. 63ᵛ–74ᵛ) Guillelmus Bedocii Riuen. dioc., emptor coquine pape. *Die Verwaltung des Amtes und die Rechnungslegung ähnlich wie unter Johann XXII.: Wochenrechnung über Ausgaben in* potagio, caponibus, gallinis, perdicibus, cuniculis, ovis, edulis, oleo, lardo *etc., ferner über* carnes mutonine et bovine *und über den Fischverbrauch. Nach größeren Zeiträumen (bis 8 Wochen) auch über die Beleuchtung der Palasttore, die Unterhaltung des Tiergartens und Geflügels, Herbeischaffung von Holz, Heu u. a.*

Die wöchentlichen Ausgaben schwanken zwischen 20—40 libre coron. oder 30—60 flor.

Die Auszahlungen seitens der Kammer erfolgen in mehrwöchentlichen Zwischenräumen von 6—8 Wochen.

An Einzelheiten ist zu merken, daß die Kardinäle und die drei hohen Kurialämter,[1] *wie unter Johann XXII., zu Weihnachten je ein Schwein, die Kardinäle dazu noch je* 2 lepores *erhielten, die päpstlichen Hauskapläne Spezereien,*[2] *zu Ostern die Kardinäle und die drei hohen Ämter je einen* muto *und* 2 eduli, *die Kapläne wiederum Spezereien von ähnlichem Werte. Zu Weihnachten, Ostern und Pfingsten, auch auf Peter und Paul, speisen die Kapläne am Tische des Papstes in seinem Gemache, zu Weihnachten auch die* poenitentiarii, bullatores. *Aus der päpstlichen Küche erhalten manche Gäste und mehrere Neffen des Papstes zeitweise das Essen.*

Weitere Einzelheiten.

f. 63v Febr. 25—März 4 hostiariis minoribus pro candelis eis necessariis ad vigilandum pro 8 septimanis et 2 diebus et pro oleo pro 10 septim. 4 diebus necessario pro prima porta ad vigilandum portariis 14 s. cor. Pro portatura feni de feneria usque ad domum Trolhacii pro bobus presentatis domino nostro et 3 maganeriis milii datis caponibus et galinis et 55 magan. furfuris et 1 emina farine pro animalibus silvestribus[3] dixit se solvisse Bartholomeo Alegreti, custodi cervorum, 8 l. 3 s. 8 d.

f. 73v Dez. 9—16 pro 7 quint. amicdalarum emptis in Carpentor. et portatura et 3 saccis, ubi fuerunt reposita dicta amicdala, 15 fl.

d. Stephano de Ucis, capellano intrinseco pape pro 1 $^{1}/_{2}$ quint. carnium salitarum emptarum per ipsum in Ponte Sorgie 14. Aug. pro usu hospicii pape 75 s. cor.

2. Pro panataria *(Ausgaben für das Brotamt).*

Schlußsumme: 181 l. 5 s. 4 d. cor. *bezahlt in* 279 fl. (diversis peciis), 27 s. 6 d. coron.

(I. E. 146 f. 78—79): mag. Petrus Natalis et d. Raymundus de Coiordano panatarii[4] *rechnen Samstag jeder Woche ab für die Zeit von Samstag bis Samstag (excl.). Die Auszahlungen erfolgen in größeren Zeitabständen. Wie unter Johann XXII. geschehen die Einkäufe für* panis, nebuli, sal. *Die* nebuli *erscheinen nur in der Fastenzeit. Der wöchentliche Verbrauch des Brotamtes schwankt, je nachdem Gäste zu Tische sind, zwischen 3 und 5 l. coron.*

3. Pro buticularia *(Ausgaben für die Kellerei, bezw. das Weinamt).*

Schlußsumme: 217 fl. 650 regal. auri, 32 s. tur. gross., 10 s. 2 d. ob. coron.

(I. E. 146 f. 81—82) d. Raimundus de Brolio et mag. Petrus

---

[1] vicecancellarius, camerarius, marescallus.
[2] Meist für 4 l. 6 s. gingiberi (12 libre), piperis (12 libre), girofile (1 libra).
[3] f. 64 sind Ausgaben für carnes pro leone verzeichnet.
[4] Sie sind beide clerici intrinseci.

Isarni buticularii[1] *seit Juni 1335 genannt, vorher* d. Stephanus de Ucis [capellanus intrinsecus] *mit dem Amte von der Krönung bis 6. Mai betraut. Die Ausgaben sind ähnlich wie unter Johann XXII.*

Einzelheiten.

Aug. 12 pro reparatione botarum de Belna positarum in clota, quarum circuli erant fracti, Arnaldus de Rayssaco buticularius dixit se expendisse pro 6 lb. de canape crude (6 d. coron. pro libra) pro ligandis vegetibus seu botis 4 s. 4 d. coron. = 4 tur. gross.

4. Pro marestalla, menescalla *(Ausgaben für den päpstlichen Marstall).*

Schlußsumme: 544 fl. 19 regal. auri, 4 l. 11 s. 1 d. tur. gross., 37 s. coron. preter avenam.

(I. E. 146 f. 84—88) mag. Vitalis Guinibaudi marescallus equorum pape, *legt Wochenrechnung über die Ausgaben für* ferratura, luminaria, medicinalia, habene, frena, reparationes cadrigarum, colarium etc. *Außer ihm* 5 vaileti marescalle, qui serviunt in marescalla, *die ihr Gehalt durch Vermittlung des Marschalls wöchentlich erhalten, ebenso wie* 4 saumaterii. *Die Auszahlungen seitens der päpstlichen Kammer erfolgen meist alle 5 Wochen an den genannten Marschall.*

Einzelheiten.

f. 85 Mai 20: pro portatura leonis dati d. duci Borbonesii ultra Rodanum . . .

f. 86 Juli 1: pro 1 roncino pili maurelli empti pro manescalla ad opus panateriorum 20 fl.

f. 86ᵛ Aug. 26 pro 1000 quint. feni per mag. Vitalem empti a Iohanne Roanni (2 s. 2 d. cor. pro quintali) et pro portatura feni de portu Rodani ad feneriam 40 s. in summa 110 l. 6 s. 8 d. cor. Pro portatura 1043 quint. feni de Biturrita usque ad feneriam Auinion. et repositura infra bordam 23 l. 4 s. cor. Pro reparatione borde videl. pro 500 lateribus, cavis latis et salario illius, qui reparavit bordam, et quodam pariete novo facto in dicta borda 5 l. 9 s. 11 d. cor.

f. 87 Okt. 5: pro mulo empto in nundinis de Pedenassio per Raymbaudum Clementis, mercatorem Auinion., et Bernardum de Asilhano, clericum dioc. Mirapicen., ad usum marescalle 19 regal. auri.

5. Pro vestibus (pannis) et folraturis *(Ausgaben für Gewebe und Pelze).*

Schlußsumme: 1643 fl. 8 d. tur. gross. 3 s. coron.
Einzelheiten s. unten sub B. 6.

---

[1] Sie sind beide clerici intrinseci, ebenso wie ein dritter buticularius Arnaldus de Rayssaco.

1335. A. Schlußsummen und Verwaltung der einzelnen Titel.

6. Pro ornamentis *(Ausgaben für Paramente und Kunstsachen).*
Schlußsumme: 1843 fl., 18 s. 6½ d. gross., 49 s. 11 d. ob. coron., 2 march. 2 quart. argenti, inclusis 55 l. 5 s. coron. pro folraturis.
Einzelheiten unten sub B. 6 S. 31 f..

7. Pro scripturis (scriptura) et libris
(Ausgaben für Bibliothek und Schreibwaren).
Schlußsumme: 110 fl. 12 s. 11 d. cor. *(ergänzt nach I. E. 146 f. 100).*
Einzelheiten siehe unten B. 9.

8. Pro edificiis et operibus *(Ausgaben für päpstliche Bauten).*
Schlußsumme: usque 30. Nov. 1335: 12334 fl. 200 l. 8 s. 10 d. tur. gross., 50 s. julhat., 9 s. 11 d. tur. p., 46 s. 9 d. coron.
Einzelheiten vgl. unten B. 8.

9. Pro bulla et literis curie *(Siegelamt).*
Schlußsumme: 34 fl. 7 l. 9 s. 3 d. gross., 37 s. coron.
Vgl. für die Pergamenteinkäufe unten B. 9.
Außerdem noch (f. 110) Mai 7 pro 150 lb. cordarum pro bulla 12 s. 6 tur. gross.
Mai 28 5 quintalia 86 l. de plumbo ad faciendum bullas, *das* quintale *zu* 18 tur. gross. solvi fr. Godofrido bullatori 8 s. 9 d. tur. gross.
Juni 25 *desgl.* 19 quint. 18 l. *zu je* 18 d. tur. gross., *zusammen* 28 s. 9 d. tur. gross.
Aug. 13 2 quint. cordarum, *die* libra *zu* 1 d. tur. gross. solvi fr. Berengario bullatori 16 s. 8 d. tur. gross.
Okt. 1 1 quint. 30 l. cordarum 10 s. 10 d. tur. gross.
Nov. 26 11 quint. 52 l. de plumbo (17 tur. gross. pro quintali) 16 s. 3 d. tur. gross. 4 d. cor.

10. Vadia extraordinaria inclusis salariis 4 galearum, mutuo nuntiorum et stipendio magistrorum in theologia: 13597 fl. 22 s. 6 d. tur. gross., 6 s. 3 d. valos.

11. Expense extraordinarie et cera: 2925 fl., 378 d. ad agn., 14 d. regal., 35 s. 5½ d. gross., 8 s. 2 d. julhat., 9 s. 6 d. tur. p., 7 l. 10 s. 2 d. ob. coron., inclusis 1521 fl. solutis societati Adcziolorum pro 4 galeis de tempore dⁿⁱ Iohannis pape.

Einzelheiten über die beiden Titel 10 und 11 findet man unten in Teil B. unter »Chronikalische Nachrichten« und bei den wirtschaftsgeschichtlichen Aufzeichnungen (besonders B. 7).

12. *Der Titel* **pro vadiis ordinariis** *fehlt in diesem Bande. Er findet sich dagegen in Intr. Exit. 130, dem ersten erhaltenen Manuale für die* Solutiones familiarium et officialium pape *aus den Jahren 1333—1336, vgl. unten B. 2.*

Schlußsumme: vom 8. Januar bis 18. November 1335: 29148 fl. 10 l. 18 s. 5 d. tur. gross., 12 s. 1 d. coron., 1 s. 7 d. tur. p., reductis 55 l. 9 s. 9 d. valos. ad tur. (1 tur. gross. = 10 valos.): 6 solutiones.

13. Pro possessionibus emptis oder emptio hospitiorum.

Schlußsumme: 2515 fl.

(I. E. 146 f. 121 ss.) Facta taxatione hospitiorum per mag. Petrum de Melle lapiscidam et Guill^m Boerii, fusterium de Auin., et alios super hiis deputatos iuratos 26. Iuni de mandato pape emi ab Alfoncio Octalherii, camsore Auin., quandam domum iuxta palatium papale situatam et confrontatam pro palatio Apostolico ampliando et quadam turre ibidem edificanda 400 fl.

Cum teneretur sub dominio elemosinarii ecclesie Auin. sub annuo censu 2 s. tur. p., solvi Petro Vignerii, procuratori elemosinarii, iuxta taxationem 80 fl.

Mag. Bertrando Aymini surgico pro quadam domo empta pro ampliando palatio Apost. iuxta extimationem 90 fl.; cum teneretur sub dominio abbatisse et conventus monasterii s. Katerine Auin. sub annuo censu 20 s. tur., solvi Iacobo de Petra de Tarascone, procuratori dicti mon., 45 fl.

Pro quadam domo empta pro ampliatione palatii a Bertrando Gauterii, procuratore . . . uxoris sue, 100 fl.

Pro domo capellanie s. Andree in ecclesia s. Agricole solvi d. Bertrando Ylarii, capellano perpetuo dicte capellanie, iuxta extimationem 700 fl.

Pro domo Berengarie heredis Rostagni de Aurayca viri sui quondam 260 fl. *Es werden noch vier Häuser angekauft im Gesamtwert von* 500 + 100 + 70 + 50 fl.

14. Pro elemosina Panhote et aliis elemosinis *(Das Almosenamt).*

Schlußsumme: 4687 fl. 697 d. ad agn., 1312 d. regal., 51 s. 9 d. tur. gross., 36 l. 6 s. 8 d. ob. coron., 16 s. 10 d. tur. p. preter 5630 saum. 9 emin. bladi recept. et habit. de diversis locis.

Pro elemosinis pauperum.

(I. E. 146 f. 124 ss.) Administrator elemosine Panhote: Geraldus Latremoliera.[1]

Die Panhota hat 10 servitores, *sie erhalten je* 3 s. 3 d. cor. *pro Monat, dreimonatliche Auszahlung.*

1335 Apr. 14, qua fuit dies Veneris Sancti, pro elemosina facta per

---

[1] Er legt wöchentlich Rechnung ab über die Verwaltung der elemosina Panhote für die dort für Arme und Bedienung verbrauchten Viktualien, Kleider, Geldspenden und Gerätschaften. Derselbe macht die großen Getreideeinkäufe. Geraldus ist canonicus Portugalensis. Über Einsetzung des administrator elemosine Panhote wie über das Amt selbst vgl. Vatikan. Quellen II, S. 638 ff. Die wöchentlichen kleineren Ausgaben der Pinhota schwanken zwischen 8—17 l. cor. Die für die Viktualien an die Armen allein zwischen 5—7 libre cor., die Viktualien an die Beamten und Diener zwischen 1½—2 l. cor.

papam religiosis Auin. (fratribus Predicatoribus 16 fl., fr. de Carmelo 11 fl., fr. Min. 16 fl., fr. Augustinis 11 fl. et 5 monasteriis dominarum: s. Laurentii, s. Katerine, s. Clare, s. Verani, b. Marie de Furnis *je* 4 fl., *dem letzteren noch* 9 tur. gross.) loco elemosine pauperum, quam antiquitus comedendo in domo elemosine in certis festivitatibus recipere consueverunt a die 25. Dez. 1334—16. Apr. 1335 *zusammen* 74 fl. 9 tur. gross. *Am 25. Dez. aus demselben Grunde* 113 fl.

Die Stelle eines Elemosinars vertritt zuweilen Petrus de Aula, clavarius Auinionensis, *an allen größeren Kirchenfesten werden von ihm in den Hospitälern Avignons* 50 s. cor. in 46 tur. gross. 2 d. cor. *verteilt, ebenso am 1. jeden Monats. Seit dem November des Jahres tritt für ihn sein Neffe* Rigaldus de Albofolio *ein.*

Juli 4 fr. Berengarius Galhardi, elemosinarius Panhote *erhält aus der Kammer* 17 l. cor., *um sie dem Papst zu geben bei seiner Fahrt nach Pons Sorgie, der sie unter die am Wege stehenden Arme wirft. Vgl. B. 1 Chron. Notizen. Bei der Rückkehr erhält er zu gleichem Zwecke* 20 fl.

f. 135 rationes bladi et vini pro elemosinis: *Im ersten Pontifikatsjahre Benedikts XII. werden von* Geraldus Latremoliera *empfangen* 7630 saumate grosse 9 emin. bladi, 18 saum. gross. fabarum, 1 bichetum pisorum. *An Wein:* 821½ saumate vini.

Die Wochenausgabe an Getreide in der Panhota ist meist 130—145 saumate bladi, 2—3 emin. fabarum, *an Wein* 9—12 saumate.

Im ganzen während eines Jahres und 19 Tage: 7621 saum. bladi, 22 saum. 1 emin. fabarum, 636 s. vini, 1 bichetum pisorum.

Es verbleiben in hospitio Panhote 9 saum. 9 emin. bladi, 186½ saum. vini. *Diese Angaben finden sich f. 130 ss. Die Getreidepreise sind dabei nicht vermerkt. Einzelne Ausgaben für Feldfrüchte sind unter dem Titel* »expense et rationes reddite per elemosinarios« *f. 135 verbucht worden.*

1334 Dez. 20—24 in 18 saumatis fabarum emptarum per d. Geraldum Latremoliera, can. Portugal., a Petro Porci (34 s. 6 d. cor. pro saumata) et pro 6 emin. pisorum emptis a dicto Petro (40 s.) pro provisione hospitii Panhote pro pauperibus 34 l. 1 s. cor.

I. E. 146 f. 135 ss. Die zahlreichen Angaben über die auf Kosten der Apostolischen Kammer für Bedürftige hergestellte Kleidung fassen wir hier übersichtlich zusammen:

Kleiderverteilung an die Armen.

1334 Dez. 20—24 { pro factura 13 tunicarum datarum in elemosina ordinaria 13 tunic. in elem. mandati } 8 s. 8 d. coron.

    24. Dez.—31. Dez. 13 tunic. in elemos. ord. 4 s. 4 d.
1335   —7. Jan. 13 „ „
8.—14. Jan. 200 tunic. dat. pauperibus in festo coronationis 66 s. 8 d.

1335	14.—21. Januar	13 tunic. in elem. ordin. 4 s. 4 d.
	—28. „	13 „ „ „
	—4. Februar	13 „ „ „
	—11. „	13 „ „ „
	—18. „	13 „ „ „
	—25. „	13 „ „ „
	—4. März	31 „ in mandato *(es wurde offenbar an jedem Donnerstag in der Fastenzeit das Mandat gehalten; beim Mandat wird auch Geld verteilt, in der Regel 33 s. 7 d. cor.)*
	—11. „	31 tunic. in mandato 10 s. 4 d.
	—18. „	31 „ „
	—25. „	{ 31 „ „ { 50 „ in festo annunciationis b. Marie
	—1. April	31 „ in mandato
	—8. „	31 „ „
	—15. „	31 „ „
	—22. „	13 „ in elemos. ordin.
	—29. „	13 „ „
	—6. Mai	13 „ „
	—13. „	13 „ „
	—20. „	13 „ „
	—28. „	13 „ „
	—3. Juni	13 tunice in elemos. ord. 4 s. 4 d.
	—10. „	13 „ „ „
	—17. „	13 „ „ „
	—24. „	13 „ „ „
	—1. Juli	13 „ „ „
	—8. „	13 „ „ „
	—15. „	13 „ „ „
	—22. „	13 „ „ „
	—29. „	13 „ „ „
	—5. Aug.	13 „ „ „
	—12. „	13 „ „ „
	—19. „	13 „ „ „
	—26. „	13 „ „ „
	—1. Sept.	13 „ „ „
	—9. „	13 „ „ „
	—16. „	13 „ „ „
	—23. „	13 „ „ „
	—30. „	13 „ „ „
	—7. Okt.	13 „ „ „
	—14. „	13 „ „ „

1335 14.—21. Okt.   13 tunice in elemos. ord. 4 s. 4 d.
      —28.   „   13   „   „   „
      —4. Nov.   13   „   „   „
      —11.   „   13   „   „   „
      —18.   „   13   „   „   „
      —25.   „   13   „   „   „
      —2. Dez.   13   „   „   „
      —9.   „   31   „   in elemosina mandati
      —16.   „   31   „   „   „
      —23.   „   { 31   „   „   „
                     { 100   „   hospitalibus
      —30.   „   13   „   in elemos. ord. 4 s. 4 d.
      —8. Januar   13   „   „   „

Im ganzen 1245 tunice. Ganz ähnlich sind die Kleiderverteilungen an die Armen in den folgenden Jahren. Der Macherlohn für je eine Tunika betrug 4 d. cor.

B. Systematisch geordnete Einzelheiten aus den verschiedenen Ausgabetiteln nach I. E. 146.

1. Chronikalische Nachrichten.

NB. *Die einzelnen Orden haben Generalprokuratoren an der römischen Kurie.*

(elem. f. 124^v) **1335** Mai 4. Guill^س Arcambaudi ord. heremit. s. Augustini, procurator generalis totius ordinis in Rom. curia, *erhält 50 fl., weil in diesem Jahre das Generalkapitel des Ordens stattfindet* in civitate Crassensi in Provincia.

(elem. f. 125^v) Juli 4 cum papa debeat equitare ad Pontem Sorgie pro iactanda pecunia pauperibus in itinere tradidi fr. Berengario Galhardi elemosinario 17 l. cor. in 20 s. tur. gross. 4 l. cor.

Dez. 11 fr. Petro de Astrata, procuratori generali in curia ordinis fr. Min., in extimationem expensarum faciendarum per aliquos ministros provinciales et aliquos magistros in theologia vocatos pro reformatione ord. predicti de mandato pape causa elemosine 200 fl.

(f. 66 coqu.) 1335 Apr. 22—29[1] comederunt 4 ambaxatores regis Francie [cum papa].

Mai 6—13 comederunt 6 abbates ord. Cisterc.

Juli 1—8 in dicta septimana ivit papa ad Pontem Sorgie et comederunt multi cardinales et alii extranei cum ipso.

Juli 8—15 comederunt abbas Cisterc. et multi magistri in theologia.

---

[1] D. h. an einem Tage dieser Woche.

Aug. 12—19 desgl. 9 cardinales, 21 magistri in theologia et capellani commensales et alii plures prelati.

NB. *Auch die* capellani honoris *werden beim Papst zuweilen zu Tisch geladen.*

Weihnachten (f. 74) comederunt cum papa capellani pape, penitentiarii, bullatores, marquesius de Monteferrato et 4 ambaxatores regum et plures alii et per septimanam comederunt plures nobiles alii.

30. Dez.—7. Jan. fuerunt hospites d. Patriarcha,[1] d. Rogerius de Cauvenis et dominus de Palheriis.

(I. E. 146 f. 112 extraord.) Der Papst läßt 4 Galeeren bewaffnen und ausrüsten ad partes Romanie in subsidium Christianorum et expugnationem infidelium ad 3 menses. *Nach f. 117 wurden diese 4 Galeeren noch unter Johann XXII. im September und Oktober 1334 für die Insel Nigroponte ausgerüstet mit einem Kostenaufwand von* 4800 fl. *Der Kammerkleriker* Guillelmus de Bos, prepositus Foroiulien., *erhält zur Bezahlung des Soldes* (stipendium) *für die nächsten 3 Monate vom Tage der Abfahrt an* 6900 fl., *die an die Eigentümer der Galeeren in Marseilles* (Iohannes Attonis, Petrus Desiderii pro una galea, Antonius de s. Egidio pro alia galea, Petrus Eguerii pro alia, Albertus Desiderii pro alia) *bezahlt werden.*

Am 23. Mai erhält aus der Kammer Franc. Azayolus de societate Azayolorum 4600 fl., *damit sie in Neapel ausbezahlt werden an* d. Iohannes Atanulphi miles, Antonius de s. Egidio, Albertus Desiderii, Rostagnus et Petrus Eguezerii, cives Marcilienses, pro stipendiis 4 galearum pro 2 mensibus futuris.

Die Ausfahrt der Schiffe von Marseilles wird auf den 24. Mai festgesetzt.

Der Kammerkleriker Guillelmus de Bos *wurde zur Inspizierung der Schiffe und ihrer Ausrüstung nach Marseilles gesandt.*

(f. 112v) 1335 Okt. 4 facto computo cum d. Arnaldo Ysarni, cambrerio pape, de vadiis solutis in Ponte Sorgie a 4. Juli—4. Sept. 16 magistris in theologia infrascriptis, qui fuerant in dicto loco super questione de Visione Dei: magistris Ioh. de Quolibet, inquisitori Pictavie, Geraldo Othonis, ministro Minorum, Pastori Galtero ministro Franciscan., Edmundo Thome, Ricardo Gaufrido, Pagano Rogerio, episcopo Tereallen.,[2] ep. Carauen.,[3] Roberto de Florentia et Bernardo Oliverii; *für den Tag wird* 1/2 fl. *berechnet; es sind 57 Tage und 13 Personen, macht zusammen* 409 fl.

fr. Petrus, patriarcha Ierosolomitan., qui fuerat in Ponte Sorgie per 2 menses super dicta questione, *erhält* 100 fl.

(f. 113) Okt. 7 d. Bernardo de Sistere, canonico s. Ylarii Pictaven., nuntio per sedem Apostolicam deputato in regnis Anglie et Schocie, Ybernie et Gallie, causa mutui pro expensis faciendis eundo et transfretando mare Anglicanum et accedendo ad regem Anglie . . . 150 fl.

---

[1] D. h. Patriarch Peter von Jerusalem.
[2] Bistum unbekannt. Es kann auch Cereallen. gelesen werden.
[3] Bistum Charran in Armenien.

Der Papst weilt vom 6. Juli bis 28. September in Ponte Sorgie.

Okt. 31 Bernardo Vaquerii, archidiacono Garagen. in ecclesia Vasacen., nuntio deputato per sedem Apostolicam in provincia Burdegalen., pro vadiis 80 fl.

Nov. 15 d. Pontio Textoris, qui nuntius apud regnum Aragonie per sedem Apostolicam extitit deputatus, pro vadiis 50 fl.

(f. 116 cera) 1335 Mai 17 de mandato pape Gregorio Segnilic,[1] militi regis Ermenie, qui pro negotiis regis ad curiam venerat, pro relevamine expensarum 50 fl.

(f. 116v) Der König von Sizilien schenkt dem Papst einen Löwen. Rostagnus de Vigone *führt ihn nach Avignon, er erhält am 1. Juni dafür* 5 fl.

Juni 16 de mandato pape Petro de Lugduno, qui venit ad papam ex parte archiepiscopi Lugdunen. ad revelandum quedam secreta, 10 fl.

(f. 118 cera) Aug. 11 cum per Guillm de Barderio d. Iohanni Piscis, qui pro reparandis basilicam apostolorum Petri et Pauli ac palacio papali in Urbe est destinatus et deputatus, litere Apostolice ac alie per cameram mitterentur, eidem Guillo pro suis necessariis in victualibus in itinere per ipsum faciendum 7 fl. de Flor.[2]

Nov. 6. *Demselben aus gleichem Anlaß* 7 fl.

(f. 119) 1335 Sept. 20 cum papa ordinasset, quod fr. Pontius de Prato ord. Cist. cambrerius suus causa studendi iret ad studium, ... 100 fl.

(I. E. 140 f. 30v ss.) 1335 Juli 25. *Benedikt XII. weist aus den Einkünften der Provinz Tuscien* 1500—2000 fl. *an, welche* mag. Iohannes Piscis, rector ecclesie de Esculenchis Narbonen. dioc. *zur bereits begonnenen Reparatur von St. Peter erbeten hatte. Es werden* 2000 fl. *ausbezahlt*.

(I. E. 140 f. 31) 1335 Sept. 9 *Auszahlung von* 1500 fl. *an* Iohannes Piscis, nuntius pape, super reparationis basilice principis Apost. de Urbe et palatiorum papalium eiusdem urbis opere *durch den Thesaurar von Tuszien* ... Acta sunt hec in Urbe in palatio prioris cardinalis basilice principis Apostolorum de Urbe presentibus nobilibus et discretis viris Raymundo de Monteregali et Petro Iohannis, familiaribus dicti dni Iohannis (Piscis), Huguone de Raone Carcason. et Ruthen. dioc., Stephano de Castilhone super Lupam, Paulo Nicolai Mansini, campsore de Urbe, Paulutio Urcissii de Bictonio etc. Paulo Aliscii de Urbe, publica auctoritate prefecti Urbis notario.

(f. 34v) 1335 Nov. 4. *Ausbezahlung von weiteren* 500 fl. *an denselben.* Acta fuerunt hec in Urbe in hospitio rev. patris d. Neapoleonis s. Adriani et s. Romane ecclesie diac. cardin. prope basilicam principis Apostolorum, in quo dictus d. Iohannes (Piscis) nunc inhabitat. Presentibus nob. et discr. viris d. Iohanne Provinciali, canonico dicte basilice princ. Apost. etc. *(5 benannte domicelli).*

---

[1] Vgl. denselben Vatik. Quellen II S. 815 vom Jahre 1318.
[2] Die Abrechnungen des Johann Piscis für seinen römischen Auftrag noch erhalten in Vat. Arch. Collect. 379 f. 301 ss.; I. E. 174. I. E. 180 für die Jahre 1335—1341.

(I. E. 146 f. 119v) Nov. 6. Guillelmo de Barderio, qui d. Iohanni Piscis, qui pro reparandis basilica apostolorum Petri et Pauli ac palacio papali in Urbe est destinatus, literas altariatus ac alias literas Apost. portavit, pro suis necessariis in victualibus in itinere tradidi 7 fl.

(I. E. 146 f. 117v) Juni 28. de mandato pape in presentia G. archiepiscopi Arelat. ac camerarii pape oretenus mihi facto propter diversa servitia impensa ecclesie Romane per nobilem virum d. Bertrandum de Roricio, comitem Montis Camosi, dono gratuito dedi 500 fl. de Florentia.

(f. 119v) Okt. 29. Petro de Infosta, pape cursori, qui pro negociis ecclesie Auin. contra mag. Stephanum de Cabanis, iudicem criminum, senescallum Bellicadri, ac etiam pro removendo impedimento posito in provisionibus bladorum apud Cabilonem per gentes regis Francie fuit missus Parisius, 10 s. tur. gross.

2. Päpstliche Beamte, Gehaltsauszahlungen.

(I. E. 130 f. 28 ss.) Prima solutio familiarium et officialium d. Benedicti pape.

1335 Febr. 11. fuit facta solutio familiarium et officialium pape per . . . Iohannem de Coiordano, can. Biterren., capellanum pape, de vadiis eisdem debitis reverendo . . . Gasberto Arelaten. archiep., pape camerario, ordinante videl. a die creationis pape usque ad diem presentem, quod tempus continet 7 septimanas et 4 dies (1 fl. = 22 s. vien., 1 tur. gross. arg. = 10 valosii).

Attende, quod fuit 1 ieiunium s. Thome.

Cancellarie pro 53 diebus 184 fl.

correctori literarum (d. Guillelmo de Lhugato) *desgl.* 25 fl.

domino Franconi et d. Blasio pro 31 diebus 161 fl. 2 d. valos.

marescallo iustitie (d. Arnaldo de Auseria) pro 30 diebus 213 fl. 4 s. 9 d. cor.

magistro theologie de curia (fr. Arnaldus de s. Michaele) 34 fl.

13 penitenciariis: fratribus Bernardo de Apamiis, Arnaldo de Luzegio, Iohanni de Wrocham, Iohanni Taurini, Stanislasio de Cracouia, Petro de Felicianis, Luche de Castello, Uberto de Sperogonia, Henrico de Signo, Petro Aln, Iohanni Dominici, Iohanni Fabri, Petro Thome 305 fl. 3 s. 10 d. valos.

21 capellanis: dominis 1) Gentili de Colleato 2) Bozolo de Parma 3) Geraldo de Lalo 4) Bernardo Grauerii 5) Odoni Thadeo de Parma 6) archipresbytero Perusino 7) Ligoni de Urbeveteri 8) priori de Florencia 9) Guillelmo de Pusterla 10) priori de Cayrasco 11) archidiacono Alexandrie 12) Guidoni de Antisia 13) fr. Marcho de Nouaria 14) fr. Nicholao de Bononia 15) fr. Raimundo et d. d. 16) Iacobo de Insula 17) Petro Rogerii 18) Iohanni de Coiordani 19) Goctio de Armino (!) *(es fehlen also 2!)* 620 fl. 5 s. valos.

3 clericis camere: dd. Guillelmo de Petrilia, Guillelmo de Bos et Iohanni de Amelio pro toto 100 fl. 4 s. 7 d. valos.

2 bullatoribus: fratribus Godofredo et Berengario 60 fl. 3 s. 7 d. valos.

1 clerico capelle (Thome de Eugubio) 12 fl. 5 s. 7 d. valos.

10 hostiariis minoribus:[1] 1) Andree Gran 2) Arnaldo de Staraco 3) Guillelmo de Bolaresio 4) Bernardo de Bordis 5) Petro Galini, 6) Guillelmo de Fauaresio 7) Bertrando Radulphi 8) Arnaldo de Lauardaco et 9) Iacobino de Placencia pro toto et 10) Guillelmo Amelii et 11) Bertrando Fornerii noviter receptis, cuilibet pro 14 diebus, 144 fl. 8 s. 7 d. valos.

38 servientibus antiquis et 3 noviter receptis pro toto et 4 antiquis pro 9 diebus et 5 noviter receptis pro 83 diebus:

1) Romanello Vanni de Thodi 2) Marancho Petro Ispani 3) Guillelmo de Luna 4) Guillelmo de Galhaco Galiciano 5) Baldo Spelte 6) Guillelmo de s. Apartello 7. Iohanni de Canhaco 8) Arnaldo Martini 9) Iacobo de Valleriiferia 10) Vitali de Prinazato 11) Petro de Trano 12) Guillelmo Augerii 13) Bernardo de Vaycheria 14) Thebaldo Iohannis de Parma 15) Anicino de Lande 16) Percevallo Bonaiuncte 17) Ratherio Galippo 18) Bernardo de Pan 19) Rogerio de Quinibaldis 20) Garino Vitali 21) Andree de Neapoli 22) Raimundo de Moleriis 23) Hugoni Coquo 24) Iohanni Rostangni 25) Bertrando de Fonte 26) Iohanni Vincentii 27) Gentili Nicholai et 28) Guillelmo Guiliberti 29) Angerio de Vicia 30) Iohanni de Pelle Amara 31) Iohanni Rogerii 32) Iohanni de Lespina 33) Uberto Raynerii 34) Michaeli de Montanea 35) Guillelmo de Cabesaco 36) Helioto Arer de Turnhaco 37) Bertrando de Kalende 38) Geraldo de Monteacuto 39) Bardo Bertrando de Manso 40) Casentino de Bardis 41) Marcho Landi 42) Garcie Luppi: in universo 673 fl. 1 s. 4 d. valos.

23 cursoribus antiquis pro toto et 24 antiquis pro certis septimanis et diebus et uni noviter recepto pro 3 diebus:

1) Bartholomeo de Seana 2) Guillelmo de Seduno 3) Lippo de Florencia 4) Nicolao de Senis 5) Viviano de Suingello (?) 6) Blasio de Civita 7) Venhaco de Perusio 8) Lamfranchello de Regio 9) Tellucio de Camerino 10) Vanhalo de Spello 11) Vincentio de s. Vincentio 12) Iohanni Petri 13) Raimundo de Biterris 14) Iohanni de Spoleto 15) Roberto de Valleclara 16) Petro de Figneriis 17) Andree de Castro Plebis 18) Petro de Luciaco 19) Guillelmo de Bisignano 20) Iohanni de Vienna 21) Rogerio de Montealto 22) Michaeli Molini 23) Marcho de Esculo 24) Matheo de Perusio 25) Iohanni Floce 26) Raynaldino de Sancquis 27) Iacobello de

---

[1] Von den magistri hostiarii [domicelli] werden unten bei den scutiferi nur fünf erwähnt. Nach der 2. solutio (April 8) (ebd. f. 30v) war ihre Zahl 6, die der hostiarii minores aber auf 12 erhöht.

Montecosero 28) Hugoni de Perusio 29) Bonfiliolo de Stagine 30) Thomasino de Bononia 31) Iohanni de Monte Robiano 32) Hario de Monterotundo 33) Iacobo Robulli 34) Iaqueto de Tornaco 35) Petro de Papia 36) Petro Ferrerii 37) Gerardino de Venesiis 38) Laurentio de Pisao 39) Ludovico de Vienna 40) Iohanni de Aurivalle 41) Iohanni de Lingonis 42) Fulconi Chote 43) Grasso Raynaldi 44) Nicholao de Florencia 45) Guillelmo Bordial 46) Iohanni de Roma 47) Thomasino de Voragine et 48) Petro de Verneto: 270 fl. 7 s. valos.

Petro de Baldraco, Petro de Bela, Salvatico, Iacobo de Sauarduno brodariis ac Petro Textoris, scriptori coquine,[1] pro tota et Petro Amelii, custodi coquine, pro 15 diebus 41 fl. 4 s. valos.

mag. Iohanni Balbasaco pro 15 diebus 2 fl. 3 s. 4 d. valos.

fr. Iohanni Baronis et Vitali Gombaudi manescallo pro tota 51 fl. 2 s. 10 d.

2 porteriis exterioribus (Geraldo Barre et Petro de Ventenaco) 15 fl. 7 s. 4 d. valos.

3 palafrenariis antiquis et 6 noviter receptis pro tota 70 fl. 5 s. 1 d. val.

Bernardo Fabri, olim manescallo equorum, pro 34 diebus 16 fl. 5 s. valos.

Von der 4. solutio an wird hier bezahlt custodi carceris curie 20 fl. 7 s. 6 d. valos., custodi carceris hospitii papalis 7 fl. 9 s. 1 d. val., *von der 2. solutio an wird an dieser Stelle noch das Gehalt bezahlt:* custodi servorum, animalium et viridarii (9 fl. 12 val.) *und* lotori pannorum (8 fl. 7 s. val.).

3 saumateriis aque pro toto 11 fl. 8 s. 8 d. val.

12 clericis seu capellanis capelle: 1) fr. Guillelmo Motonerii pro 53 diebus et dd. 2) Petro Sinterii 3) Coleta 4) Stephano de Ucis pro 53 diebus et 5) fr. Anthonio (42 diebus) 6) Raimundo Servientis (9 d.) 7) Coumpano de Cambello 8) Guillelmo de Convenis 9) Nicholao Raimundi 10) Raimundo de Anglade 11) Iohanni Gonterii 12) Iohanni de s. Quintino (9 d.) computatis 4 grossis pro die: 93 fl. 7 s. 3 d. valos.

f. 37 erscheinen an dieser Stelle noch fr. Pontius et fr. Iohannes cambrerii, fr. Iohannes Iohannis conversus.

[12 clericis intrinsecis]: dd. Arnaldo Isarni,[2] Iacobo de Broa, Guidoni Radulphi, Petro Diamantis, Raimundo Seguini, Arnaldo de Raychaco, Iohanni Iolii scriptori, d. Raimundo de Brolio, Petro Isnardi, buticulariis pro tota, Petro Natalis [panatario] pro 38 diebus, Stephano Benerii pro 51 diebus, Raimundo de Coiordano [panatario] pro 2 diebus, Gasberto de Septemfontibus pro 18 diebus (pro die 3 tur. arg.) 129 fl. 7. s. 11 d. valos.

---

[1] Von der 2. solutio an heißt es 5—6 brodariis et uni notario coquine.
[2] Er erscheint unter dem Weinamt (buticularia) als buticularius, vgl. unten 4 S. 28.

Von der 2. solutio an werden an dieser Stelle noch bezahlt dd. Petrus de Villari, Arnaldus Fabri, Pontius Fabri scriptores (*täglich* 4 grossi).

Scutiferis *(f. 29v)* 1) Raimundo de Insula 2) Aycardo de Saya, magistris hostiariis pro tota 3) Raymundo de Bonto[1] pro 3 diebus 4) Arnaldo Comarci (40 dies) 5) Petro de Castanhaco (40 dies) 6) Raimundo de Parlhanis (40 dies): 76 fl. 6 s. 11 d. valos. 7) Galhardo de Maserolis (*ohne Angabe der Dienstdauer, d. h.* pro tota) 25 fl. 6 s. 11 d. val. 8) Bernardo de Canalga 9) Iacobo Raynaldi 10) Henrico de Berellis 11) Anthonio Cathalani 12) Arnaldo Raymundi 13) Bertrando de Castronovo 14) Guillelmo de Cesaraco 15) Iohanni de Casthanhaco 16) Aymerico Ianis 17) Petro de Coiordano 18) Giba Barbitonsoris 19) Diego Martini 20) Guillelmo de Marsano 21) Baulaco 22) Petro de Podensaco 23) Bartholomeo de Insomano 24) Luce Tartarini 25) Chico de Scoarsano (39 dies): 19 fl. 26) Arnaldo Bernardi de Lados (totum) 27) Raterio de Cusorno 28) Philippo de Cucurno 29) Iohanni de Capdeferro 30) Bertrando de Lando (26 dies): 12 fl. 6 s. 10 d. valos. 31) Andree Iohannis 32) Stephano Saporis 33) Guillelmo de Blandiaco 34) Mino Bindi 35) Karolo Albani pro 26 diebus: 12 fl. 6 s. 1 d. 36) Raymundo de Appamiis 37) Raymundo Vignerii 1 fl. 38) *(f. 37)* Raimundo de Sandrios vignerio episcopatus Auinion. *und* 39) mag. Petro Piscis, magistro operum, recepto per dominum nostrum de (!) vadia scutiferorum.

Gasberto de Cigalio portatori aque pro 40 diebus 19 fl. 3 s. 11 d. val.

Scriptoribus pro gallinis 10 fl.

Von der 2. solutio an werden 3 saumaterii aque mit 12 fl. 4 s. 6 d. valos. *und* Poncius scobator palacii *mit* 3 fl. 7 s. 8 d. *(8 wöchentlich) besoldet.*

Außerdem werden noch besoldet (f. 39v) officialis curie Auinionensis pro 8 septimanis 33 fl. 7 s. 2 d.; 2 servientes curie episcopalis Auin. *desgl.* 5 fl. 2 s. 7 d.

Ferner f. 35v ein Raymundus de Mirabello carraterius 4 fl. 8 d. tur. gross. *und ein* Petrus trahens campanam *(f. 36v)* pro 41 diebus: 3 fl. 4 d. valos.

f. 37: d. Raimundo Audeberti, iudici ordinario marescalli pro 8 septimanis preteritis 15 fl. 3 s. 10 d. valos.

mag. Rostangno Bruni, iudici in criminalibus curie marescalli, *desgl.* 9 fl. 2 s. 4 d. valos.

d. Iohanni Piscis, thesaurario curie marescalli, *desgl.* 15 fl. 3 s. 10 d. valos. (*Derselbe wurde im August 1335 nach Rom gesandt, vgl. oben S. 23, 2.*)

f. 42: d. Carlino, advocato fisci, pro medietate 1 anni terminati in festo nativitatis Domini 1335: 50 fl.

---

[1] Er wird f. 40 Raimundus de Bolhanis genannt und mit den beiden folgenden als domicelli custodes secunde porte bezeichnet.

(I. E. 146 f. 116v) Juni 16 Garino Sancti Tulen. dioc., qui moratus fuit in coquina a die creationis pape ad presentem diem, qui cum non esset plus necessarius, fuit de dicta coquina remotus, 6 fl.

(I. E. 146 cera) **1335** Okt. 6 d. Arnaldo de Cusena (!), curie Romane marescallo iustitie, in relevationem expensarum factarum apud Pontem Sorgie pro tempore, quo papa fuit in dicto loco de Ponte Sorgie, 60 fl.

(possession.) 1335 Juni 22 Ludovicus de Petragrossa, procurator camerarii, Ioh. de Amelio, Guills de Petrilia, Michael Ricomanni, clerici camere.

(f. 102) mag. Petrus Diamantis, notarius pape.

(f. 105) Iohannes de Brossis, custos palatii Pontis Sorgie.

3. Getreideeinkäufe.

(I. E. 146 f. 126v elemosina) **1335** Sept. 2 2000 saumate de blado pro elemosina Panhote *zu je* 20 tur. gross. empte ab 1) Andrea Porci 2) Folquello de Placentia 3) Martino de Insula 4) Iohanne Malenutriti 5) Calmo de Novavilla 6) Guillo de Podiovilati 7) Bernardo Lauernha 8) Guillo de Nemauso 9) Henrico de Aurelianis 10) Petrino de Lao 11) Iohanne Lamberti et 12) Ricardo Anglico; *zusammen bezahlt* 3333 fl. 4 tur. gross.

(f. 88 maresc.) Nov. pro mensuratura 35 saumat. avene traditarum fr. Iohanni de Balbona per Raimundum Ademarii, nepotem + fr. Iohannis Baconis, que avena fuerat portata de Borgundia. *(Preis nicht spezifiziert.)*

Vgl. ferner oben A. Titel 14 S. 19.

4. Weineinkäufe.

(but. f. 81v) **1335** Okt. 31 facto computo cum d. Raymundo de Brolio et mag. Petro Ysarni, buticulariis pape, et d. Stephano de Ucis, capellano intrinseco, et Guillelmo Teulerii, serviente pape, de vinis emptis pro usu hospiciorum pape tam Lunello, s. Egidio, Nemauso, Bellicadro, s. Spiritu, Berbentanea: pro 180 saum. vini emptis in s. Egidio (13 s. pro saumata et ultra pro toto 23 s. 2 d. tur.) 118 l. 3 s. 2 d. tur.; pro 135 saum. vini empti in Nemauso (12 s. pro saumata et ultra pro toto 25 s.) 82 l. 5 s. 7 d. tur.; pro 135 saum. vini empti in Bellicadro (11 s. 6 d. pro saumata minus pro toto 5 s.) 77 l. 7 s. 7 d. tur., pro 321 saum. vini emptis in Lunello (13 s. 4 d. pro saumata et ultra pro toto 17 s. 5 d) 214 l. 17 s. 5 d. tur.; pro 81 saum. vini emptis in s. Spiritu (6 s. 7 d. pro saumata et ultra pro toto 6 s. 6 d.) 27 l. 13 s. 13 d. tur. p.

(f. 82) pro 1 bota vini greci et 2 botis vini muscatelli emptis in Auinione precio 28 fl. 1 d.; pro 27 saum. vini empti in Berbentanea (8 s. coron. pro saumata et ultra pro toto 8 d.) 10 l. 16 s. 10 d. cor., pro portatura 127 botarum tam grossarum quam de mena de portu Rodani usque ad palacium Auinion. et stivatura earundem (4 tur. gross. pro

bota) inclusis 1 bota de agresta et 1 alia de musco pro coquina et pro stivatura 23 botarum vini (5 de Castronovo et 18 presentatarum domino nostro per d. cardinalem Sabinen. et d. archiep. Arelatensem, 1 tur. gross. pro bota qualibet) 44 s. 3 d. tur. gross.; pro portatura 20 botarum vini de Auinione et 12 botarum vini de s. Spiritu usque ad Pontem Sorgie et stivatura earundem precio 8 l. 10 s. cor. etc. *im ganzen* 650 regal. auri, 182 fl. 1 s. 8 d. cor.

(f. 141v elemos.) **1335** Okt. 28 pro 272$^{1}/_{2}$ saum. vini empti pro provisione hospitii in burgo s. Andriolis et in Auinione per fr. Bern. elemosinarium *zu je* 7 s. 5 d. cor. et ultra pro toto 6 s. 11 d. ob. *zusammen* 101 l. 8 s. cor.

5. Vieh- und Fleischeinkäufe, Fischpreise.

(f. 65v coq.) **1335** April 8—15 pro 23 lampredis datis 12. Apr. 1335 *(Donnerstag)* dd. cardinalibus, *zu je* 6$^{1}/_{2}$ s. et ob. tur. et pro toto 5 d. tur. p., *zusammen* 7 l. 11 s. tur. p. = 12 fl. 12 tur. p. *Sie wurden gekauft* apud Aramonem et Bellicadrum.

Apr. 15—22 *Osterwoche* 25 mutones dati 22 dd. cardin. et 3 officiis curie et 44 eduli dati dictis cardin. 35 l. 14 s. cor.

Juli 8—15 20 mutones: 18 fl.

294 pulli, 25 galline, 14 capones, 4 anseres, 3 anates *zusammen* 27 fl. pro provisione hospitii.

Aug. 5—12. { 65 mutones *zu je* 10 tur. gross. } 1 fl. = 12 tur.
{ 35 „ „ „ 11 tur. gross. } gross.
zusammen 87 fl. 2 tur. gross.

(I. E. 146 f. 142v) Dez. 2—9 pro 3 porcis saliendis pro provisione hospitii, sale, estonciis (?) pro dictis porcis saliendis 4 l. 11 s. 10 d.

Dez. 9—16 Stephano de Ucis capellano intrinseco pape pro 1$^{1}/_{2}$ quintali carnium salitarum emptarum per ipsum in Ponte Sorgie 14. Aug. pro usu hospitii pape 75 s. cor.

Also 1 libra carnium salitarum $^{1}/_{2}$ s. cor. = 6 d.

Dez. 23—30 pro 22 porcis presentatis 19 cardinalibus et 4 (!) officiis scil. dnis vicecancellario, camerario, magistris marestalle et servientibus 28 l. 12 s. cor.

Desgl. pro 40 leporibus 6 l.

pro 22 porcis pro provisione hospitii et positis in sale 28 l. 12 s.

(marestalla) Okt. 5 pro 1 mulo empto in nundinis de Pedenassio per Raymbaudum Clementis, mercatorem Auinion., et Bernardum de Asilhano, clericum dioc. Mirapicen., ad usum marestalle 19 regal. auri.

(cera) 1335 Juni 1 Rostagno de Vigone, qui duxit leonem ex parte d. regis Sicilie, de mandato pape 5 fl.

Okt. 4 cum d. Arnaldus Ysarni, cambrerius pape, tradidisset in Ponte

Sorgie de mandato pape dompno Raimundo de Tholosa, monacho monasterii de Bowen., 20 fl. et cuidam famulo abbatis mon. Altecube, qui duxerat 2 magnos canes monstruos 1 fl.

(*f. 102v*) *Der Löwe hat eine* lotgia *und eine* gabia.

5a. Heu- und Stroheinkäufe.

(*marest. f. 86v*) Aug. 26 pro 1000 quint. feni empti per mag. Vitalem Guinibaudi, marescallum equorum pape, a Iohanne Roanni *zu je* 2 s. 2 d. cor. et pro portatura dicti feni de portu Rodani ad feneriam 40 s.

NB. *Es wird viel mehr Heu herbeigeschafft und verbraucht, aber sein Preis nicht angegeben, da es von den Kirchengütern um Avignon herkam.*

6. Gewebe- und Pelzeinkäufe.

(*I. E. 146 elemos.*) **1335** Okt. 5 facto computo cum Raymbaudo Clementis, mercatore Auinion., et Bernardo de Asilhauo, clerico dioc. Mirapiscen., de pannis emptis tam de mense Maii quam de mense Sept. tam apud Andusiam, castro de Claromonte quam in nundinis de Pedanassio pro facienda elemosina pauperibus religiosis et aliis personis miserabilibus necnon de expensis per ipsos factos:

24 petie panni de burello *von je* 12 canne, *das Stück zu* 79 s. tur. p.
74 petie pannorum blanquetorum (*von je* 6 canne) *zu je* 48 s. 1 d.
2 petie pannorum de bruneta: 13 l. 1 s.
31 petie panni blaui *zu je* 4 l. 9 s. 5 d.
20 petie panni blaui ⎫
20 petie panni viridis ⎬ *zu je* 5 l. 17 s. tur. p.
418 canne panni fratrum Minorum *zu je* 23 d. ob., *zusammen* 40 l. 15 s. 1 d. tur. p.

Die Reisespesen, Verpackungs- und Transportkosten der genannten Tuche belaufen sich auf 28 l. 5 s. 5 d.

200 petie pannorum tam brunorum quam aliorum grossorum empte apud Andusiam *zu je* 37 s. tur. et pro salario dicti mercatoris pro 35 diebus, quibus extra curiam pro emendis pannis fuit, 12 l. tur. p.

Die Gesamtkosten der Tuche bezahlt mit 1107 regal. auri, 300 agni, 9 s. 6 d. tur. p.

(*elemos. f. 125*) 1335 Juni 27 facto computo cum Bernardo de Asilhauo, clerico Mirapiscen. dioc., de pannis per ipsum emptis in nundinis de Villa Magna: de 16 pannis blaui et 13 pannis viridibus de Carcassone (pro petia 5 l. 7 s. tur. p.) *zusammen* 155 l. 14 s. tur. p. et pro expensis cum 1 roncino et portatura et famulo usque Auin., cordis, borcassis, corratagio, salario hospitii, ubi reponebantur panni in nundinis, 8 l. 12 s. 11 d. tur. p.

(*pro pannis et folraturis f. 94 ss.*) 1335 Mai 15 facto computo cum Ricauo de Gorda, mercatore Auin., de pannis emptis per eum in partibus

Flandrie et Barbantie in yeme preterita pro vestibus militum, dominarum, domicellarum et aliorum recipientium vestes a felicis record. d. Iohanne papa XXII., de quibus 30 petie date et distribute fuerunt pro vestibus domicellorum Benedicti pape XII.: pro 60 petiis pannorum de Brucellis et 20 petiis pann. de Melinis coloris imperiali — 'oscuri et coloris innominabilis, *das Stück zu* 32 fl. 4 tur. gross., *im ganzen* 2586 fl. 8 tur. gross.

pro 12 petiis pann. de Brucellis pro dominabus *zu je* 33 fl., *zusammen* 396 fl.

pro 56 petiis pann. videl. 28 virgatorum de Gandavo et 28 planorum de Lovanno *zu je* 21 fl. 9 tur. gross. c. o. r., *zusammen* 1218 fl.

Alles zusammen 4200 fl. 8 tur. gross.

Aug. 9 Francisco Arcuissi de societate Albertorum de Florentia pro 17 petiis pann. coloris tavati de Loanno et pro 17 petiis de virgato de Gandavo *zu je* 21 $^1/_2$ fl. pro vestibus stivalibus domicellorum et pro 3 cannis de sargia datis pro 1 capa de mandato pape fr. Poncio, monacho cubiculario (4 fl.), *zusammen* 735 fl.

1336 Jan. 7 facto computo cum Felice Monaldi, mercatore societatis Bonacursorum de Florentia, de pannis receptis pro librata yemis presentis domicellorum pape: pro 16 petiis panni virgati de Gandavo *zu je* 20 fl., *zusammen* 320 fl.; pro 18 petiis panni camelini albi de Lovanno *zu je* 21 fl., *zusammen* 378 fl.; pro 14 cannis panni malbrini de Lovanno et 6 cannis panni dicti dore pro facienda virgatura in certis vestibus, cum panni virgati deficerent, pretio 36 fl. 8 tur. gross.

Alles zusammen 734 fl. 8 tur. gross. *Die Tuche kommen dann zum* baxator, *der für die* baxatura *eines jeden Stückes* 4 tur. gross. *erhält.*

(pro ornamentis) **1335** Okt. 31 pro 15$^1/_2$ cannis tele de Barbancia empte et recepte a Ricauo de Gorda, mercatore Auin., de mense Iuli pro faciendis 1 pari linteaminum et aliis certis pannis pro papa (*die* canna *zu* 5 d. tur. gross.).

(pro ornamentis) **1336** Jan. 7 facto computo cum Francisco Barducii, mercatore curie Rom., de rebus emptis a 7. Sept.—7. Jan.: pro 26 mappis, 24 longeriis, 42 manutergiis tam Parisiens. quam aliis pro papa et hospitio suo: 69 fl. 5 s. tur. gross., pro 6 cabassis copertis de corio rubeo pro buticularia 14 fl., pro 4 paribus sandaliorum cum aurifrigiis et 1 pari stivaliorum pro papa 20$^1/_2$ fl. pro 3 petiis canicati albi ultramarini pro faciendis planeta, dalmatica et tunica pro papa et aurifrigiis et sendato necessariis pro dictis vestibus 39$^1/_2$ fl. 22 d. tur. gross., pro 1 petia sargie albe de Yrlanda et 1 stola rubea cum auro de Venetin. pro papa, dum vadit ad consistorium, et 1 mitra alba folrata de variis minutis pro papa 13$^1/_2$ fl.; pro 1 petia diaspri albi pro tunicella, quam portat d. Bernardus de Albia, et aurifrigio necessario pro dicta tunicella et factura 16 fl. 7 s. cor.; pro 10 cannis sendati nigri positi in panno aureo pro exequiis fel. record. d[ni] Iohannis pape XXII. et sendato rubeo ibi posito et factura

12 scutorum ibi positorum et factura dicti panni 1 l. 3 s. tur. gross. 5 l. 5 s. 4 d. cor., pro 3 tapetis viridibus folratis de tela pro coperienda aqua 12 fl.

(*f. 94 ss. vest.*) **1335** Mai 5 Amonito Boni, pellipario de Florentia, pro 3 garnachiis de variis minutis finis pro papa *zu je* 10 fl., *eine jede* garnachia *hat* 140 pancie *(Bälge)*.

Juni 27 Bertrando de s. Laurentio, pellipario Auin., pro 110 folraturis agnorum pro librata *(Livrée)* domicellarum *zu je* 8 tur. gross.

(*f. 98v ornam.*) **1336** Jan. 7 facto computo cum Bertrando de s. Laurentio, pellipario Auin., de folraturis emptis tam pro papa quam pro librata yemis presentis domicellorum pape: pro 1 copertorio de grizis 21 fl., pro 2 folraturis de variis minutis de 350 pansis pro 1 tunica et 1 cota pape receptis in vigilia assumptionis b. Marie 24½ fl.; pro 6 folraturis de variis minutis de 1216 pansis pro 2 mantellis, 2 gannachiis et 2 tunicis pape receptis ab ipso pellipario in festo nativitatis Dni (7½ fl. pro quolibet centenario pansarum) 91 fl. 3 s. cor.; pro 130 folraturis agnorum pro vestibus domicellorum, quarum folraturarum 122 fuerunt recepte pro yeme presenti et 8 pro estate preterita (8 s. 6 d. cor. pro folratura) 55 l. 5 s. cor. *Zusammen* 223 fl. 12 s. 4 d. cor. (1 fl. = 12 s. 8 d. cor.).

(*ornam.*) **1335** Mai 19 pro 4 aurifrigiis, uno ad medias ymagines operis Romani, 2 ad ymagines completas operis Florentie et alio sine ymaginibus operis Romani pro 1 pluviali et 3 casulis pape 23 fl.

7. Wachs und Kerzen.

(*cera f. 116 ss.*) Apr. 11 mag. Iacobus de Broa reddidit computum de candelis receptis per eundem de cepo a Geraldo candelerio pro camera pape: 1½ quint. de cepo (50 s. cor. pro quintali, eidem pro 28½ l. cere posite in cereo pascali necnon pro operatura 21 quint. 40 lb. cere de camera pro usu hospitii in torticiis, faculis et doblonibus *(ohne spezif. Preis)*.

Aug. 30 pro 170 lb. candelarum de cepo (20. Juli—30. Aug.) pro usu hospitii papalis Auin., dum papa erat in Ponte Sorgie, (pro libra 7 d. cor.) solvi Odino de Crespino candelerio 4 l. 19 s. 2 d. cor.

Demselben am 26. Okt. pro 65½ libris candelarum de cepo receptis a mag. Odino de Crespino, candelerio Auin., pro usu et necessitate hospitii Auin., dum papa erat in Ponte Sorgie (10. Sept.—23. Sept.), 7 d. cor. pro libra.

(*f. 110v bulla*) Okt. 1 pro ½ quint. candelarum de cepo pro bulla 32 s. cor.

(*f. 142 elemos.*) Nov. 4 1½ quint. candel. de cepo pro usu hospitii Panhote 4 l. 4 s. cor.

(*cera*) Dez. 10 d. Iacobus de Broa, pape familiaris, computavit se emisse pro usu et necessitate hospitii papalis ab Alberto Usus Maii, mercatore de Ianua, 32 quint. 80 lb. cere Romanie (11¼ agn. auri pro quint.) 369 agn.

Dez. 22 Francisco de Terdona, servienti arm. pape et ypothecario, pro 100 torticiis cereis ponderis 603½ librarum pro anniversario facto in ecclesia Auin. 4. Dez. pro fel. record. dno Iohanne pape XXII. (16 d. cor. pro libra) 61 fl. 11 s. 8 d. cor.

1336 Jan. 7 pro 2 quint. candelarum de cepo receptis ab Odino de Crespino, candelario Auin., (pro quintali 58 s. 4 d. cor.) 8 fl. 12 s. 8 d. cor.

7a. Spezereien und Kolonialwaren.

(I. E. 146 coquina) **1335** Dez. 9—16 pro 7 quintal. amicdalarum emptis in Carpentras et portatura et 3 saccis, ubi fuerunt reposita (!) dicta amicdala, 15 fl.

(cera) Juli 18 Franciscus de Cerdona, ypothecarius et serviens armorum pape, pro usu pape et hospitii sui a die creationis usque ad diem presentem pro 434½ libris diversarum specierum etc. pro persona ipsius pape *ohne Einzelpreis. Vgl. ferner Einzelheiten unter* coquina *oben S. 15.*

8. Bauausgaben.

NB. *Hier wie bei den folgenden Jahren habe ich aus der Fülle des Materials nur die von allgemein wirtschaftlichem Standpunkte interessierenden Angaben über Tagelöhne, Preise der verschiedenen Baumaterialien und einzelne Unternehmungen verzeichnet; die speziell den Palastbau betreffenden lokalen Einzelheiten dagegen wurden weniger berücksichtigt, da über sie gleichzeitig Dr. R. Michel eine vortreffliche Monographie mit Quellenangaben verfaßt hat und die wichtigeren Angaben auch schon von P. F. Ehrle im 2. Teile seiner großen »Historia bibliothecae Rom. Pontif.« S. 602 ff. veröffentlicht worden sind.*

(I. E. 146 f. 102 edif.) **1335** Mai 5 mag. Petr. Peyssonis[1] de Mirapice, deputatus ad faciendum opera edificiorum domus palatii papalis Auin. et specialiter pro opere capelle et turris de novo construendis in palatio *rechnet vierwöchentlich ab, erhält für alle kleineren Materialausgaben und Löhnungen vom 3. April—1. Mai* 54 l. 4 s. 9 d. cor.

So ähnlich auch in den folgenden Monaten und Jahren.

(f. 119v cera) Dez. 10 mag. Petro Clari Auin. pro 47½ cannis muri facti per eum ante domum Predicatorum (23 s. cor. pro canna), qui murus in coronatione pape fuit dirutus, 120 fl. 7 s. 6 d. cor.

(f. 102v u. 103v etc.) Rostagnus Berqui *oder* Berc, fusterius de Novis, *baut am Palast in Avignon.*

Für die Jahre 1335 und 1336 sind zwei ausführliche Manualia vorhanden über die Bauausgaben für die Kapelle, den Turm und die Mauern des Palastes zu Avignon in provençalischer Sprache, Intr. Exit. 147 u. 148.

---

[1] Derselbe erscheint weiterhin als Petrus Piscis, vgl. Ehrle l. c. S. 602 ff.

8a. Baumaterialien:

1335 April 6 Guillelmo Sabaterii domicello pro portu 1000 tegularum pro ingipando cameram mag. Petri Diamantis, notarii pape, pro coperiendo camerula seu logia leonis et pro mundanda aula capellanorum capelle 17 s. cor. 2 d.

(f. 102) Mai 5 pro 3000 capronibus emptis a Iacobo Manacha de s. Andrea precio miliari 18 fl., quos emit mag. Petrus Payssonis, 54 fl.

Mai 8 pro 1 cadrigata de gippo cum portu pro reparando furnello coquine Petro Reychebici de Insula 9 s. 4 d. cor. in 8 tur. gross. 8 d. cor.

Mai 13 pro $^1/_2$ cadrigata de gippo pro camera thesaurarie Raimundo de Viridi de Insula 4 s. 8 d. cum portu.

(f. 104ᵛ) Juli 20 Petrus Gauterii, fusterius Auin., qui pro emendis fustibus pro operibus capelle et turris, que in palacio pap. Auin. de novo construitur, apud Saychel[1] in comitatu Sabaudie una cum Poncio Berchi de Novis et Guillelmo de Rosinhano, cursoribus pape, fuit missus . . . : pro 1 duodena grossa fustium de 7, 8 et 9 tesis longitudinis et 15 fustibus bordonalibus de 7 tesis longit., 7 aliis fustibus 12, 13 et 15 tesarum, 5 duoden. 7 tesarum etc., qui fustes sunt in summa 48 duoden. et 4 pecie: pro prima emptione 281 l. 13 s. cur. et pro portu, pro faciendis radellis, pro funibus et 3 naviculis, 1 sapina, remis, pro expensis in victualibus et aliis minutis 228 l. 17 s. 1 d. tur. et pro salario Paucii (!) Berc (!) predicti a 19. Febr. ad 20. Iulii (158 dies) et pro salario Petri Gauterii *(17. März — 20. Juli = 125 Tage)*, pro quolibet in die 20 tur. p., *zusammen* 23 l. 11 s. 8 d., *alles zusammen* 533 l. 17 s. 11 d. tur., preter expensas factas in funeralibus fr. Iohannis Boran, qui decessit missus pro emendis fustibus, et preter expensas factas per fr. Iohannem cum socio suo in victualibus (40 s. tur. gr.), de quibus summis d. camerarius et d. Guido Radulphi solverant 174 l. tur. in 12 l. tur. gr., 50 fl. de Pedismonte, ego vero solvi residuum: 383 l. 17 s. 11 d. tur. in 639 fl. 9 s. 11 d. tur. p. (1 fl. = 12 s. tur. p.).

8b. Tagelöhne.

Mai 14 Raimundo de Arida gipperio pro 2 dictis cum manobra ad reparandum quandam gardamraubam in capite camere de Trulhacio 6 s. cor. in 5 tur. gr. 7 d. cor. — Salamoni Iudeo gipperio pro 1 dieta cum manobra ad claudendum quandam fenestram et reparandam furnellum coquine 3 s. cor. in 2 d. tur. gr. 10 d. cor.

Sonst sind keine Tagelöhne gebucht.

---

[1] In Seyssel bei Genf wurden wiederholt Holzeinkäufe veranstaltet, vgl. Vatik. Quellen II S. 875.

9. Für Bibliothek[1] und Schreibwaren.

(I. E. 146 f. 100 script.) **1335** Aug. 19 pro scripturis . . . factis tempore fel. record. 1. Iohannis pape XXII., de quibus non fuerat, satisfactum: pro scriptura 18 peciarum libri dicti Pentateuch et scriptura 5 peciarum libri Actuum Apostolorum et Apocalypsis et 25 peciarum Summe Gaufridi et 6 peciarum tabule Moralium Iob et 16 pec. libri Prophetarum et 15 pec. libri Evangeliorum et 20 quaternorum tabularum super epistolis Augustini et Ieronimi et aliis minutis scripturis ac illuminatura et ligatura scripturarum predictarum et pergamenis necessariis . . . solvi d. Philippo de Reuesto, can. eccl. s. Agricole Auin., olim familiari d. Iohannis pape XXII., qui . . . scripturas fecerat fieri 66 l. 12 s. cor. (1 fl. = 13 s. cor.) in 102 fl. 6 s. cor.

Okt. 4 cum d. Arnaldus Ysarni, cambrerius pape, tradidisset mag. Iohanni scriptori, qui scripserat questionem domini nostri pro correctione librorum, et quasdam alias scripturas: 5 fl. 5 s. 5 d. cor., et solvisset etiam pro 6 duodenis pergamenorum necessar. pro scripturis pape 40 s. 6 d. cor., solvi eidem Arnaldo 5 fl. 45 s. 11 d. cor. in 8 fl. 6 s. 11 d. cor.

(f. 110 bulla) Mai 9 pro 70 duodenis pergamenorum edulorum pro literis camere faciendis emptis ab Hugone Lagulhier, pergamenario curie Romane, ($7^1/_2$ s. cor. pro duodena) 40 s. 4 d. tur. gross.

Mai 10 pro 1 pelle pargamenozii de vitulo magno pro faciendo literam bullatam continentem formam iuramenti et homagii prestandi per d. regem Sicilie, quam portare debet d. archiepisc. Ebredunen., solvi Guillelmo de Costio, clerico mag. Vitalis de Lauerdaco, 2 fl.

Aug. 19 pro 60 duoden. pergamenorum tam agnorum quam edulorum emptis ab Hugone Lagulhier, pergamenario curie Romane, pro faciendis scripturis papam et Rom. ecclesiam tangentibus (7 s. cor. pro duodena) solvi eidem pergamenario 21 l. cor. in 32 fl. 4 s. cor.

10. Verschiedenes.

(I. E. 146. elemos.) **1335** Jan. 250 scutelle 5 brocce 28 s. cor. Febr. 25—März 4 8 canni olei 36 s. cor.

Mai 13—20: 2000 quint. lignorum combustibilium pro provisione hospitii *zu je* 6 d. cor. pro quintali.

(f. 67 coqu.) Mai 20—27 pro 2 ponsonetis novis ponderis $27^3/_4$ lb., pro 2 conquis ponderis 65 lb., pro utratrapa cum fundo et copertorio ponderis $33^1/_2$ lb. et pro 5 coperelis ponderis $27^3/_4$ lb. emptis pro coquina a Raim. Iuliani payrolerio.[2] *Das Pfund Kupfer zu* 2 s. 4 d. cor. *An altem Kupfer waren aus der Küche geliefert* $63^3/_4$ l. *im Anrechnungspreise von* 78 s. 4 d.

---

[1] Vgl. hierzu F. Ehrle, Biblioth. Pontif. S. 154 ff.
[2] Er wird auch einfach faber genannt.

(coqu.) Aug. 12—19 5000 saumate lignorum combustibilium empte a Petro de Vineriis habitatore Auin. pro usu et necessitate hospitii papalis *zu je* 21 tur. p. *das Holz zur* turris de Trulhatio *geschafft.*

Sept. 30 - Okt. 7 4768 quintalia lignorum combustibilium empta a Petro de Vineriis a festo Iohannis Bapiste citra, *zu je* 7 d. tur., *demnach* 1 saumata = 3 quintalia.

(coqu.) Dez. 9—16 pro refectura 2 cacoborum antiquorum, que ponderabant 139 l., quarum quelibet libra fuit recepta per mag. Raym. Iuliani fabrum de Auin. pro 14 d., et dicti cacabi ponderaverunt, dum fuerunt refecti, 173 l., necnon et pro 1 cacabo novo ponderis $121^1/_2$ l. et pro 1 fundo crape ponderis $20^1/_2$ l. et pro 1 embuco pro ponenda aqua in barillis emptis a dicto fabro, *die* libra *zu* 2 s. 4 d.

(f. 117ᵛ cera) Juli 15 pro 3 luquetis studii pape et pro uno pro camera mag. Petri Diamantis et pro candelabro in bacino posito ante armarium capelle, pro luquetis 1 fl. 10 s. 10 d. et pro candelabro 4 fl. 2 s. 2 d. cor.

ebd. Dez. 23 pro 18 peciis natarum *(Strohmatte)* de Catalonia emptarum apud Montempessulanum per Bernardum de Afilhavo pro usu camerarum studii pape et portatura natarum de Montepessulano usque ad Auin. 11 l. 13 s. 6 d. ob. cor. in 14 regal. 9 s. 6 d. ob. tur.

(I. E. 146 cera f. 116) **1335** Mai 6 pro 23 cannis natarum de paleis positis in cameris pape et studiis emptis a Stephano Seguini magistro natarum (4 tur. gross. pro canna) 6 s. tur. gross.

Mai 16 Rambaudo Clementis de Auin. pro 2 lodicibus pro usu hospitii (*zu je* 20 s. cor.).

(f. 120). Dez. 23 pro 18 peciis natarum de Cathalonia empt. apud Montempessulanum per Bernardum de Afolhano, clericum Mirapiscen. dioc., pro usu camerarum studii pape et portatura de Montepess. ad Auinionem et expensis factis cum equitatura et 3 saumeriis 14 regal. 9 s. 6 d. ob. tur.

(f. 119) Okt. 8 cum Bernardus Valderii, Bernardus Verderii et P. Rigaudi, servientes curie regis Maioricarum in Montepessulano, qui adduxerant de Montepessulano apud Auinionem quosdam maleficos videl. Petrum Gandia, Guillelmum de Blinhaco et quendam vocatum Iohanetum, tradidi eisdem pro expensis... cum 7 equitaturis et salario equitaturarum 6 l. 17 s. 6 tur. p. in 11 fl.

10a. Geldverkehr.

(I. E. 146 f. 117) **1335** Juni 25. *Kamerar und Thesaurar rechnen mit* Franziscus de Azayolis, mercator societatis Azayalorum, ab. *Für die Übermittelung* (portagium) *von* 4270 fl. *an die vier im September und Oktober 1334 ausgesandten Schiffe*[1] *erhält er* 85 fl. Pro portagio 10000 fl. solut.

---

[1] Vgl. oben S. 22.

in Ponte Cremali d. Petro Marini,[1] archidiacono Parmen., *(im Okt. 1334)* 200 fl., pro minori valentia 3734 fl., debebantur eidem 74 fl.

Pro portatura 4000 fl. depositorum nuper apud Venetianos penes mercatores dicte societatis per nuntios Apostolicos regni Ungarie et assignatorum de mandato pape episcopo Vauren. procuratorio nomine comitis Armaniaci per dictum Franciscum debebantur eidem 80 fl., et quod debebantur etiam eidem Francisco 12 fl. traditi per ipsum cuidam nuncio misso apud Ianuam de mandato pape super reformatione pacis inter Ianuenses et Catalanos . . .

Benedikt XII. Zweites Pontifikatsjahr. 1336.

Intr. Exit. 150 (A, hat die Schlußsummen und die Approbation des Kamerars), daneben Intr. Exit. 149 (C, ohne Schlußsummen und Approbation).

A. Übersicht über die einzelnen Ausgabetitel.

1. *(I. E. 150 f. 80 ss.)* **coquina**: emptor coquine: Guillelmus Bedocii. *Er legt, wie früher, wöchentliche Rechnung in drei Abteilungen:* 1) in potagio, gallinis, perdicibus, cuniculis, ovibus, ovis etc., 2) in carnibus bovinis et mutoninis, 3) in piscibus. *Dazu kommen außergewöhnliche Einkäufe von Salzfleisch, Fischen etc. Abgesehen von diesen beträgt der Durchschnitt der Wochenausgaben etwa* 25 fl. *Die Auszahlung seitens der Kammer erfolgt in mehrwöchentlichen (meist 4—5 Wochen) Terminen.*

Zu Weihnachten und Ostern speisen die capellani commensales, *die* penitentiarii, elemosinarii, bullatores *wie früher beim Papst. Es werden* 12 lb. gingiberis, 12 lb. piperis, 1 lb. gariofilorum *unter sie verteilt.*

Die Gesamt-Jahresausgaben der Küche belaufen sich auf 3475 fl. 5 l. 11 s. 8 d. cor.

2. *(f. 93 ss.)* **panataria:** dd. Raimundus de Coiordano et Petrus Natalis *sind panatarii pape. Wie früher findet wöchentliche Abrechnung statt, die sich im Durchschnitt auf 3—4 l. coron. oder 4—5 fl. beläuft. Die Auszahlungen seitens der Kammer erfolgen in größeren Zeitabständen von 8, 11, 15 und 3 Wochen. Die Ausgaben geschehen regelmäßig* pro pane, sale et nebulis. *Die Gesamtsumme des Jahres beträgt* 274 fl. 19 s. 6 d. cor., *wobei außerordentliche Ausgaben für Tischgäste mitgerechnet sind.*

3. *(f. 97 ss.)* **buticularia**: Petrus Izarni buticularius pape *sorgt für den nötigen Wein. Größere Weineinkäufe geschehen durch besondere Bevollmächtigte* (Guillelmus Tenlerii, serviens armorum, *und* Guillelmus Barre, cursor pape), *vgl. unten B 4 Weinanschaffung. Für die sonstigen regelmäßigen Ausgaben* pro pomis, piris, grundolis, ficubus, prunis, nucibus,

---

[1] Über ihn und seine Tätigkeit in Italien vgl. Vatik. Quellen I S. 857.

amigdalis, racemis etc. *sorgen in diesem Jahre die beiden* panatarii R. de Coiordano *und* P. Natalis.

Gesamtausgabe: 40 fl. 60 agni 470 regales, 6 l. obol. arg., 25 l. 4 s. 2 d. tur. p., 21 s. 2 d. ob. cor.

4. *(f. 100 ss.)* **marestalla equorum**: mag. Vitalis Guinibaudi marescallus, *wöchentliche Abrechnung für seine Ausgaben* in forratura, luminaribus, rebus medicinalibus, rotis novis pro 1 quadriga et ferratura eiusdem cadrige et reparatione alterius cadrige etc. et salario 4 saumateriorum, qui serviunt in marestalla; fr. Iohannes Primas, conversus monast. de Bulben. et magister marestalle.

Gesamtausgabe: 1079 fl. 61 agn., 13 s. tur. p., 38 s. 10 d. ob. cor.

5. *(f. 107)* pro **vestibus,** pannis et folraturis.

Die Einkäufe sind gering, vgl. unten B 6 Tucheinkäufe. Ein besonderes Amt ist, wie früher, nicht vorhanden. Die Gesamtjahressumme beträgt 1700 fl. 23 tur. gross.

6. *(f. 111 ss.)* pro **ornamentis**. *Die Ausgaben ähnlich wie unter Johann XXII., doch beschränken sie sich beinahe allein auf kirchliche Geräte und Paramente. Daneben sind einige Gebrauchsgegenstände für den Papst. Gesamtsumme:* 818$^1/_2$ fl. 22 tur. gross., 51 s. cor., 5 unc. arg., 1 anulus auri cum lapide safiro.

7. *(f. 115)* pro **scriptura et libris** *enthält wie früher die Ausgaben für Pergamentanschaffung und für das Schreiben von Büchern. Gesamtsumme:* 79 fl. 4 s. 3 d. tur. gross., 31 s. 10 d. cor.

Einzelheiten.

April 9 pro 40$^1/_2$ duodenis pergamenorum edulinorum emptorum a mag. Hugone Lagulhier, pergamenario curie Rom., pro scribendis literis Apostolicis etc. (7 s. cor. pro qualibet duodena; 13 s. cor. = 1 fl.) 21 fl. 10 s. 6 d. cor.

Aug. 1 pro 48 duodenis pergamenorum pro scribendis certis libris pape: 24 duodenis mediocris forme (*zu je* 7 s. cor.), 24 duodenis maioris forme (*zu je* 8 s. cor.) solvimus Hugoni Lagulhier 27 fl. 9 s. cor.

Aug. 31 pro 28 duodenis pergamen. edulin. emptorum a mag. Hugone Lagulherii pro faciendis literis Ap. etc. (*zu je* 7 s. cor.) 15 fl. 12 d. cor.

8. *(f. 117 ss.)* pro **operibus et edificiis**: mag. Petrus Piscis, magister operum seu edificiorum pape, *welcher monatliche Rechnung über die Arbeiten legt. Die Summe der Bauausgaben ist* 29 423 fl. 120 regal., 156 l. 18 s. tur. gross., 51 l. julhat., 52 l. 3 s. 7 d. cor.

Für die Bauausgaben dieses Jahres ist noch ein besonderes Manuale in provençalischer Sprache enthalten in Intr. Exit. 148: pro edificatione turris, capelle et murorum palatii Avinion.[1]

---

[1] Die Tagelöhne der zahlreichen Maurer (maestres peyriers) schwanken im Winter zwischen 2$^1/_2$ und 3 s., die der fragelirs 1 s. 8 d., die der Handlanger (manobriers) 12—13 d.

9. *(f. 124)* pro **bulla et literis curie.** *Bullatoren sind die* fratres Berengarius et Godofredus. *Die Ausgaben ähnlich wie früher. Schlußsumme:* 44 fl. 72 s. 11 d. tur. gross. 11 d. cor.

10. *(f. 127 ss.)* pro **gagiis extraordinariis** et armaturis. *Schlußsumme:* 1059 fl. 13 s. 8 d. cor.

Einzelheiten. *(f. 127)* **1336** Jan. 9 d. Bertrando Senherii, sacriste Lumbarien., thesaurario Marchie Anconitane per sedem Apost. deputato, pro expensis faciendis in itinere 40 fl., quos debet . . . in suis stipendiis computare.

Febr. 21 d. Bernardo de Lacu, rectori de Alanzato s. Pon. Thom. dioc., in partibus Aquilegen. et Graden. nuncio per cameram Apost. deputato, *desgl.* 40 fl.

Mai 19 d. Guillelmo Medici, can. Ilerden., qui in provinciis Narbon. et Tholosan. et Auxitan. nuncius Apost. est destinatus, *desgl.* 50 fl.

Mai 27 d. Petro Gervasii, can. Vivarien., eundo ad partes Flandrie pro negotiis camere Apost. expediendis, *desgl.* 60 fl.

Juli 8 d. Stephano Beneri, rectori ecclesie de Gaulaiaco Sarlaten. dioc., qui in Romandiola est per sedem Apost. thesaurarius deputatus et destinatus, *desgl.* 50 fl.

Okt. 22 d. Hugoni Roquas, rectori ecclesie de Noalhaco Ruthen. dioc., qui in civitate Beneventan. est deputatus thesaurarius, *desgl.* 40 fl.

Nov. 9 d. Hugoni Cornuti de Martigniacho, decano de Ruperforti Carnoten. dioc. in Patrimonio b. Petri thesaurario deputato, *desgl.* 40 fl.

11. *(f. 130 ss.)* **pro quibusdam extraordinariis et cera.** *Gesamtausgabe (f. 135ᵛ):* 3043 fl. 647 agni 4 s. tur. gross. 2 d. iulhat., 6 l. 10 s. 3 d. ob. coron.

12. *(f. 140 ss.)* pro **vadiis familiarium.** 7 solutiones. *Gesamtausgabe (f. 151ᵛ):* 36507 fl. 58 s. 11 d. tur. gross., 89 l. 5 s. 4 d. val., 15 s. 1 d. cor., 7 d. tur. p.

13. *(f. 158 ss.)* pro **possessionibus emptis.** *Die Ankäufe nimmt der Thesaurar selbst vor. Gesamtausgabe:* 9581 fl. 12 s. cor.

Einzelheiten s. unter »Häuserpreise« unten B 8.

14. *(f. 160 ss.)* **elemosina pauperum.** *Gesamtausgabe (f. 164ᵛ):* 18312 fl. 507 agni 3360 regal., 17 s. 11 d. tur. gross., 19 s. 3 d. iulhat., 17 s. 1 d. ob. tur. p., 54 l. 7 s. 11 d. cor.

d. Petrus de Aula *erhält zum Besuch der Hospitäler und zur Verteilung unter die Armen je* 50 s. tur. cor.: *am Krönungstage, am ersten jedes Monates und an einzelnen Kirchenfesten.* Geraldus Latremoleyra, administrator helemosine (Pinhote pape), *hat die großen Einkäufe und die Verwaltung der täglichen Ausgaben, die sich auf durchschnittlich* $2^1/_2$ *fl. belaufen (Essen und Trinken, Gehalt der* 10 servientes,[1] *Medizinen,*[2]

---

[1] Jeder erhält monatlich 3 den. tur. gross.
[2] f. 175 z. B.: Aug. 3—10 pro yssaropis restaurantibus et zuccara, malegranatis,

Exequien[1] *etc.). Im Hospiz der Elemosina werden viele Arme gespeist und gekleidet (vgl. f. 170:* pro pauperibus confluentibus ad elemosinam et comedentibus in dicto hospitio videl. in potagio, carnibus, ovis, sale), *alles ähnlich wie unter Johann XXII.*

f. 161v April 15. *Die vier männlichen Mendikantenklöster erhalten zu ihrer Kirchenfabrik je* 100 fl., *die fünf weiblichen je* 40 fl., *alle zusammen* 600 fl.

Neue Tuniken werden regelmäßig wöchentlich 13 *verschenkt, in der Fastenzeit* (in elemosina mandati) *je* 31, *an besonderen Festen* 50 *und* 100; *der Macherlohn einer Tunika beträgt* 4 d. cor.

Zur Osterzeit erhalten die cursores pape et servitores elemosine 60 »manunculi« *wie stets in der Folgezeit.*

B. Systematisch geordnete Einzelheiten aus den Ausgabetiteln des Jahres 1336 nach Intr. Exit. 150.

1. Wichtigere chronikalische Angaben.

(*I. E. 150 f. 130v cera*) **1336** Febr. 22 cum Febr. 5 fuissent celebrate exequie per papam et dd. s. Rom. ecclesie cardinales in **capella** seu **concistorio pape** pro clare mem. **Alfonso rege Aragonum** et fuissent recepta a Francisco de Cerdona, ypothecario serviente pape, 120 torticia et 100 facule cere ponderis 885 l., de quibus fuerunt combuste 252 l. valentes 16 l. 16 s. (16 d. pro libra) et recuperasset dictus Franciscus de dicta cera 633 l., de quibus debuit habere pro minori valentia cuiuslibet libre 4 d. cor. (*zusammen* 10 l. 11 s.), solvi in summa 27 l. 7 s. cor. = 42 fl. 12 d. cor.

Febr. 22 de mandato pape d. Philippo de s. Genito, senescallo Provincie, pro d. rege Roberto pro servitiis tempore vacationis Rom. curie et die coronationis pape per eum impensis tradidi Chico de s. Severio subvicario curie regie Auin. 400 fl.

(*f. 131v*) Mai 31 Guillo Barderii Bithen. dioc., qui ivit apud Romam ad d. Iohannem Piscis pro reparatione basilice **Apostolorum**, pro expensis in itinere 6 fl.

Juni 13 Nicholao Ferucii, mercatori de societate Bardorum, pro ipsa societate videl. pro portu 10000 fl. assignatorum apud Pontem Tremuli

---

diversis aquis et rebus medicinalibus expensis per quendam fr. Hugonem Gasberti, elemosinarium pape, in infirmitate sua, de qua obiit, 70 s. cor.

[1] Z. B. f. 172 April 13—20 pro exequiis Massioti Stephani, condam servitoris antiqui elemosine, videl. torticiis, candelis, sudario 31 s. 6 d. tur.

de tempore d. Iohannis 200 fl. et pro portu 4000 fl. de Venetiis ad curiam de pecunia Ungarie 80 fl. et pro portu 2004 fl. assignatorum camere Apostolice de Brugis usque ad Auin. 40 fl. et 60 fl., qui fuerunt de mandato camere Parisius dati mag. Raimundo Marcelli pro expensis in prosequtione camere contra Stephanum de Cabanis, *zusammen* 380 fl.

(f. 35 ss.) **1336** März 14. *Abermalige Anweisung von 1500 fl. durch Benedikt XII. aus den Einkünften von Tuszien zur Reparatur von S. Peter an Johannes Piscis (vgl. 1335).*

1336 Aug. 10. *Desgl. Anweisung auf* 5000 fl.

1336 Nov. 18. *Auszahlung von* 5000 fl. *(f. 38v)* in palatio rev. patris d. Neapoleonis s. Adriani diaconi cardin. posito iuxta basilicam princ. Apost. et gradus ac plateam ipsius basilice, in quo habitat d. Iohannes (Piscis), presentibus etc.

(coquina) **1336** März 1—8 Comederunt cum papa rex Francie, rex Navare, rex Maioricarum, dd. cardinales et plures duces, comites, barones et prelati. *Es werden bei dieser Gelegenheit für Viktualien* 431 l. 2 d. ob. cor. (13 s. cor. = 1 fl.) *und* 64½ *fl., zusammen also rund* 728 fl. *verausgabt und zwar größtenteils für Meer- und Süßwasserfische.*

März 9—16 Comederunt cum papa rex Francie, camerarius regis, comes Fuxi et multi alii familiares regis.

Nov. 2—Dez. 6 fuerunt hospites abbas Balbon. et recepit cibaria Petrus Barta pro se et comitiva sua.

Nov. 16—23 fuerunt hospites 2 ambaxatores regis Francie.

NB. *Vgl. auch oben S. 39 Titel 10.*

1a. Geschenke und Almosen.

(I. E. 150 f. 161) **1336** Apr. 10 tradidi Nicholao Ferucii, mercatori de societate Bardorum, realiter recipienti pecuniam per papam illustrissimo d. Leoni regi Armenorum in subsidium Christianorum amore Dei et in expugnationem infidelium datam de consensu et voluntate nobilis et potentis viri d. Bermundi de Lisiguhano, comitis Curthonsen., fratris et inbaxatoris dicti regis, 10000 fl. presentibus dd. Micaele Ricomanni, G. de Bos, clericis camere.[1]

Juni 26 de mandato pape fr. Petro de Strata, procuratori generali Minorum conventus Auin., pro expensis administrandis 10 fratribus tam magistris quam ministris vocatis pro reformatione ord. Minorum 100 fl.

Aug. 13 *desgl.* 10 tam magistris in sacra pagina quam ministris ord. Min. convocatis pro reformatione regule dicti ordinis: fr. Petro de Strata procuratori dicti ordinis in Rom. curia 100 fl.

Jan. 14 de mandato pape mag. Benevenuto, imbaxiatori communis castri Meldule provincie Romandiole dioc. Forlimpolien. *(Forlimpopoli*

---

[1] Instrum. Miscell. 28 z. Jahre 1336 Juni und Juli sind noch Originalbullen betr. Unterstützung Armeniens mit Getreidelieferung durch päpstliche Beauftragte erhalten.

in Mittelitalien unter Ravenna) in extimationem expensarum et dampnorum, quas fecit et sustinuit iura ecclesie sustinendo, 50 fl.

Mai 26 de mandato pape tradidi Odolino condam Bartholomey de Forosulicii Lingonen. dioc. pro dampnis per eum passis in defensione castri Meldule, qui pro dicta defensione fuit manibus mutulatus, 20 fl.

Juni 1 de mandato pape Benevenuto Marfoli de Rigo comitatus Ravene, cui pro defensione castri Meldule per rebelles Ecclesie fuerunt manus amputate, 20 fl.

Aus I. E. 140 f. 39 ss. ist an dieser Stelle nachzutragen: **1335** Juli 24 *Anweisung einer Summe von* 1000 fl. *aus den Einkünften von Tuszien (Thesaurar Stephan Lascoutz) an* Guilielmus Truelli, archipresb. de Gardubio Tholosan. dioc., provincie Romandiole thesaurarius, pro defensione castri nostri Meldule ac aliorum nostrorum et ecclesie Rom. iurium.

Daraufhin schreibt der genannte Thesaurar an Pepo (Pepus) condam magistri Bonaiuncte notarius de Monteflascone *um nähere Information über die Lage des* Guilielmus Truelli. *Pepo reist darauf nach der* civitas Fauen. *(Faenza) in der Romandiola und verhört ca. zehn Personen. Aus dem genau wiedergegebenen Verhör erhellt, daß das castrum Meldule von Franciscus de Ordelaffis mit einem größeren Heere von ca.* 300 milites *und* 2000 pedites *belagert werde. Franciscus habe auch die* civitates Forlivi et Cesene *besetzt. In Meldule seien hingegen nur* 60 milites *und* 4 banderie peditum stipendiati a Guillo *thesaurario.*

Die 1000 fl. *werden dann* 1335 Sept. 21 *ausbezahlt* in civitate Fauentina *an den gen.* thesaurarius Guillelmus presentibus . . . Fortonerio de Balnia dioc. Sistaricen., Bernardo Falconerii de Valentia in Catalonia ac Petro Vincentii de civitate Mimacen.

2. Die Kurialbeamten und ihr Gehalt.

(Da Fast- und Abstinenztage anders gerechnet werden als Fleischtage, so treten kleine Unterschiede ein.)

Die Summe der einzelnen Gehaltszahlungen schwankt zwischen 5100 —5600 fl., *weil manche Beamte in größeren Abständen besoldet werden. Es finden* 7 Solutiones *statt.*

I. E. 150 f. 140 ss. Auszahlung für je 8 vergangene Wochen an die familiares et officiales pape. 1 fl. = 22 s. vien.

1. solutio Jan. 13:

cancellarie 194 fl. 4 s. 6 d. valoz.
correctori 27 fl. 2 s. valoz.
marescallo iustitie
pro se et mediatate salarii 25 servientium } 296 fl. 6 s. valoz.
25 servientibus marescalli
pro medietate salarii ipsorum } 103 fl. 4 s. 6 d. valoz.

2. Die Kurialbeamten und ihr Gehalt.

Magistro in theologia 36 fl. 7 s. 8 d. valoz.
13 penitentiariis 322 fl. 7 s. valoz.
22 capellanis pro toto et 1 pro 18 diebus 617 fl. 10 s. 3 d. valoz.
3 clericis camere pro toto et 1 pro 43 diebus 133 fl. 6 s. valoz.
2 bullatoribus pro toto 63 fl. 8 s. 2 d. valoz.
Iohanni de Seduno clerico capelle 13 fl. 2 s. 3 d. valoz.
Aycardo de Saya pro toto et R. de Benevento, magistris hostiariis domicellis, pro 50 diebus 50 fl. 4 s. 6 d. valoz.
Petro de Castanhaco, Raimundo de Bolhanis et Arnaldo Comarti, domicellis custodibus secunde porte, 81 fl. 6 s. valoz.
12 hostiariis minoribus pro tota et uni pro 32 diebus 168 fl. 18 d. valoz.
52 servientibus (armorum) pro tota et 4 pro 33 diebus 874 fl. 2 s. 9 d. val.
41 cursoribus pro tota et certis pro 50 diebus 346 fl. 6 s. 3 d. val.
1 portario pro 49 diebus
9 palafrenariis pro tota 74 fl. 5 s. val.
3 saumateriis aque 12 fl. 4 s. 6 d. val.
5 brodariis et 1 notario coquine 49 fl. 7 s. val.
custodi carceris hospitii papalis Auin. 8 fl. 3 s. val.
custodi carceris curie 20 fl. 7 s. 6 d. val.
custodi cervorum et aliorum animalium ac viridarii 9 fl. 12 d. val.
magistro Iohanni Biblie 12 fl. 4 s. 6 d. val.
lotori pannorum 8 fl. 3 s. val.
Pontio scobatori 3 fl. 7 s. 8 d. val.
Petro pulsanti campanam 4 fl. 18 d. val.
Raimundo de Mirabello carraterio 4 fl. 8 d. tur. gross.

Die scriptores pape *erhalten am Jahrestag der Krönung für* 10 fl. *Hühner, die* 13 penitentiarii *für Winterkleider je* 8 fl., *zusammen* 104 fl., *der* magister in theologia *für Kleidung* 12 fl., *desgl. die* 52 servientes armorum *je* 5 fl., *zusammen* 260 fl., *desgl. die* 9 palafrenarii *je* 2 fl., *zusammen* 18 fl.

Besonders geführt werden die folgenden Solutiones:

a) Solutio scutiferorum.

1) Henrico de Berrellis 27 fl. 2 s. valoz. *(ebensoviel die folgenden).* 2) Antonio Catalani 3) Iacobo Raynaldi 4) Arnaldo Raimundi 5) Bertrando de Castro Novo 6) Guill^{mo} de Cesseranto 7) Iohanni de Castanhaco 8) Aymerico Ranas 9) Bartholomeo Veyries 10) Gastono de Pestillaco 11) Diego Martini 12) Petro de Podenssaco 13) Bartholomeo de Iustiniano 14) Philippino de Cucurno 15) Bertrando de Laudo 16) Andree Iohannis 17) Mino Bindi 18) Gibe Barbitonsoris 19) Vitali menescallo 20) Galhardo de Masarollis 21) Bernardo Cavalga 22) Arnaldo de Rosso 23) Guillelmo de Blansaco 24) Raymundo de Ponte 25) Arnaldo Benedicti de Lados 26) Arnaldo de Malavicina 27) Chico de Scorfano 28) Stephano

Saporis 29) Raimundo de Salis. *Das Gehalt beträgt im Durchschnitt* 10—11 *s. vien. pro Tag oder ca.* 0,48 *fl.*
30) Petro de Coiordano pro 51 diebus 24 fl. 8 s. 2 d. val.
31) Raimundo Vignerii pro 12 diebus 5 fl. 9 s. 2 d. val.
32) Iohanni Capo de Ferro pro 53 diebus 25 fl. 6 s. 6 d. val.
33) Lello Palmerii pro 54 diebus 26 fl. 2 s. 5 d. val.
34) Petro Late pro 47 diebus 23 fl.
35) Raterio de Cuzarno pro 46 diebus 22 fl. 4 s. 2 d. v.
36) Guillo de Marssano pro 35 diebus 17 fl.
37) Carolo Albe pro 8 diebus 3 fl. 9 s. 3 d. v.
38) mag. Petro Pistis pro tota 27 fl. 2 s. v.
39) Baula de Baulato pro 46 diebus 22 fl. 4 s. 2 d. v.

Dno R. Audeberti, iudici ord. marescalli, pro 8 septimanis 15 fl. 3 s. 10 d. v.
Mag. Rostagno Bruni, iudici in criminalibus curie marescalli, pro 8 septim.
9 fl. 2 s. 4 d. v.
Dno Iohanni Piscis, thesaurario curie marescalli, 15 fl. 3 s. 10 d. v.
2 servientibus curie officialis Auin. 5 fl. 2 s. 7 d. v.

b) Solutio capellanorum
[ac clericorum, scriptorum intrinsecorum].

Dnis 1) Petro Sinterii 2) Stephano Dentis 3) Raimundo Servientis 4) G. de Convenis 5) Iohanni Gonterii 6) Iohanni de S. Quintino 7) Iohanni Bertrandi 8) Bernardo Ademarii 9) Nicolao Benedicti 10) Raimundo de Angladis pro toto 11) Iohanni de Tregrossio pro 55 diebus et 12) Iohanni Durandi pro 42 diebus, 13) Raimundo Seguini pro toto 207 fl. 15 d. v. *(täglich also ca.* 0,28 *fl.).*
Fr. Iohanni cubiculario, fr. Iohanni custodi palatii Pontis Sorgie 23 fl.
12 d. v.
Fr. Iohanni Prime converso, qui moratur in marescallia 16 fl.
Magistris Petro Villaris, Arnaldo Fabri, Pontio Fabri, scriptoribus pape, 49 fl. 7 s. v. *(sie werden in I. E. 194 [1342] secretarii genannt).*
Dnis Arnaldo Ysarni, Iacobo de Broa, Petro Diamantis, Arnaldo de Raysaco, Raimundo de Brollo, Petro Ysarni, Petro Natalis, Raimundo de Cuiordano, Gasberto de Septemfontibus 111 fl. 7 s. 6 d. v.
Dno Carlino de Cremona, iudici appellationum delatarum de terris Ecclesie, pro 6 mensibus in festo natalis Dni 50 fl.

2a. Anmerkungen zur Gehaltsliste von 1336.

Bei der 2. solutio *(9. März) wird als neu angenommener* scutifer *genannt* Bertrandus de Vernholis *und für 8 Tage entlohnt. Als* iudex ord. marescalli *wird für 8 Wochen gelohnt* mag. Petrus de Villa Fera; *desgl. als* iudex in criminalibus in curia marescalli mag. Ricardus de Multis Denariis.

Bei der 3. solutio *(4. Mai)*: Raimundo Curti, domicello [scutifero] de novo recepto, pro 39 diebus 19 fl.

Benevenuto Nicholay, domicello [scutifero] de novo recepto, pro 14 diebus 6 fl. 8 s. 9 d. v.

Raimundo de Fendros, viguerio (!) episcopatus Auin., a 11. Aug., qua fuit sibi commissum officium, usque ad 4. Mai 32 l. 11 s. 9 d. cor. in 5 fl. 21 d. cor.

Bei der 4. solutio *(29. Juni)*: d. Bernardo Rascassi, iudici episcopatus Auin., pro salario 8 mensium, quibus servivit a die creationis pape dando pro anno 25 l. cor.: 16 l. 13 s. 4 d. cor. in 25 fl. 8 s. 4 d. cor. (1 fl. = 13 s. cor.).

Juli 27 pro vestibus stivalibus 13 penitentiariorum (*je* 8 fl.) 104 fl. magistro in theologia curie 12 fl.

52 servientibus (*je* 5 fl.) 260 fl.

9 palafrenariis (*je* 2 fl.) 18 fl.

Bei der 5. solutio *(24. Aug.)*: 13 servientibus marescalli receptis ultra numerum de mandato pape: 6 pro 54 diebus, 5 pro 43 diebus, 1 pro 40 diebus, 1 pro 19 diebus; pro augmento capitanei, qui recepit pro 2 servientibus, 8 fl. 3 s. val.

Bei der 7. solutio (die s. Alberti): Raimundo de Castronovo de novo recepto pro 23 diebus 11 fl. 20 d. val.

Pro presbiterio 16 dd. cardinalium pro festo Pasche proxime preterito et pro festo nativitatis D^{ni} proxime futuro computatis pro d. Petro ep. Penestrin. priore episcoporum 6 malachinis 6 s. papien. (= 55 s. 2 d. tur. p.) pro quolibet festo et computatis pro quolibet 4 aliorum episcoporum 4 malachin. 4 s. papien. (= 36 s. 9$^{1}/_{3}$ d. tur. p.) et computato pro d. Matheo priore presbiterorum 3 malachin. 3 s. papien. (= 27 s. 7 d. tur. p.) et computato pro quolibet aliorum 4 presbiterorum 2 malachin. 2 s. papien. (= 18 s. 4$^{2}/_{3}$ d. tur. p.) et computato pro d. Neapoleone priore diaconorum cardinalium 3 malachin. 3 s. papien. (27 s. 7 d. tur. p.) et computato pro quolibet aliorum 5 diaconorum cardin. 2 malachin. 2 s. papien. (18 s. 4$^{2}/_{3}$ d. tur. p.) pro quolibet festo, solvimus d. d. Simoni Galeti, Georgio Iohannis, clericis collegii dd. cardinalium pro ipsis dd. cardinalibus recipientibus 42 l. 5 s. 11 d. tur. p. in 52 s. 10 d. tur. gross. 7 d. tur. p.

3. Getreideeinkäufe 1336.

(*I. E. 150 f. 160ᵛ pro elemos.*) Febr. 19 pro 2000 saumatis grossis bladi pro usu helemosine Pinhote pape emptis ab Andrea Porci, Folquello de Placentia, Iohanne Malenutriti, Colino de Novilla, Berardo Lauernha, Palinerio de Podio Vilari, Henrico de Aurilionis, Richardo Anglia et Stephano de Carnaco, pistoribus curie Romane, (1$^{1}/_{2}$ fl. 1 tur. gross. pro saumata) receptis ab ipsis pistoribus per d. Geraldum Latremoleyra, administratorem helemosine, 3166 fl. 8 d. tur. gross.

Febr. 19 pro blado et leguminibus emptis de mense Augusti 1335 pro usu helemosine Pinhote pape a Bartholomeo Vatellini, mercatore Auin., et receptis usque ad diem presentem per d. Geraldum Latremoleyra: pro 1222 saum. grossis 2 emin. frumenti (22 tur. gross. pro saumata) 112 l. 8 d. tur. gross. 5 d. cor.;

pro 287 saumatis 4 emin. siliginis 17 l. 19 s. 3 d. tur. gross., *d. h.* 1 saumata *zu* 15 tur. gross.

pro 22 saum. 4 emin. fabarum (22 d. tur. gross. pro saumata) 41 s. tur. gross. 10 d. cor.

pro 12 saum. pisorum, videl. 1 pro hospitio dicte helemosine et 11 saum. pro hospitio pape (3 s. 9 tur. gross. pro saum.) 45 s. tur. gross. *alles ausbezahlt in* 2037 regal. 136 fl. 12 s. 6 d. cor.

Okt. 4 pro 2000 saum. de blado empto pro usu elemosine Pinhote pape ab Andrea Porchi, Folquello Martino de Insula, Colino de Novavilla, Palmerio de Podiovilari, Guillo de Nemauso, Henrico de Aurelianis, Bernardo Lavernha, Torino de Lauduno, Paulo Becii, Stephano de Cornaco, Ricardo Anglico, pistoribus Rom. curie, et receptis per d. Geraldum Latremolieyra, admin. elemos., (17 tur. gross. pro saumata) 2823 fl. 4 d. tur. gross.

Jan. 20 *(coq. f. 80)* pro furfure, farina et milio pro corvis, capreolis, anceribus et gallinis *(Preis nicht spezifiziert).*

(marest.) Febr. 19 pro 400 saumatis grossis avene *zu je* 12 rase emptis a Bartholomeo Vatellini, mercatore Auin., 12 tur. gross. pro saumata, 400 fl.

NB. *Viel Hafer und Getreide kommt direkt von den Gütern der Kirche.*

4. Weinanschaffungen.

(I. E. 150 f. 97 buticularia) **1336** Dez. 23 facto computo cum Guillo Teulerii, serviente armorum, et Guillo Barre, cursore pape, presente mag. Petro Izarni, buticulario pape, de vinis emptis et factis pro usu hospitii pape: pro 210 saum. vini emptis apud Nemausum *zu je* 12 s. tur. p.: 125 l. 18 s. 9 d., pro 309 1/2 saum. vini empti apud Lunellum *zu je* 8 s. 10 d.: 136 l. 14 s. 9 d., pro 2 botis vinariis novis et 9 saum. vini muscatelli 7 l. 18 s. 8 d. tur. p. . . . pro expensis factis per d. Raymundum de Ruppe presb. Castren. dioc., procuratorem prioratus de Palhassia, pro factura et vindemiatura 110 botarum vini dicti prioratus tam grossarum quam parvarum 65 l. 1 s. 2 d. pro scavatura 36 botarum vini, quarum 20 per abbatem Cisterc. et 16 per archiep. Arelat. et episc. Auin. fuerunt presentate pape, 39 s.

5. Fleisch- und Vieheinkäufe, Fische.

(coqu.) **1336** Jan. 13: 45 quintalia carnium salsitarum pro provisione hospitii 90 fl.

Dez. 21—28 19 porci dati 16 dd. cardinalibus et 3 officiis, 28 s. pro porco (= 2 fl. 2 s. cor.).

32 lepores dati cardinalibus 4 l. cor., *also* 1 lepos *zu* 2½ s. cor. *oder* ca. ⅕ fl.

27 porci empti pro provisione hospitii pape et sale pro salandis porcis inclusis 4 porcis emptis pro lardo (34 s. pro quolibet) et ultra pro toto [sale] 12 s. 9 d., *zusammen* 46 l. 10 s. 9 d. cor. *Das Schwein kostet demnach* 2 fl. 8 s. cor. *oder* 2,6 fl.

Sept. 21 mag. Vitali Guinibuadi marescallo pro pretio 1 muli albi empti a nepote dni Luce de Flasco, cardinalis condam, pro portanda capella pape solvi 66 fl.

Nov. 12 pro 2 mulis emptis in nundinis Appam. per mag. Vitalem Guinibaudi marescallum pro marestalla pretio 46 l. 8 s. tur. in 61 agn. 13 s. tur. p. *oder* 74 fl. 3 s. tur. p., *demnach* 1 mulus *zu* 37 fl.

Fischpreise 1336.

(pro coquina) Juni 1—8: pro 70 luciis (lucia) emptis a procuratore ducis Burgundie positis in piscariis pape 70 fl., pro portatura dictorum 70 luciorum in 2 vicibus apud piscarium Pontis Sorgie 3 fl.

Juli 16 pro 300 luciis positis in piscariis de Ponte Sorgie, centenam 21 fl. 8 s. 4 d. cor., solvimus Hugoni de Bras, peychonerio Auin., 65 fl.

Okt. 19—26 pro damno dato molendinario molendini existentis iuxta fontem pape ratione luciorum et aliorum piscium pape positorum in aqua dicti molendini, dum Sorgia mundabatur, in qua aqua dicti pisces steterunt per 21 dies, 20 s. cor.

5a. Heu- und Stroheinkäufe.

Heuernte **1336.** *(I. E. 150 f. 103)* Juli 13—20.

mag. Vitalis marescallus dixit se expendisse pro fenis de paludibus Biturrite emptis a clavario episcopi Auin., in quo feno fuerunt extimata esse 2500 quintalia, pretio 120 fl. et pro faciendo segnare seu dalhari dicta fena 21 fl. et pro faciendo colligi et desicare dicta fena et portare ad ripam aque Sorgie 21 fl., et pro faciendo portare usque ad portam Auin. 28 fl. et pro faciendo portare de portu Auin. usque ad feneriam 7 fl. 5 s. cor.

et pro salario magistri, qui fecit medam 5 fl., et pro 100 faysiculis lignorum positorum subtus medam pro conservatione dicti feni 16 s. 8 d. cor. et pro 8 cordis positis supra medam pro vento pretio 4 s. cor. et pro salario 1 famuli, qui custodivit dictum fenum per 32 dies, 30 s. cor., in summa 202 fl. 55 s. 8 d. cor.

Demnach kosteten 20 quintalia *Heu als Gras* 1 fl., *als Heu fertig in Avignon* 14 quintalia 1 fl.

Stroheinkäufe 1336.

(I. E. 150 f. 105v) Nov. 23—30 pro 229 saumatis palearum ex una parte et 3 palheriis ex alia parte emptis apud Biturritam et portatura dictarum palearum de Biturrita usque ad fenariam 29 l. 14 s. 2 d. cor.

6. Gewebe und Pelzwaren. Tucheinkäufe 1336.

(I. E. 150 elem. f. 163v) Nov. 12 facto computo cum mag. Vitali Guinibaudi, marescallo pape, et Bernardo Athonis, domicello Auxitan. dioc., de pannis emptis per ipsos in partibus Tholon. et Narbon. pro facienda elemosina pape pauperibus religiosis et pauperibus mulieribus: pro 48 peciis pannorum blavorum (5 l. 7 s. 1 d. pro pecia[1] et ultra pro toto 12 d.) 257 l. 12 d. tur.; pro 44 peciis pannorum viridium (5 l. 15 s. 10 d. pro pecia et ultra pro toto 12 d.) 254 l. 17 s. 8 d. tur.; pro 4 peciis pannorum mesculatorum (7 l. 5 s. pro pecia) 29 l.; pro $17^1/_2$ peciis pannorum blanquetorum (4 l. 8 s. 9 d. pro pecia minus $1^1/_2$ d. pro toto) 77 l. 14 s.; pro $10^1/_2$ peciis pannorum burellorum (4 l. 10 s. 7 d. pro pecia minus pro toto 1 d. ob.) 47 l. 11 s.; pro 221 cannis panni dicti espeolha (2 s. 4 d. pro canna minus pro toto 8 d.) 25 l. 15 s.; et pro expensis etc. 36 l. 12 d., *alles zusammen in* 703 regal. 220 agn. 11 s. 8 d. tur. p.

Nov. 22 Raymbaudo de Mentis, mercatori Auin., pro pannis per ipsum in nundinis de Villa Magna et apud Anduziam emptis pro facienda elemosina pape:

pro 16 pannis blavis et 8 pannis viridibus tam de Narbona quam de Limoso quam de Cannis (5 l. 17 s. cor. parv. pro pecia et ultra pro toto 16 d.) 140 l. 9 s. 4 d. tur. et pro 13 peciis pannorum burellorum de Claromonte, qualibet de 12 cannis (4 l. 14 s. 8 d. pro qualibet pecia minus 3 d. pro toto) 48 l. 10 s. 5 d.

pro 40 peciis pannorum blanquetorum de Biterris (43 s. 4 d. pro pecia et ultra pro toto 8 d.) 86 l. 14 s. tur.; pro 2 peciis brunete nigre 14 l. 10 s.; pro 200 peciis pannorum tam brunorum quam aliorum (35 s. 1 d. tur. pro pecia minus pro toto 8 d.) 350 l. 16 s.; *der Transport kostet* 42 l. 5 s. 8 d., *alles wird bezahlt in* 620 regal. 260 agn. auri, 5 s. 5 d. ob. tur. p.

(I. E. 150 f. 107 vest.) Mai 15 pro 40 peciis pannorum viridium de Loan et virgatorum de Gandauo ($21^1/_2$ fl. pro pecia) et pro 2 cannis 5 palmis de panno rubeo de Loano pro vestibus estivalibus domicellorum camere solvi Naldo de Rosso et Lamberto Lambertesqui, mercatoribus societatis Albertorum, 865 fl.

Juni 18 pro folraturis emptis a Bertrando de s. Laurentio, pellipario Auin., tam pro papa quam pro librata estatis presentis domicellorum pape: pro 130 folraturis agnorum pro librata domicellorum pro estate et pro 4 folraturis agnorum pro domicellis pro librata yemis preterite *zu je*

---

[1] Man kann auch petia lesen. Doch scheint mehr und mehr die französische Schreibweise mit c üblich zu werden.

$8^{1}/_{2}$ tur. gross. Pro 348 panciis variorum minutorum pro 1 ganachia et 1 tunica pape ($8^{1}/_{2}$ fl. pro centenario quolibet) $29^{1}/_{2}$ fl. *Alles zusammen* 124 fl. 5 d. tur. gross.

6a. Paramente und päpstliche Kleidung.

(I. E. 150 f. 111 ornam.) **1336** April 23 Francisco Bartucci, mercat. sequ. curiam Rom., pro rebus . . . receptis a 1. Jan.—23. Apr.: pro 3 tapetis viridibus magnis cum rosis continentibus 54 alnas 59 fl. 5 s. cor., pro 2 aurifrigiis cum ymaginibus duplicibus pro 2 planetis pape 40 fl., pro 4 par. calciamentorum pape 18 fl., pro 6 tobaleis et 44 manutergiis tam Parisien. quam aliis 12 fl. 23 s. 2 tur. gross., pro 4 coyssinis copertis corio pro papa 6 fl., 5 cannis $1^{1}/_{2}$ palm. aurifrigii tam largi quam stricti, ceta et sendato positis in 2 indumentis sacerdotalibus pape 10 s. 11 d. tur. 4 l. 4 s. 4 d. cor., pro 1 manipulo cete rubee cum auro pro papa pretio 4 fl., pro 7 alnis aurifrigii tam largi quam stricti pro tunica et dalmatica viridibus pape 10 s. 2 tur. gross. et pro 1 cathedra munita empta pro adventu regis Francie $5^{1}/_{2}$ fl., pro mitra alba foderata de variis pro papa 3 fl. 9 tur. gr., pro 1 diaspro rubeo foderato, tela ponenda coram papa, cum dabit indulgentiam peregrinis, 11 fl., et pro 1 pari linteaminum, in quibus erant $9^{1}/_{2}$ canne tele large de Campania, pro papa 79 s. 3 d. cor., pro 2 cabassis cum cordonibus de cerico pro panateriis et 3 cannis tele subtilis positis in aliis cabassiis magnis panateriorum $1^{1}/_{2}$ fl. 2 s. $9^{1}/_{2}$ tur. gross., pro factura 1 cortine et 2 diaspris et reparatura albe pape operate in capite ad gramita et 2 pannis lineis subtilibus ad tenendum in manibus pro papa $2^{1}/_{2}$ fl. 17 tur. gr., pro factura 5 roquetorum pro papa et 1 signaculo de serico libri capelle 2 s. 2 d. tur. gross., pro factura et reparatura palme pro dominica Ramispalmarum $4^{1}/_{2}$ fl. etc., *zusammen* 233 fl. 2 s. 5 d. cor.

Mai 14 *(f. 111v)* pro 5 tapetis et 2 bancalibus viridibus cum rosis continentibus $100^{1}/_{2}$ alnas quadratas emptis a Francisco Bartucii . . . pro capella et camera pape (11 s. parisien. pro alna) 110 fl. 6 s. 10 d. ob. cor. (1 fl. = 10 s. parisien.).

Aug. 30 pro 2 tobaleis sive mappis, 4 longeriis emptis pro mensa pape ab executoribus testamenti d. Luche cardin. bone mem. 6 fl.

Aug. 31 . . . Francisco Bartucii *für Einkäufe vom 28. April bis 31. Aug.:* pro 2 peciis sargie de Irlandia et 3 cannis panni de Cadisso et 1 pessa (!) panni de serianno pro vestibus pape $26^{1}/_{2}$ fl. et tinctura 2 peciarum de soriano albo in grana rubea in Florencia 13 fl., pro 3 stolis et 3 manipulis diversorum colorum cum auro fino pro papa precio 27 fl. et pro 2 sargiis viridibus et 1 vanoa de bocaranno pro papa precio 18 fl. et pro 3 paribus sandaliorum pro papa $13^{1}/_{2}$ fl. et pro 3 cannis sargie de grana pro caligis pape $2^{1}/_{2}$ fl. pro reparatione mitre pape, samito cendato et fimbria ibi positis 2 fl. 8 tur. gr., pro matalassio de Bordo pro papa 1 fl. 4 l. 5 s. 6 d. cor., pro

4 roquetis tele subtilis pro papa 19 s. $10^1/_2$ d. tur. gr., pro 2 paribus linteaminum, 4 femoral., 2 par. caligarum de tela pro papa 21 s. 8 d. tur. gr., 6 pannis lineis existentibus ad caput et 1 lombario pro papa 8 s. 3 d. tur. gr., pro 2 tobaleis altaris pape 5 s. 7 d. tur. gr., pro 1 cordono de cerico pro pabalone et $^3/_4$ cete positis in reparatione cordonis capelle pape 3 s. 8 d. tur. gross., et pro $11^1/_2$ lb. cordarum viridium pro cameris pape ..., pro 4 cannis tele subtilis pro caligis et causetis[1] pape 18 tur. gross., pro tela subtili pro tergentibus pedibus pape, 6 firmatoriis librorum, 8 clavellis argenti, ceta, filo et sendato pro vestibus pape etc. *Zusammen* 194 fl. 6 s. 6 d. cor. (1 fl. = 13 s., 1 tur. gross. = 13 d. cor.).

Okt. 26 pro 6 pannis laneis factis a Compas pro capella pape positis in sedibus dd. cardinalium emptis a Nicholao Lapi, mercatore Rom. curie, *zu je* 6 fl. 1 tur. gr., solvimus Ricono Gog, famulo dicti mercatoris, $36^1/_2$ fl.

Nov. 6 facto computo cum Francisco Iohannis, mercatore Rom. curie, de rebus ... pro usu pape et hospitii sui a 26. Aug. ad 6. Nov.: pro 4 sargiis viridibus pro cortinis pape 24 fl. et pro 6 carrellis de corio rubeo 7 fl. 3 tur. gr., 21 unciis cendati rubei de grana pro vestibus pape precio 7 fl. 5 tur. gr., et pro 4 pannis viridibus necessariis pro tabulariis thesaurarie $9^1/_2$ fl., pro 24 manutergiis pro camera pape (12 *zu* 6 fl. *und* 12 *zu* 3 fl.) etc. *Zusammen* 75 fl. 8 s. 2 d. cor.

6b. Pretiosen und Edelmetalle.

(*I. E. 150 ornam. f. 112^v*) 1336 Nov. 6 pro $1^1/_3$ unciis perlarum positarum in aurifrigio pluvialis rubei 13 fl. 4 s. 4 d. cor. (*die* uncia *zu* 10 fl.).

pro $1^1/_2$ unciis perlarum positarum in alio pluviali rubeo (*die* uncia *zu* 12 fl.).

— $^1/_2$ uncia perlarum positarum in pluviali albo (18 fl. pro uncia). *Händler und Verkäufer ist* Guill^s de Blansaco, domicellus de Auin.

Nov. 25 pro 10 unciis 1 den. de argento positis in quadam zona pape per Marcum Lando, servientem armorum pape, (*die Mark zu* 4 fl. 8 d. tur. gross.) et pro operatura pro uncia 3 s. cor. *Zusammen* 8 fl. 2 s. 2 d. ob.

Also kosten 10 unc. 1 d. argenti = 5 fl. 11 s. [2 d. ob.] cor.
            1 marcha argenti   4 fl. 8 s. 8 d. cor.
            1 uncia *kostet demnach* $^1/_2$ fl. 1 s. 1 d. cor.

7. Wachs und Kerzen.

(*I. E. 150 f. 130 cera*) **1336** Febr. 3 pro 3 quint. candelarum de cepo pro usu camere et hospitii papalis Auin. per mag. Iacobum de Broa, pape familiarem, (*ab 1. Nov.—3. Febr.*) 56 s. cor. pro quintali: 13 fl. minus 12 d. cor., vgl. *weiterhin oben S. 40 B. 1: Exequien König Alfons'*.

---

[1] D. h. Strümpfe (calce im Italienischen).

(f. 124) Okt. 11 d. Iacobo de Broa, canonico Bitturicen. custodi et depositori cere, que pro usu hospitii pape expenditur, pro 36 quint. de cera per ipsum emptis a Bilano Cibo de Ianua, mercatore Rom. cur. sequente, pro usu et necessitate hospitii pape (pro quintali 13 agni auri 2 s. 6 d. cor.) 474 agn.

Okt. 22 pro 5 quint. 6 lb. candelarum de cepo receptis a Bontorio de Arlato, candelerio curie Rom., pro usu hospitii et thesaurarie pape (4 fl. pro quintali) 20 fl. 3 s. cor.

Dez. 10 facto computo cum mag. Iacobo de Broa, canonico Biturricensi familiari pape, de 5 quint. 76 lb. cere de Romania empte per ipsum 25. Iunii pro usu hospitii pape ab Antonio de Feria, mercatore de Cerdona, ($12^2/_3$ agn. pro quintali) 73 agn. minus 9 d. cor. . . . et de operatura 36 quint. 83 lb. cere operatarum a 1 Ian. usque ad presentem diem tam in torticiis, candelis parvis et magnis doblonibus et cereo pascali (10 s. pro quintali) 18 l. 8 s. 2 d. cor. et pro 75 lb. cotoni (2 s. pro libra) 7 l. 10 s. cor., *zusammen* 73 agni 40 fl. minus 1 d. cor.

Dez. 11 Hugolino Tinhachii, ypothecario curie Romane, pro operatura (24. Juni — 11. Dez.) 42 quint. 76 lb. cere tam in torticiis, candelis magnis et parvis et doblonibus (10 s. cor. pro quintali) 21 l. 7 s. 6 d., et pro 1 quint. 21 lb. cotoni (2 s. pro libra) 12 l. 2 s., pro 30 lb. fili stope positi in dicto opere 30 s. . . . et pro 6 saumatis carbonis pro operatura etc., *zusammen* 57 fl. 3 s. cor.

(bulla f. 124) Nov. 24 . . . pro $^1/_2$ quint. candelarum de cepo 24 s. empt. per fr. Berengarium bullatorem.

8. Bauausgaben.

(f. 117 edif.) **1336** Febr. 10 facto computo cum mag. Petro Piscis, mag. operum seu edificiorum pape, de operibus factis in mense Ianuarii 1336 in turre et capella, que edificantur in hospitio papali Auinion. videl. in lapidibus, calce, arena, lignaminibus, ferro, plumbo, saralhis, vectibus, panis, cardinibus, picturis, salario magistrorum lapiscidarum, fusteriorum, pictorum et manobrarum: 1693 fl. 5 l. tur. gross., 10 l. iulhat arg. 9 s. cor. (1 fl. = 13 s., 1 tur. gr. = 13 d., 1 iulh. = 12 d. ob. coron.). *So ähnliche Abrechnung desselben über jeden Monat.*

Febr. 11 Iohanni Anglici, lapidifero de Castro Novo, pro 8 cannis de muro facto per ipsum in clausura Predicatorum, qui destructus fuerat pro festo coronationis pape, (33 s. cor. pro canna) 13 l. 4 s. cor. in 20 fl. 4 s. cor.

(f. 119v) Okt. 4 mag. Iohanni Bellihominis, aurifabro Auin., pro grifone per ipsum in palacio Pontis Sorgie facto et pro 10 clavibus de ere positis in dicto grifone (18 fl.) et pro factura 132 cannarum de canalibus de plumbo pro eodem grifone (2 s. tur. pro canna) 19 l. cor.: 39 fl. 10 s. julhat. arg. (1 fl. = 13 s., 1 julhat. = 12 d. ob. cor.).

Mai 20 pro 4 quint. de stacgiis pro aque conductu fontis seu grifonis, qui factus est in palatio Pontis Sorgie, emptis a Pontio Bocayranni de Baniolis (65 s. pro quint.) 13 l. tur. in 20 fl. (1 fl. = 13 s. tur.).

Backsteine (Ziegel).

(*f. 117 edific.*) April 3 pro 11400 maonibus emptis et receptis a Pontio Preveraldo de s. Quintino Uticen. dioc. pro pavimentanda capella pape (4 l. cor. pro millenario) 70 fl. 2 s. cor.

Desgl. pro 18200 [maonibus] emptis a Raimundo Sabrano et R. Romandi pro dicta capella pavimentanda (5 l. cor. pro millenario) 140 fl.

Juni 5 pro 4700 maonibus a Pontio Prinayrat et Raimundo Sabra de s. Quintino pro capella palatii Apostolici Auin. pavimentanda (4 l. pro millenario) 29 fl. minus 12 d. cor.

Bauholz.

Nov. 8 pro lignaminibus emptis apud Saycellum per magistros Galhardum Roqueta et Guillelmum Boerii, fusterios de Auin. assignatis mag. Petro Piscis: pro 20 duodenis et 1 pecia lignaminum de 6 tezis ($8^1/_2$ fl. pro qualibet duodena) 170 fl. 8 tur. gross. Pro 16 duodenis et 11 peciis lignaminum de 7 tezis ($19^1/_2$ fl. pro qualibet duodena): 329 fl. $10^1/_2$ tur. gross.; pro 7 duodenis et 1 petia lignaminum de 8 tezis (24 fl. pro duodena) 170 fl.; pro 3 duodenis 4 peciis de 9 teziis (36 fl. pro duodena) 170 fl.; pro 15 peciis lignaminum de 10 tezis (3 fl. 9 tur. gross. pro pecia) 56 fl. 3 tur. gross.; pro 7 peciis de 11 tezis (4 fl. pro pecia) 28 fl.; pro 10 peciis de 12 tezis ($5^1/_2$ fl. pro pecia) 55 fl.; pro 9 peciis de 13, 14 et 15 tezis (6 fl. pro pecia) 66 fl.; pro 6 peciis de 16, 17 et 18 tezis (8 fl. pro pecia) 48 fl. *Ferner für verschiedene Bauhölzer geringerer Qualität und Größe, zusammen für* 1043 fl. 120 regal. $9^1/_2$ tur. gross.

Brennholz.

(*coq. f. 84v*) Juni 27 pro 3337 saumatis et 1 quintali lignorum combustibilium valentibus 10012 quintalia pro provisione hospitiorum pape a Petro de Vivariis, habitatore Auin., 20 d. cor. pro qualibet saumata, repositis (8000 quint.) tam in turre de Trulhatio Auin. quam in palatio Pontis Sorgie (2012), 427 fl. 11 s. 2 d. ob. cor.

(*f. 124 bulla*) April 28 pro 360 quint. lignorum combustibilium pro usu hospitii bullatorum per fr. Berengarium bullatorem (7 d. tur. pro quintali) 17 fl.

8a. Häuserpreise.

(*I. E. 150 f. 158 pro possessionibus emptis*) **1336** Jan. 25 pro hospitio empto per me (thesaurarium) de mandato pape oretenus mihi facto pro palatio Apost. Auin. ampliando a Pontio Suffredi de Auin. sito et confrontato, prout in instrumento venditionis ipsius recepto per mag. Folcatandum Galterii, not. Nemausen. dioc., plenius continetur, iuxta extimationem per extimatores deputatos factam 60 fl.

Febr. 20 pro 2 hospitiis per me emptis . . . ab Helia de Bufonos, serviente armorum pape, etc. 1025 fl.

Febr. 22 pro hospitio bone mem. d. A. s. Eustachii diac. card. per me de mandato pape empto a . . . dd. Penestrin., Bertrando Ostien. et Velletren., Gaucelino Alban. episcopis et Bertrando s. Marie in Acquiro diacono, cardinalibus exequtoribus testamenti . . . d. A. cardin., scito et confrontato, prout in instrumento venditionis recepto per ven. visos dd. Micaelem Ricomanni, Guill^m de Bos, Iohannem de Amelio camere ap. clericos plenius continetur, pretio 7000 fl. solvi . . . dd. Bertrando Arnaldi, preposito Sistaricen., Guill^o de Castaneto, canonico Anicien., Guill^o Geraldi, precentori Foroiulien., Ricano Petri, canonico Parmen., commissariis a dictis dd. exequtoribus super hoc deputatis, 7000 fl.

Es werden noch 7 kleinere Häuser zur Erweiterung des apostolischen Palastes angekauft im Preise von 150, 50 *(halbes Haus)*, 350, 120, 76, 350, 190, 160 fl.

8b. Waffen und Kriegsgeräte.

(pro gagiis extraordinariis et armaturis *I. E. 150 f. 127*) **1336**

pro 6 spingalis 24 fl.
„ 5 balistis de turno 7½ fl.
„ 19 platis *zu je* 4 fl.
„ 3 turnis pro tendandis balistis cum 1 rastello 6 fl.
„ 56 balistis de ultramare *zu je* 2 fl.
„ 19 iuppis pro armando *zu je* 1 fl.
„ 1 copertura equi de plata rotunda 30 fl., alia copertura 15 fl.
„ 10 balistis de turno *zu je* 1 fl.
„ 15 balistis de 2 pedibus 15 fl.
„ 34 coperturis de tela pro equis *je* 1½ fl.
„ 3 coperturis de rethe pro equis 9 fl.
„ 2400 cadrellis de Ianua, pro centenario *teils* (600) 12 s. et pro centenario, *teils* (1800) 7 s. etc.

9. Bibliothek und Schreibutensilien.

(*f. 115 script.*) **1336** Febr. 22 pro ligatura 2 magnorum librorum continentium omelias ss. Gregorii, Augustini, Ambrosii et Ieronimi et quorundam aliorum Sanctorum et pro 4 postibus et 2 pellibus mutoninis pro coperiendis dictis libris necnon pro ligatura 2 magnorum librorum papireorum, in quibus continentur rationes d. Arnaldi de Verdala super negotiis per ipsum gestis tempore fel. record. d. Iohannis pape XXII., solvi mag. Iohanni de Tullo, ligatori librorum, 2 s. 4 d. tur. gross.

— pro rasura 24 duodenarum pergamenorum, in quibus pergamenis fuit scriptum registrum literarum Apost. secret. et aliarum anni primi pontif. pape per mag. Gasbertum de Septemfontibus, scriptorem pape, 2 s. 6 d. tur. gross.

Apr. 9 pro $40^{1}/_{2}$ duodenis pergamenorum edulin. empt. a mag. Hugone Lagulhier, pergamenario curie Rom., ad rat. 7 s. cor. pro duodena: 14 l. 3 s. 6 d. cor. in (1 fl. = 13 s. cor.) 21 fl. 10 s. 6 d. cor.

Juni 7 pro transcribendo libro computorum d. Petri de Aluernia, olim in regno Apolonie (!) Apost. sedis nuncii, solvi mag. Stephano de Messis scriptori 4 fl.

Aug. 1 pro 48 duodenis pergamen. (24 duod. mediocr. forme *zu je* 7 s. cor., *die anderen* maioris forme *zu je* 8 s. cor.), *zusammen* 27 fl. 9 s. cor.

Aug. 31 pro 28 duod. pargam. edulin. empt. a mag. Hugone Lagulherii (*das Dutzend zu* 7 s.) 15 fl. 12 d. cor.

Sept. 17 cum mag. Stephanus de Metis, scriptor sequens curiam Rom., transscripsisset una cum quibusdam sociis suis libros rationum d. Arnaldi de Verdala, decani ecclesie s. Pauli de Fonalhecdesio, super gestis per ipsum tempore f. r. d. Iohannis pape XXII. in prov. Narbon., Tholos., Auxit., . . . 10 fl.

NB. *Es folgen noch kleinere Ausgaben* pro ligatura et reparatione librorum, *die z. T. d.* Petrus Sintoni, mag. capelle pape, *bezahlt hatte.*

(*bulla f. 124*) Aug. 3 pro 15 lb. de serico necess. pro bulla de literis Apostolicis emptis per fr. Godofredum bullatorem (24 s. tur. p. pro libra) et pro tela, ubi fuerunt portate, et portatura a Montepessulano ad Auinionem (18 d. tur.), *zusammen* 27 fl.

(*extraordin. f. 127v*) Juli 22 pro vadiis 3 magistrorum in theologia, qui examinant scripta pape: videl. fr. Pastoris de ord. Min., fr. Bernardi Oliuerii de ord. heremit. s. August., fr. Guilli de Rinopullo monachi mon. de Populeto Cisterc. ord., *jeder erhält täglich* $^{1}/_{2}$ fl. *vom 25. Juni an — 13. Aug.—1. Okt.*

Dez. 23 pro vadiis fr. Pastoris, magistri in theologia, qui examinat scripta pape, (*für die Zeit vom 11. Sept.—23. Dez.* = 62 dies) 31 fl.

Verschiedenes.

(*I. E. 150 f. 85 coquina*) **1336** Juli 19 pro facienda 1 bacina de ere pro reponendis aquis in tinello et camera pape ponderis 46 lb. eris, de quibus erant de veteri ere pape 33 lb. eris (pro factura ipsarum 33 lb. *je* 14 d. cor. et pro qualibet de 13 lb., quas superposuit Raimundus Viliani, peyrolerius de Auin., 2 s. 4 d. cor.) 5 fl. 3 s. 10 d. cor.

(*ornam. f. 113*) Dez. 10 pro 1 orologio empto per fr. Iohannem Engilberti, cubicularium pape, pro camera pape 11 fl.

(*edif.*) Okt. 4 mag. Iohanni Bellihominis, aurifabro Auin., pro gufone per ipsum in palatio Pontissorgie facto et pro clavibus de ere positis in dicto gufone (18 fl.) et pro factura 132 cannarum de•canalibus de plumbo pro eodem gufone (2 s. tur. pro canna), *zusammen* 39 fl. 10 s. julhat. arg.

Mai 20 pro 4 quint. de stagnis pro aque conductu fontis seu grifonis, qui factus est in palatio Pontis Sorgie, emptis a Pontio Bocayrani de Baiulis (65 s. tur. p. pro quintali) = 13 l. in 20 fl.

(cera) Juli 6 pro 1 nave portata pro piscario Pontis Sorgie et ibi posita empta a Petro Camini de Auin. pretio 4 fl.

Okt. 1 de mandato pape barbitonsori, qui fecit fleubotomias eidem pape, 6 fl.

(f. 124 bulla) **1336** März 31 pro 30 quint. 55 libris de plumbo emptis per fr. Berengarium bullatorem (14 d. tur. gross. pro quintali) 35 s. 10 d. tur. gross. 9 d. tur. p.

Gartenarbeit.

(f. 117 edif.) **1336** Jan. 27 facto computo cum fr. Iohanne Iohannis, custode palacii ac viridarii Pontis Sorgie, de expensis in viridario et prato dicti palacii a 1. Aug. 1335 usque 27. Ian. pro salario 227 hominum, qui foderunt in orto, et salario 98 hominum, qui aptaverunt pratum, et salario 60 hominum, qui curaverunt valatum piscarii ad diversa precia, et pro fimo empto pro dicto viridario, furfure pro gallinis, granis caulium, pororum et spinargiorum . . . 38 s. 8 d. tur. gross., 10 s. iulhat. arg., 8 d. cor.

Benedikt XII. Drittes Pontifikatsjahr. 1337.

I'. E. 164 (A) und 162 (B).

A. Übersicht über die einzelnen Ausgabetitel.

1. *(f. 55 ss.)* **coquina.** Guillelmus Bedocii, emptor coquine. *Die Verwaltung des Amtes und die Ausgaben ähnlich wie früher. Die Wochenausgaben schwanken zwischen 7 und 25 l. cor., einmal sogar 40 l., im Durchschnitt belaufen sie sich auf 15 bis 20 l. (15 s. 6 d. cor. = 1 fl.).*

Gesamtausgabe (f. 64): 2267 fl. 460 regal., 5 l. 6 s. 11 d. cor., 8 d. tur. gross.

2. *(f. 65 s.)* **panataria.** Raimundus de Coiordano et Petrus Natalis, panatarii pape. *Die Verwaltung ähnlich wie früher.*

Gesamtausgabe (f. 66ᵛ): 218 fl. 36 s. 7 d. cor.

3. *(f. 68 ss.)* **buticularia:** d. Petrus Isarni *und* Raimundus de Ruppe buticularii: *sie haben wie früher teilweise die Anschaffung des Weines unter sich. Daneben besorgen die* panatarii *P. Natalis und* Raymundus de Coiordano *die Einkäufe des Tischobstes.*

Gesamtausgabe (f. 69ᵛ): 80 fl. 590 regal. 229 scudati, 5 d. tur. gross., 35 s. 3 d. ob.

4. *(f. 70 ss.)* **marestalla equorum;** mag. Vitalis Gumbaudi marescallus equorum et marestalle pape. *Die Verwaltung ähnlich wie 1335. Gesamtausgabe (f. 75):* 943 fl. 287 regal., 8 d. tur. gross., 61 s. 2 d. ob. cor.

(f. 74) wird noch ein fr. Iohannes Prime, magister marestalle, *erwähnt.*

5. *(f. 79 ss.)* **pro vestibus et folraturis.** *Gesamtausgabe (f. 80):* 2466 fl. 2 s. 1 d. tur. gross., 3 s. 2 d. cor. *Einzelheiten s. unten S. 63 Tuche und Gewebe.*

6. *(f. 81 ss.)* **pro ornamentis,** *enthält Anschaffungen für Weißzeug, Seide, Paramente, Goldschmiedearbeiten, Schuhzeug, Teppiche. Gesamtausgabe (f. 85):* 1489 fl. 32 tur. gross., 128 l. 16 s. 2 d. sterling. arg., 34 s. 10 d. tur.

(f. 85) Jan. 7 (1338) facto computo cum Manucio Iacobi aurifabro Auin. pro factura rose auree, que datur per papam dominica in Letare, pro 12$^1/_8$ unciis auri (6$^1/_2$ fl. pro uncia), pro factura rose 10 fl., *zusammen* 96 fl. 9 tur. gross., 1 anulus auri cum saphiro et granato.

7. *(f. 84ᵃ ss.)* **pro scripturis et libris.** *Gesamtausgabe:* 745 fl. 300 d. ad scutum, 7 s. 1 d. tur. gross., 40 s. 8 d. ob. coron.

8. *(f. 86 ss.)* **pro operibus et hedificiis;** magister operum pape: mag. P. Piscis. *Gesamtausgabe:* 25 729 fl. 25 d. ad scuta 2972 regal., 26 s. 11 d. tur. gross., 2 l. 18 s. iulhat., 39 l. 14 s. 3 d. coron., 7 s. 7 d. vales.

9. *(f. 90)* **pro bulla et literis curie.** *Gesamtausgabe:* 46 s. 2 d. tur. gross., 27 s. cor.

10. *(f. 91)* **pro gagiis extraordinariis.** *Gesamtausgabe:* 439$^1/_2$ fl. 6 d. tur. gross.

11. *(f. 92 ss.)* **pro quibusdam extraordinariis et cera.** *Gesamtausgabe:* 7327 fl. 560 agni 5 l. 19 s. 9 d. coron.

12. *(f. 98 ss.)* **pro vadiis familiarium.** 6 solutiones. *Gesamtausgabe:* 20 199 fl. 8051 regal., 4 s. tur. gross. 71 l. 10 s. 1. d. val., 21 l. 17 s. 2 d. cor.

13. *(f. 109ᵛ)* **pro pensionibus hospitiorum.** Dez. 13 facto computo cum mag. Durando Mercatoris, rectore ecclesie de Monteclarano Caturc. dioc., de solutionibus pensionum hospitiorum, que tenent in Auin. tam papa quam domicelli, servientes armorum, hostiarii, cursores quam brodarii pape: pro pensionibus hospitiorum, que tenet papa a 1. Dez. 1334 — 8. Jan. 1337 *(2 Jahre 1 Monat 1 Woche)* et pro pensionibus hospitiorum, que tenent domicelli servientes etc. pro 2 annis integris (—8. Jan. 1337), solvimus 990 fl. 4 l. 3 s. 1 d. tur. gross.

Vgl. Näheres unter B 8ᵃ unten.

14. *(f. 113 ss.)* **pro elemosina pauperum.** *Verwaltung und Ausgaben wie früher. Gesamtsumme (f. 117):* 18 820 fl. 87 d. ad scutum 1093 regal., 31 s. 11 d. tur. gross., 917 l. 13 s. 11 d. coron. *Vgl. Einzelheiten S. 58 f.*

B. Systematisch geordnete Einzelheiten aus den Ausgabetiteln des Jahres 1337 nach Intr. Exit. 164.

1. Chronikalisch wichtigere Angaben.

(cera f. 92) **1337** Jan. 30 pro expensis factis in exequiis Tholosani Trobati, consanguinei Guillelmi Fornerii, nepotis pape, *(Kerzen, Bahre und Leichentuch)* 7 l. 7 s. 4 d. cor.

(f. 93) Cum papa ordinasset 6. Jan. 1337, quod mercatores Azayalorum de Florentia traderent d. Stephano Benerii, rectori ecclesie de Gauliaco Sarlaten. dioc. thesaurario Romandiole, pro munitionibus et aliis oportunis castri Meldule 2000 fl. recuperandos postmodum per ipsos mercatores ex ordinatione pape a d. Iohanne Rigaldi, rectore ecclesie s. Germani de Tilio Mimat. dioc. thesaurario ducatus Spoletani, et Ioh. Iacobi, mercator dicte societatis, recepisset solum a thesaurario Spoletano 1000 fl. ad pondus Perusin. et antequam illos a dicto thesaurario posset recipere, expendisset in 43 diebus cum equo et famulo et salario equi et famuli 28 fl. et postmodum receptis 1000 fl. a dicto thesaurario Meus Carducii, mercator et socius societatis, predicte ivisset apud Romandiolam et assignasset dno Stephano Benerii thes. Romandiole 20. Jan. 1337 in civitate Faventie 2000 fl. . . . et quod pondus Romandiole dicitur esse maius quam pondus Perusii seu Florentie et decostitisset eidem Meo mercatori pro dicta maioritate ponderis (ad rationem $1^{1}/_{2}$ fl. pro 100 fl.) 30 fl. et expendisset eundo de Florentia apud Faventiam 5 fl., et providus vir Rencius Iohannis peteret a nobis seu camera apostolica quod sibi satisfaceremus de dictis 1000 fl. et expensis, que ascendunt 63 fl. et pro portagio seu cambio dictorum 2000 fl. de civitate Florentie usque ad civitatem Faventie (2 fl. pro centenario) 40 fl., *zusammen* 1103 fl.

Aug. 27 de mandato pape Dapho de Camodea, familiari d. Aycardi archiepiscopi Mediolan., in relevationem expensarum factarum per dictum archiep. ad Rom. curiam vocatum pro certis negotiis 150 fl.

Eadem die Matfredo de Monteacutto, familiari d. Iordani episcopi Bobiensi, nomine ipsius episcopi recipienti in causa predicta 100 fl.

(extraord. f. 91) Sept. 18 d. Iohanni Amalrici, rectori ecclesie s. Bricii Vasaten. dioc. in provincia Romandiole rectori deputato, 240 fl.

Okt. 15 d. Arnulpho Marcellini, can. Agennen., thesaurario Campanie deputato, 60 fl.

Dez. 10 pro vadiis fr. Remigii Sapiti, sacre pagine professoris, sibi debitis a 1. Sept.—10. Dez. ($^1/_2$ fl. pro die) 51 fl.

(coquina) **1337** Jan. 11—18 fuerunt hospites (pape) ambaxatores regis Castelle, comes Fuxen. et abbas Fontis Frigidi.

Febr. 1—8 *desgl.* ambaxatores Bavari,[1] episcopi Mirapiscen. et Auin.

März 15 – 22 *desgl.* Dalphinus Vienen. et 4 milites ac episc. Auin.

April 12 — 19 (festo cene) *desgl.* omnes cardinales et 5 ambaxatores regis Francie.[2]

April 26 — Mai 3 *desgl.* ambaxatores regis Francie et ambaxatores Bavari.

Juli 12 – 19 *desgl.* 10 ambaxatores Romani.

Juli 19 — 26 comederunt cum papa dd. cardinales de Ispania et de Montefaventio, qui recedebant in Franciam et Angliam.

(panataria) **1337** Febr. 8 — 15 fuerunt hospites comes Iulhiaci, dux Bavarie[1] et 6 eorum milites.

Ende Nov. comederunt cum papa 22 episcopi et archiepiscopi, qui tunc celebrabant concilium provinciale [in s. Ruffo].

Botenlöhne.

(cera) **1337** Juli 21 Laurentio de Preychio, pape cursori, misso cum literis Apostolicis apud Franciam et Angliam ad d. P. Burgundionis super facto gerre regum Francie et Anglie ex ordinatione expressa pape, quod non portaret litteras secum officii, ut citius rediret, 14 fl.

Eadem die Ludovico de Merana, cursori misso, per eundem modum ad Bavarum et archiepiscopum Maguntin. de predicto mandato 14 fl.

Nov. 7 Laurentio de Prissis, cursori misso, apud dd. regem Francie et Anglie ac dd. cardinales cum literis Apost. 8 fl.

1a. Almosenwesen. 1337.

(I. E. 164 f. 113 ss.) d. Geraldus Latremoliera administrator hospitii elemosine Pinhote pape.

Am 22. März erhalten die vier Mendikantenklöster in Avignon je 100 fl. *zum Kirchenbau.*

März 27 de mandato pape Grimoardo de Fagiis, custodi ord. Min. Caturc., pro expensis in capitulo proximo futuro in civitate Caturc. 50 fl.

Mehrere Heiratsdoten im Betrage von 4, 25, 10, 30, 10 fl. *werden an die Väter der Bräute verteilt an verschiedenen Daten.*

Mai 14 distribuimus conventibus pauperibus religiosorum et religiosarum Auin. causa elemosine pro pictantia loco elemosine prandii, quod solebat fieri in certis festivitatibus anni in hospitio elemosine Panhote in victualibus certis pauperibus ultra numerum ordinarium pro toto anno, (Ostern 1336 - Ostern 1337) 173 fl. *Davon erhalten die Dominikaner und*

---

[1] Es waren Graf Wilhelm von Jülich und der Pfalzgraf Ruprecht. Schon am 7. Febr. schrieb der Papst an Ludwig den Bayern über den am 1. Febr. stattgehabten Empfang seiner Gesandten (Riezler, Vatik. Akten S. 664).

[2] Die französischen Gesandten verhandelten ebenfalls über die Angelegenheit Ludwigs des Bayern (ebd. S. 666 ff. No. 1872 ff.).

Franziskaner je 37 fl., *die Augustiner und Karmeliten je* 24 fl., *die Clarissen* 11 fl., *die Schwestern von S. Laurentius, S. Veranus, S. Katharinen und S. Marien je* 10 fl.

Pro 24 visitationibus hospitalium pauperum Auin.: faciendis die electionis pape, festo nativ. D^{ni}, circumcisionis D^{ni} et quod est 1. Ian., festo apparitionis, die coronationis pape, 1. Febr., festo purificationis b. Marie, 1. Marc., festo annuntiationis b. Marie, 1. April, die Veneris Sancti, festo Pasche, festo ascensionis D^{ni}, 1. Maii, festo Pentecostes, festo s. Trinitatis, festo Corporis Christi, 1. Iunii, festo b. Iohannis Baptiste, festo bb. Petri et Pauli, 1. Juli, 1. Aug., festo assumptionis b. Marie, (50 s. cor. pro qualibet visitatione) solvimus Guillo de s. Paulo clerico 57 d. ad scutum auri 10 s. cor. (1 scut. = 20 s. cor.).

(f. 114v) Juli 2 de mandato pape et ex ordinatione per ipsum facta, quod mense quolibet dentur amore dei pauperibus religiosis et infirmis verecundantibus 100 fl., tradidimus d. B. de Cambiaco (Cannaco), archidiacono Lumbarien. in ecclesia Albien., pro dicta elemosina facienda pro mense presenti Iulii 100 fl.

So auch in den folgenden Monaten. Im November wird er electus Albiensis.

Nov. 6 pro elemosina de mandato pape facienda et distribuenda per d. Arnaldum Isarni, canonicum Lodouen., in dioc. et civitate Narbon., Biterren. et Agathen. 4000 fl.

Von den elemosinarii *werden im Jahre 1337 verteilt unter die Armen* 7491$^{1}/_{2}$ saumate bladi, 21 saum. 3 emin. fabarum, 575$^{1}/_{2}$ saum. vini.

Die Wochenausgaben der Elemosina durch Geraldus Latremoliera *ähnlich wie 1336.*

I. E. 164 *f.* 98 ss.   **2. Beamtengehälter.**

Vorbemerkungen. Manche Beamte tragen Uniformen (librate) *mit dem Wappen des Papstes; vgl. unten 10. Verschiedenes. Achtwöchentliche Auszahlung:* 6 Solutiones. *Im Durchschnitt beläuft sich die Gehaltsauszahlung auf* 4$^{1}/_{2}$ — 5000 fl.

1 fl. = 22 s. vien.

cancellarie 194 fl. 4 s. 6 d. valoz.
correctori 27 fl. 14 d. val.
marescallo iustitie pro se et medietate salarii 25 servientium 296 fl. 6 s. v.
25 servientibus pro mediedate et 12 pro tota duplicatis vadiis pro capitaneo 211 fl.
magistro in theologia 36 fl. 7 s. 8 d. v.
12 penitentiariis pro tota 297 fl. 9 s. valoz.
16 capellanis pro tota 499 fl. 9 s. v.
4 clericis camere 141 fl. 5 s. 8 d. v.
2 bullatoribus 63 fl. 8 s. 2 d.

Iohanni de Seduno, clerico capelle, 13 fl. 2 s. 2 d.
Petro de Castanhaco, Raymundo de Vunco, Aycardo de Saya et Bertrando
    de Vernholis, magistris ostiariis domicellis, 108 fl. 4 s. 8 d.
Raymundo de Baulhanis, Petro de Podensaco et Arnaldo Camarci, custo-
    dibus Secunde porte, 81 fl. 3 s. 6 d.
10 ostiariis minoribus pro tota et uni pro 28 diebus 152 fl. 6 s. 3 d.
56 servientibus pro tota et uni pro 53 diebus 946 fl. 3 s. 9 d.
44 cursoribus pro tota et diversis 7 diebus 365 fl. 4 d.
1 portario 8 fl. 3 s.
9 palafrenariis 74 fl. 5 s.
3 saumateriis aque 12 fl. 4 s. 6 d.
5 brodariis et uni notario coquine 49 fl. 7 s.
custodi carceris curie 20 fl. 7 s. 6 d.
custodi carceris hospitii pap. Auin. 8 fl. 3 s.
custodi cervorum et alterius salvazine et viridarii 9 fl.
mag. Iohanni Biblie 12 fl. 4 s. 6 d.
lotori pannorum 8 fl. 3 s.
Raymundo scobatori 3 fl. 7 s. 8 d.
Raymundo carraterio 4 fl. 8 tur. gross.
Ioh. trahenti campanam 4 fl. 18 d.
scriptoribus pape pro gallinis pro renovatione pontificatus pape 10 fl.
pro vestibus hyemalibus 54 servientium 270 fl.
pro vestibus 12 penitentiariorum 96 fl.
pro vestibus magistri curie 12 fl.
pro vestibus 9 palafrenariorum 18 fl.

Solutio scutiferorum.

30 scutiferi *werden voll ausbezahlt mit je* 27 fl. 14 d. valoz., 6 scutiferi *für etwas kürzere Zeit (42—54 Tage).*
mag. Petro de Villafera, iudici ordinarie curie marescalli, 15 fl. 3 s. 10 d.
mag. Ricardo de Multis Denariis, iudici in criminalibus curie marescalli,
    12 fl. 3 s. 1 d.
d. Iohanni Piscis, thesaurario curie marescalli, 15 fl. 3 s. 10 d.
dd. Petro Sintherii, Stephano de Utis, Raymundo Servientis, Guillo de
    Convenis, Iohanni Gonterii, Iohanni de s. Quintino, Ioh. Bertrandi,
    Berengario Ademarii, Nicolao Bernardi, Iohanni de Cregossio, Pri-
    vato Pastorelli, Raymundo Seguini et Raymundo de Angladis 215 fl.
Cantono Petri clerico, servienti in capella, 8 fl. 3 s.
fratribus Iohanni, custodi palatii Pontissorgie, Iohanni [Prime] magistro
    marestalle, Iohanni [Engilberti] et Petro Sabaterii, cubiculariis pape:
    46 fl. 2 s.
magistris Petro Vilaris, Pontio Fabri et Arnaldo Fabri, scriptoribus pape,
    49 fl. 7 s.

Iacobo de Broa, Petro Diamantis, Arnaldo de Raysaco, Petro Isarni, Petro Natalis, Raymundo de Coiordano pro toto et Gasberto de Septemfontibus pro 49 diebus 85 fl. 2 s. 8 d.

I. E. 164 f. 98v: Die Namen der Scutiferi:

1) Henricus de Berellis
2) Bertrandus de Castronovo
3) Antonius Catalani
4) Iacobus Raynaldi
5) Arnaldus Raymundi
6) Guills de Cessaraco
7) Iohannes de Castanhaco
8) Aymericus Ianas
9) Gastonus de Pestilhaco
10) Diegus Martini
11) Philippus de Cucurno
12) Bertrandus de Lando
13) Andreas Iohannis
14) Minus Bindi
15) Giba barbitonsor
16) Vitalis marescallus
17) Bernardus Cavalga
18) Chicus de Scorfano
19) Iohannes Capodeferro
20) Ratherius de Cusorno
21) Petrus de Coiordano
22) Bartholomaeus de Iustiniano
23) Benvenutus Nicholai
24) Arnaldus Bernardi de Lados
25) Raynaldus de Ponte
26) Raynaldus Curti
27) Guills de Blandiaco
28) Guills de Marzano
29) Galhardus de Mazerolis
30) mag. P. Piscis
31) Raynaldus de Castronovo
32) Baulatus de Baulato
33) Arnaldus de Malavezina
34) Raymundus de Salis
35) Petrus de Petralata
36) Stephanus Saporis

3. Getreideeinkäufe 1337.

(*I. E. 164 elemos. f. 113 ss.*) Febr. 20 pro 2000 saum. gross. frumenti (22 d. tur. gross. pro saumata) 500 saum. gross. siliginis (14 d. tur. gross. pro saumata) venditis camere pape de mense Sept. 1336 per Lallum Iohannis et Chicum Miti, mercatores curie Rom., pro usu elemosine Pinhote pape et 20 saum. gross. fabarum (20 d. tur. gross. pro saum.) et pro $3^1/_2$ saum. pisorum (12 s. 5 d. tur. gross.) pro dicta elemosina et pro 4 tobaliis 4 longeriis pro usu hospitii elemosine pretio 4 s. tur. gross., que omnia d. Geraldus Latremoliera administrator hospitii elemosine dixit se recepisse, 3966 fl. 5 d. tur. gross.

Aug. 11 pro 1200 saum. gross. de blado emptis pro elemosina Panhote pape ab Andrea Porchi, Marono de Insula, Paulo Bocii, G. de Nemauso, Palmerio de Podio Vilari, Henrico de Aurelionis, Terino de Lauduno, Ricardo Anglici, Folquello de Placentia, Colino de Novavilla, Stephano de Carnaco et G. de Peycheneyria, mercatoribus (!) de Auin., (20 tur. arg. pro saumata) 2000 fl. (1 fl. = 12 d. tur. arg.).

Nov. 15 Foriario Molini ac Pontio de Lion pro 1000 saum. bladi receptis per d. Geraldum Latremoleyra administratorem Pinhote, (20 d. tur. gross. pro saumata) 1666 fl.

Nov. 15 pro 1000 saum. gross. bladi emptis a Nigro de Mediolano (20 d. tur. gross. pro saum.), *zusammen* 1666 fl. 8 tur. gross.

1338 Jan. 7 pro 1000 saum. bladi (21 d. tur. gross. pro saumata), 24 saum. fabarum (15 d. tur. gross. pro saumata), 4 saum. pisorum (2 fl. pro saum.) emptis a Lallo Iohannis, mercatore Rom. curie, de mense Augusti 1337 pro hospitio elemosine pape et receptis per d. Geraldum Latremoliera administratorem hospitii, 1788 fl.

Hafereinkäufe 1337.

(f. 71 marest.) Juni 13 pro 400 saumatis grossis avene, *jede zu* 12 rasi) emptis a Lallo Iohannis mercatore curie Rom., (11 s. 6 d. cor. pro saumata) pro marestallo 230 l. cor. in 287 regal. 8 s. cor.

Aug. 23—30 pro 220 saum. grossis avene emptis a mag. Vitalis apud Cadarossam traditis fr. Iohanni mag. marestalle (14 s. 4 d. ob. cor. pro saum.) 158 l. 2 s. 6 d. cor.).

(f. 74) Nov. 28 pro 150 saumatis grossis avene, qualibet de 12 rasis, emptis a Ferrario Bermundi, mercatore curie Romane, (12 s. pro saumata), receptis per fr. Iohannem Prime, mag. marestalle, et pro portatura avene ad marescalliam 25 s., *zusammen* 91 l. 5 s. cor. (1 fl. = 15 s. cor.).

4. Weinanschaffungen.

(butic.) Dez. 22 facto computo cum G. Teulerii et Gentile Nicholai, servientibus armorum pape, de vinis per ipsos emptis pro usu hospitii pape presentibus P. Isarni et Raim. de Ruppe, buticulariis pape, de 43 vegetibus grossis et 20 botis de mena plenis vini capientibus 400 saum. vini emptis apud Nemausum (13 s. 6 d. tur. p. seu coron. pro saumata et ultra pro toto 25 s. 10 d.) 271 l. 5 s. 10 d. Pro 26 vegetibus grossis et 31 vegetibus vini de mena capientibus 324 saum. emptis in Lunello (12 s. 6 d. ob. pro saumata et ultra pro toto 9 s. 3 d.) 203 l. 12 s. 9 d. tur.

Pro 3 vegetibus vini muscatelli 12 l. 4 s. 2 d.

Pro 13 vegetibus et 13 vegetibus grossis et 2 vegetibus de mena vini emptis in Bellicadro capientibus 100 saum. vini (10 s. tur. pro saumata minus pro toto 10 s. 8 d.) 49 l. 9 s. 4. d.

NB. »de mena« *bedeutet »von geringerem Umfang«.*

5. Schlachtvieh.

(I. E. 164 f. 57 coqu.) **1337** April 19 pro 19 mutonibus datis 16 dd. cardinalibus et 3 officiis curie 11 l. 8 s. cor.

pro 32 edulis datis cardinalibus 8 l. 16 s. cor.

(f. 63) Dez. 20—27 pro 16 porchis datis 14 cardinalibus et camerario, magistro marescallo et servientibus armorum 32 fl. 16 tur. gross.

1338 Jan. 3—8 pro 36 porcis positis in sale pro provisione hospitii pape (2 fl. 1 tur. gross. pro porco) 72 fl. 3 s. tur. gross.

pro 5 porchis pro lardo (4 fl. pro porcho) 20 fl.

5a. Pferde.

(cera f. 93v) **1337** Mai 3 mag. Vitali Guinibaudi, marescallo pape, qui tradiderat de mandato pape palafrenario d. archiepiscopi Rothomagensis, qui fecit presentare pape pulcrum equum album, 15 fl.

6. Gewebe und Pelzwaren.
a) Tuche.

(I. E. 164 f. 114 elemos.) Juli 13 facto computo cum B. Authonis, domicello Auxitan. dioc., de pannis emptis apud Andusiam pro elemosina Panhote: pro 200 peciis pann. tam alborum quam burellorum (29 s. 6 d. tur. p. pro pecia) 395 l. tur. p. et pro portatura 40 cargarum ipsorum pannorum usque ad Auin. 15 l. et pro corraterio et portandis pannis a loco, quo fuerunt empti, usque ad hospitium d^{ni} B. Sistre in Andusia 40 s. et pro expensis etc. 50 s., *zusammen* 496 regal. 11 s. 4 d. tur. p.

Sept. 16 pro 3½ peciis de burello de Claromonte (4 l. 5 s. cor. pro pecia), 3 blanquetis debitis (3 l. 3 s. 4 d. pro pecia), 3 cannis de blanqueto (8 s. pro canna) datis causa elemosine de mandato pape monialibus de Mologesio 34 fl. 9 s. 6 d.

Jan. 7 (1338) facto computo cum Bartholomeo domicello Auxitan. dioc. de pannis emptis per ipsum in partibus Appamiarum pro facienda elemosina pape pauperibus et religiosis et pauperibus puellis maritandis tam de Tholosa, Mirapiscen. Rivis Appamiarum, Bellopodio, Fuxo, Savarduno, Montepello et Auinione: pro 162 peciis pannorum tam blavorum quam viridium (6 l. 10 s. 9 d. pro pecia) 988 l. 2 s. 9 d. tur. p.; pro 28 pannis de burello (4 l. 15 s. pro pecia et ultra pro toto) 133 l. 5 s.; pro 2 pannis de bruneta pretio 14 l. 15 s.; pro 38½ peciis pannorum blanquetorum (4 l. 15 s. 9 d. pro pecia et ultra pro toto 1 s. 4 d. ob.) 184 l. 8 s. 9 d.; pro 338 cannis de specula (2 s. 4 d. pro canna) 38 l. 5 s. 4 d.; pro 16 lodicibus pro hospitalibus Auin. pretio 11 l. 6 s., et pro aliis 16 lodicibus pretio 64 s. et pro baxatura etc., *zusammen* 1437 l. 11 s. 4 d. tur. p. in 30 scudatis auri, 597 regal. 900 l. 2 s. 4 d. tur. p.

März 22 pro 40 peciis pannorum videl. 20 de Gandavo et residuis 20 de Loanno emptis a Forezio Falconerii, mercatore de societate Albertorum, pro vestibus yemalibus domicellorum pape (21½ fl. pro petia) 860 fl.

Aug. 13 Lamberto Lapi Lamberteschi de societate Albertorum de Florentia pro 40 peciis pannorum pro vestibus stivalibus domicellorum pape: 20 virgatis de Gandavo et 20 planis marbrini de Loanno (21½ fl.) 860 fl.

b) Weißzeug (Linnen).

(f. 81 orn.) pro 26 mappis, 18 longeriis, 25 manutergiis diversorum locorum pro papa et mensis panatarie et buticularie 54½ fl. 8 s. tur. gross.

pro 24 cannis tele rubee pro folrandis 3 pannis ad aurum cathedre pape 66 s. cor.

(f. 84v) Pro 49½ cannis tele pro folrandis 3 supercelis camere 6 l. 12 s. cor.; pro 6 cannis tele subtilis pro vestibus secretis pape 3 fl.

Pro 92 cannis tele viridis pro faciendis cortinis et studiis pape 23 s. tur. gross. et pro 1 pessia (petia) diaspri albi et aurifrigio cendato et 1 cardono de filo pro 1 tunicella subdiaconi pape 10 fl. 5½ d. tur. gross.

Pro 10 cannis tele viridis pro cortinis positis in camera magis secreta 2 s. 11 d. tur. gross.; pro 2 lumbaribus 22 d. . . . etc.

c) Teppiche

(f. 85 orn.) Dez. 30 pro 8 tapetis Parisiensibus viridibus cum rosis rubeis pro camera pape capientibus 424½ alnas emptis Parisius per mercatores societatis Bardorum (8 s. parisien. pro alna) 169 l. 16 s. parisien. et pro portatura de Paris. usque ad Auin. et tela linea, in qua fuerunt plicata dicta tapeta, et quibusdam aliis minutis 8 l. 1 s. 10 d. parisien. solvimus Francisco Baldoini, mercatori dicte societatis, 318 fl. 7 tur. gross.

d) Pelze.

März 11 pro folraturis emptis a mag. Bertrando de s. Laurentio, pellipario Avin., pro vestibus pape a 4. Nov. 1336 — 11. März 1337: pro 348 panciis variorum pro gannachia et tunica pape (9½ fl. pro centenario) 33 fl. 11 d. cor.; pro 174 panciis variorum pro gannachia alia pape (9¾ fl. pro centenario) 16 fl. 11 d. tur. gross. 8 d. cor.; pro 350 panciis variorum pro alia tunica et alia gannachia (9¾ fl. pro cent.) 34 fl. 19 d. cor.; pro 2 gannachiis de Papiis datis nepti pape de mandato pape 9 fl., 92 fl. 11 d. tur. gross. 3 s. 2 d. coron.

März 3 pro 129 folraturis agnorum empt. per d. Iohannem Cortoys, pape scriptorem, pro vestibus yemalibus domicellorum pape (8 tur. gross. pro folratura) 86 fl.

Juli 7 mag. Bertrando de s. Laurentio, pellipario Auin., pro 130 folraturis agnorum emptorum ab ipso pro libratura vestium estivalium domicellorum pape (9 tur. gross. pro folratura) 99 fl.

Aug. 20 pro 338 pellibus erminorum pro papa a mag. Bertr. de Laurentio, pellipario de Auin., (28 fl. pro centenario) 94 fl. 6 d. tur gross.

Dez. 11 mag. Bertrando de s. Laurentio pro 568 pansis de variis minutis (10 fl. pro cent.) 56 fl. 9 d. tur. gross., que fuerunt posite in 1 mantello, 1 gannachia et 1 capucio pape; pro preparandis 350 erminis pape positis in 2 mantellis, 1 capucio, 2 birretis pape et pro faciendis predictis pretio 5 fl.; pro 1 mantello grizorum pape, quod fuit restitutum illi, a quo habitum erat, pro eo, quod non placebat pape, pro detenamento 1 fl. Pro 686 pansis variorum positis in 1 gannachia, 2 tunicis, 1 mantello et 1 mitra pape (11 fl. pro cent.) 75$^1/_2$ fl. Pro 133 folraturis agnorum pro domicellis (9 d. tur. gross. pro folratura) 4 l. 19 s. 9 d. tur. gross., *zusammen* 238 fl.

Jan. 7 (1338) pro 1 folratura variorum posita in 1 capa pape et pro alia folratura variorum posita in 1 capucio pape receptis a mag. Bertrando de s. Laurentio, pellipario Auin., in mense Dec., in quibus folraturis erant 383 pansi, (11 fl. pro cent.) 42 fl.

7. Wachs und Kerzen.

(I. E. 164 cera f. 92) **1337** Jan. 30 Francisco de Gerdona, serv. arm. et ypothecario pape: pro 25$^1/_4$ lb. cere rubee pro literis sigillandis 42 s. 1 d.; pro 100 torticiis cere ponderis 635$^1/_2$ lb. pro anniversario fel. record. dⁿⁱ Ioh. pape XXII. (6 d. pro libra) 42 l. 7 s. 4 d. cor.

Febr. 25 pro 2 quintalibus candelarum de cepo emptis per d. Iacobum de Broa, can. Bituric. pape familiarem, a Girardo candelario Rom. curie (4 fl. pro quint.) 8 fl.

Apr. 29 pro 3 quint. cere emptis per mag. Iacobum de Broa, can. Biturricen., a Guill^o Finamore, mercatore de Ianua, pro usu hospitii pape (12$^1/_3$ agn. pro quintali) 38 fl.

Juli 1 pro 11 cargis (= 33 quintalia 17 lb.) cere emptis per mag. Iacobum de Broa, can. Bitur., a certis mercatoribus de Ianua (35$^1/_2$ agn. pro carga) 392 agn. 7 s. 6 d. cor.

Juli 8 pro 6 cargis valentibus 18 quint. 80$^1/_2$ lb. de cera emptis per mag. Iacobum de Broa a certis mercatoribus de Ianua (*die* carga *von* 3 quint. 6 lb. *zu* 35 agn., *die* carga *von* 3$^1/_2$ quint. *zu* 36 agn.) 220 agn. 9 s. cor.

Sept. 12 pro 2 quint. candelarum de cepo emptis per d. Iacobum de Broa a Geraldo candelerio (46 s. pro 1 quintali, 50 s. pro altero quint.) 6 fl. 10 s. 6 d. cor. (1 fl. *teils zu* 13$^1/_2$, *teils zu* 15 s. cor.).

7a. Spezereien.

(f. 61^v coqu.) pro 105 emin. olei emptis apud Paternas et Vallemclusam (4$^1/_2$ tur. gross. pro emina) et pro portatura dicti olei 2 fl.: 41 fl. 4$^1/_2$ tur. gross., pro 6 quint. amicdalorum emptorum apud Insulam Venat.[1] (16 s. 3 d. pro quintali) 5 l. 6 d.

8. Bauausgaben.

(I. E. 164 f. 86 ss.) Päpstlicher Baumeister ist, wie 1336, mag. Petrus Piscis, *der wie früher monatlich Rechnung ablegt für die verschiedenen Bauausgaben, Handwerker und Arbeiter in Avignon; vom 1. August an tut dies* B. Canelle, cler. Narbon. dioc.

---

[1] Wohl verschrieben für Venac[in.] = Venaissin.

(f. 87) Sept. 16 facto computo cum d. Iohanne Lafaie, castellano Pontissorgie, de operibus factis per ipsum pro papa in Pontesorgie videl. pro reparatione portalis primi palatii Pontissorgie, quod portale minabatur ruinam, et pro 1 pilari lapideo facto subtus coquinam et pro 1 gradario facto in coquina de lapidibus et fusta et pro fornello de gippo et fusta facto in dicta coquina 42 fl. 17 l. 18 s. 9 d. cor.

Pro faciendo recoperiri aliquas domos palacii et 2000 tegulis emptis pro recoperiendo et aliquibus reparationibus minutis in dicto palatio 67 s. cor.

(f. 88) Nov. 20 Petro Folcoandi et Iohanni Capelerii, lapiscidariis de Auinione, (qui pro pretio 3½ fl. construunt aulam seu truellum palacii Apost. apud Auinionem pro canna cadrata) in diversis vicibus 1400 fl.

Lamberto Fabri, Martino Guinandi, qui pro precio 143 fl. destruere ac diruere debent cameram antiquam pape et muros corretorii antiqui, 83 fl.

Iacobo Vayrani, fusterio de Auinione, qui pro precio 350 fl. coperire et operare de fustibus aulam seu tinellum palacii Apost. tenetur, 80 fl.

Petro Gauterii, fusterio de Auinione, qui pro precio 30 l. cor. coperire debet de fusta caput correttorii, quod est usque audientiam, et operare, 40 fl.

1338 Jan. 7 facto computo cum Rostagno Berc, serviente armorum pape, et Petro Gauterii, fusterio Auinion., de lig[n]aminibus seu fusta per ipsos emptis apud Saycellum pape et portatis apud Auinion. in 2 viagiis per ipsos factis ad dictum locum de Secello a mense Febr. 1337 citra *(die einzelnen Einkäufe werden spezifiziert aufgeführt)*, zusammen 2122 fl. 4 tur. gross. 3 tur. p.

Tagelöhne der Bauhandwerker vom Jahre 1337
aus dem Manuale des Baumeisters Petrus Piscis *(I. E. 160).*

(f. 1) **1337** Jan. *Am Palast beschäftigt an 23 Arbeitstagen:*
Mauermeister (maestres peyries) *erhalten* 2 *je* 2½ s., 26 *je* 2 s. 2 d., 8 *je* 20 d.
Zimmerleute (fusties) 6 *je* 3 s., 9 *je* 2½ s., 6 *je* 2 s., *nur einer* 20 d.
Steinbrecher (fragelies) 13 *je* 2 s., 2 *je* 18 d.
Handlanger (manobries) *nur einer* 20 d., 65 (!) *je* 8 d., 5 *je* 10 d., 14 *je* 6 d.
Bleiarbeiter (plumbies), *einer* 5 s., *ein anderer* 3 s., 3 *je* 2 s.

Außerdem werden zahlreiche Maurer und Arbeiter in muro viridarii *beschäftigt. Im Februar erhalten die Handwerker in ähnlicher Zahl wie im Januar den gleichen Tagelohn, auch an 23 Arbeitstagen. Dazu kommen*
(f. 17) Maler und Anstreicher (penheyres), *einer erhält täglich* 4 s., *einer* 3 s., 4 *je* 2½ s., 7 *je* 2 s., 4 *je* 1 s., 2 *je* 20 d.

(f. 26) *Im März werden 26 Arbeitstage an noch zahlreichere Bauhandwerker bezahlt.*

8. Bauausgaben. Farbenpreise. 8a. Wohnungsmieten.

Im April (f. 54) sind viel mehr Maler *und* Anstreicher *beschäftigt;*
2 erhalten je 4 s., 2 je 3 s., 6 je 2½ s., 18 je 2 s., 4 je 20 d., 3 je 1 s.
  Im April *sind 22 Arbeitstage. Im* Mai *sind 24 Arbeitstage. Die Arbeitslöhne werden aufgebessert:* 2 Maurermeister *erhalten je 3 s., 2 je 2 s. 8 d., 2 je 2½ s., 30 je 2 s. 4 d., 33 je 2 s., 5 je 22 d., 13 je 20 d., 5 je 18 d., einer 15 d. Tagelohn.*
  Die Handlanger sind bedeutend vermehrt.
  (f. 72) Von den Malern *erhalten jetzt 2 je 4 s., 17 je 3 s., 6 je 2½ s., 10 je 2 s., 3 je 1 s., 3 je 20 d. So geht es dann die Sommermonate ähnlich weiter bis August, vor dem das Buch abschließt.*

Farbenpreise *(I. E. 160 f. 34 für März 1337).*
Für den Palastbau in Avignon:

pro 21¾ lb. d'azur fin (a 20 s.) 21 l. 15 s.
pro 43 lb. ennega d'azur gros (a 6 s.) 13 l. 1 s.
pro 1 lb. d'azur fin (a 20 s.) 20 s.
pro 20 lb. d'azur (a 16 s.) 16 l.
pro 48 lb. de meni (a 6 d.) 24 s.
pro 23 lb. de vermelho (a 2 s.) 46 s.
pro 45 lb. de blanquet (a 10 d.) 37½ s.
pro 13 lb. d'aur piment 13 s.
pro 12 lb. d'ocra 2 s.
pro 6 lb. de bol dalisandre (a 6 d.) 3 d.

So ähnlich in den folgenden Monaten. Vgl. ferner unten S. 72, März 21.

8a. Wohnungsmieten (Solutiones pensionum hospitiorum).

(I. E. 160 f. 101 ss.) **1337** März 3 . . . d. Iohannes Dei gratia ep. Auin., pape thesaurarius, voluit et ordinavit, quod fierent solutiones pensionum hospitiorum, que tam d. papa quam domicelli et scutiferi, servientes armorum, cursores et brodarii eiusdem d. pape tenent in Rom. curia, pro 2 annis integris terminatis 8. Jan. 1337, qua die papa fuit coronatus, et pro 2 annis 1 mense 1 septimana pro pensionibus hospitiorum, que tenet papa seu camera vel curia sua videl. a 1. Dec. 1334 usque ad 8. Jan. 1337.
  Voluit autem d. thesaurarius, quod solutiones hospitiorum fierent per me Durandum Mercatoris, capellanum et familiarem . . . d. Gasberti archiep. Arelaten., pape camerarii, assistentem michi, et consilium prebente . . . d. Guillelmo de Petrilia, precentore ecclesie Remen., pape clerico.
  Schlußsumme (f. 130ᵛ) 990 fl. 4 l. 3 s. 1 d. tur. gross., 7 d. ob. vien. (1 fl. = 22 s. vien., 1 tur. gross. = 22 d. vien., 1 tur. p. = 5 picte vien.).
  Ich lasse einige Beispiele der Mietszahlungen folgen, die meisten geben nur den Preis der Wohnung, den Mieter und Vermieter an.

(f. 102v) mag. Petro Piscis pro pensione hospitii Alfanti Sarralherii, civis Auin., situati iuxta Audientiam fuit satisfactum de pecunia camere pro dictis 2 annis in 10 fl. 5 s. vien. (in 9 l. tur. p.). Hospes non erat presens nec alter, a quo tenet hospitium, sed promisit, quod bene satisfaceret eis, et habuit vadia sua scil. 27 fl. 14 valos.

Petro de Castanhaco pro pensione hospitii Bertrandi de Aramone, filii Guillelmi de Aramone, civis Auin., situati in parochia s. Stephani, taxati in concordia inter ipsos *(diese Bemerkung sehr häufig)* 9 l. tur. p. in 10 fl. 5 s. vien. et dictus hospes fuit contentus.

Servientes armorum:

(f. 108) Guillelmo de s. Marcello condam seu Iacobo de s. Marcello, eius filio, pro pensione hospitii Petri Maleti, civis Auin., seu Rixendis eius uxoris, situati in parochia s. Symphoriani taxati in 12 fl. per annum fuerunt soluti . . . presente d. Petro Maleti . . . 4 l. 16 s. tur. p.

(f. 109) Persavallo de Bergamo pro pensione hospitii Antonii de Paragio, filio Iacobi de Paragio, situati in parochia s. Agricoli taxati in 8 fl. per annum fuit satisfactum de pecunia camere pro 2 annis: 4 l. 16 s. tur. p. in 5 fl. 10 s. vien. Habuit vadia sua scil. 16 fl. 6 tur. gr.

(f. 110) Andree de Neapoli pro pensione hospitii Pontii Grimaudi, civis Auin., situati in fustaria parva taxati per mensem in 6 s. vien. fuit satisfactum de pecunia camere . . . 5 fl. 10 s. vien.

(f. 111) Uberto Raynerii pro provisione hospitii Laurentii Raymberti, civis Auin., situati in fustaria minori, 5 fl. 10 s. vien. et dictus hospes fuit contentus.

(f. 112) Bertrando de Calen pro pensione hospitii heredum Bermundi de Mazano, civium Auin., situati in parochia s. Agricoli, fuit satisfactum pro 4½ mensibus, quibus fuit in curia et in dicto hospitio post coronationem pape, presente Guillelmo de Mazano, tutore dictorum heredum, . . . 1 fl. 6 d. vien. etc. etc.

(f. 127) Ludovico de Aurono, filio et heredi d. Iacobi de Aurono, legum doctoris, pro pensione 2 annorum 1 mensis 1 septimane, quo tempore camera pape tenuit hospitium suum situm in Peyssoneria pro reponendis carnibus et piscibus, dum emuntur pro papa, prout Guillelmus Bedocii, emptor coquine, asseruit, 10 fl. 6 d. tur. gross., dictum hospitium est taxatum per annum in 5 fl., prout apparet per libros antiquos.

pro hospitio, in quo tenetur fabrica pape, iuxta ecclesiam s. Catharine, prout asseruit mag. Vitalis Guinibaudi marescallus, 10 fl. 6 tur. gr.

pro hospitio deputato pro buticularia pape pro reponendis vasis vacuis penoris pape iuxta Rodanum a Richardo Redelerii 17 fl. 4 s. 9 d. vien.

Stephano Iohannis, peyssonerii Auin., pro pensione piscarii situati in Sorgia in burgo d. Poncii Augerii taxati in 25 fl. per annum pro conservandis luciis et aliis piscibus pape, prout retulit Guillelmus Bedocii, emptor coquine pape, 27 fl. 4 tur. gross.

8a. Wohnungsmieten.

(f. 128) Ricardo Redelerii pro pensione 5½ mensium cuiusdam hospitii prope Rodanum videl. solarii, in quo sunt 3 camere, taxati in 15 s. vien. pro mense, quod hospitium tenuit camera Apost. . . . pro tenendo blado elemosine, . . . 3 fl. 16 s. 6 d. vien.

d. Guillelmo de Sabrano militi pro pensione 2 annorum 1 mensis 1 septimane, quo tempore camera tenuit hospitium ad usum Pinhote, (6 s. 8 d. vien. per mensem) 7 fl. 14 s. 4 d. vien.

d. Catherine uxori quondam d. Guillelmi de Bulbone pro pensione . . . hospitii magni, in quo morantur elemosinarii et servitores elemosine et datur pinhota, (60 s. vien. in mense) . . . 68 fl. 19 s. vien.

Noch ein anderes hospitium pro Pinhota, 5 s. *monatlich,* 5 fl. 16 s. 3 d. vien.

d. Guillelmo Boici, capellano beneficiato in ecclesia s. Agricoli, procuratori capituli dicte ecclesie, pro pensione hospitii dicti capituli vocati De s. Benedicto pro orreis sive blado Pinhote reponendo *(jährlich* 36 fl. 8 s. vien.). *Davon wird aber nur gebraucht* 1 magna aula et 1 camera *(jährlich 9 fl.)* 18 fl. 11 tur. gross.

Die übrigen Räume (aule, diverse camere, coquina, stabula, curtis et diverse mansiones ac puteus) *werden von den Beamten*[1] *und Gefangenen des Avignoneser Offizialates bewohnt (jährlich* 27 fl. 8 s. vien.) 38 fl. 9 tur. gross.

(f. 129) Solutiones hospitiorum carceris pape (camera solvit 2 partes et Raynaldus de Ponte domicellus, magister carceris solvit tertiam partem):

d. Rostagno Caualerii, militi de Auinione, et Iohanni et Rostagno Caualerii, filiis et heredibus Guillelmi Caualerii, pro hospitio pro carcere predicto iuxta ecclesiam s. Desiderii, *(monatlich* 60 s. vien.) 45 fl. 20 s.

Iohanni Turci et Petro Turci, filiis et heredibus Petri Turci de Auinione, pro pensione hospitii, quod Raynaldus de Ponte tenuit . . . pro dicto carcere (iuxta eccl. s. Desiderii) taxati per mensem 10 s. vien.: 7 fl. 14 s. 4 d. vien.

(f. 130) Petro de Malaspina, civi Auin., pro pensione 1 anni 1 mensis 1 septimane, pro tempore bullatores pape tenuerunt hospitium suum pro officio bulle situm in parochia s. Simphoriani *(monatlich* 30 s. vien.) 34 fl. 9 s. 6 d. vien.

Bertrando Raynoardi, domicello de Auinione, pro hospitio suo prope Audientiam palatii pro scolis, in quibus magister curie legit sacram theologiam, *(monatlich* 13 s. 4 d. vien.) 15 fl. 6 s. 8 d. vien.

Alfanto Sarralherii, civi Auin., pro pensione hospitii iuxta Audientiam pro saumeriis portantibus aquam pape *(monatlich* 8 s. 4 d. vien.) presente Iacobo Raynaldi, domicello pape, faciente portari aquam, 9 fl. 12 s. 5 d. vien.

---

[1] d. Hugo Augerii et d. Guillelmus Lombardi, officiales episcopatus Auin. pro papa.

9. Bibliothek und Schreibwaren.

(I. E. 164) **1337** Jan. 22 pro 60 duodenis pergamenorum tam edulorum quam mutaninorum emptorum a mag. Hugone Lagulher, pergaminario curie Rom., (7 s. cor. pro duodena) 32 fl. 4 s. cor.

(script. f. 84ª) **1337** Febr. 4 mag. Andree de Belvaco, illuminatori literarum, Romanam curiam sequenti, pro 3900 parafellis et 850 literis parvis et 29 literis aureis per ipsum in quibusdam libris pape positis et factis ad rationem millenarii parrafellorum 5 s. cor. et 100 lit. parv. 4 s. 9 d. et cuiuslibet litere auree 3 d. cor., *zusammen* 4 fl. 6 s. 7 d. ob. cor. (1 fl. = 13 s. coron.), *ähnlich noch mehrere Male.*

März 6 facto computo cum fr. Iohanne Engilberti ord. Cisterc., pape cubiculario,[1] de expensis ... solutis scriptoribus, qui scribunt libros domini nostri videl. Rabanimauri super Mattheum, postillam eiusdem domini nostri Benedicti super Matheum, 4 libros mag. Alexandri super sententias, Iohannem Ravennatis et nonnullos alios ... a 27. April 1336 —20. Febr. 1337: 228 fl.

mag. Bertrando Galterii, Rom. curiam sequenti, pro classa, regulis, incaustro, regulatoriis, plumbeis pro usu camere thesaurarii pape ab 8 mensibus proxime preteritis (—1. März) 25 s. 7 d. cor. in 2 fl. minus 5 d. cor.

(I. E. 164 f. 91 extraord.) **1337** April 25 pro vadiis fr. Pastoris ord. Min., qui examinat scripta pape, debitis de mensibus Decembr., Ian.-Marcii *(je* 7 *dies)* et de mense Aprilis pro 15 diebus *(täglich* $^1/_2$ fl.), *zusammen* 44 fl. Aug. 7 *desgl.* pro 55 diebus 27 $^1/_2$ fl. Okt. 8 *desgl.* pro 35 diebus 17 $^1/_2$ fl.

(script.) Iuni 13 pro ligatura 4 librorum: libri omeliarum, missale, evangelistarii et epistolarii capelle s. palatii cum pellibus et cerratoriis ac ligatura libri inventarii pape solvimus Iohanni de Tullo, ligatori librorum, 12 tur. arg.

Juli 5 pro 1 pelle magna de irco empta per mag. Geraldum Arnaldi, scriptorem pape, pro facienda magna litera bullanda super homagio recipiendo a d. Roberto, illustri rege Sicilie, dirigenda archiepiscopis Ebredun. et Neapolitan., 25 tur. arg.

Juli 6 pro instrumento testamenti seu ultime voluntatis d. A. bone mem. s. Eustachii dioc. card.,[2] certis de causis camere Apost. necessariis, mag. Raymundo Amici de Altaruppa, notario Riven. dioc., 6 fl.

Aug. 12 pro 56 duodenis pergamenorum tam agninorum quam edulinorum empt. a mag. Hugone Lagulhier, pergamenario curie Rom., ... 7 s. cor. pro duodena: 27 fl. 6 d. cor. (1 fl. = 14 s. 6 d. cor.).

Dez. 21 pro 3 libris Galilei (statt Galieni!) medicine emptis de

---

[1] Über ihn vgl. Fr. Ehrle, Bibliotheca S. 176.
[2] Kardinal Arnaldus de Via, Neffe Johanns XXII., † 1335 Nov. 24.

mandato pape per d. Gaufridum ep. Regen.[1] ab executore bone mem. B. episcopi Albien.[2] 50 fl.

— pro ligatura librorum rationum redditarum per mag. P. Picis super operibus pape solvimus mag. Iohanni de Tullo, ligatori Romane curie, 1 fl.

1338 Jan. 7 pro 12 pellibus magnis emptis per mag. Geraldum de Careria, pape scriptorem, pro faciendis literis et processibus contra Bononienses 21 fl. minus 2 tur. gr.

Jan. 6 facto computo cum fr. Iohanne Engilberti *(wie März 6 oben)* de expensis factis per ipsum ac solutis scriptoribus, qui scribunt libros pape, videl. Rabanimauri super Matheum, postillam pape etc., 350 fl. 3 tur. gross. 12 d. cor.

10. Verschiedenes.

Gefangene *(cera f. 93v).* **1337** Juni 3 pro expensis factis per d. Arnaldum Barte, custodem carceris hospitii papalis Auin., fr. Iacobo, priori s. Eusebii, et fr. Guillelmo Antifex captivis (29. März—3. Juni = *67 Tage*) *täglich für jeden* 12 d.: 10 fl. minus 12 cor.

Juni 12 Raymundo Amelii, carcerario curie officialatus Auin., pro expensis factis per ipsum captivis, qui tenentur capti de mandato d. G. Lombardi commissarii ad hoc specialiter deputati per papam, videl. d. Petro de Coaraza presb. et Iohanni de Saluis de Atalcate Auxitan. dioc. (14. Jan. —12. Juni = 150 dies) *täglich für jeden* 12 d., *zusammen* 23 fl. 12 d. cor. (1 fl. = 13 s. cor.).

Juni 25 pro 7184 quint. lignorum combust. a Bidono Argentini, mercatore curie Rom., pro provisione hospitii (6 tur. p. pro quintali) 218 regal. 11 s. 7 d. tur. p.

(coquina) Sept. 6 pro 4 saumatis agreste pro provisione hospitii 56 s.

(f. 72v) Heu *(marestalla)* Juli 26 mag. Vitalis marescallus dixit se emisse fena pradarie paludis clavarii Biturrite, in quibus erant communi extimatione, ut dicebat, 2800 quint. feni pretio 145 fl. et dixit se expendisse pro faciendo secari dicta fena 24 fl. et pro colligendo et desiccando dicta fena et faciendo aportari usque ad portum Auin. 54 fl. et pro portatura dicti feni a dicto portu Rodani usque ad fenariam et faciendo medam 20 fl. et pro 200 faysiculis lignorum positis subtus medam etc. 243 fl. 4 l. 5 s. cor.

(f. 73v) Stroh: Nov. 8 pro 140 saumatis palearum emptarum a clavario Biturrice (14 d. pro saumata) 8 l. 3 s. 4 d. cor. pro 2 palleriis, in quibus fuerunt 120 saumate, emptis a P. Rostagni et Berengario Raimundi de Biturrita 4 l. 10 s.

---

[1] Bischof Gaufrid Rabety von Riez 1334—1348.
[2] Bernardus de Camiet, Bischof von Albi, päpstlicher Hofkaplan, † 1337 Nov.

(f. 86) **1337** April 7 pro 291 quint. 40 lb. plumbi pro coperienda turre palatii Auin. emptis tam a mercatoribus Bardorum quam Fanasco Baralhi quam a Stephano Huon (15 s. cor. pro quintali) et pro 4 quint. 26 lb. plumbi emptis a Chionello de Podio (16 s. 3 d. cor. pro quintali) 346 fl. (1 fl. = 12 s. 10 d. cor.)

(bulla) 20 quint. 22 lb. plumbi pro usu bulle (15 tur. gross. pro quintali).

pro 213 libris cordarum canapis emptis per fr. Berengarium bullatorem (1 tur. gross. pro libra) 17 s. 9 d. tur. gross.

(cera f. 92v) **1337** Febr. 23 Varino de Florentia, qui ex parte regis Roberti duxit 2 aves vocatas Sturciones, 10 fl.

März 21 mag. Hugoni pictori, Rom. cur. sequenti, pro signis per ipsum ad arma pape factis in libratis tam de Pontesorgie quam de Auinione et reparatione picture viridis camere pape palatii Auin. 6 fl.

(f. 95) Juli 21 de mandato pape d. Petro tit. s. Praxedis presb. cardin. dd. s. Rom. eccl. cardinalium camerario, Apost. sedis legato, tradidimus de pecunia per nos ab ipso recepta de veteri censu Rom. ecclesie debito per d. regem Sicilie illustrem 3000 fl.

Holz *(coqu.)* Juni 3 pro 8000 quint. lignorum combustibilium emptis a Petro de Vivariis, mercatore curie Rom., (6 d. tur. p. pro quintali) 242 regal. 15 s. 7 d. cor.

(pro ornamentis. Auszugsweise) Febr. 20 pro rebus receptis a Francisco Bartucii, mercat. curie Rom.: pro 1 pari sandaliorum pro papa 3 fl.; pro 1 sinterio facto ad modum manipuli de serico ad aurum et pro 1 zona de servico ad aurum pro papa 5 s. 8 d. tur. gross.

Aug. 6 facto computo cum Francisco Iohannis, mercatore cur. Rom., de rebus receptis ab eo pro usu pape et hospitii a 22. Mai – 6. Aug.: pro $6^1/_2$ unciis de sindone rubeo pro folrando 1 mantello 1 fl. 10 d. gross. 10 d. cor.; pro 4 paribus sandaliorum seu calciamentorum pro papa 12 fl. et pro 3 cordonis pro mantello pape 2 s. tur. gross., pro $17^3/_4$ unc. de sindone rubeo pro folrandis 2 capis pape ad equitandum 5 fl. 1 tur. gross. 3 d. cor., pro tingendis 4 peciis de soriano portatis apud Florentiam et reportatis 20 fl.; pro 19 unc. de sindone pro folrandis 2 mantellis pape de suriano $5^1/_2$ fl.; pro $1^1/_2$ pecia de soriano albo pro 2 cucullis pape $12^1/_2$ fl., pro 6 velis de tela de Remis pro usu pape 29 tur. gross. etc. etc. 246 fl. etc.

Benedikt XII. Viertes Pontifikatsjahr. 1338.

I. E. 171 (A approbiert), 170 (B nicht approbiert).

A. Übersicht über die einzelnen Ausgabetitel.

1. *(f. 40 ss.)* **coquina**. *Verwaltung und Beamte wie 1335. Schlußsumme (f. 47ᵛ)* 1374 fl. 484 scudati auri, 165 regal. auri, 5 l. 11 s. 2 d. ob. coron.

2. *(f. 52 ss.)* pro **panataria,** *Beamte und Verwaltung wie 1335. Schlußsumme (f. 53):* 126 fl. 49 scudati auri, 28 s. 6 d. coron.

Einzelheiten *(am Rande):* Mai 2—9. *Während dieser Zeit speisten beim Papste:* dᵘˢ episcopus Auinion.,[1] comes Fuxi et frater eius, ep. Vauren. et dominus G. Medici. *Am 29. Juni desgl.* omnes capellani, *im Sept. desgl.* Dalphinus Viennensis, *im Okt. desgl.* rex Maioricarum.

3. *(f. 55)* **buticularia**. *Beamte und Verwaltung wie früher. Schlußsumme:* 174 fl. 543 regales 100 scudati 15 s. 4 d. cor., 10 d. tur. gross.

4. *(f. 56 ss.)* **marescalla equorum**. *Verwaltung und Beamte wie früher. Schlußsumme (f. 59):* 874 fl. 29 scudati 4 d. tur. gross. 42 s. 3 d. coron.

5. *(f. 62)* pro **vestibus pannis et folraturis**. *Schlußsumme* 3023 fl. 2 s. 11 d. tur. gross., 2 s. 6 d. cor.

6. *(f. 64 - 67)* **pro ornamentis**. *Schlußsumme (f. 67):* 916 fl. 40 agni 16 tur. gross., 41 s. 8 d. coron., 1 anulus auri cum zaphiro et 2 granatis.

Einzelheiten Okt. 10 facto computo cum Minucio Iacobi, aurifabro curie Romane, de roza aurea facta per ipsum in Quadragesima 1338 ponderis 12 unciarum 3 den., data per dominum nostrum in die, qua cantatur Letare Ierusalem, nobili viro d. Stephano de Columpna, pro auro ibi posito et factura 95 fl. 5 s. coron.; item 1 anulus auri cum saphiro et 2 granati.

7. *(f. 72)* pro **scripturis et libris**. *Gesamtsumme:* 245 fl. 28 scudati 3 s. 4 d. tur. gross., 5 l. 18 s. 2 d. cor.

8. *(f. 74—82)* pro **operibus et edificiis**. *Schlußsumme (f. 82):* 11834 fl. 3425 scud. 23 s. 2 d. tur. gross., 8 s. 5 d. iulhat. arg., 668 l. 5 s. 5 d. coron.

9. *(f. 84)* pro **literis curie et bulla**. *Gesamtsumme:* 15 scud. 18 s. 10 d. tur. gross. 21 l. 3 s. 4 d. ob. coron.

10. *(f. 85)* pro **quibusdam extraordinariis vadiis**. *Gesamtsumme:* 1430 fl. *Einzelheiten s. unten B. 1 S. 74 chronikalische Angaben.*

---

[1] Iohannes de Coiordano, Bischof von Avignon.

11. *(f. 87 ss.)* pro **quibusdam extraordinariis et cera**. *Gesamtsumme (f. 90):* 8378 fl. 662 scudati 47 agni, 12 l. 3 s. 11 d. cor. bonorum.

12. *(f. 91—101)* pro **vadiis familiarium**. 7 solutiones. *Gesamtsumme (f. 101ᵛ):* 35372 fl. 104 l. 16 s. 4 d. cor. bon.

13. *(f. 103)* pro **possessionibus emptis**. *Gesamtsumme:* 66 fl. + 15000 *für den Ankauf größeren Lehnbesitzes (vgl. unten Ankauf von Häusern und Landbesitz).*

14. *(f. 105 ss.)* pro **helemosina pauperum**. *Verwaltung und Beamte wie früher. Gesamtausgabe:* 12937 fl. 1291 regal. 1868 scud. 7 agni 1 parisien. auri, 15 s. 10 ½ d. tur. gross., 146 l. 14 s. 7 d. tur. p. et coron. bon.

Einzelheiten:

Acht Heiratsdoten von je 7—8., 10 und 20 fl., außerdem zahlreiche Kleider an arme Bräute geschenkt.

Die Kleidung für Arme wird wie in früheren Jahren verteilt.

Zur geheimen Unterstützung der verschämten Armen erhält d. Gaufridus Regen. ep. *wie früher monatlich* 100 fl. *aus der Kammer.*

Die hospitalia pauperum Auin. *werden von* Geraldus Latremolieyra, administr. domus Pinhote, *an 27 Tagen des Jahres aufgesucht und dabei* 90 fl. *verteilt* (1 fl. = 15 s.).

10 servitores elemosine *erhalten monatlich je* 3 d. tur. gross.

Sept. 6 de mandato pape d. Guillermo Gerardi, pape capellano, pro 3 monialibus pauperibus ord. Cisterc. in regno Cipri causa elemosine *(für die Reise)* 10 fl.

B. Systematisch geordnete Einzelheiten aus den Ausgabetiteln des Jahres 1338 nach I. E. 171.

1. Chronikalisch wichtigere Angaben.

(I. E. 171 f. 85 extraord.) **1338** Febr. 1 Guillelmo de s. Paulo, thesaurario Beneventi deputato, pro expensis per eum in itinere faciendis 80 fl.

Mai 1 d. Petro Gervasii, in regno Ungarie Apost. sedis nuntio deputato, pro expensis per eum in itinere faciendis 80 fl.

Aug. 17 pro vadiis debitis d. Remigio Alberti de Septuno ord. Cisterz. a 10. Dez. 1337 – 11. März (*80 Tage, täglich* ½ fl.), qui d. Remigius cum dd. ep. Albiensi et fr. Pastore ep. Assisinat. corrigebat scripta pape super Matheum, 40 fl.

Okt. 22 d. Iohanni de Pererio, canonico Foroiulien., nuntio sedis Apost. in partibus Tuscie, pro expensis in itinere 50 fl., quos promisit camere reddere vel in suis vadiis computare.

Okt. 22 d. Petro Laurenti, canonico Atrebaten., alterario basilice principis Apostolorum Petri (et Pauli),[1] qui pro operibus faciendis in dicta basilica missus fuit Romam per papam, tradidimus eidem ex causa mutui 50 fl., quos promisit reddere camere vel in suis stipendiis computare.

Eadem die mag. Thome Geraldi de Ponte Sorgie, qui missus fuit Romam pro dictis operibus faciendis in basilica principis Apostolorum Petri, ex causa mutui 70 fl.

Nov. 9 d. Guigoni de s. Germani, protonotario pape, de mandato pape, qui missus fuit apud Bononiam pro reconsiliatione civitatis Bononien., 400 fl.

Nov. 27 d. Iohanni de Amelio, archidiac. Foroiulien., clerico camere pape, qui de mandato pape mittitur apud civitatem Assisi et ad partes ducatus Spoletan. pro certis negotiis,[2] 600 fl., quos debet in suis vadiis, que sunt 4 fl. pro die, computare.

Dez. 18 d. Petro Geraldi, canonico Burdegalen., nuntio Apostolico in regno Castelle destinato, tradidimus 60 fl.

(cera f. 87) Jan. 26 de mandato pape Retino Iohannis et Michaeli Clari, mercatoribus societatis Azayalorum de Florentia Auin. commorantibus, pro expensis faciendis in recuperatione civitatis et comitatus Bonon. eorumque districtu tradendos per ipsos d. Iohanni Amalrici, rectori provincie Romandiole, 4000 fl.

Febr. 22 de mandato pape pro emendis 1 biblia, breviario, doctrinali et gracismo ac aliis actoribus gramatice et nonnullis aliis libris mittendis fratribus ord. Min. de vicaria de Catayen. iuxta Tartaros, tradidimus fr. Gonsalvo Crestoma Yspano de provincia Castelle dicti ordinis 35 fl.

Apr. 8 Francisco Azayoli, mercatori societatis Azayolorum de Florentia, quos Petro de Mediolano, portatori processuum contra Bononienses, tradiderat, 30 fl.

Apr. 8 de mandato pape Deodato Martini, domicello dni cardinalis Ispani, qui cum literis Apostolicis super facto pacis dd. regum Francie et Anglie mittitur, tam pro 2 roncinis emendis quam pro expensis faciendis in itinere 100 fl.

Apr. 16 de mandato pape Martino Amelii, avunculo suo, pro expensis faciendis eundo et redeundo apud Sauardunum 50 fl.

Juli 9 de mandato pape fr. Francisco socio procuratoris generalis ord. Min. pro expensis factis in capitulo provinciali apud. Auin. celebrato 20 fl.

Juli 12 mag. Petro de Suamatre, fisico Apamiarum dioc., pro expensis in itinere . . . in recompensationem servitiorum per ipsum eidem domino nostro actenus impensorum 20 fl.

---

[1] »et Pauli« war darübergeschrieben, aber verwischt.
[2] Vgl. über seine Sendung zur Kontrolle der dortigen Verwaltung meine »Deutsche Ritter« Buch 1, S. 44.

(cera) Sept. 2 Ph. Azayoli, mercatori de soc. Azayolorum de Florentia ipso salario dando cuidam messagerio vocato P. de Viana, qui cum una littera bullata mittebatur d. Francie regi, 16 fl.

Sept. 14 de mandato pape d. Arnaldo de Verdala, pape capellano, misso in Alamanniam ad Bavarum super facto obedientie et reconsiliatione sue, causa mutui, 80 fl.[1]

Sept. 30 Ilario de Monterotundo, cursori pape, qui cum literis Apost. pro facto episcopi quondam Veronensis missus fuit ad d. patriarcham Aquilegen., 8 fl.

Nov. 21 Iacobo de Tornaco, cursori pape, qui missus fuit de mandato pape cum literis Apost. ad dd. cardinales nuntios Apost. pro certis negotiis, 16 fl.

Nov. 21 fratribus Nicholao Boneti, magistro in theologia, Nicholao de Molano, Iohanni de Florentia ord. fr. Min. pro se et fr. Gregorio de Ungaria eiusdem ord., qui ad terram magni imperatoris Tartarorum pro facto fidei per papam mittuntur, de mandato pape pro expensis per eosdem in itinere faciendis 1500 fl.

Dez. 23 Francisco Azaioli de soc. Azaialorum pro opere s. Bernardi, quod fit Parisius de mandato pape 4000 fl., quos promisit assignare vel facere assignari Parisius mag. Bertrando Anceti ad faciendum hedificari ipsum opus specialiter deputato. *Dieser Eintrag ist wieder durchgestrichen.*

1339 Aug. 24 *(cera f. 50v)* facto computo cum Francisco de Azayolis de societate Azaialorum de receptis per eum pro opere, quod fit Parisius de mandato pape in honorem s. Bernardi, ... quas summas sibi assignatas promisit Parisius pro dicto opere assignare, si per consocios societatis Azaialorum nondum fuerint Parisius pro ipso opere assignate, 9950 fl.

Item habuit mag. Bertrandus Anceti, administrator dicti operis, quando ivit Parisius pro ipso opere, 50 fl.

(elemos. f. 107) Aug. 21 de mandato pape Iohanni dicto Croppikin dioc. Monasterien. causa elemosine 10 fl. (Alamannus, qui dicebat se vidisse Christum).

Nov. 28 de mandato pape dedimus causa elemosine d. Psalmanno episcopo Wormacien.[2] 20 fl.

(coqu. f. 40) **1338** Jan. 24 — 31 *(in dieser Woche)* comederunt cum papa episc. Theatinus[3] et socius suus, qui venerant de partibus Ispanie.

März 7 — 14 *desgl.* cardinalis de Columpna et Stephanus,[4] frater suus.

(f. 42) in octavis Pasce consecravit papa 6 episcopos et benedixit 1 abbatem.

---

[1] Vgl. hierzu Riezler, Vat. Akt. Nr. 1974 S. 714 und Nr. 1976 f. vom 13. Sept.

[2] Salmann oder Salomon Cleman aus Mainzer Bürgerfamilie, Propst des dortigen Stephanstiftes, vom Papste gegen den vom Wormser Domkapitel erwählten Gerlach von Erpach i. J. 1329 ernannt, konnte nach vielen Jahren des Wartens, erst gegen Ende des Lebens seinen Stuhl einnehmen.

[3] Bischof Beltramin (Paravicini) von Chieti.

[4] Nach f. 67v erhielt er am Sonntag Laetare vom Papste die Goldene Rose.

Juni 6—13. *Die Gesandten des Tartarenkönigs erhalten Viehgeschenke, vgl. unten 5 S. 79, Juni.*

(vest. f. 62) Juni 9 8 ambaxatores imperatoris maioris Tartarorum erhalten auf Befehl des Papstes kostbare Kleider und Pelzwerk für 185 fl. Desgl. werden feine flämische Tuche im Preise von 312 fl. geschenkt.

(coqu. f. 44) Juli 18—25 *desgl.* dominus patriarcha,[1] episcopus Vasionen.[2] et 4 ambaxiatores Sicilie.

Juli 25—Aug. 1 *desgl.* 14 Predicatores.

Sept. 5—12 *desgl.* abbates Cistercien. ordinis.

Nov. 7—14 *desgl.* 2 ambaxatores regis Francie et 2 alii nobiles.

1a. Größere Geschenke.

(cera) April 30 de speciali mandato pape d. Gastoni comiti Fuxen. causa gratuiti doni 1000 fl.

Mai 1 *desgl.* Rogerio Bernardi, vicecomiti castri Boni, 300 fl.

Nov. 4 de mandato pape tradidimus d. Arnaldo Isarni, canonico Lodouen., 100 fl. dandos per eum Martino Amelii, avunculo pape, in loco de Sauarduno.

(I. E. 171)   **2. Beamte 1338,**

verglichen mit der Liste von 1337 sind es dieselben mit folgenden Besonderheiten:

Der Justizmarschall wird gesondert bezahlt mit 193 fl. 4 d. val.

37 servientibus marescalli duplicatis vadiis capitanei 245 fl. 7 s. val.

Die Penitenziere und Kapläne sind um je einen vermehrt.

Es sind nur 10 ostiarii minores *angestellt.*

Nur 53 servientes *werden besoldet.*

portarius *ist* Bernardus de Roana.

Nur 4 brodarii.

30 scutiferi *werden voll ausbezahlt,* 7 *für kürzere Zeit.*

mag. Pontius de Margaritis iudex in criminalibus curie marescalli.

d. Petrus Bertini, thesaurarius curie marescalli.

Zu den capellani capelle *wird neu hinzugenommen* Iohannes de Ayrolis.

d. Carlino advocato fisci pro media salarii terminata in festo natalis Dni 50 fl.

(f. 88v) Sept. 24 mag. Pontio Fabri, secretario pape, de mandato pape pro expensis in infirmitate sua 40 fl.

(f. 90 cera) Dez. 23 de mandato pape dedimus causa gratuiti doni *(Weihnachtsgeschenk)* familiaribus pape ex dono per papam eis facto: Hugoni Corbati serv. armorum 15 fl., Petro de Castanhaco, mag. hostiario 15 fl., Arnaudo Raimundi 25 fl., Guillelmo Bedocii 25 fl., Aymerico Iauas 15 fl., Iohanni de Castanhaco 15 fl. Dez. 29 Raimundo de Viuico mag.

---

[1] D. h. der Patriarch von Konstantinopel Roland de Ast.
[2] Bischof Ratherius von Vaison.

hostiario 15 fl., Anthonio Catalani 15 fl., Henrico de Berrellis 15 fl., Guillelmo de Seseraco 15 fl., B. Caualga 20 fl., Bertr. de Castronovo 15 fl., Gentili Nicholay, servienti arm., 15 fl., Raimundo de Baulhams 15 fl., Aycardo de Saya 15 fl., Petro de Podensaco 15 fl., Dez. 30 Raimundo de Appamiis 15 fl., Rogerio de Timballo, serv. arm., 10 fl., Bernardo Fabri de Gauderiis, serv. arm., 10 fl., Bernardo Francisci, serv. arm., 10 fl., Bertr. de Vermola 15 fl., Iacobo Raynaldi 20 fl., Galhardo de Mazeyrolis 15 fl., Guillelmo Teulerii, serv. arm., 10 fl., Arnaudo Comarci 10 fl., *zusammen* 380 fl.

3. Getreideeinkäufe 1338.

(elem. f. 106^v) Juni 5 pro 543 saum. bladi grossi cum 6 eminis emptis a Iacobo de Gorda de Auin. pro hospitio elemosine Panhote pape (1$^1/_2$ fl. pro saumata) 815 fl. 4$^1/_2$ tur. arg.

Juli 1 pro 2000 saum. grossis frumenti emptis a Nigro de Mediolano et a Bern. Arquerii de Auin. pro elemosina (19 tur. gross. pro saumata) 500 saum. gross. siliginis (11 tur. gross. pro saum.) 3625 fl.

Pro 500 saum. gross. frumenti (18 tur. gross. pro saum.) 750 fl.

Juli 31 pro 500 saum. bladi grossis emptis a Iohanne Riquerii de Auin. pro elemosina Panhote (1$^1/_2$ fl. pro saum.) 750 fl.

Okt. 6 pro 600 saum. bladi gross. emptis a Iacobo de Garda et Iohanne Riquerii pro elemosina Panhote (15$^1/_4$ tur. gross. pro saumata) 762 fl. 6 tur. gross.

Okt. 20 Stephano Viridarii de s. Spiritu pro 1000 saum. frumenti pro elemosina Pinhote (1 d. auri ad scutum pro saum.) 1000 scudati.

Okt. 20 Iohanni Riquerii recipienti pro se et Iacobo de Gorda de Auin. pro 200 saum. frumenti ad opus Pinhote (15 tur. gross. pro saum.) 254 fl. 2 d. tur. gross.

(marest. f. 59) Okt. 9 pro 540 saum. 12 razorum avene emptis apud Cadarossam (12 s. cor. pro saum.) 423 fl. 13 s. 6 d. cor.

(f. 120 elem.) Nov. 17 Guillo de Salmeritis alias dicto Negre de Milas (!) pro 1000 saum. frumenti grossis receptis per d. Geraldum Latremolieyra, dispensatorem domus Pinhote, (15$^1/_4$ tur. gross. pro saum.) 1270 fl. 10 d. tur. gross.

(f. 113^v) 1338 März 1—7 pro 125 saum. grossis ordei emptis in Biturrita a Raimundo Sabaterii, habitatore dicti loci, (13 s. 4 d. pro saumata) 9 saum. 8 emin. ordei (14 s. 5 d. pro saumata) 7 l. 2 s. 2 d. cor.

4. Weineinkäufe 1338.

(elemos. f. 113^v) Febr. 28—März 7 pro 42 saum. vini emptis a Paulino de Turre, cive Auin., 24 l. 8 s.

pro 15 modiis vini, in quibus sunt 157$^1/_2$ saum., emptis ab Alfano Genesii de Auin. (6 l. pro modio) 90 l. cor.

(f. 117v) Aug. 29 – Sept. 5 pro 22 saum. vini emptis a Chico de Chauerinno et Lallo Bardo, mercatore curie Rom., (8 s. 6 d. pro saum.) et pro 3 modiis vini emptis a Ioh. Riquerii de Auin. capientibus 31 $^1/_2$ saum. (63 s. 4 d. pro modio) 18 l. 15 s. 2 d.

Okt. 6 pro 16 $^1/_2$ modiis vini (79 s. pro modio) emptis a Raimundo de s. Ruffo et pro 3 $^1/_2$ modiis emptis a Guillo de Casanova (77 s. pro modio) per d. Geraldum Latremolieyra, dispensatorem domus Pinhote, 78 l. 13 s. cor. in 101 fl. 7 s. 6 d. cor.

(buticul. f. 55) Dez. 20 Guills Teulerii, serviens armorum pape, computavit se emisse in Lunello 378 saum. de vino (7 s. tur. p. pro saum.) 132 l. 6 s.

Für Fracht nach Avignon und Auslagen 69 l. 6 s. 9 d.

Desgl. 425 saum. de vino emptis in Nemauso (8 s. 5 d. pro saum. et ultra pro toto 4 d. 3 pict.) 179 l. 6 s. 4 d.

Für Fracht nach Avignon und Viktualien 41 l. 4 s. 8 d.

Gentilis computavit se emisse in Bellicadro 153 $^1/_2$ saum. vini (9 s. 6 d.) 72 l. 13 s. 6 d. *Für Fracht und Viktualien* 10 l. 15 s. 2 d.

Raimundus de Ruppe computavit se expendisse pro 287 saum. vini de Palhatia in 63 botis pro portatura 13 l. 2 s.

pro 78 botis grossis emptis per eum 111 l. 14 s. 6 d.

pro portatura 221 botarum vini a Rodano ad penus (*je* 3 s. cum estivatura) 33 l. 3 s. (1 fl. = 15 $^1/_2$ s.).

5. Fische und Vieheinkäufe 1338.

(f. 89v cera) Nov. 29 Iohanni Rostagni, servienti armorum, Bertrando Amelii, cursori pape, qui missi fuerunt ad partes Burgundie pro emendis piscibus pro usu hospitii pape, 140 fl.

(f. 113) Febr. 21—28 pro 8 balis allecum emptis pro provisione hospitii et pauperum 44 fl.

Desgl. Pro 2500 anguillis salsis 4 l. 15 s. cor.

(f. 41v coqu.) April 11—18 pro 17 mutonibus datis 14 cardinalibus et dd. vicecancellario et camerario ac marestalle 12 l. 15 s. pro 28 edulis datis dd. cardinal. 7 l.

April 25 facto computo cum Guillo Teulerii, serviente armorum pape, de piscibus emptis per ipsum Tholose in principio quadragesime pro provisione hospitii pape: pro 5 salmonibus 23 l., pro 288 anguillis de s. Gauella et pro 68 anguillis de Altaripa 4 l. 6 d.; pro 200 merluciis 10 l. 10 s.; pro 2000 allecibus 3 l., pro 30 lb. balenati 3 l. cor.; *für Fracht etc.* 10 l. 6 s. 1 d., *zusammen* 59 scud. 16 s. 7 d. cor.

(coq.) Juni 6—13 pro 2 bobus, 4 vitulis et 6 mutonibus presentatis de mandato pape 6 embaxatoribus regis Tartarie preter 2 cervos de illis pape 36 fl. 66 s. cor.

6. Gewebe und Pelzwaren.
a) Tuche und Gewebe.

(*elemos. f. 107*) **1338** Aug. 22 facto computo cum Bernardo Attonis domicello de pannis emptis apud Andusiam pro facienda elemosina pape et assignatis in hospitio Panhote elemosinariis pape: pro 200 peciis pannorum grossorum tam alborum quam brunorum (47 s. tur. p. pro pecia) 470 l. et pro portagio etc. 4 l. 3 s. 4 d., *zusammen* 489 l. 3 s. 4 d. tur. p. in 543 regal. 9 s. 4 d. tur. p.

Dez. 16 facto computo cum Bernardo Attonis, domicello dioc. Auxitan., de pannis emptis apud Appamias pro facienda elemosina pape pro pauperibus puellis maritandis et religiosis de Appamiis, de Mirapisce, Fuxo, Sauarduno, Montepessulano, Tholosa et Auin.: pro 159 peciis pannorum viridium et lividorum (7 l. 12 s. 6 d. tur. p. pro pecia et ultra pro toto 5 s. 6 d.) 1212 l. 13 s.

Pro 39 peciis pannorum blanquetorum (6 l. 5 s. pro pecia) 243 l. 15 s. et pro 27 pannis burellis (5 l. 17 s. pro pecia et ultra pro toto 12 d.) 158 l. et pro 230 cannis panni de Speolha (2 s. 7 d. pro canna) 29 l. 14 s. 2 d. et pro portatura etc. 60 l. 2 s., *im ganzen* 1704 l. 4 s. 2 d. tur. p. in 740 regal. 868 d. ad scutum 7 d. ad agnum 26 fl. 1 paris. auri 136 l. 12 s. 4 d. tur. p.

(*vest. f. 62*) **1338** März 30 pro 40 peciis pannorum videl. 20 de Loanno et 20 de Gandauo receptis a Felicio Monaldi, mercatore de societate Bonacursorum, pro librata yemali domicellorum pape (22 $^1/_2$ fl. pro pecia) 900 fl.

Juni 9 pro 11 cannis de scarleto de Loan, 11 cannis panni molleti de Loanno emptis a Clarissimo Falconerii de soc. Albertorum (3 fl. 9 d. tur. gross. pro canna) et pro 11 cannis panni virgati de Gandauo et 11 cann. panni viridis de Loanno (2 fl. 3 tur. gross. pro canna) pro vestibus 8 embaxiatorum imperatoris maioris Tartarorum de mandato pape solvimus Lucenaldi factori dicti mercatoris 132 fl.

Juni 9 pro 2 pannis coloris viridis de Cataulano (126 fl.) et 2 peciis pannorum de Loanno coloris viridis de maiori forma (106 fl.) emptis a Philippo de societate Bonacursorum pro ensenniis mittendis de mandato pape imperatori Tartarorum 232 fl.

Pro 2 peciis pannorum coloris viridis de Cathalanio emptis ab Hugone de societate Asten. (96 fl.) et pro 1 pecia panni coloris lividi de Loanno de maiori forma et alia pecia de Melinis medie forme (84 fl.) pro ensenniis 180 fl.

Pro 2 cannis 5 palmis de camilino de Cathalono pro 1 mantello pro papa secreto (2 $^1/_2$ fl. pro canna) 6 fl. 6 d. tur. gross.

Aug. 14 pro 40 peciis pannorum videl. 20 de Loanno et 20 d. Gandauo a Lamberto Lambertet de societate Albertorum de Florentia pro librata estatis domicellorum pape (24 $^1/_4$ fl. pro pecia) 970 fl.

(vest. f. 62) Juni 15 pro 135 folraturis agnorum a mag. Bertrando de s. Laurentio, pellipario Auin., pro librata estatis presentis domicellorum pape (9 tur. gross. pro folratura) 101 fl. 3 tur. gross. (1 fl. = 12 tur. gross.).

Juni 9 pro 2 gannachiis de variis minutis emptis a Monito Boni pellipario (21½ fl.), 2 gannachiis de variis grossis (13½ fl.), 2 caputiis de variis minutis 24 pansarum (5 fl. 2 tur. gross.) et 8 folraturis agnorum subtilium (13½ fl.) pro vestibus 8 embaxatorum imperatoris maioris Tartarorum 53 fl. 8 tur. gross.

Sept. 17 pro 412 pellibus de erminis emptis a mag. Bertr. de s. Laurentio pro papa (24 fl. pro centenario) 97 fl.

Dez. 23 *Von demselben werden gekauft an feinen Pelzwaren für den Papst und die Livrée der* domicelli *für* 238 fl. 10 tur. gross. Item pro copertorio grizorum pro papa 23 fl.

7. Wachs und Kerzen.

(cera f. 87) **1338** Febr. 28 pro 2 quint. candelarum de cepo receptarum per d. Iacobum de Broa, canonicum Biturricen., a Geraldo candelario (55 s. pro quintali) 7 fl. 5 s. (1 fl. = 15 s. cor.).

April 23 pro 3 quint. candelarum de cepo traditarum de mense Marcii 1338 per Giraudum Thomacii, candelarium curie Rom., d. Iacobo Labroa pro usu hospitii pape (4 fl. pro quintali) 12 fl.

Juni 12 pro 20 cargis 2 quint. cere de Romania empte per d. Iacobum de Broa pro provisione hospitii pape a Rigaldo Alrici, mercatore de Montepessulano, (34¼ agni pro cargua).

Sept. 1 facto computo cum Hugolino Tinhacii, curie Rom. ypothecario, in presentia d. Iacobi de Broa, familiaris pape, de cera pro usu hospitii pape a 25. Dez. 1337—1. Sept. 1338: pro 3 quint. 63 lb. cere pro festo purificat. b. Marie (13 agn. pro quintali): 47 agn. 3 s. 6 d. cor.

Der Herstellungslohn für torticia, facule, doblones et candele *kostet* pro quintali 10 s. cor. *ohne den Docht.* 250 lb. cotonis filati et debanatura eiusdem (2 s. pro libra) 25 l. cor.

Nov. 3 pro 4 quint. 38 lb. candelarum de cepo emptis per d. Iacobum de Broa pro usu hospitii Apost. (50 s. pro quintali) et pro 2 caxis fusteis pro tenendo dictas candelas (11 s.) 14 fl. 13 s. cor.

(literis curie) Sept. 27 pro ½ quintali candelarum de cepo 27 s. cor.

7a. Gewürze.

(coq.) Apr. 11—18 pro 12 lb. gingiberis (7 s. pro libra), 12 lb. piperis (3 s. 6 d. pro libra), 1 libra gariofilorum 18 s. datis per papam in camera sua capellanis pape 7 l. 4 s.

8. Bauausgaben.

Die monatlichen Abrechnungen geschehen, wie schon früher, durch Bernardus Canelle, cler. Narbon. dioc. *(I. E. 171 f. 74 ss.). Ein besonderes Manuale für die Bauten dieses Jahres ist in I. E. 164 erhalten. Für die Bauten in Pont de Sorgues noch besonders I. E. 159 (für 1337—1353).*

1338 März 8 cum Petrus Gauterii, fusterius de Auinione, sub precio 50 l. coron. operare et complere teneretur certa, que remanserant ad complendum in curritoriis viridarii, habuissetque in anno preterito de dicta summa 30 l. in 40 fl., solvimus residuum in 26 fl. minus 3 s. cor.

Juli 26 pro operibus aule constructe de novo ante primam portam palacii Apost. Auin. per Iohannem Folcaudi, Iacobum Alasandi, P. Audiberti, P. Capelerii et B. de Gauiaco, lapiscidas de Auin., que aula cum turrella ac 2 portalibus et fornellis, 2 capitellis muri versus ecclesiam b. Marie . . . continent cum bardatura, merletis, barbacanis 1041 cannas $6^{1}/_{2}$ palmos videl. de muro grosso 739 cann. 1 palmum ($3^{1}/_{2}$ fl. pro canna): 2586 fl. 15 s. cor., et de muro 4 palmorum in latitudine 64 cann. $2^{3}/_{4}$ palm. (3 fl. pro canna): 193 fl. 15 d. cor., et de barbacanis et merletis 215 cann. $4^{1}/_{8}$ palm. (*zu je* 22 s. cor.) 237 l. 20 d. cor. = 296 fl. 5 s. 8 d. (1 fl. = 16 s. cor.) et de testitudine turrelle et portaliorum 23 cann. $6^{1}/_{2}$ palm. (*zu je* 3 fl.) 71 fl. 7 s. cor., *bezahlt werden* 1654 fl. 2 s. 11 d. cor. *Ähnliche Abrechnungen folgen.*

(*f. 76v*) Okt. 9 Petro Galterii pro operibus coperture tinelli supra consistorium et porticum ante dictum tinellum (ad rationem 450 fl.) 110 fl.

Okt. 10 facto computo cum Iohanne Mata, Bertrando Gafuer et Petro de Lunello, qui debent facere muros consistorii novi, capelle et turris, que sunt a parte viridarii ($2^{1}/_{2}$ fl. pro canna quadrata muri consistorii et turris et $1^{3}/_{4}$ fl. pro canna quadr. muri capelle) . . . 2000 fl. — Gualterio Vial pro fractione secunde porte et passatorio desuper ac eciam gardarauba contigua super portam consistorii 19 fl.

— Bertrando Gafuer pro 6 cannis de muro, quas fecit cum Petro Audeberti in muro turris antique, que est a parte hospitii Regensis episcopi, (2 fl. pro canna quadr.) 12 fl.

Okt. 16 Sufredo Lers de Malaucena, qui fecit media privatarum de gippo et 2 media in cameris capellanorum, 7 fl. — Raimundo Riquerii pro $12^{1}/_{2}$ quadrigatis de gippo (7 s. 6 d. pro quadrigata) et pro portu 9 d.: 6 fl. 18 d. cor.

(*f. 77*) Okt. 23 Petro Malbec pro faciendis 2 gradariis, 4 januis in latrinis novis et pro transitu ad latrinas 18 fl. *Demselben* pro faciendo meiano in tinello ante portam maiorem palacii et pro aptandis sedibus fenestrarum de fustibus 8 fl.

— Sufredo Lers pro faciendis meianis de gippo latrinarum superiorum 6 fl.

8. Bauausgaben.

Okt. 31 Petro Audeberti pro faciendis 3 portis lapideis in muro et fenestra in camera capellanorum, que quidem 3 porte facte fuerunt in muro latrinarum novarum, 16 fl.

— Iacobo Comtessoni et Petro Mercerii pro 88 cannis et 1 palmo pavimenti facti per eos in cameris supra cellarium (3 s. pro canna): 16 fl. 13 s. 8 d. ob.

Nov. 29 Iacobo Verani recipienti pro se et fratribus suis, qui pro solariis tinelli ac copertura, qui est ante maiorem portam palacii, et pro porticu debuerunt habere 350 fl., *als Restzahlung* 228 fl. 8 s. 6 d. cor.

Dez. 1 Lamberto Fabri et Raimundo Chabaudi, qui debent extrahere terram et mundare plateam iuxta portam maiorem palacii a parte exteriori, 8 fl.

(f. 81v) Dez. 16 Pontio Guioti, Bernardo Gafuelh et Iacobo Vasconis, qui construunt porticus sive claustrum palacii de muro ex certo pacto, 40 fl.

— Guillelmo Teulerii, qui cooperuit pontem, qui est iuxta magnam aulam, que est ante portam maiorem, et reparavit terraciam, pro 4 dietis 10 s. 8 d.

Dez. 28 Guillelmo Salui, Raimundo Chabaudi et Martino Grinart, qui destruunt hospitium versus carreriam b. Marie et debent destruere usque ud turrim iuxta capellam novam, 60 fl.

— pro gippo posito in camera mag. Pontii lectoris pape et in foraminibus camerarum scutiferorum et fornellis pape mag. Pontio Rubei 22 s. 6 d. cor.

Handwerker- und Arbeiterlöhne.

Im November werden 30 manobre *mit Namen aufgezählt, die täglich* 12 d. cor. *erhalten,* 2 *mit bloß* 8 d., 14 fragilerii *mit einem Tagelohn von* 18 d. cor. *und* 8 Auflader (onerantes quadrigas) *mit* 12 d. cor.; fusterii *und* giperii *erhalten* 2 s. 6 d. cor., Karrenführer 13 d.

Im Dezember erhalten die manobre *bloß* 10 d., *die* fusterii 1½ s., *die* fragilerii 16 d.

Baumaterialien.

(f. 76v) Okt. 16 Petro Picardi recipienti nomine Bermunde Picarde pro 655 scandalibus calcis (12 d. pro scandali) in mense Sept. 32 l. 15 s. in 31 d. ad scutum 4 s. cor.

(f. 77) Okt. 31 pro 7½ quadrigatis de gippo *(zu je* 7 s. 6 d.*)* Guillelmo Bricii 3 l. 3 s. 11 d. et pro portu 7 s. 8 d. in 3 fl. 16 s. 11 d.

Nov. 7 Raimundo a Crisilhone, a quo fuerunt empti 1000 scandal. calcis *(zu je* 12 d.*)* solvimus pro 357 scand. receptis in mense Oct. 22 fl. 12 s. 4 d. cor.

— Guillelmo Desiderii pro 9400 quadastis (20 l. pro 1000) et pro 955 quarteriis maioribus *(zu je* 12 d.*)* et pro 293 boquetis *(zu je* 3 s.*)* et pro 486 bartz *(zu je* 9 d.*)* et pro 249 cortenchis *(zu je* 40 s.*)* et pro

35 parmis et 2 gorgiis (*zu je* 6 s.) 314 l. 1 d. et pro 48 vigeriis de arena 24 l. in 433 fl. 11 s. 5 d. cor.

(f. 79) Nov. 28 pro 25 cannis quadratis de sclapa factis de capitibus trabum solvimus Andree Bruni serratori (16 d. pro canna) 31 s. 3 d. in 2 fl. 3 d. cor.

— Raimundo Nauaysani serratori pro 43 talhs de alto et 23 talhs de basso fustium 8 et 7 tezarum (20 d. pro tallio de alto et 14 d. pro tallio de basso factis in mense Oct. et Nov. 4 l. 18 s. 6 d. in 6 fl. 4 s. 6 d.

— Guillelmo Iovenc alias Quinquinel, cursori pape, pro 170 scandalibus de calce emptis pro dicto opere apud Pontem Sorgie (*zu je* 8 d. et ob.) et pro portu 18 s. 6 d., *zusammen* 6 l. 18 s. 11 d. in 8 fl. 13 s. 7 d. cor.

Metalle.

(edif. f. 74) Febr. 6 pro 74 quint. plumbi receptis a Francisco Baldoini, mercatore societatis Bardorum, per d. Geraldum Latremolieyram in mense Iulii 1336 tam pro operibus grifonis Pontis Sorgie quam pro copertura turris Auin. (15 s. pro quintali) 55 l. 10 s. in 82 fl. 3 s. cor. (1 fl. = 13 s. cor. 6 d.).

(f. 84 bulla) Mai 27 pro 20 quint. 24 lb. de plumbo pro bullandis literis Apost. per fr. Berengarium bullatorem (19 s. pro quintali) 19 l. 4 s. cor.

(coquina f. 47) Nov. 28 – Dez. 5 *Das Pfund einfach verarbeitetes Kupfer kostet* 2 s. 4 d. cor.

8ª. Häusermieten und Ankauf von Wohnungen und Grundbesitz.

(I. E. 171 edif. f. 74ᵛ) **1338** Juni 24 Bertrando Durandi, alias dicto de Vilario, pro loguerio logie, que est iuxta hospitium Petri de Vivariis prope Rodanum, ubi resecantur ligna edificiorum pape, solvimus pro 1 anno 4 fl. + 6 fl.

Mai 27 pro emenda 2 hospitiorum parvorum pro dictis lignis destructorum 8 fl. Pro conductione seu loquerio logie, que est iuxta ecclesiam b. Marie de Fenolheto, ubi reponuntur ligna edificiorum pape, pro 1 anno terminato in festo Pasce Guillelmo Corregerii 12 fl.

Ferner wird noch die jährliche Miete für 2 Logien zu je 6 fl. und für eine zu 8 fl. bezahlt.

(f. 103 possess. empt.) Aug. 14 pro loguerio domus, quam tenet marescallus Rom. curie pro carceribus captivorum, taxata pro mense 1 fl., de 3 annis terminatis mense Marcii 36 fl.

1338 Dez. 13 de mandato pape in presentia rev. patrum dd. Anibaldi card. et Gasberti Arelaten. archiep. camerarii nobis facto pro parte pretii emptionis et acquisitionis faciende per d. papam nomine suo et Rom.

ecclesie ab illustri et potente viro d. Imberto Viennen. Dalphino de certis feudis castrorum aliquorum ipsius Dalphini alodialium, feudalium et retrofeudalium; quodquidem pretium esse debebat iuxta conventiones inhitas et tractatas 150000 fl., tradidimus pro parte dicti pretii et in extenuationem dicte summe nobili viro Agoto de Baucio militi, domino de Branculis et Plasiani, nomine d. Dalphini recipienti 15000 fl.

8b. Kriegsgeräte.

(f. 89) Sept. 26 mag. Stephano Selhani ballisterio pro astilhandis 40 ballistis, pro cordis pro 40 ballistis predictis, pro ligatura, pro empenatura 4300 cadrellorum tam ballistarum de 2 pedibus quam aliis, pro ermentatura 12 duodenarum telorum, pro reparatura 1 turni et 1 imperssine pro tendendis ballistis 14 fl. 13 s. 10 d. cor.

(cera f. 89) **1338** Okt. 15 Raimundo Imberti armauserio pro reparandis 7 gonios[1] et 12 paribus manicarum et faudarum[2] et 11 paribus muziquinorum de malha[3] et 20 paribus camberiarum[4] et coyseriarum[5] et 19 paribus platarum et 14 paribus cirothecarum et 10 barbutis de malha[6] et 20 bassinetis[7] et 103 lanceis et 105 telis necnon et pro clavis, aluda seu pelle et aliis pro reparatione necessariis 7 l. in 9 fl. 18 d. cor.[8]

Nov. 10 pro atilhatura cadrellorum, balistarum de turno, spingale et balistarum 2 pedum et 1 pedis et empenatura predictorum, facta ratione cum Iacobo Raynaldi, custode armorum sive arnesiorum, palatii . . . 41 fl. 13 s. 6 d. cor.

Ähnlich noch wiederholt.

9. Bibliothek und Schreibwaren.

Febr. 22 *vgl. Chronikal. Notizen; ebenso für* Aug. 17.

(script. f. 72) Jan. 23 fr. Iohanni Engilberti, cambrerio domini nostri, pro scribendis libris eiusdem domini nostri 100 fl.

März 10 pro illuminatura facta in certis libris domini nostri per mag. Andream de Belnaco, illuminatorem Romane curie, pro 44 literis ad vignetam (3 d. pro litera), 9 literis floncis (3 s. valos. pro centenario) 21900 versiculis et parafinis (6 d. pro centenario) et aliis pluribus, *zusammen* 9 l. 3 s. 8 d. cor. in 9 d. scudatis 3 s. 8 d. coron.

Juli 31 mag. Andreas de Belnaco, illuminator curie Rom., *malt die Initialen in mehreren kunstvollen Handschriften, darunter* 1 liber sermonum pape cum volumine de Visione.

---

[1] Nach Du Cange eine Brustschutz für Bewaffnete.
[2] Vom germanischen Worte falda. Es ist ein den Unterleib und die Oberschenkel schützendes Unterkleid aus feinen Maschen.
[3] Kettengewebe.   [4] Beinschutz aus Leder.
[5] Schenkelschutz aus Leder.
[6] Also nicht der Helm, sondern die vorn das Kinn bedeckende Kettenpanzerkapuze.   [7] D. h. Sturmhelm.
[8] Über die damalige Ritterbewaffnung vgl. m. Deutsche Ritter 1 S. 73.

(pro cera etc.) Jan. 26 de mandato pape fr. Nicholao de Assisio ord. Min. conventus Auin. in recompensationem laborum per ipsum impensorum pro scripturis librorum pape 30 fl.

(f. 87v) März 12 facto computo cum Bertrando Gauterii, ypothecario Auin., de incausto, glassia, pixidibus et molis vitreis, in quibus reposita fuerunt incaustum et glassia predicta, et pro tegulis et regulatoriis habitis ab ipso a 6. Marc. 1337—12. Marc. 1338 pro scriptoribus scribentibus scripturas pertinentes ad thesaurariam pape 44 s. 9 d. cor. in 2 d. scudat. 4 s. 9 d. cor.

(scripturis et libris) März 25 pro 45 duodenis pergamenorum tam agninorum quam edulinorum pro camera thesaurarie pape a mag. Hugone Lagulhier, pergamenario Rom. curie, (7 s. pro duodena) 20 fl. 5 s. cor.

Aug. 7 *demselben* pro 13 pellibus magnis mutoninis (*zu je* 18 d.) et pro 18 pellibus edulinis rasis 11 s. 6 d., pro 3 duodenis agninorum magnorum 36 s. et pro 50 duodenis pellium edulorum (7 s. pro duodena) in summa 19 scudati 18 s. cor. (1 scud. = 21 s. cor.).

(f. 172v) Okt. 31 mag. Stephano de Metis pro 120 peciis de regestro factis per eum tam de regestro d. Arnaldi de Verdala, d. Pontii Stephani, canonici Biterren., d. fratris Acursii inquisitoris quam etiam plurium aliorum in minutis peciis (1 tur. gross. pro 3 peciis regestri) 40 tur. gross.

Nov. 30 H. Lagulhier pro 20 duodenis pergamen. edulinorum medie forme (8 s. pro duodena), pro 10 duodenis pergamenorum agnin. de magna forma (9 s. pro duod.), pro 8 duoden. pargamen. tam edulin. quam agnin. de ultra forma (11 s. 6 d. pro duod.) et pro 6 pellibus mutonin. maxime forme pro certis arduis negotiis Roman. ecclesie 12 s., *zusammen* 23 fl. 1 s. 6 d. cor.

10. Verschiedenes.

(cera) Febr. 18 pro 57½ cannis natarum pro camera et capella pape (3 s. pro canna) emptis a Guillº de Arbone de Iuliano Roelo 5 l. 10 s. 6 d. 4 fl.

Okt. 30 mag. Guillº le Palhier pro 28 cannis natarum positarum in consistorio et camera pape (3 s. pro canna) 5 fl. 6 s. 6 d. cor.

(elemosina f. 116v) Juni 20—27 pro 2000 quint. lignorum combustib. (5 d. ob. pro quintali) 45 l. 16 s. 8 d.

(bulla) Juli 26 pro 2 quint. cordarum pro bullandis literis Apost. (8 s. 4 d. pro quintali) 16 s. 8 d. tur. gross.

Apr. 12 pro 16 libris minus 1 uncia de serico pro bullandis literis Apost. (19 s. 6 d. tur. p. pro libra) et 2 s. pro portu, *zusammen* 15 d. scudat. 12 s. 4 d. ob. cor.

(coquina) Juni 7 pro 12000 quint. lignorum combustibilium emptis a Petro de Vivariis de Auin. (6 d. tur. p. pro quintali) 150 scud. 165 regal. 2 s. 6 d. tur.

Okt. 10—17 pro 500 banastonibus carbonis pro provisione hospitii (8 d. pro banastone) 16 l. 13 s. 4 d.

Nov. 28—Dez. 5 pro 90 emin. olei emptis apud Paternas pro provisione hospitii (5 s. 10 d. cor. pro emin.) 26 l. 5 s.

Nov. 28—Dez. 5 pro 1 scalfatore de cupro pro calefacienda aqua pro pedibus pape ponderis 9 l. et pro 1 trapa pro faciendis pastillis pro coquina ponderis 16 l. (2 s. 4 d. pro libra) deductis 13 l. pro una trapa antiqua 44 s. 4 d.

(marestalla) Aug. 15 pro 2500 quint. feni emptis apud Biturritam *mitsamt Fracht und Aufstapelung in Avignon* 212 fl.

10a. Gefängniswesen.

(cera f. 87) **1338** Febr. 5 pro expensis factis per d. Arnaudum Barte, custodem carceris hospitii papalis Auin., captivis: fr. Iacobo priori s. Eusebii, mag. Guillelmo Artifex, mag. Petro de Monte Galhardo, fr. Bonaventura [de Callio], Guillelmo Plenitant presbytero, a 23. Dez.—Febr. 5 (45 dies) *täglich* pro quolibet 12 d. coron., *zusammen* 15 fl. (1 fl. = 15 s. coron.).

Ähnlich am 30. Mai für dieselben Gefangenen: 12 fl. 11 s. cor.

Benedikt XII. Fünftes Pontifikatsjahr. 1339.

Intr. Exit. 178 (A mit Schlußsummen und Approbation); Intr. Exit. 177 (ohne beides).

A. Übersicht über die einzelnen Ausgabetitel.

1. *(f. 58 ss.)* **pro coquina.** *Verwaltung und Ausgaben ähnlich wie früher. Schlußsumme (f. 68v):* 1644 fl. de Flor. 38 fl. de Pedimonte 286 scudati, 122 l. 16 s. ob. mon. parve. *In I. E. 179 ist noch ein von Arnaldus Isarni, can. Lodouen., gut geschriebenes Manuale der Küchenausgaben vorhanden, das unten in Teil B. benutzt wurde.*

2. *(f. 69 ss.)* **pro panataria.** *Beamte und Verwaltung wie früher. Schlußsumme (f. 71)* 148 fl. 63 s. 6 d. mon. currentis.

3. *(f. 73 ss.)* **pro buticularia.** *Beamte und Verwaltung wie früher. Schlußsumme (f. 74v):* 276 fl. 310 leones auri, 53 s. 7 d. ob. monete [curr.].

4. *(f. 76 ss.)* **pro marestalla equorum.** fr. Iohannes Gayraudi, magister marestalle equorum pape, *legt die wöchentliche Rechnung über die Ausgaben im Marstall. Schlußsumme (f. 81):* 185 fl. de Flor. 81 fl. de Pedemonte, 5 s. 10 d. tur. gross., 17 l. 14 s. 6 d. mon. currentis.

5. *(f. 86 ss. u. 85)* **pro vestibus, pannis et folraturis.** *Schlußsumme (f. 83v):* 5025 fl. 31 papalh. auri 2 s. 4 d. tur. gross., 48 s. 9 d. monete parve.

6. *(f. 88 ss.)* **pro ornamentis.** *Schlußsumme (f. 92):* 1656½ fl. 75 agni 4 tur. gross., 5 l. 5 s. 2 d. p. monete, 4 anuli de camera.

7. *(f. 94 s.)* **pro scripturis et libris.** *Schlußsumme (f. 95v):* 101 fl. de Flor., 10 fl. de Pedimonte, 52 l. 3 s. 3 d. p. mon.

8. *(f. 96 ss.)* **pro operibus et edificiis.** *Schlußsumme (f. 133):* 5126 fl. de Flor., 230 fl. de Pedim., 27 leones auri, 85 pabalh. auri, 19 s. 2 d. obolorum arg. regis Roberti, 839 l. 8 d. monete parve.

Hierzu kommen noch (f. 184) 6415 fl. 4 s. 1 d. *für den Bau von St. Bernard in Paris.*

9. *(f. 146)* **pro bulla et literis curie.** *Schlußsumme:* 68 fl. 10 d. tur. gross. arg. 29 s. 10 d. curr.

10. *(f. 147)* **pro gagiis extraordinariis.** *Schlußsumme:* 730 fl. 11 d. tur. gross. 29 s. 10 d. monete curr.

Einzelheiten s. Chronikalische Notizen, ferner Mai 10 fr. Iohanni de Riparia, priori Urbis et Pisarum ord. s. Ioh. Ierosolimitani, rectori Marchie Anconitane per papam deputato, pro expensis 200 fl., quos promisit in suis stipendiis computare.

Desgl. fr. Neapoleoni de Tibertis, prioris Veneciarum ord. s. Ioh., rectori Campanie et Maritime, 200 fl.[1]

Aug. 16 *desgl.* ven. viro d. Petro Vasconis, can. Albien., rectori civitatis Beneventane per papam deputato, 100 fl.

11. *(f. 149 ss.)* **pro cera et quibusdam extraordinariis.** *Schlußsumme (f. 153v):* 1681 fl. de Flor. 41 fl. de Pedemonte, 4 papalh. auri 18 s. 3 d. tur. gross., 100 l. 5 s. 8 d. ob. monete curr.

12. *(f. 154 ss.)* **pro vadiis familiarium ordinariorum.** 6 solutiones. *Schlußsumme:* 29666 fl. 134 l. 16 s. 1 d. ob. mon. parve.

13. *(f. 166)* **pro pensionibus hospitiorum.** *Es werden 6 Einzelmieten für die Kurie selbst vermerkt (Aufbewahrungsräume für Brenn- und Bauholz, Kalk, Fischteich). Es folgt:* Sept. 28 cum d. Guills de Bos, clericus camere, computaverit se solvisse pro pensionibus hospitiorum, que tenent in Rom. curia tam papa quam familiares sui, prout patet in libro scripto per mag. Iohannem Palasini, notarium redditu[u]m camere, per ipsum d. Guillm pro 2 annis terminatis 8. Ian. 1339: 918 fl. 32 l. 14 s. 9 d. *Schlußsumme:* 968 fl. 33 l. 7 s. 1 d. monete curr.

14. *(f. 171 ss.)* **pro elemosina:** Geraldus Latremoliera administrator Pinhote. *f. 181v* in hospitio elemosine *wird eine* aula *gebaut,* in qua aula *regelmäßig* comedunt pauperes, *für die Mendikantenklöster werden die gewöhnlichen Summen gegeben; für verunglückte Bauarbeiter werden Unterstützungen dargereicht, vgl. S. 91; alles andere wie früher. Schlußsumme (f. 189v):* 10650 fl. 854 scudati 220 pabalh. auri, 20¼ d. tur. gross., 19 s. obolorum arg. regis Roberti, 84 l. 18 s. 8 d. ob. mon.

---

[1] Über diesen wie alle Provinzialrektoren und Statthalter der Avignoneser Periode vgl. m. Deutsche Ritter in Italien, 1. Buch, Abschnitt 3.

15. *(f. 168)* **pro mutuis** *(Transaktionen):* **1339** Mai 11 de mandato pape et domini camerarii pape mutuati sunt magnifico et potenti viro d. Ymberto Dalphino Viennensi in extenuationem maioris pecunie, de qua habetur mentio in quodam tractatu habito inter . . . papam et d. Dalphinum predictum pro quibusdam feudis per ipsum d. Dalphinum ecclesie Romane recognoscendis, 1000 fl. *Vgl. oben S. 84 f.*

Mai 24 mutuati sunt et traditi nobilibus et potentibus viris dd. Antonio de Claromonto et Guillmo de Castilhone militibus recipientibus procuratoriis nominibus magnifici et potentis viri d. Aymonis comitis Sabaudie pro quibusdam possessionibus, feudis, castris et villis eiusdem comitis, per eum recognitis domino pape et ecclesie Romane, 15 000 fl.

Juli 9 mutuati sunt de mandato pape nobilibus et potentibus viris dd. Ymberto Dalphino Viennen., Agonto de Baucio, Amblardo de Bellomonte militibus 7000 fl., quos promiserunt camere Apost. reddere et restituere hinc ad festum b. Michaelis prox. futurum.

Sept. 30 *desgl.* 7000 fl.

Schlußsumme 30 000 fl.

B. Systematisch geordnete Einzelheiten aus den Ausgabetiteln des Jahres 1339 nach Intr. Exit. 178 und 179.

1. Chronikalische Notizen.

(I. E. 178 f. 149 cera) **1339** Jan. 9 Francisco Bartucii de Perusio pro 6 capellanis cardinalium per papam creatorum in die veneris Quattuor Temporum prox. preterita: pro dd. cardinalibus novis: Rothomagen., Ebredunen., Albien., Ruthenen., patriarche et Montis Olivi (pro quolibet capellano 3 fl.) 18 fl.

Jan. 19 d. Iohanni de Arpadela, capellano commensali pape, qui de mandato eiusdem ivit ad partes Lugdun. et Vienn. pro negotiis expediendis papam tangentibus, 20 fl.

Jan. 21 d. Arnaldo Barte, custodi carceris hospitii papalis Auin., pro expensis per eum factis captivis incarceratis (fr. Iacobo priori s. Eusebii, mag. Guillelmo Artifex, mag. Petro de Monte Galhardo, mag. Guillelmo Plenicant) a 19. Dez. 1338 - 21. Jan. 1339, datis pro quolibet singulis diebus 12 d. curr. 6 l. 16 s. *Ähnlich alle 4 oder 8 Wochen.*

Jan. 26 Francisco Azayoli de societate Azayalorum de Florentia pro salario cursoris seu messagerii missi de mandato camerarii d. Guigoni de s. Germano apud Bononiam cum litteris Apost. 10 fl.

März 24 *(Gründonnerstag)* papa confecit sacrum crisma et fuerunt traditi de pecunia camere pape in capella sua pro dandis ibidem per papam, prout consuetum est, dd. cardinalibus videl. 17 tunc in ipsa capella existentibus (cuilibet 12 d. tur. gross. arg., d. priore cardinalium pro 2 computato) 18 s. tur. gross. arg., et pro 15 capellanis commensalibus in eadem capella existentibus *(je* 12 d. cor.) 15 s.

April 4 de mandato camerarii Petro de Vienna messagerio pro portandis quibusdam litteris Apost. bullatis clausis dirigendis regi Francorum ex parte pape 10 fl.

(f. 147 extraord.) Febr. 8 traditi sunt de mandato d. camerarii de pecunia camere rev. patri in Chr. d. Salmanno ep. Wormacen. pro elemosina, quam mandavit papa sibi dari ad rationem vadiorum capellani commensalis, videl. a 7. Febr. – 3. Apr. 1339: 28 fl. 7 s. 7 d. cor.

So das ganze Jahr hindurch. (Über diesen Bischof von Worms vgl. oben S. 76, Anm. 2, Riezler, Vat. Akt. S. 925.)

Juni 10 facto computo cum d. Iohanne de Amelia, pape clerico, qui per papam fuit missus apud Assisium 28. Nov. 1338, de expensis per ipsum factis pro portatura quorundam fardellorum plenorum regestris summorum pontificum ac libris aliis, privilegiis et scripturis papam et Roman. ecclesiam tangentibus per ipsum receptis in Assizio de sacristia superiori fr. Minorum, in qua conservatur certus thesaurus d. pape et Rom. ecclesie, et assignatis per ipsum in Auinione ipsi pape et camere Apost., tam pro naulo navis quam pro loguerio mulorum, qui portaverunt predicta per certa loca . . . solvit idem d. thesaurarius eidem Iohanni pro dictis expensis, quas asseruit recepisse ab Azayolis et eisdem debere, 39 fl. 11 tur. gross.

Juni 10 Iohannes de Amelia *war vom 28. Nov. 1338 bis 28. April 1339, zusammen 152 Tage, für obiges Geschäft unterwegs; er erhält täglich 4 fl. Stipendium.*

(f. 151 cera) Juli 3 Philippo Teulerii recipienti nomine Petri Barte pro expensis per eum factis in Auin. cum neptibus pape, a die, qua intravit curiam, usque ad diem, quo fuit receptus de vadiis domicellorum pape, 30 l. mon. curr. et pro expensis factis per eum cuidam barbitonsori, quem fecit venire de Tholosa de mandato pape, 100 s. mon. curr. in 38 fl. 16 s. curr.

Juli 7 facto computo cum d. Petro de Caunis, archipresb. de Regali Monte Albien. dioc., scriptore et familiari pape, qui 8. April. fuit missus per papam ad partes Spoletan. pro aportandis scripturis et privilegiis tangentibus Rom. ecclesiam sibi tradendis per d. Iohannem de Amelia, clericum camere pape, et qui invenit dictum d. Iohannem apud Niciam, et stetisset tam in terra quam in mari eundo, stando et redeundo per 21 dies et expendisset tam pro se quam notario et 4 famulis tam in victualibus, loguerio, equitaturarum de Nicia usque Auinionem et pro naulo et quibusdam aliis 62 fl. 8 s. 11 d. ob.

Cum 9. Mai 1339 idem d. Petrus fuisset missus per papam ad

comitem Sabaudie apud Chamberiacum, ut idem d. comes ratifficaret quandam recognitionem factam pape per certos procuratores comitis de certa pecunie quantitate recepta a camera Apost. et expendisset in victualibus in 14 diebus, quibus stetit extra curiam pro dicto negotio 9 fl. 3 s., que omnia faciunt summam 71 fl. 11 s. 11 d. ob. curr.

Aug. 4 de mandato pape fr. Berengario Bonihominis, monacho monast. Fontis Frigidi, ex dono pro expensis per eum factis veniendo de Parisius cum scripturis tangentibus inquisitionem factam contra mag. Bertrandum Auceti clericum super facto operum s. Bernardi Parisius et pro stando in civitate Auinion. et redeundo Parisius necnon et in subsidium studii eiusdem d. Berengarii 40 fl. Pedimontis, et pro expensis clerici, quem duxit secum pro 103 diebus, (12 d. pro die) 103 s.

Aug. 30 de mandato pape verbotenus d. camerario facto dati sunt fr. Barlam abbati monasterii s. Salvatoris Constantinop. et nuntio imperatoris Constantinop. pro expensis faciendis in itinere 50 fl.

(f. 173v elem.) Febr. 26 amore Dei de mandato pape fratribus Guillo Bernardi de Arelate, Bertrando Nicholai et Hugoni Croseti ord. Predic. recipientibus nomine aliorum 19 fratrum ord. Predic. vocatorum ad curiam per papam tam magistrorum in theologia quam priorum conventualium super reformatione dicti ordinis 200 fl.

Desgl. am 20. Dezember. Hier wird auch fr. Hugo magister generalis totius ord. Predic. *als gegenwärtig erwähnt.*

(f. 176v) Mai 4 cum papa 3. Mai causa elemosine dari mandavisset ven. patri d. fr. Petro archiep. b. Marie de Nazaret pro singulis diebus 4 tur. gross., fuerunt soluti eidem a 3. Mai—31. Mai 116 tur. gross.

Juni 1 d. Petro archiep. b. Marie de Nazaret pro singulis diebus 4 tur. gross. (1.—31. Juni) 8 fl. 14 s. 3 d. ob. de Francia.

So auch in den folgenden Monaten.

Mai 1—8 pro 20 fratribus de Ermenia de mandato pape in carnibus, ovis etc. 4 s. 2 d. *Ebenso* Mai 29—Juni 5: 16 s. 2 d.

So auch in den folgenden Monaten.

Aug. 3 amore Dei Agnesie Alussie, hospitalarie hospitalis Petiti, de mandato pape pro expensis faciendis (2 personis giperiis), qui ceciderunt de edificio[1] pape et in dicto hospitali graviter infirmantur, 20 s.

Es waren noch fünf Arbeiter verunglückt, einer tot; sie bezw. die Angehörigen werden unterstützt.

(pro coquina) Febr. 6—13 fuerunt hospites dux Lotaringie cum 6 militibus et comites ac comes Fuxi cum electo Vauten.[2] fratre eius.

Himmelfahrt (Mai 5) intraverunt curiam 2 cardinales novi: d. patriarcha et d. Rothomagen. et comederunt cum papa omnes dd. cardinales,

---

[1] Es war die Aula des Konsistoriums.
[2] Verschrieben für Vaurensis, Bischof Robert von Béarn wurde 1338 Mai 22 erwählt.

Dalphinus Vien., frater (!) regis Maioricarum et quidam dux de Alamannia.[1]

Nov. 14 (domenica) reges Aragonum et Maioricarum et omnes dd. cardinales et 2 prelati et comes Empuriarum ac alii barones et nobiles comederunt cum papa.

Nov. 6—13 quidam, qui fuit episcopus Castellanus *(Castello im Venetianischen)* et postmodum anticardinalis,[2] recepit cibaria de coquina; *so auch in den folgenden Wochen bis zum 4. Dez.; zur selben Zeit erhält er das Brot aus der* panataria; *vgl. unten zu den Jahren 1340 und 41.*

Dez. 25. 26 comederunt cum papa omnes capellani pape et secunda die Carolus filius regis Boemie et 4 milites sui et 2 dd. cardinales.

(ornam.) **1339** Jan. 15 traditi fuerunt d. camerario pape pro dandis 3 cardinalibus de novo per papam creatis in curia presentibus: dd. archiepiscopo Ebredunen., Albien. et Montis Olivi 3 anuli auri.

Nov. 9 pro certis scripturis secretis missis d. Arnaldo de Verdala in Alamannia tempore, quo Arnaldus fuit missus ad Bavarum, 1 fl. *(über seine Sendungen vgl. Riezler, Vat. Akt. S. 921).*

(I. E. 178 f. 134) Für den Bau von S. Bernard in Paris werden 6415 fl. 4 s. 1 d. *verausgabt.*

(I. E. 179 f. 27 Manuale der Coquina) am unteren Rande **1339** *Mai 5* ista die comederunt dd. cardinales, Dalphinus, filius (!) regis Maioricarum et dux Alamannie. *Vgl. Anm. 1.*

Aug. 15 *(Manuale der Coqu. ebd. f. 51ᵛ unten)* comederunt hic ambaxatores Lombardie, dominus Asso de Corrigia et ambaxatores Grecorum et quidam alii de Mediolano et de Mantua, item Ianuenses.

(buticul.) Aug. 14—21 comederunt cum domino nostro 19 ambaxatores de Lombardia.

(panataria) **1339** Nov. 14—21 comederunt cum papa semel omnes dd. cardinales et bis reges Aragonum et Maioricarum, comes Empuriarum, 2 prelati et plures barones et nobiles et etiam multi et diversi homines, qui laboraverunt in palatio Apostolico aquam portando et alia faciendo propter incendium, quod casualiter in palatio accidit.

Dez. 26 *(f. 71)* comederunt cum domino filius regis Boemie et 4 milites sui et 2 domini cardinales.

1340 Jan. 2—8 comederunt in ista septimana cum domino nostro ambaxiatores regis Castelle, ambaxiatores de Mediolano, de Marchia, de Florentia et certi hospitalarii, qui erant omnes in numero 24.

(f. 132ᵛ edif.) **1340** Jan. 4 Bertrando Textoris pro 25 cordis canapis deperditis in incendio, quod fuit in palatio pape, (5 d. pro corda) 10 s. 5 d.

---

[1] Vgl. auch S. 92. Riezler, *Vat. Akten* hat nichts über den Besuch dieses deutschen Herzogs an der Kurie.

[2] Jacobus Alberti de Prato krönte Ludwig den Baiern zum Kaiser und Peter von Corbario als Nikolaus V. zum Gegenpapst.

— Petro Blanchi de Auinione pro 3 cornutis et 1 brocco deperditis in incendio predicto 10 s.

Außerdem werden für die leihweise Überlassung und den Verlust von 31 Wasserkrügen (brocci) *bezahlt* 28 s. 5 d.

— Andrinono Broquerii de Auinione pro 5 burralibus ligneis pro incendio predicto deperditis 17 s. 6 d.

(pro cera I. E. 178 f. 153v) Memoriale sit omnibus dominis de camera, quod 22. Juli 1339 d. Iacobo de Broa, pape thesaurario, gravi infirmitate detento per rev. patrem d. G. Arelaten. archiep., pape camerarium, una cum d. Auinion. episcopo et dd. Michaele Ricomanni, Guillo de Bos et Guillo de Petrilia, clericis camere pape, fuit factum inventarium de pecuniis per d. Iacobum ex officio thesaurarie receptis, que invente fuerant in quadam magna caxa et quibusdam cofris in thesauro secreto existentibus, et dicto inventario facto fuerunt de mandato d. camerarii et clericorum portati in crota superiori magne turris palatii et reposit in quodam cofro parvo, in quo sunt 2 clavature, de dictis pecuniis in dicto thesauro inventis et receptis per d. thesaurarium 38 864$^1/_2$ fl.

2. Kurialbeamte.

Vorbemerkungen. *(I. E. 178 f. 150 cera)* März 24, qua die fuit dies Iovis Sancta, papa confecit sacrum crisma et fuerunt traditi de pecunia camere pape in capella sua pro dandis ibidem per papam, prout consuetum est, dd. cardinalibus, videl. 17 tunc in ipsa capella existentibus, cuilibet 12 tur. gross. arg., d. priore cardinalium pro 2 computato, 18 s. tur. gross. arg.

Item pro 15 capellanis commensalibus in eadem capella existentibus, cuilibet 12 d. cor., 15 s.

Am 24. Dezember erhalten auf Befehl des Papstes 29 familiares pape *je* 10, 15, 20 *bis* 25 fl. *zum Geschenk aus der Kammer, im ganzen* 425 fl., *es sind alles* domicelli.

Zahl und Gehaltshöhe der weiteren Kurialbeamten von 1339, verglichen mit denen von 1336 (I. E. 150), ist die gleiche mit folgenden Änderungen (erste Zahlung):

marescallo iustitie *(wie 1338 gesondert)* 193 fl. 4 d. val.

nur 15 capellanis commensalibus pro tota et uni pro 8 diebus 473 fl. 13 d. val.

3 bullatoribus 95 fl. 6 s. 9 d. val.

Petro de Castanhaco, Bertrando de Vernhola, Raimundo de Vulco, magistris hostiariis, pro toto et Aycardo de Saya pro 55 diebus 107 fl. 10 s. 9 d. val.

Petro de Podensaco et Raimundo de Baulhanis, domicellis custodibus secunde porte, pro toto et Arnaldo Comarci pro 51 diebus 78 fl. 9 s. 8 d. val.

8 hostiariis minoribus pro tota et 1 pro 29 diebus 123 fl. 8 s. 5 d. val.
51 servientibus pro tota et 1 pro 27 diebus 855 fl. 10 s. 3 d. val.
36 domicelli.

d. Petro de Villafera, iudici ordinario curie marescalli, 15 fl. 3 s. 10 d. val.
mag. Pontio de Margaritis, iudici in criminalibus curie marescalli, 12 fl.
    3. s. 4 d. val. [*wie* 1338].

d. Petro Bertini, thesaurario curie marescalli, 7 fl. 7 s. 5 d. val.
    [*wie* 1338].

13 capellani capelle *mit demselben Gehalt, aber mehrere andere Namen:*
    dd. Petrus Sinterii, Ioh. de s. Quintino, Ioh. Bertrandi, Ioh. de Tregossio, Privatus Pastorelli, R. de Angladis, Nicholaus Bertrandi, Ioh. de Ayrolis, Berengarius Adhemari, Stephanus de Utis, Guill^s de Convenis, Raimundus Seguini, Raim. Servientis.

fratribus Iohanni Engilberti, Petro Sabaterii, cubiculariis pape, et fr.
    Iohanni Gayraudi, magistro marestalle equorum, 49 fl. 7 s. val.

(*elemos.*) Okt. 14 amore Dei de mandato pape Vincentio Pellipariii, bladerio de Thoro habitatori Auin., recipienti nomine liberorum et heredum Petri Bonsoni, condam capitanei marescalli pape, 50 fl.

Am Gründonnerstag speisen alle Kardinäle beim Papste; auf Ostern und Pfingsten die Hauskapläne, ebenso zu Weihnachten.

(*f. 64ᵛ coq.*) *findet sich die für die Beköstigung der päpstlichen Beamten wertvolle Notiz*... pro pullis et ovis receptis a polalherio pro Petro Barte pro usu suo, antequam esset de vadiis pape, 63 s. 4 d.

(*f. 203*) **1340** Jan. 8 *Verleihung des »Presbiteriums« an die Kardinäle, zusammen* 22 l. 10 s. 6 d. tur. p. in duplicibus nigris de Francia (1 dupl. = 2 d.).

3. Getreideeinkäufe.

Die Getreidepreise sind in der Regel bis zum Hafen in Avignon. Die Fracht von dort bis zu den Scheunen in Trulhassio wird stets besonders berechnet.

Das Getreide wird dann im Speicher neu vermessen und in Quantitäten bis zu 1000 saum. den Bäckern übergeben.

Unter dem Titel pro marestalla *sind keine Hafereinkäufe vermerkt, wohl aber die Fracht für Hafer aus den Dominien der Kirche, offenbar genügte sie in diesem Jahre.*

(*f. 171 elem.*) Jan. 8 soluti sunt per thesaurarium de pecunia camere Ferrario Molini et Iacobo de Gorda de Auin. pro 500 saumatis grossis Auin. [bladi] traditis d. Geraldo Latremoliera, administratori Pinhote, (15 $^1/_4$ tur. gross. arg. pro saumata) 635 fl. 5 tur. gross.

Febr. 8 facto computo cum Iacobo de Gorda et Iohanne Riquerii, mercatoribus de Auin., de 3000 saum. frumenti olim empt. per d. episcopum Auin. ad opus elemosine Pinhote inventum fuit, quod debebantur eisdem mercatoribus de resta 1107$^1/_2$ saumat. frumenti (*von je* 10 emin.

ad mensuram Auin.) receptorum ab ipsis mercatoribus per Geraldum de mense Ian. 1339 (15$^1/_4$ tur. gross. pro saum.) 1407 fl. 5 tur. gross.

Item pro 39 saum. gross. fabarum (*von je* 10 emin., *zu* 13 tur. gross.) 42 fl. 3 tur. gross. Pro 8 saum. gross. pezellorum (24 s. cor. pro saum.) 9 l. 12 s. cor., *alles zusammen* 1449 fl. 8 tur. gross. 9 l. 12 s. cor.

Mai 27 Iohanni Riquerii et Iacobo de Gorda, mercatoribus de Auin., recipientibus pro se et nomine Ferrarii Molini de Auin. pro 593 saum. gross. frumenti pro facienda elemosina Pinhote pape et pro usu et expensis hospitii helemosine (15$^1/_4$ d. tur. gross. pro saum.) 753 fl. 7$^1/_4$ tur. gross.

Juni 22 Aldebrando Landi de Floren., civi et mercatori Auin., pro 545 saum. frumenti ad opus elemosine (*von je* 10 emin. ad mens. Auin.) receptis per d. Geraldum Latremoliera (13$^1/_2$ tur. gross. pro saum.) 613 fl. 1$^1/_2$ tur. gross.

Demselben pro 133$^1/_2$ saum. siliginis (7$^1/_2$ tur. gross. pro saumata) 83 fl. 5$^1/_4$ tur. arg.

Nov. 19 Iohanni Riquerii de Auin. et Andree Clavarii de Lucha nominibus Lappi Landi et Aldebrandi Landi, mercatorum in civitate Lugduni, pro 1455 saum. gross. frumenti (*von je* 10 emin. ad mens. Auin., 13$^1/_2$ tur. gross. pro saumata) et pro 266$^1/_2$ saum. gross. siliginis (*von je* 10 emin., 7$^1/_2$ tur. gross. pro saumata) 1803 fl. 5$^1/_4$ tur. gross.

4. Öl- und Weineinkäufe.

(f. 173 elem.) **1339** Febr. 6—13: pro 18 modiis vini (*je* 75 s.) et 2 modiis (*je* 55 s.) 73 l. cor.

Nov. 13—20 pro 67 saum. vini empti apud s. Spiritum et portati ad hospitium Pinhote (11 s. pro saumata cum portatura, minus pro toto 2 s. 10 d.) 36 l. 14 s. 2 d. curr.

Pro 240 saum. vini empti in castris Bellicadri et Volobrite et portati ad hospitium Pinhote (11 s. 1 d. pro saumata cum portatura ac ultro pro toto 3 s. 4 d.) 133 l. 3 s. 4 d.

Dez. 11—18 pro 8 cannis olei pro provisione hospitii (5 s. 6 d. pro cana) 44 s.

(butic.) Nov. 31 Guill[s] Teulerii, serviens armorum pape, de vinis emptis apud Nemausum et Lunellum pro provisione hospitii pape: pro 315 saum. vini apud Nemaus. (16 s. tur. p. pro saum. et ultra pro toto 8 s. 3 d. ob.) 252 l. 16 s. 3 d. ob.; pro 324 saum. vini (15 s. 6 d. pro saum. et ultra pro toto 10 s. 2 d.) 251 l. 12 s. 2 d. tur. p.

Pro 3 botis de vino muscadello apud Lunellum 11 l. tur.

Nov. 31 Raimundo de Ruppe, buticulario pape, pro 103$^1/_2$ saum. vini emptis apud Bellicadrum (13 s. 11 d. pro saum. et ultra pro toto 5 d. ob.) 72 l. 1 s. 1 d. [curr. monete regis Francie].

5. Vieh- (und Geflügel) und Fischeinkäufe.

(elemos.) **1339** Febr. 20 Geraldus Latremoliera expendit pro 4740 allecibus et 3000 angillis salsis pro provisione pro 5 septimanis (6½ fl. pro miliari allecium et 4 fl. pro 1000 anguillis) pro pauperibus 42½ fl.

(f. 61 coq.) April 10 pro 1 reti seu filato empto pro capiendis lucibus et aliis piscibus de piscariis pape 41 s. 6 d.

(f. 60v) März 27—April 3 *(für Ostern)* pro 20 mutonibus datis 17 dd. cardinalibus et dd. vicecancellario et camerario ac magistro marescalle et servientibus armorum 13 l. cor.

— in 34 edulis datis dd. cardinalibus 11 l. 1 s. cor.

(f. 66v) pro salario piscarii heredum Iohannis Testa Aguda, in quo tenebantur lucii pape, Iohanni Boerii, tutori heredum, 5 fl.

(I. E. 178 f. 68) Dez. 25 — Jan. 1 pro 14 porcis positis in sale pro provisione *(zu je 31 s. 4 d.)* 21 l. 18 s. 8 d.

— pro 23 porcis datis 20 dd. cardinalibus et 3 officiis *(zu je 31 s. 4 d.,* remotis 5 s. pro quolibet de ventribus et raustis retentis per macellarios) 36 l. 8 d.

— pro 40 leporibus datis dd. cardinalibus 5 l. 6 s. 8 d.

— pro furfure et porcis ducendis de Carpentras usque Auinionem et mortificatione et reparatione eorum 58 s.

Aus dem Manuale der Küchenverwaltung von 1339 (Intr. Exit. 179) gehen noch folgende Preisangaben hervor (Auswahl) (1 fl. = 16 s. coronatorum *im Januar*).

Jan. 8 pro 4 allecibus 6 d. cor.
Jan. 10 pro 3 caponibus 7 s. 6 d.; 4 perdicibus 5 s.; 2 pluveriis 2 s. 4 d.; 2 becadis (Becasine) 2 s; 2 malardis (Ente) 22 d.; ½ mutone Vielhi[1] 5 s. *(so stets).*
„ 11 pro 2 gallinis 5 s.; 4 columbis faveriis 3 s. 4 d.
„ 12 pro 1 malardo 16 d.
„ 13 pro 1 spatula mutonis 12 d.; 1 lepore 2 s.
„ 14 pro 1 edulo 5 s.
„ 18 pro 1 lingua bovis Vieli 9 d.
„ 19 pro 2 becadis 20 d.
„ 21 pro 2 cuniculis 2 s. 2 d.; 2 columbis 20 d.; 1 edulo Vieli 5 s. ½ mutone Vieli 5 s.
„ 25 pro 1 malardo 18 d.; 2 becadis 16 d.
„ 26 pro 2 cuniculis 2 s. 2 d.
Febr. 4 pro 1 farsano 6 s. 6 d.; 12 gallinis 25 s.; 12 cuniculis 16 s.
„ 7 pro 2 faysanis 12 s.; 16 perdicibus 24 s.; 2 ostardis 12 s.; 8 malardis 12 s.; 6 cuniculis 8 s.; 9 becadis 9 s.

---
[1] D. h. der Verkäufer hieß Vielus.

Febr. 8　　pro 1 merlucio Bertrandi[1] 16 d.
„　10　　pro 1 merlucio Bertrandi Boquerii 16 d.
„　11　　pro 4 merluciis *desgl.* 5 s. 4 d.
„　14　　pro 1 gronhardo 6 s.
„　23　　pro 1 anguilla 7 s.[2]

(f. 14) März 7　　pro 1 lampreda *(Fisch, Muräne)* 3 fl.
(f. 17)　„　20　　pro 2 alausis *(Else-Fisch)* 5 s.[3]
(f. 18)　„　27　　pro 1 barbello Ricardi 12 s.
　　　　„　28　　pro 2 gallinis grossis 5 s.; 25 gallinis 45 s. 10 d.; 12 pullis 13 s.; 2 anceribus 16 s.; 24 paribus pullorum (*zu je* 14 d.) 56 s.; 5 mutonibus (*zu je* 14 s.) 70 s.; 1 porco 18 s.; 6 edulis (*zu je* 6 s.) 36 s.
　　　April 1　　pro 6 columbis 4 s. *(so öfters).*
　„　　5　　pro 1 coxa porchi Vieli 2 s. 6 d.
　„　 18　　pro 1 coxa porchi Vieli 2 s.; $^{1}/_{2}$ mutone porchi Vieli 7 s.
　„　 21　　pro 2 gallinis 5 s.; 6 pullis 7 s.; 6 columbis 5 s. 6 d.
　„　 23　　pro 4 alausis 7 s.
　„　 25　　pro 1 vitulo 8 s. 6 d.
(f. 27) Mai　5　　pro 4 barbellis *(Barbe)* 4 l.; 1 sturione 6 fl.; 1 barbello 8 s.; 1 grosso barbello 30 s.; 8 alausis 40 s.; 1 sturione 7 fl. 2 s.; 12 lampredis 60 s.; 10 lampredis 50 s.
(f. 28) Mai　6　　pro 1 iecure irchi 2 s.
(f. 29)　„　13　　pro pedibus porcinis, vitulinis, edulinis Vieli 2 s. *(so öfters).*
(f. 30)　„　16　　*(Pfingsten)* pro 2 caponibus 5 s.; 24 caponibus et gallinis (*zu je* 2 s. 4 d.) 52 s.; 40 pullis 40 s.; 20 columbis 10 s.; 24 columbis 12 s.; 6 edulis 36 s.; 2 edulis 14 s.; 1 mutone 16 s.; 4 muton. 56 s.; 1 porco 25 s.
　„　 31　　pro 1 lepore 20 d.; 6 columbis 3 s.
(f. 37) Juni 13　　pro 2 gallinacis pro cena 16 d.
　„　 15　　pro 2 pullis pro cena 16 d.
　„　 21　　pro 3 perdigallis 18 d.
(f. 42) Juli　4　　pro 6 perdigalibus *(junge Rebhühner)* pro mane et sero 11 s.[4]
　„　　6　　pro 6 gallinacis $3^{1}/_{2}$ s.; 6 columbis 3 s.; 2 caponibus 5 s.
　„　 21　　pro 3 pullis pro gelata 21 d.
(f. 46v)　„　26　　pro 1 lepore 18 d.
　„　 27　　pro 3 pullis pro geleya 21 d.

---

[1] D. h. von Bertrand (Boquerii) gekauft.
[2] Bis 19. Februar (f. 10v) 1 fl. = 16 s. cor.
[3] Bis 19. März (f. 16v) 1 fl. = 17 s. cor.
[4] Nach f. 41v am 2. Juli 1339 1 fl. = $18^{1}/_{2}$ s. cor., dann (f. 44v) 1 fl. = 19 s. cor., am 27. August (f. 54v) schon 1 fl. = 20 s. cor.

(f. 48v) Aug. 3		pro 24 perdigallis *(zu je* 15 d.); 40 columbis 20 s.; 48 columbis 24 s.; 3 anceribus 7 s. 6 d.; 4 anceribus 13 s.; 10 anceribus 30 s.
(f. 49)		pro 1 porco 22 s.; 5 mutonibus 70 s.; 1 vitulo 48 s.; $^1/_2$ vitulo 26 s.
(f. 55v)		pro 1 lepore 22 d.
(f. 59) Sept. 16		pro 6 perdicibus $7^1/_2$ s.; 6 columbis 3 s.; 6 pullis 5 s.; 2 caponibus 5 s.; 1 lingua bovina 12 d.
(f. 61)	„ 25[1]	pro 1 lupo *(Fisch)* et 8 mugilibus 25 s.
	„ 27	pro 1 pleverio 15 d.
	„ 29	pro 1 lingua bovina 8 d.
	„ 30	pro 2 pleveriis $2^1/_2$ s.; 2 cuniculis 2 s. 4 d.; pedibus porcinis et capitibus salsandis pro papa 5 s. 10 d.
(f. 63v) Okt. 5		pro 65 lb. de lardo *(zu je* 6 d.) $32^1/_2$ s.
	„ 10	pro 1 lingua bovis 8 d.
	„ 12	pro 1 faysano 8 s.; 25 pullis pro septimana 20 s. 5 d.
	„ 26	pro 12 tortz 2 s. *(so häufiger)*; 4 perdicibus 5 s.
	„ 28	pro 5 capon. $12^1/_2$ s.; 6 cunicul. 7 s.; 10 perdic. $12^1/_2$ s.; 10 pullis grossis 10 s. 10 d.
(f. 73) Nov. 7		pro 5 becadis 2 s. 1 d.; 1 becada 8 d.; 2 capon. 5 s.; 2 pluveriis $2^1/_2$ s.
(f. 74v)	„ 14	pro 80 capon. grossis *(zu je* $3^1/_2$ s.) 14 l.[2]; pro 150 capon. aliis et gallinis *(zu je* $2^1/_2$ s.) 18 l. 15 s.; 100 cuniculis *(zu je* 16 d.) 6 l. 13 s. 4 d.; 134 lb. de lardo *(zu je* 6 d.) 3 l. 7 s.; 115 perdicibus *(je* 16 d.) 7 l. 13 s. 4 d.; 62 malardis *(je* 18 d.) 4 l. 13 s.; 1 faysano 10 s.; 62 cuniculis *(je* 16 d.) 4 l. 2 s. 8 d.; 24 pluveriis *(je* 2 s.) 48 s.; 1 ayglono 6 s.; 3 gruibus 40 s.; 110 perdicibus *(je* 16 d.) 7 l. 6 s. 8 d.; 30 squinis salsis porcinis *(je* 2 s. 6 d.) 3 l. 15 s.
(f. 75)	„ 14	pro 1 bove 3 l. 12 s.; 1 bove meliori 4 l.; 2 carteriis bovis 40 s.; 1 bove 7 l.; 16 muton. *(je* 10 s.) 8 l. (qua die comederunt 2 reges[3] et omnes cardinales cum diversis militibus).
(f. 76)		pro carnibus porcinis silvestribus 25 s.
(f. 80) Dez. 1		pro 125 allecibus pro adventu 20 s.
	„ 2	pro 6 anguillis salsis 3 s.
	„ 3	pro 4 soleis et passardis *(Fische)* 8 s.
(f. 86)	„ 25	pro 40 leporibus 5 l. 6 s. 8 d.; 24 columbis 16 s.; 4 muton. 40 s., 1 porco 30 s.

---

[1] fl. = 20 s. cor. (f. 60v).
[2] f. 79v wird für den November 1 fl. = $20^1/_2$ s. cor. berechnet.
[3] Noch ebd. f. 76 waren es rex Maioricarum et rex Aragonum.

(f. 87v) Dez. 30   pro 2 capon. 5 s.; 1 gallina 22 d.; 4 perdicibus 6 s.; 2 cuniculis 3 s.; $^1/_2$ mutone 5 s.

5ᵃ. Eier.

(I. E. 179 f. 8) **1339** Febr. 7 pro 150 ovis 6 s. (1 fl. = 16 s. cor.), *nach heutigem Münzwerte also 3,75 Rmark, d. h. 2 Eier zu 5 Pfennig, bei vierfacher Kaufkraft demnach 1 Ei zu 10 Pfennig.*

(f. 18v) März 28 pro 350 ovis 10 s. 6 d.

(f. 25v) April 27 pro 25 ovis 12 d.

NB. *Oft werden Eier für 12 d. gekauft, aber ihre Zahl nicht genannt. Ganz wahrscheinlich waren es jedesmal 25 Stück.*

(f. 30) Mai 16 pro 300 ovis 12 s.

(f. 48v) Aug. 3 pro 300 ovis 12 s.

(f. 51v) Aug. 15 pro 200 ovis 8 s.

(f. 74v) Nov. 14 pro 500 ovis 20 s.

„   14 pro 600 ovis pro potagio et intermesso 24 s.

„   16 pro 300 ovis pro tortis et caseatis 12 s.

(f. 86) Dez. 25 pro 200 ovis 8 s.

6. Tuche und Gewebe, Pelzwaren.

(I. E. 178 f. 180v elemos.) **1339** Juli 5 facto computo cum Raymbaudo Clementis, draperio de Auin., de pannis emptis apud Andusiam pro facienda elemosina pape: pro 240 peciis pannorum gross. tam alb. quam brun. (3 l. 3 s. monete regis Francie pro pecia deductis de minori mensura sive brevitate 12 l. 18 s.) 736 l. 17 s. 1 d. mon. regis Francie et pro expensis, portatura etc. 31 l. 7 s. 7 d. et pro salario Raymbaudi 6 l., *zusammen* 774 l. 4 s. 8 d. in 703 scudatis 18 s. 8 d. mon. curr. (1 scud. = 22 s. mon. curr.).

(f. 187) Dez. 2 Raymbaudo Clementis, draperio de Auin., de pannis emptis apud Castrum Pedenassii dioc. Agaten. pro elemosina pape facienda religiosis de Apamiis, Mirapice, Tholosa, Montepessulano et Auin.: pro 24 peciis pann. de burello de Claromonte *(von je 12 canne diversis pretiis)* 140 l. 15 s. 5 d.; pro 25 peciis de blanqueto de 12 cannis: 168 l. 8 s.; pro 2 peciis de bruneta nigra: 19 l. *Zusammen mit Fracht und Unkosten* 348 l. 4 s. 4 d. tur. parv. in 220 pabalh. auri, 16 fl. 4 s. 4 d. ob. reg. Rob.

(f. 86 vest.) **1339** Jan. 22 Clarissimo Folconerii, mercatori et socio societatis Albertorum de Florentia, pro 40 peciis pannorum: 20 de virgato de Gandauo et 20 de panno persico de Louano pro vestibus yemalibus domicellorum pape (23 fl. pro pecia) 920 fl.

Pro 1 pecia squarlace albe empta ab eodem per d. Auin. episcopum et fr. Iohannem Engilberti pro persona pape 35 fl.

Juni 2 d. Iohanni Cortois, canonico Ambian., scriptori pape, pro 20 peciis pann. virgat. de Gandauo et pro 20 peciis planis de Louano coloris camelini seu preseguerii emptis in partibus Flandrie et locis predictis pro vestibus estivalibus domicellorum pape (20 fl. 3 tur. gross. pro pecia) 810 fl.

Juni 18 Secundino de Ast recipienti nomine Antonii de Vallefeneria, draperii de societate Astesanorum, pro 2 cannis de panno de Brucellis pro mantello pape 5 fl. 4 tur. gross.

Okt. 16 Ricano de Gordis, draperio de Auin., pro 8 peciis panni brunete nigre (10½ fl. 15 s. monete curr. pro pecia) et pro 36 cannis de panno albo (10 tur. gross. 8 d. cum ob. pro canna) pro vestibus 17 fratribus de Ermenia 115 fl. 16 s. 8 d. mon. curr.

Dez. 1 Ricco Guchii, mercatori de Florentia curiam Rom. sequenti, pro 5 pannis de lana factis a compas[1] pro aula seu camera pape, quorum 4 sunt longitudinis 15 palm. et unus 12 palmorum: 23 fl.; pro quadam sargia coloris viridis maioris forme 5 fl.; pro 2 tapetis sive marchipes de Ispania 5 fl., *zusammen* 33 fl.

(f.81) Dez. 31 Iohanni Boneguide, scurioni de societate Bonacursorum, pro quadam pecia panni de Melinis coloris cinerum ad opus neptarum pape 31 fl.

(f. 81v) **1340** März 14 cum traditi fuissent d. Iohanni Cortoys, canonico Ambianen., per Angelum socium societatis Azayalorum de Florentia in civitate Brugis de mandato camere Apost. pro emendis pannis 2400 fl. videl. pro 40 peciis pannorum tam blauorum de Brucellis quam virgatorum de Gandauo pro librata yemali presenti domicellorum pape (20 fl. 7½ tur. gross. pro pecia) 825 fl.

Pro 81 peciis pannorum blauorum pro facienda elemosina pape (8½ fl. pro pecia minus 6 tur. arg. pro toto) 773 fl.

Pro 69½ peciis pannorum viridium pro elemosina facienda (10 fl. pro pecia et ultra 4 s. 4 d. parisien. pro toto) 695 fl. 4 s. 4 d. parisien.

Pro 3 peciis brunete nigre de Pontoya 27 fl., pro 26 peciis pannorum burellorum pro elemosina (7 fl. pro pecia) 182 fl., *zusammen* 2502 fl. 4 s. 4 d. parisien.; de quibus tradidit dicta societas ut premittitur 2400, quos receperat tam a collectoribus provincie Remensis quam a d. Iohanne de Pererio collectore in Tuscia quam a certis mercatoribus de Polonia, et d. thesaurarius 102 fl. 4 s. 4 d. parisien.

Linnen.

(ornam.) Juli 14 Francisco Binthi, mercatori de Florentia, pro 81 cannis tele pro faciendis linteaminibus et capitergiis ad opus pape (5½ tur. gross. pro canna) 37 fl. 1½ tur. gross. (c. o. r.).

Pro 37½ cannis tele pro faciendis roquetis ad opus pape (12 tur. gross. pro canna) 37 s. 6 d. tur. gross. in 37 fl. 9 s. 6 d. mon. curr.

---

[1] D. h. in kreisförmigen Mustern.

Seidenwaren.

(f. 149 cera) Pro 6 cordonibus de serico coloris rubei ponderantibus, prout d. Franciscus[1] asseruit, 77 uncias de serico (3 tur. gross. pro uncia) 19 fl. 3 tur. gross.

(f. 87 vestibus) Juni 2 Philippo Lappi de Florentia pro 2 l. 7$^1/_2$ unc. de taffati et 2 unc. de serico pro vestibus seu raubis estivalibus folrandis neptis pape et uxoris Petri Barte 71 fl. 9 tur. gross.

Sept. 7 Zenobio ser Iohannis de Florentia de societate Albertorum pro emptione 1 pecie squarlate albe de Melinis pro usu pape 29 fl.

Nov. 6 Bernardo de Sena, servienti armorum pape, pro 2$^1/_2$ cannis squarlate rube de Brucellis (5 fl. 7 tur. gross. 4 mon. curr. pro canna) 14 fl.

Pelzwaren.

(f. 86v vest.) Mai 15 mag. Bertrando de s. Laurentio, pellipario de Auin., pro 128 folraturis agnorum pro librata estivali domicellorum pape (9 tur. gross. arg. pro folratura) et pro 13 pansis variorum minutorum positis in quadam mitra pape (15 tur. gross.) 97 fl. 3 tur. gross.

Juni 7 Francisco Donsa, mercatori de Florentia Rom. cur. sequenti, pro 376 ermenis pro folrandis 2 mantellis, 2 caputiis et 6 barretis pape (18$^1/_2$ fl. pro centenario) 68 fl. 1 tur. gross.

Sept. 29 Succo Guidonis, famulo Martini Bisi pelliparii Rom. cur. sequentis, pro 242 variis minutis pro folratura 1 mantelli pape (9$^1/_2$ fl. pro centenario) 23 fl. minus 3 d..

Okt. 30 Raymbaudo Clementis, draperio de Auin., pro 80 folraturis pro librata yemali domicellorum pape (7 tur. gross. pro folratura) 46 s. 8 tur. gross.

Dez. 10 mag. Bertrando de s. Laurentio pellipario pro 108 variis minutis affinatis pro capa et birreta pape folrandis, quas tenet papa in consistorio, et 2 mitris etiam folrandis (9$^1/_4$ fl. pro centenario); pro 25 ermenis pro complemento folraturarum quorundam mantellorum et caputii pape 5$^1/_2$ fl.

(f. 81) **1340** Jan. 7 facto computo cum Francisco Passini et Moneto Boni, pellipariis de Florentia curiam Rom. sequentibus, pro 1406 pansis variorum minutorum, de quibus fuerunt facte pro papa 7 folrature pro vestibus et 1 mantellus, (9$^1/_4$ fl. pro centenario) 180 fl. 1 tur. gross.

Pro 1 copertorio de dorsis variorum pro papa: 23 fl. Pro 2 ganachiis de variis grossis et 2 garnachiis de popiis pro 2 neptibus pape 29 fl., pro 48 folraturis agnorum pro vestibus yemalibus domicellorum (7$^1/_2$ d. tur. gross. pro folratura) 30 fl., *zusammen* 212 fl. 1 tur. gross.

---

[1] Fr. Bartucii de Perusio.

7. Wachs und Kerzen.

(I. E. 178 f. 150v cera) Mai 26. Francisco Baralh, civi et mercatori Auin., pro 61 quint. 70 lb. cere ad usum hospitii pape (11 agn. pro quintali) 786 fl. 14 s. 3 d. mon. curr.

Okt. 30 Girardo Thomassii candelerio pro 4 quint. candelarum cepi pro usu palatii pape et pro 2 quint. candelarum cepi ad opus thesaurarie pape (62 s. mon. curr. pro quintali) 18 l. 12 s. curr.

Okt. 31 fr. Berengario Maynardi, bullatori pape, pro $1/_2$ quintali candelarum cepi 30 s. in 1 fl. 12 ob. arg. de Francia.

Nov. 9 Hugolino Tinhasii, ipothecario curie Rom., *(für die Zeit vom 19. Apr.—9. Nov.)* pro 47 cannis 1 palmo tele inserate pro fenestris palatii Apost. (4 d. tur. gross. pro canna) 15 s. $8^1/_2$ tur. gross. et pro 221 cannis vete pro dictis fenestris 9 s. 2 d. cor. et pro 23 lb. cere rubee pro literis sigillandis 2 s. $10^1/_2$ tur. gross.

1340 Jan. 7 pro 6 torticiis ponderis 25 lb. et 2 lb. aliarum candelarum et aliis necessariis pro funeralibus servitoris elemosine 58 s. 11 d.

7a. Spezereien und Apothekerwaren.

(coq. f. 60v auf Ostern) pro 12 lb. gingiberis, 12 lb. piperis, 1 libra gariofilorum datis in mensa per papam capellanis papalibus 5 l. 14 s. cor. *Das ganze Menü für das Essen des Papstes mit seinen* capellani commensales *am 28. März, dem ersten Ostertage, ist zusammengestellt* Intr. Exit. 179 f. 18v.

(f. 68 auf Weihnachten) pro 12 lb. gingiberis 12 lb. piperis et 1 libra gariofilorum datis per papam capellanis papalibus et penitentiariis ac multis aliis in camera in festo nativ. Dni 7 l. 2. s. *Das ganze Menü ebd.* f. 86.

Aus dem Manuale der Küchenverwaltung von 1339 (Intr. Exit. 179) *gehen auswahlsweise folgende Preisangaben hervor:*

Jan. 20 pro 2 lb. fromentee 6 d.
„ 21 pro 1 lb. de croco Francisci[1] 21 s.
„ 29 pro 2 lb. canelle 6 s.; 2 lb. gingiberis 10 s.; 2 lb. piperis 8 s.
„ 30 pro 2 lb. fromentee Francisci 8 d.
(f. 8) Febr. 7 pro 2 lb. farine pro intermisso 20 d.
„ 9 pro 21 lb. de riso Luce 5 s.; 10 lb. racemorum Luce 10 s.; 1 pane zucare (11 lb.) 33 s.
(f. 11) „ 20 pro 2 lb. amidonis Francisci 8 d.
(f. 14v) März 9 pro 2 lb. gingiberis Luce 8 s.; 2 lb. piperis 7 s.; 2 lb. canelle 6 s.; 1 lb. de croco 20 s.; 1 lb. de girofles 18 s.
„ 14 pro 2 lb. de avenato 6 d.; 2 lb. farine de riso 8 d.

---

[1] D. h. von Franziskus eingekauft.

März 20 pro 9¹/₂ lb. zucare 28 s. 6 d.; 3 lb. fromentee 12 d.;
1 lb. de pinhos 16 d.
„ 28 pro 27 lb. caseorum pinguium 11 s. 3 d.; 12 lb. piperis 48 s.
April 1 pro 4 lb. grani sinapi 16 d.
(f. 22) „ 10 pro 1 lb. cominii 12 d.
„ 12 pro 1 barrili aceti 5 s.
(f. 27) Mai 5 pro 24 lb. cisserum 4 s.
(f. 30) „ 16 (Pfingsten) pro 20 lb. caseorum 14 s. 7 d.; 60 tonnis[1]
5 s.; 4 lb. zucari 12 s.; 6 lb. gingiberi 5 s.
„ 18 pro 1 emina salis 15 d.
(f. 48v) Aug. 3 pro 38 lb. caseorum 15 s. 10 d.; 72 tonnis 6 s.; 14 lb. zucari 42 s.; 2 lb. canelle 7 s.; 2 lb. gingiberis 10 s.;
1 lb. croci 24 s.; 1 lb. piperis 4 s.; ¹/₂ lb. giroflerorum 10 s.
(f. 53v) „ 22 pro 2 eyminis salis 2¹/₂ s.
(f. 74v) Nov. 14 pro 3 pecheriis sinapis et eruge 3 s.
„ 16 pro 100 pomis arengeis 4 s. 6 d.; 39 lb. caseorum (je 6 d.).
(f. 76) pro 50 caseatis 8 s. 4 d.; 12 lb. zucare 50 s.; 2 lb. pruniorum 12 d.; 25 lb. amicdalarum 4 s. 2 d.; 2 lb. uvarum passarum minutarum 2 s.; ¹/₂ lb. croci 11 s.
(f. 79) „ (ca.) 20 5 saumate olei pro provisione hospicii (je 4¹/₂ fl.) 22¹/₂ fl.; pro portatura de diversis partibus comitatus usque Auinionem 25 s.; pro 3 quint. amicdalarum pro provisione hospicii 50 s. (1 fl. = 20¹/₂ s. cor.).
(f. 80v) Dez. 2 pro 9 lb. uvarum passarum et ficuum 2 s.
„ 3 pro 4 saum. olei emptis (zu je 4¹/₂ fl. (22¹/₂ fl.); pro 3 quint. amicdal. emptis in Insula (1 lb. zu 2 d.) 50 s.
(f. 85v) „ 24 pro 4 eyminis salis 6 s. 4 d.; 2 lb. zingiberis 10 s.;
2 lb. piperis 10 s.; 1 lb. croci 22 s.; 1 lb. gariofilorum 22 s.
„ 25 100 pomis arengeys 3¹/₂ s.

Apothekerwaren.

(f. 91v ornam.) **1340** Jan. 4 facto computo cum Francisco de Cordona, serviente armorum pape et ypothecario pape, pro rebus habitis a 1. Mai —14. Dec. 1339:

Pro 519 lb. diversarum specierum (4 s. pro libra) 103 l. 16 s.; pro 222 lb. drageye (3 s. 6 d. pro libra) 38 l. 17 s.; pro 19 electuariis factis cum festucis et aliis rebus secundum receptam (26 s. pro electuario) 24 l. 14 s.

---

[1] Nach Du Cange ein fetter Käse.

Pro 35 electuariis factis cum feniculo et auro et aliis rebus secundum receptam (36 s. pro electuario) 63 l.; pro 4 electuariis factis cum ruca et auro etc. (26 s. pro elect.) 5 l. 4 s.; pro 32 l. unius gingibrati pro speciali usu pape (5 s. pro libra) 8 l. curr.; pro 46 l. florum de camamilla (9 d. pro libra) 34 s. 6 d.; pro 18 l. cotoni 36 s.

Pro 3 quint. $89^{1}/_{4}$ l. zuchari de Babilonia (58 agn. pro carga) 75 agn. 5 s.; pro 2000 coctanorum 5 l. 13 s.; 5 l. gingiberis 3 l. canele, $1^{1}/_{2}$ l. gaziofilorum, 2 l. corriandri preparati, et 1 cartayrono florum canelle et pro cimine et cilobalsamo et calpobassamo pro codonhato 4 l. 6 s. 1 d. etc.; pro aqua ardenti composita facta secundum receptam et pro aqua ardenti simplici 2 l. 15 s.; pro melle et speciebus necessariis pro 3 barralibus nectaris et pro 2 libris saline 50 s.

8. Bauausgaben.

Die Aufzeichnungen hierüber sind in diesem Jahre sehr umfangreich und ausführlich von f. 96—133. *Sie behandeln die gleichen Arbeiten wie im vorhergehenden Jahre. Die angestellten Arbeiter werden monatlich mit Namen aufgezählt.*

(f. 118) Aug. 17 Bernardo Freserii et Guillelmo Pomeci frigidariis recipientibus pro se et suis sociis pro cavatura 6 cannarum $3^{1}/_{4}$ palm. de rupe fundamenti muri palacii contigui carrerie b. Marie Auin. et pro cavatura 6 cann. $3^{1}/_{8}$ palm. cadrat. ex omni parte de rupe claustri palatii pape iuxta puteum in parte occidentali et pro cavatura 6 cann. 1 palmi de rupe claustri iuxta supradictam cavaturam et pro cavatura 2 palm. rupis consistorii, *zusammen* 19 cann. $1^{3}/_{8}$ palm. *zu* 52 fl. 10 s. 6 d.

— *Denselben* pro diruendo quandam crotam subtus aulam antiquam a parte tinelli camerarii 10 fl.

Aug. 21 Raimundo Burgundionis cerratori pro cerratura 35 cann. et 5 palm. de 3 bilhonibus et 7 peciis (18 d. pro canna) 53 s. 5 d. mon. curr. in 2 fl. Pedim. 14 s. 5 d. 3 ob. de Francia (1 fl. = 19 s. 6 d., 1 ob. alb. = 10 d.). *Denselben ähnlich auch späterhin.*

Aug. 22 Rostagno Aurucii de Ruperforti et Guillelmo Teulerii pro copertura 55 cann. 2 palm. cadrat. claustri seu de ambulatorii contigui magno tinello palacii de tegulis et lausis (2 s. mon. curr. pro canna) 5 l. 10 s. in 4 fl. Flor., 1 fl. Pedim., 11 s. 9 d. mon. regis Francie (1 fl. Flor. = 19 s. 9 d., 1 fl. Pedim. = 19 s. 3 d.).

— Asser Iudeo pro gipando 2 meianos camerarum et factura 1 porte et pro reparando 2 crotonos claudendo 1 portam et reparando aliam palacii pape 17 s. mon. curr.

— Iohanni Polenti giperio pro factura 2 meianorum gippi in camera pape, in qua solebat tenere consistorium, iuxta conventionem cum camera 19 fl.

8. Bauausgaben.

Aug. 25 Petro Perroti, lapiscide de Bonhis Aquens. dioc. pro structura altaris capelle consistorii pape 2 fl. 10 s. in 12 obol. de Francia.

Aug. 30 Andree Bruni de Manna cerratori pro cerratura 11 cann. et $2^1/_2$ palm. de sclapa et taulamo pro sostrachio subtus sacristiam pape (18 d. current. pro canna) 16 s. 11 d. ob.

(f. 119) Raimundo Burgundionis cerratori pro cerratura 35 cann. et $5^1/_2$ palm. de sclapa pro edificio predicto (18 d. pro canna) 53 s. 6 d. ob.

Ähnliche Ausgaben in den übrigen Monaten.

Sept. 29 Martino Grinardi, Iohanni Galafredi et Raimundo Chabaudi frigidariis pro cavatura 11 cann. $6^1/_2$ palm. cadrat. ex omni cadro de rupe claustri palacii pape 32 fl. 9 s. 7 d.

(f. 125v) Nov. 5 Bernardo de Albussone lapiscide pro bardatura crote supreme turris capelle parve contigue tinello palacii pape a parte viridarii, in qua sunt 9 canne cadrate, (4 s. mon. curr. pro canna) 36 s.

Nov. 12 Guillelmo Salui et Iohanni Galafredi recipientibus pro se et aliis suis sociis pro cavatura 19 cann. $2^1/_4$ palm. rupis platee claustri palacii pape iuxta penus capelle magne et a parte putei circa mediam platee ipsius claustri ($2^3/_4$ fl. pro canna cadrata ex omni cadro) 54 fl. 5 d. ob. *Ähnlich noch wiederholt.*

(f. 128v) Nov. 22 magistris Petro Clari, Iacobo Alasandi et Iohanni Mache pro factura muri inter coquinam et domum Trolhassii, in quo muro sunt 20 canne $7^1/_2$ palm. cadr., (1 fl. pro canna) et pro quodam alia muro subtus murum predictum cum uno paramento, in quo sunt 7 canne et 7 palmi cadrati (18 s. pro canna) 28 fl. 6 d.

(f. 130v) Nov. 17 Iohanni Dat gipperio pro factura meianorum gippi per eum facta in camera porteriorum prime porte palacii pape iuxta thesaurariam et clausure gippi latrinarum pape contiguarum turri magne iuxta conventionem habitam cum camera 4 fl.

(f. 131) Dez. 23 Guillelmo de Doma et Iohanni Fabri pro dirutione parietum seu murorum antiquorum deambulatoriorum palacii contiguorum capelle magne pape 21 fl.

Dez. 24 mag. Pontio Ginoti lapiscide pro 3 archubus lapideis cornaleriis deambulatoriorum palacii pape ($7^1/_2$ fl. pro archu) $22^1/_2$ fl.

(f. 153 cera) Nov. 10 Iohanni Dalboni pictori pro salario eiusdem de 4 dietis, quibus fuit in aula pape reparando picturam et pro quibusdam coloribus ad depingendum studium pape: pro verdeto et pro salario hominis, qui posuit colores in dicto studio, et pro 24 scabellis pape per ipsum depictis et pro 2 cathedris pape reparandis 3 fl. 2 s. curr.

Tagelöhne 1339.

Die Tagelöhne sind je nach dem Arbeiter und der Jahreszeit verschieden. In den Wintermonaten bis Mitte März erhalten:

manobre (*Handlanger*) je 10 d. cor.

lapiscide seu massonerii (*Maurer*) *je* 16 d. cor.
frigidarii (*Steinbrecher, Grottenmaurer*) *je* 16 d. cor.
fusterii (*Schreiner*) *je* 18 d.
carreterii (*Fuhrleute*) *je* 13 d.
receptores lapidum et fustarum (*Ablader*) *je* 12 d.

Seit Ende März erhalten die manobre (39—49) *je* 12 d., *die* fusterii (10—12) *je* 2½ s. (*einige bloß* 2 s.), *die* frigidarii (6—8) *je* 20 d. *und* 24 d., *die* massonerii (3—4) *je* 3 s., *einige andere auch bloß* 2 s., *die* servitores massoneriorum (6) *je* 18 d., carreterii (3) 15 d., receptores lapidum et fustarum 14 d.

Baumaterialien.

(edif.) Jan. 8 pro 1 quint. 93 lb. clavorum palmeriorum (40 s. pro quintali) 3 l. 17 s. 1 d.

pro 2000 clavis mealhals (26 s. pro miliari) 52 s.

pro 5000 clavis ternals (10 s. 6 d. pro miliari) 52 s. 6 d.

pro 2100 clavis ternals (16 s. 6 d. pro miliari) 34 s. 8 d.; *ähnliche Preise im folgenden.*

März 4 Iacobo de Bellicadro corderio de Auin. pro 1 corda seu sarcia magna pro quodam ingenio vocato martineto, cum quo assenduntur lapides super edificium palatii, ponderis 2 quint. 31 l. canapis (5 d. pro libra) 4 l. 16 s. 3 d.

Apr. 13 Guillmo Deyderii de Auin. pro lapidibus pro edificio [palatii apost.]: pro 2893 cadastis lapideis (20 l. pro miliari); 111 carteriis maioris forme (8 d. pro pecia); 176 grasis (13 d. pro pecia); 13 boquetis (2 s. 4 d. pro pecia); 66 bartz (13 d. pro p.).

Pro 29 navigiis arene (10 s. pro navigio); *ähnlich in den folgenden Tagen.*

März 20 Rostagno Biscarelli de Castronovo pro 500 scandalhis calcis minus 18½ ad opus edificii pape in mense Marcii (12 d. pro scandalho) 24 l. 18 d. in 28 fl. 5 s. 6 d.

Ähnlich in den anderen Monaten.

(f. 122ᵛ) Okt. 13 Pontio Biscarelli et Raimundo Posilhassii de Castronovo Calcernerii pro 19090 tegulis emptis ab eisdem pro coperiendis edificiis pape (45 s. pro 1000) 42 l. 19 s. Pro portu tegulorum de Castronovo ad portum Rodani Auin. 4 l. mon. curr.

März 19 Petro Guilli de Trulhassio pro 700 cadrigatis bresilhi et terre extractis cum suis cadrigis de viridario pape (2 d. pro cadriga) 116 s. 8 d.

Mai 30 Iohanni de Auriavalle pro 507 cadrigatis terre et bresilhi extractis cum cadrigis de viridario pape (2 d. pro cadriga) 4 l. 4 s. 6 d. Guillmo de Segureto et R. Vesiani pro 1052 cadrigatis terre et bresilhi (2 d. pro cadr.) 8 l. 15 s. 4 d.; *ähnlich im folgenden.*

Sept. 5 Iohanni Mauserii de Carnoto pro 11350 banastonibus terre et bresilhi, quos asseruit fecisse extrahi de fundamentis turris, que construitur iuxta ecclesiam s. Iohannis, et de diversis locis aliis infra palatium (12 d. pro centenario) 116 s. 7 d.

(f. 123) Okt. 14 Petro de Proys vitrerio pro 5 vitreis factis in capellis consistorii et tinelli magni palatii pape 50 pabalhones (1 pabalho = 30 s. mon. curr.).

Demselben pro reparatione vitrearum capelle pape 1 fl.

(f. 126) Nov. 8 Matheo de Spinis Auxitan. dioc. pro 3 saquis gipi ab eodem empti (20 d. pro sacco) et pro portatura de Rodano ad palatium (2 d. pro sacco 5 s. 6 d.).

— Petro Cavalli dioc. Lugdun. pro 2 saccis gippi (20 d. pro sacco) ... 3 s. 8 d. 3 dupl. de Francia.

(f. 131) Dez. 21 Rostagno Prophete pro 1065 scandalhis calcis detracta portatura [pro] 198 scandalhis calcis portatis cum cadrigis pape (16 d. pro scandalho): 85 fl. 12 d.

Metallwaren.

(cera) Apr. 22 mag. Iohanni Pulcrihominis, habitatori Auin., pro quadam campana nova metalli ab eodem empta ad opus capelle pape ponderante 117 lb. metalli (18 d. curr. pro libra) deductis $37^1/_2$ libris metalli de quadam campana antiqua per eum retenta, 7 fl. minus 22 d. (1 fl. = 17 s. 4 d. mon. curr.).

Okt. 3 Petro de Bar sarralherio pro 2 magnis candelabris ad tenendum torticia in capella pape 4 fl.

(f. 153 cera) Nov. 23 mag. Iohanni Lanterii fabro pro 1 congua de latone[1] ponderis $8^1/_2$ librarum (3 s. curr. pro libra) 25 s. 6 d.; pro 1 bassile de ere ponderis 15 l. (3 s. pro libra) 45 s.; pro 2 bassinis de latone ponderis $7^1/_2$ l. (3 s. 6 d. pro libra) 26 s. 3 d.; pro 1 squalfatore de cupro ponderis $7^1/_2$ l. (3 s. pro libra) 22 s. 6 d.; pro 1 cassa de cupro 5 s. curr., zusammen 6 fl. 2 s. 4 d. curr.

Dez. 1 Stephano Alberti payrolerio (Kupferschmied) pro 1 squalfatore de cupro ponderis $11^1/_2$ l. (3 s. mon. curr. pro libra) 34 s. 6 d.

Eisen.

(edif.) Jan. 8 pro $2489^1/_2$ lb. ferri (4 d. pro libra).

Apr. 16 Guillmo de Salauernis alias Nigro de Mediolano pro 57 barris ferri, 44 goffonibus (zusammen $831^3/_4$ lb. ferri, zu je 4 d. (15 l. 10 s. 7 d., ähnlich im folgenden.

---

[1] mixtura cupri et cadmiae (Messing).

Edelmetalle.

(ornam.) Aug. 13 Andree Iohannis, argenterio de Senis Rom. cur. sequenti, pro 1 capsa de argento deaurata ponderis 17 march. $5^1/_4$ unc. argenti (pondus Auin.) ad tenendum reliquias XI^m (11000) virginum in capella pape 125 fl. 8 s. 9 d. mon. regis Francie (1 marcha argentis == 5 fl. 5 s. mon. curr.; frigiatura et pictura pro 3 fl., deauratura pro 11 fl., factura pro $17^2/_3$ fl. computatis).

Blei.

(bulla) Apr. 11 pro 17 quint. 70 lb. plumbi pro bullandis literis Apost. (17 s. cor. pro quintali) 15 l. 13 s. 2 d. in 18 fl. 13 s. 2 d. (1 fl. = 16 s. cor.).

Okt. 31 *desgl.* pro 25 quint. 56 lb. plumbi (1 fl. 2 tur. gross. pro quint.) 29 fl. 16 s. 8 d.

8a. Brennholz- und Kohleneinkäufe.

(f. 62^v coq.) Mai 24 Petro de Viveriis de resta 416 l. 13 s. 4 d. sibi debitorum pro 5000 saumat. lignorum combust. ad opus coquine et hospitii pape (20 d. pro saum.) 196 scud. 21 s. 4 d. (1 scud. = 22 s. mon. regis Francie).

(I. E. 179 f. 81) Dez. 4 pro 4 saumatis carbonum (scil. 40 banastonum)[1] (1 banast. zu 12 d.) 40 s.

9. Bibliothek und Schreibwaren.

(I. E. 178 f. 94 script.) Jan. 23 mag. Hugoni Agulhierii pro 5 duodenis pargamenorum edulorum de forma inter maiorem et mediam pro regestris literarum Apostolicarum secretarum et tradit. mag. Petro Villaris (9 s. cor. pro duod.) 45 s. cor.

März 15 *demselben* pro 10 duodenis pargamenorum edulin. de maiori forma (9 s. pro duodena) et pro 10 duod. pargam. edul. de media forma (8 s. pro duod.) et pro 20 duod. pargam. edul. (9 s. 6 d. cor. pro duod.), *zusammen* 22 fl. 8 s. cor.

Juni 12 *demselben für Pergament* 19 fl. 7 s. mon. curr.

Juli 13 Iohanni de s. Quintino, capellano capelle pape, de $6^1/_2$ duod. pargamenorum edulinorum de maiori forma emptis apud civitatem Carpentoraten. (12 s. pro duod.) *mit den Ausgaben für Porto und Einkauf* 4 l. 18 s. cor.

Juli 28 Petro Rigaldi de Ruthena pargamenerio pro 3 magnis pellibus vitulinis longitudinis 6 palm. et latitudinis $4^1/_2$ palm. pro processibus papam tangentibus 10 fl. auri Pedimontis.

Sept. 4 *Demselben für 4 große Bockshäute zu demselben Zwecke* 2 fl.

Sept. 25 mag. Hugoni Lagulhier pargamenario pro 20 duodenis

---

[1] Also gingen 10 banastones auf die saumata.

pargam. edul. de media forma razorum (9 s. 8 d. pro duod.) et pro 24 duod. edulin. non razorum eiusdem forme (9 s. pro duod.) et pro 6 duodenis pargam. agnin. (10 s. pro duod.) 23 fl. 9 s. 4 d.

(1 fl. = 20 s. mon. curr.)

Dez. 18 *demselben für verschiedene Pergamentsorten* 19 fl. 12 s. 6. d. curr.

Okt. 11 Firmino Bartholomei scriptori, qui scribit in opere postillarum pape,[1] pro rasura 6 duoden. pellium 5 s.

Ebd. mag. Andreas Beluacensis, illuminator librorum cur. Rom. sequens, *erhält für Initialen- und Deckelmalerei* 63 s. 8 d. curr.

(f. 201 Nachtrag) **1340** Jan. 3 d. Iacobus de Broa thesaur. in presentia d. G. de Petrilia, clerici camere, solvit mag. Andree de Bensvays, illuminatori librorum, 4 l. 18 s. 9 d. tur. p. ratione quarundam litterarum [pro] et illuminaturis librorum pape.

10. Verschiedenes.

(f. 149ᵛ cera) Febr. 17 Bertrando de Castro Novo domicello, servienti in mensa, pape pro quibusdam cultellis de mensa cum manubriis de ebureo et viris de argento exmaltatis pro serviendo pape in mensa 4 fl.

Mai 20 *zu demselben Zweck* Arnaldo Raimundi, domicello pape, pro quibusdam cultellis etc. 5 fl.

Mai 7 Bernardo Gauanoni de Montepessulano pro 16 natis de jonco ad opus hospitii pape, 13 longitudinis 40 palmorum et 3 longit. 50 palmorum, (6 d. pro palmo) 16 l. 5 s. in 19 fl. 5 s. 8 d.

Juni 9 *desgl.* d. Arnaldo Ysarni pro 16 storiis seu natis de jonco 11 fl. 6 s.; *sie sind nur* 30 *bezw.* 20 *palme lang.*

(pro elemos.) Apr. 10 pro 6 cannis olei pro provisione hospitii elem. (7 s. pro cana) 42 s.

(marescalla) Juli 24—31 pro 600 quint. feni emptis apud Biterritam a Raimundo Bastide de Sarrinhano pro servis (!) et alia salvasina (15 d. pro quintali) 37 l. 10 s. Et pro ponderando dictum fenum pro medietate et salario 2 hominum, qui custodiverunt dictum fenum pro 7 diebus, et pro portatura apud Pontem Sorgie 5 l. 12 d.

(f. 152ᵛ cera) Nov. 23 Guillelmo Trebalhi, mercatori de Comis, pro quodam bassile barberii de latone pro papa ponderante $2^{1}/_{4}$ lb. laton. (4 s. pro libra) 9 s. mon. curr.

---

[1] Über diese und andere Schriften Benedikts XII. vgl. außer F. Ehrle, *Bibliotheca* S. 156 s. noch J. M. Vidal, *sur les œuvres du pape Benoit XII.* (Revue d'hist. ecclés. VI. 557 ss. 799, 14).

Benedikt XII. Sechstes Pontifikatsjahr. 1340.

Intr. Exit. 185.

A. Übersicht über die einzelnen Ausgabetitel und ihre Schlußsummen.

1. (*f. 52 ss.*) **pro coquina.** *Beamte und Verwaltung wie früher. Die wöchentlichen Ausgaben werden hier wie in den folgenden Titeln nach* moneta currens (*mit wechselndem Kurs*) *berechnet. Die Kücheneinkäufe werden, wie auch früher, unter drei Abteilungen wöchentlich eingetragen: Geflügel und kleineres Schlachtvieh, Gewürze, Mehl etc., zuletzt* carnes bovine et mutonine sowie pisces. *Größere Einkäufe von Fischen werden besonders verrechnet. Gemüseeinkäufe werden nicht spezifiziert (im manuale coquine I. E. 179 heißt es regelmäßig* »pro herbis«)*. Die Wochenausgaben belaufen sich meist auf rund 25 fl., die Auszahlungen erfolgen nach mehreren Wochen. An einzelne Geistliche, die nicht zum Hofstaat gehören, wird aus der päpstlichen Küche Essen verschickt, z. B. (f. 52^v)* Jan. 29—Febr. 5 d. Iacobus, olim episcopus Castellanus, recipiebat cotidie cibaria pro prandio de coquina.

(*I. E. 179 f. 129^v*) Juni 1: in expensis factis per d. Iacobum olim ep. Castell. in 7 septim. in cena 46 s. 5 d. ob.

Das Fleisch wird meist vom Metzger gekauft und in der Küche verwogen, doch vgl. unten B. 5. Gesamtsumme (f. 60^v): 1319 fl. 226 pavalhones auri 13 l. 4 s. 9 d. parve mon.

2. (*f. 65 s.*) **pro panataria.** *Beamte und Verwaltung wie 1335. Die* panatarii *haben zu sorgen* pro pane, nebulis, sale, placentulis pro mensa et hospitio pape. *Wöchentliche Komputationen in Höhe von 40—45 s. (1 fl. = 27 s.); die Auszahlungen nach 6—9 Wochen. Gesamtsumme (f. 67):* 74 fl. 17 pavalh. 78 s. parve mon.

3. (*f. 68*) **pro buticularia.** d. Petrus Nathalis, frucherius pape, *hat für das Tafelobst zu sorgen* (pro piris, avellanis, pomis, racemis, prunis, ficubus, coctanis, nucibus).

Raimundus de Ruppe *und* Petrus Isarni *sind* buticularii pape, *sie haben für den Wein zu sorgen, der erste für den Einkauf, der zweite für die Lagerung und Behandlung. Gesamtsumme (f. 69):* 797 fl. 3 pavalhon. 66 tur. gross., 53 l. 8 s. 6 d. parve monete.

4. (*f. 71 ss.*) **pro marestalla equorum.** fr. Iohannes Gayraudi, magister marestalle equorum pape; Juni 10 (*f. 73^v*) fr. Bernardus Puiol ord. Cisterc., mag. marestalle equorum pape, subrogatus in officio fr. Iohannis Gayraudi. *Verwaltung wie früher. Gesamtsumme (f. 75^v):* 168 fl. 15 pavalhon. 9 l. 17 s. 2 d. ob. parve mon.

A. Übersicht über die einzelnen Ausgabetitel. 1340. 111

5. *(f. 81 ss.)* **pro vestibus, pannis et folraturis.** *Gesamtsumme (f. 83):* 1469 fl. 55 pavalhones auri, 13½ d. tur. gross., 23 l. 11 s. 6 d. parve monete.

6. *(f. 85 ss.)* **pro ornamentis.** *Gesamtsumme (f. 88v):* 735 fl. 76 pavalh. auri, 20 s. 7 d. tur. gross., 6 l. 9 s. 11 d. parve mon., 2 anuli de auro cum saphiro.

Unter diesem Titel werden Goldschmiedearbeiten und Paramente verrechnet. (f. 85v): Guillelmus Romanelli, sartor Romanam curiam sequens; Franciscus Iohannis, mercator curie Romane et familiaris pape.

7. *(f. 90 ss.)* **pro scripturis et libris.** *Schlußsumme (f. 92v):* 168 fl. 5 d. tur. gross. 38 l. 7 s. 4 d. parve monete.

8. *(f. 93 ss.)* **pro operibus et edificiis.** *Schlußsumme (f. 124):* 7041 fl. de Flor. 140 fl. de Pedemontis 391 pavalhones auri, 21 d. auri ad leonem, 1175 l. 12 s. 8 d. ob. parve mon., 19 d. tur. gross. *Die Abrechnung erfolgt nach Monaten. Einzelheiten: Für den Weiterbau von S. Bernard in Paris werden* 2584½ *fl. geschenkt (f. 128).*

9. *(f. 129)* **pro bulla et literis curie.** *Schlußsumme:* 13 s. 1 d. tur. gross.: fr. Berengario Maynardi bullatori pro 12 ferris vocatis capetis pro bulla pape (4 s. tur. gross.), 109 lbr. cordarum canapis pro literis Apost. bullandis (1 tur. gross. pro libra).

10. *(f. 130 s.)* **pro gagiis extraordinariis.** *Schlußsumme (f. 131v):* 834 fl. 8 l. 6 s. 6 d. parve mon. *Einzelheiten:* Ian. 10 d. Guigoni de s. Germano, pape protonotario, rectori patrimonii b. Petri in Tuscia pro expensis suis faciendis eundo ad dictas partes 200 fl.

Sept. 26 religioso viro fr. Robaudo de Monte Breono ord. s. Ioh. Ierusal., ducatus Spoleti pro papa rectori, 150 fl. *Weiteres unten B. 1 Chronikalische Angaben.*

11. *(f. 132 ss.)* **pro cera et extraordinariis.** *Schlußsumme (f. 138):* 7886 fl. 418 pavalhones auri, 56 d. auri ad coronam, 23 d. auri ad agnum, 6 s. 6½ d. tur. gross., 114 l. 15 s. 4 d. parve monete.

12. *(f. 139 ss.)* **pro vadiis familiarium ordinariorum.** 7 solutiones. *Schlußsumme (f. 149v):* 34617 fl. 6 pavalhones auri, 201 l. 8 s. 6 d. parve monete.

13. *(f. 151)* **pro pencionibus hospitiorum.** *Schlußsumme:* 23 fl. 10 s. minus 2 d.

14. *(f. 152)* **de mutuis** *(Vorschüsse, Anleihen).* März 17 mutuati fuerunt relig. viro fr. Robaudo de Montebreono, preceptori de Monte Bello ord. s. Ioh. Ierus., nuntio et embaxatori . . . fr. Iohannis de Ripparia eiusdem ordinis, rectoris Marchie Anchonitane pro papa, pro executione et conservatione iuris et iusticie terrarum Marchie Anchonitane 3000 fl., quos flor. promisit reddere camere nomine rectoris de redditibus et proventibus terrarum predictarum, quam citius recipi poterunt.

April 6 *demselben desgl.* 3000 fl. Juni 9 *desgl.* 2000 fl.

15. *(f. 155 ss.)* **pro elemosina pauperum.** *Schlußsumme (f. 170):* 15592$^1/_2$ fl. 824 pavalhones auri, 419 leones auri, 19$^1/_2$ tur. gross., 107 l. 1 s. 4 d. parve mon.

Verwaltung und Beamte wie früher; wir lassen genauere Einzelheiten unten B. 1a *folgen.*

B. Systematisch geordnete Einzelheiten aus den Ausgabetiteln des Jahres 1340 nach I. E. 185.

1. Chronikalisch wichtigere Angaben.

(I. E. 185 f. 130 ss. extraordin.) **1340** Jan. 8 rev. pater d. Salmannus episcopus Wormacensis pro vadiis sibi per papam concessis pro suis expensis faciendis in curia ad rationem 1 capellani commensalis pro 8 septimanis die presenti terminatis *erhält* 31 fl. 3 s. 3 d.

So das ganze Jahr bis 23. Dezember.[1]

1340 Jan. 8 rev. pater d. Nerces archiepiscopus Manasgardensis (*Armenien*) pro vadiis suis per papam sibi concessis cum conditione videlicet, donec quedam questio, pro qua agitur in Romana curia coram papa, fuerit terminata de 30 diebus (7. Ian. terminatis) ad rationem 6 d. tur. gross. pro die: 13 fl. 5 s. 8 d. *So bis zum 20. Dezember 1340, jedesmal für 8 Wochen* 24 fl. 8 s. 9 d.

(f. 130 ss. extraordin.) **1340** Mai 10 soluti fuerunt 12 servientibus tam de Castro Novo quam de Novis, qui serviunt in curia marescalli ad custodiendum Romanam curiam ob defectum aliorum servientum antiquorum, qui fuerunt depositi propter captionem cuiusdam Ianuensis et extractionem eiusdem de curia Romana, *jedem täglich* 2 tur. gross. arg., *6 für 9 Tage und 5 für 7 Tage, einem für 6 Tage bis zum 7. Mai incl.:* 14 fl. 10 d. curr.

Es sind Folcrandus Marcre de Capite Stagno, Isnardus Sarinhani, Meton Medii, Meton Vitalis, Bernardus Bertranenqui, Iacobus Girardi et Perrotus Martini de Castro Novo et Iohannes Auent, Petrus Cocaroni, Raimundus Poiade, Sicardus Blancardi et Bernardus Simonis de Novis Auin. dioc.

Juni 3 Guillelmo Medii de Castronovo Auinion. dioc. recipienti pro se et nomine Guillelmi Vitalis, Bernardi Bertranenqui, Folcrandi Macre, Petri Marini, Iacobi Girardi de Castronovo et Iohannis Ancerti, Hugueti de Lagarn, Bernardi Simonis, Sicardi Boerie, Petri Cocaroni et Guillelmi Silve de Novis, qui steterunt in officio Servientarie marescalli pape, pro 24 diebus (2 d. tur. gross. arg. pro die quolibet cuilibet): 48 s. tur. gross. arg. in 42 fl. 13 s. mon. curr. (1 fl. = 22 s., 1 tur. gross.= 19 d. cum ob. vien.).

---

[1] Vgl. schon 1338, Nov. 28 und 1339, Febr. 8 (oben S. 76$_2$. S. 90).

Aug. 12 d^no Iacobo de Pratis, episcopo olim Castellano, pro suis expensis faciendis in curia per papam sibi datis pro toto tempore presentis mensis (4 d. tur. gross. pro die quolibet) 9 fl. 3 s. 9 d. parve monete. *Ebenso bis zum 2. Jan. 1341 (vgl. S. 139 1341 Nov. 6 und oben 1339 Nov. 6).*

(f. 132 ss. extraordinariis) **1340** Jan. 24 soluti sunt d. Azayolo de Florencia, socio societatis Azayalorum de Florentia, pro solvendis et restituendis ... d. Iohanni episcopo Ananino et d. Petro Laurentii, altarario Rome veteris, auctoritate Apostolica deputato pro faciendis fieri operibus pape in civitate Rome predicte et reparandis palatiis antiquis pape 5000 fl.

Mai 28 *und folgende Tage erhalten auf Befehl des Papstes eine Reihe seiner familiares Geldgeschenke aus der Kammer* »pro servitio per eos dicto d^no nostro pape impenso in eius infirmitate: Petrus Augerii, surgicus pape, 100 fl., Franciscus de Tortona, serviens arm. et ypothecarius pape, 60 fl.; *sechs andere erhalten je* 50 fl., *sieben andere je* 20 fl.; fr. Iohannes Engilberti, cambrerius pape, *desgl.* 30 fl., *ebenso* Petrus Basterii, cambrerius pape.

Juni 23 Garcie Lopicz, servienti armorum pape, de mandato pape et pro eo etiam, quia fuit ad regem Anglie tempore gerre, 100 fl. *Ebenso dem* Guillelmus de Albino, serviens armorum.

Juni 26 Gaufrido de Aurayca messagerio pro portandis literis clausis bullatis regi Francie ex parte pape 3 fl.

Demselben ex eo, quia ex pacto civitatem Parisiensem transire non debebat et cum transivisset ultra Parisius per 2 dietas et plus, ubi rex erat, 1 fl.

Juni 28 de mandato pape Bernardo Andree, castellano Montis Regalis, pro d. rege Francorum, qui duxit ad papam de mandato regis Francie d. Nicholaum de Flisco, Gabrielem eius filium et Andream eius scutiferum, qui capti fuerunt et de curia Romana furtive extracti in nocte diei Iovis Sancte proxime preterita per aliquos de familia olim d^ni Berengarii Cotarelli, condam Romane curie marescalli, et quosdam alios extraneos, 100 fl. *Vgl. dazu oben z.* Mai 10.

Juli 7 de mandato pape Arnaldo de Catussio, domicello et surgico dioc. Caturcen., ex causa gratuita doni et pro servitio per eum d^no nostro [pape] impenso in eius infirmitate 100 fl.

Juli 14 Francisco de Cartona, ypothecario et servienti armorum pape, pro 360$^{1}/_{2}$ libris cere pro exequiis Guillelmi de Cardona, condam nepotis pape, (*zu je* 2 s. 4 d.) 42 l. 1 s. 2 d. monete currentis et pro sudario causto et aliis minutis necessariis pro funeralibus 26 s. in 31 fl. 14 s. 8 d. monete currentis.

Aug. 12 Iohanni de Sampinhi, monacho monasterii Urcicampi Noviomen. dioc. ord. Cisterc., qui de mandato sui abbatis missus fuit cum quibusdam libris pape (portandis) cum 1 saumerio et 1 equo cum famulo tam veniendo quam redeundo ad suum monasterium pro 34 diebus itinerando (*täglich* 12 s. mon. currentis) et pro 4 diebus, quibus stetit in curia Romana, (*täglich* 20 s.) 14 fl. 8 s. parve monete.

Nov. 4 Pontio de Niomis de Auinione pro 3 matalaciis et 3 flessatis ad opus [16] fratrum de Ermenia captorum in hospitio d[ni] Arnaldi Barte 5 l. 18 s. parve mon.

Am 28. Dezember werden auf Befehl des Papstes an 2 benannte familiares je 25 fl., an 2 je 20 fl., an 22 je 15 fl. und an 5 je 10 fl. geschenkt.

Coquina **1340** Aug. 12 *die* ambaxatores imperatoris Tartarorum[1] *erhalten je* 24 capones, perdices et columbe *zum Geschenk aus der päpstlichen Küche.*

(I. E. 185 f. 57) Aug. 5—12: 8 mutones presentati ambaxatoribus imperatoris Tartarorum 4 l. 16 s.

Ähnlich vom 12.—19. Aug.

(f. 135v) Aug. 30 *für das vergangene halbe Jahr:* pro rebus medicinalibus necessariis pro Bertrando Galterii fusterio, qui lesus fuerat in igne palatii Apostolici, 4 l. 9 s. 4 d.

(f. 155) **1340** Jan. 24 Petro Conterii fusterio, qui in incendio, quod fuit in palatio pape, casu fortuito cecidit, pro rebus medicinalibus 21 s.

(I. E. 179 f. 101v) **1340** Febr. 14 comederunt cum papa d. Rogerius de Convenis (Comminges) cum filiis suis.

(ebd. f. 115v) April 16 (*Ostern*) habuimus (*in der Küche*) de Ponte Sorgie 2 cervos, quorum unus fuit presentatus ambaxatoribus Sabaudie, Florentie, Ferrarien. et Mediolan.

(I. E. 185 f. 82) 14 palmi de cadissio albo dati religioso viro fr. Helie de Ungaria ord. Min., ambaxiatori filii imperatoris Tartarorum, 2 fl. etc.

(f. 86v) Mai 8 Nicholao de Lappobenchi de Florentia Rom. cur. seq. pro panno de serico vocato diaspre recepto per d. Auin. episcopum ante festum Pasce D[ni] proxime preteritum ad tenendum in fenestris palatii pape in Septim. Sancta, quando papa dat benedictionem et indulgentiam, $7^1/_2$ fl., pro tela viridi ad folrandum pannum predictum 8 tur. gross. arg. 8 fl. 2 d. tur. gross.

(f. 128) Der Papst läßt in Paris die Kirche S. Bernard erbauen durch fr. Bernardus *oder* Pontius de Maderiis operarius *(Baumeister) operis dicte* ecclesie; *durch die Gesellschaft der Azayoli werden in diesem Jahre* $2584^1/_2$ *fl. bezahlt (vgl.* 1338 *chron. Notizen* Dez. 23).

(f. 161 elemos.) Der Papst läßt in Rouen 6000 fl. *für Wohltätigkeitszwecke verteilen.*

(f. 162v) Juli 19 *In diesen Tagen wurde in Avignon eine Prozession gehalten* pro pace regum Francie et Anglie. *Daran nahmen die 4 Bettelorden teil; sie erhalten aus der Kammer* pro pictantia *2mal* 8 *und 2mal* 10 fl.

---

[1] Nach f. 82 werden feine Kleidungsstücke geschenkt an Petrus olim dominus de Cassa und Obertus de Cario, imbaxatoribus imperatoris Usubec Tartarorum, et quibusdam familiaribus suis.

Dez. 22 *Es fand Prozession durch die 4 Mendikantenorden statt* pro victoria obtenta per regem Castelle contra Sarracenos, *sie erhalten 2mal 10 und 2mal 8 fl.*

1a. Almosenwesen.

Am Krönungstage des Papstes hat der elemosinarius pinhote pape (Geraldus Latremoliera, *auch* administrator elemosine *genannt*) *die Hospitäler der Stadt aufzusuchen; erhält dafür 50* s. mon. curr. = 60 obol. alb. de Francia (*zu je* 10 d. mon. curr.). *An diesem Tage werden 100 Tuniken verschenkt.*

Die 4 Mendikantenklöster erhalten zum Kirchenbau je 100 fl., 6 Frauenklöster[1] *durch die Hand ihrer Prokuratoren je 40 fl. Der Elemosinar muß an allen größeren Kirchenfesten die Hospitäler besuchen und erhält jedesmal aus der Kammer zu diesem Zwecke 50 s.*

Die Abrechnung des Elemosinars für die Speisung der Armen und mittellosen Gäste in hospitio panhote *geschieht wöchentlich. Es werden das ganze Jahr hindurch 16* fratres de Ermenia *dort verpflegt. Im April sind es noch 14* fratres.

Die Auszahlung aus der Kammer erfolgt nach mehreren Wochen.

Am Gründonnerstag (Mandat) werden Kleider, Geld und Brot unter die Armen verteilt.

Es sind 10 servitores elemosine *vorhanden, jeder erhält monatlich 3* tur. gross.

Monatlich werden für elemosina secreta ordinaria 100 fl. *gegeben, sie wird verwaltet durch* d. Gaufridus Regensis episcopus.

Man verschenkt in der Panhota auch viele Kleider (Tuniken), die besonders angefertigt werden, Juli 22 *wird bezahlt* pro factura 675 tam camisiarum quam linteaminum (*zu je* 2 d.) 5 l. 12 s. 6 d.

Aug. 24 de mandato pape Dulciane Aycarde et Francisce de Podio de Malomorte Massilien. dioc., sororibus Rostagni de Podio condam lapiscide, qui casu fortuito in edificio turris nove palatii a parte s. Iohannis mortuus extitit, pro dictis sororibus maritandis 20 fl. (recepit Bertrandus de Podio avunculus earundem).

Für das Begräbnis desselben werden 23 s. 8 d. bezahlt.

Nov. 28 de mandato pape amore Dei Gaufrido Regen. episcopo pro Guillelmo Pauleti manobrerio, qui de edificio pape casu fortuito cecidit, 3 fl.

(I. E. 185 f. 155) **1340** Jan. 18 d. fr. Petro archiepiscopo de Nazaret pro elemosina sibi consueta pro singulis diebus 4 tur. gross. pro toto tempore mensis Ianuarii. *Ebenso für Februar, März, April, Mai, Juni, Juli, August, September, Oktober, November, Dezember, Januar 1341.*

---

[1] 1) conventus b. Marie de Furnis, 2) b. Marie de Emologesio, 3) s. Verani extra muros, 4) mon. s. Catharine, 5) mon. s. Clare, 6) mon. s. Laurentii.

(f. 161) Juni 8 de mandato pape Panisse Bruni de societate Bonacursorum de Florentia pro solvendis et restituendis Parisius discretis viris dd. Petro Arquerii, decano Rothomagen., et Bertrando Cariti, archidiacono Augi in ecclesia Rothomag., commissariis deputatis per papam ad distribuendum amore Dei certis personis, prout in eorum commissione continetur, 6000 fl.

Juli 6 Michaeli Molini, servienti armorum pape, pro portatura 60 peciarum pannorum tam viridium quam blauorum de Auinione usque ad civitates Mirapicen. et Appamiarum ac Pontem Sauardunum pro dandis de mandato pape amore Dei **pauperibus puellis maritandis** 78 s. 1341 Jan. 5 *werden* 77 ½ *pecie pannorum diversorum colorum im Gewicht von* 33 *quintaiia* 30 *lb. in 12 Ballen verteilt unter die Armen und* pro pauperibus puellis maritandis in partibus a civitate Auin. usque ad castrum Montispessulani (in Montpellier, Toulouse, Sauarduni et Mirapicis).

Dez. 21 Amore Dei de mandato pape pauperibus religiosis (*Mendikantenorden*) Auinion. pro pictantia loco prandii, quod solet dari certis festivitatibus anni in domo helemosine Pinhote certis pauperibus ultra numerum illorum, qui ordinarie comederunt in dicta domo elemosine (*den Minoriten und Dominikanern je* 30 *fl., den Augustinern und Karmelitern je* 22 *fl., den 5 Frauenklöstern je* 13 fl. 13 s. parve mon.)

Im ganzen wurden für die pauperes Pinhote *verausgabt einschließlich des Getreides* (4152 saum. frumenti 2 emin., 800 salm. siliginis, 15 s. fabarum, 3 s. pisorum)[1] 15592 ½ fl., 834 pavalhon. auri 419 leones auri, 19 ½ d. tur. gross. 107 l. 1 s. 4 d. parve monete.

Kleiderverteilung an die Armen.
(I. E. 185 f. 155 ss. elemos.)

Jan. 8—15	pro factura 100 tunicarum		in festo coronationis pape 33 s. 4 d.
Jan. 15—22	„	13	„ in elemosina ordinaria 4 s. 4 d.
Jan. 22—29	„	13	„ — „ —
Jan. 29—Febr. 5	„	503	„ in festo purificationis 21 s.
Febr. 5 – 12	„	13	„ in elemosina ordinaria 4s. 4d.
Febr. 12—19	„	13	„ — „ —
Febr. 19—26	„	13	„ — „ —
Febr. 26—März 4	„	21	„ in elemosina mandati
März 4—11	„	31	„ — „ „
März 11—18	„	31	„ — „ „
März 18—25	„	131	„ tam in elemosina mandati quam in festo annuntiationis b. Marie

---

[1] Also täglich 13—14 saumata, nach Schrader S. 95* aus jeder Last 500 Brote gebacken. Vgl. hierzu meine Darlegungen in Röm. Quartalschrift **1911**, Heft 4.

Kleiderverteilung an die Armen.

März 25—April 1	pro factura	31	tunicarum	in elemosina mandati
April 1—8	„	31	„	— „ —
„ 8—15	„	31	„	— „ —
		50	„	in die Veneris sancta
„ 15—22	„	13	„	in elemosina ordinaria
„ 22—29	„	13	„	— „ —
„ 29—Mai 6	„	413	„	— „ —
Mai 6—13	„	13	„	in elemos. ordin. 4 s. 4 d.
„ 13—20	„	13	„	— „ —
„ 20—27	„	13	„	— „ —
„ 27—Juni 3	„	13	„	— „ —
Juni 3—10	„	13	„	— „ —
„ 10—17	„	13	„	— „ —
„ 17—23	„	13	„	— „ —
„ 23—30	„	13	„	— „ —
Juli 1—8	„	13	„	— „ —
„ 8—15	„	13	„	— „ —
„ 15—22	„	13	„	— „ —
„ 22—29	„	13	„	— „ —
„ 29—Aug. 5	„	13	„	— „ —
Aug. 5—12	„	13	„	— „ —
„ 12—19	„	13	„	— „ —
„ 19—26	„	13	„	— „ —
„ 26—Sept. 2	„	13	„	— „ —
Sept. 2—9	„	13	„	— „ —
„ 9—16	„	13	„	— „ —
„ 16—23	„	13	„	— „ —
„ 23—30	„	22	„	in elemos. ord. et extraordinaria pro festo s. Michaelis
Okt. 1—7	„	13	„	
„ 7—14	„	13	„	
„ 14—21	„	13	„	
„ 21—28	„	13	„	
„ 28—Nov. 4	„	100	„	in festo animarum
	„	13	„	in elemos. ordin.
Nov. 4—11	„	13	„	— „ —
„ 11—18	„	9	„	pro mantello s. Martini
	„	13	„	in elemos. ordin.
„ 18—25	„	13	„	— „ —
„ 25—Dez. 2	„	13	„	— „ —
„ 2—9	„	31	„	in elemosina mandati[1]

[1] Wir sehen also, daß das »Mandat« (Fußwaschung) damals auch im Advent stattfand.

Nov. 9—16   pro factura 31 tunicarum in elemosina mandati
„ 16—23   „   31   „   —   „   —
Dez. 16—23   pro factura 100 tuniсаrum pro renovatione anni crea-
                                                      tionis pape
„ 23—30   „   113 tunicarum in septimana et in festo
                                                      nativ. Dni
„ 30—Ian. 8   „   113   „   in elemos. ord. et in die coro-
                                                      nationis pape.

Im ganzen also **1551 Tuniken** *dargereicht.*

Wöchentlich werden 13 verteilt, in der Advents- und Fastenzeit je 31, an 6 Festtagen je 100, am Karfreitag und Mariä-Lichtmeß je 50, auf St. Michael und S. Martin je 9.

2. Kurialbeamte und ihre Gehälter.

(*I. E. 185 f. 139 ss.*) *Die Auszahlungen erfolgen, wie früher, acht-wöchentlich, für die vorhergehenden 8 Wochen. Tage mit Jejunien werden geringer berechnet als andere. 1 fl. wird zu 22 s. vien. berechnet.*

1. cancellarie 194 fl. 8 s. 4 d. (wie unter Joh. XXII. und Innoc. VI.)
2. correctori   27 fl.   („   )
3. marescallo }
   iustitie   } 193 fl. 7 d. („   )
4. 35 servientibus marescalli[1] et capitaneo ipso- } 239 fl. 18 d.
   rum computatis pro ipso duplicibus vadiis   }
5. magistro in theologia 36 fl. 13 s. 6 d. (wie unter Inn. VI.)[2]
6. 14 penitentiariis   347 fl. 9 s. 3 d.
         d. h. jedem   24 fl. 18 s.   („   )
7. 16 capellanis pro tota demptis 498 fl. 6 s. 10 d.
   ²/₃ diei   d. h. jedem ca. 31 fl. 3 s. 3 d.
8. 3 clericis camere 105 fl. 17 s. 7 d.
9. 3 bullatoribus   95 fl. 11 s. 9 d.
10. Iohanni de Seduno clerico capelle 13 fl. 3 s. 9 d.
11. Petro de Castranhaco
    Raimundo de Vulco   } magistris hostiariis domicellis
    Bertrando de Vernhola }   108 fl. 2 s. 8 d.
    Aycardo de Saya
12. Petro de Podensaco et Raimundo de
    Baulhanis, domicellis secunde porte, et } 62 fl. 16 s. 6 d.
    Arnaldo Comarci pro 18 diebus

---

[1] Vgl. Chronik. Notizen zum 10. Mai und 3. Juni.
[2] NB. Die noch vorhandene offizielle Gehaltsliste der Kurialbeamten aus der Zeit Innocenz' VI. oder Urbans V. zeigt die gleichen Gehälter.

2. Kurialbeamte und ihre Gehälter.

13. 10 hostiariis minoribus 145 fl. 5 s. 10 d.
14. 52 servientibus pro tota et uni pro 18 diebus 869 fl. 15 s. 9 d.
15. 48 cursoribus pro tota et certis pro 10 diebus 398 fl. 10 s. 11 d.
16. Bernardo de Roana porterio 8 fl. 5 s. 3 d.
17. 8 palafrenariis 66 fl. 3 s. 6 d.
18. 4 brodariis coquine 33 fl. 31 d.
19. custodi carceris curie 20 fl. 13 s. 9 d.
20. custodi carceris hospitii papalis[1] Auin. 8 fl. 5 s. 3 d.
21. custodi servorum (! *anstatt* cervorum) et alterius salvasine 9 fl. 21 d.
22. lotori pannorum 8 fl. 5 s. 3 d.
23. Raimundo carreterio 4 fl. 12 s. 6 d.
24. Raolino portitori aque coquine 4 fl. 2 s. 7 d.
25. mag. Iohanni Biblie 12 fl. 7 s. 10 d.
26. Bernardo trahenti campanam 4 fl. 2 s. 7 d.
27. Raimundo scobatori 3 fl. 13 s. 5 d.

28. Solutio domicellorum:
   1) Antonio Cathalani
   2) Iacobo Raynaldi
   3) Guillo de Secerato
   4) Iohanni de Castanhaco
   5) Aymerico Ionas
   6) Henrico de Berellis   270 fl. 6 s. 8 d.
   7) Raimundo Curri
   8) Galhardo de Masayrolis
   9) Bernardo Caualga
   10) Arnaldo Raimundi

28,2
   1) Stephano Saporis
   2) mag. Petro Piscis
   3) Philippino de Cucurno
   4) Bertrando de Lando
   5) Andree Iohannis   270 fl. 6 s. 8 d.
   6) Mino Bindi
   7) Bartholomeo de Viceinstin [2]
   8) Angelo Vielho
   9) Lello Palmerii
   10) Nicholao Benvenuti

---

[1] Es ist der discretus vir d. Arnaldus Barte. Er erhält seine Auslagen für den Unterhalt der Gefangenen nach mehreren Monaten (2—3) bezahlt unter dem Titel pro quibusdam extraordinariis.

[2] Er wird auch geschrieben »de Vicoinstino«. Vermutlich ist ein deutscher Ritter v. (einem) Weißenstein gemeint.

28,3 1) Raynaldo de Poncs
    2) Gastono de Pestilhaco
    3) Iohanni Capodeferro
    4) Arnaldo Bernardi de Lados
    5) mag. Petro Augerii[1]
    6) Guidoni barbitonsori   270 fl. 6 s. 8 d.
    7) Arnaldo de Malavesina
    8) Diego Martini
    9) Guillelmo de Bladiaco
    10) Chicco de Corfano

    31) Petro Barte
    32) Iohanni Barte   } je 27 fl. 8 d.
    33) Guillelmo de Marsano
    34) Baulaco de Baulaco pro 54 diebus 26 fl. 16 d.
    35) Bertrando de Castronovo pro 36 diebus 17 fl. 6 d.
    36) Iacobo de Sarsano pro 15 diebus 7 fl. 4 s. 7 d.
    37) Carolo albe pro 53 diebus 25 fl. 12 s. 1 d.

29. d. Petro de Villafera, iudici ordinario curie } 15 fl. 6 s. 8 d.
                                 marescalli,   (wie unter I. VI.)
30. mag. Pontio de Margaritis, iudici in crimi- } 12 fl. 5 s. 10 d.
                      nalibus curie marescalli,   (wie unter I. VI.)
31. Petro Bertini, thesaurario curie marescalli, 7 fl. 13 s. 4 d.
                                                  (wie unter Innocenz VI.)
32. capellanis capelle:

    1) d. Petro Sinterii[2] 2) Iohanni de s. Quintino 3) Iohanni Bertrandi 4) Privato Pastorelli 5) Stephano de Utis 6) Nicholao Bertrandi 7) Berengario Ademarii 8) Iohanni de Tregos 9) Guillo de Convenis 10) Raimundo de Angladis 11) Raimundo Servientis 12) Raimundo Seguini pro toto et 13) Iohanni de Ayrolis pro 54 diebus . . . . 214 fl. 9 s. 7 d.

33. Cantono Petri clerico, servienti in capella, 8 fl. 5 s. 3 d.
34. d. Arnaldo Ysarni, magistris Petro Villarum, } 66 fl. 3 s. 6 d.
    Pontio Fabri et Arnaldo Fabri
35. dd. Petro Diamantis, Petro Ysarni, Petro Nathalis, Raimundo de Coiordano, Raimundo de Ruppe, Arnaldo de Raysaco pro toto et Gasberto de Septemfontibus pro 55 diebus } 86 fl. 12 s. 4 d.
36. d. Iacobo de Broa, pape thesaurario, 23 fl. 13 s.
37. fr. Iohanni Gayraudi, mag. marestalle equorum pape, 14 fl. 9 s. 6 d.[3]

---

[1] Nach f. 133 (Mai) war er Leibarzt (surgicus) des Papstes, Apotheker (ypothecarius pape) des Papstes war Franziskus de Cartona serviens armorum.
[2] Nach f. 132 war er magister capelle.
[3] Bei der 4. solutio (Juli 1, Samstag) heißt es, daß fr. Ioh. Gayraudi jetzt

38. d. Carlino advocato fisci pro salario ½ anni *(bis 25. Dezember 1339)* 50 fl.

Es kommt noch hinzu:
pro gallinis debitis scriptoribus pape pro renovatione pontificatus pape 10 fl.
pro vestibus yemalibus 50 servientium armorum pape 241 fl. 6 pavalhon.
pro vestibus 14 penitentiariorum pape 112 fl.
pro vestibus magistri curie 12 fl.
pro vestibus 8 palafrenariorum 16 fl.

Beamtengehälter unter Benedikt XII.

Die Gehaltssumme während 8 Wochen ist im Durchschnitt **4800 fl.**, *Im Januar und Juli steigt sie wegen der Lieferung von Kleidern auf ca.* 5300.

Es finden 7 solutiones *statt, die letzte am 16. Dezember, für die bis zum 9. Dezember vergangenen 8 Wochen.*

Die Gesamtsumme für die 56 Wochen einschließlich des Weihnachtsgeschenkes an die Kardinäle (26 l. 22 s. 5 d. parve mon.), *vgl. oben S. 111, Nr. 12.*

Weihnachtsgeschenk an die Kardinäle.

(I. E. 185 f. 149v) 29. Dez. soluti fuerunt pro presbiterio debito 21 dnis cardinalibus pro festo nativitatis dni proxime preterito: pro d. Prenestino priore episcoporum 6 malechin. 6 s. Papien. (1 malach. = 7 s. 2 d. tur. p., 1 s. Papien. = 23³/₄ d. tur. p.) = 54 s. 8 d. tur. p. *Jeder andere* episc. cardinalis *erhält* 4 malechin. 4 s. Papien. (*es sind noch* 5 episcopi card.). *Von den* 9 presbiteri cardin. *erhält jeder* 2 malechin. 2 s. Papien. d. Neapoleon prior diaconorum: 3 malech. 3 s. papien.; *jeder der* 5 diaconi cardin.: 2 malech. 2 s. papien., *zusammen* 26 l. 20 s. 5 d. parve mon. (= tur. parv.).

(f. 132) distinctus vir d. Arnaldus Barte, custos carceris hospitii papalis Auin.

(f. 137v) 1341 magistro Pontio Fabri, secretario pape, ex causa gratuiti doni 30 fl.

(f. 52) 1340 Guillelmus Bedossii, emptor coquine pape et familiaris eiusdem.

3. Brot- und Fruchtpreise.

(elemos. f. 147v) **1340** April 7 Stephano de Viridario et Guillo de Salauernis alias Nigro de Mediolano pro 1000 saumatis frumenti *(von je* 10 emin. *Avignoner Maß)* pro facienda helemosina Pinhote *die* saumata *zu* 17 tur. gross. arg., *zusammen* 1416 fl. 8 tur. gross.

---

elemosinarius Pinhote pape sei; für ihn ist Bernardus Pinoli magister marestalle equorum pape geworden.

300 saumate grosse siliginis *(von je* 10 emin.) *zu je* 10 tur. gross., *zusammen* 250 fl.

Nicholao Alinerii, mercatori de Valencia, pro 600 saum. gross. frumenti *(von je* 10 emin.) *zu je* 21 tur. gross., *zusammen* 1050 fl.

pro 200 saum. gross. siliginis *(von je* 10 emin.) *zu je* 12 tur. gross., *zusammen* 200 fl.

(f. 159) Apr. 29 Lello Iohannis de Nurcia dioc. Spoletan., mercatori R. c. sequ., pro 1000 saumatis gross. frumenti *(von je* 10 emin. Avignoner) *zu je* 17 tur. gross., *zusammen* 1415²/₃ fl.

300 saum. gross. siliginis *zu je* 10 tur. gross., *zusammen* 250 fl.

15 saum. fabarum *zu je* 11 tur. gross., *zusammen* 14 fl. 2¹/₂ tur. gross.

3 saum. gross. pizorum pro provisione hospitii elemosine *zu je* 2 fl.

(f. 161) Juni 16 Bartholomeo Vasselini, civi Auin., pro 792. saum. gross. frumenti pro elemosina Pinhote pape receptis per Geraldum Latremoliera *zu je* 19 tur. gross., *zusammen* 1254 fl. in 654 fl. 400 pabalhon.

Alles Getreide wird zu Schiff auf der Rhone bis zum Hafen von Avignon gebracht, dann auf Kosten der Kammer zu den horrea Pinhote *geschafft, jede Saumata für* 2 d. cum ob. [mon. curr.].

Das Getreide wird den Bäckern (furnerii) *zugemessen, um es zu verbacken, vom 5. April—23. Sept.* 2300 saumate bladi, *am 21. November* 1000 saumata; *es werden für je* 100 saumate *abzumessen bezahlt* 4 s.

Dez. 19 Andree Porci, Paulo Bessi, Perrino de Lugduno, Iohanni Malenutriti et Colino de Novilla, pancosseriis habitatoribus Auin., pro 300 saum. frumenti pro elemosina *zu je* 2 fl. = 600 fl.

Desgl. pro 60 saum. et 2 emin. annone emptis a Geraldo de Albis Peters de Ponte Sorgie pro elemosina *zu je* 59 s. 2 d. mon. curr. (1 fl. = 26 s. 6 d.).

(I. E. 179 f. 129ᵛ) **1340** Juni 9 pro 33 eyminis furfuris et 13 eyminis milii expensis per Bartholomeum, custodem cervorum, pro caponibus, pavonibus, gallinis a 25. Maii ad 3. Iunii 75 s. 3 d.

(f. 40ᵛ) Dez. pro 8 emin. milii et 36 emin. furfuris tam grossi quam parvi emptis pro caponibus, gallinis, pavonibus, capreolis in 5 septimanis 3 l. 17 s. 8 d. (1 fl. = 26 s. 9 d. mon. curr.).

4. Weinanschaffungen (auch Getränke und Öl).

(I. E. 185 f. 68 butic.) **1340** Sept. 10 mag. Rostagno Berc, servienti armorum pape, pro 10 botis vinariis magnis de 6 et 7 saumatis vini[1] emptis per eum et missis apud prioratum Palhassie ad reponendum vinum dicti loci (1 fl. 4 tur. gross. arg. pro bota) 13 fl. 4 tur. gross.

Sept. 18 Iohanni de Auriavalle, porterio pape, pro 60 saumatis racemorum emptis apud Berbentanam (13 s. pro saum.) 39 l. et pro

---

[1] D. h. also leere Weinfässer von 6 und 7 Som Inhalt.

2 saum. vini pro botis ad implendis (13 s. 6 d. pro saum.) 27 s., pro factura dictorum vinorum 4 l. 8 s. 2 d., *zusammen* (1 fl. = 27 s. curr.) 33 fl. 4 s. 2 d.

Sept. 20 Bernardo de Vaysseria, servienti armorum pape, pro 50 saum. vini emptis ab eodem pro usu pape (12 s. mon. curr. pro saum.) 30 l. — Rostagno Berqui pro 4 botis vinariis magnis de 7 saum. 62 tur. gross.

(f. 69) **1341** Jan. 7 d. Raimundo de Rupperia, buticulario pape, pro 724 $^1/_2$ saum. vini emptis per eum apud Nemausum, Bellicadrum, Malgorium et Balhanicum in regno Francie (*zu je* 26 s. 9 d. ob. cum expensis et portu) 649 fl. 11 s. 1 d.

(elemos. f. 158) April 12 pro 10 canis olei emptis pro provisione hospitii (*zu je* 6 $^1/_2$ s.) 65 s.

Dez. 16 pro 7 cannis olei *desgl.* je 7 s. 9 d.

(f. 166v) pro 8 barrilibus vacuis emptis in S. Spiritu pro usu hospitii Panhote 20 s.

(f. 169) Dez. 16 pro 100 saum. vini emptis a Guillelmo Rozi de Malamorte (*zu je* 12 s. 8 d. parve mon.) 63 l. 6 s. 8 d.

(I. E. 179 f. 156 manuale coquine) Sept. 12 pro 2 barrilibus agreste 24 s.

5. Vieh- und Fischeinkäufe.

(I. E. 185 coq. f. 53) März 6 *Fischeinkäufe für die Quadragesimalzeit.* 404 lucii *von Macon lebendig nach Avignon gebracht kosten* 110 l. 10 s., *sie werden in hölzernen Bütten herübergebracht auf zwei Schiffchen* (1 fl. = 17 s. monete predicte). *Mit Frachtkosten kommen die* 404 lucii *auf* 140 fl., *sie werden in ein gemietetes* piscarium *gesetzt, welches wöchentlich* 10 s. *kostet. Für die* cervi *ein besonderer* custos.

(f. 57) 1340 Aug. 5—19 8 mutones = 4 l. 16 s. (1 fl. = 27 s.), *also* 1 muto = ca. $^1/_3$ fl.

24 capones, 24 perdices, 24 columbe *zusammen* 7 l. 12 s., *also das Stück etwas über* 2 s.

(f. 60) Dez. **1340** 14 porci pro provisione hospitii *zum Einsalzen zu je* 41 s.

24 porci dati cardinalibus et 3 porci dati officiis *zu je* 31 s.

(f. 60) 42 lepores dati dd. cardinalibus *zu je* 4 s.

(f. 161v elemos.) 1340 Mai 27 pro reparatione virge *(Stangenwage)* ferree, cum qua ponderantur carnes, que recipiuntur **a macellario,** 8 s.

Dez. 2 pro 8 porcis emptis pro provisione hospitii 9 fl. 2 s. 6 d., pro 6 eminis salis pro salandis dictis porcis 19 s. mon. curr.

5a. Weitere Einzelheiten *(auszugsweise)*
über Fleisch-, Fisch- und Geflügeleinkäufe aus dem Manuale
der Coquina Intr. Exit. 179 f. 91 ss.

(f. 91) **1340** Jan. 9 pro 4 caponibus 7 s. 6 d.;[1] 1 gallina anticardinalis[2] 22 d. *(so oft)*; 4 perdicibus 6 s. *(so oft)*; 4 columbis 3 s. 4. d.; 2 pluveriis 3 s. 8 d.; 2 cuniculis 3 s.; $1/_2$ mutone 5 s.

Jan. 10 pro 1 malardo 22 d.; 1 edulo 7 s.
Jan. 12 pro 1 libra lardi 6 d.; 2 becadis 20 d.
Jan. 16 pro 1 faysano 6 s. *(so öfters)*.
Febr. 4 pro 4 allecibus 8 d.
„ 18 desgl. 8 d.
„ 17 pro 6 lb. lardi 3 s.
„ 19 pro 1 merlucio 22 d.
„ 18 pro 1 gronhardo 3 s.; 1 lupo 15 s.; 4 allecibus 8 d. *(so oft)*.
„ 20 pro $1/_2$ mutone 10 s.
„ 21 pro 1 ansere 10 s.; 1 gallina 22 d.; 1 lingua bovina 12 d.
„ 23 pro 4 perdicibus 8 s.; 1 libra lardi 6 d.; 1 edulo 6 s.; 3 cuniculis 6 s.
„ 27 6 gallinis positis in viridario de mandato pape 12 s.

(f. 105v) März 1 pro 25 allecibus 4 s. 2 d.
„ 8 pro 25 allecibus 4 s.
„ 6 pro 8 solis 7 s.
„ 10 pro 1 lampreda 13 s.

(f. 110) März 23 pro 5 rogetis 5 s.; polpis $4 1/_2$ s.; lochis 2 s. *(oft)*.
„ 25 pro cabedis 8 s.; 1 lampreda 16 s.
„ 31 pro 100 allecibus 16 s.

(f. 114v) April 12 pro 2 umbris 10 s.

April 16 *(Ostern)* pro 3 lb. lardi 2 s. 4 d.; 1 mutone 22 s.; pro 23 mutonibus datis dd. cardin., d. camerario, servientibus armorum et magistro stabulario (!) 24 l. desgl. pro 40 edulis *(je 7 s.)* 14 l.

(f. 116) April 17 pro 3 capon. 12 s.; 6 lb. lardi 4 s.; 1 edulo 8 s.; $3/_4$ mutonis 17 s. 6 d.

April 28 pro 4 barbellis grossis 40 s.
„ 30 pro 5 capon. 20 s.; 6 gallinacis 8 s.; 2 cuniculis $3 1/_2$ s; 1 edulo $6 1/_2$ s.; $3/_4$ mutonis 15 s.

(f. 119) Mai 3 pro 3 capon. 12 s.; 6 pullis 8 s.; 1 pulla pro grossa marescallo 20 d.; $1/_4$ eduli pro cena marescalli 20 d.

Mai 4 1 galina pro marescallo 2 s.; 1 capone pro cena 4 s.
„ 6 pro 12 gallinacis 16 s.; 12 capon. 66 s.

(f. 120v) Mai 8 pro 12 pullis pro orto 19 s.; 1 lb. lardi 6 d.; 2 gallinis 5 s.

---

[1] Bis zum 21. Januar wird 1 fl. = 21 mon. currentis berechnet. Bei den Einkäufen ist regelmäßig der Name des Verkäufers angegeben oder durch einen Buchstaben angedeutet. Für unsere Wiedergabe war das belanglos.

[2] Bischof Jakob von Castello im Venetianischen, vgl. unten S. 139, 1.

Mai 14 2 gallin. grossis 7 s.; 6 gallinacis 7 s.; 6 pedibus vitulinis 12 d.;
5 lb. lardi $2^1/_2$ s.; 1 mutone et $2^1/_2$ carteriis $32^1/_2$ s.
Mai 15 pro 2 pedibus vituli 8 d.; 2 gallin. gross. 8 s.
„ 16 pro fabis ortolane pro cena scutiferorum 2 s.
„ 18 pro 1 edulo pro cena medicorum 8 s.
„ 22 pro 3 pullis $3^1/_2$ s.; 4 capon. 16 s.; 2 umbris (*Fische*) et 2 truytis 8 s.

(*f. 125*) Mai 25 pro 1 edulo pro cena scutiferorum 7 s. 6 d.
(*f. 125v*) Mai 26 pro fabis servitorum 10 d.; 1 capone pro cena pape 4 s.; 4 truytis 15 s.; 2 umbris 4 s. 6 d.
Mai 28 pro 7 lb. lardi 3 s. 9 d.; 12 pullis pro cena pape et servitorum 14 s.
„ 31 pro fabis pro cena domicellorum 15 d.
Juni 4 pro 8 lb. lardi 4 s.; 2 pullis pro cena pape 2 s.[1]
„ 10 pro 4 pullis 4 s.; $^1/_4$ mutonis 4 s. 3 d.; 4 columbis 3 s.; 1 edulo 8 s.; 13 capon. pro septimana (*zu je* $5^1/_2$ s.); 5 capon. 19 s. 6 d.; 27 pullis pro septimana 32 s.
„ 13 pro 1 lingua vituli 10 d.; $1^1/_2$ muton. $25^1/_2$ s.

(*f. 131*) Juni 14 pro 6 pullis pro cena domicellorum et aliorum servitorum 6 s.
„ 15 pro 12 pullis pro scutiferis et servitoribus 12 s.
(*f. 132*) „ 18 pro 6 pullis pro servitoribus et medicis et d. abbate[2] 6 s.
(*f. 132v*) „ 20 pro 6 lb. lardi 3 s.
„ 21 pro pastillis domicellorum 2 s.; carnibus vitulinis pro cena servitorum 6 s.
„ 22 pro 8 pullis pro cena pape et aliorum servitorum 8 s.
„ 25 pro 6 lb. lardi 3 s.
„ 27 pro 1 lingua vituli 10 d.; 8 pullis pro cena pape et servitorum 9 s. 4 d.; 12 aviculis pro cena pape 12 d.
(*f. 135*) „ 28 *werden an Fischen eingekauft* barbellus, mugiles, loqusti, umbre et truyte, darbi, lochi.
(*f. 137*) pro 10 perdigallis 20 s.; 2 capon. 6 s.; 6 pullis 7 s.; 4 columbis 4 s.; 6 lb. lardi 3 s.; 2 pullis pro cena 2 s. 4 d.
(*f. 138v*) Juli 10 pro 4 pullis pro cena pape et monachorum 4 s. 8 d.; 12 aviculis 15 d.; $^1/_4$ mutonis 3 s. 9 d.; $^1/_4$ mutonis 4 s.; 1 coxa porci 3 s.
„ 11 pro 4 pullis pro cena pape et abbatis et monachorum 4 s. 8 d.

---

[1] f. 129v 1 fl. = $27^1/_2$ s. mon. curr., *ebenso* f. 137v vom 7. Juli, am 28. Juli aber 1 fl. = 27 s. mon. curr. (f. 143), ebenso am 25. August, 8. September. Das Kleingeld verschlechtert sich, die Preise im Kleinhandel aber bleiben dieselben, d. h. man wurde dort auf die Geldverschlechterung noch nicht aufmerksam.

[2] f. 137v heißt es für diese Zeit »comedebant continue in hospitio pape abbas Fontisfrigidi cum sociis suis, 2 medici et certi domicelli, qui serviunt continue domino nostro.

(f. 142) Juli 24 pro sturione 12 s.
„ 26 pro 1 gallina 3 s. *(so oft)*; 6 pullis 7 s; 1 lingua bovis 8 d.; 4 lb. lardi 2 s.
„ 31 4 columbis 4 s.
(f. 146v) Aug. 10 *(Donnerstag) vollständig wiedergegeben* (!) pro erbis 12 d.; agresta 2 d.; 2 capon. 7 s.;[1] 6 pullis 7 s.; 4 columbis 4 s.; 4 perdigallis 5 s.; 1 lingua bovina 8 d.; 4 pullis pro cena 4 s. 8 d.; ovis 12 d.; grano sinapis et eruge 2 s.; carnibus bovinis 8 s.; $^1/_2$ mutone 7$^1/_2$ s.; $^1/_4$ mutonis 3 s. 9 d.
(f.159v) Sept. 24 pro 4 columbis 3 s.; 4 perdicibus 6 s.; 2 cuniculis 3 s.
(f. 164v) Okt. 12 *(Donnerstag)* pro 13 capon. *(je* 5 s.) 3 l. 5 s.; 26 gallinis *(je* 4 s.) 5 l. 4 s.; 4 duoden. columbarum *(je* 6 d.) 28 s.; 30 lb. lardi 15 s.; 53 perdicibus *(je* 2$^1/_2$ s.) 6 l. 12 s. 6 d.; 4 capon. 20 s.; 10 gallinis 40 s.; 1 grue 15 s.; 15 capon. *(je* 5 s.) 3 l. 15s.; pro carnibus porcinis 16 s.; 1 coxa porci 4 s. [convivium dd. cardinalium]
(f. 173) Nov. 9 pro 1 lepore 2 s. 6 d.
„ 28 pro 2 becadis 3$^1/_2$ s.; 4 columbis 4 s.; 1 malarda 2$^1/_2$ s.; 4 perdicibus 6 s.
(f. 191) Dez. 9 pro 25 allecibus 6 s.

5b. Eier.

(I. E. 179 f. 101v) **1340** Febr. 14 pro 56 ovis pro potagio 2 s.
pro 50 ovis pro tartis 2 s.
(f. 117) April 22 pro 100 ovis 4 s.
„ 27 pro 25 ovis 12 d.
Mai 1 pro 25 ovis 12 d.
„ 5 pro 150 ovis 6 s.
„ 6 pro 100 ovis 4 s.
(f. 122) „ 13 pro 100 ovis 4 s.
(f. 123) „ 19 pro 200 ovis 8 s.; 50 ovis 2 s.
„ 20 pro 200 ovis 8 s.
Juni 9 pro 100 ovis 4 s.
(f. 164v) Okt. 12 pro 400 ovis 16 s.; 200 ovis 8 s.

6. Pelz- und Tuchwaren.

(I. E. 185 f. 81v vestibus etc.) **1340** Apr. 12 mag. Bertrando de s. Laurentio, pellipario de Auinione, pro 38 pellibus de ermenis pro folrandis 1 caputio et 3 birretis pape *zu je* 2$^3/_4$ tur. gross. arg.

Demselben für 119 folraturis agnorum pro librata (*Livrée*) estivali domicellorum pape *zu je* 7 tur. gross. arg. 10 den. mon. currentis.

---
[1] Sämtliches Geflügel ist von einem Händler bezogen (Simonis).

Juli 28 Iohanni Cortoys, canonico Ambianen. scriptori pape, pro 40 peciis pannorum (20 coloris viridis de Brucellis et 20 virgatis de Gandavo) emptis per eum de mandato camerarii in partibus Flandrie pro librata estivali domicellorum pape *zu je* 21 fl. 2 d. tur. gross. arg. et ultra pro toto $5^1/_2$ tur. gross. arg.: 847 fl. $1^1/_2$ d. tur. gross.

Das Tuch wird dann geschoren, das Stück zu 6 s. parisien.

(I. E. 185 f. 81v) **1340** Juli. 12 canne panni de Brucellis maioris forme pro 2 neptibus pape $31^1/_2$ fl.

Aug. 11 Luce Naldi, draperio Romanam curiam sequenti, pro $^1/_2$ pecia squarlats albe pro papa 20 fl. 13 s. 3 d. mon. parve.

Aug. 30 Raimundo Sabaterii pro reparatura 6 pannorum de lana perforatorum pape 35 s. parve mon. (= mon. curr.).

Sept. 12 Luche Naldi, draperio de societate Albertorum de Florentia, pro 8 cannis tam de panno viridi quam de squarlata de Melinis *zu je* 4 fl. pro canna.

Nov. 15 Andree Bicti de Florentia, Rom. cur. sequenti, pro 852 pellibus de variis minutis pro folrandis 4 garnachiis et 1 mantello pape. *Das Hundert für* $9^1/_2$ fl.

pro 16 pellibus de ermenis pro folrandis 4 birretis *zu je* 4 tur. gross.

(f. 86v) pro 1 tapeto de viridi de 8 ulnis cadratis ad ornandum seu tenendum in camera pape 3 fl. 4 d. tur. gross. arg.

(f. 87) Gaufrido Regensi episcopo pro ornamentis emptis per eum a mercatoribus . . . pro usu capelle seu audientie . . . 64 fl. etc.

(f. 132 cera) Nicholao Benchi de Florentia, mercatori cur. Rom. sequ., pro 54 cannis tele pro faciendis linteaminibus ad opus pape *zu je* $3^1/_2$ tur. gross. arg.

pro 1 tapeto de Ispania $2^1/_2$ fl.

(Mai 2) Andree de Podio de Lucha, mercatori R. c. sequ., pro 3 vanois albis de Ianua pro usu pape, 2 *zu* 18 palme *Länge kosten je* 6 fl., *eine zu* 20 palme *Länge* 7 fl.

(Mai 11) Henrico de Berellis, domicello pape, pro vanoa alba ad opus pape 2 fl. 8 tur. gross.

(f. 163) Juli 28 discreto viro d. Iohanni Cortoys, canonico Ambianen. pape scriptori, pro 21 peciis pannorum tam viridium quam blauorum emptis per eum de mandato camerarii in partibus Flandrie pro elemosina danda pauperibus puellis maritandis (*zu je* 9 fl.).

(f. 169 elemos.) **1341** Jan. 5 Rostagno Grassi de Auinione pro portatura $77^1/_2$ peciarum pannorum diversorum colorum ponderis 33 quint. 30 l. pro distribuendis amore Dei pauperibus religiosis Montepessulani, Tholose, Sauarduni et Mirapicis ac pauperibus puellis maritandis in partibus predictis a civitate Auin. usque ad castrum Montispessulani (4 s. mon. curr. pro quintali); pro ligatura 12 balarum dictorum pannorum 10 s. parve mon.

(f. 136v) Okt. 13 soluti sunt mag. Raymbaudo Clementis, draperio civi Auin., pro 7 peciis telarum de Remis emptis apud Cabilonem pro papa 104 l. 5 s. 11 d. ob. mon. regis Francie (1 fl. = 29 s. 6 d.).

Juni 31 Guillelmo Adresse, cursori pape, pro 200 peciis pannorum grossorum tam alborum quam brunorum emptis apud Andusiam Nemausen. dioc. de mandato camerarii pro facienda elemosina Pinhote pape (4 l. 2 s. tur. p. pro pecia, demptis 12 l. 1 s. pro toto pro brevitate dictorum pannorum) 807 l. 19 s. tur. p. et pro portatura de Andusia usque ad civitatem Auin. 26 l. 16 s. tur. p., in summa 834 l. 15 tur. p. debilium in 419 leonibus auri.

1 leon. = 40 s. mon. curr. in regno Francie.

7. Wachs und Kerzen, Kolonialwaren und Medizinalien.

Wachs und Kerzen.

(I. E. 185 f. 132 ss. pro cera etc.) März 22 Bontosio Darlay candelerio pro 2 quint. 23 libris candelarum de cepo ad usum hospitii et thesaurarie pape (3 fl. pro quintali).

Guccio Bensivenis, ypothecario R. c. seq., pro 23 quint. 63 libris cere pro usu capelle et hospitii pape (*zu je* 10 agni *das* quintale, 1 agn. = 1,15 fl.): 272 fl. 13 s. *bezahlt in* pabalhones.

März 30 Bertrono de Grimaldis de Ianua pro 27 quint. 45 libris cere pro usu capelle et hospitii pape (10 agni pro quintali): 316 fl. 15 s.

(f. 133) Apr. 26 Iacobo Gentilis de Genua, Rom. cur. sequenti, pro 9 quint. 71 libr. cere pro provisione hospitii et capelle pape (10 agni pro quintali).

(f. 134) Juni 16 fr. Bontosio Darlay, candelerio civi Auin., pro 2 quint. candelarum de cepo *zu je* 4 fl.

Juli 14 Francisco de Cartona, ypothecario et servienti armorum pape, pro 360½ libris cere pro exequiis Guillmi de Cardona condam nepotis pape, 2 s. 4 d. mon. curr. pro libra, *im ganzen* 42 l. 1 s. 2 d. mon. curr., 1 fl. = 27 s. 6 d. mon. curr., *vgl. oben S. 113.*

Sept. 16 de mandato pape facto d. Auinion. episcopo domino Geraldo Mite presbitero recipienti nomine dominarum Garcende de Moreriis et Garcende de Codoleto pro quadam candela cerea per eas empta et posita in quadam rota supra altare b. Marie de Domps ad honorem b. Marie virginis et ut b. virgo prestet sanitatem pape, ponderis ½ quintalis cere pretio 7 l. 16 s. et pro operatura dicte candele 16 s. 8 d.

(f. 168v elem.) 1340 Dez. pro 1 quint. 3 lb. candelarum de cepo 67 s. parve mon.

(f. 136) Okt. 2 facto computo cum Hugolino Tinhassii, ypothecario curie Rom., de operatura cere operate infra hospitium pape et pro usu dicti hospitii. *Für die Arbeit allein ohne die Zutaten erhält er* 10 s. pro quintali, *Docht* (cotoni filati) *kostet das* quintale 13 fl.

9 saumate carbonis 37 s. tur. gross.; pro cereo pascali, in quo fuit $^1/_2$ quintale cere albe preter alia, 15 fl.

pro 35 cannis tele albe incerate pro diversis fenestris palatii *zu je* $3^1/_2$ tur. gross.

pro 25 cannis tele albe inserate pro plicandis literis Apostolicis *zu je* 3 tur. gross.; pro 250 cannis vete pro fenestris 20 s. 10 d.

pro 42 libris cere rubee pro sigillandis literis thesaurarie 5 s. 3 d. tur. gross.

7a. Spezereien und Medizinen.

(I. E. 185 coqu.) **1340** Jan. 29 1 molendinum emptum pro coquina ad molendum salsas 47 s.

(f. 60) Dez. 3 quint. amicdalorum empt. apud Insulam pro provisione hospitii 5 fl. 24 libre gingiberis et piperis *zu je* 7 s.

(elemos.) Okt. 28 1 emina nucium pro provisione hospitii 4 s.

1 emina pizorum (*Erbsen*) becudorum (!) 8 s. 6 d., pro 6 eminis salis 19 s. parve mon.

Weitere Angaben über Spezereien- und Kolonialwareneinkäufe aus dem Manuale de Coquina I. E. 179.

(f. 93) **1340** Jan.	16	pro 4 eyminis salis 6 s. 4 d.
„	18	pro $12^1/_4$ lb. zucare (*zu je* 4 s. 4 d.) 52 s. 4 d.
„	30	pro 1 libra piperis 5 s; 2 eyminis salis 3 s. 2 d.
Febr.	4	pro 1 libra canelle $4^1/_2$ s.; 2 lb. gingiberis 10 s.
„	14	pro 6 lb. caseorum pinguium 3 s.
(f. 104) „	24	2 lb. gingiberis 11 s.; 2 lb. piperis 11 s.; 1 lb. canelle 5 s.; $^1/_2$ lb. garofilorum $11^1/_2$ s.; $^1/_2$ lb. croci $11^1/_2$ s.
(f. 105) „	27	pro 2 lb. sagiminis 10 d.
„	28	pro 6 lb. risi $2^1/_2$ s.
(f. 109v) März	19	pro 1 libra uvarum passarum 22 d.; pro 1 libra pinhonum 18 d.; 1 libra farine 6 d.
(f. 113v) April	7	pro 2 lb. uvarum 3 s. 8 d.; 1 lb. pinhonum 16 d.; 2 lb. farine risi 12 d.
„	12	pro 2 lb. canelle 11 s.; $^1/_2$ lb. croci 14 s.
„	13	pro 8 lb. zucare (*zu je* $4^1/_2$ s.) 36 s.
(f. 120v) Mai	8	pro 2 lb. de avenato 10 d.
(f. 140) Juli	16	pro 1 libra zingiberis $6^1/_2$ s.; 1 libra canelle $5^1/_2$ s.; $^1/_2$ lb. croci 12 s.
(f. 160) Sept.	26	pro 1 libra zingiberis $6^1/_2$ s.; 1 libra piperis 7 s.; 1 libra canelle $5^1/_2$ s.; $^1/_2$ libra croci 12 s.; $1^1/_2$ libra zucari $7^1/_2$ s.

(*f. 164v*)   Okt. 12   pro 21 lb. caseorum pinguium 10 s. 6 d.; 2 lb. zingiberis 14 s.; 2 lb. canelle 11 s.; 1 lb. piperis 7 s.; 1 lb. croci 26 s.; 10 lb. zucari 50 s.; 2 lb. farine de riso 18 d.

Medizinen.

(I. E. 185 f. 135) Aug. 30 facto computo cum Francisco de Cerdona serviente armorum et ypothecario pape de speciebus et electuariis etc. pro usu pape et hospitii a 14. Dez. 1339—2. Juli 1340:

pro 69 electuariis diversis tam usualibus laxativis quam cordialibus videl. pro 30 electuariis factis cum feniculo et auro, in quolibet erant 2 1/2 libre zuchare et 60 pecie auri et alie species necessarie (pro quolibet electuario 36 s.);

pro 3 electuariis factis cum ruca, in quorum quolibet erant 2 libre zuchare et 80 pecie auri et alie species necessarie (pro quolibet 38 s.); pro 9 electuariis factis cum festussis etc., in quorum quolibet erant 4 libre zuchare (*zu je* 26 s.); pro 14 electuariis factis cum cubebis et auro, in quorum quolibet erant 2 1/2 libre zuchare et 60 pecie auri etc. (*zu je* 39 s.); pro 1 electuario laxativo et 1 electuario cordiali cum auro etc. et 1 alio electuario cum sandalis et conservis etc. secundum receptam 6 l. 7 s.

pro 23 libris cotoni 57 s. 6 d. parve mon.

12 libris camamille
5 spongiis   } 4 l. 6 s. parve mon.
18 flasconibus aque rosacee

62 libris aque rosacee 6 l. 4 s.

pro 12 pomis millegranatis
1 yssiropo, 2 libr. sandelorum rubeorum } 59 s.

Im ganzen beläuft sich die Apothekerrechnung auf 213 fl. 12 s. 6 d. parve monete.

8. Bauausgaben.

Arbeitslöhne.

Für die Bauten am päpstlichen Palaste zu Avignon werden viele, namentlich aufgezählte, Arbeiter und Handwerker beschäftigt.

ca. 40 manuperarii (*im Jan. etc.*) *mit einem Wintertagelohn von* 12 d.

2 recopertores tectorum (*Dachdecker*) *täglich* 2 1/2 s.

massonerii et frigidarii *erhalten im Winter je* 2 s., *ebenso die* fusterii.

Im Sommer erhält jeder manuperarius 15 d., fusterius (8) 2 1/2 s., massonerius (7) 3 1/2 s., recopertor tectorum (3) 3 1/2 s., frigidarius (6) 2 1/2 s., custos lapidum et fustarum (3) 17 d., carreterius (5) 18 d.

(elemos.) Okt. 28 pro salario 24 dierum mag. fusteriorum, qui reparaverunt vasa (*täglich* 3 s.), *zusammen* 72 s.

8. Bauausgaben.

(edif. f. 117) Okt. 4 Bernardo Olerii, custodi manuperariorum, recipienti pro omnibus et singulis [*Arbeiter und Handwerker*] pro salario et labore facto in edificio pape in mense Sept. (*die einzelnen Arbeiter werden mit Namen aufgezählt*).

Jan. 19 Andree Bruni cerratori pro cerratura 35 tignorum[1] de ambulatoriis viridarii 5 s. 10 d. et pro cerratura 6 cann. 5 palm. sclape et caulami (18 d. pro canna) 9 s. 11 d. . . .

— Petro Gauandoni cerratori pro cerratura 13 cann. $1^1/_2$ palmi de tignis[1] et tirannis[2] pro deambulatoriis, in quibus sunt 20 tigna et 4 tiranni [de] 5 cannis et 2 palmis pro 16 d. mon. curr. et pro cerratura 4 cann. $^1/_2$ palm. de sclapa (18 d. pro canna) 9 s. 3 d.

Jan. 20 Raimundo Burgundionis cerratori *desgl.* 1 fl. 30 s. 5. d.

(f. 94) Jan. 25 Guillelmo Salui, Bernardo Fresserii, Raimundo de Tholosa et Raimundo Chabaudi frigidariis pro cavatura 5 cann. 1 palmi rupis claustri palacii pape contigue sacristie et capelle pape ($2^3/_4$ fl. pro canna) et pro cavatura 4 cann. $3^1/_2$ palm. rupis claustri, que est intra gradarium penoris magni et gradarium fuste palacii, ($2^3/_4$ fl. pro canna) $24^3/_4$ fl. in 16 pabal. 15 s. 4 d. (1 pabalho = $1^1/_2$ fl.).

Jan. 29 mag. Petro de Brondis gipperio pro factura meiani gippi seu parietis cum fenestragiis deambulatorii superioris contigni aule palacii pape a parte d. Regen. episcopi 4 fl. in 2 pabalh. 20 s. 6 d. (1 pabal. = $1^1/_2$ fl., 1 ob. alb. = 10 d. curr.).

Baumaterialien.

(f. 93 edif.) **1340** Jan. 15 facto computo cum Guillelmo de Salavernis alias magistro de Mediolano de ferramentis receptis pro edificio pape in mensibus Oct., Nov. et Dec. 1339: *(nach den Monaten geordnet, wir geben nur Auszug)*: pro 3000 clavis ternalibus bonis (16 s. 6 d. pro 1000) 49 s. 6 d., pro 2000 clavis obolinaribus (26 s. pro 1000) 52 s., pro 59 barris ferreis tam colantibus quam perforatis ponderis 2208 lb. ferri (4 d. pro libra) 36 l. 14 s. 4 d.

pro 6 aspis, 18 goffonibus, 7 relhis, 4 verolhis ponderis $278^1/_2$ lb. ferri (4 d. pro libra) 4 l. 12 s. 10 d.

pro 157 lb. de plumbo (18 s. pro quint.) 27 s. 2 d. ob.

pro 69 barris ferri ponderis $2339^1/_2$ lb. etc., *zusammen* $2715^3/_4$ lb. ferri (*zu je* 4 d.) 45 l. 5 s. 3 d.

pro 142 lb. de plumbo (17 s. pro quint.) 25 s. 7 d.

pro $^3/_4$ fili ferrei pro cortinis pape et pro 2 clavibus et 2 palis ferreis 8 s. 2 d.

Jan. 18 Raimundo de Crilhone pro $564^1/_2$ scandalhis calcis receptis in mense Dec. et in presenti m. Ianuarii (16 d. pro scandalho) 37 l. 12 s. 8 d. in 45 fl. 10 s. 2 d. (1 fl. = 16 s. 6 d. cor.).

---

[1] Balken.   [2] Haupt-Tragbalken.

(f. 94) Jan. 26 Guillelmo Vaquerii de Insula pro 22 cadrigatis et 1 emin. gippi pro faciendis deambulatoriis superioribus contiguis aule palacii pape a parte tinelli d. Regensis episcopi (12 s. mon. curr. pro cadrigata), pro 4 cadrigatis et 4 saccis gippi (13 s. cum portu pro cadrigata) 58 s. curr.[1] et pro portatura 122 saccorum dicti gippi de Rodano usque infra palacium ($1^1/_2$ d. pro sacco) 14 l. 2 s. 10 d. in 9 paballi. 3 s. 10 d. (1 paballi. = 31 s. mon. curr.).

Ähnlich in den folgenden Monaten.

(f. 116v) Sept. 10 Iacobo de Bellicadro de Auinione pro 1 corda magna canapis empta ab eodem ad opus cuiusdam ingenii vocati martineti ponderis 2 quint. 42 lb. canapis (45 s. pro quint.) 5 l. 9 s. in 4 fl. 2 s. 8 d. parve mon.

Demselben »corderio« pro corda canapis ad opus putey claustri palacii pape ponderis 1 quint. 10 lb. canapis (45 s. pro quint. et pro libra 5 d. ob. mon. curr.) 49 s. 7 d. mon. parve in duplicibus nigris regis Roberti (1 dupl. = 3 d.).

Sept. 3 Guillelmo Deyderii de Auinione pro lapidibus et arena receptis in mense Iulii pro edificio: pro 8623 cadastis lapideis (20 l. pro 1000) 172 l. 9 s. 2 d., pro 232 grasis *(zu je* 13 d.) 12 l. 11 s. 4 d., pro 54 boquetis *(zu je* 2 s. 4 d.) 6 l. 6 s., pro 984 crotenchis (15 l. pro 1000) 14 l. 15 s. 7 d., pro 1005 bartz *(je* 6 d. cor.) 25 l. 2 s. 6 d., 188 carteriis *(je* 8 d.) 6 l. 5 s. 4 d., pro 42 lapidibus magnis carriarum seu anglararum *(zu je* 4 s.) 8 l. 8 s.

— pro 78 naviatis et 2 cadrigatis arene (10 s. pro naviata) 39 l. 1 s. 6 d.

Dez. 20 Bertrando Biscarelli de Castronovo recipienti nomine Guillelmi Bruni pro 3925 tegulis pro copertura turris nove a parte s. Iohannis (50 s. curr. pro 1000) 9 l. 16 s. 3 d.

9. Bücher und Schreibutensilien. Pro scripturis et libris.

(I. E. 185 f. 90 ss.) **1340** Jan. 20 facto computo cum fr. Iohanne Engilberti, pape cambrerio, de scripturis scriptis per scriptores infrascriptos et solutis per fr. Iohannem Engilberti *vom 13. Jan. 1339—20. Jan. 1340.*

Magistro Iterio scriptori pro 19 sexternis et 3 foliis operis pape super Matheum quarti voluminis (1 fl. 1 tur. gross. pro sexterno) 20 fl. 10 d. tur. gross. (1 fl. = 12 d. tur. gross). NB. *1 Sextern hat 12 Folien (6 Doppelblatt). Demselben* pro 6 sextern. 1 folio sermonum pape 2 fl. 3 tur. gross., *desgl. für* Ylarius super Mattheum in 2 sext. 3 fol. maioris forme (16 tur. gr. pro sext.) 3 fl.

Magistro Firmino scriptori pro 12 sexternis maioris forme operis pape per ipsum scriptis super Matheum quinti voluminis ($1^1/_2$ fl. pro sexterno) 18 fl.

---

[1] Demnach kommen auf die cadrigata 8 Sack.

9. Bücher und Schreibutensilien. 133

Mag. Galtero scriptori, qui scribit Rabanum super Iohannem, pro 3 sexternis maioris forme 4 fl.

Juli 20 mag. Andree de Bennays, illuminatori librorum, pro illuminatura cuiusdam voluminis, in quo continentur consilia generalia, Rabanus super Geremia et Ylarius super Matheum, in quo volumine sunt 114 litere de pinzello *zu je* 2 d. valosiorum (1 valos. = 3 d. mon. curr.). pro 2300 literis floritis factis etiam per eum in dicto volumine (3 s. valos. pro centenario) et pro 4000 literis parvis in dicto volumine (6 d. coronat. pro centenario) (1 coron. = 3 ob. mon. curr.).

Sept 5 *demselben* pro illuminatura libri vocati Godalh, qui condam fuit d[ni] Guiraudi episcopi Agatensis: pro 1050 literis floritis (4 s. pro centenario) et pro 8 literis partitis *zu je* 4 d. mon. parve, pro 1 litera de pincello 12 d., pro 652 verciculis (6 den. pro centenario).

Demselben Okt. 7 mag. Andree de Bennays, illuminatori librorum, pro illuminatura cuiusdam libri quinti voluminis super evangeliis s. Mathei operis pape: pro 55 literis de auro *zu je* 2 d. valos., 700 literis floritis (3 s. valos. pro centenario), pro 1200 versiculis et paragrafis, *das Hundert zu* 6 d. coron., pro ligatura dicti libri 1 fl.

Nov. 8 *demselben* pro illuminatione voluminis vocati »expositio s. Ambrosii super epistolas Pauli et Rabanus super Ieremiam«: pro 30 literis aureis *zu je* 2 d. valos., pro 200 lit. florit. (*je* 3 s. pro 100), pro 1200 tam versiculis quam paragrafis (3 d. valos. pro centenario).

Dez. 22 *demselben* pro illuminatione libri Mathei quinti voluminis: 6 literis de pinzello *zu je* 2 d. valos., 200 literis floritis (*das Hundert zu* 3 s. valos.), pro 600 versiculis et paragrafis (3 d. valos. pro centenario).

Papier und Pergament.

(f. 90 ss.) **1340** März. Mag. Hugoni Lagulhier pargamenerio (*liefert das meiste Pergament*) pro 14 duodenis pargamenorum edulinorum plus quam maioris forme pro libris pape scribendis, pro duodena 14 s. et pro rasura *im ganzen* 14 s.

pro 10 duodenis pargam. edulin. rasorum medie forme pro regestris, que facit fieri mag. Petrus de mandato pape, *zu je* 9 s.

pro 12 duodenis parg. edul. non rasorum pro literis tangentibus cam. Apost. et Rom. eccl. *zu je* 8 s. 6 d.

Von demselben im Juni 1340 12½ duoden. pargam. edulin. ras. pro regestris pape, que facit fieri d. Petrus Villaris, *je* 11 s. 6 d. mon. curr.

20 duoden. pargam. edulin. non ras. ad opus liter. Ap. et thesaurarie pape *zu je* 11 s. mon. curr.

2 pelles magne yrcine pro magnis processibus pape *je* 3 s.

Juli 27 mag. Andree, pargamenerio de Carpentorate, pro 22 duodenis pargamenorum edulin. ultra quam maioris forme *zu je* 17 s. 6 d. mon. curr. (1 fl. = 27 s. mon. curr.).

Aug. 4 mag. Hugoni Agulherii pargam. pro 10 duod. parg. edulin. ras. pro regestris pape, que facit fieri d. Petrus Villaris, *zu je* 12 s. mon. curr.

2 duod. edulin. non ras. ultra quam maioris forme pro literis pape *zu je* 17 s. 6 d.

2 duoden. agnin. pro literis pape *zu je* 14 s.

d. Iohanni Suffredi presbitero pro rasura 22 duoden. pargamen. edulin. ultra quam maioris forme 18 s. mon. parve.

Sept. 27 mag. Hugoni Laġulhier pargamenario pro 4 duodenis pargamen. edulinorum plus quam maioris forme rasorum traditis fratri Iohanni Engilberti, cambrerio pape, *zu je* 18 s. mon. curr.

pro 2 duoden. eiusdem forme traditis d. Raimundo Masselenqui pro quibusdam literis Apost. secretis *zu je* 17 s. 6 d. parve mon.

10 duoden. pargam. edulin. medie forme razorum tradit d. Petro Villari pro regestris *zu je* 12 s.

pro 40 duoden. pargamen. edulin. non razorum medie forme pro usu thesaurarie *zu je* 11 s.

pro rasura 8 duoden. pellium seu pargam. edulin. pro transcribendo librum communium servitiorum camere pape *zu je* 9 d.

Dez. 9 d. Iohanni de s. Quintino presbytero pro 8 duodenis pargamen. edulin. plus quam maioris forme emptis apud Carpentoratum pro libris pape transcribendis *zu je* 20 s.

pro 4 duoden. et 2 pellibus eiusdem forme emptis in Avinione *zu je* 17 s. 6 d.

Dez. 22 mag. Hugoni Lagulhier pro 12 duoden. pargam. edulin. razorum medie forme pro regestris d[ni] pape, que facit fieri d. Petrus Villaris *zu je* 12 s.

pro 2 duoden. et 7 pell. pargamen. edulin. plus quam maioris forme pro quibusdam literis secretis scribendis pape *zu je* 17 s. 6 d.

pro rasura 2 duoden. pargam. edulin. 2 s. (1 fl. = 27 s.).

Dez. 23 *demselben* pro 24 duoden. pargamen. edulin. plus quam maioris forme rasorum pro libris pape, quos facit fieri Iohannes Engilberti, cubicularius pape, *zu je* 18 s. mon. curr.

(I. E. 185 f. 136 cera) Papier gekauft von Hugolinus ypothecarius curie Rom.

pro 28 ramis papiri tam magne quam medie forme pro thesauraria *zu je* 13½ tur. gross. pro rema (!) qualibet.

6 cartularia papirea magna pro thesauraria 2 s. 6 d. tur. gross.

10. Verschiedenes.

(f. 135v cera) Sept. 1 Simoni Ayraudi de Montepessulano, Rom. cur. sequenti, pro factura 13 matalaciorum de cotono pro papa *zu je* 4 tur. gross. arg.

(f. 169v) pro 1 quintali 7 libr. caseorum pro provisione hospitii 48 s. parve mon.

(f. 164 elemos.) pro 200 scutellis et 5 broccis 20 s. 6 d.

(f. 169) pro 200 scutellis, 24 cisoriis, 24 grazaletis et aliis terreis 25 s. 10 d.

10a. Pretiosen und Edelmetalle.

(f. 85) pro 3 unciis 3 cartis de perlis *gekauft von* Andreas de Podio de Lucha, mercat. cur. Rom. sequens, pro ornamentis pape *die Unze zu* 17 fl.

pro 2 unciis de perlis *zu je* 11 fl.

3½ unc.   „   „   8½ fl.

1340 Jan. 31 facto computo cum Minuchio Iacobi, aurifabro Rom. cur. sequenti, *für die Zeit vom 1. Jan. 1339—31. Jan. 1340.*

1339. 1. pro rosa aurea ponderis 12 unc. 6 d. auri ad pond. Auin. data per papam egregio viro d. Dalphino Vienn. dominica, qua cantatur Letare, (10 fl. pro factura) 95 fl. 10½ tur. gross.

2. 7 unc. ½ cart. de argento 4 fl. 10 s. 7 d. mon. curr.

(f. 88ᵛ) **1340** Okt. 14 Minuchio Iacobi, aurifabro de Senis, pro rosa aurea ponderis 12½ unc. (pond. Auin.) data per papam (*am Laetaresonntag*) nobili viro d. Raynaldo, nepoti dⁿⁱ Neapoleonis cardinalis militi, (pro factura 10 fl. et 2 granatis lapidibus per ipsum emptis et positis in dicta rosa 1 tur. gross.) 101 fl. 1 d. tur. gross. 1 anulus auri cum saphiro.

Benedikt XII. Siebtes Pontifikatsjahr. 1341.

*I. E. 192 (A mit Approbation und einigen Schlußsummen),
I. E. 190 und 191 (ohne beides).*

A. Übersicht über die einzelnen Ausgabetitel und ihre Schlußsummen.

1. *(f. 49 ss.)* **pro coquina.** *Beamte und Verwaltung wie 1335. Schlußsumme (f. 57ᵛ):* 1728 fl. 17 l. 1 s. 11 d. mon. auinion., 18 l. 12 s. 10 d. mon. parve Francie.

2. *(f. 60 ss.)* **pro panataria.** *Beamte und Verwaltung wie früher. Schlußsumme (f. 62):* 189 fl. 78 s. mon. auin.

3. *(f. 63 ss.)* **pro buticularia;** d. Raymundus de Ruppe, Petrus Ysarni, buticularii pape, *legen die laufenden Rechnungen für die Herrichtung und Aufbewahrung des Weines;* Raimundus de Coiordano *und* Petrus Natalis, panatarii pape, *für Anschaffung von Wein und Tafelobst. Schlußsumme (f. 64ᵛ):* 293 fl. 306 d. ad scutum 16 dupple de Francia, 2 d. ad angelum, 29 l. 12 s. 7 d. parve mon., 32 s. 2 d. mon. Francie.

4. *(f. 65 ss.)* **pro marescalla equorum.** fr. Bernardus Puiol, magister marestalle, *legt die Rechnung. Schlußsumme (f. 66ᵛ) nicht angegeben. Sie berechnet sich auf* 213 fl. 140 l. 5 s. 10 d. ob. parve mon.

5. *(f. 71 s.)* **pro vestibus, pannis et folraturis.** *Die Schlußsumme nicht angegeben. Sie berechnet sich auf* 2103 fl. 52 tur. gross., 30 s. 5 d. avin.

6. *(f. 77 ss.)* **pro ornamentis.** *Schlußsumme nicht angegeben. Sie berechnet sich auf* 617 fl. de Flor. 1 fl. de Pedemont. 13 l. 14 s. 5 d. parve monete, 12 s. 1 d. tur. arg.

7. *(f. 82 ss.)* **pro scripturis et libris.** *Schlußsumme nicht angegeben. Sie berechnet sich auf* 402 fl. 63 l. 7 s. 5 d. parve mon.

8. *(f. 85 ss.)* **pro operibus et edificiis.** *Die Auszahlungen seitens der Kammer an die verschiedenen Bauhandwerker und Arbeiter erfolgen meist monatlich. Es wird u. a. ein neuer Turm neben dem Marstall gebaut. Schlußsumme (f. 111ᵛ):* 4556 fl. 3 scudati, 16 tur. gross., 15 s. 1 d. obol. arg. regis Roberti, 1002 l. 19 s. 9 d. ob. parve mon. *Hierzu kommt als Untertitel (f. 112)* **pro operibus palatii Pontis Sorgie** *mit einer Ausgabe von* 387 fl. 42 l. 12 s. 11 d. mon. curr.

9. *(f. 122)* **pro bulla et literis curie.** Berengarius Maynardi bullator. *Schlußsumme:* 81 fl. 20 d. tur. gross. arg., 27 s. parve mon.

10. *(f. 123 s.)* **pro vadiis extraordinariis.** *Schlußsumme:* 598 fl. 11 l. 4 s. 1 d. parve mon. *Einzelheiten vgl. auch chronikal. Notizen. Die meisten Ausgaben, die sonst unter diesem Titel erschienen, sind jetzt unter dem Titel 14* de mutuis *untergebracht.*

Mai 14 discr. viro d. Iohanni Bertrandi, Apost. sedis nuntio in provincia Burdegalensi, pro expensis eundo ad dictas partes 40 fl., quos promisit in suis stipendiis computare.

11. *(f. 126 ss.)* **pro quibusdam extraordinariis et cera.** *Schlußsumme (f. 132ᵛ):* 2671 fl. de Flor., 5 fl. Pedemontis, 880 agni auri, 6 s. 3 d. tur. gross., 231 l. 8 s. 7 d. ob. mon. avin., 1 ff. vetus, 1 inforciatum, 1 codicem, decretales.

12. *(f. 133 ss.)* **pro vadiis familiarium ordinariorum.** 7 solutiones. *Schlußsumme (f. 143):* 20797 fl. 7325 d. scudati auri 120 leones auri 381 regales 207 papallones 234 duplones de Francia 210 d. agni auri, 393 l. 2 s. 10 d. monete parve, 64 s. 8 d. tur. gross.

13. *(f. 145)* **pro pensionibus hospitiorum. 1341** April 30 Bertrando de Podio Caluo Iumort domicello pro loquerio domus, quam tenet marescallus Romane curie pro carceribus captivorum, taxate pro mense quolibet ad 1 fl., pro 3 annis proxime preteritis et terminatis in mense Marcii proxime preterito 36 fl.

Dez. 19 d. Iohanni Cabade, capellano capelle b. Marie de Fenolheto Auinion., pro loguerio cuiusdam logue ipsius d. Iohannis, in qua tenetur fusta pape, 11 fl. 20 s. mon. curr. *Schlußsumme:* 47 fl. 20 s. *Dazu kommt noch aus dem folgenden Titel (f. 146ᵛ)* April 23 mutuati sunt d. Iohanni de Amelio, clerico camere pape, pro solutione hospitiorum familie pape facienda 900 fl. 3 l. obolor. arg. regis Roberti.

14. *(f. 146 s.)* **de mutuis.** *Schlußsumme:* 6205 fl. 22 scudati, 3 obolorum arg. regis Roberti, 73 l. 4 s. 4 d. mon. curr.

Einzelheiten: **1341** März 28 mutuati fuerunt Francisco de Azayolis, socio societatis Azayalorum de Florentia, recipienti nomine ... fr. Iohannis de Ripperia ord. s. Ioh. Ierusalem., rectoris Marchie Anconitane pro papa, pro exequtione et conservatione iuris et iustitie terrarum Marchie predicte 2000 fl. ... se obligavit de restituendo camere ... per dictum rectorem ... de redditibus et proventibus terrarum Marchie Anchonitane, quam cito recipi poterint.

Aug. 6 *Ebenso* 2000 fl.

Juni 28 fr. Rostagno de Anseduna, procuratori generali conventus Predicatorum, recipienti nomine fr. Uberti, penitentiarii pape, de vadiis suis retentis per cameram ratione cuiusdam verberationis sive rixe, pro expensis suis faciendis in eius infirmitate 24 fl.

Die übrigen Vorschüsse sind für Bauarbeiter pro edificio turris Trolhassii *und* pro operibus palatii Pontis Sorgii.

15. *(f. 147)* **pro possessionibus emptis. 1341** März 2 cum tertia pars castri de Montilio Ademari Valentin. dioc. empta fuerit per papam a nobili viro d. Geraldo Ademarii milite, d^no in parte dicti castri de Montiliis, quorum redditus annui predicte tertie partis per certos deputatos super hoc per papam ac nobilem ipsum fuissent extimati 760 fl. de Florentia et iuxta conventiones (*zwischen dem Kamerar und den beiden Thesauraren*) pro quolibet flor. in redditibus deberent dari et solvi dicto nobili 30 fl.;[1] iuxta quam conventionem assendunt dicti 760 fl. in redditibus ad 22800 fl. *Diese werden bar ausbezahlt.*

Juli 10 d. Catharine Sperandieue, uxori condam Petri Christofori de Auin., pro hospitio, in quo tenetur et fit helemosina Panhote pape, 800 fl. *Gesamtsumme* 23600 fl.

16. *(f. 149 ss.)* **pro elemosinis pauperum.** *Die Schlußsumme ist nicht angegeben, sie beläuft sich auf* 15946 fl. 6583 scud. 133 dubl. de Francia *und* ca. 300 l. parve mon. *Amt und Verwaltung wie früher:* Geraldus Latremoliera, administrator elemosine Pinhote.

Die 4 Mendikantenorden erhalten für den Kirchenbau je 100 fl.

Außer den gewöhnlichen Tuch- und Kleiderverteilungen an die Bräute werden am 12. Sept. dem päpstlichen Hauskaplan Arnaldus Ysarni *nach Weisung des Papstes* 5527 scudati auri 17 s. 4 d. parve mon. *übergeben zur Verteilung an arme Bräute in den Provinzen Narbonne und Toulouse; am 24. Okt. erhält* Petrus Natalis panatarius *im Auftrage des Papstes zur Verteilung an arme Bräute in der Grafschaft Venayssin* 1600 fl.; *am 22. Okt.* Ioh. ep. Auin. *zum gleichen Zweck in der Stadt Avignon* 350 fl. *Am 16. Nov. erhält* Petrus de Artisio, *Thesaurar der Grafschaft Venayssin, zur Verteilung unter die armen Bräute des* castrum de Montilii Ademarii Valentin. dioc. 100 fl.

---

[1] D. h. eine Kapitalisierung mit 3 1/3 %.

B. Systematisch geordnete Einzelheiten aus den Ausgabetiteln des Jahres 1341 nach Intr. Exit. 192.

1. Chronikalisch wichtigere Angaben.

(*I. E. 192 f. 123 extraord.*) Febr. 3 rev. d. Salmanno ep. Wormaten. pro vadiis (ad rationem 1 capellani commensalis) pro 8 septimanis 31 fl. 8 s. 9 d. parve mon. *So auch in den folgenden Zahlungsterminen.*

Febr. 18 rev. d. Nerces archiep. Manasgarden. pro expensis per papam concessis, quamdiu durabit questio, quam prosequitur coram papa, per 8 septim. preteritas 3. Febr. (6 d. tur. gross. arg. pro die) 24 fl. 17 s. 6 d.; *desgl. in den folgenden Terminen.*

März 1 d. Michaeli Ricomanni nomine d. Iacobi de Prato, olim ep. Castellani, pro expensis in curia faciendis per papam sibi datis: pro Ian. et Febr. 1341 (4 tur. gross. pro die) 17 fl. 11 s. parve mon.; *desgl. in den folgenden Terminen.*

Apr. 20 d. Iohanni Amalrici, in insula Sardinie Apostolice sedis nuntio, pro expensis suis eundo ad partes predictas 135 fl.

(*f. 124*) Sept. 24 fr. Bar Lan, abbati s. Salvatoris ord. s. Basilii de Grecia Constantinopolitan., et Georgio de Saloniquo, socio suo, pro expensis eis assignatis per papam a 23. Aug.—24. Sept. (19 dies; 6 tur. gross. pro die) 9 s. 6 d. tur. gross. et pro 5 dietis abbatis et socii sui et Guilli de Ruppe, Dimitrii de Drania et Armos de Nippe, famulorum suorum, quibus famulis fuerunt assignati per papam 3 tur. gross. pro die, *zusammen* 3 s. 9 d. tur. gross., *alles zusammen* 13 s. 3 d. tur. gross.

(*f. 127 cera*) April 2 Pontio de Niomis de Auin. pro 7 matalaciis de borra pro faciendis lectis Sarracenis missis per regem Castelle d[no] pape (16 s. mon. curr. pro matalacio).

Juni 30 Iohanni de Narbona sabaterio pro 13 paribus sotularium pro 13 Sarracenis (4 s. pro pari) 52 s. parve mon.

Aug. 1 de mandato pape nobili viro d. Thorocio Michaelis militi et fr. Danieli ord. Min., ambaxiatoribus d. Leonis regis Armenie, missis ad papam ex parte regis super diversis negotiis 500 fl.

Aug. 23 Raimundo de Aquis sabaterio pro 16 par. sotularium pro 16 Sarracenis 45 s. 4 d.

Sept. 22 de mandato pape d. Auinionensi episcopo facto: Raimundo de Vulco alias Mondoya pro sepultura uxoris d. Guillelmi Catalani, nepotis pape, 10 fl.

Nov. 6 pro expensis factis d. Iacobo de Prato, olim episcopo Castellano, tunc capto in carceribus pape pro cena[1] de 56 diebus, quibus stetit in carceribus: pro pullis, columbis, pastillis, salsis et minutis (12 d. pro cena) 56 s. parve mon.

Dez. 29 Iacobollo cursori pape pro expensis faciendis mag. Guillo de s. Paulo capto a 28. Sept.—25. Dez. (86 dies) in pane, vino, carnibus, potagio, lignis et salsis etc. 7 fl. minus 4 s. 4 d.

1342 Jan. 1 Petro Gauterii, fusterio de Auin., qui missus fuit apud Parisius de mandato camere Apost. pro videndis et respiciendis operibus ecclesie s. Bernardi Parisius, que facit fieri papa, 12 l. mon. curr. in ob. alb. arg. de Francia.

(f. 149 elemos.) Febr. 3 d. fr. Petro archiep. de Nazaret pro vadiis assignatis causa elemosine pro toto mense Ian. (4 tur. gross. pro die) 8 fl. 8 s. parve mon. *Ebenso in den folgenden Monaten. Es werden das Jahr hindurch* fratres de Armenia *in der Pinhota beköstigt.*

(f. 50v coquina) März 10—17 comederunt cum papa comes Fuxen.,[1] marescallus Mirapiscen., vicecomes de Lantrico, d. Arnaldus de Yspanna cum sociis suis et domicellis. März 31—April 7 receperunt pisces de coquina 18 Sarraceni.

Festum pasche recipiebant 18 Sarraceni cibaria de coquina.

(buticul.) Juli 9 *Der Herzog von Burgund hatte dem Papste 6 Faß* (bote) *Wein von Beaune übersandt.*

(marestalla) Mai 7 *Der König von Kastilien hatte dem Papst kürzlich ein Pferd geschenkt.*

(f. 89 edif.) Apr. 20 Michaeli Molini, servienti armorum pape, pro 16 banastonibus emptis pro Sarracenis ad portandum et extrahendum terram de fundamento turris nove incepte iuxta marestallam equorum pape 5 s. 4 d. parve mon.

(edif.) Dez. 3 Ludovico Iohannis alias Turci, custodi Sarracenorum, pro se et aliis personis, qui steterunt in opere pape etc.

Ebenso 1342 (I. E. 194).

2. Beamte der Kurie.

Änderungen in der Beamtenliste von 1341 (erste Zahlung) verglichen mit der von 1340.

marescallo iustitie et iudici eiusdem 193 fl. 10 d.

19 servientibus pro tota et capitaneo duplicatis vadiis et aliis servientibus pro 52 diebus 141 fl. 18 s.

12 penitentiariis pro tota 297 fl. 21 s. 9 d.

13 capellanis pro tota demptis $^2/_3$ pro uno 405 fl. 21 s. 3 d.

---

[1] Im Titel pro coquina und pro panataria ist wiederholt vermerkt, daß der Antikardinal (Jakobus de Prato) aus der päpstlichen Küche und Panataria täglich Speisen empfing. Vgl. auch oben S. 124, 2.   [2] Foix im Dép. Ariège.

4 clericis camere (*Gehalt nicht angegeben*).
58 servientibus armorum pro tota 966 fl. 20 s. 6 d.
7 palafrenariis pro tota 57 fl. 24 s. 2 d.

pro vestibus yemalibus
{ servientium armorum 255 fl.
12 penitentiorum 96 fl.
magistri curie et socii sui 12 fl.
7 palafrenoriorum 14 fl.

(*f. 101ᵥ edif.*) Ludovico Turci, custodi Sarracenorum, pro 24 diebus (17 d. pro die) 34 s.

[mag.] Petrus Sinterii *hat die Ausgaben für die* capella pape *zu verwalten* (sub. tit. pro cera). *Er gehört zu den* »capellani capelle pape«.

3. Getreideeinkäufe.

(*f. 150 elemos.*) **1341** Febr. 11 Petro de Banqueria, habitatori de Paternis Carpent. dioc., pro 93 saum. gross. frumenti pro elemosina Pinhote pape et receptis per d. Geraldum Latremoliera administratorem elemosine (73 s. 4 d. mon. curr. pro saumata) 257 fl. 9 s. 6 d. mon. parve.

Febr. 11 Lallo Iohannis de Murcia mercatori Rom. curiam sequenti pro 1000 saum. gross. frumenti pro elemosina (14½ tur. gross. pro saum.) et pro 400 saum. gross. avene emptis ab eodem pro elem. (7 tur. gross. pro saum.) 1441 fl. 8 tur. gross.

Febr. 11 Bartholomeo Vassellini de Auin. pro 500 saum. frumenti grossis de 10 emin. pro elem. Pinhote (14½ tur. gross. pro saum.) 604 fl. 2 tur. gross.

März 8 Iacobo de Gorda et Guillº Velini de Auin. pro 1000 saum. frumenti pro elemos. Panhote pape (14½ tur. gross. pro saum.) 1208 fl. 4 tur. gross.; pro 300 saum. frumenti (17 tur. gross. pro saum.) 425 fl. Pro 350 saum. frum. receptis in mensibus Dec. et Ian. (18 tur. gross. pro saum.) 525 fl. Pro 150 saum. siliginis (1 fl. pro saum.) 150 fl. Pro 60 saum. fabarum (1 fl. pro saum.) 60 fl. et pro 6 saum. pisorum (20 tur. gross. pro saum.) 10 fl., *zusammen* 2378 fl. 4 tur. gross.

März 8 Guillº Audoardi de Auin. pro 350 saum. gross. frumenti pro elemos. receptis per d. Geraldum [Latremoliera, administratorem Panhote] in mense Dec. 1340 (18 tur. gross. pro saum.) 525 fl. et pro 150 saum. siliginis in mense Dec. (1 fl. pro saum.) 150 fl., *zusammen* 675 fl.

Mai 4 Aldebrando Laudi de Florentia, mercatori Rom. cur. sequenti, pro 700 saum. gross. frumenti (18 tur. gross. pro saum.) 1050 fl. et pro 300 saum. gross. siliginis (12 tur. gross. pro saum.) 300 fl., *zusammen* 1350 fl.

Juni 28 Pontio Gisberti de Auin. pro 500 saum. frumenti grossis pro elemos. pape receptis in mensibus Aprilis, Maii et Iunii (16 tur. gross. pro saum.) 666 fl. 8 tur. gross. et pro 350 saum. gross. frumenti

(18 tur. gross. pro saum.) 525 fl. et pro 150 saum. siliginis (1 fl. pro saum.) 150 fl., 1341 fl. 8 tur. gross.

Juni 28 Paulo de Riuo de Auin. pro 500 saum. gross. frumenti (16 tur. gross. pro saum.) 666 fl. 8 tur. gross.

Aug. 22 G. Audoardi et Pontio Iohannis, mercatoribus Auin., pro 1000 saum. frumenti pro elemos. Panhote pape in mense Febr. per d. Geraldum Latremoliera emptis et receptis in mense Iulii (16 tur. gross. pro saum.) 1323 fl. 4 tur. gross.

Aug. 22 G. Riquerii de Auin. pro 350 saum. gross. frumenti emptis in mense Oct. et receptis in mensibus Iulii et Aug. (18 tur. gross. pro saum.) 525 fl. et pro 150 saum. siliginis (12 tur. gross. pro saum.) 150 fl., *zusammen* 675 fl.

3a. Hafereinkäufe.

(f. 66 marest.) **1341** Nov. 12 Lallo Iohannis (de) Nurcia Spoletan. dioc., mercatori Rom. cur. sequenti, pro 40 saum. avene pro equis marestalle pape (22 s. mon. curr. pro saum.) 44 l. in 34 fl. 18 s. 8 d. (1 fl. = 25 s. 4 d. mon. curr.).

4. Weineinkäufe.

(I. E. 192 f. 63 buticul.) Dez. 9 facto computo cum d. Petro Natalis, panaterio pape, de vinis emptis in loco de Comiis pro usu hospitii pape: 162 1/2 saum. vini, que fuerunt reposite in 25 vegetibus[1] (20 s. 6 d. pro saum. et ultra pro toto 16 s. 6 d.) 166 l. 17 s. 6 d. de Francia.

Dez. 9 facto computo cum Gentili Nicholay, serviente pape: apud Nemausum 227 1/2 saum. vini, que sunt reposite in 35 botis grossis (22 s. 1 d. pro saum. et ultra pro toto 6 s. 2 d. ob.) 251 l. 9 s. 8 d..., apud Lunellum 315 1/2 saum., que fuerunt reposite in 43 botis grossis et 8 botis de mena (17 s. 9 d. pro saum. et ultra pro toto 17 s. 5 d.) 280 l. 17 s. 5 d. mon. de Francia.

Dez. 20 pro 6 botis grossis vinariis emptis in Auin. 8 fl.; *sie werden nach Valentia gebracht und dort mit* 8 modia vini *gefüllt* (4 l. mon. Valent. pro modio).

Weinverbrauch 1341 aus päpstlichen Domänen.

Dez. 9 d. Bermundo Gomolatii, custodi prioratus de Palhassia, pro expensis in recolligendo vina dicte Palhassie: pro reparatione 48 botarum gross. et 59 bot. de mena, factura 406 1/2 saum. vini missarum Auinionem pro hospitio et provisione pape in 30 botis grossis et 47 botis de mena et factura 171 saum. vini pro provisione hospitii pape.

Zusammen: 61 l. 11 s. 4 d. in 17 fl. 20 l. mon. Auin.
32 s. 3 d. mon. de Francia.

---

[1] Großes Faß.

(*f. 64v*) **1342** Jan. 24 d. Geraldo Latremoliera, elemosinario Pinhote pape, pro 11 botis vini de s. Porciano emptis per Bertr. Amelii, cursorem pape, apud s. Porcianum pro papa (67 l. 10 s. mon. regis Francie) et pro portu dictarum botarum de s. Porciano usque ad Cabilonem 80 l. 18 d. et pro portatura de Cabilone usque ad civitatem Auin. 26 l. 7 s. *Zusammen:* 174 l. 15 s. mon. regis Francie in 92 fl. minus 12 d.

(1 fl. == 38 s. mon. regis Francie.)

(I. E. 192 f. 152 elemos.) **1341** März 17 Geraldo Latremoliera, administratori elemosine Panhote, pro 125 saum. vini pro usu hospitii elemosine pape emptis a diversis personis civitatis Auin. (10 s. 4 d. mon. curr. unacum corratagio et portatura pro saum. et ultra pro toto 2 s. 7 d.) 65 l. 5 d. parve mon.

Juni 9 pro 38 saum. vini pro provisione hospitii Pinhote emptis a d. Stephano Vitalis presbytero (12 s. pro saum.) 22 l. 16 s.; pro portatura vini de quodam penu iuxta ecclesiam de Mirac. usque ad hopitium Pinhote 11 s. 6 d.

Öleinkäufe.

(coquina) **1341** Dez. 8—15 pro 75 emin. olei emptis in Venayssino (15 s. 6 d. mon. Venayssin. pro emina) 58 l. 2 s. 6 d. mon. Venayssin. in 27 fl. 17 s. 6 d. Pro portatura olei 1 fl. 4 s. 6 d.

5. Vieh- und Fischeinkäufe.

(I. E. 192 f. 51 coquina) April 7 pro 24 mutonibus (18 s. pro mutone) pro 21 cardinalibus et 3 officiis curie 21 l. 12 s., pro 42 edulis datis cardinalibus (7 s. pro edulo) 14 l. 14 s. parve mon.

Dez. 7 Guidoni Stephani, cursori pape, pro 60 porcis emptis in castro de Bariolis dioc. Foroiulen. pro dandis dd. cardinalibus in festo nativitatis D[ni] et pro provisione hospitii pape cum expensis 80 fl. minus 12 d.

Dez. 22 pro 40 leporibus datis dd. cardinalibus pro festo nativitatis D[ni] 8 l. parve mon.

(f. 50v coquina) März 13 Bertrando Amelii, cursori pape, pro piscibus emptis apud civitatem Tolosam pro provisione hospitii pape pro quadragesima presenti: pro 6 salmonibus recentibus (5 l. tur. p. pro salmone) 30 l.; pro 1 quint. de ballenato 14 l. tur. p.; pro 200 merluciis (7 l. tur. p. pro centenario) 14 l.; pro 2000 allecium (6 l. 15 s. pro miliari) 13 l. 10 s. et pro salandis salmonibus 6 s. *Mit Verpackung und Fracht etc.* 84 l. 14 s. tur. p. in 40 fl. 18 l. 14 s. parve mon. Francie.

Aus dem Manuale der Coquina pape *(I. E. 187)* 8. Jan. 1341— 8. Jan. 1342 *lassen wir hier Auszüge der vornehmlich diesen Abschnitt betreffenden* **Kücheneinkäufe** *(moneta currens 26 s. = 1 fl.) folgen.*

Januar. *Es gibt wöchentlich 2—3mal* 4 perdices *zu* 8 s., *also das Stück zu* 2 s., *fast täglich* 1—2 malardi *zu je* 3—4 s., 1—2 pluverii zu je 2½ s., *wöchentlich 2—3mal* 2 becadi (becassini) *zu je* 1½ s., *Freitags* 8 allecia *zu 2—3 s., Sonntags und Dienstags ist der Tisch am reichsten.*

    2 capones *kosten* 8 s., *also das Stück zu* 4 s.
    1 lepus 3 s. 6 d.—4 s., *im Mai* 3 s.
    1 cuniculus 2 s.
    pro ½ mutone 6 s.   } moneta currens.
    2 columbe 20—24 d. } 1 fl. = 26½ s.
    pro 1 lupo et 2 mugilibus (*Fische*) 16 s., *wöchentlich ca.* 14 fl. *verausgabt.*

    Durchschnittlich werden täglich in der päpstlichen Küche verbraucht an kleinen Einkäufen 2 capones, 6 pulli, 6 columbe, 6 perdices, 25—30 ova, ½ muto (2 capita 14 pedes porcini). *Sehr oft und besonders im Winter* cuniculi, lepores, caro bovina. *Freitags und Samstags sowie in der Fastenzeit* Heringe *und allerlei Fischarten, sonst* 5—10 l. lardi. *Nicht berechnet sind die aus den eigenen Vieh- etc. Beständen entnommenen Viktualien.*

    Februar. 100 allecia 24 s., 13½ lb. lardi liquefacti 10 s., 1 edulus 7 s., 1 lb. canelle 5 s., 2 lb. gingiberis et 1 lb. piperis 14 s., 1 merlucius 22 d., 1 lupus 10 s., 12 merlucii 24 s.

    März. 1 l. farine de riso 6 d.—8 d., 1 lampreda 20 s., 25 allecia 4 s. *Es werden viele Fische ohne nähere Angabe des Einzelpreises gekauft, im März wöchentlich ca.* 27 fl. *verausgabt.*

    April. Pro 9 alausis (*Fische*) 18 s.; 25 ovis 12 d., *so stets;* 1 muto pro sarracenis 18 s., 1 muto 25 s., 4½ lb. lardi 3 s., pro 50 ovis pro sarracenis 2 s., 4 pulli 6 s., *so stets,* 2 capones 10 s., *so stets, also jetzt das Stück* 1 s. *teurer als im Januar,* 4 columbe 4 s. 4 d.—5 s., *so stets,* 3 × 60 ovis pro sarracenis 3 × 2 s. 5 d., 1 lb. gingiberis 6 s. 6 d., 1 lb. canelle 5 s., 1 lepus 3 s.

    Mai. 1 gallina pro potagio 2 s. 6 d., 24 pulli *zu je* 17 d., 5 × 60 ova pro sarracenis 5 × 2 s. 5 d., 8 columbe 4 s. 4 d. *(ist Ausnahme), im April kosten* 4 col. *immer* 5 s.

    Juni. 4 pulli 6 s., 4 columbe 4 s. 4 d., 4 lb. lardi 2 s. 8 d., pro ½ mutone Vieli pro sarracenis 5 s., 1 lingua bovina 12 d., 1 pulla pro potagio 2 s., 8 lb. lardi 5 s. 4 d.

    Juli. 6 perdigales 12 s., 4 perdigalles 5 s. *Durchschnittsausgabe in der Woche* 28 fl. 1 edulus 8 s. 6 d., 3 emine salis 9 s. 9 d., 2 capones 12 s., *so stets,* 6 pulli 7 s., 6 columbe 6 s., 6 perdigalles 7 s. *Wöchentliche Durchschnittsausgabe* 24 fl. (1 fl. = 26 s. mon. currentis).

    August. pro 2 pullis pro geleta 2 s. 2 d., 6 perdices pro geleta 7 s., 50 ova 2 s. 6 d., 2 perdices 2 s. 8 d., 6 perdices 9 s., 1 gallina pro potagio 2 s.

    September. 9 saumate de carbone (10 s. pro saum.) 4 l. 10 s., 1 quint. grani sinapis pro provisione hospitii papalis 20 s., pro aviculis pro potagio (*kehrt häufig wieder*) 10 d.—2 s. 6 d., 1 merlucius 2 s., *so stets*, 4 duodene cepium (cepes *Fischart*) 8 s., 6 duodene cepium 11 s.

Oktober. 2 l. amicdalum 10 d., 1 l. canelle 5 s. 6 d.

November. Pro 1 faysone 13 s., 1 beccada 15—18 d., 1 lepus 2 s., 2 malardi 4 s., 3 capones 18 s., 1 lb. zucari 5 s., 2 l. amicdalum 10 d., $^1/_2$ lb. racemorum 12 d., 1 lb. farine de riso 6 d.

Dezember. 25 allecia 7 s., 2 lb. risi 10 d., 1 lb. gingiberi 6 s. 6 d., 1 lb. canelle 6 s., $^1/_4$ garofilorum 9 s., 12 lb. amigdalum 5 s. 2 d., 18 emin. salis *zu je* 3 s. 6 d., 2 cuniculi 3 s., 2 beccade 2 s. 6 d., 4 capones 18 s., 1 fayso parva 4 s., 75 emin. olei *zu je* 15 s. 6 d. venissin (1 fl. = 42 s.), 75 emin. = 5 saumatae.

5a. Heueinkäufe.

(*f. 65ᵛ marest.*) **1341** Juni 5 fr. Bernardo Puiol, magistro marestalle equorum pape, pro 500 quint. feni emptis a Iohanne Anuso de Biterrita pro servis pape, que sunt in Ponte Sorgie (17 d. curr. pro quint.) 42 l. 9 s., pro portu feni de Biturrita ad Pontem Sorgie 4 l. 10 s., et pro portatura 9 s. *Zusammen* 47 l. 9 d. parve mon. in obolis albis regis Rob. (1 ob. = 15 d.).

Juni 24 *demselben* pro 1000 quint. feni empti in loco de Biturrita Auin. dioc. pro equis pape (17 d. mon. curr. pro quint.) et pro portatura feni de Biturrita ad portum Auin. (pro 16 s. pro centenario) et pro portatura dicti feni a portu Rodani ad palheriam (7 s. pro quintali) et pro ponderatura feni (18 d. pro centenario). *Zusammen* 83 l. 1 s. 8 d. parve mon.

(*f. 66ᵛ*) **1342** Jan. 18 pro 200 quint. feni emptis apud Biturritam pro servis (!) Pontis Sorgie (2 s. pro quint.) 20 l. et pro portu feni a loco, ubi fuit emptum, usque infra navigium et pro portatura feni et portu ad Pontem Sorgie et pro ponendo infra palatium castri Pontis Sorgie 48 s. *Zusammen* 22 l. 3 s. in 17 fl. 9 s. 6 d. parve mon. (1 fl. = 25$^1/_2$ s.).

6. Tuche und Gewebe, Pelze, Teppiche.
Tuche.

(*f. 149ᵛ elemos.*) **1341** Febr. 8 ven. viro d. Iohanni Cortoys, can. Ambian., pape scriptori, pro 60 peciis pannorum coloris lividi et viridis de Latiniaco[1] (*das Stück von 12 cannae zu* 8 l. 10 s. parisien.) 510 l. parisien. et pro 59 peciis pannorum de albamalla et hisdilino diversorum colorum (9 l. 10 s. pro pecia) 560 l. 10 s. parisien. et pro 20 peciis pannorum de s. Dionisio (11 l. 8 s. pro pecia) 228 l. parisien. emptis per eum in partibus Flandrie pro dandis amore Dei de mandato pape pauperibus puellis maritandis.

Pro 23 peciis pann. burellorum (8 l. 8 s. pro pecia) 193 l. 4 s. parisien.; pro 9 peciis brunete nigre de Pontisera[2] (*das Stück von* 9 cannae,

---
[1] Lagny.   [2] Pontoise.

10 fl. pro pecia) 90 fl. Pro 13½ peciis blanqueti de Biterris (7 fl. 2 tur. gross. arg. pro petia) 96 fl. 9 d. tur. gross. arg. in partibus predictis pro dandis pauperibus religiosis civitatis Auin. Pro portatura etc. expensis 49 l. 12 s. parisien., *alles zusammen* 1537 fl.

März 8 Michaeli Molini, servienti armorum pape, pro pannis emptis in partibus Tholosanis amore Dei pauperibus religiosis Montispessulani, Tholose, Apamiarum, Mirapiscis et Sauarduni ac pauperibus puellis maritandis et primo pro 20 peciis panni albi (5 l. 10 s. tolosan. pro pecia) 110 l. tolosan. Pro 10 peciis panni albi (5 l. tolos. pro pecia) 50 l. tolos. Pro 6 peciis panni albi (4 l. 10 s. tolos. pro pecia) 27 l. tolos. et pro 1 pecia panni de burello 5 l. 10 s. tolos. et pro tonsura 60 peciarum panni datarum pauperibus puellis maritandis in locis predictis 4 l. 10 s. tol.

Im ganzen mit den Ausgaben für Fracht etc. 211 l. 13 s. tolos. = 423 l. 6 s. tur. parve mon. currentis in regno Francie, que summa fuit soluta in 133 dobl. auri de Francia 17 l. 3 s. parve mon.

Juli 18 Pontio Berardi de Balneolis pro 200 peciis pannorum grossorum tam alb. quam brun. emptis apud Andusiam in dioc. Nem. pro elemosina (4 l. 15 s. mon. regis Francie pro pecia deductis pro brevitate aliquorum pannorum 12 l. 16 s. 6 d.) 937 l. 3 s. 6 d. *mit Fracht etc.* 960 l. 19 s. 2 d. in 532 fl. 22 s. 10 d. dicte monete.

Aug. 21 Pontio Berardi de Balneolis pro salario et labore suo in emptione 200 peciarum pannorum gross. pro elemos. 3 fl. 5 s. parve mon.

(f. 71 vestibus) Febr. 7 d. Iohanni Cortoys, canonico Ambianen., pape scriptori, pro 20 peciis pannorum virgat. de Gandauo et pro 20 peciis pannorum planis de Brucellis in partibus Flandrie emptis pro vestibus yemalibus domicellorum pape (20 fl. 4 tur. gross. pro pecia minus pro toto 8 tur. gross.) 47 l. 8 s. tur. gross. in 812 fl. 8 tur. gross.

Juli 24 d. Iohanni Cortoys, canonico Ambianen., pape scriptori, pro 40 peciis pann. tam de Louano quam de Gandauo emptis in partibus Flandrie et Brabantie pro librata stivali domicellorum pape (20 fl. 4 tur. gross. pro pecia et ultra pro toto 12 tur. gross.) 816 fl.

Linneneinkäufe.

(pro cera) Aug. 17 Hugoni Corbati, servienti armorum, pape pro 8 linteaminibus, in quibus sunt 40 canne tele pro coperiendis armaturis palatii (20 d. mon. curr. pro canna) 66 s. 8 d. et pro 2 cannis tele pro spolsandis armaturis (2 s. 8 d.).

Okt. 29 Iacobo Fey de Florentia pro 37 cannis de tela Parisien. pro faciendis linteaminibus pro papa (3½ tur. gross.) 10 fl. 9 d. tur. gross.

Okt. 30 pro 45 cannis 1 palm. tele albe inserate pro diversis fenestris palatii (3½ tur. gross.) 13 fl. 1½ tur. gross.

Pro 7 cannis tele inserate pro literis plicandis (3½ tur. gross. pro canna) 2 fl. ½ tur. gross.

Pro 25 cann. tele inserate pro literis plicandis (3 tur. gross. pro canna) 6 fl. 3 tur. gross.

Dez. 28 Nicholao de Lappo Binchi, Rom. cur. sequenti, pro 46 cann. tele pro faciendis linteaminibus pro papa (3½ tur. gross. pro canna) 13 fl. 3 s. 2 d. parve mon.

Seidenwaren.

(pro cera etc.) Nov. 3 Marcho Landi, servienti armorum pape, pro zona de serico munita de argento pro papa: pro 2 unc. 3 cartis de serico 10 tur. gross. et pro 3 unc. (*zu je* 7²/₃ tur. gross.) 23 tur. gross.

(pro vestibus etc.) Mai 15 Luche Naldi, draperio Rom. cur. sequenti, pro 12 cannis scarlate albe pro papa (2 fl. pro canna) 24 fl.

Okt. 25 Secundino de Ast, draperio Rom. curie sequenti, pro 2 peciis et 1 canna de scarlata alba de Melinis pro usu pape (29 fl. pro pecia) 59 fl. 9 tur. gross.

Dez. 21 *demselben* pro 4 cannis scarlate albe pro 1 copertorio (2½ fl. pro canna) 10 fl.

Okt. 27 Luce Naldi, draperio de societate Albertorum de Florentia, pro 5 cannis et 5 palmis panni de camelino albo de Brucellis pro faciendis 2 mantellis pape pro studio (3 fl. pro canna) 17 fl. 3 tur. gross.

(orn.) Dez. 13 Francisco de Perusio, Rom. cur. sequenti, pro 3 cannis 2½ palm. aurifrigii pro sotularibus pape (9 *und* 11 tur. gross. pro canna).

Dez. 19 — pro 1 cordono de serico rubeo ad firmandum botonos in pluviali pape 6 d.; pro 1 pecia sindonis rubei ponderis 19 unc. 2½ cart. 3 fl. 3 tur. gross. 6 d. parve mon.; pro 1 uncia 1½ cart. serici rubei ad suendum dictas planetas et pluviale pape 8 s. 3 d. parve mon.

(bulla) Sept. 16 pro 20 lb. de serico pro litteris papalibus bullandis (67 s. 5 d. mon. regis Francia pro libra) 67 l. 10 s. in 36 fl. 18 s. parve mon. (1 fl. = 37 s. parve mon. *oder* mon. regis Francie), *also* 1 libra ca. 1⁴/₅ fl.

Pelzwaren.

(pro vestibus) März 10 Francisco Passini de Flor., Rom. cur. sequenti, pro 120 folraturis agnorum pro librata yemali domicellorum pape (8 tur. gross. pro folratura) 80 fl.

Mai 19 Petro Cotelherii, pelliserio de Perpinhano, pro 120 folraturis agnorum pro librata estivali domicellorum pape (8½ tur. gross. pro folratura) 85 fl.

Dez. 4 Martino Bitzi, pellipario de Florentia Rom. cur. sequenti, pro 602 pansis variorum minutorum pro folrandis 2 garnachis et 2 cotardiis pro papa (9 fl. 8 tur. gross. pro centenario) 58 fl. 2 tur. gross.

Desgl. pro 429 pansis variorum grossorum pro 1 copertorio lecti pro papa (4¼ fl. pro centenario) 20 fl. 4 s. 4 d., *zusammen* 78 fl. 8 s. 9 d. parve mon.

Teppiche.

(pro cera) Sept. 4 Nicholao Benchi de Florentia, Rom. cur. sequenti, pro 2 tapetis pilosis ad ponendum in camera pape (2½ fl. pro tapeto) et pro 7 sargiis coloris viridis pro camera pape nova a parte tinelli d. Regensis episcopi (5 fl. pro sargia) et pro 11½ cannis tele pro folrandis dictis sargiis (2 fl.), *zusammen* 42 fl.

Nov. 29 Iacobo Fey de Florentia pro 16 tapetis de Yspanna pro camera pape (2 fl. 9 tur. gross. pro quolibet) 44 fl.

7. Wachs und Kerzen.

(I. E. 192 f. 126 cera) **1341** Jan. 12 Mirable de Malausana pro 2 quint. candelarum de cepo (2½ fl. pro quint.) 5 fl.

März 9 Boncosio Darlay, candelerio Auin., pro 2 quint. 17 lb. candelarum de cepo pro hospitio (3 fl. pro quint.) 6 fl. 10 s.

Aug. 9 Bartholino Vegi, factori Philipi Ultramarini, mercatoris de Ianua, pro 20 cargis 2 quint. 50½ lb. cere pro usu capelle et hospitii pape (29¾ agn. pro carga) 629 agn. 24 s. 7 d. parve mon.

Aug. 11 *demselben* pro 26 quint. 39½ lb. cere (29¾ agn. pro carga, computatis 3 quint. pro carga).

Okt. 30 Hugonino Tinhacii, speciatori Rom. cur. sequenti, ... pro 47 lb. cere rubee ad sigillandum (*je* 1½ tur. gross.): 5 fl. 10½ tur. arg.

Nov. 4 fr. Berengario Maynardi bullatori pro 3 cartayronibus candelarum de cepo (25 s. pro cart.) 75 s. parve mon.

Nov. 24 Boncosio Darlay candelerio pro 6 quint. 45 l. candelarum de cepo (5 l. pro quintali) 32 l. 5 s. in 25 fl. 7 s. 6 d.

März 7 (elemos.) pro ½ quint. candelarum de cepo pro provisione hospitii 33 s. 9 d.

7a. Apothekerwaren.

(I. E. 192 f. 130 cera) Sept. 15 d. Petro Bondonerii pro 10 lb. de ture seu incentio ad opus capelle pape (4 s. mon. curr. pro libra) 40 s.

(f. 132) Nov. 17 Petro de Cardona, ypothecario pape, a 16. Juli—15. Okt. 1341 pro 56 ungentis confectis secundum receptas traditas mag. P. surgico pro usu pape 24 l. 19 s.; pro 1 ungento facto cum tucia 3 l. 5 s. 6 d.; pro 5 amforis aque rosacee 4 l. 6 s.; pro 1 spongia 6 s.; pro 29 lectuariis confectis cum floribus sinomann et auro iuxta receptam 55 l. 2 s.; pro 3 lectuariis cum eufragia et auro 5 l. 12 s. 6 d.; pro 1 amfora aque feniculi 18 s.; pro 18 lb. cotonis batut (2 s. 6 d. pro libra) 45 s.; pro 100 lb. de speciebus confectis (5 s. pro libra) 25 l.; pro 20 lb. dragee (4 s. 6 d. pro libra) 4 l. 10 s.; pro 1 carga 13 lb. de zucara pro faciendo codonhato (42 agn. pro carga) 62 l. 2 s.; pro 1300 coctanis pro dicto codonhato 8 l. 10 s.; pro speciebus necessariis pro dicto codonhato 5 l.

16 s. 6 d.; pro aqua rosacea pro dicto codonhato, tela et lignis 23 s. 6 d.; pro 162 massapanis pro dicto codonhato (3 d. pro quolibet) 46 s. 3 d., *alles zusammen* 213 l. 10 s. 8 d., *bezahlt in* 167 fl. 12 s. parve mon.

NB. *Für Spezereien und Kolonialwaren vgl. auch oben S. 143 f.*

8. Bauausgaben.

Tagelöhne *(f. 85 ss. edif.)*.

Die Tagelöhne werden meist monatlich ausbezahlt und zwar an einen Delegierten der Arbeiter und Handwerker. Es empfangen als Tagelohn:

die manuperarii *im Winter* 15 d., *im Sommer* 16 d. mon. parva.
die carreterii *das Jahr hindurch* 18 d.
die frigidarii *im Winter* 2 s., *im Sommer* 2 s. 9 d.
die fusterii 2 s. 6 d.
die lapiscidae 3 s. 6 d.

(1 fl. = 26 s. parve mon. curr.)

a) Maurerarbeiten.

(edif.) **1341** Jan. 26 magistris P. de Lunello, Iohanni Mathe, Petro Folcoaudi alias Capellerii et Bertrando Gafuelli, lapiscidis pro edificiis murorum consistorii, facto primitus computo cum d. Gasberto Arelat. archiep., pape camerario, et d. Iacobo de Broa, pape thesaurario, ac dd. clericis camere: pro 886 cannis $4^1/_2$ palm. cadratis parietum seu murorum grossorum 6 palmorum tam consistorii quam turris latrinarum ($2^1/_2$ fl. pro canna) 2216 fl. 10 s. 9 d. et pro 388 cannis 5 palmis cadratis muri grossi capelle consistorii inclusis 4 crotis in dicta turri ($1^3/_4$ fl. pro canna) 662 fl. 11 s. 10 d. et pro 57 cann. 7 palm. cadratis muri grossitudinis 4 palmorum iuxta consistorium et turrim latrinarum ante prohibitionem eis factam ($2^1/_2$ fl. pro canna) 144 fl. 18 s. 2 d. Pro 87 cann. 3 palm. cadratis muri grossitudinis 4 palm. factis post prohibitionem per cameram eisdem factam (1 fl. pro canna) 87 fl. 9 s. 11 d.; pro 326 cann. 7 palm. cadratis de barbatanis, merletis et binetis consistorii et turrium capelle consistorii et latrinarum (1 fl. pro canna) 326 fl. 23 s. 3 d.; pro 28 cann. $7^1/_2$ palm. cadratis de muris binetis factis supra coquinam et merletorum et binetorum gradarii contigui, per quod ascenditur super turrim latrinarum, (22 s. pro canna) 31 l. 16 s. 8 d.; pro 98 cann. 5 palm. cadratis $6^1/_2$ acuarum (*Bogen*) contiguarum muro consistorii a parte interiori palatii sive claustri et 4 acuarum contiguarum muro consistorii a parte viridarii videl. a turri latrinarum usque ad turrim consistorii et 2 acuarum, que sunt inter capellam et cameram pape, et 1 acue turris latrinarum (10 s. pro canna) 49 l. 6 s. 3 d.

Pro ponte, per quem intratur ad cameram pape, 12 fl., *alles zusammen* 3447 fl. 127 l. 16 s. 11 d., de quibus habuerunt a d. Auinion. episcopo 2650 fl. et a d. Iacobo de Broa thesaurario 880 fl. 50 l. 12 s. 9 d. coron.

b) Dachdeckerarbeiten.

(edif.) Aug. 1 Rostagno Aurucii, recopertori tectorum, pro 64 cann. cadratis coperture palherie marestalle (15 d. pro canna) 4 l. parve mon. (1 fl. = 17 s. cor.).

c) Schlosserarbeiten.

(edif. f. 102^v) Dez. 5 Hugoni de s. Paulo, sarralherio Rom. cur. sequ., pro fornimento barre prime porte palatii: pro caualhis et barris de ferro ponderis 23$^1/_4$ lb. ferri (4 d. pro libra) 11 s. 1 d.

Pro 4 goffonibus pro porta ayguerie de trolhasio pond. 15 lb. ferri (4 d. pro libra) 5 s.

Pro 1 magna sarralha posita in secunda porta palatii 30 s.

Dez. 5 Pro 3 serralhis positis in turri, ubi sunt posite armature, 21 s.

Pro 1 serralha posita in camera, ubi stabat Iacobus provincialis, 6 s.

Pro 1 clave in hospitio, ubi morabatur d. A. Barta, 18 d.

Pro 1 luqueto posito in buticularia 12 d.

Pro 1 clave et 2 anulis pro prima porta, ubi est mag. G. de s. Paulo, 2 s.

Pro 2 ferrolhis falsis pro porta panatarie et turris parve 2 s.

Pro 2 anulis et 1 cathena pro monacho Casinen. 8 s.

Pro 26 barris ferri positis in turri de Trolhas, 1 aspa posita in turri versus b. Mariam 16 ferrolheriis positis in eadem turri pond. 127$^1/_2$ lb. ferri (4 d. pro libra) 42 s. 6 d.

Pro 4 clavibus positis in 4 coffinis thesaurarie et pro 1 anulo posita in porta latrine et pro 1 barra porte domus et pro 12 pignis parandis 8 s. 6 d.

(f. 103) Sept. pro 14 barris, 8 goffonibus pro turri de Trolhassio ponderis 236 lb. ferri (4 d. pro libra) 78 s. 10 d.

Pro 2 sarralhis positis in deambulatoriis superioribus iuxta merletos cum suis clavibus 14 s.

Pro 7 ferrolhetis positis in fenestris turris, ubi iacet d. camerarius, 7 s.

Pro 3 anulis et 1 sarralha posita in porta, ubi iacent capellani, 18 d.

Pro 1 magna sarralha in prima porta palatii cum sua garnimentura 45 s.

Pro 1 sarralha posita in quarta porta palatii et pro 4 pictonibus parandis 2 s.

Meister Hugo von St. Paul *erhält im ganzen für Schlosserarbeiten der letzten sechs Monate (im Dez.)* 44 fl. 9 s. 5 d. parve mon. (1 fl. = 15 s. 3 d. cor.

Eine große Menge verschiedener Nagelsorten wird von Guill[s] Rost[agni], ferraterius de Auin., *gekauft für die Neubauten.*

d) Baumaterialien.

(edif. f. 89) Apr. 15 Petro Dagout pro 15½ cadrigatis gippi pro faciendo orreum in decensu gradarii penoris magni (11 s. 8 d. cum portu pro cadrigata, *teils* 10 s. 8 d. cum portu) 62 s. 2 d. parve mon.

Bauholz. *(f. 96)* Juli 24 Guichardoto Dechesse, nato de Saysello Geben. dioc., pro fusta et lignis pro edificio palatii Pontis Sorgie et palatii Auin. pape: pro 283 pec. fuste de 6 tezis (4 fl. pro duodena) 94 fl. 4 tur. gross.; pro 461 peciis fuste de 7 tezis (10 fl. pro duodena) 384 fl. 2 tur. gross.; pro 105 peciis fuste de 8 tezis (12 fl. pro duod.) 115 fl.; pro 24 panis fuste (4 fl. pro pecia) 96 fl.; pro 24 peciis de bore 39 fl.; 1 duodena remarum 1 fl. Pro portatura dicte fuste 220 fl. *Zusammen* 876 fl. 10 tur. gross.

Sept. 6 pro 11½ cadrigatis gippi pro meiano clausure (*Trennungsmauer*) (11 s. parve mon. pro cadrigata) 6 l. 6 s. 6 d. (1 fl. = 25 s. 2 d.).

(f. 112v) Dez. 21 *für* Pons Sorgie. Guillo Deyderii de Auin. pro lapidibus pro operibus et reedificatione palatii pape in Ponte Sorgie: pro 1752 lapidibus videl. de carteriis et cadastis 3 palmorum in longit., 2 palm. in amplitudine, 1½ palm. in spicitudine; pro 876 lapidibus de cadastis long. 4 palm., altitud. 1 palm.; pro 1292 carteriis et cadastis longit. 3 palm.; pro 646 cadastis longit. 4 palm.; computato miliari ad 28 fl.: 127 fl. 20 s. mon. parve.

e) Eisengeräte.

(cera) **1341** April 5 mag. Petro de Bar sarralherio pro 2 candelabris ferreis pro torticiis tenendis in capella pape 4 fl. 13 s. parve monete.

(cera) Dez. 20 Petro Lanterii, sarralherio Rom. curiam sequenti, pro 34 paribus cofrorum ad opus thesaurarie conservandi (3 fl. pro pari) 100 fl.

Dez. 21 d. Petro Natalis, panatario pape, pro 1 pari cultellorum pro panataria 20 tur. gross.

Dez. 24 Iohanni Spaserii de Carpent. pro 12 securibus pro servitio palatii (9 s. mon. p. pro petia) 5 l. 8 s. in 4 fl. 6 s. parve mon.

f) Metalle und Metallwaren.

(orn.) Juli 7 1 uncia auri *zu* 6 fl. 8¼ tur. gross.

(edif.) Dez. 5 44 lb. plumbi (31 s. 6 d. pro quintali) 14 s. (1 fl. = 26 s. curr.).

(bulla) Sept. 16 fr. Berengario Maynardi bullatori pro 30 quint. 11 libris plumbi (1 fl. 1 tur. gross. pro quintali) 32 fl. 6 tur. gross. 9 s. parve mon.

(coquina) Apr. 28 –Mai 5 pro 1 cacobo novo seu calderia ponderis 83 lb. et pro 1 scumatoria nova ponderis 4½ lb. pro coquina a mag.

Raimundo Iuliani, payrolerio Auin., (4 s. pro libra) 17 l. 10 s., de quibus deductis 10 lb. 4 s. pro 1 cacobo seu calderia antiqua et 1 cassa et 1 scumatoria antiqua ponderis 102 lb. (2 s. pro libra) restant 7 l. 6 s.

g) Kriegsgeräte.

(*f. 131v cera*) Nov. 11 mag. Stephano Selhani, balisterio curie Rom., pro impenatura 150 cayrellorum baliste de torno impenatorum de cupro et pro astis ipsorum (6 d. pro quolibet) 75 sol. et pro impenatura 1850 cayrell. baliste de 2 pedibus impenatorum papiro (2 d. pro quolibet) 15 l. 8 s. 4 d. et pro salario suo de 18 jornalibus, quibus stetit reparando spingalas et tornos, qui sunt infra palatium apostolicum (2 s. 6 d. pro die) 45 s. et pro 8 l. fili canapis ad faciendum cordas pro spingalis 12 s. et pro 3 cavillis ferreis positis in dictis spingalis 18 d. et pro reparandis 4 nucibus spingalorum 5 s. etc., *zusammen* 23 l. 4 s. 5 d. parve mon.

Dez. 20 Stephano Selhani, balisterio Rom. curiam sequenti, pro 2000 astis cayrellorum baliste de sterop et impenatura (4 l. pro miliari) 8 l. parve mon.

9. Bücher und Schreibutensilien.

(*I. E. 192 f. 82 script.*) Febr. 10 religioso viro fr. Iohanni Engelberti, cambrerio pape, nomine notariorum seu scriptorum superius (!) nominatorum[1] pro scripturis per eos factis pro papa a 20. Ian. 1340—10. Febr. 1341: pro 54 sexternis maioris forme in pergameno scriptis per mag. Galterum Alamannum super Iohannem, Ieremiam et Canticum, de ascensione b. Marie virginis ac Hugonem de s. Victore super contemplatione anime, super psalterium ac archa Noe et super didascalon de studio legendi et institutione novitiorum (16 tur. gross. arg. pro sexterno) 72 fl. et pro 27 sexternis maioris forme scriptis per mag. Guillm Prepositi super epistolas Pauli et consiliorum (16 tur. gross. arg. pro sexterno) 36 fl.; pro 24 sexternis maioris forme factis per mag. Iohannem Soffredi super Augustinum de corpore Christi et cathegorie ad canones (16 tur. gross. arg. pro sexterno) 32 fl.; pro 16 sexternis factis per mag. Firminum super Matheum quinti voluminis (1^1/$_2$ fl. pro sexterno) 24 fl. et pro 4 sexternis maioris forme et factis per mag. Firminum (2 fl. pro sexterno) 8 fl. et pro 1^1/$_2$ sexternis factis per mag. Firminum 2 fl. et pro 20 sexternis maioris forme factis per dictos scriptores super 4 voluminibus operis pape super Matheum (1 fl. pro sexterno) 20 fl.

Pro ligatura quorundam librorum d. Rothomagensis cardinalis[2] videl. Ambrosii super »beati Immaculati« et super evangelium b. Luche et super epistola ad Romanos et Corintios 1 fl. et pro ligatura libri Hugonis[3] de

---

[1] Sie werden erst im folgenden genannt.
[2] Petrus Rogerii de Malomonte (Benedikts XII. Nachfolger Klemens VI.).
[3] Der schon oben genannte H. von S. Viktor.

meditatione super »Magnificat«, de claustro anime 16 tur. gross. arg. et pro ligatura libri Ricardi super »Quare fremuerunt« et pluribus aliis psalmis et de contemplatione Beniamini maioris et super »Missus est« et super somnium Nabugadanozor 1 fl. et pro ligatura libri Augustini contra Iulianum et annotationum in Iob et contra Felicem manicheum de substantia dilectionis 8 tur. gross. et pro ligatura libri Rabani super Ieremiam et Matheum 8 tur. gross., et libri Origenis super 5 libris Moysi et super epistulas Pauli 16 tur. gross., *zusammen* 196 fl. 4 s. tur. gross.

Der mag. Andreas de Bennays illuminator librorum *erhält für die Illuminierung mehrerer benannter (vgl.* Ehrle, *Bibl. S. 160 f.) Bücher in 4 Raten ca.* 25 l. mon parve.

Papier und Pergament.

(*f. 131 cera*) Okt. 30 pro 14 ramis papiri non resonhati magni pro thesauraria (14 1/2 tur. gross. pro rama) 16 fl. 11 tur. gross., 14 ram. papiri razonhati (1 fl. pro rayma) 14 fl.

(*script. f. 82*) Jan. 29 mag. Hugoni Lagulhier pargamenario pro 12 duodenis pargam. edulin. medie forme pro registris, que facit fieri d. P. Villaris, et pro 4 duoden. pargam. edulin. medie forme razorum pro registris d. Gasberti de Septemfontibus (12 s. mon. curr. pro duodena) 9 l. 12 s. et pro 6 pellibus pargam. edulin. non razorum plus quam maioris forme pro quibusdam literis secretis 8 s. 6 d. et pro 2 magnis pargamenis mutonis pro quibusdam instrumentis faciendis pro venditione castri de Montilio 5 s., *zusammen* 10 l. 5 s. 6 d. in 7 fl. 16 s. 6 d. parve mon.

März 31 mag. Hugoni Lagulhier pargam. pro 12 duod. pargam. edulin. razorum medie forme pro registris d. Petri Villaris, que facit pro papa, (12 s. mon. curr. pro duod.) 7 l. 4 s. et pro 2 duod. pergamen. edulin. raz. plus quam maioris forme receptis per d. Petrum Villaris pro quibusdam aliis registris (18 s. mon. curr. pro duod.) 36 s. et pro 6 anhinis [agninis] magnis pro quibusdam literis Apost. (2 s. 6 d. pro pecia) 15 s. et pro 24 duod. pargam. edulin. medie forme non razorum pro thesauraria pape (11 s. pro duod.) 13 l. 4 s.; pro 6 duod. pargam. agnin. (14 s. pro duod.) 4 l. 4 s., *zusammen* 27 l. 3 s. parve mon.

Apr. 14 d. Petro de Caunis, scriptori pape, pro emendis 2 pargamen. magnis pro faciendis literis confirmationis cambii palatiorum Apostolici et episcopalis Auin. 1 fl.

In den folgenden Monaten wird dem mag. Hugo Lagulhier *noch Pergament im Werte von* 62 l. mon. parve *abgekauft.*

(*script.*) Juni 26 d. Petro Villaris, secretario pape, pro scriptura 223 1/2 quintern. pergamen. de registris papireis literarum Apostolicarum fel. rec. Iohannis XXII. (10 s. 10 d. cor. pro quinterno) 122 l. 10 s. cor. in 158 fl.

(f. 146ᵛ mut.) März 22 mutuati sunt d. Berengario Blasini, rectori ecclesie de Balbineyo Eduen. dioc., pro satisfaciendo notariis, qui scribunt in causis camere vertentibus in palatio Apost., 8 fl.

Juni 26 *desgl..* d. Petro Villaris pro solvendis notariis, qui transcribunt regesta domini nostri in pargamenis, 40 fl.

10. Verschiedenes.

a) Kunstgegenstände.

(I. E. 192 f. 77ᵛ orn.) **1341** Apr. 25 Francisco Baralhi, campsori de Auin., pro 3 reliquiariis argenti cum cristallis datis de mandato pape ecclesie b. Marie de Domps Auin. ad honorem Dei et b. Marie virg. matris eius, ponderantibus 25 March. et $1/_2$ unc. tam argenti quam cristalli (6 fl. $1\,^1/_2$ tur. gross. pro marcho) 153 fl. 20 d. parve mon.

Mai 4 Francisco Baralhi iuniori de Auin. pro quodam frerriola seu vase argenti, in quo portatur aqua benedicta cum suo ysopo argenti datis ecclesie b. Marie de Domps ponderis 8 march. 3 unc. 3 d. arg. (pond. Auin.), $5^1/_4$ pro marcho: 44 fl. 16 d. parve mon.

Mai 18 de mandato pape data fuit 1 cupa de argento cum pede et super cupo esmaltata nobili viro d. Iohanni Martini de Bona, militi et ambaxiatori regis Castelle, que extracta fuit per dd. Iohannem Auin. episc. et Iacobum de Broa, thesaur. pape, de magna turri 9 march. $3^1/_4$ unc.

Juli 7 Minuchio Iacobi aurifabro pro 2 botonibus de auro pro pluviali pape 1 unc. 10 d. auri pond. curie (6 fl. $8^1/_4$ tur. gross. pro uncia) 8 fl. $11^1/_2$ tur. gross. et cum devastatura dicti auri et pro 10 granatis et 10 saphiris parvis positis in dictis botonibus 6 tur. gross. et pro factura botonorum (!) 3 fl. etc.

Okt. 9 Iohanni de Doy, argenterio Rom. cur. sequenti, pro factura seu reparatura 2 mitrarum solempnium pape de saphiris et lapidibus pretiosis cum perlis 50 fl.

Pro 1 lapide vocato Maurada et auro, ubi fuit incastratus, posito in quodam manipulo pape 2 fl. 3 tur. gross.

Demselben pro dictis mitris parandis de thesauro antiquo 4 unc. 10 d. auri (pond. Auin.), 2 frustra auri ponderis 1 fl. Pedimontis, 2 saphiri grossi, 1 perla grossa, 2 lapides valays.

b) Pretiosen.

(I. E. 192 orn.) Okt. 27 Francisco Baralhi iuniori de Auin. pro 2 unc. perlarum minut. et gross. positis in solempni mitra de perlis et saphiris pape (10 fl. 4 tur. gross. pro uncia) 20 fl. 8 tur. gross.

Pro 1 perla grossa posita in dicta mitra 5 fl.

c) Gefangene.

(I. E. 192 f. 130 cera) Sept. 28 Iacobello de Monte Causario, cursori pape, de expensis pro m. G. de s. Paulo detento in carceribus pape a

31. Iuli—10. Sept. 1341 incl. (6 septimane), et reperto quod expenderat pro dicto m. G. in potagio, carnibus, piscibus, ovis, caseis, pullis, columbis etc. victualibus ac supellectilibus minutis 4 fl. minus 13 d. ob.

d) Sonstiges.

(I. E. 192 f. 128 cera) Juni 30 13 paria sotularium pro 13 saracenis, 4 s. parve mon. pro pari: 52 s.

Aug. 16 Iohanni Dalbono pictori pro pictura et invernissatura 4 cathedrarum pape et pro pictura de viridi 4 perticarum de ligno pro camera pape, que fit in aula nova a parte d. Regensis episcopi, 2 fl.

Aug. 23 Raimundo de Aquis sabaterio pro 16 par. sotularium (2 s. 10 d. pro pari) pro 16 saracenis 45 s. 4 d.

Aug. 30 Philippo de Tonequerenchis (Tornequerenchis) de Florentia de societate Azayalorum pro 5 quint. 80 lb. cotoni pro matalaciis pape (8 fl. pro quintali) 40 fl. 18 s. 9 d.

Sept. 20 G. de Lugduno sabaterio pro 1 corio vituli pro solis (!) faciendis sotularibus pape (17 s.) et pro quibusdam solis suis propriis de tempore preterito et factura 1 paris sotularium $^1/_2$ fl., *zusammen* 1 fl. 3 s. 6 d. parve mon.

(f. 131v) Nov. 5 de mandato pape d. Bertrando Ynardi iuris perito et Durando de Vineriis domicello de Tharascone, operariis deputatis super novo opere monumenti de argento b. Marthe[1] de Tharascone, pro dicto monumento complendo 100 fl.

Dez. 28 Iohanni de Lingonis sabaterio pro 17 par. sotularium pro 17 saracenis 48 s. 2 d.

(elemos.) März 10 pro 12 cabassis magnis pro pane portando 13 s.

Sept. 1 pro 12 banastonibus agreste pro provisione hospitii elemosine 13 s. 6 d.

(coquina) Juli 20 Petro de Viueriis alias Pelaprati, mercatori curie Rom., pro 5000 saum. lignorum combustibilium pro usu coquine et hospitii pape (2

(orn. f. 79v) **1342** Jan. 25 Francisco Iohannis de Senis, domicello pape, pro 2 pulvinaribus de serico plenis de cotono pro capella et camera pape 14$^1/_2$ tur. gross. — pro 1 pulvinari de serico repleto de pluma pro lecto pape 2 fl. 23 s. mon. curr.

(bulla) Dez. 16 fr. Bernardo Vitalis bullatori pro 106 libris cordarum canapis pro bullandis litteris papalibus (1 tur. gross. pro libra) 106 tur. gross. in 8 fl. 10 tur. gross.

---

[1] Die Legende berichtet, daß die Geschwister von Bethanien nach Tarascon gekommen seien.

Benedikt XII. Achtes Pontifikatsjahr. 1342 (Jan. 8—April 26).

I. E. 194.

A. Übersicht über die einzelnen Ausgabetitel und ihre Schlußsummen.

Die Rechnungslegung geht bis zum Tode Benedikts XII. bezw. bis zu den nächsten darauf folgenden Wochen.

1. *(f. 46 ss.)* **pro coquina.** *Beamte und Verwaltung ähnlich wie 1335. Letzte Eintragung ist für die Woche vom 27. April—4. Mai. Schlußsumme (f. 48^v):* 431 fl. 24 angeli auri 5 l. 5 s. 9 d. mon. avin., 70 s. mon. parve Francie.

2. *(f. 48)* **pro panataria.** *Beamte und Verwaltung wie früher:* d. P. Natalis *und* R. de Coiordano panatarii, *letzterer auch* frucherius pape. *Schlußsumme:* 65 fl. 5 s. 11 d. mon. *Einzelheiten:* Febr. 19 pro expensis 16 sarracenorum in pane *(vom 8. Jan.—16. Febr.)* 13 l. 13 s. *Ähnlich am 9. April und 7. Juni.*
April 9 pro quodam instrumento ferreo pro tostis faciendis pro domino nostro 5 s.

3. *(f. 60)* **pro buticularia.** Petro Ysarni, buticulario pape, pro estivatura 18 botarum vini de Beuna presentatarum domino nostro (1 tur. gross. arg. pro bota) 18 d. tur., pro estivatura 10 botarum de s. Porciano emptarum pro usu domini nostri (4 s. 6 d. mon. curr. pro bota) 45 s., *zusammen* 4 l. 12 d.
Juni 7 d. Raimundo de Coiordano, frucherio olim b. m. Benedicti pape XII., pro fructibus per ipsum emptis pro usu hospitii pape a 22. Jan. —16. April in piris, pomis, avellanis, ficubus, racemis, nucibus ac milegranis 66 s. 9 d. mon. 1 fl. (1 fl. = 25 s.).
Schlußsumme: 3 fl. 4 l. 17 s. 9 d.

4. *(f. 62)* **pro marestalla equorum.** fr. Bernardus Puiol, magister marestalle equorum pape. Juni 21 fr. Bernardo Puiol, olim mag. marestalle pape, pro expensis per eum factis in marestalla tempore b. m. Benedicti pape XII. et post videlicet a 16. März - 8. Juni (12 septimane) in ferratura, luminaribus, rebus medicinalibus, reparatura cadrigarum, ligaminibus, cultura viridarii et salario 2 saumateriorum 19 l. 10 s. 9 d., 14 s. tur. gross. in 29 fl. 15 s. 9 d. mon. (1 fl. = 25 s., *teils* = 1 s. tur. gross.). *Sonstige Einzelheiten s. unten unter B.*
Schlußsumme: 545 fl. 34 s. 1 d. mon. [Auin.].

5. *(f. 71)* **pro vestibus, pannis et folraturis.** *Schlußsumme:* 4252 fl., 51 s. 11 d. mon. avin., 4 d. tur. gross.

6. *(f. 75)* **pro ornamentis.** *Schlußsumme:* 143 fl. 10 d. tur. gross. 1 saphir. 3 s. 3 d. mon. curr.

7. *(f. 80)* **pro scripturis et libris.** *Schlußsumme:* 125 fl. 10 tur. gross. arg., 6 l. 7 s. 2 d. mon. curr.

8. *(f. 83 ss.)* **pro operibus et edificiis.** *Schlußsumme (f. 87v):* 725 fl. 53 l. 7 s. 5 d. mon. curr. *Dazu noch (f. 109)* pro operibus Pontis Sorgie: 158 fl. 5 l. 11 s. 6 d. mon. curr.

NB. *Für das Siegelamt sind keine Ausgaben verbucht.*

9. *(f. 120)* **pro vadiis extraordinariis.** *Schlußsumme:* 182 fl. 4 l. 18 s.

10. *(f. 124 ss.)* **pro quibusdam extraordinariis et cera.** *Schlußsumme (f. 127):* 2872 fl. 40 scudati auri 7 tur. gross., 14 l. 9 s. 1 d. mon. avin., 54 s. mon. parve regis Francie.

11. *(f. 130 ss.)* **pro vadiis familiarium ordinariorum.** 2 solutiones. *Schlußsumme (f. 133):* 8651 fl. 30 s. 7 tur. gross., 54 l. 12 s. 3 d. mon. parve.

12. **pro pensione hospitiorum.** März 30 Iohanni Rostagni, servienti armorum pape, executori testamenti Stephani Iohannis peyssonerii condam, pro loguerio cuiusdam piscarii quondam Stephani, in quo tenentur pisces pape, pro 1 anno 25 fl. *Sonst nichts.*

13. *(f. 143 s.)* **de mutuis.** *Schlußsumme:* 824 fl. 4 d. auri ad coronam 22 s. mon. curr.

Die Vorschüsse werden meist für Bauarbeiten gegeben.

14. *(f. 146 ss.)* **pro helemosina pauperum.** *Schlußsumme (f. 150):* 6245 fl. 105 dupla auri de Francia 28 s. 3 d. tur. gross. arg., 21 l. 5 s. ob. mon. avin., 32 s. 6 d. mon. parve Francie.

Die vier Mendikantenklöster erhalten für die Kirchenfabrik je 100 fl. *(Min., Predic., Aug., Carmel.).*

d. Gaufridus Regensis ep. *erhält, wie früher,* pro elemosina secreta pape *monatlich* 100 fl.

d. Geraldus Latremoliera *erhält als* administr. elemosine Panhote pro visitationibus hospitalium civitatis Auin. *je* $2^1/_2$ l. mon. curr.

pro mandato totius quadragesime traditi fuerunt fr. Iohanni Prime elemosinario panhote 217 tur. gross. arg.

Febr. 23 de mandato pape filie Iohannis Comelas uxorique mag. Iordani Bermuti notarii de Tholosa ex causa elem. pro dote 40 fl.

Die 10 servitores elemosine *erhalten monatlich je* 3 tur. gross.

B. Systematisch geordnete Einzelheiten aus den Ausgabetiteln des Jahres 1342 nach Intr. Exit. 194.

1. Chronikalische Notizen.

(*I. E. 194 f. 120 extr.*) **1342** Jan. 8 dno Nerces archiep. Manasgard. pro vadiis extraord. per papam sibi datis, quamdiu durabit questio, quam prosequitur coram papa, pro 8 septimanis (—5. Jan., 6 d. tur. gross. pro die) 24 fl. 17 s. 6 d. mon. curr. (*so auch 5. März*).

Jan. 10 d. Salmanno Wormacien. episcopo pro vadiis extraord. pro 8 septim. (—5. Jan.) 31 fl. 8 s. 3 d. curr. (*so auch am 5. März*).

Jan. 10 dno fr. Barlam abbati s. Salvatoris Constantinopolitan. cum 1 socio pro 8 septim. (—5. Jan., 9 tur. gross. pro die) 36 fl. 23 s. 3 d.

März 5 Georgio de Sabonica, socio dni Barlam abbatis s. Salvatoris (*wie vorher*).

(*f. 143*) Jan. 11 mag. Iohanni Lauenier dicto de Paris pro sepulchro Benedicti XII faciendo 40 fl.

(*f. 143v*) März 21 mutuati mag. Iohanni Lauenerii pro sepulchro fel. record. (!) d. Benedicti pape XII faciendo 40 fl. (*im ganzen werden* »pro monumento pape« 80 fl. *gegeben*).

(*I. E. 194 f. 124 cera*) Febr. 23 d. Berengario Blasini, qui missus fuit apud Lugdunum de mandato camere Apost. pro quibusdam iocalibus et bonis bone mem. Frederici archiep. Rigensis[1] adportandis apud. Auin., pro portatura 6 cofinorum plenorum iocalibus et vasis argenteis pretio 5 fl. etc. 19 fl. 2 tur. gross.

Febr. 23 dno Pontio de Pereto, canonico Carnoten., pro expensis factis fr. Iacobo de Plumbayrola, monacho mon. Casinen., (31. Sept. 1341 —23. Febr., = 146 dies, 1 tur. gross. pro die) 12 fl. 2 tur. gross.

März 6 Iohanni Barbe, domicello episcopi Foroiulien., comitatus Venayssini pro papa rectoris, pro reparandis fortaliciis castrorum dicti comitatus et garnisionibus et armis emendis 2000 fl.

März 21 de mandato pape nobili viro d. Rogerio Bernardi de Fuxo, vicecomiti Castriboni, pro expensis faciendis eundo in Granadam contra Sarracenos 500 fl.

Apr. 20 Bertrando Raynerii, domicello marescalli Rom. curie, qui missus fuit de mandato camere Apost. apud Castrum Auisani pro informatione facienda super quibusdam excessibus commissis per gentes Dalphini in comitatu Venayssini, 40 s. mon. curr.

---

[1] Friedrich v. Pernstein ord. Min., Erzbischof von Riga, lag in Streit mit dem Deutschorden und weilte deshalb lange an der Kurie. Nach unserer Notiz aber ist er wohl in Lyon gestorben.

Apr. 21 Dati sunt amore Dei de mandato pape religiosis (fratribus Min., Predic., Carmel., August. *je* 10 fl.; monialibus s. Verani, s. Laurentii, s. Catherine, s. Clare, monialibus de Furnis Auin. dioc. *je* 5 fl.) pro rogationibus faciendis pro sanitate pape 65 fl.

(script.) Febr. 14 mag. Iohanni Robie, notario d. Bernardi de Novo Dompno, sacri palatii pape auditoris, pro quadam copia attestationum contentarum in remissione facta in causa de Gando, in qua copia sunt ca. 450 folia, necessariarum camere pape pro consilio habendo super ipsis 33 fl.

(f. 48 panat.) April 26, qua die b. m. d. Benedictus papa XII. fuit traditus ecclesie sepulture, usque ad diem Mercurium primam mensis Mai cum illis, qui vigilaverunt et operati fuerunt in domo pape, 12 l. 2 s. 4 d.

(ornam. f. 75) April 24 cum Munichius argenterius recepisset ex mutuo a camera Apost. 100 fl. pro facienda rosa aurea data per papam nobili comiti Convenarum ... ponderis, cum 2 unciis pro liga, 14 unc. auri, ponderat rosa $12^3/_4$ unc. 2 den. auri et sic debet Minuchius 16 d. ad aurum = 4 fl. $7^1/_2$ tur. gross. et pro 2 granatis positis in rosa 3 tur. gross., pro factura rose 10 fl., *so erhält er noch* 7 fl. $6^1/_2$ tur. gross.

2. Kuriale Beamte.

Die Auszahlungssumme schwankt zwischen 4200 und 4370 fl. Die zweite und letzte Auszahlung unter Benedikt XII. (1 fl. = 22 s. vien.):

marescallo iustitie pro se et iudice 193 fl. 10 d.

21 servientibus marescalli pro tota et pro 8 dim., duplicatis vadiis pro capitaneo, 149 fl. 13 s. 6 d.

9 capellanis pro tota et uni pro 54 diebus 312 fl. 1 s. 10 d.

Petro de Castanhaco, Aycardo de Saya, Raimundo de Vulco et Bertrando de Barnhola, magistris hostiariis, 108 fl. 18 s.

Petro de Podensaco, Raimundo de Baulhanis et Arnaldo Comarci, domicellis custodibus secunde porte, 81 fl. 13 s. 6 d.

8 hostiariis minoribus 116 fl. 6 s.

50 servientibus armorum pro tota et 2 pro 4 diebus 832 fl. 14 s. 7 d.

40 cursoribus pro tota et certis pro 5 diebus 331 fl. 16 s.

5 palafrenariis 41 fl. 9 s.

3 brodariis coquine 24 fl. 3 s. 7 d.

custodi carceris curie 20 fl. 16 s. 10 d.

custodi servorum et alterius salvasine 9 fl. 3 s. 5 d.

Raimundo carreterio 4 fl. 16 s. 8 d.

Raolino portitori aque coquine 4 fl. 3 s. 7 d.

mag. Iohanni Biblie pro 13 diebus 2 fl. 21 s. 9 d.

lotoribus pannorum 8 fl. 7 s. 3 d.

Bernardo trahenti campanam 4 fl. 3 s. 7 d.

Raimundo scolatori 3 fl. 16 s.

2. Kuriale Beamte.

Solutio domicellorum.

Das 8wöchentliche Gehalt beträgt 27 fl. 4 s. 6 d. *Es wird ausbezahlt:*

1) Bertrando de Castronovo
2) Aymerico Ionas
3) Guillo de Cesaraco
4) Iohanni de Castanhaco
5) Antonio Catalani
6) Raimundo Curti
7) Henrico de Berellis
8) mag. Petro Augerii surgico
9) Guidoni Gregorii
10) Gastono de Pestilhaco
11) Raynaldo de Ponte
12) Angelo Vielho
13) Philippino de Cutarno
14) Andree Iohannis
15) Mino Bindi
16) Bertholo de Viconistino [1]
17) Iohanni de Capodeferro
18) Raterio de Cusorno
19) Carolo Albe
20) Guillo de Marsano
21) Chico de Scorphano
22) Bertrando de Lando
23) Hugoni Corbati
24) Galhardo de Mazayrolis
25) Guillo de Blandiaco
26) Iacobo de Sarzana
27) Arnaldo Bertrandi de Lados
28) Arnaldo de Malavesina

Die Folgenden erhalten das Gehalt für eine kürzere Zeit.

29) Stephano Saporis
30) Arnaldo Raimundi
31) Iordano de Vilari
32) Raimundo de Castronovo

dno Petro Bertini, thesaurario curie marescalli, 7 fl. 17 s. 2 d.

dd. 1) Petro Sinterii 2) Iohanni de Tregos 3) Privato Pastorelli 4) Iohanni de s. Quintino 5) Iohanni Bertrandi 6) Guillo de Convenis 7) Raimundo de Angladis 8) Nicholao Bertrandi 9) Iohanni de Lovanis 10) Stephano de Utis 11) Raimundo Seguini 12) Iohanni de Ayrolis 13) Raimundo Servientis, capellanis capelle pape, 231 fl. 15 s. 9 d., *also täglich* ca. 0,31 fl.

Cantono Petri, servienti in capella, 8 fl. 7 s. 2 d.

Magistris Pontio Fabri, Arnaldo Fabri et Pontio de Mansiolani secretariis 49 fl. 15 s. 9 d.

Dd. Petro Dyamantis, Petro Natalis, Raimundo de Coiordano, R. de Ruppe, Arnaldo de Rayssaco pro toto et Gasberto de Septemfontibus pro 55 diebus 86 fl. 15 s. 6 d.

D. Iacobo de Broa, thesaurario pape, 23 fl. 16 s. 6 d.

Fr. Bernardo Puiol, mag. marestalle pape, pro 46 diebus 13 fl. 14 s. 7 d.

(f. 124 cera) **1342** Jan. 11 Francisco de Senis domicello, lotori pannorum secretorum pape, pro salario et labore suo pro dictis pannis abluendis pro 1 anno 50 fl.

Auszahlung des Presbyteriums 1342.

(I. E. 194 f. 131) Apr. 3 dd. Petro Raimundi et Francisco Bedossii, clericis collegii dd. cardinalium, pro presbyterio cardinalibus debito annis

---

[1] Vermutlich ist hier ein deutscher Junker gemeint, vgl. oben S. 119, 2.

singulis in festo Pasce prox. preterito: pro d. Penestrino priore episcoporum 6 malech. 6 s. papien. (1 malechin. = 7 s. 2 tur. p., 1 sol. papien. = 23³/₄ d.) = 54 s. 8 tur. p. Pro quolibet aliorum 5 episcoporum 4 malech. 4 s. papien.; pro quolibet 9 presbyterorum 2 malechin. 2 s. papien.; pro priore diaconorum 3 malech. 3 s. papien. et pro quolibet aliorum 3 diacon. 2 malech. 2 s. papien., *zusammen* 24 l. 10 s. 3 d. in 30 s. 7 tur. gross. 18 d. parve mon.

3. Fruchteinkäufe.

(I. E. 194 f. 146ᵛ elem.) Febr. 8 Landolo Brigi de Mediolano, Rom. cur. sequenti, pro 500 saum. frumenti pro elem. Panhote pape (15¹/₂ tur. gross. pro saum.) 645 fl. 10 tur. gross.

Febr. 11 Iohanni Riquerii de Auin. pro 500 saum. frumenti (15 tur. gross. pro saum.) 625 fl.

Febr. 11 Iacobo de Gorda de Auin. pro 500 saum. frumenti receptis *(wie die beiden vorhergehenden Lieferungen)* in mensibus Ian. et Febr. *zu dem Preise von* 15¹/₂ tur. gross. pro saum.: 645 fl. 10 tur. gross.

(f. 148ᵛ) April 4 G. Andoardi et G. Riquerii, mercatoribus Auin., pro 1000 saumatis grossis frum. emptis pro usu elemosine Panhote pape et receptis per d. Geraldum Latremoliera, administratorem elemosine, (15¹/₂ d. tur. gross. arg. pro saum.) 1291 fl. 8 tur. gross. (1 fl. = 12 tur. gr.).

Apr. 13 d. Geraldo Latremoliera pro bladis portandis de Arelate usque Auin.: pro 4963 sestarum frumenti, 754 sest. ordei (mensura Arelat.) = 1374 saum. gross. 8 em. (mens. Auin.) portandis de graneriis Arelaten. ad navigia (pro 1000 sest. 25 s. Arelat.).

Hafereinkäufe.

(f. 62 marest.) Apr. 6 Rostagno Gay de Aurasyca pro 481¹/₂ salm. avene *(von je* 12 rase Auin.) et pro 57¹/₂ saum. ordei *(von je* 10 emin. Auin.) emptis apud Auraycam de mandato dominorum de camera Apost. pro marescalla pape receptis per fr. Bernardum Puiolis mag. marescalle *(mit Fracht und Spesen* 23 s. pro saum. et ultra pro toto 10 s.) 496 fl. 7 s. mon. curr. (1 fl. = 25 s.).

Fruchtversand.

Pro navigiis exhonerandis et postea honorandis propter gelum, quia 1 navigium fuit fractum, 4 l. 5 s. 2 d. mon. Arelat.

Pro loguerio 2 navigiorum, in quibus fuit positum bladum submersum, reparatione 1 navigii etc. 41 s. 10 d. mon. Arelat.

Pro portatura dictorum bladorum de Arelate usque Auin., dando pro centenario sestariorum 20 s., 57 l. 5 s. 8 d. mon. Arelat.

Pro bladis exhonerandis et portandis ad granaria Auin. (2 d. ob. mon. Auin. pro saum.) 11 l. 11 s. ob.

Pro mensuratura bladorum in Auin. 56 s. Auin.

Pro expensis 9 personarum, qui dictum bladum conduxerunt et custodierunt pro 51 diebus propter gelum et malum tempus, quod tunc viguit, 18 l. 4 s. arelat.

Pro salario 7 servitorum dicto tempore 40 s. mon. Arelat.

4. Weineinkäufe
sind für das letzte Pontifikatsjahr Benedikts XII. nicht verzeichnet.

5. Vieh- und Fischeinkäufe.

(coq.) März 30 pro 22 mutonibus pro cardinalibus et aliis: 22 l. auin. pro 38 capretis datis dictis cardinalibus 19 l.

(f. 124 cera) **1342** Jan. 8 d. Gasberto de Septemfontibus, scriptori pape, pro gallinis scriptoribus pape debitis annis singulis in renovatione sui pontificatus 10 fl.

(f. 148 elem.) Febr. 9—16. 7150 allecia (6 fl. pro miliari) 42 fl. 20 s. mon., pro 1000 parvis angillis 3 fl., pro 50 merluciis et 50 angillis $3^1/_2$ fl.

(coq.) Febr. 26 Garcie Loputz, servienti armorum pape, pro 14 salmonibus emptis pro papa apud Baionam: 24 l. 5 s. caudatorum; pro 2000 allecium 8 l., *mit Verpackung und Fracht* 34 l. 16 s. 6 d. caudat. 7 d. ad angel. (1 d. auri ad angel. = 39 s. caud.).

6. Gewebe- und Pelzeinkäufe.
Tucheinkäufe.

(I. E. 194 f. 146v elemos.) **1342** Febr. 11 Guidoni Stephani, cursori pape, pro pannis (etc. expensis) datis amore Dei pauperibus religiosis locorum infrascriptorum ac pauperibus puellis maritandis: in Montepessulano pro 12 peciis panni albi (10 l. 16 s. tur. pro pecia) 129 l. 12 s.; in civitate Mirapicensi pro 20 cannis de panno albo (17 s. 6 d. pro canna) 17 l. 17 s.; apud Apamias pro 7 peciis panni albi (7 l. dicte mon. Francie pro pecia) 49 l.; in dicto loco pro 2 pec. dicti panni 18 l.; 9 pec. panni albi pro portando apud Tholosam (9 l. 10 s. pro pecia) 85 l. 10 s.; Apud Tholosam pro 2 pec. panni 25 l. 10 s.

Frachtkosten der Tuche nach den einzelnen Bestimmungsorten: 7 saum. de Montepess. ad Mirapicen. 15 l. 12 d.; 6 saum. pann. de Mirapice apud Apamias 31 s. 3 d.; 9 pann. de Apamiis ad Tholosam 16 s.; 2 saum. de Apamiis ad Sauardunum 10 s., *zusammen mit allen Unkosten* 369 l. 2 s. 6 d. (70 s. mon. Francie = 1 duple).

Febr. 26 Iohanni Cortoys, canonico Ambianen., pro 213 peciis pann. tam planorum viridium et alterius coloris pro puellis maritandis et dandis viduis amore Dei quam etiam burellorum et alborum pro religiosis (8 fl. 8 tur. gross. pro pecia minus pro toto 8 tur. gross.) 1845 fl. 2 s. mon. Auin. et pro tonsura 101 peciarum (5 s. mon. Auin. pro pecia) *mit Porto etc. zusammen* 1871 fl. 20 s. auin.

Apr. 4 G. Audoardi et G. Riquerii, mercatoribus Auin., pro 1000 saum. gross. frumenti pro usu elemos. Panhote pape (15$^1/_2$ tur. gross. pro saum.) 1291 fl. 8 tur. gross.

(vest.) Jan. 12 d. Petro Sinterii alias Bordonerii pro 2 pannis de lana coloris viridis cum signis et clavibus pape pro usu tabularum computorum thesaurarie pape 4 fl. 12 s. 9 d.

Febr. 26 d. Iohanni Cortoys pro pannis emendis in partibus Flandrie pro vestibus estivalibus domicellorum et pro pannis pro pauperibus puellis maritandis 3000 fl.

März 26 d. Iohanni Cortoys, canonico Ambianen., pape scriptori, pro 40 peciis pannorum tam virgat. de Gandauo quam planorum de Brucellis pro vestibus yemalibus domicellorum pape (20$^1/_2$ fl. pro pecia et ultra pro toto 2 tur. gross. arg.) 820 fl. 2 tur. gross. et pro tonsura 32 peciis pann (3$^1/_2$ tur. gross. pro pecia) 9 fl. 3 tur. gross. et pro 118 folraturis agnorum pro dictis vestibus domicellorum (7$^1/_2$ tur. gross. pro pecia) 72 fl. 9 tur. gross. et pro 2 peciis pann. de Brucellis maioris forme pro neptibus pape 72 fl. et pro 3 folraturis de variis grossis et 3 folraturis de popiis 33 fl.

(f. 124 cera) **1342** Jan. 16 Gentili Nicholay, servienti armorum pape, pro 2$^1/_2$ cordis tele emptis per eum pro dressatoribus coquine pape et tortanda vaysella argentea pape 35 s. mon. curr.

Teppiche.

(I. E. 194 f. 126 cera) Apr. 20 Nicholao de Lappobenchi de Florentia pro 2 tapetis de Yspania pro camera pape 5 fl. 9 tur. gross.

Pro 2 vanois de bocaranno, qualibet longitudinis 16 palm., (3$^1/_2$ fl. pro qualibet) 7 fl.

Pro 12$^1/_2$ cannis de tela Parisina 3$^1/_2$ fl.

Pelzwaren.

(I. E. 194 f. 71 vest.) März 26 pro 1400 pellibus variorum pro usu pape 154 fl. 19 s. mon. Auin.

Allerlei Bekleidungsgegenstände, die mag. G. Robini sartor *für Papst Benedikt XII. anfertigte (Macherlohn):* Juni 14 *für Lieferungen vom 14. Oktober 1341 bis zum Todestag (25./26. April 1342):* pro factura 2 coperturarum de scarlata alba 2 tur. gross.; pro 6 paribus caligarum et 6 par. causonum de scarlata rubea 6 tur. gross. Pro 3 cotollis et 1 sequapolari 10 tur. gross. et pro 1 mantello de scarlata rubea folrato de ermenis 6 tur. gross. et pro 12 par. causonum 3 tur. gross.; pro 2 tunicis et 1 garnachia de scarlata alba 9 tur. gross.; pro 2 birretis folratis de variis minutis 1 tur. gross.; pro 2 tunicis et 1 garnachia de scarlata alba 9 tur. gross.; pro 4 cucullis de Suria 9 tur. gross.; pro 15 tunicis 15 tur. gross.; pro 2 par. caligarum et 2 par. causonum 2 tur. gross. et pro 10 birretis 10 tur. gross., *zusammen* 76 tur. gross. in 6 fl. 4 tur. gross.

7. Wachs und Kerzen, Spezereien.

(I. E. 194 cera) **1342** Juni 10 Hugolino Tinhassii pro 48 lb. cere rubee pro literis sigillandis (1 1/2 tur. gross. pro libra) 2 fl. 3 gross.; pro 27 1/2 cannis tele inserate albe pro fenestris aule et consistorii (6 s. 6 d. pro canna) 12 l. 3 s. 9 d.

(elem.) März 2 1 emin. salis 3 s. 2 d.

März 16 pro 6 cannis olei 60 s.

(coq. Ostern) pro 12 lb. zingiberis, 12 lb. piperis, 1 lb. gariofilorum pro capellanis commensalibus 9 l. 12 s.

7a. Apothekerwaren.

(I. E. 194 cera) März 4 Perrino de Cardona, ypothecario pape, pro 4 massapanis de pinhonato cum floribus canelle, in quorum quolibet sunt 3 lb. zuccari, (21 s. pro libra) 4 l. 4 s. Pro 6 massapanis de festucato cum floribus canelle, in quorum quolibet sunt 4 lb. zuccari, (32 s. pro libra) 9 l. 12 s. Pro 4 massapanis de fuscato cum floribus canelle, in quorum quolibet sunt 3 lb. zuccari, (24 s. pro libra) 7 l. 4 s. Pro 52 lb. drageye (4 s. pro libra) 10 l. 8 s. Pro 186 lb. diversorum confectionum: gingiberati, ostiarum deauratarum, manus Christi et arangiate (4 s. 6 d. pro libra) 41 l. 17 s. Pro 12 lb. de cotone (2 s. 6 d. pro libra) 30 s.

Juni 22 mag. Petro Stephani, notario ven. viri d. Michaelis Ricomanni, nomine Perrini ypothecarii olim Benedicti pape XII (+) pro speciebus, electuariis etc. receptis per d. fr. Iohannem Engilberti, pape cambrerium, a 12. Febr. — ad obitum pape: pro 12 electuariis cum zuchara et 80 foliis auri et cum eufresia, floribus, camomilla et multis aliis, 38 s. pro electuario, 22 l. 16 s.

Ähnlich wurden noch 8 electuarii *verabreicht.*

Pro 60 lb. dragee (4 s. pro libra) 12 l., pro 2 lb. timiane et incensi 11 s., pro 12 lb. cotonis batuti 20 s., pro 1 epitimia 23 s., pro 1 pulvere facto pro occulis pape 17 l., pro 2 sacculis pro stomaco et 1 libra coliandri preparati 35 s.

Pro alio pulvere facto cum perlis et maragdis pro comedendo 52 s.

Pro 1 amphora aque rosacee, 1 lb. prunorum, 2 lb. incensi et vernicis pro fumigando et 1 amola aque mente 34 s.

Pro 1 magna sponsia 8 s., pro 2 lb. zucaris rosacee et pro conserva rosarum 20 s., *zusammen* 103 fl. 6 d. (1 fl. = 25 s.).

8. Bauausgaben.

Tagelöhne.

(I. E. 194 edif.) Jan. 4 manuperarii *erhalten täglich* 16 d., 2 fusterii 2 s. 6 d., 2 frigidarii 2 s. 9 d., 3 cadrigarii 18 d., 1 lapiscida 3 s. 6 d.

März 21 Iohanni Dat gipperio pro factura 7 cann. cadratarum de gippo in camera [porteriorum iuxta primam portam palatii] et pro ½ cann. cadrata de gippo facta in scolis theologie pape (3 s. 6 d. pro canna) 26 s. 3 d.

Apr. 21 Iohanni Fabri et Petro de Castilhono frigidariis pro dirutione parietum et fustarum domus, in qua morari solebat d. camerarius, 40 fl.

Apr. 25 Durando Guilhe frigidario pro 3 diebus (2 s. 9 d. pro die) 8 s. 3 d.

Bauarbeiten.

Es wird in derselben Weise weitergebaut wie 1341.

Hugo de s. Paulo sarralherius[1] *liefert zahlreiche Schlosserarbeiten. Die Nägel haben an zehnerlei Namen, wie früher.*

Guills Rostagni de Auin. ferrarius *erhält Zahlung für zahlreiche Schmiedearbeiten.*

Auch in Pons Sorgie *wird gebaut (f. 109).*

(edif.) Apr. 24 mag. Rostagno Berquerii, servienti armorum pape, pro serratura 2 bordonalium de fusta in loco de Fenolheto, in quibus fuerunt 42 canne cadrate de caulamo pro faciendis portis et stagiis pro crotis turris magne Trolhassii et pro hospitio elemosine Panhote pape (2 s. 6 d. pro canna) 5 l. 5 s. mon. curr.

Baumaterial.

(edif. f. 84) Jan. pro 1 quint. de plumbo pro barris ponendis in fenestris turris nove Trolhasii 31 s. 6 d.

½ quint. de plumbo pro fenestris turris et goffonibus Trolhasii 15 s. 9 d.

(edif.) März pro 1 quint. 8 lb. plumbi pro fenestris turris (31 s. 6 d. pro quint.).

(edif.) März 21 Guillo Vaquerii de Insula pro 6 cadrigatis de gippo pro camera facienda pro porteriis iuxta primam portam palatii pape (12 s. pro cadrigata) et pro portu 15 d.: 73 s. 3 d. mon. curr.

März 21 G. Andree, fusterio d. cardinalis Albi, recipienti nomine cardinalis pro 14 peciis fuste, qualibet pecia de 5 tesis, 12 fl.

März 28 Iacobo Burgundionis calcernerio pro 463 scandalhis calsis pro opere turris Trolhassii a 2. Febr.—28. März (2 s. curr. pro scandalho) 46 l. 6 s. in 36 fl. 15 s. 6 d.

9. Bibliothek und Schreibwaren.

Papier.

(I. E. 194 f. 126 cera) **1342** Juni 10 Hugolino Tinhassii speciatori pro 8 raymis papiri non tonsi pro camera thesaurarii pape (1 rayma pro

---

[1] Er wird auch als faber bezeichnet.

14 tur. gross.) 9 fl. 2 gross.; pro 7 raimis papiri tonsi (1 rama pro 1 fl.) 7 fl.; pro 3 libris de papiro quolibet de 2 manibus, 7 libris, quolibet de 4 man., 2 parvis aliis libris de 3 manibus pro rationibus thesaurarii 3 fl. 10 tur. gross.

Bibliothek.

(script.) **1342** Jan. 29 fr. Iohanni Engilberti, cambrerio pape, pro sexternis per certos scriptores scriptos: pro 42 sext. maioris forme super Ricardum, Hugonem de s. Victore et Matheum sexti voluminis pro papa (16 tur. gross. pro sexterno) 56 fl. . . . et pro scriptura, pergamenis et illuminatura 12 sexternorum tabule operis pape super quinto volumine super Matheum 14 fl. . . . et pro 9 foliis finis operis mag. Ricardi scribendis 1 fl. et pro subscriptione Hugonis, in quo sunt 44 sexterni, 1 fl. et pro scriptura 4 sexternorum super questione de visione et 12 questionibus et sermonibus pape 4 fl., *zusammen* 78 fl.

April 19 mag. Andree de Bennays, illuminatori librorum, pro illuminatura sexti libri super expositiones evangelii secundum Matheum: pro 36 litteris aureis (*zu je* 6 d.) 18 s., pro 550 litt. floritis (*zu je* 9 s. pro 100) 49½ s., pro 1500 paragrafis et versiculis (*zu je* 9 d. pro 100) 11 s. 3 d., pro ligatura et tensura et copertura cum 4 firmaturis de serico 30 s., pro ligatura alterius libri scripti in papiro, coperti pelle alba 10 s., *zusammen* 5 l. 18 s. 9 d. in obolis albis regis Roberti (*zu je* 15 d.).

Juni 1 fr. Iohanni Engilberti, penitentiario pape, recipienti nomine mag. Fermini scriptoris pro 7½ sexternis factis super Matheum operis b. m. Benedicti pape a 18. Febr. usque ad diem obitus Benedicti (16 tur. gross. pro sexterno) et pro 13 figuris Ricardi faciendis super Ezechielem 3 fl., *zusammen* 13 fl.

10. Verschiedenes.

(cera f. 125) **1342** März 20 d. Petro Bordonerii pro 2 signis pro armis pape factis in papiro pro forma habenda et faciendis in quibusdam pannis laneis thesaurarie 12 d.

(f. 143v mutua) März 22 Guillelmo Catholica, servienti Soldani, pro expensis faciendis fr. Iacobo monacho mon. Casinensi incarcerato 4 fl.

April 10 Thomassio de Varagine cursori pro expensis mag. Guillelmi de s. Paulo incarcerati 2 fl. *Desgl.* Apr. 16 *und* 19 *je* 1 fl.

(f. 125v) April 19 Bonifacio Uriaci et G. Catholica, servientibus carceris Soldani pape, qui missi fuerunt de mandato camere Apost. apud Nemausum pro adducendo captum Petrum Brolheti clericum delatum in Rom. curia de pluribus et diversis criminibus, qui dicebatur captus fuisse in carceribus regiis Nemaus., pro expensis cum 2 ronsinis in 3 diebus 24 s. mon. Auin., 54 s. mon. regis Francie.

Am Rande: ipsum delatum curiales permiserant abire, antequam dicti servientes fuissent illuc.

Metallwaren und Preziosen.

(I. E. 194 f. 75 orn.) Febr. 6 Francisco Bruni de Florentia pro 1 uncia 3 d. perlarum positarum in aurifrigio reparato pluvialis rubei consistorialis pape 10 fl. 15 d. parve mon.

(f. 124 cera) Febr. 7 Bertrando de Canavallis, fabro de Parisius, pro 24 gasarmis cum manubris emptis pro palatio pape (15 s. 3 d. curr. pro gasarma) 25 l. 18 s. 6 d. in 20 fl. 13 s. 6 d. curr. (1 fl. = $25^{1}/_{2}$ s.). — pro factura 12 manubriorum pro 12 securibus 3 s. curr.

(f. 125 cera) März 14 Ticio de Vit[erbo], pape campsori, pro 12 balansiis parvis pro ponderandis florentinos 10 s. curr. — Iohanni de Lingonis sabaterio pro 12 paribus sotularium emptis ab eodem pro 12 sarracenis (*zu je* 2 s. 10 d.) 34 s. curr.

Kupfer. *(cera)* Apr. 16 d^{no} Petro Sinterii pro cassola de cupro ad tenendum carbones seu brasam in capella pape ponderis 6 lb. de cupro (2 s. 6 d. pro libra), remota 1 lb. de cupro antiquo 14 s. mon. curr.

(f. 126) April 22 Arnaldo Raimundi domicello pro 1 pari cultellorum cum manubriis de ebore cum exmaltis et argento pro serviendo in mensa pape 5 fl.

IV. Buch.

Die Ausgaben der apostolischen Kammer unter Papst Klemens VI.

1342 Mai 19 – 1352 Dez. 6.

Vorbemerkungen.

Klemens VI., mit seinem weltlichen Namen Peter Rogerii, aus einer adligen Familie in der Diözese Limoges, war in seiner Jugend Benediktinermönch der vornehmen Abtei Casa Dei in der Auvergne gewesen. Hervorragend durch Klugheit und Gelehrsamkeit, hatte er bald eine bischöfliche Mitra und von Benedikt XII. den Kardinalshut erlangt. Am 7. Mai 1342 wurde er zum Papst erwählt, am 19. Mai feierlich gekrönt.

Von zeitgenössischen und modernen Schriftstellern wird er als prachtliebender und weltlich gesinnter Kirchenfürst geschildert, als »das Muster eines eleganten Prälaten aus edler Familie, eines Weltmannes mit den Fehlern eines solchen, der Verschwendung und laxen Moral«.[1]

In unseren Akten gewinnt dieses Bild in mancher Hinsicht wenigstens sozusagen eine zahlenmäßige Bestätigung. Sein Pontifikat beginnt gleich mit einem riesigen Geschenk von nahezu 110000 Goldgulden (nach heutigen Begriffen mehr als 5 Millionen Franken) an das Kardinalskollegium und mit einem kostspieligen Krönungsmahle, für das über 14000 Goldgulden verbucht worden sind. Und auch in der Folgezeit finden sich, im Gegensatz zu seinen beiden Vorgängern und nächsten Nachfolgern, viele Gastmähler in den Abrechnungen von Küche und Keller verzeichnet, durch welche die Ausgaben dieser beiden Titel so ungewöhnlich angeschwollen sind. Denn viele Fürsten und Könige, die Kardinäle und mancherlei Gesandtschaften[2] *wurden an der päpstlichen Tafel häufig bewirtet. Klemens VI. liebte es anscheinend, Politik bei Tisch zu machen. Und sicher war er ein eifriger Politiker nach verschiedenen Richtungen hin. Er unterhielt so ziemlich mit allen europäischen, hervorragenderen Fürsten Beziehungen. Wir treffen an seinem Hofe die Könige von Frankreich und Navarra, Johann von Böhmen und Karl IV., den Herzog von Orléans und den Dauphin von Vienne, Gesandtschaften der Könige von England und von Armenien,*[3] *von Griechenland und vom Kaiser in Byzanz, sogar Boten des türkischen Herrschers werden vier Monate lang an der Kurie*

---

[1] Baluze, *Vitae pap.* Haller, Papsttum und Kirchenreform I 123, wo auch die hauptsächliche Literatur über den Papst angegeben wird.

[2] Man vergleiche beispielsweise unten in den Ausgaben die Jahre 1345 B 1 (Mai bis Juli), 1347 B 1 (die Herbstmonate), 1348 (die ersten Monate) etc.

[3] Für Armenien vgl. besonders 1344, 1345/46 und 1351 (unten sub Titel B 1).

ehrenvoll beherbergt (1349). Der Papst bemüht sich um die Friedensverhandlungen zwischen England und Frankreich wie zwischen dem Herzog von Lothringen und dem Grafen v. Baar. Auch mit Ludwig dem Bayer werden eifrige Unterhandlungen gepflogen, die aber nicht zum Ziele führen. Von Aragonien und Kastilien, von England und der Normandie, von Ungarn, Venedig und Neapel, von den Visconti in Mailand und den Scaliger in Verona, von den Johannitern in Rhodos und den Christen in Smyrna und Griechenland sehen wir Gesandtschaften beim Papste vorstellig werden und oft längere Zeit an der Kurie verweilen. Sie werden alle reichlich bewirtet und erhalten zum Teil noch wertvolle Gaben, Viktualien, Kleidung und Geld. Manche Fürsten empfangen vom Papste selbst, aus politischen Gründen, größere Geschenke. So Ademar von Poitiers, Graf von Valois, für sein Lösegeld rund 6000 Gulden, die Königin Johanna von Neapel 5000 + 2300 fl., der Herzog von Burgund zwei wertvolle Rosse, dem König von Kastilien gab er 20000 fl. zum Kampfe gegen die Mauren usw.

Aber nicht nur Politik der Worte und Geschenke hat Klemens VI. getrieben, sondern auch solche der Tat. 1346 sandte er mehrere Missionare nach Armenien, mit reichen Tagesgeldern ausgestattet. Gegen die Türken ließ er im Jahre 1344 4 Galeeren kriegsmäßig ausrüsten und unterhielt sie 2 Jahre lang mit einem Aufwande von nahezu 200000 Goldgulden. Es war der Kreuzzug des Jahres 1345, an dem auch deutsche Ritter rühmlich teilnahmen. Der Dauphin von Vienne erhielt vom Papste den Oberbefehl über das Heer der Christen.

Auch im italienischen Kirchenstaat gab Klemens VI. den Anstoß zur Wiederherstellung der Ordnung. In der Romagna hat er im Jahre 1350 mit großen Geldopfern ein stattliches Ritterheer aufstellen lassen,[1] im Patrimonium geschahen gegen Ende seines Pontifikates die ersten Anwerbungen größerer Reitergeschwader im Kampfe mit dem Präfekten von Vico.[2]

In Avignon selbst ließ der Papst eifrig und mit außerordentlich hohen Unkosten an der Erweiterung des päpstlichen Palastes arbeiten. Ebenso wurde in und um Avignon viel Grundbesitz neu erworben. Er übertraf darin seine beiden Vorgänger. Auch seinem Mutterkloster Casa Dei in der Auvergne zeigte er ein dankbar Gedächtnis durch Überweisung von 10000 flor. zu Bauzwecken. Seinem Vorgänger Benedikt XII. ließ er ein würdiges und künstlerisch hervorragendes Grabmal in besonderer Kapelle herrichten.[3] Wie er für die Wiederherstellung der Rhonebrücke in Avignon wiederholt Geldsummen bewilligte, so hat er auch in Rom an der Lateran- wie Peterskirche bauen lassen (vgl. 1345 B 1).

---
[1] Vgl. Schäfer, *Deutsche Ritter in Italien*, 1. Buch S. 40; 2. Buch S. 137—152.
[2] Ebd. 2. Buch S. 76 ff. Auch aus den unten folgenden Akten lernen wir die Kosten für die beginnenden italienischen Kämpfe kennen.
[3] Vgl. dazu die Abhandlung von Duhamel, *Le tombeau de Benoit XII à la métropole d'Avignon dans Bulletin monum.* 1888. F. IV, p. 381—412. 596; Müntz, *Note sur le tombeau de Benoit XII à Avignon, dans Bulletin de la société des antiquaires de France.* 1882, p. 261—263.

Für Wissenschaft und Bibliothek tat Klemens verhältnismäßig wenig. Immerhin ist bemerkenswert, daß an seiner Kurie ein Lektor des Griechischen und, wie es scheint, auch ein Lektor des Armenischen unterhalten wurde.

Familienpolitik hat Klemens freilich auch getrieben, doch nicht in so unerhörtem Maße, als man wohl anzunehmen geneigt war. Sein Bruder Wilhelm Rogerii erhielt eine Jahresrente von 1000 Gulden, ein anderer Verwandter Wilhelm de Turre desgleichen 600 Gulden. Bei dem Erwerb der Herrschaft Baufort war er dem ersteren, wie natürlich, behilflich, in welchem Maße, ist nicht recht zu erkennen.

Seine in gewissem Sinne weltliche Gesinnung könnte man in unseren Akten noch vornehmlich dadurch erweisen, daß er Schauspieler des Herzogs von der Normandie am päpstlichen Hofe empfing und sie mit Geldgeschenken entließ (3. Pontifikatsjahr B 1). Doch darf man dabei nicht vergessen, daß ein gleiches von Urban V. im Jahre 1365 mit den Schauspielern Kaiser Karls IV. geschah. Und Urban V. war nicht weltlich gesinnt. Bezeichnend dürfte auch sein, daß Klemens in St. Maximin zu Avignon auf seine Kosten der hl. Maria Magdalena eine Kapelle erbauen und dort seine eigene Statue in Wachs aufstellen ließ.

Ein Hauptcharakterzug des Papstes ist seine außerordentliche Wohltätigkeit gegen Hilfsbedürftige und Arme. Dafür hat er große Summen geopfert, weit mehr als seine beiden Vorgänger. Darüber werden wir unten bei der Besprechung der einzelnen Titel Näheres hören. Alles in allem betrachtet erscheint das Urteil eines modernen Historikers doch ungerecht, wenn er diesen Pontifikat so charakterisiert, als ob bloß »zur Bestreitung der Kosten des Luxus und der Sinnenlust der päpstlichen Hofhaltung« die Steuerschraube die Mittel habe liefern müssen.[1]

Wir lassen nun die in Florentiner Goldgulden umgerechneten Übersichten über die einzelnen Ausgabetitel unter Klemens VI. folgen.

NB. *Da der Krönungstag Klemens' VI. auf den 19. Mai fällt, so laufen auch die Jahresrechnungen von diesem Tage an.*

---

[1] Sauerland, Rhein. Urk. III (1905), S. XLI.

1. Übersicht über die jährlichen Ausgaben der päpstlichen Küche (coquina) unter Klemens VI.

Pontifikatsjahr	Jahreszahl	Summen in Goldgulden
1.	1342/43	13800
2.	1343/44	11277
3.	1344/45	14583
4.	1345/46	15562
5.	1346/47	11969
6.	1347/48	15417
7.	1348/49	19820
8.	1349/50	17498
9.	1350/51	22686
10.	1351/52	19468
11.	1352	12738

Gesamtsumme 174818

Wenn wir von dem letzten, unvollständigen Jahre absehen, so ergibt sich ein Jahresdurchschnitt von 16208 Goldgulden, so zwar, daß sich diese Ausgaben fast in stetig steigender Richtung bewegen. Der Jahresdurchschnitt der Gesamtausgaben betrug 159328 fl., demnach beanspruchte die Küche allein 10,11% des Gesamthaushaltes unter Klemens VI.,[1] während sie unter Benedikt XII. nur 2,55% und unter Johann XXII. nur 2% des jeweiligen Gesamthaushaltes betrugen. Klemens VI. hat also, absolut betrachtet, jährlich 11½ tausend Gulden in der Küche mehr verausgabt als Johann XXII. und 13½ tausend mehr als Benedikt XII.

[1] Vatik. Quellen II S. 22* ist infolge eines Druckfehlers über 8% statt über 10% gesagt worden.

2. Übersicht über die jährlichen Ausgaben des Brotamts (panetaria) unter Klemens VI.

Pontifikatsjahr	Jahreszahl	Summen in Goldgulden
1.	1342/43	1356
2.	1343/44	1322
3.	1344/45	1354
4.	1345/46	1669
5.	1346/47	1272
6.	1347/48	1067
7.	1348/49	1301
8.	1349/50	848
9.	1350/51	1029
10.	1351/52	1381
11.	1352	1519

Gesamtsumme 13138

Abgesehen vom letzten Jahre beträgt der Jahresdurchschnitt 1161,9 fl. oder 0,73 % des jährlichen Gesamthaushaltes, während das Brotamt unter Benedikt XII. bloß 0,21 % und unter Johann XXII. 0,16 % (in absoluten Zahlen des jährlichen Durchschnitts je 211 fl. unter Benedikt und 385 fl. unter Johann) des Gesamthaushaltes beanspruchte.

3. Übersicht über die jährlichen Ausgaben der Kellerei (buticularia) unter Klemens VI.

Pontifikatsjahr	Jahreszahl	Summen in Goldgulden
1.	1342/43	2453
2.	1343/44	3783
3.	1344/45	3685
4.	1345/46	3696
5.	1346/47	4560
6.	1347/48	3328
7.	1348/49	2886
8.	1349/50	2455
9.	1350/51	5267
10.	1351/52	5364
11.	1352	3170

Gesamtsumme 40647

Wenn wir das letzte unvollständige Jahr außeracht lassen, so beträgt der jährliche Durchschnitt der Kellereiausgaben 3647 fl. oder rund 2,3 %.

Abgesehen von den drei durch die Pest beeinflußten Pontifikatsjahren (1347—1349) bewegt sich auch hier die Jahressumme in aufsteigender Richtung. Die absolute Jahresdurchschnittszahl unter Benedikt XII. war nur 908 fl., unter Johann XXII. nur 822 fl. (0,91% und 0,35% des jeweiligen Gesamthaushaltes).

4. Übersicht über die jährlichen Ausgaben des päpstlichen Marstalls (marescalla) unter Klemens VI.

Pontifikatsjahr	Jahreszahl	Summen in Goldgulden
1.	1342/43	1163
2.	1343/44	1583
3.	1344/45	756 + 505 salm. gross. avene
4.	1345/46	2716
5.	1346/47	1221
6.	1347/48	837
7.	1348/49	1111
8.	1349/50	3343
9.	1350/51	1931
10.	1351/52	5625
11.	1352	3135

Gesamtsumme 23421

Die jährlichen Durchschnittsausgaben dieses Titels betragen 2028 fl. oder 1,27% des Gesamthaushaltes. Die entsprechenden Zahlen unter Benedikt XII. sind 0,69% (692 fl.), unter Johann XXII. 0,33% (770 fl.).

5. Übersicht über die jährlichen Ausgaben für Kleidung und Pelzwerk (pro vestibus et folraturis) unter Klemens VI.

Pontifikatsjahr	Jahreszahl	Summen in Goldgulden
1.	1342/43	13331
2.	1343/44	18502
3.	1344/45	21660
4.	1345/46	24002
5.	1346/47	18412[1]

Gesamtsumme 95907

---

[1] Vom folgenden Jahre an (seit dem 19. Dezember 1347) erhalten auf mündliche Anweisung und Anordnung des Papstes hin fortan die ostiarii, milites, scutiferi ihre Kleidung nicht mehr von der Kammer geliefert, sondern zweimal jährlich je 8 fl. Kleidergeld »pro raubis emendis ad ipsorum voluntatem«, vgl. *Vatikanische Quellen* II S. 195. Infolgedessen fällt der Titel pro vestibus et folraturis von jetzt an ganz fort, da die

Dieser Titel hört seit dem 6. Pontifikatsjahre Klemens' VI. überhaupt ganz auf. Bis dahin betrug sein Jahresdurchschnitt unter dem genannten Papste 19181 fl. oder etwas über 12%, des Gesamthaushaltes. Die entsprechenden Zahlen für Benedikt XII. sind 2,54% (2526 fl.) und für Johann XXII. 3,35% (7842 fl.).

6. Übersicht über die jährlichen Ausgaben für **Kunstgegenstände und Paramente** (pro ornamentis) unter Klemens VI.

Pontifikatsjahr	Jahreszahl	Summen in Goldgulden
1.	1342/43	2584
2.	1343/44	3099
3.	1344/45	9034
4.	1345/46	1698
5.	1346/47	1544
6.	1347/48	3823
7.	1348/49	373
8.	1349/50	1461
9.	1350/51	6322
10.	1351/52	6443
11.	1352	3192

Gesamtsumme 39573

Von einem Jahresdurchschnitt kann man wegen der großen Ungleichheit der einzelnen Summen nur bedingt reden. Bemerkenswert ist der Rückgang dieserlei Ausgaben im Pestjahre 1348. Der Jahresdurchschnitt beträgt 3638 fl. oder 2,5% des Gesamthaushaltes. Die entsprechenden Zahlen unter Benedikt XII. sind 1,49% (1474 fl.) und unter Johann XXII. 0,17% (413 fl.).

Kleidergelder unter dem Titel »vadia ordinaria« verbucht werden, sonstige Gewebe- und Kleidereinkäufe aber teils unter dem Titel »pro ornamentis«, teils unter dem »pro elemosina Panhote« erscheinen.

7. Übersicht über die jährlichen Ausgaben für **Bibliothek und Schreibwaren** (pro scripturis et libris) unter Klemens VI.

Pontifikatsjahr	Jahreszahl	Summen in Goldgulden
1.	1342/43	185
2.	1343/44	284
3.	1344/45	141
4.	1345/46	98
5.	1346/47	990
6.	1347/48	2
7.	1348/49	2
8.	1349/50	—
9.	1350/51	52
10.	1351/52	386
11.	1352	150

Gesamtsumme 2290

Der Jahresdurchschnitt dieses Titels beträgt rund 200 fl., doch ist bemerkenswert, daß in den drei von der Pest heimgesuchten Pontifikatsjahren die Ausgaben auf ein Minimum zurückgehen. In Prozenten ausgedrückt erreicht dieser Titel noch nicht 0,13% der Gesamtausgaben. Die entsprechenden Zahlen für Benedikt XII. sind 0,34% (345 fl.) und für Johann XXII. 0,16% (370 fl.).

8. Übersicht über die jährlichen Ausgaben für päpstliche **Bauten** (pro edificiis et operibus) unter Klemens VI.

Pontifikatsjahr	Jahreszahl	Summen in Goldgulden
1.	1342/43	7 118
2.	1343/44	25 289
3.	1344/45	16 338
4.	1345/46	27 081
5.	1346/47	44 750
6.	1347/48	20 874
7.	1348/49	8 816
8.	1349/50	12 547
9.	1350/51	14 552
10.	1351/52	17 147
11.	1352	80 035

Gesamtsumme 202 537

Wenn wir vom letzten, unvollständigen Jahre absehen, ergibt sich eine jährliche Durchschnittsausgabe von 19450 fl. für die päpstlichen Bauten, das sind 12,2% des Gesamthaushaltes. Die entsprechenden Zahlen für Benedikt XII. sind 18061 fl. (18%) und unter Johann XXII. 6800 fl. (2,9%). Klemens VI. hat also in den absoluten Bauausgaben ebenfalls seine Vorgänger übertroffen, wenn er auch prozentuell hinter Benedikt XII. zurücksteht.

9. Übersicht über die jährlichen Ausgaben für das Siegelamt (pro bulla et literis curie) unter Klemens VI.

Pontifikatsjahr	Jahreszahl	Summen in Goldgulden
1.	1342/43	200
2.	1343/44	263
3.	1344/45	110
4.	1345/46	289
5.	1346/47	136
6.	1347/48	145
7.	1348/49	173
8.	1349/50	321
9.	1350/51	343
10.	1351/52	232
11.	1352	146

Gesamtsumme 2358

Als jährliche Durchschnittsausgabe des Siegelamtes finden wir 221 fl. oder 0,14% des Gesamthaushaltes. Die entsprechenden Zahlen für Benedikt XII. sind 83 fl. (0,083%) und für Johann XXII. 255 fl. (0,12%). Hier steht also auch Klemens VI. hinter Johann XXII. zurück.

10. Übersicht über die jährlichen Ausgaben für außerordentliche Gehälter (pro vadiis extraordin.) unter Klemens VI.

Pontifikatsjahr	Jahreszahl	Summen in Goldgulden
1.	1342/43	1904
2.	1343/44	1764
3.	1344/45	1751
4.	1345/46	1752
5.	1346/47	1143
6.	1347/48	1711
7.	1348/49	138
8.	1349/50	2193
9.	1350/51	112
10.	1351/52	4921
11.	1352	3431
	Gesamtsumme	20820

Im jährlichen Durchschnitt wurden unter diesem Titel nur 1892 fl. oder 1,18% des Gesamthaushaltes verausgabt. Ähnlich wie unter Benedikt XII. (851 fl. = 0,85%) ist dieser Titel also auch unter Klemens VI. von ziemlich geringer Bedeutung, vornehmlich weil keine Kriegsausgaben unter ihm verbucht wurden, während unter Johann XXII. unter diesem Titel jährlich 6600 fl. (2,8%) erscheinen.

11. Übersicht über die jährlichen Ausgaben für das Lichteramt und sonstiges (pro cera et quibusdam extraordinariis) unter Klemens VI.

Pontifikatsjahr	Jahreszahl	Summen in Goldgulden
1.	1342/43	15140
2.	1343/44	7817
3.	1344/45	8526 / 26800 contra Turcos
4.	1345/46	9012
5.	1346/47	11129
6.	1347/48	32059
7.	1348/49	13865
8.	1349/50	36121
9.	1350/51	21007
10.	1351/52	15257
11.	1352	13427 / 2995 pro exequiis pape
	Gesamtsumme	213155

Als jährlicher Durchschnitt dieses Titels ergibt sich die Summe von 19 378 fl. oder über 12% des Gesamthaushaltes. Der Titel ist jedoch nicht konsequent durchgeführt, da zwar ein Teil der Kriegsausgaben unter ihm verbucht wurde (vgl. z. B. das dritte Pontifikatsjahr), ein größerer Teil aber unter einen neu eingeführten 16. Abschnitt »pro guerra« gebracht worden ist. Aber wenn wir auch diese letzteren noch hinzurechnen würden (+ 161 806) = 374 961, so würden wir doch nur etwas über 21% des Gesamthaushaltes erhalten (34 087 im Durchschnitt), während unter Johann XXII. derselbe Titel im jährlichen Durchschnitt 150 000 fl. oder 63,7% des Gesamthaushaltes verschlang. Unter Benedikt XII. war er auf 5566 jährlich oder 5,6% der Gesamtausgaben zurückgegangen.

12. Übersicht über die jährlichen Ausgaben für die ordentlichen Gehälter der Beamten (pro vadiis familiarium ordin.) unter Klemens VI.

Pontifikatsjahr	Jahreszahl	Summen in Goldgulden
1.	1342/43	36 374
2.	1343/44	37 344
3.	1344/45	41 178
4.	1345/46	35 207
5.	1346/47	29 404
6.	1347/48	33 196
7.	1348/49	27 526
8.	1349/50	23 881
9.	1350/51	29 697
10.	1351/52	27 700
11.	1352	19 299

Gesamtsumme 340 806

Der jährliche Durchschnitt der Gehaltsauszahlungen an die päpstlichen Beamten beträgt 32 050 fl. oder 20,1% des Gesamthaushaltes. Die entsprechenden Zahlen unter Benedikt XII. sind 32 598 (33%) und unter Johann XXII. 29 645 (12,7%). Wir können schon an diesen Zahlen erkennen, daß Klemens VI. an dem Beamtenstand, wie er von seinen Vorgängern überkommen war, nicht viel verändert hat. Die Unterschiede der einzelnen Jahre hängen zum großen Teile mit den in das einzelne Pontifikatsjahr fallenden Zahlungsterminen zusammen. Im 3. Pontifikatsjahre waren es z. B. 7, im 5. Jahre nur 5 Termine.

13. Übersicht über die von der Apostolischen Kammer jährlich bezahlten Hausmieten (pro pensionibus hospitiorum) unter Klemens VI.

Pontifikatsjahr	Jahreszahl	Summen in Goldgulden
1.	1342/43	25
2.	1343/44	1142
3.	1344/45	32
4.	1345/46	1174
5.	1346/47	21
6.	1347/48	—
7.	1348/49	20
8.	—	—

Schlußsumme 2414

14. Übersicht über die jährlichen Ausgaben zur Erweiterung des päpstlichen Grundbesitzes (pro possessionibus emptis) unter Klemens VI.

Pontifikatsjahr	Jahreszahl	Summen in Goldgulden
1.	1342/43	14000
2.	1343/44	1257
3.	1344/45	18591,5
4.	1345/46	5242
5.	1346/47	186
6.	1347/48	890
7.	1348/49	1480
8.	1349/50	—
9.	1350/51	8
10.	1351/52	977
11.	1352 [unvollständig]	25

Gesamtsumme 42656

Im Durchschnitt werden unter diesem Titel jährlich 4262 fl. für die Erweiterung des päpstlichen Grundbesitzes verbucht, das macht 2,68% des Gesamthaushaltes. Die entsprechenden Zahlen für Benedikt XII. sind 7548 (7,6%) und für Johann XXII. 1143 (0,4%).

15. Übersicht über die jährlichen Ausgaben für wohltätige Zwecke (pro elemosina pauperum Panhote *und* pro helemosina secreta) unter Klemens VI.

Pontifikatsjahr	Jahreszahl	Summen in Goldgulden
1.	1342/43	18190
2.	1343/44	23798
3.	1344/45	5627 pro elemos. secreta / 18164
4.	1345/46	6460 elemos. secreta / 13450
5.	1346/47	10280 elemos. secreta / 36303
6.	1347/48	8380 elemos. secreta / 43956
7.	1348/49	13791 elemos. secreta / 5187
8.	1349/50	17718 elemos. secreta / 6710
9.	1350/51	12120 elemos. secreta / 8599
10.	1351/52	12989 elemos. secreta / 10433
11.	1352	8536 elemos. secreta / 6536

Gesamtsumme 287027

Im Durchschnitt werden jährlich 27195 fl. oder etwas über 17% des Gesamthaushaltes für Almosen und die Panhota verausgabt. Bemerkenswert ist, daß im Pestjahre 1347/48 unser Titel die größten Ausgaben mit über 52000 Gulden enthält. Wir sehen demnach, daß Klemens VI. auch für wohltätige Zwecke eine offene Hand hatte und sogar seinen unmittelbaren Vorgänger übertraf (wenn er ihn auch nicht ganz im Prozentsatz zum Gesamthaushalt erreichte) und noch viel mehr Johann XXII.

Hier sei noch bemerkt, daß vom 3. Pontifikatsjahre Klemens' VI. an aus dem bisherigen Titel »pro elemosina« 2 Abschnitte gebildet werden: »pro elemosina secreta« und »pro Panhota« oder »pro domo elemosine Panhote«. Im ersteren Abschnitt werden die meisten Ausgaben für wohltätige Zwecke, regelmäßige und außerordentliche Almosen verbucht, im zweiten dagegen meist die Ausgaben im Almosenhause selbst für die dortigen Armen und Beamten, vor allem aber die Ausgaben für die großen Getreideeinkäufe der Kurie, sowie auch für die Wein- und Gewebeeinkäufe des Almosenhauses. Wichtig ist die schon früher von mir betonte (Vatik. Quellen II

S. 123) Erkenntnis, daß die Getreideeinkäufe der Panhota nicht nur für die Armen, sondern zum Teil auch für den Bedarf der von der großen und kleinen päpstlichen Küche gespeisten Beamten und anderer Personen geschahen.

16. Übersicht über die jährlichen Ausgaben für kriegerische Unternehmungen (pro guerra) unter Klemens VI.

Pontifikatsjahr	Jahreszahl	Summen in Goldgulden
2.	1343/44	60 800
3.	1344/45	vgl. Nr. 11
5.	1346/47	66 000
6.	1347/48	5 000
9.	1350/51	30 006
	Gesamtsumme	161 806

Unter diesem Titel werden zum ersten Male Ausgaben für kriegerische Unternehmungen besonders verbucht, während unter Johann XXII. dieserlei Ausgaben meist unter dem Titel 11 (pro cera) und auch bei Titel 10 untergebracht wurden. Dabei ist zu beachten, daß keineswegs alle Ausgaben für die Kriegführung unter diesem Abschnitt verbucht wurden (vgl. Titel 11 oben 3. Pontifikatsjahr: contra Turcos), auch nicht alle für den italienischen Krieg, vgl. 8. Pontifikatsjahr sub B 1: Chronikalische Angaben, wo unter dem Titel »pro cera« etc. z. B. Geld für den Krieg in der Romagna versandt wird.

Überblick über die wichtigsten Ausgabetitel unter Klemens VI. nach ihrem **prozentualen Verhältnis** zum Gesamthaushalt.

1. Gehälter der päpstlichen Beamten . . . . . 20,1 %
2. Wohltätigkeit (und Getreideeinkäufe) . . . . 17 %
3. Bauten . . . . 12,2 %
4. Lichteramt und sonstiges (pro cera et extraord.) 12 % } 21%[1]
5. Kriegsausgaben . . . . 9 %
[6. Kleidung . . . . 12 %][2]
7. Küche . . . . 10 %
8. Grundbesitz-Erweiterung 2,68%
9. Kunstgegenstände und Paramente . . . . 2,5 %
10. Kellerei . . . . 2,3 %
11. Marstall 1,27%
12. Außerordentliche Gehälter 1,18%
13. Brotamt 0,73%
14. Bibliothek 0,13%

[1] Auch unter dem Titel »pro cera et extraordinariis« werden Kriegsausgaben verbucht. Unter den früheren Päpsten gab es keinen besonderen Titel »pro guerra«.
[2] Dieser Titel hört mit dem 6. Pontifikatsjahre auf.

Auffallend hoch ist unter diesem Pontifikat zunächst der Prozentsatz wie auch die absolute Höhe der Küchenausgaben, die mit einem Jahresdurchschnitt von über 16000 Goldgulden den betreffenden Titel unter Johann XXII. um 11$^1/_2$tausend und unter Benedikt XII. um 13$^1/_2$tausend Goldgulden überragen. Auch die Kellereiausgaben sind im Vergleich zu den beiden vorhergehenden Pontifikaten absolut und prozentuell sehr groß (Jahresdurchschnitt: 3647 fl., Johann XXII.: 822 fl., Benedikt XII.: 908 fl.). Ebenso bezeichnend erscheinen die außerordentlich kostspieligen Aufwendungen für Kleidung und Pelzwerk, die freilich seit dem 6. Pontifikatsjahre teils durch Geldzahlungen an die betreffenden Beamten abgelöst, teils auf andere Titel übernommen wurden. Die Kriegsausgaben zur Verteidigung der kirchenstaatlichen Provinzen (namentlich der Romagna) zeigen durch ihr sprunghaftes Auftreten, daß die Kurie nicht planmäßig zu Werke ging. Die Ausgaben für die Bibliothek sind verschwindend geringfügig. Das erfreulichste Bild gewähren uns die Aufwendungen für wohltätige Zwecke, die unter Klemens VI. unerwartet hoch erscheinen, auch wenn wir wissen, daß die erhöhten Getreideeinkäufe der »Panhota« zum Teil von dem größeren Brotverbrauch der Kurie selbst abhängen. Hier bestätigt sich also das von seinen Biographen gezeichnete Bild des gütigen, menschenfreundlichen und wohltätigen Herrn, der in freigebigster Weise den Bedürftigen und besonders den verschämten Armen Hilfe gewährte, dessen Tisch auch in entsprechendem Maße große Gastlichkeit übte.[1] Daran wird man in Zukunft im Blick auf unsere Akten nicht zweifeln dürfen.

---

[1] St. Baluze, *Vitae paparum Aven.* I (Paris 1693), Sp. 264 ff., 297 f., 300 »sicut nomine ita et re clemens«.

Klemens VI. Erstes Pontifikatsjahr.

Die Ausgaben für die Krönungsfeierlichkeiten Klemens' VI. am 19. Mai 1342.

Expense pro festo **coronationis** Clementis pape VI. 1342 Mai 19.

(I. E. 195 f. 35 ss.) Mai 31 G[uillelmo] Vitalis, servienti armorum pape, de mandato eiusdem pro distribuendis coquis, solhardis etc. pro labore eorundem facto die domenica in festo Pentecostes (19. Mai), qua die fuit coronatus papa in domo Predicatorum Auin., et primo magistris coquis *(zusammen 24, jeder erhält 3 fl. = 72 fl.):* Colino [coquo] d. cardinalis Petragor., Ambrosio eiusdem cardinalis, Petro d. cardinalis Albia, Iohanni d. archiep. Ebredun., Petro d. card. de Puteo, Pascali d. card. de Penestr., Uffario d. Bernardi Stephani; Adhemaro, Hugoni d. card. Autisiodor.; Bonevallis, Petro, Raimundo d. card. de Yspania; Guillo d. card. Ebredun.; Adhemaro d. card. Alban.; Andeco, Ieanello d. vicecomitis Talardi; Philippo d. abbatis Montis Maioris; Matfredo, Petro de Sarlat, Maurello d. card. de Montefauentio; Riberio, Rosseco, Iohanni de Valentia, Iohanni d. card. Neapolitan.

Solhardi *(Küchendiener und Unterköche) werden 41 genannt, jeder erhält* 1 fl., *zusammen* 41 fl.

(f. 36) Mai 31 Garino servienti armorum pape pro salario 14 macellariorum pro dividendis carnibus *(jeder erhält* 1 fl.) 14 fl.

Desgl. pro loguerio 80 garciferorum, qui steterunt in dicto festo portando aquam et volvendo astilia *(jeder erhält* 2 ob. alb. regis Roberti) 160 ob. alb. regis Rob.

Desgl. pro satisfaciendo 10 coquis cum suis solhardis pro labore in convivio facto per papam Iohanni de Francia *(jedem* 2 fl.) 20 fl.

Desgl. pro satisfaciendo 20 garciferis, qui laborarunt in dicto convivio portando aquam et volvendo astilia, *(jedem* 2 ob. alb.) 40 ob. alb.

Juni 5 Petro Raimundi domicello pro 286 honeribus iunqui et rause emptis de mandato d. Gisberti Mandagachis tam pro die sive festo coronationis pape quam etiam pro die convivii facti d. Iohanni de Francia et aliis sequentibus diebus usque ad 5. Iuni (20 d. pro quolibet h.) 23 l. 16 s. 8 d. mon. curr. in 19 fl. 20 d. mon. parve.

Juni 12 d. Bermundo Restesius, recipienti nomine . . . Gaufridi Regen. ep., pro ornamentis emptis per dictum episcopum pro festo coronationis pape: pro 2 peciis velviti rubei et viridis coloris pro faciendis 2 pannis pro 2 cathedris pape 45 fl.; pro 11 cann. tele rubee pro folratura 1 panni 2 fl. 7 s. 6 d., pro 9 cann. tele viridis nove pro folratura alterius panni 1 fl. 17 s. 9 d.; pro 2 unc. cerici rubei pro suendis pannis 12 s. mon.; pro [Papier zerfressen . . . auri] frigii Romani positi in capsanis . . . $1^1/_2$ fl.; pro . . . unc. cerici albi ad suendum dicta paramenta 6 s.; pro 3 peciis machabatorum deauratorum cum campo cerici albi $43^1/_2$ fl.; pro 7 cann. fustani pilosi pro faciendis 6 carrellis 1 fl. 3 gross.; pro 14 unc. minus $1^1/_2$ quart. sindonis viridis pro paramentis 2 fl. 10 tur. gross.; pro 2 peciis stamenhe de Remis pro camisiis faciendis 2 fl. 1 tur. gross.; $16^1/_4$ unc. sindonis rubei tincte in grana pro paramentis et capellis (4 fl. pro libra) 5 fl. 5 tur. gross.; $^1/_2$ uncia cerici ad suendum capam de samito 3 s.; pro copertura cofrorum pape 1 fl. 6 tur. gross.; 8 unc. vete serici positis in cofris 1 fl. 6 tur. gross.; pro cola ad gludandum pannum super cofros 15 tur. gross.; pro 1 cordono cappelli facto de serico tincto in grana et auro fino ponderis 23 unc. precio $6^1/_2$ tur. gross.: 12 fl. . . . pro 2 formis cappellorum 10 tur. gross.; pro 60 cannis tele albe subtilis pro faciendis 3 pariis linteaminum de 40 cann. (7 s. *und teils* $7^1/_2$ s. pro canna) 21 l. 10 s.; 1 pecia cathassamiti rubei 8 fl. etc. *Zusammen werden dem* Bermundus *bezahlt* 160 scud. 4 fl. 6 tur. gross.

Juni 14 Francisco Bertussii de Perusio pro ornamentis etc. pro festo coronationis pape: pro 5 sargiis viridis coloris magne forme pro camera pape apud Predicatores, quas portavit Heliotus serviens arm. $28^1/_2$ fl.; 65 cann. bordi Pisani pro 3 matalaciis faciendis continentibus $5^2/_3$ tez. in latitudine et 15 palm. in longit. (6 s. 6 d. pro canna) 17 fl. minus 17 d.; 6 unc. taffatani viridis pro faciendo 1 coyssino 2 fl., pro 4 quint. 44 lb. bombassis sive cotoni pro adimplendis 5 matalaciis et 3 coyssinis predictis (9 l. 5 s. pro quintali) 32 fl. 10 tur. gross.; pro batitura dicti cotoni 2 fl. 2 s. 6 d.; $^3/_4$ sirici rubei pro suendis matalaciis 4 s. 6 d.; . . . pro 2 coperturis sive vanois bocaranni longit. 18 palm. 8 fl.; pro 2 bancalibus, 3 cann. pro quolibet, 4 fl.

Zusammen werden dem Franciscus *bezahlt* 168 scud. 2 fl. 4 s. 11 d. mon. curr.

Expense facte pro festo coronationis per officiales ad hoc specialiter deputatos.

Juni 19 dd. Geraldo Latremoliera, administratori elemosine Panhote, Stephano Sudre et Berengario Blasini deputatis ad providendum de pane et sale ac tela pro faciendis vestibus: pro 194 saum. $6^1/_2$ emin. Auin. in pane cotto, qualibet saumata de 500 panibus albis (2 fl. pro saum.) 389 fl. 8 s. mon.

Pro 20 cordis tele, de quibus fecerunt supervestes ad portandum panem pro 100 hominibus, (9 s. pro corda) 9 l. mon.

Pro dictis vestibus pingendis ad arma pape 2 fl. 12 s. 6 d.

Pro 9 duodenis cofinorum pro pane portando, 12 storiis, sale etc. 6 fl. 5 l. 17 s. 2 d. *Zusammen* 410 fl. 12 d. mon.

Juni 19 ad providendum de vinis pro festo coronationis: pro 32 botis plenis vino et 2 sestariis, qualibet bota de $4^1/_2$ saum., emptis a buticulariis d. cardinalis de Ispania ($5^1/_2$ fl. pro bota) 177 fl. 7 s.

Desgl. a Pontio de Carminhano tabernario 37 botas plenas vino qualibet de $4^1/_2$ saum. ($4^1/_3$ fl. pro bota) $160^1/_3$ fl.

Pro 130 saum. vini a Iohanne de Camareto de s. Spiritu (20 s. pro saum.) 130 l. mon.

Pro 82 saum. vini a mag. Durando Ribe, notario d. Auin. episcopi, (38 s. pro saum.) 114 l. 16 s.

Pro 6 botis plenis vino emptis apud s. Egidium ($6^1/_2$ fl. pro bota) 39 fl.

Pro 15 botis plenis vino de mena de Lunello a mag. P. de Montepessulano surgico (6 fl. pro bota) 90 fl.; 12 bot. de mena plenis vino de Nemauso a Michaele Francisci (7 fl. pro bota) 84 fl.; 28 saum. vini de Bellicadro a penitentiario Alamanni 30 fl.; $15^1/_2$ saum. vini de Lunello a mag. Aymerico Strada (1 fl. pro saum.) $15^1/_2$ fl.; 35 saum. vini de Nemauso a Lappo tabernarii (45 s. pro saum.) 70 l.; $45^1/_2$ saum. vini de Nemauso ab Egidio tabernario de Murcia (40 s. pro saum.) 91 l.; 4 saum. vini de Beuna a Bartholomeo Vassalini (3 fl. pro saum.) 12 fl.; 30 saum. vini de s. Spiritu a Petro Lamberti de Florentia (20 s. pro saum.) 30 l.

Summa vinorum predictorum: 829 saum. vini, *kostet* 607 fl. 10 tur. gross. 436 l. 3 s. mon. curr. (1 fl. = $25^1/_2$ s., *teils* = $25^1/_4$ s.).

Emptio pitalphorum, amphorarum, vitrorum cubarum et brocorum:

Pro 375 broquis emptis a Guill.mo de Sumidrio (15 d. pro broquo) 23 l. 8 s. 9 d.; 5500 pitalphis de terra (2 d. pro petia) 45 l. 16 s. 8 d.; 2200 amphoris de vitro (2 d. ob. pro pecia) 22 l. 18 s. 4 d.; 5000 vitris ad bibendum (6 s. pro centenario) 48 l.; 3 ferratis et 4 possatoris pro extrahenda aqua 34 s.; 12 tinis pro vino et aqua portandis (5 s. 6 d. pro pecia) 66 s.; 12 cornutis (3 s. pro pecia) 36 s.; 52 canellis et 15 canastellis 36 s.

Pro portu rerum predictarum ad domum Predicatorum 65 s. 3 d.

Pro vino empto ad saumatas portando ad Predicatores, botis et barralibus lavandis, candelis et oleo ac vino ponendo in doliis, aqua extrahenda et expensis hominum, qui custodiebant vinum per 6 dies ante coronationem 17 l. 13 s. 5 d.; pro loguerio 14 hominum, qui custodierunt dictum vinum per ca. 8 dies, 12 fl.

Pro emptione 35 bot. gross. et 45 bot. de mena 80 fl.
Zusammen 129 fl. 170 l. 4 s. 3 d. mon.
Alle Unkosten für Wein und Trinkgefäße zusammen 1216 fl.

Fleischeinkäufe.

Juni 19 dd. [*zerfressen*] et Arnaldo de Villanova deputatis ad providendum de [. . . muto]nibus, vitulis, capretis, porcis, lardo, piscibus . . . pro dicto festo coronationis: pro 118 bobus pinguibus 1477 fl. 10 s. (*am Rande:* potest valere pecia 12 fl.); 1023 mutonibus emptis a diversis personis (20 s. pro mutone) 1023 l. monete curr.; 101 vitulis ($3^3/_4$ fl. pro vitulo) $378^3/_4$ fl.; 914 capretis (8 s. pro capreto) 365 s. 12 s.; 60 porcis (2 fl. pro porco) 120 fl.; 69 quint. 40 l. tam lardi quam carnium salsarum emptis diversis pretiis 206 l. 14 s. 5 d. ob.; 15 sturionibus, qui taxati et extimati fuerunt, 218 fl.; 300 luciis taxatis pro centenario 70 fl. = 210 fl.

Pro trabibus et diversis lignis pro porticis, meianis, cauilheriis faciendis pro carnibus tenendis et custodiendis 32 l. 16 s. 6 d.; pro portu etc. 25 l. 14 s. + 12 s.

Zusammen $2403^3/_4$ fl. 1654 l. 18 s. 11 d. ob. mon., valent dicte libre mon. (1 fl. = 25 s. 6 d.) 1298 fl. min. ob.): *zusammen also* $3701^3/_4$ fl. minus ob. *Dies wird bezahlt bis auf* $201^3/_4$ fl., quod ipse macellarius debet respondere de 108 pellibus bovum et de 17 quint. de cepo.

Ausgaben für Geflügel (pro pollaha) etc.

Juni 19 dd. Petro Merli et Ricauo Petri de caponibus, gallinis, pullis [*zerfressen*]: pro 1500 caponibus 71 fl. 498 l. 12 s. mon., *sie kosten teils* $1/_2$ fl., *teils* 9 s., 7 s., 6 s. 1 d. mon. curr.

Pro 999 gallinis (3 s. 6 d. pro pecia) 174 l. 16 s. 6 d.

Pro 2044 gallinis emptis a diversis personis et diversis pretiis 390 l. 10 s. 9 d. (3 s. 10 d. pro pecia); 7428 pullis a diversis personis et pretiis 621 l. 9 s. 5 d. (ca. 20 d. pro pecia); 1195 anceribus (7 s. pro pecia) 418 l. 5 s.; 251 anceribus a diversis personis et pretiis 81 l. 8 s. 9 d.

Zusammen 81 fl. 2185 l. 2 s. 5 d. (1 fl. = $25^1/_2$ s.).

Pro 88 mangueneriis 1 em. milii, 66 emin. furfuris pro victualibus dicte polalhe (9 s. pro manguenerio milii et 15 d. pro emin. furfuris et ultra pro toto 3 s.) 21 l. 10 s. 6 d.

Pro emptione lignorum et perticarum pro faciendis cavalibus pro volatilibus, ad comedendum et iacendum et clavis pro fenestris bairandis etc. et salario notarii, qui recipiebat notas et instrumenta et scribebat illa, que emebantur, 3 fl. 32 l. 13 s. 9 d. curr.

Senf, Essig, Käse etc.

Juni 19 soluti sunt dd. [*zerfressen*] Marcelli deputatis ad providendum de salsamentis . . . aceti pro festo coronationis . . . [*zerfressen*]. Pro $10^1/_2$ salmatis agreste (30 s. pro salm.) 15 l. 15 s.; 12 barralibus de salsa camelina (30 s. pro salm.) 30 fl.; 13 barral. de sinapi (2½ fl. pro barrali) 32½ fl.; 12 barral. de salsa viridi (2½ fl. pro barr.) 30 fl.; 13 barral. alliace (2½ pro barr.) 32½ fl.; pro sinapi dulci pro mensa pape 12 s. mon.; 32 emin. salis pro coquinis cum portu 4 l. 14 s. 8 d. mon. Pro 12 morteriis lapideis, 6 magnis et 6 mediocribus (35 s. pro morterio (15 l. mon.).

Zusammen 100 fl. 85 l. 15 s. 8 d. (1 fl. = 25 s.).

Juni 19 dd. Guillo Bastide et Colino de Franchavilla deputatis ad providendum in festo coronationis de caseis, ovis, pro tartris, pomis et piris: 13 quint. 75 lb. caseorum pingium emptis a diversis personis et diversis pretiis 46 l. 11 s. 8 d.; 46856 camis sive caseis recentibus pro tartris faciendis (1 d. pro pecia) 195 l.; 38980 ovis a diversis personis et diversis pretiis pro dictis tartris 138 l. 8 s. 1 d.; 36100 pomis et 400 piris a diversis personis et diversis pretiis 194 l. 15 s. 6 d.

Pro factura 50000 tartrarum *(Kuchenart)*, 30 s. pro miliari, 75 l. mon.

Die folgenden Eintragungen zerfressen, es wird für 20 l. *Zucker dazu gebraucht;* pro 5 tabulis de nuce pro tartris faciendis 5 l. 1 s.; 12 cordis 5 palmis de tela pro coperiendis tartris (10 s. pro corda) 6 l. 19 s. mon.

Pro expensis et salario hominum missorum ad diversa loca pro caseis, ovis et pomis perquirendis et portandis et salario etc. aliorum hominum, qui laboraverunt per 8 dies et ultra de nocte et de die pro dictis rebus custodiendis . . . et portu usque ad domum Predicatorum 55 l. 2 s. 3 d.

Zusammen 618 fl. (*zu je* 25 s. mon.).

Juni 19 Iohanni Geraldi, Berengario de Casa, Petro de Serueria et Guillo Cerroni domicellis deputatis ad providendum de calderiis et verubus pro conubus assandis: pro 350 perticis emptis apud Valentiam cum portu et preparatione 14 l. 17 s. 6 d.; 50 verubus de Torn cum cavilhis (30 *zu je* 12 s. *und* 20 *zu je* 10 s.) 28 l. mon.; 166 calderiis tam parvis quam magnis mundandis cum sale et aceto; 31 calderiis stahandis 60 l. mon.; pro calderiis portandis de diversis locis apud Predicatores et pro salario custodum 11 l. 6 s. 4 d. etc.

Zusammen 122 l. 18 s. mon.

Pro speciebus, cera et amicdalis.

Juni 19 [*zerfressen*] . . . Capdenaco et Bernardo Andree deputatis ad providendum de speciebus etc.: pro 6 quint. 6 lb. amicdal. (1½ fl. pro quint.) 9 fl. 2 s.; 2½ quint. amicdalarum mundandarum 18 s.; 10 quint. 54 lb. cere in torticiis magnis et parvis et candelis (13½ l. pro quint.) 142 l. 5 s. 8 d.; 2 quint. 23½ lb. zuchari (17 l. 10 s. pro quint.) 39 l. 2 s. 3 d.; 8⅞ lb. gariofili (27 s. pro libra) 11 l. 19 s. 7 d.; 6¼ lb. crocei (18 s. pro libra) 5 l. 12 s. 6 d.; 39½ lb. zingiberis (5 s. 6 d. pro libra) 11 l. 17 s. 3 d.; 31 lb. piperis (5 s. 6 d. pro libra) 8 l. 10 s.

6 d.; 13 lb. canelle (5 s. 6 d. pro libra) 3 l. 15 s. 7 d. ob.; 3 lb. 11 unc. grani paradisi (10 s. pro libra) 39 s. 2 d.; 144 lb. 11 unc. cani diaticron, tabulis deauratis zucari rosacei in tabula, manus Christi etc. pro mensa pape et cardinalium in dicto festo (3 s. 6 d. pro libra) 25 l. 7 s. 2 d. ob. *Zusammen* 210 fl. 12 s. 3 d. (1 fl. = 25 s.).

Verschiedenes.

[Juni 19 . . . *zerfressen*] dd. Petro de Orto et . . . deputatis ad providendum de lignis et carbonibus: 362 saum. 7 banast. de carbone emptis a diversis personis et diversis pretiis 107 l. 6 d.; 3500 fagotis de salicibus, 240 fagotis de ensina pro furnis pastillorum et coquinis 55 l. 16 s. 10 d.; pro eundo apud Mormoyreronum et Urgonem pro dicto carbone etc. 10 l. 11 s. 7 d.; pro 6240 quint. lignorum de quercu de lignis pape extrahendis de domo prope Trolhas etc. expensis 96 l. 8 s. 6 d. *Zusammen* 220 fl. 92 l. 10 s. 5 d. (1 fl. *teils* = 25, *teils* = 25^1/$_2$ s. mon.).

Juni 19 dd. Raimundo de Ruppe et Petro Ysuarni deputatis ad providendum de scutellis, scisoriis, grasaletis, tinis, tubis, brochis, palis, barralibus, ferratis, storiis etc.: 26 000 scutell. (6 l. pro miliari) 156 l. mon.; 20 700 (!) scissoriis (6 l. pro miliari!) 54 (!) l. 7 s. 6 d.; 200 carnutis (3 s. pro pecia) 30 l.; 50 tubis (15 s. pro pecia) 37 l. 10 s. etc. 34 tinis magnis pro carbonibus reponendis 46 fl. etc.

Zusammen 393 fl. 23 s. 5 d.

Gewebe.

Juni 19 dd. Michaeli Casseti et Petro Nathalis deputatis ad providendum de mapis, longeriis, telis etc.: 24 mapis, 24 longeriis, 84 manutergiis de opere Parisien., continentes mape 84 cann., longerie 74^1/$_2$ cann., computata canna tobaliarum sive maparum ad 5^1/$_2$ tur. gross. et canna longeriarum ad 4^1/$_4$ tur. gross. et canna manutergiorum ad 3^1/$_2$ tur. gross. et 1 fl. = 10 (!) tur. gross.: 75^1/$_2$ fl.

Pro 207 cann. maparum de Burgondia (1^2/$_3$ tur. gross. pro canna) 46 fl. (1 fl. = 12 d. tur. gross.); 201 cann. de longeriis de Burgondia (1 tur. gross. pro canna) 22 fl. 4 tur. gross. [*Zahl weggefressen*] telarum albarum pro mensis et dressatoriis 226 l. 8 s. . . .; 44 cordis 5 palmis tele albe grosse pro davantalibus (11 s. pro corda) 24 l. 11 s. 4 d.; 5 cordis de serpelheriis pro mapis et telis involvendis (9 s. pro corda) 45 s. mon.

Pro 1 magna archa, ubi mape reposite fuerunt, que archa fuit portata post coronationem ad palatium pape, 5 l. 2 s.

Zusammen 143 fl. 265 l. 5 s. 2 d.

Juni 19 dd. Petro Maurelli, Egidio de Ultessio et Ganaldo comitis Cardarii, familiaribus d^{norum} Ebredunen., Tusculen. et de Columpna, deputatis ad emendum pannos pro ornandis sedilibus, ubi papa cum cardinalibus in prandio in dicto die coronationis sedebat: pro 4 pannis rubeis et

4 croceis positis in pariete, ubi dicti domini sedebant (21 fl. pro pecia et ultra pro toto 2 fl.) 170 fl.; 2 aliis pannis pictis pro bancalibus 24 fl.; pro veta, anulis pro dictis pannis incortinandis, sutura et portatura 4 fl. 6 s. mon.; pro fusta posita in pariete, ubi dicti panni fuerunt affixi, clavis et salario magistrorum 3 fl. 20 s. 3 d. etc. *Zusammen* 225 fl. 12 s. 6 d. mon.

Juni 19 dd. [*zerfressen*] ... Iohanni Cortoys, Petro Bertini et Raimundo ... ad emendum telas et ligna pro faciendis tentoriis: 997 cordis tele diversis pretiis 497 l. mon.; 17 peciis pann. laneorum de Lacunaco pro cortinando ac coopertura loci, ubi comederunt papa et cardinales (12 fl. pro pecia) 204 fl.; 16 pann. de pannis camere antiquis traditis per d. Ioh. Cortoys.

Pro 18$^1/_2$ duodenis lignorum vocatorum de Zemom pro tentoriis faciendis 157$^1/_2$ fl.; 2758$^1/_2$ cann. de costeria (15 d. pro canna) 172 l. 8 s. 1 d. ob.; 178$^1/_2$ cann. fuste vocate agulha (7 d. ob. pro canna) 5 l. 11 s. 6 d.; 103$^1/_2$ cann. fuste de Trauasono (2 s. 6 d. pro canna) 12 l. 18 s. 9 d. etc.

Pro 32 quint. 54$^1/_2$ l. cordarum diversarum formarum pro tentoriis (50 s. pro quintali) 81 l. 7 s. 3 d.; 1300 clavellis palmares 21 l. 12 d.

Bauausgaben.

Pro salario magistrorum, qui paraverunt lignamina et cordas pro tentoriis 132 fl. 6 l. 5 s. mon. *Zusammen für die Zelte* 928 fl. 299 l. 11 s. 5 d. ob.

Juni 19 dd. Bertrando Arnaudi et Petro de Moreto deputatis ad providendum de lignaminibus, lapidibus, calce, arena et clavis etc. tam pro cadafalco, ubi papa coronatus fuit, quam pro tinello, ubi comedit papa et cardinales, quam etiam pro omnibus aliis operibus ... factis in domo Predicatorum: 2379 cannis 5 palm. cadratis de [*Gegenstand ausgelassen*] (9 s. 6 d. pro canna quadrata) 1130 l. 6 s. 4 d.; 1351 cann. cadratis de sclapa (6 s. 6 d. pro canna) 439 l. 18 d.; 5319 cann. 1 palm. de crauastone (2 s. 6 d. pro canna simplici) 664 l. 17 s. 9 d.

Es werden noch eine Menge verschiedener Baumaterialien aufgezählt, zusammen für 2120$^1/_4$ fl. 1100 den. de auro ad scutum, 277 l. 7 s. 8 d. mon.

Juni 19 d. Pontio de Pereto pro 20 astis de lignis et ipsis pingendis de rubeo pro vexillis et cherubim pape portandis 6 fl. 26 s. 8 d. mon.; pro 14 penocellis de sindone rubea pro vexillis 8 fl. 21 s. 10 d. ob.

Eadem die ven. viro d. Guillo de Petrilia, clerico camere pape, pro iactando et proiciendo gentibus per carrerias in processione pape 180 l. mon. curr. Angelo Mathei, polalherio Rom. cur. sequenti, pro avibus et animalibus pro festo coronationis: 12 ritis 36 s., 2 gruis 30 s., 1 faysono

15 s., 3 avibus cum rostro rubeo 5 s., 24 turturibus 20 s., 36 coturnis 24 s., 2 perdicibus 5 s. 6 d., 3 pignis 5 s., 20 leporibus 24 s., 5 cuniculis 12 s. 6 d., 1 lupeto parvo 10 s., *zusammen* 7 fl. 12 s. mon.

Juni 28 Egidio de Ucheyocasto, camerario d. cardinalis Neapolitan., pro 43 peciis fuste *(von je 6 tezis)* receptis per gentes pape (1 fl. pro pecia) 43 fl.

Im ganzen wurden für die Krönungsfestlichkeiten verausgabt: 12 188$^{1}/_{4}$ fl., 1428 scuta, 6 s. 6 d. tur. gross., 16 s. 8 d. ob. arg. regis Rob., 1434 l. 14 s. 5 d. mon. curr. *Das sind zusammen (umgerechnet)* 14132 fl.

Verlorenes Metallgeschirr.

(I. E. 203 cera) Nov. 27 *und* 28 pairoleriis pro pairolibus perditis in coronatione pape habita relatione prius a Iohanne Girardi, domicello d^{ni} Ruthenen., Petro Serueria, serviente armorum pape et ipsorum sociis, qui ad recipiendum dictas calderias fuerant deputati, necnon habita informatione a certis magistris deputatis super valorem perditorum, iurato ab illis, qui perdiderant: Moneto Fabri pro 2 calderiis cupri ponderis 80 l. cupri: 9 l. 12 s.; mag. Iohanni Alberti pro 1 pairalio, 3 cassiis ponderis 65 l.; 8 fl.: Iohanni Boissequin de Auin. pro 2 calderiis pond. 24 l.: 3 fl.; Gileto Paratoris pro 1 pairolio capace de 14 brochis: 10 l. 10 s.; Silvestro Tenturerio pro 1 pairolio capace de 60 brocis 22 l. 10 s.; Pontio Sobrani pro 1 pairolio ponderis 52 l.: 7 l. 12 s.; Iohanni Testagrossa pro 1 calderia pond. 20 l.: 40 s.; Venacho de Senis pro 1 pairolio sive calderia et 1 concha pond. 1 quint. 55 l. cupri 22 l. 10 s.; Mossouo de Merolhs Iudeo tincturerio pro 1 pairolio 44 l.: 40 s.; Betono Iudeo tincturario pro 1 pairolio ponderis 40 l.: 4 l. 10 s.; G. de Somedio pro 1 pairolio et 1 concha ponderis 40 l.: 6 l.; Arbertino le Compte pro 1 pairolio 24 s.; R. Garnerii pro 1 pairolio 60 s. etc. *Zusammen* 108 l. 18 s. 11 fl.

1343 März 17 Petro de Dacia penitentiario pro reparatione domus sue, quam inhabitat infra cepta et ambitum domus Predicatorum, que fuerat pro maiori parte diruta pro coronatione pape, 50 fl.

(cera) Apr. 8 fr. Iohanni Fabri penitentiario pro reparatione domus sue, que est infra cepta domus Predicatorum 30 fl.

Klemens VI. Erstes Pontifikatsjahr.
1342 Mai 19 (Konsekration) — 1343 Mai 18.

Intr. Exit. 202 (A mit Schlußsummen, aber sehr nachlässiger Kopierung seiner Vorlage), I. E. 203 (C), I. E. 206 (D). Die Abrechnungen für die ersten beiden Monate nach der Papstwahl finden sich in Intr. Exit. 195.

A. Übersicht über die einzelnen Ausgabetitel und ihre Schlußsummen.

Als Thesaurarius erscheint anfangs (2 Monate) noch Iacobus de Broa, *bald aber (nach 2 Monaten) werden zwei Thesaurare neu ernannt:* Stephanus abbas mon. Celle Trecensis et mag. Guillelmus de Albussaco, cantor eccl. Rothomagen. *(f. 167ᵛ).*

Die Anordnung der einzelnen Titel ist im wesentlichen die gleiche wie unter Johann XXII. und Benedikt XII.

1. **pro coquina** *(I. E. 202 f. 45—63).* Bernardus Gaucelini (*und* Gaucelmi), emptor cibarum pro coquina, *Abrechnung wochenweise, Auszahlung nach längeren Zeiträumen (7—9 Wochen). Der Titel ist nach drei Gesichtspunkten geordnet:*

Erstens die gewöhnlichen Viktualieneinkäufe an Geflügel und Wildbret, Eiern, Salz, Milch, Öl, Gemüse, Obst (für die Küche), Tüchern, Speck, Gewürzen etc., an Ochsen-, Hammel- und Schweinefleisch im Ausschnitt und an Fischen. Diese Ausgaben sind nicht im einzelnen bewertet.

Zweitens die Spezerei(species)*-Einkäufe, die einzeln genannt und bewertet werden (vgl. unten unter II Spezerei- und Kolonialwaren).*

Drittens Extraordinaria (f. 61 ss.).

Schlußsumme des Titels (f. 63): 8884$^{1}/_{2}$ fl. boni, 200 fl. de Pedimonte, 154 duplices de Francia, 194 l. 2 s. 4 d. mon. Auin., 28 s. 6 d. debilis mon. Francie preter 2000 fl. 1800 d. ad scutum solutos per d. Iacobum de Broa, antequam dd. thesaurarii inciperent administrare.

Bemerkenswert ist, daß gleich im ersten Jahre Klemens' VI. die Küchenräume bedeutend erweitert wurden (f. 106).

2. **pro buticularia** *(f. 65—71).* d. Geraldus de Turno, buticularius, Petrus Gasqueti, serviens armorum et buticularius.

Schlußsumme: 2453 fl. boni.

83 den. ad angelum de primo cugno, 17 d. ad angelum de secundo cugno, 48 d. ad scutum, 116 duplices de Francia, 79 l. 16 s. 4 d. parve mon. Avin., 6 l. 12 s. 10 d. obol. parve mon. Francie preter 1000 fl., quos solvit d. Iacobus de Broa in 400 d. ad scutum et 500 fl.

3. *(f. 73—79)* **pro panetaria.** Guillelmus Bellifilii, cler. Senon. dioc. panetarius pape;[1] Bernardus Garnerii, cler. rector ecclesie s. Michaelis de Laues Mirapiscen. dioc. panetarius.[2]

Schlußsumme: 1315 fl. 51 l. 10 d. parve mon. Auin., 8 d. tur. gross.

4. *(f. 81—92)* **pro marescalla equorum.** Gibertus Delboys, serviens armorum regis Francie, marescallus marescallie equorum pape *oder* magister marescalle pape.

Schlußsumme: 685$^1/_2$ fl. 291 l. 7 s. 3 d. parve mon. Auin., 24 s. 6 d. tur. gross. preter 100 d. auri ad scutum 120 fl., quos Gibertus receperat a d. Iacobo de Broa, qui non includuntur in summam predictam.

5. *(f. 93—96)* **pro vestibus et folraturis.** *Als päpstlicher Gewandmeister (ohne förmlichen Titel) erscheint* Iohannes Courtois, can. Ambianen.

Schlußsumme: 13331 fl. 13 s. 6 d. parve mon. Auin., de quibus solvit d. Iacobus de Broa 8017 fl. 8 d. tur. gross. et dd. thesaurarii residuum (5313 fl. 4 tur. gross., 13 s. 6 d. parve).

6. *(f. 97—104)* **pro ornamentis.** *Schlußsumme:* 1742$^1/_2$ fl. 680 ducati de auro 100 januen. 6 s. 3$^3/_4$ tur. gross. arg., 69 l. 10 s. 2 d. parve mon.

7. *(f. 105)* **pro scripturis et libris.** *Schlußsumme:* 179 fl. 2 tur. arg. 8 l. 11 s. 1 d. parve Auin.

8. *(f. 106—120)* **pro operibus et edificiis.** *Schlußsumme:* 6280$^1/_2$ fl. 1045 l. 18 s. 5 d. parve mon. Auin., 8 tur. gross., 14 s. 6 d. parve mon. Francie.

9. *(f. 121)* **pro bulla et literis curie.** *Schlußsumme:* 157 fl. 3 s. 11$^1/_2$ d. tur. gross., 49 l. 9 s. 10 d. parve.

10. *(f. 122)* **pro vadiis extraordinariis.** *Schlußsumme:* 1896 fl. 8 l. 6 s. 10 d. parve.

11. *(f. 123—130)* **pro quibusdam extraordinariis et cera.** *Schlußsumme:* 12696 fl. 1085 d. ad scutum 751 d. ad agnum 36 ducati de auro 21 tur. gross., 222 l. 11 s. 9 d. parve mon. Auin.

12. *(f. 132—147)* **pro vadiis familiarium ordinariorum.** 6 solutiones. Summa universalis vadiorum ordinariorum, vestium officialium et presbyterii dd. cardinalium: 36025 fl. 317 l. 19 s. 8 d. parve, 4 l. 15 s. 2 d. tur. gross. arg.

---

[1] Petrus Natalis wird olim panatarius genannt.
[2] Vom 15. Dezember 1342 an genannt. Die Panatare sorgen, wie früher, für das Weißbrot und Tischobst.

13. (f. 148) pro pensionibus hospitiorum. *Nur eine Eintragung:*
1342 Okt. 22 Raymundo Iohannis pissonerio Auin. per manum d. B. Gaucelini, emptoris coquine, pro salario piscarie, ubi reponuntur pisces pape et conservantur, sibi debito et est sibi satisfactum usque 25. Dez. 25 fl.

NB. In Collect. 53 ist ein langes Verzeichnis aller in Avignon im ersten Pontifikatsjahre Klemens' VI. abgeschätzten Wohnungen enthalten. *(Vgl. Vatikan. Quellen II S. 603 f.)*

14. (f. 149) pro possessionibus emptis. *Nur eine Eintragung:*
1342 Sept. 1 in palatio Apost. Auin. de mandato pape fuerunt assignati magnifico viro d. Iohanni comiti Armanic. ratione compositionis cum eodem facte de iure et iurisdictione, quos asserebat se habere in castro de Montilliis dioc. Carpentorat. in comitatu Venaissini in presentia rev. patris domini camerarii et 4 clericorum camere Apostolice 14000 fl. de Flor. ponderis.

15. (f. 150 –164) pro helemosina pauperum. Geraldus la Tremoliera, administrator elemosine Panhote pape. *Die Verwaltung ähnlich wie früher.*

Schlußsumme: 10890 fl. boni 500 fl. de Aurasica 22 fl. de Pedimonte parvi ponderis, 200 d. ad angelum, 200 duplices de Francia, 41 s. 8 d. tur. gross., 22 l. parve Auin., 3 s. 4 d. provincialium, 34 s. parve mon. Francie preter 100 fl. 80 regales traditos per d. Iacobum de Broa.

16. (f. 165 -167) pro helemosina secreta. *Schlußsumme:* 5582$^1/_2$ fl. 171 l. 10 s. parve mon. Auin. 2 s. 1 d. tur. gross.

Einzelheiten.

(I. E. 195 elemosina) **1342** Mai 17 d. Geraldo Latremoliera . . . pro dandis et distribuendis amore Dei pauperibus religiosis civitatis Auin.: *die 4 Mendikantenorden erhalten je* 100 fl., *die 10 (11) Hospitäler erhalten, mit Ausnahme des ersten, welches* 40 fl. *empfängt, je* 20 fl., *nämlich* 1) hospitale Pontis Fracti iuxta olim libratam pape, 2) hosp. s. Benedicti, 3) hosp. Raimundi Guiffredi in librata d. cardinalis Albi, 4) hosp. s. Iacobi d[omi]nar[um] iuxta palatium Apostolicum, 5) hosp. vocatum Petitum in librata d. card. Yspani, 6) hosp. d. Iohannis Cabassole iuxta ecclesiam de Fenolheto, 7) hosp. dominarum iuxta portale Mataron., 8) hosp. de Caritate iuxta portale Ymberti, 9) hosp. Pauli de Sadon. iuxta Sorgiam, 10) hosp. portalis Ymberti, 11) hosp. s. Antonii.

(I. E. 202 f. 150 ss.) Die gewöhnlichen Ausgaben des Almosenhauses für Nahrung und Kleidung (wöchentlich 13 Tuniken verschenkt, an Festtagen weit mehr) der Armen, der elemosinarii *und* servitores *ähnlich wie früher, belaufen sich auf* 12—20 l. mon. Auin. *Dazu kommen außergewöhnliche Ausgaben für Hausgeräte und größere Einkäufe für Viktualien (Fische, Wein, Medizinen etc.), Transportkosten für Getreide, Kerzen, Reparaturarbeiten, Tuch- und besonders Getreideeinkäufe.*

Hiervon geschieden sind die Ausgaben für die **helemosine secrete**
(f. 165 ss.). G. Latremoliera *erhält monatlich, am 1. oder 2., zur Verteilung an die Hospitalarmen* 50 s., *ebenso an besonderen Kirchenfesten, wie früher.*

Der episcopus Regensis *erhält zur Austeilung der* elemosina secreta *monatlich* 100 fl.

Für die Tucheinkäufe der elemosina *vgl. den Abschnitt 6 Gewebe und Pelzwerk S. 212.*

Einzelheiten der elemosina secreta: *(f. 165)* **1342** Juli 20 de mandato pape ad relationem d. camerarii tradidimus d. Raymundo Ysoardi, sacriste ecclesie Auinion., in helemosinam pro reparatione altaris seu retroaltaris 100 fl.

Juli 26 d. episcopo Regensi pro helemosina pro capella facienda in altare b. Marie Magdalen. in s. Maximino 100 fl.

Dez. 21 de mandato pape d. Iacobo Garnoti per eum distribuendos omnibus ordinibus civitatis ac omnibus hospitalibus videl. Predicatoribus, Minoribus, Augustinis, Carmelistis, cuilibet eorum 50 fl., item s. Clare et s. Catharine 500 fl.

April 9 *demselben* pro helemosina dari consueta in festo Pasche omnibus religiosis civitatis Auin. et hospitalibus ac nonnullis aliis miserabilibus personis 400 fl. 124 l. parve.

Mai 18 de mandato pape distribuimus religiosis viris causa helemosine et pro die coronationis ipsius pro operibus in ordinibus faciendis: conventui Predicatorum Auin., conv. Minorum, conv. Carmelistarum, conv. Augustin. (*je* 100 fl.) 400 fl.

Am 15. April erhält zur Feier des Generalkapitels des Augustinerordens in Mailand fr. Raymundus de Franciscano, prior generalis prov. Tholose, 100 fl.

Desgl. am 21. April fr. Hugo de Ysidoro, prior conventus Paris., 100 fl. *zur Feier des Generalkapitels [der Prediger] in Paris.*

Desgl. am 22. April fr. Raymundus de Lados *zur Feier des Generalkapitels des Minoritenordens in Marseille.*

(I. E. 202 cera) **1343** Mai 14 d. Ludovico de Petragrossa nomine relig. mulierum dnarum abbatisse et conventus s. Verani prope Auin. de dono facto eisdem per papam pro clausura dicte abbatie 200 fl.

Gesamtausgaben
im ersten Pontifikatsjahre Klemens' VI. *(f. 168)*:

Summa universalis omnium solutorum per dd. thesaurarios in primo anno pape videl. in 10 mensibus: 128686 fl. boni, 722 de Pedimonte, 470 duplices de Francia, 300 d. ad angelum, quorum sunt 83 de primo et 217 de secundo cugnis, 2107 d. ad scutum, 717 ducati de auro, 100 ianuen. auri, 751 d. ad agnum, 8 l. 17 s. 11$^{1}/_{2}$ d. et $^{3}/_{4}$ tur. gross., 2525 l. 7 s. 2 d. parve Auin., 10 l. 9 s. 10 d. ob. parve mon. Francie,

3 s. 4 d. provinc.; preter predicta soluta fuerant per d. Iacobum de Broa 9820 fl., inclusis 583 fl. traditis per d. Raimundum Guitbaudi, 100 d. ad scutum 80 regales, 10 l. parve Auinion., 8 tur. gross.

Bilanz des ersten Jahres:

(f. 168) Facta autem deductione de receptis ad expensas predictas restat, quod debentur dd. thesaurariis: $29039^4/_5$ fl. boni, 370 d. ad agnum, 66 duplices de Francia, 714 ducati de auro, 100 ianuen. auri, 2390 l. 17 s. ob. mon. Auin., 3 s. 4 d. provincialium.

Dicti autem dd. thesaurarii debent facta deductione: 2410 fl. de Pedimonte parvi ponderis, 2383 d. ad scutum, 35 d. ad massam, 16 d. ad reginam, 1 d. ad cathedram, 1378 d. ad angelum, 555 d. ad leonem, 572 d. ad pavilonem, 1295 regales, 92 parisien. auri, 2811 duple de Yspania, 4 marabotini de auro, 75 d. ad coronam 39 l. 3 s. $2^3/_4$ d. tur. gross., 255 l. 18 s. 6 d. obol. arg. regis Roberti, 16 l. 3 s. 3 d. ob. arg. de 4 den., 177 l. obol. valesiorum, 15 l. 18 s. 10 d. obol. parve mon. Francie, 13 d. ob. sterlingorum, 5 s. basilien., 53 march. $6^1/_4$ unc. auri in laminis aureis ad pondus curie de 22 carattaribus, 214 march. $2^3/_4$ unc. argenti in vasis ad pondus Auin., 430 march. 4 unc. arg. ad idem pondus in 25214 tur. gross., 1 parvum vas pro crismate sine pondere [*nachträglich hinzugefügt:* restitutum fuit; de quibus marchis argenti fuerunt vendite 60 l. tur. gross. ponderis 244 march. $3^1/_2$ unc. pretio 1436 fl.[1]].

B. Systematisch geordnete Einzelheiten aus den verschiedenen Ausgabetiteln des ersten Jahres.

1. Chronikalisch wichtigere Nachrichten.

(I. E. 195 elemos.) Am 26. April 1342, dem Sterbe- und Begräbnistage Benedikts XII., werden 88 l. mon. curr. *für die Armen bestimmt, und zwar durch* Gerardus Latremoliera, administrator elem. Panhote pape, 48 l., *durch* Ioh. Prime, elemosinarius Panhote pape, 20 l. + 20 l. *Das Geld wird innerhalb der Novene des Sterbetages verteilt.*

(f. 18 extraord.) Mai 12 [. . .]lino de Gubio messagerio pro portandis quibusdam literis clausis Apostolicis dirigendis dd. Guillo Amici, ep. Apten., et Guillo de Nouirco, decano Lingolinen., sedis Apost. nuntiis in partibus Francie et Anglie, 12 fl.

Mai 14 Raboyro de Roys messagerio pro portandis lit. Ap. apud Lugdunum nobili et pot. viro d. Iohanni duci Normandie 7 fl.

---

[1] Hier wäre demnach der fl. zu 10 tur. gross. gerechnet und die Mark Silber zu rund $5^8/_9$ fl.

(I. E. 195 extraord.) Mai 15 de mandato pape Gobino de Montoys, equitatori regis Francie, qui venit ad papam cum quibusdam literis ex parte d. Iohannis ducis Normandie, 50 fl.

(f. 19) Mai 14 mag. Iohanni Lauenier al. de Parisius pro sepulcro fel. rec. d. Benedicti pape XII. 20 fl.

(f. 61) Mai 31 mag. Iohanni de Piris ymaginatori pro sepulcro Benedicti pape XII. faciendo 70 fl.

(panat.) Juli 2. Es werden 62 fl. 17 s. 6 d. *für Neuanschaffung von Weißzeug verausgabt* »pro festo facto per papam d. Iohanni de Francia«.

(I. E. 203 f. 144) Dez. 12 Iaqueto et Petrino de Cerdona apothecariis pro preparatura et rebus necessariis ad condendum corpus Benedicti s. mem., ne corpus ipsius ob fetorem inficeret circumstantes, 40 fl.

(cera) Mai 16 Petro de Cerdona pro labore et salario tam suo quam aliorum, qui condiderunt et sueverunt corpus Benedicti XII. in coriis bovinis, ut a fetore preservaretur, 15 fl.

(I. E. 195 extraord.) Mai 12 de mandato pape per d. Iohannem Auin. ep. et d. Iacobum de Broa archidiaconum de Lunaco in eccl. Biterren., thesaurarios pape, in presentia rev. patrum dd. Gasberti Narbonen. archiep., pape camerarii, et Hugonis abbatis s. Germani alias Angelicen., pape germani, ac dd. Guilli de Petrilia, Guilli de Bos et Iohannis de Amelio clericorum camere Ap., . . . dd. Petro Raimundi de Sauinhaco et Francisco Bedossii, clericis collegii . . . dd. s. Rom. eccl. cardinalium, recipientibus pro dicto collegio dd. cardinalium ex dono eidem collegio facto per papam de pecuniis in turri superiori repositis 108000 fl.

(f. 54 extr.) Mai 26 de mandato pape Ordineto de Napis, vayleto d. ducis Normandie, qui adportavit pape quasdam literas ex parte ducis, 50 fl. Pedemontis.

Iaqueto de Saychone, joculatori ducis Normandie, pro se et aliis 11 joculatoribus cum diversis ministris 80 fl. Pedemontis.

Mai 27 Petro Guilhoti de Morissono, joculatori d. Petri ducis Borboni, 5 fl. Pedim., G. Dassier, ministro sive joculatori ducis Borgundie, pro se et aliis 2 sociis 15 fl. Pedim.

Mai 28 Stephano de s. Arnulpho, servienti armorum regis Francie, qui portavit quasdam literas clausas bullatas ex parte pape dicto regi Francie et quibusdam aliis baronibus regni Francie, 100 fl. Pedim.

Juni 22 Gisberto Dalboy et Nicholao de Monteclaro, domicellis pape, pro expensis faciendis eundo apud Valentiam pro pace tractanda inter d. episc. Valent. et d. Ludovicum de Pictavis 40 fl.

(I. E. 202 f. 122 extraord.) Aug. 30 domini thesaurarii solverunt ad relationem d. camerarii nobili viro d. Guillo Rogerii, domino de Camborino, pro suis supportandis expensis (1000 fl. pro anno) p. m. magistri Petri Daualartz 500 fl.

1343 März 1 cum papa ordinaverit, quod nobili domicello Guillo de Turre dentur annuatim pro expensis 600 fl., solvimus p. m. Hugonis Gerada, domicelli sui, 200 fl.

Apr. 16 *desgl.* pro complemento stipendiorum 400 fl.

1342 Aug. 7 de mandato pape ad relationem d. camerarii fr. Barlan abbati s. Salvatoris Constantinopol., in curia legenti grecum, ratione helemosine pro 81 diebus 53 fl. 20 s. mon. Auin. (*Er erhält auch weiterhin täglich* 9 *tur. gross.*)

Desgl. fr. Narsesio archiep. Manesgarden.[1] similiter in curia legenti pro 81 diebus 35 fl. 21 s. 4 d. mon. Auin. (*Er erhält ebenfalls weiterhin täglich* 6 *tur. gross.*)

Sept. 28 d. episcopo Wormaciensi[2] pro vadiis 8 septimanarum (—21. Sept.) 43 fl. 15 d. parve.

(cera) Aug. 12 solverunt dd. thesaurarii fr. Iohanni Caysseti priori fr. Predicatorum Auin., ratione dampnorum illatorum dicto conventui et singularibus personis et fratribus dicti conventus tam in muris, plateis, domibus, claustro, ecclesia, refectorio, coquina, orto, arboribus etc. 1000 fl. de Flor.

Sept. 5 de mandato pape pro exequenda et complenda voluntate seu ordinatione facta olim per papam tempore sui cardinalatus de fundando 1 anniversario et 2 capellanias in monasterio Casa Dei 1000 fl.[3]

Sept. 15 pro dono facto de precepto pape Petro de Gremuciis, vigerio s. Andree et Ville Nove, pro se et servientibus suis pro servitio per ipsos impenso pape et familiaribus suis ac cortezanis, quamdiu stetit ultra pontem, 100 fl.

Sept. 18 pro dono facto d. Philippo, senescallo Provincie, pro d. rege Roberto per papam 1000 fl.

Sept. 20 Andree Lombardi pro se et sociis cum 12 navigiis eorum, in quibus papa et gentes sue ac res ipsorum transiverunt in regressu suo apud Auin., 4 fl.

1343 Jan. 3 de mandato camerarii dicto Benthiveni de societate Bardorum pro salario cuiusdam vaileti missi dno Guidoni de Calma et ipsius socio Paulo post recessum ipsorum de curia pro legatione eis de mandato pro tractatu pacis eundo inter ducem Lotheringie et comitem Barren. et portavit eis quasdam literas Apost. 10 fl.

Jan. 11 de mandato pape dno episcopo Tephelicen. (*Tiflis*) eunti ad d. regem Anglie 120 fl.

---

[1] Vgl. unten 2. Pontifikatsjahr B. 1.

[2] Über ihn vgl. oben 3. Buch S. 76, 2 etc. (Register).

[3] Für dieses in der Auvergne gelegene Kloster, in welchem Klemens VI. früher selbst Mönch gewesen war, hat der Papst in den folgenden Jahren noch viele Gelder bewilligt, für den Neubau des Klosters allein 10 000 fl. Im Vatikanischen Archiv Intr. Exitus 258 liegt noch ein dicker Quartband über den Bau des Klosters. Der damalige Prior hieß Bertrand Lafaya.

Febr. 4 cum nob. vir d. Arnaldus Deusa, vicecomes Caramanni et nepos f. rec. d. Iohannis pape XXII., peteret a papa 10000 fl. sibi concessos et legatos, ut asserebat, per d. Iohannem, et dns noster papa habita deliberatione super petitione ordinaverit, quod sibi darentur 5000 fl., solvimus *(ein für allemal)* 5000 fl.

1343 Febr. 7 fr. Iohanni Fentrerii ord. Predic. de s. Maximino pro 3 quint. 87¹/₄ lb. cere posite in ymagine pape facta et posita in ecclesia s. Maximini (9 agn. pro quint.) 34 agn. 16 s. 6 d. mon. et pro factura ymaginis 5 fl. et pro tabernaculo, ubi posita fuit dicto ymago, et pro pictura ipsius 7 fl., *zusammen* 51 fl. 4 s. 2 d.

Febr. 19 de mandato camerarii Bertrando de Aueri, domini Penestrini, et Stephano Raynardi, domini Tusculani domicellis, missis per ipsos dd. cardinales ad papam cum novis de treuga facta inter dd. reges Francie et Anglie cuilibet eorum 100 fl.: 200 fl.

Febr. 21 de mandato pape Aymerico Ganini domicello misso per d. ducem Borbonesii ad nuntiandum treugas factas inter dd. Francie et Anglie reges 120 fl.

März 4 de mandato pape pro 1 capella apud s. Maximinum facienda in honore Marie Magdalene 100 fl. *(vgl. oben S. 171).*

1343 März 17 d. cardinali Hostiensi de mandato pape pro reparatione pontis Auin. 230 fl.

Apr. 1 fr. Pontio, custodi capelle pontis Auin., pro salario nautarum etc. pro transitu pape et gentium et rerum suarum ultra pontem et pro regressu ipsorum 100 s. mon. Auin.

Apr. 21 d. P. Sainterii pro portandis reliquiis ultra pontem, quando papa ultimo fuit ibidem, 5 s. mon. p.

Mai 10 de dono d. regi Nauarre per papam facto 2000 fl.

(I. E. 202 f. 46ᵛ coqu.) **1342** Mai 21—29 in ista septimana comedit cum papa I. de Francia cum sua militia et facta fuerunt multa convivia.

1342 Dez. 16—22 in ista septimana fuerunt ambaxatores d. regis Francie cum papa.

1343 Jan. 27—Febr. 2 fuerunt hospites ambaxatores Rome, Delphinus, ambaciatores Francie et alii nobiles.

Febr. 3—10 fuerunt celebrati ordines per papam et comederunt omnes cardinales et consecrati et Dalphinus et ambaxiatores regis Francie et plures nobiles.

Febr. 17—23 fuerunt plures hospites et papa transivit ultra Rodanum.

Febr. 24 —März 2 fuerunt per ebdomadam 4 dni cardinales et ambaciatores regis Sicilie et equitavit papa.

Mai 4 - 11 comedit ter in ista septimana rex Navarre cum papa.

(panat.) **1342** Nov. 17 - 24: bis comedit cum papa dux Borbonesii et multi cardinales.

Nov. 30—Dez. 8 comederunt cum papa multi cardinales, ambaxatores regis Francie et alii nobiles.

1343 Mai 11—18 fuerunt [cum papa] rex Navarre et dux Lotoringie. Mai 18—25 fuerunt cardinales, ambaxatores regis Sicilie et alii.

(f. 81 marest.) Juli 26 Raymundo de Fondis, alias dicto le Bour de Galecot, pro cella equi, in quo equitat portando pavilhonem seu vexillum pape, et pro singulis et pestralibus coperiendis de escaleta etc. 2 fl. 11 s. 3 d.

(I. E. 242 f. 197v) Sequitur compotus ven. d. Ludouici de Petragrossa, procuratoris fiscalis pape, commissarii deputati de mandato eiusdem ad solvendum emendam damnorum datorum per curiales in vineis et racemis vinearum hominum de Ultra Rodanum videl. de anno 1342, iuxta estimationem factam per d. Iohannem Durandi decanum ecclesie b. Marie de Villanova, Petrum de Graminis, vicarium eiusdem loci de Villa Nova, et certos alios probos viros iuratos: pro emenda dictorum racemorum facta 77 hominibus diversis iuxta extimationem factam per superius nominatis, saumata racemorum taxata ad 20 s. et 1 fl. = 50 s.) 235 l. = 94 fl.

Item pro emenda facta 16 hominibus de Ultra Rodanum pro dampnis eis datis per gentes curiales in terris ipsorum sitis subtus hospitium dni † Neapoleonis cardin. a capite pontis usque ad cimiterium ecclesie s. Pontii uxta estimationem factam 111 fl.

1a. Botenlöhne 1342/43.

(I. E. 203 cera) Okt. 17 de mandato camerarii Colino de Poissiaco messagerio eunti ad d. regem Francie cum litteris pape 9 fl.

Okt. 17 *desgl.* Peroto de Vinea messagerio eunti ad d. Beluacen. cum literis bullatis pape et debet esse apud Agenesium infra 5 dies 6 fl.

1343 Mai 7 Iacobo Malabaille pro quodam alio nuntio misso Parisius ad episcopum dicti loci per papam 23. Apr. et debuit ibidem esse in 5 diebus 18$^1/_2$ fl.

Eidem pro alio nuntio misso ad d. Francie regem de mandato pape 26. Apr. 10 fl.

Eidem pro quodam nuntio de mandato pape misso Aurelianis 7. Sept. (1342) et debuit facere viagium in 4 diebus ex causa creationis d. Guilli Iudicis cardin. 20 fl.

2. Päpstliche Beamte.

(I. E. 202 f. 132 ss.) Erste Zahlung unter Klemens VI. ausnahmsweise für 14 vorhergehende Wochen am 3. August (27. April—3. August) für 98 Tage »de quibus deducuntur pro tempore vacationis, quod fuit 10 dierum, medietas dicti temporis 10 dierum servitoribus antiquis et sic restant 93 dies« (1 fl. = 22 s.).

Cancellarie pro 88 diebus non computato tempore vacationis 305 fl. 11 s. 11 d.

Correctori pro dicto tempore 42 fl. 18 s. 2 d.

D. H. Rogerii marescallo iustitie pro 77 diebus terminatis 17. Juli (3 fl. 9 s. 9 d. pro die) 265 fl. 9 s. 11 d.

22 servitoribus marescalli pro 93 diebus et uni pro 65 diebus (18 tur. p. bon. pro die, 1 fl. = 13 s.) 243 fl. 13 s. 10 d.

Magistro in theologia [rectori palatii] pro 88 diebus 57 fl. 15 s. 10 d.

13 penitentiariis[1] pro 93 diebus et 1 pro 21: 542 fl. 75 s. 10 d.

9 capellanis[2] pro 88 diebus non computato tempore vacationis et 6 pro 92 diebus: 492 fl. 49 s. 1 d.

4 clericis: 2 pro 93 et 2 pro 92 diebus: 231 fl. 75 s. 10 d.

3 bullatoribus pro 88 diebus non computata vacatione 150 fl. 6 s.

Iohanni de Seduno, clerico capelle, pro 88 diebus 20 fl. 17 s. 10 d.

Egidio Vagnelli, socio suo noviter recepto, pro 21 diebus 4 fl. 22 s. 7 d.

Ademario de Agrifolio, Vignerio, Geraldo de Leschemel, magistris prime porte, cuilibet pro 21 diebus 10 fl. 4 s. 7 d., *zusammen* 30 fl. 13 s. 9 d.

P. de Podensaco, G. de Marguarita, Aymerico de Boichan, Galhardo de Mazerolis, Lello de Columpna, Iohanni de Hospitali, custodibus secunde porte, (pro 21 diebus cuilibet) 60 fl. 27 s. 6 d.

Geraldo Lauenha, Arnaldo Comarci, P. Bessiera, Bertr. de Verulhola, P. Fernandi, custodibus tertie porte, (cuilibet pro 21 diebus) 50 fl. 22 s. 11 d.

Item S. de Ludovico pro 8 sept. 27 fl. 4 s. 4 d.

P. Lauerulha, Aymerico de Cocello, Roberto de Bailh. alias de Caslucerno, custodibus quarte porte, (cuilibet pro 21 diebus) 30 fl. 13 s. 9 d.

9 hostiariis minoribus, cuilibet pro 93 diebus dempta 1 die pro toto, 216 fl. 21 s. 7 d.

Item 3 aliis noviter receptis, cuilibet pro 21 diebus et 1 alteri pro 15 diebus, 18 fl. 47 s. 1 d.

---

[1] Als Penitentiare etc. werden genannt I. E. 207:
    f. 5 Ioh. Fabri pape penitentiarius
    f. 6v Ioh. Engilberti penitent. pape, sein Bruder Guills serviens armorum
    » d. Petrus de Besseto, confessor pape
    9/9 mag. Ioh. Regis scriptor penitentiarie pape
    11/9 fr. Petrus Abo de Dacia penitent. pape
    15/9 magistri Bertr. de Garrigia \} scriptores penitentiarie
          Ioh. de s. Stephano
    15/8 (f. 9) fr. Arnaldus de Luzegio penitent. pape
    f. 9v fr. Petrus de Salo scriptor penitentiarie pape
    f. 10v Guills de Taornhaco scriptor penit.
    f. 25 1343 6/8 fr. Petrus de Besseyo penitent. pape.

[2] Als magister capelle pape wird genannt (I. E. 202 f. 97) d. Petrus Sainterii (Sinterii).

54 servientibus armorum cuilibet pro 93 diebus et 1 pro 56 diebus ac computato 1 tur. arg. pro singulis diebus pro senescallo ipsorum 1479 fl. 23 l. 7 s. 2 d.

Iohanni de Blaiaco, servienti armorum, pro 8 septim. 17 fl. 2 s. 8 d.

Augerio Ribiera servienti armorum pro 90 diebus 26 fl. 14 s.

50 cursoribus pro 93 diebus et certis pro 85 diebus 700 fl. 19 s. 6 d.

Iohanni Amioti, porterio, noviter recepto pro 18 diebus et Iacobo de Verduno socio suo pro 10 diebus 3 fl. 27 s.

5 palafrenariis, cuilibet pro 93 diebus, et Miqueleto noviter recepto pro 9 diebus 66 fl. 4 l. 15 s. 9 d.

Nobili viro d. G. de s. Amantio militi, magistro hospitii, ad vadia 12 tur. gross., pro 21 diebus 18 fl. 14 s. 7 d.

Nicholao de Monte Claro domicello, magistro quoquine, ad vadia domicellorum pro 21 diebus 10 fl. 4 s. 7 d.

d. B[ernardo Gaucelini] emptori coquine ad similia vadia pro 21 diebus 10 fl. 4 s. 7 d.

d. B. de Malo Boichone, scriptori coquine, ad vadia 2 tur., pro 21 diebus 3 fl. 2 s. 5 d.

Helie de Auxonio, domicello, portitori aque, pro 21 diebus 10 fl. 4 s. 7 d.

1. famulo portanti aquam (1 tur. pro die) 1 fl. 13 s.

mag. Iohanni, coquo antiquo, Iohanni Costel, Symoni de Ruello, pro 21 diebus ad vadia domicellorum, 30 fl. 13 s. 9 d.

B. alteri coquo ad rationem servientium 6 fl. 4 s. 10 d.

3 brodariis pro 21 diebus (2 tur. arg. pro die) 9 fl. 7 s. 3 d.

d. Geraldo Fornerii presb., custodi cere, pro 21 diebus 6 fl. 4 s. 10 d.

d. Geraldo de Terno et P. de Vaissella, buticulariis, pro 21 diebus (4 gross. pro die) 12 fl. 9 s. 8 d.

Guillo Bellifilii et Bernardo Garnerii, panetariis, pro 21 diebus (4 gross. pro die) 12 fl. 9 s. 8 d.

Dnis Stephano Seguini, Stephano Ancelmi, Iohanni de Florentia, R. Rainaldi, phisicis; magistris Petro Augerii, Iohanni de Ianua, surgicis, ad rationem domicellorum pro 21 diebus 60 fl. 27 s. 6 d.

Magistris Petro Ginani, Petro Luppi, Iohanni de Pistorio, regestratoribus petitionum, cuilibet pro 21 diebus (3 gross. pro die) 13 fl. 22 s. 10 d.

Domicelli (*erhalten für 21 Tage jeder* 10 fl. 4 s. 7 d.).

1) Aymericus de Postello 2) Ancellotus 3) G. de Montanhaco 4) Helias de Lecrangis 5) G. de Malomonte 6) G. de s. Exsuperio 7) Guillelmus de Valle Bona 8) G. de Manhaco 9) Pontius de Andirano 10) R. de Pirusaco 11) B. de Lodos 12) Raterius de Cusorno 13) Ludovicus de Scorola 14) Bertr. de Vairaco 15) P. de Cornolio 16) G. Ducello 17) Ger.

de Donzenaco 18) socius suus 19) R. de Gardia 20) Galterus Alberti 21) Ioh. Gerardi 22 – 24) 3 scutiferi dni de Cambonio 25) P. Bertrandi barbitonsor 26) H. de s. Ypolito 27) Naudinus de Fioraco 28) Talairandus de Vernosio 29) H. Rogerii 30) Bosus Quintini 31) Borcardus Laragin 32) H. de Bella Gardia 33) Gaston de Postilhaco 34) Symon de Ruppe Canardi 35) Guillo de Laudiaco 36) P. Stephani 37) G. de Putheo 38) Iohanni Daura 39) Gilbertus dal Boys domicello, magister marestallie 40) Thomas marescallus equorum.

NB. *No. 26—38 erhalten Stipendium für weniger als 21 Tage.*

Capellanis intrinsecis.

dd. 1) Petro Santerii 2) Iohanni de Nobiliaco 3) Radulpho Ricardi 4) G. de Flandria 5) Matheo dicto Volta 6) Radulpho Tafardi, presbyteris 7) Symoni Mauricii 8) Iohanni Lou Camus, cuilibet pro 21 diebus 9) dd. Iohanni Detregos 10) Iohanni de Sinemuro 11) Nicholao de Nasiaco, cuilibet pro 8 diebus (4 tur. gross. pro die) 54 fl. 64 s. 8 d.

Colineto, clerico capelle intrinsece (2 tur. gross. pro die) 3 fl. 2 s. 5 d.

d. Iacobo Garnota, lectori biblie, 6 fl. 4 s. 10 d.

custodi carceris curie pro 93 diebus 34 fl. 8 s. 2 d.

d. Iacobo de Broa olim thesaurario pro 72 diebus (100 l. bon. tur. parv. pro anno): 30 fl. 8 s.

R. carrerario pro 98 diebus 7 fl. 5 s. 8 d.

Bartholomeo, custodi servorum, pro 93 diebus 15 fl. 2 s. 4 d.

d. Bernardo de Escossaco, custodi vaselle, pro 15 diebus (4 tur. gross. pro die) 4 fl. 10 s. 3 d.

R. de Iuquo dicto de Mundoya pro 8 diebus 3 fl. 18 s. 11 d.

Geraldo de Champier pro 19 diebus 4 fl. 8 s. 5 d.

Die Namen sind in der Mehrzahl ganz willkürlich geschrieben und weichen daher bei den einzelnen Zahlungen sehr voneinander ab.

f. 112 Dez. 4 wird noch genannt: Raynaldus Textoris clericus, custos cere, *f. 112v:* Guillelmus Bordille, ianitor prime porte. *Als päpstlicher Baumeister erscheint (f. 114v)* Raymundus Guinibaudi *mit besonderer Verwaltung und Rechnungsablage.*

Anhang: *Der Kamerar erteilt den Kardinälen und Beamten der Kurie, sowie einzelnen Gästen,* ***Provisionsbriefe***[1] *zum Empfang von Getreide, Wein, Holz, Stroh, Heu aus den Vorräten der apostol. Kammer während des Pontifikats Klemens' VI., s. Intr. et Exitus 207 (nach dem Monatsdatum geordnet).*

Beamtennamen hieraus:

1342 22/6 Petrus Fabri auditor palatii } capellani dni cardin. Albanen.
Bernardus Raterii

---

[1] Über die Bedeutung dieser Provisionsbriefe, die unentgeltlich verabfolgt wurden (als Viktualienzahlung), später Näheres.

13/7 Guills de Petrilia
2/9 Guills de Bos } clerici camere Apostol.
Michael Ricomani
8/7 Franciscus de Aquila in Rom. curia advocatus
22/7 Bernardus de Turre capellanus pape
8/8 Petrus Manciraci capell. commensalis pape
18/8 Fredericus de Bardis de Florentia capell. pape
6/8 Petrus Synterii, Ioh. de Tregos capellani capelle pape
20/8 Karlinus de Cremona in Rom. curia advocatus officialis pape
23/8 Manuelis de Flisco notar. pape
7/9 Raynaldus de Ursinis notar. pape
Sept. 4 d. Raimundus de Marcellenchis scriptor pape.
4/9 Steph. de Malesset cambrerius pape
6/9 Petrus de Mennaco regestrator lit. Apost.
9/9 mag. Steph. scriptor pape
31/8 mag. Henricus de Scribanis dictus de Ast dr. leg. advoc. in Rom. curia
22/8 Alanus de Gars auditor
4/9 d. Ioh. Cortoys scriptor pape
11/9 d. Bernard. Hugonis de Cardalhaco auditor palatii
6/9 d. Thomas Fastolfi auditor palatii
(f.9) 16/9 Petrus de Campanhaco scriptor pape
15/9 Iacobus de Placentia capellanus pape
18/9 Petrus Margarite scriptor pape
(f.12) 20/9 Arnaldus Fabri scriptor pape
2/10 mag. Robertus de Adria scriptor et abbreviator pape
3/10 Iacobus de s. Victoria capellanus commensalis pape
30/9 Raynaldus protonotarius pape
5/10 d. Helias abbas s. Florentii gerens vicecancellariam
(f.14) 12/10 Ludovicus de Petragrossa procurator fiscalis pape
16/10 Arnaldus Geraldi scriptor
18/10 d. S. de Pino abbas Dauracen. auditor curie camere
18/10 H. de Roca miles et marescallus pape
28/10 d. Radulphus Richardi } capellani capelle pape
Guills de Flandria
10/11 d. Petrus de Cannis scriptor et officialis pape in cancellaria
(f.17) 4/12 d. Iohannes de Amelio clericus camere pape
1343 März 17 (f. 19v) d. Sauxius Canalis dr. decr. prepositus ecclesie Agaten. auditor d. Ademarii tit. s. Anastasie presb. card.
(f.20) 28/3 Guido de Combornio archidiac. Vallispini in ecclesia Elnen. pape subdiaconus
Guischard de Combornio miles familiaris pape

³⁰/₄   d. Guills de Lhugato corrector literarum Apost.
(f.25) ⁵/₉ d. Raynaldus de filiis Ursi notarius
(f.26ᵛ) ⁶/₉ Bernardus Hugonis auditor palatii
(f.29) ¹⁹/₉ mag. Steph. de Foresta scriptor pape
       ¹⁹/₉ Girbertus Delboy mag. marestalle
(f.30ᵛ) ²⁰/₉ d. Dur. de s. Salvatore auditor palatii
       ²⁴/₉ d. Guills de Veyraco regestrator pape
       ¹/₁₀ mag. Alquerius scriptor pape
(f.33)   Guills Barre porterius pape
(f.34ᵛ) ¹⁸/₁₁ B. de Scossaco custos vacelle, Guills de Bordis lector biblie pape
1344 ⁹/₆ (f. 39ᵛ) Stephano de Chaulagueto capellanus capelle intrinsece
       ²⁷/₆ G. de Pusterla capellanus commensalis
(f.41) ²⁷/₇ d. B. Hugonis auditor palatii

3. Getreideeinkäufe.

(*I. E. 202 f. 163ᵛ elemos.*) **1342** Okt. 4 Colino de Novavilla, Iohanni de Podiovillaci, Paulo Bessi, Stephano de Carnaco, G. de Gredissi Leonis, Iohanni Malenutriti, Iohanni dicto Baltazar de Mediolano, Aubertino le Compte, Iohanni Biterrita, pistoribus Auinion., pro 1000 saumatis annone ab eisdem emptis per d. Geraudum La Tremoliera ad opus Panhote (*je* 22 tur. gross.) 91 l. 14 s. 4 d. tur. gross. in 1833 fl. 4 tur. gross.

1343 Febr. 13 Guillelmo de Saluertis alias dictus Niger de Mediolano et Iohanni Riquerii pro 2000 salmatis grossis frumenti emptis ab eo et receptis per d. G. La Tremoliera, administratorem helemosine Panhote pape, pro usu Elemosine (2 fl. pro saumata) 4000 fl.

Mai 15 Iohanni Riquerii, mercatori Auinion., pro 1000 saumatis frumenti emptis ab eo pro usu Panhote et receptis ab eodem per d. G. Latremoliera, administr. etc., (2 fl. pro saumata) 2000 fl.

(*f. 164ᵛ*) Mai 18 facto computo cum fr. Bernardo Petri, helemosinario Pinhote, de blado empto tam apud Cabilonem, apud Suram, apud Verdunum quam apud Lugdunum computat emisse 500 saumatas frumenti sub diversis pretiis: 2500 l. turon. parve Francie; pro emptione 35 saumatarum fabarum emptarum in Valencia (5 l. 17 s. 4 d. pro saumata): 205 l. 6 s. 8 d.; 16 bichetorum de pisis (4 l. pro bicheto) 64 l.; pro ponendis dictis bladis et leguminibus in navigiis 14 l. 5 s. 2 d.; expendisse cum 2 equitaturis in 42 diebus 56 l. 17 s. 6 d.; pro emptione 28 saccorum 6 mapparum 4 longiarum pro usu Pinhote 25 l. 4 s., pro navigio et portu omnium premissorum Auinionem portatorum 166 l. 13 s. 6 d.

Summa 3103 l. 2 d. mon. Francie in 500 fl. auri de Auraica (1 fl. = 50 s. mon. Francie), 200 d. ad angelum (1 d. = 4 l. 10 s. mon. Fr.),

200 duplicibus de Francia (1 dupl. = 4 l. 10 s.), 22 fl. de Pedimonte (1 fl. de Pedim. = 48 s.), 4 s. 2 d. mon. Francie.

Pro exonerandis bladis de Rodano, ubi fuerant submersa et perdita, pro portu ad domum Predicatorum et reportandum ad domum Pinhote cum salario navigiorum et hominum necessariorum 26 l. 2 d. mon. Auin. et 12 fl.

(f. 162v) **1342** Okt. G. Latremoliera computat emisse 348 saumatas grossas de 10 eminis (mens. Auin.) frumenti (20^1/$_2$ tur. gross. pro saumata) 594^1/$_2$ fl.

4. Weinanschaffungen.

(I. E. 195 but.) Juli 5 d. Geraldo de Turno presb., buticulario pape, pro portandis per aquam 47 botis plenis vino de Villanova usque Auin. et extrahendis de cellario et ponendis in navigio usque ad portum Rodani Auin. 4 l. 14 s. mon. et pro portatura 104 botarum plen. vino de domo Predicatorum Auin. usque infra palatium pape cum loguerio cadrigarum (4 s. pro bota) 35 l. 8 s. et pro dictis 47. botis portandis de dicto portu Rodani usque ad domum domini de s. Iohanne et ponendis in cellario 4 l. et pro botis vini de s. Portiano[1] et de Beuna adportandis de Villanova usque ad palatium pape per aquam 39 s. etc., *zusammen* 43 fl. 15 s. 1 d. mon.

Juni 16 *und* 21 pro provisione vinorum de Nemauso 400 scud. 500 fl.

(I. E. 202 f. 165) **1342** Nov. 17 facto computo de vinis de Palhacia ministratis per administratorem eiusdem prioratus de Palhacia fuit repertum: pro circulis et amarinis 32 l. 12 s., magistris pro parandis 78 botis et pro 70 dietis (6 s. pro dieta) 21 l., pro salario saumatariorum et animalium portantium racemos ad claustrum 25 l. 5 s., pro bodiis, clavellis et meianis 30 s., pro 26 dietis hominum calcantium racemos (2 s. pro die) 52 s., pro 9 dietis (je 20 d.) 15 s., pro candelis 50 s., pro portandis botis de Rodano ad claustrum, pro scutellis, papiro, cepo pro distratu, lagenis, processis, vitris, stupis et sarriis 75 s. 1 d., pro salario scriptoris decime 5 l. 7 s., pro salario decimarum 4 l. 12 s., salario distratorum (districtorum) 6 l., pro ferris saumatariorum pape et 1 singulo pro saumeriis 18 s. 7 d.; 20. Aug.—17. Oct. pro carnibus, caseis, oleo pro expensis faciendis vindemiatoribus 19 l. 18 d.

Pro retinendis et reducendis 54 botas vini, quas inundatio Rodani de portu levaverat et ad diversa loca transtulerat (pro salario nautarum et aliorum hominum) 11 l.

Summa expensarum pro vinis de Palhacia 136 l. 18 s. 2 d. mon. Francie in 55 fl. 14 s. mon. Auin. (1 fl. = 49 s. und 50 s. mon. Francie).

---

[1] S. Portiani = St. Pourçain, Hauptort des Kantons Allier, Arrond. Gannat.

Dez. 28 facta ratione cum gentibus prioris de Geligniaco (B. Geliniaco) dioc. Claromon. de vinis emptis per dictum priorem in villa de s. Porciano: 25 tonelli vini de s. Porciano (à 11 l. *mit Ausnahme eines* tonellus, *der* 13 l. *kostet*), *zusammen* 277 l.; pro portu 8 tonellorum de s. Porciano usque Cabilonem (10 l. 5 s. pro petia) et pro 17 aliis tonellis (à 11 l.), *zusammen kostet die Fracht* 268 l. 10 s. mon. debilis de Francia.

1343 März 24 P. Gasqueti, serviens armorum et buticularius pape, computat de 757 saum. 1 banastone racemorum apud Nemausum pro diversis pretiis et a diversis personis emptis 1032 l. 8 s. 10 d. mon. Francie (*zu Wein verarbeitet*).

Desgl. apud Nemausum pro 17 doliis vini, que continebant 180 sextaria vini (30 s. pro sextaria) 270 l., pro dictis vinis extrahendis de cellario 20 s., pro portandis de Comps apud Villam Novam et postea ad cellarium et de Nemauso ad Comps etc. 37 l. 10 s. et pro 27 botis vacuis 30 fl.

Mit allen Auslagen kosten die apud Nemausum *gekauften Weine* 659 fl. 47 s. 10 d. mon. Francie (1 fl. = 50 s. mon. Francie).

Desgl. apud Bellicadrum pro 661 saum. racemorum (30 s. pro saum.) 991 l. 10 s.; hominibus, qui misuraverunt somatas 11 l. 16 s. 3 d.; illis, qui calcaverunt et trulhaverunt, 18 l. 19 s. 1 d.; pro logueriis cellarii, tinorum et torcularum, candelis et oleo 19 l. 10 s.; pro 73 doliis plenis portandis de cellario ad ripam Rodani 35 s.; de Bellicadro usque Auinionem 43 l. 16 s.; pro 2 botis novis vacuis 5 l.

Im ganzen kostet dieser Wein 1183 l. 8 s. 4 d. mon. Francie = 473 fl. 9 s. mon. Auin.

Desgl. apud Lunellum pro 2487 quint. 39 lb. racemorum (8 s. pro quintali) 994 l. 18 s. 3 d.; 7 modiis vini pro doliis adulandis (11 l. pro modio) 75 l.; 22 saum. vini datis nautis ad portandum 33 l.; $2^{1}/_{2}$ modiis vini muscatelli empti in Malgorio (13 l. pro modio) 32 l. 10 s.

Im ganzen für Herstellung (im Herbst 1342) und Fracht dieses Weines nach Abzug von 210 l. 16 s. pro 12 botis vini, quas habuerunt dd. marescallus et Guill[s] de s. Amantio, 1332 l. 2 s. 3 d. mon. Francie 13 l. 10 s. mon. Auin.; *mit der Fracht der Weine* de s. Porciano et de Belna: 1343 l. 10 s. 3 d. mon. Fr., 32 l. 16 s. mon. Auin. $2^{1}/_{2}$ fl. = 566 fl. 6 s. 9 d. mon. Auin.

Im ganzen erhielt P. Gasqueti: von dem früheren Thesaurar Jakob de Broa 1000 fl. in 400 scud. et 500 fl. *und von den jetzigen Thesauraren* 1555 fl. 11 s. 6 d. mon. Auin.

April 9 facto computo cum Guill[o] Barra de vinis emptis apud Nemausum pro papa pro 32 botis grossis plenis vino 508 l. 11 s. 8 d. monete Francie 11 l. 4 s. mon. Auin. in 116 duplicibus de Francia, 7 s. 3 d. mon. Auin.

März 24 facto computo cum d. Berengario Sorelli de vinis emptis apud Belnam et Guiternum dixit se solvisse apud Belnam pro 23 tonellis grossis emptis a diversis personis et diversis pretiis 708 l. 14 s. 2 d. mon. Francie; pro extrahendis de cellario et portandis de Belna usque ad portum de Chrivertz (?) et deinde usque Cabilonem et postea Auin. 78 l. 12 s. 6 d. 23 fl. Apud Ginternum 15 dolia grossa vini pretio 350 l. 6 s. 6 d.; pro extrahendis et portandis de cellario per terram apud Cabillonem et postea usque Auin. etc. 45 l. 2 s. 15 fl. Pro 6 tonellis datis pape per d. episcopum Cabillon. portandis Auin. 6 fl.

Im ganzen verausgabt für diese Weine 1208 l. 12 s. 4 d. mon. Francie, 68 s. mon. Auin. 47 fl. in 533 fl. 5 s. 8 d. mon. Auin.

März 27 Iohanni Gassatam (B. Cassetan) de Vernachia dioc. Lunen. pro 1 bota vini de Vernachia pro hospitio pape per relationem magistri hospitii 40 fl. in 48 l. mon. Auin.

April 9 *(f. 69v)* facto computo cum Guillelmo Baroa de vinis emptis apud Nemausum pro papa: pro 32 botis grossis plenis vino emptis ibidem *(mit allen Unkosten)* 508 l. 11 s. 8 d. mon. Francie 11 l. 4 s. mon. Auin. in 116 duplices de Francia 7 s. 2 d. mon. Auin. (1 duplex = 42 s. 10 d. mon. Auin.).

April 15 *(f. 70)* compotus de expensis factis per Iohannem Vaquerii pro vinis emptis apud s. Porcianum: 16 pipe de s. Porciano *(je* 10 l.) 160 l. mon. Francie; 4 pipe *(je* 9 l. 15 s.) 39 l.; pro replendis predictis emit 2 pipas: 10 l. Pro portu de loco s. Porciani usque ad locum de Cabilone (13 l. pro pipa sive bota) 274 l.; pro religandis vasis et extrahendis de celariis ac reimplendis, postquam fuerunt vasa onerata, 4 l. 10 s.; Stephanus Amblardi de Claromonte expenderat eundo de Claromonte apud s. Porcianum et stando pro dictis vinis emendis 76 s., pro portu pecuniarum de Claromonte usque ad s. Porcianum 30 s.; computat solvisse valleto custodienti vina et conducenti, 1 carpentario, 1 valleto, qui reduxit 1 ronsinum de Cabilone apud s. Porcianum, et pro portandis literis regiis 10 l. 10 s., pro salario domus, in qua dicta vina fuerunt reposita apud Cabilonem, et pro portandis vinis ad portum et honorandis 42 s. 6 d., pro naulo dictorum vinorum usque apud Auinionem (52 s. 6 d. pro bota sive pipa) 52 l. 10 s., pro certis pedagiis veniendo Auinionem 75 s.; valleto, qui custodivit vina per 16 dies in Cabilone, 64 s., pro expensis factis per ipsum Iohannem et eius famulum in 17 diebus veniendo Auinionem 8 l. 10 s., pro expensis per ipsum factis in 6 diebus stando apud Auinionem et pro 6 diebus redeundo apud s. Porcianum et pro salario 1 famuli pro 2 mensibus et pro navigio conducendo de Auinione ultra Rodanum 17 l. 5 s.

Summa 590 l. 12 s. 6 d. mon. Francie in 225 fl.

Weinanschaffungen für die Elemosina.

(*I. E. 202 f. 162 elemos.*) Geraldus [Latremoliera] computat emisse de anno 1342 de mense Sept. a preposito insule Venessini 120 saumat. vini (10 s. 6 d. parve Auinion. pro saumata et ultra pro tota 10 d.): 63 l. 10 d. parve mon. Auin. *Ferner* in s. Spiritu 222 saum. vini 195 l. 18 s. 6 d. Francie; item dicit se emisse in Castro Montilii Ademarii 335 saumatas vini: 245 l. 16 s. mon. Francie; pro portu vinorum Montilii usque ad Rodanum et pro expensis familie 39 l. 5 s. 2 d. mon. Francie.

Summa vinorum 677 saum. (ascendit saumata ad 18 s. 3 d. parve Francie minus pro toto 7 pictas).

5. Vieh- und Fleischeinkäufe, Fische.

(*I. E. 202 f. 49 coq.*) **1342** Juli 29—Aug. 4 pro 21 porcis salsis ponderis 17 quint. 34 lb. (55 s. pro quint.) 47 l. 13 s. 10 d. (1 fl. = 24 $^1/_2$ s.).

(*f. 55*) **1343** Jan. 22 porci 44 fl. Pedim. 3 s. mon. Franc., 18 porci (2 $^1/_4$ fl. pro porco) 40 $^1/_2$ fl., 2 porci (2 $^1/_4$ fl. 5 gross. pro porco), 51 porci empti apud Endusiam 113 fl. 10 gross. 2 s. 6 d. Francie, 4 porci pingues empti apud Banhols 13 fl., 26 porci empti apud Carpentorat., qui fuerunt dati dd. cardinalibus, sub diversis pretiis 43 fl. 8 s. mon. Auin. (1 fl. = 24 s. 4 d.). Pro salario carnificum, mulierum et aliorum, qui paraverunt dictos porcos, 11 l. 12 s. 2 d.

Im ganzen kosten diese 123 Schweine und ihre Zubereitung 304 fl. 11 s. 2 d. mon. Auin.

1342 *Weihnachten* 48 lepores dati cardinalibus 12 l. mon Auin. = 9 fl. 19 s. 6 d.

1343 Apr. 27 mutones dati 25 cardinalibus, camerario et aliis pro festo Pasche 27 l.; 50 eduli dati eisdem 20 l.

(*marestalla*) **1342** Juli 26 Gilberto Dalboy, servienti armorum d. regis Francie, pro 2 equis, quorum 1 fuit in Francia ductus et alius ad portandam aquam in coquina, 58 fl.

Fischeinkäufe 1342/43.

(*I. E. 202 f. 61^v coqu.*) **1342** Dez. 6 facta ratione cum Iohanne Rostagni, serviente armorum, et Bertrando Amelii, cursore pape, de piscibus emptis in partibus Burgundie pro papa computaverunt pro luciis, barbellis, scarpis, anguillis et aliis piscibus tam parvis quam magnis necnon expensis 793 l. 2 s. monete Francie in 154 dupl. auri de Francia 2 s. mon. Francie (1 duplex = 4 l. 10 s. mon. Francie).

(*f. 62^v*) **1343** März 22 Aldebrando Lando pro 50 magnis luciis (2 $^1/_4$ fl. pro lucio) et aliis 50 luciis (1 fl. pro lucio) 162 $^1/_2$ fl.

Mai 8 facto computo cum gentibus Iohannis Barioci (B: Barorcoci) de Belna de piscibus emptis in illis partibus Burgundie pro provisione pape: 111 lucii, 110 scarpe, 2 bramae, 1 anguilla, 110 loce, *zusammen*

120 fl. 18 s. mon. Francie, *desgl.* 100 lucii, 22 carpe, de quibus fuerunt mortui 12 lucii, 96 fl. 26 s. mon. Francie.

(*I. E. 202 f. 45ᵛ coqu.*) **1342** Mai 14—21 . . . pro sturionibus . . . datis d. duci Normandie *(ohne Sonderpreis).*

(*I. E. 203 cera*) **1343** März 20 Hugueto Corelli de Valentia pro 2 parvis navigiis pro fustinanda botica, in qua portati fuerunt lucii de Lugduno, 10 fl.

Apr. 5 Raymundo Bernardi cursori pro 41 averibus de Romania ad opus fornellorum camere et aule pape (12 d. pro avere) 51 s. mon. Auin.

In coquina, passim *werden gekauft* mugones, lupi deaurati, rogeti, langusti, barbelli, truiti, lucii, vairati, sturiones, lochi, strauinii, sardelli et alii pisces marini et aque dulcis cranicii.

6. Gewebe und Pelzwaren, Kleidung.

Anschaffung von Weißzeug.

(*I. E. 195 panat.*) **1342** Juli 2 d. Petro Nathalis, olim panatario, pro mapis, longeriis etc. emptis pro festo facto per papam dno Iohanni de Francia: pro 18 tobaliis de opere Parisien. continentibus 54 cann. (4³/₄ tur. gross. pro canna) 21 fl. 3¹/₂ tur. gross. Pro 30 longeriis de eodem opere continentibus 94 cann. (2¹/₄ tur. gross. pro canna) 18 fl. 7¹/₄ tur. gross.; pro 12 manutergiis de eodem opere continent. 18 cann. (2¹/₂ tur. gross. pro canna) 3 fl. 6 tur. gross.; pro 12 mapis de Burgundia contin. 38¹/₂ cann. (3¹/₄ tur. gross. pro canna) 10 fl. 5 tur. gross.; pro 15 longeriis de eodem opere contin. 18 cann. 2 palm. (1¹/₂ tur. gross. pro canna) 6 fl.; pro 2 peciis tele contin. 4 cordas tele pro davantalibus et dressatoriis coquine (16 s. pro canna) 64 s. mon. curr., 3 canastellis pro portandis mapis 6 s. *Zusammen* 62 fl. 17 s. 6 d.

(*panat.*) Juli 3—8 pro 16 manutergiis pro papa de opere Tornacensi 8 fl.

Kleider, Stoffe und Pelze.

(*I. E. 195*) **1342** Juni 14 mag. Guillelmo Robini sartori pro factura primi mantelli de squarlata pape Clementis folratis de sindone 12 tur. gross. et pro factura 1 albe 4 tur. gross. et pro 1 birreta de squarlata rubea 1 tur. gross. *Zusammen* 1 fl. 6 tur. gross.

Juni 18 d. Johanni Cortois, can. Ambian., pro 148 folraturis agnorum pro vestibus domicellorum estivalibus pape (8 tur. gross. pro pecia) 4 l. 18 tur. gross. et pro 70 aliis folraturis pro dictis raubis estiv. (7¹/₂ tur. gross. pro pecia) 43 s. 9 tur. gross. et pro 29 aliis folraturis pro vestibus (8¹/₂ tur. gross. pro pecia) 20 s. 6 tur. gross. *Zusammen* 130 scud. 5¹/₂ tur. gross.

Juli 3 Iacobo Malabayla de Ast, domicello pape, pro emendis pannis in partibus Brabantie pro vestibus yemalibus domicellorum pape de mandato pape facto dno Guillmo de Albussato, cantori Rothomagensi, 3000 fl.

Juli 12 d. Iohanni Cortois pro pannis emptis et emendis pro librata domicellorum pape et dandis amore Dei 2000 fl.

(I. E. 202 f. 93 vest.) **1342** Sept. 4 d. Iohanni Courtois, can. Ambian., pro 600 folraturis agnorum pro provisione scutiferorum pro raubis estivalibus (500 *je* 7½ tur. gross., 100 *je* 8 tur. gross.) 379 fl. 2 tur. gross. (1 fl. = 12 tur. arg.).

Nov. 15 *Demselben* pro 1000 folraturis agnorum pro librata yemal. (*je* 7½ gross.) 31 l. 5 s. tur. gross. in 625 fl.

1343 Febr. 7 facto compoto cum Galtero Goire pellipario fuit inventum, quod de 1000 herminis, quas receperat a fr. Iohanne, olim cubiculario bone memorie d. Benedicti XII., ipse posuit in 3 mantellis pape 750 herminas et in 3 capuciis 222 herminas et in 3 bierretis 24 erminas; pro parandis dictis erminis et suendis (2 fl. pro centenario) 20 fl.

Eidem pro 108 herminis per ipsum emptis (24 fl. pro centenario) 26 fl., pro 3785 ventris variorum, quos receperat dictus Galterus a d. Iohanne Courtois, dicit se posuisse in 3 folraturis etc., pro 910 ventris variorum emptis, 9 fl. pro centenario, et positis in cotardia, mantello et quodam corseto pro papa: 81 fl. 10 tur. gr.

(f. 94) Febr. 19 ratio reddita per mag. Iohannem Courtois de pannis et aliis per ipsum emptis videl. pro pannis estivalibus: emit 40 pecias pannorum tam de Louanio quam de Gandauo (19 fl. 10½ tur. arg. pro pecia) 795 fl.; 10 pecias virgati de Gandauo, quas fecit fieri propter coronationem pape (20½ fl. pro pecia) 205 fl.; emit Auinione pro dicta librata 27 pecias pannorum rubei coloris (22 fl. pro pecia) 594 fl.; 13 pecias pannorum rubei coloris (*je* 23 fl.) 299 fl., 6 pecias dicti coloris (*je* 25 fl.) 150 fl., *desgl.* 3 pecias (*je* 20 fl.) 60 fl., *desgl.* 10 pecias (*je* 21 fl.) 210 fl., *desgl.* 2 pecias 45 fl., 2 pecias 41 fl. 2 gross.; 32 pecias panni camelini (22 fl. pro pecia) 704 fl.; 4 pecias pannorum de Maclinia dicti coloris (26 fl. pro pecia) 104 fl. etc. etc.

Zusammen 5838 fl. 2 tur. arg. 18 d. parve mon. Auin.

Febr. 25 facto computo cum Iacobo Malabaille, mercatore Astensi, pro 306 peciis pannorum tam virgatorum quam lividorum pro vestibus yemalibus domicellorum pape (20 fl. 4 tur. gross. pro pecia) 6196½ fl., solvimus de dicta summa 3196½ fl.; dictus Jacobus receperat a d. Iacobo de Broa 3000 fl. et sic est satisfactum de dicta summa.

Febr. 25 solvimus mag. Iohanni Courtois pro tonsura 294 peciarum panni (*je* 5 tur. gross.) 122 fl. 12 s. mon. Auin. (½ fl. = 12 s.).

(f. 97) **1342** Aug. 2 solverunt dd. thesaurarii Babilano Cibo, mercatori de Ianua, pro precio 6 samitorum rubeorum ad opus pape 210 fl.

(f. 103v) **1343** April 22 Bono Ranuchii, mercatori de Florencia, pro 24 tobalionibus receptis et emptis ab eo pro usu fel. record. d. Benedicti pape XII. 6 fl. 18 s. parve.

(*f. 164 elemos.*) **1342** Nov. 23 Bertrandus Amelii, cursor pape, et Poncius Bertrandi, mercator de Banolhis, computaverunt de ... emptione pannorum pro helemosina Panhote: emerunt in loco de Andusia dioc. Nemaus. de mense Iulii 1342 200 pannos de launa (!) tam albos quam nigros seu brunos (8 l. mon. Francie pro panno): 1600 l.; pro portu dictorum pannorum Auinionem 38 l. 6 s. 8 d., pro mensurandis dictis pannis et pro portu dictorum pannorum ad hospitium ac correteriis 3 l., pro suis expensis in 12 diebus 6 l., *zusammen* 1647 l. 6 s. 8 d., et cum aliqui panni de predictis post mensurationem non essent legitime longitudinis, fuerunt detracti propter decurtationem 19 l. 16 s., restant 1627 l. 10 s. 8 d. parve mon. Francie in 100 den. ad angelum (1 den. = 4 l. 8 s.), 484 1/2 fl. (1 fl. = 49 s.) 10 s. 2 d. parve Francie.

Predicto Poncio Bertrando pro labore suo 3 fl.

(*f. 166 elemos.*) **1343** Febr. 19 mag. Iohanni Courtoys pro pannis emptis pro 13 solhardis tam valletis quam servitoribus coquine pape 24 fl.

Pro helemosina pape: pro 75 peciis pannorum burellorum et alborum de diversis locis emptis (7 fl. 3 tur. gross. pro pecia) 543 fl. 9 tur. gross. arg.; 40 peciis pannorum de Latiniaco (*je* 8 fl. 3 d. tur. gross.) 330 fl.; 52 peciis pannorum de Anglia (*je* 10 fl. 8 tur. gross.) 554 fl. 8 tur. gross.; 60 peciis pannorum de Albavilla (*je* 10 1/2 fl.) 630 fl.; 28 peciis pannorum diversorum colorum (*je* 7 1/2 fl.) 209 fl.; 4 brunetis 40 fl. 8 tur. gross.; 45 peciis pannorum emptorum a diversis personis (*je* 7 fl. 10 tur. gross.) 352 1/2 fl.

Zusammen pro Elemosina sine solhardis 304 pecie, *sie kosten* 2684 fl. 7 tur. gross.

6a. Paramente und Kirchengeräte.

(*I. E. 202 f. 97 ss. ornam.*) **1342** Juli 24 d. Iacobo Garnoti[1] pro sindone viridi et violaceo, pro tela, cordis et anulis necessariis pro perficiendo celum (sive cortinam)[2] de 2 pannis aureis, qui fuerunt presentati pape pro capella sua secreta, 4 fl. 48 s. 6 d.

Aug. 13 d. Petro Sainterii,[a] magistro capelle pape, pro reparatione paramenti capelle 20 s. parve.

Aug. 26 Francisco Bertuche, mercatori de Perusio, pro panno de serico ab ipso recepto pro funere fr. Iacobi ord. Carmel., capellani pape, 12 fl. 12 s. parve.

Aug. 26 d. Iacobus Garnoti computavit in camera Apost. de hiis, que solvit pro capella pape de 23. Iuli usque ad 26. Aug.: pro 3 lb. 10 unc.

---

[a] D: Sinterii.

---

[1] Nach *I. E.* (D) 206 f. 104 war er archipresbiter s. Severini Par., familiaris pape capellanus.

[2] Die eingeklammerte Stelle *I. E.* 206.

6. Gewebe und Pelzwaren, Kleidung.

camocassii 13 fl. 5 gross., 13 cannis tele viridis 2 fl. 10 s., $^1/_2$ unc. serici viridis 3 s., 1 unc. fili viridis 10 d., 100 lb. bonbacis sive cotonis 8 fl., 11 cannis 3 palmis tele viridis 1 fl. 18 s. 8 d., $^1/_2$ unc. serici viridis 3 s. 6 d., 8 cannis 7 palmis tele rubee 1 fl. 15 s. 2 d., $^1/_2$ uncia serici rubei 3 s. 4 d., 3 peciis velveti 43 fl., pro factura supercilii altaris 2 fl. 6 gross., factura 6 rochetorum 24 gross., 1 unc. serici albi, de qua consueti sunt in manicis et circa collum, 7 s.; pro libris pape portandis a librata (condam sua), quando erat cardinalis, ad palatium et a palatio ad Villam Novam 40 s.

(f. 101) **1342** Nov. 15 facto computo cum d. episcopo Regensi ... pro 2 aurifrisiis de routa ad opus 2 planetarum 18 fl., pro 1 aurifrisio mitre facto Florencie de auro tracto 17 fl., pro 19 unc. sindonis rubee et crocee et 13 unc. sindonis viridis (4 fl. 4 gross. pro libra) 6 fl. 4 gross. tur., 6 cannis $4^1/_2$ palmis aurifrisii nominati paratura Rome (14 gross. pro canna) 7 fl. 7 gross., 2 mitris albis 2 fl.

(f. 101v) Okt. 23 facta ratione cum d. P. Sainterii de hiis, que expendit pro capella pape, ... pro reparando panno aureo retro altare 4 s., pro portandis multis coffris et alia (!) munimenta capelle Ultra Pontem 6 s.; 10 lb. incensi pro capella (4 s. pro libra) 40 s.

(f. 100v) — pro reparatione 2 ampullarum argenti, in quibus tenetur aqua et vinum in missa pape, 2 tur. gross.

(f. 101v) **1342** Dez. 5 d. Regensi episcopo pro 1 calice per papam collato ecclesie de Pallhacia cum suo repositorio 15 fl. 5 tur. arg. 18 d. parve.

Demselben pro 2 paribus sendaliorum, uno rubeo et alio violaceo, pro papa 20 fl.

(f. 102v) **1343** Jan. 14 *Demselben* pro gramatis, stola, manipulo et paramento amicti violacei coloris cum ymaginibus ac sindone croceo ac factura 11 fl. 6 gross., pro fimbriis positis in dicta stola et manipulo 1 fl. 2 gross., 3 palmis aurifregii ad reparandum capsana tunicelle albi coloris pape 3 gross., 2 cannis et 1 palmo aurifregii positi in alba pape, in qua positi fuerunt dicti gramati, 1 fl. 8 gross. etc.

(I. E. 202 f. 104) **1343** April 24 mag. Iohanni de Tholosa sartori pro 2 peciis de sindone nigra ponderis 3 lb. $4^1/_4$ unc. ($2^1/_2$ fl. pro libra) et pro 3 ternalibus de sirico nigrotinctis pro parando panno aureo pro anniversario fel. rec. d. Benedicti pape XII. $8^1/_2$ fl.

Pro scutis armature sue faciendis in circonferenciis dicti panni et pro suendo dictum paramentum 5 fl.

April 27 sacriste Auin. solvimus pro cera et panno aureo positis supra tumulum bo[ne] me[morie] d. Benedicti XII. die anniversarii pro eo, quod dicta torticia et panni fuerunt reportati 20 fl.

6b. Ausstattung der Palasträume.

(I. E. 202 f. 98, I. E. 207 f. 105 ornam.) Compotus Francisci Bruni domicelli (servientis armorum pape) de rebus per eum emptis a. 12. Iuni usque ad tempus, quando papa ivit ultra Pontem: pro 18 cannis tele Remensis subtilis (*je* 10 tur. arg.), 6 aurilheriis albis coopertis de tela Remen. et 2 aliis coperturis de fustano et tela Paris. 12 fl., 2 cabassiis de corio rubeo de cordoano foderatis de tela alba 4 fl., pro 1 magna et 2 parvis capsis de nuce pro camera pape 9 fl. 8 gross., 3 matalaciis faciendis burdii Ianuen. 15 cannarum (2 tur. pro canna) 2 fl. 6 gross., 135 lb. cotoni (*je* 1 tur.) pro predictis 3 matalaciis pro 3 cambreriis pape 11 fl. 3 gross., pro factura sive labore 3 matalaciorum 1 fl. 6 gross., 200 cannis 2 palmis tele Remen. pro linteaminibus et pannis lineis faciendis pro papa (*je* 7 tur. gross.), que linteamina et pannos habuit Iohannes la Mala de mandato pape, 116 fl. 11$^{1}/_{2}$ tur. gross.; 33 sargiis mediocris forme coloris viridis de Cadomo pro 3 cameris pape et 3 cameris dd. cardinalium (*je* 3 fl. 4 tur.) 110 fl.; pro 1 magna sargia viridi de Anglia pro lecto paramenti pape 8 fl., 13 sargiis viridis coloris de Cadomo magne forme pro lecto pape (*je* 6 fl.) 78 fl., 17 lb. 3 unc. vette sive nastri de filo pro sargiis 8 fl. 7$^{1}/_{2}$ tur. gross., 94 duodenis anellorum de cupero pro predictis sargiis (9 d. pro duodena) 2 fl. 11$^{1}/_{4}$ tur., 2 lb. 6 unc. fili viridis tincti pro cortinis 1 fl. 1 gross. tur.; ... pro 3 peciis catasiamiti viridis pro celo camere pape faciendo 24 fl., 13 peciis sindonis viridis (18 libre) pro cortinis faciendis pro camera paramenti pape (2$^{1}/_{2}$ fl. pro libra) 45 fl. 26 unc. cordarum sericis viridis (*je* 4 tur. gross.) 8 fl. 8 tur. gross., 11 unciis vette sericis viridis (*je* 4 tur.) 3 fl. 8 gross. tur. arg., 6 unc. sericis viridis pro sutura facienda celi predicte camere paramenti 1 fl. 6 tur. gross., ... 12 lb. 7 unc. taffettani viridis (4$^{1}/_{2}$ fl. pro libra) pro 4 matalassiis pape 56 fl. 7$^{1}/_{2}$ tur. gross., 20 peciis fustani Veronen. fini (*je* 22 tur.) pro 8 matalaciis pape 36 fl. 8 tur. gross., 11 peciis fustani albi pro 4 cabolectis pape (2$^{1}/_{2}$ tur. gross. pro canna) 18 fl. 4$^{1}/_{2}$ tur. arg., 66 cannis tele pro dictis caboletis pape (*je* 1$^{3}/_{4}$ tur.) 6 fl. 10$^{1}/_{2}$ tur., 56 cannis viridis Pisani pro 4 matalaciis pape (*je* 3$^{1}/_{2}$ tur.) 16 fl. 4 tur. gross., 50 cannis burdi Ianuen. pro 4 matalassiis pape (*je* 2 tur. gross.) 8 fl. 4 tur., pro 15 cannis burdi Ianuen. pro 3 matalaciis faciendis pro cambreriis camere pape Ultra Pontem 2 fl. 6 tur. ..., pro 4 capoletis de fustano pro papa et 160 lb. cotoni (1 tur. gross. pro libra) 13 fl. 4 tur. gross., 6 matalassiis plenis de cotone 70 lb. (1 tur. gross. pro libra), fuerunt in universo 420 lb.: 35 fl.; *ähnlich geht es noch 3 Seiten weiter ohne wesentlich Neues.*

(f. 100^v) pro 9 tapetis de Yspania pilosis, qui fuerunt positi in camera pape in turre et quos habuit Iohannes Loumale cambrerius (*je* 3 fl.) 27 fl.; pro 7 peciis catasiamiti viridis pro 2 cortinis pro camera turris, in

qua iacet papa, 8 fl. pro pecia: 56 fl.; pro $2^1/_2$ unciis siricis viridis et pro anellis et vetta et pro factura cortinarum 3 fl. 4 tur. gross.

(f. 103) April 5 Iacobo Garnoti, cubiculario pape, pro reparatione orologii pape 18 s. 9 d., $^1/_2$ unc. 6 den. perlarum positarum in pluvialibus pape 6 fl. 9 d. tur. gross., pro dictis perlis et 32 unciis extrahendis de pluvialibus antiquis et iterum in pluvialibus reponendis 24 fl., pro 6 candalabris magnis pro tenendis torticiis in camera pape 28 fl., pro 9 manutergiis pro papa, quando celebrat, 3 fl., pro aliquibus muscipolis *(Mausefallen)* pro capiendis muribus necnon anulis, filo et clavellis pro 1 cortina 12 s. 8 d., ... pro factura 6 roquetorum 2 fl., 4 camisiarum, 17 femoralium et pro horis et signis (A: oris et singulis) faciendis in 3 duodenis capitegiorum, 4 duodenis tobaliorum pro papa et 6 stamigniarum 3 fl. 17 s.; pro 28 cannis de bardo pro 4 matalaciis facientibus 5 fl., pro 189 lb. de bonbace pro dictis mathalaciis et pro factura mathalaciorum 17 fl. 9 d. tur. gross.

Haushaltungsgegenstände.

(I. E. 202 fol. 61ᵛ coqu.) **1343** Jan. 11 Guillelmo de Somadiis de Auin. pro 4 scutellis, 3000 scisoriis, 14 cornutis, 8 tinis magnis, 3 tinis parvis, 4 brochis, 5 ferratis etc. 60 fl. 9 s. 5 d.

Febr. 11 Iacobo Raymundi de Auinione pro 164 (8 × 20 + 4) sizoriis magnis de ligno (8 s. pro duodena) et pro 50 duodenis scutellarum dictarum marchalium de ligno (3 s. pro duodena) et pro 14 tam cornutis quam canistris magnis (3 s. pro pecia) receptis pro festo, quando d. Iohannes de Francia et alii multi nobiles comederunt cum papa, 12 l. 18 s. 8 d. mon. Auin.

7. Wachseinkäufe und Kerzen.

(I. E. 202 f. 124 cera) **1342** Okt. 29 solvimus dicto Bontons candelario pro 4 quint. 58 lb. candelarum de cepo receptis ab ipso a 15. Iunii ad presentem per d. Geraldum Fornerii, custodem cere, pro usu hospitii pape, item pro 1 quint. noviter recepto pro usu thesaurarie (100 s. pro quint.) 27 l. 18 s. parve in 22 fl. 19 s. parve.

Nov. 27 Ludovico de Vinaldo, mercatori Ianuen., pro 28 cargis $4^1/_2$ lb. cere empte ab eodem ($27^1/_2$ agni pro carga, in qua sunt 3 quint. cere) 770 agnos = 872 fl. 9 s. 11 d. parve (1 fl. = 24 s., 1 agn. = 27 s. 2 d.).

(f. 129) **1343** April 2 Ludovico de Vinaldis de Ianua mercatori pro 26 scargiis 2 quint. 55 lb. cere (28 agni pro carga) 751 d. ad agnum 21 s. parve; pro corretagio 2 fl. 1 tur. gross.

(f. 121 bulla) **1342** Nov. 21 bullatoribus pro 1 quint. candelarum de cepo 100 s. parve.

7a. Spezereien und Kolonialwaren, Medizinalien etc.

(*I. E. 202 f. 55 ss. coqu.*) **1343** *im* Jan. *und* Febr. 2¹/₂ quint. amicdalarum (50 s. 8 d. pro quint.) 6 l. 5 s., 94 emin. salis (*je* 6 s.) 28 l. 4 s., 15 lb. zinsiberis (6 s. pro l.) 4 l. 10 s.; 12¹/₂ lb. de pulverizatis speciebus (7 s. pro l.) 4 l. 7 s. 6 d. 2 lb. gariofilorum 3 l. 12 s.; 8 lb. canelle (6 s. pro l.) 48 s.; 3 lb. floris canelle (25 s. pro libra) 75 s.; 1 lb. piperis 6 s.; 11¹/₂ lb. zucaris 46 s.; 2 lb. de festucis 20 s.; 1 lb. 2 unc. saffrani 21 s. 4 d.; 7 lb. racemorum (4 s. pro l.) 28 s.; 4 lb. de pinonibus 8 s.

(*coqu.*) *im* März 21 lb. zinsiberis (à 6 s.), 16 lb. canele (à 6 s.), 12 lb. piperis (à 6 s.), 2 lb. gariophilorum (à 48 s.), 1 lb. de granis de paradiso 15 s., 6 lb. de pulvere Lombardorum 8 s., 26 lb. zucaris (à 4 s.), 4 quint. amicdalarum (à 58 s. 4 d.), 2 lb. saffrani (à 18 s.), ¹/₂ lb. canelle darti 25 s.

(*coqu.*) *im* April 1 quint 66 lb. amicdalarum (7 d. pro libra) 4 l. 16 s. 10 d.; 16 lb. zingiberis cum 12 libris datis capellanis commensalibus (6 s. pro libra) 4 l. 16 s.; 16 lb. piperis cum 12 lb. piperis datis eisdem (6 s. pro l.) 4 l. 16 s.; 6 lb. canelle grosse 24 s., 17 lb. zucaris (à 4 s.) 68 s., 4 lb. specierum pistarum (à 7 s.) 28 s., 2 lb. gariofilorum (à 47 s.) 4 l. 16 s., 1 lb. floris canelle 35 s., ¹/₂ lb. crocei 9 s., 1 lb. anisii confecti 4 s., 7 malegranati 7 s., 20 lb. mellis (à 6 d.), 4 lb. altanete (à 2 s.), 42 lb. risi (à 5 d.), 8 lb. racemorum de cornicia (à 3 s.), 1 lb. festuchorum 9 s., 18 lb. tam ficuum quam racemorum (à 5 d.), 5 lb. amidonum (à 8 d.) 89 s. 4 d., 12 lb. cicerum (à 4 d.), 24 lb. frumenti (à 6 d.) 16 s., 2 lb. datilorum 4 s., 2 lb. castanearum 12 d., 8 lb. pinhonum 10 s. 8 d.

Ähnlich sind die Gewürzeinkäufe in den folgenden Monaten.

Unter dem Titel pro cera *stehen dann noch größere monatliche Abrechnungen mit* Iaquetus Melioris apothecarius de speciebus et rebus aliis receptis pro hospitio pape: (*f. 126ᵛ*) Febr. 13 pro 2022 lb. tam diacitoni (!), coriandre, caulete deaurate, regalis, zingiberis confecti, festucorum, manus christi, pinnohati et aliarum specierum confectarum receptis in mensibus Iunii—Novembris 1342 (4 s. pro libra) 404 l. 8 s., 2 lb. zucaris candi 9 s., 12 lb. dragee 72 s., 2 quint. 40 lb. de cotone filato pro candelis et torticiis faciendis 36 lb., 1 quint. 44¹/₂ lb. fili 10 l. 16 s. 9 d., pro carbone 78 s., verdeto 7 s. 6 d., 130 quint. cere operande 65 l., pro imagine domini nostri facienda et pingenda et pro torticiis et candelis receptis pro exequiis fr. Iacobi Carmeliste 17 l. 14 s. etc. etc.

8. Bauausgaben.

1. Bauarbeiten für das Konklave.

(*I. E. 195 Concl. f. 1*) **1342** Mai 6, qua die intrarunt dd. cardinales Rom. eccl. in palatio Apost., fuit satisfactum lapiscidis, fusteriis, frigidariis,

8. Bauausgaben.

gipperiis, faycheriis, manuperariis et aliis personis, qui steterunt in dicto conclavi faciendo a 26. Apr., qua die fuit b. m. d. Benedictus pape XII. sepultus usque ad 6. Mai incl. pro salario et labore eorundem facto in dicto conclavi tam de die quam de nocte: magistris lapiscidis, qui fecerunt 2 archus lapideos infra conclavum et pilarium quoddam circa medium in viridario pro latrinis et quasdam portas necessarias ac etiam clauserunt ianuas et fenestras quam plurimas ipsius palatii necessarias ad claudendum etc., qui recipiunt quilibet 4 s. mon. [pro die].

Es sind 27 lapiscide dieser Art.

Item aliis lapiscidis, qui non recipiunt pro die nisi 3 s. 6 d., *hiervon werden 29 genannt.*

Item aliis lapiscidis, qui non recipiunt pro die nisi 2 s. 6 d., *hiervon werden 17 genannt.*

Also im ganzen 73 lapiscide, sie arbeiten aber nicht alle gleichzeitig, sondern die Arbeitstage der einzelnen schwanken zwischen 2 und 8 Tagen. Für die Arbeit während einer Nacht wird die Hälfte des Tagelohnes gezahlt.

Item frigidariis, qui recipiunt pro die 3 s. et nocte 12 d.; *es werden 16 genannt.*

Item gipperiis, qui fecerunt latrinas de gippo a parte magne turris palatii et pro meianis factis in introitu latrinarum a parte viridarii ac clausura fenestrarum de ambulatorio et gradario. *Teils* 4 s. *pro die, teils* 3 s. 6 d., *teils* 2 s. 6 d. *Es werden* 13 *gipperii genannt, zugleich mit* 14 *manobre, welche täglich* 18 d. *empfangen.*

Item faycheriis, qui recipiunt pro die 2 s. 6 d., *von ihnen 8 genannt.*
Item faycheriis, qui recipiunt pro die 2 s., *von ihnen 5 genannt.*
Item faycheriis, qui recipiunt pro die 20 d., *von ihnen 21 genannt.*

Item manuperariis, qui recipiunt pro die 18 d., *von ihnen 19 genannt;* manuperariis, qui recipiunt pro die 16 d., *von ihnen 29 genannt;* manuperariis, qui recipiunt pro die 15 d., *von ihnen 8 genannt.*

Fusteriis: mag. Petro Gauterii, fusterio ac cursori pape, pro 90 dietis fusteriorum, qui steterunt pro solariis latrinarum a parte [turris] magne et logie iuxta turrim Trolhassii, et gradariis ac aliis necessariis in dicto conclavi faciendis (3 s. 6 d. pro die) 15 l. 15 s. . . . et pro 2 tinis emptis per dictum Petrum pro tenenda aqua, quando cardinales fuerunt infra dictum conclavum, 40 s.

G. Bria de Insula pro 39 cadrigatis gippi pro faciendis latrinis tam a parte viridarii quam a parte turris magne et claudendis fenestris deambulatorii a parte tinelli 23 l. 8 s.

Durando Guilhe, Iohanni Fabri, Iohanni Galafredi et G. Salui frigidariis pro diruendis 2 parietibus sive muris conclavi, ubi facti sunt 2 archus iuxta conventionem habitam cum eisdem, 4 l. 7 s. 6 d.

Mai 29 Iohanni Sale pro lanternis de fusta pro custodia facienda de nocte in palatio Apostolico tempore vacationis Rom. pontif. et reponendis quibusdam cofris et rauba infra turrim magnam 14 s. 6 d. curr.

2. Bauten an Papstpalästen.

(I. E. 202 f. 106 edif.) **1342** Juli 17 Durando Guilhe recipienti pro se et sociis suis, qui fecerunt fundamentum coquine nove, que fuit pro alia coquina pape amplianda, pro 499 dietis sive iornalibus (*je* 18 d.) 37 l. 8 s. 6 d.

Pro 60½ dietis frageliorum, qui steterunt in dicto fundamento, quorum quilibet recipiebat in qualibet die 2 s. 9 d., 8 l. 6 s. 2 d. ob.

Ludovico Curti, custodi dictorum operariorum, pro 29 dietis (17 d. pro dieta) 41 s. 5 d.

Petro Frostre et Dyonisio Carreti pro 44 dietis, quibus fuerunt in dicto fundamento (18 d. pro dieta), 66 s.

G. Desiderii pro 22 dietis cadrigarum suarum, quibus fuerunt in fundamento predicto (*je* 10 s.), 41 l. parve.

Pro 4½ duodenis banastonum (7½ s. pro duodena) 33 s. 6 d.

(f. 106ᵛ) Aug. 14 facto computo cum Iacobo Iudeo, cum quo factum fuit forum de faciendo 1 medianum in aula superiori, ... 10 fl.

Aug. 19 Petro Audeberti pro se et sociis suis pro 11 cannis 3 palmis operis facti in croserio in gardarauba pape (1⅓ fl. pro canna, computatis 2 cannis pro 3) 22 fl. 8 tur. gross. arg.

Aug. 21 Iohanni Dac gipperio pro factura cuiusdam medii noviter facti in tinello seu aula parva iuxta cameram paramenti pape 2 fl.

(f. 108) Okt. 1 mag. Iohanni de Luppera lathomo pro factura porte nove, a qua intratur in capella secreta pape, 6 l. 6 s. 8 d. parve.

Okt. 11 Iacobo Iudeo pro factura medii facti de gippo in introitu turris superioris 6 fl.

(f. 109) Okt. 29 Arnaldo Dac pro se et sociis suis pro recoperiendo studium pape 20 s.

Nov. 9 Iohanni Fabri pro se et Durando Guilhe recipienti pro distribuendis (!) boquetis super portum (!)[1] virgulti ac perforando muro cave inferioris subtus coquinam novam palatii 3 fl.

Dez. 22 facta ratione cum P. Clari et Bertrando Gaufeul[a)] de operibus factis per eos in latrinis, que sunt in turri: pro 2 fenestris altitudinis 12 palmarum et claudendo uno hostio, per quod intratur ad dictas latrinas a parte maioris capelle pape, et faciendo alio hostio ab extra prope maiorem turrim, de quibus omnibus facto pretio cum eisdem per camerarium debuerunt habere 18 fl.

---

a) D: Gasuell.

---

[1] D: pro destruendis boquetis super portam.

8a. Baumaterialien.

(*I. E. 202 f. 106v*) Aug. 1 Rustagno les Maran Auin. pro 150 minis de gippo per ipsum verberato et preparato 25 s. parve mon.

Aug. 12 Iohanni Dac[1] giperio pro gippo posito tam in factura medii facti in aula maiori quam pro aliis edificiis prope cameram domini de Chambon 5 fl. et antea receperat a d. Iacobo de Broa 7 fl.

(*f. 107*) Aug. 22 facto computo cum Guillelmo Desiderii pro hedificiis hospitii pape de Villa Nova et pro aliis edificiis factis in regno Francie a 24. Iuni usque ad 8. Aug. pro 15839 caironibus (20 fl. pro 1000) 316 fl. 18 s. 6 d. parve, pro 1053 bugetis (6 l. pro centenario) 63 l. 3 s. 6 d., pro 1097 cadastis, computatis 2 pro 3 cairon.: $1645^1/_2$, (20 fl. pro miliari) 30 fl., pro 348 baldis (12 d. pro pecia) 17 l. 8 s.

Aug. 22 Bertrando de Saina de Insula pro 5 quadrigatis $4^1/_2$ eminis gippi pro operibus palatii (15 s. pro cadrigata et pro portagio 6 l. 6 s.) 35 fl. 21 s. 11 d. parve.

Aug. 25 Rustagno Raynaldi pro tritura gippi (6 cadrigatis) 20 s. 8 d. parve Auin.

Aug. 25 Inardo Bolena, P. Massoles et G. de Roma pro 80 navatis arene ab ipsis receptis (singulis de 61 navatis 8 s. et 19 navatis pro 6 l.) in Augusto usque ad presentem diem pro edificiis coquine et gardarobe palacii Apost. 30 l. 8 s. in 14 fl. 13 l. 5 s. parve.

Sept. 7 facta ratione cum Iacobo Burgundionis et Alberto de Nonais de calce pro edificiis palacii a 16. Aug. usque ad 5. Sept. fuit repertum per relationem P. de Figura et Vicentii de s. Vincentio, cursorum pape, quod recepta fuerant $860^1/_2$ escandalla calcis (2 s. 8 d. pro escand.) 114 l. 14 s. 8 d.

Okt. 1 Petro Macellarii et Poncio Iordani, calcenariis Pontis Sorgie, pro 200 escandallis calcis (je 22 d.) 18 l. 6 s. 8 d. parve.

Raynaldo Posillaci, tegulario Castri Novi, pro 6300 tegulis (54 s. pro 1000) receptis una cum calce predicta per d. Iohannem de Fagia, rectorem domus seu castri Pontis Sorgie, 16 l. 19 s. 30 b. parve.

Okt. 12 Petro Dagier de Insula pro 22 cadrigatis 11 eminis de gippo (*je* 16 s.) 18 l. 9 d., pro portu dicti gippi usque ad palatium 56 s. 3 d., pro medio facto in camera iuxta turrim superiorem, in qua iacet d. abbas Cracen., 20 l. 17 s. ob. parve.

Okt. 22 facta ratione cum Raymundo de Groisilhone de calce ab ipso recepto in mense Sept. per relationem Vincentii de s. Vincentio, cursoris pape: 388 scandal. (*je* 2 s. 8 d.) 51 l. 14 s. 7 d. in 42 fl. 5 s. 7 d. (1 fl. = $24^1/_2$ s.).

(*f. 109v*) Nov. 3 facta ratione cum Guillelmo Desiderii de lapidibus ab eo receptis citra Rodanum tam a tempore vacationis sedis Apost., quam

---

[1] D: de Ac.

de mensibus Aug.-Oct. pro operibus communibus coquine et gardarobe: de mense Aprilis pro conclavi 411 cadastas sufficientes et 25 minus sufficientes (20 l. pro miliari), pro 18 quarteriis de 3 palmis (*je* 8 d.), 21 quarteriis de 4 palmis in longitudine et de 3 in latitudine (*je* 2 s. 4 d.), 51 grassis (*je* 13 d.), 30 boquetis de 6 palmis (*je* 2 s. 4 d.): 18 l. 10 s. 10 d. in 20 fl. 10 s. 10 d. (1 fl. = 18 s.).

Pro opere coquine et gardaraube tradiderat 16074 cadastas bonas, 1914 cadastas reas, quarum 4 reducuntur ad 3, de quibus debentur sibi (26 fl. pro miliari) 455 fl. 5 s. 10 d.; 213 quart. (*je* 10 d.), pro 126 lapidibus »passus« (*je* 2 s. 4 d.), 13 quart. grossis (*je* 2 s. 2 d.), 29 boquetis (*je* 2 s. 4 d.), 6 grossis (*je* 14 s.), pro 3 bariz 6 s.: 31 l. 7 s. in (18 s. = 1 fl.) $34^{1}/_{2}$ fl. 6 s. 4 d.

Pro 152 crotenchis: 1 fl. 22 s. 10 d., 2 pilis et 1 clave 4 fl., 8 dietis quadrigarum 4 fl., 100 bariz polhisserii 5 l.: 10 l. 2 s. 10 d. monete, de qua valet 1 fl. = 24 s. 6 d.: 8 fl. 6 s. 10 d.

Dez. 27 pro 27 quint. 35 lb. vitreorum diversorum colorum pro vitreis faciendis in capella pape ultra Pontem [Rodanum] et supra gardaraubam pape, que fit de novo, (3 fl. pro quint.) 81 fl. 11 d. tur. gross.

(*f. 116v*) **1343** März 5 Guillelmo Bruni et Rustagno Bermundi (Bermaudi: A) de Castronovo pro 14800 tegulis per eos venditis (50 s. pro 1000) et pro portu cuiuslibet miliarii de Castro Novo usque ad portum Villenove 10 s.: 44 l. 8 s. in 36 fl. 6 s. mon. parve.

(*f. 118*) April 9 compotus de lapidibus receptis a Guillelmo Desiderii pro edificiis garderaube et coquine pape in mensibus Ianuarii, Febr. et Marcii 1343: 4958 cadaste (26 fl. pro miliario) 128 fl. 12 s. mon. currentis, 78 boquetis et lapidibus longitudinis 1 canne, 4 palm. in latitudine (10 s. pro pecia) 39 l. mon. curr.; pro 89 boquetis de 5 palm. (*je* 2 s. 4 d. mon. fortis) 10 l. 7 s. 4 d. mon. fortis; 153 grasis (*je* 4 d.) 8 l. 5 s. 9 d. mon. fortis; 346 carteriis (*je* 10 d.) 14 l. 8 s. 4 d. mon. fortis; 143 (s)cadastis de 4 palmis (*je* 10 d.) 5 l. 19 s. 2 d. mon. fortis; pro 2 passibus et 4 bariz grossis (*je* 2 s. 4 d.) 14 s. mon. fortis.

Ähnlich in den folgenden Monaten.

8b. Bauholzeinkäufe.

(*I. E. 202 f. 109*) Okt. 29 mag. Geraldo de Formariis carpentario (carpentoratori) pro 2 trabibus appellatis sanners (sauniers) longitudinis $7^{1}/_{2}$ cannarum emptis per mag. I. de Lupperia et P. Gauterii et fuerunt posite in gardaroba in palatio Apost., que fuit facta de novo, 10 fl.

Okt. 21 facta ratione cum Petro Gauterii, cursore pape, et d. Raymundo Ginbaudi de fusta recepta et empta per ipsos a certis fustariis de Avinione pro operibus factis ultra Rodanum in hospitio pape et d. Neapoleonis cardinalis, qui computaverunt se emisse $4259^{1}/_{2}$ cannas de trabibus, 782 cannas $5^{1}/_{2}$ palm. de taulam, 492 cann. 2 palm. cadrat. de sclopa, 527 cann. de costura, 3 duoden. de razenis de 4 palm., 158 $^1/_2$ cann. agulha etc. *Einzelpreise sind hier nicht angegeben.*

8c. Tagelöhne.

(I. E. 202 f. 107v) **1342** Sept. 1 Petro Hardici pro salario 62 iornalium hominum pro portando e reportando calce tritta et pro scobando hospicio etc. 119 s. 1 d.

Sept. 4 Thome Molini, Theobaldo Infermi, Iohanni Loisio quadrigariis, cuilibet pro 45 diebus, quibus laboraverunt (Iuni-Aug.), pro die 18 d.: 10 l. 2 s. 6 d., de quibus habuerunt per manus d. Raymundi Ginbaudi 4 l. mon. Auin. et nos solvimus sibi residuum: 6 l. 2 s. 6 d. *Ebenso viel Tagelohn erhalten andere Fuhrwerke.*

(f. 108v) Okt. 23 R. Chabaut et Petro de Castilione, fregelariis (frageleriis), cuilibet pro 5 diebus, quibus laboraverunt in mense Oct. destruendo latrinas, que facte fuerunt pro conclavi, (2 s. pro dieta) 30 s. parve, certis manobreriis pro 32 diebus, quibus laboraverunt in mense Oct. destruendo latrinas factas pro conclavi (2 s. pro dieta) 64 s.

(f. 109) Okt. 29 Iohanni Dac pro reparandis latrinis communibus et facienda media in dictis latrinis de gippo pro 7 diebus, quibus laboravit in dicto opere (5 s. pro die), pro 14 dietis manobreriorum (2 s. pro dieta): 63 s. parve.

Nov. 6 Iohanni Pascallis pro 14 dietis hominum, qui mensuraverunt calcem (*je* 20 d.) ad relationem Vincentii, correrii pape, 23 s. 4 d.

Nov. 23 mag. Ioh. de Lupperia pro 33 dietis manubreriorum, qui portaverunt calcem ad edificandum (8. Okt.—8. Nov.), 49 s. 6 d. et pro 700 banastonibus portandis sub certo pretio 35 s. et pro discoperiendo deambulatorium supra stufas et deponendis tegulis 55 s. etc.

Dez. 15 facto computo cum Guillelmo Bordille, ianitore prime porte, qui solverat certis hominibus, qui portaverant calcem pro fundamento coquine pape, 45 s. mon. Auin.

8d. Schlosserarbeiten.

(I. E. 202 f. 110v) **1342** Nov. 14 facta ratione de ferramentis receptis a Iohanne Lanterii sarralhario pro operibus hospitiorum de Ultra Rodanum in mensibus Iulii et Augusti computat Bibianus de Solengello, cursor pape, quod fuerunt recepti a d. Iohanne 82 goffones tam de portis quam fenestris ponderis in summa 162 lb. ferri (*zu je* 4 d.) 54 s., pro 2 frachis (frachissis) pro prima porta, in qua sunt 25 $^1/_2$ lb. ferri: 8 s. 6 d., pro alia francha (!)a) posita in porta facta in muro ponderis 26 lb. ferri 8 s. 8 d.; pro 56 rolhis 88 goffonibus ponderis 425 lb. (*zu je* 4 d.) 7 l. 1 s. 8 d., pro 2 capellis pro barris portarum et pro 12 veiroleirisb) pon-

---

a) D frachissa.   b) vertolhieras D.

deris 26 lb. 3 quart.: 8 s. 11 d., pro 9 barris factis pro fenestris ponderis 42 lb.: 14 s., pro 116 frachissis sine pondere (*je* 18 d.) 8 l. 14 s., pro 30 verrols (*je* 12 d.) 30 s., 38 cadaulis (*je* 6 d.) 19 s., pro 2 cathenis pro puteo 24 s., 72 anulis tam ferreis quam de lotone (*je* 4 d.) 24 s., 10 luquetis (*je* 4 s.) 40 s., 7 sarralhis grossis et 39 parvis (pro grossa 20 s., pro parva 5 s.) 16 l. 15 s., 7 clavibus (*je* 2 d.) 7 s. *Zusammen* 58 fl. 3 s. 11 d.

Ähnlich die sonstigen Schlosserarbeiten.

(*f. 112*) Dez. 4 facta ratione cum Hugone de s. Paulo ferraterio de operibus per ipsum factis in gardarauba pape iuxta cameram maiorem Turris etc.

1343 April 5 mag. Galtero Fabri, Poncio Fabri, filio suo, pro ipso recipiente, de 2 quint. 7 lb. de ferro pro fenestris capelle pape ultra Pontem ad relationem mag. Iohannis de Lupera 100 s. parve.

April 8 Thome marescallo equorum pro 5 quint. 71 lb. ferri positis in fenestris capelle pape ultra Pontem tam de tempore d. Guillelmi de Stamello quam post finitam administrationem (50 s. pro quint.) 14 l. 5 s. 6 d. mon. Auin.; 35 ferris pro equis quadrige (8 d. pro ferro) 24 s. 4 d., summa 15 l. 8 s. 10 d., de qua summa habuit a dicto d. Guillelmo, dum vivebat, 20 l. mon. Francie valentes 10 l. mon. Auin.

8e. Metalle und Metallwaren.

Edelmetalle *(s. auch Paramente und Kirchengeräte).*

(*I. E. 202 f. 100v*) **1342** Okt. 2 computus Francisci Bruni domicelli, pro reparatione navicelle sive elemosinarie pape 6 tur. gross., pro reparatione arboris probe pro mensa pape 6 tur., pro reparatione cuiusdam squille seu campanelle de argento 4 tur. gross.

(*f. 102v*) **1343** März 22 cum Minuchius argenterius recepisset a camera 100 ianuenses auri pro faciendo rosam auream, que data fuit per papam d. Delphino Viennen. dominica... Letare, ponderis (cum 2 unc. 9 den. positis per eum pro liga) 14 unc. 14 den. de auro, que intraverunt in dictam rosam, 13 unc. 21 d. computato de casu et sic restabant, que debebat Minuchius, 2 quart. 5 d. de auro (4 fl. 11 tur. gross.) et debentur eidem pro 2 unciis 9 den. de liguaminibus (10 tur. gross.) et pro 2 granatis positis in eadem rosa 3 tur. gross. et pro factura 10 fl., *im ganzen erhält er* 100 ianuen. 6 fl. 2 tur. gross. arg.

Kupfergeräte.

(*I. E. 202 f. 49 coqu.*) **1342** Juli – Aug. 1 patella, 1 cauderia, 1 alia cauderia vocata campana cupri ponderis 1 quint. 77 lb. (3 s. 8 d. pro libra) 32 l. 9 s.

Pro 2 aliis vasis cupreis et 1 alia campana ponderis 47 lb.: 8 l. 12 s. 4 d.; 5 cauderiis, 3 cassis, 1 patella, 1 conca de cupro ponderis 4 quint.

53 l. (3 s. pro libra) 67 l. 19 s.; 4 conchis de cupro ponderis 126 lb. (2 s. 3 d. pro l.) 14 l. 3 s. 6 d.; 2 conchiis ponderis 63 lb. (2 s. 3 d. pro l.) 7 l. 21 d.

Eisengeräte.

(I. E. 202 coqu.) **1342** Aug. pro emptione 4 patellarum ferri, 3 craticulis 75 s., 1 tripode 41 s. 8 d., 4 verrutis ferri 6 l. 17 s.

(f. 107v edif.) Aug. 26 Iohanni Daberti[a], pairolerio de Auin., pro 1 calderia empta et posita in stuphis subtus gardarobam ponderante 1 quint. 15 lb. (3 s. pro libra) 17 l. 5 s.

Vgl. ferner Bauausgaben, Schlosserarbeiten S. 221 f.

Blei.

(f. 121 bulla) **1342** Sept. 3 bullatoribus pro 63 quint. 76 lb. plumbi (1 fl. 2 gross. pro quintali) 74 fl. 17 s. 4 d.

8f. Malerarbeiten

im Konsistorium vom 12. Juli bis 26. Oktober 1342 werden in Reg. Avignon. Klemens VI. Nr. 43 f. 130 aufgezählt, mit dem Tagelohn der Meister und Arbeiter.

8g. Kriegsgeräte.

(I. E. 203 cera) **1343** April 7 Stephano Siglavi pro reparatione balistarum, cordis etc. ad relationem Hugonis Corbati, custodis artilharie, 23 s. mon. Auin.

8h. Brennholz- und Kohleneinkäufe.

(I. E. 195 f. 29 coqu.) **1342** Juli 8 Bertrando Amelii et Arnaldo Orsandi, corsoribus pape, pro 1000 saum. lignorum combustibilium emptis apud s. Saturninum pro provisione hospitii pape (3 s. 3 d. mon. reg. Francie pro saum.) 162 l. 10 s.; pro 1830 saum. lign. empt. apud Burgum Andeoli (3 s. 2 d. pro saum.) 289 l. 15 s. et pro portatura dictarum 1830 saum. de Burgo usque ad Auin. (8 d. pro saum.) 61 l. et pro portandis dictis 1000 saum. de s. Spiritu usque Auin. (7 d. pro saum.) 29 l. 3 s. 4 d. mon. Francie et pro dictis lignis portandis de portu Rodani usque ad trolhatium et palheriam 16 l. 5 s. 6 d.; pro dictis lignis ponderandis et salario custodum 10 l. 6 s. 6 d. *Zusammen* 552 l. 14 s. 10 d. mon. regis Francie 16 l. 5 s. 5 d. mon. reg. Roberti in 30 fl. 120 d. auri ad angelum, 3 s. 10 d. mon. reg. Francie 6 d. mon. reg. Rob.

Juli 8 Perrino de Bodri Lausanen. pro provisione lignorum et carbonum hospitii pape 160 regales auri.

(I. E. 202 f. 62 coqu.) **1343** Febr. 25 composto facto cum Petro de Bodrico, provisore lignorum combustibilium emptorum pro usu

---

[a] D: Auberti.

hospitii pape, solvimus pro 5620 quint. lignorum (14 d. $^1/_2$ pict. mon. Auin. pro quint.) receptis ab eodem Petro omnibus deductis expensis et positis infra palacium pape Auinion. 362 l. 16 s. 9 d. mon. Auin.; pro 11495 quint. *desgl.* (14 d. 1$^1/_2$ picta pro quint.) 1346 l. 6 s. 6 d. mon. Francie; pro 4680 banastonibus de carbone (*je* 14 d. et picta, omnibus computatis expensis et portatis ad palacium) 290 l. 15 s. 2 d. mon. Auin.; *zusammen* 1346 l. 6 s. 6 d. mon. Francie = 1071 fl. 23 s. 8 d. mon. Auin. 26 s. 6 d. mon. Francie.

Et quia Petrus de Bodrico receperat a d. Iacobo de Broa 160 regales valentes 186 fl. 8 tur. gross. (1 fl. = 12 tur. gross., 1 regal. = 14 tur. gross.) solvimus eidem residuum: 885 fl. 7 s. 8 d. mon. Auin. 26 s. 6 d. mon. Francie (1 fl. = 50 s. mon. Francie, 1 fl. = 24$^1/_2$ s. mon. Auin.).

März 20 Aldebrando Lapi pro 1271 banastonibus carbonum ab eodem emptis (12 d. pro banastone) portatis ad hospitium pape 63 l. 11 s., in 51 fl. 21 s. 6 d. mon. Auin.

9. Bibliothek und Schreibwaren.

(I. E. 202 f. 105 script.) **1342** Aug. 9 mag. Hugoni Aguilherii pergamenario pro 58 duodenis pergameni tam pro literis pape quam pro camera Apost. a 4. Ian. 1342 usque ad 9. Aug.: 42 l. 17 s. 3 d. in 34 fl. 21 s. 3 d. mon. Auin. (1 fl. = 24$^1/_2$ s.).

Aug. 26 Bertrando Gauterii apothecario pro incausto et glassa ab eodem receptis pro thesauraria pape a 1. Febr. usque ad presentem diem 107 s. 9 d. mon. Auin.

Okt. 9 mag. Iohanni de Atilhaco, notario d. Raymundi de Chamaraco, ep. Rigen., pro copiando processu heredum Capothi de Fuzinone in Campania 1 fl.

Okt. 25 mag. H. Agulherii pro 54 duodenis minoris forme (*zu je* 11 s. 6 d.), 28 duodenis 4 pellibus (17 s. 6 d. pro duodena, pro qualibet de dictis 4 pellibus 4 s. et pro 4 aliis *je* 2$^1/_2$ s.) 56 l. 14 s. 10 d. in 46 fl. 7 s. 10 d.

Am 21. Dez. demselben für eine Reihe von Pergamenten 62 fl. 21 s. 6 d. mon. Auin.

(I. E. 202 f. 102 ornam.) **1342** Dez. 7 d. Iacobo Garnoti, cambrerio pape, pro scriptura facta in psalterio et breviario eiusdem voluminis ac notatura et illuminatura et ligatura ipsius breviarii ac copertura eiusdem ac pro certis pargamenis emptis ad scribendum officium de Trinitate et de s. Marciali et quedam alia officia et salario scriptorum et notatorum ipsius ac etiam pro pargameno ad scribenda quedam officia pro papa, tempore, quo erat cardinalis, 5 fl. 52 s. mon. Auin.

(f. 105 script.) Dez. 21 Petro Rigaldi pergamenario pro 1 magna pelle pro scribendo formam homagii faciendi per d. regem Roberti, quod

factum est d. cardinali Carnotensi,[1] in illis partibus legato ecclesie Romane, 2 fl. 12 s. parve mon.

1343 März 25 d. Ludouico de Petragrossa pro copia processus super facto Berengarii Cotarelli, quondam marescalli curie [Romane], 4 fl.

April 3 Egidio Masio de Florencia pro caxa de papiro continente 16 raymas, pro corratagio ac portagio 17 fl. 2 tur. gross. 9 d. mon. parve.

April 29 pro 2 pellibus magnis ad scribendum processum factum per papam contra Bavarum 3 fl.

Mai 12 *desgl.* pro 6 pellibus magnis pergameni ad faciendum processus contra Bavarum 10 fl.

10. Verschiedenes.

(marest.) Juni—Juli. *Vom Stallmeister wird für* 100 scud. 120 fl. *Heu eingekauft.*

(cera) **1343** Apr. 8 Stephano Differueto pro torticiis, candelis, sudario, talhato, loquerio, panni hominum, qui fecerunt foveam et portaverunt torticia in exequiis dicti Wilhecot Anglici hostiarii minoris 8 l. 14 s. 1 d. parve.

(cera) Apr. 21 Francisco Bartuchii de Perusio pro aptanda palma in die Ramispalmarum data per papam in capella sua 3 fl.

Mai 1 d. Bernardo de Estassaco, custodi vaisselle argentee, pro 2 cannis tele ad mundandum dicta vasa seu tergendi 5 s. Item pro portando et reportando de Auin. ad Pontem Sorgie partem dicte vaisselle 5 s. *Zusammen* 10 s.

(coqu.) **1343** Jan. 24 37½ cann. olei (9 s. pro l.) 16 l. 17 s. 6 d.

(I. E. 203) Gartenarbeit 1342/43.

(cera) Okt. 12 Stephano Liantart Auin. de venditione olerum in orto pape plantatorum necnon pro grano petrocilli et espinardorum et beraginum ac etiam salario 2 dierum, quibus operatus est in dicto orto una cum Pascali, 20 s. 6 d. mon. Auin.

Okt. 22 Stephano Liantart p. m. Pascali ortolani pape pro caulibus plantatis in iardino pape et pro 2 diebus, quibus operatus est, 12 s. 6 d. mon. Auin.

1343 März 12 d. Thome de Domperia, canonico Tullen., custodi domus quondam d. Neapolitan. ultra pontem, in qua inhabitat papa, pro 96 emin. furfuris alias breno pro animalibus, milio et leguminibus pro cuniculis et pavonibus 4 l. 10 s. et pro hominibus et mulieribus, qui multis diebus laboraverunt in orto, pro salario ortolani per mensem Sept.

---

[1] Aimericus de Castrolucii, Bischof von Chartres, Kardinal s. t. s. Martini, seit 2. Dezember 1342 Legat in Tuszien.

7 l. 15 s. et pro expensis dicti Thome, famuli et 2 ortolanorum in Sept. 13 l. 2 s. 6 d.

Zusammen 20 fl. 17 s. 6 d. mon. Auin.

(I. E. 203) Wildgarten 1342/43.

(cera) Okt. 3 Bartholomeo custodi servorum pro herba, quam comederunt servi in 11 septimanis (15. Juni—31. Aug.), 30 s. pro septimana, facto pretio per d. Iacobum de Broa et G. Bedocii cum G. Arnaldi de Ponte Sorgie 16 l. 10 s. mon. Auin.

Desgl. dicto Bartholomeo pro expensis 1 ursi a 17. Juli—30. Sept. 24 s. mon. Auin.

(cera) **1343** Apr. 21 Tholomeo Geueure, de Valentia oriundo, de dono de mandato pape pro quadam leonissa et 1 aspro per eum presentato pape 50 fl.

Apr. 23 custodi leonisse pro expensis suis et cuiusdam alterius pueri, qui moratur secum, 20 s.

Klemens VI. Zweites Pontifikatsjahr. 1343|44.

*Vorbemerkung: Für das zweite Pontifikatsjahr Klemens' VI. sind noch erhalten Intr. Exit. 214 mit fortlaufenden Ausgaben, I. E. 200, 208 (nur bis Titel 10), 209 (nur bis Titel 16), 216, 220 mit systematisch geordneten Ausgaben und Schlußsummen, I. E. 215 ohne Schlußsummen. Wir legen **I. E. 220** zugrunde.*

A. Übersicht über die einzelnen Ausgabetitel und ihre Schlußsummen.

1. Expense **coquine**[1] *(f. 94v)*: 10969 fl. 101 d. ad scutum 57 d. ad angelum de primo cugno, 79 l. 4 s. 4 d. parve mon. Auin., 51 s. 8 d. parve et debilis mon. Francie.

2. **panetaria**[2] *(f. 103v)*: 1312 fl. 7. l. 7 s. 7 d. ob. parve avin., 4 s. 5 d. tur. gross.

3. **buticularia**[3] *(f. 110v)*: 1614 fl. 929$^{3}/_{4}$ d. ad angelum 790 l. 16 s. 2 d. bonorum tur. p., 100 l. 14 s. 5 d. parve mon. Avin., 20 l. 4 s. 11 d. ob. debilis mon. Francie.

4. **maresqualla equorum**[4] *(f. 117)*: 1448 fl. 99 l. 14 s. 9 d. ob. parve mon. Avin., 10 march. 4 unc. 2$^{1}/_{2}$ quart. argenti ad pond. Auinion.

5. **pro vestibus et folraturis** *(f. 122)*: 18021$^{1}/_{2}$ fl. 151 d. ad angelum 87 dupplices de Francia, 2 s. 8$^{1}/_{2}$ d. tur. gross., 67 s. 9 d. parve mon. Avin.

6. **pro ornamentis** *(f. 127v)*: 1878 fl. 500 d. ad scutum 280 d. ad angelum 40 l. 16 s. 11 d. parve mon. Avin., 2 s. 5$^{1}/_{4}$ d. tur. gross., 18 s. 3 d. debilis mon. Francie.

7. **pro scripturis et libris** *(f. 130v)*: 274 fl. 12 l. 5 d. parve mon. Avin.

---

[1] Bernardus Gaucelmi, emptor coquine pape, legt die wöchentlichen Computationes ab mit vierwöchentlicher Auszahlung.

[2] Als panatarii pape werden genannt f. 97v und 98 Guillelmus Bellifilii und Bernardus Garnerii, beide legen abwechselnd die monatliche Rechnung ab.

[3] Als buticularius wird genannt dom. Geraldus oder Geraudus de Turno. Außer ihm legen Rechnung ab Petrus Raymundi hostiarius minor, d. Berengarius Saurelli u. a.

[4] Genannt wird Girbertus Delboy domicellus, custos maresqualle equorum pape, der die Rechnung ablegt.

8. **pro operibus et edificiis**[1] *(f. 157)*: 24286½ fl. 500 l. 19 s. 11 d. ob. parve avin., 2 s. 6 d. tur. gross., 23 s. 3 d. debilis mon. Francie, 79 d. ad scutum preter 465 fl. 25 l. parve avin. solut. per dominum R. Gibaudi.

9. **pro bulla et literis curie**[2] *(f. 159)*: 240½ fl. 12 d. tur. gross., 26 l. 12 s. 1 d. parve mon. avin., 11 s. debilis mon. Francie.

10. **pro vadiis extraordinariis** *(f. 161)*: 1760 fl. 4 l. 17 s. 6 d. parve mon. avin.

11. **pro quibusdam extraordinariis et cera** *(f. 171v)*: 5341½ fl. 1628 d. ad agnum, 197 ducatos de auro 101 duplas de Yspania 49 ianuenses auri, 3 s. ½ d. tur. gross. arg., 107 l. 3 s. 9 d. parve mon. Auin., 5 s. debilis mon. Francie, 49 march. argenti ad pondus Auinion.

12. **pro vadiis familiarium ordinariis** *(f. 189v)*: 37063 fl. 248 l. 6 s. ob. parve mon. Auin., 74 s. 8 d. tur. gross., 3 d. tur. p. (6 solutiones).

13. **elemosine secrete** *(f. 194)*: 6300 fl. 310 l. parve mon. Auin.

G. La Tremolhera administrator *nimmt die üblichen Besuche und Beschenkungen in den Hospitälern am ersten jedes Monats und an den Kirchenfesten vor, für jeden dieser Tage werden* 50 s. mon. Auin. *verausgabt.* Gaufridus ep. Rigensis *(Bischof von Riez) erhält, wie schon unter Benedikt XII., zur Verteilung an Arme jeden Monat* 100 fl.

Einzelheiten: **1343** Juni 2 de dono facto per papam religiosis de Mortuo Mari pro edificiis dicti loci ven. viro mag. I. Galbanhi [Galvani], subdecano Aurelian., pro eis recipienti 500 fl. *Am 18. Mai 1344 demselben für den gleichen Zweck* 1000 fl.

Dez. 22 d. Iacobo Garnoti de mandato pape distribuendos omnibus ordinibus civitatis et aliis locis per modum elemosine in festo nativitatis Domini 400 fl. 6 × 20 l. mon. Auin. *Ebenso am Osterfest.*

1344 Jan. 7 d. M. Ricomanni pro construenda capella de novo in loco, in quo corpus fe. rec. d. Benedicti pape XII. fuit inhumatum, de dono per papam Clementem VI. facto 700 fl.

April 7 Clemens papa VI. de novo gratiose donavit pro ecclesia de novo edificanda in monasterio Casa Dei 10000 fl., solvimus de mandato pape d. fr. Rigaldo, abbati dicti monasterii, manualiter (in diminutionem dictorum 10000 fl.) 2000 fl.

14. **pro pensionibus hospitiorum.** *Schlußsumme (f. 197)*: 1146 fl. 116 l. 1 s. 1 ob. parve mon. Auin.

Einzelheiten (f. 196): **1343** Juni 10 Nicolao de Varnana, hostalario burgeti turris regie capitis pontis Auinionis, pro locagio hospitii sui 30 dierum, in quibus magister scutiferie pape tam pro equis quam scutiferia in eadem hospitati fuerunt in primo adventu pape ultra pontem,

---

[1] Als provisor operum wird (f. 153v) genannt mag. Pontius Saturnini, der über einen Teil der Bauausgaben Rechnung legt.

[2] Als bullatores werden genannt fr. Bernardus Paioul und fr. Raymundus Gausserandi.

taxatione super hoc facta per d. Stephanum de Mulceone, decanum Bitericen., taxatorem hospitiorum, et Petrum de Granutiis, vigerium s. Andree, (30 s. mon. Francie pro die) 45 l. in 16 fl. 20 s. mon. Francie.

Juni 12 de mandato d. G. de s. Amancio, magistri hospitii pape, Angelino hospiti Pontis Sorgie et pro ostalagio 9 dierum, in quibus fuerunt in domo predicta equi pape, Raymona uxore sua pro ipso manualiter recipienti 8 l. mon. Auin.

Sept. 24 Raymundo Iohannis, piscionario Auin., pro salario piscarie sue, ubi reponuntur pisces pape et conservantur eidem, (25. Dez. 1342— 25. Dez. 1343) 25 fl.

Nov. 18 Nicolao de Varnana, hostalario ultra Pontem, pro locagio hospitii sui 3 mensium pro 2 stabulis hospitii in parte inferiori et 2 cameris, in quibus jacebant palefrenarii et valleti coquine (25 s. pro die taxati) 114 l. 12 d. mon. Francie in 41 fl. 26 s. mon. Francie.

Dez. 12 Petro Michaelis de Villa Nova pro locagio hospitii sui, in quo habitaverunt regestratores pape, pro 5 mensibus et per $10^1/_2$ menses fuerat in manu gentium pape, ubi reponebatur avena et ligna multa conservabantur et iacebant etiam aliqui famuli pape, (1 fl. pro mense taxatum) 10 fl. 12 s.

Durch den Kammerkleriker Michael Ricomanni *werden die Wohnungsgelder der päpstlichen Beamten für die Zeit vom 8. Jan. 1342 bis 19. Mai 1344 (2 Jahre 4 Monate 13 Tage) bezahlt und zwar für die* domicelli, servientes armorum, hostiarii minores, cursores, brodarii ac pro logueriis hospitiorum, que tenentur per papam specialiter, *zusammen* 1054 fl. 104 l. 10 s. ob. mon. Auin.

15. **pro possessionibus emptis** *(f. 198)* 1257 fl.

Einzelheiten: Wegen des Baues einer neuen Straße in Ville Neuve werden einige Häuser und Grundstücke gekauft.

1344 Mai 5 Bertrando et Guigoni Renoardi fratribus, domicellis condominis de Vedano Auin. dioc. pro locis, in quibus sunt scole Theologie et domus, in qua habitat Helyas de Noxovio, portitor aque pape, una cum platea vacua ante dictas scolas et domum predictam hodie emptis ab eisdem 750 fl. (Ioh. Palaysini not. publ. fecit instrumentum).

16. **Panhota pro elemosina pauperum.** *Schlußsumme (f. 208v):* 16808 fl. 511 d. ad scutum 35 s. 7 d. tur. gross., 17 l. 18 s. 2 d. ob. parve mon. Auin., 58 s. 11 d. parve mon. Francie. *Die Verwaltung ist ähnlich wie früher. Einzelnes siehe unten B unter Gewebe-, Tuch-, Getreideeinkäufen u. a.*

17. *(f. 184)* **guerra:** 60800 fl. *Hiervon erhält der König von Castilien* 20000 fl. *geliehen,* 600 fl. *erhalten die Gesandten von Konstantinopel, das übrige wird zur Ausrüstung und Unterhaltung von vier Kriegsgaleeren verwandt, vgl. unten B 1 Chronik. Notizen.*

Die Gesamtausgaben dieses Jahres finden sich I. E. 220 f. 211v: 190518¹/₂ fl. 1191 den. ad scutum 1448³/₄ den. ad angelum, quorum sunt 804³/₄ de primo et 644 de secundo cugno; 87 duplices de Francia 1628 den. ad agnum 197 ducatos de auro 101 duplas de Yspania 49 ianuenses auri, 6 l. 7 s. 3³/₄ d. tur. gross., 790 l. 16 s. 5 d. tur. p., 1700 l. 27 s. 9 d. ob. mon. Avin., 28 l. 18 s. 7 d. ob. mon. Francie debilis, 59 march. 4 unc. 2¹/₂ quart. argenti ad pondus Auinion.

B. Systematisch geordnete Einzelheiten aus den verschiedenen Ausgabetiteln.

1. Chronikalische Nachrichten.

(I. E. 220 f. 161 vadia extraord.) Der nobilis vir dominus de Cambonio *erhält wie früher vom Papste eine jährliche Rente von* 1000 fl. »pro suis oneribus supportandis«. *Sie werden ihm in zwei Raten im Juni und August ausbezahlt.*

Von August an erhält dominus fr. Marcesius[1] archiep. Manasgardensis in Grecia (!) *einen zweimonatlichen Gehalt von* 24 fl. 19 s. 6 d.

1344 März 5 Guillelmo de Turre de mandato pape pro provisione eidem annuatim assignata, P. Dalbars domicello pro ipso Guillelmo recipiente, 600 fl.[2]

1344 April 15 cum Petrus Vitalis, serviens armorum pape, fuisset pro quibusdam sibi impositis detentus in carcere marescalli curie a 27. Sept. 1343 usque ad diem Iovis ante Ramos palmarum supplicassetque pape, ut de vadiis suis retentis toto tempore predicto et de 20 diebus sibi debitis ante eius captionem sibi dignaretur facere aliqualem retributionem fuissetque per papam ob hoc remissus ad cameram, eadem camera servata equitate ordinavit sibi dari ob premissa 40 fl.

(f. 163v pro cera) **1343** Mai 23 Alexandro de Bardis pro messagerio misso de mandato pape apud Rothomagum ad impedienda astiludia[3] ibidem preconisata cum ferris colatoriis 10 fl.

(f. 166) Sept. 16 d. Hugoni Roclandi et P. Vincentii, burgensibus de Auinione, pro dampno dato in bladis eorum seminatis, quando papa ivit apud Pontem Sorgie, dicto dampno taxato per d. Ludovicum de Petra Grossa et aliquos alios ad 16 manganellos et eminam bladi (16 s. pro manganello) 13 l. 1 s. 4 d. in 10 fl. 16 s. 4 d.

(f. 166) Nov. 8 d. Ricario Petri, can. Parmen., et Laurentio Petri de s. Germano, canonico s. Laurentii in Lucina de Urbe, commissariis

---

[1] Es wird von Eubel, *Hierarch. cath.* I S. 339 nicht genannt.
[2] Ebenso schon im ersten Jahre, vgl. oben S. 198.
[3] Turniere, hier auf scharfe Lanzen.

1. Chronikalische Nachrichten.

deputatis per rev. . . . Bertrandum Ostien. et Anibaldum Tusculan. episcopos deputatos per papam super reparatione et constructione Pontis Rodani pro solutione partis doni dati per papam in subsidium dicti operis 500 fl.

(f. 169) **1344** Febr. 27 *desgleichen* 500 fl., 13. April *ebenso* 500 fl.

(f. 168) Jan. 12 Iacobo Malabailha, mercatori Asten., pro portagio 5000 fl. per factores suos Neapoli receptorum a discreto viro d. Arnulpho Marcellini, rectore Beneventano, per Iacobum camere assignatorum (2 fl. pro centenario) 100 fl.

Demselben pro portagio 5000 fl. per factores suos Venetiis receptorum de pecunia ibidem deposita per d. Petrum Geruasii, olim in regno Ungarie Apost. sedis nuntium, et per eundem Iacobum camere assignatorum ($2^1/_2$ fl. pro centenario) 125 fl.

Demselben 200 fl., quos mutuaverat Perceuallo de Bergamo et Ruffino de Placentia, servientibus armorum pape, pro faciendis expensis in persecutione d. Bertrandi de Cornilio, quem de mandato pape captum ad cameram adduxerunt.

(f. 169v) März 17 de mandato pape fr. Francisco de Marzis ord. Min. oriundo de Senis, commissario deputato per bullam una cum primicerio Lucano ad exhigendum et rehabendum depositum 80000 fl. per societatem quandam Senis, 50 fl.

(f. 170) Mai 5 de mandato pape magistris Iohanni de Ysendike, preposito ecclesie ss. Apostolorum Colon., et Iohanni Ludovici de Valebechalahem,[1] clerico Magontin. dioc., euntibus ad d. Ludovicum de Bauaria pro aliquibus negotiis secretis, pro expensis eorum eundo et redeundo et ibidem stando 200 fl.[2]

— Girberto Dalboys pro 4 equis emptis pro dictis clericis, quos debent restituere in regressu, 96 fl.[3]

April 27 Guillelmo Canfer servienti, custodi carceris, pro expensis per ipsum factis pro fr. Iacobo preposito Cassinensi a 7. Sept. usque 21. Dez. 1343: 12 fl.

Mai 18 d. Geraudo Tholono, canonico Vercellen., pro opere pontis Auinion. pro complemento doni super hoc facti per papam 200 fl.

Mai 18 mag. Petro de Monticulo misso apud Nemausum quesitum notam cuiusdam instrumenti 2500 fl. debitorum camere per Hospitalarios, que nota non fuit reperta, 4 l. 19 s.

(f. 211 guerra) **1343** *(Datum nicht angegeben)* de speciali mandato pape Guidoni Malabalha, fratri Iacobi Malabailha, mercatori Asten., pro

---

[1] D. h. Waldböckelnheim a. d. Nahe.
[2] Riezler, *Vatik. Akten* S. 790 Nr. 2183, 2 hat das Regest des päpstlichen Empfehlungsbriefes mit »Disendick« und »Johann Ludovici« Maguntin. dioc., notarii publici, vgl. auch Sauerland, *Rhein. Urk.* III Nr. 371. Johann v. Ysendike resignierte 1347 die Propstei von SS. Aposteln in Köln (ebd. 328).
[2] Es kamen also 24 fl. auf das Pferd.

mutuando d. regi Castelle 20000 fl. De eodem mandato pro stipendiis 4 galearum armatarum de pecunia camere Apost. pro 1 anno una cum stipendiis d. Martini Zacarie, capitanei galearum, et certarum aliarum personarum in literis Apostolicis super hoc confectis contentarum 40800 fl. Dicti vero 40800 fl. assignati fuerunt diversis personis in modum, qui sequitur: Aug. 27 1343 assignavit d. Iohannes de Amelio, clericus camere apud Massiliam religiosis viris dd. Berengario Baroli, Ysoardo Capue, prioribus domorum hospitalis s. Iohannis Ierusalem., ac Geraldo de Monte Agitto, magistro marescalle eiusdem hospitalis, sub certis modis et conditionibus plenius contentis in instrumento dicta die recepto per Lambertum Voec, publ. auctoritate Imperiali notarium, 25600 fl.

Nov. 8 patronis et capitaneo 4 galearum, qua die receptum fuit instrumentum naulizationis seu conductionis 4 galearum per notarium supradictum 2000 fl.

Nov. 14 patronis et capitaneo apud Niciam per manum dicti mag. Iohannis de Amelio 10800 fl. — Auinione per manus thesaurariorum d. Martino Zacarie, patrono (!) galearum, pro stipendiis suis 1 anni 1800 fl.

Nov. 14 de mandato pape Colrado de la Bruha, ambassiatori domini Despoti, filii imperatoris Grecorum, 100 fl.; d. Philippo de s. Germano militi, nuntio imperatoris Constantinopolitan., 200 fl.; d. Bartholomeo de Urbe, vicario d. patriarche Constantinop., pro exequendis certis negotiis sibi commissis 300 fl.

(I. E. 207 f. 31ᵛ) **1343** Sept. 26 dno Roberto Herewardi archidiac. Tanton., ambaxatori dni regis Anglie, de 200 saum. frumenti, 150 saum. avene, 16 saum. leguminum, 60 doliis seu botis vini et 18 porcis *(providiert vom Kamerar), desgl.* 600 saum. lignorum, 100 saum. carbon., 4 quint. feni [provisum est].

(f. 43ᵛ) **1344** Aug. 28 d. Arnaldo de Tuesa, dr. decr. et procuratori regine Navarre, [provisum est] de 40 saum. frumenti, 60 saum. avene, 20 doliis vini.

ebd. Sept. 4 pro dd. Iohanne de Offord, decano Lincolinen., et Hugone de Neuillis milite, ambaxatoribus d. regis Anglie [provisum est] de 200 saum. frum. 200 avene, 6 legum., 500 lignorum.

Sept. 9 *denselben* de 60 botis seu doliis vini.

1a. Boten und Gesandtschaften.

(I. E. 220 f. 164ᵛ) **1343** Juni 19 de mandato d. camerarii Iacobo de Toraco et Guidoni Stephani, cursoribus euntibus cum literis bullatis clausis ad d. legatum cardinalem vid. Carnoten.[1] in Romandiola, 8 fl.

(f. 169) **1344** Febr. 6 Tierio de Florencia cursori portanti literas de mandato pape d. Aymerico, legato in Lumbardia, necnon Petro Vitalis,

---

[1] Aimericus de Castro Lucii Lemovicen. ep. Carnoten., tit. s. Martini in Montibus card. (seit 20. Sept. 1342, † 1349: Eubel I S. 17).

primicerio Lucano, collectori, bullam de reservatione bonorum episcopi Senensis et debuit ire in 12 diebus et reportare responsum, 5 fl.

März 15 Raymundo Martini, pape cursori, eunti de mandato pape Parisius ad regem Francie 6 fl.

März 31 Colineto de Poissiaco messagerio eunti de mandato pape ad d. legatum in Romandiola 14 fl.

(f. 170) April 14 Marcho de Siena, quem mittimus ad d. legatum in Tuscia de mandato pape, et debet esse ad eum in 10 diebus 14 fl.

2. Päpstliche Beamte.

(I. E. 220 f. 174) **1343** Juli 9 facta fuit solutio familiarium et officialium pape de vadiis eis debitis pro 8 septimanis preteritis et terminatis 5 Iuli exclus. Attende ieiunium s. Iohannis Baptiste et quod fl. computatur pro 22 s.

Cancellario 194 fl. 9 s. 9 d.

correctori 27 fl. 2 s. 6 d.

marescallo iustitie 290 fl. 20 s. 9 d.

magistro in theologia 36 fl. 16 s. 7 d.

14 penitentiariis pro tota et certis pro 34 diebus 133 fl. 23 s. 6 d.

2 bullatoribus 63 fl. 17 s. 8 d.

Iohanni de Seduno, clerico capelle, pro tota et socio suo pro 54 diebus 25 fl. 22 s. 2 d.

P. de s. Marciali, magistro hostiario [prime porte], 27 fl. 2 s. 6 d.

Desgl. Sycardo de Saya, Vigairono, G. de Champiers, G. de Leschamel, Ademaro de Agrifolio (pro 48 diebus).

Lelo Stephani, custodi secunde porte, 27 fl. 2 s. 6 d.

Desgl. P. de Podensaco, G. de Lissaco, Aymerico de Boissone, Galhardo de Mazerolis, Guillelmo de Margarita (pro 45 diebus), Iohanni de Hospitali (pro 27 diebus).

P. de Bessiera, custodi tertie porte, 27 fl. 2 s. 6 d.

Desgl. P. Fernandi, Gero del Veriz, Stephano Balisterii, Bertrando de Vernhola (pro 26 diebus).

Renaldo de Lur, custodi quarte porte, 27 fl. 2 s. 6 d.

Desgl. Roberto de Balh, P. de Lauernha (!), Aymerico de Castello.[1]

12 hostiariis minoribus pro tota 174 fl. 8 s. 8 d.

60 cursoribus pro tota et certis pro 25 diebus 500 fl. 16 d.

62 servientibus armorum pro tota et certis pro 11 diebus 1033 fl. 4 s. 10 d.

10 palafrenariis pro tota et 8 pro 44 diebus 89 fl. 5 s. 5 d.

Nobili viro d. G. de s. Amancio militi, magistro hospitii, 56 fl.

Nicolao de Monteclaro, magistro coquine, 27 fl. 2 s. 6 d.

---

[1] In der 2. solutio heißt er Aymericus la Rocha alias Dussello!

d. B. Gaucelmi, emptori coquine, 27 fl. 2 s. 6 d.

Helye de Noxonio, portitori aque, 27 fl. 2 s. 6 d., eidem pro 3 famulis 12 fl. 9 s. 9 d.

scriptori coquine pro 36 diebus 5 fl. 6 d.

2 coquis 54 fl. 5 s.

Bernardo alteri coquo 16 fl. 13 s.

3 brodariis 24 fl. 19 s. 6 d.

d. Geraudo Tornerii, custodi cere, 16 fl. 13 s.

2 buticulariis pro tota minus 1 die 32 fl. 19 s. 6 d.

2 panetariis 32 fl. 16 s.

dd. Stephano Seguini, Iohanni de Florencia, R. de Varsio phisicis; Iohanni de Ianua, P. Augerii surgicis pro tota 135 fl. 12 s. 6 d., d. Stephano Ancelmi phisico pro 49 diebus 23 fl. 16 s. 11 d., 2 regestratoribus 24 fl. 19 s. 6 d., mag. Iohanni de Pistorio pro 17 diebus 3 fl. 18 s. 2 d., mag. Gasberto de Septemfontibus pro 52 diebus 11 fl. 12 s. 5 d., d. Iacobo Garnoti, lectori biblie, 16 fl. 13 s.

d. P. Sainterii, Priuato Pastorelli, I. de Nobliaco (Noilhaco), Radulpho Ricardi, G. de Flandria, Matheo Valeta, Raoulino Cossart, Iohanni de Sinemuro, Iohanni de Caunis, Symoni Mauricii, Nicolao de Noisiaco pro tota et d. Iohanni de Tregos quondam pro 50 diebus 196 fl. 18 s. 5 d.

Colineto, clerico capelle intrinsece, 8 fl. 6 s. 6 d.

Iohanni, custodi carceris curie, 20 fl. 16 s. 3 d. R. carraterio 4 fl. 16 s., advocato fisci 15 fl. 9 s. 2 d., B. trahenti campanam 4 fl. 3 s. 3 d., Hugoni Corbati pro augmento sibi dato pro custodia armaturarum 8 fl. 6 s. 6 d., d. B. custodi vaisselle 16 fl. 13 s., custodi cervorum 9 fl. 2 s. 4 d., scobatori domorum 3 fl. 16 s., Pontio Saturnini, provisori operum, 16 fl. 13 s.

Sequuntur domicelli *(jeder erhält* pro tota 27 fl. 2 s. 6 d.*)*: 1—3) 3 scutiferis domini de Cambonio 4) G. de Channaco 5) Raynaldo de Ponte 6) Ludouico de Scorolha (Scoroilla) 7) Galtero Alberti 8) Bertrando de Vairaco 9) Ariberto de Tineria 10) Boso Quintini 11) Broardo Lartizian 12) Guillelmo de Sesseraco 13) Ancello de Brecuria 14) P. de Cornilio 15) Astorgio de Duroforti 16) Rigo de Mauriaco 17) Bertrando de Serra 18) Talayrando de Vernodio 19) Guidoni de Podio Valle 20) Helye de Lacrangis 21) B. de Lados 22) Geraldo de Manhaco 23) R. de Pinsaco 24) Pontio de Andirano 25) Naudino de Sitraco 26) Gentili Nicolai 27) Marcho Lando 28) Thome marescallo 29) Bertholoto de Vico Iustino 30) domicello d. G. de s. Amancio 31) R. de Gardia 32) Hugoni Rogerii 32a) Girberto Dalboys *(die folgenden erhalten für kürzere Zeit entsprechend weniger bezahlt)* 33) G. de Blandiaco 34) G. de Vallebona 35) G. de Montenhaco 36) G. de Malomonte 37) Francisco de Pistorio 38) Raterio de Cursono 39) Gascono de Pestilhaco 40) G. de Puteo 41) G. de s. Exuperio 42) I. Daura 43) Symoni de Ruppecanardi 44) G. de Ussello

45) Aymerico de Pestello 46) Iohanni Geraudi 47) Iacobo de Sarzana 48) Bremundo de Volta 49) Ginoto de Monte Lauro et 50) socio suo 51) P. Bertrandi barbitonsori 52) d. G. de Combornio subdyacono pro 12 diebus sibi detractis, quando papa fuit in Ponte Sorgie, 53) Archambaldo de Combornio domicello.

Die Kleidergelder wie früher. Die folgenden Zahlungen ähnlich. Ferner werden genannt:

(f. 165) Juli 12 Guillelmo Amelii, ianitori secunde et tertie porte, pro 1 culcitra cum pulminari ... emptis pro Bernardo Casadamont, custode leonisse, 3 fl. 5 gross. (= 10 s. mon. Auin.).

(I. E. 220 f. 75) G. de s. Amancio miles, magister hospicii.

(f. 79) Helyas de Nexovio, portitor aque.

(f. 79) dominus Bernardus de Scossato, custos vaisselle pape.

(f. 165) Geraudus Furnerii, custos cere.

(f. 84v) Iohannes dictus Bruni, escobator domorum.

(f. 163v pro cera) **1343** Mai 24 mag. Christiano, distributori literarum Apostolicarum, pro gallinis solvi consuetis anno quolibet in mutatione pontificatus grossatoribus pape 10 fl.

(f. 164v) Mai 30 de mandato magistri hospitii Raymundo Castellani, ortolano hospitii pape Ultra Pontem, necnon et Petro, custodi dicti hospitii, pro stipendiis eisdem debitis a festo b. Michaelis (29. Sept. 1342) 60 s. mon. Francie in 1 fl. 5 s. dicte mon.

(I. E. 207 f. 35) **1343** Dez. 9 mag. B. Guinerii, scriptor penitentiarie pape.

(f. 36) **1344** $^{20}/_1$ fr. P. Engilberti ⎫
$^{18}/_2$ fr. Ioh. (!) Engilberti ⎬ penitentiarii.

(f. 40) $^9/_7$ fr. H. de Aquila penitentiarius pape.

(f. 42) $^{16}/_8$ Ioh. Regis scriptor penitentiarie pape.

(f. 43) $^1/_9$ d. fr. Ioh. de Namos penitentiarius.
   d. fr. Henricus de Cigno penitent.

(f. 44) $^7/_9$ Thomas de Insula penitentiarius.

(f. 45v) $^{14}/_9$ d. fr. Iohannes penitent.

$^{10}/_9$ B. Raterii auditor penitentiarie.

3. Brot- und Fruchteinkäufe.

Fruchteinkäufe.

(I. E. 220 f. 93v) **1343** Aug. 20 fuit facta ratio cum Primo de Bondrico de leguminibus per ipsum emptis pro usu hospitii pape et Pinhote: pro 17 saumatis 2 eminas pisorum (11 l. 1 s. parve monete Francie pro saum.) 190 l.; 10 bichetis fabarum ad mensuram Trenochien. (*zu je* 6 l. parve mon. Francie) 60 l.

NB. 10 bicheti = 8 salmate grosse. 1 fl. = 56 s. mon. Francie.
1 den. ad angelum 100 s. mon. Francie.

(f. 300, 175 elemosina) **1343** Juni 30 Guillelmo de Salveritis alias le Negoe pro 1500 salmatis grossis frumenti receptis per d. G. La Tremoliera pro usu helemosine Pinhote (2 fl. pro saumata) 3000 fl.

Juli 29 Colino de Nova Villa, Iohanni Malenutriti, Paulo Bessi, Raymundo Geraldi, Johanni de Podio Villari, Balsario de Mediolano, Iohanni Olerii, Iacomino Garcie, pistoribus Auin., pro 2000 salmatis bladi emptis ab eisdem (22 tur. gross. pro saumata) ad opus elemosine Pinhote presente ad hoc d. G. La Tremoliera 2000 fl. *(also nur Teilzahlung).*

Okt. 30 Iohanni Riquerii, mercatori Auin., in partem solutionis 1000 saumatarum frumenti emptarum ab eo per d. G. La Tremoliera (2 fl. 2 tur. gross. pro saumata) pro usu elemosine Pinhote 1000 fl. *Am 19. März 1344 erhält er als Schlußrate* 1166 fl. 16 s. mon. Auin.

Nov. 6 Iohanni Bedarida et Iohanni de Podio Villari, Paulo Bessi, Iohanni Galterii, Colino de Nova Villa, Iacobino Garcie, Raymundo Geraldi, Aubertino le Compte et Balsario de Mediolano, pistoribus sequentibus curiam Romanam, in partem solutionis 3000 saumatarum frumenti ab eisdem emptarum pro helemosina Pinhote (23 tur. gross. pro saumata) 2000 fl.

Dez. 17 Iohanni de Gresis, mercatori Carpentoraten., pro $171^1/_2$ saum. bladi grossis receptis ab eo per d. G. La Tremoliera, administratorem Pinhote, ad opus elemosine (2 fl. 2 tur. gross. pro saumata, 1 fl. = 12 tur. gross.) 371 fl. 7 d. tur. gross.

1344 Jan. 3 Iohanni de Biterrita, Paulo Bessi, Iacomino Garcie, Raynaldo Geraldi, Stephano de Carnaco pistoribus in parte solutionis 3000 salmatarum frumenti (6. Nov. venditi) 2000 fl.

Am 15. April 1344 erhalten sie als Schlußrate 1750 fl.

Brotanschaffungen (Panataria).

(I. E. 220 f. 97v) **1343** Juli 2 in 4 septimanis preteritis computant panatarii expendisse in pane bruno recepto a Petro Porci 9700 panes, valent 16 saumatas et 100 panes (qualibet saumata pro 2 fl.) 32 fl. 4 d. tur. gross. *Auch* panis albus *wird wöchentlich von den* panatarii *gekauft, die Menge desselben aber nicht angegeben.*

(f. 98) Aug. 25 in 4 septimanis computat [Guillelmus Bellifilii panatarius] expendisse in pane bruno 11100 panes valentes $18^1/_2$ saumatas frumenti.

Sept. 3 a Petro Porci in 4 septimanis 12500 panes de pane grosso valentes 20 saumatas grossas et 500 panes, singulis saumatis pro 600 panibus computatis.

(f. 99) Sept. 20 desgl. a Petro Porti 9000 panes = 15 saumatas.

Okt. 21 *desgl.* 9200 panes.

(f. 100v) Nov. 15 facto compoto cum Petro Porci de pane bruno per eum librato panatario pape pro usu hospitii sui a 29. Iunii usque

18. Nov. (20 septimane), libraverat dictis panatariis 83 saumatas bladi (600 panes pro saumata, prout per tailhas super his factis quam alias per relationem dictorum panetariorum nobis innotuit) pro qualibet saumata bladi 2 fl. 3 tur. gross. (1 fl. = 12 tur. gross.). *Zusammen* 186 fl. 9 tur. gross.

(f. 101) Dez. 16 in 4 septimanis de pane bruno 8950 panes, qui faciunt (600 panes pro saumata) 14 saumatas 550 panes ($2^3/_4$ fl. pro saumata): 41 fl., $^1/_4$ tur. gross. pro 6 den.

Jan. 13 de pane bruno 10150 panes in 4 septimanis, qui faciunt 16 saum. 550 panes, ($2^3/_4$ fl. pro saumata) 46 fl. $6^1/_4$ tur. gross.

Febr. 9 *für die Zeit vom 11. bis 29. Jan. 1344:* 6600 panes, qui faciunt in summa 11 saum. (3 fl. pro saumata): 33 fl.

Vom 29. Januar—8. Februar 3650 panes (2 fl. 9 tur. gross. pro saumata) 16 fl. $11^1/_2$ tur. gross.

März 10 in 4 septimanis preteritis 9950 panes, qui reducti ad salmatas faciunt 16 salmatas 350 panes (600 panes pro salmata), 2 fl. 9 tur. gross. pro salmata: 45 fl. $7^1/_4$ tur. gross.

(f. 103) April 8 *desgl.* 10750 panes = 17 saum. 550 panes: 49 fl. $3^1/_4$ tur. gross.

Mai 5 *desgl.* 8250 panes = 13 saum. 450 panes ($2^3/_4$ fl. pro saum.) 37 fl. $9^3/_4$ tur. gross.

3a. Hafer-, Heu- und Stroheinkäufe.

Hafer- und Heupreise.

(I. E. 220 f. 90v coquina) **1344** März 29 Andree le Bouchier pro 120 quint. feni per eum emptis et delibratis pro victu 20 boum donatorum pape a festo Omnium Sanctorum usque ad carnisprevium (3 s. pro quintali) et pro locagio 1 valleti, qui custodivit dictos boves per 3 menses, (4 l. 10 s.) 18 fl. 9 s.

(f. 112v marescalla) **1343** Sept. 18 Iohanni Magistri, burgensi Auinion., pro 42 saum. avene receptis ab eo per Girbertum Delbois et per ipsum emptis pro usu equorum pape (32 s. pro saumata) 67 l. 4 s. mon. Auinionis in 54 fl. 21 s. mon. Auin. (1 fl. = 24 s. 6 d.).

(f. 113) Okt. 3 Petro de Banqueria de Paternis pro 100 saumatis avene ab eo receptis pro usu marescalle equorum pape et receptis per Girbertum Delboys 26. *März 1343* (34 s. pro saumata) 170 l. in 136 fl. (1 fl. = 25 s.).

Jan. 28 Iohanni Magistri de Auinione pro 448 saumatis avene emptis ab eo per Girbertum Delboy, magistrum marescalle pape, pro usu equorum pape (32 s. pro saumata) 716 l. 16 s. (1 fl. = 24 s. 6 d.) 585 fl. 3 s. 6 d.

(f. 115v) März 18 facto computo cum Girberto Delboy, mag. marescalle, pro 1365 quint. feni emptis apud Mornacium (2 s. 8 d. pro

quintali) 182 l., pro 900 quint. feni emptis a diversis mercatoribus (3 s. pro quint.) 135 l., pro 2 paleariis emptis apud Mornacium 15 l. 16 s. 4 d.; pro forragine et herbis 1 prati empti apud Caualhonem pro 8 equis pape, qui steterunt ibidem per 7 septimanas 37 l. 4 s., pro dictis fenis emptis et 600 quint. feni habitis de Palhacia portandis apud Auinionem exonerandis et ponendis in fenario, lignis emptis ad ponendum subtus fenariam et ipso feno ponderando et pro expensis hominis, qui custodiebat fenum, 32 l. 11 s., pro dictis paleis portandis de Mornacio ad Rodanum et deinde usque Auinionem et pro ipsis exonerandis et reponendis in domo et aliis minutis expensis pro ipsis paleis 18 l. 8 s. 6 d.

4. Trauben und Wein (buticularia).

(*I. E. 220 f. 106v*) **1343** Nov. 24 fuit computatum de vinis emptis apud Lunellum, Nemausum et apud Bellicadrum pro usu hospitii pape: Petrus Raymundi, hostiarius minor, computat emisse apud Lunellum 1832 quint. 85 lb. racemorum: 1056 l. 17 s. 3 ob. mon. parve Francie (1 quintale *teils zu 11, teils zu* $11^1/_2$ *und* 12 s., *teils zu* 10, $10^1/_4$ *und* $10^1/_2$ s.) Pro reparatione 67 botarum grossarum et 5 de mena pro 13 saumatis circulorum (56 s. pro saumata) 36 l. 8 s., pro 1 duodena grossa armarinarum 4 l., pro 18 arboribus 4 l. 2 s. 6 d., 10 dogis 16 s. 8 d., 14 lb. de stupis, 30 lb. de sionre, 2 eminis farine, pro oleo, 2 lanternis, 18 lb. candelarum etc. etc. 1386 l. 10 s. 8 d.

Item computat emisse apud Malgorium $2^1/_2$ modios de muscadello 42 l. parve mon. Francie, 2 modios minus 1 paliscea de vino rosega 29 l. 1 s. 9 d., pro portu usque ad Auinionem 10 l. *Zusammen* 81 l. 1 s. 9 d.

(*f. 107*) Dez. 2 computat Petrus Raymundi emisse in quadragesima immediate preterita apud Nemausum 17 vasa vinaria extimata per extimatores 100 l. (53 s. = 1 fl.) = 37 fl. 39 s. parve mon. Francie; Auinione ante vindemias preteritas 9 botas grossas (*je* 2 fl.) 18 fl.; apud Lunellum 3 botas grossas (*je* 110 s.) 16 l. 10 s. = 5 fl. 50 s. parve; 1 botam de mena apud Malger pro muscadello 1 fl.

Nov. 24 computavit Perrotus de Vaissella de vinis per ipsum factis apud Nemausum: 1070 saumatas racemorum et 62 sextaria vini sub diversis preciis: 1993 l. 10 s. 8 d. parve. mon Francie 62 l. mon. mediocris Francie.

Es kommen noch die verschiedenen Ausgaben für Keltern, Zubereitung und Herbeischaffung des Weines hinzu, zusammen 2379 l. 14 s. 7 d. parve, 82 l. 10 s. mediocris Francie, que valent 134 l. 19 s. 2 d. parve. *Bezahlt in* den. ad angelum *und* flor.

1 den. ad angelum de secundo cugno = 4 l. 10 s.; 1 den. ad ang. de primo cugno = 5 l.; 1 fl. = 57 s.

(*f. 108*) compotus vinorum Bellicadri domini Stephani Rotundi alias Carretarii presbyteri pro usu hospitii pape: 660 saumatas 4 banastones racemorum (pro saumata 31 s.) 1024 l. 8 d. *mit den übrigen Ausgaben für Zubereitung etc. des Weines* 1224 l. 17 s. 2 d. Francie, 33 l. 16 s. 8 d. mon. Auin. = *zusammen* 1303 l. 11 s. 8 d. parve Francie.

1344 Jan. 5 *(f. 108v)* compotus d. Berengarii Saurelli de vinis emptis pro papa apud Belnam: 16 dolia tam in tonnellis integris quam in caudis continentibus ultra moisonem debitam 67 sextaria vini, quorum sextariorum 64 faciunt tonellum, empta a diversis personis et diversis pretiis 643 l. 3 s. 9 d. debilis monete; 14½ dolia 18 sextaria vini de Belna et continent ultra moisonem 36 sextaria vini 551 l. 6 s. 10 d. ob.; 11 tonellos vini albi de Belna tam in tonnellis, caudis et 4 gubelotis, continent ultra moisonem 52 sextaria: 419 l. 15 s. 7 d. ob. debilis mon.

1 fl. = 35 s. mon. Francie debilis.

1 fl. = 11 s. 4 d. bone mon. Francie.

April 29 facto computo cum gentibus Renaldi Balbeti burgensis Claromonten. de vinis per ipsum emptis pro papa in s. Porciano fuerunt eidem soluta pro 61 doliis sive piperis, quorum 3 fuerunt portate in adulagio aliarum, de mandato nostro per d. Guillelmum Ruffi collectorem sive d. Petrum de Frigidavilla, subcollectorem suum, de prima emptione 449 l. 15 s. tur. p., pro portu dictorum doliorum de s. Porciano usque ad Cabilonem una cum reparatione doliorum, salario et expensis conducentium et aliis minutis expensis 362 l. 4 s. 6 d. tur. p.; pro portu de Cabilone usque Auinionem cum reparatura doliorum, expensis et salario conducentium 78 l. 16 s. 8 d. bonorum tur. p.

5. Vieh- und Fleischpreise, Fische.

(I. E. 220 f. 77v coquina) **1343** Juli 1—9 pro 7 duodenis pullorum datorum d. abbati mon. s. Tyberii, fr. Petro confessori et d. Bertrando de Cornillo (15 s. pro duodena) 5 l. 5 s.

Desgl. pro 5¼ mutonibus (15 s. pro mutone) 78 s. 9 d.

(f. 86) Dez. 18 Iacobo de Vacquario carnifici pro 27 porcis per ipsum emptis de mandato camere in nundinis de Bariolis in Provincia (45 s. 6 d. mon. Provincie pro porco) et pro expensis per ipsum factis in adducendo (18 d. pro quolibet) 63 l. 9 s. mon. Provincie in 78½ fl. (demnach 1 fl. = 16 s. 2 d. mon. Provincie).

(f. 87) pro 50 leporibus datis dd. cardinalibus in festo Natalis Domini 13 l. 15 s., pro 27 porcis datis *desgl.* (zu je 2½ fl.) 67½ fl.

(f. 87v) mag. Iohanni coquo pro 20 porcis pinguibus per ipsum emptis apud Carpentoratum pro usu hospitii pape 80 fl.

(f. 89) **1344** März 11 Mayeto Postelli, coquo pape, pro 12 porcis per eum emptis apud Carpentoratum 7. Febr. sub diversis pretiis 52 fl. et 1 fl. pro expensis.

(f. 169v cera) März 29 Andree carnifici pro 87¼ carnibus mutonibus per eum ministratis pro victu leonisse a 13. April [1343]—29. März

[1344], 14 s. pro quolibet mutone, 61 l. 1 s. 6 d. in (1 fl. = 24 1/2 s.) 49 fl. 21 s.

(f. 170) April 24 Bernardo de Casamontibus, custodi leonisse, pro 6 1/2 mutonibus pro victu leonisse a 30. Marcii—24. April 7 l. 2 s. 9 d.

5a. Fischeinkäufe.

(I. E. 220 f. 87v) 1344 Febr. 24 Garcie Luppi, servienti armorum pape, misso apud Baionam pro salmonibus, merluciis et allecibus emendis pro papa: pro 22 salmonibus 29 fl. 14 s. tur., pro 2000 allecium 6 scudatos auri, pro 208 melluciis 15 scudatos, pro portu dictorum piscium usque Auinionem 24 scudatos 64 s. tur., pro corretagio, serpilheriis, cordis etc. 50 s. tur., pro expensis dicti servientis eundo, stando et redeundo de Auinione usque Baionam preter stipendia sua 9 l. 12 s. 6 d. tur. p. (1 scudatus = 16 s. 4 d. tur. p.).

(f. 90v) 1344 März 30 Guillelmo Chamgun et Ger. Clerensot recipientibus pro Iohanne Barreti de Belna pro piscibus emptis per eum in Burgondia: pro 65 luciis (*zu je* 15 s.) 78 fl., 90 carpis 120 l.: 32 fl.; 28 lucis (*je* 2 fl.) 56 fl., pro botica, in qua fuerunt adducti pisces, 16 fl.; pro expensis 5 hominum, qui piscaverunt, 4 fl.; pro minutis piscibus datis aliis pro eorum victu 3 fl., pro conductu piscium de Cabilone usque Auinionem 28 fl. 10 s., pro denariis datis piscatoribus 2 fl., pro famulo, qui custodivit pisces, 4 fl.; pro expensis Iohannis cum equo suo 6 fl., *zusammen* 225 fl. 10 s. tur.

6. Gewebe, Kleidung.

(I. E. 220 f. 119) 1343 Mai 7 facto computo cum Iacobo Malabalha, mercatore Asten. in Romana curia commoranti, solvimus eidem pro 260 peciis et 7 cannis pannorum tam planorum quam virgatorum pro librata estivali domicellorum pape (20 fl. 3 tur. gross. pro pecia, 1 fl. = 12 tur. gross.) 5276 fl. 9 d. tur. gross., 18 d. mon. Auinionis.[1]

Mai 8 Iohanni de Mortuo Campo de s. Audemaro pro 50 peciis pannorum tam planorum quam virgatorum pro dicta librata estivali domicellorum pape (20 fl. 3 tur. gross. pro pecia) 1012 1/2 fl.

Nov. 21 Iohanni de Mortuo Campo, facto computo cum Iacobo Bruneti de Novocastro in Bolonesio, procuratore suo, dicta die pro 50 peciis pannorum tam planorum quam virgatorum pro vestibus yemalibus scutiferorum pape pro presenti librata (20 fl. 3 tur. gross. pro pecia, 1 fl. = 12 tur. gross.) 1012 1/2 fl. in 151 den. ad angelum de 2. cugno, 87 d. dupplices de Francia, 566 fl. de Flor., 3 d. tur. gross.

---

[1] Am Rande: Attende, quod licet iste 2 solutiones continentur in libro manuali primi anni, verumptamen, quia dicti panni fuerunt pro estivali huius anni secundi, hic ponuntur.

6. Gewebe, Kleidung. 241

1 angelus ⎫
1 duplex   ⎬ = 2 fl. minus 2 tur. gross.
1 fl. = 16 tur. de Flandria.

1344 Jan. 10 compotus factus cum d. Iohanne Courtoys pro 64 peciis pannorum tam alborum quam burellorum de Monte Villari emptis pro 2 monasteriis de Cayrons Lemovicen. dioc. (14$^1/_2$ fl. pro pecia) 928 fl.

Pro 250 peciis pannorum diversorum colorum pro helmosina danda tam in curia quam in Lemovicinio et comitatu Venaisini puellis maritandis, viduis, religiosis, mendicantibus et aliis (8 fl. 8$^1/_2$ d. tur. gross. pro pecia et ultra pro toto 2 fl.) 2179 fl. 1 d. tur. gross.; pro 12 peciis pannorum brunete nigre de Pontisara, qualibet 9 cannarum, (9$^1/_2$ fl. pro pecia) 114 fl.; pro 49 peciis pannorum pro clericis Armenis et aliis pauperibus hominibus (9$^1/_2$ fl. pro pecia) 465$^1/_2$ fl.; pro 3 peciis pannorum emptorum pro 16 servientibus tam marescalli quam regis de Ultra Pontem et custode leonis 46 fl.; pro 2 peciis pannorum pro 8 clericis servientibus in buticularia, panetaria et aliis officiis 32 fl.; pro 9$^1/_2$ cannis pannorum tam pro 2 parvis clericis capelle quam 2 servitoribus 2 cambreriorum de mandato pape 11 fl. 3$^1/_2$ tur. gross.; pro 3 cannis burelli et 2$^1/_2$ cannis panni albi pro socio fratris Petri confessoris pape 8 fl. 9 tur. gross.; pro 15 cannis panni pro 5 brodariis 17$^1/_2$ fl., pro 7$^1/_2$ cannis panni pro 5 solhardis[1] parvis 4 fl. 8 tur. gross. 6 d. mon. Auinionis; pro portatura 164 peciarum pannorum elemosine de Auinione ad partes Lemouicenses, cordis, serpilheriis et factura fardellorum 77 fl. 1 tur. gross.; pro tonsura 3 peciarum pannorum librate domicellorum (5 d. tur. gross. pro pecia) 125 fl., pro tonsura 278 peciarum pannorum helemosine (3 tur. gross. pro pecia) 69$^1/_2$ fl.; pro 1100 folraturis agnorum pro librata yemali domicellorum: 500 folraturis ad rationem 7 d. tur. gross. et 600 ad rationem 7$^1/_2$ d. tur. gross. pro pecia: 666 fl. 8 d. tur. gross.

(*f. 121*) **1344** Jan. 12 Iacobo Malabalha, mercatori Asten., pro 250 peciis pannorum pro vestibus yemalibus domicellorum pape (20 fl. 3 tur. gross. pro pecia) 5143$^1/_2$ fl.

Demselben pro pannis tam de escalleta rubea quam alba et aliis pannis pro usu pape in principio creationis sue, prout per relationem Iohannis de Tholosa constitit fides, 131 fl. 19 s.

(*f. 124v*) **1343** Sept. 11 d. Hugoni de Castanea, canonico Biturricen., pro 8 magnis pannis vocatis tapetis viridis coloris cum rosis rubeis pro parandis cameris et capella pape continentibus 358$^1/_2$ alnas ad mensuram seu alnam Parisien. (32 s. 6 d. tur. pro alna) 582 l. 11 s. 3 d. Francie.

(*f. 125*) **1343** Nov. 4 d. Rigensi episcopo pro 4$^5/_8$ pannis de dyaspro nigro emptis per eum a Nicolao Bencho (8 fl. pro panno) 37 fl.; pro 1 aurifrisio Romano sine ymaginibus 14 fl., pro 2 aurifrisiis factis cum

---
[1] Küchenjunge.

ymaginibus 40 fl.; pro 2 peciis sindonis rubee et crocee emptis per eum a Francischo Bertuchi ponderantibus 3 lb. minus $1/_3$ uncia (32 gross. pro libra) 96 tur. gross. minus 8 den.; pro 6 palmis aurifrisii stritti positi in capsanis tunicelle et dalmatice 7 tur. gross.; pro $2^3/_8$ unciis de serico (6 s. pro uncia) 7 tur. 3 d.; pro $3/_8$ de serico 1 tur. 3 d.; pro $1^1/_2$ palmo aurifrisii lati positi in pluviali rubeo 4 tur. arg. Dicto Francischo pro $1^3/_8$ unc. de fimbria de serico (7 s. pro uncia) 9 s. 7 d.

Dez. 23 Francisco Bruni per cedulam nobis missam per priorem de Abbissiulla, pape camerarium, pro 4 mataraciis de samito albo et rubeo pro lecto pape 37 fl. $2^1/_2$ tur. gross.

Dez. 23 *Demselben* pro 4 pannis viridibus, quorum quilibet continet 15 palmos longitudine, et 2 aliis pannis cum compaciis, longitudine 12 palmorum eorum quilibet, 21 fl. 3 tur. gross.; pro 1 sargia viridi maioris forme ad parandum supra cathedram maioris aule 6 fl. 3 tur. gross.; pro 24 toaillonibus emptis de mandato magistri hospitii pro ministrandis speciebus 7 fl.

(f. 126) **1344** Febr. 1 Nicholao de Lapobenchie pro 2 capellis de scarleta rubea cum eorum cordonibus emptis ab eo per Franciscum Bruni, servientem armorum, de mandato pape pro cardinalibus creatis die sabbati post Innocentium memoriam[1] videl. dd. Petro, nepote pape, cardinale Eduen.,[2] et Nicolao, nepote pape, 12 fl.

(f. 126) März 24 mag. Iohanni de Tholosa, sartori pape, pro $6^1/_2$ peciis de bonqueranno (je 1 fl.) $6^1/_2$ fl.; pro 5 lb. $5^1/_2$ unc. de sindone croceo (3 fl. pro libra) 16 fl. 9 s.; 3 lb. $1/_4$ unc. de tafatano viridi ($4^1/_2$ fl. pro libra) 13 fl. 14 s. 3 d.; 2 lb. $8^1/_2$ unc. de tafatano rubeo 12 fl. 4 s. 6 d.; 3 lb. 7 unc. de tafetano violato 16 fl. 3 s.; $3^1/_3$ unc. cordarum de serico diversorum colorum 31 s. 6 d.; 4 quint. 7 lb. de bimbace 38 fl.; pro factura 6 mataraciorum pro domino nostro, in quibus fuerunt posita omnia predicta, 6 fl.

März 30 Iohanni la Gaite, cubiculario pape, pro 13 unc. de tafatano albo pro 2 gippis faciendis pro persona pape (4 fl. 8 tur. gross. pro libra) 5 fl. 16 d.; pro $3^1/_2$ cannis te tela Remen. (8 tur. gross. pro canna) 2 fl. 4 tur. gross.; 3 unc. minus $1/_4$ de serico (pro uncia 5 tur. gross.) 1 fl. 2 s. 6 d.; pro cotone pro dictis 2 gippis seu corsetis 2 fl.; pro serico et sindone necessariis pro reparandis 2 cortinis camere paramenti et camere pape 7 tur. gross.

April 29 Iohanni Gaite, cubiculario pape, pro 6 sargiis coloris viridis pro papa 40 fl., 2 vannis de cucaranno de maiori forma longitudinis 24 palm. 30 fl., 2 vannis de bouqueranno mediocris forme longitudinis 18 palmorum 14 fl., 2 vannis de buqueranna longit. 16 palmorum 11 fl., 2 quint. 9 lb. plume de garz ($10^1/_2$ fl. pro quint.) 21 fl. 22 s. 6 d.;

---

[1] 27. Februar 1344.
[2] Er wurde so nach dem gleichnamigen Kardinal, seinem Oheim, genannt.

2 cooperturis culcitrarum de 7 palmis in longit. et 2 pulvinaribus et 1 pulvinari de 10 palmis 5 fl. 6 s.; 1 coopertura culcitre latitud. 9 palmorum cum suo pulvinari 3 fl. 18 s.

(f. 150v) April 19 Iacqueto Melioris pro 35 cannis 3 palm. de tela alba incerata assignatis mag. Rostagno pro ponendo in fenestris (7 s. pro canna) 12 l. 7 s. 2 d. ob., pro 28 peciis de veta (6 d. pro pecia) 14 s.

(f. 163v cera) Mai **1343** pro 138 cannis 2 palmis tele incerate albe receptis per mag. Rostagnum pro fenestris Pontissorgie camerarum et deambulatorii quam pro fenestris de Ultra Rodanum (7 s. pro canna) 47 l. 13 s. 9 d.; 122 peciis de veta (6 d. pro pecia) 61 s.

(f. 300, 175 *elemosina*) **1343** Juni 6 Andree de Ruuiller et Garino de Buron Geben. dioc., mercatoribus tele, pro 100 cordis tele pro camisiis pauperum (90 *zu je* 7 s. 3 d., 10 *zu je* 9 s.) 37 l. 2 s. 6 d.

Juli 12 facto computo cum Pontio Bernardi de Balneolis presente d. G. La Tremoliera de pannis per ipsum emptis apud Andusiam pro elemosina pauperum, pro 160 peciis pannorum (8 l. 15 s. pro pecia) 1400 l. mon. Francie; 40 peciis pannorum (*zu je* 8 l. 17 s. 6 d., deductis pro brevitate aliquorum pannorum 18 l.) 337 l.

Für Fracht bis nach Avignon 37 l. 10 s., *bis zum Palast* 14 l. 10 s. (1 scud. = 70 s. mon. Francie).

Dicto Pontio Bernardi pro labore suo 3 fl.

6a. Pelzwaren.

(*I. E. 220 f. 120*) **1343** Mai 30 computo facto cum Galtero Gorre pellipario de minutis variis traditis per eum ad opus pape repertum fuit per cedulam cambreriorum sigillatam, quod dictus Galterus tradiderat in 1 folratura pro supertunicali pape 5. Febr. 416 ventres de minutis variis quolibet centenario 8½ fl., pro alia folratura de cotardita 470 ventres de minutis variis (8½ fl. pro centenario), 13 ventres de minutis variis pro folranda 1 mitra pro usu pape, *zusammen* 76 fl. 5 d. tur. gross.

Juni 6 Rico Spinelli de Florencia, mercatori folraturarum facto pretio cum eodem de 1000 folraturis albis pro librata domicellorum pro presenti estate (6½ tur. gross. pro folratura) 541 fl. 8 tur. gross.

Juni 27 pro 100 folraturis agnorum emptis pro dicta librata ultra summam 1000 folraturarum (6½ tur. gross. pro pecia) 54 fl. 2 tur. gross.

Juni 18 Galtero Gorre debentur, prout per cedulam cambreriorum nobis missam constitit, pro parandis et ponendis in opere 500 pellibus de erminiis, quarum 358 fuerunt posite in 3 capuciis, in 10 birretis 107 ermines, pro complemento cuiusdam capucii 5 ermines, pro folranda mitra tradita domino Rigensi[1] 10 ermines, pro quibusdam cyrotecis de escarlata alba 14 ermines, pro labore folrature pro quolibet centenario 2 fl.: 10 fl.

---

[1] Gaufridus ep. Rigen. (Riez).

pro 3 capuciis agnorum pro 3 nobilibus habentibus 3 garnamenta: comitis Fuxi, comitis Astariaci et Convenarum 2 fl.

Nov. 27 Galtero Gorre pro 195 pellibus de ermines parandis et ponendis in 2 capellinis et 2 caputiis pape (2 fl. pro centenario) 3 fl. 22 s. 6 d., pro 26 pellibus erminarum emptis et positis in quodam capucio pape (3 tur. gross. pro pelle) $6^{1}/_{2}$ fl.; pro 1427 pancis variorum emptorum et positorum in 4 almuciis, 1 cotardita, 1 capucio et in capa de samito folranda (9 fl. pro centenario) 128 fl. 5 d. tur. gross. *Zusammen* 138 fl. 20 s. 6 d.

1344 Jan. 10 mag. Galtero Gorre pelipario pro 455 pancis variorum positis in 2 mitris, 4 almuciis, 1 cotardita pro papa (9 fl. pro centenario) 45 fl. $6^{1}/_{2}$ d. tur. gross.; pro 126 pellibus erminorum positis in quodam magno capucio, quod fuerat combustum, (24 fl. pro centenario) 30 fl. 3 tur. gross.; pro 8 capuciis agnorum datis 8 nobilibus 4 fl.

März 4 *Demselben* pro 450 ventribus variorum positorum in quadam cotardita pape (10 fl. pro centenario) ad relationem d. abbatis s. Tyberii et Iohannis la Gayte, cambreriorum pape, 45 fl.

Pro 2 almuciis et 1 capucio pro papa folrandis 4 s.

April 22 *Demselben* pro 260 erminis pape parandis (2 fl. pro centenario) 5 fl. 5 s.; pro 10 erminis, quas idem Galterus posuit de suo, $2^{1}/_{2}$ fl., que pelles erminiarum posite fuerunt in 2 almuciis et 2 capuciis caparum et 1 capucio paramenti factis pro festo resurrectionis Domini proxime preterito. Pro 52 pellibus de dorso variorum positis in quadam magna almucia pape et pro 63 pellibus de ventribus variorum positis in quadam cocardita pape 51 fl. 7 s. 6 d.

6b. Haushaltungsgegenstände.

(f. 79) **1343** Okt. 13 d. Bernardo de Scossaco, custodi vaisselle pape, pro 7 cannis tele albe pro mundando vaissella (20 d. pro canna) 11 s. 8 d., pro 6 cannis tele esbordate (2 s. 6 d. pro canna) 15 s. *So ähnlich jeden Monat.*

(f. 93) **1344** Mai 9 pro 1 molendino pro synapi faciendo 55 s. mon. Auin.

(f. 125v) **1343** Dez. 23 Rostagno Berqui, servienti armorum pape fusterioque eiusdem, pro 80 scabellis novis videlicet pro factura eorundem sine fusta et pictura eorundem 100 s.

1344 Jan. 19 d. Petro Sainterii pro 1 lanterna de lotomio pro papa 1 fl., pro reparandis candelabris ferreis, in quibus tenentur torticie in capella, 8 s.

6c. Pretiosen und Kunstgegenstände.

(I. E. 220 f. 124v pro ornamentis) **1343** Aug. 22 d. Iacobo Garnoti, lectori biblie, pro preparando orologio, quod tenetur in gardarauba pape, 23 s., videlicet pro campanili dicti orologii et magistro reparatore eiusdem.

Aug. 22 d. Guidoni de Combornio, subdiacono pape, pro 1 tunicella rubea pro usu subdiaconi videlicet pro panno dicte tunicelle, qui fuit assignatus Chinaco de s. Laurentio, domicello suo, pro eodem recipienti, 18 fl.

(f. 125) **1343** Okt. 6 Petro Sainterii, magistro capelle pape, pro serico viridi empto pro bornatura sedis cathedre pape 22 s., pro salario magistri, qui sedem cathedre fecit, una cum clavis positis in dicto opere 15 s. . . ., pro recoperiendo de novo 2 libros capelle de corio viridi 10 s.

Okt. 30 *demselben* pro sede cathedre cuiusdam de novo facte pro papa cum apparatu dicte sedis de serico et quodam scuto in medio, facto precio cum magistro, qui fecit sedem, 6 fl.; mag. Rostagno pro fusta necessaria ad opus dicte cathedre et pro factura dicte cathedre 9 fl.

(f. 126) **1344** Febr. 13 Francischo Bruni pro 177 perlis per eum de mandato pape emptis ab Andrea Gueti, argentario Auinione commorante, 7 tur. gross. pro perla, 103 fl. 3 tur. gross.

März 10 Marcholando servienti armorum pape et aurifabro pro 20 lapidibus appellatis smaragdis, per eum et Guillelmum socium Iacobi Malabailha, expertum in talibus, reponendis in iocali precioso pape 80 fl.

April 24 Minucho argentario pro rosa data per papam in dominica de Letare Ierus. ponderis $12^1/_4$ unc. (7 fl. pro uncia), 2 granatis positis in rosa (3 tur. gross.), factura rose 10 fl. *Zusammen* 96 fl.

(f. 127) Mai 8 Guillelmo Damien., socio Iacobi Malebailhe, pro 143 perlis positis in iocali precioso pape ($2^1/_2$ fl. pro perla) $357^1/_2$ fl.; pro 70 perlis minutis positis in eodem iocali (17 tur. gross. pro perla) 99 fl. 2 tur. gross.

(f. 151v) April 26 Iohanni de Lupera pro factura 4 babuinorum lapideorum ad ymagines hominum, positorum ad sumptus suos supra portam primam palacii Apostolici ac pro portatura earumdem de Ultra Rodanum 16 fl.

6e. Schuhwerk.

(I. E. 220 f. 166 cera) **1343** Okt. 21 P. Laguena, cursori pape ac custodi mag. Raynaldi de Narbona, pro caligis et sotularibus emptis per eum pro mag. Raymundo de mandato pape michi ep. Casinensi facto 17 s. 6 d.

Nov. 26 facto computo cum Thoma Nicolai, cursore ac cordenario pape, de sotularibus eidem pape per eum ministratis, fuit repertum per cedulam nobis assignatam per Iohannem dictum le Maale et Iohannem la Guete, cambrerios pape, quod a die, qua fuit assumptus in papam, usque ad diem presentem habuerat 25 paria sotularium et 2 paria botarum folratarum tam de scarleta quam de bieure necnon et 1 caligam de scarleta ornata aurifrisiis pro pede leso pape (3 fl. pro pari sotularium et 4 fl. pro pari botarum et pro factura dicte calige 2 fl.) 84 fl.

7. Wachs und Kerzen.
Wachseinkäufe.

(I. E. 220 f. 164 cera) **1343** Mai 24 Luquino Peregrini de Ianua, mercatori cere, pro 129 quint. 54 lb., que faciunt 43 cargas 54 lb., (28 d. ad agnum pro carga) 1209 d. ad agnum, pro corretagio 3 fl. 8 s. mon. Auin.

(f. 165) Juni 19 Stephano de Inferneto *für* 88 quint. cere *zu Kerzen zu verarbeiten* 20 s. pro carga operanda (1 carga = 3 quint.) 29 l. 6 s. 8 d., pro cera alba, de qua factus fuit cereus pascalis, et pro coloribus necessariis ac pro pingendo dictum cereum et alias aptando 9 l. 18 s. mon. Auin.

Juni 19 Boutons Darlay pro 6 quint. candelarum de cepo receptis (1. Nov. 1342—19. Juni 1343) pro hospitio pape, sicut constitit per cedulam d. Geraudi Furnerii, custodis cere, 30 l. in 24 fl.

(f. 166) Okt. 7 cum Iaquetus ypothecarius tradidisset d. G. Furnerii seu eius vicegerenti 4 quint. $65^3/_4$ lb. cere pro usu hospitii pape, soluti sunt Iaqueto per manus arrendatorum ecclesie s. Petri Auin. de arrendamento dicte ecclesie 37 fl. 14 s. 3 d. etc.

(f. 167v) Dez. 13 compotus factus cum Stephano de Inferneto per d. Geraldum Fornerii, custodem cere: 9. Aug. - 10. Sept. 1343 operatus est 130 quint. 9 lb. cere, que cera est extimata ad 43 cargas et 1 quint. et 12 lb. (pro operando quamlibet cargam 20 s.) 43 l. 7 s. 6 d.; pro cotone necessario 3 quint. 30 lb. ($3^1/_2$ s. pro libra) 57 l. 15 s.; pro filo necessario 1 quint. 37 lb. (18 d. pro libra) 10 l. 5 s. 6 d.; pro carbone 4 l., pro 2 lb. de verdeto 6 s. .... *Zusammen* 118 l. 7 s. 6 d. mon. Auin. in (1 fl. = $24^1/_2$ s.) 96 fl. 15 s. 6 d.

Dez. 22 solvimus Boutons Darlay, factori candelarum de cepo, pro 7 quint. 25 lb. candelarum receptis ab eo per d. Geraudum Fornerii, custodem cere, a 24. Iuni (pro quintali 4 fl.) 29 fl.

(f. 168v) **1344** Ian. 28 cum in principio creationis pape per Iacobum Malabalha, mercatorem Asten., pro usu hospitii pape 113 quint. cere empta et recepta fuissent ($9^1/_3$ agni pro quintali), que ascendebant ad 1058 agnos auri 3 s., ipseque recepisset a d. Iacobo Labroa pro dicta cera 1000 regales auri, solvimus pro complimento 50 fl. $3^1/_3$ tur. gross.

(f. 169v) April 3 Baudo Darlay, factori candelarum de cepo, pro 1 quint. candelarum de cepo per eum tradito in yeme preterito pro usu thesaurarie 100 s.

April 7 Ludovico de Vinandis, mercatori Ianuensi, pro 14 cargis de cera minus 7 lb. (30 d. ad agnum pro carga), in quibus sunt 41 quint. 93 lb., pro usu hospitii pape 419 d. ad agnum 8 s. 5 d.

(f. 171) Mai 18 Stephano de Inferneto pro 41 quint. 79 lb. cere operandis (6 s. 8 d. pro quint.) 13 l. 18 s. 4 d.; pro 110 lb. de cotone (3 s. 6 d. pro libra) 60 s.; pro carbone 40 s., pro 1 libra de verdeto

3 s., 16 lb. cere albe pro cereo pascali (4 s. 4 d. pro libra) 66 s. 8 d., 4 lb. cere crocee 12 s., pro ymaginibus et foliis et floribus faciendis et positis in pomello cerei 25 s.

7a. Spezereien und Kolonialwaren.

(f. 75v) **1343** Juni 8—15 pro 143 lb. amigdal. *(je* 7 d. avin.) 4 l. 3 s. 5 d., 14 lb. risi 5 s. 10 d., 18 pomis granatis 18 s., 13 lb. parvorum racemorum 39 s., 13 lb. datillorum 15 s., 13 lb. pinhonum 17 s. 4 d., 10 lb. ficuum et racemorum 3 s. 4 d., 5 lb. prunorum damassenorum 10 s., 11 lb. zingiberis 66 s.; $1/2$ lb. 1 uncia grane paradisi 7 s., 2 lb. $1/2$ uncia crocei 45 s. 9 d., 1 lb. 2 unc. de galengal 11 s. 8 d., 31 lb. mellis 15 s. 6 d., 11 lb. amidoni 7 s. 4 d., 7 unc. massis 14 s. 8 d., 1 unc. nucis muscate et 1 uncia gariofilorum 5 s. 6 d.; 4 lb. cicerum rubeorum, 3 lb. castanearum 2 s. 7 d., 19 lb. zucari 76 s., $1/2$ lb. canelle Darcy 18 s. 6 d., $1/2$ lb. altanete et 2 lb. papiri et 2 cannis stagmine 15 s.

So ähnlich alle 4 Wochen; wir lassen noch die letzte Abrechnung dieser Art folgen:

(f. 93) **1344** April 25 - Mai 16: pro 24 lb. zucaris albi (6 s. pro libra) 7 l. 4 s., 7 lb. specierum piscarum *(Pfirsich, zu je* 8 s.) 56 s., $5^{3}/_{4}$ lb. aque rosacee (3 s. pro libra) 17 s. 3 d., 2 lb. anisii et coliandri confecti 12 s., 225 limonibus 43 s., 325 pomis darenge (! Orange) 14 s. 3 d., 4 lb. canelle grosse 40 s., $1^{1}/_{2}$ lb. de galengal 18 s., $3/4$ lb. canelle darci 45 s., 18 pomis granatis 18 s., 131 lb. amigdalarum (10 d. pro libra) 5 l. 9 s. 2 d., 6 lb. amidoni 5 s., 21 lb. ordei mundati 8 s. 9 d., 18 lb. risi 7 s. 6 d., $1/2$ lb. massis 20 s., $1/4$ de cubebis 10 s., 3 lb. prunorum 3 s. 9 d., 7 lb. datilorum 8 s. 9 d., 5 lb. zingiberis 35 s., $1^{1}/_{2}$ lb. gariofilorum 5 l. 5 s., pro 3 sandal 1 uncia 2 s., 1 lb. piperis 8 s., 1 canna staminie 5 s., 8 lb. pinhonum 12 s., 3 lb. parvorum racemorum 6 s. 6 d., 1 lb. grane paradisi 10 s., $1/2$ lb. nucum muscatorum et 1 lb. alcanete 17 s.

(f. 163 pro cera) **1343** Mai 27 compotus Iaqueti apothecarii de speciebus receptis ab eo pro usu camere pape: *(im Monat Februar)* 354 lb. gingiberis, confecti, pinhonati, ostiarum regalium, paste regalis sive gingibrati et colundri (4 s. pro libra) 70 l. 16 s., $3/4$ lb. zucari albi, 1 lb. pinhonum mundatorum 4 s.

(Im Monat März hatte er geliefert den) cubiculariis pape 618 lb. 5 unc. gingiberis, confecti gingibrati, pinhonati, ostiarum deauratarum, regalis coliandri et cettanii cum zucara: 123 l. 13 s. 8 d. *(im April)* $465^{1}/_{4}$ lb. gingibrati, pinhonati, gingiberis confecti, ostiarum deauratarum, diacitron, coliandri regalis et aliarum specierum confectarum 93 l. 12 d., pro 4 lb. dragee et 1 lb. pinhonum 25 s. 4 d.

Ähnlich in den folgenden Monaten.

(f. 163v) pro 4 quint. 79 lb. ficuum de Marcilia (5 d. pro libra) 9 l. 19 s. 7 d.; pro $284^{1}/_{2}$ lb. racemorum passorum (6 d. pro libra) 7 l. 2 s.

3 d., 22 lb. avellanarum 9 s. 4 d., 25 lb. racemorum minutorum (3 s. pro libra) 75 s., 24 lb. datillorum 36 s., 54 lb. ficuum nigrorum dictorum Bremsanchas 54 s., 12 lb. prunorum siccorum 18 s.

Medizinalien.

Sie werden geliefert von Iaquetus apothecarius *(Krämer, Drogenhändler).*

(f. 163v pro cera) Mai **1343** pro 8 receptis sive picheriis de clarea fina cum zucare pro papa (18 s. pro quolibet) 7 l. 4 s.; pro diversis medicinis et rebus medicinalibus receptis diversis vicibus pro papa, que omnes per medicos pape extimate fuerunt 26 fl.; pro rebus medicinalibus pro capellano, qui cecidit de ponte, quando dominus noster transivit ultra Rodanum, 2 fl.

8. Ausgaben für Bauten und Baumaterialien

(I. E. 220 f. 132 ss.: pro operibus et edificiis).

Die Bauten finden fast ausnahmslos in Avignon und »Ultra Pontem« (in Ville Neuve am gegenüberliegenden Ufer) statt.

Akkordierte Einzelbauten.

(f. 144v) Dez. 23 Petro Audaberti et Iohanni Pastorii, parreriis de Auinione, pro cloaca, per quam descendit aqua coquine pape, in qua a summo usque deorsum sunt $36^1/_2$ canne cadrate, ($1^1/_2$ fl. pro canna) 54 fl. 18 s.; pro 26 cannis de cretencia facta in turri coquine, ut opus dicte cloaque posset cum dicta turri coniungi, (5 s. pro canna) 6 l. 10 s.

(f. 145) Durando Guilha, Raymundo Tibri et Iohanni Fabri pro conductu coquinario pape, pro cavando terram et portando eam extra villam pro 118 cannis et 6 palmis (23 s. pro canna tam pro cavando quam portando) 194 l. 5 s. 9 d.

1344 Jan. 30 facto computo cum Petro Perroti, Andrea de Alesco, perreriis magistris, qui fecerunt conductum lapideum pro aquis coquine desrivandis ad Rodanum solvimus eisdem pro 117 cannis 6 palmis dicti conductus facti per eos (1 fl. 4 tur. gross. pro canna, pro magisterio tantum) 157 fl. 7 s.

Febr. 27 Iohanni Fabri pro perforando muro aule parve, in quo debet fieri 1 magna fenestra, 1 fl. 12 s.

Mag. Iohanni de Lupera pro 1 fornello facto de lapidibus et de gippo in camera d. G. de s. Amancio 7 fl., pro $8^1/_2$ cannis muri facti elevando murum, qui est iuxta portam et deambulatorii hospitii d. Neapolionis, per que descenditur ad hospitium, et claudendo foramina muri antiqui in deambulatoriis, per que itur ad dictum hospitium novum, (16 tur. gross. pro canna) 11 fl. 4 tur. gross.

(f. 148) März 3 Iacobo de Bellicadro pro 1 corda ad opus ingenii turris Trulhacii ponderis 87 lb. (7 d. pro libra) 5 l. 9 s. 1 d. in 4 fl. 11 s. 1 d.

8. Ausgaben für Bauten und Baumaterialien.

März 5 Pontio Sabra de Villanova pro construendo de novo hospitali prope forestam pape versus domum domini Eduen. 70 fl.

April 3 Guillelmo Andree pro mangetoriis equorum stabulorum pape apud Villam Novam per eum factis de fusta necnon 2 mediis solariis, quorum unus est in dictis stabulis et alius in deambulatoriis exterioribus dictorum stabulorum de fusta et etiam pro fusta in mediis, qui fuerunt postmodum de gippo facti in solariis dictorum stabulorum, 15 $^{1}/_{2}$ fl.

(f. 150) April 14 Iohanni Guilha pro cavando parietem, in qua includentur conductus plumbei, per quos ducetur aqua de puteo virgulti usque ad scufas, 1 fl.

(f. 151) April 26 Benedicto Lombardi perrerio, facto cum eo pretio de faciendis muris marescalle equorum pape de Ultra Pontem omnibus suis expensis, in qua quidem marescalla inventum est, quod in omnibus muris eius sunt 295 canne $5^{3}/_{4}$ palme cadrate (1 fl. 9 tur. gross. pro canna) 517 fl. 23 s. Pro construendis pilaribus et muro deambulatorii facti ante aulam novam hospitii pape, quod continet 158 cannas $5^{1}/_{2}$ palmos cadratos (1 fl. 4 tur. gross. pro canna) 211 fl. 14 s.

Pro faciendo aqueductu, quod protenditur a buticularia magne aule pape usque ante capellam domus Nove de Ultra Pontem, continente in longitudine 19 cannas simplices, (15 s. mon. Auin. pro canna) 14 l. 5 s. in 11 fl. 15 s. 6 d.

Pro elevandis muris, qui sunt in circuitu platee, que est in introitu prime porte hospitii d. Neapolionis, in qua elevatione sunt reperte 33 canne $5^{1}/_{4}$ palmi cadrate facte omnibus eius expensis, (2 fl. pro canna) 47 fl. 7 s. 6 d.

April 26 Petro Capellerii et Pontio Vermelii, facto pretio cum eisdem de faciendo omnibus eorum expensis muro clausure ab hospitio Iohannis de Barbala per rectam viam, qua itur Nemausum usque ad hospitale, in quo muro erant 302 canne $3^{1}/_{2}$ palmi cadrati (1 fl. 3 tur. gross. pro canna) 529 fl. 6 s. 1 d., de quibus receperunt a d. R. Gibaudi 290 fl., et nos solvimus eisdem residuum: 239 fl. 6 s. 1 d.

So ähnlich noch eine Reihe von Ausgaben.

(f. 155^v) Mai 18 Rostagno Auruc, coopertori domorum, pro cooperiendo marescalla m equorum pape noviter edificatam apud Villam Novam facto pretio cum eodem 24 fl.

Petro Clari, Iohanni Malazant et Bertrando Gafeulh de 2 fornellis factis per eos in 2 coquinis palatii Apostolici, pro fornello coquine tinelli et alio pro coquina secreta pape, pro quibus debuerunt habere facto pretio cum eisdem 300 fl., et quia fornellus magne coquine non fuit factus ad 8 palmos ut fieri debebat, idcirca iuxta arbitrium mag. Petri Galterii et Iohannis de Luppera fuerunt deducti 15 fl., solvimus 285 fl.

(f. 156) Mai 18 mag. Arnaldo Escuderii facto foro cum eodem 23. Febr. de faciendo solario in turri de Trulhacio pro 26 fl. necnon et deambulatorio ligneo ante magnam aulam pape Ultra Pontem in hospitio per eum faciendo pro summa 50 fl.

Facto computo cum mag. Iohanne de Lupera de operibus per ipsum factis in capella et gardaroba pape prope magnam turrim, in qua iacet dominus noster, examinato libro suarum rationum repertum fuit, quod ipse solverat propter lapides, sementum, ligna, clavos, ferrum 2633 l. 10 s. 6 d. ob. mon. Auin. 103 fl., et quia expense videbantur excessive, fuit corconditer ordinatum, quod dicta opera per magistros iuratos examinarentur. *Johannes fühlt sich benachteiligt durch die Examinatoren, deshalb wird eine neue Kommission ernannt, die ihm noch* 100 fl. *zuspricht, zusammen* 1996 fl. 79 den. ad scutum, 39 l. parve Auin.

Der provisor operum pape mag. Pontius Saturnini *legt am* 18. Mai 1343 *über die von ihm angeordneten Arbeiten in Avignon und Ville Neuve eingehende Rechnung ab, er beruft sich dabei auf 4 Manualien. Er erhält* 4126 fl. 3 l. 17 s. 6 d. Auin., 23 s. 3 d. mon. Francie.

8a. Schmiede- und Schlosserarbeiten.

(f. 133v) **1343** Juni 16 facto computo cum Hugone de s. Paulo de ferramento et serralhiis receptis in mense Mai: pro 55 aspis positis in gardarauba pape nova palatii et in fornello novo et vite aule de Ultra Pontem in hospitio pape ponderis 2394$^1/_2$ lb. (4 d. pro libra) 39 l. 18 s.; pro 6 barris pro coquina secreta, 6 relhis, 6 goffonibus pro portis de Villanova et 4 verrolheriis ponderis 114 lb. ad eandem rationem 38 s., pro 19 ferroliis falsis positis tam in Ponte Sorgie quam in Villa Nova 19 s., pro 6 cadaulis grossis pro Ponte Sorgie 3 s., 46 sarralhiis cum suis clavibus, quarum 25 fuerunt posite in Ponte Sorgie et alie posite in palatio Auinion. quam in domibus ultra Rodanum, (6 s. pro qualibet) 13 l. 16 s., pro 3 luchetis positis in camera domini Rothomagensis ultra Rodanum 12 s., pro 132 frachiciis pro fenestris aule Ville Nove (*je* 17 d.) 9 l. 7 s., pro ferrandis 3 ferratis pro aqua putei extrahenda 36 s.; pro facienda de ferro domus 1 fenestra magna posita in coquina secreta pape 10 s. mon. Auin.

(f. 134) Juni 17 compotus G. Rostagni de clavellis et aliis ferramentis in mense Maii 1343: pro 50 relhiis, 38 goffonibus positis in portis coquine secrete pape et in hospitio de Villanova et in latrinis de novo factis ultra Rodanum ponderis 188$^1/_2$ lb. (7 d. ob. pro libra) 5 l. 17 s. 4 d. ob.; pro 212 clavellis palmaires positis in meiano aule de Villanova ponderis 91$^1/_4$ lb.: 57 s.; pro 650 clavellis dictis de vairals (7 s. pro centenario) 45 s. 6 d.; pro 21 frachisis in portis capelle Villenove et locis aliis dicte domus ponderis 56$^1/_2$ lb. (12 d. pro libra) 56 s. 6 d.; 1200 clavellis mesialials bos (37 s. 6 d. pro miliari) 45 s., 200 clavellis mesialials de 60 ad 6 s. 6 d., 6525 ternals bos (25 s. pro miliari) 8 l. 3 s. 1 d., 5100 ternals de 36 (19 s. pro miliari) 4 l. 16 s. 11 d., 1325 ternals de

30 (15 s. 6 d. pro miliari) 20 s. 5 d., 11100 poiesals gortz pro aula de Villanova (11 s. 6 d. pro miliari) 6 l. 7 s. 8 d., 9500 clavellis de galeta (10 s. pro miliari) 4 l. 15 s., 100 clavellis copatz grans de Lombardia pro portis aule (6 s. pro centenario) 60 s.

Ähnlich die weiteren Schmiede- und Schlosserarbeiten.

8b. Metallwaren und Metalle.

(I. E. 220 f. 79 coquina) **1343** Sept. 2 d. Berengarius Saurelli, can. Cabilon., computavit emisse de mandato d. G. de s. Amancio et Nicolai de Monteclaro 10 magnas patellas ereas pro usu coquine pape et 4 coclearia magna perforata: 1 quint. 55 lb. ad pondus Cabilon. = ad pondus Auin. 190$^1/_4$ lb. (37 l. 10 s. pro quintali Cabilon.); pro portu de Dinione usque ad Cabilonem et deinde Auinionem 6 l. 15 s. monete parve Francie, que omnia ascendunt ad 64 l. 17 s. 6 d. parve mon. Francie in 24 fl. 18 d. mon. Francie (1 fl. = 50 s. dicte mon.).

(f. 86) Berengarius Saurelli pro 10 ollis de metallo pro usu coquine pape, ponderis 8 quint. 66 lb. ad pondus Auin. (18 l. 5 s. mon. Francie pro quint. et libra pro 3 s. 8 d. minus 20 d. in toto) 158 l. 1 s. 2 d. mon. debilis Francie. Pro dictis ollis portandis de civitate Cathalaunen. usque Diuionem et deinde usque Cabilonem, postea usque Auinionem ipsis ponderandis et pro expensis suis eundo usque ad civitatem Cathalaunen. et redeundo Cabiloni 12 l. 3 s. debilis mon. Francie, 33 s. mon. fortis Francie . . .

1 fl. = 55 s. debilis mon. } Francie.
1 fl. = 11 s. 4 d. mon. fortis }

(f. 134 pro edificiis) Juni 17 pro 6 quint. 20 lb. plumbi positis in coopertura aule de Villa Nova (31 s. 6 d. pro quint.) 9 l. 15 s. 4 d.

(f. 159 pro bulla) **1343** Aug. 31 fr. Bernardo Poiol bullatori pro 70 quint. plumbi pro bullando (1 fl. 2 tur. gross. pro quint.) 81 fl. 8 tur. gross.

(f. 165^v cera) Juli 26 Francisco Barralhi, mercatori Auin., pro 11 quint. 38 lb. de cupro pro facienda campana (7 fl. pro quint., 20 d. ob. mon. Auin. pro libra) 79 fl. 16 s. 2 d. mon. Auin.

Pro 3 quint. 15 lb. de stagno pro dicta campana (5$^1/_4$ fl. pro quintali) 16 fl. 13 s. 2 d. mon. Auin.

Aug. 18 Radulpho, payrolerio ac factori campanarum, pro 1 grifone de cupro posito in coquina hospitii d. Neapolionis 2 fl. 12 s. mon. Auin.

Aug. 25 Menuchio [aurifabro] pro 1 pondere 16 marcharum ad pondus Ville Auin. 3 fl. et fuit apportatum de Montepessulano.

(f. 169) **1344** Febr. 19 mag. Iohanni Bellihominis pro campana empta ab eo pro capella pape de Ultra Pontem ponderis 99$^3/_4$ lb. (2 s. 4 d. pro libra) 11 l. 12 s. 9 d. in 9 fl. 12 s. 3 d.

Goldschmiedearbeiten.

(f. 164 cera) Mai 29 cum Menuchius, aurifaber pape ac serviens armorum, recepisset a camera 19 unc. 14 d. auri in 1 navicella fracta et 49 ianuenses auri, computat posuisse in constructione navicule facte de novo 1 unc. pro liga valoris 10 s. mon. Auin. et sic est summa 20 unc. 14 d.; dicta navicella nova ponderat 22 unc. 3 d. auri et sic posuit de suo 1 unc. 13 d. auri valentes 10 fl. 8 tur. gross. arg.; pro fabrica dicte navis 11 fl.

(f. 168v) **1344** Jan. 19 Menuchio argentario pro 3 march. 1 unc. argenti emptis per eum et positis in 2 candelabris antiquis de capella pape, qui sunt in custodia d. P. Sainterii, de novo refectis, qui ponderabant 7 march. 1 quart., et in 1 coopertorio ydrie de argento et in vasculo de argento, quod est in quodam turribulo de auro de novo facto, (5 fl. pro marcha) 15 fl. 17 s. 9 d.

Pro dictis candelabris deaurandis et pro factura candelabrorum ac coopertura dicte ydrie 9 fl. 9 d. tur. gross.

Cum quoddam turribulum de auro cum vase argenteo, quod est intus, ponderis 3 march. 1 quart. ad pond. Auin. esset parvum et antiquum, papa mandavit ipsum refici et maius fieri, pro quo augmentando tradidimus eidem 2 march. auri in 101 duplicibus auri de Yspania, quod quidem turribulum, cum factum fuit, ponderavit una cum vasculo de argento, quod est intus pro igne tenendo, 5 march. $7^3/_4$ unc.

Pro factura dicti turribili et pro decadancia 25 fl.

8e. Kalkeinkäufe.

(f. 132) Mai 24 facto computo per d. camerarium cum Iohanne Anglice de calce per eum empta pro hedificiis turris de Troilhaz et ministrata circa festum b. Michaelis 1341 fuit repertum, quod summa calcis per eum assignate fuit 15 l. 4 s., de qua summa habuit 6 l. 2 s. 6 d., *das übrige erhält er jetzt.*

(f. 135) Juli 12 Raymundo de Cresilhon pro 800 scandallis calcis pro operibus palatii Apost. Auinion. (2 s. 8 d. pro scandallo) 106 l. 13 s. 4 d. mon. Auin., 540 scandallis calcis pro operibus de Ultra Pontem 72 l.

(f. 136) Aug. 20 compotus Rostagni Prophete calcenarii de calce per eum ministrata pro edificiis pape: se assignasse Vincentio de s. Vincentio 28. Juli 190 scandals calcis, 29. Juli 140 + 142 scandals pro opere mag. Iohannis de Lupera, 16. Aug. 140 scandals, *zusammen* 632 scandals (2 s. 8 d. pro scandallo) 84 l. 5 s. 2 d. mon. Auin.

(1 fl. = $24^1/_2$ s. Auin.)

Ähnlich sind die weiteren Kalkeinkäufe. Die Preise steigen bis auf 3 s. 4 d. pro scandallo.

Sandfuhren.

(f. 145) Dez. 23 Petro de Marcilhia pro 50 veagiis arene per eum portatis in toto mense Nov. et Dec. (9 s. pro veagio) 22 l. 10 s. in 18 fl. 9 s.

8ᵈ. Steineinkäufe.

(f. 132) **1343** Juni 10 facto computo cum Guillelmo Desiderii de lapidibus receptis ab eo in mense Aprilis et Mai tam ultra Pontem quam citra: pro 2368 quateriis de 3 palmis in longitud. et 2 palm. in latitud. (6 l. monete curr. pro centenario) 142 l. 12 d.; pro 2770 cadastis (26 fl. pro miliari) 72 fl. 8 d.; 118 quarteriis (20 fl. pro miliari) 2 fl. 9 s., 670 barz (12 d. pro pecia) 33 l. 10 s., 14 banquetis *(je* 2 s. 4 d.) 32 s. 8 d. monete fortis; pro 3 lapidibus quadrigalibus *(je* 10 s.) 30 s., 8491 cadastis (26 fl. pro miliari) 120 fl. 18 s. 9 d., 1960 quarteriis (6 l. pro centenario) 117 l. 12 s.; 110 banquetis *(je* 2 s. 4 d.) 12 l. 16 s. 8 d. fortis monete; 69 grasis *(je* 13 d.) 74 s. 9 d. fortis monete, 454 bartz *(je* 12 d.) 22 l. 14 s., 8 magnis lapidibus cadrigalibus *(je* 10 s.) 4 l.

Ähnlich sind die übrigen zahlreichen Steinberechnungen.

8ᵉ. Fuhrwerke.

(f. 135ᵛ) Juli 30 Dyonisio de Guenis, Petro Frostre et Stephano Argentarii, carretariis pape, pro salario ipsorum a 5. Mai incl.—31 Iuli incl., in quo spacio sunt 59 dies operabiles deductis diebus festivis *(je* 18 d. pro die) 13 l. 5 s. 6 d. mon. Auin.

(f. 138) Sept. 2 Petro Frostre, Stephano Largentier (!), Alberto de Lotharingia cadrigariis cuilibet pro 24 diebus, quibus lavoraverunt 18 d. pro die 5 l. 8 s. mon. Auin.

(f. 139) Okt. 2 Petro Frostere, Stephano Largentier et Alberto de Lothoringia, carretariis pape, cuilibet pro 24 diebus, quibus laboraverunt in operibus pape de mense Sept. (18 d. pro die) 5 l. 8 s. parve mon.

8ᶠ. Malerei und Farben.

(f. 144ᵛ) Dez. 23 Robino de Romanis pro pictura camere pape supra stufas per eum depicta facto pretio cum eo 20 fl.

Febr. 4 Symoneto de Lugduno, Bisono Cabalitano, Iohanni Moys pictoribus pro deambulatoriis palatii Auinion. depingendis, in quibus sunt 446 canne $2^3/_4$ palmi cadrati (4 s. pro canna cadrata) 89 l. 6 s. 8 d. parve mon. in 73 fl. 22 s. 6 d.

Febr. 4 Robino de Romanis pictori pro parte camere pape palatii Auin. videl. pro parte illa pingenda, que fuit destructa pro conclavi, 22 fl.

(f. 146) Febr. 9 cum Bernardus Escot et P. de Castris pictores recepissent sub certo pretio videl. 80 fl. pingendam cameram, que est media subtus cameram pape novam, 80 fl.

März 17 facto pretio cum Robino de Romanis de pingendo cameram, in qua habitat dominus de Cambornio in hospitio pape Ultra Rodanum apud Villam Novam, 16 fl.

(f. 149) März 29 Vanello Salni de Lucha pro 100 foliis sive stagnolis auri fini pro pictura capelle nove (5 s. 3 d. pro folio) 26 l. 5 s. in 21 fl. 10 s. 6 d.

(f. 151) April 26 mag. N. de Florencia, rectori de Arecio, recipienti pro se et eorum sociis facto cum eis pretio de pingendo magnam cameram contiguam parvo Tinello pape 200 fl.

(f. 152) April 28 Francisco et Nicolao de Florencia, Ricco de Alesio, Petro de Viterbio pictoribus facto pretio cum eisdem de pingendo partem superiorem domus nove pape apud Villam Novam 100 fl.

(f. 152v) Mai 18: 4 extimatoribus: Petro Capelerii, P. Fesule, mag. Petro de Lunello, mag. Iohanni de Parisiis, qui extimaverunt opus factum prope magnam turrim per mag. Iohannem de Lupera, 2 fl.

(f. 153) mag. Iohanni Luche de Senis pro pictura per eum facta in pariete maioris capelle palatii Apost., facto super hoc pretio cum eodem, 50 fl.

(f. 153v) Mai 18 Robino de Romanis et Bernardo Escot pro pictura per eos facta in cameris tam paramenti quam pro persona pape una cum 2 studiis in hospitio eiusdem apud Villam Novam facta super hoc pretio cum eisdem 200 fl.

Farben.

(f. 135v) **1343** Aug. 5 Henrico de Boslac (!) Teutonico pro 160 lb. d'azur in lapide pro depingenda minori aula palacii Apostolici (4 tur. gross. pro libra) 53 fl. 4 tur. gross.

(f. 138v) Sept. 22 Guillelmo Flecherii, mercatori Auin., pro 20 lb. d'azur emptis pro pingenda gardarauba pape per mag. Matheum Iohoti de Viterbio (4 d. tur. gross. pro libra) 8 l. mon. Auin.

Sept. 27 Petro Rosdoli pictori dioc. Viennen. pro $33^1/_2$ lb. dasur per pingenda gardarauba pape (4 tur. gross. pro libra) 13 l. 8 s. mon. Auin. (1 gross. = 2 s.).

(f. 147) **1344** Febr. 17 Iohanni Torchi de Auinione pro 7 lb. $6^1/_2$ unc. fini azurii ultramarini (12 fl. pro libra) $90^1/_2$ fl.

(f. 152) Mai 11 Henrico de Polla (!) pro 133 lb. de azuro (4 tur. gross. pro libra) 44 fl. 4 tur. gross., pro corretagio dicti azuri 1 fl.

8g. Glas.

(f. 156) Mai 18 Bosanso vitriario pro $27^1/_2$ quint. vitri albi pacto tunc facto cum eodem, quod ipse daret quodlibet quintale pro $^1/_2$ fl. minus quam communiter venderetur in villa, 40 fl.

Demnach hatte der Zentner (quintale) *Glas rund* 2 fl. *Marktpreis.*

8h. Holz- und Kohleneinkäufe.

(I. E. 220 f. 79) Perrino de Bondrico, mercatori Auinion., pro 1062 banastonibus carbonum repositorum in palatio Apostolico Auin., ut retulit d. B. Gaucelmi, 63 l. 2 s. mon. Auin. (12 d. pro banastone) 42 fl. 12 s. mon. Auin. (1 fl. = 25 s. avin.).

(f. 81v—82v) ligna data per Andream Geppi cursoribus recipientibus pro papa in locis ultra Rodanum, in Ponte Sorgie, Saraceno et in palatio pape: *20. Febr.—10. Juni:* summa 45046 quint. lignorum, valent 2252 l. 6 s. (12 d. avin. pro quin.) in 1838 fl. 15 s. mon. Auin. (1 fl. = 24½ s. avin.).

(f. 84v) **1343** Dez. 18 compotus Quinquinelli: 1343 Juni 23 Quinquinellus et Raymundus Anselati, cursores pape, dixerunt se recepisse et ponderasse de lignis portatis per batellos de Sabaudia per Petrum Galterii et Iacobum de Banhanis cursores: 760 quint., *später noch* 726 quint., *zusammen* 1486 quint., pro quibus computavit . . . pro portu de Radello ad ponendum in terra 40 s., pro ponderando 59 s. 5 d., pro portu per Rodanum usque ad muros, ubi tenentur animalia silvestria, 5 fl., pro dietis 7 hominum, qui estivaverunt dicta ligna (3 s. 6 d. pro die) 24 s. 6 d. Item dixerunt se recepisse ultra Rodanum apud Villam Novam 27. Iuni 1416 quint., pro portagio de portu Rodani usque ad terram 40 s., pro ponderando 56 s. 7 d., de portu usque ad hospitium Ville Nove pape 5 fl., pro dietis 9 hominum, qui dicta ligna estivaverunt per 3 dies (*je* 3 s. 6 d.) 31 s. 6 d., *im ganzen* 2902 quint. lignorum.

(f. 87v) **1344** Febr. 10 Hugoni Romen de Auinione pro 16½ duodenis fagotorum ligneorum emptorum ab eo pro stufis pape calefaciendis (6 s. 9 d. pro duodena) 5 l. 11 s. 4 d. ob.; Garmo Marcelles pro 9 duodenis consimilium lignorum (6 s. 11 d. pro duodena) 62 s. 3 d.; Bertrando Ricardi pro 2 duodenis et 3 fagotis (4 s. pro duodena) 9 s. 3 d. Que omnia fuerunt empta per Iohannem escobatorem palatii.

(f. 89) **1344** März 18 P. Galterii, cursori pape, pro 2902 quint. lignorum combustibilium emptis et portatis de Sabaudia supra rodellos omnibus computatis 57½ fl.

(f. 91) Apr. 7 Andree Gappi pro 3000 quint. lignorum combustibilium et 883 quint. lignorum receptis ab eo pro usu hospitii pape a *3. Februar–30. März* (12 d. pro quintali) 194 l. 2 s. mon. Auin. in 158 fl. 11 s.

April 8 facto computo cum Andrea Gappi et dicto Quinquinello pro faciendis lignariis tam ultra Rodanum quam citra in palatio Apost. et apud Pontem Sorgie: pro salariis hominum, qui fecerunt dicta lignaria a *20. Febr. 1343–30. März 1344,* 78 l. 5 s. mon. Auin. (1 fl. = 24 s.).

Mai 4 Iohanni la Gaite, cubiculario pape, pro 12½ duodenis faissellorum lignorum combustibilium pro calefaciendo stufas pape (7 s. pro duodena) 4 l. 7 s. 6 d., pro portu lignorum 6 s. 6 d.

(f. 94) pro usu coquine pape 1343 Dez. 18 1294 banastones carbonum (*je* 14 d. mon. Auin.) 75 l. 9 s. 8 d.

9. Bibliothek und Schreibwaren.

(f. 150v) **1344** April 19 6¹/₄ lb. de cera rubea (3 s. pro libra) 18 s. 9 d., 5 manus papiri (pro regestratoribus) de maiori forma (*je* 3 s. 6 d.) 17 s. 6 d.

(f. 163v cera) **1343** Mai pro 13 manibus papiri magne forme pro registro supplicationum (4 s. pro manu) 52 s., pro ligatura 11 manuum papiri in libro 5 s. 6 d., pro 13 lb. 11 unc. cere rubee (3 s. pro libra) 41 s. 9 d., pro 3 lb. fili grossi pro litteris ligandis, 8 lb. stuparum 7 s.

Bücherwesen.

(f. 129v) **1344** Jan. 3 scriptoribus aliquibus pro aliquibus scripturis per eos factis de mandato Petri de Villaribus per dominum nostrum [papam] factis: dicto Rioto pro 16 foliis 16 obol., G. Burgensi pro 12 foliis 12 ob., Durando de Boneto pro 6 foliis, Durando Roncelli pro 8 foliis, Henrico Arnaldi pro 8 foliis, Arnaldo de Fabrica pro 4¹/₂ foliis, Stephano Pinoti pro 6¹/₂ foliis, G. le Samier pro 2 foliis, (pro quolibet folio 1 ob. albus regis Roberti) 64 ob. = 4 l. [avin.].

Jan. 12 mag. Guidoni de Placencia pro rubricis factis in causa de Galdo Nucernen. dioc. 40 fl.

Gentili de Placentia pro dictis rubricis scribendis 3 fl.

April 24 Gentili de Placencia pro copia rubricarum factarum in causa Castri Galdi in ducatu Spoletano, que fuit ventilata coram d. B. de Novo Dompno, 5 fl.

Febr. 9 pro salario Galteri, canonici s. Thome Argentin., scriptori concordenciarum pape, de mandato d. Gracen.[1] episcopi 4 fl.

Pergamenteinkäufe.

(f. 129) **1343** Juni 12 mag. Alberto de Comportis de Mutina pro 5 pellibus pergameni emptis ab eo 15 fl.

Juli 23 Petro Ricardi pergamenario pro 36 pellibus magnis (1¹/₂ fl. pro pelle) 54 fl.; 16 aliis pellibus mediocris forme (¹/₂ fl. pro pelle) 8 fl. *Es wird hinzugefügt:* Pro faciendis processibus contra Bavarum.

Aug. 29 mag. H. Agulherii pergamenario pro 38 duodenis 8 pellibus pergamenorum mediocris forme receptis ab eo a 12. März usque ad presentem diem tam pro literis secretis quam pro registro (11 s. 6 d. pro duodena) 22 l. 4 s. 8 d.; pro 14 duodenis dictarum pellium radendis 14 s., pro 9 duodenis 8 pellibus maioris forme pro literis bullandis (17 s. 6 d. pro duodena) 8 l. 7 s. 8 d. ob.

---

[1] Petrus de Bessio, Ord. Carm., poenit. Apost.

Nov. 6. *Demselben für Pergamentlieferungen vom 2. Sept. bis 6. Nov.:* pro domino de Chambonio 4 duoden. 9 pelles de maiori forma (17 s. 6 d. pro duodena) 4 l. 3 s. ob.; pro patriarcha Constantinopol.[1] 22 pelles maioris forme: 32 s. 1 d., pro 8 pellibus maioris forme, quas recepit mag. Gasbertus de Septemfontibus, 11 s. 8 d.; pro provisione camere de maiori forma 60 duoden. 2 pelles: 52 l. 12 s. 11 d.; computat tradidisse mag. Gasberto de Septemfontibus 18 duodenas (*zu je* 11 s. 6 d.) 10 l. 7 s.; pro provisione camere fuerunt recepte 80 duodene pergamenorum maioris forme 46 l.; pro rasura 26 duoden. 26 s.; computat tradidisse mag. Stephano de Foresta, scriptori pape, pro bullis scribendis filiorum domini de Cambonio 7 1/2 duoden. edulorum de maiori forma (17 s. 6 d. pro duod.), 6 pelles de minori forma (11 s. 6 d. pro duodena) 6 l. 17 s.

1344 März 11 Marcho Iohannis pargamenario pro 18 pellibus pargameni pro processibus crucis assumende contra Turchos ac pro decimis recolligendis occasione predicta et fuerunt assignate mag. Bonifacio de Platea, procuratori patriarche Constantinop.,[1] 1 fl. 2 s. 6 d.

April 14 Salomoni de Stella [Iudeo] pro 18 pellibus pargameni pro faciendis literis contra Turchos 1 fl.

Mai 14. *Demselben* pro 3 duodenis pargameni assignatis procuratori d. Henrici, patriarche Constantin., pro literis faciendis contra Turchos 2 fl.

Febr. 9 Galtero, canonico s. Thome Argentin., scriptori concordanciarum pape, pro 16 duodenis pargameni (1 fl. pro duodena) 16 fl.

10. Verschiedenes.

(I. E. 220 f. 76 u. 86v) pro herba 6 cervorum Pontis Sorgie a 10. Mai—14. Iuni 1343 (5 septimane, 20 s. pro septimana) 5 l., pro pane ursi in 6 septimanis (2 s. 4 d. pro septimana) 14 s.

Mai 24 computo facto cum Andrea Iandon de expensis pro custodia et victu boum domino nostro collatorum per 1 annum integrum finitum die sabbati preterita et fuerunt 47 boves, de quibus non restat ad presens nisi 1 bos, fuit repertum, quod ipse expenderat in feno, avena et pascuis ac salariorum expensis custodis eorum 68 l. 19 s. in 55 fl. 4 s. mon. Auin.

(I. E. 220 f. 77v) **1343** Juli 12 Helye [de Nexonio], portitori aque, pro extrahendo ferratos 2 s. 6 d., pro bundonibus barrilhorum factis de corio 5 s., pro portando ferratos et cordam putei et barralia apud Villam Novam 21 d.

(f. 135) Juni 17 Stephano Corderii pro corda putei hospitii quondam Neapolionis ponderis 1 quint. 36 lb. et pro alia corda palatii pro puteo Pontis Sorgie ponderis 17 lb. (7 d. pro libra) 4 l. 9 s. 3 d. mon. Avinionis.

(f. 165 cera) Juli 12 pro quadam cathena ferrata ad leonissam cathenandam 10 s. mon. Avin.

---

[1] Henricus de Ast, can. Ambianen., seit 1339 Patriarch von Konstantinopel.

Juli 10 facto computo cum Hugone de Clusello, portitore fresquarie, repertum fuit per tailhiam factam cum eo per Iacobum de Valle Ruferia, quod ipse portaverat a 11. Mai—10. Juli (61 dies) 69 onera de junco (junquo) 69 tur. gross.

Ähnlich am 21. Okt. 123 onera (*je* 1 tur. gross.).

(f. 166) **1343** Nov. 8 compotus redditus per Heliotum et Iacobum de Valle Ruferia, servientes armorum, de expensis factis a die obitus fel. record. d. Benedicti pape XII usque 8. Nov. 1343: in tempore vacationis pro purgandis pannis camere papalis et pro parandis consistoriis tempore vacationis 7 s., a die creationis pape usque ad festum nativitatis b. Iohannis pro portandis et reportandis tam in ecclesia b. Marie quam apud Predicatores et pro parandis consistoriis 23 s.

Ähnlich für die Folgezeit denselben.

(f. 166ᵛ cera) Nov. 15 Petro de Tarascone, corderio Auin., pro 1 corda ad opus campane palatii ponderis 15 l. (7 d. pro libra) 8 s. 9 d.

Nov. 19 Helye de Nexonio, portitori aque, pro expensis in eundo et redeundo ad mare pro querenda aqua marina necessaria in pede pape de consilio et mandato medicorum suorum et fuit per 3 dies cum 3 equis incluso custu navis, per quam intravit mare, 72 s. 6 d.

Desgl. Dez. 2 demselben 59 s. 6 d. mon. Auin.

Desgl. am 17. Dez. demselben 38 s. 4 d.

(f. 167) Nov. 28 Stephano naterio pro 90 cannis natarum (25 canne pro camera pape, 65 canne pro magna camera paramenti, 6 s. pro canna cadrata) 27 l. et pro portagio 11 s. mon. Auin. (1 fl. = 24 s. 6 d.).

Dez. 10 Iaqueto Melioris recipienti nomine uxoris sue pro lotione pannorum pape a die, qua fuit assumptus in summum pontificem, usque ad 1. Dez. 50 fl.

(f. 169) **1344** Febr. 27 Raymundo Lanzelaire, cursori pape, pro 7 salmatis de palea per eum solutis et positis in aula pape 21 s. 3 d.

März 26 pro 94 ramis palmarum 7 fl.

Belohnungen für Überbringer von Geschenken an den Papst.

(I. E. 220 f. 164 cera) **1343** Mai 30: palafrenariis d. regis Navarre, qui presentaverunt pape 2 equos 25 fl.; 2 famulis Delphini Arvernie, qui presentaverunt pape linguas bovinas et tibias porcinas et caseos pro parte d. Dalphini, 4 fl.

(f. 165) Juni 19 Ferrando de Castella et Iohanni de Sepolnega, familiaribus archiepiscopi Tholetani,[1] qui presentaverunt 2 magnos equos domino nostro pape, 20 fl.

---

[1] Ägidius Albornoz, seit 1338 Erzbischof von Toledo, der spätere Kardinallegat in Italien, vgl H. J. Wurms Monographie über Albornoz (Paderborn 1892).

Klemens VI. Drittes Pontifikatsjahr. 1344/45.

I. E. 216.

A. Übersicht über die einzelnen Titel und ihre Schlußsummen.

1. **coquina** *(f. 82—102).* Verwaltung und Beamte wie früher;[1] *Schlußsumme:* 14460 fl. 60 d. ad scutum, 59 l. 6 s. 9 d. parve mon. Unter den Küchenausgaben werden auch zuweilen[2] diejenigen des Helias de Nexonio portitor aque, mit eigener Verwaltung, verrechnet.

2. **panataria** *(f. 112—121).* *Schlußsumme:* 1136$^1/_2$ fl. 5 l. 14 s. 10$^1/_2$ tur. gross., 129 l. 7 s. 3 d. parve mon.

3. **buticularia** *(f. 126—135).* *Schlußsumme:* 1200 fl. 1398 d. ad scutum 9 s. 1 d. tur. gross., 402 l. 7 s. 7 d. tur. p., 136 l. 13 s. parve mon. Auin.

4. pro **marescalla** *(f. 136—155).* *Schlußsumme:* 752 fl. 4 d. tur. gross., 5 l. 4 s. 11 d. ob. parve mon. Auin., preter 505 salmatas grossas avene assignatas Guillelmo de Channaco, magistro marescalle, per fr. Bernardum Petri, helemosinarium pignote, prout in titulo de pignota plenius continetur. *Nach f. 139ᵛ war der seitherige Stallmeister Girbertus Dalboys am 26. Okt. 1344 tot. Von da an legt* Guillelmus de Channaco, mag. marescalle, *Rechnung.*

I. E. 202 f. 225 (cera) findet sich eine Eintragung von 1344 Dez. 3: Guillo Marescalli Eduen. dioc. pro labore per eum impenso serviendo defuncto d. cardinali Tornacen. in officio marescallie 8 fl.

5. **vestes et folrature** *(f. 156—159).* *Schlußsumme:* 18056$^1/_2$ fl. 1433 d. ad angelum 588 d. ad scutum 2 s. tur. gross., 16 s. parve mon. Auin.

6. **ornamenta** *(f. 161—172).* *Schlußsumme:* 1827 fl. 414 dupplices de Francia 3405 dupple de Ispania 23 d. ad scutum 100 ducati de auro 28 march. 1 unc. 2 quart. auri in massa ad pondus Auin., 58 march. 5 unc. arg. ad idem pondus, 7 s. 8 d. ob. tur. gross., 15 l. 1 s. 2 d. parve mon. Auin., 1 anulus ad saphir.

7. **scripture et libri** *(f. 173—174).* *Schlußsumme:* 131 fl. 12 l. 15 s. 6. d.

---

[1] Ebenso bei den folgenden Titeln, wenn nicht anderes bemerkt.
[2] Meistens stehen sie aber wie früher unter dem Titel »pro cera et quibusdam extraordinariis«.

8. **opera et edificia** *(f. 175—203). Schlußsumme:* 16198 fl. 174 l. 14 s. 6 d. parve mon. Auin., 8 d. tur. gross. preter mutua facta mag. Iohanni pro opere novo.

9. [pro] **bulla et literis curie** *(f. 216). Schlußsumme:* 105 fl. 2 s. 6 d. tur. p., 2 tur. gross., 6 l. 1 s. parve mon. Auin.

10. **vadia extraordinaria** *(f. 218). Schlußsumme:* 1668 fl. 78 s. 2 d. clementin. gross., 6 l. 16 s. 6 d. parve mon. Auin.

11. **extraordinaria et cera ac floreni traditi contra Turchos** *(f. 219—231)* 7342 $^1/_4$ fl. 931 $^1/_2$ d. ad agnum 124 l. 6 s. 7 d. parve mon., 2 panni aurei, 1 aurifrisium. *Dazu kommen noch* 26800 fl. *für die Ausrüstung und achtmonatliche Unterhaltung von vier Galeeren gegen die Türken.*

12. **vadia familiarium ordinaria** *(f. 232—246)* 7 solutiones. *Schlußsumme:* 40881 fl. 371 l. 3 s. parve Auin.

13. **helemosine secrete** *(f. 247—249). Schlußsumme:* 4632 fl. 750 d. ad scutum 72 l. 10 s. mon. Auin. *Einzelheiten über das Almosenwesen vgl. unten Nr. 16 S. 261 f.*

14. **pensiones hospiciorum** *(f. 250):* **1345** Jan. 20 solvimus Guillelmo de Mediolano pro loguerio piscarie sue, qui tenetur in manibus pape pro conservatione piscium pape, pro 1 anno terminato in festo nativ. Domini 25 fl.

Jan. 29 Raimundo de Columberio, burgensi Auin., pro loguerio domus, in qua tenetur captus sarracenus, pro 1 biennio 3 mensibus terminatis in fine presentis mensis Ianuarii, taxato per taxatores ad 3 gross. pro mense, 7 fl. *Schlußsumme* 32 fl.

15. **possessiones empte** *(f. 251—254). Schlußsumme:* 18591 $^1/_2$ fl. 4 s. 7 d. auin.

Einzelheiten: **1344** Mai 21 Bertrando de Podiocalvo domicello pro quadam platea per eum vendita sita iuxta carcerem marescalli et infra clausuram hospitii quod inhabitat Helias de Nexonio continentis 24 cannas quadratas[1] . . . 75 fl.

Juni 16 Iohanni Vincentii, mercatori Auin., pro hospitio per eum vendito pape ad opus Pinhote situato in parochia Pinhote iuxta hospitium Pinhote et cimiterium Iudeorum sub certis modis et conditionibus 40 fl.

Juni 21 Raimundo Vincentii, civi Auin., pro quodam hospitio suo empto pro usu Pinhote sito in parochia s. Petri Auin. iuxta cimiterium Iudeorum[2] ab una parte et hospitium P. de Toro a 2 partibus 48 fl.

Juli 31 d. Delphino Vien. pro permutatione cum eo facta de villa de Romanis cum castro de Bisano in comitatu de Venaysino; de qua solutione sic manualiter facta dd. Michael Ricomanni et G. Debos receperunt

---

[1] Diese wie die folgenden Ankäufe wurden durch den öffentlichen Notar Joh. Palaysini beurkundet.

[2] Die Juden hatten also ihre Begräbnisstätte in Avignon ebenfalls innerhalb der Stadtmauern.

8000 fl., et nichilominus, cum idem d. Delphinus teneretur ecclesie Romane et esset efficaciter obligatus [de] 16035 fl. eidem liberaliter mutuatis per bone mem. Benedictum papam XII., de voluntate domini nostri moderni fuerunt eidem d. Delphino deducti de dicta summa 16035 fl.: 4000 fl.

Aug. 7 Guillelmo Vaquerii de Auin. pro quibusdam suis hospiciis et platea emptis ab eo pro novis edificiis faciendis, que quidem hospicia erant prope cancellos palatii, in quibus erat quidam furnus, 120 fl.

Nov. 9 Alfanto Serralherii de Auin. pro 2 hospiciis emptis ab eodem sitis inter hospicium carceris marescalli et hospitium Raynaudorum, prout plenius continetur in instrumento . . . 500 fl.

Nov. 16 Gaufrido de Burbone, domicello de Berbentana, pro quodam hospitio suo, sito in parochia s. Stephani, contiguo hospitio marescalli curie, vendito pape 1200 fl.

Mai 2 Bertrando Deodati, civi Auinion., pro pretio cuiusdam hospitii ab eo empti pro edificiis pape siti in parochia s. Petri in carreria pailorarie iuxta cancellos pape confrontati ex una parte cum hospitio Bertrandi Gauterii et ex alia cum hospitio pape, quod fuit Alfanti Serralherii, et ex alia cum audientia contradictarum et ex alia cum carreria publica 734 fl.

Desgl. Guillelmo Deodati, fratri dicti Bertrandi, pro precio hospitii ab eodem empti siti in dicta parochia (*Grenzen:* hospitium Raimundi de Appamiis, Helie de Bufanos servientis armorum, carreria publica, hospitium d. Bertrande Deodate, matris dictorum fratrum) 220 fl.

Desgl. für ein Haus der Bertranda Deodata, *der eben genannten Mutter der vorhergehenden Verkäufer*, 285 fl.

Desgl. dem genannten Raimundus de Appamiis, serviens armorum, *für sein Haus* 500 fl.

Ähnlich noch vier Häuserkäufe zu demselben Zwecke.

(*f. 254*) Dez. 16 Bertrando de Auc., carnifici Auin., pro $^1/_3$ eminata terre site prope piscarium pape 5 fl.

Dez. 20 Petro Martini de parochia s. Petri pro 3 domibus suis sitis iuxta domum marescalli, quarum una monet de censura s. Clare ad annuum censum 18 d., et alie due sunt franche et libere ecclesie Romane, hodie venditis 350 fl.

1345 Jan. 7 Bertrando de Podio alto domicello pro quibusdam domibus suis, ubi nunc inhabitant incarcerati curie marescalli, venditis pape 1000 fl.

16. **Pinhota** (*f. 255 - 266*). *Schlußsumme:* 16273 fl. 1474 d. ad scutum, 43 s. 9 d. tur. gross., 16 s. 4 d. tur. p. 5 l. 13 s. 4 d. mon. Auin.

Einzelheiten: Das Almosenamt wird ebenso gehandhabt wie früher: elemosina secreta *vgl. S. 260 Nr. 13 und* Pinhota. Geraldus Latremoliera administrator Pinhote; d. episcopus Rigensis *erhält monatlich pro* helemosina secreta 100 fl.; d. Iacobus Garnoti *erhält wie im vorigen Jahre für die Verteilung an die* religiosi et alie persone *am 26. Dez. 1344* 500 fl. *und ebensoviel am 23. März.*

(*f. 250*) **1344** Dez. 20 de mandato pape pro ecclesia, quam idem facit edificari in monasterio Casa Dei 2000 fl., quos recepit d. Iterius abbas Cluniacensis nomine ecclesie antedicte.

(*f. 251*) **1345** Mai 6 de mandato pape solvimus d. Iohanni, episc. Attrebatensi, 1000 fl. in 750 d. ad scutum.

Mai 6 d. fr. Iacobo Bouerii, helemosinario Pinhote, d. Geraldo Latremoliera propter infirmitatem absente, pro helemosina distribui consueta hospitalibus civitatis Auin. pro prima die Maii et pro die ascensionis Dni 5 l. Auin.

Mai 14 *Demselben* »helemosinario Pignote« pro helemosina consueta dari hospitalibus et pro festo Penthecostes 50 s.

(*f. 266*) Mai 13—18 incl. pro rebus medicinalibus pro fr. Iacobo Bouerii helemosinario, d. Geraldo (Latrem.), Stephano de Nigra Vernha, Iohanne Lasbordas, Theobaldo janitore et fr. B. Petri 18 l. 12 s.

B. Systematisch geordnete Einzelheiten aus den verschiedenen Ausgabetiteln nach I. E. 216.

1. Chronikalische Nachrichten.

(*f. 218 extraord.*) **1344** Mai 20 domino de Chambonio pro stipendiis per papam eidem assignatis et pro 1 anno incepto 19. Mai 1000 fl.

Juni 7 Marzesius archiep. Manasgardensis *erhält ein wöchentliches Gehalt von* 24 fl. 19 s. 6 d. *das Jahr hindurch (vgl. oben S. 230 denselben).*

(*f. 113 panet.*) **1344** Mai 30 – Juni 6 fuit d. dux Normannie cum tota societate sua *(beim Papst zu Tisch)* et omnes dd. cardinales cum eodem d. duce.

(*f. 219 cera*) Juni 8 de mandato pape magistro hospitii distribuendos ystrionibus d. ducis Normannie 300 fl. et pro camerariis ducis et servitorum aule sue per magistrum hospitii distribuendos de mandato pape Guillo de Margerita, hostiario secunde porte, 200 fl.[1]

Juni 9 Raimundo Martini cursori pro loguerio 14 lectorum conductorum (pro die et lecto 12 d.) pro ponendo in gardarauba d. ducis Normannie, ubi fuerunt per 11 dies, 7 l. 14 s.

(*f. 220 cera*) Juni 30 Cozio de Florentia, cursori mercatorum, eunti de mandato pape Neapolim cum literis suis ad d. legatum, ubi debet esse ex pacto in 14 diebus, 14 fl.

Juni 30 Symoni Petri, palafrenario d. cardinalis Yspani, de dono facto ei pro equo per eum presentato pape et per eundem donato d. duci Burgundie 10 fl.

---

[1] Vgl. Sauerland, *Rhein. Urkunden* III. Einleitung, dazu aber oben S. 171.

Juli 1 Fulconi de Viraco, palafrenario d. abbatis Massilien., de dono facto eidem pro equo, quem custodiebat et quem idem d. abbas dedit d. pape et idem d. papa dedit filio d. ducis Burgundie, 7 fl.

Aug. 6 de dono facto d. Guillo de Riuis, militi d. Delphini Viennensis de dioc. Gratianopolitana,[1] per papam ad relationem camerarii 300 fl.

Okt. 7 assignavimus d. fr. Garino de Castronovo, priori Nauarre ord. s. Iohannis Hierosolm. ac procuratori ordinis in curia Rom., 12800 fl. assignandos rev. patri d. Henrico de Ast, patriarche Constantinop., vel patronis galearum deputatis contra Turchos ac 600 dno Zaquarie Martini, capitaneo galearum, pro stipendiis ipsorum pro 4 mensibus incipiendis 19. Dec. futuri, *zusammen* 13400 fl.

Okt. 14 de dono facto per papam ambaissatoribus regis Armenie, qui sunt 4 in numero et 1 interpres, 200 fl.

Okt. 21 d. Ricario Beluacensis et Laurentio Petri, s. Laurentii in Lucina canonicis,[2] pro opere pontis Rodani datis de mandato pape 1000 fl.

Nov. 6 18 clericis nominatis in instrumento hodie recepto per mag. St. Ursi clericum pro dampno eis dato in apothecis suis, quas habebant, contiguis edificio novo pape, que fuerunt bis dirute tam pro coronatione quam [pro] dictis edificiis, 75 fl.

Nov. 22 d. priori Navarre ord. s. Iohannis Iherusalem. pro naulo 13400 fl. eidem assignatorum per cameram portandorum patriarche Constantinop. vel patronis galearum deputatarum contra Turcos 335 fl.

(cera) **1345** Jan. 2 Carloto de Bolonia, valleto mercatorum, misso Parisius ad d. episc. Eduen. cum literis pape sibi directis ac dd. regi et regine ac duci Normannie, et debet ibidem esse die sabbatis post epiph. Domini, 12 fl.

1345 Jan. 7 extractus fuit de turri superiori thesauri 1 pannus aureus vocatus marromac assignatus de mandato pape pro sepultura neptis sue, filie d. vicecomitis Bellifortis, que fuit die eadem tradita ecclesiastice sepulture in ecclesia b. Marie in Dompnis.

Jan. 14 fr. Francisco de Marziis de Senis de mandato pape procuranti quoddam depositum 50 fl.

(f. 250v elemos.) Jan. 17 de mandato pape oraculo vive vocis facto camerario assignavimus in elemosinam conventibus fratrum Predicatorum, Min., s. August., de Carmelo pro processione facta 16. Ian. in domo Predicatorum propter victoriam per Christianos fideles habitam contra Turcos et specialiter galeas Ecclesie et aliarum, cuilibet ordinum 8 fl., 32 fl.

---

[1] Vgl. hierzu und zu den folgenden Ausgaben des Türkenkrieges C. Faure, *Le Dauphin Humbert II. à Venise et en Orient* (Mélanges XXVII, 1907).

[2] Sie besaßen also die Kanonikatspfründen dieser bekannten Kirche in Rom, obwohl sie in Avignon wohnten.

(f. 228v cera) März 21 advertendum, quod reposuimus in thesauro superiori in quadam archa alba prope hostium introitus dicti thesauri quamplures literas et instrumenta publica super ordinatione census Ferrariensis in quadam caxa sive copertorio ligata cum aliquibus cordis.

(f. 99 coquina) März 13 — 20 comederunt cum papa multi dd. cardinales et ambaxatores regis Aragonum.

(I. E. 216 cera) April 26 de mandato pape familiaribus bone memorie d. Henrici [de Ast] patriarche Constantinop., pro renuntiatione servitii eidem impensi: Seandino Warnico, magistro hospitii, qui servivit sibi 2 annis, 20 fl.; Francesquino Musta pincerna, qui servivit sibi 6 annis, 40 fl., Petro dicto Specialis subcastellano, qui servivit sibi per annum, 16 fl.; Francesquino de 40 Dominicis, qui servivit per annum, 10 fl.; Georgio subcoco, qui servivit sicut supra, 6 fl.; Paulo pedagiario famulo, qui servivit 2 annis, 12 fl.; Antonello messagerio, qui servivit 6 annis, 30 fl.; prout certificati sumus per relationem nepotum d. patriarche, *zusammen* 134 fl.

April 26 d. fr. Francisco episc. Laquedon.[1] et d. Guillelmo Truelli, pape capellano, commissariis deputatis auctoritate Apost. super quodam debito, in quo tenentur ecclesie Romane nonnulli burgenses civitatis Senensis de societate Bonsenhorum, et aliis 100 fl.

Mai 6 relig. viro d. fr. Guarino de Castronovo, priori Nauarre ord. s. Ioh. Iherosol. ac procuratori generali in curia, 12800 fl. per eum assignandos d. fr. Hilioni de Villanova dicti ord. magistro vel in eius absentia fr. Deodato de Gutsono, magno preceptori conventus Rodi, vel alteri eorundem per ipsorum manus distribuendos 4 patronis galearum ecclesie Romane deputatis contra Turchos; et 600 fl. capitaneo post mortem d. Martini Zacarie in ipsius locum subrogato pro 4 mensibus inceptis 19. Apr. *(vgl. für die vorhergehende Zeit oben), zusammen* 13400 fl.

(f. 231) Mai 14 mag. Thome Giraudi de Ponte Sorgie fusterio misso ad Urbem pro reedificandis ecclesiis s. Iohannis de Laterano et s. Petri pro expensis et stipendiis 70 fl.

Mai 18 Iohanni Amelii, clerico camere, pro expensis factis servientibus armorum et salmatariis pape cum eorundem equis et saumeriis eundo Niciam pro portando pecuniam patronis 4 galearum armatarum per papam in subsidium Christianorum contra Turchos ... 33 fl. 2 d. parve auin. (1 fl. = 16 s. provincialium, 1 fl. = 32 s. mon. Crassen.).

Item cum propter quamdam dissensionem motam inter d. episcopum Valen. et officiales pape in castro de Montilio Ademarii d. Iohannes [Amelii] missus fuisset ad inquirendum veritatem de causis contentionis et, in quantum negotium ipsum tangebat papam, vacasset per $13^{1}/_{2}$ dies, solvimus sibi pro vadiis 8 fl. 13 s. 6 d. mon. Auin.

---

[1] Lacedogna in Unteritalien.

2. Päpstliche Beamte.

(I. E. 216 f. 232 ss.) **1344** Juni 5 16 penitentiarii; 17 capellanis commensalibus pro tota et certis pro 6 diebus 535 fl. 19 s. 2 d.

4 clerici camere, 2 bullatores, 2 clerici capelle; 25 hostiarii maiores, 13 hostiarii minores; 68 servientes armorum; 60 cursoribus pro tota et certis pro 50 diebus 503 fl. 17 s.

9 palafrenarii, 2 panatarii; Perrotus buticularius, G. custos cere; 3 registratores; custos vascelle.

mag. Gasbertus de Septemfontibus [cler. intrins.].

(I. E. 207 f. 44) **1344** Sept. 4 G. Arnaldi scriptor pape, d. Franciscus de Tuderto capellanus et auditor sacri palatii.

7/9 P. de Campanhaco scriptor pape.

6/9 d. Guillelmus de Bos clericus camere.

(f. 47) 15/9 d. Stephanus de Gardia, auditor palatii.

(f. 48) 20/9 B. de Novodompno, auditor sacri palatii.

Die scriptores pape *erhalten* pro gallinis consuetis in mutatione pontificatus pape 15 fl. *(f. 219), dabei wird bemerkt* »attende, quod, si res reducerentur ad statum debitum, quod 15 fl. diminuerentur secundum rationem.

(I. E. 216 f. 186v) Guills de Marcho, familiaris quondam Gisberti del Boys, magistri marestalle equorum pape.

(edif.) **1344** Juni 4: Petrus Frostre, Albertus de Lotaringia et Raimundus Inardi, quadrigarii pape.

(cera) Juli 30 Helias de Nexonio, portitor aque pape, 8 servitores eiusdem.

(vad. ord.) Juni 5 4 phisici, 2 cirurgi.

Reginaldus de Ponte, quondam carceris custos, Stephanus Lagana, novus custos carceris *seit 28 Tagen*.

Pontius Saturnini, provisor operum.

Nicolaus de Monteclaro, mag. coquine.

Bernardus Gauselmi, emptor coquine.

N. N.   scriptor coquine.

3 coci principales, Bernardus, alter cocus, 3 brodarii, advocatus fisci, custos cervorum, scobator, trahens campanam; Hugo Corbati, custos armorum.

dni P. Sainterii, Ioh. de Nobiliaco, Privatus Pastorelli, N. de Norsiaco, Stephanus de Chaulagueto, Ioh. Geruasii, Guillus de Flandria, Matheus de Valeta, Raulinus Cossardi [clerici intrinseci]; Colineto, clerico capelle, pro 40 diebus 5 fl. 21½ s.

(I. E. 216 f. 218 extraord.) **1344** Dez. 30 solvimus d. Petro Raimundi, clerico collegii dd. cardinalium, pro presbiterio debito pro festo nativ. Domini: pro portione debita priori episcoporum cardin. 3 s. 5 d. tur. gross., 6 d. tur. p., pro portione 5 episcoporum cardin. (*je* 2 s.

3 d. tur. gross., 9 d. tur. p.) 11 s. 3 d. tur. gross. 3 s. 9 d. tur. p., pro porcione prioris presbiterorum et prioris diaconorum cardin. (*je* 20 d. tur. gross., 11 d. tur. p.) 3 s. 4 d. tur. gross. 12 d. tur. p., et pro portione 18 tam presbit. quam diaconorum cardin. (*je* 13 tur. gross. 12²/₃ tur. p.) 20 s. 8 d. tur. gross., 4 d. tur. p.

(*I. E. 202 f. 225v cera*) **1344** Dez. 20 Petro de Verdoleto, custodi porte hospitii pape ultra Rodanum, pro stipendiis suis et alterius valleti sui a 17. Aug. usque 20. Dez. (126 dies) *täglich* 3 s. mon. Auin.: 18 l. 18 s.

(*ibid. f. 228*) **1345** März 3 facto computo cum d. Thoma, custode domus d. Neapoleonis[1] quondam, nunc d. cardin. Tutellensis, de stipendiis eidem debitis a 22. Sept. 1342 usque ad 28. Febr. 1345 incl. (891 dies, pro die 6 s.) 267 l. 6 s. mon. Auin., et quia dictus d. Thomas pro tempore, quo papa moram traxit ultra Rodanum in domo, habebat expensas, fuit ordinatum, quod de dicta summa habeat 200 l. in 166 fl. 16 s. (1 fl. = 24 s.).

(*f. 231*) Mai 18 facto computo de hiis, que fuerant per nos assignata et tradita Petro de Verdeleto, custodi porte hospitii pape apud Villam Novam, necnon et Raynaldo Castellani, ortolano jardini dicti hospitii, pro expensis ipsorum faciendis, repertum fuit, quod nos tradideramus eisdem per diversas vices a 9. Ian. 1343 usque ad 5. Iuli incl. **1344** 14 l. Auin.

(*f. 261v Pinhota*) **1344** Dez. 17—24 pro 7 duodenis manuvitularum datarum cursoribus pape et servitoribus helemosine pro nativitate Domini 42 s.

3. Brot- und Fruchteinkäufe.

(*I. E. 216 f. 113 panet.*) Bertr. Garnerii, panetarius pape, *legt wöchentlich Rechnung, die vierwöchentlich bezahlt wird, über Weiß- und Graubroteinkäufe, das erstere für den Papst.*

1344 Juni 10 computat recepisse a P. Porci de pane grosso in 4 septimanis 904 panes (15 salm. bladi et 400 panes debentur), 13 salm. et 500 panes (ad rationem 2³/₄ fl.) 38 fl. ¹/₂ tur. gross.; valet 1 saumata: 600 panes: 2¹/₂ fl.

Juli 2 *desgl.* recepit de pane bruno a Petro Porci in 4 septimanis 16500 panes (= 27 salm. 300 panes; 2¹/₂ fl. pro saumata) 68 fl. 9 tur. gross.

Juli 26 *desgl.* 10050 panes = 16¹/₂ salm. 150 panes (2¹/₂ fl. pro salm.) 41 fl. 10¹/₂ tur. gross.; (*f. 115*) Aug. 23 *desgl.* 11100 panes = 18 salm. 300 panes (600 panes = 1 salm.), 2¹/₂ fl. pro salmata = 46 fl. 3 tur. gross.

Ähnlich sind die folgenden Broteinkäufe.

---

[1] Neapoleo Ursinus, card. diac. s. Adriani, kreiert 1288, † 1342 März 23.

3. Brot- und Fruchteinkäufe.

(f. 139v maresc.) **1344** Okt. 26 fuit facta racio' de expensis avene factis et ministratis per Girbertum Dalboys, defunctum magistrum marescalle equorum pape, cum Guilloto de Marcono, clerico et servitore suo, tam pro equis, saumeriis quam pro animalibus feris in Ponte Sorgie et ultra Rodanum a 19. Mai—16. Okt.: 165 salmatas 6 razos (1 salm. = 12 razi) . . . sunt solute Iohanni Magistri, mercatori Auin., a quo fuerant empte (1$^1/_3$ fl. pro salmata).

(f. 192v edif.) **1345** Febr. 4 *wurde für das Federvieh im päpstlichen Garten zu Ponte Sorgues bezahlt* 19 emine avene (*zu je* 2 s. 9 d.) 52 s. 3 d.

(f. 256v Panhota) **1344** Juli 20 Paulo Bessi, Iohanni de Podio Villari, Arbertino Lecompte, Iohanni Galterii, Baltasano de Mediolano, Iohanni Olerii, Colino de Podio Villari, Guilhoto Crosilhon, Colino de Novavilla, Bertholomeo Amici, Stephano de Carnaco, pistoribus Auinione commorantibus, pro 2000 salmatis (!) bladi emptis ab eisdem per d. Ger. Latremoliera, adm. Pignote, pro usu pauperum ibidem confluentium (2 fl. 1 tur. gross. pro salmata de 1000 salmatis et 2 fl. pro salmata aliarum 1000 salm.), *zusammen* 4083 fl. 4 tur. gross., de quibus solvimus 2083 fl. 8 s. (= 4 tur. gross.). *Die übrigen* 2000 fl. *werden am 2. Sept. bezahlt.*

(f. 259v) Okt. 22 emimus a Nicolino Almerii, mercatore civitatis Valentine, pro usu Pignote, 1000 salmatas frumenti (2 fl. 1 gross. pro salmata), solvimus pro parte 800 fl. *Die übrigen* 1283 fl. 4 tur. gross. *am 12. März bezahlt.*

(f. 262) **1345** Jan. 25 *Denselben Avignoneser Bäckern wie oben im vergangenen Juli für* 2000 salmate frumenti ab eisdem empte pro usu Pinhote (*zu je* 21 tur. gross.) 3500 fl.

(f. 264 Panhota) April 16 computus fr. Bernardi Petri de bladis per eum emptis in Burgundia pro usu Pinhote pape: pro 1824 bichetis 7 boissellis frumenti emptis apud Cabilonem diversis preciis 1117 l. 8 s. 9 d. ob. tur., pro 1402 bichetis 7 boissellis apud Virdunum diversis preciis a diversis personis 965 l. 5 s. 7 d. ob. tur., pro 784 bichetis frumenti apud Surram diversis preciis 597 l. 11 s. 8 d. ob. tur., pro 171 bichetis 1 boissello frum. apud Trenorcium diversis preciis 93 l. 14 s. 1 d. ob. tur.; pro 155 bichetis 5 boissellis siliginis emptis apud Cabilonem diversis preciis 51 l. 2 s. 3 d. pict. tur., pro 160 bichetis 5 boiss. siliginis apud Virdunum diversis preciis 59 l. 2 s. 5 d. tur., pro 114 bichetis 5 boiss. siliginis apud Surram 44 l. 19 s. tur.; pro 447 bichetis 3 boiss. avene emptis apud Cabilonem diversis preciis 115 l. 8 s. 4 d. ob., pro 76 bichetis avene apud Surram 30 l. 8 s. tur., 267 bichetis avene apud Virdunum 86 l. 15 s. 6 d. tur.; pro 40 bichetis 2 quart. pisorum 49 l. 2 s. 6 d. tur., 38$^1/_2$ bichetis fabarum apud Trenorchium et 37 bichetis 2 quart. fabarum emptis apud Lugdunum 34 l. 1 s. 1 d. ob.

Pro dictis frumento . . . fabis et pisis portandis de Virduno et Surra apud Cabilonem, ipsisque bladis exonerandis, ponendis in orreo et postea ponderandis in navigiis tam apud Cabilonem, Trenorchium et Lugdunum, loguerio granariorum in locis predictis, postibus, lanternis, loguerio hospicii, in quo habitaverunt provisores, et mensuratura bladorum: 69 l. 14 s. 3 d. Pro expensis 2 famulorum, qui bis missi fuerunt apud Auinionem, 9 l. 5 s. 2 d., pro expensis Guineti cursoris cum 2 famulis suis, quando venerunt cum prima provisione, candelis et pisis, exonerando et reponendo in Auinione 5 l. 17 s., pedagiariis a Cabilone usque Auinionem pro vino, sicut est consuetum, tam pro prima quam secunda provisione conducenda Auinionem 8 l. 12 s. 2 d. Item computat expendisse tam fr. Bernardus quam 2 cursores cum aliis (7) servitoribus cum 3 equis in pane, vino, carnibus, piscibus, oleo, caseis, lignis, feno et aliis minutis expensis a 25. August usque ad festum natalis Domini exceptis 15 salmatis avene, quas receperunt de avena per ipsos empta, 104 l. 21 d.; pro corratagio illorum, qui emerunt dicta blada 32 l. 9 d. (12 s. pro quolibet centenario bichetorum); pro salario 4 famulorum per spacium 6 mensium, ut dixerunt, 12 fl.; item computat solvisse Nicolino naute pro 2003 salmatis grossis 8 eminis frumenti portandi de Cabilone apud Auinionem (5 s. tur. pro salmata detractis 50 salmatis, quas de gratis debuit portare) 488 l. 9 s. tur.; *(f. 265) desgl.* Andree Basterii naute pro 444 salmatis 8 emin. grossis frumenti, 175 salm. avene conducendis apud Auinionem (3 s. 10 d. tur. pro salmata) 118 l. 16 s. 8 d. tur.; Andree Mulari naute pro 731 salmatis grossis frumenti, 322 salmatis avene, 156 salmatis siliginis conducendis apud Auinionem (4 s. pro salmata) 241 l. 16 s. tur.; pro dictis bladis Auinione mensurandis 6 l. 17 s. 6 d., pro 13 salm. gross. 2 emin. pisorum, 6 salm. gross. fabarum conducendis apud Auinionem (5 s. pro salmata) 4 l. 16 s.; Andree Mulari pro 28 salm. grossis 6 emin. fabarum, 12 salm. 6 emin. pisellorum conducendis apud Auinionem (4 s. pro salmata) 8 l. 4 s. 10 d.

Die Gesamtkosten des Getreideeinkaufes und seiner Herbeischaffung 4402 l. 10 s. 1 d. pict. tur. (1 fl. = $12^1/_2$ s. *und* 13 s. tur. p.) in 5555 fl. 100 d. ad scutum (*zu je* 17 s. tur. p.) 3 s. tur. p.

De quibus quidem frumento, siligine, fabis, et pisis assignavit d. Geraldo Latremoliera, admin. helemosine Pinhote, 3800 salm. 2 emin. frumenti, 315 salm. 8 emin. siliginis, 35 salm. fabarum, 25 salm. pisorum, qualibet salm. de 10 emin. ad mensuram Auin.

Item assignavit Guillo de Channaco, mag. marestalle pape, 505 salm. avene (*zu je* 12 emin. ad eandem mensuram).

4. Weinanschaffungen.

(I. E. 216 f. 126 ss. butic.) **1344** Aug. 27 d. Bremundo gubernatori de Palhacia pro quadam tina nova magna empta per eum ad recolligendum vina in dict. loco 21 fl.

d. Iohanni Durandi, decano b. Marie de Villanova, pro expensis per ipsum factis eundo apud Nemausum, Bellicadrum et s. Egidium de mandato pape unacum camerario d. cardinalis de Puteo misso etiam pro parte collegii dd. cardinalium pro rebellione, que fiebat ibidem per venditores racemorum, et reducendo ad forum debitum 9 fl. 19 s. 6 d.

(f. 127) Dez. 9 Perrotus dictus Vaperia, familiaris religiosi viri d. fr. Alberti de Caslucio, prioris de Ialeniaco, computat de vinis, emptis apud s. Porcianum pro provisione hospitii pape per dictum d. priorem seu de mandato suo: 34 botas vini *(je* 4 l. 10 s. tur. p.) 153 l. tur., 6 botas *(je* 4 l.) 24 l., 2 botas pro implendis aliis botis vini 100 s., pro veitura dictorum vinorum de s. Porciano usque ad Cabilonem 154 l. tur., pro veitura de Cabilone usque ad Auinionem 61 l. 4 s. tur., pro reparatione botarum, pro nuncio, qui venit pro litera conductus, pro 2 hominibus, qui secuti sunt vina, pro onerandis vinis et pro expensis factis in s. Porciano 17 l. 6 s. tur. *Im ganzen* 413 l. 10 s. tur.

De qua summa recepit per manus d. P. de Frigidavilla, subcollectoris d. Guillelmi Rufi, collectoris fructuum beneficiorum vacantium in Claromontensi dioc., 400 l. tur. p.,[1] residuum solvimus in 21 fl. 15 s. parve Auin. (1 fl. = 12 s. 6 d. tur. p.).

(f. 128) **1345** Jan. 12 d. G. buticulario pro 20 botis de s. Porciano et 6 tonellis de Belna presentatis per d. abbatem Cluniacensem portatis de portu ad hospitium Ville Nove 40 s. etc. *(es folgen kleinere Ausgaben für Hin- und Hertransport des Weines).*

1344 Nov. 29 Petrus de Vaxella computavit de vinis per ipsum emptis in Nemauso: emisse a diversis personis de Nemauso diversis diebus 780 salmatas racemorum (7 s. 6 d. pro salmata) 292 l. 10 s. tur., *ferner* sub diversis preciis $350^3/_4$ sext. vini: 145 l. 2 s. 10 d. ob. tur. *(Der Sextar kostete teils 8, teils 9 s., teils 7 und $7^1/_2$ s.) Die gekauften Trauben werden auf Rechnung der Kammer zu Wein verarbeitet, für im ganzen* 108 l. 8 d. tur. p.

(f. 129) **1344** Dez. 1 mag. Raimundus Textoris, rector de Monteclarano, de vinis per ipsum emptis apud Bellicadrum et primo computat emisse in dicto loco 428 salmatas 1 banaston. racemorum (7 s. 6 d. pro salmata) 160 l. 11 s. 3 d. tur., pro 40 dietis hominum facientium salmatas in vineis pro parte cameram tangente 70 s. tur. et pro 57 dietis illorum, qui fecerunt vina, tam pro salario quam pro expensis 8 l. 14 s. 6 d. tur., pro portandis 43 botis tam de Auinione quam de Villanova apud Bellicadrum 42 s. 8 d. tur., pro 6 salmatis circulorum *(je* 13 s.), 16 duodenis amarinarum *(je* 17 d.), 36 barris *(je* 3 d.), pro farina necessaria 2 s. 7 d., 7 lb. stuparum *(je* 5 d.) 7 s., pro vasis radendis 5 s., 8 brochis *(je* 12 d.), 6 cospis *(je* 6 d.) etc.

---

[1] Am Rande: Positi sunt in recepta supra in isto libro 9. Dez.

Dez. 3 Petrus Raimundi hostiarius computat de vinis per ipsum emptis apud Lunellum: emisse diversis diebus et a diversis personis de Lunello 1845 quint. 8 lb. racemorum (2 s. pro quintali) 184 l. 10 s. 2 d. tur., pro 48 dietis hominum, qui laboraverunt in torculari, et pro expensis eorum unacum salario magistri in 6 diebus 7 l. 11 s. 3 d. tur. *Es folgen, wie gewöhnlich, kleinere Ausgaben für Geräte und Fracht zur Herbeischaffung des Weines. Dieser Wein kostete fertig bis Avignon* 360 d. ad scutum 12 s. 2 d. tur. p. (1 scudatus = 16 s. 8 d. tur. p.). Et est sciendum, quod secundum relationem d. Geraldi buticularii dictus Petrus Raimundi adportari fecit ad penora pape 70 botas plenas de vino capaces in summum.

Item computat dictus Petrus Raimundi emisse apud Malgorium 3 modia de vino muscadello (*je* 78 s. tur. p.) 11 l. 14 s.

(*f. 132*) **1345** April 2 facto computo cum Guillelmo Chenigni, custode Pontis Auinion., factore Iohannis Barroti de Belna, custodis portuum regni Francie, solvimus eidem pro 22$^1/_2$ tonellis vini apud Belnam e 5 tonellis vini emptis apud Geuri pro papa, continentibus ultra moizonem 96 sextaria vini, quorum 64 faciunt 1 tonellum, diversis preciis 492 l. 13 s. 8 d. tur. p., pro dictis vinis portandis de Belna et Geuri ad portum de Guions et de dicto portu usque Auinionem 65 l. 2 s. 6 d. tur. Pro expensis illorum, qui dicta vina conduxerunt et custodiverunt de dictis locis usque quo reposita fuerunt Auinionem, *desgl. kleinere Ausgaben* 34 l. 14 s. 2 d., *zusammen* 592 l. 10 s. 4 d. tur. p. in 911 fl. 7 s. 4 d. tur. p.

(*f. 160^v Pinhota*) **1344** November sequitur emptio vinorum facta per Geraldum (Latremoliera) pro provisione elemosine: apud S. Spiritum 171$^1/_2$ salm. vinorum, diversis preciis, deconstiterunt 78 l. 9 s. 7 d. tur.; apud Belliquadrum 45 modia vini ad mensuram dicti loci, que faciunt 315 salm. ad mens. Auin., diversis preciis, deconstiterunt 109 l. 7 s. tur.; in Auinione 14 salm. vini (*je* 12 s. 8 d. mon. Auin.) 7 l. 9 s. 4 d. mon. Auin.; habuit de vinis de Palhassia 120 salm. vini; pro 22 botis, in quibus posite fuerunt dicte 171$^1/_2$ salm., portandis de S. Spiritu usque Auin. et de Auinione usque ad Domum et pro ipsis botis estivandis 11 l. 14 s. mon. Auin. etc., *zusammen* 573 fl. 10 s. 10 d. mon. Auin., 2 s. 7 d. tur. gross. (1 fl. = 12 s. 8 d. tur. p.).

5. Vieh- und Fleischeinkäufe, Fische.

(*I. E. 216 f. 93 coquina*) **1344** Sept. 20—30 pro 6$^1/_2$ quarteriis mutonis 33 s. 9 d.

(*f. 94^v*) Dez. computat Bernardus Gaucelmi, emptor coquine, solvisse pro 30 porcis datis dd. cardinalibus in festo nativ. Domini (*je* 2 fl.) 60 fl.

(*f. 95*) **1345** Febr. 11 d. Bernardus Gaucelmi computavit de porcis emptis per ipsum vel de mandato suo pro usu hospitii pape: in nundinis de Balneolis 24. Nov. 1344 20 porci: 30 fl. de Flor. et 27 fl. de Pedemonte

(10 porci *zu je* 3 fl., 10 *zusammen für* 27 fl.); Dez. 3 fuerunt empti apud Campentoratum (!) 26 porci: 90 fl. de Flor. (24 *kosten je* $3^1/_2$ fl., 2 *je* 3 fl.), 4 porci 16 fl. de Pedemonte; Dez. 10 empti ibidem 16 porci (*zu je* 4 fl. Pedim.), 8 porci (*zu je* $3^1/_2$ fl. Flor.). *Im ganzen wurden für die päpstliche Küche* 74 porci *gekauft für* 148 fl. de Flor., 107 fl. Pedemontis. Pro expensis illorum, qui porcos emerunt apud Bonhols, et pro glandis et porcis adducendis 24 s. tur. p.; pro expensis factis apud Carpentoratum pro porcis emendis et conducendis et pro pastu ipsorum in Auinione et pro parandis ipsis cum salario carnificum et pro abluendis et pro faciendis lasendolhas 17 l. 7 s. 6 d. Auin. 2 fl., pro sale. 22 l. mon. Auin.

(f. 98v) **1345** März 31 facto computo cum gentibus Iohannis Barroti, magistri portuum regni Francie, de luciis et carpis emptis per eum in Burgundia pro papa solvimus eidem pro 94 luciis tam magnis quam mediocribus emptis diversis pretiis, que in universo valent 74 l. 5 s. tur. p., et pro 73 carpis et 20 bramis, 6 barbellis et 1 troyca, que diversis pretiis decostiterunt 20 l. 10 s. tur.; pro botica, in qua ducti fuerunt dicti pisces, 8 l., naute et illis, qui conduxerunt usque Auinionem, 18 l. tur., pro expensis illius, qui emit pisces et venit cum eis usque Auinionem, et pro vino pedagiariorum 14 l. 8 s. tur., pro corretariis, qui fecerunt forum de dictis piscibus, 5 l. tur. *Alles zusammen* 233 fl. 14 s. parve Auin.

(f. 219 cera) **1344** Juni 4 Bernardo, custodi leonisse, pro 41 quartis mutonis emptis pro leonissa a 25. April usque 4. Iuni incl. 10 l. mon. Auin. in 7 fl. 19 s. 6 d. *Desgl. am 4. August* 12 fl. 11 s. (*vom 5. Juni — 4. August*) etc.

(f. 219v) Juni 10 de mandato pape Petro de Podensaco, ostiario secunde porte, pro equo pili grisi empto ab eo et donato comiti de Barro per papam 300 fl.

Juni 16 de mandato pape Bertrando de Vernhola, servienti armorum, pro quodam equo pili lhiardi pomelati donato d. duci Burgundie 130 fl.

(f. 262v) **1345** Jan. 21—28 pro 14000 allecium pro provisione ($5^1/_2$ fl. pro miliari) 77 fl.

(f. 263v) März 18—25 pro 150 alleciis 18 s.

5a. Heu- und Stroheinkäufe.

(I. E. 216 f. 138 maresc.) **1344** Okt. 1 facto computo cum Gilberto Dalboy [magistro marescalle] de fenis et paleis emptis per eum pro provisione equorum pape: emisse apud Mornacum herbam certorum pratorum, que in grosso deconstiterunt 191 fl., apud Cauaillonem erbam certorum pratorum, que deconstiterunt in grosso, 35 fl., *zusammen* 236 fl.

Pro fenis de Mornaco secandis, volvendis, ligandis et portandis ad Rodanum 71 l. 1 s. 9 d. 1 fl., pro fenis de Mornaco portandis Auinionem et onerandis, ponderandis et portandis in fenariam, in quibus fuerunt 2238 quint., 57 l. 10 s. 1 d. (1 fl. = 23 s. 10 d. Auin.).[1]

Pro 664 quint. feni habitis de pratis de Palliacia portandis Auinionem, onerandis, ponderandis et ponendis in fenariam 15 l. 17 s. 10 d.; ... emisse apud Mornacum 2 paleria palearum, que decostiterunt 4 fl. 22 s., pro dictis paleis portandis Auinionem, onerandis et reponendis 8 l. 19 s., pro paleis de Palhasia portandis Auinionem onerandis et reponendis 7 l. 8 s. 9 d.

Im ganzen für Heu und Stroh: 376 fl. 21 s. 5 d.

(I. E. 202 f. 227v cera) **1345** März 2 Iacobo de Valle Ruferia, servienti armorum, pro usu aule pape [pro] 34 salmatis de palone (6 s. pro salmata) 10 l. 4 s. in 8 fl. 12 s.

(f. 231v) d. Bremundo, gubernatori domus de Palhacia, pro fenis faciendis ibidem 15 l. mon. Auin.

6. Gewebe und Kleidung.

(I. E. 216 f. 156 vest.) **1344** Juli 5 computo facto cum d. Iohanne Cortoys solvimus pro 1208 folraturis pro vestibus estivalibus domicellorum pape emptis per ipsum diversis preciis 1052 fl. 9 d. tur. gross.; 3 peciis 7 cannis pannorum pro induendis de mandato pape 2 clericis capelle et pro officialibus coquine, custodi leonisse, 4 clericis cubiculariis pape et pro toriis pro pannis tenendis 52 fl. 22 s.

Eidem pro tonsura 320 peciarum pannorum domicellorum (5 tur. gross. pro pecia) 134 fl. 7 d. tur. gross.

Juli 20 Iacobo Malabalha, mercat. Asten., pro 272 peciis pannorum et 2 raubis tam virgatorum de Gandavo quam planorum de Lovano (20 fl. 3 tur. gross. pro pecia) 5519 fl. 7 tur. gross.

1345 Febr. 4 Iohanni de Morauis de s. Audomaro recipienti per manus d. Ioh. Cortoys pro 25 peciis panni plani et totidem radiati pro vestibus yemalibus domicellorum pape (20 fl. 3 tur. gross. pro pecia) 1012 $1/_2$ fl.

Febr. 4 Iacobo Malabalha pro 296 peciis pannorum tam virgatorum quam planorum pro vestibus yemalibus domicellorum pape ad eandem rationem (20 fl. 3 tur. gross. pro pecia) 5994 fl.

Febr. 4 Iohanni Courtoys pro 1400 folraturis emptis pro librata yemali: 1200 folraturis (*je* 7 s. 9 d. tur. p.) 465 l. tur. p.; 200 folr. (*je* 9 $1/_2$ tur. gross.) 158 fl. 4 tur. gross.) et pro 13 folraturis agnorum pro capuciis de librata (*je* 8 tur. gross.) 9 fl. 4 gross., 4 folraturis capuciorum subtilibus 6 $1/_2$ fl., *zusammen* 918 fl. 2 tur. gross. Eidem d. Iohanni pro 397 peciis pannorum emptorum diversis preciis pro helemosina data diversis personis pauperibus 750 fl. 2225 l. 15 s. tur. p.

---

[1] Im ganzen kostete also das quintale Heu von Mornacum, fertig in Avignon, 0,13 fl. oder etwa 6 heutige Mark.

Pro 3 tapetis viridibus cum rosis rubeis, orlatis in circumferentiis ad arma pape, continentibus 72 ulnas Parisien. in longitudine (17 s. 6 tur. pro ulna) 63 l. tur. p., pro 12 aliis tapetis viridibus cum rosis rubeis ad arma pape in circumferentiis continentibus 451 ulnas Parisien. (*zu je* 13 s. 9 d.) 310 l. 15 d. tur. p., pro 24 sargiis viridibus pro paramento camerarum pape, quarum quelibet continet $5^{1}/_{4}$ ulnas in longitudine et 4 in latitudine (4 l. 13 s. 9 d. tur. pro sargia) 112 l. 10 s. tur.

(f. 161 ornam.) **1344** Juni 10 Iohanni la Guayta, cambrerio pape, pro 1 sargia maioris forme viridi pro lecto pape in gardarauba nova subtus capellam novam pape 6 fl. 12 s.

(f. 163) Nov. 26 Nicolao Lappoberio, mercatori Florentino, pro 1 tapeto viridi ponendo ante mensam pape 2 fl. 12 s. Auin.

(f. 255 Pinhota) **1344** Juli 1 facto computo cum d. Geraldo Latremoliera, adm. Pinhote pape, de pannis emptis apud Andusiam per Guinetum, cursorem pape, pro usu pauperum: pro 40 peciis pannorum (*je* 39 s. [tur. p.]) 78 l., pro 160 peciis pann. (*je* 38 s.) 304 l., pro corretagio, ligatura, cordis, apud Auinionem portandis, expensis cursoris 20 l. 4 d., *zusammen* 402 l. 4 d. [tur. p.], et quia dicti panni non habebant longitudinem, quam habere debebant, detracte fuerunt 6 l. 7 s. [tur. p.] Solvimus 395 l. 13 s. 4 d. [tur. p.] in 474 d. ad scutum 13 s. 4 d. »bone monete Francie« [= tur. p.], 1 scudatus = 16 s. 8 d. tur. p.

Item dicto Guineto pro solvendo Ponsio Berardi, emptori dictorum pannorum, pro labore suo 3 fl.

(f. 264) **1345** April 16 computus fr. Bernardi Petri de (bladis et) telis: pro $2000^{1}/_{4}$ ulnis tele emptis diversis preciis in Cabilone 58 l. 19 s. 7 d.

6ª. Pelzwaren.

(I. E. 216 f. 156ᵛ vest.) **1344** Juli 20 Iacobo Malabalha, mercatori Asten., pro 1000 herminis (28 fl. pro centenario) 280 fl., pro 5000 variis (110 fl. pro 1000) 550 fl.

Juli 5 Galtero Guerre pellipario pro 20 pellibus herminorum parandis et ponendis in 2 almuciis pape 3 tur. gross.

6ᵇ. Paramente und Kirchengeräte.

(I. E. 216 f. 162ᵛ) **1344** Sept. 28 d. Petro Seinterii pro 2 lanternis parandis et ponendo corium rubeum in eisdem et ornando easdem de serico 28 s. 6 d., pro 8 lb. incensi (*je* 6 s. 6 d.) 52 s., pro lavandis mapis capelle et reponendis paramentis 5 s.

(f. 163) Okt. 20 Petro de Bar, serralherio Auin., pro 4 magnis candelabris necessariis pro tenendis torticiis in maiori capella pape deductis 2 quint. 25 lb. ferri antiqui eidem traditi, qui fuerunt extimati ad 3 fl., pro factura dictorum candelabrorum 12 fl.

Nov. 15 d. P. Seinterii pro 14 cannis tele cum 2 palmis pro faciendis 6 mappis necessariis pro altari (5 tur. gross. pro canna) 70 tur. gross. 2 s. 6 d.; pro 3 cannis vete de serico pro parandis mappis 3 s. 9 d., pro factura mapparum 5 s., *zusammen* in 65 clementinis novis minus 5 d. parve mon. Auin. (1 clementin. = 2 s. 4 d. parve mon. Auin.).

Juli 3 d. Rigensi episcopo pro reparatione tunicelle rubee et alterius albe 8 tur. gross., pro reparatione mitre pape 1 fl., pro perlis positis in mitra 2 fl. 8 tur. gross.

(f. 163) Dez. 4 *demselben* pro 2 mitris albis pro usu pape 2 fl.

(f. 165v) **1345** März 2 Domenico Palacionis, filio Iohannis Palacionis, mercatori de Florentia, pro 2 pannis aureis de serico factis ultra mare emptis ab eodem per d. episcopum Rigensem, de quibus facte fuerunt 1 planeta et 1 dalmatica pro persona pape, quibus utitur in Cadragesima, 100 fl.

April 11 d. Iacobo Garnoti pro 1 altari cum sustentoriis cum ferris et ferraturis, in quo reponuntur ymagines et reliquie pape in sua nova capella secreta, ac pro 1 magno armariolo, in quo etiam sunt reliquie, 10 fl., pro 34 unciis de tafetano, qui fuit in dicto armariolo positus, 17 fl., pro $2^2/_3$ unciis de vetis sericis, que fuerunt intus posite, 1 fl. $22^1/_2$ gross., pro clavis albis et deauratis $3^1/_2$ gross., pro aliis clavis magnis et crochetis ad sustinendum ymagines 4 s., pro 13 cannis tele, de qua fuerunt facte 3 albe pro papa, 13 fl., pro 1 custode de ligno, in quo reponitur roba pape, 9 s.

6c. Haushaltungsgegenstände.

(I. E. 216 f. 112 panat.) **1344** Mai 29 Raimundo Martini, cursori pape, pro 10 cabaciis coopertis de corio rubeo et folratis de tela cum suis cordonibus de serico, 4 videl. pro panetaria et 6 pro buticularia ($19^1/_2$ tur. gross. pro cabacio), pro 1 paneireto cooperto, ut supra, ad portandum ova pro usu pape 6 tur. gross., 2 paneriis copertis, ut supra, pro portando panem et fructum pape 2 fl., pro 1 corseral pro culcitra et alio pro pulvinari, in quibus reposita fuit pluma, que erat in quadam magna culcitra in turre superiori versus b. Virginem, cuius copertura fuerat consumpta muribus, 4 fl. 1 tur. gross.

(f. 162 ornam.) Aug. 25 Guillo de s. Amancio per cedulam sigillo suo sigillatam pro 2 mappis emptis de Bona Laurentia de Benevento de serico pro speciebus ministrandis pape 7 fl.

Sept. 3 Petrucho Lapi de Florentia per cedulam Iohannis la Guete, cubicularii pape, pro $13^1/_2$ unc. de tafetano 5 fl. 7 gross., $3^1/_2$ cannis de tela de Remis (*je* 8 tur. gross.): 3 fl. 4 gross. etc.

(f. 163) **1345** Jan. 13 Petro Lapi pro $13^1/_2$ unc. tafetani albi pro 2 corsetis pape (5 fl. pro libra) 5 fl. $7^1/_2$ gross., $3^1/_2$ cannis tele Remen. (8 gross. pro canna) 2 fl. 4 gross., 3 unc. sirici pro 3 corsetis (6 gross.

6c. Haushaltungsgegenstände. Schneiderwaren. Schuhwaren.

pro uncia) $1^1/_2$ fl., pro cotone et factura 2 fl., $^3/_4$ corde et $^1/_2$ canna nastri 2 s. 6 d. etc.

(f. 167) Mai 9 Petro Lapi pro $13^1/_2$ unciis tafetani albi causa faciendi 2 corsetos pro papa (6 fl. pro libra) 6 fl. 9 gross., pro $3^1/_2$ cannis tele de Remis pro dictis corsetis (10 gross. pro canna) 2 fl. 11 gross., 3 unc. de serico albo pro dictis corsetis (6 gross. pro uncia) 1 fl. 6 gross., pro cothone et factura dictorum corsetorum 2 fl.

(f. 220v cera) **1344** Juli 3 Hugoni de Dignan pro 208 oneribus de iunco per eum traditis Helie de Bufenons, Iacobo de Valle Buferia et Guillo de Cabazar pro iuncando aulam et cameras alias palacii (1 tur. gross. pro onere, 1 gross. = 2 s. [Auin.]): 20 l. 16 s. in (1 fl. = 12 tur. gross.) 17 fl. 8 s.

(f. 227) **1345** Febr. 18 mag. Guillo de Auinione, factori natarum, pro 250 cannis natarum per eum factarum in capella nova Turris et in camera subtus dictam capellam et in gardarauba eiusdem camere ac in cameris tam magna quam parva pape magne Turris et in cameris cubiculariorum necnon et in cameris dd. Rothomagensis et Bellifortis (6 s. pro canna): 75 l. in 61 fl. 5 s. 6 d. (1 fl. = $24^1/_2$ s.).

Schneiderwaren.

(I. E. 216 f. 161 ornam.) **1344** Juni 26 Iohanni de Tholosa, sartori pape, pro 4 peciis de sindone viridi ponderis 8 lb. $9^1/_4$ unc. ($4^1/_2$ fl. pro libra) 30 fl. 9 gross., pro 4 peciis de sindone de grana ponderis 5 lb. 11 unc. ($4^1/_2$ fl. pro libra) 31 fl. $1^1/_2$ gross.; 2 lb. $6^1/_2$ unc. de serico de pluribus coloribus (4 fl. 3 gross. pro libra) 10 fl. 9 gross., 9 sargiis viridibus de maiori forma 60 fl., 32 unciis de veta de filo et 125 anulis de lotone causa muniendi 1 cameram de sargiis $1^1/_2$ fl. pro 20 peciis de sindone viridi ponderis 26 lb. $1^1/_4$ unc.: 73 fl. 11 gross., 6 unciis de serico viridi pro suendo dictas pecias 2 fl. $1^1/_2$ gross.; $4^1/_2$ unc. de veta de sirico viridi 1 fl. $8^1/_2$ gross. . . . etc. 3 quint. 14 lb. de cotone 32 fl. 7 d., *zusammen* 359 fl. 6 gross. 6 d. parve.

So ähnlich am 12. Mai 1345.

Schuhwaren.

(I. E. 216 f. 220 cera) **1344** Juni 27 facto computo cum Thoma cordonario et cursore pape de sandalis pape et sibi ministratis repertum fuit per sedulam I. Lomale, cambrerii pape, quod dominus noster habuerat in festo nat. Domini preterito 1 par sotularium, 1 par patinorum; 28. Jan. 1 par sandaliorum et aliud par patinorum, 16. Febr. 3 paria sandal., in die Pasche (4. April) 1 par sandal., die Pentec. 1 par sandal., dominica post festum b. Ioh. Bapt. 3 paria sandal. (pro quolibet pari sandal. 3 fl. et pro pari patinorum 1 fl.), *zusammen* 32 fl.

18*

7. Wachs und Kerzen.

(I. E. 216 f. 220v cera) **1344** Juli 2 Opezino Marengo de Alba mercatori pro 32 cargis 36 lb. cere pro usu hospitii pape facientibus 96 quint. 36 lb. cere (29 agni auri pro cargua, 23 d. picta pro libra) 931 $^1/_2$ agn.

(f. 225v) Dez. 10 Ludovico de Vinando, mercatori Ianuensi, pro 43 cargis cere, carga de 3 quintalibus, pro carga 34$^3/_4$ fl., 1494 $^1/_4$ fl.

(f. 226v) **1345** Jan. 14 solvimus per sedulam d. Gerardi fornerii Hugoni Darlay pro 8$^1/_2$ quintalibus candelarum de cepo per eum recept. et expens. per 1 annum integrum terminatum 14. Ian. (100 s. pro quintali): 42 l. 10 s. in (1 fl. = 24$^1/_2$ s.) 34 fl. 17 s.

(f. 228v) März 17 pro 4$^3/_4$ lb. cere rubee ad sigillandum *(je 2 s. 8 d.)* 12 s. 8 d.

(f. 229) März 31 d. Geraldo custodi cere pro portando et reportando ultra Rodanum in Quadragesima preterita torticia cerea et alia ad suum officium spectantia, quamdiu papa fuit ibi, 23 s. 9 d.

7a. Spezereien und Kolonialwaren.

A. *(I. E. 216 f. 83v coquina)* **1344** Mai 17 — Juni 13. Sequitur de speciebus: 1$^1/_2$ lb. canelle Darci (60 s. parve Auin. pro libra) 4 l. 10 s., 23 lb. canelle grosse *(je 10 s.)* 11 l. 10 s., 14 lb. piperis *(je 8 s.)* 5 l. 12 s., 46 lb. zingiberis *(je 7 s.)* 16 l. 2 s., 36 lb. specierum piscarum *(je 8 s.)* 14 l. 8 s., 144 lb. zuccaris *(je 6 s.)* 43 l. 4 s., 4 lb. grane paradisi *(je 10 s.)* 40 s., 14 lb. gariofilorum *(je 70 s.)* 49 l., 8 lb. de cubebis *(je 40 s.)* 16 l., 3$^1/_2$ lb. de galengal *(je 12 d.)* 42 s., 4$^1/_2$ lb. nucum muscatarum *(je 30 s.)* 5 l. 5 s., 619 lb. amigdalarum *(je 10 d.)* 25 l. 11 s. 8 d., 1 lb. spisti 5 l., 10 lb. florum canelle *(je 40 s.)* 20 l., 4 lb. de massis *(je 50 s.)* 10 l., 2 lb. piperis longi 24 s., 103 lb. risi 42 s. 11 d., 9 lb. alcanete 18 s., $^1/_4$ camfore 20 s., 2 lb. dragee albe 12 s., 2 lb. festucorum confectorum 12 s., 3 lb. de fial 4 s. 6 d., 12 lb. frumenti 6 s., 20 lb. racemorum 10 s., 2$^1/_2$ lb. de sandri 41 s., 5 lb. avenati 2 s. 11 d., 4 lb. cicerum rubeorum 16 d., 21 lb. festucorum simplicium 6 l. 6 s., 38 lb. prunorum 47 s. 6 d., 42 lb. pinhonum 52 s. 6 d., 8 lb. ordei 4 s., 8 lb. anizi et coliandri confecti *(je 6 s.)* 48 s., pro foliis auri 9 l. 2 s. 6 d., 78 lb. dattillorum *(je 15 d.)* 4 l. 17 s. 6 d., 23 lb. amidoni 19 s. 2 d., 1175 pomis d'orange 47 s., 24 lb. aque rosacee *(je 3 s.)* 72 s., 118 pomis granatis *(je 2 s.)* 11 lb. 16 s., 57 lb. mellis 28 s. 6 d. *Ähnliche Abrechnungen des* emptor coquine *alle 4 Wochen.*

B. *Außerdem werden unter dem Titel* pro cera *alle 4 Wochen Abrechnungen verzeichnet mit* Ademar Barralis *de speciebus, confectis et aliis rebus tam pro domino nostro quam pro usu hospitii sui. Wir lassen einige beispielsweise folgen:* (f. 219) Juni 9 pro 537$^1/_4$ lb. tam manus Christi, zuccaris rozeati, anisi confecti, diacitron, feniculi confecti, amigdalarum, avellanarum confectarum, ostiarum deauratarum et coliandre (6 s.

pro libra) 161 l. 3 s. 6 d.; pro 5½ lb. florum canelle pro papa 55 s., 4 manibus papiri maioris forme pro regestro petitionum et 7 manibus de papiro mediocris forme 22 s. 6 d., pro 1 canna de stamina 3 s., 2 lb. de cothone et 2 lb. stuparum 6 s., 25½ lb. cere rubee tam pro thesauraria quam pro camera pape (3 s. pro libra) 76 s. 6 d., 5 cannis tele, 4 cannis tele incerate pro thesauraria (6 s. pro canna), 2 lb. fili grossi 33 s., *zusammen* 139 fl. 14 s. (1 fl. = 24½ s.).

Juli 10 computus Ademari Barralis de speciebus confectis et rebus aliis receptis ab eo in mense Iunii: 521½ lb. de diacitron, ostiarum deauratarum, manus Christi, avellanarum et amigdalarum confectarum et deauratarum, coliandre et aliarum specierum confectarum (6 s. pro libra) 159 l. 9 s.; 7½ lb. florum canelle pro papa (*je* 10 s.) 75 s., pro 6 manibus papiri tam mediocris forme quam minoris 9 s. 4 d., pro 2 manibus papiri pro regestro petitionum 6 s., 3 lb. aque rosacee 9 s., *zusammen* 137 fl. 21 s. 10 d. *Ähnlich in den folgenden Monaten.*

(*f. 256 pinhota*) **1344** Juni 25—Juli 2 pro 5 cannis de oleo provisionis (*je* 12 s. 6 d.) 62 s. 6 d.

(*f. 260*) pro 6 cannis de oleo pro provisione (*je* 11 s. 3 d.) 67 s. 6 d.

(*f. 263v*) **1345** März pro 2 eminis salis 7 s. 10 d.

8. Bauten, Handwerker, Brennholz.

Bauarbeiten.

(*I. E. 216 f. 178v edif.*) **1344** Juni 21 Iohanni Pelhisserii de faciendo astagio, ubi ingenium situm in turri Trulhacii pro lapidibus sursum trahendis existit, et pro reparando ingenio per mag. Rostagnum, servientem armorum, 7 fl.

(*f. 180*) Juli 30 mag. Rostagno, servienti armorum, pro rota et ingenio factis in puteo hospitii domini quondam Neapoleonis, pro quibus computat expendisse pro 61 operariis sive fusteriis, qui in dictis ingenio et rota faciendis operaverunt (5 s. pro fusterio *täglich*) 15 l. 5 s.

Okt. 20 Stephano Girardini pro reficiendo fornello maioris aule palatii Apost. et reparando quodam conductu aque in dicta aula et reparanda clausura aule seu camere, in quo habitat d. archiepiscopus Rothomagensis in dicto palatio, 12 fl.

Nov. 9 Petro de Furno pro 2 ingeniis per eum factis, uno pro opere mag. Iohannis de Lupera et alio facto in jardino pape inferioris 9 fl.

Die sonstigen Bauausgaben sind ähnlich wie früher.

Metallwaren.

(*f. E. 216 f. 128*) **1344** Dez. 20 Iohanni Auberti, payrolerio de Auinione, pro 2 bassinis cupreis ad refrigerandum vinum et 1 embuto ac 1 eschalfotori aque, assignato portitori aque pape, 70 librarum (4 s. 6 d. pro libra) 15 l. 15 s.

Malerei und Farben.

(I. E. 216 f. 179 edif.) **1344** Juni 28 Riconi de Arecio pro 53 lb. de azurio (*je* 4 tur. gross.) 17 fl. 8 s.

Aug. 25 Vinello Salui, civi Auin., pro 50 stannetis auri fini ab eo per mag. Matheum Ionaneti pictorem pro pictura capelle pape nove (5 s. 4 d. pro staneta) 10 fl. 17 s. 6 d.

Sept. 1 Bartholomeo ser Bandini de Aretio Auinione commoranti pro $53^1/_2$ lb. fini azurii de Alamannia (1 fl. pro libra) 53 fl. 12 s.

Sept. 4 Bertrando Armandi Alamanni pro 35 libris de azurio Alamannie fino (1 fl. pro l.) 35 fl.

Sept. 6 Riconi de Aretio et Petro de Viterbio pictoribus facto pretio de pingendo aliam partem garderaube pape vid. celo de azurio cum stellis et parietes, sicut alia pars facta extitit, 26 fl.

(edif.) Sept. 6 Rinichio Nie de Aretio, mercatori Auin. moram trahenti, pro 124 lb. de azurio Alamannie (4 tur. gross. pro libra) 41 fl. 8 s. *Desgl.* Henerico Laoonholat (!)[1] mercatori pro 184 libris de azurio de Alamannia ($3^1/_2$ gross. pro libra) 53 fl. 8 gross.

Desgl. Bertrando de Alamannia, corretorio predictorum emptorum, 12 s. 6 d.

Sept. 28 Riconi de Aressio pictori pro pingendo introitum camere pape . . . 2 fl. 20 s.

Okt. 21 Iohanni de Aretio pro 5 lb. de azurio fino ponendo in pictura facienda in capella maioris tinelli 58 fl.

1344 Nov. 14 Colardo dicto Bolt Teuthonico presente ad hoc mag. Matheo Iohanneti[2] consulente pro 244 lb. adhurii (!) (3 tur. gross. pro libra) 61 fl. (1 fl. = 12 tur. gross.).

1345 Febr. 11 Venello Salui de Lucha, civi Auin., pro 100 stangolis auri fini pro pictura capelle palatii aule maioris (5 s. 3 d. pro stagnella) 26 l. 5 s. in 21 fl. 21 s.

Goldschmiedearbeiten.

(I. E. 216 f. 164 ornam.) **1345** Febr. 25 computavimus cum Marcho Lando aurifabro de pulcro jocali pape per ipsum facto: ipse Marchus receperat a nobis pro jocali faciendo in monetis aureis et auro: 145 march. 6 unc. 4 d. ob. auri ad pondus Auin. in 414 duplicibus auri de Francia 3170 januensibus auri 2897 duplis auri de Ispania 23 d. auri ad scutum, 28 march. $1^1/_2$ unc. auri in 2 laminis aureis, quod quidem aurum reductum ad ligam 20 carracterum computata liga posita in eodem ponderavit 168 marchas 6 unc. 9 d. 21 grana auri ad pondus Auin., item ponderaverunt lapides preciosi et perle positi in dicto jocali 8 unc. 5 d. ad pondus

---

[1] Wahrscheinlich Leonhard.
[2] Er war nach I. E. 242 f. 160ᵛ ein Maler aus Viterbo.

Auin. et sine lapidibus preciosis et perlis ponderat aurum jocalis 163 march. 7 unc. 16 d., et sic facta deductione de auro per ipsum Marchum a nobis recepto et pondere auri dicti jocalis restat, quod debet dictus Marchus 4 march. 6 unc. 3 d. 21 grana auri pond. Auin.

Post predicta in dicto jocali posita fuit quedam tabula aurea pro reliquiis, pro qua facienda tradidimus dicto Marcho 5 march. auri pond. Auin. in $253^1/_2$ duplis de Yspania, quod aurum reductum ad ligam 20 carract. ponderavit 5 march. 6 unc., que quidem tabula cum una clave postea ponderata (sine reliquiis et cristalle) ponderavit 4 march. 4 unc. $^1/_2$ quart. uncie; restat, quod debet dictus Marchus 1 march. 1 unc. 3 quart. auri de 20 caracteribus ad idem pondus.

Eidem Marcho pro 4 esmeraldis, 9 parvis robinis, 7 zafiris emptis per eum et positis in jocali tam in cruce, sportellis et magna porta dicti jocalis 31 fl.

Pro cristalle posito in porta dicti jocalis et quibusdam foliis positis in castonibus dicti jocalis $8^1/_2$ fl.

Pro 15 marchis argenti fini emptis et positis in alligatura auri, de quo factum fuit jocale, reducendo dictum aurum ad ligam 20 caracterum (6 fl. pro marcha argenti fini) et pro cupro sive metallo posito in dicta alligatura 91 fl.

Febr. 25 facto computo cum eodem Marcho de septro aureo et circulo datis per papam d. Ludovico de Yspania, quando fecit eum principem Insularum Fortunatarum, repertum fuit, quod dictus Marchus recepit a nobis pro dictis septro et circulo faciendis $254^1/_2$ duplas de Yspania, que ponderaverunt ad pondus Auin. 5 march. auri, quod quidem aurum redactum ad ligam 20 caracterum ponderavit, computata liga ibidem posita, 5 march. 6 unc. ad pond. Auin. Dictum autem septrum et circulus facti et completi ponderant 3 marchas 5 unc. 17 den., et sic restat facta deductione, quod debet dictus Marchus 1 march. 7 unc. 15 d. 6 grana auri alligati ad idem pondus.

Febr. 25 solvimus Iacobo Malabayla, mercatori Asten., pro 30 perlis grossis positis in dicto circulo aureo, ut predicitur, dicto d. Ludovico dato (2 fl. pro perla) 60 fl.

(f. 164b) Lapides preciosi et perle positi in dicto jocali reperti sunt, prout hic per ordinem continetur: in porta magna dicti tabernaculi reperti sunt 8 tam robini quam balacii magni, 8 maragde grosse, 34 perle grosse, 12 parvi rubini, 12 parve maragde, in 2 portellis magne porte reperti sunt 8 tam robini quam balacii grossi, 8 maragde grosse, 34 perle grosse, 12 parvi robini, 12 parve maragde, in frontali magne porte et 2 portarum, que sunt a latere dicti tabernaculi, reperte sunt 16 grosse perle, in capitellis dicti tabernaculi reperti sunt 5 grossi zafiri, 1 balacius, 14 perle grosse, in una parte crucis dicti tabernaculi reperti sunt 6 magni et grossi balacii, 6 grossi zafiri, 28 perle grosse, 22 maragde mediocris

forme; in alia parte dicte crucis reperti sunt 10 grossi tam robini quam balacii, 18 zafiri grossi 6 zafiri minores, 28 perle grosse; in 2 lateribus crucis reperte sunt 11 perle grosse 149 perle mediocres.

Item solvimus dicto Marcho pro factura medie marche auri septri d. Dalphini, quod marche dicti septri non fuerunt reducte ad pondus curie, cum dictum septrum ponderavit 4 march. minus 10 d. ad pondus Auin. etc., 10$^1/_2$ fl.

(f. 166) April 12 Iacobo Malabalha, mercatori Astensi, pro 53 parvis lapidibus positis in jocali precioso pape appellatis smaragdis et parvis balaciis (6 tur. gross. pro lapide) et fuerunt empti per Guillelmum socium suum 26 fl. 6 gross., pro incastando 2 lapides appellatos jaspi in auro, qui erant in 2 anulis de argento, quos assignavit pape, 6 fl. 7 gross., pro incastando quendam magnum lapidem, appellatum loppa, in auro videl. in circumferentiis et pro 1 parva cathena argenti, que sustinet dictum lapidem, 14 fl. 8 gross.

April 27 computavit Menuchius argentarius de fabrica rose date per papam in die Letare Iherus.: recepisse a camera Apost. 100 ducatos auri et 1 anulum auri cum saphiro ponderis 3 quart. auri et sic est summa ponderis 12 unc. 3 quart. auri; computat fabricasse rosam auri de 20 carratibus, que ponderavit post fabricationem 13 unc. 1$^1/_2$ quart. incluso anulo et valebat uncia 7 ducatos et 1 tur. arg., et sic est summa, que ascendit tota rosa detractis 3 quart. pro anulo 89 duc. 5 tur. gross.

Item computat emisse 2 granatos pro 6 gross.; pro fabrica 10 fl. summa 99 duc. 11 gross.

Es folgt eine Reihe von Reparaturen an Silber- und Goldgegenständen.

Glaswaren.

(I. E. 216 f. 126 butic.) **1344** Juni 17 d. Geraldo buticulario pape pro 900 vitris albis (je 4 d.) 15 l., 600 vitris de berri (je 5 d.) 12 l. 10 s., 200 gobellis: 24 s., 24 vitris albis 8 s.

(f. 127v) Dez. 10 d. Geraldo buticulario pape pro 462 vitris per eum receptis a Guillelmo de Someriis a 7. Iuli usque 6. Dez. (je 6 d.) 11 l. 11 s.

Brennholz- und Kohleneinkäufe.

(I. E. 216 f. 91 coq.) **1344** Nov. 29 d. Iohanni de Praellis et Petro Arnulphi de Stella Valenciane dioc. pro 3172 banastonibus carbonum receptis ab eisdem per duas vices pro provisione hospitii pape per manus Quinquinelli et Raimundi Anzelatoris, cursorum pape, (13 d. pro banastone) 171 l. 16 s. 4 d. in 140 fl. 6 s. 4 d. (1 fl. = 24$^1/_2$ s. Auin.).

(f. 97) **1345** März 10 Andreas Gappi mercator computavit de lignis traditis et assignatis pro usu hospitii pape . . . (per relationem Quinquinelli et Raimundi Lanselare, cursorum pape) a 18. Mai 1344—10. März

1345: 25456 quint. lignorum: 1537 l. 19 s. 4 d. (14 d. cum ob. pro 1 quint.) in 1255 fl. 11 s. 10 d. Pro dictis lignis estivandis et ponendis in lignariis 54 l. 2 s. 8 d. in 45 fl. 2 s. 8 d.

(f. 100) **1345** April 12 escobatori domorum pro portandis lignis in camera pape et aliis locis palatii a die Veneris sancta usque 12. April 15 s. 2 d.

(f. 102) Mai 10 Quinquinellus et Raimundus Bonsaber (!), cursores pape, computaverunt de carbonibus per ipsos receptis pro usu hospitii pape: se recepisse a Iohanne de Pradellis et Arnulpho de Stella dioc. Valent. a 11. Febr. usque ad 9. Mai $3282^{1}/_{2}$ banastones de carbonibus: 177 l. 16 s. (13 d. pro banastone) in 145 fl. 3 s. 6 d.

(f. 261 Pinhota) **1344** Dez. 3—10 computavit d. G. Latremoliera, admin. Pinhote, ... pro 3000 quint. lignorum pro provisione hospitii (*je* 13 d. cum ob.) 168 l. 15 s.; pro portu 2500 quint. de Rodano usque ad hospitium Helemosine 4 l. 13 s.

9. Bibliothek und Schreibwaren.

(I. E. 216 f. 173 script.) **1344** Mai 29 facto computo cum Hugone Agulherii pargamenario pro 30 pellibus tam magnis agninis quam mutoninis pro scribendis literis super predicatione crucis et impositione decimarum pro facto Turquorum (20 d. pro pelle) 50 s., pro 42 duodenis pergamenorum edulorum maioris forme (17 s. 6 d. pro duodena) 36 l. 15 s., 62 duodenis pergamenorum edulinorum mediocris forme (11 s. 6 d. pro duodena) 35 l. 13 s. Auin. in 61 fl. 3 s. 6 d.

1345 März 4 Roberto dicto Lemario pro 15 duodenis 4 pellibus tam edulinorum quam mutonum de maiori forma (*je* 16 s. pro duodena) 12 l. 5 s. 4 d. in 10 fl. 5 s. 4 d.

März 18 Iohanni Agulherii et Marcho Iohannis pargamenariis pro 37 duodenis 4 pellibus de maiori forma (16 s. pro duodena) 29 l. 17 s. 4 d.; pro 70 duodenis et 2 pellibus tam de mediocri forma quam de minori (11 s. pro duodena) 38 l. 11 s. 10 d.; pro 4 duodenis radendis 2 s., *zusammen* 68 l. 11 s. 2 d. in 55 fl. 23 s. 8 d.

Außerdem sind viele Papiereinkäufe in dem Titel pro cera verzeichnet, wo sie monatlich unter den von Ademar Barralis bezogenen Apothekerwaren verrechnet werden, vgl. Spezereien und Kolonialwaren B S. 277.

(I. E. 216 f. 173 script.) **1344** Okt. 23 Petro de Spinello, notario publico, pro copianda litera executoria de Romanis 10 s.

1345 Febr. 26 *demselben* pro copia literarum Apost. super vicariatu dominorum de Scala tradita d. cardinali Ebredunensi de mandato pape et continet 22 folia 1 fl.

10. Verschiedenes.

(I. E. 216 f. 221 cera) **1344** Juli 30 facto computo cum Helia de Nexonio, portitore aque pape, de expensis per eum factis pro mundando et evacuando puteum hospitii d. quondam Neapolionis, in quo ceciderat

quidam homo, dum trahebat aquam et ibidem fuit submersus: 10 fl. 28 l. 14 s. 11 d. in 34 fl. 4 s. 11 d.

Aug. 30 Stephano de Inferneto pro 5 lanternis factis in deambulatoriis superioribus palacii Auin. de mandato d. Gerardi Fornerii 42 s. 6 d., quos habuit ille, qui fecit eas. Pro frachisiis et goffonibus ferreis 10 s., pro portando et reportando ceram et alia, que erant necessaria ratione sui officii, a carnisprivio usque ad Pascha et usque ad diem hodiernam 25 obolos albos, *zusammen* 4 l. 16 s. 3 d.

(f. 225) Nov. 18 de mandato pape mag. Stephano medico suo, eunti ad d. comitem Armeniaci infirmum, pro expensis suis in itinere faciendis 50 fl.

(f. 227) **1345** Febr. 4. *Demselben* misso ad d. regem Francie pro cura facienda in personam uxoris ducis Normannie pro expensis suis eundo et redeundo et ibidem stando 200 fl.

(f. 228v) März 17 Iohanni Raynaldi de s. Romulo pro 85 ramis palmarum emptis pro eo, quia cursores pape non portaverunt ad sufficientiam, 8 fl.

(f. 229) April 9 Duchoni Lappo pro aptandis 306 ramis palmarum datis in Dominica ramorum palmarum 5 fl.

Gartenarbeit.

(I. E. 216 f. 192 edif.) **1345** Febr. 4 d. Thomas de Dompetra, canonicus Tullen., computavit de expensis per ipsum factis in orto pape ultra Pontem et in orto et pratello hospitii † d. Neapolionis a mense Iunii 1342 usque ad presentem diem: pro rota nova facta in puteo et in salario ortolani etc. 4 fl. 128 l. 3 s. a 17. Okt. 1344 — 2. Jan 1345 ortolano 6 l. 10 s.

Pro factura pratelli retro cameram pape: pro portandis terram et gilbas et pro magistris et manobriis, qui pratum fecerunt, pro fusteriis, qui circumdederunt pratum tabulis, pro barralibus et brochis pro dicto prato a 1. Febr. 1344—31. Aug. una cum portu aque et cum tabulis et aliis lignaminibus necessariis 61 l. 5 s. 2 d., pro gippo et magistris pro reparatione lopgie iuxta pratum retro cameras pape in obscurationem fenestrarum et pro scopendis dictis cameris post recessum ducis Normannie 6 l. 8 s., in avena et furfure pro cuniculis a 10. Dez. 1343 usque 16. Ian. 1345 (57 septimane) 57 emine sinace, 57 emine furfuris: 11 l. 2 s. 9 d. (2 s. 9 d. pro emina sinace, 14 d. pro emina furfuris); in pane pro 3 gruis a 4. Aug. 1344 usque 16. Jan. 1345 (165 dies) 55 s. (*täglich* 4 d.), pro avena in 19 septimanis (21. Aug. 1344—16. Jan. 1345) pro 12 gallinis, 6 caponibus, 1 gallo: 19 emin. avene (*zu je* 2 s. 9 d.) 52 s. 3 d., pro expensis 8 anserum (28. Aug. 1344—17. Jan. 1345) in frumento, ordeo et furfure 3 l. 16 s. 8 d.

Klemens VI. Viertes Pontifikatsjahr. 1345|46.
I. E. 242.

A. Übersicht über die einzelnen Titel und ihre Schlußsummen.

1. **coquina** *(I. E. 242 f. 75—91). Verwaltung wie früher durch* d. Bernardus Gaucelmi, emptor coquine. *Zuweilen vertritt ihn sein Kaplan Thomas. Gesamtausgabe:* 15334 fl. 150 d. ad scutum, 18 s. 3 d. tur. p., 49 l. 14 s. 10 d. ob. mon. Auin.

2. **panataria** *(f. 99—106). Verwaltung wie früher durch* d. Guillelmus Bellifilii et d. Bernardus Garnerii, panetarii pape. *Gesamtausgabe:* 1603 fl. 11 s. 6 d. tur. p., 82 l. 6 s. 2 d. parve Avin.

3. **buticularia** *(f. 111—116). Verwaltung wie früher durch* d. Geraldus buticularius. *Gesamtausgabe:* 991 fl. 1759 d. ad scutum, 302 l. 2 s. 11 d. tur. p., 94 l. 7 s. parve Auin.

4. **marescalla** *(f. 121—130). Verwaltung wie früher durch* Guillelmus de Channaco, mag. marescalle equorum pape, domicellus; *mehrere* palafrenarii (Blasius Dominici) [5 valleti, qui custodiunt 10 equos, 1 paga, qui adiuvat eos] 4 saumaterii. *Gesamtausgabe:* 2197 fl. boni, 140 fl. parvi ponderis, 264 d. ad scutum, 12 s. 6 d. tur. p., 60 l. 12 s. 8 d. ob. parve Auin.

5. **vestes et folratura** *(f. 132—133)*: 20105 fl. 3116½ d. ad scutum 12 tur. gross., 3 s. 8 d. tur. p., 1 l. 12 s. 6 d. parve Avin.

6. **ornamenta** *(f. 136—140)*: 1134 fl. 202 duple de Yspania, 16 parisien. parv. Francie, 47 tur. gross. arg., 4 l. 8 s. mon. Auin., 134 ducati de auro, 1 anulus cum saphiro, 34 marche 7 uncie argenti ad pondus Auin., 11 perle grosse, 12 parve, 3 balacii et 3 saphiri.

7. **scripture et libri** *(f. 146—147)*: 95 fl. 7 tur. gross. arg. 3 l. 5 s. 9 d. parve Avin.

8. **opera et edificia** *(f. 148—176)*: d. Poncius Saturnini, provisor operum pape: 25460½ fl. 1200 d. ad scutum, 4 d. tur. gross. 150 l. 4 s. ob. parve Auin.

9. **bulla et litere curie** *(f. 181)*: Raynaldus (Bertrandus) Gasserandi et Bernardus Poiolis bullatores: 288 fl. 2 s. 4 d. tur. p., 18 s. parve Auin.

10. **vadia extraordinaria** *(f. 183—184)*: 1672 fl. 3 l. 13 s. 6 d. tur. gross., 10²/₃ d. tur. p., 8 l. 5 s. parve Auinionis.

11. **extraordinaria et cera** *(f. 186—198)*: 8196½ fl. 611 d. ad scutum 41 l. 10 s. 8 d. ob. parve Auin., 20 s. 4 d. tur. gross. clementin., 1 scarlata alba, 1 pannus sericeus.

12. **vadia ordinaria familiarium** *(f. 200—213).* 6 solutiones, *zusammen* 34978 fl. 286 l. 19 s. 6 d. ob.

13. **elemosina secreta** *(f. 220—222). Verwaltung wie früher.* Geraldus Latremoliera admin. elemosine, fr. Bernardus Petri, helemosinarius Pinhote, Petrus de Capra, clericus et servitor helemosine, *f. 138ᵛ* d. Iacobus Garnoti, helemosinarius pape: 2590 fl. 3000 d. ad scutum 28 s. 5 d. tam clementin. quam tur. gross. Francie, 115 l. 8 s. parve Auin.

14 **pensiones hospitiorum** *(f. 224). Nur ein Eintrag:* **1345** Mai 18 computavit d. Bertrandus de Channaco, clericus camere, expendisse pro solvendis familiaribus pape vadia hospiciorum suorum pro 2 annis preteritis et terminatis 19. Maii presentis, prout particulariter continetur in libro racionum suarum per eum camere assignato, 1131 fl. 56 l. 2 s. 3 d. parve Auin.

15. **possessiones empte** *(f. 225—227)*: 5241 fl. 28 s. 1 d. parve mon. Auin.

16. **Pinhota** *(f. 229—240). Verwaltung wie früher:* 6864 fl. 5235 d. ad scutum 32 s. 10 d. tur. p., 49 l. 18 s. mon. Auin.

B. Systematisch geordnete Einzelheiten aus den verschiedenen Ausgabetiteln.

1. Chronikalische Nachrichten.

(I. E. 242 f. 75 coqu.) **1345** Mai 2—8: comederunt cum papa multi cardinales et qualibet die Dalphinus Vien., ambaxiatores Bauari, comes Armaniaci et alii.

Mai 15—22: qualibet die fuerunt magna convivia tam dd. cardinalium quam ambaxiatorum Aragonum, Ungarie, Hospitalariorum et Venetorum.

Mai 23—29: fuit magnum festum, quia Dalphinus recepit crucem.[1]

Juni 5—12: comederunt cum papa dux Borbonie, Dalphinus et multi cardinales.

Juni 12—19: fuerunt convivia per totam septimanam.

Juni 27—Juli 3 in ista septimana fuerunt plures dd. cardinales, Dalphinus et plures nobiles necnon omnes capellani propter festum apostolorum Petri et Pauli.

Juli 4—11: fuerunt plures cardinales, Dalphinus et ambaxiatores Venetiarum.

---

[1] Vgl. S. 285 Anm.

(coquina) Sept. 8: comederunt cum papa omnes cardinales propter adventum cardin. Carnotensis et princeps Insularum Perditarum et fuit nativ. b. Marie.

1346 Febr. 26—März 5: in ista septimana comederunt cum papa embassiatores regis Ungarie et plures dd. cardinales.

März 12—19: *desgl. dieselben.*

März 19—26: comederunt cum papa rex Maioricarum cum multis dd. cardinalibus et baronibus.

März 26—Apr. 2: comederunt cum papa d. Karolus filius regis Boemie, princeps Insularum Perditarum et multi dd. cardinales.

Apr. 3—9: comederunt cum papa rex Boemia, filius suus et multi cardinales.

Apr. 9—16: comederunt c. p. filius regis Boemie et multi cardinales, comitissa Valentin. et multe domine, Hospitalarii multi et capellani commensales.

Apr. 16—23 *desgl. dieselben.*

Apr. 23—Mai 1 excl.: comederunt c. p. rex Boemie, filius suus, nepos Bauari et multi dd. cardinales et nobiles.

(f. 132 vestes) **1345** Sept. 7 ... pro 3 fourraturis magnis pro supertunicalibus et 2 capuciis de minutis variis, que fuerunt data cuidam militi, ambaxiatori regis Armenie, qui vocatur d. Gregorius: *je* 2 fl. 9 tur. gross., pro 3½ cannis de virgato datis interpreti dicti militis *zu je* 20 tur. gross. (1 fl. = 12 tur. gross.).

(f. 183 extraord.) **1345** Juli 2 d. fratri Martesio, archiepiscopo Manasgardensi, pro stipendiis sibi dari consuetis et pro 8 septimanis terminatis 2. Juli 24 fl. 19 s. 6 d. *Ähnlich noch am 29. August.*

(f. 183v) Nov. 28 cum nos 24. Dez. 1344 mutuassemus nobili viro d. vicecomiti Bellifortis, mag. Bernardo Herbelli pro ipso recipiente, 1000 fl. deducendos seu retinendos per nos de stipendiis suis quarti anni, hodie allocavimus hic 1000 fl.

(f. 189 cera) Sept. 7 de speciali mandato pape cuidam militi ambaxiatori regis Armenie, qui vocatur dominus Gregorius, de dono 200 fl. Interpreti dicti militis 60 fl.

Sept. 30 de mandato pape nobis facto solvimus Francisco Bruni, servienti armorum pape, pro quodam vexillo de catasamito cum armis Ecclesie facto per mag. Iohannem de Bisuntio dato d. Delphino Vien., qui fuit factus capitaneus exercitus Christianorum contra Turchos, die, qua recepit crucem de manibus pape, pro factura et omnibus necessariis 38 fl.[1]

Sept. 30 d. Iohanni ep. Metscarien., ambaxiatori regis Armenie, pro supportatione expensarum suarum hic faciendarum 60 fl. et 1 peciam integram de scarleta alba.

---

[1] Vgl. C. Faure, Le Dauphin Humbert II à Venise et en Orient (Mélanges 27, 1907, p. 509—562); G. Mollat, Les papes d'Avignon p. 89.

Okt. 10 cum tempore f. rec. Benedicti pape XII. inter d. Iohannem ep. Auin., tunc thesaurarium suum, et mag. Iohannem de Paris. conventum fuisset sub certis modis . . . de faciendo sepulchrum ipsius d. Benedicti pro pretio 650 fl. . . . idemque mag. Iohannes propterea recepisset a d. Iacobo de Broa tunc thesaurario Benedicti pape 200 fl., nos pro complemento pretii solvimus 450 fl. Eidem pro cambio 70 fl., qui fuerunt de Pedimonte, 2 fl.

Dez. 19 Iacobo Mailabailha, mercatori Astensi, pro portagio 2000 fl., quos Iohannes Dini de Senis recepit Neapoli a d. archiepiscopo Brundusino, (2%) 40 fl.

1346 Jan. 3 Donatino de Florencia corretario, qui procuravit fieri cambium 2000 florenorum cum Petro Nicolutii et aliorum 2000 fl. cum ser Manga Fey, pro labore suo 2 fl.

Febr. 23 Vanelho Francesquini de Lucha corretario, qui procuraverat cambium factum cum Ludovico de Vinando, mercatore Ianuensi, de 4500 fl. necnon venditionem factam de plumbo pro coopertura turris Troilhacii, pro labore suo 4 fl.

(f. 194) März 3 Iacobo Betti de Corona de nova societate Bardorum pro portagio 2000 fl., quos Bartholomeus Ridolfi de dicta societate recepit Neapoli a d. archiep. Brundisino, 15 fl.

März 20 Donatino de Florentia corretario, qui procuravit cambium de 5000 fl. cum ser Mangia Fey et de 2000 fl. cum Bardis de Corona et de 1500 cum Bardis Novis apud Florentiam, 4 fl.

(cera) **1346** März 24 per cedulam nobis missam per . . . dd. Hostien. et Velletren. ac ss. Quatuor Coronatorum cardinales sub eorum sigillis sigillatam solvimus Petro Capelerii facto cum eo pretio per prefatos dd. cardinales de reficiendo pontem ad 3000 fl. et sub certis conditionibus..., 500 fl.

Apr. 21 Cum in instrumento compositionis facte inter cameram Apost. et procuratorem nobilis viri d. Lupi de Luna super bonis mobilibus et debitis † d. Petri quondam archiep. Cesaraugustani[1] per sedem Apost. reservatis inter alia contineatur expresse, quod de summa 20000 fl. debita pape et eius camere ex compositione predicta camera Apost. teneretur dare provisionem suam rev. . . . archiep. Cesaraugustano, qui nunc est, dictaque provisio prefato archiep. facienda pro 92 diebus ascendat ad 2300 fl. (25 fl. pro die) et ipsius d^{ni} archiep. procuratores recepissent a d. Almeracio de Cabrespina, canonico Ilerden. et comissario ad recipiendum dicta bona reservata a sede Apost. deputato, 1800 fl., nos solvimus residuum 500 fl.

(cera) **1346** Apr. 26 Albussoni Macelini pro 7 lapidibus de alabastro integris et pro 1 alio lapide diviso in 2 partes emptis ab eodem pro factura sepulcri pape Clementis VI. 300 fl.

---

[1] Saragossa.

Mai 11 Petro Constantini pro portandis lapidibus de alabastro per aquam usque ad portum s. Andree 1 scut.

(f. 146 script.) **1345** Juni 4 pro instrumento seu transumpto super debito 1135 unc. argenti et 16 tarenis et 9 granis in carlenis argenti debitis per societatem Bonacursorum de Florencia d. I. quondam archiepiscopo Idrontin.,[1] scripto et signato per Bertralminum quondam Ambrosii Gazoni de Lenco a) Mediolan. dioc. necnon pro 2 pellibus pergameni emptis per Pastorem 1 fl.

Sept. 22 *demselben* Beltralmino pro scriptura cuiusdam instrumenti super debito 3000 l. tur. per societatem Clarentinorum de Pistorio debitorum domino quondam Rufino, archidyacono Remensi, cuius bona fuerunt reservata, per eum copiati et signati una cum signo Iohannis Pastoris: 6 tur. gross. clementinos.

1a Kuriere.

(cera) **1345** Juli 28 dicto Bonuillani cursori mercatorum dioc. Vapincen. misso cum literis Apost. ad d^{nam} reginam Francie facto pretio cum eodem de eundo et redeundo usque Parisius ad summam 28 fl. et debet esse Parisius in 6 diebus et redire in totidem diebus, dicto, quodsi d. regina sit ultra Parisius, quod proportionaliter sibi satisfiet, solvimus 20 fl.

Juli 28 Bertrando de Saleta eunti ad d. ducem Normannie et debet esse Parisius in totidem [6] diebus, pro quo cavit Petrus Geri, magister cursorum mercatorum modo, forma et conditionibus, ut supra, et erat hora prandendi, 20 fl.

Aug. 21 *Beide Kuriere sind zurückgekehrt, sie erhalten zu dem ausgemachten Lohn* »et pro eo, quod quia iverunt ultra Parisius ad eosdem per 4 dietas et ibi steterunt, antequam haberent responsionem eorundem, per 8 dies, pro predictis in universo 26 fl.

Aug. 21 cuidam valleto eunti Neapoli et portanti 2 bullas d^{no} Brundusino directas archiepiscopis regni et prelatis exemptis de solutione decime 1 fl.

Okt. 5 Iohanni Guilloti de Montepessulano misso per papam ad d. ducem Normannie et debet esse in 5 diebus 16 fl.

Item Antonio de la Marcha misso ad d. d. regem et reginam usque Parisius et debet esse in 6 diebus 15 fl., pro quibus cavit Petrus Desiderii magister mercatorum.

Okt. 28 Iohanni Guilhoti de Narbona eunti ad dd. regem et reginam Francie et debet esse ex pacto Parisius in 6 diebus et recipere pro labore et viagio 28 fl., pro quo cavit Petrus Desiderii, mag. cursorum, solvimus hodie 20 fl. et 8 fl. solvemus in regressu et debet redire in totidem diebus.

1346 Febr. 12 Mineato de Florentia eunti de mandato nostro ad dd. ep. Tergesinum et patriarcham Aquilegen. cum 2 literis clausis bullatis et

---

a) Nachher wird er de Beutha genannt.

[1] Erzbischof Johann von Otranto † 1345.

debet esse in partibus Aquilegen. in 14 diebus, pro quo cavit Petrus Desiderii, mag. cursorum, 16 fl.

März 7 Nicolao Corti de Florentia misso ad d. reginam Sicilie cum literis clausis pape et principi Tarentino ac duci Duracii presentandis eisdem per d. archiep. Brundusinum 20 fl.

1b. Wohltätigkeitszwecke.

(I. E. 242 f. 220 elemos.) **1345** Mai 19, que fuit prima dies pontificatus pape Clementis, de mandato pape facto, vive vocis oraculo d. camerario, priori et conventui Predicatorum Auinion. pro testitudine sacristie ecclesie sue et aliis reparationibus, recipiente pro eisdem fr. Guillo Grossi, priore dicti conventus 100 fl.

Desgl. je 100 fl. *den Karmelitern* pro parietibus ecclesie elevandis et capitulo eorundem, recipiente fr. Martino de Pulcra Sede, suppriore conventus; *den Minoriten* pro edificio ecclesie, recipiente fr. Hugone de Viridi, vicario conventus; *den Aug. Eremiten,* recipiente fr. Iohanne Luyta, suppriore conventus.

Der episcopus Rigensis *erhält wie früher monatlich* 100 fl. pro helemosina per eum dari consueta. *Der Spitalverwalter* Latremoliera *erhält wie früher zur Verteilung an die Hospitäler Avignons für benannte zahlreiche Tage je* 50 s.

Nov. 7 *erhalten die vier männlichen Bettelklöster Avignons je* 8 fl. pro facienda refectione dictorum fratrum de mandato pape pro processione per eos facta 5. Nov., ut Deus velit dare pacem inter dominos Francie et Anglie reges.

Dez. 21 d. Iacobo Garnoti, helemosinario pape, pro helemosinis secretis dari consuetis et pro futuro festo nativ. Domini per eum distribuendis pauperibus religiosis et aliis 500 fl., *ebenso am 12. April* **1346** *für das Osterfest.*

2. Beamte.

Erste Gehaltszahlung am 2. Juli 1345 für die 8 vorhergehenden Wochen.
(I. E. 242 f. 200 ss.) cancellarie 190 fl. 9 s. 9 d. (1 fl. = 22 s. vien.).
  correctori 27 fl. 10 d.
  marescallo iustitie 290 fl. 20 s. 9 d.
  magistro in theologia 36 fl. 16 s. 8 d.
  14 penitentiariis pro tota et uni pro 45 diebus 367 fl. 9 s. 5 d.
  16 capellanis pro tota et certis pro 25 diebus 513 fl. 3 s.
  3 clericis camere 105 fl. 22 s. 5 d.
  2 clericis capelle 26 fl. 9 s. 9 d.
  2 bullatoribus 63 fl. 17 s. 7 d.
Auch die folgenden Beamten erhalten ihr gewöhnliches Gehalt.
  [magistri hostiarii prime porte]: Ademarus de Agrifolio, Gerardus

2. Beamte.

de Champiers, Gerardus de Leschamel, Petrus de s. Marciali, Vigeronus, Aycardus de Saya.

[magistri hostiarii secunde porte]: Petrus de Podensaco, Gerardus del Veruh, G. de Margarita, Aymericus de Boichon, Guinabertus Daren.

Tertie porte: P. Bessiere, Stephanus Maliani, Bertrandus de Vernhola, Steph. Balisterii.

Quarte porte [custodes]: Robertus de Bailh, P. Lauernha, Raynaldus de Lur, Aymericus de Rupe.[1]

12 hostiarii minores, 12 palafrenarii, 57 servientes pro tota et certi pro 53 diebus, 46 cursores et certi pro 8 diebus.

Nobili viro d. G. de s. Amancio[2] 56 fl.

d. B. Gaucelini emptori coquine 27 fl. 10 d.

Helye de Nexonio[3] 27 fl. 10 d.

3 famulis suis 12 fl. 9 s. 9 d.

2 coquis 54 fl. 20 d.

B. coquo 16 fl. 13 s.

Ph. Machiti altero coquo 16 fl. 13 s.

3 brodariis 24 fl. 19 s. 6 d.

Perroto buticulario 16 fl. 13 s.

d. Geraldo de Turno pro 45 diebus 13 fl. 7 s.

2 panetariis 32 fl. 16 s.

d. P. Germani | d. Iohanni de Pistorio } regestrator. [petitionum] 24 fl. 19 s. 6 d.

d. P. Lupi [regestr.] pro 44 diebus 9 fl. 17 s. 10 d.

custodi vaxelle 16 fl. 13 s.

custodi cere 16 fl. 13 s.

scriptori coquine 8 fl. 6 s. 6 d.

dd. I. de Florentia et R. Raynaldi phisicis 54 fl. 20 d.

2 surgicis 54 fl. 20 d.

mag. Gasberto de Septem Fontibus pro 55 diebus 12 fl. 4 s. 5 d.

Nicolao de Monteclaro pro 4 diebus 1 fl. 20 s. 3 ob.

d. Steph. Sequini pro 5 diebus 2 fl. 8 s. 8 d.

custodi carceris curie 20 fl. 16 s.

custodi cervorum 9 fl. 9 s. 4 d.

trahenti campanam 4 fl. 3 s. 3 d.

mag. Pontio Saturnini, provisori operum, 16 fl. 13 s.

d. Iacobo Garnoti 16 fl. 13 s.

R. carraterio 4 fl. 16 s.

H. Corbati 8 fl. 6 s. 6 d.

scobatori 3 fl. 16 s.

---

[1] Alle diese Torwachtmeister erhalten das gleiche Gehalt von 27 fl. 10 d. für 8 Wochen.

[2] Er war mag. hospitii.   [3] Er war domicellus und portitor aque.

d. Petro Sainterii, [magistro capelle Apostolice], et aliis 11 [capellanis intrinsecis] pro tota et uni pro 44 diebus 194 fl. 19 s. 6 d.

G. de Channaco, mag. marescalle, 27 fl. 10 d.

scriptori suo 8 fl. 6 s. 6 d.

advocato fisci 15 fl. 9 s. 2 d.

Domicelli (*erhalten achtwöchentlich* 27 fl. 10 d.).

1–3) 3 domicelli vicecomitis[1]
4) domic. dni G. de s. Amancio
5) Ludov. de Scorrola
6) Guido de Podiouallis
7) Petr. Stephani
8) Raterius de Cursono
9) Talayrandus de Vernodio
10) Marchus Lando
11) Gentilis Nicolai
12) Naudinus de Suiraco
13) Boso Quintini
14) Bertr. de Lando
15) Iacominus de Sarzana
16) Guills de Vallebona
17) Franchequin. de Pistorio
18) Ademarus Barrani
19) Bernardus de Lados
20) Geraldus de Monthaco
21) Hugo Rogerii
22) P. de Cornilio
23) Stephan La Gaana
24) P. Bertrandi barbitonsor
25) Guills de Montanhaco
26) Raymundus de Pinsaco
27) Bartholom. de Vico Iustino
28) Gauterius Arberti
29) Astorgius de Duroforti
30) Gaston de Pestilhaco
31) Colinetus Iudicis
32) Petrus de Bessa
33) Anceletus de Breturia
34) Broardus de Artisio
35) Rigo de Mauriaco
36) Bertrandus de Serra
37) Bernardus Peleti
38) Aymericus de Pestello
39) Guills de Ceseraco

Die folgenden werden für eine kürzere Zeitdauer bezahlt.

40) Guills de Blandiaco
41) Raymundus de Gardia
42) Guills de Puteo
43) Arbertus de Tunera (Timera)
44) Pontius Dandirano
45) Iohannes Daura

Kleidergelder werden bezahlt:

Juli 16 pro vestibus estivalibus magistro in theologia, lectori palatii Apost., bedello suo pro ipso recipiente, 12 fl.

Aug. 2 46 servientibus armorum (5 fl. pro quolibet) 230 fl.
„ 10 palafrenariis (2 fl. pro quolibet) 20 fl.
„ 13 penitentiariis (8 fl. pro quolibet) 104 fl.

f. 136 wird genannt mag. Guillelmus de Bordis, clericus et cambrerius pape.

(f. 137) d. Iacobus Garnoti et d. Iohannes Le Masle, cambrerii pape.

Sie sorgen für die Anschaffung der Kleidung des Papstes. Für die Anweisung der Gelder an die Lieferanten der Kleidungsstücke erteilen sie eine besiegelte (Privatsiegel) Anweisung an die Kammer.

---

[1] scil. vicecomes Bellifortis (Beaufort), Großmarschall des Papstes.

(f. 184 extraord.) **1346** Jan. 11 nobili viro d. Ademaro comiti Valentino de mandato pape, d. Godefredo preposito Toloniensi nomine procuratorio ipsius recipiente, pro complemento gagiorum sibi assignatorum, dum erat scutifer, pro presenti anno 500 fl.

(f. 190 cera) **1345** Okt. 8 Guillo Amelii, custodi secunde porte, pro oleo per eum ministrato in lampade ardenti de nocte in porta ferrea palatii Apost. a festo b. Marie Magd. usque ad 8. Okt. 5 s. mon. Auin.

(cera) **1346** Apr. 22 Guillo Amelii, janitori secunde porte, pro oleo per eum et socios suos expenso in lampade de nocte ardenti in custodia dicte porte a 8. Okt. 1345 — 22. Apr. 1346 in summa 2 cannas olei, valent 24 s. = 1 fl.

(f. 183 extraord.) **1345** Juli 6 Petro de Verdeloto, custodi hospitii pape ultra Rodanum, pro stipendiis sibi debitis de 3 mensibus preteritis (April—Juni), 3 s. pro die, pro stipendiis tam suis quam valleti sui (91 dies) 13 l. 13 s. in 11 fl. 9 s. parve mon. (1 fl. = 24 s.). *Ebenso in den folgenden Monaten.*

Aug. 13 d. Thome custodi hospitii d^{ni} quondam Neapolionis pro stipendiis eidem debitis in mensibus Maii—Iulii (92 dies), pro die qualibet 6 s. pro se et famulo suo: 27 l. 12 s. in 23 fl. *Ebenso in den folgenden Monaten.*

(f. 186 cera) **1345** Aug. 20 mag. Rigaldo de Albofolio recipienti pro se et aliis, quibus est dari consuetum gallinas in mutatione pontificatus pape, 15 fl.

3. Brot und Früchte.

(I. E. 242 f. 99^v panat.) **1345** Juni 19—26 1 saumata furfuris pro animalibus silvestribus 14 s.

Mai 29 — Juni 26 d. Bernardus panetarius computat recepisse in 4 septimanis de pane grosso a Petro Porci 15250 panes valentes 25 saum. 250 panes. *Ähnlich in den folgenden vierwöchentlichen Abrechnungen. Die Summe der Brote zwischen 13000 und 16000. Weißbrot* (panis albus) *wird wöchentlich für* 8—10 l. mon. Auin. *von den Panataren eingekauft.*

(f. 101) Sept. 3 facto computo cum Petro Porci de panibus per eum traditis et liberatis panetariis pape pro usu hospitii pape a 18. Okt. 1344 usque ad 21. Aug. 1345 (44 septimane) fuit repertum tam per cedulam panetariorum quam per libros nostros, quod dictis panibus conversis in blado ipse tradiderat pro panibus 237 salmatas bladi et 350 panes (salmata pro 600 panibus computata). De qua bladi quantitate dictus Petrus Porci receperat per manum A. Geraldi La Tremolhiere, administratoris Pinhote, de bladis provisionis facte 1344 in Burgondia 131 saum. frumenti. Quibus deductis restat, quod debentur predicto Petro 106 salmate 350 panes, que valent (2 fl. 2 tur. gross. pro salmata; 1 fl. = 12 tur. gross.) 230 fl. 22 s.

(f. 105) **1346** April 27 facto computo cum Petro Porci de pane bruno ab eodem recepto pro usu hospitii a 21. Aug. 1345 usque ad 2. April 1346 solvimus eidem pro 100250 panibus facientibus ad saumatas (600 panibus pro saumata computatis) 167 saumatas 50 panes (2 fl. 2 gross. pro saumata grossa, 1 fl. = 12 tur. gross. arg.) 362 fl. 4 d. mon. Auin.

(f. 229 Pinhota) **1345** Juni 14 Nicholino Alinerii de Valentia pro 200 saumatis siliginis emptis ab eo per d. Geraldum La Tremoliera, administr. Pinhote, pro usu helemosine (15 d. tur. gross. pro saumata) 250 fl.

Juni 10 Pro portatura 86 saum. siliginis receptarum a Nicolino Alinerii 21 s. 6 d. Pro fresatura[1] 10 eminarum fabarum 5 s.

Juli 20 facto foro cum Nicolino Alinerii, mercatore Valencie, per d. Geraldum Latremoliera, administratorem Pinhote, de 1000 saumatis frumenti pro usu Pinhote (21 d. tur. gross. pro salmata) 1750 fl., de qua summa solvimus 1000 fl. *Der Rest wird am 26. November bezahlt. An diesem Tage erhält derselbe für* 200 saumate siliginis ($12^1/_2$ tur. gross. pro saum.) 208 fl. 8 s. parve.

(f. 238) **1346** Mai 15 compotus fr. Bernardi Petri, helemosinarii Pinhote, de bladis et leguminibus emptis per eum in Burgondia pro helemosina:

1. Apud Cabilonem 1368 bichetos 6 boissellos[2] frumenti mensure Cabilonis 790 l. 5 d., apud Verdunum 3379 bichetos 5 boissellos frumenti 2292 l. 14 s., apud Surram ad mensuram eiusdem loci 1280 bichetos 886 l. 17 s. tur. p., *zusammen* 6028 bichetos 3 boissellos *für* 3969 l. 11 s. 5 d. tur. p.

2. Apud Cabilonem 141 bichetos 6 boissellos siliginis 43 l. 19 s. 6 d., apud Verdunum 253 bichetos 1 boissellum siliginis 106 l. 13 s. 5 d. ob., apud Surram 215 bichetos 5 boissellos 97 l. 7 d. ob., *zusammen* 610 bichet. 4 boissell. siliginis *für* 247 l. 13 s. 7 d.

3. Apud Treuorchium 47 bichetos 3 quartos fabarum (1 fl. pro sextaria) $47^3/_4$ fl., apud Cabilonem 16 bichetos 3 boissellos pisorum (36 s. pro bicheto) 29 l. 9 s. 6 d., apud Valenciam 46 sextarios pisorum (*je* 1 fl.) 46 fl., pro 1 bicheto cicerum rubeorum 2 fl. *An Fracht- und sonstigen Unkosten* 1327 l. 18 s. 10 d., 6 fl., *zusammen* 5575 l. 3 s. 1 d. tur. 101 fl. (1 fl. = $13^2/_3$ *und* 14 s. tur. p.).

4. Weinanschaffungen.

(I. E. 242 f. 80ᵛ coq.) **1345** Sept. 12—19 Bernardus Gaucelmi, emptor coquine, computat expendisse in provisione racemorum agreste pro 64 saumatis agreste (*je* 8 s.) 25 l. 4 s. in 21 fl. (1 fl. = 24 s.); pro locagio hominis, qui faciebat banastones in vinea 3 s. 9 d., pro circulis,

---

[1] Entschalung.
[2] Ein Bichet hatte 8 Boissel, ein Bichet wird gleich einem Sextar gerechnet.

armarinis, farina, stupa et 6 dietis fusteriorum, qui botas ligaverunt, ubi fuit agrestum positum, 40 s. 9 d.; pro salando agrestum 18 s., pro salario magistri torcularis et famulorum, qui fecerunt agrestum, qui receperunt 18 d. pro saumata, 4 l. 14 s. 6 d., pro expensis magistri et famulorum 22 s., pro portu ad palacium 12 s., *zusammen* 9 l. 11 s. + 21 fl.

(*f. 82*) Sept. 17 – Okt. 16 pro 9 saumatis de musto pro buliendo pro faciendo sinapi pro provisione (16 s. pro saumata) 7 l. 4 s., pro portu musti 5 s., pro expensis illius, qui bulivit mustum, et eius salario, pro portu tinarum, in quibus fuit positum, 15 s. 2 d., *zusammen* 8 l. 4 s. 2 d.

(*f. 111 butic.*) Juli 11 d. Gerardo buticulario pape pro 3 doliis religandis, ubi fuerunt reposita vina de Maroal et Creta vetera, 33 s. parve Auin.

Okt. 14 Petro Humberti de Rupemaura pro portu 69 botarum receptarum per d. Geraldum buticularium, facto precio de portando dictas botas usque ad Palhaciam vacuas et reportando plenas (7 s. mon. Auin. pro qualibet), 24 l. 3 s. in 20 fl.

Okt. 28 Guillo Brossin pro 1 embuto de cupro facto pro ponendo vinum in vasis vinariis 1 fl.

Dez. 22 Perrotus dictus Vaixeria, familiaris d. Alberti de Caslucio, prioris Galhunaci Claromont. dioc., computavit de vinis emptis apud s. Porcianum pro provisione hospitii pape: 32 dolia vini sub diversis preciis 126 l. 10 s. tur. (26 dolia *zu je* 4 l., 6 dolia *zu je* 75 s. tur.). Pro religatura botarum 75 s., pro cargandis botis 14 s., claudendis doliis 6 s., pro portu dictarum botarum de s. Porciano usque ad civitatem Cabilonen. (4 l. pro pecia) 128 l. tur., pro 1 penoncello[1] d. regis 2 s., pro scriptura compoti 2 s., certis valletis, qui procuraverunt vina et conduxerunt ad Cabilonem 9 l. 8 s.; pro portu vinorum de Cabilone usque Auinionem unacum pedagiis 39 l. tur., *zusammen* 307 l. 17 s. tur. p., de qua summa fuerunt sibi solute per d. Petrum de Frigidavilla, subcollectorem fructuum in dioc. Claromont., 300 l. 12 s. 6 d. tur. p.,[2] adhuc debentur sibi 7 l. 4 s. 6 d. tur.

Debentur sibi pro expensis, quas fecit stando Auinione et redeundo, 12 fl. 5 s. 6 d. tur. p.

Febr. 4 Guillo de Channigni pro vinis emptis apud Belnam pro papa per Iohannem Barroti, magistrum portuum, pro 26 doliis grossis et 14 botis vini tam clareti quam albi, quorum quodlibet dolium continet 62 sextaria et bota 32 sextaria et ultra moisonem 74 sextaria, emptis diversis preciis 325 l. 9 s. 2 d. tur. p. Pro 28 doliis vini quadrigandis de Belna ad portum de Chanortz (20 s. pro dolio) 28 l. tur., pro 5 doliis quadrigandis de villa dicta la Doiz de Sarriguer usque ad dictum portum (25 s. pro dolio) 6 l. 5 s. tur., pro 23 doliis portandis de portu de Chamortz

---
[1] Wappenfähnlein.
[2] Diese Summe wird hier als Ausgabe verrechnet und gebucht.

usque Auinionem (25 s. tur. pro dolio) 41 l. 5 s., pro dictis doliis barrandis, jaugiendis,[1] onerandis 6 l. 12 s.; pro salario 1 carpentarii, qui venit cum dictis vinis; famulis, qui iacebant in navigio custodiendo vina et pro expensis eorum a festo Omnium Sanctorum usque ad festum Epiphanie, paleis positis in navigiis, lanterna, candelis, lignis ad comburendum, penoncellis, vino dato pedagiariis et pro expensis clerici, qui vina conduxit, 24 l. 10 d. tur., pro faciendo transiri certam partem vinorum de Auinione ad Villam Novam 25 s. tur., *zusammen* 619 fl. (1 fl. = 14 s. tur. p.).

Febr. 18 compotus Perroti de Vaxella de vinis per ipsum factis apud Nemausum: se emisse a diversis personis in vindemiis 396 saum. racemorum (*zu je* 7 s. tur. p.) 138 l. 12 s. tur., 415 saum. 4 banastones (*zu je* 8 s.) 166 l. 5 s. 4 d., *zusammen* 891 saum. 4 banast. *zu* 304 l. 17 s. 4 d. — 100 sextarios vini (*je* 7 s.) 35 l. tur. *Der fertige Wein beträgt* 624 saumate, *es kommt als Preis auf die* saumata 16 s. et ultra pro toto 14 s. 8 d., *zusammen* 594 d. ad scutum 3 s. 8 d. tur.

Febr. 21 compotus d. Raymundi Textoris de vinis per ipsum factis in Bellicadro: 329 saum. 1 banastonum (!) racemorum (7 s. 6 d. pro saum.) 123 l. 8 s. 9 d.; 537 saum. 2 banastones (!) (7 s. pro saum.) 188 l. 1 s. 4 d., *zusammen* 866 saumatas 3 banast. *für* 311 l. 10 s. 1 d. *Die Ausgaben für Herstellung und Herbeischaffung des Weines belaufen sich dazu auf* 129 l. 1 s. 8 d., 4 d. ad scutum + 30 l. 16 s. tur., *alles zusammen* 582 d. ad scutum 8 s. 11 d. tur. p. (1 scudatus = 16 s. 8 d. tur.). *Es sind* 76 bote grosse plene de vino de Bellicadro.

Febr. 21 compotus Petri Raymundi, hostiarii prime porte, de vinis per ipsum factis apud Lunellum: 2579 quintalia 83 lb. racemorum (2 s. pro quintali) 257 l. 19 s. 8 d. *Für die Herstellung des Weines werden im ganzen verausgabt* 188 l. 11 s. 10 d. *Es sind* 624 saumate, *von denen schließlich jede bis im Avignoner Hafen auf* 14 s. 3 d. ob. *kommt.*

Expense pro vino de Muscadello: computat emisse apud Malgorum 3 modios vini de muscadello (75 s. pro modio) 11 l. 5 s. tur. p., pro reparatione 4 botarum, in quibus dictum vinum fuit positum, 18 s. 6 d., pro dictis botis portandis et reportandis 72 s. tur.

(*f. 115ᵛ*) Mai 5 d. Geraldo buticulario pape pro varnachia per eum recepta pro usu pape a 29. Ian. usque 16. April 30 l. 7 s. 6 d. avin., pro 1 bota varnachie empta per eum 45 fl.

Mai 18 d. Bremundo, gubernatori de Palhacia, pro vindemiis ibidem faciendis 80 l. mon. Auin.

(*f. 230 Pinhota*) **1345** Juli 5 fr. Bernardus Petri helemosinarius Pinhote, computavit se emisse apud Bellicadrum pro usu Pinhote 45 modios vini: 117 l. 10 s. 10 d. bonorum tur. p. (25 modia *zu je* 50 s., 9 *zu je* 55 s., 4 *zu je* 45 s., 3 modia et 5 barrilia *zu je* 50 s. 8 d. tur.,

---

[1] aichen, mit Gehaltsmarke versehen.

3 mod. 11 barr. *zu je* 70 s. tur.), pro portu dictorum vinorum usque ad Rodanum 112 s. 6 d. tur. p. (2 s. 6 d. pro modio), pro portu de Bellicadro usque Auinionem (8 s. 8 d. pro modio) 19 l. 10 s. parve Auin., pro portu de Rodano usque ad Pinhotam 116 s. 2 d. parve Auin., pro mundandis barralibus 8 s. Auin., pro stupis 12 d. tur. p., corretariis pro labore 33 s. 4 d. tur. p., pro suis expensis in 8 diebus cum 2 famulis 47 s. tur. p.

Zusammen kostet dieser Wein 169 d. ad scutum, 17 s. parve Auin. (1 scutum = 16 s. 8 d. tur. p., = 30 s. 6 d. parve Auin.).

1346 Febr. 15 compotus d. Bremundi Comolacii, procuratoris prioratus Palhacie, et Petri de Capra, servitoris helemosine Pinhote, de vinis per eos emptis pro provisione hospitii Pinhote: emisse in Villa s. Spiritus a diversis personis et diversis preciis 85 modios 4 $^{1}/_{2}$ saumatas vini: 179 l. 8 s. 3 d. tur. p., 74 s. 1 d. mon. Auin.

(f. 237v) April 28 compotus d. Geraldi la Tremoliera, administr. Pinhote, de vinis emptis pro usu Pinhote per Petrum de Capra, clericum et servitorem Pinhote, in mense Marcii: in locis de Vico de Frontinhaco Magalon. dioc. 40 $^{1}/_{2}$ modios vini 72 l. 7 s. 4 d. ob. tur. p., item Auinione 1 modium 1 saum. vini (10 l. pro modio) 11 l. 10 s. mon. Auin.[1] *Dazu kommen an Ausgaben für Einkauf und Fracht des Weines bis Avignon* 36 l. 15 s. 3 d. tur. p. 7 l. 17 s. 6 d. mon. Auin. *Zusammen kostet dieser Wein* 140 d. ad scutum 14 s. 7 d. ob. tur. p. (1 scutum = 17 s. tur. p. = 31 s. mon. Auin.).

(cera) Sept. 28 d. Iohanni Durandi, decano ecclesie b. Marie de Villa Nova Auin. dioc., pro expensis factis eundo apud Lunellum, Bellicadrum et Nemausum et ibidem stando et hic redeundo, misso pro moderatione pretii vindemie, in quo homines dictorum locorum rebelles extiterunt, recipiente pro ipso Raym. Raolini servitore suo 7 fl.

Öl.

(I. E. 242 f. 88 coqu.) **1346** März 8 Nicolao Tersola de Vintimilio pro 72 $^{1}/_{2}$ cannis olei empti ab eo per d. Bernardum Gaucelmi pro provisione pape (11 s. 2 d. pro canna) 40 l. 9 s. 7 d., pro portu 4 s. (1 fl. = 24 s.).

5. Vieh und Fleisch.

(l. E. 242 coquina passim) Für die Unterhaltung der animalia silvestria *werden alle 4 Wochen* 50 – 60 s. *ausgegeben.*

(f. 85) **1345** *Weihnachten* pro 6 cervis silvestribus datis dd. cardinalibus et aliis diversis, quorum 4 decostiterunt 40 fl. et 2 alii 16 fl., 56 fl.; pro 6 porcis vocatis »ver« *(Eber)* 24 fl., pro 29 aliis porcis datis dd. cardinalibus 58 fl., 50 leporibus *zu je* 6 s. 15 l.

---

[1] Demnach umfaßte ein modius 6 $^{2}/_{3}$ saumate.

(f. 85v) **1346** Jan. 24 facto computo cum d. Thoma capellano d. Bernardi Gaucelmi, emptoris coquine pape, de porcis per eum emptis tam apud Visenobrium quam apud Banhols quam etiam apud Carpentoratum, repertum est, quod debebantur eidem pro 96 porcis pro provisione hospicii pape 125 1. 7 s. 2 d. tur. 109 fl.; pro expensis suis cum equo et famulo suis, quas fecit in 8 diebus, quibus dicit se in predictis vacasse, 44 s. 8 d. tur., 24 s. mon. Auin.; pro glandibus et expensis illorum, qui adduxerunt porcos ad Auinionem 57 s. 8 d. tur., 23 s. 6 d. mon. Auin.; pro salario hominum, qui viderunt eos, si erant sani, 12 s. tur., 12 s. 6 d. mon. Auin.; pro 124 eminis salis pro salandis porcis (*je* 5 s.) 31 l. mon. Auin. Pro salario carnificum, qui porcos occiderunt, paraverunt, et salaverunt (2 s. 6 d. pro porco) 12 l. mon. Auin.; pro salario 2 mulierum, que abluerunt et paraverunt ventres porcorum 24 s. mon. Auin.; pro portu porcorum de locis, ubi parati fuerunt, usque ad palacium 29 s. mon. Auin.; pro 8 natis ad ponendum subtus dictos porcos 16 s. mon. Auin.

Zusammen bezahlt in 150 d. ad scutum, 159 fl. 7 s. 6 d. tur., 5 s. mon. Auin.

(f. 86v) Febr. 4 facto computo cum Guillelmo de Chamugni de piscibus emptis pro hospicio pape per Iohannem Barroti, magistrum portuum, pro 200 carpis emptis prope Treuorchium 26 l. tur., pro 1 boutiqua, ubi dicti pisces adducti fuerunt, 4 l.; naute, qui conduxit pisces usque Auinionem, 20 fl., pro dicta boutiqua paranda 5 s., pro dictis carpis portandis de stagnis usque ad Saonam 28 s., pro expensis dicti Guillelmi, qui ivit ad partes illas et portavit pecuniam pro piscibus necnon et vinis de Belna, 20 fl.

Febr. 25 d. Bernardo Gaucelmi, emptori coquine, pro 226 luciis tam magnis quam parvis per eum emptis a diversis personis et sub diversis preciis, qui fuerunt repositi in magno piscario pape, 70 fl.

Febr. 28 Pontio Gaufridi, mercatori piscium Auinione commoranti, pro 74 anguillis salsis grossis emptis ab eo per d. Bernardum Gaucelmi, emptorem coquine, pro provisione hospitii pape pro quadragesima 28 fl.

(f. 89v) April 27 facto computo cum Guillelmo de Chamigny de piscibus emptis in Burgundia pro papa per Iohannem Barroti, mag. portuum regni Francie, solvimus pro 80 luciis, 108 carpis emptis in diversis locis et div. preciis 121 l. tur. p. Pro portandis piscibus de stagnis et locis, in quibus empti fuerunt, usque ad Saonam et vinis datis pedagiariis 7 l. 12 s. 9 d. tur. Pro navi cum botiga sua pro piscibus portandis usque Auinionem 20 fl. Pro salario et expensis naute et hominum, qui conduxerunt pisces, 20 fl. Pro salario et expensis clerici, qui fuit in emptione et custodia piscium per spacium 1 mensis una cum equo et famulo, 10 fl. *Zusammen* 233 fl. 10 s. 9 d. tur. p.

(f. 186v cera) **1345** Juni 7 Bernardo de Casamonte, custodi leonisse, pro 71 quarteriis mutonis receptis pro leonissa a 26. März—4. Iuni incl. (71 dies, pro qualibet die 1 quarterium mutonis ad rationem 6 s. 6 d.) 23 l. 1 s. in 19 fl. 5 s. 6 d. parve mon.

Pferdeeinkäufe und -geschenke.

(I. E. 242 cera f. 191v) **1345** Nov. 22 de dono facto Michaeli Chibaut, qui presentavit 1 palafredum album d. pape pro parte d. Geraldi de Magniaco et erat valletus dicti palafredi, 2 fl.

(f. 192v) **1346** Jan. 7, cum Geraldus de Lissaco et Petrus Ferrandi, hostiarii pape, recessissent de curia Romana eundo versus Castellam de mandato pape pro equis ibidem emendis pro papa (19. März 1345) et rediissent 7. Dez. (262 dies) fuissetque ordinatum ante eorum recessum, quod pro expensis ipsorum familie et 1 marescalli reciperent in die 3 fl., solvimus eisdem 786 fl. in 608 d. ad scutum (3 scud. et 3 s. mon. Auin. = 4 fl.).

Jan. 20 Guillo de Channaco, mag. marescalle, 10 fl., quos debet assignare 2 valletis, qui presentaverunt domino nostro 2 equos pro parte episcopi Seguntini in Yspania.

Febr. 15 cuidam valleto, qui presentavit 1 pulcrum palafredum dno pape pro d. abbate Gorsien. ord. s. B. Meten. dioc., 2 fl.

März 17 cuidam valleto presentanti quendam equum dno pape pro d. Luppo de Luna 6 fl.

(I. E. 242 f. 121 maresc.) **1345** April 2—9 pro fusteriis, qui reparaverunt barras, que sunt inter equos *(ohne Sonderpreis)*.

Juli 29 Guillo de Channaco domicello, mag. marescalle equorum pape, Blasio Dominici, palafrenario equorum pape pro eo recipiente, pro 1 equo pili baii et 1 mulo per eum emptis ab executoribus defuncti d. Richardi abbatis de Viconia dioc. Attrebaten., et quos equum et mulum prius emerat ab eis d. episcopus Dignensis, 100 fl.

(f. 125) Dez. 24 *Die Diener von 11 benannten Bischöfen, Äbten und Kollegiatkapiteln, welche je ein Saumtier für den Papst geschenkt hatten, erhalten zusammen* 15 fl. 17 s. 6 d.

Dez. 26 de mandato pape et per ordinationem factam super hoc per magistrum hospitii et magistrum marescalle 5 valletis archiepiscopi Toletani, qui presentaverunt pape 2 equos albos et 2 grisos et 1 mulam albam pro parte dicti archiepiscopi, item cuidam alteri valleto, qui presentavit 1 equum pro parte d. Ademari de Pictauia, comitis Valentin., de pilo albo: pro principali magistro palafrenario dicti archiepiscopi 20 fl. et pro quolibet aliorum 10 fl., *zusammen* 70 fl.

5a. Heu und Stroh.

(I. E. 242 f. 123v maresc.) **1345** Okt. 12 Guillo de Channaco, mag. marescalle, pro mutando fenum de palheria, quod erat ibi in perditione propter inundationem aquarum, apud Trulhacium et in apothecis Guillelmi de s. Donato et domini Tutellensis et prohiciendo extra dictam palheriam fenum putrefactum, ventando illud et reponendo infra dictam palheriam: pro 30 hominibus, qui mutaverunt fenum, *(je* 5 s.) 7 l. 10 s., 12 hominibus, qui ligaverunt fenum *(je* 5 s.) 60 s., 10 hominibus, qui estivaverunt dictum fenum *(je* 5 s.) 60 s., 25 hominibus, qui mutaverunt fenum *(je* 5 s.) 6 l. 5 s., 10 hominibus, qui ligaverunt fenum, *(je* 5 s.) 50 s., 8 hominibus, qui estivaverunt fenum, 40 s., 16 hominibus pro prohiciendo extra palheriam fenum putrefactum et vertendo illud *(je* 5 s.) 4 l., 25 hominibus pro proiciendo extra palheriam fenum putrefactum ventando et reponendo aliud infra palheriam *(je* 5 s.) 6 l. 5 s., *zusammen* 34 l. mon. Auin., que fuerunt solute in Clementinis papalibus.

(f. 124v) Nov. 12 Guillo de Channaco pro hominibus, qui ligaverant et portaverant 235 trosselhos feni de fenaria apud Trolhas, et pro hominibus, qui proiecerunt fenum submersum extra fenariam pro ventando et reponendo ipsum postea in fenaria, et pro quodam magistro, qui fecit medam in loco de Trolhas, et pro hominibus, qui ministrabant dicto magistro, 12 l. 14 s. 9 d.

(f. 126) **1346** Febr. 25 computat Guillus de Channaco, mag. marescalle, emisse a diversis personis et diversis preciis apud Mornacum herbas certarum peciarum pratorum, in quibus fuerunt recollecta 2012 quintalia feni, 182 fl. Item segatoribus, qui segaverunt herbas dictorum pratorum 26 l. 16 s. 6 d.; hominibus et mulieribus, qui collegerunt herbam seu fenum, rastellaverunt et ligaverunt 32 l. 9 s. 6 d.; animalibus, que portaverunt fenum de prato usque ad ripam Rodani, 18 l. 14 s.; hominibus, qui fecerunt medam in ripa Rodani, ne periret, si plueret, 8 l.; pro portu dictorum 2012 quint. feni cum navigiis de dicto loco apud Auinionem (5 d. pro quintali) 41 l. 18 s. 4 d.; pro exonerando fenum 12 l. 2 s. 3 d. ob., pro ponderando 4 l. 2 s. 5 d., pro estivando 6 l. 2 s. 9 d., pro cambio 150 florenorum pro solvendo dictas expensas (4 d. pro cambio cuiuslibet floreni) 50 s., pro expensis Guilli Catalni saumaterii, qui fecit recolligere fenum et stetit per 41 dies, (2 s. 6 d. pro die) 5 l. 2 s. 6 d., pro salario hominis, qui instruebat dictum Guillum in agendis 25 s.; corratario, qui procuravit predictas emptiones, 2 fl.

Alles zusammen kosten die 2012 quintalia *Heu* 379 l. 19 s. 3 d. (1 fl. = 24 s.), *das macht für das* quintale 3 s. 9 d. et ultra pro toto 25 s. 3 d.

Sequitur fenum emptum apud Palhaciam: computat pro 80 quint. feni emptis per d. Bermundum, procuratorem Palhacie, 8 fl., pro portu 880 quint. de Palhacia apud Auinionem cum navigio (5 d. pro quintali) 18 l. 6 s. 8 d., pro exonerando 105 s., pro ponderando 35 s., estivando

51 s. Summa emptionis feni ultra illum, qui (!) ibidem fuit recollectus, 8 fl. Summa emptionis et expensarum 8 fl. 27 l. 17 s. 8 d.

Sequitur fenum emptum apud Bellicadrum: a Petro Guiolono, canonico Carpentoraten., herbas cuiusdam prati, in quo fuerunt recollecta 2140 quint. feni, 100 fl.; pro 428 quint. feni ibidem emptis a Bartholomeo Berta, qui receperat ad secandum et recolligendum fenum prati predicti d. Petri et debebat recipere quintam partem pro faciendo predicta, et contingit sibi summa predicta (15 d. tur. pro quintali): 26 l. 15 s. tur.; quadrigis, que portaverunt fenum de prato usque ad ripam Rodani, ultra 2 quadrigas pape 14 l. 16 s. tur.; hominibus, qui oneraverunt dictas quadrigas et fecerunt medam in ripa Rodani 12 l. 8 s. 3 d. tur.; nautis Bellicadri, qui portaverunt cum navigiis dicta 2140 quint. feni de Bellicadro usque Auinionem (5 d. tur. pro quint.) 44 l. 11 s. 8 d. tur. etc. *ähnlich wie oben. Alles zusammen kostet das* quintale Heu *von Beaucaire in Avignon am Platze* 20 d. ob. tur. et ultra pro toto 71 s. 10 d. (1 fl. = $12^1/_2$ s. tur. p.).

Sequitur fenum emptum apud Caualhonem: 300 quint. feni, que adhuc sunt illuc, (3 s. 9 d. mon. Auin. pro quintali) 56 l. 5 s.; 89 quint. feni secunde cisure pro animalibus silvestribus pape existentibus apud Villam Novam (3 s. pro quint.) 13 l. 7 s. *Dazu kommen die Frachtkosten usw. bis nach Ville Neuve:* 6 l. 15 s. mon. Auin.

Im ganzen werden in diesem Jahre für **Heu** *verausgabt* 707 fl. 11 s. 11 d. mon. Auin., 4 s. 4 d. tur. p.

Febr. 25 computat Guills de Channaco de provisione **palearum** per ipsum facta pro dicta marescalla: emisse in loco de Mornacio certam summam palearum de diversis personis et preciis 28 fl. 30 s. mon. Auin.; nautis, qui portaverunt paleam cum navigiis de dicto loco usque ad Auinionem, $17^1/_2$ fl. 4 gross.; hominibus et mulieribus, qui portaverunt paleam ad navigia, et illis, qui exoneraverunt navigium necnon pro illis, qui estivaverunt paleam, et pro expensis saumateriorum et aliis minutis 16 l. 4 s. 9 d. mon. Auin. *Zusammen* 61 fl. 5 s. 9 d. mon. Auin.

6. Gewebe und Kleidung.

(I. E. 242 f. 102 panat.) **1345** Nov. 1 Helye de Noxouio, portitori aque pape, pro 90 mapis et 90 longeriis traditis et deliberatis 2 panetariis pape, prout per ipsorum cedulam sigillis ipsorum sigillatam nobis constitit, in mense Augusti 1345 (12 s. parve Auin. pro canna, et continent 303 cannas) 156 l. 13 s.; pro 8 duodenis manutergiorum ad portanda cibaria (continent 104 cannas) et pro 34 longeriis (continent 113 canne), pro qualibet canna 4 s., valent 43 l. 8 s.; pro 6 mapis pro mensa pape (continent 18 cannas) et pro 11 longeriis (contin. 33 cann.) 18 l. tur. p. (1 fl. = 12 s. 9 d. tur.). *Zusammen* 203 fl. 6 s. 10 d. parve Auin.

(f. 102v) Nov. 13 pro 6 cordis tele pro tergendo cultellos mense pape (18 s. 6 d. pro corda) 111 s., pro orlando dictos torchacultellos et pro reparationibus cabassiorum 7 s.

Nov. 13 Ademaro Barralis pro 101 ulnis maparum emptarum de ipsius mandato apud Tornacum pro mensa pape (3 s. 6 d. tur. pro ulna) 17 l. 13 s. 6 d. tur., pro 213½ ulnis tobaliarum (4 s. tur. pro ulna) 42 l. 14 s. tur., 245 ulnis longeriarum et tovailhonum (*ebd.* 2 s. tur. pro ulna) 24 l. 10 s. tur., 20½ ulnis tele empte Parisius (12 d. tur. pro ulna) 20 s. 6 d. tur., 8 ulnis de canapacio et pro 1 lodice pro dictis mapis involvendis et pro cordis pro ipsis ligandis et pro portatura de Tornaco usque Parisius et de Parisiis usque Auinionem et pro expensis 1 valleti et 1 roncini per 10 dies: 10 l. 18 s. 6 d. tur. p., *zusammen* 154 fl. 11 s. 6 d. tur. p.

(f. 238v Pinhota) Mai 15 fr. Bernardus Petri, helemosinarius Pinhote, computat emisse apud Cabilonem 1478 ulnas telarum 51 l. 18 s. 10 d. ob., item pro mapis ad opus helem. 77 s.

(f. 132 vest.) **1345** Mai 19 facto computo cum d. Iohanne Cortoys solvimus sibi nomine Iohannis de Morchamp, mercat. de s. Ademaro Morin. dioc., pro 100 peciis pannorum tam virgat. quam planis pro vestibus estivalibus domicellorum pape (20 fl. 3 tur. gross. pro pecia, 1 fl. = 12 tur. gross.) 2025 fl., pro 1500 forraturis pro vestibus domicellorum 1085 fl. 5 tur. gross., pro 12 cannis panni pro domicellis quondam d. patriarche Constantinopolitani et 10 cannis pro famulis eiusdem et pro 19 cannis pro brodariis coquine pape et pro 4 cannis pro parvis solhardis coquine induendis 51½ fl.; pro tonsura 400 peciarum pannorum domicellorum et pro 4 peciis minus 1 canna pannorum emptorum, ut predicitur, pro familiaribus patriarche, brodariis, solhardis (5 tur. gross. pro pecia) 168 fl. 2 tur. gross., *zusammen* 3330 fl. 1 tur. gross.

Mai 19 Iacobo Malabailha, mercatori Asten., pro 300 peciis pannorum pro vestibus estivalibus domicellorum (20 fl. 3 tur. gross. pro pecia) 6075 fl.

Pro 1 pecia panni data per papam cuidam episcopo hic misso, qui venit hic post mortem d. patriarche cum nepotibus patriarche, 42 fl.

Okt. 31 Corsello Mini de Florencia pro tonsura 48 peciarum de scarleta, inclusis 2 de bruneta et 2 aliis de Brucella, eidem per camerarios pape et Iohannem de Tholosa traditis ad tondendum (1 fl. pro pecia) 48 fl.

Dez. 7 d. Iohannes Cortoys, canonicus Ambianen., computat solvisse pro 100 peciis pannorum (40 de Brussellis, 10 de Gandauo planis, 50 de Gandauo virgatis) pro librata yemali domicellorum pape (22 fl. pro pecia) 2200 fl.; pro 2 peciis pannorum pro 4 brodariis coquine pape, custode leonisse ac Petro custode palatii ultra Pontem et pro porterio coquine, quarum una erat plana et altera virgata, 34 fl. Pro ½ pecia panni pro induendis 3 parvis solhardis 4 fl., 3½ cannis panni datis mag. Angelo phisico et 3 cannis datis Siferdo baptizato 6 fl., 1 pecia panni data servitoribus cubiculariorum 18 fl., 4 cocardis datis 4 coquis pape 12 fl., 17 forraturis agnorum datis prenominatis officialibus et aliis 8$^1/_2$ fl. (*je* 6 tur. gross.). Pro 7 peciis pannorum tam nigrorum quam alborum emptis et datis 18 Ermenis pro tunicis et habitibus 88 fl. (6 pecie *zu je* 12 fl., 1 *zu* 16 fl.). Pro 6 peciis pannorum de Gandauo mesclatorum receptis per d. vicecomitem Bellifortis pro certis pueris studentibus et servitoribus eorundem (22 fl. pro pecia) 132 fl., pro 11 tapetis laneis diversorum colorum, operatis pro usu hospitii pape, continentibus 82 alnas Parisienses (14 s. paris. pro alna) 57 l. 8 s. parisien., pro 2 tapetis ad arma pape pro usu thesaurarie pape 5 l. 5 s. parisien. (14 s. parisien. = 1 scudatus). Pro **tonsura** 400 peciarum pannorum pro librata yemali domicellorum pape (5 d. tur. arg. pro pecia) 166 fl. 8 tur. gross., pro tonsura 261 peciarum pannorum **helemosine** pape (*zu je* 3 tur. gross.) 65 fl. 3 tur. gross.

Pro 1500 **forraturis agnorum** pro dicta librata domicellorum (7$^1/_2$ tur. arg. pro forratura) 937$^1/_2$ fl., pro 28 forraturis capuciorum agniculorum pro certis nobilibus et aliis (*zu je* 9 gross.) 21 fl. *Alles zusammen* 3692 fl. 89$^1/_2$ d. ad scutum 11 d. tur. gross.

Dez. 19 Iacobo Malabailha, civi et mercatori Astensi, pro 300 peciis pannorum tam planorum quam virgat. pro librata yemali domicellorum pape (*zu je* 21 fl.) 6300 fl.; pro 12 cannis panni bruni datis de mandato pape d. abbatisse de Bello Monte (3$^1/_2$ fl. pro canna) 42 fl.

1346 Febr. 7 facto computo cum d. Iohanne Courtoys, canonico Ambianen., de **pannis helemosine** pape solvimus pro 65 peciis brunete nigre de Bernay (*jede* pecia *zu* 8 canne, *die* pecia *zu* 5 l. 12 s. parisien.) 364 l. parisien., pro 17 peciis brunete nigre (*von je* 12 canne, 8 l. paris. pro pecia) 136 l. paris., 30 peciis pannorum alborum (*zu je* 6 l. 12 s. paris.) 198 l. paris., 30 peciis burellorum (*zu je* 6 l. paris.) 180 l. paris., 24 peciis pann. de Albamalla (*zu je* 6 l. 10 s. paris.) 156 l. paris., 50 peciis pann. viridum de Latigniaco (*zu je* 4 l. 19 s. paris.) 247 l. 10 s. paris., 8 peciis pann. de s. Lodo (*zu je* 4 l. 15 s.) 380 l. paris., 67 peciis pann. dicti loci (*zu je* 4 l. 5 s.) 284 l. 15 s. paris., 20 peciis panni de Audenarda (*zu je* 8 l. paris.) 160 l. paris. *Für Fracht nach Avignon und andere Unkosten* 186 l. paris.

Pro 1 pecia **panni de Maclinia** pro 2 fratribus d. Guillelmi Iudicis empta de mandato pape 30 fl., pro 4 fourraturis 2 capuciis agniculorum pro dictis fratribus 5$^1/_2$ fl., pro portatura 8 fardellorum pannorum helemosine pro certis monialibus partium Lemouicen. de Auinione usque Lem. 30 l. 8 s. tur. p. *Zusammen* 2292 l. 5 s. paris., 30 l. 8 s. tur. p., 35$^1/_2$ fl. (14 s. paris. = 1 d. ad scutum; 1 fl. = 10 s. *und* 10$^1/_2$ s. parisien.).

(*f. 136 ornam.*) **1345** Mai 19 Iacobo Malabailha, mercatori Astensi, pro 9 peciis **tele** emptis Parisius per Vigeromum pro faciendis lintheaminibus pro papa una cum expensis et portatura 192 fl. 16 d. paris. parv.

Juni 6 Petro Lapi de Florencia pro 7 ½ cannis bordi Pisani (5 s. 6 d. pro canna) 41 s. 1 d.

Pelzsachen.

(I. E. 242 f. 137 ornam.) **1346** Febr. 6 facto computo cum Galtero Gorre, pellipario [pape], repertum fuit iuxta relationem d. Iacobi Garnoti et Iohannis Le Maale,[1] quod ipse posuerat a Iuni 1344 usque ad 23. Dez. 1345 in 7 cotarditis pape, 5 capuciis, 1 mantello, 1 gorgeria, 1 mitra, 8 almuciis et birretis de 5000 ventribus variorum integrorum, de quibus receperat a Iacobo Malabailha 4840 ventres variorum, pro quibus parandis et ponendis in dictis robis solvimus (12 fl. pro miliari) 60 fl.

In mantello et capucio ac ocreis pape 672 dorsa variorum; in 2 mantellis 12 birretis, 7 capuciis et 1 almucia pape 1054 erminas, de quibus receperat a Iohanne Dachiers et Iohanne Le Maale 1048 erminas, pro quibus parandis et ponendis in dictis robis solvimus (2 fl. pro centenario) 21 fl. etc. etc.

März 10 *Demselben* pro fourratura de minutis variis continentibus 120 ventres et pro 1 fourratura de grossis variis datis de mandato pape cuidam nepti episcopi Tholon. 24 ½ fl.

April 28 *Demselben* pro 1 fourratura cuiusdam cotartide pro persona pape continente 460 ventres variorum (11 ½ fl. pro centenario), prout per cedulam cambreriorum pape nobis missam constitit, 52 fl. 10 tur. gross.

6a. Paramente und Kirchengeräte.

(I. E. 242 f. 136 orn.) **1345** Juni 6 d. Petro Sainterii, mag. capelle Apost., pro 2 letrinis novis pro usu capelle et pro reparatione 1 alterius letrini 5 fl.

Sept. 23 *Demselben* magistro capelle pape pro 18 cannis tele, de quibus fieri fecit 4 albas et 4 amitos (!), (4 s. pro canna) 72 s., pro factura 4 albarum 16 s., pro 6 cannis vete positis in amitis 18 d., pro paraturis suendis in albis 3 s., pro rieriis ponendis in libro hympnorum 18 d., pro 4 zonis fili pro dictis albis 5 s., pro 1 corda posita in bacino, in quo reponitur cereus ante corpus Christi, 15 d.

Okt. 13 *Demselben* pro portandis et reportandis ornamentis capelle ultra Rodanum, quando papa illuc transivit, 5 s., ... pro 1 corda empta pro campana capelle 18 d., pro abluendis et reparandis tobaliis et vestimentis sacerdotalibus capelle 5 s.

Dez. 12 Bernardo Palma, mercatori Narbonen., pro 14 peciis aurifrisii de auro tracto pro paramentis faciendis pro papa necnon pro argento et auro tracto per se secundum relationem d. Girberti de Mandagnatis 103 fl.

---

[1] Er wird auch Le Masle geschrieben; beide sind cambrerii pape.

1346 Mai 2 compotus d. Iacobi Garnoti, helemosinarii pape, pro clavis, 1 vette cum 1 anulo de ferro positis in capella maioris tinelli 3 s. 9 d., pro veta de serico posita in tobaliis altaris 2 s. 6 d., pro pergameno posito in martirologio et in literis et superscriptionibus factis in dorso librorum et in postibus de studio pape 12 s., pro factura literarum pro consignando libros pape et armariis, in quibus reponuntur dicti libri, 3 fl., pro illis, qui in dictis libris cum postibus posuerunt glutem seu colaverunt, 2 fl., pro 1 nobili vase deaurato, cum quo aptantur tabule picte, que ponuntur super altari portatili, quod fit de 1 coffro et pro dicto coffro cum suo pari aptandis et pro 1 ferro ibidem necessario cum 4 anulis 6 fl., pro 1 cathedra, super qua papa accumbit in capella parva magni tinelli, 9 fl., pro campanulis pro 1 catulo 2 s. 6 d., pro quibusdam campanulis de argento, quas habet penes se, 1 fl., pro 1 gracili corda 15 d., pro incausto et vernice 5 s., pro correctione 3 bibliarum 25 fl., pro factura 3 quarrellorum de serico 3 gross., pro signis de serico sive radiariis positis in 3 libris de capella in tinello 14 s., *zusammen* 46 fl.

6b. Haushaltungsgegenstände.

(*I. E. 242 f. 136 ornam.*) **1345** Juli 18 Petro Lapi gipperio pro 13 unciis tafeti albi pro faciendis 2 corsetis pro papa (6 fl. pro libra)[1] 6 fl. 6 tur. gross., pro 3$^1/_2$ cannis tele linee de Remis (10 tur. gross. pro canna) 2 fl. 11 tur. gross. Pro 3 unciis serici pro 2 corsetis 1 fl. 6 tur. gross.

Aug. 5 ad relationem Iacobi Garnoti solvimus Petro Lapi pro $^3/_4$ quint. 6 lb. plume[2] de Gando (7 fl. pro quintali) 5 fl. 15 s. 6 d., pro 9 cannis de fustana (*zu je* 4 s.) 36 s., 7$^1/_2$ unc. de serico et floquis (6 tur. gross. pro uncia) 45 gross., pro ventanda et mundanda dicta pluma posita in 6 cossinis de velveto et factura coissinorum pro sedibus cathedrarum pape 18 tur. gross., *zusammen* 12 fl. 9 s. 6 d.

Nov. 26 Thome Nicolay, cursori pape, pro 13 paribus cendaliorum (!) receptorum ab eo per camerarios pape pro usu pape a 8. Sept. ad 24. Nov. (3 fl. pro pari sotularium seu cendaliorum) 39 fl., pro factura 3 parium chansonum de Bieure pro papa 12 s.

1346 März 15 Nicolao Benti, mercatori de Florencia, pro 41 lb. 7$^1/_2$ unc. de sindone viridi et forti pro paramentis camere pape (3 fl. 11 gross. pro libra) 163 fl., pro 7 unc. de serico viridi pro suendis cortinis dicte camere 3 fl. 2$^1/_2$ gross., pro 1 lb. 6$^3/_8$ unc. de cingulis sericeis pro muniendis cortinis dicte camere 9 fl. 11$^1/_2$ gross., pro 6 lb. cordarum filorum viridorum cum manibus operatarum pro extendendo cortinas camere 4 fl., pro 216 annulis de lottone pro fulcimentis cortinarum dicte camere 9 gross. tur., pro 12 cannis tele viridis pro supracelo paramenti

---

[1] Auf die libra gehen 12 Unzen.
[2] Flaumfedern.

dicte camere 2 fl. 3 gross.; pro 1 ferrera de corio munita tenaculis, malleis, clavis, nutis, curriculis et cordis subtilibus 1 fl. 6 gross., pro una cultre de tafetano viridi operata de multis figuris et avibus et fourrata de sindone viridi 46 fl., pro 1 scala duplici munita ferro 3 fl. $8^1/_2$ gross., pro 1 libra candelarum pro incerandis cortinis dicte camere $1^1/_4$ gross. Pro operatura predictorum 8 fl. *Zusammen* 242 fl. 6 gross. tur. arg.

April 12 Petro Lapi de Florencia pro $13^1/_2$ unciis tafetani pro faciendis 2 corsetis pro papa ($6^1/_2$ fl. pro libra) 7 fl. $3^1/_2$ gross., pro $3^1/_2$ cannis tele de Remis pro dictis corsetis (9 gross. pro canna) 2 fl. $7^1/_2$ gross., pro 3 unciis de serico pro dictis corsetis (6 gross. pro uncia) 1 fl. 6 gross., pro reparandis 2 mataraciis, 1 de tafetano et altero bordi, 6 gross., pro cotone et labore 2 corsetorum 2 fl., prout apparuerunt per cedulam sigillo Iohannis la Gaite sigillatam 13 fl. 11 gross.

(f. 189v) Sept. 16 d. Iacobo Garnoti[1] pro $6^1/_2$ unciis argenti positis in clausura 1 biblie, reparatione et deauratura 2 cuparum et 2 potorum pro aqua, reparatione 1 magne crucis, 2 candelabrorum argenteorum, 1 poti pro aqua et 2 angelorum, pedis 1 crucis, capitum 11 000 Virginum, 1 ymaginis b. Marie et b. Katherine, 1 navis, 3 aliarum cupparum, 2 flasconum, 4 potorum pro vinis, incausto, stufis mundandis, tapetis excutiendis, ... corneto ad incaustum de stagno etc. 34 fl. minus 1 d. parve mon.

(f. 191) Nov. 12 Iohanni de Casalis, factori natarum, pro 50 cannis quadratis natarum per eum factis et positis in magna camera paramenti, 30 cannis quadratis positis in camera turris, in qua cubat papa, 30 cannis positis in gardaroba pape subtus capellam turris nove, in camera dd. abbatum pro 35 cannis quadratis, 10 cannis quadr. in quadam alia camerula pape, que respicit versus payrolariam, 19 cannis in alia camera pape subtus cameram proxime descriptam, *zusammen* 174 canne (6 s. pro canna) 52 l. 4 s. in 43 fl. 12 s. parve. *Ähnliche Abrechnungen wiederholt.*

(f. 192) Dez. 7 Helye de Noxouio pro uxore sua, lotrice pannorum pape, tam pro lecto quam rochetis et aliis indumentis proprii corporis sui per eam lavatis in 1 anno terminato in festo b. Katherine virg. immediate preterito iuxta ordinationem dudum super hoc per cameram factam 40 fl.

7. Wachs und Kerzen.

(f. 186 cera) **1345** Mai 21 compotus Stephani de Inferneto factus et redditus per eum d. Geraldo Fournerii, custodi cere: computat se operatum fuisse a die Veneris ante festum b. Lucie virg. 1344 usque ad 12. Maii 126 quint. cere, que valent 43 cargas et 2 quint. (3 quint. pro carga), pro qualibet carga pro salario suo 20 s.: 43 l. 13 s. 4 d.; pro 3 quint. 54 lb. de cotone (3 s. 6 d. pro libra) 61 l. 19 s., pro 2 quint. 39 lb. de filo canapis (18 d. pro libra) 17 l. 18 s., pro carbone 6 l., pro 2 lb.

---

[1] Er war päpstlicher Geheimkämmerer.

de verdeto (*je* 3 s. 4 d.) 6 s. 8 d.; pro cereo pascali et pro folhagio 50 s., pro 4 lb. cere albe (*je* 4½ s.) 18 s., ... pro pingendo pomellum cerei 10 s. Zusammen 111 fl. 19 s. 9 d.

Juni 14 Ademaro Barrani (!), apothecario pape, pro 6¾ lb. cere rubee tam pro thesauraria quam pro camera pape (2 s. 8 d. pro libra) 18 s.

Juli 8 dicto Ademaro Barralis pro 2 magnis panibus cere ponderis 8 quint. 12½ lb. (35¾ fl. pro carga) 96 fl. 17 s. 6 d. Pro portu dicte cere et pro corretagio 6 s. 6 d.

(*f. 188v*) Aug. 26 Francisco de Vinando, mercatori Ianuensi, per manum ... d. Guilli archiep. Brundusini, collectoris ac nuntii Apostolici in regno Sicilie et terris citra farum, pro 54 cargis cere (37¼ fl. pro carga) 1011½ fl. Pro corretagio cere 4 fl., pro portu usque ad palatium Apost. 12 s.

Aug. 29 Geraldo Carle, sequenti curiam Rom. et est oriundus de Nemauso, pro 4 quintalibus candelarum de cepo, que d. G. Furnerii presens confessus est se recepisse ab eodem pro usu hospitii pape (1. März —29. Aug.), 105 s. pro quintali: 21 l. parve Auin. in 17 fl. 12 s. (1 fl. = 24 s.).

Okt. 15 Guillo de Oleo, factori candelarum de cepo, pro 1 quintali candelarum empto ab eodem per d. Geraldum, custodem cere, 6 l. 4 s. in 5 fl. 4 s. parve.

Okt. 31 *demselben* pro 3 quint. candel. de cepo pro provisione hospitii pape receptis per d. Geraldum Fournerii (6 l. 4 s. pro quintali) 18 l. 12 s. in 15 fl. 12 s. parve mon.

7a. Spezereien und Kolonialwaren.

(*f. 75v coqu.*) **1345** Mai 2—29 Compotus [d. Bernardi Gaucelmi, emptoris coquine] de speciebus: pro 8 lb. piperis (*je* 9 s. 6 d.) 76 s., 15 lb. zingiberis (*je* 9 s. 6 d.) 7 l. 2 s. 6 d., 12 lb. canelle (*je* 13 s.) 7 l. 16 s., 11 lb. specierum in pulvere (*je* 10 s.) 110 s., 26 lb. zucaris (*je* 6 s.) 7 l. 16 s., 2 lb. gariofilorum (*je* 100 s.) 10 l., 2 lb. floris canelle (*je* 45 s.) 4 l. 10 s., 1 lb. massis 50 s., ¼ lb. canelle darsi 25 s., 1 lb. nucum muscadi 40 s., 1 lb. de garengal 12 s., 1 lb. de cubebis 20 s., 2 lb. piperis longi 20 s., ¼ lb. de spic 25 s., 350 lb. amigdalarum (*je* 6 d.) 8 l. 15 s., 14 lb. de pinos (*je* 2 s. 6 d.) 35 s., 25 lb. datillorum (*je* 15 d.) 31 s. 3 d., 25 lb. de prunis (*je* 15 d.) 31 s. 3 d., 8 lb. cicerum rubeorum (*je* 6 d.) 4 s., 32 lb. risi (*je* 6 d.) 16 s., 43½ lb. frumenti 21 s. 9 d., 14 lb. ordei 7 s., 5½ lb. de avenato 2 s. 9 d., 16 lb. de amidone (*je* 8 d.) 10 s. 8 d., 4 lb. coliandri confecti (*je* 6 s.) 24 s., 12 lb. racemorum de Yspania 12 s., 1 lb. de arcaneta 2 s., 2 lb. fili grossi 3 s., 33 lb. mellis (*je* 6 d.) 16 s. 6 d., 3 cannis estaminie 7 s. 6 d., pro auro in foliis 44 s., argento in foliis 5 s., 14 pomis millegranatis 14 s.,

pro acubus 4 d., ³/₄ semenstas fregas 6 s., *zusammen* 79 l. 11 s. 6 d.
Ähnliche Abrechnungen alle 4 Wochen.

(f. 186ᵛ cera) Juni 14 Ademaro Barrani, apothecario pape, pro 476 lb. diversarum confectionum pro usu hospitii pape (6 s. pro libra) 142 l. 16 s.; *es folgen Wachs- und Papierlieferungen, dann* pro 1 lb. zucaris roseacii pro papa 6 s., pro rebus medicinalibus pro papa 15 s., 1 lb. de opsizatara, 1 lb. vini pomorum granatorum pro papa 11 s., *zusammen* 123 fl. 13 s.
Ähnliche Abrechnungen mit demselben jeden Monat.

(f. 189) Sept. 9 d. Petro Sainterii pro 6 lb. incensi pro usu capelle pape (8 s. pro libra) 48 s.

Sept. 16 compotus Ademari Barralis de speciebus ab eo receptis (1. Aug.—1. Sept.) per cubicularios pape: de confectis scil. dyacitron zucaris rosacei in tabulis 319½ lb. (6 s. pro libra) 95 l. 17 s., 2 poma granata 2 s., ... pro milio et canabos pro avibus 15 d.

8. Bauausgaben.

(I. E. 242 f. 148 edif.) **1345** Mai 21 Arberto de Nouay calcenario pro 591½ scandalhis calcis, mensuratis per Vincentium de s. Vincentio, pro operibus pape in mense Maii diversis diebus (3 s. 3 d. pro scandalho) 96 l. 2 s. 4 d. ob. in 78 fl. 11 s. 4 d. ob. (1 fl. = 24½ s.).

Für Schmiede- und Schlosserarbeiten vgl. den Abschnitt über Metalle.

Juni 4 Petro Masselles pro 50 navigatis arene per eum portatis usque ad ripam Rodani pro edificiis pape (10 s. pro navigata) 25 l. monete Auin., et sunt recepte per Raymundum de Biterris, cursorem pape, in toto mense Maii, solute in 20 fl. 20 s. mon. Auin. (1 fl. = 24 s.).

Juni 4 Petro Frostre, Raymundo Ynardi et Alberto de Lothoringia, cadrigariis pape, pro 24 diebus, quibus laboraverunt de mense Maii *(je* 18 d. pro die*)* 108 s. mon. Auin.

Juni 7 compotus Guillelmi Desiderii de lapidibus ab eo receptis pro edificiis palacii Auinion. (et ultra Rodanum) in mense Maii 1345: pro 11957 cadastis (34 fl. pro miliari) 406 fl. 13 s. 2 d., pro 1485 quarteriis *(zu je* 20 d.*)* 123 l. 15 s., pro 82 grasis *(zu je* 2 s.*)* 8 l. 4 s., pro 328 boquetis *(zu je* 3 s. 9 d.*)* 61 l. 10 s., pro 111 lapidibus quadrigalibus mediocris forme *(zu je* 8 s.*)* 44 l. 8 s., pro 198 lapidibus quadrigalibus maioris forme *(zu je* 14 s.*)* 138 l. 12 s., pro 2828 crotenchis (20 fl. pro miliari) 56 fl. 13 s. 5 d.

Pro operibus de Ultra Rodanum: pro 5967 cadastis (34 fl. pro miliari) 202 fl. 21 s. 11 d., pro 322 boquetis *(zu je* 3 s. 9 d.*)* 60 l. 7 s. 6 d., pro 80 quarteriis *(zu je* 20 d.*)* 6 l. 13 s. 4 d., pro 15 lapidibus quadrigalibus maioris forme *(zu je* 14 s.*)* 10 l. 10 s., *zusammen* 1044 fl. 8 s. 4 d.

Juni 8 Rostagno Prophete pro 645½ scandallis calcis pro operibus citra Rodanum in mense Maii *(zu je* 3 s. 3 d.*)* 104 l. 17 s. 10 d. in 85 fl. 17 s. 10 d.

8. Bauausgaben.

Juni 8 facto computo cum Gabriele Dalmatii de Orgonio de lapidibus per eum secatis, facto pretio cum eodem de qualibet tailhia 12 d. repertum fuit per relationem et cedulam d. Poncii, provisoris operum pape, quod ipse secaverat 190 lapides de Orgonio vocatos quartiers, in quorum lapidum seu quarteriorum quolibet sunt 4 tailhie, (12 d. pro tailhia) 38 l. in 31 fl. 16 s. (1 fl. = 24 s.).

Ähnliche Bauausgaben sind für jeden Monat verzeichnet.

Genannt werden noch als Lieferanten Raymundus de Cresilhon calcenarius, Raymundus Cosserii pro portando lapides de portu Durancie usque ad portum des Periers Auinionensem, Iohannes Matha pro 50 navigatis arene receptis per R. de Biterris cursorem pape (9 s. pro navigata); Petrus Pelherii, fusterius Auinion., Guillelmus Desiderii pro· lapidibus ab eo receptis pro edificiis, Bertrandus de Canaula de Paternis ferratarius pro ferramentis ab eo receptis, Rostanus Aurc (Auruc), coopertor domorum, Raymundus Lamberti calcenarius pro 344 scandalhis calcis (*zu je* 3 s. 3 d.), Bertrandus Capelerii (322 scandalhe calcis), Guillelmus Vaquerii de Insula (31 quadrigate 7 saqui gippi).

(f. 150) Juni 9 facto foro cum Guillelmo de Planis, habitatore Auinion., de faciendis latrinis quibusdam in domo Pinhote ... solvimus 46 fl.

Juni 18 Poncio Pererii fusterio, cum quo fuerat factum forum per mag. Rostagnum Bert de operando tectum deambulatorii novi jardini pape cum 2 portis et 6 fenestris de fusta, 18 fl.

Juni 20 Bertrando Coperii pro portando lapide grifonis de portu Rodani usque ad viridarium pape infra palacium Apost. 10 fl.

Juni 28 Raymundo Bernardi de Orgonio et Petro Cosserii de Orgonio pro extrahendo de perreria dicti loci 16 lapides et portando eos de dicto loco usque ad portum Durancie, qui sunt necessarii pro faciendo grifone in jardino pape, (2 s. 6 d. mon. currentis in dicto loco pro quolibet) 18 fl. 3 s. mon. Auin.

Demselben pro 1 magno lapide rotundo latitudinis 1 canne in rotunditate pro dicto grifone continente aquam 7 fl.

Juli 23 facto computo cum mag. Petro de Lunello: pro 166 cannis 6 palmis quadratis, minoris latitudinis 3 palmarum, factis iuxta novum carcerem marescalli (1 fl. pro canna quadrata pro solo magisterio) 166 fl. 17 s. 6 d., pro $18^1/_2$ cannis muri facti pro conductu aque exeuntis de palacio Apost. (14 s. pro magisterio cuiuslibet canne) 12 l. 19 s., pro 3 cann. pilarium $1^1/_2$ fl., pro 17 cannis pro conductu aque exeuntis de carceribus et domo marescalli (14 s. pro magisterio 1 canne) 11 l. 18 s., pro factura 2 scaleriorum factorum in dictis carceribus 35 s., pro 2460 cadastis portandis de platea ante palatium usque ad carcerem 5 fl., *zusammen* 195 fl. 9 s. 6 d. (1 fl. = 24 s.).

(f. 188 cera) Juli 28 de mandato pape d. Petro Laurentii de s. Germano, procuratori operis pontis Auin., pro edificio pontis 300 fl. *Ebenso am 20. September.*

(f. 153) Aug. 12 mag. Christiano, factori **vitrearum**, pro 3 vitreis duplicibus per ipsum factis in capella nova facta supra gardarobam pape, que cannate per Petrum Galterii continent 139 palmos (5 s. pro palmo de cayre) 59 l. 15 s.

Pro 6 magnis vitreis per eum factis in capella hospitii pape apud Villam Novam, que continent 435 palmos cannatas (!) per Petrum Galterii et per d. Poncium, provisorem operum, (5 s. pro palmo) 118 l. 15 s., pro 2 O (!) situatis in 2 capitibus dicte capelle continentibus $23^{1}/_{3}$ palmos: 5 l. 16 s. 8 d., pretio quo supra; pro 1 vitrea facta in capella hospitii d. quondam Neapolionis supra altare dicte capelle continente 52 palmos: 13 l. *Zusammen* 152 fl. 22 s. 8 d.

Sept. 30 mag. Petro de Pontisara facto precio cum eodem de ponendo seu includendo infra murum 7 fenestras ferreas in cameris pape ultra Pontem in hospicio d. quondam Neapolionis 9 fl. 4 tur. gross.

Okt. 10 facto computo cum Iacobo Belpel et Petro de Ronhas **lapiscidis** de muro facto in viridario pape solvimus pro 154 cannis $6^{1}/_{2}$ palmis quadratis (tam de muro 5 palmorum in latitudine quam de boquetis et bugetis 1 fl. 8 tur. gross. pro canna quadrata, uno muro cum alio computato), 258 fl. 6 d. parve mon. Auin.; pro $39^{1}/_{4}$ cannis de bugeto et pro 37 cannis 2 palmis de pilaribus et pro $2^{1}/_{2}$ cannis muri de postoyra factis per eos in domo, quam inhabitat Helyas de Noxouio, portitor aque, *zusammen* 78 canne $6^{1}/_{4}$ palme quadrate (12 s. mon. Auin. pro magisterio canne quadrate) 47 l. 5 s. 4 d. mon. Auin. in 39 fl. 9 s. 4 d.

Nov. 23 Iacomino Cortesson et Petro de Royna pro portu 2000 lapidum, quos sumptibus suis portari fecerunt de platea quadam, que est ante hospicium d. cardinalis Claromontensis, usque ad jardinum pape, facta conventione seu acordo super hoc, 5 fl., *desgl.* pro 2 cannis factis per eos in muro dicti jardini, que fuerant propter ineptitudinem disrupte, necnon pro sculpendis 12 columpnis, que non fuerunt posite in dicto edificio, 3 fl. etc.

Dez. 1 mag. Iohanni de Lupara pro portandis 8 lapidibus de **alabastro** de Aquis Mortuis Auinionem 70 fl.

Dez. 24 Auinioni Castol de Insula pro 110 quadrigatis 2 saquis gipi per ipsum traditi et mensurati mag. Poncio Saturnini pro corretoriis magni hospicii ultra Rodanum et receptis a 6.—21. Dec. 110 l. 4 s. in 91 fl. 20 s. (1 fl. = 24 s.).

1346 Jan. 14 Iohanni Argentarii, Stephano Gili, Guillelmo Sornac pro factura **grifonis** lapidei per eos facti in jardino inferiori palatii Apostolici ante stufas facto super hoc foro cum eisdem 150 fl.

Jan. 30 mag. Christiano Vitreario pro 5 **vitreis** factis in capella et studio hospitii d. quondam Neapoleonis preter magnam vitream capelle predicte, que est supra altare, de qua satisfactum fuit eidem diu ante, et pro 2 vitreis factis subtus capellam novam s. Michaelis prope magnam turrim palacii Apostolici, pro 17 fenestris factis in hospitio novo pape apud Villam Novam, in quibus sunt 736 palmi cadrati, et pro 2 fenestris factis in studio inferiori hospitii pape apud Villam Novam continentibus 40 palmos, *zusammen* 776 palmos cadratos (5 s. pro palmo cadrato) 194 l. in 161 fl. 16 s.

Demselben pro 22 palmis cadratis positis in reparatione vitrearum antiquarum magne capelle palacii Apost. et pro 32 libris vitri et 36 lb. plumbi necnon et pro 17 lb. stagni positis in dicta reparatione (8 d. ob. pro libra vitri, 5 d. pro libra plumbi et 2 s. pro libra stagni), pro 7 dietis magistri (4 s. pro die) et pro 7 dietis operarii (*je* 3 s.), *zusammen* 11 l. 14 s. 8 d. in 9 fl. 18 s. 8 d. (1 fl. = 24 s.).

(*f. 163*) Jan. 30 Petro Masseles pro 4000 tegulis positis in coopertura camerarum secretarum hospitii pape apud Villam Novam 16 l. (4 l. pro miliari), pro portu de Rodano 40 s., *zusammen* 15 fl.

Jan. 30 Auinioni Castol de Insula pro 70 cadrigatis 6 saccis de gippo positis in quodam deambulatorio hospitii, quod protenditur a turri magna usque ad aulam a parte latrinarum, (20 s. pro cadrigata) 70 l. 12 s.,[1] pro portu dicti gippi (2 s. 6 d. pro cadrigata) 8 l. 16 s. 6 d., *zusammen in* 66 fl. 4 s. 6 d.

Jan. 31 Iohanni Galafredi et Durando Guilha fregelariis facto foro cum eisdem de amovendo rocam hospitii, in quo habitabat d. Regensis episcopus, et portando terram et alia, que erant in dicto edificio, eorum sumptibus ad campos et faciendo pavimento consimili cum alio pavimento edificiorum contiguorum 35 fl.

(*f. 164*) Febr. 8 compotus d. Geraldi Latremoliera, administratoris Pinhote, de expensis pro domo noviter constructa in hospitio Pinhote: pro portu fuste 5 l. 11 s. 8 d., pro factura 2 portarum sclarii 18 s., pro clavis necessariis pro eisdem 2 s., pro 16½ cannis quadratis de sclapa de fusta antiqua palatii (2 s. 6 d. pro canna) 41 s. 3 d., pro serratura lignaminum pro 39 diebus de serra (4 s. pro dieta) 7 l. 16 s., pro cooperiendo domum, porticos et latrinas: pro 1 navigata arene, 25 scandalhis calcis (*je* 3 s. 6 d.) et pro 73 cannis de coopertura (2 s. pro canna) solvit Rostagno Aurt 13 l. 3 s. 1 d., pro 34 cadrigatis de gippo (*je* 17 s.) et portatura (*je* 2 s. 6 d.) 33 l. 12 s., pro magistro giperio 4 l. 16 s., pro 16 dietis fusteriorum, qui fecerunt portas in antiqua buticularia et cameris familie (*je* 3 s.) 48 s., *zusammen* 70 l. 8 s. in 58 fl. 16 s.

Febr. 10 Petro Picardi, fusterio de Auinione, facto, iam diu est, foro cum eo de faciendo quandam aulam supra cellarium novum hospitii Pinhote

---

[1] Demnach kamen auf die Fuhre 10 Sack.

et 1 cameram contiguam dicte aule cum latrinis 30 fl., prout patet per instrumentum publicum super hoc receptum per mag. Iohannem Palasini, 30 fl.

Febr. 15 Arnaldo Escuderii, Laurentio Raynberti et Iacobo Gorgonerii, cum quibus factum fuerat forum de demoliendo omnia edificia carcerum d. marescalli usque ad domum, quam tunc inhabitabat Heliotus de Bufenos, serviens armorum pape, sub certis conditionibus plenius contentis in instrumento recepto 2. Aprilis 1345 per mag. Iohannem Palasini, 400 fl.

Febr. 17 Durando Guilha et Iohanni Galafredi fregelariis pro aptando rupem fundamenti turris fiende in loco, ubi erat furnus antea, ut possit ibidem turris edificari, 5 fl.

Febr. 23 facto dudum foro cum Bernardo Frier et Guillelmo Salvi fregelariis de demoliendo domum, que fuit Helyoti de Bufenous, servientis armorum, per eum venditam pape et ecclesie Romane, 20 fl.

(f. 166) Febr. 27 mag. Iohanni Belhomini pro pomello turris hospitii Ville Nove coperiendo de plumbo, stagnando et pro stagiis faciendis: pro se et filio suo cum 2 famulis per 6 dies (7 s. 6 d. pro quolibet cum famulo) 4 l. 10 s.; pro stagno empto pro dicto pomello stagnando 1 fl., pro carbone empto pro plumbo fundendo 2 s. 4 d., pro 1 homine, qui fuit pro stagiis faciendis per 2 dies (5 s. pro die) 10 s., pro cordis emptis pro stagiis 18 d. *Zusammen* 5 fl. 7 s. 10 d.

März 8 Durando Guilha, Iohanni Fabri et Iohanni Galefredi fregelariis pro cavando rupem in loco, ubi fient latrine iuxta turrim, que fit noviter in edificio novo prope hospitium, quod inhabitat d. episcopus Rigensis, usque ad fundamentum et portare (!) suis sumptibus extra villam totum et quicquid extrahetur de dicto opere, facto cum eisdem foro per mag. Iohannem de Lupara 7 fl.

(f. 167v) März 11 facto computo cum mag. Poncio Saturnini, provisore operum pape, fuit repertum, prout in 2 libris papireis per ipsum camere Apost. assignatis particulariter continetur, quod idem mag. Poncius expenderat pro edificiis palacii pape Auin. a 1. Juni 1344—9. Dez. 1345: 1683 fl. 13 d., item pro operibus ultra pontem tam in hospitio pape quam in hospitio quondam Neapoleonis a 7. Ian. et a 9. Febr. 1344, prout in 2 libris papireis per ipsum camere assignatis (continetur) 1181 fl. 19 s. 2 d. *Zusammen* 2864 fl. 20 s. 4 d.

März 16 Guillo Andree fusterio pro estamando in fovea magna palatii novi et portando fustam necessariam ad locum eundem, ne magna congeries terre caderet in dicta fovea propter periculum hospitiorum propinquorum, facto foro, 3 fl.

März 23 Iohanni Fabri (facto foro) pro evacuando terram, que ceciderat in magna fovea in capite magni palatii novi, et debet suis sumptibus portare terram in jardino pape infra palatium 10 fl.

(f. 170) März 27 Iohanni Fabri pro 3000 banastonum de terra portatorum in viridario pape palatii Apostolici pro novo pratello ibidem faciendo (1 ob. albus regis Roberti pro centenario) 1 fl., 11 ob. alb. (13 s. 9 d. parve).

März 28 mag. Rostagno Bert, servienti armorum pape ac fusterio Auinionensi, pro 1 operario, qui laboravit 26. Oct. pro faciendo coopertam de lignaminibus ante modicam portam, per quam itur ad Beatam Virginem, et reparandis banquis coquine pape 4 s.; pro 7 fusteriis, qui fuerunt pro ingenio quodam elevando supra turrim magnam Trolhacii 27. Oct., et pro 2 ingeniis pro dicta turre de novo factis per 7 dies (*zu je* 4 s.) 28 s.; pro 1 fusterio, qui fuit per 8 dies in incastandis, telandis et ponendis fenestris vitis, per quas descenditur ad viridarium pape, 32 s. etc. etc.

8a. Kriegswerkzeuge.

(f. 162 edif.) **1346** Jan. 14 Iohanni Gui de Metis pro faciendo 1 espingalam de manu sua pro labore suo et servitorum suorum preter expensas, quas recepit, quamdiu laboravit in dicto opere, 20 fl.

(f. 167) März 8 Iohanni Gui de Metis, factori espingalarum pro reparatione 3 espingalarum et 8 ausapearum (!): pro fusta 3 fl. 8 s., . . . pro cordis canapis 26 s., pro filo subtili pro faciendis cordis 26 s., pro clavellis 5 s., pro corio pro dictis ausapedibus 40 s., pro ferratura espingalarum et ausapedum 60 s., *zusammen* 21 fl. 23 s.

8b. Malerei und Farben.

(I. E. 242 f. 150 edif.) **1345** Juni 13 Coraldo Urs, mercatori Theutonico, pro 108 lb. de azurio grosso (3 tur. gross. pro libra), 27 fl., pro 55 lb. de fino azurio (10 tur. gross. pro libra) 45 fl. 10 tur. gross. (1 fl. = 12 gross.), *zusammen* 72 fl. 10 tur. gross. (pro quibus solvimus 20 s. mon. Auin.).

Juli 8 Guillelmo Floterii pro 60 duodenis foliorum deauratorum de stagno pro stellis magni tinelli ponendis in pictura tecti eiusdem (3 s. pro duodena) 9 l. parve Auin. in 7 fl. 12 s. (1 fl. = 24 s.).

Aug. 12 Recio de Arecio pro pictura tecti magni tinelli (4 s. pro canna pro labore suo), quod siquidem tectum continet 180 cannas, 36 l. in 30 fl.

Aug. 12 mag. Matheo Iohanneti pro 114 cannis tele pro dicto tecto necessariis, 6 l. 6 s. 9 d. in 5 fl. 7 s. Bertrando Coterii, facto foro cum eodem de faciendis stageriis dicti tinelli pro dicta pictura facienda, pro labore suo dumtaxat 15 fl.

Aug. 26 Vanello de Lucha, civi Auinion., pro 33 stagneolis auri fini bruniti traditis et liberatis mag. Matheo Iohanneti pro pictura capelle tinelli magni Apostolici (5 s. 3 d. pro stagneola) 8 l. 13 s. 3 d., pro 500 peciis argenti pro dicta pictura (6 s. pro centenario) 30 s., *zusammen* 8 fl. 11 s. 3 d. parve.

Nov. 21 mag. Matheo Iohanneti pro pictura parietum magni tinelli Apost. pro se ipso et aliis operariis 119 fl. detractis 11 fl., quos ipse solvit pro 33 lb. de azurio, quos tradidimus sibi de thesauro Ecclesie.

Dez. 8 Andree de Lucha pro 65 lb. de viridi terra per eum venditis pro opere picture pape (3 s. 4 d. pro libra) 10 l. 16 s. 8 d. mon. parve presente mag. Matheo Iohanneti pictore, qui eandem per nos emi consuluit, in 9 fl. 8 d. parve.

1346 Jan. 3 mag. Matheus Iohanneti de Viterbio pictor computavit de expensis per ipsum solutis pro pictura capellarum s. Michaelis (et s. Marcialis), que sunt infra palatium Apost. Auinion.: pro 504 dietis pictorum, qui laboraverunt in pictura capelle s. Michaelis, que est in capite turris garderobe pape, a 19. Ian. ad 25. Sept. 1345 sub diversis preciis, prout in libro suo particulariter continetur, 71 l. 9 d. parve.

Item computat solvisse pro certis coloribus per ipsum emptis preter colores receptos a camera, pro aliis necessariis ad dissolvendos dictos colores, oleo, vernis, ovis, cala, pincellis, vasis ad tenendos colores, pro stagno viridi et albo, pro portu aque, pro scalis et 1 funo etc. 7 l. 17 s. 3 d.

Ähnliche Ausgaben für die Capella s. Marcialis.

Item computat dictus mag. Matheus laborasse in pingendo dictas capellas a 19. Ian. 1344 usque ad 1. Sept. 1345 in summa 425 dietis, pro quibus computavit sibi deberi 1/0 l. (8 s. pro dieta) in 141 fl. 16 s. *Zusammen* 293 fl. 12 s.

Item computat laborasse idem mag. Matheus per 21 dies in capella, que est in domo d. quondam Neapoleonis, prout retulit d. Thomas custos dicti hospitii, 8 l. 8 s. in 7 fl.

(f. 162v) Jan. 25 Gabrieli de Mediolano pro 41 unciis azurii fini de Ultramari pro pictura ymaginis b. Marie, que fit in capella magni tinelli, 41 fl.

Febr. 3 mag. Matheus Iohannoti pictor computavit de picturis per ipsum factis in deambulatoriis palatii Apost. a parte magni tinelli (178 canne cadrate, inclusa parte deambulatorii, in qua stant custodes tertie porte), 10 s. pro canna: 99 l. mon. parve in 74 fl. 4 s. (1 fl. = 24 s.).

März 11 Petro Boerii et Petro Rebant pictoribus pro pingendo magnam vitem hospitii pape apud Villam Novam (107$^{1}/_{2}$ canne), facto foro cum eisdem 4 s. pro canna, 21 l. 10 s. in 17 fl. 22 s.

(f. 168) März 16 Bernino Escoti pictori pro 121 scabellis per eum depictis (2 s. pro pictura scabelli) 12 l. 4 s. in 10 fl. 4 s.

März 17 Salvatori Salvi pro 50 stagneolis auri receptis ab eo pro pingenda ymagine b. Marie super hostium capelle magni tinelli pape palatii Apost. (5 s. 3 d. pro stagneola) 13 l. 2 s. 6 d. in 10 fl. 22 s. 6 d. (1 fl. = 24 s.).

Demselben pro 200 foliis argenti pro ymagine predicta 12 s. parve.

März 17 Robino de Romanis et Bernoni Escot pictoribus pro pingendo deambulatorium magnum ante cameram magnam hospitii pape apud Villam Novam necnon et capellam, que est in capite deambulatorii ac etiam 1 meianum factum de novo in deambulatorio, facto super hoc pretio cum eisdem per mag. Matheum, pictorem pape, 60 fl.

(f. 172) April 3 facto computo cum mag. Matheo Iohannoti pictore de pictura facta per eum seu operarios suos in 3 deambulatoriis, prout protenduntur a tertia porta usque ad portam palatii necnon cameram, in qua iacent hostiarii maiores, ac gradibus, per quos ascenditur ad capellam, repertum fuit per relationem Petri Gauterii, qui cannaverat omnia predicta, quod dictum opus continet 334 cannas 5 palmos (10 s. pro canna quadrata) 167 l. 6 s. 3 d. in 139 fl. 13 s. 9 d.

April 5 *Demselben* pro pictura ymaginis b. Marie cum filio facte in magna aula palatii papalis supra hostium capelle palatii, que bis facta extitit: pro salario magistri et pictorum, qui fuerunt in dicto opere a 19. Nov. 1345 usque ad 4. April, 43 l. 13 s. 4 d., *dazu für Farben* 66 s. 7 d.

April 6 Robino de Romanis et Bernino Escot pictoribus [pro] meia(m) intermedii inter studium pape et cameram suam hospitii sui de Villanova, quod fuit disruptum et noviter reedificatum, 20 fl.

(f. 173) April 28 mag. Matheo Iohannoti pro pictura in 2 cameris prope gardarobam camere pape in hospitio d. quondam Neapoleonis ac eisdem cameris enducendis de calce et cemento subtili (60 cannas *zu je* 12 d.) 60 s. et pro ipsis pingendis (9 d. pro canna pingenda) in universo 114 cannas: 4 l. 5 s. *Zusammen* 6 fl. 12 d.

(f. 174) *Demselben* pro picturis factis in turri, que est in capite deambulatorii domus pape apud Villam Novam, necnon et cameris, que sunt subtus dictum deambulatorium, que omnia continent 962 cannas $7^1/_2$ palmos (4 s. pro canna) 192 l. 11 s. 9 d. in 160 fl. 11 s. 9 d.

8c. Metalle und Goldschmiedearbeiten.

(I. E. 242 f. 77 coqu.) **1345** Juli 2 Petro Laurencii ferraterio pro 2 patellis magnis pro coquina pape 9 fl., 4 giradoyras 20 s., 3 tripodibus ponderis 171 lb. (*je* 12 d. pro libra) 8 l. 11 s., 2 gresilhis ponderis 70 lb. (*je* 12 d.) 70 s.

(f. 112v butic.) **1346** Febr. 17 d. Geraldo buticulario pro reparatione 9 potorum argenti, facto computo cum gentibus Menuchii argentarii pape: pro 2 unciis argenti positis de suo proprio 14 tur. gross., pro laboragio 18 tur. gross.

(f. 138 ornam.) Menuchio argentario pro rosa aurea data per papam in dominica . . . Letare . . ., pro $9^3/_4$ unc. auri fini sine liga ponderis Auinion. et 12 unc. 4 d. auri cum liga de 20 carattis una cum decasu 2 quart.: 81 ducatos auri; pro 2 granatis emptis et positis in dicta rosa 2 tur. gross., pro factura rose 10 fl., que omnia ascendunt ad 81 duc. auri 10 fl. 2 tur. gross., 1 saphirum cum anulo positum de thesauro.

(f. 139) Mai 3 Marcho Lando argentario pro septro per eum facto, quod datum fuit d. Delphino Viennensi, de auro camere Apost., 3 march. auri ad pondus Auin. in 202 duplis de Yspania; ponderavit dictum sceptrum factum 4 march. minus 10 den. auri; pro factura (7 fl. pro marcha) 28 fl.

Demselben pro 3 smaragdis grossetis positis in virga dicto d. Delphino data 6 fl. Item fuerunt posite in dicta virga d. Delphini de perlis thesauri 6 perle grosse, 3 balacii, qui fuerunt extracti de quodam anulo pontificali.

Demselben pro quibusdam lapidibus preciosis per ipsum emptis et positis in cruce veteri de auro, quam reparavit, et pro factura castonorum, ubi fuerunt positi lapides dicte crucis et pro imbrunitura ipsius 11 fl. Pro reparando crucem veterem de argento et pro 2 vitibus factis in quadam alia cruce de auro 4 fl., pro 1 reliquiario facto de mandato pape pro quadam abbatissa, nepte sua, pro auro, argento et cristallo $11^1/_2$ fl., pro cassia, ferramentis et factura 16 fl.

Fuerunt posite in supradicta cruce de auro, quam reparavit, de perlis thesauri 5 perle grosse, 12 perle parve, 3 saphiri extracti de 3 anulis thesauri, qui anuli penes nos remanserunt.

(f. 148 edif.) **1345** Mai 21 compotus Hugueti de s. Paulo de ferramentis ab eo receptis pro edificiis pape in mense Aprilis 1345: pro 138 barris ferreis positis in piscaria in turri de Trulhacio et in hospicio de ultra Rodanum ponderis $2423^1/_4$ lb. (7 d. ob. pro libra) 75 l. 14 s. 6 d., pro 63 aspis positis in locis predictis ponderis $1809^1/_2$ lb. ad eandem racionem 56 l. 10 s. 11 d., pro 93 gofonibus ponderis $193^3/_4$ lb. ad eandem racionem 6 l. 1 s. 1 d. ob., pro 11 relhis, 1 verroilheria, 2 mandris et 2 cassis pro martineto et 1 fraticia pro cippo ponderis $187^1/_2$ lb.: 5 l. 7 s. 2 d. . . . pro 3 luchetis cum suis clavibus 21 s., 15 clavibus *zu je* 19 d.: 23 s. 9 d., pro 5 ferroilhetis 7 s. 11 d., pro 8 frachiciis pro armario orologii *zu je* 2 s. 2 d.: 17 s. 4 d., pro 1 cadaula et 1 cruce pro 1 portella 2 s. Zusammen 127 fl. 15 s. 8 d. ob. (1 fl. = 24 s.).

Juni 9 compotus Guilli Rostagni de clavellis et aliis ferramentis receptis ab eo pro edificiis pape in mense Maii *(ausführlich angegeben)*. Zusammen 21 fl. 14 s. 3 d. ob. parve monete.

Ähnliche Ausgaben jeden Monat.

(f. 161ᵛ) **1346** Jan. 12 Ludouico de Vinandis, mercatori Ianuensi, pro 544 quint. 40 lb. plumbi emptis ab eo pro coopertura magne turris de Trolhacio ponderatis et receptis per Quinquinellum, cursorem pape, ad hoc deputatum (30 s. pro quintali) 821 l. 2 s. in 684 fl. 6 s. parve.

Item pro certis hominibus, qui reposuerunt dictum plumbum in camera infra palatium Apost. et extraxerunt, quando fuit ponderatum, et postmodum reposuerunt infra capellam inferiorem, 46 s. parve.

(f. 181 bulla) **1345** Aug. 26 fratribus Raynaldo Gasseraudi et Bernardo Poiolis bullatoribus pro 62 quint. plumbi (16 s. 4 d. tur. p. regis

Francie pro quintali) 50 l. 12 s. 8 d. tur. p.; pro portu dicti plumbi de Montepessulano usque Auinion. 6 l. 10 s. tur. p.; pro expensis illius, qui ivit ad emendum dictum plumbum, 12 s. 10 d. tur. p.

8d. Holz und Kohlen.

(I. E. 242 f. 79 coqu.) **1345** Sept. 7 Arnulfo de Stella pro 1878 banastonibus carbonum ... receptis per manus Anselatoris cursoris pape et Mayieti coqui eiusdem pro usu hospiciorum tam palatii Apost. quam ultra Rodanum *(je* 13 d. pro banastone) 102 l. 5 s. 4 d. parve Auin. in 83 fl. 11 s. 10 d. (1 fl. = 24$^1/_2$ s.).

Sept. 17 facto computo cum Quinquinello et Raymundo Anselatoris, cursoribus pape, deputatis ad recipiendum ligna vendita per Andream Gepi et Gepum eius filium pro usu hospicii pape ... a 23. mensis Marcii 1345 — 1. Sept. tam citra quam ultra Rodanum in universo 13 096 quint. lignorum combustibilium (14 d. ob. pro quintali) 791 l. 4 s. 4 d. (24$^1/_2$ s. = 1 fl.). Per relationem dictorum cursorum apparet, quod dictus Andreas solverat de sua propria pecunia pro estivando ligna et faciendo lignarium seu lignaria ..., 20 l. 16 s. in 17 fl. 8 s.

(f. 82v) Nov. 22 facto computo cum Stephano Brueyra de civitate Vivariensi de lignis per eum ministratis pro coquina pape dicto Quinquinello et Raynaldo Enselatoris, cursoribus pape ad hoc specialiter deputatis, *er lieferte am 6., 7., 8. 11., 12., 14. 17., 18. Oktober* in loco de Troilhacio *zusammen* 7024 quint. lignorum, *zu je* 15 d. ob., *macht* 374 fl. 3 s. 2 d. (1 fl. = 24 s. 3 d.). Pro hominibus, qui estivaverunt ligna et ordinaverunt in lignario apud Trolhacium, 7 l. 19 s. in 6 fl. 15 s. Dicti cursores computaverunt se recepisse a dicto Stephano Riuiere *vom 9. bis 18. November* 7164 quint. *(je* 15 d. ob.) *für* 388 fl. 13 s. 3 d.

(f. 84) Dez. 29 Iohanni de Pratellis pro 2644 banastonibus carbonum pro usu hospitii pape receptis per Quinquinellum et Raynaldum Anselatoris, cursores pape, *vom 12. bis 16. Dez.,* 13 d. pro banastone: 143 l. 4 s. 4 d. in 116 fl. 22 s. 4 d. (1 fl. = 24$^1/_2$ s.).

(f. 85v) **1346** Jan. 20 Iohanni de Pratellis dioc. Graciopoletan. pro 1016 banastonibus carbonum receptis *durch dieselben* et positis in castro Pontis Sorgie pro provisione, 13 d. pro banastone, 55 l. 8 d. in 44 fl. 22 s. 8 d. parve Auin.

(f. 86v) Febr. 13 Stephano Brueyra de civitate Vivariensi, mercatori lignorum, ... pro 5518 quint. lignorum *(geliefert vom 12. bis 25. Januar),* quorum 2130 fuerunt reposita in castro Pontis Sorgie ... et alia 3388 in lignario palacii Apostolici (15 d. cum ob. pro quintali) 356 l. 7 s. 5 d.; pro 52 dietis hominum qui estivaverunt et recollegerunt ligna in lignariis tam in Ponte Sorgie quam in palacio Apost., diversis preciis 5 l. 6 s. 6 d.

März 31 *Demselben für* 13 658 quintalia ligni, quorum 12 639 fuerunt reposita in Trulhacio et residuum in hospitio pape ultra Rodanum *(geliefert* vom *29. Januar bis 26. März,* je 14½ d. pro quintali) 825 l. 3 s. 5 d. in 692 fl. (1 fl. = 24 s. 3 d.) 9 s. 9 d. parve.

(f. 91) Mai 11 Demselben für 12880 quint. lignorum *zu je* 14½ d. 778 l. 3 s. 4 d. *(20. April—8. Mai),* pro 155 dietis hominum, qui dicta ligna posuerunt in lignario (2 s. pro dieta) 16 l. 10 s., *zusammen bezahlt in* 655 fl. 9 s. 7 d.

9. Bibliothek und Schreibwaren.

(f. 146 script.) **1345** Mai 19 Aymoni de Cathena Iudeo pro factura 6 librorum de papiro 15 s.

Sept. 9 *demselben* pro religando libro iuramentorum et cooperiendo de corio viridi 5 s.

Okt. 10 Iohanni Agulherii pergamenario pro pellibus receptis ab eo pro scribendis literis papalibus a 19. Iulii usque ad 10. Okt.: pro 40 duodenis 9 pellibus capretorum tam mediocris quam minoris forme (11 s. pro duodena) 22 l. 8 s. 3 d., pro 10 duodenis 6 pellibus edulorum de maiori forma (16 s. pro duodena) 8 l. 8 s., pro 5 magnis pellibus mutoninis (*je* 20 d.) 8 s. 4 d., *zusammen* 31 l. 4 s. 7 d. in 26 fl. 7 d. parve Auin. (1 fl. = 24 s.).

1346 Jan. 14 *Demselben für Pergamentlieferungen an die Apostolische Kammer vom 13. Okt. bis 26. Nov.:* 14 duoden. pergameni maioris forme (16 s. pro duod.) 11 l. 4 s., 56½ duoden. tam mediocris quam minoris forme (11 s. pro duodena) 31 l. 1 s. 6 d.; item computat tradidisse mag. Gasberto de Septemfontibus 4 duoden. edulorum rasorum pro regestro (16 s. pro duod.), pro 5 pellibus de ultra regestrum 8 s. et pro rasura 4 s. valent 72 s., pro 1 pelle mutonis 20 d., *zusammen* 38 fl. 7 s. 2 d.

April 4 *Demselben für ähnliche Lieferungen* 20 fl. 4 s.

(f. 181 bulla) **1345** Sept. 23 fr. Raynaldo Gasseraudi pro 2 quint. 20 lb. corde canapis pro literis bullandis (2 s. pro libra) 22 l. in 18 fl. 8 s. parve mon.

Nov. 18 2 bullatoribus pro 25 libris de serico pro bullando emptis in Montepessulano (61 s. tur. p. Francie pro libra) 76 l. tur. p., pro portu 4 s., *zusammen in* 119 fl. 22 tur. p. (1 fl. = 12 s. 10 d. tur. p.).

Schreibgebühren.

(f. 146ᵛ script.) **1345** Okt. 12 mag. Bernardo de Lanco Ruthenen. dioc. pro copiandis declarationibus pape Iohannis [XXII.] continentibus 10 folia pergameni, pro labore suo 20 s. mon. Auin.

Dez. 24 mag. Iohanni Valens notario pro scriptura 4 sexternorum cum 8 foliis per ipsum scriptorum in edulis continentium omnes scripturas autenticas factas per rev. p. d. Aymericum tit. s. Martini in Montibus presb. card. in regno Sicilie tempore sue legationis, singulis sexternis 1½ fl.: 7 fl.

10. Verschiedenes.

(I. E. 242 f. 111 butic.) **1345** Juli 1 Guillo de Someire, facto per eum computo cum d. Geraldo buticulario pape, pro 59 duodenis vitrorum pro buticularia a 22. Dez. 1345 usque 28. Iuni (5 s. pro duodena) 14 l. 15 s.

(f. 187v cera) Juli 8 Bertrando de Enzeyra pro mundando puteo palatii Apost. 3 fl.

Juli 20 Hugoni de Dinha pro 132 oneribus de junco ab eodem receptis per Helyam de Bufenons et Iacobum de Valle Ruferia[1] a 1. Mai usque ad 20. Iuli incl. pro juncanda aula pape (2 s. pro onere) 12 l. 12 s. mon. Auin.

(f. 191v) Nov. 22 Bernardo pulsatori campane pro corda ad opus campane ponderis 14 lb. (7 d. pro libra) 8 s. 2 d.

1346 Jan. 31 Iacobo Bellicadri corderio pro 2 cordis canapis ponderis 6 quint. 32 lb. pro ingeniis turris Trulhacii necessariis videl. pro saumeriis et supra saumeriis ac aliis ligaminibus necnon plumbo et materia alia pro coopertura turris elevanda (7 d. pro libra) 18 l. 8 s. 8 d. in 15 fl. 8 s. 8 d.

Febr. 23 de mandato pape pro funeralibus defuncti mag. Raymundi, medici sui: pro 1 chaut ligneo 16 s., pro portando ad domum suam 6 d., pro sudario 5 s., pro portandis torticiis ad hospitium suum 12 d., pro eisdem portandis ad ecclesiam b. Marie, ubi fuit sepultus, 20 s.; pro illis, qui paraverunt corpus, 6 s. 6 d.; pro 40 torticiis ponderis 207 lb. (2 s. 2 d. pro libra) 22 l. 8 s. 6 d., pro cereis et candelis ponderis 29 lb. (2 s. 10 d. pro libra) 4 l. 2 s. 2 d., pro panno aureo posito supra corpus ipsius 2 fl. *Zusammen* 26 fl. 4 s. 8 d. (1 fl. = 24 s.).

(cera) März 4 d. Thome custodi hospitii dni quondam Neapoleonis pro 1 aratro cum 2 equis et 2 hominibus, qui steterunt per 6 dies in arando et seminando avenam in terra jardini hospitii pape apud Villam Novam (10 s. pro dieta) 60 s. in 2 fl. 12 s.

---

[1] Er war serviens armorum pape.

Klemens VI. Fünftes Pontifikatsjahr. 1346/47.

I. E. 247 (A)—243 (B), 248 (B 1 unvollständig).

A. Übersicht über die einzelnen Titel und ihre Schlußsummen.

Vorbemerkung: Intr. Exit. 247 f. 129v *und* f. 222 *erscheint für 1346 Sept. als neuer Thesaurar Bischof* Stephan Aldebrandi Cambaruti *(ord. s. Bened.) von Saint Pons de Tomières. Die Auszahlungen geschehen in der Regel mit der Formel* »solvimus«, *d. h. Kamerar und Thesaurar.*

1. **coquina** *(f. 72-85):* d. Bernardus Gaucelmi, emptor coquine pape. *Verwaltung durch ihn wie früher. Vierwöchentliche Rechnungsablage, nach Wochen geteilt, eingeleitet durch* . . . computat expendisse . . . in caponibus, gallinis, pullis, columbis, ancerulis [faisanis, perdicibus, avibus, gruis], cuniculis, ovis, caseo, oleo, sinapi, pasticeria, potagiis, vino, aceto, lacte, tela etc., in carnibus mutoninis, bovinis, porcinis et edulis . . . in piscibus marinis et aque dulcis. *Gesamtausgabe:* 10359 fl. 18 l. 11 s. 11 d. ob. parve Auin., 1276 d. ad scutum, 19 s. 9 d. tur. p., absque solutis per thesaurarium.

2. **panetaria**[1] *(f. 93—98):* d. Bernardus Garnerii, panetarius pape, d. Guillelmus Bellifilii, panet. pape, *Verwaltung wie früher durch beide:* 1200 fl. 58 l. 6 d. parve, 8 tur. gross.

3. **buticularia** *(f. 103—110):* d. Geraldus buticularius *legt Rechnung ab:* 955 $^{2}/_{3}$ fl., 2648 d. ad scutum, 43 d. ad cathedram, 45 l. 10 s. 8 d. parve Auinion., 128 l. 11 s. 9 d. ob. tur. p.

4. **marescalla** *(f. 111—115):* Guillelmus de Channaco, magister marescalle equorum pape, *legt Rechnung ab (Verwaltung wie früher, vgl. Pferdeeinkäufe):* 1218 fl. 4 l. 8 d. parve.

---

[1] Das Brot wird in großen Mengen (alle 4 Wochen 10000—15000 Stück) von den Hofbäckern bezogen (wie früher), denen das Getreide verabfolgt oder verrechnet wird. Wie gewöhnlich kommen 600 panes bruni auf die saumata. Für den Papst selbst wird panis albus gekauft, wöchentliche Abrechnung, vierwöchentliche Bezahlung seitens der Apost. Kammer. Unter dem Titel der Panetaria (I. E. 247 f. 93 ss.) wird auch die Wäsche des päpstlichen Haushaltes meist verrechnet; sie schwankt zwischen 800 und 1000 Stück alle 4 Wochen, 100 Stück kosten 8 s. Auin. zu waschen.

A. Übersicht über die einzelnen Titel und ihre Schlußsummen.   319

5. **vestes et forrature** *(f. 121 – 123)*: 10652 fl. 6206 d. ad scutum 26 tur. gross., 5 s. 6 d. parisien., 6 s. parve Auin.

6. **ornamenta** *(f. 125 — 129)*: 1049$^1/_2$ fl. 269 d. ad scutum 22$^1/_2$ tur. gross., 4 l. 9 s. 3 d. parve, 98$^1/_2$ ducati auri, 10 marche argenti et 3 quart., 13 s. parisien. *Unter dem Titel* ornamenta *verrechnet der Rektor* (magister) *der päpstlichen Kapelle* d. Petrus Sainterii *die Ausgaben für die Geräte, Paramente, Gefäße etc. der Kapelle; vgl. auch die Ausgaben für Paramente.*

7. **scripture et libri** *(f. 130 – 131)*: 986 fl. 5 l. 2 s. 6 d.

8. **opera et edificia** *(f. 133 – 162)*: 41500 fl., quorum sunt 1000 parvi ponderis, 1444 l. 6 s. 5 d. ob. mon. Auin., 40 s. tur. p. Francie, 5$^1/_2$ tur. gross. arg., 132 l. 5 s. clementinorum (quolibet d. 28 d. Auin.). Pontius Saturnini, provisor operum pape (*z. B.* f. 152).

9. **bulla et littere curie** *(I. E. 248 f. 159)*: 131 fl. 5 l. 10 s. parve mon., 7 s. turon. p.

10. **vadia extraordinaria** *(f. 167 — 168)*: 1106 fl. 34 s. 5 tur. gross., 12 d. tur. p., 3 l. 18 s. p.

11. **extraordinaria et cera** *(f. 170 — 183)*: 3904$^1/_2$ fl. 5748$^1/_2$ d. ad scutum, 18 l. 9 s. 11 d. ob. parve, 5 s. 6 d. tur. gross., 16 s. 10 d. tur. p., 35 s. ob. arg. regis Roberti.

12. **vadia ordinaria** et vestes officialium pape *(f. 184—195)*: 5 solutiones inclusis raubis estivalibus et yemalibus 29227 fl. 213 l. 19 s. 11 d. parve.

13. **elemosina secreta** *(f. 200—201): Verwaltung und Beamte wie früher:* 1800 fl. 6750 d. ad scutum, 52 l. 10 s. parve, 25 s. 10 d. tur. gross.

14. **Possessiones empte** *(f. 203) enthält nur zwei Eintragungen:* **1346** Juni 27 Petro Binti Amici et Clasie Renouarda, uxori sue, pro quadam platea sive locali sito versus portale Infirmariorum, in qua platea seu locali edificata est pailleria seu fenaria pape et alia pars remanet pro usu dicte pailherie ... continet 224 cannas quadratas vel circa (*Die Abtei s. Verani erhebt davon einen Bodenzins von* 3 s. tur. p.), et fuerunt extimate per P. Gauterii et P. de Lunello ad 150 fl., quos hodie solvimus.

Eadem die deposuimus penes d. episcopum Vicensem[1] 36 fl. pro dicto censu 3 s. tur. p. empto a dictis abbatissa et conventu iuxta extimationem predictorum.[2] *Gesamtausgabe:* 186 fl.

15. **pensiones seu locagia domorum** *(f. 204), nur 2 Eintragungen:* **1346** Okt. 20 Raymundo de Columberio, civi Auinion., pro locagio hospitii, in quo habitabat Sarracenus, qui captus detinebatur, pro 19 mensibus preteritis *(seit 1. Februar 1345)*, quod hospitium fuit estimatum per taxatores ad 3 gross. pro mense: 57 tur. gross. in 4 fl. 18 s.

---

[1] Michael Ricomanni, Kammerkleriker, hatte 1345 das Bistum Vich, Suffr. von Tarracona in Spanien, erhalten.

[2] Da 1 fl. den Wert von 12$^1/_2$ s. tur. p. damals besaß, so wurde der Zins mit dem 150fachen Werte abgelöst.

Okt. 23 Guillo de Mediolano pro locagio piscarie pape pro 8 mensibus *(bis 31. Aug. 1346)* 16 fl. 16 s.

16. **Pignota** *(f. 205—216), Verwaltung und Beamte wie früher:* Summa universalis pro expensis elemosine Panhote inclusa provisione bladorum, vinorum, pannorum, telarum et aliorum: 21474 fl. boni ponderis 5000 fl. parvi ponderis, 7373 scudati auri, 9 l. 6 s. 6 d. parve Auin., 393 l. 9 s. 3 d. ob. tur. p., 8 d. tur. gross., preter soluta per d. Bertrandum de Cosnaco, priorem Bruse, thesaurarium.

17. **guerra contra Turcos** *(f. 221), Gesamtausgabe:* 66000 fl., *vgl. chronikalische Notizen.*

B. Systematisch geordnete Einzelheiten aus den verschiedenen Ausgabetiteln nach I. E. 247.

1. Chronikalische Nachrichten.

(f. 72 coquina) **1346** Mai 1—7: comederunt cum papa d. Karolus de Boemia et plures dd. cardinales, omnes de Insula et multi alii nobiles.

Juni 11—18: ista septimana comederunt cum papa ambaxatores Yspanie, Ungarie, comitissa Valentina, multe alie domine et multi dd. cardinales.

(f. 167 extraord.) Apr. 24 *der* nobilis et potens vir d. vicecomes Bellifortis *erhält auf Befehl des Papstes* 1000 fl. in solutione stipendiorum presentis anni.

(f. 170 cera) **1346** Mai 24 Bieluni de Florentia, cursori mercatorum, misso per nos de mandato pape apud Venetias cum processibus factis contra Bauarum generali fratrum Minorum et capitulo provinciali ibidem celebrando presentandis, pro quo viagio in 12 diebus faciendo convenit nobiscum . . . 16 fl.

Juni 8 cum per ordinationem factam per papam super refectione et reedificatione pontis lignei Auin. papa promisisset dare pro opere predicto 1000 fl. et collegium alios 1000 fl., sicut d. Hostiensis retulit, solvimus Raymundo Symonis 200 fl.

Juni 8 G. de s. Albino, servienti armorum pape, misso ad Ungarie et Polonie reges cum literis Apostolicis 100 fl., quos in regressu computavit se expendisse, . . . 100 fl.

Juni 12 comiti Valentino de gratia speciali pape 500 fl. in 375 d. ad scutum.

Juni 13 Petro de Marolio misso per abbatem s. Salvatoris de Blauia cum certis processibus contra detentores bonorum defuncti archiep. Burdegal. per sedem Apost. reservatorum 4 d. ad scutum.

Juni 17 Sauino de Orbeueto, messagerio mercatorum, portanti 7 bullas clausas d. Casinensi episcopo per manum ipsius reddendas et assignandas d^{ne} regine et multis aliis et debet esse Neapoli in 12 diebus, 4 fl.

Juni 19 Petro Geri, magistro cursorum mercatorum, pro quodam valleto misso cum literis Apost. apud Veronam et Tridentum dirigendas Martino de Scala et ep^o Trident. et debet esse in 10 diebus 12 fl.

(cera) Juni 22 de mandato pape per cedulam nobis missam per mag. Gasbertum solvimus d. Bartholomeo de Thomariis, canonico Sunaren., nuntio d. Delphini Vien. et vicelegati Romanie, redeunti ad d. Delphinum cum lit. Apost. 150 fl.

Juni 23 4 valletis presentantibus 4 equos d^{no} pape eidem missos per magistrum ord. Calatrauen. in regno Castelle 20 fl.

Juli 19 Valenti famulo cursorum eunti ad patriarcham Aquilegen. cum literis clausis sub bulla directis sibi et regi Ungarie et debet esse ad eum in 14 diebus 12 fl.

Sept. 4 d. Anthonio ep. Gayetan. et d. Iohanni electo Coronen. euntibus ad partes Armenie de mandato pape pro fide Christi ibidem predicanda pro stipendiis suis (5 fl. pro quolibet pro die) 1000 fl. et residuum debent recipere in regno Chipri a d. episcopo Pafen., quamdiu erunt ibidem propter hoc.

(f. 174) Sept. 5 de mandato pape d^{no} fr. Iohanni ep. Mescaren., ambaxiatori d. Constantii regis Armenorum, qui pro negotio fidei fuit hic per aliquos annos pro expensis tam factis quam faciendis in suo regressu 160 fl.

Desgl. d^{no} fr. Danieli, archiep. Bostren. 140 fl.

(f. 176) Dez. 2 cum Berengarius Blasini missus ad ducatum Spoletanum pro officio Thesaurarie faciendo recepisset a nobis mutuo pro expensis suis illuc eundo 25 fl., de quibus computat in suis rationibus pro receptis, idcirco posuimus hic in expensis 25 fl.

Dez. 6 de speciali mandato pape de dono facto d. Bartholomeo de Thomariis, canonico Miernarum,[1] ambaxiatori misso per d. Delphinum Vien. de partibus Simirranis[1] ad papam, 150 fl.

Dez. 25 de mandato pape nobili et potenti viro d. Ademaro de Pictauia, comiti Valentinen. et Dien., pro utiliori redemptione captivitatis sue, quam in quodam conflictu hostium in guerra Wasconie casu fortuito incurrerat, de dono 4000 d. auri ad scutum.

(vestes) Aug. 11 Iacobo Malabayla pro 1 roba donata Kerlino, nuntio dominorum de Mediolano, 6 fl. 8 tur. gross.

(f. 221 guerra) **1346** Juni 17 Raymundino Marquezani de Nicia et Centurioni quondam d. Martini Zacharie de Ianua[2] pro stipendiis eorum

---

[1] D. h. Smyrna, vgl. dazu Muratori, Antiqu. III S. 364 ff.
[2] Vgl. Baronii, Annales eccl. 25 z. J. 1344 (edit. nova) p. 325. Ferner vgl. Ioh. Villani l. 12 c. 38.

videl. 4 primorum mensium, quibus debent servire pape et ecclesie Romane cum 2 galeis ordinatis per papam contra Turchos in partibus Smirn., prout de ordinatione huiusmodi constat per instrum. publicum receptum per mag. I. Castellani, notarium aud. camere, videl. cuilibet eorum 3200 fl., in summa 6400 fl.

Juni 19 cum Centurio Zacharie, filius quondam d. Martini Zacharie,[1] olim capitanei 4 galearum, quas papa tenuit in subsidio Christianorum contra Turchos, petiisset dudum a papa 1200 fl., quos dicto quondam patri suo deberi dicebat ratione salarii sibi deputati per papam pro capitaneatu predicto, et quia dictus papa sepe miserat magnas pecunie quantitates magistro hospitalis s. Iohannis Ierosolimitan. pro solvendis stipendiis et salario dictarum galearum et capitanei, ignorabatur, an dicto d. Martino esset de salario satisfactum necne. Et quia etiam dicebatur, quod dicte galee non fuerunt armate secundum pacta habita cum papa, de quibus constat per publica instrumenta, papa volens extunc cum dicto Centurione agere gratiose [cum] fecisset dictam summam deponi, quousque de hiis posset haberi certitudo, penes Iacominum de Sarsana domicellum et Luquinum Peregrini, mercatores Ianuenses, 2. Maii 1346, hodie de mandato pape fuit assignata dicta summa in solutum eidem Centurioni: 1200 fl.

Juni 30 cum bone memorie d. Helionus de Villa Nova, magister ordinis s. Iohannis Ierosolimitani, dum viveret, solvisset patronis galearum ecclesie Romane missarum versus Smirram (!), 10800 fl., prout religiosi viri fratres Guills de Rilhata, s. Egidii, et Garinus de Castronovo, Navarre prioratuum priores, ac Mathesius de Gosono, preceptor domus de Salva Ruthen. dioc. ordinis predicti [dixerunt], receperunt 10400 fl.

Sept. 9 de mandato pape ven. et religioso viro d. fr. Garino de Castro Novo, sacre domus hospitalis s. Iohannis Ierosol. priori prioratus Nauarre, pro tradendis et assignandis in Rodo venerande religionis viro d. fr. Deodato de Gosono, Dei gratia dicti hospitalis magistro, et per ipsum magistrum tradendis et solvendis patronis 4 galearum, quas papa disposuit suis et ecclesie Romane sumptibus armatas et munitas in subsidium Christicolarum Orientalium contra Turchos, secundum solutiones et terminos conventos cum dictarum galearum patronis contentis in publicis instrumentis inde sumptis 48000 fl.[2]

---

[1] Vgl. S. 321 Anm. 2.

[2] Es folgen die gleichzeitigen Kopien zweier auf die obigen Zahlungen bezüglichen Bullen, deren Wortlaut wir hier wiedergeben:

I. Clemens episc. . . . Deodato de Gosono, magistro hospitalis s. Iohannis Ierosolimitani . . . Ecce fili, quod pro negocio subsidii et defensionis fidelium contra Turchos duas galeas sufficienter iuxta conventiones et pacta cum . . . Centurione Zacharie et Raymundino Marquezani de Nicia, patronis earum, habita hominibus et armaturis munitis illuc presentialiter destinamus, volentes, quod de 4 galeis antiquis, que pro nobis et ecclesia Romana in comunitate illa fidelium contra Turchos predictos posite ac deputate a principio extiterunt, duabus ex eis melioribus videl. et fortioribus cum istis duabus,

2. Päpstliche Beamte.

(I. E. 247 f. 184 vadia ord.) **1346** Juni 3 *erste Zahlung für die acht vorausgehenden Wochen,* cancellarie 194 fl. 9 s. 9 d., correctori 27 fl. 4 s. 4 d., marescallo iusticie 290 fl. 20 s. 9 d., magistro in theologia

---

quas nunc mittimus, ut prefertur, in comunitate predicta retentis due debiliores antique alie dimittantur.

Sane quia ignorantia facti fallere peritissimos consuevit, que facta et facienda super premissis sunt, ut efficiaris de illis certior, presentibus providimus describenda.

Equidem duobus patronis earundem galearum, que, ut premittitur, de novo mittuntur, de stipendiis eorum satisfactum per nostram cameram extitit pro 4 mensibus a die, qua de portu predicte recedent galee, ad rationem 800 flor. auri pro mense quolibet, inchoandis.

(f. 222) Et nichilominus per . . . priorem domus Navarre hospitalis predicti tibi mittitur pecunia eidem per cameram assignata ad satisfaciendum patronis eisdem pro 8 mensibus post dictos 4 menses pro dictis 2 novis et pro 1 anno pro aliis 2 galeis, que retinebuntur . . . Cuius quidem pecunie pro faciendis dictis solutionibus per eundem priorem mittitur ad summam 32000 flor. auri.

Ascendit vero, qui relationibus percepimus fide dignis et aliqui ex . . . s. Rom. ecclesie cardinalibus literas etiam receperunt, [quod] dicte 4 galee antique non serviverunt continue sed voluntarie, aliquibus temporibus, recesserunt ibidem, tamen postea redeuntes nec etiam per tempus, quo steterunt ibidem, sufficienter et complete secundum pacta super hiis habita servitium debitum prestiterunt et propterea ignoratur, pro quanto tempore ac quantum et qualiter pro illo attentis pactis et conventionibus cum patronis earum habitis erit eis satisfactio exhibenda, per prefatum priorem Navarre mittatur (!) sexdecimmilia flor. auri sibi tradita per cameram antedictam pro mutuo faciendo eisdem 4 galeis antiquis usque ad huiusmodi summam vel infra, prout et sicut fuerint servivisse reperte. Super quibus secretam informationem fieri per certas personas super hiis deputatas volumus et fideliter ad cameram nostram prefatam transmitti, ut eisdem patronis vel procuratoribus eorum in camera ipsa presentibus ac viris et examinatis conventionibus et pactis predictis rationabilis calculatio et debita satisfactio subsequantur.

Porro ut de pactis predictis habitis cum patronis 4 galearum antiquarum et etiam duarum, que nunc de novo mittuntur, et solutionibus factis pro illis et pactis habendis cum 2 galeis, que de 4 antiquis retinebuntur . . ., tu et alii, quorum interest, pleniorem certitudinem habeatis, per prefatam cameram transumpta instrumentorum . . . sub scriptura publica transmittuntur. Quo super discretionem tuam ortamur attente, quatenus super premissis et ea tangentibus, prout ad te pertinuerint, fideliter et solerter te gerens de omnibus et singulis, que circa eo facta fuerint, et aliis occurrentibus nos et nostram cameram efficere studeas certiores. Super predictis autem omnibus plena coll[...] habita extitit cum . . . Isnardo de Albarno, priore domus Capue hospitalis predicti, qui de illis tuam prudentiam poterit verbotenus efficere certiorem. Datum Auinione XIIII. Kal. Sept. pontif. nostri anno quinto. (19. Aug. 1346.)

II. *(f. 122ᵛ)* Clemens episc. . . . Stephano episcopo Sancti Poncii Thomeriarum, thesaurario nostro, . . . cum tu frater de mandato nostro verbotenus tibi facto pro negotio defensionis fidelium Romanie partium contra Turchos de pecunia nostre camere personis subscriptis summas pecuniarum assignaveris infrascriptas videl. . . . Ramundino Marquesani de Nicia et Centurioni Zacharie, filio quondam Martini Zacharie 6400 florenos; item ex parte alia eidem Centurioni 1200 fl., Garino de Castronovo Navarre et Guillelmo de Relhano s. Egidii prioribus et Mathesio de Gosono preceptori de Silva domorum hospitalis s. Iohannis Ierosolimitani 10400 fl., item ulterius dicto Garino de Castronovo 48000 flor. per ipsum . . . Deodato de Gosono, magistro dicti hospitalis, assignandos, ilem . . . Antonio episc. Gaietano et . . . Iohanni electo Coronen., quos ad partes Harmenie ad instruendum et solidandum populum partium earundem in fide catholica providimus destinandos, 1000 fl., item Danieli archiep. Boscien. es Iohanni ep. Mescarien., nuntiis . . . Constantii regis Harmenie illustris, dudum ad presentiam nostram destinatis 300 fl., que quidem omnes predicte summe in unam, facta recta calculatione, reducte ad summam 67300 flor. ascendunt, nos volentes tuis indempnitatibus providere supradictas assignationes de dictis summis, sicut superius sunt expresse, de mandato nostro, ut premittitur, per te factas ratas habemus et gratas teque ac omnia bona tua de illis absolvimus penitus et quittamus. Datum Auinione XV. Kal. Octobr. pontif. nostri anno quinto (17. Okt. 1346).

36 fl. 16 s. 8 d., 16 penitenciariis pro tota et uni pro 50 diebus 419 fl. 5 s. 11 d., 13 capellanis pro tota et certis pro 23 diebus 419 fl. 23 s. 5 d., 3 clericis camere pro tota 106 fl. 8 s. 8 d., 2 bullatoribus 63 fl. 17 s. 7 d., 2 clericis capelle 26 fl. 9 s. 9 d.

I [porta] Vigeronno magistro hostiario 27 fl. 4 s. 4 d., *ebensoviel dem* P. de Sancto Marciali, Geraldo de Champiers, Aycardo de Saya, Geraldo de Leschamel, Ademaro de Agrifolio.[1]

II [porta]: Galhardo de Mazerolis, P. de Podensato, Aymerico de Boichon, Geraldo del'Veruh, Guinaberto Daren, Petro Lelli Stephani, Iohanni de Hospitali,[2] Geraldo de Lissaco.

III [porta]: Bertrando de Veruhoha, Arnaldo Comarci, Stephano Balisterii, Petro Fernandi, Stephano Maliani, P. Bessiere,[3] Aymerico de Rupe, Petro Lauernha, Raynaldo de Lur, Roberto de Bailh.[4]

45 cursoribus pro tota et certis pro 26 diebus 376 fl. 2 s. 8 d., 10 hostiariis iunioribus pro tota et uni pro 38 diebus 155 fl. 3 s. 8 d., 58 servientibus armorum pro tota et certis pro 50 diebus 978 fl. 6 s. 6 d., 12 palafrenariis pro tota 99 fl. 6 s. 6 d., d. G. de sancto Amancio 56 fl., Nicolao de Monte Claro, Helye de Noxouio pro 35 diebus 16 fl. 21 s. 4 d., 3 famulis suis 12 fl. 9 s. 9 d., d. B. Gaucelmi 27 fl. 4 s. 4 d., 2 coquis 54 fl. 8 s. 8 d., Bernardo alteri coquo 16 fl. 13 s., Philippo alteri coquo pro 37 diebus 10 fl. 22 s. 2 d., 3 brodariis 24 fl. 19 s. 6 d., 2 buticulariis 32 fl. 26 s., 2 panetariis 24 fl. 19 s. 6 d., 3 regestratoribus 37 fl. 5 s. 5 d., [Bernardo] custodi vaisselle 16 fl. 13 s., [Geraldo Furnerii] custodi cere 16 fl. 13 s., scriptori coquine 8 fl. 6 s. 6 d., mag. Iohanni de Florentia phisico 27 fl. 4 s. 4 d., mag. B. Seguini phisico pro 15 diebus 7 fl. 3 s. 11 d., mag. Iohanni de Ianua surgico pro toto 27 fl. 4 s. 4 d., mag. Petro Augerii pro 6 diebus 2 fl. 22 s. 9 d., mag. Gasberto de Septem Fontibus 12 fl. 9 s. 9 d., custodi carceris 20 fl. 16 s., custodi cervorum 9 fl. 2 s. 4 d., trahenti campanam [Bernardo] 4 fl. 3 s. 3 d., d. Poncio Saturnini *(Gehalt nicht angegeben)*, d. Iacobo Garnoti 16 fl. 13 s., B. carraterio 4 fl. 16 s., H. Corbati pro augmento 8 fl. 6 s. 6 d.,[5] scobatori 3 fl. 16 s., G. de Channaco, magistro marescalle, 27 fl. 4 s. 4 d., clerico suo 8 fl. 6 s. 6 d., advocati fisci 15 fl. 9 s. 9 d., Garino barbitonsori 16 fl. 13 s., d. Petro Sainterii cum 10 sociis suis pro tota et uni pro 51 diebus 197 fl. 1 s. 6 d.

Scutiferi *(jeder erhält für die 8wöchentliche Dienstzeit 27 fl. 4 s. 4 d.)*: 1) domicello d. vicecomitis 2—3) *seinen beiden ungenannten Genossen* 4) domicello d. G. de Sancto Amancio 5) Ludouico de Scorrolla 6) Fran-

---

[1] Er erhält nur das Gehalt für 30 Tage.
[2] Er erhält nur das Gehalt für 8 Tage.
[3] Dieser für 47 Tage.
[4] Dieser für 2 Tage (22 s. 10 d.).
[5] Nach f. 172v war er zugleich custos artilharie.

cisco de Pistorio 7) Stephano la Gaana 8) G. de Malo Monte 9) Boso Quintini 10) Raterio de Cursono 11) R. de Pinsaco 12) Gentili Nicolai 13) Marcho Lando 14) Bertrando de Serra 15) Rigoni de Mauriaco 16) Petro Stephani 17) Talayrando de Vernodio 18) Naudino de Suiraco 19) Bertrando Lando 20) B. de Gardia 21) Iacobo de Sarzana 22) Aymerico de Pestelho 23) Iohanni de Aura 24) Guillelmo de Ceseraco 25) Bernaldo Lados 26) Gasconi de Pestilhaco 27) Petro Bertrandi 28) Anceleto de Breturia 29) Guidoni de Podio Vallis 30) Alberto de Tineria 31) Geraldo de Donzenaco 32) socio suo 33) Nicolao Iudicis 34) Petro de Bessio 35) G. de Blandiaco 36) G. de Valle Bona 37) P. de Cornilhio 38) Ademaro Barrani 39) Guillelmo de Montilhaco 40) socio G. de Montelauro 41) Geraldo de Monhaco 42) Bertrando de Vayraco, *die folgenden erhalten nur Gehalt für kürzere Zeit:* Guioto de Monte Lauro, Bernardo Peleti, Guillelmo de Puteo, Astorgio de Duroforti (pro 29 diebus), Hugoni Ragerii.

Secuntur vestes estivales: 17 penitenciariis (*je* 8 fl.) 136 fl., magistro in theologia 12 fl., 43 servientibus armorum (*je* 5 fl.) 215 fl., 12 palefrenariis (*je* 2 fl.) 24 fl.

Im ganzen verausgabt 6140 fl. 44 l. 8 s. 3 d.

Als weitere Beamte der Kurie werden genannt:

(*I. E. 247 f. 170v*) **1346** Juni 3 solvimus mag. Rigaldo de Albo Folio pro gallinis dari consuetis scriptoribus pape in renovatione pontificatus 15 fl.

(*f. 172v cera*) passim Bernardus de Casamonte, custos leonisse.

(*cera*) 1347 $^2/_3$ d. Philippus de Ancilla capellanus commensalis.

(*f. 167v extraord.*) d. Thomas de Dompna Petra, custos domus pape ultra Pontem, quondam Neapoleonis, que nunc est d. cardinalis Tutellensis et quam papa tenet ad manum suam, *erhält für sich und seinen* valletus *täglich* 6 s. vien.

Ebd. Petrus Verdeloti, custos domus pape apud Villam Novam, *erhält täglich für sich und seinen Diener* (famulus) 3 s.

(*f. 103 butic.*) d. Bermundus, gubernator domus de Palhacia.

3. Getreideeinkäufe.

(*I. E. 247 f. 205 Pignota*) **1346** Mai 29 Stephanus de Montilio Ademari, Paulus Bessi, Raymundus Geraldi, Iohannes Olerii, Balsanus de Mediolano, Iohannes Bouhons, Albertinus Comitis, Guilhonus Rusulonis et Iohannes Gauterii, pistores Auinion., vendiderunt camere Apost., presente d. Geraldo La Tremoliera, administratore Pinhote, hec tranctante, 3000 saumatas bladi in pane convertendas pro usu dicte Pinhote (23 d. tur. gross. pro saumata) 5750 fl. (12 tur. gross. = 1 fl.), prout de contractu huiusmodi patet plenius per instrumentum super hoc hodie receptum per mag. Iohannem Palasini, de quibus assignavimus et solvimus die hodierna d. Geraldo per ipsius manum pistoribus distribuendos 3000 fl.

(f. 206) Juli 28 Iohanni Panetarie et Bernardo de Cuceyo de Sorregio Visuntin. dioc. pro venditione 520 saumatarum frumenti ad opus helemosine Pinhote, empt. ab eis per d. Geraldum La Tremoliera (1 $^1/_2$ fl. pro saumata) 780 fl., de quibus hodie solvimus 400 fl. de Pede Montis ponderis.

(f. 207) Aug. 2 Stephano de Montilio Ademari etc. *(wie oben)*, pistoribus Auin. pro residuo 2750 fl.

Aug. 12 Petro Gartini, mercatori de Valencia, in partem solutionis 1000 saumatarum grossarum frumenti emptarum ab eo pro usu Pinhote pape (1 saumata de 10 eminis boni et sufficientis pro librata cardinalium pretio 2 fl. 3 gross. pro saumata), quas 1000 saumatas debet reddere suis periculo et expensis in portu Rodani Auinionem hinc ad festum Omnium Sanctorum, et actum est, quod debet recipere 3 scudatos et 1 grossum pro 4 florenis, prout de emptione et conventionibus stat publicum instrumentum hodie receptum per mag. Iohannem Palasini, de quibus hodie solvimus eidem 900 den. ad scutum.

Sept. 16 Stephanus de Montilio Audemari etc., pistores Auinion. vendiderunt camere Apost. presente d. La Tremoliera, administr. Pinhote, hoc tractante, 2000 saum. bladi in pane convertendi pro usu Pinhote (2 fl. 7 tur. gross. pro saumata) 5166 fl. 8 tur. gross. (1 fl. = 12 gross.), instrum. publ. per mag. Ioh. Palasini, quam summam hodie solvimus eidem in 2816 fl. 1800 den. ad scutum, 8 d. tur. gross.

(f. 95v panataria) Sept. 26 solvimus Stephano de Montilio Ademari, talemetario[1] Auinion., pro venditione 200 saumatarum frumenti boni et de Provincia convertendi per eum in pane ad opus hospitii pape videl. pro saumata qualibet 600 panes et pane quolibet de 8 unciis, ad rationem pro qualibet saumata 3 fl. 2 gross. arg., prout de hiis omnibus necnon et de conventionibus in tractatu huiusmodi habitis stat instrumentum hodie receptum per mag. Iohannem Palasini, *zusammen* 633 fl. 4 gross. (1 fl. = 12 gross.).

(f. 212) **1347** Febr. 1 Stephano de Montilio Ademari, Paulo Bessi etc., pistoribus Auinion., pro 2000 saumatis bladi per eos venditis ad opus Pinhote pape (4$^1/_4$ fl. pro saumata) 8500 fl. solvimus hodie medietatem 4250 fl.

Aug. 30 facto compoto cum Petro Garsini, cive et mercatore de Valencia, de 4000 saum. grossis frumenti, 500 saum. siliginis ac 500 saum. ordei, singulis saumatis de 10 eminis (mensura Auinion.) per nos olim emptis ab eodem Petro pro usu helemosine Pinhote pape videl.:

12. Aug. 1346 1000 saum. frumenti precio 2 fl. 3 tur. gross. arg. pro saumata, pro parte quarum 1000 saum. eadem die solvimus eidem Petro 900 scudatos, prout supra in huiusmodi libro continentur, et 21. Aug.

---

[1] D. h. Bäcker, f. 96 wird er bolengerius genannt.

alias 1000 saum. frumenti precio antedicto ac 500 saum. siliginis, precio 16 d. tur. gross. pro saumata qualibet, et 500 saum. ordei (1 fl. pro saumata) et postmodum 12. Sept. alias 2000 saum. frumenti, precio $2^1/_2$ fl. pro saumata, acto et convento, quod in solucione pecunie facienda eidem Petro pro tota huiusmodi quantitate bladi venditi idem Petrus teneretur et deberet recipere 3 scudatos auri cum 1 tur. gross. arg. pro 4 fl., prout in instrumentis per mag. Iohannem Palaysini inde receptis plenius continetur, fuit repertum per confessionem Petri Garsini et relationem d. Geraldi La Tremoliera, quod idem Petrus solverat et assignaverat de dicta quantitate bladi prefato d. Geraldo La Tremoliera recipienti nomine dicte Pinhote 1039 saumatas grossas frumenti dumtaxat (2 fl. 3 tur. gross. pro saumata) 2337 fl. 9 tur. gross. arg., de qua summa solvimus eidem Petro 12. Aug. 900 scudatos et 6. Sept. (f. 213) mutuavimus eidem 200 scud. auri et 30. Sept. mutuavimus eidem Petro 900 scudatos, quos recepit Stephanus Vergerii, mercator de s. Saturnino, pro eodem Petro, prout in titulo de mutuis invenitur, *zusammen* 2000 scud., valent 2611 fl. $1^1/_2$ tur. arg., (3 scud. cum 1 tur. gross. = 4 fl.). Idcirco cancellavimus dicta mutua et posuimus hic pro solutis 1100 scud. auri.

Et quia facta deductione de quantitate bladi assignata cum quantitate pecunie solute invenitur, quod dictus Petrus receperat plusquam dicta quantitas bladi soluta ascendat iuxta rationem supradictam 273 fl. et 4 d. tur. gross. arg., fuit conventum, quod dictus Petrus pro ipsis 273 fl. et 4 grossis debeat dare et solvere dicte camere 117 saum. grossas frumenti, singulas de 10 eminis ad mensuram Auinion., solvendas cum aliis 4000 saum. grossis frumenti, 30. Aug. emptis per d. thesaurarium pape de novo ab eodem Petro, videl. infra festum Omnium Sanctorum prox. venturum 617 saum. et 500 saum. infra 2 menses prox. sequentes a dicto festo Omn. Sanct. et deinde de 2 in 2 mensibus tunc continue subsequentibus 500 saum., quousque de dictis 4117 saum. frumenti fuerit integre satisfactum, acto, quod camera non tenetur aliquam pecuniam solvere pro dicta quantitate bladi, nisi in dictis terminis solutionum pro quantitate bladi quam in quolibet termino assignabit, deductis dictis 273 fl. et 4 gross., ut premittitur, plus solutis, prout in instrumento per mag. Iohannem Palaysini inde confecto continetur.

Sequitur compotus de bladis emptis in Burgundia per Petrum Capra et Guillelmum de Marcone: apud Cabilonem a 15. Aug. 1346 usque 20. Oct. 1346 diversis diebus et horis 1185 bichetz 1 boichellum frumenti, computatis 8 boichellis pro bicheto et 13 boichellis pro saumata, in summa 740 saum. gross. 8 boichell. frumenti: 1967 fl. bonos 3 s. 3 d.

Apud Dinionem 40 emin. frumenti (*zu je* 40 s. tur.), possunt valere 60 saum. frumenti, pro quibus computant solvisse 80 scudat. auri. In Sorra dioc. Bisuntin. a 26. Aug. ad 8. Oct. 243 (!)[1] bichets 3 boichellos

---

[1] Es sollte doch wohl 443 heißen.

frumenti valent 354 saum. gross. 7 boich. (10 boich. = 1 saumata): 557 scudat. 17 s. 3 d. ob.

In dicto loco de Sorra a 16. Ian. 1347 usque ad 20. Juni 1662 bichetos 7 boichellos frumenti valent 1336 saum. 3 boich. frumenti, pro quibus computant solvisse 720 fl. boni 1253 fl. parvos 791 den. auri ad scutum.

Apud Verdunum 1602 bichetz frumenti (10 boichelli pro saumata) = 1282 saum. grossas frumenti: 1232 d. ad scutum 1950 fl. parvos 6 d.

Apud Ansonam a 20. Ian. usque 10. April 458 emin. frumenti = 732 saum. 8 boichellos frumenti: 1832 d. ad scutum.

Apud Bernam[1] 621 bichetos frum. (9 boichelli pro saumata) = 559 saum. grossi: 1097 fl. bonos 240 fl. parvos 82 d. ad scutum 6 d. parve monete.

Apud Lugdunum 1963 asinatas frumenti = 1580 saum. gross. 4 emin. frumenti: 4017 fl. bonos 203 fl. parvos, 9 gross. arg.

Zusammen 6646 saum. frumenti für 7801 fl. bonos 5446 fl. parvos 4574 scudatos 9 gross. 27 s. 10 d. ob.

(f. 214) De siligine, ordeo et mixtura. Computant (iidem) emisse apud Sorra a 26. Aug. 1346 ad 20. Marcii 1347 835 bichetz = 669 saumatas siliginis, solvisse 1226 fl. bonos 332 fl. parvos 10 gross. arg.; in eodem loco 887 bichetz = 709 saum. 6 boichell. mixture (10 boichellos pro saumata): 1774 fl. parvi ponderis.

. . . a 4. Oct. 1346 usque ad 15. Iunii 1347 apud Sorram quam Belnam 293 $^1/_2$ bichetz ordei (234 saum. 8 em. ordei): 405 fl. bonos 44 scudatos 9 $^1/_2$ gross. Apud Ansonam 387 emin. mixture (619 saum. 2 emin.): 1161 scud. auri.

Zusammen an Korn, Gerste und Mischfrucht 2232 saum. 6 emin. *für* 1632 fl. bonos 2106 fl. parvos 1205 scud. 7 $^1/_2$ gross.

De leguminibus: dicunt emisse apud Cabilonem 47 saum. pisorum: 115 fl. bonos 30 scudat. 11 gross. 10 den.

Ibidem 80 saum. grossos 8 emin. fabarum: 147 fl. bonos 5 gross. arg.

(f. 214v) De avena (sivata, biada). Computant (iidem) emisse apud Cabilonem de mense Sept. (1346) 654 $^1/_2$ bichetz avene (384 saum., 1 saum. = 14 boichell.), . . . solvisse 285 fl. bonos 5 gross. arg.; apud Verdunum 377 bichetz 1 boichell. avene (10 $^1/_2$ boichell. pro saumata) = 287 saum. 2 $^1/_2$ boichell.: 177 fl. bonos 96 fl. parvos, 13 $^1/_2$ tur. gross.; apud Sorram 646 bichetz avene (9 boichell. pro saumata) = 573 $^1/_2$ saum.: 631 $^1/_2$ fl. bonos. *Zusammen* 1244 $^1/_2$ saum. 2 $^1/_2$ boichell. avene, *bezahlt mit* 1093 $^1/_2$ fl. bon. 96 fl. parv. 18 $^1/_2$ gross. arg.

Dazu folgende Ausgaben:

Pro portu frumenti, mixture, leguminum, avene: 2826 fl. bon. 2 gross. arg. 3 s.

---

[1] Es soll wohl Belnam = Beaune heißen.

Pro salario certorum corretariorum 95 fl. bon., pro pedagiis 60 fl. 13 s. 2 d.

Computant expendisse in pane, vino, carnibus, piscibus et aliis rebus comestabilibus ipsi duo cum 1 cursore, 3 equitaturis et 7 famulis in 10 mensibus, quibus steterunt, detractis 20 fl. de quota cursoris de 1 mense, pro quibus expensis computantur 289 fl.

Pro nautis et hominibus conducentibus navigia cum dictis bladis et pro arrestatione facta per dominum de Rossilione, prout in suis rationibus continetur 66 fl. 12 s.

Gesamtsumme der Ausgaben für die 6257 saum. frumenti, 2393 saum. mixture, 127 saum. leguminum, 1108 saum. avene *bis Avignon:* 14125$^1/_2$ fl. boni 7648 fl. parvi 5809 den. ad scutum auri 41 gross. arg. 55 s. 2 d. ob. tur. parv.

Hiervon wird ein Teil von der päpstlichen Kammer bezahlt, ein Teil von Bertrandus de Cosnaco, prior Bune, thesaurarius pape, *die größere Hälfte aber von* d. Geraldus de Arbenco, collector Lugdun. de pecunia cameram Apost. tangente per ipsum de collectoria sua recepta.

(f. 216) Summa valoris cuiuslibet saumate tam frumenti, siliginis, ordei, mixture et leguminum, que ad summam 9600 saum. gross. 4 emin. ascendunt, computata una cum alia et inclusis expensis 3 fl. 2 s. 9 d. ob. et ultra pro toto 63 s. 8 d. parve mon. (*zusammen also* 28056$^1/_2$ fl.).

Alle Frucht kostete beim ersten Einkauf zusammen 10780$^1/_2$ fl. bonos 7648 fl. parvos 5809 scuta 39 gross. 26 s. 10 d. ob. tur. *Dazu die Unkosten mit zusammen* 3344$^1/_2$ fl. boni 31 s. 7 d. ob. tur. *Die Last Hafer (es sind im ganzen* 1244 saum.) *kostet im Durchschnitt* 14 gross. 3 d. parve mon.

Merkwürdig ist, daß im folgenden Jahre in I. E. 250 f. 97^v ss. dieselben Einkäufe in Burgund nochmals aufgezählt und verrechnet werden.

(f. 174 cera) **1346** Sept. 22 mutuavimus Iohanni . . . scutifero d. Michaelis Ricomani misso in Sardiniam pro bladis defuncti episcopi Vorrani huc portandis, et fuit in mari per 3 septimanas propter tempestatem male tractatus et vulneratus, et quia computavit expendisse 50 fl., ponimus hic 50 fl.

(f. 81 coqu.) **1346** Dez. 14 d. Bernardus [emptor coquine] computat expendisse 3 eminas fabarum, quas dicit se fecisse seminare in orto piscarii, (10 s. pro emina) 30 s., item pro grana caulorum et spinargiorum ibidem seminata 5 s., pro preparando dictum ortum pro predictis seminandis 45 s., *zusammen* 4 l. parve Auin.

4. Weinanschaffungen.

(I. E. 247 f. 208 Pinota) **1346** Sept. 13 compotus d. Geraldi de vinis antiquis emptis apud Bellicadrum per Stephanum de Nigra Verma clericum, servitorem Pinhote, pro provisione Pinhote: emisse apud Bellicadrum

a diversis personis et sub diversis pretiis 30 modios et 6 saumatas vini antiqui, que vina decostiterunt in prima emptione 117 l. 14 s. 11 d. tur. p., pro portu vini ab hospitiis, in quibus fuerunt empta, usque ad Rodanum (2 s. pro modio) 61 s. 6 d. mon. Auin., pro portu vini de portu Bellicadri ad portum Auinion. (8 s. pro modio) 12 l. 6 s. mon. Auin., pro portando vino de portu Rodani usque ad hospitium Pinhote 4 l. 2 s., pro corretario 12 s., pro stupis et certis personis, que custodiverunt navigium et pro expensis Stephani, quas fecit eundo, stando et redeundo 36 s. 11 d.; summa expensarum 21 l. 18 s. 5 d. mon. Auin., *alles zusammen* in 141 den. ad scutum 27 s. 9 d. parve Auin. (1 scud. = 18 s. 6 d. tur. p. = 30 s. mon. Auin.).

(f. 205) Dez. 3 Stephano de Nigravernha, clerico elemosine Pinhote, pro 41 modiis $3^1/_2$ saumatis vini (1 modius *zu* 6 saumate) diversis preciis 121 l. 15 s. 10 d. tur., pro conductione cuiusdam boutigue et portu vinorum de domibus illorum, a quibus emebantur, usque ad dictam botigam et pro corretario etc. 61 s. 11 d. tur., pro portu 41 botarum, in quibus fuerunt reposita dicta vina, a domo Pinhote usque ad Rodanum et a Rodano usque ad S. Spiritum et pro reportandis botis ad domum Pinhote et pro stivatura earum 24 l. 2 s. 8 d. parve monete, *alles zusammen* 151 den. ad scutum 12 d. tur. 25 s. 2 d. mon. Auin. (1 scud. = 18 s. 8 d. tur. = $30^1/_2$ s. mon. Auin.).

Item computat emisse Auinione 105 saumatas vini (16 s. 7 d. pro saumata una cum portu ad hospitium Pinhote) 87 l. 1 s. 3 d. mon. Auin. in 57 d. ad scutum 2 s. 9 d. parve mon.

1347 März 4 Geraldus La Tremoliera, administrator Pinhote pape, computavit de vinis emptis per Stephanum de Nigravericha, clericum suum, pro provisione Pinhote in Bellicadro: 40 modios 1 sextarium 1 barralle vini ad mensuram Bellicardi, cuius 8 saumate faciunt modium, a diversis personis et diversis preciis 224 l. 11 s. 1 d. ob. tur. *Dazu die sonstigen Ausgaben.*

Summa tota tam emptionis vinorum quam expensarum: 227 l. 16 s. 1 d. ob. monete Francie, 91 l. 3 s. 3 d. parve Auinion. *bezahlt in* 100 den. ad scutum 183 fl. 23 s. 3 d. parve, 1 d. ob. tur. (1 scudatus = 24 s. 6 d., 1 fl. = 19 s. 6 d. mon. Francie, 1 fl. = 24 s. parve Auin.).

(f. 174 cera) **1346** Sept. 25 d. Iohanni Regis, scriptori penitentiarie, misso cum quodam alio pro parte dd. cardinalium ad loca de Nemauso, de Lunello et de Bellicadro pro temperanda summa venditionis racemorum, ubi fuerunt per 5 dies eundo, stando et redeundo, 41 s. tur. in 2 d. ad scutum 3 s. tur. p., pro quibus solvimus 6 s. parve Auinionis.

(f. 76 coqu.) Aug. 28 d. Bernardo Gaucelmi, emptori coquine, pro 46 saumatis racemorum pro faciendo veructo pro provisione hospicii pape *(teils zu* 12 s., *teils zu* 10 s. 4 d.) 26 l. 5 s. 4 d., pro 1 homine, qui faciebat banastones in vinea 23 d.; pro magistro, qui fecit veructum (!)

cum torculari suo (18 d. pro saum.) 69 s., pro expensis illorum, qui fecerunt verintum (!) 24 s., pro portu ipsius a s. Petro usque ad palacium 12 s.

(f. 78) Okt. 19 computat d. Bernardus [emptor coquine] expendisse pro musto faciendo pro 19 saumatis racemorum (13 s. pro saumata) 12 l. 7 s., pro musto calcando 7 s., pro portu musti ad palacium 3 s., pro salario magistri, qui bullivit mustum, 10 s., pro portu 1 magne tine ad palacium et reportando 2 s.

(f. 103 butic.) **1346** Juni 19 d. Geraldo buticulario pro 38 botis plenis estivatis per Miletum estivatorem in cava Ville Nove (2 s. 6 d. pro bota) 4 l. 15 s., pro 51 botis plenis reportatis de Villa Nova ad palatium (5 s. pro bota) 12 l. 15 s., pro 41 botis plenis positis in cava palacii (2 s. 6 d. pro bota) 5 l. 2 s. 6 d., pro 11 botis reportatis de Ponte Sorgie (*je* 2 s. 6 d.) 27 s. 6 d.

Guillelmo Desiderii pro 62 botis plenis portatis in quadrigis suis de Ultra Rodanum ad palatium et partim in cellario de Villa Nova in cava dicti loci 7 l. 15 s. *Ähnliche Ausgaben noch mehr verzeichnet.*

Juli 20 d. Geraldo buticulario pape pro portagio vini de palatio Apost. apud Villam Novam in barralibus et flasconibus et de cava Ville Nove ad palatium 46 s. etc.

Sept. 12 d. Bermundo, gubernatori domus de Palhacia, pro vinis faciendis per manus Boniti Alemanni, cursoris pape, 40 l. mon. Auin.

Okt. 7 d. Geraldo buticulario pape pro vino de garnachia expenso in hospicio pape: a die festi s. Michaelis (29. Sept. 1346) ad 6. Okt. $6^{1}/_{2}$ pitalphos de garnachia (5 s. pro pitalfo) 32 s. 6 d., pro 205 pitalfis varnachie portatis in palacio pro papa ad eandem rationem 51 l. 5 s., *zusammen* 44 fl. 1 s. 6 d. (24 s. = 1 fl.).

(butic.) **1346** Nov. 11 d. Raymundus Textoris, rector ecclesie de Monteclaran., de provisione vinorum pro hospitio pape apud Bellicadrum in vindemiis proxime preteritis: a diversis personis 890 saum. 3 banast. racemorum (11 s. tur. pro saum.) 489 l. 15 s. 6 d. tur. Pro 59 dietis hominum, qui faciebant saumatas, 103 s. 3 d. Pro 80 dietis laborantium pro vinis faciendis (2 s. 6 d. pro dieta) 10 l. Pro broquis, cassis et colatoriis 26 s. 4 d. Pro portu 82 botarum de Auin. apud Bellicadrum (9 d. pro bota) 61 s. 6 d. — 9 botas novas emit (35 s. pro bota inclusa religatura) 15 l. 15 s., *alles zusammen* 649 d. ad scutum 13 s. 7 d. ob. tur. (1 scud. *teils* = 19 s., *teils* = $18^{1}/_{2}$ s. tur. p.).

Ähnliche Weineinkäufe folgen im selben Herbst für 741 d. ad scutum 14 s. 9 d. tur. und 731 d. ad scutum 13 s. 4 d. tur.

Dez. 1 facto computo cum Gentili Nicolai, serviente armorum pape, de vinis emptis apud Belnam: pro $32^{1}/_{2}$ tonellis plenis vino continentibus ultra meisonem 75 sextarios, quorum sextariorum 64 sextarii faciunt 1 tonellum, emptis apud Belnam diversis pretiis 536 l. 15 s. tur. Pro dictis tonellis extrahendis de cellario et ponendis in quadrigis (15 s. pro tonello) 48 s. 8 d. Pro dictis doliis stivandis et barrandis (15 s. pro t.) 48 s. 8 d. Pro doliis ponendis in navigio 20 s. Pro tonellis portandis de Belna ad portum de Ginorcii (18 s. pro tonello et plus in toto ratione sextariorum) 30 l. 5 s. tur., pro salario corretarii 20 s. Pro dictis tonellis portandis de dicto portu usque Auin. (24 s. pro tonello) 38 l. 8 s. Pro litera pedagiorum copianda 3 s. 9 d. Pro vino dato pedigiariis 40 s. *Alles zusammen* 637 l. 5 s. 1 d. tur. in (1 fl. = 15 s. tur., 1 scud. = 20 s. tur.) 570 fl. de Pedismonte, 209 d. ad scutum 15 s. 1 d. tur. p.

5. Vieh- und Fleischeinkäufe.

(I. E. 247 f. 173ᵥ cera) **1346** Aug. 31 facto computo cum Bernardo de Casamonte, custode leonisse, solvimus pro 74 quarteriis mutonum receptis per eum pro leonissa a die 19. Iunii ad 31. Aug. (74 dies), pro qualibet die 1 quarterium, ad rationem 4 s. 6 d. pro quarterio, 16 l. 13 s. monete Auin. *So ähnlich auch für die übrige Zeit.*

Die Ausgaben für die animalia silvestria *werden im Titel pro* coquina *alle 4 Wochen vermerkt. Sie schwanken zwischen 50 und 80 s. vierwöchentlich.*

Schweineeinkäufe.

(I. E. 247 f. 82ᵥ coquina) **1347** Jan. 10 compotus d. Thome Goupil, capellani d. Bernardi Gaucelini, de porcis emptis pro provisione hospitii pape: tam in Carpentorato, in Villa Dei (Vasion. dioc.) quam in civitate Auin. et in Balneolis 89 porcos, qui decostiterunt diversis pretiis 281 fl.

Pro salario 1 hominis, qui inspexit, si dicti porci erant sani, 20 s., pro preparatione porcorum (2 s. 6 d. pro porco) 11 l. 2 s. 6 d. Pro expensis per homines, qui eosdem porcos preparabant 50 s., pro salario 1 mulieris, que preparavit ventres porcorum, 15 s.

Idem computat emisse 6 porcos masculos vocatos verros 22 fl., *zusammen* 340 fl. 17 s.

Fischeinkäufe.

(I. E. 247 f. 84 coqu.) **1347** April 16 computavit Gentilis Nicolai, serviens armorum pape, de piscibus per eum emptis in Burgundia pro provisione pape: pro 122 luciis per ipsum emptis apud Matisconem diversis preciis 41 l. 10 s., pro pisculis minutis pro victu luciorum 32 s.; apud Trenorchium 52 lucios [emit] et 52 carpas, pro quibus solvit 64 fl. 2 d. ad scutum; apud Cabilonem 59 lucios 14 carpas: 31 l. 11 s. tur.; pro 1 serna, in qua pisces portati fuerunt, 24 fl. et hic fuit vendita 16 fl., *daher als Ausgabe* 8 fl.; item computat solvisse 6 hominibus, qui conduxerunt pisces de Cabilone usque ad Auinionem 16 fl., pro locagio botigue, ubi primo reposuit pisces 13 s. 4 d., pro portatura piscium a Rodano usque ad piscarium 6 s. 9 d. parve, pro 1 parvo filato ad capiendum pisces 2 s.

(f. 84v) Mai 8 compotus Iohannis Rostani, servientis armorum pape, de piscibus emptis pro hospicio pape versus s. Egidium pro ponendo in piscaria pape, computat emisse 25 lucios clarete et coladonis, 206 lucios forme, que dicitur alanzas, 270 lucios, qui dicuntur rogelos, qui decostiterunt in universo 63 l. 3 s. 2 d. tur.; 7 hominibus, qui conduxerunt 1 sernam ad conducendum et custodiendum pisces per 6 viagia, tam pro victu, salario eorum quam pro cordis pro dictis piscibus extrahendis de dicta serna et portandis ad piscariam 41 l. 11 s. tur. 52 s. mon. Auin.

Cum 2 serne empte fuissent pro piscibus reponendis et conducendis, que decostiterunt 36 fl., et quia dicte 2 serne non erant necessarie, fuerunt vendite 25 fl., et ob hoc ponuntur hic in expensis 11 fl.

5a. Pferdeeinkäufe und Einzelheiten aus dem Marstall. Heu- und Stroheinkäufe.

(I. E. 247 f. 111 maresc.) **1346** Juni 23 compotus Guillelmi de Channaco, magistri marescalle equorum pape, de expensis a 6. Mai ad 13. Mai: pro 31 ferris novis et 27 referratis, candelis, tramellis, entrams, reparationibus frenorum, salario 5 valletorum, qui custodiunt 10 equos, salario 1 page, qui iuvat dictis valletis (!) et salario 4 saumateriorum 9 l. 15 s. 5 d. [Avin.], 2 s. 4 d. tur. gross.

Mai 13—20 . . . pro 135 cannis telarum ad faciendum 34 coopertas, facturis ipsarum, faciendo signa pape per quendam pictorem in 30 coopertis, 15 cannis tele ad faciendum spolsetas, salario dictorum 5 valletorum, salario 4 saumateriorum etc. 28 l. 8 s. 4 d., 2 s. 4 d. tur. gross.

Ähnlich jede folgende Woche. Auszahlung seitens der Kammer alle 4 Wochen.

Juni 23 item computat solvisse 4 valletis, qui adduxerunt de diversis locis et a diversis prelatis saumerios pro dd. cardinalibus, qui accessuri erant ad partes Italie, pro expensis ipsorum a 6. ad 25. Maii (19 dies, 2 s. 6 d. pro quolibet pro qualibet die) 9 l. 10 s., pro lectis ipsorum 15 s. 10 d.

Juni 17—24 . . . pro candelis de cepo, torticiis, candelis de cera pro oblatione equorum apud s. Eligium *(ohne Sonderpreis)* . . .

(f. 113) Sept. 30 Guillelmo de Channaco pro emptione 1 roncini pro Petro de Capra, serviente domus Pinhote, qui dictum roncinum duxit in Burgondiam, quando ivit pro emendis bladis pro provisione Pinhote, 14 fl.; pro cambio cuiusdam muli, qui fuit episcopi Tholosani, cum quodam alio, qui fuit magistri Navarre, 2 fl.; pro certis valletis, qui adduxerunt 8 saumerios a diversis prelatis pro d. cardinali Ebredunensi, legato ad partes Italie,[1] et steterunt in dicta marescalla cum dictis saumeriis diversis

---

[1] Bertrand de Deucio (Deux), Erzbischof von Embrun, 1338 Kardinal tit. s. Marci, 1348 ep. Sabin.

vicibus spacio 71 dierum (2 s. 6 d. pro qualibet et pro quolibet eorum) 21 l. 7 s.

(f. 114) Dez. 20 compotus Guillelmi de Channaco, magistri marescalle equorum pape, de fenis et paleis per ipsum emptis pro provisione equorum pape: emisse apud Mornacum fenum diversorum pratorum 99 $^1/_2$ fl., in quibus pratis dicit fuisse in universo 1350 quint. feni, de quibus fuerunt 700 quint. de pravo feno et putrefacto; pro dictis pratis secandis, fenis recolligendis, revolvendis, portandis ad Rodanum, quadrigis reparandis, expensis 63 l. 10 s. 1 d.; pro dictis fenis portandis de Mornacio apud Auinionem, exonerandis, portandis ad domum et estivandis 34 l. 15 s. 8 d.; apud Rupemauram computat emisse a Petro Bancha 215 quint. feni (pro quintali portato ad ripam Rodani de Auinione 3 s. 3 d.) 34 l. 18 s. 9 d.; pro dictis fenis exonerandis, portandis ad fenariam et estivandis 79 s.; apud Biturritam a diversis personis 2500 quint. feni (pro quintali apud Biturritam 3 s.) 375 l., pro dictis fenis onerandis, portandis apud Auinionem, exonerandis, portandis ad fenariam et estivandis 50 l. 7 s.; item computat fuisse in *(f. 114ᵛ)* pratis pape apud Pailhaciam 800 quint. feni, de quibus fuerunt de feno madefacto et pulveroso 250 quint., pro quibus portandis apud Auinionem, exonerandis, portandis ad fenariam et estivandis in domo 20 l. 12 s. 8 d.

Item computat solvisse pro paleis emptis apud Biturritam a diversis personis 22 fl., apud Pondulenum 9 palheria precio 15 fl. 9 l. 5 s., pro dictis paleis portandis, exonerandis et reponendis 8 l. 10 s., pro ferragine[1] empta in Cauailhone pro equis pape aderbandis a diversis personis et diversis preciis 48 l. 15 s., pro herbis pratorum emptis pro equis, quas comederunt post dictas ferragines, 17 l. 12 d., pro dictis ferraginibus et pratis secandis et portandis ad domum et pro expensis factis per dictum Guillelmum, quando ivit ad videndum equos apud Caualhonem, 52 s. 6 d. 3 fl., *zusammen* 697 fl. 6 s. 8 d. (1 fl. = 24 s.).

(f. 157 ss. edif.) **1348** Jan. 3 compotus redditus per Guillelmum de Marchono nomine Guillelmi de Channaico, magistri marescalle, de solutionibus et expensis per ipsum factis in edificatione domus, in qua stant equi pape ac provisio palearum, feni et aliarum rerum iuxta Rodanum, et est sciendum, quod dicta domus habet in longitudine 16 cannas et in latitudine 9 cannas 2$^1/_2$ palmos et altitudine 6 cannas 3$^1/_2$ palmos, de quibus est cannamentum murorum de fundamento usque ad primum solarium, in quo sunt 94 canne quadrate necnon et de angulanis dicte domus, in qua sunt 53 canne 6$^1/_4$ palmi, pro quarum factura solvit (16 s. pro canna quadrata) 118 l. 4 s. 6 d.

Cannamentum murorum dicte domus a primo solario usque ad summitatem est 192 canne quadrate 4$^1/_2$ palmi (20 s. pro canna) 192 l. 10 s. 7 d. ob.

---

[1] Grünfutter.

Pro factura 51 cannarum $7^1/_4$ palm. muri de bugeto tam pro domo stabulorum quam domus ibidem contigue, in qua inhabitat Guillelmus de Channaco (12 s. pro canna quadrata) 31 l. 2 s. 9 d.

Pro 43 cannis $^1/_2$ palmo quadratis de bugeto in eisdem domibus (10 s. pro canna quadr.) 21 l. 10 s. 7 d. ob.

Pro 90 cannis 5 palmis de pilaribus factis in dictis domibus (12 s. pro canna) 54 l. 7 s. 6 d.

Pro 7 cannis $4^1/_2$ palmis de pilaribus in eisdem domibus (10 s. pro canna) 75 s. 7 d. ob.

Pro factura 103 cannarum $6^1/_4$ palm. quadr. de muro duplici facto in domibus ibidem contiguis, in quibus moratur idem Guillelmus de Channaco (16 s. pro canna quadr.) 83 l. 6 d.

Pro factura 49 cann. quadr. $3^3/_4$ palm. muri de postuyra pro clausura orti dicti hospicii (10 s. pro canna) 24 l. 14 s. 8 d.

Pro 17500 tegulis pro dictis domibus cooperiendis 56 l. 14 s., pro coopertura dictarum domorum, in qua sunt 233 canne quadr. 3 palmi (2 s. 6 d. pro canna) 29 l. 3 s. 5 d.; *(f. 157)* pro 152 quadrigatis 3 saquis de gippo emptis pro meianis faciendis in dictis hospiciis (16 s. pro quadrigata) 121 l. 16 s. 6 d.

Pro 115 cannis quadratis $6^1/_2$ palm. de muro facto de gippo, 115 canne de crusta factis de gippo ($3^1/_2$ s. pro canna) 40 l. 8 s. 9 d.

Pro frangendis 31 quadrigatis gippi grossi (3 s. 4 d. pro quadrigata) 5 l. 3 s. 4 d.

Pro 250 banastonibus tegulorum fractorum pro faciendis meianis cum portu ipsorum 10 l. 8 s. 4 d. etc.

6. Gewebeeinkäufe

(vgl. auch Ausgaben für Paramente und Zimmerausstattung), **Kleidung.**

(I. E. 247 f. 121 vestes) **1346** Mai 29 d. Iohanni Courtoys, canonico Ambianen., vice et nomine Iohannis de Mortuo Campo, mercatoris de s. Audemaro, pro 50 peciis pannorum (25 planis et 25 virgatis) factis in s. Audemaro (22 fl. pro pecia), 25 peciis pannorum planis et 25 virg. factis in Gandauo (21 fl. pro pecia) pro vestibus estivalibus domicellorum assignatis dicto d. Iohanni distributori earundem per papam deputato 2150 fl.

Pro 2 peciis pannorum datis de mandato pape, ut idem d. Iohannes retulit, 14 servientibus tam marescalli quam dni regis Francie 28 fl., 1 pecia data de mandato pape 2 fratribus d. Iacobi Iudicis 36 fl.

Nov. 27 facto computo cum d. Iohanne Courtoys, canonico Ambian., de pannis de mandato pape emptis pro elemosina danda tam in partibus Lemouicen. quam in Romana curia religiosis dominabus et religiosis et aliis personis, viduis et pauperibus: pro 50 peciis brunete nigre de Bernay (*zu je* 8 canne, 5 l. 15 s. paris. pro pecia) 287 l. 10 s. paris., 60 peciis brunete (5 l. 10 s. pro pecia) 330 l. paris., 30 peciis brunete (5 l. pro pecia) 150 l. paris., 6 peciis brunete de s. Laudo (*zu je* 12 canne, 7 l. pro pecia) 42 l. paris. 40 peciis pann. alborum de Remis et de Cadomo (7 l. pro pecia) 280 l. paris., 60 aliis peciis pann. alb. et divers. colorum (6 l. 8 s. paris. pro pecia) 384 l. paris., 50 peciis burellorum tam de monasterio Villani quam de Baiocio et de s. Laudo (6 l. 10 s. paris. pro pecia) 325 l. paris., 40 peciis pann. diversorum colorum partium Brebancie et diversorum locorum (8 l. 5 s. paris. pro pecia) 330 l. paris., 120 peciis pann. (5 l. 5 s. pro pecia) 630 l., 60 peciis pann. (4 l. 15 s. pro pecia) 285 l. paris., 44 peciis pann. (76 s. pro pecia) 167 l. 4 s. paris., *zusammen* 560 pecie alborum, nigrorum, diversorum colorum: 3210 l. 14 s. paris. Pro portagio de Paris. usque Auin. et ad partes Lemouicen. 273 l. 6 s. paris.

Alles zusammen 3484 l. paris. in 4881 d. ad scutum 5 s. 6 d. paris. (1 scud. *teils* = 14 s., *teils* = 14$^{1}/_{2}$ s. paris.).

Pro tonsura 220 pec. dictorum pannorum (3 tur. gross. pro pecia), 40 pec. (5 tur. gross. pro pecia) 71 fl. 8 gross.

(f. 123) **1349** Juni 19 facto computo cum Antonio Malabayla, cive et mercatore Asten. in Rom. curia commoranti, solvimus pro 225 peciis pann. diversorum colorum empt. per factores suos de mandato Apost. in Cabilone pro elemosina pape 2014 fl. 5$^{1}/_{2}$ d. tur. gross.; pro tela ad involvendum pannos in trocellis 7 fl. 8 tur. gross., pro pannis portandis de [h]alis ad domum et pro ipsis mensurandis 4 fl., pro cordis et factura troscellorum ac corretagio 9 fl., pro loguerio camere, ubi dicti panni repositi fuerunt, 2 fl. 8 d. tur. gross.; pro portandis pannis de Cabilone Auinionem 85 fl.; pro expensis illius, qui ivit ad emendum pannos, eundo, stando et redeundo 25 fl.; pro dictis 225 peciis tondendis 127 fl. 4 tur. gross. arg.; pro vestibus 3 brodariorum 15 fl. 2 tur. gross., pro vestibus 2 clericorum coquine 10 fl. 8 tur. gross., pro vestibus 4 sulhardorum 6 fl. 6 tur. gross.

Zusammen 2307 fl. 5$^{1}/_{2}$ tur. gross., de quibus habuit a camera per manus mei camerarii 2000 fl., quorum fuerunt 1449 de Florencia boni ponderis et 551 parvi; et a d. Bertrando episc. Lomberiensi thesaurario 307 fl. 5$^{1}/_{2}$ tur. gross.

(f. 207 Pignota) **1346** Aug. 4 compotus Pontii Verardi, mercatoris de Verneolis et Thome Nicolai, cursoris pape, de pannis per ipsos emptis apud Endusiam pro Pinhota: 200 pecias pannorum burellorum, nigrorum et alborum (150 pecie *zu je* 47 s., 50 pecie *zu je* 48 s.) 472 l. 10 s. tur., pro portu pannorum de loco, ubi empti fuerunt, usque ad domum 3 s. 6 d. tur., pro filo et pro plicando pannos 5 s. 6 d. tur., pro corretagio 45 s., pro portu de Endusia usque ad Auinionem (16 d. pro pecia) 13 l. 6 s. 8 d., pro expensis 62 s., *zusammen* 491 l. 12 s. 8 d. tur. Et quia in longitudine pannorum fuit repertus defectus de 3$^{1}/_{2}$ peciis in universo, fuerunt detracte 8 l. 4 s. 6 d., *bezahlt in* 100 d. auri ad scutum, 393 l. 8 s. 2 d. tur. p. nigrorum Francie (1 scud. = 18 s. tur.).

Weißzeugeinkäufe.

(I. E. 247 f. 172 cera) **1346** Juli 10 computavit Helyas de Noxouio domicellus de mapis et longeriis: emisse in civitate Lemouicensi 529 cannas maparum et tantundem longeriarum (5 s. 10 d. pro canna) 154 l. 5 s. 10 d. tur. p.; . . . 87 cannas longeriarum *(zu je* 2 s.) 8 l. 14 s. tur. (18 s. 6 d. tur. = 1 scudatus); item computat, quod panatarii emerant ante festum Pasche 108 $^1/_2$ cannas maparum et tantum longeriarum (11 s. mon. Auin. pro canna) 109 l. 13 s. 6 d. parve Auin.; 47 cannas longeriarum *(zu je* 4 s.) 9 l. 8 s. parve mon. (24 s. = 1 fl.).

(f. 95 panat.) Aug. 29 d. Bernardo Garnerii, panetario pape, pro 6 mapis et 6 longeriis, longitudinis 25 palmorum pro pecia, 18 fl.; pro 25 manutergiis *(zu je* 4 gross.) 8 fl. 4 gross., totis de opere Parisiensi emptis pro usu hospicii pape videl. pro officio panetarie a Nicolao Lapobenti, *zusammen* 26 fl. 4 gross.

Kleidungsgegenstände.

(I. E. 247 vestes) **1346** Mai 29 pro panno dato pro induendis 4 brodariis, porterio coquine, custode leonisse, custode domus seu porte hospitii pape apud Villam Novam ac custode capelle palatii Auin. 32 fl.

Pro 1500 forraturis agnorum pro domicellis (600 *zu je* 7$^1/_3$ tur. gross., 200 *zu je* 7 d. tur. gross., 700 *zu* 7$^1/_2$ d. tur. gross.) 11053 tur. gross. (12 tur. gross. = 1 fl.) = 920 fl. 10 tur. gross. Pro 24 folraturis agnorum pro caputiis datis certis domicellis, qui recipiunt 3 garnamenta, 18 fl.

(f. 128) **1347** Dez. 3 . . . pro vestibus estatis preterite 3 brodariorum, custodis leonisse et custodis porte coquine 19 fl., pro vestibus 3 solhardorum parvorum 5 fl.

6a. Pelzwerk.

(I. E. 247 f. 125 ornam.) **1346** Mai 27 Galtero Gorre pellipario ad relationem d. Iacobi Garnoti et aliorum cambreriorum pape pro 462 ventribus variorum minutorum positorum in quadam tunica hardita de scalleta alba et 1 almucia pro persona pape (11$^1/_2$ fl. pro centenario) 53 fl. 18 d.

(f. 127) Nov. 27 d. Iohanni Courtoys, can. Ambianen., pro 4400 variis crudis emptis per eum pro papa de mandato suo et traditis Galtero Gorre, pellipario pape, (120 fl. pro miliari) 528 fl.

6b. Kleidung und Schuhwerk des Papstes.

(I. E. 247 f. 125 ornam.) **1346** Juli 5 per cedulam Iohannis le Male, cambrerii pape, innotuit, quod Thomas cursor pape, factor sandaliorum seu sotularium suorum, post compotum antea factum cum eo tradidit in die nativ. Domini [1345] eidem domino nostro 1 par sotularium et 1 par ocrearum forratarum de scalleta, in festo purif. b. Marie (2. Febr.) 1 par sotularium, in festo resurr. Domini 2 paria, in vigilia Penthecostes et in

die 2 paria, in vig. Apostolorum Petri et Pauli 1 par, *zusammen* 8 paria sotularium et 1 par ocrearum: (3 fl. pro pari) 27 fl.

(f. 126) Sept. 19 Petro Lapi de Florentia pro 13½ unciis de taffettano albo (7 fl. pro libra) 7 fl. 10½ tur. gross., pro 3½ cannis tele de Remis pro corsetis (10 s. tur. gross. pro canna) 2 fl. 11 gross., 3 unciis de serico pro suendo corseta (6 gross. pro uncia) 1½ fl., pro cotone et factura 2 fl., *zusammen* 14 fl. 3½ gross.

6e. Ausgaben für Paramente.

(I. E. 247 f. 126v ornam.) **1346** Okt. 24 computavit d. Iacobus Garnoti: *10. März* pro 2 unciis minus ½ ternali fimbrie de serico pro cathedra pape 1 fl. 12 d., *4. Aug.* pro 2 aurifrisiis sine ymaginibus pro 2 planetis de chamucatis et pro 6 palmis aurifrigiorum pro capitalibus planetarum 7 fl., *7. Aug.* pro 1 uncia de serico viridi pro suendis planetis 5 gross., *12. Aug.* pro 5½ unc. de sindone crocea pro planetis 2 fl. 18 d., *16. Aug.* pro 6 palmis tele cerate pro stolis et manipulis 3 gross., *25. Aug.* pro 1 fulcimento pro alba cum ymaginibus cum campo albo et stola et manipulo albis 8 fl., pro 1¾ unc. sindonis rubei pro fulcienda alba 8 gross., pro 1⅛ unc. fimbrie de serico pro 2 stolis et manipulis 8 gross., *11. Sept.* pro 3 cannis aurifrisiorum pro 2 albis 18 gross., *16. Sept.* pro 2 zonis de serico rubeo pro capellanis ponderis 5½ unc. 2 fl. 3½ gross., pro cambio 1 aurifrisii, quod non placebat domino nostro, 6 fl.; pro factura 1 lanterne de argento 8 fl.; mulieri, que suit pannos lineos pape, pro 9 rochetis, 2 albis, 6 linteaminibus parvis, 8 brochis, 6 scaminis et 12 capitegiis 54 gross. 11 s.; pro 1 antealtari 4 gross., pro tela, de qua fourratum fuit 5 gross., pro rubano et anulis 1 gross., pro 1 capsula de camocato albo 5 gross., alia capsula de camocato viridi et rubeo 5 gross., pro factura 1 gerbeterie 6 gross., pro factura stole et manipuli ac furnimento albe 2 gross., *zusammen* 45 fl. 8 s. 6 d.

(f. 127) Dez. 23 d. Petro Sainterii, magistro capelle, pro natis, quas fecit fieri in capella pape subtus pedes dd. cardinalium, et pro 1 corda tincta, que defert bacinum argenteum ante altare, et pro abluendis pannis altaris et reparandis aliquibus vestimentis capelle 21 s. 3 d. parve Auin.

(f. 128) **1347** Dez. 3 computavit d. Iohannes Cortoys se emisse in Francia pro capella et camera pape: pro 1 tapeto de lana de diversis coloribus pro capella pape continente 18 alnas quadratas ad mensuram Parisien. (15 s. pro alna) 14 l. 10 s. paris., pro 3 tapetis viridibus cum rosis rubeis pro capella continentibus 132 ulnas quadratas (11 s. 6 d. pro ulna) 75 l. 18 s., pro 6 sargiis viridibus videl. 2 maioris forme et 4 medie forme 24 l. paris., pro 18 sargiis viridibus, que sunt plus quam maioris forme, (8 l. paris. pro pecia) 144 l. paris., pro portatura sargiarum et tapetorum 9 scudatos 5 s. paris. (1 scudatus = 14 s. 6 d. paris., *teils* = 24 s. 6 d. Auin.).

6ᵈ. Zimmerausstattungen.

(I. E. 247 f. 125 ornam.) **1346** Juni 19 Petro Lapi pro reficiendo 1 mataracium lecti d. Guillelmi de Bordis, camerarii pape, pro labore suo 10 s., pro 7 lb. de cotone positis in dicto mataracio (2 s. 6 d. pro libra) 17 s. 6 d.; pro 6½ cannis de bordo Pisano (5 s. 9 d. pro canna) 37 s. 4 d., pro 51 lb. de cotone positis in 1 mataracio novo pro d. Guillelmo (2 s. 4 d. pro libra) 5 l. 19 s., pro parando cotone et factura mataracii 12 s.; pro reparandis 1 culcitra et 1 cussino 1½ fl., pro 3 quarteronibus de garzo (8 fl. pro quintali) 6 fl., pro reparando plumam de dicta culcitra 2 gross. ad relationem et per cedulam Iohannis Lagueta suo signeto sigillatam, et fuerunt predicta pro quodam lecto pape.

Ähnliche Ausgaben an Petrus Lapi sind öfter gebucht.

Juli 26 Francisco Bruni, servienti armorum pape, pro 21 lb. 4³/₄ unciis de serico viridi optimo pro facienda camera ultra Pontem pro persona pape (4 fl. 5 gross. pro libra) 94 fl. 13 s. 10 d., pro 5½ unc. de serico viridi pro sutura dictarum cortinarum 2 fl. 17 s., pro vetis de serico viridi pro muniendis cortinis ponderis 14½ unc. (6½ fl. pro libra) 7 fl. 18 s., pro 10 cannis 5 palmis de tela viridi pro celo 2 fl., pro 175 anulis de lotone pro muniendis cortinis 16 s., 6 lb. cordarum de filo viridi pro cortinis 4 fl., 1 culcitra de tafetano viridi et de serico de grana pro lecto 45 fl., pro 2 sargiis viridibus et magnis 12 fl. 6 gross., 1 tapeto viridi de 15 palmis pro ponendo in portis camerarum de paramentis 1 fl. 10 gross., pro 3 vannis magnis de bouqueranio de Ianua pro lecto suo 32 fl., pro 6 deffendalhiis de panno serico pro tabula sua 3 fl. 6 gross., pro factura omnium predictorum 6 fl., pro cordis, clavis et crochetis 16 s., *zusammen* 213 fl. 4 s. 10 d.

(f. 127) Dez. 22 Iohanni Delueruh, cubiculario pape, pro 1 culcitra plumea empta per eum pro camera sua, in qua iacet in palacio, 4 fl. 5 tur. gross. arg.

7. Wachs und Kerzeneinkäufe.

(I. E. 247 f. 211ᵛ Pignota) **1347** Jan. Geraldus La Tremoliera, admin. elemosine Pinhote, computat expendisse et solvisse pro provisione hospicii Pinhote 2½ quint. candelarum de cepo 12 l. 9 s.

(f. 170 ss. cera) Juni 1. Juli 7 etc. *Unter den Monatsrechnungen des Krämers* (ypothecarius) *Ademar Barrani finden sich regelmäßig Einkäufe von* cera gomata, pro cameris pape, *meist* 5—8 libre *zu je* 3 s.

Juli 26 Stephanus de Inferneto, operator cere, computat se emisse in Montepessulano de mandato d. Geraldi Furnerii, custodis cere, 10 cargas 15 lb. cere (23 lb. tur. p. pro carga) 231 l. 3 s. tur., pro portu cere de Montepess. Auinionem (13 s. 6 d. pro carga) 6 l. 15 s. tur. (13 s. tur. p. = 1 fl.).

(f. 173) Aug. 12 facto computo cum Stephano Inferneto, operario cere, de cera operata per eum ad opus palacii Apost. repertum fuit per cedulam d. Geraldi Furnerii, custodis cere, quod idem Stephanus operatus fuerat a festo b. Iohannis Bapt. 1346 ad 12. Aug. 30 quint. 15 lb. cere, pro quibus sibi debentur pro suo salario 10 l., pro 81 lb. de cotone (3 s. 3 d. pro libra) 13 l. 3 s. 3 d., pro 22 lb. de filo canapis (18 d. pro libra) 23 s., pro carbone 28 s., pro verdeto 2 s. 6 d., *alles zusammen* 21 fl. 22 s. 9 d. (1 fl. = 24 s.).

(f. 174v) Okt. 7 Guillelmo de Lolio, factori candelarum de cepo, pro 5 quintalibus candelarum de cepo pro provisione hospicii pape (5 l. 4 s. pro quintali) 26 l. in 21 fl. 16 s.

(f. 175) Okt. 27 d. Geraldo Furnerii, custodi cere, pro 1 carga cere empta per eum pro provisione hospicii 32 fl.

Okt. 27 Stephanus de Inferneto, operarius cere, computavit se emisse pro provisione hospicii pape apud Montem Pessulanum de mandato d. Geraldi Furnerii, administratoris cere, 22 cargas 25 lb. cere (25 l. 5 s. tur. pro carga) 557 l. 12 s. 1 d. tur., pro corretariis, pro ponderanda cera, pro portu ad hospicium et deinde apud Comps et deinde Auinionem et aliis expensis per ipsum factis 17 l. 6 s. 11 d. tur., *zusammen* in 688 d. ad scutum 7 s. tur. p. (1 scutum = 16 s. 8 d. tur., 19 scuti *zu je* 18 s.).

1347 Jan. 24 d. Geraldo Fournerii, custodi cere, pro 6 quint. de cepo pro candelis faciendis pro usu hospitii pape (104 s. pro quintali) 31 l. 4 s. in 26 fl.

Jan. 29 Stephano de Inferneto, operario cere, de cera operata per eum (repertum fuit per cedulam d. Geraldi Furnerii, custodis cere . . .) a 1. Nov. 1346 ad 24. Ian. 1347 65 quint. 22 lb. (6 s. 8 d. pro quintali) 21 l. 15 s., pro 174 lb. de cotone (3 s. 6 d. pro lb.) 30 l. 9 s., 80 lb. fili (*zu je* 18 d.) 6 l., pro carbone 65 s., 1 lb. de verdeto 3 s.

Mai 14 *Derselbe* computat emisse Auinione de mense Febr. 1347 2 quint. 86 lb. cere (12$^1/_3$ fl. pro quint.) 35 fl. 5 s. 6 d., apud Montepessulanum 55 quint. 6 lb. cere (7 l. 8 s. 4 d. tur. pro quintali) 408 l. 6 s. 4 d. (16 s. 8 d. tur. p. = 1 scutum) 489 d. ad scutum 6 s. 3 d. tur., pro oneratoribus et ponderatoribus et pro portu eiusdem cere ad hospicium 3 l. 16 s. 8 d. tur. p., pro portu usque Auinionem 9 l. 3 d., pro suis expensis eundo, stando et redeundo 40 s. tur., summa expensarum 11$^1/_2$ d. ad scutum 9 s. 5 d. tur. (1 scudatus = 25 s. tur.), emisse Auinione 60 lb. de cera alba tam pro candela pape in purificatione quam pro cereo paschali (5 s. pro libra) 15 l. parve Auin., pro factura pomelli 3 l. 12 s.

7a. Spezereien und Kolonialwaren.

Alle vier Wochen werden, wie früher, vom Mücheneinkäufer (d. Bernardus Gancelmi, emptor coquine pape) *Rechnungen über diesbezügliche Ausgaben vorgelegt und durch die Kammer bezahlt. Wir lassen beispiels-*

weise die erste folgen. (I. E. 247 f. 72v coquina) **1346** Mai 30 computat expendisse *(vom 1. bis 28. Mai)* pro $19^1/_4$ lb. specierum in pulvere (9 s. pro libra) 8 l. 13 s. 3 d., pro $15^3/_4$ lb. zingiberis ($8^1/_2$ s. pro libra) 6 l. 13 s. 10 d., 5 lb. piperis ($8^1/_2$ s. pro libra) 42 s. 6 d., $3^1/_2$ lb. canelle (8 s. pro libra) 28 s., 300 lb. amigdalarum (*zu je* 5 d.) 6 l. 5 s. (!), 2 lb. gariofilorum (*zu je* 60 s.) 6 l., $2^1/_2$ lb. floris canelle (40 s. pro libra) 100 s., 16 lb. zucaris (*zu je* 5 s. 6 d.) 4 l. 8 s., 24 lb. risi (*zu je* 5 d.) 10 s., 14 lb. avenati 7 s., 14 lb. ordeacei 7 s., $^1/_4$ canelle Darci 30 s., 2 lb. de pinonis 5 s., 18 lb. mellis (*zu je* 7 d.) 10 s. 6 d., 3 lb. datillorum 6 s., 2 lb. de prunis 2 s., 14 lb. frumenti 7 s., pro auro in foliis 10 s., $^1/_4$ de spic 25 s., $^3/_4$ de cubebis 30 s., 9 lb. ficuum et racemorum 4 s. 6 d., $^1/_2$ lb. grane paradisi 6 s., $^1/_4$ de massis 15 s., $^1/_4$ anisii confecti 16 d., $3^1/_2$ cannis estaminie (3 s. pro canna) 10 s. 6 d., 20 pomis granatis (*zu je* 10 d.) 16 s. 8 d., 1 libro papireo magne forme 23 s. 6 d.

Von dem apothecarius Ademarus Barrani *werden wie früher unter dem Titel* pro cera *monatliche Rechnungen gelegt über die mancherlei von ihm gelieferten Waren, unter denen sich Spezereien und Medizinalien, Papier, Wachstuch, Siegellack u. a. befinden. Wir lassen zwei Beispiele folgen.*

(I. E. 247 f. 170 cera) **1346** Juni 1 compotus Ademari Barrani de speciebus confectis per eum traditis in mense Maii pro usu hospicii pape: 333 lb. specierum confectarum (5 s. 6 d. pro libra), 9 lb. specierum specialium pro papa (10 s. pro libra) 96 l. 1 s. 6 d. . . . pro aqua rosacea de Damas pro papa 9 s., pro pomis granatis pro papa 11 s. 3 d., pro quibusdam receptis rosarum et aliorum florum pro papa 50 s.

(f. 173v) Sept. 4 facto computo cum Ademaro Barrani apothecario de speciebus et aliis rebus traditis in mense Augusti: $305^1/_2$ lb. specierum confectarum (5 s. pro libra) 76 l. 7 s. 6 d., 5 lb. floris canelle (8 s. pro libra) 40 s., 32 poma granata (*zu je* 18 d.) 48 s., . . . pro rosis camomille et aliis floribus et 1 recepta medicinali pro papa 26 s. etc.

8. Bauausgaben (Einzelheiten).

(I. E. 247 f. 133 edif.) **1346** Mai 9 facto computo cum Petro de Pinia et Iohanne Posterii lapiscidis de factura muri circumquaque piscariam pape ex parte interiori solvimus eisdem pro dicto muro vocato empieta longitudinis 85 cannarum et altitudinis $^1/_2$ canne (42 canne quadrate), $2^1/_2$ fl. pro canna quadrata 106 fl. 6 s. parve Auin.

Mai 23 cum factum fuisset forum cum Stephano Bueti de faciendo murum inter aulam hospicii pape apud Villam Novam et capellam dicti loci grossitudinis 1 canne usque ad 5 cannas et residuum 7 palmorum et altitudinis 9 cann. $4^1/_2$ palm. et longitudinis 9 cann. 6 palm. ($2^1/_2$ fl. canna quadrata), repertum fuit, quod dictus murus per canamentum Petri Gauterii continet in universo 97 cannas 5 palmos quadratos incl. 4 cannis

6½ palmis factis super murum dicte capelle, valent 244 fl. 1 s. 6 d. (1 fl. = 24 s.).

Juli 1 mag. Rostano Berc pro factura porte colatissie facte in magna porta, per quam itur ad ecclesiam b. Marie de Doms, 6 fl. et pro portu fuste dicte porte 4 s. 6 d.

(f. 136) Juli 7 Rostagno Aurc pro coopertura domus noviter facte in hospitio habitationis d. marescalli curie, facto super hoc cum eodem pretio per Petrum Gauterii, 17 fl.

Juli 12 facto computo cum Benedicto Lumbardi lapiscida de operibus per ipsum factis in hedificio facto novo in domo marescalli iustitie pape: pro 384 cannis quadratis muri de 3 palmis in latitudine a fundamento aule nove, crote, gardarobe et coquine usque ad solarium (3 fl. pro canna quadrata facto pretio ita, quod de lapidibus, semento et factura ipse habuit providere) 1152 fl., pro 212 cannis 6 palmis muri de 3 palmis in latitudine videl. a solario aule et coquine usque ad summum (3½ fl. pro canna quadrata) 744 fl. 15 s. mon. Auin., pro 59 cannis ¾ palmi muri de 2½ palmis facti in quodam deambulatorio versus partem d. vicecancellarii (2 fl. pro canna quadrata) 118 fl. 4 s. 6 d., pro 23 cannis 7 palmis de pilaribus factis in dicto deambulatorio (40 s. pro canna) 47 l. 15 s., pro 3 fornellis, in quantum transcendunt murum, et pro bardamento turris circumquaque 14 fl., *zusammen* 2028 fl. 48 l. 14 s. 6 d. in 2068 fl. 14 s. 6 d. (1 fl. = 24 s.).

Ähnliche Ausgaben sind wiederholt verzeichnet.

(f. 137v) Juli 20 cum factum fuisset forum cum Petro de Furno, fusterio Auinion., de faciendis 2 solariis in turri de Trulhacio, pro quorum primo debuit habere una cum quodam ingenio facto per eum in jardino pape infra palatium Apost., quando fuit factus murus ibidem, 36 fl., pro alio solario 40 fl.

Juli 23 cum factum fuisset forum, iam est diu, cum Guillo Andree et Petro Picardi, fusteriis Auin., de faciendo ultimum solarium necnon et cooperturam totam turris Trulhacii subsequenter coopertam de plumbo: 150 fl.

Aug. 7 Benedicto Lumbardi pro hedificando gradario lapideo cum volta de lapide pro illo necessaria, per quem descenditur ad crotam, ubi reponitur vinum in hospicio d. marescalli iustitie, et alio gradario lapideo, per quod descenditur ad aulam hospicii, item pro bardando in fundo coquine hospicii novi, facto precio cum eo per Petrum Gauterii et mag. Iohannem de Lupara, tam pro labore quam lapidibus, calce et arena et aliis necessariis 90 fl.

(f. 139) Aug. 9 Quinquinello cursori pape pro recolligendo carbone, qui erat in fundo turris Trulhacii, ubi modo sunt reposita ligna combustibilia, et portando superius in camera carbonis iuxta capellam inferiorem 24 s.

8. Bauausgaben.

(f. 139v) Aug. 12 facto computo cum mag. Iohanne de Lupara et Haroneto consanguineo suo de deambulatoriis hospicii novi pape ultra Rodanum ac turri, que facta est in dicto hospicio ex parte rupis ac pro necessariis sive latrinis dicte domus . . ., *zusammen* 1297 fl. 1 gross. tur. arg.

(f. 141) Sept. 2 Iohanni Fabri pro cavando terram usque ad fundamentum porte nove palacii Apostolici, per quam itur versus payroleriam, (facto precio) 18 fl.

Okt. 19 Iohanni Galefredi fregelario pro cavandis 34 cannis 2 palmis de rocha in loco, ubi fuerunt gradaria ad ascendendum in capella nova, que edificatur ante palacium ($2^3/_4$ fl. pro canna) 94 fl. 4 s. 7 d.

Eidem pro cavandis fundamentis iuxta portale, quod fit noviter versus partem payrolarie in loco, ubi fit gradarium, facto precio 9 fl.; eidem pro 3 jornalibus hominum, qui fecerunt 2 foveas, in quibus positi fuerunt 2 pali pro ponendis vinis in cellariis, 15 s.

(f. 144v) Nov. 9 facto computo cum Benedicto Lumbardi, lapicida apud Villam Novam commorante, de opere capelle pape hospitii Ville Nove solvimus pro 95 cannis 5 palmis quadratis de muro 3 palmorum tam in longitudine quam penis mediis et scalis cannatis per Petrum Gauterii (16 tur. gross. pro canna, 1 fl. = 12 gross.) $127^1/_2$ fl. (1 fl. = 24 s.).

Nov. 18 Bernaldo Geraldi de s. Andrea, qui amovit residuum roche de scolis novis infra palacium, pro qua removenda debebat habere 20 fl., facto foro cum eodem 30. Sept., 20 fl.

Nov. 18 solveramus antea Bernardo Frier, cum quo fuerat factum pactum de amovenda seu scindenda dicta rocha scolarum predictarum theologie ad summam 60 fl., prout patet in instrumento super hoc recepto per mag. Ioh. Palasini 20. Maii 1346, 40 fl.

(f. 150v) **1347** Jan. 31 facto computo cum Rostagno Berc, serviente armorum pape, pro 108 dietis carpentariorum, qui diversis diebus operati fuerunt in palacio Apostolico a 5. Maii 1346 ad 15. Ian. 1347 in reparandis portis, faciendis gradibus in deambulatorio b. Iohannis, in faciendis cancellis novi palacii, fenestris telandis in camera servientium armorum subtus scalarium, 1 solario pro tenendis racemis, barris faciendis in consistorio, 1 solario in camera d. G. de s. Amancio, pro archis faciendis ad tenendum legumen pape et lardario reparando cum dressatorio coquine faciendo 8 paria tabulariorum in magno tinello, pro faciendo ingenio rote pro levandis lignis pro 2 rotis in dicto ingenio cum 1 cassa facienda in gardaroba cum 12 mediis pro tenendis literis secretis pape et pluribus aliis operibus minutis in palacio et in piscaria (4 s. pro die) 21 l. 12 s. etc. etc.

April 27 facto dudum foro cum Galtero Vial, Bertrando Coterii, Bernardo Frezier et Lamberto Fabro de demoliendo audientiam antiquam et totum opus antiquum videl. omnes domos, que erant ante palacium, ubi edificatum est modo novum palacium et ubi est platea vacua ante dictum palacium, 600 fl.

Über den Neubau des päpstl. Marstalls vgl. Pferdeeinkäufe etc. S. 334 f.

(f. 158) **1348** Febr. 19 magistri Petrus Gauterii et Iohannes Massarii deputati per nos ad cavandum opera nova palacii Apost. facta per mag. Iohannem de Lupara et iurati: bene et fideliter cavare opera supradicta et fideliter refferre, que invenirent in cavamento, presente dicto mag. Iohanne de Lupara . . . retulerunt, quod omnes muri bugetorum dicti operis ascendunt ad 699 cannas quadratas et $^1/_2$ palmum; muri crotarum, computando 2 cannas quadratas pro 3 cannis, ascendunt ad 1252 cannas $7^5/_8$ palmos quadr.; omnes muri quadrariorum 59 cannas $7^3/_4$ palm., muri tudellorum et fervellorum ascendunt ad 18 cannas 4 palmos quadratos; muri acolarum adscendunt ad 191 cannas $7^3/_4$ palmos quadratos; muri vicium ascendunt ad 125 cannas 5 palm. quadr., omnes muri grossi ad 3785 cannas $2^7/_8$ palm. quadr.

Que omnia cavamenta ascendunt ad 6132 cannas $3^5/_8$ palm. quadr., que dando pro canna quadrata $3^1/_2$ fl., ascendunt ad 21463 fl. 15 s. 4 d. ob.

Idem mag. Iohannes fecit de bardamento 132 cannas cadratas, que faciunt (20 s. mon. Auin. pro canna quadr.) 132 l. mon. Auin. in 110 fl.

Dictus autem mag. Iohannes recepit a nobis camerario 17400 fl., 132 l. 5 s. clementin. 931 l. 10 s. mon. Auin. (1 clementinus = 28 d. mon. Auin.).

Item recepit a d. Bertrando de Cusnaco, priore Brine, thesaurario pape, 9500 fl.

8a. Baumaterialien.

1. Kalk.

(I. E. 247 f. 133 edif.) **1346** Mai 22 Rostano Prophete calcenario pro 1226 scandalhis calcis receptis ab eo pro operibus palacii Apost. per Martinum et Petrum Vernetti, cursores pape, ad hoc deputatos 8. Mai (3 s. 3 d. pro scandalho) 199 l. 4 s. 6 d. in 166 fl. 6 d.

Arberto de Nonay calcenario pro 494 scandalhis calcis *desgl.* (3 s. 3 d. pro scandalho) 80 l. 5 s. 6 d. in 67 fl. 21 s. 7 d.

Juni 8 Raymundo de Cresilhono calcenario pro 825 scandalhis calcis *desgl. zum selben Preis* 111 fl. 17 s. 3 d.

(f. 136) Juli 7 recepti fuerunt p. m. Martini de Senis, cursoris pape, ad hoc specialiter deputati, ab Arberto de Nouay carcenario de mense Iunii 1346 51 scandalhi calcis pro edificiis novis palacii Apost., sed quia dicta cals erat trissa, cum tamen debeat eam reddere in lapide, idcirco per extimationem fuerunt reducti ad 40 scandalhos *(je* 3 s. 3 d.) 6 l. 10 s.

Ähnliche Abrechnungen jeden Monat.

(f. 139^v) Aug. 12 computavit Ludovicus de Vianna cursor recepisse

a Bertrando Capelerii et fratre suo a 5.—11. Aug. pro operibus palacii novi Auin. 972½ scandalla calcis (3 s. 3 d. pro scandallo) 158 l. 7 d. ob. parve mon. in 131 fl. 16 s. 7 d.

Am 19. Aug. desgl. Ludovicus de Vianna et Hugucius de Perusio cursores . . . 66 fl. 8 s. 6 d. (490 scand. *zum selben Preis); außer diesen* cursores pape *werden noch andere päpstliche Kuriere mit der Beschaffung von Kalk und Sand betraut, wie* Raymundus de Biterris, Vincentius de s. Vincentio.

2. Sand.

(f. 133v) Juni 3 Petro Masselles pro 66 navigatis arene portatis per aquam in toto mense Maii pro edificio pape citra Rodanum et pro palheria (10 s. pro navigata) et fuerunt recepte per Raymundum de Biterris, cursorem pape, ad hoc deputatum 33 l. in 27 fl. 12 s. (1 fl. = 24 s.). *Desgl.* Guillelmo Alari pro 61 navigatis arene portatis per terram in dicto mense Maii *zum selben Preis* 25 fl. 10 s. *Ähnliche Ausgaben jeden Monat verzeichnet.*

(f. 142v) Okt. 4 Petro de Pontisara pro 12 animalibus, que portaverunt arenam per 2 dies in opere, quod facit idem Petrus in hospicio domini quondam Neapoleonis (3 s. pro animali) 36 s.; pro facienda mescla de calce et arena 9 s. 4 d.

3. Steine.

(I. E. 247 f. 134 edif.) **1346** Juni 8 compotus Guillelmi Desiderii de lapidibus receptis ab eo pro hedificiis palacii Apost. in mense Maii 1346: pro 22921 cadastis (34 fl. pro miliari) 779 fl. 4 s. 6 d., pro 2122 quarteriis (20 d. pro quolibet) 176 l. 16 s. 8 d., pro 648 boquetis *(je 3 s. 9 d.)* 121 l. 10 s., pro 298 lapidibus quadrigalibus mediocris forme *(je 8 s.)* 119 l. 4 s., pro 122 grasis *(je 2 s.)* 12 l. 4 s., *zusammen* in 779 fl. 429 l. 19 s. 2 d. Sequitur de lapidibus receptis ab eodem Guillelmo in dicto mense pro operibus ultra Rodanum: pro 5801 cadastis (34 fl. pro miliari) 197 fl. 5 s. 5 d., pro 768 quarteriis *(je 20 d.)* 64 l., pro 162 grasis *(je 2 s.)* 16 l. 4 s., pro 87 boquetis *(je 3 s. 9 d.)* 16 l. 6 s. 3 d., *zusammen* 197 fl. 96 l. 15 s. 8 d. *Beide Summen zusammen in* 1414 fl. 22 s. 10 d. *Ähnliche Abrechnungen desselben alle Monate.*

(f. 138v) Aug. 7 Iohanni Magistri lathomo, facto foro cum eodem, pro factura graduum lapideorum, per quos descenditur ad inferiores partes turris Trulhacii, ubi reponuntur ligna combustibilia pro usu palacii Apost., super quo factum fuit instrum. per mag. Iohannem Palasini 36 fl. *Demselben* pro demoliendo muro contiguo capelle maioris palacii Apost., qui prestabat impedimentum in factura graduum per extimationem Petri Gauterii et mag. Iohannis de Lupara 3 fl.

4. Ziegel.

(f. 145v) **1346** Nov. 17 Petro Masselhes pro 8000 tegularum recept. ab eo per d. Pontium, provisorem operum, pro cooperiendo cameram et gradus, per quos descenditur ad jardinum hospicii domini quondam Neapoleonis (4 l. 10 s. pro miliari) 36 l. et pro portando quolibet miliari a portu Rodani 10 s.: 4 l., pro estivando tegulas 4 s.

5. Bauholz.

(f. 160v) **1348** Mai 14 compotus mag. Petri Gauterii, pape cursoris, de lignaminibus seu fustis per eum emptis in Sabaudia pro hedificiis pape de anno 1348: se emisse de lignaminibus 6, 7 et 8 tesarum in longitudine empte diversis vicibus videl. 8 duodenas grossas, 8 duod. simplices, 7 pecias, que sunt in universo 1255 pecie, valent 1030 fl.; 2 duod. simplices et 6 pecias (30 pecie) de 12 et 13 tesis in longitudine: 129 fl.; 2 duod. simplices de 15 et 16 tesis in longit.: 132 fl.; 6 duod. simpl. et 6 pecias (82 pecie) de 21 tesis: 450 fl.; 20 pecias de 13 et 14 tesis: 90 fl.; 27 duod. simpl. et 1 pecia bilhonum de 4 tesis (289 pecie): 335 fl. 7^1/$_2$ tur. gross. arg.; 110 quercus de 4, 5, 6 et 7 tesis in longitud.: 275 fl., *zusammen* 1810 pecie.

Expense tam pro rebus necessariis pro ligandis quam pro conducendis dictis lignaminibus: pro 23 quint. et 35 lb. cordarum canapis pro ligandis radellis (37 s. 6 d. monete gebennen. pro quint.) 43 l. 15 s. 8 d. ob. gebenn. = (1 fl. = 12 s.) 72 fl. 11 s. 7 d. ob. gebenn., pro 24 duodenis de planchis sive remis (18 d. gebenn. pro duodena) 3 fl., pro dictis lignaminibus ducendis de portu de Reges ad portum de Malaloya 90 fl. 8 d. tur. gross. arg., pro salario 244 hominum, qui conduxerunt omnia lignamina a portu de Malaloya ad Auinionem, necnon et 3 botigas delivransas: 482 fl. 8 d. tur. gross. arg., pro expensis dictorum 244 hominum conducentium omnia supradicta usque Auinionem, qui steterunt in itinere per 21 dies, 355 fl. 5 tur. gross. arg., pedagiariis pro vino in toto itinere 12 fl. 4 tur. gross., pro pennicellis ad arma pape pingendis 13 den. tur. gross. arg., 6 hominibus, qui custodierunt radellos per 57 fl., 12 fl.; pro expensis suis et Thome Nicolay ac 2 famulorum et 2 ronsinorum ab 8. Aprilis ad 28. Maii et a 13. Iulii ad 10. Sept. (111 dies, 7 tur. gross. arg. pro die) 64 fl. 9 tur. gross. arg.; pro dictis lignaminibus extrahendis Auinione de Rodano et ponendis in terra: 230 fl. 9 tur. gross. arg., 46 hominibus, qui descenderunt 2 radellos et posuerunt eos in portu de Reges, 7 fl. 8 tur. gross. arg., *zusammen* 3775 fl.

6. Gipsarbeiten (Stuck).

(I. E. 247 f. 151) **1347** Febr. 19 facto computo cum Richardario giperio de operibus de gilpo (!) factis per eum, in domo d. marescalli et solvimus pro 69 cannis 6^3/$_4$ palmis quadratis de muro gilpi in diversis

meianis dicte domus (16 s. pro canna quadr.) 55 l. 17 s. 6 d., pro 333 cannis $3^3/_4$ palmis quadratis de parietibus inducendis et aplanendis de gipo (3 s. pro canna quadr.) 50 l. 4 d. ob., pro 139 cannis 7 palmis quadr. de pavimento (8 s. pro canna quadr.) 55 l. 19 s., pro 3 fornellis in dicta domo 15 fl., pro 2 vicibus factis in eadem domo 60 fl.

8b. Metalle und Metallwaren.

(I. E. 247 f. 84 coqu.) **1347** April 16 Gentilis Nicolai, serviens armorum pape, ... computat emisse in Burgundia pro coquina pape 13 ollas de metallo, que ponderant 3 quintalia 3 lb., computato quintali ad 7 l.: 21 l. 4 s. 3 d., pro portu ollarum de Dinione ad Cabilonem 20 s. tur.

(f. 183ᵛ edif.) **1346** Juni 8 Compotus Bertrandi de Canaulis fabri (ferraterii) de Paternis de ferramentis et aliis rebus ab ipso receptis per Bibianum de Solungello, [cursorem pape], prout ipse retulit in toto mense Maii 1346 pro hedificiis pape tam citra quam ultra Rodanum et pro hospiciis marescalli et palherie: pro 240 barris ferri ponderis $3884^3/_4$ lb. ferri et pro 3 aspis, 16 relhis, 4 frachiciis magnis pro portis ponderis in summa 702 lb. ferri et pro 1 barra ferri pro firmanda porta audientie, 1 anulo ferri, 15 magnis clavis pro magna turri, 4 gofonibus ponderis 143 lb., *zusammen* $4729^3/_4$ lb. ferri, valent (7 d. ob. pro libra) 147 l. 16 s. 1 d.

Pro 23 serralhis positis tam citra quam ultra Rodanum (*zu je* 10 s.), pro 18 luquetis (*je* 7 s.), 25 clavibus (*je* 19 d.), 6 candelabris pro tinello ultra Rodanum (*je* 3 s.), 6 vettis (*je* 19 d.), 2 frachiciis (*je* 2 s. 3 d.), *zusammen* 21 l. 7 s. 7 d., *alles zusammen bezahlt in* 141 fl. minus 4 d.

Ähnliche Rechnungsablagen desselben jeden Monat; ebenso von seiten des Guillelmus Rostani ferratarius.

(f. 160ᵛ) Aug. 31 mag. Iohanni Belhomine, factori campanarum, pro cupro plummelli turris Trolhacii, in quo sunt 81 lb. cupri, (4 s. 6 d. pro libra) 18 l. 4 s. 6 d. in 15 fl. 4 s. 6 d.

(f. 145) April 13 Bertrando de Canaulis fabro pro 3 crucibus ferreis per ipsum factis, quarum una posita fuit in cacumine turris Trolhacii, alia in turri hospicii pape ultra Rodanum, alia in turri d. marescalli, que cruces ponderant in universo 219 lb., (12 d. pro libra) 10 l. 19 s.

Okt. 16 facto computo cum mag. Iohanne Bellihominis solvimus eidem pro 1 campana posita in domo quondam Neapoleonis de ultra Rodanum ponderis 1 quint., quam fecit de proprio metallo, et una cum factura 10 fl., item pro canonibus plumbeis et tina plumbea positis in stufa pape ponderis 1532 lb. factis de plumbo proprio et pro sandatura predictorum et pro labore suo et magistrorum (9 d. pro libra) 57 l. 9 s., pro 3 clavibus de metallo positis in canonibus, qui vadunt ad stufas 4 fl., ... pro copertura turris de Trolhacio videl. de manu tantum, quia plumbum fuit sibi traditum de camera 150 fl., pro pomo metalli dicte turris deaurando facto precio cum eodem 45 fl., pro factura grifoni positi in viridario pape una cum 14 clavibus de metallo computatis canonibus de plumbo facta extimatione per magistros expertos in arte illa 28 fl., pro factura 1 magne campane facte pro ponendo in domo condam d. Neapoleonis de ultra Rodanum ponderis 14 quint. cupri, quod cuprum erat camere, ad rationem 2 fl. pro quintali, 28 fl., *zusammen* 317 fl. 21 s. mon. Auin.

8c. Glaswaren.

(I. E. 247 f. 103 butic.) **1346** Juni 17 Geraldo buticulario pape pro famulo misso ad furnum vitrorum 10 s.

Juli 1 d. Geraldo buticulario pro 4 duodenis grossis vitrorum et 2 duodenis vitrorum simplicibus pro domino nostro 12 fl.

(f. 138v edif.) **1346** Aug. 7 mag. Christianus vitrearius computavit de vitreis per ipsum factis in hospiciis Ville Nove et domini quondam Neapoleonis: posuisse in 6 fenestris, que sunt in deambulatoriis hospicii Ville Nove, in 1 fenestra in camera domini Bellifortis et in 1 fenestra, que respicit versus capellam, in 1 fenestra in modica capella, in summa 307³/₄ palmos vitri (5 s. pro palmo) 76 l. 18 s. 9 d.

Item in 10 fenestris magni tinelli Auinion. et in 4 fenestris camere paramenti 196 palmos: 49 l., *zusammen* 125 l. 18 s. 9 d. in 104 fl. 22 s. 9 d. (1 fl. = 24 s.).

Aug. 29 *demselben* pro vitreis factis in consistorio palacii Apost., in qualibet fenestra 14 palmos, *zusammen* 112 palmos quadratos vitri (5 s. pro palmo) 23 fl. 8 s.

(I. E. 247 f. 176 cera) **1346** Dez. 4 facto computo cum Philiponno de Sonneres, nato quondam Guilli de Sonneres, vitreario Auin., de urinalibus, padellis terreis et aliis rebus officii sui traditis Iohanni le Masle et Iohanni Dachieres, cambreriis pape, pro camera pape a 17. Mai 1345 ad 3. Oct. 1346 16 fl. 19 s. 8 d.

8d. Goldschmiedearbeiten.

(I. E. 247 f. 126 ornam.) **1346** Okt. 9 solvimus Iohanni Menuchon, aurifabro Auinion., pro 2 chienetis sive buretis parvis argenteis pro capella pape factis per eum ponderis 2 march. ¹/₂ unc.: 13 fl.

(f. 127) **1347** Jan. 19 Menuchono argentario pro 5 flasconibus reparandis et zonis sericeis renovandis, pro quolibet 2 gross., valent 10 gross., pro reparatione 7 potorum argentorum, in quibus posuit de argento suo 1³/₄ unc., et pro labore 21 gross., etc. . . ., pro brunitura 12 tassiarum argentiarum 7¹/₂ gross., pro reparatione 2 aqueriarum argenti, in quibus posuit de argento suo ¹/₂ quart., et pro labore suo 6 gross. . . ., pro brunitura 18 tassiarum argenti 11 gross. 6 d., . . . prout de predictis omnibus constabat per cedulam d. Geraldi, buticularii pape, suo sigillo sigillatam nobis missam.

1347 Mai 19 computavit Iohannes Monuchii argentarius . . . fabricasse rosam auream datam per papam in dominica Letare, que ponderavit sine saphiro et granatis, inclusis 2 quartis pro mencamonto (! *statt* montamento), 1 march. 3 unc. 22 $^1/_2$ d., pro liga 11 tur. gross., pro facienda rosa 10 fl., 2 granatis . . . 5 gross., 1 saphiro 10 fl., que omnia sunt sibi soluta in 83 ducatis auri 20 fl. 16 gross.

(f. 128) item computat de auro 20 caracterum per ipsum posito in reparatione 1 poti auri 1 quart. 3 d. auri = 2 fl. 13 s., pro brunitura 1 turibuli 9 gross., pro brunitura 12 tassiarum 15 s.

(f. 128v) **1348** Jan. 24 compotus Marchi Landi, argentarii et servientis armorum pape, de 1 bassili de argento, in quo stat candela, que pendet in capella maiori pape ante corpus Christi et reliquias, ac de pede argenteo per ipsum noviter facto et posito in pulcro jocali pape — est sciendum, quod ponderat dictum bassile ad pondus Auinion. una cum cathenis argenteis, cum quibus stat appensum, 11 march. 5 unc. 9 den. de argento sterlingorum ad pondus Auin., 5 march. argenti grossorum tur. ad idem pondus — item asserit, quod pes dicti jocalis ponderavit in universo 41 marchas arg. grossorum tur. ad pondus Auin.; summa ponderis dictorum bassilis et pedis 46 march. arg. tur. gross., 11 march. 5 unc. 9 d. ad sterling. ad pondus Auin., de quibus receperat a camera 9 march. 4 unc. 9 d. arg. sterling.; restat, quod debentur dicto Marcho 46 marche arg. tur. gross., 2 marche 1 unc. arg. sterlingorum ad idem pondus, pro quibus summis argenti solvimus eidem pro 46 marchis arg. tur. gross. (5 fl. 7 d. tur. gross. pro marcha, 1 fl. = 12 tur. gross.) 256 fl. 10 d. tur. gross. arg.; pro 2 marchis 1 unc. arg. sterlingorum (5 fl. 4 $^1/_2$ tur. gross. pro marcha) 11 fl. 10 s. 1 d. ob.

Eidem pro quadam parva lanterna pro papa ponderis 4 march. 5 unc. 7 den. arg. tur. gross. ad pondus Auin. (5 fl. 7 tur. gross. pro marcha) 25 fl. 5 s. 6 d.

Eidem pro pede dicti jocalis deaurando 28 fl., pro 2 esmaltis de auro positis in pedibus 2 candelabrorum de auro ponderis 2 unc. de auro (6 fl. pro uncia) 12 fl.

Eidem pro factura bassilis, quod, ut predicitur, ponderavit una cum cathenis ad pondus Auin. 16 march. 5 unc. 9 d., ad rationem 6 d. tur. gross. pro marcha: 8 fl. 9 s.

Eidem pro factura pedis, qui, ut predicitur, ponderat 41 march., ad rationem 2 fl. 9 tur. gross. pro marcha, 112 fl. 18 s.

Eidem pro factura lanterne, que, ut predicitur, ponderat 4 march. 5 unc. 7 d. (2 fl. 9 d. tur. gross. pro marcha) 12 fl. 17 s. 3 d.

Pro factura esmaltorum 36 s.

Zusammen 458 fl. 19 s. 10 d. ob., de quibus computavit recepisse a camera 207 fl. 9 march. 4 unc. 7 d. arg. sterling. ad pondus Auin., videl. a nobis camerario 72 fl. 9 march. 4 unc. 9 d. arg., et a d. B. de Cosnaco thesaurario 135 fl., quibus deductis restat, quod debentur dicto Marcho 251 fl. 19 s. 10 d. ob.

8e. Malerei und Farben.

(I. E. 247 f. 145ᵛ edif.) **1346** Nov. 21 compotus redditus per mag. Matheum Iohanneti de Viterbio, pictorem pape, de diversis picturis factis per eum in palacio Apostolico, prout sequitur et prout in libro rationum suarum per eum camere assignato plenius continetur: computat incepisse operari in opere porte capelle magne palacii Apost. Auinione et in choro eiusdem capelle 6. Aprilis et finivisse 22. Maii 1346, pro quo siquidem opere computat sibi deberi tam pro se ipso quam suis operariis 15 l. 3 s. 6 d. parve; pro opere consistorii et tabularum altaris pape computat operasse a 29. Maii usque ad 10. Nov. 1346, tam pro dietis suis quam operariorum 263 l. 7 s. parve; in diversis coloribus per eum emptis... specificatis in dicto libro suarum rationum preter tamen azuro sibi per nos tradito 72 l. 2 s. 8 d., *zusammen* 292 fl. 5 s. 2 d. (1 fl. = 24 s.).

(f. 145) April 18 computus brevis redditus per mag. Matheum Iohanneti, pictorem pape, de picturis factis per eum in consistorio palacii Auinion. in latere consistorii, ubi est coronatio et 4 summi pontifices, et pro factura tabule altaris capelle dicti palacii a 12. Nov. 1346—18. April 1347, prout in quaterno rationum suarum plenius continetur: 78 l. 18 s. 10 d. mon. Auin., in diversis coloribus 10 l. 4 s. 9 d., *zusammen in* 74 fl. 7 s. 7 d. (1 fl. = 24 s.).

Aug. 30 facto compoto cum Salvatore Salui stagnerio de stagneolis auri receptis ab eo per mag. Matheum Iohanneti pictorem pro picturis palacii Apost., in quo tenetur consistorium, repertum est, quod dictus mag. Matheus receperat 100 stagneolas auri precio apreciato 24 fl., quos quidem fl. dictus Salvator confessus fuit se habuisse a nobis de pecunia camere 9. Sept. 1346 12 fl. et 28. Nov. per modum mutui alios 12 fl., prout in titulo de mutuis continetur.

8f. Holz und Kohlen.

(I. E. 247 f. 170ᵛ cera) **1346** Juni 17 Raymundo de Mirapisse pro loguerio cuiusdam platee, in qua est modo factum hedificium pro carbonibus reponendis et pro alia platea, in qua reponuntur ligna, in quibus locis est factus quidam murus transversalis et una porta ad sumptus pape, que si quidem platee fuerunt taxate per taxatores pape ad summam 8 fl. in anno quolibet, valent pro 4 annis terminandis 30. Iuni 32 fl.

(f. 73 coqu.) Juni 19 Arnulpho de Stella carbonario pro 2290 banastonibus carbonum receptis per Raymundum Anselatoris, cursorem pape, 13.—15. Iuni, de quibus fuerunt repositi ultra Rodanum in hospicio domini quondam Neapoleonis, ubi papa nunc inhabitat, 272 banastones et

citra Rodanum in palacio Apost. 2018 banastones (13 d. pro banastone) 124 l. 10 d. in 101 fl. 6 s. 4 d. (1 fl. = 23 s.).

Juni 20 .Quinquinello cursori pape pro 27 saumatis carbonum pro hospicio pape (*teils zu* 13 s., *teils zu* 12 s.), quarum saumatarum quelibet continet 7 banastones, 17 l. mon. Auin. in 13 fl. 21 s. 6 d. (1 fl. = 24 s.).

(*f. 76*) Sept. 15 compotus lignorum receptorum pro provisione hospicii pape per Guillelmum de Usinhano alias dictum Quinquinel et Raymundum Anselatoris, cursores pape, a Stoldo Amici, mercatore Florentino: *vom 14. Febr. bis 12. Sept. 1346 zusammen* 35996 quintalia lignorum (*zu je* 14 d. ob.) valent 2174 l. 12 s. 9 d. parve Auinion. valent 1775 fl. 5 s. 3 d. (1 fl. = 24 s. 6 d.), pro certis dietis hominum, qui dicta ligna reposuerunt in lignario, 67 l. 10 d. parve, valent 55 fl. 20 s. 10 d. (1 fl. = 24 s.), *zusammen bezahlt in* (4 fl. = 3 scudati) 1161 den. ad scutum 18 s. 6 d. parve 283 fl.

Okt. 26 facto computo cum Imberto de Balma et Iohanne de Pratellis carbonariis repertum est, quod debebantur eisdem pro 1524 banastonibus carbonum receptorum per Quinquinellum et Raymundum Anselatoris, cursores pape ad recipiendum dictos carbones deputatos, pro usu coquine pape 20.—23. Okt. (13 d. pro banastone) 82 l. 6 s. in 67 fl. 9 s. 6 d. (1 fl. = 24 s. 6 d.).

(*f. 79v*) Nov. 23 compotus lignorum pro usu hospicii pape: computant recepisse Quinquinellus et Raymundus Anselatoris, cursores pape ad hoc deputati, a Stephano Bruyere, mercatore Vivarien., diversis diebus (*näher angegeben vom 13. Okt. bis 22. Nov.*), *zusammen* 18716 quint. lignorum combustibilium, que ligna omnia et singula fuerunt reposita in lignario turris Trolhatii et in stabulis (14 d. pro quintali) 1091 l. 15 s. 4 d. = 900 fl. 10 s. 4 d. (1 fl. = 24 s. 3 d.); item computant dicti cursores solvisse et expendisse pro pluribus hominibus, qui reposuerunt ligna in dictis locis, 21 l. 4 s. = 17 fl. 16 s. (1 fl. = 24 s.).

(*f. 82*) **1347** Jan. 16 Guillelmus Quinquinelli et Raymundus Anthonini alias Anselatoris, cursores pape, computaverunt se recepisse a Iohanne de Pradellis et Ymberto de Balma carbonariis pro hospicio pape (*am 10. bis 12. Jan.*), *zusammen* 2492 banastones carbonum, qui repositi fuerunt in palacio in camera iuxta capellam capellanorum commensalium, (13 d. pro banastone) 134 l. 19 s. 8 d. in 110 fl. 4 s. 8 d.

(*f. 206 Pignota*) **1346** Juli 28 d. Petro de Boudrico pro 3548 quint. lignorum combustibilium per ipsum traditis et libratis d. Geraldo La Tremoliera pro usu hospitii Pinhote (14 d. pro quintali) 206 l. 19 s. 4 d. in 172 fl. 11 s. 4 d. (1 fl. = 24 s.).

(*coquina*) Nov. 23 compotus lignorum pro usu hospitii pape, comput recepisse Quinquinellus et Raymundus Anselatoris, cursores pape ad hoc deputati, a Stephano Brugere, mercatore Viuarien, a 13. Oct. usque 22. Nov.

(in einzeln benannten Mengen), zusammen 18716 quint. lignorum combustibilium, que ligna sunt reposita in lignario turris Troilhatii et in stabulis (14 d. pro quintali) 1091 l. 15 s. 4 d. = 900 fl. 10 s. 4 d. (1 fl. = 24 s. 3 d.).

Jan. 16 Guills Quinquinelli et Raymundus Antonii alias Anselatoris, cursores pape, computaverunt se recepisse a Iohanne de Pradellis et Ymberto de Balma carbonariis pro hospitio pape, *zusammen* 2492 banastones carbonum, qui repositi fuerunt in palatio in camera iuxta capellam capellanorum commensalium, (13 d. pro banastone) 134 l. 19 s. 8 d. = 110 fl. 4 s. 8 d.

9. Bibliothek und Schreibwaren.

(I. E. 247 f. 130 script.) **1346** Mai 23 Aymoni de Cathena Iudeo pro factura 6 librorum de papiro pro camera 14 s. mon. Auin.

Juni 28 facto computo cum Iohanne Agulherii pergamenario de pergamenis receptis ab eo pro literis Apost. a 5. Aprilis ad 20. Iunii: pro 23 duodenis pergamenorum maioris forme (16 s. pro duodena) 18 l. 8 s., pro 12 duodenis tam mediocris quam minoris forme (11 s. pro duodena) 6 l. 12 s., pro 4 pellibus mutonum *(je* 12 d.) 6 s. 8 d., pro 43 pellibus agnorum magnorum *(je* 2 s.) 4 l. 6 s., pro 4 magnis pellibus caprinis 4 fl., *zusammen* 28 fl. 16 s. 8 d. (1 fl. = 24 s.). *Ähnliche Einkäufe von demselben am 20. Sept. bezahlt mit 38 fl. 16 s. und am 19. Dez. mit 23 fl. 12 s. 6 d.*

Aug. 2 Aymoni de Cathena Iudeo pro religando quodam processu in pergameno 15 d.

Papiereinkäufe finden sich regelmäßig unter dem Titel »pro cera« *bei den Krämer* (apothecarius) *-Rechnungen des* Ademarus Barrani, z. B. *(f. 170)* **1346** Juni 1 6 manus papiri minoris forme pro camera pape (18 d. pro manu), pro regestratoribus supplicationum 4 manus papiri maioris forme (3 s. 6 d. pro manu) 23 s., pro libro papireo continente 12 manus papiri tradito d. prothonotario pro camera pape 27 s., *(f. 172)* Juli 7 pro 9 manibus papiri minoris forme *(je* 3 s. 6 d.) 24 s. etc.

(I. E. 247 f. 130 script.) **1346** Juni 9 computavit rev. p. d. Petrus D. gr. ep. Crassen., de scripturis factis a die promotionis pape Clementis VI. in modum, qui sequitur *(vgl.* F. Ehrle, *Historia bibliothecae Roman. pontificum p. 162 s., wo die ganze Stelle in extenso abgedruckt ist). Summe dieser Ausgabe* 871 fl. 18 s. 3 d.

10. Verschiedenes.

(I. E. 247 f. 172v cera) **1346** Juli 24 Donatino [de Florentia], corretario pecunie, pro cambiis 6300 fl. procuratorum per eum cum ser Mangia Fey et Bardis novis de Corona 4 fl.

(f. 174) Sept. 13 Francisco Beschier, cler. Lugdunen. dioc., pro servicio et labore suis serviendi sarraceno, qui est in carcere pape, cui servivit per $3^{1}/_{2}$ annos, 2 d. ad scutum.

Sept. 30 Donatino de Florentia corretario pro corretagio 2000 fl. solvendorum Perusii et 1000 fl. solvend. Neapoli sociis societatis Bardorum novorum per eum procurato 2 fl.

Sept. 30 computavit Iacobus de Valleruferia, serviens armorum, de junco recepto per ipsum a 5. Iunii ad 15. Sept. 1346 ab Hugone de Digna alias dicto Leuesque et fuit summa 192 faisselli (2 s. pro faissello), valent 19 l. 4 s., et pro 12 flabellis emptis 6 s.

Okt. 9 mag. Stephano Siglant de Auinione balistario pro reparatione 5 spingalarum, que reposite fuerunt in ultimo stagio turris Troilhacii, in quarum reparatione stetit per 8 dies (5 s. pro die): 40 s., pro 8 famulis, qui iuvaverunt eos (2 s. pro quolibet) 16 s., *zusammen* 56 s. in 2 fl. 8 s.

(f. 175) Okt. 21 Bernardo trahenti campanam pro 1 corda ad opus campane ponderis $17^1/_2$ lb. (7 d. pro libra) 10 s. 1 d. ob.

Nov. 9 facto computo cum d. Thoma de Domparia, custode domus pape ultra Pontem, quod (!) fuit quondam d. Neapoleonis, et solvimus eidem pro adaquando parcum a 26. Febr. ad 31. Aug. 1346 11 l. mon. Auin., pro 60 eminis avene, 60 eminis furfuris pro cuniculis a 9. April ad 5. Nov. (2 s. 9 d. pro emina avene et 14 d. pro emina furfuris) 11 l. 15 s.

Pro tectis domorum reparandis et mundando ac scobando domum, excuciendo tapetos, curtinas, mataracia, culcitras et reponendo in locis suis 3 vicibus a 5. Iunii ad 4. Sept. 4 l. 11 s. 8 d., *zusammen* in 22 fl. 18 s. 8 d. (1 fl. = 24 s.).

(f. 73ᵛ coqu.) Juni 25 pro 1 rethe magno ad piscandum in piscaria nova cum cordis, blumbo et factura 7 l. 12 s.

(f. 148 edif.) **1346** Dez. 30 mag. Petro Gauterii . . ., cum Rodanus in tantum crevisset, quod lignamina hedificiorum, que erant in logia, asportasset, quorum aliqua pars capta fuit apud Berbentanam, alia apud Aramonem, alia apud Belliquadrum, aliqua in pila pontis, pro dictis lignaminibus perquirendis, reducendis, amovendis de pila et reponendis in logia 87 l. 3 s. 4 d.

10ª. Gartenarbeiten.

(I. E. 247 f. 135 edif.) **1346** Juli 3 Bartholomeo Alegreti pro expensis factis per eum in viridario pape palacii Apostolici: pro portanda fusta necessaria ad faciendum treilham de fenaria ad dictum locum 3 s. 6 d., pro faciendis trabibus in pariete pro firmanda treilha vid. pro 2 dietis hominis 4 s., pro removendo superflua, que erat, ubi est modo pratum, et pro curanda platea pro 18 dietis hominis 36 s., pro dicta platea implenda de bona terra et applananda pro 15 dietis hominis 30 s., pro removendis lapidibus et pro aptando prato pro 22 dietis hominis 44 s., pro portando morterio et calce existentibus in viridario et ponendis in crota 10 s. . . ., pro 10 dietis hominis, qui adaqueavit pratum noviter factum

20 s., pro secando pratum 2 s., pro 6 banastonibus ad curandum viridarium 3 s. 6 d., pro 1 pala ferrea 4 s., pro 2 ferratis pro puteo viridarii 15 s., pro trailhola putei una cum garnitura ferri 21 s. 6 d., pro tinello et 2 broquis pro adaqueando prato 10 s., pro corda pro puteo ponderis 32 lb. 18 s. 8 d.

(f. 137v) Juli 24 facto computo cum d. Iohanne la Fagia, custode castri Pontis-Sorgie pro papa, de expensis in faciendo et reparando pratum, quod est infra clausuram dicti castri: pro extrahendo quandam quantitatem terre, que erat in dicto prato et pro applanando illud et curando et pro reparando quasdam carrerias in prato, per quas transibat papa, dum erat ibi, et pro aliis minutis expensis specificatis in quodam quaterno papireo rationum suarum per eum hodie camere assignato, 141 l. 5 s. mon. Auin. in 20 l. mon. Auin. 17 fl. (1 fl. = 25 s. Auin.). *Vgl. ferner unter Fruchteinkäufen November 1346.*

(f. 146) Nov. 29 Bartholomeo Alegreti cultillerio pro adaqueando prato viridarii pape palacii Auin. a tertia septimana mensis Maii usque ad primam septimanam mensis Octobris incl. (17 septimane, in qualibet pro 4 dietis hominum), pro 1 canilla ferrea ad opus putei et pro adaquando prato, pro 3 banastonibus pro portando luto stabulorum in viridario, *zusammen* 7 fl. 7 s.

Klemens VI. Sechstes Pontifikatsjahr. 1347|48.

Nach I. E. 250.

A. Übersicht über die einzelnen Titel und ihre Gesamtausgaben.

1. **coquina** *(I. E. 250 f. 60 - 79).* Bernardus Gaucelmi, emptor coquine.

Die Verwaltung der Küche erscheint (wie die der folgenden Ämter) ähnlich wie früher seit Johann XXII.: Wöchentliche (von Samstag bis Freitag) Abrechnung für die Kleinausgaben in caponibus, gallinis, pullis, perdicibus, cuniculis, plueriis, malardis, fayzanis, aniculis, porcellis, pastissaria, eruga, sinapi, herbis, sale, caseis, lausengiis, ollis, picheriis et aliis minutis, *zweitens für die Ausgaben* in carnibus mutoninis, bovinis, porcinis et edulinis, *drittens* in piscibus marinis et aque dulcis, *viertens vierwöchentliche Abrechnung* in expensis specierum *(vgl. Spezereien und Kolonialwaren).*

Schlußsumme: 15087 fl. 257 scud., 9 l. 16 s. 8 d. parve monete Auin., 19 s. 2 d. tur.

2. **panataria** *(f. 80—87).* d. Guillelmus Bellifilii, d. Bernardus Garnerii (Guarnerii), panatarii pape *legen abwechselnd die Rechnungen über Weiß- und Schwarzbrot, Tafelobst, Salz- und Tischwäsche,*[1] *ähnlich wie früher (schon unter Iohann XXII.). Schlußsumme:* 900 fl. 23 l. 15 s. 6 d. mon. Auin., 119 scud.

3. **buticularia** *(f. 88—94).* dd. Geraldus de Turno, Petrus Gasqueti, Raimundus Textoris buticularii pape. *Schlußsumme:* 428 fl. 2311 scud., 12 l. 16 s. 2 d. mon. Auin., 26 s. tur.

4. **marescalla** *(f. 95 - 98),* Guillelmus de Channaco (Chaonaco), domicellus magister marescalle, 2 manescalli, qui serviunt totum annum *(erhalten je 20 fl. Gehalt),* 5 vaileti vel servitores ordinarii *(erhalten wöchentlich je 21 s., 8wöchentlich 7 fl., andere* vaileti *werden gelegentlich dazu genommen);* 4 saumaterii[2] *erhalten wöchentlich je 14 s. Genannt wird noch (f. 97v)* Petrus de Navarra, palafrenarius pape († *1348 März).*

Die Verwaltung geschieht durch den magister marescalle *ähnlich wie früher (schon unter Johann XXII.).*

Schlußsumme: 833 fl. 4 l. 12 s. 5 d. parve mon. Auin.

---

[1] 100 Stück zu waschen kosten 8 s.
[2] Iohannes saumaterius pape † Mai 1348.

5. **ornamenta** *(f. 99—106)*: 3471 fl. 269 scud. 17 l. 10 s. 11 d. ob. mon. Auin., 13 s. parisien.

6. **scriptura et libri** *(f. 107)*: 2 fl.

7. **opera et edificia** *(f. 108—147)*: 20800 fl. 89 l. 4 s. 2 d. *Es wird an dem* novum palacium Apost. *gebaut, ferner in Villeneuve, an dem alten Avignoneser Palast etc., vgl. unten B. 8.*

8. **bulla et litere curie** *(f. 148)*: fr. Raimundus Gaucerandi et fr. Bernardus Petri bullatores: 145 fl. 27 s.

9. **vadia extraordinaria** *(f. 149 - 150)*: 1633 fl. 3 l. 14 s. 8 d. tur. gross., 6 d. et ob. tur. p., 4 l. 8 s. 9 d. parve mon. Auin.

10. **cera et extraordinaria** *(f. 151—171)*: 24325 fl. 6158 scud. 44 l. 10 s. 10 d. mon. auin., 23 s. 9 d. mon. Francie (1 fl. = 26 s.); debent detrahi 6545 fl. assignati pro mutuo duci Burgundie.

11. **guerra contra Turchos** *(f. 172)*: 4998 fl. 50 s. mon. Auin.

12. **vadia ordinaria** *(f. 175—189 6 Zahlungen)*: 31797 fl. 280 l. 18 s. 7 d.; summa expensarum pro raubis et aliis: 1164 fl. 24 s. 5 d., *zusammen also* 32961 fl. 282 l. 3 s.

13. **elemosina secreta** *(f. 190—192)*: Geraldus Latremoliera administrator panhote elemosine:[1] 2700 fl. 4500 scud. 248 tur. gross. arg. regis Francie, 42 l. 10 s. parve mon. Auin.

14. **possessiones empte** *(f. 194)*, *nur 4 Eintragungen:* **1347** Dez. 24 mag. Petro Poiati de Villa Nova prope s. Andream dioc. Auin. pro quadam platea ab eo empta iuxta palafrenariam pape 10 fl.

Febr. 4 cum Franciscus Barralha, civis et mercator Auinion., haberet super quodam hospitio, quod fuit Raymundi de Apamiis, servientis armorum pape, sito in carreria Payrolarie prope turrim magnam palacii empto pro palacio ampliando per cameram Apost. 10 s. tur. p. bonorum, et super hospitio, quod fuit Guillelmi Vaquerii quondam cum quodam furno et certis apothecis sitis Auinione in parochia [*nicht genannt*] 35 s. censuales, quos (45 s.) emimus ab ipso, prout in instrumento inde recepto per mag. Iohannem Palaysini continetur, solvimus 180 fl. de Flor. boni ponderis.

1348 Febr. 23 d. Petro de Triginta, decano maioris ecclesie Auin., ratione taxe et extimationis hospitii decanatus, quod hospitium vel pars ipsius fuit funditus dirutum pro novo edificio palatii Apost., ad relationem camerarii 200 fl.

1347 Dez. 3 fr. Iohanni Engilberti, penitentiario pape, pro hospitio sito Auin. prope magnam turrim palatii Apost. de Trolhassio in parochia s. Simphoriani prope hospitium quondam Iohannis Magistri per ipsum Iohannem vendito camere apost. 500 fl., *zusammen* 890 fl.

15. **Pinhota** *(f. 196 - 211)*: Geraldus Latremolieyra, administrator domus elemosine Pinhote: 34066 fl., quorum sunt 3931 parvi ponderis,

---

[1] Stirbt wahrscheinlich im April 1348.

747 de Pedimonte boni ponderis, reliqui de Florentia boni ponderis, 7893 scud. 28 l. 6 s. 11 d. ob. mon. auin.

Einzelheiten aus der Almosenverwaltung (die, wie früher, geordnet erscheint):

(f. 190 ss. elemos. secreta) **1347** Mai 19 pro elemosina dari consueta dicta die per papam religiosis pauperibus 4 ordinum Mendicantium Auin. pro edificiis et ornamentis eorum *(je* 100 fl.) 400 fl.[1]

Mai 19 d. Geraldo Latremoliera, administratori (dispensatori) Panhote, pro elemosina dari consueta pro visitatione hospitalium *(am 1. jeden Monats und einzelnen Festen) je* 50 s.

Juni 8 d. episc. Regensi pro elemosina dari consueta pro papa in principio cuiuslibet mensis pro mense Iunii 100 fl. *usw.*

Aug. 2 fr. Antonio Lactenti, priori de Maseraco, procuratori convent. mon. Casedei, pro opere et edificio ecclesie dicti mon., quam pape ibidem facit edificari, de mandato pape 2000 scud.

Dez. 21 d. Iacobo Garnoti [cantori Meldensi] elemosinario pape pro elemosina facienda 4 religionibus (!) pauperum, hospitalibus et aliis piis locis civitatis Auin. in festo nat. D^{ni} 500 fl.

1348 Mai 16 de mandato pape d. Raymundo Isoardi de s. Martino, sacriste b. Marie Auin., pro complemento cuiusdam capelle, quam papa dedit ad servitium b. Marie virginis, dum celebravit ibidem, 100 fl.

(f. 191) **1348** Jan. 27 de mandato pape pro edificio et constructione monasterii Casedei, quod papa facit edificare, fr. Guillelmo Duriane, momacho et procuratori dicti mon., 2500 scud. auri boni ponderis.

(f. 204^v Panh.) **1347** Okt. 23 facto computo cum Bertrando de Novis, ypothecario Auin., de rebus medicinalibus per ipsum traditis servitoribus domus elemosine Pinhote videl. d. Geraldo la Tremolieira, administratori dicte domus, fr. Iacobo converso, fr. Stephano buticulario, Hugoni dicto lo Camus coquo, Tibaut ianitori, Stephano porterio, Guillelmo Iohannis, Petro Roqua coquo, Bertrando Vitalis, Iohanni las Bordas, Matheo Bardeci, Bernardo coquo et pro fr. Giliberto elemosinario a 18. Dec. 1346 ad 15. Oct. 1347, prout retulit d. Geraldus la Tremolieira, admin. Pinhote, inventum fuit, quod servitores expendiderant in dicto tempore in eorum infirmitatibus in siropis restaurandis, aquis roseis et ordeaciis, cristeriis, unguentis, pane sucreo rosato et multis aliis minutis, prout in libro tradito camere per d. Geraldum plenius distincte continetur, usque ad summam 76 l. 14 s. 7 d. Item computat tradidisse pro exequiis dicti Trobat, dicti lo Camus coqui et Bernardi Rotgerii defuncti servitorum elemosine 18 torticia cere ponderis 82 lb. 3½ quart. (2 s. 4 d. pro libra): 9 l. 13 s. 4 d., pro 6 lb. candelarum cere 19 s.

---

[1] fr. Rostagno de Anceduna procuratori generali conventus fr. Predicatorum, fr. Petro de Montibus procur. conv. fr. Min., fr. Laudo de Aressio operario fr. Heremit. s. Aug., fr. Petro Isarni procur. convent. fr. Carmelit.

B. Systematisch geordnete Einzelheiten aus den verschiedenen Ausgabetiteln nach I. E. 250.

1. Chronikalische Nachrichten.

(f. 151 ss. cera) **1347** Juni 13 Petro de Geyre de Florentia ratione nuntii, qui missus fuit de mandato pape dd. archiepiscopo Ebredunensi et episc. Carnoten., nuntiis sedis Apost. in partibus Francie, 12 fl.

(f. 154 cera) Aug. 4 cum fuisset facta distributio de »servitiis communibus« familiaribus pape debitis et pars cubiculariorum pape ascenderet ad 153 fl. 7 s. 8 d. et esset michi thesaurario assignata dicta pecunia per prepositum Foroiulien., qui dictam distributionem fecerat, assignavi predictos 153 fl. etc. Iohanni la Gayta, cubiculario pape, dividendos, ut consuetum est, inter cubicularios.

Am Rande: nichil computandum.

(f. 154v) Aug. 6 d. G[uillelmo de Agrifolio] electo Cesaraugustan. de mandato pape, ratione cuiusdam mutui facti duci Burgundie 10000 fl., quos predictus electus mutuaverat et tradiderat ad finem, quod 10000 fl. complerentur, 6545 fl. de Flor. boni ponderis.

(f. 155) Aug. 29 de mandato pape oraculo vive vocis michi Bertrando de Cosnaco thesaurario tradidi de pecunia camere ad opus pontis s. Benedicti supra Rodanum magistris Bertrando et Petro Foucoaudi alias Capellora fratribus, magistris pontis, pro complemento pontis 250 fl. de Flor.

(f. 157) Okt. 6 Petro Deseri, hospiti Auinion. sive tenenti albergariam in Auinione, pro salario sive vadiis Symonis de Longo cursoris, qui detulit literas Apost. rectori Montisfalconis et aliis officialibus in terris Ecclesie constitutis, qui 20. Sept. arripuit iter suum, 10 fl. de Flor.

Okt. 31 tradidi et assignavi pape 5600 scuta auri boni pond. de mandato suo speciali, quos recepit d. G. electus Cesaraugustan.

(f. 159v) Dez. 4 d. Bertrando de Channaco, clerico camere Apost. et Guillelmo eius fratri, magistro marescalle pape, qui ex precepto pape 16. Oct. ad villam Montispessulani se transtulerunt pro emendo (!) quibusdam redditibus nomine pape ab illustri rege Maioricarum et fuerunt cum 8 equis eundo, stando et redeundo per 8 dies una cum iudice regio Nemausen. cum 2 equis, qui expenderunt 39 l. 2 s. 9 d. monete currentis in regno Francie (1 scudatus = $33\frac{1}{2}$ s., 1 fl. = 26 s. mon. Francie).

(f. 164 cera) **1348** Jan. 27 de mandato pape d. Petro ep. Vabren. deferendos per eum d. Iohanne regine Sicilie ex dono speciali per papam facto 5000 fl.

(f. 165v) Febr. 13 Raterio de Rotgerio et Raymundo de Galecio, servientibus armorum pape, pro expensis per eos factis eundo ad d. reginam

Cicilie ad civitatem Aquensem pro ducendo comitem, camerarium et senescallum, nepotem camerarii cum aliis 5: 7 s. 11 s. 9 d.

Febr. 20 de mandato pape ad relationem d. camerarii d. Bartholomeo de Thomariis pro eundo ad partes Romanie 50 fl.

Febr. 11 d. Bartholomeo de Thomariis redeunti ad legatum sedis Apost. in partibus Romanie et Cipri apud Murnas pro expensis faciendis 200 fl.

Febr. 28 Karolo Iori domicello eunti ad regem Ungarie de mandato pape 100 fl.

März 6 Thome Nicholai, cursori pape, pro expensis 5 Turchorum per ipsum solutis pro 1 nocte in hospitio suo 10 s. 7 d.; Petro Galterii, cursori pape, pro 3 lodicibus et 2 oneribus palearum pro Turchis 42 s. 6 d.

April 14 de mandato pape ambaxatoribus Grecorum 900 fl., videl. Iohanni protovestiario d. imperatoris Grecorum 300 fl., d. Nicolao interpreti maiori 200 fl., d. Francisco de Pertuso militi 200 fl., d. episcopo Cien.[1] 100 fl., d. Bartholomeo de Roma 100 fl.

April 17 d. archiepiscopo Cesaraugustan., Helie de Affro clerico et servitore suo recipiente pro ipso, de mandato pape, qui fuerunt dati principisse Taranti, 1000 fl.

(f. 170v) **1348** Mai 14 cum Iohannes Delescarparia debeat assignare ... d. cardinali Ebredunensi, sedis Apost. legato, 25. Mai 8 literas clausas bullatas et ob hoc debeat habere 10 fl., fuerunt Guillelmo de Blandiaco, nepoti cardinalis, assignati 10 fl.

guerra contra Turchos: **1347** Mai 19 *(f. 172)* facto computo cum Antonio Vacca, Antonioto de Grimaldis, Conrado Picamilli quondam et Centurione Zacharie, patronis 4 galearum, quas papa tenuit ad stipendia ecclesie Romane contra Turchos, et concordato inter dictos patronos de 5000 fl. eisdem debitorum preter 6346 $^2/_3$ fl., qui eis debent solvi in Cipro, soluti sunt Helioto de Buffenos, servienti armorum pape, procuratori substituto a d. Berengario de Burbone, milite procuratore Antonii Vacca, 1228 fl. 15 s. 1 d.

desgl. Dominico de Campis, procuratori substituto a Ludovico de Vivaldis, procuratore Antonioti de Grimaldis, 417 fl. 20 s.

desgl. Damiano Quartisani, procuratori Centurionis Zacharie, 1668 fl. 12 s. 6 d.

desgl. Iacobino de Sarzana, domicello pape, recipienti nomine quondam Conradi Picamilli et heredum suorum 1685 fl. 2 s. 5 d. (1 fl. = 25 s.).

(f. 67v coqu.) **1347** Okt. 27—Nov. 3 comederunt cum papa omnes dd. cardinales, Dalphinus et multi alii nobiles prelati.

Nov. 3—10 comederunt cum papa Dalphinus, comes de Genoua et multi alii nobiles prelati.

---

[1] Insel Ceos (Cycladen), Bischof war Nikolaus (Eubel I S. 194).

(f. 69) 24. Nov.—1. Dez. comederunt cum papa omnes dd. cardinales et multi alii prelati propter eventum dd. Claromont. et Neapolitan. 1. Dez.—8. Dez. *desgl.* d. Iohannes de Francia.

(f. 70ᵛ) Dez. 22—29 comederunt cum papa per 3 dies d. Iohannes dux Normannie, comes Armaniaci et plures alii barones et cardinales.

(f. 72) **1348** Jan. 6—12 comederunt cum papa cardinales Tutellen., Ruthen., dominus Bellifortis et alii milites.

(f. 72ᵛ) Jan. 12—19 comederunt omnes patriarche, archiepiscopi, episcopi, abbates, priores, auditores et doctores legum in curia existentes.

(f. 76) desgl. card. Ludovicus de Taranto pluresque alii barones et milites.

2. Päpstliche Beamte.
Beamtennamen.

(I. E. 250 f. 183) **1347** Dez. 19 13 penitentiariis pro raubis eorum *(je 8 fl.)*; nomina eorum:

1) Galhardus Lupus de Yspania
2) Iohannes de Sarxo
3) Blasius de Ungaria
4) Alanus de Britannia
5) Guillˢ de Gibiaco
6) Lamfrancus de Mediolano
7) Petrus de Lupersiaco [1]
8) Iohannes Fabri
9) Iohannes Tauri
10) Iohannes de Bota
11) Sifredus de Dacia
12) Iohannes Engelberti
13) Eblo Bonifacii

(I. E. 250 f. 183) **1347** Dez. 19 de mandato pape vive vocis oraculo mihi facto solvi hostiariis pro raubis emendis ad ipsorum voluntatem *(je 8 fl.)*:

I. Prima porta.
1) Ademario de Agrifolio
2) Petro de s. Martiali
3) Geraldo de Champiers
4) Geraldo del Eschamel
5) Vigeyrono
6) Geraldo de Vernh

II. Secunda porta.
7) Gualhardo de Maseryolis
8) Petro de Podensaco
9) Aymerico de Boyssono
10) Guinaberto Deyren
    (*auch* Guilabert de Heyren)
11) Bello Petri Stephani
12) Guillᵒ de Margarita

13) Iohanni del Hospital, *bei der ersten Zahlung am 30. Juni wird noch* Geraldus de Lhissaco *genannt*.

III. Tertia porta.
14) Arnaldo Comarci
15) Rogerio de Novo Molendino
16) Petro Ferrandi (Fernandi)
17) Petro Bessieira
18) Mundoya
    (*sonst genannt* Stephan Maliani)
19) Bertrando de Vernhola

IV. Quarta porta.
20) Aymerico de Ruppe *oder* la Rocha
21) Petro la Vernha
22) Reynaldo de Lur
23) Roberto de Balh, *zusammen* 184 fl.

---

[1] Über ihn vgl. Zimmerman, Tractatus de prioribus generalibus necnon de magistris Parisien. (Carmelitan.) 1907, S. 387.

2. Päpstliche Beamte.

(I. E. 250 f. 183) **1347** Dez. 19 Scutiferis et officialibus infrascriptis pro raubis emendis ad ipsorum beneplacitum et quorumlibet voluntatem (*jedem* 8 fl.) 112 fl.

1) Aymerico de Pestello
2) Guidoni de Podio Vallis
3) Ludovico de Scorralha
4) Boso Quintini
5) Petro de Bessia
6) Nicolao Iudicis
7) Stephano Lagaana
8) Ademaro Barani
9) Nicolao de Monteclaro
10) Helie de Nexouio
11) Guillo de Channaco
12) Iohanni
13) Philippo et
14) Iohanni coquis

(I. E. 250 f. 186) **1348** Febr. 14 Masseriis sive servientibus armorum pape pro raubis hiemalibus (cuilibet pro rauba sua 5 fl.):

1) Amutino de Laude
2) mag. Hugoni
3) Raymundo de s. Claro
4) Garsie Lippi.
5) Petro Sauso
6) Obertino de Raymerio
7) Faciolars de Bolonia
8) Bertrando de Fonte
9) Ogerio Rainerie
10) Imberto Alamanni
11) Thedifro de Fantinelli
12) Baldo Spelta
13) Tibaudro de Baudio
14) Bindo de Pisa
15) Marcho de Laudo
16) Guillo de Crusello
17) Giraudo de Causinis
18) Rotgerio de Montealto
19) Thome Maneschalch
20) Iacobo de Verufera
21) Guillo de Cabessaco
22) Helioto de Beffemis
23) Iohanni Lemere
24) Iohanni la Gayta
25) Perroto de la Vaxella
26) mag. Iohanni de Luperiis
27) mag. Iohanni Balistarum
28) Raymundo de Moleres
29) Guillo Lados
30) Leoni de Neapoli
31) Bernardo de Sena
32) Canortono
33) Spicalmo de Bolonia
34) Guillo Danielis
35) Iohanni de Viterbo
36) Rotgerio de Cuibat
37) Galmo Vitalis
38) Constantino de Bardis
39) Lugerio de Nicia
40) Iohanni Rostagni
41) Giliolioni de Palma
42) Raimundo de Galand
43) Rostagno Bert
44) Angeloto Galingaya
45) Raterio de Rogorio
46) Iohanni de Parma
47) Enchatoni Megliore
48) Andree de Neapoli
49) Micheleto de Pistorio
50) Raimundo de Apamiis
51) Petro Vitalis
52) Bernardo de la Vaxella
53) Gentili Nicolay
54) Amando Raymundi
55) Petro de Serano
56) Guillo Cebra
57) Marcho Deside
58) Roffino de Placentia
59) Bertrando de Resignat
60) Bertrando de Manso

61) Rotgerio de Bersac
62) Iohanni Consilii
63) Ponseto Castellani
64) Gamoto de Moyrares

65) Petro de Cernere
66) Iohanni de Bloys
67) Perciuallo de Berghenio
   zusammen 335 fl.

(I. E. 250 f. 186ᵛ) **1348** Febr. 14 Palafrenariis pro raubis eorum yemalibus (cuilibet 2 fl.):

1) Blasio de Salmona
2) Nicolao Iacobini
3) Symoni de Ispania
4) Stephano de Pomeriis
5) Iohanni de Fargia
6) Petro Sapientis

7) Iohanni Mingueti
8) Iohanni de Molendino
9) Petro de Falsis
10) Iohanni de Ispania
11) Dominico de Lucare
   sie erhalten zusammen 22 fl.

(I. E. 250 f. 185) **1348** Febr. 9 45 Domicelli *(jeder erhält für 8 Wochen* 27 fl. 9 d.):

1—3) 3 domicellis d. vicecomitis Bellifortis, cuilibet 27 fl. 9 d.
4) domicello d. G. de s. Amantio
5) Ludovico de Scorola
6) Guidoni de Podio Vallis
7) P. de Malomonte
8) P. de Cornilh
9) P. Stephani
10) Anceloto de Bercumo
11) P. de Bessia
12) Geraldo de Donzenaco
13) socio suo
14) Bertoloto de Vico Iustino
15) Helie de Lacranias
16) Guillᵒ de Montenhaco
17) Naudino de Suiraco
18) Raterio de Cusorino
19) Raimundo de Pinsaco
20) P. Bertrandi
21) Hugoni Rotgerii
22) Guillᵒ de Seseyraco
23) Bozo Guintini
24) Raimundo de Gardia
25) Guastoni de Pestilhaco

26) Gentili Nicolay
27) Marcho Laudo
28) Nicolao Iudicis
29) Stephano la Gaana
30) Ademario Barrani
   zusammen 810 fl. 22 s. 6 d.
NB. *Die folgenden erhalten Stipendium für weniger als 8 Wochen:*
31) Iacobo de Sarzana
32) Iohanni de Aura
33) Alberto de Tineria
34) Geraldo de Magnaco
35) Bernardo de Lados
36) Guillᵒ de Blandiaco
37) Pontio de Andurano
38) Gauterio Alberti
39) Aymerico de Pestelh
40) Bertrando de Serra
41) Rigoni de Mauriaco
42) Taleyrando de Vernodio
43) Bertrando de Veysaco
44) Garino de Aptherio cum
45) Randono de Rupeforti socio suo
   zusammen 254 fl. 9 l. 3 s. 6 d.

(cera) **1347** Bartholomeus Alegret, custos cervorum.[1]

---

[1] Er hat zugleich die Unterhaltung des viridarium pape zu besorgen, vgl. unten Gartenarbeit.

2. Päpstliche Beamte.

Bertrandus de Casademo[nt] custos leonisse.[1]

(f. 159v) Bertrandus de Channaco, clericus camere Apost., et Guill[s] eius frater, magister marestalle pape.

(f. 150) **1348** Febr. 14 Cadesquino, manescallo manescallie pape, pro salario suo, quod debebatur sibi in festo Omnium Sanct. preterito, 10 fl.

(f. 88) Bernardus custos vaxelle.

(f. 183v) magistro palatii pro rauba yemali 12 fl.

(f. 176) **1347** Dez. 19 custos armorum H. Corbati, successor eius Aymericus de Boysson.

(f. 119 edif.) Aymericus de Dumo in officio artilharie.

(f. 149 extr.) Petrus Verdelot, custos hospicii pape de Villanova, *erhält täglich* 3 s. mon. Auin. *Gehalt*.

(f. 149v) **1347** Dez. 7 facto computo cum Helia de Nexovio, adaquatore pape,[2] de vadiis uxoris sue[3] debitis a die festi b. Katerine 1346 usque ad diem festi b. Katerine 1347: 40 fl.

NB. *Das Weihnachts- und Ostergeschenk* (presbiterium) *der Kammer an die Kardinäle ist das gewöhnliche. Das Geld wird beidemal erhoben durch* d. Antonius de Colello, can. Barchinon., clericus collegii cardinalium.

(f. 151 cera) **1347** Mai 13 mag. Vitali de Lauardaco, scriptori pape, recipienti pro se et nomine aliorum scriptorum pape pro gallinis eisdem debitis pro renovatione pontificatus pape 15 fl.

(f. 153u) Juli 29 Guillelmo Amelii, hostiario porte ferree palacii pape, pro oleo lampadis, que qualibet nocte ardet in dicta porta, 1 fl.

(f. 168v) März 24 Bertrando Radulphi, mag. hostiario porte ferree *desgl.* 1 fl.

Mai 14 Iacobo de Tornaco, hostiario secunde porte ferree *desgl.* 1 fl.

(f. 155v) Sept. 19 compotus d. Thome de Domparia, custodis hospitii pape in Villanova, de expensis factis pro cuniculis pape *(für 9 vergangene Wochen)*, pro qualibet septimana 2 emin. avene (*zu je* 2 s. 9 d.) et 3 emin. furfuris (*zu je* 14 d.) 70 s., pro stipendiis suis 2 mensium (Iulii et Augusti = 62 dies *zu je* 6 s.) 18 l. 12 s. mon. Auin.

(f. 168) **1348** März 14 computus d. Bernardi de Cossaco,[4] custodis vaxelle pape; *er hat gekauft am 8. März* 8 cordas tele pro mundanda vaxella (16 s. pro corda) 6 l. 8 s., pro abluenda tela, cum qua vaxella mundatur, pro Dez. Ian. et Febr. 1348 (pro mense 15 s.) 45 s., *zusammen in* 7 fl. 5 s.

---

[1] Er legt alle 4—5 Wochen Rechnung ab über das der Löwin gereichte Hammelfleisch. Sein Tod fällt zwischen 8. März und 14. Mai 1348 (ebd. fol. 170).

[2] f. 170 Mai 13 wird er als verstorben bezeichnet. Er heißt auch »ayguerius pape«, vgl. unten »das päpstliche Wasseramt«.

[3] Sie war lotrix pannorum pape und behielt dies Amt auch nach dem Tode ihres Mannes.

[4] Er wird auch de Scossaco genannt (f. 170v).

Das päpstliche Wasseramt.

(I. E. 250 f. 162v cera) **1348** Jan. 19 compotus Helie de Nexovio, ayguerii pape, de expensis circa officium suum a 10. Ian. 1347 ad 19. Ian. 1348: pro 29 barilas *(zu je 5 s.)*, 7 l. 5 s., 9 baril. serratis *(zu je 6 s.)* 2 l. 14 s., pro 11 torels de barra *(zu je 9 s.)* 4 l. 19 s., pro broccis positis referradors 1 l. 14 s. 6 d.; pro 1 corda ponderis 122 lb. *(zu je 8 d.)* 4 l. 1 s. 4 d., pro cordis de ceda ponderis $3^1/_2$ unc. *(zu je 16 s.)* 2 l. 16 s., pro tinis preparandis, pro circulis, marina et magistris 2 l. 3 d., pro aqua portanda in festivitatibus 3 l. 9 s., pro canolas et bodoyssos 15 s., *zusammen* 28 fl. 11 s. 6 d.

(f. 170) Mai 13 facto computo cum Hugone corderio repertum est per relationem Guillelmi Labureria, clerici familiaris familiarum Helie de Nexovio quondam, quod debebantur eidem pro 1 corda pro puteo palacii et pro alia corda pro puteo Helie de Nexovio et pro alia corda pro puteo d. Neapolionis quondam, et pro alia pro extrahendis ferratis a puteis, quando ceciderunt, que 4 corde ponderabant 401 lb. (8 d. pro libra) 10 l. 8 d. . . ., pro homine, qui intravit puteum d. Neapolionis quondam pro mundando, 2 s. Pro loguerio 2 hominum, qui iuvaverunt ad extrahendum aquam die, qua dd. cardinales comederunt cum papa, 2 s. 6 d.

(f. 158v) **1347** Nov. 26 computus Durandi custodis puthei pape *(in provençalischer Sprache)*: a pres Durant del pos del papa 16 libras e miega ($^1/_2$) de cordam, monta 11 s. (per 8 d. libra), a pres Durant . . . 34 lb. monta 22 s. 8 d. (per 8 d. libra), 183 lb., a 8 d. pro libra, monta 6 l. 2 s., *zusammen in* 6 fl. 11 s. 8 d.

2a. Außerordentliche Gehälter.

(I. E. 250 f. 149 extraord.) **1347** Juni 2 solvi potenti viro d. vicecomiti Bellifortis de mandato pape pro stipendiis suis et servicio impendendo pape . . ., ipse dominus tamen promisit sub litera sua mihi Bertrando thesaurario, quod, si contingeret ipsum non servire, volebat, quod pro quota temporis non prestiti servitii restituere haberet de summa, 1000 fl.

Dez. 13 d. comiti Valentin. ad relationem camerarii, qui retulit se hoc habuisse a papa in mandatis, 500 fl. de Flor. boni ponderis.

2b. Cursores pape mortui.

(f. 176 vor 1347 Juni 30). 1. Lipus de Florentia 2. Raim. de Apamiis 3. Bidon Guasqueti 4. Ioh. Guioneti; *(f. 178 vor 25. Aug.)* 5. Tolucius de Camerino; *(f. 185 vor 9. Febr. 1348)* 6. Iohannes de Spoleto; *(f. 188v vor 5. April 1348)* 7. Symon de Tholosa 8. Guillelmus Barra 9. Ioh. de Condamina 10. Guilhelmus cursores pape.

3. Brot- und Fruchteinkäufe.

(I. E. 250 f. 81 panat.) **1347** Juni 25 Bernardus Guarnerii panatarius computat se expendisse *(27. Mai—24. Juni)* de pane bruno recepto a Stephano Montis Ademari panetario (pistore) 10600 panes (600 panes pro saumata) = 17 saum. 400 panes, ab alio pistore vocato Stephano de blado, quod debebatur d. camerario quondam, 5500 panes = 9 saum. 100 panes.

Ähnliche Abrechnungen alle 4 Wochen.

(f. 115 edif.) **1348** Jan. *werden von* Thomas de Domparia, can. Tullen., *aus dem päpstlichen Garten* ultra Pontem *verkauft* 6 manganarii frumenti *(zu je* 40 s.) *und* 13 manganarii ordei *(zu je* 21 s.), *zusammen* 13 l. 13 s. mon. Auin.

(f. 197ᵛ Pinhota) **1347** Juni 15 d. Geraldus La Tremolieira, Pinhote administrator, retulit camere Apost., quod de bladis emptis per Petrum Cabra et Guillelmum de Marcon nomine camere a Iohanne de Dorchia, Petro la Serna et Ioh. la Vileta, mercatoribus de Lucduno et de Mascone, fuerunt assignate mercatoribus Pinhote in S. Spiritu 242$^1/_2$ saum. frumenti, ex alia parte Petro Porci et Stephano de Montilio Ademari pro panataria pape 100 saum. frumenti, que bladorum quantitas fuerunt empte ad rationem 2 fl. boni ponderis et 2 fl. parvi ponderis, exceptis 33$^1/_2$ s., de quibus fuit defalcatus de qualibet 1 tur. gross., et sic est summa, que debetur dictis mercatoribus 682 fl. 2$^1/_2$ tur. gross. boni ponderis, 685 fl. parvi ponderis; pro portu et vectura dicti bladi 16 l. 15 s. 11 d. ob., pro dictis bladis mensurandis 23 s. 4 d.

Juni 19 d. Geraldo la Tremolieyra, magistro Pinhote, pro 332 azinatis bladi (pro azinata 2 fl. 3 gross. florenorum de Pedemonte ad pondus Florentie [!]) 747 fl. de Pedemonte boni ponderis.

(f. 199ᵛ) Sept. 12 Petro Porci, Paulo Bessi, Iohanni de Podiovillari, Colino de Podiovillari, Stephano de Carnaco, Balsaro de Mediolano, Raymundo Geraldi, Albergueto de Lodio, Lamberto de Novocastro, Petro de Verduno, Iohanni Olerii, Petro Martini de Insula, Francisco de Lede et Guillelmo Trofilhoni, pancosseriis sive furneriis civitatis Auinion., pro 3200 saumatis grossis frumenti ad opus Panhote, quas emit ab eisdem d. Geraldus Latremoliera, administrator Panhote, quamlibet ad rationem 2 fl. 8 gross., pro qua quantitate bladi reddenda in pane bono pro Panhota et ad usum Panhote dicti pistores sive furnerii efficaciter se obligaverunt camere pape, prout constat ex tenore publici instrumenti inde confecti, et assignavi 8533 fl. 4 gross. tur. arg.

(f. 205) Nov. 8 cum Petrus Martini et Petrus Garcini de Valencia mercatores tenerentur camere Apost. in quantitate 4000 saum. frumenti emptarum ab eisdem nomine camere ad opus Pinhote, terminis in instrumento super emptione huiusmodi recepto per manus d. Iohannis Palaysini, camere notarii, contentis, assignaverunt 8 Nov., prout retulit d.

Geraldus la Tremolieira, administrator Pinhote, 640 saum. frumenti videl. 523 saum. in extenuationem summe 4000 saum. et 117 saum. ratione reste cuiusdam bladi olim venditi eidem camere (2 fl. 4 gross. pro saumata): 1220 fl. 4 gross. arg. in 634 scut. auri.

Mai 2 facto computo cum pistoribus infrascriptis facientibus panem pro elemosina Panhote pape, visis et examinatis libris quondam d. Geraldi la Tremoliera, olim administratoris elemosine, usque ad 2. Mai incl., debentur eis nominatim, prout inferius particulariter continetur: Stephano de Carnaco 46$^1/_2$ saumate, d. cardinali Neapol. (!) 103 saum., Raymundo Guiraudi detractis 25 saum. per ipsum dicte elemosine legatis 29 salm. 1 emin., Guillelmo Trofilho 29$^1/_2$ salm., Colino de Novilla defuncto vel eius heredibus 17 salm., Iohanni Gauterii 85 salm., Iohanni Olerii 126 salm., Petro Martini 53 salm. 2 emin., Petro de Verduno 79 salm., Lamberto de Novocastro 3$^1/_2$ salm., Iacobo 100 salm. 1 emin., Albergo 38 salm., Paulo 1 salm. 3 emin., Petro Porci 133 salm., Iohanni de Podiovillari 72 salm., Colineto 59$^1/_2$ salm.

Summa dictorum debitorum excepto Stephano de Montilio 975 salm. 7 emin., Baltezar . . . debet 13 salm. 3 emin.

4. Trauben-, Wein-, Öl- und Essiganschaffung.

(I. E. 250 f. 78^v coquina) **1348** Mai 2 pro 1 saumata aceti 30 s.

(f. 83 panat.) **1347** Okt. 18 d. Bernardus Garnerii panetarius computat se expendisse pro provisione racemorum: 11 saum. racem. emptorum ultra Rodanum (10 *zu je* 20 s., 1 *zu* 1 fl.), pro 16 saum. racem. empt. apud Berbentana (*zu je* 1 fl.), pro 2 duodenis banaston., filo, clavellis et expensis 8 fl. 17 s. 3 d., *zusammen* 34 fl. 1 s. 3 d. (1 fl. = 24 s.).

(f. 88^v butic.) **1347** Sept. 21 computat d. Geraldus buticularius pro 1 canna olei 16 s.

(f. 89) Derselbe pro 102 pitalphis varnachie pro papa (*zu je* 8 s.) 40 l. 16 s.

(f. 89) Nov. 30 computum Gentilis Nicolai, servientis armorum pape, de vinis per ipsum emptis apud Belnam pro papa: pro 15 tonellis 26 cunis vini continentibus ultra musionem 90 sextaria vini, quorum 64 sextaria faciunt 1 tonellum, emptis diversis pretiis et a diversis personis: 589 l. 12 d. tur.; pro dictis tonellis barrandis, extrahendis de cellario et honerandis in quadrigis 7 l. tur.; pro tonellis et cunis portandis de Belna ad portum de Chiavors (26 s. pro grosso tonello) 36 l. 8 s. tur., *desgl.* de Chianorz usque Auinionem (*je* 45 s.) 63 l. tur., pro vino dato pedagiariis pro transsumptis literarum de pedagiis d. camerarii et 1 lanterna 63 s. tur., pro salario 1 hominis carpentarii pro custodia tonellorum a Cabilone usque Auinionem 40 s. tur., pro expensis factis per Gentilem cum 1 equo et 2 famulis a 14. Augusti ad 15. Novembris (90 dies, *zu je* 7 s.) 31 l.

4. Trauben-, Wein-, Öl- und Essiganschaffung. 367

10 s., *zusammen* 732 l. 2 s. in 431 d. ad scutum 26 s. tur. (1 scutum = 34 s. tur., *teils* = 33 s. tur. p.).

(f. 90) Dez. 20 computus Mileti estivatoris pro estivandis 422 botis plenis positis in cellario palacii: 70 de Belloquadro, 94 de Nemauso, 96 de Lunello, 52 de Palhacia, 100 de Belna et de s. Porciano, 10 de Malgorio (2 s. 6 d. pro bota) 52 l. 15 s.; de vino greco vernacho, Rupella mutato de uno cellario ad alium 10 s., pro 6 botis vini de Vascovia estivatis 10 s.

1348 Jan. 4 Geraldo de Turno, buticulario pape, pro 91 picheris vini varnachie veteris sive pitalphis (8 s. pro quolibet) 36 l. 8 s. in 30 fl. 8 s.

Jan. 12 *Demselben* pro 2 botis plenis vini varnachie novi, quas dixit se emisse in Auinione, 100 fl.

(f. 91) Febr. 19 computum per Petrum Raymundi, hostiarium pape, de vinis per eum emptis pro usu pape et hospicii sui in loco de Lunello anno 1347: se emisse a diversis personis de Lunello 2842 quint. 93 lb. racemorum (6 s. 3 d. tur. tunc curr. in regno Francie pro quintali): 888 l. 8 s. 4 d. tur. curr.

Dazu kommen die, ähnlich wie früher aufgezählten, Unkosten für Zubereitung des Weines (vindemie): 231 l. 13 s. 8 d., *zusammen* 1120 l. 2 s. tur. currentium tunc in regno Francie (1 scudatus = 31 s.) in 700 scud. auri 2 s.

Est sciendum, quod de predictis racemis fuerunt adimplete 100 bote grosse, quas confessus est se habuisse d. Geraldus de Turno, buticularius pape, que bote recipiunt 650 saumatas, et sic decostat saumata quelibet 34 s. 5 d. cum obolo et restant dividendi 3 s. 5 d.

Petrus Raimundi computat se emisse preter predicta 1 districtorium *(Kelter)* novum: 5 scudatos.

(f. 92) computum Petri Gasqueti, buticularii pape, de vinis emptis apud Nemausum a diversis personis 937 saum. 2 banast. (20 s. pro saumata) 937 l. 6 s. 8 d., de quibus fuerunt adimplete 100 bote, quarum quelibet tenet 6½ saumatas, *zusammen* 650 saum.

Dazu kommen für Zubereitung des Weines 206 l. 12 s. 6 d., *zusammen* 1143 l. 19 s. 2 d. in 714 scud. 31 s. 2 d. (1 scud. = 32 s.). *Die* saum. *kostet demnach* 35 s. 2 d., *restant* 20 s. 10 d.

(f. 92ᵛ) computum d. Raymundi Textoris de vinis emptis apud Bellicadrum: 664 saum. 2 banast. racemorum (16 s. pro saumata) 531 l. 8 s. 4 d., de quibus fuerunt adimplete 70 bote de 6½ saumatis = 455 saum.

Ausgaben für Zubereitung des Weines 134 l. 13 s. 2 d. 11 scud., *zusammen* 666 l. 18 d. 11 scud., *kommt auf die* saumata 30 s.

Ultra premissa dicit se fecisse 2 botas vini cum racemis intus positis pro vinis destructis reparandis 9 scud., se tradidisse arris Rostagno de Bellocavino 6 scud., qui fugiit (!) cum pecunia, et de rebus suis recuperavit 3 scud. et amisit alios 3 scud.

(f. 155v cera) **1347** Sept. 11 d. decano Ville Nove prope Auinionem pro parte expensarum factarum super commissione eis facta ex parte camere Apost. Nemausum (!) ipsi et d. Arnaldo Guillelmi, capellano domini de Puteo, super taxatione vinorum in Nemauso, Bellicadro et Lunello 6 fl.

(f. 207 Pinhota) **1348** Jan. 12 computus d. Geraldi Latremolieyra, administratoris domus elemosine Pinhote, de vinis emptis pro usu hospitii domus Pinhote et aliis expensis ob causam vinorum emptorum factis: pro reparationibus 75 botarum et 10 magnorum vasorum, pro circulis necessariis, amarinis, dogis, barris, fundis, pro dietis magistrorum, qui dicta vasa reparaverunt 56 l. 4 s. mon. Auin., pro quodam magno vase novo tenente 55 saumatas vini 7 d. ad scutum 5 s. mon. Auin., item computat, quod Stephanus de Nigra Vernha, servitor Pinhote, emit apud Bellicadrum 304 saum. 1 barrile vini a diversis personis et div. preciis: 236 l. 7 d. ob. mon. regis Francie, pro portatura vinorum ab hospitiis, in quibus fuerunt empta dicta vina, ad portum Rodani, et pro portu a portu Rodani Bellicadri ad Auinionem et a portu Rodani Auinionensis ad hospitium Pinhote, corretario et quibusdam aliis minutis 29 l. 8 s. 4 d. ob. mon. Auin., item computat, quod d. Bermundus Comalacii, procurator prioratus Palhassie, [emit] apud Baln. et Chausela 369 saum. vini a certis personis et div. preciis: 318 l. 6 s. mon. regis Francie. Pro portatura 63 botarum illuc portatarum et reportatarum per terram et aquam 34 l. 9 s. 5 d. mon. regis Francie 32 l. mon. Auin., *zusammen* 352 l. 15 s. 5 d. mon. regis Francie, 32 l. mon. Auinion.

(f. 208) Item computat, quod d. Guillelmus de Albofolio, capellanus Pontis Sorgie, emit apud Biturritam $117^{1}/_{2}$ saum. vini, pro quibus dixit se solvisse inclusis omnibus expensis 117 l. 18 s. 7 d. mon. Auin., *desgl.* Stephanus de Nigra Vernha emit Auinione 42 saumatas vini, pro quibus computat solvisse inclusis omnibus expensis 42 l. 10 s. mon. Auin.

Im ganzen sind also gekauft für die Pinhota 833 saum. vini *für* 277 l. 15 s. 11 d. mon. Auin., 588 l. 16 s. mon. regis Francie *bezahlt in* 557 d. ad scutum 15 s. 5 d. mon. Auin. *(einschließlich alle Unkosten)*; scudatus = 32 s. mon. regis Francie = 30 s. 6 d. mon. Auin., *teils* = 30 s. mon. Auin.

5. Vieh-, Wildbret-, Speck- und Fischeinkäufe.

(f. 71v) **1348** Jan. 10 computum emptoris coquine: pro 28 porcis in festivitate nativ. Domini pro dd. cardinalibus (48 s. pro porco) 67 l. 4 s., pro portu porcorum ad palacium 7 s., pro 50 leporibus *(zu je* 6 s.) 15 l.

(f. 75v coqu.) **1348** März 8 pro 2 quint. et 40 lb. lardi (18 d. pro libra) 18 l., 4 quint. et 30 lb. lardi (4 l. 16 s. pro quintali) 20 l. 18 s.; pro portu lardi empti apud Laudunum 12 s.; pro 6000 alleca (!) pro quadragesima (9 fl. pro miliari) 54 fl., 600 merluciis salsis ($7^{1}/_{2}$ fl. pro centenario) 45 fl., 80 anguillis salsis 13 fl.

(f. 77v coqu.) **1348** April 24 computum Iohannis Rustagni, servientis armorum pape, de piscibus per ipsum emptis apud s. Egidium pro provisione hospitii pape: pro 40 luciis magnis de clareta (2 scud. pro pecia) 80 scuta, 70 luciis stolardors de clareta (*zu je* 1 scut.) 70 scuta, pro 214 luciis vocatis alausar (*zu je* $^1/_2$ scudatum) 107 scut., 149 luciis vocatis regeyrols (*zu je* 4 s.) 29 l. 16 s., 43 luciis vocatis cavilhos (*zu je* 2 s.) 4 l. 6 s., *zusammen* 257 scud. 34 l. 2 s. (24 s. = 1 fl.).

Desgl. pro 300 merluciis emptis apud Montempessulanum pro provisione hospitii 18 fl., pro 2000 allecium 16 fl., 34 anguillis gross. 20 fl., 45 anguillis grossis et 2000 aliis anguillis de cadasta 34 fl., ... pro portu de Montepessulano usque ad Auinionem (6 s. pro quintali) — fuerunt 12 quint. — 72 s., pro portu de domo dicti Iohannis ad palacium 2 s. cur., *zusammen* 93 fl. 9 s. cur.

(f. 78v) Mai 2 computat Bernardus Gaucelini se emisse 60 **merlucia salsa** in cadragesima 12 l. 10 s., 22 **mutones** datos dd. cardinalibus in festo Pasce (28 s. pro mutone) 30 l. 6 s., pro 40 edulis datis dd. cardinalibus 28 l.

(cera) **1347** Juli 31 Bertrando de Casademo, custodi leonisse, pro 61 carteriis mutoninis datis leonisse a 1. Iuni—31. Iuli (61 dies), 5 s. pro quarterio: 15 l. 5 s. = 12 fl. 17 s. mon. auin.

Okt. 1 computum Bernardi de Casadamaut *desgl.* a 1. Aug.—30. Sept. 10 fl.

Dez. 3 *desgl.* computum Bernardi Casedamon, custodis leonisse, (pro 61 diebus) 11 fl. 10 s. 6 d.

(cera etc.) **1348** März 8 Bernardo de Casademont, custodi leonisse, pro 18 mutonibus emptis pro dicta leonissa 18 fl.

(f. 149 extraord.) **1347** Juni 2 magistro, qui custodit leonam, a 1. Apr.—2. Iuni (5 s. 6 d. pro quolibet quarterio mutonis dando eidem leone), in quo tempore sunt 61 dies, valent 16 l. 15 s. 6 d. in 13 fl. 23 s. 6 d.

(f. 170) **1348** Mai 14 compotus Raimundi Sumerii de carnibus per eum datis leone pape a 20. April ad 14. Maii: quolibet die continue se dedisse dicte leone $1^1/_2$ quartinum mutonis et sunt 36 carteria (6 s. pro quolibet quarterio) 10 l. 16 s. in 9 fl.; cum 8. Marcii Bertrandus de Calsademon, quondam custos leone, recepisset a camera pro 18 mutonibus per eum emptis 18 fl., quos incepit dare dicte leone 8. Marcii, a qua die sunt usque ad 20. Apr. 43 dies, restat, quod debet 2 mutones minus $^1/_2$ quart., pro quibus fuerunt deducti 2 fl. minus 3 s.

6. Gewebeeinkäufe.

Teppiche.

(I. E. 250 f. 100 ornam.) **1347** Juli 23 cum Robertus de Caulhaco, mercator Montispessulani, de mandato pape a Damas in Suria ultra mare

fecerit operari et texere per sarracenos 40 pannos aureos diversorum colorum ipsosque per mare suis pecuniis emerit et per mare adportaverit et realiter pape tradiderit et assignaverit, *so erhält er* 1278 fl. de Flor. boni ponderis.

Sequitur compotus Roberti de dictis pannis *(in provençalischer Sprache)*: Sayn payre, vos aves 8 draps d'aur sus blanc et 8 sus blau et 8 sus vert et 12 sus vermelh et 4 sus violet, et son per tot 40 draps d'aur, que coston a Domas de prima compra, monta 18032 [1] der[ams], per estrenas,[2] que donava als maistres, que los fesesson, ben monta 80 der[ams], per la tela blanca ezecerada e 10 taulas e cordas aliar. 40 der[ams], per corratage dels draps, que costeron monta 180 der., per lo drech[3] del souda[4] de Domas e de Barut (a 2 per cento) 360 der., per portat de Domas a Barut et autres despessas, faycas a Domas per aquest draps 375 der., per cambi, que dove a la moneda de Domas en Chipre a 3 per cento montan 541 der., per nolit de galea de Barut en Chipre coston. 40 der., per la miza, que no paguey en Chipre, 2 der. per drap, costa 80 der., per lo dreg[3] del rey de Chipre, a 2 per cento, per 18600 der. costan. 392 (!)[5] der., per cargar sus nau en Chipre, que costa 2 der., per nolit de nau fin en Aygas Mortas . . . 295 der.

Summa per tot, que coston a quest 40 draps coma es dich portatz en Aygas Mortas 20417 derams, que coston de Chipre en Aygas Mortas, 16 derams 1 fl. de bon pes, que al dit for monton. 1276 fl. 1 der., plus coston de portar am bestias d'Aygas Mortas az Avinho 2 fl., et son per tot 1278 fl. et 1 der.

(f. 100v) Aug. 2 ad relationem d. camerarii Raimundo Sarralherii, mercatori Narbon., pro 18 pannis aureis ab eo pro papa receptis (28 fl. pro panno) et pro 2 orfres aureis ab ipso mercatore emptis precio 121 fl., *zusammen* 625 fl. in 600 fl. de Flor. boni ponderis et 25 fl. de Pedemonte boni ponderis.

(f. 102v) Dez. 3 computus d. Iohannis Cortoys: pro 1 tapeto de lana de diversis coloribus pro capella pape continente 18 alnas quadratas (15 s. pro alna) 13 l. 10 s. parisien., pro 3 tapetis viridibus cum rosis rubeis pro dicta capella continentibus 132 alnas quadratas (*zu je* 11 s. 6 d.) 85 l. 18 s., pro 6 sargiis viridibus videl. 2 maioris forme et 4 medie forme: 24 l. paris., pro 18 sargiis viridibus ultra quam maioris forme (8 l. paris. pro pecia) 144 l. paris., pro portaturis sargiorum et tapetorum 9 scud. 5 s. paris., pro vestibus estatis preterite 3 brodariorum, custodis leonisse et custodis porte coquine 19 fl., pro vestibus 3 solhardorum parvorum

---

[1] Im Original steht. VIII. XXXII; es muß XVIII. XXXII heißen.
[2] Trinkgeld.
[3] Abgabe, Steuer, ius, diritto.
[4] Sultan.
[5] Das ist ein Rechenfehler, es müßte 372 heißen.

5 fl., *zusammen* 257 l. 13 s. paris. 24 fl. 9 scud., *zusammen in* 269 d. ad scutum 24 fl. 13 s. paris. (1 d. ad scutum = 14 s. 6 d. paris., *teils =* 24 s. 6 d. paris.!).

Gewebeeinkäufe.

(I. E. 250 f. 88 butic.) **1347** Juni 20 facto computo cum d. Bernardo [de Scossaco], custode vaxelle, repertum est sibi deberi pro 6 cordis tele pro mundanda vaxella (*zu je* 16 s.) et pro mundanda et abluenda vaxella pro 3 mensibus (*April—Juni monatlich* 11 s.) 7 l. 12 s. in 5 fl. 21 s. auin. *Ähnliche Abrechnungen desselben 3monatlich.*

(f. 80ᵛ panet.) **1347** Juni 14 recepi (Guillelmus Bellifilii panet. pape) ab Helia de Nexovio, aquario pape, 112 mappas garnitas (*zu je* 28 s.) 156 l. 16 s., 12 duoden. manutergiorum (*zu je* 38 s.) 22 l. 16 s.

(I. E. 250 f. 86ᵛ panat.) **1348** Mai 17 computus Bernardi Garnerii, panetarii pape, de mappis et longeriis et manutergiis emptis a relicta quondam Helie de Nexouio [aquarii pape]: 56 mappas quamlibet 3½ cannarum, 24 mappas quamlibet 3 cannarum, 26 mappas 2½ cannarum, 8 duodenas manutergiorum, 53 longerias 3½ cannarum; summa cannarum mapparum munitarum longeriis 281½ (8 s. pro canna), valent 112 l. 12 s.; 51½ canne non munite longeriis, *zu je* 5 s. 6 d., valent 14 l. 3 s. 3 d., *zusammen in* 105 fl. 15 s. 3 d.

(f. 199 Pinhota) **1347** Juli 12 mag. Bernardo Alberti et Bernardo de Severia, mercatoribus pannorum de Andusia, pro 200 pannis emptis et traditis d. Geraldo Latremoliera, mag. Pinhote, qui viva voce retulit . . . iuxta tenorem obligationis cuiusdam instrumenti per mag. Iohannem Palaysini recepti, quod cancellari mandavimus, 600 fl. de Flor. boni ponderis.

In ista solutione collocavimus 400 fl., quos tempore contractus *(15. März)* a nobis mutuo receperat iuxta conventiones habitas inter nos et ipsos.

6a. Päpstliche Kleidung und Zimmerausstattung.

(f. 99 ornam.) **1347** Juli 2 Petro de Mesino, mercatori Auin., pro 27 lb. sindonis pro faciendis cortinis novis pape receptis per Iohannem Gaita, vailetum camere pape, 3 fl. 4 gross. pro libra: 92 fl. 9 gross. 10 d.

Juli 5 facto computo cum d. episcopo Regensi, elemosinario secretario pape, de 3 ternalibus cerici albi et pro aurifreseriis ponendis bis in dalmaticis et tunicellis diaspri albi et camotati albi . . . pro mutatione cirothecarum pape etc. 8 fl. 21 s. 3 d. mon. Auin.

Juli 18 compotus Iohannis la Gaita, servientis armorum: se emisse 43 cannas tele viridis pro faciendo retrocortinis (!) *zu je* 4 s. 9 d. = 8 fl. 12 s. 3 d., 79 cannas fustani pro faciendis mataraciis ponendis iuxta parietes prope lectum pape (*zu je* 4 s.), et pro 156 lb. cotoni (*zu je* 2 s. 8 d.) et pro factura materaciorum 2½ fl., *zusammen* 32 fl. 21 s.; . . . pro 2 corcetis pape (30½ uncie de taffetano albo *zu je* 6½ gross., 3½ canne tele de Remis *zu je* 9 gross., 4 uncie de cerico *zu je* 12 s., pro cotone et factione 2 corsetorum 2 fl.) 13 fl. 10 s. 6 d.

(f. 100v) Aug. 12 Antonio factori Iacobi Malabayla pro 1 acu auri cum lapide zaphireo pro pallio pape 15 fl.

(f. 101) Sept. 5 compotus d. episcopi Rigensis super quibusdam traditis et receptis pro capella facienda pannorum aureorum de Cypro rubeorum pro papa: pro sindone rubeo $13^3/_4$ uncias (3 fl. 3 gross. pro libra)[1] 3 fl. 8 gross. 16 d., pro 7 unciis sindonis crocei 3 fl. 2 gross., 1 pecia aurifrisii stricti 2 fl. etc., *zusammen* 12 fl. 9 gross. 5 d.

Sept. 20 Petro Lapi de Florentia pro reparatione matarassi veteris pro d. Iohanne del Vernh, camerario pape ac canonico Ruthen., pro 16 lb. cotoni positis in eodem matarasso ($12^1/_2$ s. pro libra) 2 fl.

Sept. 23 compotus Petri Lapi de receptis ab eo per Giainnotum Gaita, cubicularium pape: pro 3 lb. 1 unc. taffate viridis pro faciendo materazam pro papa (6 fl. pro libra) 18 fl. 6 gross. ... pro 6 cannis fustani rubei causa faciendi 2 matarassos pro 2 chaderiis pro papa (5 s. 3 d. pro canna) 1 fl. 1 gross. 3 s. 1 d. etc., *zusammen* 25 fl. 11 gross. 2 d.

Sept. 24 Nicola Benchi, mercatori Florentino curiam R. sequenti, ad relationem Helie de Buffero, servientis armorum pape, pro panno laneo viridi ad ponendum retro dominum nostrum in mensa 2 fl.

Nov. 7 computus Thome Nicolai, cursoris pape, de **sandaliis et chaussonibus** pro papa factis de 1347: pro 1 pari sandaliorum pro papa 8. Sept.,[2] 2 paria sandaliorum in festo Omnium Sanctorum, 1 par chaussonum de griso in dicto festo, 2 paria sandaliorum folratorum, 1 de griso et 1 de scarlata rubea in nativ. Domini sequenti, *desgl.* 2 paria chaussonum de griso, mag. Galterus tradidit grisum et de factura debentur 6 albi ... etc., *zusammen* 10 sendalia *zu je* 3 fl. = 30 fl., pro factura 6 pariorum chaussonum (2 ob. pro pari) 12 ob. argenti; pro 1 pelle de Bienre, de qua fecit 1 par dictorum chaussonum, 20 s.

(f. 104v) Febr. 24 ... pro rubiano apposito in banchis camere pape 2 gross., pro factione 2 camputegiorum pro papa 3 gross., pro 6 staminibus pro papa $4^1/_2$ gross., pro factione 6 parium famularum pro papa $3^1/_2$ gross., pro ancilla sartricis pape 1 fl.

(f. 105) März 22 d. episcopo Regensi pro $16^1/_2$ unciis sindonis rubei pro parandis vestimentis pape ($4^1/_2$ fl. pro libra) 6 fl. 2 gross.

Mai 17 compotus Iohannis la Cleda alias de Tholosa de receptis per eum in operatorio Nicolai Benchi de Florentia: pro 23 peciis scandaliorum de viridi ponderantibus 33 lb. $8^1/_2$ unc. pro facienda cortina camere paramentorum pape (4 fl. 8 gross. pro libra) 157 fl. 3 gross. 1 s. 4 d., pro 7 unciis minus 1 ternali de serico viridi ad suendum cortinam (7 gross. pro uncia) $3^1/_2$ fl., pro 2 lb. 6 unc. 5 ternalibus de veta de serico viridi ad garni-

---

[1] 1 libra = 12 uncie.
[2] Mariä Geburt.

endum totam cortinam (7½ fl. pro libra) 19 fl. 3 s. 4 d., pro 24 cannis de veta de filo viridi ad garniendum supercapitale de tela 2 gross., pro 200 anulis de letone ad garniendum cortinam 6 gross., pro 5 lb. 7 unc. de cordis de filo viridi ad tendendum dictam cortinam (21 s. pro libra) 5 l. 17 s., pro factura et sutura dicte cortine, in qua sunt 7½ pecie bis sute, 13 fl., *zusammen* 202 fl. 11 s. 10 d.

6b. Paramente.

(f. 99 ornam.) **1347** Mai 26 computum d. Petri Saynterii, magistri capelle pape, de expensis per eum factis pro ornamentis capelle: feci preparare 1 casulam de capella, pro tela et factura 5 s., emi 15 cannas tele pro capella ad faciendum 6 tobalias (4½ gross. arg. pro canna) 5 fl. 15 s., emi 1 tobaliam de serico in capite 22 gross. arg. . . . 4 lb. incensi pro capella 48 s., pro abluendis pannis capelle et reparandis 4 s., *zusammen* 10 fl. 3 s. 6 d.

(f. 101v) Okt. 1 *Derselbe* computat fieri fecisse de natis pro capella maiori ad ponendum subtus pedes cardinalium 4 cannas cadratas *(zu je 5 s.)* 20 s., 1 cordam pro campana capelle maioris 2 s.

(f. 102v) Nov. 28 *Derselbe* (custos et magister capelle pape) pro 1 panno violato et bornato de rubeo velvet, qui quidem pannus poni debet in cathedra pape pro adventu Domini: pro 2 peciis de violato et 1 pecia de rubeo velveto (22 fl. pro pecia) 66 fl., pro tela et factura, filo de serico 3 fl., *zusammen* 69 fl.

(f. 103) Dez. 13, *(f. 104v)* **1348** März 1 *ähnliche Abrechnungen desselben. Einzelheiten:* 4 lb. incensi *(zu je* 13 s.) 52 s., pro factura casule de panno antiquo de velveto violat et reparatione panni pro cathedra pape 20 s., pro 5 granis incensi pro cereopascali 2 s. 9 d., pro 1 braseria sive patena de cobrio et ferro ad portandum prumas pro capella pape 20 s.

(f. 100v) **1347** Aug. 30 facto computo cum d. Iacobo Garnoti, cubiculario pape, de hiis, que posuit in certis paramentis pro papa: in et pro 6 peciis paramentorum factis de auro et serico posito in vestimentis albis 40 fl., pro augmentatione pulcrorum aurifriziorum 4 fl., pro aurifriziis gracilibus ponendis in circumferencia dictorum aurifriziorum 12 fl., pro perlis seu margaritis in aurifriziis positis, quorum habet maiorem partem dictus Iacobus, 8 fl., pro sindone et serico positis in dictis aurifriziis 2 fl.

Sept. 3 facto computo cum d. P. Bardarias (!), magistro capelle pape, pro reparatione casule de sendato, pro factura 2 manipulorum 15 s. etc., *zusammen* 3 fl. 13 s. 6 d.

(f. 104) **1348** Febr. 23 compotus d. Iacobi Garnoti, elemosinarii pape: pro 1 pecia diaspri viridis 12 fl., pro 3 orifredis cum ymaginibus positis in 2 capis et in 1 casula 38 fl., pro 15½ unciis de sindone rubeo pro garnimento capelle viridis pape 5 fl. 10 gross., pro 4 cannis 5 palmis orifresii stricti (5 gross. pro canna) 3 fl. 1 gross., pro 1½ unc. frangiorum

de serico pro 2 stolis et 3 manipulis 10 gross., pro 1½ unc. de serico ad suendum dicta paramenta 1 fl., pro 18 palmis tele cerate 9 gross. . . ., pro 10 scutis armorum pape pro dictis paramentis 20 gross., pro sindone viridi pro paramento cum ymaginibus posito ante altare 7 gross., pro 6 scutis armorum Ecclesie et pape in dicto paramento 18 gross. . . ., *zusammen* 64 fl. 9 gross.

Item pro 1 pectorali esmalhat. cum 2 firmaturis ad ponendum in 2 pluvialibus 13½ fl., pro reparatione et deauratura 2 pelvium[1] ad lavandum manus 2 fl., pro quadam zona de serico ad faciendum firmaturam quorundam librorum pape 9½ gross. etc.

6c. Pelzwaren.

(I. E. 250 f. 105ᵛ orn.) **1348** Mai 17 computus Galteri Gorre, pelliparii pape: se recepisse 1. Aug. 1347 a Iohanne Archieres, cambrerio pape, 1080 [erminas et] ermancellum de 150 erminis, de quibus mag. Galterus posuit in 1 capucio pape 68 erminis (!), item posuit 1 capam de samis pro papa, in qua intraverunt 430 ermin., item 1 mantellum pape, in quo intraverunt 310 ermin., 2 capucia de dicto mantello, in quibus fuerunt 150 ermin., 1 pilleum sive capellum, in quo fuerunt 30 ermin., 1 capucium, in quo fuerunt 64 ermin., 1 magnum capucium, in quo fuerunt 80 ermin., 9 birretas, in quibus fuerunt 88 ermin., *zusammen* 1232 ermine, pro labore (2 fl. pro centenario) 24 fl. 8 gross.

Derselbe Galterus *verbrauchte für verschiedene Kleidungsstücke des Papstes* 2700 ventres variorum minutorum, *das Hundert zu* 10½ fl. = 283½ fl. *Desgl.* tradidit mag. Galterus Iaquemino Bayle 21 fl. pro folraturis datis ambaxatoribus Ermenie, *desgl.* sabaterio pape 130 dorsa variorum, et cum ipse Galterus recepisset a camera 2138 dorsa variorum, debet adhuc 2008 dorsa.

7. Wachs und Kerzen.

(I. E. 250 f. 151 cera) **1347** Juni 2 d. Geraldo Fornerii pro 4 chargis cere *zu je* 31 fl.: 124 fl., pro corraterio 3 gross., pro portitoribus 4 s. 6 d.

Juni 9 compotus Stephani de Inferneto, operatoris cere pape, a die 2. Febr. ad 8. Iunii: se operatum fuisse 19 cargas et 92½ lb. cere, de quo debet recipere pro carga propter laborem suum 20 s., qui ascendunt ad 19 l. 6 s. 2 d.; pro 258 lb. de cotone *zu je* 3 s. 6 d.: 45 l. 3 s., pro 116 lb. de filo ad forum *zu je* 18 d.: 8 l. 14 s., pro carbone 60 s., pro verdeto 6 s.

Juni 10 Iohanni de Amihana ad relationem d. Geraldi Fornerii, dispensatoris cere pape, pro 9½ chargis cere minus 1 lb. (30¾ fl. pro carga) 292 fl. 6 d. et illis, qui portaverunt ceram: 16 s. 3 d.

---

[1] Waschbecken.

Juni 14 computatum fuit cum d. Geraldo Fornerii, custode cere pape, quod debebantur Geraldo de Caraygas, mercatori de Montepessulano, pro 17 $^1/_2$ cargis 37 lb. cere de Romania (33 fl. pro carga) 581 fl. 6 gross. 18 d., pro portatione 22 s. 6 d., pro corraterio 17$^1/_2$ gross.

(f. 156) Sept. 24 compotus d. Geraldi F.: *vom 2. Juni – 21. Sept. 1347 wurden verarbeitet* 34 cargue 2$^1/_2$ quint. de cera, recipiunt operarii pro carga 20 s. *Dazu die sonstigen gewöhnlichen Ausgaben, zusammen* 86 fl. 19 s. 9 d.

Sept. 28 d. Geraldo Fornerii pro 5 quint. candelarum cepi pro usu pape et camere 20 fl. de Flor.

(f. 161v) Dez. 27 d. Geraldo Fornerii, custodi cere pape, pro 12 cargis et 79 lb. cere per eum emptis pro usu hospicii pape a Iohanne Piefannis 458 fl. 51 s.

(f. 162v) **1348** Jan. 12 ad relationem d. Geraldi Furnerii, custodis cere pape, Andree de Podio suo nomine et Iohannis fratris sui mercatoribus pro 16$^1/_2$ sarcinatis et 10 lb. cere aportate de Montepessulano (35 fl. pro sarcinata, que est de 3 quint.) 578 fl. 16 s.; pro portu 22 s. mon. Auin., pro corratagio 16 gross., *zusammen* 580 fl. 22 s.

Febr. 13 Geraldo Fornerii, custodi cere pape, pro 2 quint. cepi in candelis 8 fl.

(f. 167v) März 10 computus Petri Ioya de operatione cere pro papa, prout retulit Geraldus Furnerii, custos cere (*vom 21. Sept. bis 8. Febr.*): operavit 26 sarcinatas 2 quint. cere (20 s. pro sarcinata), *zusammen mit den gewohnten Auslagen* 65 fl. 16 s.

(f. 168) März 13 compotus Fabiani Pinelli, mercatoris de Ianua: pro 19 cargis 1 quint. 88 lb. cere (34 fl. pro carga) 667 fl. 11 s. 8 d., pro 90 lb. cere minoris valoris 8 fl., pro corretario et ponderatura et portatura 2 fl. 13 s.

(f. 170) Mai 9 computus Stephani de Inferneto de Montepessulano de cera per eum empta pro usu hospitii pape et constitit per relationem d. Geraldi Fornerii, custodis cere, dictum Stephanum emisse et eidem Geraldo assignasse 19 cargas 92 lb. cere, quarum quelibet carga continet 3 quint. et quodlibet quintale 100 lb. (35 fl. pro carga) 675 fl. 15 s. 9 d. in 540 scutis auri, 15 s. 9 d. (4 fl. = 5 scuta). Et cum dictus Stephanus recepisset a camera mutuo 19. Dec. 1347 600 scutos, restat, quod debet restituere 59 scut. 14 s. 3 d.

(f. 204v *Panhota*) **1347** Okt. 22 fr. Gasberto elemosinario Panhote pro 1 quint. candelarum pro usu Panhote 4 fl.

7a. Spezereien und Kolonialwaren.

(I. E. 250 f. 60v *coqu.*) **1347** Mai 30 computum d. Bernardi Gaucelini, emptoris coquine de speciebus expensis in 4 septimanis (30. Apr. — 27. Mai): 15$^1/_2$ lb. specierum in pulvere (8 s. 6 d. pro libra) 6. l. 11 s.

11 d., 15½ lb. gingiberis (8 s. pro libra) 6 l. 4 s., 10 lb. piperis (*zu je* 8 s.) 4 l., 15½ lb. canelle (*zu je* 7 s.) 108 s. 6 d., 2⅝ lb. gariofilorum (55 s. pro libra) 7 l. 3 s. 10 d., 2⅝ lb. canelle (*zu je* 45 s.) 118 s. 2 d., 1 lb. grane paradisi 12 s., ¼ lb. massis 15 s., ⅛ spic. 5 s., 22½ lb. zucaris (*zu je* 4 s. 6 d.) 101 s. 3 d., 500 lb. amicdolorum (*zu je* 7 d.) 14 l. 11 s. 8 d., 34 lb. risi 17 s., 8 lb. amicdi 8 s., 24 lb. frumenti (*zu je* 10 d.) 20 s., 20 lb. avenati (*zu je* 9 d.) 20 s. 3 d., 6 lb. dattilorum 12 s., 6 lb. pignonum (*zu je* 2 s. 6 d.) 15 s., 6 lb. ficuum 3 s., 6 lb. racemorum 3 s., 15 lb. mellis 7 s. 6 d., pro foliis auri 22 s., 2 lb. croci 40 s., 41 pomis granatis 51 s. 3 d., 2 lb. anisii confecti 10 s., 2 cannis staminete 6 s., 2 lb. prunorum 9 s.

Ähnliche Abrechnungen desselben alle 4 Wochen.

(*f. 153 cera*) **1347** Juli 12 facto computo cum Ademario Barralis ypothecario de speciebus ab ipso receptis de mense Iunii pro usu pape repertum est, quod debebantur eidem pro 302 lb. diversarum specierum (5 s. pro libra) 75 l. 10 s., pro 40 pomis millegranatis (18 d. pro pecia) 40 s. (!), pro 4 manibus papiri receptis per cubicularios pape, 2 remis papiri pro thesauraria, 3 libris papiri 6 manuum tam pro thesauraria quam pro camera (18 d. pro manu, 27 s. pro rema, pro manu papiri posita in libris 2 s.), pro 2 manibus papiri maioris forme pro regestro (3 s. pro manu), *zusammen* 78 s., pro 1 recepta floris et aque rosacee 17 s., pro 6 lb. cere rubee pro thesauraria 18 s., pro 12 cannis tele incerate tam pro turri, ubi iacet papa, quam pro thesauraria et camera, ubi operatur cera (8 s. pro canna) 4 l. 16 s., pro 5 peciis vete 20 d., pro 1 lb. fili pro polomar pro thesauraria 18 d., *zusammen in* 74 fl. 6 s. 2 d.

Ähnliche Abrechnungen desselben für jeden Monat.

8. Bauausgaben.

Einzelheiten.

Bei den Bauausgaben werden als Beamte und Handwerker genannt: d. Pontius Saturnini, provisor operum pape, mag. Ioh. de Lupariis *(f. 110. 132v)* (extimator), Rostagnus Berc, serviens armorum *(110v)*.

cursores pape: Ludovicus de Viana *(108. 111 etc.)*, Iacobus Cabanerii passim, Raimund de Biterris *(108)*, Petrus Verneti *(109. 111)* (de Verneto).

curator puteorum: Bartholomeus Daurel *(112v)*; Bertrandus de Canaulis ferraterius *(f. 108. 110)*, Guillelmus Rostagni ferrarius *(109v. 110 etc.)*, Henricus de Leo ferraterius *(121v)*, Ioh. de Lamura calcinarius *(108)*, Raimundus de Grilione calcenarius *(126)*, Guillelmus Desiderii [lapiscida] *(108v. 111 etc)*, Petrus Caseti et Ioh. Calmini de Orgone [lapiscide] *(109)*, Petrus Picardi *(131v)*, Siffredus Aliberti [lapiscida], Altrandus Altrandi *(131v)*, Guillelmus Bres, gipperius *(110)*, Rostagnus Ayme, gipperius, Guillelmus Bracii de Insula, mercator gippi, Guillelmus de Fonte, Andreas Bruni,

8. Bauausgaben.

Iacobus de Fonte, Guillelmus Pelliparii, scisores seu resecatores lapidum *(112)*. *(f. 143v)*: Guillelmus Vitalis de Castro *liefert* tegule. Hugo corderius *(112)*.

Ioh. Ricardi ressegator postium *(113v. 121)* (serrator Avin.). Ioh. Bitardi sarrator *(134)*. Petrus Marselhes *liefert Sand*.

(I. E. 250 f. 114v edif.) **1347** Sept. 12 Bernardo Rubey et Guillelmo de Lacu pro portatura 12 saumeriorum et pro 23 suprasaumeriorum pro opere loge porte Aygerie desubtus pontem 10 fl.

(f. 118) Okt. 9 computus mag. Rostagni, fustarii pape, de 128 dietis a 4. Aprilis ad 23. Iulii: pro faciendo 20 encastras in capella pape pro aperiendo vererias, pro refaciendo cancellos ante portam palacii, pro intelando fenestras in grossa turri, ubi iacent servientes armorum, pro faciendo 1 portam in dicta grossa turri, pro intelando fenestras camere pape, pro faciendo portam in introitu magni tinelli, pro faciendo 1 medium ad caput corraderii pro tenendo lectos magistrorum hostiariorum, pro faciendo perticas garderaube pape pro tenendo arnecium, pro faciendo perticas et portam in camera supra stuphas, pro faciendo incastras ad vincellam in celario subtus capellam, pro faciendo fenestras in celario turris, que est iuxta thesaurariam, 12 portas in opere novo ante palacium, pro infustando 3 solerios operis novi, pro faciendo 1 armeriam ad tenendum vayssiliam coquine, pro faciendo archam in panateria, portam b. Marie, perticas in stuphis supra lectum pape, et fuerunt in dictis dietis pererii Bertrandus Lunes, Petrus Cavalier, Ioh. Dionisii, Bertr. Vidal, Arnaudus Daurival (pro die 4 s.), *zusammen* 25 l. 12 s.

(f. 122) Nov. 7 cum factum esset precium cum Iohanne Fabri de implendo clotas volte audientie nove ac mundando cameras operis novi palacii et carreriam ab hospicio capitanei marescalli usque ab portale maius novum dicti palacii 76 fl.

(f. 122v) Nov. 21 facto compoto cum mag. Anthonio Dominici de Carpentorate et Iohanne Pelliparii super reparatione aule castri Montilii, cum quibus conventum fuerat, quod ... darentur 100 fl. de Flor. boni ponderis et ipsi promiserunt in presentia mei thesaurarii, Bertrandi de Chaomaco, clerici camere Apost. et thesaurarii Veynaycini ad hoc per ipsam cameram specialiter deputati; pro cuius aule reedificatione, coopertura et reparatione fuerunt mutuati 40 fl., *danach erhalten sie noch* 60 fl.

(f. 132v) **1348** Febr. 6 cum nuper propter edificium pape ultra Pontem, ubi ponuntur equi pape, aliqua dampna essent data Symoni de Millone in domo sua ratione cuiusdam muri edificati et elevati in predicto edificio, qui quidem murus et coopertura domus dicto Symoni clauserunt suum ingressum et scalas domus sue, et [ad] taxandum dampnum et interesse Symonis dati fuissent extimatores per cameram magistri Petrus Gauterii et Iohannes de Luperiis, Ioh. et Petrus extimaverunt, quod darentur ... 30 fl.

(f. 146) Mai 14 de mandato pape Bertrando Folcoaudi, magistro operis Pontis, ex speciali dono pape 150 fl.

(f. 140v) **1348** Febr. 19 magistri Petrus Galteri et Iohannes Massarii deputati per nos Stephanum, s. Poncii Thom. episc., camerarium et Bertrandum, priorem Brive, thesaurarium pape, ad canandum opera nova palacii Apost. facta per mag. Iohannem de Luperia et iurati bene et fideliter canare opera supradicta et fideliter refferre, que invenirent in canamento, presente mag. Iohanne de Luperia ac nobis clericis camere, concorditer retulerunt, quod omnes muri bugetorum ascendunt ad 699 cannas quadratas et $^1/_2$ palmum, omnes muri crotarum computando 2 cannas quadratas pro 3 cannis ascendunt ad 1252 cannas $7^5/_8$ palmos quadr., omnes muri quadrariorum 59 cann. $7^3/_4$ palm. quadr., muri acolarum 191 cann. $7^3/_4$ palm. quadr., muri cudellorum et fornellorum 17 cann. 4 palm. quadr. . . ., omnes muri grossi ascendunt ad 3775 cann. $2^5/_8$ palm. quadr.; que omnia canamenta ascendunt ad 6132 cann. $3^5/_8$ palm., que dando pro canna quadrata $3^1/_2$ fl., sicut conventum extitit cum eodem mag. Iohanne, ascendunt ad 21463 fl. 15 s. 4 d. ob.; item fecit de bardamento 132 cann. quadr., que faciunt (20 s. mon. Auin. pro canna) 132 l. mon. Auin. = (1 fl. = 24 s.) 110 fl.

Tagelöhne der Bauhandwerker im Jahre **1348**
aus dem Manuale Intr. Exit. 256.

Wochenweise Berechnung und Auszahlung der Arbeitstage.

Steinmetzen (lathomi) *erhalten im Juni an Tagelohn: einer* 5 s., *einer* $3^1/_2$ s., 12 *je* 2 s., 8 *je* 1 s. 8 d., 4 *je* 1 s. 10 d., 6 *je* $1^1/_2$ s., 3 *je* 1 s. 3 d. *Manche arbeiten auch auf Akkord* (taxa).

Im August (11. septimana) *erhält ein Steinmetzmeister* Petrus de Sabazaco cum suo vayleto *für 7 Tage der Woche* 56 s., *also täglich* 8 s., *alle anderen erhalten nur 5 Arbeitstage bezahlt; einer erhält täglich* 5 s., *einer* $3^1/_2$ s., *einer* $2^1/_2$ s., 9 *je* 2 s., 3 *je* 1 s. 10 d., 11 *je* 1 s. 8 d.

Ein Glaser (vitrearius) *hat täglich* 4 s.

Schmiede in der Bauschmiede (fabri in fargia) *erhalten: einer* $3^1/_2$ s., 2 *je* $2^1/_2$ s., 2 *je* 2 s., *einer* $1^1/_2$ s.

Zimmerleute (chapus = charpentier) *erhalten: einer* 4 s., 2 *je* 3 s., *einer* $2^1/_2$ s., *einer* 2 s.

Nach f. 140 betrug der Tagelohn der fusterii 1 fl. *pro 5 dietis.*

Handlanger (manobras), *oft über 100, erhalten durchschnittlich bloß* 10 d.

Karrenführer (charetiers): *2—3 erhalten je* $2^1/_2$ s. *Tagelohn.*

Die Zahl der Handwerker und Handlanger wechselt etwas in den einzelnen Monaten.

Außer den obengenannten Steinmetzen werden noch magistri de choro *ausgelöhnt, wahrscheinlich ebenfalls Steinmetzen; einer erhält täglich* 5 s., *einer* 4 s., *einer* 2 s. 4 d., *einer* 2 s., *einer* 1 s.

8a. Metallpreise.

(I. E. 250 f. 138 edif.) **1348** März 13 computus Bertrandi de Canaulis ferraterii de ferraturis ab eo receptis per Vivianum cursorem pape: pro 35 barris ferreis ponderis 1051 lb. (7 d. cum ob. pro libra) 32 l. 16 s. 10 d. cum ob., pro 1 magna sarralha posita in maiori porta edificii novi porte Ayguerie 36 s., pro 1 luqueto duplici pro latrinis palacii 14 s., pro 16 clavibus pro dicto luqueto *zu je* 18 d.: 24 s.

März 29 compotus Guillelmi Rostagni ferraterii: pro 60 pannis et 60 gofonibus ponderis 201 $^1/_2$ lb. et pro 668 clavellis palmarum ponderis 197 lb. (7 d. c. ob. pro libra), que recepit Rostagnus Berqui pro opere de subtus Pontem et de Montiliis et pro palacio, et Guillelmus de Channaco pro palheria . . . *(f. 138^v)* pro 1 quint. 32 lb. de plumbo, quod recepit Rostagnus pro gorga campane (40 s. pro quintali) 2 l. 12 s. 10 d., pro 26 lb. de stagno, quas recepit idem Rostagnus pro soldando claves supra turrim (7 fl. pro quintali): 2 l. 2 s., pro 2350 clavellis stanhatis de 12 pro libra pro hospitio de subtus Pontem (6 s. pro 100) 7 l. 1 s.; pro 3600 stanhatis de 50 [pro] libra, 4 $^1/_2$ s. pro centenario, quos recepit Rostagnus pro hospitio de subtus Pontem et pro januis penoris palacii, 7 l. 17 $^1/_2$ s. etc., *s. auch Bewaffnung S. 381 April 8.*

(f. 145^v) Mai 2 computus Petri Chauleti ferraterii de ferraturis pro operibus pape de mense Aprilis: pro Audientia nova 11 barras ponderis 615 lb., 10 barras ponderis 321 lb., 9 barras pond. 381 lb. . . ., *zusammen* 60 barras. Item 3 aspas pro magna turre pond. 30 lb., 12 palmelas pro arnesio turris pond. 170 lb., 16 gofonos pro turre magna pond. 13 lb., *zusammen* 2082 lb. (7 d. cum ob. pro libra) 65 l. 2 s. 6 d.

8b. Malerei und Farben.

(I. E. 250 f. 114 edif.) **1347** Sept. 6 d. Matheo Iohannoti, pictori concistorii Apost., tradidi pro pictura concistorii azurum Alamannicum 1 sacum ponderis 20$^1/_8$ lb., quod recepi de thesauraria.

(f. 122) Nov. 14 compotus mag. Mathei Ianoti de Viterbio, pictoris, de picturis factis per eum in consistorio: computat vacasse ipse et certi pictores cum ipso pro pingendo consistorium Apost. et quamdam partem cuiusdam deambulatorii, quod est in introitu camere pape, a 12. Iulii 1347 ad 26. Octobris, computat solvisse pro dietis suis 192 l. 16 s. 6 d., pro coloribus necessariis, pro temperamentis, ornamentis, stramentis ad reponendum colores, pro clavis, fusta ad faciendum stacgia, portatura aque et morterii necessarii 48 l. 4 s., *zusammen* 241 l. 6 d. in 200 fl. 20 s. 6 d.

(f. 144^v) **1348** Apr. 30 facto computo cum Matheo Iohanoti, pictore pape, de omnibus expensis per ipsum factis tam in operariis quam coloribus in diversis operibus artificii sui a 27. Oct. 1347 ad 30. Aprilis 1348: 249 l. 3 s. 4 d. in 207 fl. 15 s. 4 d.

8e. Goldschmiedearbeiten.

(*I. E. 250 f. 103 ornam.*) **1348** Febr. 1 computus Marchi Landi, argentarii et servientis armorum pape, de 1 bassili de argento, in quo stat candela, que pendet in capella ante corpus Christi et reliquias, ac de pede argenteo per ipsum noviter facto et posito in pulcro iocali pape — ponderat dictum bassile ad pondus Auin. una cum cathenis argenteis, cum quibus stat appensum, 16 march. 5 unc. 9 d., videl. 11 march. 5 unc. 9 d. de argento sterlingorum ad pondus Auin., 5 march. argenti gross. turon. ad idem pondus; asserit, quod pes dicti iocalis ponderavit in universo 41 march. arg. tur. gross. ad pondus Auin., et est summa ponderis bassalis (!) et pedis 46 march. arg. turon. gross. ad pondus Auin., 11 march. 5 unc. 9 d. argenti sterling., de quibus receperat a camera 9 marchas 4 unc. 9 d. arg. sterling., debentur dicto Marcho 46 marche arg. tur. gross., 2 march. 1 unc. arg. sterling. ad pondus Auin.; Solvimus eidem pro 46 marchis arg. tur. gross., ad rationem 5 fl. 7 tur. gross. pro marcha (1 fl. = 12 tur. gross.) 256 fl. 10 tur. gross.; pro 2 marchis 1 unc. arg. sterlingorum, ad rationem 5 fl. $4^1/_2$ tur. gross., 11 fl. 10 s. 1 d. ob.

Eidem pro quadam parva lanterna pro papa ponderis 4 march. 5 unc. 6 d. arg. tur. gross., ad rationem 5 fl. 7 tur. gross., 25 fl. 5 s. 6 d.

Pro pede dicti iocalis deaurando 28 fl., pro 2 esmaltis de auro positis in pedibus 2 candelabrorum de auro ponderis 2 unc. de auro (6 fl. pro uncia) 12 fl.

Pro factura bassilis, quod, ut predicitur, ponderavit una cum cathenis ad pondus Auin. 16 march. 5 unc. 9 d. (6 tur. gross. pro marcha) 8 fl. 9 s.; eidem pro factura pedis ponderis, ut predicitur, 41 march. (2 fl. 9 tur. gross. pro marcha) 112 fl. 18 s., eidem pro factura lanterne (2 fl. 9 tur. gross. pro marcha) 12 fl. 17 s. 3 d., pro factura esmaltorum 36 s., *zusammen* 458 fl. 19 s. 10 d. ob., de quibus computa recepisse a camera 207 fl. videl. a d. camerario 72 fl. et a d. thesaurario 135 fl.,[1] *jetzt erhält er die übrigen* 251 fl. 19 s. 10 d.

Dez. 24 facto computo cum Iohanne Mine argentario pro factura 6 candelabrorum argenti et argento in eis posito ponderis 10 marcharum $2^1/_4$ unc. (5 fl. 8 gross. pro marcha) 58 fl. 2 gross.

(*f. 165*) **1348** Febr. 11 fuerunt ponderata vasa aurea noviter fabricata per Marchum Landi, servientem armorum, de mandato pape: 2 magni pitalphi ponderant 24 marchas 3 d. auri, 2 pitalphi minores auri 13 marchas 7 uncias, 12 scutelle maioris forme 45 march. $5^1/_2$ unc., 10 scutelle mediocris forme 22 march. 7 unc., 12 tassie auri 44 march. $6^3/_4$ unc., *zusammengezählt* 151 marche 2 unc. 9 d. Flor., *zusammengewogen* 151 m. $3^1/_2$ unc. ad pondus Auin. (1 marcha auri valet 59 fl. cum manu[2]) valent $8934^1/_2$ fl.),[3] de qua summa recepit Antonius Malabayla a d. Andrea de Tuderto, collectore Tuscie, 1348 Oct. 19 4000 fl.

---

[1] Vgl. oben S. 349. [2] D. h. mit Arbeitsiohn. [3] Das Folgende von späterer Hand.

8ᵈ. Bewaffnung.

(I. E. 250 f. 139 edif.) **1348** März 19 compotus Aymerici de Dumo, custodis armorum pape: se fieri fecisse 2 spingalas, et ipse Aymericus et Rostagnus Berc emerunt 2 ulmos pro faciendis spingalis, qui decostiterunt 6 fl. 12 s., 1 fustem ulmi pro faciendis 2 estreas 16 s., 1 fustem de nuce pro faciendis brachiis spingalarum 28 s.; 2 fustes de quercu, qui erant pape, costiterunt pro portando ad palacium et ponendo in cadasta 17 s. 6 d.; magister, qui fecit spingalas, debet habere 28 fl.

Pro 2 nucibus spingalarum ponderis 48 lb. (3 s. 9 d. pro libra) 9 l.; cum magister, qui fecit spingalas, iurasset, quod non faceret eas pro dicto precio, Aymericus dedit sibi 5 s., pro dictis nucibus bruniendis 8 s., pro fuste de enze pro faciendo los biros ad perforandum estroas 6 s. 3 d., pro serrando fustem denze 2 s. 6 d. . . . los molles dictarum nucum constiterunt 2 s. 6 d., pro 2 remis pro faciendo cavillas rotarum spingalarum 4 s. 3 d., pro faciendo 1 polilham de fuste pro ponendo spingalas in corda habuit cornerius 12 d. . . ., pro portando spingalas, quando fuerunt facte, de hedificio novo ad superiorem cameram turris 21 s.

(f. 142) April 8 facto computo cum Bertrando de Canaulis ferraterio de ferraturis ab eo receptis per Vivianum, cursorem pape ad hoc deputatum: pro 77 barris ferreis, 15 aspis et 1 verrolhieyra cum 2 aspis pro 1 espingala totum ponderis 1857 lb. (7 d. cum ob. pro libra) 58 l. 1 s. 7 d., pro 6 anulis positis in tibiis Turchorum 18 s.

(f. 155 cera) **1347** Sept. 3 Aymerico de Boysso, custodi armorum palacii, pro 13 balistis de 1 pede fustorum sive de fuste 13 fl.

(f. 156 cera) Okt. 1 Aymerico de Boyssono, hostiario pape ac custodi armorum et arnesiorum palacii Apost., pro 50 miliaribus de cayrels, quorum medietas est d'assier, alia ferri, quos emerat a Roberto de Podio, mercatore de Luca (5 fl. pro miliari) 250 fl.

(f. 164) **1348** Febr. 1 computus Aymerici de Dumo pro spingalis pape: pro 6 quint. cordarum de pilis pro spingalis (4 l. pro quintali) 20 fl., pro 3 quint. cordarum de pilis emptis a corderio, qui facit cordas putei pape (70 s. pro quint.) 8 fl. 18 s., pro filatura 36 lb. canapis pro corda spingalarum 18 s., pro $2^3/_4$ quint. cordarum canapis pro spingalis 6 fl. 21 s., pro 28 lb. cordarum primarum seu munctarum (9 d. pro libra) 20 s., pro 7 lb. corde prime pro spingalis 7 s., pro 1 tortoyrieira ponderis 44 lb. pro ponendo spingalas in corda 1 fl. 3 s. minus 3 ob., pro 10 lb. canapis electe 12 s. 6 d., pro 26 lb. canapis (18 d. pro libra) 39 s., pro 8 lb. de cepo pro unguendo spingalam 8 s. 6 d., pro $^1/_2$ libra cere ad incerandum spingalam 15 d., *zusammen* 41 fl. 5 s. 3 ob.

1348 Febr. 6 Bernardo dⁿⁱ Canonis de Canonibus, mercatori de societate de Canonibus de Florentia, et Lapo Zerii, mercatori de Florentia, pro 400 arnesiis garnitis iuxta tenorem cuiusdam instrumenti . . . per eos camere reddendis 5600 fl.

Febr. 28 *desgl.* pro 100 arnesiis garnitis 1000 fl.

8e. Holz und Kohlen.

(I. E. 250 f. 153 cera) **1347** Juli 10 compotus Guillelmi Quinquinelli et Raimundi Anssellii, cursorum pape, de carbonibus pro coquina: *vom 27. Juni – 7. Juli, zusammen* 3344 banastones a Iohanne Furnerii de Romanis *zu je* 12 d.: 181 l. 2 s. 8 d. in 147 fl. 21 s. 2 d.

(f. 159v) Dez.[1] 15 computus Stephani Brugerie, mercatoris de Vivariis, de lignis ab eo receptis per Quinquinellum et Raimundum Ansellatoris, cursores pape, ad hoc deputatos, qui retulerunt dicta ligna recepisse *an verschiedenen benannten Tagen vom 8. Nov. bis 13. Dez., zusammen* 16160 quint. lignorum (14 d. pro quint.) 942 l. 13 s. 4 d., pro estivando dicta ligna 21 l. 17 s. 6 d., *zusammen* in 795 fl. 12 s. 1 d. (1 fl. = 24 s. 3 d.).

1348 Jan. 23 computus Inardi Portalli, mercatoris de Vinagi, de carbone ab eo recepto per Raimundum Ansellatoris et Quinquinellum, pape cursores, ad hoc deputatos, qui retulerunt carbonem ab eo recepisse *vom 14. bis 19. Jan., zusammen* 1884 banastones *zu je* 14 d.: 109 l. 18 s. in 91 fl. 14 s. (1 fl. = 24 s.).

(f. 169) Apr. 15 Raimundo Chambert dioc. Graciopolitan. de carbonibus receptis pro provisione hospitii pape per relationem R. Anselatoris et Quinquinelli, cursorum pape: 1060 banastones carbonum (13 d. pro banastone) 57 l. 8 s. 4 d. = 47 fl. 20 s. 4 d.

9. Bibliothek und Schreibwaren.

(I. E. 250 f. 107 script.) **1347** Juli 3 mag. Iohanni Valras pro scriptura 1½ sexterii in libro obligationum 2 fl.

(f. 148 bulla) Dez. 18 computant fratres Raym. Gaucerandi et Bernardus Petri bullatores *(im südfranz. Dialekt):* 25 lb. de ceda *(je* 6 l. 5 s., 1 fl. = 26 s.) 146 l. 5 s., pro tela et portu 8 s., *zusammen in* 120 fl. 13 s.

(cera) **1348** Febr. 20 computum Iohannis Agulherii, pergamenarii Auin., de pergamenis ab eo receptis tam pro mag. Francisco pape secretario quam pro camera apost. et nepotibus pape . . ., *zusammen für* 27 fl. 5 s. *Von demselben zahlreiche weitere Pergamentrechnungen.*

10. Verschiedenes.

(I. E. 250 f. 154v cera) **1347** Aug. 2 de mandato d. camerarii pro cambio 1500 fl. auri de Neapoli Donatino de Florencia corraterio 3 fl. boni pond.

---

[1] Im Original steht irrig Sept.

(f. 155v) Sept. 19 compotus Hugonis de Dinha, habitatoris Auinion., de ionc ab ipso recepto et posito in tinello et camera palacii Apost.: pro 137 fays de ionc a festo Pasche ad festum b. Marie pro ponendo et spergendo in tinello et cameris palacii Apost., prout retulit Guillelmus de Calssaco, serviens armorum, ad hoc deputatus (2 s. pro quolibet fays) 13 l. 14 s. in 11 fl. 10 s.

(f. 158v) Nov. 12 Iohanni de Casalibus pro 13 cannis cadratis de natis positis in camera d. G. de s. Amancio, magistri hospitii pape, 6 s. pro canna: 3 fl. 6 s.

Nov. 22 computus Iohannis Gayta, cambrerii pape, de 129 urinalibus, de 36 vitris de berri, de 28 bequeridas, de 8 lampadibus, de 4 ambolis magnis vitreis et de 34 patellis terreis, que omnia necessaria pro camera pape emerat a 12. Nov. 1346 ad 14. Nov. 1347: 8 fl. 13 s. 5 d.

(f. 159v) Dez. 11 Petro Chouleti pro 16 candelabris positis in consistorio et in camera pape et in tunellis magno et parvo (*zu je* 4 fl.) 64 fl. de Flor.

(f. 161v cera) Dez. 23 Iohanni de Casalibus pro 35 cannis cadratis natarum positarum in camera d. vicecomitis Bellifortis in palacio (6 s. pro canna) 8 fl. 18 s.

(f. 164v) **1348** Febr. 6 facto computo cum Guillelmo Agneti, trahente campanam, pro 1 corda pro campana pape ponderis 40 lb. (8 d. pro libra) 26 s. 8 d.

(f. 166v) Febr. 23 Donatino Sancii corraterio pro corretagio cuiusdam cambii 2000 fl. de Venetiis 2 fl.

(f. 168) März 20 facto computo cum Hugone de Dinhano de pelone recepto a 1. Nov. 1347 ad 20. März 1348 (per relationem Iacobi Rufferii, servientis arm. pape, pro 66 saum. pelonis pro usu hospitii pape (6 s. pro saumata) 19 l. 16 s. in 16 fl. 12 s. *Desgl.* pro 8 fayssis de Romani pro camera pape (*je* 18 d.) 12 s.

10ª. Gartenbau.

(I. E. 250 f, 114v edif.) **1347** Sept. 19 facto computo cum d. Thoma de Domparia, can. Tullen., pro clausura viridarii pape ultra Pontem de 1347 . . . 54 fl. 10 l. 17 s. 4 d.

Item pro expensis factis in podando in viridario vineas et relevando trolhas et aptando rosarios et quibusdam laboraturis aliis et dietis 4 l. . . . pro expensis cuniculorum a 6. Mai ad 1. Iulii in furfure et avena (pro septimana 2 boysellos de quolibet) 62 s. 8 d., pro stipendiis suis pro mensibus Maii et Iunii (6 s. pro die) 18 l. 6 s. mon. Auin.

(f. 67v coqu.) **1347** Nov. 14 pro 18 dietis hominum (3 s. pro dieta), 5 dietis mulierum (12 d. pro dieta) pro cultura orti piscarii 59 s.; pro 1 emina seminis spinagiorum 10 s.

(f. 75v coqu.) **1348** März 8 pro 4 dietis hominum *(zu je* 3 s.) et 4 dietis mulierum *(zu je* 15 d.), qui laboraverunt in cultura orti piscarii 17 s.; pro 6 dietis fusteriorum, qui fecerunt 1 marcellariam sive sepem ligneam (5 s. pro dieta) 30 s.

(f. 156v cera) **1347** Okt. 4 computus Bartholomei Alegret[1] de expensis factis in viridario pape, qui computat: *(in provençalischer Sprache)* la primera senmana de Iulh per aygar lo prat et lo vergier 8 homes 16 s., la segonda senmana de Iulh per aygar lo prat 6 iornals d'omes 15 s. etc. *bis* la darrieyra senmana de Setembre per aygar lo prat 5 iornals d'ome 10 s., *zusammen* pro 76 dietis 8 l. 6 d. . . ., per 2 cercles et 1 brozon de brot am que azagam la salvia et la maiorana et las autras bonas herbas 18 d., *zusammen alles* 7 fl. 1 s.

---

[1] Er war custos cervorum pape.

Klemens VI. Siebtes Pontifikatsjahr. 1348/49.

Intr. Exit. 210.

A. Schlußsummen der einzelnen Titel.

1. **coquina** *(f. 62—79)*: d. Bernardus Gaucellmi emptor coquine, 4 magistri coqui, coadiutores coquinarum *bei der Kreation eines neuen Kardinals am 5. Juni; auch* parvi famuli *werden genannt:* 19177 fl. 508 scud., 7 s. 6 d. mon. parve regis Francie, 10 l. 15 s. 7 d. parve mon. mon. auin.

2. **panataria** *(f. 80 - 87)*: 1301 fl. minus 6 s. 9 d. 25 l. 8 s. 7 d., *dazu* 380 saum. 130 panes.

3. **buticularia** *(f. 90—97)*: 1897 fl. 787 scud. 4 s. tur., 6 l. 16 s. 8 d. parve mon. auin.

4. **marestalla** *(f. 103—113)*: 1109 fl. 63 s. 6 d. (Guillelmus de Marcono, clericus Guillelmi de Channaco, magistri marescalle) . . .

5. **ornamenta** *(f. 115-118)*: 269 fl. 100 ducati 5 l. 11 s. 3 d.

6. **opera et edificia** *(f. 120—142)*: 8808 fl. 10 l. 10 s. 3 d. (de predicta summa solvit d. camerarius 1000 fl.).

7. **vadia extraordinaria** *(f. 143 s.)*: 107 fl. 29 s. 10 d. tur. gross. arg. 9$^{1}/_{3}$ d. tur. p., 24 s. parve mon. auin.

8. **cera et extraord.** *(f. 145—170)*: 13784 fl. minus 12 s. 40 scud., 37 l. 6 s. 8 d. mon. auin., 4 gross. arg.

9. **vadia ordinaria** *(f. 171—186)*: 27328 fl. 238 l. 8 s. 6 d. (7 solutiones).

10. **Elemosina secreta** *(f. 188—192)*: 1800 fl. 7900 scud. 658 regal. 43 dupl. 174 angeli 7 paris. 322 paualhon. 132 leon. 255 georgii et cathedre 5 coron. auri; 217 tur. gross. arg., 82 l. 10 s. parve mon. auin.

11. **Pinhota** *(f. 194—211)*: 4079 fl. (!) 875 scud., 105 tur. gross. arg. 7 l. 19 s. 4 d. parve mon. auin. *f. 194^v findet sich die Bemerkung, daß* Geraldus Latremoliera, administrator domus elemosine Pinhote, *bis zum 4. April 1348 die Verwaltung geführt. An diesem Tage starb er wahrscheinlich. Sein Nachfolger war* Petrus de Frigidavilla, *der nach f. 195^v das Amt am 3. Mai 1348 antrat. Einzelheiten vgl. B 1 a.*

12. **bulla et litere curie** *(f. 213)*: 173 fl. 18 s.

13. **pensiones seu locagia domorum** *(f. 214)*: 20 fl.

14. **scripture et libre** *(f. 215)*: 2 fl.

15. **possessiones empte** *((f. 216)*: 1480 fl.

B. Systematisch geordnete Einzelheiten aus den verschiedenen Ausgabetiteln nach I. E. 210.

1. Chronikalisch wichtigere Angaben.

(I. E. 210 f. 148 cera) **1348** Juli 2 de mandato pape soluti sunt Iacobo de Albertis et societati Albertorum de Florentia pro quibusdam expensis factis per Iacobum et societatem de Albertis occasione novorum occurentium in partibus Ytalie intimatorum pape, prout a papa habuit in mandatum: In primis solvit Nicolao de Senis cursori 22. Apr. 2 fl. in premium literarum eidem pape directarum pro aventagio; Ambrosio cursori 7. Mai, qui venit de Florentia in 8 diebus cum literis ad papam pro avantagio 5 fl.; Perroto de Florentia cursori, qui specialiter transmissus fuit ad papam cum literis ipsius Iacobi continentibus, quod rex Ungarie recesserat de regno Apulie, 16 fl.

Juli 8 assignati sunt de mandato pape d^{ne} Iohanne[1] regine Sicilie ex dono per papam facto 2300 fl.

(cera) Aug. 7 Raynaudo alias Confortuno de Placentia pro complemento laboris viacgii pro camera facto per eum Valencie 4 fl.

Aug. 25 d. Hugoni episc. Tolonen. de mandato pape 1000 fl. de Florentia, quos promisit assignare et reddere ducisse de Duracio pro dono eidem d^{ne} ducisse per papam facto.

Aug. 26 Petro Desier, magistro cursorum mercatorum Auin., pro portando bullas super receptione bonorum mobilium quondam episcoporum Lumber., Vauren. et Riuen. 4 fl.

Sept. 10 Petro la Sanha, cursori pape, pro eundo Tholose pro deferendis bullis pro mobilibus episcopi Riuen., Lumber. et Mirapiscen. 6 fl.

Sept. 23 Bartholomeo de Vicep (!), cursori pape, pro eundo Tholose sive redeundo 5 fl.

1349 Febr. 8 Bartholomeo de Vispec et Iohanni Sicaldi cursoribus pro eundo in Ciciliam 12 fl.

(cera) **1348** Okt. 3 de consensu et ordinatione d. camerarii Bartholomeo de Thomariis, nuntio pape, ad partes Romanie et Turquie pro expensis, quas fecerat in redeundo de partibus illis apud Auin., 100 fl.

Nov. 14 *demselben* 20 fl.

Dez. 12 computus cum Raterio de Rogier et Ponseto de Castello, servientibus pape, de expensis per ipsos factis in eundo et redeundo in Provincia pro guerra, que erat inter comitem de Veli et dominum de Fantt et priorem de Capua, 9 fl. 10 s., item amplius fuit missus dictus

---

[1] Gräfin von Provence, Landesherrin von Avignon, Gattin des Andreas und Schwägerin des Königs Ludwig I. von Ungarn. Sie war damals nach der Ermordung ihres Gatten nach Avignon geflüchtet.

Raterius pro guerra, qui erat in Provincia contra villam de Marcelha, et fuit per 11 dies pro tractando pacem (*täglich* 1½ fl.) 16½ fl.

Dez. 17 *demselben* 12 fl.

1349 Febr. 3 de speciali mandato pape vive vocis oraculo mihi thesaurario facto soluti sunt potenti viro d. comiti Valen. (de dono pape) 500 fl.

Febr. 6 Bernardo palafrenario pape pro expensis in infirmitate sua, dum ivit de mandato camere cum d. regina Cecilie, 10 fl.

(*f. 215 scripture*) **1349** Febr 27 Odoni Benedicti, civitatis Suessionen. notario regio, pro salario suo cuiusdam note per eum recepte et scripte super obligatione summe 2600 fl., in qua d. Iohannes Iordani, comes Insule, tenebatur et se obligavit camere Apost., in qua d. Bertrandus, quondam comes Insule, pater suus, eidem camere tenebatur, 2 fl.

(*f. 165^v*) März 6 nuntio d^{ni} Martini de Gerarda, collectoris Tholosani, pro deferendo literam camere episcopo Allectensi 1 fl.

(*f. 166*) März 10 missus fuit Copi, cursor mercatorum, apud Calesium cum literis Apost. clausis directis excutatoribus pacis regum Francie et Anglie ibidem existentibus, facto pretio ad 18 fl. pro viacgio, de quibus assignati fuerunt 12 fl.

(*f. 167*) März 27 d. Antonio de Colello, clerico collegii, pro salario nuntii missi in Franciam cum processibus factis contra administratores abbatie Fiscanen. 10 fl.

März 27 magistro cursorum mercatorum, qui iverunt in Vasconhiam et Xanctonem pro literis missis euntibus Parisius ad vocationem regis, 8 fl.

(*f. 167^v*) April 3 domino Iohanni Saifredi militi, rectori ducatus Spoleti, de mandato pape pro expensis suis faciendis et in deductionem stipendiorum suorum sibi assignatorum 500 fl., quos promisit restituere thesaurario ducatus Spoleti vel deducere de stipendiis suis assignandis per dictum thesaurarium . . . obligavit se et bona sua datis fideiussoribus iuxta formam obligationum in camera observatam, de qua recepit instrumentum mag. Iohannes Palaysini.

(*coqu.*) **1348** Sept. 26 computum Guilli la Barreyra de expensis... pro convivio d. d. cardinalium, quando venerunt legati de Francia pro 4 hominibus 8 s., pro capellanis commensalibus tantum, pro cardinalibus tantum. Quando princeps de Taranto et ambayssatores comederunt cum papa, pro 2 hominibus 4 s.

1ª. Wohltätige Zwecke.

(*I. E. 210 f. 189 elemosina secr.*) **1348** Mai 23 . . . d. Iohanni episc. Atrabatensi de mandato pape ex speciali dono facto per papam pro edificio de Mortuo Mari d. Nicolao Benedicti, licentiato in legibus, decano

s. Petri de Duaco Atrabaten. dioc., procuratore dicti ep. recipiente 1000 fl. in 750 scudatis auri boni ponderis.

Juni 5 d. Petro de Frigidavilla, administratori Pinhote, pro visitatione hospitalium consueta in principio cuiuslibet mensis 50 s. mon. Auin.

Dieselbe Summe auch an bestimmten Kirchenfesten.

Juni 16 *3 Bettelorden (Franziskaner nicht) erhalten je* 100 fl.

Juni 25 fr. Guillo Duriana, monacho et procuratori monasterii Casedei, pro fabrica monasterii 1500 scud.

Aug. 5 fr. Gauberto, servitori Pinhote, pro elemosina consueta in principio cuiuslibet mensis pro visit. hospitalium pro mense Aug. 50 s.

Aug. 20 fr. Gauberto, elemosinario Pinhote, pro elem. cons. pro visitatione hospitalium pro festo assumpt. b. Marie et pro principio mens. Sept. 100 s. mon. auin.

Sept. 10 fr. Iacobo [Boverii], elemosinario Pinhote, pro elem. consueta pro visit. hospit. pro festo nativ. b. Marie 50 s.

Dez. 20 *den 4 Bettelorden, Hospitälern etc. zu Weihnachten* 550 fl.

1349 Febr. 18 fr. Imberto, elemosinario Pinhote, pro elemosina fieri consueta pro visitatione hospitalium pro 1. Febr. et pro festo purificationis b. Marie 150 s. mon. Auin.

Febr. 19 d. Iohanni de Seduno pro elemosina pape fieri consueta in primo cuiuslibet mensis pro dicto mense Febr. 100 fl. *(so jeden Monat vorher und nachher).*

Febr. 28 fr. Iacobo Boverii, elemosinario Pinhote, pro **locione pedum** pauperum et mandato faciendo pro papa pro tota quadragesima, pro qualibet septimana 31 gross.: 217 tur. gross. argenti clementinorum antiquorum.

März 6 de mandato pape Guillelmo Duniane, priori de Crinis (*oder* Cerinis), monacho et procuratori pro edificio Case Dei, 1500 scud. auri boni ponderis.

April 2 d. Iohanni de Seduno, elemosinario pape, pro elemosina danda 4 religionibus pauper. pro festo Pasche prox. venturo 500 fl., *desgl.* monialibus s. Praxedis prope Auinionem 50 fl.

(f. 195) **1348** Juni 19 computus d. Petri de Frigidavilla ... *für die Zeit vom 15—22 März* ... pro sepultura Iohannis lo Rant, quondam servitoris comendati per fel. rec. d. Benedictum papam XII., in torticiis, candelis et aliis 4 l. 12 d.

desgl. für März 22—28 ... pro sepultura Raynaldi Vitalis, servitoris elemosine, in cera, pannis etc. 4 l. 19 s.

desgl. für März 28—April 5 ... pro sepultura Radulphi Maurelli et Stephani Alberti, servitorum elemosine, 8 l.

(f. 195v) für 5. April—3. Mai ... pro rebus medicinalibus necessariis in infirmitate Aldineti et Guidonis Latremoleyra, servitorum elemosine,

26 s. 6 d.; pro sepulturis dicti Aldineti et Guillelmi Iohannis servitorum in torticiis, candelis etc. 7 l. 3 s.

(f. 196) Mai 10—19 exclus.) . . . pro purgatione putei domus Pinhote etc.

Mai 19—24 excl. . . . pro sepultura Hugonis, vayleti coquine, in cera, panno etc. 4 l. 5 s.

(f. 197v) Juni 21 incl.—28 excl. . . . pro sepultura Iohannis Gasa, servitoris elemosine, . . . 5 l. 8 s. 3 d.

(f. 198) Juli 12 – 19 . . . pro sepultura d. Petri Charbonelli presb., servitoris elemosine, in cera, panno, oblationibus etc. 3 fl. exceptis, qui de suo proprio soluti fuerunt, 7 l. 3 s.

Juli 19 – 26 (excl.) . . . pro sepultura Petri Stephani, servitoris elemos., pro cera, panno etc. 6 l. 17 s.

(f. 202) . . . pro factura 100 tunicarum datarum in festo Omnium Sanctorum et in aniversario Mortuorum 75 s.

(f. 203v) Nov. 29 – Dez. 6 . . . pro preparando locis (!) in quadam domo hospitii pro reponendo pannos elemosine pauperibus religiosis, puellis maritandis et viduis, pro fusta etc. et pro 6 dietis magistrorum (je 8 s.) et clavis grossis et parvis 13 s. 10 d. etc.

(f. 204) Dez. 6—13 . . . pro 1 sanco sive dressador pro scindendo carnes pauperum in coquina 1 1/2 fl. *Über die Brotverteilung an die Armen vgl. S. 394.*

2. Päpstliche Beamte

erhalten wie früher dasselbe Gehalt jedesmal am Ende von 8 Wochen. Den Kardinälen wird in gleicher Weise für Weihnachten und Ostern das Presbyterium von der Apost.-Kammer ausbezahlt. Es finden (f. 171—186) 7 solutiones statt. Die erste am 31. Mai 1348. Die letzte am 2. Mai 1349. Die Schlußsumme beträgt 27328 fl. 238 l. 8 s. 6 d. Wir verzeichnen nur die mit Namen aufgeführten Beamten der ersten und letzten Zahlung.

a. prima porta: Ademaro de Agrifolio 2. Petro de s. Marciali 3. Geraldo del Vernh 4. Vigeyrano 5. Geraldo de Champiers 6. Geraldo del Eschamel *(jeder erhält wie früher für 8 Wochen 27 fl. 4 s. 4 d.)*.

secunda porta: Petro de Podensaco 2. Aymerico de Boysso 3. Galhardo de Maseyrolis 4. Guillelmo de Margarita 5. Guinaberto Dayren 6. Iohanni de Hospitali 7. Lello Petri Stephani.

tertia porta: Stephano Maliani 2. Bertrando de Vernhol 3. Rogerio de Novo Molendino 4. Petro Ferrandi 5. Petro Bessiera.

quarta porta: Petro la Vernha 2. Boso Quintini 3. Aymerico de Rupe. *(Alle mit dem gleichen Gehalt.)*

b. . . . domino Guillelmo de s. Amancio 56 fl. 2. Nicolao de Monteclaro 27 fl. 4 s. 4 d., 3. d. Bernardo Gaucelmi *desgl.* 4. Raynaldo del Lur *desgl.* 5. d. Petro Germani regestratori 12 fl. 9 s. 9 d., 6. d. Bernardo de Scossaco custodi vaccelle 16 fl. 13 s. 7. mag. Iohanni de Florentia physico 27 fl. 4 s. 4 d. 8. mag. Iohanni surgico pro 52 diebus 25 fl. 6 s. 2 d. 9. mag. Petro alteri surgico 27 fl. 4 s. 4 d. 10. mag. Iohanni coquo pro 47 diebus 20 fl. 24 s. 11 d. 11. Iohanni Postelli alteri coquo 27 fl. 4 s. 4 d. 12. Philippo Moysseti 16 fl. 13 s. 13. Aymerico de Boysso pro custodia armorum 8 fl. 6 s. 6 d. 14. d. Petro Santerii cum 8 sociis et certis pro 17 diebus 153 fl. 22 s. 2 d. 15. Garnio barbitonsori 16 fl. 13 s.

c. [domicelli] 1. domicello d. vicecomitis Bellifortis 27 fl. 4 s. 4 d. 2—3. alteris domicellis eiusdem *desgl. wie die folgenden* 4. domicello d. G. de s. Amancio 5. Bertrando de Serra 6. Raterio de Cursono 7. Geraldo de Magnaco 8. Ludovico de Scorola 9. Guillelmo de Blansaco 10. Bartholo de Vico Iustino 11. Bernoto de Lodos 12. Guillelmo de Malomonte 13. Guidoni de Podio Vallis 14. Petro Bertrandi 15. Iacobo de Sarzana 16. Garinoto de Aptherio 17. Raymundo de Gardia 18. Gastono de Pestilhaco NB. *dieser und die folgenden erhalten nur für eine kürzere Zeit als 8 Wochen Gehalt* 19. Alberto de Tineria 20. Hugoni Rotgerii 21. Geraldo de Donsenaco 22. Marcho Lando 23. Gentili Nicolai 24. Petro Stephani 25. Talayrando de Verdonio 26. Naudino de Suiraco 27. Guillelmo de Valle Bona 28. Helie de Lacrongis 29. B. de Veyraco 30. Stephano la Gaana 31. Ademaro Barrani 32. Rigoni de Mauriaco 33. Petro de Bessia 34. Aymerico de Pestell 35. Rauconco de Rupeforti.

1348 Juni 13 erhalten die palafrenarii *Geld für Sommerkleidung:*

1) Blasius de Sermona
2) Nicolaus de Mulcia
3) Symon de Yspania
4) Iohanotus de Fargis
5) Anequinus Mignoti
6) Dominicus de Lucare
7) Petrus Sapientis
8) Guilhotus Galterii
9) Graciosus de Fa
10) Bernardus Sauxii

zusammen 20 fl.

Am 12. Dez. 1348 erhalten die palafrenarii *Geld für Winterkleidung:*

1) Antonius Bernardi
2) Bernardus
3) Guills Cathalane
4) Blasius
5) Petrus Sapientis
6) Guills
7) Dominicus Daynet
8) Cyole

zusammen 16 fl.

Von den oben genannten fehlen Nr. 2. 3. 4. 5. (8.) 9.

1348 Juni 13 fuit facta solutio scutiferis, penitentiariis, hostiariis et magistro palatii pro raubis estatis: magistro palatii pro sua rauba estatis 12 fl. (*der* mag. in theologia)

2. Päpstliche Beamte.

penitentiariis fratribus

1) Suffredo de Dacia
2) Dompno Iohanni Engilberti
3) Petro de Luperciaco
4) Lamfranco de Mediolano
5) Ebloni Bonifacii de Briua
6) Blasio de Ungaria
7) Petro Gofridi
8) Iohanni Fabri
9) Iohanni Taurini Normanno
10) Iohanni de Saxonia
11) Iohanni de Boemia
12) Iohanni de Anglia
13) Lupo de Ispania
14) Albano Thome de Britannia

zusammen 112 fl.

Am 12. Dezember wird den Pönitentiaren das gleiche Geld für die Winterkleidung bezahlt:

1) Iohanni Taurini
2) Iohanni de Saxonia
3) Alano
4) Sigfrido de Dacia
5) Petro Guifredi
6) Blasio Ungaro
7) Iohanni monacho
8) Ebloni Bonifacii
9) mag. Guill^{mo} Anglie
10) Petro Sicardi
11) Guill^o Velate
12) mag. Stephano
13) Iacobo de Aissio
14) Iohanni Ispano

Es fehlen von den oben genannten No 2. 3. 4. 11. 12. 13.

Über diejenigen Beamten, die ihre Kleidung in natura von der Kammer erhielten, vgl. auch Tucheinkäufe S. 400.

ferner f. 207^v **1349** Febr. 28—März 7 (Pinhota) . . . pro 5 fulraturis datis de mandato dominorum 2 clericis coquine pape et 3 brodariis dicte coquine 3^1/$_2$ fl.

(cera) **1348** März 24 mag. Petro de Urgone distributori et scriptori cancellarie pro gallinis pape scriptoribus debitis pro renovatione pontificatus 15 fl.

Juni 13 de mandato pape pro servitiis impensis sunt dati menescallo Anglico 50 fl.

Juni 16 Ademarus Barani ypothecarius pape Reginaldus de Lur aquarius pape.

Juli 21 Guill^s la Barriera clericus Reginaldi de Lur.

Juli 5 Raymundus Furnerii custos leone. *f. 159^v wird derselbe Sunherii genannt!*

Juli 21 und Sept. 6 Geraldus Furnerii custos cere *oder* luminariorum pape.

Sept. 26 Bertolucha de Maranchis, hostiario porte ferri, pro oleo lampadis 1 fl.

Okt. 23 Iohannes Amioti, hostiarius porte ferręe.

Okt. 31 Petrus de Amore, hostiarius prime porte, pro oleo lampadis 1 fl.

(f. 151^v) **1348** Sept. 12 Bernardus de Scossaco, custos vaccelle pape.

Dez. 23 Iohannes lo Male cubicularius pape *beschafft die Matten für die Palasträume von dem* natarius Iohannes Juradei.

1349 Jan. 24 Aymericus de Dumo custos arnesiorum sive armorum pape.

1348 Dez. 1 mag. Lambertus d. s. Miniate scriptor pape.

1349 Febr. 11 Raymundus Textoris custos vaccelle pape.

(f. 143 extraord.) Petrus de Verdeloto, custos hospitii pape ultra Rodanum *erhält täglich* 3 s.

1348.

Beamte, die an der Pest verstarben, *vgl. auch S. 388 f.*

(I. E. 210 f. 175ᵛ cursores mortui [Juni 1—Juli 26] 2. solutio).

1) Petrus Verneti
2) Philippus Picardi
3) Bonfilholus de Stagia
4) Raymundus Anselayre
5) Guido Stephani
6) Iacobus Rebelli
7) Andreas de s. Iordano
8) Iacobus Tobaldi
9) Colinus Bastardi
10) Micheletus Alorei
11) Iohannes Chalterii
12) Iohannes Petri
13) Arnaldus Secredi
14) Geraldus Porterii

In funeribus istorum pro quolibet 2 fl. = 28 fl.

Iohanni de Autisiodoro, minori hostiario defuncto, pro 19 diebus 4 fl. 13 s. 5 d.

Romei defuncto ut cursori pro 24 diebus 43 s. 9 d. | ut minori hostiario pro 13 diebus 11 l. 13 s. | 11 fl. 16 s. 9 d.

Petro Bertrandi, castellano turris pontis Auin. servienti armorum defuncto, Guillº de Mandalio, burgensi Nemaus. executore et auctore pueorum dicti Petri, pro 34 diebus 16 fl. 13 s.

Sept. 20—Nov. 15 (4. solutio)

(f. 180 pro stipendiis mag. Petri de Lupertiaco[1] ord. Carmelit. penitentiarii lucrat. ante mortem 12 fl. 15 s.

Pro exequiis Iacobi de Lauduno, Martini de Nauarra et Iacobi de Firmo cursorum 6 fl.

(f. 143ᵛ extraord.) **1349** Jan. 16 Iohanni Chautardi de Insula Lemovicen. dioc., fratri et heredi quondam d. Petri Chautardi, custodis sigilli curie auditoris camere et receptoris bonorum decedentium in Rom. curia reservatorum, stipendia eidem d. Petro quondam tempore mortis debita, que per cameram extimata fuerunt et soluta in 40 fl.

Wasseramt.

(f. 155ᵛ) **1348** Nov. 18 computus Raynaldi de Lur, aquarii pape: sibi deberi pro 124 lb. de corda, quam recepit ab Hugone corderio 9. Sept.

---

[1] Am 28. Febr. 1344 bittet Clemens VI. den Kanzler der Pariser Universität um Promovierung des Petrus zum magister in theologia. (Mitteilung von P. Zimmermann).

(12 d. pro libra) 6 l. 4 s., pro 3 hominibus, qui portaverunt aquam 4. Nov., quando capellani comensales comederunt in palacio, (4 s. pro quolibet) 12 s., pro 3 hominibus, qui 5. Nov. portaverunt aquam, qua die fuit tota aqua portata de villa, (4 s. pro homine) 12 s., 6. Nov. pro 4 hominibus pro portando aquam de villa 16 s.; pro 20 hominibus, qui 7. Nov. inceperunt haurire puteum, et fuerunt ibi per 2 dies et 1 noctem et lucrabantur tantum de nocte sicut de die *(je 5 s.)*: 15 l., pro 2 magistris qualibet die 8 s.: 16 s. (1 fl. = 24 s.)

Von demselben in ähnlicher Weise öftere Abrechnungen.

(f. 165) Febr. 28 computus Raynaldi de Lur, aquarii pape: se recepisse ab requerio 41 sirculos barrilarum (*zu je* 12 d.): 41 s., 21 barril. (*zu je* 9 s.) 9 l. 9 s., 3 refreiatores (*zu je* 10 s.) 30 s., 6 tinels de bara (*zu je* 12 s.) 72 s., ab Hugueto corderio 1 cordam ponderis 137 lb. (*zu je* 12 d.) 6 l. 17 s. *zusammen* 23 l. 9 s. in 19 fl. 13 s. (1 fl. = 24 s.)

(f. 169v) Mai 9 computus Reginaldi de Lur, aquarii pape, qui computat sibi deberi pro 1 corda pro puteo de ultra Rodanum ponderis 126 lb. (*zu je* 18 d.), pro alia corda pro puteo de palatio, que ponderabat 132 lb., pro eodem pretio: 19 l. 7 s. = 16 fl. 3 s.; pro 12 jornalibus sive dietis hominum ad curandum puteum hospitii pape de ultra Rodanum, pro dieta 5 s., = 2 fl. 12 s., *zusammen* 18 fl. 15 s.

3. Getreide- und Brotverbrauch.

(f. 87 panataria) **1348** Apr. 30 facto computo inter d. Bernardum Garnerii, panetarium pape, et Michaelem de Fabrica, pistorem Auin., de pane bruno recepto a dicto Michaele pro hospitio pape a 5. Juni 1347 usque ad 25. April. 1348, receperunt in pane faciente ad salmatas 607 salm. 280 panes, de quibus . . . de blado pape 529 salm. 7 emin., de quibus recepit a quondam d. Geraldo Latremoliera 200 salmat. et residuum a d. Petro de Frigidavilla successore: 329 salm. 7 emin. Restat, quod debentur dicto Michaeli 78 salm. 78 panes. Preter predicta dictus Michael vendidit dicte camere pro pane predicto faciendo 100 salm. frumenti (4 fl. pro salm.).

(f. 194 Pinhota) **1348** Mai 23 facto computo cum Petro Garsini, mercatore de Valencia, de blado per eum tradito d. Petro de Frigidavilla, administratori domus elemosine Pinhote, repertum est per relationem d. Petri, quod idem Petrus Garsini assignaverat d. Petro de Frigidavilla 490 saum. bladi (*zu je* 2 fl. 4 gross.) 1143 fl. 4 gross. in 875 scud. 11 gross. (3 scudat. + 1 gross. = 4 fl.)

Juni 10 facto computo cum d. Petro de Frigidavilla, dispensatore Pinhote, de expensis factis per ipsum pro mensuratione bladorum repertum est . . ., quod debebantur pro mensuratione 1026 saum. per Michaelem cursorem pape in oreis de mandato camerarii recognitis, pro saumata 1 d. et ob., 6 l. 8 s. 3 d. Pro mutatura et portu dictorum bladorum de uno loco ad alium 6 l. 8 s. 3 d. Pro mutatura 534 saum. de palacio ad orrea s. Benedicti et ad quoddam hospitium iuxta pontem s. Benedicti et ad diversa precia videl. 208 saum. ad forum (*zu je* 12 d.) et 316 saum. (*zu je* 15 d.) 30 l. 16 s. 2 d. . . .; pro mensuratura et portatura de Rodano ad palacium 515 saumatarum per Petrum Guercini mercatorem assignatarum (22 d. ob. pro saum. portanda, et 1 d. ob. mensuranda) 51 l. 10 s.

Nov. 5 Gerardino Porci, filio + Petri Porci, mercatori Auinion., pro 133^1/$_2$ saum. frumenti recepti' per d. Petrum de Frigidavilla, administ. Pinhote, 166 fl. 21 s.

(*f. 204 Pinhota*) **1349** Jan. 12 facto computo cum fr. Petro de Terassina, converso ord. Cisterc., repertum est sibi deberi per relationem d. Petri de Frigidavilla, administratoris domus elemos. Pinhote, pro 154 saumatis bladi debitis d. cardinali Neapolitano, per ipsum fratrem nomine dicti cardinalis traditis in pane et assignatis pro elemosina Pinhote (30 s. vien. pro saumata grossa) 231 l. in 192 fl. 12 s. (1 fl. = 24 s.).

(*f. 205*) **1348** Dez. 27—**1349** Jan. 3 excl. . . . de mandato . . . camerarii et thesaurarii mundate seu purgate fuerunt 958 saumate bladi, que erant in Ponte Sorgie de antiquo, et in Auinione 120 saumate, que erant in domo elemosine, facto precio cum Iaqueto Lopitart alias le Mondaire de 100 saum. ad 60 s.: 1078 saum. = 32 l. 6 s.; pro mensuratura 1630 saum. diversorum bladorum sive ordei, que est ibi, assignatorum pro custodia d. Iohanni de Fagia, pro centenario 8 s.: 6 l. 10 s.

(*f. 206ᵛ*) Jan. 24—31 excl. . . . pro fusterio, qui fuit in domo per 3 dies ad claudendum anticuum introitum coquine, qui est ante puteum, et reparando alias 2 portas, per quas intrant et exeunt pauperes ad comestionem, in clavis et 2 plasenis et dietis magistri 22 s.

Sehr häufig werden Gelder für das Umschaufeln des aufgespeicherten Getreides verausgabt; wir bringen nur ein Beispiel: f. 207 Febr. 14—21 pro 17 dietis hominum pro bladis volvendis in orreis s. Benedicti, Guillelmi Petri et Raimundi Symeonis et in orreis b. Marie de Miraculis (2 s. 6 d. pro dieta) 45 s.; pro mensuratura 78 saum. annone grosse receptarum a d. preposito Auinionis, collectore in dioc. Auin. nomine camera, et furnariis assignatarum 13 s. 2 d.; pro portatura tendarum et telarum, que erant cum bladis in orreis b. Marie de Miraculis positis de navigiis ad dicta orrea et de orreis ad domum elemosine 16 s.

4. Trauben- und Weinanschaffungen.

(*f. 82ᵛ panat.*) **1348** Sept. 12 computus d. Guillelmi Bellifilii, panetarii pape, de expensis pro provisione racemorum: pro 30 saum. racemorum, in quibus sunt 150 banastones (pro saumata 18 s., 1 saum. = 5 banastones) 27 l., pro 3 duodenis banastonum emptis et alias locatis 60 s., pro vindemiando et colligendo racemos 4 l. 2 s., pro portando racemos de vineis ad portum Barbantane 4 l. 14 s. 2 d., pro apportando racemos de portu Barbantane ad portum Auin. et deinde ad palacium (10 s. pro saum.) 15 l., pro filo et clavellis ad suspendendum racemos 29 s., pro ligando et suspendendo racemos 32 s., pro stramine ad ponendum subtus racemos 12 s., pro serratura posita in camera racemorum 10 s. *zusammen* 48 fl. 7 s. 2 d.

(*f. 90 butic.*) **1348** Mai 26 computus Mileti estiviatoris pro botis per eum estiviatis: per relationem d. Geraldi de Turno, buticularii pape, pro 105 botis estiviatis in cava nova et in cellariis (2 s. pro bota) 10 l. 10 s. in 8 fl. 18 s.

Aug. 26 computus Petri Guasqueti alias de la Vaccella de expensis ratione buticularie: numerus jornatarum et operariorum per me P. Guasqueti alias de Vaccella tentorum et conductorum ad aptandum vasa vinaria (*vom 19. Aug. 1348 an*): tenui Stephanum lo fustier 12 jornatas, Giletum famulum suum 12 jorn., Veranum Berengarii 4 jorn. etc. etc.,[1] quibus dabam qualibet die 10 s. (!), summa magistrorum 265 jornals (10 s. pro dieta) 132 l. 10 s., pro 45 jornals rasclatorum (2 s. pro die) 4 l. 10 s.

Nov. 12 computus d. Geraldi de Turno, buticularii pape, de expensis per eum factis pro botis religandis: pro 60 salmatis circulorum, de quibus fuerunt expense 38 salmate et remanent 23, (1 fl. pro salmata) 60 fl., pro 10 duodenis grossis amarinarum (36 s. pro duodena) 18 l., pro 224 dietis fusteriorum (*täglich* 14 s.!) 156 l. 16 s., pro 40 dietis hominum, qui raserunt botas et collocaverunt eas in domo (5 s. pro dieta) 10 l., pro 24 arboribus (*zu je* 3 s.) 3 fl. *dazu verschiedene kleinere Ausgaben, ferner* pro dietis 2 gipperiorum et gippo necessario ad claudendum fenestras cave nove 21 s. 3 d.

Nov. 20 d. Guillelmo de Cornelio, canonico Albien. ac camerario d. quondam Albanien. cardinalis executorique ipsius cardinalis, pro 25 botis vini plenis grossis, que fuerunt recepte de bonis predicti d. cardinalis et tradite d. Geraldo, buticulario pape, precio 7 fl. cum botis: 175 fl.

(*f. 91*) **1349** Jan. 5 d. Geraldo de Turno, butic. pape, pro 2 botis plenis vino vernachie pro papa (*zu je* 80 fl. et 2 fl. pro corretario) 162 fl.

Febr. 4 *demselben* pro 3 cabaciis emptis 9 fl., pro 1 bota vini plena de provisione d. Albanensis oblita ad computandum 7 fl., pro 12 cannis tele pro vasis buticulariis mundandis (4 s. pro canna) 2 fl., pro 3000 dosiliorum 3 fl.

Febr. 7 *demselben* pro 268 botis grossis plenis estuiatis in cellario palacii: 160 de Belliquadro et 76 de Nemauso et 32 Palhassie (6 s. pro bota grossa) 80 l. 8 s., pro 48 botis parvis de mena (= 32 grosse) 6 s. pro bota grossa: 9 l. 12 s., pro 60 botis grossis de Lunello positis in domo nova prope Rodanum (*zu je* 3 s.) 9 l., *zusammen* 99 l. in 82 fl. 12 s.

---

[1] Es sind rund 12 Namen genannt.

März 20 computus Bernardi Francisci de Claromonte de vinis per ipsum emptis apud s. Porsianum pro papa: se emisse 31 tonellos sive pipas vini una cum vino empto pro adulhagio: 3₅1 l. tur., pro dictis 31 tonellis et 1 ponsone religandis tam apud s. Porsianum et apud Cabilonem et pro onerando tonellos in quadrigis, pro salario corraterii et pro penoncellis ad arma pape 10 l. 6 s. 6 d. tur., pro portu 16 tonellorum de locis vicinis s. Porsiano et pro 31 tonellis et 1 ponsone portandis de s. Porciano usque Guri et de Guri usque Cabilonem 314 l. 12 s., pro portu 30 tonellorum de Cabilone usque Auinionem (36 s. pro tonello) 54 l. tur., pro loguerio botigarum tam apud Guri quam apud Cabilonem, in quibus fuerunt dicta vina reposita propter inundationes aquarum, pro salario et expensis 1 famuli missi ad solvendum nautis salarium eorum, pecunia data pedagiariis, lanterna etc. salario cuiusdam, qui custodivit vina et reparavit dolia per 77 dies et pro reditu suo apud s. Porcianum (4 s. pro die), pro salario famuli dicti Bernardi Francisci, qui venit cum dictis vinis et fecit pedagia expediri, et pro reditu suo pro 64 diebus (*zu je* 4 s.) 49 l. 10 s.; pro expensis dicti Bernardi cum famulis et equitaturis suis eundo pro dictis vinis ad diversa loca: pro 24 diebus: 11 l. 18 s. 10 d., *alles zusammen* 552 fl. 200 d. ad scutum 4 s. tur. (1 scutum = 23 s. tur., 1 fl. = 20 s. tur., *teils* = 18 s. tur.), de quibus computat recepisse a d. P. Gervasii, collectore Apost., 515 fl. 200 scut. auri et a d. thesaurario 30 fl., debentur 7 fl. 4 s. tur. *Es kommt der* tonellus *auf* 26 fl.

(*f. 93*) April 11 cum Antonius de Fontenaco, cursor pape, missus fuisset ad partes Burgundie pro complendis et faciendis provisionibus vinorum commissis et mandatis Gentili [Nicolai de Macerata], servienti armorum [pape], qui ibidem diem clauserat extremum, et pro conservandis pecuniis et recuperandis de bonis dicti Gentilis eidem traditis per cameram pro provisionibus vinorum de Beuna, de Currino et de Turnaco faciendis ad usum pape, repertum est dictum Antonium recepisse Cabilone 10 tonellos vini de Belna et 4 de Gyurino, de quorum precio cum heredibus dicti Gentilis seu eorum amicis fuit amicabiliter . . . concordatum ad rationem pro singulis tonellis 23 fl. sine portu: 322 fl., item repertum est dictum Antonium habuisse de bonis et pecuniis dicti Gentilis, que tam de suo quam camere pape illuc portaverat, ab abbate Fernitatis 204 scud. auri 89 fl. parvi pond., a d. Rostagno, emptore d. cardinalis Ruthen. executoreque dicti Gentilis 15 fl. 9 gross., a Iohanne de Belna morante Cabilone 10 scud. minus 2 s., ad portum de Chore recepit et recuperavit de bonis dicti Gentilis 48½ bichetos frumenti, quos vendidit (1 scud. pro bicheto) 48½ scud., ad dictum portum recepit de bonis predicti Gentilis a Raymundo Chausier 6 fl. parvi ponderis, a filia Guillelmi Bernier de Turnaco 68 fl. parvi ponderis, ab uxore Iohannis de Navis de Turnaco 8 fl. etc. etc.

Pro expensis factis pro Gentili pro 10 tonell. vinorum de Belna tam clar. quam alb. et pro 4 de Gyurino (24 fl. pro pecia) 322 fl.

Summe expense pro emptione 52 modiorum vini de Turnaco et pro portu et aliis 578 scut. 33 s.

(f. 209 Pinhota) **1349** Mai 13 computus d. Petri de Frigidavilla, administr. domus elemosine Pinhote, de emptione vinorum . . . primo pro me Petro de Frigidavilla de mense Sept. 1348 in Auinione fuerunt empte a d. Bertrando Cauallionis presbitero 58 $^1/_2$ saum. (*zu je* 13 s.) 38 l. 6 d., pro portatura dicti vini de domo dicti d. Bertrandi usque ad domum elemosine (6 d. pro saumata) 29 s. 3 d., *zusammen* 39 l. 9 s. 9 d. Eodem mense a Iohanne clavario s. Remigii pro d. episcopo Auinion. 189 saum. (12 s. 6 d. pro saum. in domo conducta) 118 l. 2 s. 6 d., pro expensis factis per d. Iohannem Molheti, servitorem elemosine, in receptione dicti vini in dicto loco s. Remigii per 10 dies pro se et equo et 1 famulo 32 s. 6 d.; de mense Octobr. per eundem d. Iohannem fuerunt empte apud s. Laurentium de Arboribus et loca circumstantia 147 $^1/_2$ saum. (*zu je* 8 s. currentis, 1 fl. = 17 s.) 59 l. tur., apud s. Saturninum et loca circumstantia desgl. 232 $^1/_2$ saum. (*teils zu* 8 s. tur., *teils zu* 9 s. tur.), idem d. Iohannes nomine elemosine recepit ex d. Guillelmo de Albofolio, procuratore Palacii, de vinis dicti prioratus 66 saum., apud Biturritam per Stephanum et Bertr. Besset 249 saum. (14 s. pro saum.) 174 l. 13 s. Auin., . . . pro portatura per Rodanum et Sorgiam in 4 viagiis 23 l. 9 s., pro expensis factis in receptione in pluribus diebus per 2 familiares domus *(f. 209v)* 38 s. 1 d. ob.

Summa vinorum predictorum emptorum est in universo 877 saumate, de quibus fuerunt empte ad monetam Auinion. 497 saum.: 361 l. 11 s. 8 d. ob. = 301 fl. 7 s. 8 d. ob.; et 380 saum. fuerunt empte in moneta regni Francie: 155 l. 14 s. 6 d. tur. = (1 fl. = 17 s.) = 183 fl. 4 s. 11 d. mon. Auin. (17 d. Auin. = 12 d. regni Francie).

Transportkosten der Weinfässer.

(Ebd.) Pro portatura 60 botarum vacuarum apud s. Saturninum et reportatura ipsarum plenarum usque ad portum Auinionis facto precio cum Pocho D'Ure dicti loci (9 gross. pro bota, 1 fl. = 12 gross.) 45 fl.

Pro portatura 28 botarum vacuarum de Auinione ad portum de Merghausso prope s. Laurentium (6 s. pro bota) solvi Pontio Dumencho de Burgo: 8 l. 8 s. mon. Auin., item [pro] reportatura ipsarum 28 botarum Paulo Castelli ad portum Auinion. (10 s. tur. pro bota) 14 l. tur. = 16 fl. 11 s. 4 d. mon. Auinion. Pro portatura 48 bottarum vacuarum apud Biterritam et reportatura usque ad portum Auinion. (10 s. pro bota) 24 l. = 20 fl.; pro portatura 136 botarum de domo [elemosine] ad Rodanum pluribus diebus et vicibus tam cum cadrigis, hominibus et aliis expensis 118 s. etc. etc.

Einkauf von Weinfässern.

(f. 210ᵛ) Item emi de mandato d. thesaurarii botas: a Petro de Atgia, familiari episcopi Carcasson., 7 botas grossas (26 s. pro bota) 9 l. 2 s., et pro portatura ad domum 9 s. *zusammen* 8 fl. minus 12 d.; a fr. Iohanne, buticulario condam domini cardinalis de Puteo, 6 botas comunes: 6½ fl. cum portatura.

5. Fleisch- und Fischeinkäufe.

(f. 75 coqu.) **1349** Febr. 6 expendimus in 4 septimanis 3¼ boves presentatos et 2 mutones presentatos.

Schweineeinkäufe.

(f. 71ᵛ coquina) **1348** Dez. 12 computum d. Geraldi de Castonea de porcis per eum emptis pro provisione coquine pape: Dez. 3 apud Banhol. pro 64 porcis cum expensis 130 scudati auri; 5. Dez. apud Carpentorate pro 45 porcis cum expensis 30 scud. et 85 fl. 18 s.

(I. E. 210) **1349** coquina Jan. 9 pro 20 porcis emptis apud Carpentorate 62 l. 8 s.

Pro occidendo et salando dictos 20 porcos et 3 porcos presentatos 6 l. 12 s. + 36 s.

(f. 74ᵛ) Febr. 6 ... pro 20 porcis emptis apud Carpentorate 9. Jan. 62 l. 8 s., pro occidendo et salando dictos 20 porcos et 3 porcos presentatos 6 l. 12 s., pro expensis in adducendo et custodiendo eos 4 l. 4 s. + 36 s., pro trisando sal pro salando porcos 18 s.

(f. 197ᵛ Pinhota) **1348** Juni 21 incl.—28 excl. ... pro 4 porcis vivis emptis apud Banhols per Pontium Berardi pro provisione hospitii 7 l. 4 s.

(f. 197ᵛ) Juni 28 incl.—Juli 5 excl. pro 9 quint. 39 lb. carnium salsarum pro provisione hospitii (1 den. ad scutum pro quint.) emptis apud Banhols in 12 fl. minus 3 s. 6 d.

(f. 202) Okt. 18—25 excl. ... pro 8 porcis emptis pro provisione hospicii apud Banolhos, deductis 10 fl. per me receptis de venditione 4 porcorum pinguium per me alias emptorum et camere computatorum 3 fl.

(f. 204ᵛ) Dez. 13—20 ... pro 10 porcis emptis pro provisione hospitii a Petro Pasco, mercatore in Auinione, 24 fl. de Pedemonte in 23 fl. de Florentia; pro preparatura 18 porcorum (*zu je* 6 s.) 5 l. 8 s., pro 4 storgiis pro dictis porcis in sale ponendis 18 s.

Schlachten der Schweine.

(Ebd. f. 73.) Pro occidendo et salando 109 porcos provisionis 32 l. 8 s., pro lavando et preparando ventres porcorum et pro faciendo an-

dolhas 71 s. 6 d. Pro occisione porcorum et pro famulis coadiutoribus et pro portando dictos porcos in turre 7 l. 9 s. 6 d. Pro scoriando et preparando animalia silvestria in diebus festivis 30 s. . . . pro 136 minis salis pro salando porcos et boves ac verros 112 l. 19 s. 3 d.

Fischpreise.

(I. E. 210 f. 68v coquina) **1348** Okt. 24 computus d. Bernardi Gaucelmi, emptoris coquine, de luciis receptis a piscario quondam Hugonis de Bras Okt. 16:

22 lucii de clareite: 78 fl.
55 lucii caladors 110 fl.
248 lucii de alosanz 198 $^1/_2$ fl.
104 lucii rogeri 41 $^1/_2$ fl.

(f. 76) **1349** März 24 pro piscibus emptis a Iohanne Rostagni pro papa: 536 muiones salsi (12 scud. pro centenario) 64 scud. 9 s.; 86 anguille grosse (1 scud. pro 2) 48 scud.; 505 anguille mediocris forme (10 scud. pro centenario) 50 scud. 15 s.

März 16 pro 303 ragerollis (20 scud. pro centenario) 60 scud. 18 s.; pro 19 luciis de clareta (2 scud. pro lucio) 38 scud., 35 lucii dalaustr. (1 scud. pro 2 luciis) 17 $^1/_2$ scud., pro 5056 luciis cauilhis (8 scud. pro centenario) 44 scud. 14 s. 6 d.

(f. 207v) **1349** März 5—14 excl. . . . pro 3 duodenis d'arpios pro carnibus salsis pendendis et 1 fenestra de ferro [de] antiqua porta de palacio preparata et posita in quadam fenestra supra carreriam in quadam camera, ubi carnes et pisces salsi reponuntur, 78 s.

6. Tucheinkäufe.

(f. 188v) **1348** Sept. 3 computus de pannis emptis per quondam d. Iohannem Cortoys pro elemosina pape de 1347: 14 pecias pannorum de Albavilla (*zu je* 12 l. parisien.) 168 l., pro 1 pecia panni eiusdem loci 13 l., pro 23 peciis pannorum eiusdem loci (*zu je* 11 l. 10 s. parisien.) 268 l. 10 s., pro 17 peciis pannorum de Lauduno (*zu je* 10 l. paris.) 170 l., pro 4 peciis pannorum de eodem loco (*zu je* 8 l.) 32 l., pro 16 peciis pannorum de Hilduno (*zu je* 11 l.) 176 l., pro 19 peciis pann. de Maisiores (*je* 11 l. 15 s.) 223 l. 5 s., pro 16 peciis pann. de Andeli (*zu je* 10 l. 10 s.) 168 l.; pro 7 pannis albis de Baiocis (*zu je* 8 l.) 56 l., pro 6 aliis pannis albis 48 l., pro 8 pannis nigris (*zu je* 9 l) 72 l., pro 8 pannis albis (*zu je* 8 l. 10 s.) 68 l., pro 20 peciis pannorum de Dinant (*zu je* 56 s.) 55 l. 10 s., pro 8 peciis pann. de Moruno (*zu je* 13 l.) 104 l., pro 6 pannis de eodem loco (*zu je* 12 l.) 72 l., pro 10 pannis de eodem loco (*zu je* 14 l.) 140 l., pro 2 peciis pann. de s. Dionisio 15 l., pro 3 peciis pann. de eodem

loco 27 l., pro 2 peciis *desgl.* 14 l., pro 16 peciis pann. *desgl.* (*zu je* 9 l. 10 s.) 152 l., pro 14 peciis pann. *desgl.* (*zu je* 7 l. 10 s.) 105 l., pro 2 pannis de eodem loco 18 l., pro 12 pannis *desgl.* (*zu je* 7 l. 15 s.) 93 l., pro 6 pann. *desgl.* (*zu je* 7 l.) 42 l., pro 8 peciis pann. *desgl.* (*zu je* 8 l. 10 s.) 68 l., pro 5 peciis pann. *desgl.* (*zu je* 7 l. 5 s.) 36 l. 5 s., pro 19 pannis albis de s. Laudo (*zu je* 5 l. 10 s.) 104 l. 10 s., pro 6 pann. camelinis de eodem loco *(f. 189ᵛ) zu je* 4 l. 8 s.: 26 l. 8 s., pro 4 aliis camelinis 33 l., pro 12 camelinis (*zu je* 5 l.) 50 (!) l., pro 4 brunetis 32 l., pro 5 brunetis (*zu je* 7 l. 10 s.) 37 l. 10 s., pro 15 pannis (*zu je* 5 l. 4 s.) 78 l., pro 20 pann. (*zu je* 70 s.) 70 l., pro 4 brunetis 32 l., pro 30 pannis (*zu je* 8 l. 8 s.) 232 l., pro 10 pannis (*zu je* 5 l. 4 s.) 52 l., pro 10 pann. (*zu je* 7 l. 10 s.) 75 l., pro 10 pann. (*zu je* 7 l. 5 s.) 72 l. 5 s., pro 10 peciis pann. de Mostierviler (*zu je* 12 l. 15 s.) 127 l. 10 s., pro 10 peciis pann. de eodem loco (*zu je* 13 l. 5 s.) 132 l. 10 s., pro 2 peciis pann. de eodem loco 28 l. 10 s., pro 5 peciis pann. *desgl.* (*zu je* 13 l. 6 s.) 66 l. 10 s., pro 4 pannis (*zu je* 12 l. 6 s.) 49 l., pro 1 panno 13 l. 10 s., pro 3 pannis 18 l., pro 4 camelinis de Promis 31 l., pro 2 camelinis de eodem loco 30 l. 10 s., pro 30 brunetis de Bernay (*zu je* 6 l. 15 s.) 202 l. 10 s., pro 25 brunetis de eodem loco (*zu je* 6 l. 10 s.) 162 l. 10 s., pro 17 brunetis *desgl.* (*zu je* 6 l. 15 s.) 114 l. 15 s., pro 32 brunetis *desgl.* (*zu je* 7 l.) 224 l.

Zusammen 561 pecie für 4577 l. 16 s. parisien.

(f. 190) Derselbe computat solvisse pro vestibus 3 brodariorum coquine et custodis leonisse 16 fl. 4 tur. gross., pro vestibus 2 clericorum coquine 9 fl. 2 gross., pro vestibus 4 solhardorum parvorum 6 fl. 6 gross., pro vestibus 14 carmenorum, videl. pro habitu et tunica pro quolibet, 67 fl.

Pro tonsura 230 peciarum (*teils zu je* 5 tur. gross., *teils zu* 3 tur. gross., 1 fl. = 12 tur. gross.) 80 fl. 10 tur. gross.

Zusammen für Tucheinkäufe an denselben bezahlt 4942 l. 6 s. 4 d. 140 den. ad scutum 179 fl. 10 tur. gross.

(f. 194ᵛ) Juni 13 Pontio Beraudi, mercatori de Banholis pannorum, pro 200 peciis panni pro Pinhota et ad usum Pinhote, . . . 500 fl.

Paramente und kirchliche Geräte.

(I. E. 210 f. 115 ornam.) **1348** Juli 16 computus d. episcopi Regensis de expensis pro paramentis pape: pro 2 ternalibus serici rubei 3 s. 8 d., pro 1 canna tele incerate 8 s., pro 1 ¹/₆ uncia serici rubei 18 s., pro 3²/₃ (3¹/₂ + ¹/₂ ternal) unc. de syndone crocei coloris (4¹/₂ tur. arg. pro uncia) 1 fl.; pro magistro, qui fecit planetam dalmaticam et tunicellam panni de Damas, 2 fl.; pro 2 cannis et 2 palmis de tela pro faciendis custodiis paramentorum 8 s. 5 d., pro 1 unc. et ¹/₂ ternali de serico rubeo pro paramentis pape suendis 17 s. etc., pro 2 paribus cirotecarum de

serico albo pro papa 2 fl., 1 zona de serico nigro pro papa ponderante 5³/₄ unc. 3 fl. 8 s. 6 d.

(f. 116ᵛ) **1349** Febr. 17 computavit d. Petrus Santerii, magister capelle pape, sibi deberi pro 4 lb. incensi per eum emptis (*zu je* 12 s.) 48 s., pro reparatione manutergiorum, tobaliarum et albarum 10 s., pro 1 corda pro campana capelle 2 s., pro ligatura aliquorum quaternorum librorum capelle 10 s., pro cordonibus sive reyeriis pro libris capelle 6 s., pro manutergiis per eum emptis 12 s., pro reparatione casularum 12 s., *zusammen* 100 s. 6 d. in 4 fl. 4 s. 6 d.

(f. 167) März 24 computus Iohannis Bruni cursoris de expensis factis per eum in preparando concistorium ... et preparando pannos camere 25 s., 18. Marcii pro 3 faysis de Romani 28 s. 9 d., pro reparando pedes de 2 flaquis esmalhatis 10 s. in 2 fl. 15 s. 9 d.

6. Gewebeeinkäufe.

(I. E. 210 f. 191ᵛ elemos.) **1349** Juni 19 facto computo cum Antonio Malabayla, cive et mercatore Astensi in Rom. curia commoranti, quod computum fuit factum 27. Jan. 1349 (!), solvimus eidem pro 225 peciis pannorum divers. colorum emptis per factores suos de mandato Apost. in Cabilon. pro elemosina pape: 2014 fl. 5½ tur. gross. ..., pro vestibus 3 brodariorum 15 fl. 2 tur. gross., pro vestibus 2 clericorum coquine 10 fl. 8 tur. gross., pro vestibus 4 salhandorum 6 fl. 6 tur. gross., *zusammen mit Unkosten* 2307 fl. 5½ tur. gross., de quibus habuit a camera 2000 fl., debentur sibi 308 fl. 5½ tur. gross.

(f. 194) **1350** Jan. 30 computavit d. Stephanus Bonardelli de pannis et mappis emptis pro elemosina et usu hospitii et servitorum coquine pape: 24 pannos albos de s. Laudo a Iohanne Megini (*zu je* 9 l. tur.) 217 l. tur.; 12 pannos albos ab eodem *desgl.* 108 l. tur., 10 pann. alb. a Petro Richii (*je* 8 l. 10 s. tur.) 84 l. tur., 13 pannos camel. ab eodem (*je* 12 l. tur.) 156 l. tur., 12 pann. camel. a Iohanne Martini (*je* 12 l. 10 s. tur.) 150 l. tur., 27 pann. alb. ab eodem (*je* 9 l. tur.) 243 l. tur., 7 brunetas a Iohanne Mabille (*je* 13 l. tur.) 91 l. tur., 20 pannos albos a Pasquerio de Bosco (*je* 9 l.) 180 l. tur., 20 pann. albos a Petro Servientis de Lauduno (*je* 8 l.) 160 l. tur., 4 pannos albos *desgl. zu* 8 l.: 32 l., 12 pannos albos de Iaqueto Pulci (*je* 11 l. tur.) 132 l. tur., 29 brunetas (*je* 12 l.) 348 l. tur., 21 brunetas a Guillelmo Giguet (*je* 11 l. 10 s.): 241 l. 10 s. tur., 24 pecias pannorum diversorum colorum (*je* 13 l. tur.) 312 l. tur., 16 pannos a Iohanne Furnerii (*je* 12 l. 10 s.): 200 l. tur., 22 pecias pann. *desgl.* (*je* 12 l. tur.) 264 l. tur., 28 pannos a Clemente Sequet (*je* 13 l.) 364 l. tur., 15 brunetas de Vinai a Guillelmo Galterii (*je* 9 l. tur.) 135 l., 16 brunetas (*je* 9 l. 10 s.) 152 l. etc. etc., *zusammen* 485 panni: 5230 l. tur. = 4184 l. paris. *Ferner* panni empti ad [mon.] parisien.: 18 pannos a Martino Ruffi de s. Dionisio (*je* 11 l. 10 s.) 207 l.

paris., 10 pannos de eodem loco (*je* 11 l. paris.) 110 l. paris., 11 brunetas a Vincentio Ales de Pontoize (*je* 11 l. paris.) 121 l., 18 brunetas *desgl*. (*je* 10 l. 10 s.) 189 l. paris., 12 pannos a Iohanne Mathei de Huy (*je* 12 l.) 144 l. paris., *desgl*. 13 pannos (*je* 12 l. 10 s.) 162 l. paris. 10 s. paris., 6 pannos a Iohanne Iordani de Hildino (*je* 13 l.) 78 l. paris., 2 pannos de Coutray a Odono Colan (*je* 15 l.) 30 l. paris., 3 pannos brodariis coquine: 36 l. paris., 22 pannos brunos pro stipilleriis (*je* 4 l.) 88 l. paris., *zusammen* 115 petia: 1165 l. 10 s. paris. Alle Tuche *zusammen* 600 pecie: 5349 l. 10 s. paris., de quibus pannis sunt assignati d. Petro de Frigidavilla 105 pecias; restant depositi in armanal. capelle d. camerarii 195 pecies (!), item dicit se misisse apud Lemouicas pro elemosina 300 pecies.

(*f. 195*) Sequuntur mappe et longerie empte in Tornaco ad grossos Flandrie (1 scutum auri = $22^1/_2$ gross.) 4 mappas de 40 ulnis de Tornaco in 1 pecia (4 gross. pro ulna) 160 gross., 7 mappas de 70 ulnis in 1 pecia (4 gross. pro ulna) 280 gross., 7 mappas de 70 ulnis: 280 gross., 8 mappas de 65 ulnis (*je* 5 gross.) 325 gross., 2 mappas de 24 ulnis (*je* 3 gross.) 72 gross., 8 mappas de 72 ulnis (*je* 5 gross.) 360 gross., 8 mappas de 64 ulnis (*je* 4 gross.) 256 gross. etc. etc.

Longerie posite in thesauro: 10 longerie de 82 ulnis in una pecia (*je* 3 gross.) 246 gross., 4 longerie de 40 ulnis (*je* 2 gross.) 80 gross., 7 longerie de 70 ulnis in 1 pecia (*je* 3 gross.) 210 gross., 2 longerie de 20 ulnis (*je* 3 gross.) 60 gross. etc. etc.

Infrascripte mappe et longerie fuerunt assignate d. B. Garnerii, panetario pape: 3 mappas (!) de 31 ulnis in 1 pecia (*je* 3 gross.) 93 grossi, 3 mappas de 30 ulnis in 1 pecia (*je* 3 gross.) 90 gross., 4 mappas de 44 ulnis in 1 pecia (*je* 4 gross.) 177 gross., 7 mappas de 70 ulnis in 1 pecia (*je* 5 gross.) 350 gross. etc. etc.

In Flandern wurden im ganzen eingekauft 1900 ulne longeriarum et mapparum *für* 280 scuta auri 11 gross. de Flandria.

In Verdun mappe, longerie et manutergia (1 fl. = 15 s. tur. p.): assignate d. B. panetario pape: 1 pecia mapparum de 65 ulnis (ad ulnam de Virduno, *zu je* 2 s.) 6 l. 10 s. tur., 1 pecia mapparum de 38 ulnis in 1 pecia (*je* 2 s. tur.) 76 s. tur., 1 pecia mapparum de 71 ulnis in 1 pecia (2 s. 2 d. pro ulna (7 l. 13 s. 10 d. etc. etc., *im ganzen für* 158 l. 13 s. 6 d. tur.

Im ganzen, für Ankauf und Unkosten, Transport (von Chalons aus zu Wasser) erhält d. Steph. Bonardelli 6052 fl. 466 scut. 21 s. 3 d.

6a. Persönliche Kleidung und Haushaltungsgegenstände des Papstes.

(*f. 115^v ornam.*) **1348** Sept. 13 computus Iohannis lo Male, cubicularii pape, de expensis per eum factis pro 2 iuponibus et 6 auricularis faciendis pro papa . . . (*die Einzelheiten in provençal. Sprache*) 31 fl. 18 s.

6a. Persönliche Kleidung und Haushaltungsgegenstände des Papstes.

(f. 116) Dez. 12 computus d. Iohannis del Vernh, cubicularii pape, de expensis pro camera pape per Petrum de Senlis: pro culcitra 7 fl., pro renovando 2 matheracios 3 fl.

1349 Febr. 11 ad relationem Iohannis lo Male, cubicularii pape, mag. Guillelmo Lobreto sabaterio pro 4 paribus sandalium sive sotularium pro papa (*zu je* 4 fl.) 16 fl.

Febr. 11 computavit Iohannes la Gayta, cubicularius pape, deberi Petro de Senlis iuperio pro 2 dobletis pape: pro coopertura dobletorum 20 fl., pro tela 4 fl., pro sirico ad suendum $1\,^{1}/_{2}$ fl., pro bombicino 1 fl., pro factura 4 fl.; pro dobleto, quod dictus Petrus reddidit in vigilia assumptionis b. Marie, pro factura 2 fl. etc., pro expensis eundi ad Montempessulanum et redeundi pro querendo pannum, qui non poterat inveniri Auinione, pro 4 diebus 2 fl., et cum ultra modum res supradictas apreciasset, fuerunt omnia extimata et iuxta extimationem fuerunt sibi soluti 27 fl.

(f. 116v) März 2 computus Helioti servientis armorum pape, de expensis factis per eum pro soliculo sive papillone et 3 pannis cathedre pro papa de novo faciendis: recepisse a Nicola Bens, mercatore de Florentia, pro dicto papilione faciendo $26\,^{1}/_{4}$ unc. de sindone crocei coloris (10 s. 6 d. pro uncia) 11 fl. 11 s. 7 d., pro 31 unc. de sindone de grana (11 s. 6 d. pro uncia) 14 fl. 20 s. 6 d., pro 6 unc. de serico crocei et rubei coloris ad suendum dictum soliculum 3 fl. 12 s., pro 6 palmis de tela rubea 7 s. 4 d., 1 pelle de coreo rubeo 8 s., 1 cordone de serico rubeo et 1 parvo ponderis 14 unc. (*zu je* 8 gross.) 9 fl. 8 s., pro 3 lb. de fimbris de serico rubeo 21 fl., *zusammen* 60 fl. 19 s. 5 d.

Desgl. pro garnitura 3 pannorum cathedre et pro 8 cannis de tela viridi ($3\,^{1}/_{2}$ gross. pro canna) 2 fl. 4 gross., pro 3 palmis de velveto violato 2 fl., $13\,^{1}/_{2}$ cannis de tela rubea (*zu je* 5 gross.) 6 fl. 21 s., $1\,^{1}/_{2}$ uncia de serico violato 1 fl. 1 gross., *zusammen* 12 fl. $3\,^{1}/_{2}$ gross. Pro factura papilionis 10 fl., factura 3 cathedrarum 4 fl., *alles zusammen* 87 fl. 2 s. 5 d.

März 14 *(f. 166)* facto computo cum Iohanne Bruni cursore de pilone empto pro usu pape et aule sive tinello a 25. Dez. repertum est ipsum emisse ab illo tempore citra et expendisse 23 saum. pelonis (*zu je* 15 s.): 17 l. 5 s. in 14 fl. 9 s.

März 10 computus Iohannis la Gayta et Iohannis lo Male, cubiculariorum pape, de receptis per eosdem a Philipoto de Someyre vitreario pro usu hospitii pape a 21. Nov. ad 5. Marcii inclus., primo misit quesitum Iohannes la Gaita 21. Nov. 12 orinalia pro 6 s., famulus dicti Gaieta 12. Dez. 2 ollas: 6 d., 17. Dez. 1 magnam ollam 2 s., Iohannes le Mali (!) 23. Dez. 12 orinalia 6 s. . . . (*im folgenden lassen wir die Daten aus*) 2 lampades et 2 vitra cum pedibus 2 s., . . . 6 vitra ad potandum aves 12 d., 2 brocos, 12 cloquearia et 12 orinalia et 2 cisanos 14 s. 2 d. . . .

1 vitrum de berri 12 d., 2 piccaria vitrialia et 2 terrestia 12 d., 12 orinalia 6 s., 6 vitra de berrino et 6 orinalia etc.

(f. 190) **1348** Sept. 3 (elemos.) computus per d. Iohannem Cortoys ... pro 20(0 vadiorum (! *statt* variorum) emptis pro papa et tradit. mag. Galterio Gorre pellipario (70 scud. auri pro 1000) 140 d. auri ad scutum; ... pro magnis tapetis viridibus cum rosis pro camera pape 69 l. 3 s.

7. Wachs und Kerzen (Lichteramt).

(f. 151v) **1348** Sept. 6 computus d. Geraldi Folnerii (!), custodis luminariorum pape, qui computat, quod Bertrandus Boerii operatus est ceram 1. Sept. 37 cargas cere (recepit idem Bertrandus pro carga 20 s.): 37 l., pro 3 quint. et 74 l. de cotono (4 s. 6 d. pro libra): 84 l. 3 s., pro 3 quint. de filo canapis (20 d. pro libra) 25 l., pro carbone necessario ad operandum ceram 9 l. 14 s., 2 lb. de verdeto 10 s., pro cereo pascali, in quo fuerunt posite 60 lb. cere albe cum pomello, pro quo habuit pictor cum floribus pictis et aliis diversis coloribus 30 l., *zusammen* 155 fl. 7 s.

(f. 152) Sept. 12 d. Geraldo Furnerii, custodi cere pape, pro 5 quint. candelarum de cepo (*zu je* 5 fl.) 25 fl.

(f. 161) Demselben am 19. Dez. pro 2 quint. cere *zu je* 60 fl.: 120 fl.

(f. 164v) Demselben am 14. Febr. 1349 pro 5 quint. cere per eum emptis a Nicolao Vannis, mercatore Florentie (19 fl. 8 s. mon. Auin. pro quint.) 77 fl. 8 s.

(f. 168) April 3 computus Stephani de Inferneto: Bernardus Olibe, precentor ecclesie s. Felicis Gerundensis, subcollector Apost. in civitate et dioc. Barchinon., et Stephanus de Inferneto de Montepessulano 12. Jan. emerunt apud Barchinonam 91 quint. 14 lb. cere, que decostiterunt in universo 769 l. 13 s. 9 d. mon. barchin., pro portu cere a Barchin. ad Aquas Mortuas (3 s. barchinon. pro quint.) 13 l. 10 s. 3 d. barchin., pro dicta cera portanda de Aquis Mortuis usque Auin. et pro expensis illius, qui ivit Barchinonam pro cera emenda 79 fl. 19 s. 10 d. mon. Auin., *zusammen* 1441 fl. 20 s. 10 d. mon. Auin. (1 fl. = 11 s. 6 d. barchin.).

(f. 201) **1348** Okt. 11 incl.—18 excl. ... pro 2 quint. candelarum de cepo emptarum ab Anthonio Bossi, mercatore de Carpentorate (*zu je* 5 l.) pro provisione 10 l. auin.

(f. 213 bulla) **1348** Nov. 18 fr. Raymundo Gaucerandi, bullatori bulle, pro 1 quint. candelarum 5 fl. 10 s.

7a. Spezereien und Kolonialwaren.

I. E. 210 f. 63 coqu.) **1348** Juni 3 computus d. Bernardi Gaucelmi, emptoris coquine, pro 20 lb. piperis ad dandum in die Pasche, que per oblivionem non fuerunt computate in alio mense (10 s. pro libra) valent

10 l., pro 20 lb. gingiberis (10 s. pro libra) 10 l., pro 1 libra gariofilorum 55 s.

Sequitur de speciebus expensis in coquina pape pro 4 septimanis (27. April—24. Mai): 16 lb. specierum in pulvere (10 s. pro libra) 9 l., 9³/₄ lb. canelle *(zu je* 10 s.) 4 l. 17 s. 6 d., 1 libra grane paradisi 15 s., 2¹/₈ lb. gariofilorum (55 s. pro libra) 5 l. 16 s. 10 d. ob., 2 lb. croci *(zu je* 20 s.) 40 s., 29 lb. zucaris *(zu je* 5 s. 6 d.) 7 l. 19 s. 6 d., 300 lb. amicdalorum *(zu je* 10 d.) 12 l. 10 s., 30 lb. risi *(zu je* 7 d.) 17 s. 6 d., 8 lb. frumenti *(zu je* 10 d.) 6 s. 8 d., 34 lb. avenati *(zu je* 10 d.) 28 s. 4 d., 31 lb. ordeati *(zu je* 10 d.) 25 s. 10 d., 6 lb. amidoni *(zu je* 18 d.) 9 s., 16 malagranatis *(zu je* 18 d.) 24 s., 12 lb. cisserum *(zu je* 10 d.) 10 s., 5 cannis staminarum 15 s., pro 1 manu papiri 18 d.

(f. 64) **1348** Juni 30 *für die Zeit vom* 25. Mai—21. Juni *(4 Wochen): Desgl. für*

19 lb. de speciebus malucis (10 s. pro l.) 8 l. 10 s.

7 lb. piperis (10 s. pro l.) 70 s.

10 lb. canelle (10 s. pro l.) 100 s.

3 lb. giroflii (55 s. pro l.) 8 l. 5 s.

1 lb. de marsis 60 s.

1 lb. de cucubus 40 s.

1 lb. de grana paradisi 22 s. 6 d.

1 lb. de garnigallo 12 s.

1 lb. de pipere longo 12 s.

3 lb. de croco (20 s. pro l.) 60 s.

48 lb. de zucaro (6 s. 6 d. pro l.) 15 l. 12 s.

400 lb. de amicdalis (10 d. pro l.) 16 l. 13 s. 4 d.

49 lb. de riso (7 d. pro l.) 28 s. 7 d.

49 lb. de frumento (10 d. pro l.) 40 s. 10 d.

21 lb. de ordeo (10 d. pro l.) 25 s. 10 d.

10 lb. de avenato (10 d. pro l.) 8 s. 4 d.

24 lb. de pignolis (2 s. 6 d. pro l.) 60 s.

24 lb. de datilis (2 s. pro l.) 48 s.

22 lb. de prunis (2 s. pro l.) 44 s.

22 lb. de ficubus (6 d. pro l.) 11 s.

22 lb. de racemis (6 d. pro l.) 11 s.

20 lb. de amidonio (18 d. pro l.) 30 s.

4 lb. de cisseribus (6 d. pro l.) 2 s.

22 lb. de millegranatis (5 s. pro l.) 110 s.

2 lb. de camino moluto 3 s. 6 d.

3 lb. de auro confito (6 s. 6 d. pro l.) 19 s. 6 d.

Ähnliche Abrechnungen alle 4 Wochen.

(f. 146ᵛ cera) **1348** Juni 16 computus Ademari Barrani, ypothecario pape, de speciebus etc. per eum traditis pro usu hospicii pape et camere

Apost.: pro 321 lb. confecturarum (6 s. pro libra) ab ipso traditis a 1. Mai ad 1. Iunii 96 l. 6 s., 40 manus papiri (*zu je* 17 d.), pro camera pape magistro hospitii 16 manus, pro camera registri 4 manus magne forme (*zu je* 3 s.) 77 s. 2 d., item tradidit 5 magnas papirus pro camera Apost. 42 s., 5 papirus pro Pinhota: 15 s., pro camera pape et camera thesaurarii $9^{1}/_{4}$ lb. cere rubee (4 s. pro libra) 37 s., pro tela cerata $13^{1}/_{2}$ cannas (*zu je* 9 s.) 16 l. 18 d., et fuerunt posite in hospitio, in quo papa inhabitat ultra Pontem; item tradidit pro toto mense 54 pomagranatas (*zu je* 2 s.) 108 s., pro 100 arengiis traditis in dicto mense pro camera pape 6 s., pro floribus et cibariis pro avibus camere pape 15 s. 6 d., *zusammen* 98 fl. 14 d.

Ähnliche Ausgaben monatlich von demselben berechnet.

8. Bauausgaben und Tagelöhne.

Das Manuale des Baudirektors des päpstlichen Palastes zu Avignon I. E. 256 (Großfolio von ca. 60 Papierfolien) erstreckt sich über das ganze Pontifikatsjahr, die Abrechnungen erfolgen nach Wochen, die verschiedenen Handwerker und Arbeiter werden nach ihrem Beruf geordnet einzeln aufgezählt mit Angabe des ihnen gezahlten Lohnes, doch ist nicht angegeben, wieviel Tage der einzelne arbeitete, so daß man den wirklichen Tagelohn nicht feststellen kann. Dieser ist vielmehr aus dem Hauptregister I. E. 210 an verschiedenen Stellen ersichtlich. Große Bauten wurden nicht ausgeführt, sondern nur kleinere Ergänzungen und Reparaturen. Die umfassendste Arbeit wurde im April 1348 unternommen im Palast zu Avignon selbst.

(f. 120 edific.) **1348** Juni 10 facto computo cum Rostagno Berc [fusterio pape] de expensis per ipsum factis pro scissura, rescecatura fustium pro cadafalco seu solario, in quo dominus noster [papa] credidit populo predicare, pro ressatura fustationis loge nove ... pro enfustando cadafalcum factum ante primam portam palacii videl. 25 cannas 3 palmos de caulam (precio cuiuslibet canne 3 s.) 75 s.

(f. 125) Dez. 17 ... expense facte pro quodam fornello facto in camera d. Aymardi d'Aygrefuel in ebdomada ante festum yemale b. Martini, que quidem ebdomada incepit 10. Nov.; nomina latomorum: Robertus Anglici per 6 dies (*je* 6 s.) 36 s., Moninetus Ruffi per 6 dies: 36 s., Antonius Egidii pro 6 diebus 36 s.; nomina portatorum honorum (! *statt* onerum, *Lastträger*) Gualterius Alint per 6 dies (*je* 5 s.) 30 s., Johannes Mutonis *desgl.;* nomina manuperariorum: Petrus Moufflet per 6 dies (*je* 3 s.) 18 s., Symon de Serris *desgl.*, Egidius Servientis *desgl.*, *zusammen* 13 l. 16 s.

Alie expense facte pro quodam fornello in camera pape in ebdomada post festum hyemale b. Martini (incepit 17. Nov.) ... *(ähnlich wie vorher die Namen der Arbeiter aufgezählt), zusammen* 11 l. 18 s.

(f. 126) Alie expense facte pro via facta ante portam palacii plateaque ante dictam portam emundanda et evacuanda in ebdomada ante festum

yemalis festi b. Nicolay, que ebdomada incepit 1. Dez. . . . *(es werden mehrere* manuperarii *mit täglich* 3 s. *bezahlt. Ähnlich für andere Festtage.*

Item facto precio cum Stephano Esclopdi presente capitaneo d. marescalli, quod debet habere pro auferendo fumeras, que erant iuxta audientiam palacii prope cancellum d. marescalli, plateaque emundanda et evacuanda 10 fl.

(f. 137) April 11 computus mag. Iohannis de Luperiis, magistri operis pape, de lapidibus ab eo receptis pro edificiis pape *(die verschiedenen Steine werden mit ihren besonderen Bezeichnungen angeführt und bewertet)* . . . 1230 fl. 29 s.

Wie in den früheren Jahren sind in ähnlicher Weise noch die Einkäufe von Baumaterialien, Schlosserarbeiten etc. verzeichnet.

Das Almosenamt führt in seiner Rechnungsablage auch Bauausgaben auf:

(f. 202ᵛ Pinhota) 1348 Nov. 1-8 pro preparatione fornellorum, aule et camere fr. Imberti elemosinarii: pro 5 saquis de gippo 25 s., pro 2 dietis 1 magistri *(je* 7 s.) et 1 manobre pro 2 diebus *(je* 5 s.) 24 s., pro reparatura coperturarum dicte aule et fenestrarum, ubi pluebat in pluribus locis, pro 1 magistro (7 s.) et 1 manobra (5 s.) 12 s.

Pro factura 9 canarum de baluiadum sive d'entablamen iuxta puteum, quia aque coquine inmunde revertebantur in puteum, conventione facta cum mag. P. de Pinhas ad 1 fl. pro canna: 9 fl. Pro 10 barcz sive cablas ab ipso magistro P. emptis cum portatura 30 s., pro 9 dietis mag. Raynaldi Gerardi, qui lapides magnos in cablas sive barcz divisit et preparavit (7 s. *täglich*) 63 s.

(f. 203) Nov. 15—22 . . . pro factura 9 clavium et 4 serris novis cum clavibus et reparatione 3 serrarum in hospitio quondam Petri de Mennaco 62 s.; pro reparatione plurium camerarum dicti hospitii in 8 saquis de gippo 40 s. et pro 2 dietis magistrorum *(je* 7 s.) et 2 manobris *(je* 5 s.) 65 s.

Nov. 22—29 excl. . . . pro serratura 2 peciarum fuste in 8 talhis pro cancellis faciendis ante hospitium acquisitum a dicto lo Ros iuxta domum elemosine, ubi reponuntur vina, pro quolibet tallio 6 s., et pro 1 alia pecia serrata ad minores pecias pro barris et pro 1 clausura facienda infra dictos cancellos facto precio 26 s. et pro alia pecia serrata in 4 talhis pro setis botarum in cellario ponendarum faciendis *(je* 6 s.) et pro 8 cannis quadratis serratis in postibus et esclapa, que fuit portata ad domum, que quondam fuit d. Petri de Mennaco, pro canna 5 s., que quidem pecie fuerunt de fusta pape, computat solvisse cum portatura dicte sclape Stephano Charpilh, Petro Sinada, Rostagno Gay, Iohanni Ricaut, in summa 7 l.; pro 8 dietis magistrorum pro dictis cancellis et clausuris faciendis (8 s. pro dieta) 64 s.

Tagelöhne der Bauhandwerker im Jahre **1349**
aus dem Manuale Intr. Exit. 256 1. März:

Die Steinmetzen (latomi) *werden wie 1348 bezahlt, einer erhält im März wöchentlich* 30 s., *einer sogar täglich* 8 s., *ein anderer* 5 s., 8 *täglich* 3½ s., 6 *je* 3 s., 5 *je* 2½ s., 9 *je* 2 s.

Wie früher, so erhalten auch jetzt die Handwerksmeister Wein geliefert, in der Winterwoche werden dafür ca. 20 s. *verausgabt.* Ille, qui custodit martellos, 4 s. (= *für 5 Tage),* pro expensis sociorum 30 s. *Zusammen sind im März* 34 *Steinmetzen beschäftigt.*[1]

Zimmerleute (chapus) *erhalten an Tagelohn: einer* 4 s., *einer* 3 s., 2 *je* 2½, *einer* 2 s.

Schmiede (fargia, fabrica, faures): *einer* 4 s., 2 *je* 3½ s., *je einer* 3 s. *und* 2½, 3 *je* 2 s., 2 *je* 1½ s.

Glaser (vitrearii, veyrers) *erhalten:* 2 *je* 4 s., *einer (manchmal auch* 3 *je)* 3 s., 2 *je* 2 s., *im September* 2 *je* 5 s., *einer* 3½, *einer* 2½, *einer* 2 s.

Karrenführer (charetiers): 2 *jede Woche* 35 s., *Ochsenführer* (boerii[2]) *erhalten täglich* 2 s.

Maler (peyntres) *erhalten täglich:* 2 *je* 4 s., *einer* 3 s., 2 *je* 2 s.

Im Sommer und Herbst erhalten täglich magistri de choro: *einer* 7½ s., *einer* 6 s., 2 *je* 4 s., *einer* 3½ s.

8a. Malerei und Farben.

(*f. 160ᵛ cera*) **1348** Dez. 17 facto computo cum d. Matheo Iohaneti, archipresbytero Vercellensi, pictore pape, ... tam in operariis quam dietis suis et aliis necessariis pro pictura consistorii et scriptura et tabula capelle et aliis pluribus a 14. Mai usque 17. Dez., prout per partes videri potest in libro rationum suarum, 88 fl. 11 s.

(*f. 116ᵛ ornam.*) **1349** Febr. 19 computus d. Mathei Iohaneti pictoris de expensis per eum factis pro 2 cathedris per eum pictis et deauratis pro papa una cum quibusdam aliis operariis sive pictoribus: sibi deberi tam pro dietis suis quam pro dietis aliorum operariorum sive pictorum, qui operati fuerunt in dictis cathedris deaurandis et pingendis, in universo, prout in libro suo racionum clarius et latius continetur, 38 l. 16 s.; pro gippo posito in dictis cathedris 7 s. 6 d., pro lignis et cola 10 s., pro ovis 2 s. 6 d., pro bolo armeno 1 s., pro coloribus smaltorum et lapide smalti 12 s., pro vernice et oleo seminis lini 1 s., pro stagno albo 1 s. 4 d., pro argento 1 s. 3 d., pro 738 peciis auri fini empti a Nerio batitore 20 l. 13 s. 6 d., pro 240 peciis auri fini de Florentia 4 l.

---

[1] Sie werden auch »massos« genannt, was an massoneria erinnert.
[2] Sie werden auch bubulci genannt.

16 s., *zusammen* 27 l. 6 s. 1 d., *alles zusammen* in 55 fl. 2 s. 1 d. (1 fl. = 24 s.), de quibus d. Matheus receperat mutuo a camera 30 fl., et sic restat, quod debentur sibi 25 fl. 2 s. 1 d.

8b. Goldschmiedearbeiten.

(*I. E. 210 f. 117v ornam.*) **1349** April 24 computus Marchi Landi, servientis armorum pape, de factura rose auree: recepit a camera Apost. 100 ducatos auri ponderantes 1 marcham 4 uncias 1 d. auri de 24 caratteribus, facientes cum liga ibidem posita 1 marcham 6 unc. 10 d. 19 grana auri de 20 caratteribus, ponderavit dicta rosa 1 march. 4 unc. 8 d. auri de 20 caratteribus, facta autem deductione de auro predicto recepto et posito in rosa restat, quod debet dictus Marchus restituere camere 2 unc. 2 d. 19 grana auri de 20 caratt., item solvimus eidem pro 1 zafiro posito in rosa 9 fl., pro rosa brunienda et factura ipsius 12 fl.; computat Marchus se reparasse quandam crucem pape, in qua computat posuisse de auro predicto 3 d. 12 grana: 1 1/2 fl., pro reparatione 1 fermalhi pape 1/2 fl., pro reparatione 2 credenciarum pape 2 fl., *desgl.* 1 ydrie argenti 1 fl., *desgl.* 1 cloquearis auri pro speciebus, in quo dicit se posuisse 4 d. auri, 2 fl.; pro reparatione crifonis viridarii pape 1 fl.

Dictus autem Marchus debet camere restituere 1 unc. 19 d. 7 grana auri de 20 caratt. = 11 fl. 7 d. tur. gross. *So erhält er noch* 16 fl. 10 s. mon. Auin.

8c. Aus der Rechnungsablage über die Verwaltung päpstlichen Grundbesitzes.

(*f. 156—59*) **1348** Nov. 18 d. Guillelmus de Albofolio, administrator Palhassie, computavit: **1348** Juli 3 ego Guillelmus de Albofolio recepi administrationem Palhassie pape in presentia dd. Arnaldi Vitalis, prioris de Ayguendie, Poncii Theulerii, capellani Poncii Revidati, baiuli dicte Palhassie, et mag. Guillelmi Tomolascii notarii, et inveni in quadam caxa d. Bremundi Comolascii, olim administratoris hospitii Palhassie, 230 grossos papales, quorum quilibet valebat 20 d. monete regis Francie, cum cuncte valent 19 l. 3 s. 4 d., de quibus sequuntur expense: 3. Iulii fuerunt in pratis Palhassie pro preparando fenum 4 homines (cuilibet 3 s. 6 d.) 14 s., item fuerunt 4 femine pro feno (cuilibet 2 s.) 8 s., eadem die in carnibus 3 s., 4. Iulii fuerunt 4 homines pro feno: 14 s., 5. Iulii[1] 7 homines pro dicto feno parando: 24 s., item 3 femine: 6 s., die lune 6. Iulii fuerunt 6 homines pro dicto feno parando: 21 s., in carnibus 3 s., 7. Iulii 6 homines pro feno parando: 21 s., in carnibus 3 s., 8. Iulii 6 homines: 21 s., in carnibus 3 s., *ähnlich bis zum 10. Juli.*

---

[1] Dies war ein Sonntag, man verrichtete also am Sonntag Feldarbeit (Heuwenden).

10. Iulii fuerunt 6 homines messores pro recolligendo fenum, quod erat in possessionibus Palhacie (*je* 4 s.) 24 s., item fuerunt 3 femine pro ligando dictum bladum[1]: 6 s., 11. Iulii fuerunt 6 homines pro feno: 21 s., item 6 homines messores (*je* 4 s.) 24 s., 3 femine pro ligando dictum bladum: 6 s., in caseo 8 s. 4 d., die dominica 22. (!)[2] in carnibus 3 s., eadem die d. Arnaldo Vitalis, priori de Ayguedie, 72 gross. (*zu je* 20 d.) 6 l. 4 d. *Die Weizendrescher erhalten täglich* 6 s., *Korndrescher und Traubentreter täglich nur* 3 s., pro 8 paribus sotularium pro 4 notariis et 4 decimariis 2 fl., et est consuetum omni anno eis dare sotulares. . . . in caseo videl. pro $^1/_2$ quint. et 5 lb. 10 s. 2 d., pro 20 rasis avene 40 s. . . . recepi per manus Boneti Alamanni, cursoris pape, 40 scudatos = 44 l. (1 scud. = 22 s.).

8ᵈ. Häusermieten und Ankauf von Grundbesitz.

(I. E. 210 f. 214) **1349** März 5 soluti sunt Hugoni Ficardi, clerico Viennen. dioc., pro 1 platea ultra Pontem posita iuxta domum d. Neapolionis, in qua platea reponebantur ligna et carbo pro usu pape et reposita fuerunt per triennium proxime preteritum terminandum 17. Maii, (6 fl. 16 s. pro anno) 20 fl.

(f. 216 possessiones empte) **1348** Dez. 12 cum Petrus de Rippa, burgensis civitatis Caturcensis, heres quondam d. Petri de Mennaco, regestratoris et capellani pape, et tutor ac nomine tutorio Petri et Iohannis Andree, pupillorum filiorum quondam Benedicti Andree de Caturco, ratione bonorum quondam dicti d. Petri de Mennaco per papam reservatorum dedisset in solutum eidem pape quoddam hospicium situatum Auinione prope ecclesiam b. Marie de Miraculis, traditi sunt dicto Petro de Rippa nomine quo supra pro maiori valencia dicti hospicii et ratione servicii predicto pape et eius predecessori[bus] impensi de consensu pape ex relatione camerarii 1000 fl.

1349 März 20 Guidoni de Virix de Maranco nomine procuratorio Guilhote, uxoris Iohannis Bernardi Lacti Bisuntin. dioc., et Guillelmi eius filii pro emptione cuiusdam domus, que est iuxta domum elemosine Pinhote, ad opus ipsius elemosine empte, 80 fl.

April 28 d. Bertrando Milonis, canonico Regensi, fratri domine Mirabilie Marine civis Auinion., nomine dicte domine recipienti pro pretio cuiusdam hospitii siti Auinione subtus magnam turrim pape de Trolhassio, quod hospitium fuit Iohannis Magistri, quondam viri sui, . . . venditi 400 fl.

8ᵉ. Waffen.

(I. E. 210 f. 147ᵛ cera) **1348** Juni 19 Donatino Sancii corretario pro corretagio armorum emptorum pro custodia palacii Apost. 4 fl.

---

[1] Es sollte fenum heißen.
[2] Es muß XII. heißen.

(cera f. 151) Aug. 8 Bernardo domini Cononis et sociis suis de Florentia pro summa eis debita pro 400 arnesiis armorum ab eis emptis pro usu hospitii pape 674 fl.

Waffenamt.

(f. 122 edific.) **1348** Juli 8 computus Aymerici de Dumo de expensis per eum factis in 2 cameris magne Turris, ubi reponuntur et conservantur arnesia pape . . . *(es werden Arbeiten von* fusterii et gipperii *ausgeführt)* 49 fl. 17 s. 2 d.

(I. E. 210 f. 163v) **1349** Febr. 11 facto computo cum Bernardo domini Cononis et sociis suis et Augustino del Bene et sociis suis, mercatoribus de Florencia, de 400 arnesiis armorum, quorum arnesiorum quodlibet continet 1 par manicarum, 1 faldam de malha, 1 barbutam, 1 gorgeriam, 1 camisiam et 1 bacinetum de media proba, 1 par brachialium cum musaquinis de coreo, 1 par cirotecarum de ferro et 1 pavesium, ab eisdem mercatoribus emptis: 4000 fl., et de 60 gisarmis[1] ab eisdem emptis 90 fl. ad usum hospitii et familiarium ac servitorum pape, que arnesia et gisarmas . . . Aymericus de Dumo, custos armorum pape, omnia retulit se recepisse in custodia sua, ac de expensis per mercatores factis tam pro pedagiis quam aliis pro dictis arnesiis conducendis et portandis Auinionem . . . 200 fl.

(f. 168) April 4 computus Aymerici de Dumo, custodis armorum pape: se emisse 96 cannas de veta *(zu je* 6 d.) 2 fl., in mense Ian. pro 6 hominibus, qui portaverunt arbalistas et ingenium sive tornum, que fuerunt presentate per d. Iohannem Odeguerii, quilibet habuit 4 s.: 1 fl., die Martis post Reminiscere pro 3 magistris, qui mutaverunt arbalistas de parva turri in magnam, quilibet habuit 8 s.: 1 fl.; pro magistro, qui liguavit magnas arbalistas 8 s.; pro 2 hominibus, qui mundaverunt seu scopaverunt cameras de magna turre, 8 s.; pro reparatione portarum et fenestrarum de predictis cameris, quas fregerat ventus, pro 3 hominibus *(je* 8 s.) 1 fl.; pro reparatione 2 ingeniorum sive tornorum, qui fracti fuerunt, quando voluerunt tendere dictas arbalistas, pro 2 magistris 16 s. . . .; habui a mag. Iohanne Mela arbalistario 19 arbalistas magnas 4½ fl., que sunt de bana et habent 5 pedes de longitudine etc., *zusammen* 99 fl. 2 s.

8f. Holz und Kohlen.

(I. E. 210 f. 145 cera) **1348** Juni 10 computus Stephani Bruieyra de Vivariis de lignis ab eo receptis pro usu hospicii pape per Guillelmum Quinquinelli et Raimundum Lansatoris, cursores pape ad hoc deputatos, *vom 29. April bis 5. Juni zusammen* 24 634 quint. lignorum combust. (14 d. pro quintali) 1634 l. 10 s. 8 d.

---

[1] Streitbeil, Hellebarde.

Summa dietarum hominum, qui dicta ligna in lignario posuerunt: 263 (3 s. pro dieta): 39 l. 9 s., *zusammen* in 1394 fl. 22 s. 8 d. (1 fl. = 24 s.).

(*f. 152v*) Okt. 17 facto computo cum Guillelmo Quinquinelli, cursore pape, de 4337 banastonibus carbonum per ipsum receptorum a Chaber Buas de Verayo dioc. Grationopolitan. et ab Errardo Porchalha eiusdem loci (16 d. pro banastone) 289 l. 1 s. 4 d. in 240 fl. 21 s. 4 d.

(*f. 161v*) Dez. 24 facto computo cum Inardo Portalha carbonerio de carbone per eum tradito pro provisione hospitii pape constitit, quod debebantur sibi pro 1000 banastonibus receptis ab eo per Quinquinellum cursorem pape (3 s. pro banastone) 150 l. in 125 fl.

(*f. 195 Pinhota*) **1348** März 15—22: pro 1300 saum. lignorum emptorum in partibus s. Saturnini per d. Bermundum (2 s. 9 d. pro saumata usque ad portum) 189 l. 15 s., pro portatura usque ad domum (4 d. pro saum.) 23 l., pro botiga conducta 15 s.

(*f. 210v Pinhota*) **1349** Mai 13 *Rechnungsablage des* Petrus de Frigidavilla, administrator domus elemosine: **1348** Juni 3 emi ligna a Stephano Bruerie, mercatore lignorum, 500 quint. (*zu je* 13 d.) 27 l. 20 d., pro portatura ad domum in 5 (!) cadrigis 5 fl., et pro 8 hominibus necessariis 7 l. 4 s.; emeram de mense Maii a Petro de Baychona scutifero d. cardinalis Ruthenensis 5000 quint. lignorum (pro quolibet quint. conducto in hospitio elemosine 13 d. mon. Auin.), de quibus habui diversis vicibus 1240 quint., pro quibus portandis ad domum solvi pro 13 cadrigis, cuilibet de 8: 1 fl., et pro aliis 5: cuilibet 30 s.: 14 fl. 6 d., pro 13 hominibus sequentibus cadrigas cuilibet 4 s., et pro 16 hominibus, qui honerabant cadrigas et aiuvabant in pondere, cuilibet 3 s., in summa 5 l.

Item recepi p. m. d. Iohannis Molheti, familiaris elemosine, diversis vicibus de lignis per ipsum emptis *zusammen* 2070 quint., de quibus dixit se emisse de mense Oct. a Martino de Panpalona, mercatore de s. Marcello, 300 saum. (*zu je* 2 s. 9 d. tur., 1 fl. = 17 s.), pro portatura per Rodanum (*je* 2 s. 6 d. tur.) et sic est summa quintalium 900 et decostat quodlibet 21 d. tur., *zusammen* 78 l. 15 s. tur.; *desgl.* de mense Ianuarii 390 saum. (4 s. tur. pro saumata portata in portu Ardechie), que ascendunt 1170 quint. (*zu je* 16 tur., 1 fl. = 17 s.) 78 l. tur., pro portatura per Rodanum usque ad portum Auinionis pro quolibet quintali 10 d. mon. Auin., *zusammen* 48 l. 15 s. 4 d. mon. Auin.; pro dictis lignis preparandis diversis diebus eundo et redeundo illud stando pro se et equo et quodam vayleto, qui fuit per aliquos dies pro lignis custodiendis: 7 fl. 12 s. tur.

De mense Decembris emi a Petro de Villa Nova, palafrenario pape, 1000 quint. lignorum (2$^1/_2$ s. mon. Auin. pro quint. conducto in portu Auin.): 125 l. (1 fl. = 24 s.), pro quibus recolligendis et ad domum elemosine portandis cum cadrigis et hominibus: cum 3 cadrigis mag. Iohannis Operum cuilibet 30 s.: 4 l. 10 s., Yblando de Chalenis caraterio pro 5 cadrigis cuilibet 25 s.: 5 l. 10 s., Iacobo Rodortoyz carretario pro 12 cadrigis cuilibet 18 s.: 10 l. 16 s., pro aliis 8 cadrigis a diversis carateriis diversis diebus cuilibet 20 s.: 8 l., pro 53 hominibus diversis diebus conductis pro sequendo dictas cadrigas honerando et exhonerando easdem, cuilibet 3 s., *zusammen* 7 l. 19 s.

Im ganzen wurden durch Peter de Frigidavilla für Holzanschaffungen 387 fl. 4 s. mon. Francie 4 d. mon. Auin. *verausgabt.*

9. Bibliothek und Schreibwaren.

NB. *Die zahlreichen Pergamenteinkäufe von Joh. Agulherii* pergamenarius *sind unter dem Titel* pro cera *gebucht. Wir geben hier ein Beispiel (f. 167v):* **1349** April 3 computus Iohannis Agulherii pergamenarii de pergamenis per ipsum traditis et deliberatis a 21. Jan. ad 3. April tam camere quam mag. Francisco quam regestro secreto: habuit mag. Franciscus 58 duodenas 7 pelles maioris forme (20 s. pro duodena), in camera thesauri 16 duodenas eiusdem forme, *zusammen* 74 l. 11 s. 8 d.; habuit mag. Franciscus 9 duoden. (*zu je* 24 s.) et 11 pelles, camera Apost. 1 duodenam eiusdem forme, *zusammen* 13 l. 2 s.; habuit mag. Nicolaus de Veris, regestrator regestri secreti, 8 duoden. pergameni rasi maioris forme (*zu je* 22 s.), camera thesauri 1 duod. pergameni rasi eiusdem forme, *zusammen* 9 l. 18 s., *alles zusammen:* 81 fl. 7 s. 8 d., *dazu noch* 2 magne pelles: 8 fl.

(f. 169) Mai 5 computus Guilhoti lo Breton de incausto et glassa ab eo receptis repertum est, quod debebatur sibi de incausto, glassa, amphoris et plumis ministratis camere, thesaurarie et aliis officialibus pape a 18. April 1348 ad 30. April 1349 11 l. 5 s. 2 d. in 9 fl. 9 s. 2 d.

(f. 213 bulla) **1349** März 10 fratribus Raymundo Gauserandi et Gauberto bullatoribus pro plumbo bulle 106 fl., pro 60 quint. plumbi (*zu je* 48 s. [!] mon. Auin.), valent 11 fl. de portu (!).

(ebd.) Febr. 10 fr. Raym. Gauserandi bullatori pro 10 lb. de sirico 62 fl. 8 s.

10. Verschiedenes.

(I. E. 210 f. 147v cera) **1348** Juni 19 pro paleis d. cardinalis de Belloforti Iohanni Bedocii 1 fl.

(f. 148) Juli 4 Bertucho de Perusio mercatori pro factura capelli d. cardinalis de Belloforti 8 fl., pro factura 188 palmarum 4 fl.

(f. 149) Juli 14 Amalrico Armis, mundatori puteorum, pro puteo viridarii pape curando 2 fl.

(f. 150) Juli 31 . . . pro purgando los machapes a pulvere et a rubigine 16. Juli 7 hominibus 7 albos arg.

(f. 196 Pinhota) **1348** April 26 . . . pro 1 quintali caseorum pro provisione 66 s.

(f. 202) Okt. 18—25: . . . pro 2 pigasscis[1] sive apchcis pro sindendo ligna ponderantibus 19 lb. (18 d. pro libra) 28 s. 6 d.

(f. 168v) April 28 Donatino Sancii de Florentia corraterio pro labore suo pro quodam cambio facto cum societate Bardorum et cum Alberto de Marcaldo Peregrini 19 000 fl.: 6 fl.

Sept. 26 Bertolucha de Maranchis, hostiario porte ferri, pro oleo lampadis 1 fl., *desgl.* 1. Okt. Petro de Amore, hostiario prime porte, pro oleo 1 lampadis 1 fl.

Okt. 17 Donatino Sancii de Florentia corretario pro corretagio pro quodam cambio florenorum facto Veneciis 8 fl.

Okt. 23 computus Iohannis Amioti, hostiarii porte ferree pape, qui computat expendisse pro cagis faciendis pro leonibus ducendis 5 fl., . . . pro 2 collariis ponendis colla leonum 20 s., pro expensis faciendis 60 fl.

Nov. 3 Marcho Lando pro reparatione 1 canete de duobus donatis pueris domini de Belloforti 1 fl.

(f. 205) Dez. 20—27 . . . pro 6 duodenis manuvitularum pro cursoribus et servitoribus elemosine (8 s. pro duod.) 48 s.

(f. 206v) **1349** Jan. 24—31 . . . pro 17 cannis olei emptis pro provisione hospitii (16 s. pro canna) 13 l. 12 s.

10a. Gartenarbeit.

(I. E. 210 f. 169v cera) **1349** Mai 16 computus Michaelis Bruni, ortolani pape[2]: 4 hominibus, qui podaverunt vites viridarii pape cuilibet 10 s. — 2 hominibus, qui plantaverunt rosetam et seminaverunt diversa semina (9 s. pro die) 18 s.; 2 hominibus, qui portaverunt fimum in viridario, cuilibet 4 s. 6 d.; 2 mulieribus, que mundaverunt spinargum a malis herbis et petrocillum, cuilibet 3 s. 6 d.; pro corda putei dicti viridarii 46 s. 9 d. April 20 homini, qui [h]aurit aquam putei pro viridario rigando 4 s. 6 d. Pro faciendo preparari lo grifol, quem parvi nepotes pape fregerunt, 1 fl. etc., *zusammen* 13 fl. 5 s. 9 d.

---

[1] Beil, Axt zum Holzhacken.
[2] Am 19. Febr. *(f. 164v)* wird derselbe bei ähnlicher Rechnungsablage »custos ferarum pape« genannt.

Klemens VI. Achtes Pontifikatsjahr. 1349/50.

I. E. 260.

camerarius: Stephanus Arelatensis archiepiscopus.

A. Übersicht über die einzelnen Titel und ihre Schlußsummen.

1. **coquina** *(I. E. 260 f. 65—60).* Emptor coquine: Bernardus Gaucelmi.

Summe der Küchenausgaben: 16 937 fl. 444 scud. auri, 8 l. 8 s. 1 d. mon. parve Auinion. *Darunter befinden sich größere Ausgaben für Kolonialwaren, Küchengeräte und Linnenzeug, Gartenarbeiten etc.*

NB. 1 fl. = 24 s. mon. Auin.

2. **panataria** *(f. 82—87). Summe der Ausgaben:* 838 fl. 11 l. 16 s. mon. Auin. Bernardus Garnerii panetarius pape. *Wie auch sonst wird vom Panatar Weißbrot und Obst angekauft (wöchentlich). Der Verbrauch von Schwarzbrot* (panis communis, panis brunus *oder* panis niger *wird nur registriert, und zwar alle 4—5 Wochen, z. B. f. 82:* computat se expendisse in pane bruno 17 500 panes: (510 panes pro salmata) 34 salmatas et 150 panes *(5 Wochen). f. 82ᵛ:* computat se expendisse in pane nigro in 4 septimanis 17 900 panes = 35 salmatas et 50 panes (510 panes = 1 salmata).

3. **buticularia** *(f. 89—92), Summe der Ausgaben:* 1457 fl. 796 $^1/_2$ scudati, 2 tur. gross. arg., 88 s. 8 d. parve mon. Auin. Geraldus de Turno, buticularius buticularie pape.

4. **marescalla** *(f. 98—114):* Guillelmus de Channato, magister marestalle pape.

Summe der Ausgaben: 3339 fl. 5 l. 18 s. 6 d.

5 [6]. **ornamenta** *(f. 115—118): Summe der Ausgaben:* 1451 fl. minus 1 grosso, 10 l. parve mon. Auin.

6 [8]. **opera et edificia** *(f. 119—141): Summe der Ausgaben:* 12 530 fl. 21 l. 9 s. 5 d. et obolin.

7 [10]. **vadia extraordinaria** *(f. 143 s.):* 2137 fl. 52 s. 10 d. gross. clement. antiqu., 6$^2/_3$ d. tur. p., 4 l. 10 s. parve mon. Auin.

8 [11]. **extraordinaria et cera** *(f. 146—175): Summe der Ausgaben:* 33 879 fl. 1756 scud. 15 s. tur. gross. 39 l. 10 s. 2 d. Auin.

9 [12]. **vadia ordinaria** *(f. 175 —190): Summe der Ausgaben:* 23 710 fl. 205 l. 18 s. 10 d. et obolin. *Dazu an Bekleidungsgeldern* 1796 fl., *zusammen* 25 506 fl. 206 l. 4 s. 4 d. ob. Auin.

10 [15]. **elemosina secreta** *(f. 192—198): Summe der Ausgaben:* 14 815 fl. 2250 scud. 335 tur. gross. arg. 78 l. 19 s. 2 d.

11 [15] **Panhota** *(f. 200—225): Summe der Ausgaben:* 6703 fl. 8 l. 8 s. 7 d. et obolin.

12. **bulla et littere curie** *(f. 226): Summe der Ausgaben:* 314 fl. 8 l. 11 s.

B. Systematisch geordnete Einzelheiten aus den verschiedenen Ausgabetiteln.

1. Chronicalische Nachrichten.

(I. E. 260 f. 146 cera) **1349** Mai 22 de mandato pape ad relationem camerarii d. Bartholomeo de Thomeriis, canonico Cretensi, moranti in curia pro factis ultramarinis 40 fl.

Mai 6 de mandato pape mutuati d. Petro duci Borbonen. 5000 fl. . . . *nachher wird ihm diese Summe assigniert* pro castro Ermento ab eo empto *durch den* vicecomes Bellifortis.

Juni 15 de mandato pape d. comiti Valentin. ad relationem camerarii ex speciali dono 500 fl.

Juli 8 computus Nigri de Mediolano de expensis per ipsum factis de mandato pape Turchis sive ambassatoribus Turchorum pro drapo, raubis fiendis eis 299 fl.; pro expensis eorum 5 fl. qualibet die (de mense Marcii 18 diebus, de m. Iunii 30, de m. Iulii 5 diebus et utinam recedant et sic sunt in summa 117 diebus): 585 fl., item debentur hospiti eorum pro pensione hospitii, lectis, utensilibus coquine et aliis servitiis (petit ultramodum —, cui iam dedi ca. 50 fl., conveni autem cum eo, qui petit quolibet die $1^1/_2$ fl., quod ei bene sufficiunt 10 grossi, ad plus dando 1 fl. 12 gross., ascendunt 96 fl. 6 gross., item donavi in quadragesima de mandato pape pro leporibus, cuniculis et aliis, honorando eos 5 fl., item 40 fl. dono datos dictis Turchis de mandato pape inter dictos Turchos divisos, et pro emendo 2 pecias pannorum Florentinorum divisatorum mittendorum d. Altiloci Turcho, domino ipsorum ambaxatorum, 80 fl., ultra alia, que papa donavit 480 fl., *zusammen* 1466 fl.

Juli 10 de mandato pape Symoni Pichati de Florentia, interpreti ambassiatorum Turchorum, pro expensis faciendis in reducendo dictos ambassiatores 100 fl.

Sept. 3 computus Iohannis Bruni, cursoris pape, . . . pro cordis pro tendendis cortinas in adventu d. ducis Normannie 6 s.

(cera etc.) Sept. 13 de mandato pape ex dono suo speciali ad relationem camerarii nobili et potenti viro d. Constantino militi, ambassiatori regis Ermenie, 300 fl.

Okt. 21 Petro de Goli, magistro mercatorum Auin., pro quodam cursore misso cum literis pape Parisius, quarum 1 dirigebatur regine et alia episcopo Cabilon., 18 fl., qui debent restitui per collegium.

Dez. 1 cum per papam ordinatum extitisset, quod d. Geraldus de Ventadoro, dominus de Danzenaco, pro ecclesia Romana destinaretur Rome senator Urbis, et postmodum de contrario ordinatum extiterit dictusque d. Geraldus plures expensas et dampna fecerit et sustinuerit, in recompensationem dampnorum et expensarum de consensu collegii fuerunt eidem d. Geraldo de mandato pape ad relationem camerarii soluti 1500 fl. recuperandi per cameram Apost. de emolumentis et redditibus dicti senatus in Urbe, cum medietas ad collegium cardinalium pertineat expensarum.

(f. 136 edific.) März 5 de mandato pape ad relationem d. camerarii domino Antonio, electo Maioricarum, pro reparatione pontis Auinion. 500 fl. nomine suo et domini episcopi Ferrariensis, socii sui, cum ordinatum fuerit in consistorio, quod solvantur per cameram 500 fl. et per collegium 500 fl., hoc acto, quod, si completa dicta reparatione aliquid supersit, restituatur pro rata.

(coquina) **1350** April 22—23 comederunt cum d. papa rex Nauarre, plures cardinales, frater regis Nauarre, dux Borbonii cum pluribus baronibus.

(cera) **1350** Febr. 1 de mandato pape ad relationem camerarii dnis fratribus Guillmo ep. Kissamen. et Gasberto ep. Ceneten., qui de mandato pape destinantur ad partes Constantinopolitan. pro negotiis fidei, pro expensis eorum pro 5 mensibus (4 fl. pro die cuilibet) 1200 fl.

März 17 cum ex ordinatione pape mandatum fuerit, quod pro guerra comitatus Romandiole de novo imminente tradantur et assignentur pro defensione iuris Rom. ecclesie Iohanni Alberti de Albertis, civi Florentin., thesaurario dicte guerre, 10000 fl. de pecuniis camere Apostolice, traditi sunt et assignati de dicta summa Paulo Gerardi Dauizi, civi Florentino, 3000 fl., que dictus Paulus tenetur assignare dicto Iohanni Alberti de Albertis infra 8 dies, postquam requisitus fuerit per Iohannem, prout in instrumento inde die presenti recepto per mag. Iohannem Palaysini continetur.

März 18 *desgl.* Marcho Clarini, mercatori de Florentia curiam Rom. sequenti, 2000 fl. *desgl.* Lamberto Lapi, Lamberto Squi, mercatori de Florentia de societate Albertorum, 5000 fl., de quibus tradidit d. Cesaraugust. 4000 fl.

1350 März 31 cum s. die Iovis cene papa fecerit s. crisma et sit consuetum cuilibet dd. cardinalium, qui in huiusmodi confectione intersunt, dari per papam 12 turon. gross. arg. et cuilibet capellano commensali 3 s. mon. Auin., soluti sunt rev. d. Stephano Arelaten. archiep., pape camerario, pro 15 cardinalibus, qui dicta die interfuerunt, et pro 8 capellanis commensalibus, quibus papa lavit pedes, 15 s. tur. gross., 24 s. parve mon.

(cera) **1349** Okt. 8 d. Bartholomeo de Chourariis pro expensis faciendis pro eundo ad ducem Venetiarum et magistrum hospitalis s. Iohannis et regem Cipri pro negotiis Ecclesie 200 fl.

(I. E. 260 f. 143 vadia extraord.) **1349** Juni 18 nobili et potenti viro d. [Guillelmo Rogerii] vicecomiti Bellifortis de mandato pape, d. thesaurario vive vocis oraculo facto, pro stipendiis suis et servitio impenso et impendendo per eum pro papa usque ad 19. Mai 1350 1000 fl. *(f. 144)* April 22 desgl. 1000 fl. *vorausbezahlt für das kommende Jahr vom 19. Mai 1350 an.*

Nov. 26 Bonito de Tornoyle, servienti d. marescalli pape, pro stipendiis suis pro custodia hospitii olim regine Cecilie ultra Sorgiam Auinion. (pro 88 diebus, 2 s. pro die) 7 fl. 8 s.

1a. Wohltätigkeit.

(I. E. 260 elemos.) **1349** Mai 29 d. Iohanni de Seduno pro elemosina fieri consueta pro papa parochiis Auin. in principio cuiuslibet mensis pro m. Aprilis et Maii 200 fl.

Juni 10 d. Petro de Frigidavilla pro elemosina fieri consueta pro papa pro visitatione hospitalium pro principio Iunii et pro festivitatibus Ioh. Bapt. et bb. apost. Petri et Pauli 10 l. mon. Auin.

Juni 13 d. fr. Guillmo Duriana monacho et procuratori mon. Case Dei de mandato pape ad rel. camerarii pro fabrica monasterii 3000 fl. (2300 de Pedemon. bon. pond. et 700 de Florentia).

Juni 17 de mandato pape fr. Geraldo de Belloforti ord. Cartusien. de Mortuomari priori pro operibus dicti loci 1000 fl. in 750 scud.

An Tuchen für die Kleidung von Armen und Ordensleuten werden eingekauft für 2307 fl. *und* 3000 fl. 500 scud.

2. Päpstliche Beamte.

Beamtennamen.

(I. E. 260 f. 177v) **1349** Juni 6 *Es erhalten Kleidergeld (je* 8 fl.*)* 17 Hostiarii[1]:

I. Prima porta.
1) Ademarus de Agrifolio
2) Geraldus de Champer
3) Geraldus de Leschamel
4) Petrus de s. Martiali
5) Geraldus del Vernh

II. Secunda porta.
6) Guills de Margarita
7) Aymericus de Dumo
8) Ebbo de Columpna

---

[1] Von den zu Ende des Jahres 1347 genannten 23 Hostiarii kehren hier nur 11 wieder: 1—6. 9. 10. 12. 13. 14; die übrigen sind wohl z. T. der Pest erlegen.

2. Päpstliche Beamte.

III. Tertia porta.
9) Rotbertus de Balh
10) Petrus Bessorie
11) Rotgerius de Bolonia
12) Petrus Ferrando

IV. Quarta porta.
13) Aymericus la Rochia
14) Petrus la Verulha
15) Boso Quintini
16) Ludovicus de Steirola
17) Bertrus de Pena

(I. E. 260 f. 177) **1349** Juni 6 *Es erhalten Kleidergeld* (je 8 fl.)
19 Penitentiarii[1].

1) Iohannes Taurini
2) Iohannes [Engilberti] monachus
3) Alanus Britonis
4) Blasius de Ungaria
5) Sifredus [Lincopensis] de Dacia
6) Iohannes de Saxonia [de Melemberg]
7) Guill^{us} de Anglia
8) Stephanus Minor
9) Iohannes Carmelita
10) Eblo Bonifacii Minor
11) Iohannes de Boemia
12) Iohannes Ispanus
13) Petrus Gaufredi
14) Guill^s Vilate
15) Petrus Ficardi
16) Gabriel
17) Iacobus de Assicio
18) Amanenus Tholos.
19) Geraldus de Cambalo

(I. E. 260 f. 177) **1349** Juni 6 *Es erhalten Kleidergeld* (je 5 fl.)
37 Servientes armorum[2]:

1) Iohannes de Tholosa
2) Raynaldus de Lur
3) Karolus
4) Hugonetus
5) Petrus Server.
6) Bonotius de Florentia
7) Leo de Neapoli
8) Poncetus de Castro Bono
9) Bertrandus Bernardi
10) mag. Baurinus
11) mag. I. de Opere
12) Iacobus Melioris
13) Micheletus de Pistorio
14) Petrus Gaston.
15) Iohannes de Consilio
16) Guill^s Danielis
17) Raymundus de Galhaco
18) Garinus Barber.
19) Thomas Menescallus
20) Cossantinus de Bardis
21) Raterius
22) Bernardus de Siena
23) Bertrandus de Aragon.
24) Guill^s Bedos
25) Tiblaudus de Lauduano
26) Heliotus
27) Petrus Vitalis
28) Iohannes Gayta
29) Iohannes lo Male
30) Naudinus de Serato
31) Augerius Riuera
32) Marcolandus
33) Raimundus de s. Claro
34) Iohannes Arbale scar.
35) Iohannes de Viterbo
36) Iohannes Rostangni
37) Rostagnus Berqui

[1] Von den am Ende des Jahres 1347 genannten 13 Pönitenzieren kehren hier nur 7 wieder: Nr. 1. 2. 3. 4. 5. 6. 10; die übrigen 6 sind wohl z. T. der Pest erlegen.
[2] Von den zu Ende 1347 genannten 67 servientes sind nur 15 hier zu erkennen; wahrscheinlich sind die übrigen großenteils der Pest erlegen.

27*

(I. E. 260 f. 177ᵛ) **1349** Juni 6 *Es erhalten Kleidergeld (je 2 fl.)*
8 Palafrenarii[1]:

1) Petrus Sail
2) Blasius
3) Guillus
4) Bernardus
5) Guills Cathalani
6) Antonius
7) Dominicus
8) Arnaldus

(f. 177) 5 Scutiferi *(je 8 fl.)*:

1) Nicolaus de Monte Claro
2) Guido de Podio Vallis
3) Ademarus Barrani
4) Guills de Channaco
5) Stephanus la Gaana

Die erste Gehaltszahlung fand am 27. Juni 1349 statt. Wir verzeichnen nur die mit Namen angegebenen, soweit sie nicht schon oben bei den Kleidergeldern vorkommen:

(f. 178ᵛ) domino Guillelmo de s. Amancio 57 fl., d. Bernardo Gaucelmi emptori coquine 27 fl. 2 s. 6 d., Reginaldo de Lur aquario *desgl.*, 3 famulis suis 12 fl. 9 s. 9 d.; d. B. Garnerii panetario 16 fl. 13 s., d. Petro Germani regestratori 12 fl. 9 s. 2 d., mag. Iohanni coquo 27 fl. 2 s. 6 d., mag. Iohanni de Caritate alteri coco pro 39 diebus 18 fl. 23 s. 4 d., Petro Lebreti alteri coco 16 fl. 13 s., *desgl.* Panifero alteri coco ... mag. Iohanni de Parma phisico 27 fl. 2 s. 6 d., Aymerico de Duno pro custodia armorum 8 fl., d. Raymundo Guitbaudi 16 fl. 13 s., Guillelmo de Channaco 27 fl. 2 s. 6 d., d. Geraldo buticulario pro 53 diebus 15 fl. 16 s., Petro alteri buticulario 16 fl. 13 s.

27 Domicelli[2] *(je 27 fl. 2 s. 6 d. für 8 Wochen)*:

1—3) 3 domicelli d. vicecomitis Bellifortis [d. Guillelmi Rogerii]
4) domicellus dⁿⁱ G. de s. Amantio
5) Calayrandus de Vernodo
6) Stephanus la Gaana
7) Naudinus de Suiraco
8) Ademarus Barrani
9) Petrus de Bessia
10) Geraldus de Manhaco
11) Rainerius de Cursonio
12) Guido de Podio Vallis
13) Marchus Lando
14—15) 2 domicellis dⁿⁱ marescalli

Die folgenden erhalten Stipendium für weniger als 8 Wochen:

16) Petrus de Malomonte
17) Albertus de Tineria
18) Nicolaus de Monte Claro
19) Gerardus de Donzenaco
20) socius suus
21) Hugo Rogerii
22) Rauconus de Rupeforti
23) Petrus Stephani domicellus
24) Helias de Letrangiis
25) Archambaudus de Combornio
26) Petrus de Tornilio
27) Colinus Iudicis

---

[1] Von den zu Ende 1347 genannten 11 Palafrenarii kehren hier höchstens 3 wieder: Nr. 1. 2. 7; die übrigen 8 sind wahrscheinlich der Pest erlegen.

[2] Von den am 9. Febr. 1348 genannten 45 domicelli kehren hier mit Sicherheit nur 12 bis 15 wieder, die übrigen sind wohl z. T. der Pest erlegen.

Sonst werden noch genannt:

(f. 115) d. Petrus Sauterii, magister capelle pape

(f. 119) mag. Rostangus Berqui, serviens armorum pape, fusterius

(f. 115v) I. lo Male ⎫
(f. 116v) I. la Gaya ⎭ cubicularii pape

(f. 116) Iohannes de Seduno elemosinarius

(f. 119) mag. Iohannes de Luperiis, [presbyter] magister palatii novi apostolici[1]

(f. 124v) Raimundus Guitbaudi,[2] director edificiorum pape

(f. 143) Petrus de Verdeto, custos hospitii de ultra Rodanum.

(f. 146v cera) **1349** Mai 26 mag. Dominico de Amandula, pape scriptori, pro gallinis scriptoribus pape debitis pro renovatione pontificatus 20 fl.

3. u. 4. Brot-, Getreide- und Weinanschaffungen.

(f. 83 panetar.) **1349** Juli 21—Aug. 16 panatarius computat se expendisse pro 4 septimanis 16 300 panes = 31 saumatas et 490 panes (510 panes = 1 saum.). Cum de computo facto cum Michaele de Fabrica pistore 30. Aprilis restaret quod debebantur eidem Michaeli pro pane ab eodem recepto 78 salmate bladi et 78 panes, dictus Michael 21. Iulii recognovit se recepisse a d. Petro de Frigidavilla, administratore domus elemosine Pinhote, assignante nomine camere dictas 78 salmatas bladi presentibus Petro de Guisal, clerico Lemou. et Gassano Maynart Lemouicen. dioc., . . . recognovit recepisse a dicto d. Petro, nomine quo supra, de pane per Michaelem tradito dicto panetario pape a dicto computo 30. April. facto citra 100 salm. bladi.

(f. 86) **1350** Febr. 18 Michael de Fabrica pistor recognovit se recepisse a d. Petro de Frigidavilla, administratore Panhote, die 12. Sept. 1349 100 saum. bladi, item 4. Ian. ab eodem et d. Astorgio, qui fecerat provisionem bladi pro Panhota, 100 saum., 25. Ian. ab eodem 50 saum. pro pane per eundem pistorem assignato panetariis pape; 2. März *desgl.* 100 saum. bladi.

78 ⎫
100 ⎪
100 ⎬ *zusammen erhielt der Bäcker* 528 saum. bladi.
100 ⎪
50 ⎪
100 ⎭

---

[1] Überwacht den Bau und legt Rechenschaft über die Bauausgaben.
[2] Schon 1342 (I. E. 204) als Bauleiter in Villeneuve genannt.

Der Panatarius erhielt vom Bäcker zusammen:

17500 panes	=	34 saum.	et	150 panes	(1 saum.	=	510 p.)
17900 „	=	35 „		50 „	(	„	)
16300 „	=	31 „		490 „	(	„	)
17400 „	=	34 „		60 „	(	„	)
17800 „	=	34 „		450 „	(	„	)
19500 „	=	38 „		180 „	(	„	)
10600 „	=	20 „		400 „	(	„	)
12400 „	=	24 „		280 „	(	„	)
15200 „	=	29 „		400 „	(	„	)
14600 „	=	28 „		320 „	(	„	)
15450 „	=	30 „			(	„	)
16500 „	=	31 „		160 „	(1 saum.	=	530 p.)
15900 „	=	29 „		240 „	(1 saum.	=	540 p.)

397 saum. et 3070 panes,

also zusammen 403 saumata *oder rund 207000 Schwarzbrote verbraucht.*

(*elemos.*) **1350** Febr. 6 d. Petrus de Frigidavilla, administrator elemosine Panhote, computavit de omnibus bladis, ordeo, fabis, pisis et de omnibus vinis per ipsum receptis a 3. Mai 1349, qua die in dicta elemosina incepit, usque 6. Febr. 1350.

Mai 17 (1350) per me P. de Frigidavilla de mandato camerarii et Michaelem cursorem pape, fuit facta recognitio bladorum repertorum in orreis elemosine post obitum d. Geraldi la Tremoliera: in orreis s. Benedicti de 2 bladis in summa 375 gross. saum.; Posui ibidem de blado, quod assignavit per guerram 208 saum., fuit assignatum de bladis per dictum cursorem in orreis Rodani, que sunt Guill^{mi} P. de bladis communibus 622 saum. Dictus Balsanus assignavit in pane 13 saum. 3 emin., quas debebat de tempore d. Geraldi supra repertorum 1218 saum. 3 emin. Ibidem de fabis et in palatio 72 saum. . . . Summa universalis omnium bladorum receptorum 7934 saum. 7 emin. Summa ordei 45 saum., summa fabarum 167 saum., summa pisorum 101 saum.

Getreideeinkäufe.

(*Panhota*) **1349** Mai 22 cum per cameram Apost. fuissent empte 1000 saum. bladi boni ac sufficientis pro librata pro usu elemosine Pinhote a Iohanne Mayresii et Philippo Festa, mercatoribus de Valentia (500 saum. *zu je* 2 fl. 4 tur. gross., 500 *zu je* 2 fl. 6 gross.), retulit d. Petrus de Frigidavilla, administrator domus elemosine, dictos mercatores assignasse 580 saum. 4 emin., que fuerunt recepte de mandato camere per furnerios dicte elemosine, computatis 178 saum. de eodem mandato traditis Michaeli de Montolio, pistori ministranti panem in palatio Apost., que 580 saum.

computata una cum alia 2 fl. 5 tur. valent. 1401 fl. 8 gross. (4 emin. non computatis).

Juli 10 *denselben* pro complemento (1000 saum. bladi) 115 fl.

Weintrauben.

(I. E. 260 f. 83v s.) **1349** Sept. 9 computus d. B. Garnerii de racemis per eum emptis pro provisione hospitii pape: apud Berbentana 36 saum. racemorum (19 s. pro saumata) 34 l. 4 s., . . . pro 9 hominibus, qui portabant racemos de vinea usque ad portum (4 s. pro quolibet die) pro 3 dietis (36 s. pro die) 9 l.; pro filo et canellis ad opus pendendi racemos 23 s. 9 d. . . ., pro illis, qui pendebant et ligabant dictos racemos 30 s.

(f. 220v) Summa universalis bladorum expensorum 4815 saum. inclusis 57 saum. farine; restant in orreis et in castro Pontis Sorgie 3173 saum. 6 emin.

Summa fabarum expensarum 79 saum. 5 emin., restant in orreis $87^1/_2$ saum.

Summa pisorum expensorum 36 saum. 8 emin., restant in orreis 64 saum. 2 emin.

Summa vinorum receptorum cum illis, que invenit in elemosina, $2459^1/_2$ saum.

Summa expensorum vinorum 1661 saum. et sic restant in celario $798^1/_2$ saum.

5. Vieh, Fleisch, Fische.

Viehpreise.

(I. E. 260 coquina) **1349** Dezember pro 19 porcis presentatis in festivitate natalis Domini: 17 porcis dd. cardinalibus, quorum 2 porci fuerunt d. Penestrino et 1 porcum (!) d. camerario et alium servientibus armorum et magistro palafratarie (!) (55 s. pro quolibet) 52 l. 5 s.

Pro 34 leporibus presentatis dd. cardinalibus (9 s. pro lepore) 15 l. 6 s.

1350 Jan. 13 computus d. Geraldi de Castanea de provisione porcorum empt. . . . ante nativitatem D^{ni} 1349: emi apud Raynaldum 35 porcos, qui decostaverunt 72 scudatos, pro expensis pro tentando linguas etc. . . . 5 scud. 22 s. 6 d.; item emi apud Carpentras 4. Dec. (1349) 45 porcos, qui decostaverunt 103 scudatos, pro temptando linguas et custodiendo et conducendo ad pasturam 6 scud. 20 s. 6 d., pro 15 porcis emptis Auin. 13 scud. 28 fl. 5 s.

(f. 221v elemos.) **1350** März 13 –20) . . . pro 30 porris (!) emptis a (!) diversa precia in Arelate et Auinione cum expensis 37 l. 7 s. 4 d.; pro 20 porcis in Banholis emptis 30 fl.

(f. 224) Mai 8—15 ... pro 50 porcis emptis apud Banlhos (!) per d^(num) Astorgium, familiarem elemos., cum expensis per ipsum cum 2 famulis factis 71 fl., qui fuerunt cambiati ad fl. de Pedemonte boni ponderis, fuerunt dati 6 denarii pro quolibet ultra florenum et sic fuerunt 35 s. 6 d.

(f. 79v) 1350 *Ostern* pro 19 mutonibus presentatis 16 cardinalibus in festo pasche D^(ni) in Romana curia: Penestrino 2 muton. et cuilibet aliorum cardinalium 1 muton., camerario pape 1 muton. et alium mutonem servientibus armorum et magistro palafrenariorum pape (28 s. pro mutone) 26 l. 12 s.

Pro 32 edulis presentatis etiam in dicto festo dd. cardinalibus (14 s. 6 d. pro edulo) 23 l. 4 s.

(maresc.) **1349** Okt. 17 Guill^(mo) de Channaco [magistro marestalle] pro quodam mulo empto a d. Hugone, abbate monasterii de Salgne, pro portando capellam pape 70 fl.

Wildbret.

(f. 77v) März 29 computus d. Guill^(i) Audini presbyteri de expensis factis per ipsum et d. Guill^(m) Durandi, canonicum Parisien., pro venationibus mittendis pape de Normannia: in diversis nuntiis missis ad Guill^(m) Mailhardi, venatorem d. ducis Normannie, cui ipse dominus [dux] preceperat, ut dictas venationes expediret, et ivit unus de dictis nuntiis ad montem s. Michaelis vel ibi prope, ubi pars venationum erant, et alibi in Normannia, quod dicte venationes nimis venire tardabant. *Die Herüberschaffung des Wildbrets von der Normandie über Paris und Lyon nach Avignon kostet im ganzen* 80 fl. 12 d.

Fischpreise 1349.

(f. 76) **1350** Febr. 25 provisio piscium salsarum facta per Iohannem Rustangni, servientem armorum d^(ni) pape: pro 250 anguellis (33 d. auri ad 23 s. pro centenario) 82½ scud. 57 s. 6 d., 600 anguellis mediis (9 scud. pro centenario) 54 scud., 700 merluciis (9 scud. pro centenario) 63 scud.; pro 5 libris[1] allecium (9 scud. pro l.) 45 scud. (1 scudatus = 15 s. Auin.).

Pro piscibus emptis in Auinione a Petro Raubat: 134 minulis magnis salsis 44 fl., 59 minulis parvis 8 fl., 84 anguellis 42 libras Auin., 186 anguillis mediis 50 fl., 2700 alecibus (12 fl. pro milliari) 32 fl. 9 s. 8 d., 100 merluciis 12 fl.

---

[1] Es sollte doch wohl »milliaribus« heißen.

5a. Heu und Stroh.

(I. E. 260 maresc.) **1349** Juli 1 computum Guill^mi de Channaco, magistri marestalle.

Viel Heu wird herbeigefahren aus den Wiesen von Palhassia, ein Gut, welches der Kurie gehörte.

1347 Aug. 18 pro 2 nauteriis sive mercatoribus Auin., a quibus emit 2 nautas oneratas feni, in quibus erant 920 quint. feni, (3 s. 6 d. pro quint.) 161 l. = 134 fl. 4 s., pro exonerando naves 6 fl.

Aug. 30 pro 460 quint. feni, que emit a Guill^mo de s. Donato, mercatore Auin., (3 s. 6 d. pro quint.) 80 l. 10 s. = 67 fl. 2 s.

Sept. 8 pro 250 quint. feni (3 s. 6 d. pro quint.), que emit a Guill^mo de s. Donato, 43 l. = 36 fl.

Sept. 20 pro 425 quint. feni (3 s. 6 d. pro quint.) 61 fl. 23 s. 6 d.

Sept. 28 pro 200 quint. feni, que emit a Stephano Tarasconis de Palhassia, (3 s. 6 d. pro quint.) 29 fl. 4 s.

Es kommen dazu die Ausgaben für Entladung der Schiffe und die Aufschichtung des Heues in den Schobern zu Avignon.

(f. 100) Das Stroh kommt meist vom Kirchenbesitz in Palhassia.

1347 Okt. 26 pro emptione cuiusdam palherie *(Schober)* ab heredibus Iohannis Lamberti loci de Mornacio 12 fl.; oneratione navigii dicte palee et adducendum de dicto portu Rodani de Mornacio usque ad portum Rodani Auin. iuxta fenariam pape 9 fl., pro exoneratione navis et stivando paleam in fenaria 3 fl.

Eadem die pro emptione cuiusdam palherie ab heredibus Iohannis Lamberti 11 fl.

Zusammen für Heu und Stroh 1347: 523 fl. 10 s. 6 f.

1348 *ist der Preis des Heues der gleiche; für Heu und Stroh werden verausgabt* 648 fl. 20 s. 6 d.

Im Jahre 1349/50 werden verausgabt für Heu und Stroh 501 fl. 21 s. *(f. 111^v).*

6. Gewebe und Kleidung.

NB. *Die Kammer kauft Stoffe, Leinen und Tuche in größeren Mengen auf und verteilt sie dann erforderlichenfalls unter die einzelnen Amtsvorsteher* (panatarius, custos vaccelle, buticularius).

(I. E. 260 f. 115^v ornam.) **1349** Aug. 8 expense facte per Petrum de Siluaneto, gipperium seu factorem dubletarum seu gipparum: pro 2 dubletis sive gippis pro papa, pro coperturis ipsorum 18 fl., pro 4 cannis tele 4 fl., pro 2 unciis sericis 16 gross., pro bombace 4 gross., pro factura 3 fl., pro copertura aliarum 2 gipparum 4 fl. etc.

Aug. 28 ad relationem I. lo Male, cubicularii pape, mag. Guillelmo lo Breto sabaterio pro 3 paribus sotularium sive sandalium pro papa *(je 4 fl.)* 12 fl.

(cera) Sept. 5 Renochio de Florentia mercatori pro 2 tapetis viridis coloris positis in thesauraria alta ac in thesauraria bassa 6 fl.

(f. 116 ornam.) Sept. 30 Nicholao Benchi mercatori pro 1 sargia viridi maioris forme recepta ab eo per Heliotum de Bussenos, servientem armorum pape, pro camera pape 7 fl.

Okt. 7 Helie de Bufenos, serv. arm., pro 2 flabellis de iunco minutis de serico per eum emptis pro papa 3 fl. 2 s.

(f. 208v elemos.) Okt. 27 cum Aymericus Clauerii, quondam pelliparius et mercator Ruthenen., vendidisset camere Apost. ad opus domus elemosine Panhote et pro dicta elemosina 200 pecias pannorum laneorum brunorum et alborum portat. Auinionem (*zu je* $2^1/_2$ fl.) et Aymericus dictas 200 pecias assignaverit, exceptis $17^1/_2$ peciis longitudinis quamlibet 10 cannarum et $^1/_2$ canne amplitud., que restant pro minoritate dictarum 200 peciarum assignande: Geraldus Clauerii, filius et heres quondam Aymerici, promisit dictas $17^1/_2$ pecias pannorum reddere et assignare Auinione suis propriis expensis d. Petro de Frigidavilla, admin. Panhote, infra octavas nativitatis D^{ni}, et fuit sibi solutum totum pannum in 400 fl.

Nov. 10 computum Guillelmi Britonis sabaterii: pro 2 paribus sotularium (*je* 4 fl.) 8 fl. *Ähnlich noch wiederholt.*

Nov. 14 computum mag. Galterii Gorre pelliparii: pro 1 folratura cotardie, in qua intraverunt 500 varie minute, (12 fl. pro 100) 60 fl., pro 1 folratura capucii, in qua intraverunt 130 ventres: 15 fl. 7 gross., pro labore 200 herminorum 6 fl.

1350 März 3 I. la Gayta, cubicularius pape, computavit pro $5^1/_2$ cordis tele albe (*je* 25 s.) 6 l. 17 s. 6 d., pro 3 cordis tele grosse (*je* 18 s.) 54 s.

(f. 117) März 16 computum Petri de Siluaneto: pro 2 iuponis pape: pro 2 lb. de tafetato albo (*je* 9 fl.) 18 fl., pro 4 cannis de tela de Remis (*je* 1 fl.) 4 fl., pro 2 unciis de serico albo $1^1/_2$ fl., pro cotono seu bombicio pro illis 2 iuponis 8 gross., pro factura 4 fl., *zusammen* 28 fl. 2 gross.

März 19 computavit d. Petrus Sauterii, mag. capelle pape, sibi deberi pro 3 tobaliis de serico per eum emptis ad coperiendum ampulas pro crismate et oleo sancto die Iovis, qua papa facturus est dictum crisma, (*je* 16 s.) 48 s. in 2 fl.

April 2 Benocio Francisci, merc. de Florentia, pro 4 cannis tele albe et rubee et 2 cordonibus de serico et 2 sacculis pro 2 capellanis pape 1 fl. 12 s.

(f. 118) April 28 computum Nigri de Mediolano (fecit fieri cortinas pro 3 cameris ad opus ipsius pape, pro 1 camera ultra Rodanum, pro 2 citra): pro 16 peciis de sindone viridi, quas habuit a Nicolao del Sana, ponderantibus 28 lb. $4^1/_4$ unc. (*zu je* 5 fl. 4 gross.) 153 fl. 5 gross., pro 1 sargia viridi posita ad locum secretum habita a dicto Nicolao 4 fl., pro

38 peciis de simili sindone ferri pro cortinis habitis a Iacobo Blanchi et Bartholomeo Michaelis de Luca ponderantibus 59 lb. $2^1/_4$ unc. (5 fl. 3 gross. pro libra) 310 fl. 8 gross. 18 d., pro 88 cannis de tela linea viridi pro folrando supracelum et aliquas cortinas (*zu je* 5 s.) 18 fl. 4 gross., pro $2^1/_2$ lb. de serico viridi datis sartori, qui fecit cortinas, pro suendo eas (5 fl. 6 gross. pro libra) 13 fl. 9 gross.; pro 84 cannis de veta larga, quas fecit fieri de serico, et intraverunt 4 lb. de serico: 28 fl. 2 gross., pro filo ad suendum cortinas lineas 8 uncias, pro 550 anulis de cortina et 6 peciis de veta linea habitis a Iacobo de Monte mercerio 4 fl. 5 gross. . . . pro 1 pecia de velveto rubeo ad opus pape a Carathono de Luca 36 fl.

7. Wachs und Kerzen.

(I. E. 260 f. 146v cera) **1349** Mai 26 computus d. Geraldi Fornerii, custodis cere pape: operarius cere a festo purif. b. Marie usque ad 22. Maii 1349 operatus fuit ceram: 6 carguas et 2 quint. (20 s. pro cargua) 6 l. 13 s. 4 d.; pro 29 cargis, que aportate fuerunt de Barsalona et quas operatus est (30 s. pro salario pro carga, quia salarium ex parte d. camerarii fuit eis augmentatum de 10 s., quia operarii nolebant operari nisi salarium augmentaretur) 43 l. 10 s., pro 4 quint. et 32 lb. de cotone (*zu je* 6 s.), pro 3 quint. et 20 lb. de filo canapis (*zu je* 2 s. 6 d.); pro cereo pascali 70 lb. (*zu je* 10 s.) 35 l.; pro candelis benedictis albis pro papa 30 librarum (ad forum 10 s. pro libra) 15 l.; pro pomello cerei pascalis picto et floribus et aliis coloribus 6 fl., pro 2 lb. de verdeto 10 s.

(I. E. 260 f. 226 bulla) **1350** Febr. 25 fratribus Raymundo Gausserandi et Gauberto bullatoribus pro 1 quint. candelarum de cepo per eos empto 6 l. 10 s.

7a. Kolonialwaren.

(I. E. 260 f. 66v coquina) **1349** Mai 24—Juni 20 30 lb. gingiberis (9 s. pro libra) 13 l. 10 s., 6 lb. piperis (9 s. pro l.) 54 s., 10 lb. canelle (8 s. pro l.) 4 l., $4^1/_4$ lb. garofilorum (40 s.) 6 l. 10 s., $1^1/_4$ l. florum canelle (6 l. pro l.) 7 l. 10 s., 1 l. cubelarum 40 s., 4 l. granorum paradisi (16 s. pro l.) 3 l. 4 s., 3 l. croci (38 s. pro l.) 5 l. 14 s., 38 l. zucari (12 s. pro l.) 22 l. 16 s., 400 l. amigdalarum (8 d. pro l.) 13 l. 6 s. 8 d., 27 l. risi (8 d. pro l.) 18 s., 16 l. frumenti 16 s., 12 l. amidi 18 s., 5 l. pinhonum (2 s. 6 d. pro l.) 12 s. 6 d., 5 l. datillorum 10 s., 5 l. prunorum (18 d. pro l.) 7 s. 6 d., 5 l. racemorum de Corimbrio 10 s., 2 l. ficuum brinstuquarum 4 s., 15 l. anisii et coriandri confectorum (12 s. pro l.) 3 l., 6 l. mellis 6 s., 33 poma mallegranata (4 s. pro l.) 6 l. 12 s.

Ähnlich in den übrigen Monatsrechnungen.

(f. 74 coquina) Dez. pro 82 emin. salis pro porcis salandis (6 s. pro emina) 24 l. 12 s., pro aliis 8 emin. salis 48 s., pro 5 modiis 12 emin. salis de provisione, que venit de Arelate, (4 l. 10 s. 10 d. pro modio) 24 l. 9 s. 8 d.

8. Bauausgaben und Tagelöhne.

(*f. 119 edificia*) **1349** Juni 22 computus mag. Rostagni Berqui fusterii, servientis armorum pape, primo principaliter pro operibus factis per Rost. Berqui a 4. April. ad 19. Iunii: 41 iornate fusteriorum pro aponchayando hospitium d. Petri de Malnaco quondam et pro faciendo portas et fenestras ad tenendum bladum Pinhote (8 s. pro dieta) 16 l. 8 s., pro faciendo portam et barras magni tinelli pro dando ramos etc. *(kleinere Arbeiten aufgezählt).*

Juni 23 computus mag. Iohannis de Laperiis, magistri hedificii palacii novi Apostolici, de lapidibus ab eo receptis pro predictis edificiis et ductis ad palacium *(im einzelnen 3 Seiten lang aufgezählt)* . . . 1259 fl. 16 s. 1 d. *Ähnlich demselben am 26. Aug. (f. 123):* 1414 fl. 5 s. 7 d.; *am 21. Okt. (f. 128):* 1225 fl. 6 s. 6 d., *am 18. Dez. (f. 132):* 1524 fl. 12 s., *am 20. Febr. (f. 135):* 1762 fl. 5 s., *am 23. März (f. 137v):* 952 fl. 8 s., *am 14. Mai (f. 141):* 820 fl. 9 s.

(*f. 121*) Juli 28 facto computo cum Guillelmo Bricii, filio † Guillelmi Bricii de Insula, de 200 quadrigatis gippi a dicto † Guillelmo emptis pro edificiis pape (*zu je* 15 s.) repertum est de dictis 200 quadrigatis 154 quadrigatas et 4 saccos gippi assignasse et sibi de ipsis per cameram Apostolicam satisfactum fuisse, et cum restarent 45 cadrigate et 6 saqui, repertum est per relationem Petri Gauterii, pape cursoris ad hoc deputati, dictum Guillelmum post mortem patris sui dictas 45 quadrigatas et 6 saccos gippi assignasse: 34 l. 4 s. = 28 fl. 12 s. Item cum † Guillelmus vendidisset eidem camere ultra dictam summam tantum de gippo, quantum d. thesaurarius pro edificiis predictis vellet recipere ad rationem 1 fl. pro quadrigata, repertum est per relationem Petri Gauterii dictum Guillelmum, filium † Guillelmi, assignasse 87 cadrigatas et 3 saccos gippi (1 fl. pro cadrigata) 87 fl. 8 s. 2 d.

(*f. 121v*) Aug. 3 computus mag. Iohannis de Luperiis de calce ab eo recepta pro edificiis pallacii novi Apost.: 13. Juni 1165 scandal. de calcina (*zu je* 5 s. 3 d.) 305 l. 16 s. 3 d. = 254 fl. 20 s. 3 d.

(*f. 123v*) Aug. 31 Iacobo Barberii et Iohanni de s. Marcello plumberiis pro fundendo plumbo pro copertura turris magne 15 fl.

Sept. 3 Iohanni Massarii de Castellione Aretin. dioc. pro labore suo pro cavamento operum palacii novi Apost., ad quod ipse Iohannes et Petrus Gauterii fuerunt per d. camerarium et per d. thesaurarium deputati, in quo laboraverunt ab 11. Ianuarii ad 19. Febr. 1348, 20 fl.

Sept. 3 Petro de Torno per relationem Raymundi de Biterris, cursoris pape ad hoc deputati, pro 84 viatgiis arene receptis per dictum cursorem de mense Maii-Augusti adductis per dictum Petrum per aquam pro operibus pape (27 $^1/_2$ s. pro naviata) 119 l. 14 s.

8. Bauausgaben und Tagelöhne.

Sept. 7 computus Rostangni Aurus, cohoperatoris domorum: pro 1 naviata de lausa necessaria pro cohoperiendo hospitium novum porte Ayguerie pape 11 fl.; pro portando dictam naviatam, facto computo cum Rostangio Bonihominis et Stephano de Portibus, 3 fl.; pro ponendo dictam naviatam lause infra dictum hospitium 6 s., ... pro 400 tegulis necessariis in dicto hospitio novo porte Ayguerie (8 s. pro 100) 32 s. etc. etc.

(f. 124v) Sept. 13 computus R. Guitbaudi (*und* Guitlaudi), directoris edificiorum pape, de expensis per ipsum factis pro diversis operibus a 24. April ad 1. Aug. excl. tam pro manuperariis, lapicidis, gipperiis, serratoribus, coopertoribus tectorum quam pro portu terre seu brasili, que erat inter pallacium novum et hospicium domini s. Poncii etc.: pro 206 dietis manuperiorum, qui operati sunt in extrahendo brazillum de pallacio et portatura supra montem b. Marie et onerando quadrigas Petri de Tornone, que portabant dictam terram seu brasillum apud Rodanum (4 s. pro dieta) 41 l. 4 s., *desgl.* dicto Petro de Tornone pro 15 450 banastonibus de brasillo seu terra portatis cum cadrigis suis de loco supradicto usque ad Rodanum (6 s. pro 100) 42 l. 8 s. Pro extrahendo 790 saccos gippi de navigio et ascendendo supra solerium hospicii novi porte Ayguerie diversis peciis 4 l. 18 s. 3 d.; pro massando seu trissando 448 emin. gippi diversis peciis 15 l. 18 s. 9 d.

Pro diversis gipperiis cum eorum manobriis qui reparabant pavimenta capelle magne pallacii et furnellum in camera Petri de s. Marciali, 4 l. 9 s. etc. etc.

(f. 126) Okt. 9 computus mag. Petri de Tornone de calce pro edificiis pape per relationem Martini de Senis, cursoris pape: de 21. Iulii 1349 se recepisse 335 scandales calcis (*zu je* 5 s. 3 d.) 77 l. 19 s. 9 d. in 73 fl. 7 s. 9 d.

Okt. 20 computum Petri Thauleti ferraterii de ferraturis receptis per Iohannem de Roma, cursorem pape, pro operibus pape de mense Sept. 1349: pro 36 serralhis positis in hospitio d. Neapolionis quondam ultra Pontem et in edificio novo (15 s. pro pecia) 27 l., ... pro 29 clavibus (*zu je* 19 d.) 45 s. 11 d. ... pro reparatione 1 payroli, in quo sementum preparatur, 1 fl.; pro 2 magnis ferratis pro puteo pallacii 20 fl., pro 1 linqueto pro buticularia de ultra Rodanum 2 fl.; pro 1 serralha cum 1 barria ferrea pro porta, per quam intratur lignarium, 2 fl., pro 8 barris pro ligando turrim Trolhacii 5 fl., pro 1 serralha cum 2 clavibus posita in camera d. episcopi Claromont. ultra Rodanum 10 s. etc. *Ähnliche Abrechnungen desselben öfters.*

(f. 128) Okt. 26 computum Aymerici de Diiuno de expensis pro reparatione magne turris: ... habui 8 cannas de teulam, que erant necessarie ad faciendum 1 cameram separatam a camera, ubi sunt arnesia, pro ea (!) clarificandum (!) ibidem (14 s. pro canna) 112 s.; fusterius, qui fecit dictam cameram, qui mortuus fuit, per 21 dies habuit (*je* 8 s.

8 l. 8 s., . . . *auch die sonst tätigen Handwerker erhalten täglich* 8 s.; pro faciendo 1 fornellum de petra et de gippo necessarium ad calefaciendum et legandum balistas . . . 4 fl.; pro 14 saccos de gippo necessario ad fornellum (*zu je* 5 s.) 70 s.; emi 2 conquas sive payrols metalli pro mittendo calefactum aquam ad opus malhiarum et arneriorum clarificandum et ibidem dicta malhia discopandum, que sunt ponderis 69 lb., (*zu je* 5 s.) 17 l. 5 s., emi 2 ydrias ad deferendum aquam in dictis payrolis... ponderis 43$^1/_2$ lb. (*zu je* 6 s.) 13 l. 12 d.

Nov. 6 computum Raymundi Guitbaudi pro expensis factis pro pallacio a 4. Aug. ad 31. Okt. 1349 . . .: pro 151 dietis manuperariorum, qui operati fuerunt in extrahendo brasillum de pallacio et onerando quadrigas Petri de Tornono, que portabant terram ad Rodanum, que erat in carreria communi iuxta murum viridarii pape ante hospitium d. Petri Bordonerii et ante scolas magistri pallacii, (4 s. pro dieta) 30 l. 4 s.; pro 2 faycheriis, qui portabant lapides antiquos fractos et conbustos et remotos de coquina superiori per lapicidas, qui faciebant bardamentum de novo dicte coquine, 12 s. etc.

(*f. 132v*) **1350** Jan. 14 Iohanni de s. Marcello plumbeario pro 2 fenestris factis in copertura magne turris pallacii Apost. de Trolhassio facto precio cum eodem 40 fl.

Febr. 18 computus d. Raymundi Guitbaudi de expensis a 1. Nov. 1349 ad 31. Jan. 1350 . . .: pro 114 dietis manuperariorum pro . . . extrahendo lapides combustos et remotos de pavimento coquine inferioris . . . (4 s. pro dieta) 22 l. 16 s., pro 26 dietis recoopertorum tectorum, qui cooperiebant ambulatoria facta de novo supra crotam, qui (!) est inter capellam magnam et turrem vocatam de Trolhassio (8 s. pro dieta) 10 l. 8 s., pro 3200 tegulis (3 fl. pro 1000) 9 fl. 14 s. 6 d.; . . . pro 14 dietis gippariorum, qui faciebant fornellum camere, in qua iacet Ademarius de Agrifolio (8 s. pro dieta) 5 l. 12 s.; pro 15 dietis massenlorum et frageleriorum, qui fragebant ruppem itineris inter hospicium pape de Villanova et hospitium d. Neapolionis quondam, ut quadrige, qui portabant vinum pape, possent ascendere, et faciebant foramina in muris, qui sunt supra crotam, qui est inter capellam magnam et turrem pro ponendis fustis de ambulatorio (8 s. pro dieta) 6 l., . . . pro *benannte* serratoribus pro 105 diebus, quibus steterunt in serrando lapides magnos de Orgono pro faciendo bardamentum seu pavimentum tursonarum turris de Trolhassio (6 s. pro dieta) 31 l. 10 s.; mag. Iohanni de Lobre pro portu dictorum lapidum de Rodano usque ad cimiterium b. Marie 15 l. etc.

(*f. 138*) April 2 mag. Christiano vitreario pro copertura 2 fenestrarum ultimo fractarum, copertura magne turris pape facto precio cum eodem 40 fl.

(*f. 139*) April 13 facto computo cum mag. Petro de Torno . . . per relationem Raymundi de Biterris, cursoris pape, ad recipiendum arenam deputati ... pro edificiis pape *(in den Monaten Okt. bis März):* 77 naviatas arene *(zu je 28 s. 6 d.)* 109 l. 14 s. 6 d. item repertum est per relationem Martini de Senis cursoris, ad recipiendum calcem deputati, ipsum mortuum recepisse a mag. Petro pro dictis edificiis 16. Nov. 1349 600 scandal. calcis et 28. März 478 scandal. calcis *(zu je 5 s. 3 d.)* 283 l. 4 s. 6 d.

April 24 facto computo cum Iohanne Botonerii, tutore liberorum Raymundi de Trizilhone quondam calcenarii, de calce recepta pro edificiis pallacii novi Apost. per Martinum de Senis, cursorem pape ad recipiendum calcem deputatum, constitit ... cursorem recepisse a dicto tutore de 1348 Nov. 8 375 scandal. calcis et de 1349 April 7 529 scandal. calcis *(zu je 2 s. 9 d.)* 124 l. 6 s. in 103 fl. 14 s.

Mai 12 computavit d. Iohannes Fabri, clavarius Castri Novi, de tegulis ab eo receptis pro edificio pape per manus d. Raymundi Guitbaudi: 8500 tegul. (4 l. 13 s. pro mille) 39 l. 10 s. 6 d. in 32 fl. 22 s. 6 d.

(f. 212 elemos.) **1349** Dez. 26—**1350** Jan. 2 — pro reparatione palacii regii, ubi blada fuerunt reposita de mandato d. camerarii, pro recoperiendo et gipando: pro 26 dietis magistrorum *(je 8 s.)* et pro 46 manobris *(je 4 s.)* et pro 36 dietis fusteriorum pro portis, fenestris faciendis et poynteriis ponendis *(je 5 s.)* et pro diversis adiutoribus, pauperibus clericis, dictis magistris assistentibus ad ponendum et erigendum trabes diversis diebus 27 s. etc. etc.

8a. Tagelöhne der Bauhandwerker im Jahre 1350
aus dem Manuale I. E. 256.

Im Frühjahr meist 40 Steinmetzen (latomi) *an der Arbeit: einer erhält täglich 10 s., einer 9 s., einer 7 $^1/_2$ s., 3 je 5 $^1/_2$ s., 11 je 5 s., 7 je 4 $^1/_2$ s., 3 je 4 s., 5 je 3 $^1/_2$ s., 4 je 3 s.*

Qui custodit martellos: 6 s. *(wöchentlich).*

Pro vino magistrorum 6 s., *dazu an Wein für die anderen Handwerksmeister* 4 l. 7 s. 6 d., item pro expensis sociorum 48 s., item pro sacerdotibus 18 s.

8 Zimmerleute (chapus): *einer erhält 5 $^1/_2$ s., 2 je 5 s., einer 4 $^1/_2$ s., 3 je 4 s., einer 3 s.*

4 magistri de choro: einer erhält 9 s., einer 6 s., 2 je 4 s.

4 Glaser (vitrearii): *einer 6 s., einer 5 s., einer 4 s., einer 2 $^1/_2$ s.*

9 Schmiede (faurs): *einer hat täglich 6 s., einer 4 $^1/_2$ s., 2 je 4 s., einer 3 s., 2 je 2 $^1/_2$ s., 2 je 2 s. 2 d.*

6 Ochsenführer (bubulci): *jeder erhält täglich 3 s.*

3 Karrenführer (chaireterii): *2 erhalten wöchentlich je 25 s., einer 20 s.*

NB. *Die Bewertung der Tagelöhne ist sehr schwierig, weil teils mit* debilis moneta *und teils mit* bona moneta *bezahlt wird.*

(I. E. 260 f. 68 coquina) Juli 19 – Aug. 26 6 iornales hominum ad extollendum virgultum piscarii (6 s. pro quolibet) 36 s., 3 iornales ortolani (8 s. pro quolibet) 24 s., 6 iornales mulierum (3 s. pro qualibet) 18 s., 4 iornales hominum ad ligandum rotas agresti (10 s. pro quolibet) 40 s.

(f. 74) Dezember 1349 pro salario quadrige et quadrigarii, qui conduxerunt salem provisionis (de Arelate) ad palatium (Auin.), 28 s.

Dezember, coquina: pro 3 iornalibus mulierum, que fuerunt in cultura orti piscarii, 9 s., *s. ferner unten 10ª »Gartenarbeiten«.*

8b. Malerei.

(cera) **1349** Nov. 29 facto computo cum mag. Matheo Iohanneti, pictore pape, de expensis pro fabricatione tabularum depictarum pro 8 capellis monasterii Case Dei . . . 254 fl. 20 s. 2 d.

(I. E. 260 f. 135v) **1350** März 2 computavit Michael Hopeqin pictor de expensis per ipsum factis pro 4 penumcellis[1] positis in 4 fenestris magne turris coopertis diversis coloribus et foliis stagni albi, in quolibet penumcello 2 signa scilic. quoddam Rom[ane ecclesie] et aliud domini nostri pape facta omnia ista de oleo lineto et de vernisio, item pro qualibet finestra 1 $^1/_2$ fulletam de nigro, $^2/_3$ de ruda de rauditis et alia pars de alio colore cum 2 signis de vermelho, quoddam signum Rom. et aliud pape, totum madefactum sive detrempatum de oleo lineto et de vernisio (3 fl. pro fenestra) 12 fl.

8c. Päpstlicher Palast. Verglasung, Glasfenster.

(edif.) **1350** Jan. 14: Iohanni de s. Marcello plumbeario pro 2 fenestris factis in copertura magne turris palatii Apost. de Trolhassio 40 fl.

März 10 — pro vitrelando[2] fenestras coquine et pro faciendo 2 tabulas, 36 taulerios et pro vitrelando fenestras magni tinelli et pro reparando los entafores et pro faciendo 1 copertorium supra gradarium ante portam magistrorum usseriorum et pro vitrelando fenestras consistorii et pro faciendo gradarium toirelle, que est in capite parvi tinelli et pro faciendo 1 scampnum in dicto parvo tinello et pro aptando fustas 1 solerii, quod est iuxta capellam secretam — item pro reparando hospitium, quod fuerat Rome quondam dni Appolionis, et pro faciendo portas et fenestras in porticubus . . .

Zusammen *361 Tagewerke* (diete fusteriorum) *für den Tag* 8 s. (1 fl. = 24 s. 6 d.).

8d. Holz und Kohlen.

(I. E. 260 f. 147 cera) **1349** Juni 23 computus Aynardi Porchalli, mercatoris Vivarien., de lignis et carbonibus ab eo emptis pro usu hospitii

---

[1] Wappentuche.
[2] Die Fenster wurden also wirklich verglast, nicht etwa bloß durch Wachstuch geschützt (intelare).

pape et receptis per Guillelmum Quinquinelli, pape cursorem ad hoc deputatum: Juni 16 ego Guillelmus Quinquinelli, cursor pape, in Trolhas recepi a Aynardo Porchallie . . . 680 quint. lignorum etc., *an den folgenden Tagen, zusammen* 3600 quint. lignorum (2 s. pro quint.) 360 l., *ferner zusammen* 2760 banastones carbonum (*zu je* 2 s.) 278 l. Pro 50 dietis hominum, qui portaverunt ligna (*je* 5 s.) 12 l. 10 s.

Sept. 12 Ynardo Porchalha de Vinay dioc. Gratiopolitan. mercatori pro 1200 banastonibus carbonum (2 s. pro banastono) 120 l. in 100 fl.

1350 Jan. 11 Ynardo Porchalha, mercatori de Vygnay, pro lignis et carbone receptis ab eodem per Guill^m Quinquinelli cursorem: Dez. 16 *u.* 17: 1100 banastones de carbone in palatio pape, 400 banastones in domo pape ultra Rodanum. Dez. 23/24 ultra Rodanum in dicta domo pape 1000 quint. lignorum, apud Trolhas in domo pape 1640 quint. lignorum (2 s. pro quint. ligni et pro banast. carbonum), *zusammen* 411 fl. 16 s.

9. Bibliothek und Schreibwaren.

Unter dem Titel »pro scriptura et libris« *findet sich keine Eintragung.*

(*f. 226 bulla*) **1349** Mai 31 fr. Raymundo Gausserandi bullatori pro 25 lb. serici pro bulla (*je* 5 fl. 4 gross.) 133 fl. 8 s., *desgl. am 2. April 1350* pro 24½ lb. de serico (*je* 5 fl. minus 3 gross.) 116 fl. 9 s.

1350 Febr. 25 *demselben* et Gauberto bullatoribus pro 1 quint. candelarum de cepo 6 l. 10 s.

1349 Dez. 23 fr. Raym. Gausserandi bullatori pro 214 lb. corde (*je* 6 s.) 64 l. 4 s. *in* 53 fl. 12 s.

(*I. E. 260 f. 171 cera*) **1350** März 19 computum Guilhoti Britonis, pape cursoris, de incausto et glacia ab eo receptis pro thesauraria pape (*vom 8. Mai 1349 an*): 1 pixis glacie *kostet* 2 s., 1 ampula de incausto 3 s. *Es wird etwas über halb so viele* ampulle de incausto *als* pixides glacie *verbraucht, zusammen für* 9 fl. 2 s. 6 d. (1 fl. = 24 s.).

10. Verschiedenes.

(*I. E. 260 f. 147 cera*) **1349** Juni 15 computus Iohannis Bruni, cursoris pape, se emisse pro hospicio pape 82 fessatas de iunco (*1. Mai— 15. Juni 1349*), pro quolibet pondere seu fessata 4 s., et recepit a Iohanne Tairlay et Petro Garini: 16 l. 8 s. in 13 fl. 16 s.

Sept. 24 Iohanni Iarna pro 1 lanterna ferrea et 1 esquerio pro thesauraria Apost. 9 s. 6 d.

(*f. 221 elemos.*) **1350** März 6 pro 1 quint. lane pro 2 matalassiis faciendis pro coquo et servitoribus coquine cum factura predictorum matalassiorum 35 s. — pro factura rote putei orti in 25 dietis pro serratura madarie apud Biturritam et pro 90 dietis magistrorum in Auin. pro faciendo dictam rotam (*je* 5 s.) etc. 43 l. 14 s.

(f. 117 ornam.) **1350** März 3 computum d. Petri Santerii, magistri capelle pape, de 4 ampullis sive canetis argenti novis ponderis 3 march. 6 unc. minus 2 den. argenti, pro quibus tradidit alias 4 ampullas antiquas, que ponderabant 2 marcas 7 uncias, item tradidit per superfluum arg. 7 unc. minus 2 d., valent 4 fl. 8 s., item pro factura 9 fl. 9 s.

10ª. Gartenarbeiten.

(f. 153ᵛ cera) **1349** Okt. 5 computus Michaelis Bruni, ortulani pape, de expensis factis pro viridario pape: Mai 15 pro 2 hominibus ad ligandum viridarium (cuilibet 4 s. 6 d.) 9 s.; Mai 26 2 hominibus, qui rigaverunt viridarium, 9 s.; Juni 4 homini, qui plantavit caules in viridario, 8 s. 6 d., cuidam mulieri, que sarclavit et mundavit in viridario, 3 s., 2 hominibus, qui rigaverunt viridarium, (cuilibet 4 s.) 8 s.; Juni 5 homini, qui plantavit caules, 8 s. 6 d., mulieri pro sarclando et uni pro mundando (*je* 4 s.) 8 s. (*so ähnlich weiter, im Juli und August werden nur Ausgaben für Bewässerung verzeichnet*).

1350 Apr. 14 computum Michaelis Bruni, custodis ferarum, de expensis pro viridario pape: Okt. 15 (1349) 2 hominibus, qui portaverunt fimum in viridario, (4 s. pro die cuilibet) 8 s., Nov. 3 hortolano, qui plantavit caules seu olera in viridario, 8 s.; mulieri, que separavit fimum per ortum viridarii, 3 s.; Nov. 20/21 ortulano, qui plantavit caules et seminavit gremas espinargiorum, (8 s. pro die) 16 s.; deconstitit grana dictorum espinargiorum 14 s.; 1350 Febr. 15 homini, qui per 6 dies stetit in viridario ad fodendum et plantandum, (5 s. pro die) 30 s.; homini, qui per 6 dies stetit in viridario ad portandum fimum aliquotiens et ad purgandum seu mundandum viridarium de lapidibus et aliis forditiis, (4 s. pro die) 24 s.; homini, qui portavit fustam de hospitio pape, quod est iuxta Rodanum prope pontem, usque ad viridarium pro trilhis vitium preparandis 4 s.; pro cannis seu arundinibus pro trilhis reparandis 4 s.; in granis petrocili et spinargiorum 6 s.; März 16 pro salvia ad plantandum in viridario 10 s., 2 hominibus, qui plantaverunt salviam et abstraxerunt aquam et rigaverunt viridarium 8 s.; März 31 homini, qui totondit seu dalhavit herbam pradelli dicti viridarii, 6 s.; pro corda putei dicti viridarii 66 s.

Klemens VI. Neuntes Pontifikatsjahr. 1350/51.
Nach I. E. 261.

A. Übersicht über die einzelnen Titel.

1. *(f. 70 ss.)* **coquina.** Bernardus Gaucelmi, emptor coquine. *Schlußsumme (f. 89):* 21 266 fl. 1131 scut., 8 s. 7 d. tur. gross., 8 l. 8 s. 4 d. mon. Auin.

2. *(f. 90 ss.)* **panataria.** d. Bernardus Garnerii, d. Guillelmus Bellifilii, panatarii pape. *Schlußsumme (f. 96v):* 1004 fl. 31 l. 10 s. 7 d.

Summa panis bruni expensi: 469 saumate 460 panes.

3. *(f. 99 ss.)* **buticularia.** d. Guillelmus la Sudria, Petrus Guasqueti, d. Geraldus buticularii; d. Raimundus Textoris, custos vaccelle pape. *Schlußsumme (f. 104v):* 971 fl. 3434 scut. 7 l. 12 s. 3 d. mon. Auin.

4. *(f. 108 ss.)* **marestalla.**[1] Guillelmus de Channaco, mag. marestalle, *legt die Rechnungen.* 12 vayleti. *Schlußsumme (f. 118):* 1926 fl. 6 l. 3 d.

5. *(f. 121)* **pro ornamentis.** *Schlußsumme (f. 126):* 6315 fl. 9 l. 18 s. 5 d.

6. *(f. 128 ss.)* **pro operibus et edificiis.** *Schlußsumme (f. 164):* 14 532 fl. 25 l. 4 s. 6 d. mag. Ioh. de Luperiis, magister operum pape *(f. 131).* Raymundus Guitbaudi, director edificiorum pape *(f. 132);* Petrus Chaulet, magister ferraturarum palatii pape. *(f. 137v):* Bertrandus Falcoaudi alias Capellerii de Auinione, magister operis Pontis Auinionensis.

7. *(f. 165 s.)* **vadia extraordinaria.** *Schlußsumme:* 36 fl. 74 s. 7 d. tur. gross. 11¹/₃ d. tur. p., 49 s. 6 d. mon. Auin. *Es ist nur das Gehalt des* Petrus de Verdeleto, custos hospitii pape de Ultra Rodanum, *verzeichnet mit täglich* 3 s. (1 fl. = 24 s.) *und das sog. Presbyterium an die Kardinäle zu Weihnachten und Ostern.*

8. *(f. 167 ss.)* **extraordinaria et cera.** *Schlußsumme (f. 190):* 20 330 fl. 509 scut., 49 l. 18 s. 8 d. ob.

9. *(f. 193 ss.)* **Vadia ordinaria.** 7 solutiones. *Schlußsumme (f. 204v):* 29 495 fl. 243 l. 4 s. 2 d.

---

[1] In der Woche von **1350** Juli 3—10 brannte der Marstall, für die Wasserträger beim Löschen wurden 15 fl. verausgabt (f. 109v).

10. (f. 209—213) **elemosina secreta.** *Schlußsumme (f. 212v):* 9032 fl. 2400 scut., 28 s. 5 d. tur. gross., 72 l. 19 s. 6 d. mon. Avin.

11. (f. 213—232) **Pinhota.** d. Petrus d. Frigidavilla, administrator domus elemosine Panhote. *Die wöchentlichen Rechnungsablagen sind sehr eingehend gehalten.*

Schlußsumme: 7286 fl. 886 scuta, 20 s. 4 d. monete nigre Francie, 6 l. 19 s. 8 d. ob. mon. Auin. *Nach f. 235 wurden an die Armen verteilt in diesem Jahre* in pane: 3503½ saumate, in vino: 1288½ saum., in fabis: 49 s. 3 emin., in pisis: 5 saum. 8 emin.

12. (f. 236) **bulla et litere curie.** fratres Raymundus et Gaubertus bullatores. *Schlußsumme:* 228 fl. 91 scut. 44 s.

13. (f. 238) **scripture et libri.** *Schlußsumme:* 38 fl. 16 l. 16 s.

14. (f. 240) **possessiones empte.** **1350** Juli 30 mag. Iohanni Balistarii, servienti armorum, pro 1 hospitio sito in castro Montilii Ademari Valen. dioc. ab eo empto de mandato pape ad opus ecclesie 8 fl. de Flor. boni ponderis.

15. (f. 243 s.) **guerra Romandiole.** *Im ganzen werden* 30 004 fl. 56 s. 10 d. *an* Iohannes Alberti de Albertis miles, thesaurarius dicte guerre, pro guerra comitatus Romandiole de novo imminente (29. Mai 1350) *gesandt, und zwar durch Vermittlung des*

1) Bartholomeus Nicolai, procurator Lapi de Ruspo,
2) Marchus Clarini de soc. Bardorum de Corona,
3) Lambertus Lapi de Lamberteschis de societate Albertorum,
4) Bartholomeus Caroccii de soc. Bruni de Albertis,
5) Gozus Carencionis de soc. Guinigiorum de Luca,
6) Iacobus Rousini de Luca.

Das Gold der verschiedenen Münzen wird nach Mark, Unzen, Den. und Gran gewogen.

Es sind 48 m. 1 unc. 1 den. in regalibus et leonibus = 3000 fl. 2 s. 9 d. 80 m. 2 unc. in pavalhonibus et regalibus = 5002 fl. 6 s. mon. Auin., *so daß auf die Mark* 62 fl. *kommen.*

B. Systematisch geordnete Einzelheiten aus den verschiedenen Ausgabetiteln.

1. Chronikalische Nachrichten.

(I. E. 261 f. 171 cera) Juni 12 cum pro exoneratione debitorum vicecomitatus Turenne factorum per egregiam dominam Matham de Insula, comitissam Convenarum, mutuati fuissent per papam 5920 scuti repertumque fuerit quod aliqui erant minoris ponderis ... facta extimacione de minori

valencia 200 fl., die eadem d. vicecomiti Caromanni, qui receperat onus in se exhonorationis debitorum pro domina Matha, sorore sua, soluti sunt 200 fl. 21 s. 4 d.

Juni 25 de mandato et de speciali dono sue Sanctitatis uxori mag. Petri de Champanhaco, qui erat in negotiis domini nostri in vicecomitatu Turenne, 100 fl.

(f. 182^v) **1351** Jan. 11 Carolus Iori, serviens armorum pape, computavit de expensis per eum factis in die, qua fuit baptisata filia vicecomitis Turenne, pro redemptione panni auri, quem gentes d. regis Francie receperant pro iure suo, 26 fl., pro redemptione pitalphi argenti operati superdeaurati ponderis 4 marcharum et 4 $^1/_2$ unciarum, quem receperant et iam gentes d. regis, 26 fl. 8 gross., pro portandis et reportandis 6 honeribus pannorum, bassinorum et ydrie argenti et aliis necessariis ad baptismum ultra Rodanum 36 s., pro reparandis cortinis de syndone, quando fuit in pallatio rex Navarre, 1 fl.

Jan. 11 compotus Iohannis Damiers cursoris, de . . . administratis pro adventu d. regis Francie: pro 20 lectis de logerio per 5 noctes (computando qualibet nocte pro quolibet lecto 9 d.) 75 s., pro portatura dictorum lectorum pro eundo et redeundo 21 s.; de 30 lectibus (!), qui detenti fuerunt per 6 noctes, *(je* 9 d.) 6 l. 15 s.; pro 12 lectis, qui detenti fuerunt per 13 dies *desgl.* 5 l. 8 s.; pro 2 linteaminibus de 3 celis, quos (!) admissi fuerunt, 2$^1/_2$ fl.; pro portando eundo et redeundo 30 lectos: 30 s.

(f. 183^v) Jan. 26 Helioto de Bufeno, servienti armorum pape, pro 2 sargiis magne forme emptis per eum ad ornamentum lectorum dd. ducum Aurelianen. et Dalphini 5 fl. 4 gross.

(f. 184) Febr. 5 computavit Guillelmus de Channaco, magister marestalle pape, de cellis emptis tam pro d. rege Francie quam pro duce Aurelianen. et Dalphino Viennensi: pro 1 cella, que fuit data d. regi, et pro garnitura ipsius celle 53 fl., pro 2 cellis datis duci et Dalphino 80 fl., 1 freno deaurato et 1 cabassana 11 fl., pro 1 cella dicti regis et garnitura eiusdem 44 fl., pro 6 escutellis 4 fl.

1a. Boten und Gesandtschaften.

(f. 173 cera) **1350** Aug. 7 Francisco de Benevento messacgerio pro viacgio per ipsum facto de mandato pape ad archiepiscopum Mediolan. 10 fl., idem receperat a camera mutuo pro dicto viacgio 23. Iulii alios 10 fl.

Aug. 14 d. Bartholomeo de Thomariis, can. Trecensi, nuntio pape in partibus Ultramarinis, de mandato pape 25 fl.

(f. 176) Sept. 28 de mandato pape ex dono suo speciali ad relationem camerarii nobili et potenti viro d. Constancio Cremanens militi, ambassatori regis Armenorum, 200 fl.

(f. 178) Nov. 6 Hugoni de Sonchec, servienti armorum,[1] qui de mandato pape ivit ad senescallum Petragoricen. et Caturcen. super captione d. Hugonis de Crozo militis, patris d. episcopi Lemovicen., 20 fl.

(f. 182) **1351** Jan. 9 de mandato domini nostri vive vocis oraculo michi facto tradidi Inardo Desderii, precentori Gracensi, eunti in partibus Lombardie ad tractandum super quibusdam secretis cum domino Paduano et cum d. Mastino et duce Veneciarum pro expensis 40 dierum in eundo et redeundo (2 fl. pro die) 80 fl.

(f. 183) Jan. 15 de mandato pape Iohanni de Guora, coquo regine Aragonum, messagerio d. regis Aragonum, qui detulit nativitatem filii predicti regis domino nostro, 120 scutos antiquos.

1b. Wohltätigkeit.
Aus dem Titel Elemosina.

(f. 209) **1350** Mai 20 d. Petro de Frigidavilla, magistro Pinhote, pro 150 petiis pannorum emptis apud Endusiam pro pauperibus induendis 600 fl. de Pedim. boni ponderis.

Juni 3 d. Iohanni de Seduno, elemosinario secreto pape, pro elemosina fieri consueta in principio cuiuslibet mensis, pro principio mensium Maii et Iunii 200 fl., *so auch weiterhin jeden Monat* 100 fl.

Juni 4 pro elemosina dari consueta pro papa pro die consecrationis sue religiosis 4 ordinum Mendicantium Auinion. pro edificiis et ornamentis eorundem *je* 100 fl.: Geraldo Berengarii, subpriori conventus Predicatorum; fr. P. Pulli, operario Minorum; fr. Iacobo Damiani, operario Augustinorum; fr. Iohanni Ricardi, priori Carmelitarum.

Juni 10 d. Petro de Frigidavilla, administratori domus elemosine Panhote, pro visitatione hospitalium pro prima die mensis Iunii et festo bb. Iohannis Baptisti, Petri et Pauli apostolorum et s. Trinitatis et creationis pape 12 l. 10 s. mon. Auin., *ähnlich an allen Kirchenfesten und den ersten Monatstagen.*

Juni 4 de mandato pape vive vocis oraculo nobis facto d. Guillelmo Duriane, monacho mon. Case Dei, pro edificiis monasterii 2000 fl., *am 15. Jan. 1351 desgl.* 2000 fl.

(f. 210) Dez. 2 pro edificiis ordinum fratrum Mortuimaris tradidi prioribus b. Marie de Carmelo: fr. Petro Galengaude heremit. s. Augustini, fr. Gerardo de Belloforti conventus fratrum Cartucien., et Nicolao Guirandi 800 scut. pro 1000 fl.

April 12 d. Iohanni de Seduno elemosinario pro elemosina facienda pro festo Pasche 4 ordinibus Mendicantibus et aliis religiosis mulieribus hospitalibus 550 fl.

---

[1] Es ist derselbe Hüglin v. Schöneck, der im J. 1376 Marschall von Spoleto wurde. Über ihn vgl. Schäfer, Deutsche Ritter in Italien 1. Buch, S. 102, wo aber diese seine früheste Erwähnung im päpstlichen Dienste noch nicht bekannt war.

(f. 221) Nov. 6 pro censibus domorum de Miraculis olim emptarum ab herede quondam domini nostri de Mennaco solutum fuit d. Bernardo de Moleria, capellano et procuratori aliorum capellanorum b. Marie de Miraculis, pro 1350 pro 6 lb. 5 s. 9 d. coronat. in 12 l. 11 s. 6 d.

2. Kurialbeamte.

(I. E. 261 f. 193 ss.). Wir geben die Beamten aus der ersten Zahlung vom 29. Mai 1350 für die 8 vorhergehenden Wochen. 1 fl. = 22 s. vien.

Vicecancellario 194 fl. 9 s. 9 d., correctori 27 fl. 4 s. 4 d., marescallo iustitie *ohne Angabe des Gehaltes;* magistro in theologia 36 fl. 16 s. 6 d., 15 penitentiariis pro tota 372 fl. 6 s. 6 d.,[1] 9 capellanis commensalibus integris et certis pro 55 diebus 312 fl. 15 s. 9 d., 2 bullatoribus 63 fl. 17 s. 7 d., uni clerico capelle integre et alteri pro 33 diebus 20 fl. 21 s. 8 d., 3 clericis camere 106 fl. 8 s. 8 d., clerico capelle intrinsece 8 fl. 6 s. 6 d., 10 capellanis capelle pro tota et uni pro 6 diebus 166 fl. 5 s. 5 d.; prima porta (ostiarii maiores): Geraldo de Champiers 27 fl. 4 s. 4 d., Geraldo del Verubus *desgl.,* Geraldo del Eschamel pro 15 diebus 7 fl. 5 s. 8 d., Ademaro de Agrifolio *desgl.;* secunda porta: Guillelmo de Margarita pro 31 diebus 15 fl. 9 d., Aymerico de Boyssono 27 fl. 4 s. 4 d., Galhardo de Mazerolas pro 30 diebus 14 fl. 13 s., Lello 27 fl. 4 s. 4 d.; tertia porta: Roberto de Balh pro 14 diebus 6 fl. 18 s. 11 d., Petro Bessiera 27 fl. 4 s. 4 d., Petro Ferrandi pro 40 diebus 19 fl. 10 s. 1 d., Rogeyrono de Novo Molendino pro 17 diebus 8 fl. 6 s. 6 d.; quarta porta: Aymerico de Rupe 27 fl. 4 s. 4 d., Petro la Vernha *desgl.,* Roso Quintini *desgl.,* Ludovico de Scorola *desgl.,* Bertrando de Penna *desgl.*

5 hostiariis minoribus integris et certis pro 53 diebus 86 fl. 9 s., 31 cursoribus pro tota et certis pro 16 diebus 257 fl. 21 s. 9 d., 33 servientibus armorum integris et certis pro 14 diebus 570 fl. 19 s. 6 d., pro uno alio, qui fuerat oblitus 16 fl. 13 s., 8 palafrenariis integris 72 fl. 15 s. 6 d.; d. Guillelmo de s. Amancio 56 fl., d. Bernardo Gaucelmi 17 fl. 4 s. 4 d.; Reginaldo de Lur aquario *desgl.,* 3 famulis suis 12 fl. 9 s. 9 d.; Pensiero coquo 16 fl. 13 s., Petro Lebreti *ebensoviel,* 2 panetariis 32 fl. 26 s., 2 buticulariis *ebensoviel,* d. Petro Germani regestratori 12 fl. 9 s. 9 d., regestratori regestri secreti *ebensoviel,* custodi vaccelle[2] 16 fl. 13 s., Guillelmo de Channaco 27 fl. 4 s. 4 d., custodi carceris 20 fl. 16 s., scriptori coquine 8 fl. 6 s. 6 d., trahenti

---

[1] Sie werden bei der 4. solutio genannt anläßlich der Kleidergelder: 1. Iohannes Taurini, 2. Ioh. Engilberti, 3. Alani Thome, 4. Eblon Bonifacii, 5. Petrus Gaufridi, 6. Iohannes de Sassonia, 7. Gaufridus de Dacia, 8. Iohannes de Boemia, 9. Ioh. Velini, 10. Guillelmus Vilate, 11. Gabriel de Aleis, 12. Iacobus de Assisio, 13. Geraldus de Cabalona, 14. Petrus de Alvernia, 15. Thomas de Anglia, 16. Stephanus de Marlhaco, 17. Johannes de Atentia.

[2] Scil. Raymundus Textoris

campanam 4 fl. 3 s. 4 d., scobatori *ohne Gehaltsangabe,* scriptori marestalle 8 fl. 6 s. 6 d., mag. Iohanni de Palma surgico 27 fl. 4 s. 4 d., custodi cere 16 fl. 13 s., Aymerico de Dumo pro custodia armorum 8 fl. 6 s. 6 d., advocati fisci 15 fl. 9 s. 9 d., d. Raymundo Guitbaudi 16 fl. 13 s., Nicolao de Monteclaro pro 50 diebus 24 fl. 5 s. 5 d., mag. Iohanni coquo maiori pro 30 diebus 14 fl. 13 s. 1 d., custodi cervorum pro 51 diebus 8 fl. 3 s.

domicelli: 3 scutiferis domini de Belloforti 81 fl. 13 s., 2 scutiferis d. marescalli 54 fl. 8 s. 8 d., Alberto de Tinerra[a] 27 fl. 4 s. 4 d., Colino Iudicis sive Nicolao *ebensoviel, desgl. den folgenden:* scutifero domini de s. Amando, Guidoni de Podio Vallis, Stephano la Gaana, Raterio de Cussorino, Geraldo de Mahaco, Guillelmo de Valleliena, Ranconi de Rochafort, Talayrando de Vernodor (!), Naudino de Surraco, Gastono de Pestilhaco, Petro de Bessia, Marcholando. *Für einen Bruchteil der Zeit werden besoldet die* domicelli Bertrandus de Veyraco, Guarinus de Apcheriis, Bernardus Peleti de Alisco, Pontius Tornamira, Geraldus de Donzenaco, Petrus Stephani, Raterius de Rocgier.

Wasseramt.

(f. 171v) Juli 12 computus Reginaldi de Lur, aquarii pape, de expensis per ipsum factis pro portando aquam etc.: 27. April intravit dominus Villam novam et illa die 7 homines pro portando tinas et barrilias et refreyatores, baissinos et ydrias (34 s.), in festo apostolorum Petri et Pauli 4 homines ad portandum aquam in coquinam comunem pro convivio capellanorum honoris et auditorum s. Palatii, (pro quolibet die 5 s.) 20 s. Die, quando cardinalis Bolonie intravit in curiam de legatione Ungarie ad parandum cum domino nostro et omnibus dd. cardinalibus, 6 homines: 30 s.

Ähnliche Abrechnung desselben am 30. Nov. . . . pro 1 corda ad opus putei palatii Ville nove Hugoni corderio ponderante $8 \times 20 + 3$ (163) lb. (18 d. pro libra) 12 l. 12 s. 6 d. Eidem corderio pro corda ad opus putei palacii Auin. ponderante 106 lb. (18 d. pro libra) 7 l. 19 s.; pro religando 4 tinas putei palatii et coquine et tinam lavandorie de novo ex toto a pede usque ad caput tam pro circulis quam amarinis 5 fl. 12 s.

Febr. 16 computus Reginaldi de Lur, aquarii pape, . . . pro barrillario pro convivio d. regis Francie de 56 barrillis et de 3 gamatis ad recipiendum aquam (pro pecia barrillis 12 s.) 28 fl., pro 3 gamatis *(je* 15 s.) 45 s., 2 tinellis barre pro puteo de Ultra Rodanum *(je* 15 s.) 30 s. . . ., continentur homines, qui portaverunt aquam, ubicunque volebatur per omnia coquina (!) d. regis Francie et dd. cardinalium: 6 homines ad convivia, quando nobiles et gubernatores Provincie ederunt intus *(je* 5 s. *Tagelohn),* 5 ad convivium, quando frater regis Aragonis fuit intus,

---

[a] f. 195v: de Tineria, f. 199: de Thineria oder Chineria.

6 homines ad convivium, quando omnes cardinales pransi fuerunt intus, antequam rex veniret; 7 homines ad primum convivium regis videl. die Iovis, Veneris et Sabbati post festum b. Nicolai (*je* 5 s.); 8 homines ad secundum convivium regis die Iovis, Veneris et Nativitatis D^ni; 6 homines ad tertium convivium: dominica ante conversionem b. Pauli, quando Dalphinus fuit consecratus, etc.

3. Getreideeinkäufe und Brotverbrauch.

(I. E. 261 f. 90 panat.) de pane bruno in 4 septimanis (25. Apr.— 24. Mai) 21 200 panes (540 panes pro saumata) valent 39 saumate bladi 140 panes. *So ähnlich in den folgenden Monaten.*

(f. 96) **1351** April 25 Michael de Montilio, pistor palacii pape, recognovit se habuisse et recepisse a d. Petro de Frigidavilla pro pane per dictum pistorem in dicto palacio facto et faciendo a 1 mensis Marcii 1350 usque ad 25. Apr. in diversis partibus 700 salmate frumenti gross.

(f. 213 Elemos. Pinhote) **1350** Mai 31 facto computo cum Iohanne Rosseti, clerico d. Gerardi de Corbenco, de bladis per ipsum assignatis d. Petro de Frigidavilla, administratori domus elemosine Panhote, de provisionibus factis in Burgundia per dictum d. Gerardum de Arbenco, collectorem provincie Lugdunen., anno 1349 pro et nomine camere: 196 saumatas grossas frumenti (*zu je* 74 s. 3 d. computato portu et expensis de emendo et conducendo usque ad portum Auinion.) 727 l. 13 s. tur. mon. Francie; [dictus clericus assignavit] Guillelmo de Echannaco, magistro marestalle pape, 100 saum. avene (*desgl.* 33 s. 7 d. pro saum. usque ad locum) 167 l. 18 s. 4 d. mon. Francie. Pro portu 100 saumatarum avene et 80 saum. frumenti de summa supradicta a navigio usque ad graneria, quia relique saumate frumenti tradite fuerunt pistoribus Panhote de mandato dicti d. Petri et idem Iohannes solvit solum portum de predictis 80 + 100 saum. a navigio usque ad orrea: 9 l. 16 s. mon. Auin.

Zusammen 571 scut. 8 fl. 20 s. 4 d. mon. Francie, 4 s. mon. Auin. (1 scut. = 31 s. 4 d. mon. Francie, 1 fl. = 24 s. mon. Auin.).

(f. 219^v) Okt. 22 cum per compotum factum 2. Maii 1348 cum pistoribus facientibus panem in elemosina Panhote in libro magno per extensum scriptum, visis et examinatis libris d. Geraldi la Tremoliera quondam administratoris elemosine, repertum extitisset deberi Petro de Verduno, tunc pistori, 79 saumatas bladi, que ad rationem 30 s. pro saumata ascendunt 118 l. 10 s., 98 fl. 18 s.

Okt. 26 *desgl.* deberi I. Olerii, tunc pistori Pinhote, de tempore d. Gerardi de pane per ipsum pistorem tradito et deliberato 126 saum. bladi (*zu je* 30 s.) 189 l. in 157 fl. 12 s.

(f. 228^v) **1351** April 1 computum Iohannis ypothecarii, habitantis in curia, et Laurentii Ameoli de Valencia mercatoris de bladis emptis pro elemosina Panhote: se emisse et assignasse dicte elemosine 1314 saum.

(3 fl. parvi ponderis pro saumata) 3942 fl. parvi ponderis, 9 saum. fabarum (3 fl. parvi ponderis pro saumata) 27 fl., 34 cordas 7 palmos telorum (6 canne 6 palmi = 1 corda, 17 s. pro corda) 29 l., pro 5 saccis de tela 20 s.

Zusammen 3995 fl. parvi ponderis (1 fl. = 23 s.) 2 s. mon. Auin.

(f. 70^v coqu.) Mai 25 verrechnet 19 lb. ordei (je 12 d.) 19 s., 24 lb. frumenti 24 s. Pro portu 19 eminarum pisorum de provisione Panhote ad palacium 7 s. 6 d.

(f. 71^v coq.) Juni 25 37 lb. frumenti 37 s. 40 lb. ordei 40 s.

4. Weinanschaffungen.

(f. 122^v panhota) Dez. 22 computavit d. Petrus de Frigidavilla de vinis per eum emptis pro hospitio elemosine Panhote: apud Biturritam per d. Iohannem de Blado clavarium ad diversa pretia 126 saumat. ad mensuram dicti loci, que eadem est cum mensura Auinion., 119 fl. 12 s. Pro expensis factis in recolligendo dicta vina 3 fl. 12 s.; pro 19 botis, in quibus vina fuerunt reposita per aquam usque ad portum Auin. (8 s. pro bota) 7 l. 12 s. *Alles zusammen kommt die* saumata 1 fl. 7 d. ob. (1 fl. = 24 s.). Item apud s. Spiritum per d. Astorgium de Combis, familiarem elemosine, fuerunt empte 278 saumate ad mensuram Auin.; decostabat modium in dicto loco, ubi sunt 6 saumate, 6 fl., *zusammen* 278 fl. in 222 scudatis (1 scud. = $^5/_4$ fl.) 12 s. Pro portatura per Rodanum in botis facto, pretio de 6 saumatis ad 1 fl.: 46 fl. et $^1/_3$ fl. (= 6 s. 8 d. mon. Francie). Idem d. Astorgius dixit se expendisse in 3 septimanis cum 2 vayletis eundo et redeundo et stando illuc 6 fl. 15 s. 6 d. regis Francie. Pro portatura dictorum vinorum de diversis hospitiis ad portum 3 fl. 12 s. *Die Gesamtkosten* vini empti apud s. Spiritum 222 scud. 55$^1/_2$ fl., in mon. regis Francie 40 s. (1 fl. = 20 s.), *so kommt die* saumata *zusammen auf* 28 s. 11 d. et plus pro toto 4 s. 7 d.

Apud Auinionem a Petro Folco fuerunt empti in vindemia, pro ponendo quandam quantitatem vinorum antiquorum, 32 saumate (18 s. pro saumata), ubi fuerunt trite 21 saumate vini, qui decostaverunt 28 l. 16 s. Pro trolhando etc. 22 s.

Apud Arelatem per manus d. Geraldi Chaboni clavarii dicti loci pro d. archiepiscopo 35 saumat., que decostaverunt 40 fl. Pro portatura vini in botis plenis et vacuis 7 fl., valet saum. 1 fl. 8 s. 2 d. ob. et plus pro toto 8 d. ob.

Apud Palassiam per manus d. Guillelmi de Albo Folio, procuratore dicti loci, fuerunt empti 8$^1/_2$ modia, *zu je* 6 saumate, *zusammen* 51 saum. et deconstabat quodlibet modium 6$^1/_2$ fl., *zusammen* 65$^1/_4$ fl. Pro portatura 8 botarum, ubi fuit positum dictum vinum per Rodanum, solvi Petro de Villanova pro qualibet bota 22 s. in summa 8 l. 16 s. et sic valet qualibet saumata 1 fl. 5 s. 5 d. et plus pro toto 21 d.

De mandato camerarii apud s. Remigium de vinis episcopatus Auinion. per manus Guillelmi Ysarni, clavarii dicti loci, et in dicto loco 25 modia ad mensuram dicti loci valencia ad mensuram in Auiniono (!) 175 saumatas, que fuerunt portate ad domum elemosine, primo cum quadrigis nostris 11 quadrigatas, item cum quadrigis conductis 31 quadrigatas, et deconstabat quadrigata qualibet 1 fl. in summa 31 fl.; per Stephanum del Fau clericum, servitorem elemosine, et Iohannem Bossini, qui illuc fuerunt per 3 septimanas pro receptione vini supradicti, tam pro ipsis quam pro quadrigariis hospitii, dum illuc ibant pro dicto vino portando, 4 $^1/_2$ fl. Eodem mandato d. Iohannes de Blado, clavarius Biturrite, assignavit de vinis episcopatus dicti loci pro usu elemosine 70 saumatas, que fuerunt portate in 10 botis per aquam usque ad portum Auinion., solvendo pro bota 8 s., in summa 4 l. Item d. Guillelmus de Albo Folio, procurator prioratus Palhassie, de vinis dicti loci assignavit pro usu elemosine 21 saumatas in 3 botis, que decostaverunt per Rodanum portando ad portum, pro qualibet bota 22 s., in summa 66 s.

Pro exoneratura 83 botarum portatarum de s. Spiritu, de Palhasia, de Biturrita, de Arelato de navigiis ad terram et oneratura et exoneratura in cadrigis et stivatura in cellariis, solvendo pro bota 6 s., in summa 24 l. 18 s.

Gesamtsumme für diese Weinanschaffungen 384 fl. 222 scut. 4 s.

(f. 99^v butic.) Sept. 3 compotus Petri Guasqueti, buticularii pape, de vinis per ipsum emptis a diversis personis pape: a d. Raymundo de Vaccella 8 botas grossas (7 *zu* 7 saumate, *eine zu* 8, *zusammen* 62 saumate), a mag. I. de Luperiis 1 botam grossam 7 saumatarum, a d. Guillelmo de Sudria 1 botam 7 saumat., a Iordano de Manso 2 botas grossas et 1 de mena, quelibet bota grossa 7 saumatarum et bota mene 4 $^1/_2$ saumat.; 6 botas, quelibet 7 saumat.

Zusammen 131 $^1/_2$ saumate, pro qualibet saumata 2 fl. = 263 fl.

5. Vieh und Wildbret.

(f. 76^v coq.) Okt. 4 1 ferrum ad decoquendum tortas lombardas; pro expensis famuli, qui apportavit venationem de s. Egidio, 18 s.

(f. 81^v) **1351** Jan. 11 pro 25 porcis presentatis in festo Nativ. Domini ex parte pape 22 cardinalibus (d. Penestrino 2 et cuilibet aliorum unum, et d. camerario 1 et servientibus armorum et magistro palafrenarie 1), 76 s. pro quolibet porco, *zusammen* 95 l.

Pro 44 leporibus presentatis eciam dd. cardinalibus, cuilibet 2 lepores, *zu je* 10 s., *zusammen* 22 l.

Pro portu dictorum porcorum ad palacium 24 s.

Pro preparando, occidendo, salando et resalando 114 porcos (5 s. pro quolibet porco) 28 l.

(f. 82) pro 24 quint. feni, quod comederunt 4 boves presentati per archiep. Ebredun. et 8 boves presentati per abbatem s. Theofredi (8 s. pro quintali), 9 l. 12 s.

Jan. 13 Petro Ferrandi layco, venatori cuniculorum, pro 12 duodenis cuniculorum et pro 2½ duodenis perdicum pro usu hospicii pape 22 fl. 18 s.

5a. Fischeinkäufe.

(f. 73 coq.) **1350** Juli 27 compotus Iohannis Rostangni, servientis armorum pape, de provisione piscium facta pro coquina pape: apud s. Egidium se emisse a piscatoribus 560 lucios tam de clareta quam coladoros et alozardos *(je 15 s.)*: 420 l.; 2400 lucios regerollos *(je 100 zu 8 l.)*: 192 l., de quibus quidem luceis tradidit in dicta coquina 1329 lucios regerollos. Item dicit se recepisse de dictis luceis 114 luceos de clareta, coladores et alozardos et 1041 luceos rogerollos mortuos, quos mortuos, ut melius potuit, vendidit, et recepit de venditis 120 l. *Die Fische wurden im Nachen nach Avignon gebracht, vom Hafen aus auf Wagen in Bütten* (bote) *zu dem Fischteich gefahren. Der Fischteich lag* in horto piscarii, *für dessen Kultur ein* ortolanus *bestellt war (f. 74v)*.

(f. 81ᵛ coq.) **1351** Jan. 11 pro 100 muiulis et 100 anguillis grossis salsis 59 l. 16 s., 115 merluciis 15 l., pro aliis 100 muiulis et 40 anguillis grossis 45 l.; pro 293 anguillis 153 l. 19 s., 213 lucellis 50 l. 10 s., 189 luciis et 14 barrellis 83 l. 3 s., 26 carpis 63 s., 1000 alecibus 18 l. 12 s.

Jan. 18 Iohannes Rostagni de provisione piscium per eum facta in Burgundia pro hospicio pape: habuit ab Ymberto de Brocenao de Mascone 242 lucios, qui consteterunt 242 scudatos auri; ab Andrea Radulphi 50 lucios fenditos et 6 carpas magnas: 75 scudat.; a Gaufrido de Fusi 16 lucios fenditos et 12 barbellos magnos: 40 scud.; a Petro Boncillani 15 lucios fenditos et 15 barbellos magnos 15 scud.; a Guioto de Fusi 5 lucios fenditos et 10 barbellos magnos: 20 scud.; a Patino de Fusi 10 barbellos: 8 scud.; ab Andrea Botarini 23 barbellos: 18 scud.; a Iohaneto de Fusi 12 barberolos: 7 scud.; a Iohanne Sapientis 4 barberllos: 3 scud.; ab Andrea Lagras 10 barbellos 6 scud. etc.

Summa luciorum 328, barbellorum 145, de carpis 6. Summa pecunie 488 scud. *Die Fische werden in Bütten auf Nachen nach Avignon gebracht und dann in den Fischteich gelassen.*

6. Gewebe, Pelzwaren, Seide, *vgl. auch S. 438* Wohltätigkeit.

(f. 121 orn.) Juni 3 Nicolao Benchi ad relationem Helie de Buffenos, servientis armorum, pro sargia viridi ponendo in capella retro spatulas pape 5 fl. 3 gross.

Juni 19 compotus mag. Gauterii, peletarii pape, de variis et herminis per ipsum traditis pro raubis pape: 28. Okt. 1 capucium et 2 birretos, in quibus intraverunt 118 herminis; 18 Dec. 1 mantellum vulgariter appellatum de parament . . ., mag. Galterius Hugeto Malabayla tradidit 50 herminas etc. *ohne Angabe des Einzelpreises.*

Juli 12 compotus I[ohannis] Darches, cubicularii pape, pro 2 iuppis seu 2 dobletis pro pape, 2 lb. de taffeta alba 18 fl., 4 cannis tele de Remis (*je* 1 fl.) 4 fl., 3 unciis de serico albo (*je* 15 s.) 45 s., 3 lb. de bonbicino (4 s. pro libra) 12 s.

(f. 122) Aug. 12 compotus Petri de Silvaneto de Rupis: pro 3 iuponis pro papa: 3 lb. de taffacto (*je* 9 fl.) 27 fl., 6 cannis de tela Remen. (*je* 1 fl.) 6 fl., 4½ lb. de bonbic. (*je* 3 s.) 13 s. 6 d.; 3 unciis serici (*je* 14 s.) 42 s., pro factione illorum 4 fl., *zusammen* 39 fl. 19 s. 6 d.

Sept. 10 per Martinum factorem R. Saralherii, mercatoris de Narbona, repertum est ipsum deliberasse pape de eius speciali mandato 4 pannos albos auri (145 fl.) 22 aurifrisios de Damassio (160 fl.), 150 sages auri tirat de Damaso (247 fl.), 150 sages arg. tirat de Damassio (28 fl.), *zusammen* 579 fl.

(f. 123) **1351** Febr. 13 d. Stephanus de Chaulhageto, mag. capelle pape, pro 7 pannis magnis, in quibus sedent cardinales *(Preis nicht angegeben).*

(f. 211 elemos.) **1351** April 9 Sequitur computum d. Stephani Bonardelli de pannis, mappis, longeriis, manutergiis et folraturis, variis per ipsum emptis pro papa anno 1350 pro anno 1351: 80 pecias pannorum diversorum colorum, continentes omnes 12 cannas, a Iohanne Ruffi et eius sociis de villa de Gamachiis (*je* 7 l. 6 s. par.) 584 l. parisien., 5 alias pecias de Accolardo Castri de s. Laudo (*je* 6 l. 10 s. paris.) 32 l. 10 s. par., 4 alias pecias de camelino bruno (*je* 4 l.) 16 l. par., 7 pecias diversorum colorum a Thoma le Bon de Haugmen (*je* 7 l. par.) 49 l. par., 4 pecias de parcico a Rotberto Campion de Andali (*je* 7 l. 10 s.) 30 l. par., 7 pecias de Acolardo Barbe de Grandimonte (*je* 9 l. par.) 54 l. par., 8 pecias de Tilemonte ab herede Petit Sire (*je* 8 l. paris.) 64 l. paris., 4 pecias de Villa de Passy a Rotberto de Queramo (*je* 7 l. par.) 28 l., 6 pecias de Baieux a Radulpho Rossinhol (*je* 8 l.) 48 l. paris., 6 alias pecias de percico de samito (*je* 7 l.) 42 l. paris., 10 pecias diversorum colorum d. s. Dionisio a Iohanne de la Comtille (*je* 7 l.) 70 l. par., 8 pecias diversorum colorum de Albauilla (*je* 7 l. paris.) 56 l. par., 4 vetatos pro servitoribus Pinhote et brodariorum coquine pro estate venienti (*je* 7 l. 10 s.) 30 l. par., *zusammen* 156 pecie *für* 1804 fl. (1 fl. = 12 s. 6 d. paris.).

Expense pro dictis pannis: pro telis et cordis ad fardelandum pannos predictos et pro garnelinis 10 l. 10 s. par., pro salario fardelatoris, qui fecit fardellos 40 s. paris., pro scutis de armis pape factis in crotellis 10 s. par. Qui vectura seu portagium pannorum ex conventione facta de Parisius usque Chalon. quadrigas propter inundationes aquarum et aliud infortunium, quia steterunt inter Parisius et Chalon., ubi non sunt nisi 6 diete, per 52 dies, quia terra erat adeo mollis, quod non poterant ire qualibet die nisi 1 vel 2 leucas ad plus, propter quod inpignorate et vendite fuerunt 24 pecie dictorum pannorum pro 264 scut. ultra iustum salarium solutum Parisius quadrigariis pro toto viacgio, et quia etiam domino meo d. camerario apportate fuerunt 2 librate pro scutiferis et 2 pro sociis, que sibi non placuerunt, et aliis pluribus . . . idem Stephanus computat de pannis assignatis tantummodo, ut superius continetur, que sunt 156 pecie, que faciunt 15 fardellos, quemlibet fardellum ad rationem de 14 l. tur., 210 l. tur. = 168 l. parisien.; summa expensarum 181 l. paris. = 289 fl. 7 gross.

Summa pannorum et expensarum 2093 fl. 7 gross. mon. Avin.

Sequitur de mappis: 5 pecias mapparum (*von je* 44 alne paris.) a Iohanne de Brenis mercatore (*zu je* 4 s. 6 d. paris.) 49 l. 10 s. par.; 4 alias pecias *desgl.* 39 l. 12 s.; 1 pecia de 42 alnis (pro alna 4 s.) 8 l. 8 s.; 6 pecias a Laurentio Marcelli (*von je* 44 alne paris.), pro alna 4 s. 8 d. paris., *zusammen* 61 l. 12 s. paris., 1 pecia de 40 alnis, alia de 42 alnis (*zu je* 4 s.) 16 l. 8 s. paris. *Im ganzen* 18 pecie *von* 724 alne, que continent 434 cannas et $^1/_2$ palma et quartum, *zusammen* 175 l. 10 s. paris.

Sequitur de longeriis: 3 pec. longeriarum a supradicto Ioh. de Brenis (*von je* 45 alne paris. pro alna 27 d.) 15 l. 3 s. 9 d. paris., alia de 48 alnis paris. (*zu je* 27 d. paris.) (*f. 212*) 108 s. paris., 1 pecia de 60 alnis eiusdem pretii 6 l. 15 s., alia pecia de 36 alnis *desgl.* 4 l. 12 d.; 4 pecie a Laurentio Marcelli (*von je* 45 alne *zu je* 2 s. 4 d.) 21 l. paris. 2 alie pecie *von je* 6×20 alne *zu je* 2 s. 4 d.: 14 l. parisien., 2 alie pecie *von je* 45 alne *zu je* 21 d.: 7 l. 17 s. 6 d. paris., *zusammen* 14 pecie *von* 669 alne continentes 400 cannas et 4 palmas et quartum vel circa: 74 l. 5 s. 4 d. par.

Sequitur de manutergiis: 2 pecias manutergiorum continentes 24 manutergia, pro quolibet manutergio 3 s.: 72 s.; 2 alie pecie *von* 24 *und* 18 manutergia eiusdem pretii: 6 l. 6 s.; 5 alias pecias continentes 43 manutergia (*zu je* 4 s. 6 d.): 9 l. 13 s. 6 d.

Zusammen 109 manutergia *von je* 2 alne paris., que continent 218 alnas = $130^1/_2$ cannas et $^1/_2$ alna paris. *für zusammen* 19 l. 11 s. 6 d. paris.

Summa totius pretii mapparum, longeriarum et manutergiorum 269 l. 6 s. 9 d. paris. = 430 fl. 22 s. 6 d. et picta monete Avin. *Dazu kommen an Verpackungs- und Transportkosten* 16 l. 14 s. 6 d. paris. = 26 fl. 18 s. 2 d. ob.

Sequitur de folraturis variorum minutorum: 63 folraturas minutorum variorum espuratorum pro supertunicalibus (*zu je* 12 fl.) 756 fl., 40 folraturas de capuciis (pro pecia continente 24 ventres 2 fl.): 80 fl., pro 12 folraturis de popis pro domina de Turenna (*zu je* 4½ fl.) 54 fl. Summa pretii fulraturarum 890 fl.

Sequitur de expensis pro dictis folraturis: pro expensis eundo Brugis in Flandria stando et redeundo in 11 diebus 9 1. 12 s. paris. = 15 fl. 6 s. 6 d.; pro consuetudine ville, de qua nullus est exceptus, pro cordis, telis, fardelotis et portagio usque Parisius 18½ fl., pro portagio de Parisius usque Auinionem 11 l. 4 s. paris. = 17 fl. 11 s. 6 d., *zusammen* 51 fl. 9 s. 9 d. par.

Im ganzen verausgabt pro folraturis 941 fl. 9 s. 9 d.

Auf Reisekosten und kleinere Ausgaben kommen noch 143 fl.

Im ganzen erhält Stephanus Bonardelli 3632 fl. 9 s. 6 d. mon. Avin. *für die Tuch- etc. Anschaffungen.*

(f. 217) Okt. 15 Raymundo de s. Laurentio, mercatori in curia Rom., pro 17 peciis minus 5½ palmis pannorum (5½ scut. pro pecia) 93 scut. antiqua. Qui panni fuerunt assignati d. Petro de Frigidavilla pro Pinhota.

6a. Haushaltungsgegenstände.

(f. 180) Dez. 16 computavit mag. Raymundus Textoris, magister et custos vaccelle pape, de expensis per ipsum factis pro dicta vaccella 1. Juni 1350—1. Jan. 1351, . . . pro abluendo mappas, cum quibus tergitur et mundatur vaccella et pro salario hominis, qui mundat vaccella, 1½ fl., *zusammen* 10½ fl.; . . . 25 cordas tele grosse pro abluendo vaccellam argenti (15 s. pro corda) 15 fl. 15 s.; 6 cordas tele prime ad abluendum et tergendum vaccella auri (1½ fl. pro corda) 9½ fl.; in mense Sept., quando papa equitavit ultra Rodanum de defferendo vaccellam et alia, que erant necessaria ad opus officii, solvit 25 s., et quando papa revenit Auinionem, deferendo vaccellam et alia ad dictum officium pertinentia 25 s., pro 3 cofinis seu cabassis necessariis ad deferendum vaccellum pape ad coquinam 7½ fl.

(f. 184v) **1351** Febr. 13 compotus d. Raymundi Textoris, custodis vaccelle pape, de expensis per eum factis in vaccella lignea pro adventu d. regis Francie: pro 700 cisoria (!)[1] maioris forme (*je* 4 d.) 11 l. 13 s. 4 d., 200 platis concavis (*je* 12 d.) 10 l., 600 scutellas (*je* 2 d.) 100 s., pro portando dictam vaccellam ad palatium 3 s., pro abluendo vaccellam argenti et fuste et pro congregando eandem 4 fl.

(f. 186) **1351** Febr. 16 computavit Petrus Garini, provisor iunqui et pelonis necessariorum pro palatio pape, . . . prout constat per relationem Helioti, servientis armorum pape: in vigilia Nativ. Domini pro palatio 6 onera pelonis, in festo Circumcisionis 4 onera, festo Apparitionis 4 onera etc., *zusammen* 63 onera pelonis (*je* 15 s.) 47 l. 5 s. in 39 fl. 19 s.

---

[1] Holzteller.

7. Wachs, Kerzen und Fackeln.

(f. 108v marest.) Juni 7 pro 12 lb. candelarum 14 s., *ähnlich jeden Monat.*

(f. 167v cera) Mai 25 Peregrino Peregrini, mercatori Ianuensi, pro 4 cargis cere emptis ab eodem 200 fl. 10 d.; pro 2 cargis emptis ab Hugone Vitalis, mercatore Auinion. (48 fl. pro carga) 96 fl.

(f. 170v) compotus d. Geraldi Fornerii, custodis cere pape, de expensis pro operando ceram: a 28 Mai—15 Juni operate fuerunt 6 carge cere et magistri, qui operati sunt dictam ceram, recipiebant pro carga 30 s., *zusammen* 9 l., pro 50 lb. de cotone: 15 l., pro 1 saumata de carbone 2 fl.

(f. 171v) compotus d. Geraldi Fornerii, custodis cere pape, de cera empta a Marcaldo mercatore Ianuen.: pro 4 cargis 1 quint. et $4^1/_2$ lb. (48 fl. pro carga) 208 fl. 17 s. 3 d.; coraterio 3 gross.; pro portando ceram 4 gross. *(f. 172v)* pro 4 chargis et 1 quint. operatis a 6. Juli— 27. Juli (30 s. pro carga): 6 l. 10 s., 60 lb. de cotone (6 s. pro lb.) 18 l., 12 lb. de filo canapo *(je* 2 s. 6 d.) 30 s., 1 lb. de verdeto 8 s., 1 saum. de carbone 2 fl., *ähnlich in den folgenden Monaten.*

(f. 183) **1351** Jan. 12 facto computo cum d. Geraldo Fornerii de cera: pro 1 quint. cere albe pro faciendo candelas benedictas 40 l., pro 2 quint. candelarum de cepo 8 fl.

7a. Spezereien und Kolonialwaren.

Salz, Öl und Essig.

(f. 70v coq.) Mai 25 *verrechnet* pro 23 cannis olei *(je* 8 s.): 9 l. 4 s., 2 eminis salis et portu apud Villanovam 12 s., 9 salviatis vini aceti *(je* 14 s.): 6 l. 6 s.

(f. 72v) $24^1/_2$ cannis olei *(je* 8 s.) 9 l. 16 s., 4 eminis salis cum portu 18 s. 3 d., *demnach* 1 emin. ca. 4 s.

(f. 75v) pro 5 eminis salis cum portu 25 s., 3 salmatis vini aceti *(je* 9 s.) 27 s.

Kolonialwaren.

(f. 70 coq.) Mai 25 *verrechnet* 35 lb. specierum in pulvere (8 s. pro libra): 8 l., 3 lb. piperis (8 s. pro libra): 24 s., 13 lb. cinamonii (6 s. pro libra): 78 s., $3^1/_2$ lb. gariofiliorum *(je* 38 s.): 6 l. 13 s., $2^3/_4$ lb. florum cinamonii *(je* 4 l. 10 s.): 12 l. 12 s. 6 d., 3 lb. granorum paradisi *(je* 18 s.) 54 s., 3 lb. croci *(je* 54 s.): 8 l. 2 s., $47^3/_4$ lb. zucari *(je* 8 s.): 19 l. 2 s., 1 lb. macis 60 s., 1 lb. cubebarum 50 s., 1 lb. nucum muscatarum 18 s., $^3/_4$ folii 18 s., 1 lb. piperis longi 15 s., 1 lb. garingalis 40 s., 412 lb. amigdalorum *(je* 10 d.) 17 l. 3 s. 4 d., 80 lb. risi *(je* 3 s.): 36 s., 12 lb. dactillorum *(je* 3 s.): 36 s., 12 lb. prunorum *(je* 18 d.): 18 s., 4 lb. ficuum 2 s., 12 lb. racemorum de Cor. *(je* 4 s. 6 d.):

54 s., 15 lb. anidoi (! *statt* amidi *je* 2 s.): 30 s. ... 9 lb. coriandri confecti (*je* 10 s.): 4 l. 10 s. Pro foliis auri 44 s., 30 poma granata (*je* 2 s.): 60 s. *Ähnliche Abrechnungen alle 4 Wochen. Wir geben daraus nur einige Beispiele:*

(f. 71v) Juni 25 1½ lb. cariofolorum (*je* 38 s.): 57 s., 4 lb. granorum paradisi (*je* 18 s.): 27 s., 2 lb. croci (*je* 54 s.): 108 s., 16 lb. zucari (*je* 8 s. 6 d.): 6 l. 16 s.; ½ lb. spicinardi 30 s. ...., 7 lb. dattilorum (*je* 3 s.): 21 s., 7 lb. prunorum (*je* 18 d.): 10 s. 6 d., 6 lb. racemorum de Corimbr. (*je* 4 s. 6 d.): 27 s.

(j. 72v) 13 lb. risi (*je* 8 d.): 12 s. 8 d., 6 lb. pinhonum (*je* 3 s.): 18 s., 9½ lb. mellis 9 s. 6 d., 14 lb. amidi 28 s., 12 lb. avenati 12 s., 5 lb. ficum rubeorum 6 s., 10 lb. coriandi confecti (*je* 10 s.): 100 s., 24 poma granata (*je* 2 s. 6 d.): 60 s., 3 lb. alcanete (*je* 3 s.): 9 s.

7b. Apotheker- bezw. Krämerwaren.

Es werden monatliche Abrechnungen des Ademarus Barrani, ypothecarius pape, *verzeichnet, von denen wir beispielsweise eine hier geben:* *(f. 178)* Nov. 15 computavit de confecturis, papiru, cera gomata, dragia grossa, staminia, filis, pomis milgranis, rebus medicinalibus, tela cerata, veta traditis per totum mensem Octobris: pro 690 lb. confecturarum (9 s. 6 d. pro lb.) 327 l. 15 s., 6 lb. dragie grosse (16 s. pro lb.) 4 l. 16 s., 31 manibus papirus pro camera thesauri pape, magistri hospitii et reservationum (20 d. pro manu) 51 s. 8 d. etc. 5 saccis staminie, pro faciendis stangetis in buticularia 4 s., 1 lb. fili in buticularia 6 s., pro rebus medicinalibus 12 s. 6 d., 52 cannis tele cerate, quas recepit Magnus (!) Rostagnus, et 4 pro camera thesauri (16 s. pro canna) 44 l. 16 s.; pro 31 peciis vete, quas recepit mag. Rostagnus, (18 d. pro pecia) 46 s. 6 d., 4 cannis staminie *desgl.* pro faciendis latrinis in palatio (4 s. pro canna) 16 s.

8. Bauten.

Bauarbeiten.

Tagelöhne.

(I. E. 261 f. 132 edif.) Aug. 7 compotus d. Raymundi Guitbaudi, directoris edificiorum pape, de expensis a 1. Juni usque ad 31. Juli: pro 113 dietis manuperarum, qui portabant calcem et arenam de palatio ad stabulariam antiquam de Trolhassio pro cooperatura seu serratis stabulorum ... (4 s. pro dieta) 22 l. 12 s.; pro 17 dietis massonariorum, qui operati fuerunt in perforando murum inter capellam magnam palatii et cameram carbonerie et fecerunt pavimentum vanelle contigue pavimento noviter facto inter dictam capellam et cameram d. B[ernardi] emptoris, ut aqua possit exire et perforaverunt murum in camera vocata gardameniar pro faciendo vistam (8 s. pro dieta) 6 l. 16 s.; ... *(f. 133):* computus mag.

Rostagni Berc de dietis fusteriorum in opere novo palatii pro parando cameram d. thesaurarii et pro faciendo 4 portas et perticas camere . . . et pro faciendo et ponendo incastra 3 fenestrarum et pro ponendo crocos et cadaulos . . . et intellando fenestras et pro faciendo gradarium in gardarauba et pro faciendo mantellum ante portam et taulerium computi et scampnum clausum; pro faciendo in palatio cameram pro d. Geraldo emptore iuxta cameram d. B[ertrandi], reparando scampna consistorii et intelando fenestras camere servientium armorum . . . et parando comestoria seu stabularia equo pape in loco de Trolhassio etc. (8 s. pro dieta): 48 l. 16 s.; *(f. 138v)* pro 7 diebus gipperii (10 s. pro die) 70 s., pro 14 diebus hominum, qui servierunt gipperio (5 s. cuilibet pro die) 70 s.; pro 24 hominibus pro purgando cameram capitis porticus et pro purgando totum hospitium et portale et iter, quo itur apud Nostram Dominam (3 s. 6 d. pro quolibet): 4 l. 4 s.; . . . pro 68 diebus fusteriorum pro faciendo gradarium cum ianua pro ascendendo ad cameram racemorum et pro retinendo . . . et pro intelando fenestram hospitii pape . . . et pro faciendo 2 talamos et tabulas et taulerios et dressaterium in coquina hospitii pape et pro faciendo l'entremes pro festo facto ultra Rodanum (8 s. pro die): 27 l. 4 s.

(f. 141v) Okt. 30 compotus mag. Iohannis de Luperiis pro simentando terrassas et corredores edificii pape Benedicti existentes prope cameram paramenti pape (7.—14. Sept.) — lathomi: Ioh. Tourman per 5 dies *(je* 8 s.): 40 s., Guillelmus de Pere pro 5 diebus: 40 s.; manuperarii Henricus le Chyors per 5 dies *(je* 4 s.): 20 s. *So noch 3;* pro cortice ulmorum ad faciendum aquam pro preparando betumum una cum oleo 6 fl.

(f. 146) Nov. 18 compotus Petri Chauleti fabri de ferraturis per eum factis pro opere palatii pape in mense Octobris: pro 8 sarralhis (1 duplice et sic sunt 9) in hospitio domini Tutellensis et domini nostri de Ultra Rodanum (15 s. pro sarralha) 6 l. 15 s.; pro 23 sarralhis tam in palatio ultra Rodanum quam citra in 2 palafrenariis in nova et antiqua et aliis locis diversis in dicto palatio ad eandem rationem et 2 cathenis 20 l. . . . pro ferratura 7 fenestrarum hospitii ultra Rodanum quam inhabitat d. vicecomes Turenne, e garnimento 8 fenestrarum palafrenarie eiusdem loci et 3 fenestris palafrenarie antique et ferraturis 2 peligiarum et canillis ferreis pro antiquo ingenio lapidum ferendarum supra novum opus . . . pro 1 cruce ferri pro gisqueto porte ferri et reparatione caxe panetarie etc. *So ähnlich noch zahlreiche Posten.*

Baumaterialien.

(f. 133v edif.) über Anschaffungen von Steinen verschiedener Arten, zusammen *672* grane *zu je* 8 s.: 268 l. 16 s.

(f. 137v) cum mag. Petrus Chaulenti tenetur camere Apost. pro 26 quint. 32 lb. ferri amoti de fenestris antique audientie sibi venditi per

d. Raimundum Guitbaudi, directorem operum pape, prout idem d. Raimundus retulit (45 s. pro quintali): 59 l. 4 s. 4 d. ob. in 49 fl. 16 s. 4 d.

(f. 138v) mag. Rostagnus Berqui emit de mense Sept. 6 quadrigatas et 3 saccos de gippo pro faciendo medium in camera capitis porticus, que est iuxta magnam turrim, et pro faciendo solum camere racemorum (40 s. pro quadrigata): 12 l. 12 s.

(f. 142) pro 8 mensuris olei olivarum, canna nuncupata, ad ungendum invecturas terrassiarum et pro mixtione de dicto betumio, pro canna 8 s.): 64 s. etc. *Die Zementierungsarbeiten ziehen sich das ganze Jahr hindurch.*

(f. 145) Okt. 30 compotus Petri de Cornu de calce per eum tradita Martino de Senis, cursori pape, deputato ad recipiendum dictam calcem per cameram, in mense Sept. pro 865 scandalis calcis (*je* 5 s. 3 d.) 227 l. 15 d. in 189 fl. 5 s. 3 d. *desgl.* de calce tradita Petro la Sanha, cursori pape: pro 80 scandalis calcis (*je* 5 s. 3 d.) 21 l. in 17 fl. 12 s. Facto computo cum Raymundo de Biterris, cursoris pape, deputato ad recipiendum arenam pro opere palacii pape per cameram Apostolicam: pro 56 naviatis arene per ipsum administratis mense Oct. et Sept. (28 s. 6 d. pro naviata): 79 l. 16 s.

(f. 148) Dez. 16 compotus Guillelmi Barnoini ferraterii de ferramentis ab eo receptis per d. Raymundum Guitbaudi et mag. Rostagnum Berqui pro operibus pape a 6. Aug.—13. Dez.: pro 700 clavellis de nosta (2 s. pro 100) 14 s. 45$^1/_2$ nossels (22 d. pro libra): 4 l. 2 s. 6 d.; 3900 ternals (3 s. 6 d. pro 100): 6 l. 16 s. 6 d.; pro 2 quint. 6 lb. palmares et palmela (15 d. pro libra): 12 l. 17 s. 6 d.; 2500 pogezals (3 s. pro 100): 3 l. 15 s.; 1700 clavellis de galeya (2 s. 6 d. pro 100): 2 l. 2 s. 6 d.; pro 9600 grutes (8 s. pro 1000): 3 l. 16 s. 8 d.; pro 1200 clavellis de l. (6 s. pro 100): 3 l. 12 s.; pro 17 lb. barcanel. (3 s. pro libra): 2 l. 11 s.; pro 1550 denarals (8 s. pro 100): 6 l. 4 s.; pro 1750 passa ginors (12 s. pro 1000): 1 l. 1 s.; pro 800 crochis de cortinis (25 s. pro 100): 10 l.; pro 400 clavellis stanhatis (8 s. pro 100): 1 l. 12 s.; pro 750 clavellis stanhatis (12 s. pro 100): 4 l. 10 s.; pro 350 estanhatis minoribus (6 s. pro 100): 21 s.; pro 4 ferrols garnitis (*je* 4 s.): 15 s.; pro 8 cadaulas garnitas 1 fl. 4 s., *zusammen* 55 fl. 15 s. 8 d. (1 fl. = 24 s.).

8a. Kunst- und Luxusgegenstände.

(f. 125 orn.) **1351** Apr. 29 facto computo cum mag. Petro Roye, magistro operis sepulture pape, et Iohanne de Sanholis et Iohanne Davidis, eius sociis, de expensis factis pro dicta sepultura sive tumba et mutuis sibi factis de mandato pape: anno **1349** primo pro marmore nigro et albo 600 fl.; *Arbeitslohn:* 300 + 300 + 400 + 300 fl. **1350:** 400 + 400 + 400 fl.

1351 pro complemento dicte sepulture 400 fl., *zusammen* 3600 fl.

Sequntur ymagines per dictum magistrum Petrum et socios suos in dicto monumento facte: primo portans aquam benedictam in sede, dyaconus in alia sede portans librum evangelii et similiter in alia sede cardinalis Tutellen., Guillelmus Lemovicen. et Bellifortis, quilibet in una sede, archiepiscopi Rothomagen., Narbon., Cesaraugusten., Arelaten., Bracharen. in una sede, episcopi Bitteren., Ruthenen. Claromon., s. Pauli, Riuen., Elnen., Tutellen., Xancton., Colonen., quilibet in 1 sede, comes Bellifortis cum 2 uxoribus in una sede, vicecomes Turrene cum uxore in una sede, Iohannes, Nicolaus, Rogerius, Marquesius in una sede, comitissa Valentie cum suo marito in una sede, Dalphina de Rupe cum suo marito in una sede, Maria de Apocherio cum suo marito in una sede, Margarita de Danzenaco cum suo marito in una sede, Matha cum suo futuro marito in una sede, Alivordia soror cum 2 filiabus maritatis et 2 filiabus abbatissis et Nicolao filio suo in una sede. Summa ymaginum computata ymagine pape: 55 ymagines.

(f. 170 cera) Juni 10 pro 2 rosis auri ponderis 2 marcharum 6 unc. 17 d., que rose oblate fuerunt ad vendendum (!) et fuerunt empte, 176 fl.

(f. 122 ornam.) Aug. 26 compotus Nicolai de Lugduno de caligis et sandalis per ipsum factis pro papa: pro quibusdam caligis et quibusdam sandalis de camicato albo operato ad folia vinearum, de quibus foliis fecit rosas pro auro et de serico et pro punctis acuum, in quibus sunt bene 700 foliete de auro, in quibus laboravit idem Nicolaus continue una cum 2 operariis per 2 menses et posuit ibidem $\frac{1}{2}$ libram auri pro ramulis sive ramis et dicte sandale sunt operate cum perlis, de quibus petit tam pro auro quam pro serico et operatura, ut magis stricte potest, 30 fl., pro 4 unciis de perlis (je 13 fl.) 52 fl., *zusammen* 82 fl.

(f. 188) April 7 Meyrerio de Senis, argenterio de Auinione, nepoti Marcholandi servientis armorum pape, pro reparatione 10 pitalphorum argenti pro vino et 14 pro aqua et pro brunizione 10 bassinorum argenti pro lavando et 1 bassini barbitonsoris argenti et 50 tassis argenti et 48 scutell. et 1 navis et 12 platellorum pro carnibus et 45 coclearum argenti et pro brunizione roze dominice Letare, *zusammen* 21 fl.

(f. 174) Sept. 8 compotus mag. Mathei pictoris pro pictura et expensis in curia pape: depicta scuta palatii olim regis de Auinione, quod modo est pape, per Bertronum et Beltramum pictores, cum quibus pepigit mag. Matheus, pictor pape, . . . 16 fl.

Es werden dann verschiedene Farben ohne Gewichtsangabe bezahlt, zusammen 28 fl. 3 s. 4 d.

8b. Kohlen- und Holzeinkäufe.

(f. 121 cera) Juni 12 compotus Quinquinelli, cursoris pape, de lignis et carbonibus receptis pro usu hospitii pape *an verschiedenen Daten zu-*

sammen 2646 banastones carbonum (2 s. pro banastone) 264 l. 12 s., *ferner zusammen* 2120 quint. (2 s. pro quint.) 212 l. (1 fl. = 24 s.).

(f. 175) Sept. 23 compotus Iohannis Flota et Quinquinelli, cursorum pape, de lignis et carbonibus per ipsos emptis pro provisione palatii pape: 6. Sept. portaverunt 12[00] banastones de carbone etc. etc., *zusammen* 5204 banastones *und* 4330 quint. de lignis (2 s. Auin. pro banastone carb., 2 s. pro quint.) *mit Tragkosten* 815 fl. 8 s.

(f. 177ᵛ) Nov. 5 facto computo cum d. Guillelmo de Benevento, magistro hospitii vicecomitis Turenne, de 6000 quint. lignorum per ipsum emptorum pro usu et hospitio vicecomitis (2 s. 4 d. pro quint.) 700 l. mon. Auin.; 1000 banast. carbonum (22 d. pro banastone) 91 l. 13 s. 4 d., *zusammen* 659 fl. 17 s. 4 d. (1 fl. = 24 s.).

(f. 180) Dez. 16 facto computo cum Iohanne Flota, cursore pape, de carbone recepto ab Ynardo Porchalha pro hospitio domini nostri: *in 3 Einzellieferungen* 1750 banastones de carbone (2 s. pro banastone) 175 l. in 145 fl. 20 s.

Dez. 22 compotus Guillelmi Quinquinelli, cursoris et provisoris lignorum pape, de lignis per eum receptis et emptis a Iacobo Brunerie, mercatore de Vivariis, *verschiedene Lieferungen, zusammen* 13 220 quint. *zu je* 3 s. = 1983 l.

9. Bibliothek und Schreibwaren.

(f. 167 cera) Mai 20 compotus Iohannis Agulherii, pergamenarii pape, de pergamenis per ipsum traditis a 10. März – 20. Mai: pro 12 duodenis pergameni rasi 2 vicibus *(doppelt geglättet)* pro registro secreto (24 s. pro duodena): 13 l. 16 s.; pro 59 duodenis pergameni maioris forme: pro 41 duodenis pro d. Francisco et pro 18 duodenis pro camera Apost. (20 s. pro duodena) 59 l.

Ebd. Mai 22 compotus Ademari Barrani, ypothecarii pape, ... pro 50 manibus papirus tam pro thesaurario quam camera pape et magistro hospitii et camera reservationum (20 d. pro manu): 4 l. 3 s. 4 d.; pro 1 manu papirus maioris forme in camera magistri hospitii 4 s.; pro 3 libris pro camera Apost. de 16 manibus: 46 s. 8 d.; pro 2 lb. cere gomate pro camera reservationum et pro 11 lb. pro camera thesaurarii (6 s. pro libra): 78 s.; pro 1 quarterio fili palmati 12 d., 53 cannis tele cerate, quas recepit mag. Rostagnus, (18 s. pro canna) 47 l. 14 s.

(f. 172) Juli 16 computavit I[ohannes] Angulherii, pergamenarius pape, de pergamenis per ipsum traditis a 15. Juni incl. ad 16. Iulii excl.: pro 36 duodenis pergameni maioris forme: pro 30 duodenis pro d. Francisco et 8 duodenis pro camera thesauri (20 s. pro duodena) 38 (!) l.; pro 12 duodenis pergameni rasi *(je* 6 pro d. Francisco et pro registro secreto, duodena pro 23 s.) 13 l. 15 s.; 4 duodenis pergameni de registro pro G. de Belloforti (24 s. pro duodena) 4 l. 16 s.; pro 14 pellibus

magnis pro G. de Belloforti (4 s. pro pelle) 56 s.; pro 3 duodenis magnorum pellium pro d. Francisco (2 s. pro pelle) 72 s.

(f. 174) Desgl. Aug. 28 pro 32 duodenis pergameni maioris forme pro d. Francisco (20 s. pro duodena) 32 l., 6 duod. pergameni de regestro . . . (24 s. pro duod.) 7 l. 4 s.; 10 duoden. pergameni rasi pro d. thesaurario minoris forme (15 s. pro duod.) 7 l. 10 s.; 6 duod. pergameni rasi maioris forme pro regestro secreto (23 s. pro duod.) 6 l. 18 s.

Ähnlich in den folgenden Monaten.

10. Verschiedenes.

(f. 75v coqu.) Sept. 15 pro 1 magno cultello coquine 50 s., pro 2 aliis cultellis 25 s.

(f. 94 panat.) pro 2 cultellis ad opus panem parandi 28 s.

(f. 109 marest.) Juli 16 pro 2 complaustis necessariis cuidam vaileto, quem momorderat equs, 16 s.

Pro 24 ferris novis *(Hufeisen),* pro quolibet ferro 15 d.; pro 1 lampade 18 d.

(f. 109v marest.) pro 2 capistris simplicibus 14 s., pro 4 capistris duplicibus 40 s., pro 10 cabassis *je* 20 d., pro 6 copertoriis equorum 4 l. 16 s., pro spalsatoriis 16 s.

(f. 167 cera) Mai 20 mag. Bernardo de Transmons, distributori et scriptori cancellarie, pro gallinis, pape scriptoribus debitis, pro renovatione eiusdem pontificatus 20 fl.

(f. 121 ornam.) Mai 25 computus d. Petri Saynterii, magistri capelle pape,[1] pro corda pro campana capelle et bassino argenti ante corpus Christi 5 s.; pro portando capellam ultra pontem et citra pontem et in festivitatibus magnis plures libros ad dicendum matutinas et officium in vesperis 1 fl., pro abluendo pannos capelle, scil. tobalias albas, manutergia et reparatione eorundem 10 s.

Mai 29 Iohanni Sumadel pro laternis curandis pape ad relationem d. Raymundi Guitbaudi 8 fl.

(f. 123) Dez. 17 facto computo cum Iohanne de Tholosa, sartore et serviente armorum pape, pro factura 2 camerarum de sindone rubea, quaelibet de 4 cortinis, et supercelis et factura coopertorii de scarlata folrato de erminis facto pro rege Francie 35 fl.

(f. 139 edif.) pro 2 scampnis macellarii pro frangendo carnes in ambabus coquinis 6 l.

(f. 169v cera) Juni 7 compotus d. Raymundi textoris, custodis vaxelle pape, *für das Hin- und Hertragen des Geschirrs über die Rhone auf Fastnacht und Ostern* 21 fl. 14 s.

Iohannes Bruni, cursor pape, cepi de mandato magistri hospitii 4 lectos conductios pro 5 diebus: 20 s., pro portando et reportando dictos

---

[1] f. 123 Febr. 13 (1351) d. Stephanus de Chaulhageto, mag. capelle pape.

lectos 8 s., pro removendo natas in camera pape 36 s., ad portandum harnesia seu robas camere pape, quando ivit ultra Rodanum, 28 s.; quando reversus fuit papa ad reportandum huc dictam robam camere 32 s., pro 12 urinalibus pro camera 12 s. 6 d.

(f. 170) Juni 10 compotus Bertrandi de Aragone, servientis armorum pape, *er erhält für den Transport verschiedener Paramente über die Rhone* 1 fl. 23 s. 6 d.

(f. 173) Juli 30 Francisco Barralha, Albussino Mantelini et Actomanno Bernardini campsoribus pro assacgiis monete 15 fl. de Flor.

(f. 173) Aug. 7 compotus Nicolai de Malda, custodis hospitii pape de Ultra pontem de expensis factis pro cuniculis . . . *(Futter)* 10 fl. 3 s.

(f. 176) Sept. 30 compotus Aymerici de Deunos, servientis armorum pape, pro scobando seu mundando arnesia et cameras turrium et alia et necessaria a festo apost. Symonis et Iude citra . . . 11 fl. 31 s.

(f. 186) **1351** Febr. 23 compotus Helie de Bufenos, servientis armorum pape, de expensis, quando archiepiscopus de Milanis fuit excommunicatus, ad aptandum consistorium inferius et superius 13 s. etc.

(f. 188v) April 16 Vitalis de Amsano, rector eccl. Villenove, recognovit se manualiter recepisse nomine d. Guillelmi de Ispania, fratris senescalli Petragoricen. et Caturcen., qui debebantur eidem senescallo pro stipendiis suis sive vadiis, 70 scut.

10ª. Gartenarbeit.

(f. 179 cera) Dez. 11 computus Michaelis Bruni, ortolani viridarii pape, de expensis per eum factis in dicto viridario a 4. Mai usque ad 27. Oct.: 4. Mai pro 2 hominibus, qui plantabant olera, portaverunt fimum et foderunt in viridario (cuilibet pro dieta 4 s.): 8 s.; 16. Mai homini, qui dalhavit (!) herba prati viridarii, 5 s.; homini, qui fecit canalem fusti pro meatu aque pro viridario, 5 s.; 20. Mai homini, qui portavit fimum pro maiorana . . . 4 s.; 5. Juni homini, qui plantavit caules seu olera in viridario, 5 s.; 8. Juni homini, qui adaquavit caules predictos 4 s. 6 d.; Juni 10 *desgl.* Juni 16 homini, qui seminavit grana petrocilli et fodit in viridario 5 s.; deconstetit (!) grana de petrocilli 2 s.; Juli 9 2 hominibus, qui adaquaverunt viridarium (cuilibet 5 s.) 10 s., *am 16., 23. und 28. Juli desgl. Ähnlich in den folgenden Monaten.* 16. Sept. in grana spinargiorum apud Cortesonem 25 s. 6 d. 17. Sept. 2 hominibus pro fodiendo et fimando viridarium (*je* 5 s.) 10 s.; 18. Sept. 2 hominibus pro seminando espinargia, fodiendo et fimando viridarium (*je* 5 s.); Sept. 22 2 hominibus pro purgando arbores et abstrahendo dicti viridarii et ipsum scobando (*je* 5 s.) 10 s. etc. Okt. 5 homini, qui seminavit granam petrocilli et spinargiorum et maiorane, 5 s.

Klemens VI. Zehntes Pontifikatsjahr. 1351/52.

Intr. Exit. 263.

A. Übersicht über die einzelnen Ausgabetitel und ihre Schlußsummen.

1351/52: Intr. Exit. 263.

1. *(I. E. 263 f. 60—76)* **coquina** 24. April **1351**—22. April **1352,** *wie immer wochenweise Berechnung der regelmäßigen, vierwöchentliche Berechnung der außergewöhnlichen Ausgaben, vierwöchentliche Auszahlung durch die Kammer.* Bernardus Gaucelmi, emptor coquine.

  Summe 18 730 fl. 585 scuta, 8 l. 18 s. 2 d. Auin.

2. *(f. 78 - 84)* **panataria** 24. April **1351**—22. April **1352** *wochenweise Berechnung, vierwöchentliche Auszahlung.* Guillelmus Bellifilii, Bernardus Garnerii, panatarii pape.

  Summe 1367 fl. 7 scuta 7 l. 16 s. 5 d. Auin., 544 saum. 500 panes.

3. *(f. 86—94)* **buticularia** *Keine Abrechnungstermine.* Geraldus de Turno, Guillelmus la Sudria, buticularii.

  Summe 3203$^{1}/_{2}$ scuta, 1352 fl., 10 l. 18 s.

4. *(f. 95—106)* **marestalla** 28. Mai **1351**—18. Mai **1352** *Abrechnung in Abständen von 6—9 Wochen.* Guillelmus de Channaco, magister marestalle.

  Summe 4458 fl. 933 scuta 31 s. 3 d.

5. *(f. 108—118)* **ornamenta** 5821 fl. 486 scuta minus 6 d. Paris. 21 s. 9 d. mon. Lucan. 18 l. 3 s. 6 d. mon. Auin.

6. *(f. 119—148)* pro **operibus et edificiis** *keine bestimmten Abrechnungstermine.* Raimundus Guitbaudi, director operum pape; mag. Iohannes de Luperiis, magister operum novi palatii pape; Rostagnus Berqui (Berc), fusterius pape[1]; Guillelmus de Albofolio, administrator domus Palhassie pape; Petrus Chauleti, ferratarius pape; Petrus Gauterii, fusterius ac cursor pape *(seit 1352).*

  Schlußsumme: 14 837 fl. 366 scuta 27 l. 13 s. 1 d. ob. Auinion.

---

[1] f. 137 wird er serviens armorum pape genannt (Dez. 1351).

7. *(f. 150—151)* **vadia extraordinaria** *(vgl. S. 462 Beamtengehälter).* *Wir lassen hier die Eintragung für das jährliche Weihnachts-»Presbiterium« an die Kardinäle folgen (f. 150):* Dez. 29 soluti fuerunt d. Guillelmo Textoris, clerico collegii dd. cardinalium, pro presbiterio dd. cardinalium debito pro festo nativitatis Domini: pro portione debita priori episcoporum cardin. 6 malachini 6 s. papien. = 41 tur. gross. 6 tur. p., pro portione 5 episcoporum cardin. (4 malach. 4 s. papien. = 27 gross. $9^1/_3$ d. tur. pro cardinali ep.) 11 s. 5 d. gross. $14^2/_3$ d. parv., pro portione 2 priorum tam presbiterorum quam diacon. cardin. 3 malach. 3 s. papien. = 20 gross. 11 d. parv., *zusammen* 3 s. 5 d. gross. 6 d. parv., pro portione 20 tam presbiterorum quam diaconorum cardin. 2 malach. 2 s. papien. = 13 gross. $12^2/_3$ d. tur. p., *zusammen* 22 s. 11 d. tur. gross. $13^1/_3$ d. parv. *Ebenso zu Ostern.*

Schlußsumme des Titels: 4840 fl. 4 l. 19 tur. gross. $21^1/_3$ tur. p.

8. *(f. 152—172)* **cera et extraordinaria.** *Summe* 14 412 fl. $651^1/_3$ scuta 37 l. 4 s. 1 d. Auin.

9. *(f. 174—185)* **vadia ordinaria** 6 solutiones: 27 547 fl. 184 l. 17 s. 1 d. ob. Auin.

10. *(f. 186—188)* **elemosina secreta**: 5110 fl. 6920 fl. 145 parisien. 173 coron. 272 agni, 28 s. 5 d. tur. gross., 80 l. 12 s. 8 d. Auin.

Das Geld ist ausgegeben für die Panhota (Tuch- und Kleiderankäufe), für die monatlichen päpstlichen Almosen (jedesmal 100 fl.*), für die Mendikantenklöster, für den regelmäßigen Besuch in den Hospitälern (je* **50** s. *an den einzelnen kirchlichen Festen (Pfingsten, Joh. Bapt., Peter-Paul, Trinitatis, Corporis Christi, Mariä Heimgang, Mariä Geburt, Michaelis, Allerheiligen, Allerseelen, Mariä Empfängnis, Weihnachten, Circumcisio, 6. Jan., purificationis, annuntiatio (manche Feste sind doppelt berechnet) etc. und an jedem ersten Monatstage.*

Die Verteilung in den Hospitälern an den einzelnen Festen nimmt Petrus de Frigidavilla, administrator domus elemosine Panhote, *vor.*

Die Verteilung der monatlichen Spende von 100 fl. *besorgt der* elemosinarius pape Ioh. de Seduno.

11. *(f. 190—204)* **Pinhota**: Petrus de Frigidavilla, administrator domus elemosine Pinhote:

Summe: $10\,211^1/_2$ fl. 171 scuta 10 l. 4 s. 4 d. ob. Auin.

Die Verwaltung der Pinhota geschieht wie früher. Bemerkenswert ist die Eintragung (f. 192) Aug. 16 pro fr. Guillelmo elemosinario et Iohanne de Cumbis, servitore suo, infirmis pro 6 pullis 20 s. 9 d., in zucare, malegranatis, amigdalis et avenato et 1 lb. sucre rosacee 21 s. 3 d., 4 lb. aque endivie et aque rosacee 16 s., 1 lb. de todonhac 10 s., in issiruppis, medicinis et vino malegranatorum 20 s., 4 lb. amigdalorum 5 s.

12. *(f. 206)* **bulla et litere curie**: 232 fl. 18 s. (fratres Raymundus et Gaubertus bullatores).

13. *(f. 207)* **scripture et littre curie,** *Verwalter:* d. episc. Vasionen.

Summe: 386 fl. 5 s. 11 d.

14. *(f. 208)* **possessiones empte**: 977 fl. 6 gross. 12 s.

B. Systematisch geordnete Einzelheiten aus den verschiedenen Ausgabetiteln.

1. Chronikalische Angaben, Boten, Gesandtschaften.

(I. E. 263 f. 152 cera) **1351** Juni 15 de mandato pape d. Vesiano archiep. Capuano, rectori provinciarum Campanie et Maritime pro Romana ecclesia, pro suis expensis in eundo faciendis, deducendis de futuris suis stipendiis 300 fl.

(f. 153) Juni 18 de mandato pape oraculo vive vocis nobis facto Gaufrido Truci et Dominico de Lutare, cursoribus pape, euntibus in Angliam 30 fl.

(f. 155) Juli 13 mag. I. de Luperiis de mandato pape pro expensis in visitatione edificiorum vicecomitis Turenne 32 fl.

Juli 15 de mandato pape B. Rostagni, civitatis Vabien. messagerio, pro expensis in eundo apud Turennam 4 fl.

Juli 20 computavit d. Michael, socius d. episcopi Barchinon., de expensis per eum, d. Fulconem et Aymericum factis, quando fuerunt missi apud Montem Pessulanum per dd. camerarium et thesaurarium, repertum est ipsos expendisse in 6 diebus cum 5 equitaturis 11 scut. 8 s.

(f. 156) Aug. 3 mag. Petro de Champanhaco de mandato pape ex speciali dono sibi facto 200 fl.

Aug. 11 Karolo Iori, servienti armorum pape, pro expensis faciendis versus Parisius de mandato pape 100 scutos novos.

(f. 157^v) Aug. 21 ex ordinatione camere d. Bernardo de Rodes, licentiato in legibus, pro expensis faciendis per ipsum et d. Bernardum Guinerii, camerarii d. cardinalis d. Caramanno, missis pro taxatione vinorum et bladi 16 fl.

Aug. 21 Guillelmo de Maurenges, messagerio d. vicecomitis Turenne, misso Parisius pro negociis pape et de eius mandato pro expensis 12 fl.

Aug. 21 d. Guillelmo de Benevento, archidiacono de Ardena, magistro hospicii d. vicecomitis Turenne, pro emendis lignis 335 fl. 10 s.

(f. 158) Aug. 30 d. Raymundo Mercerii, rectori eccl. de Boudone, pro expensis faciendis in publicatione ordinationum factarum per cameram

in comitatu Veneyssini super vinis emendis et vendendis ratione provisionum pape et dd. cardinalium et aliorum curialium 10 fl.

Sept. 15 de mandato pape Guilhono messagerio dni vicecomitis Turenne, qui fuit missus Parisius, 10 fl. 1 scut.

(f. 159) Sept. 20 d. Iohanni Tranchie, priori s. Michaelis de Logiis, procuratori d. abbatis de Clusa, ex speciali dono pape sibi facto 160 scutos novos.

Sept. 29 de mandato pape d. Costantio Cremonensi, militi et ambaxatori regis Ermenie, pro expensis suis faciendis in redeundo ad partes Ermenie 300 fl. de Flor.

(f. 160) Okt. 27 de mandato pape Guillelmo de Rochas domicello pro eundo apud Petragor. ad loquendum cum senescallo 25 scutos.

Nov. 5 de mandato pape dd. Geraldo Furnerii, custodi cere, et d. Guillelmo Bellifilii ac d. Philippo de Aggeduno, locum tenenti d. B. Gaucelmi emptoris coquine, pro quibusdam expensis extraordinariis pro cera, panetaria et coquina 361 fl. 9 s. 10 d.

(f. 163) Dez. 5 Persevallo, servienti armorum, et Dominico de Lucarel, cursori pape, pro expensis factis 15 dierum in comitatu pro bladis arrestandis et sigillandis pro usu elemosine Panhote et palacii Apost. 37 fl. 12 s.

Dez. 7 computum G. d. Channaco, magistri marescalle pape, de expensis factis per I. de Bisuntino de mandato pape pro sepultura et exequiis, que crediderat fieri de d. vicecomite Turenne: pro 2 cooperturis 2 equorum et 2 cotis armatorum, 2 scutiferorum et 2 cotis 2 boneriorum, pro 2 boneris et clipeo et arneriis totum de sindone cum armis batutis d. vicecomitis Turenne et pro bornatura panni auri et domus ardentis et pro escutellis positis in dicto panno domus ardentis: in sindone albo, nigro, rubeo, crogo et azurato et 2 unciis de sirico 54 fl. 3 s., pro 8 lb. foliorum auri et argenti 16 fl., pro $1^1/_2$ lb. azurati 2 fl., pro factura premissorum 32 fl., pro 4 gipponibus 7 fl., pro 1 sella 3 fl., pro 2 sellis et literia et garnitura ipsius 22 fl. pro 1 elmo et 2 ensibus et clarificatura barbutarum 6 fl., . . . pro 2 pannis aureis 60 fl., *zusammen* 218 fl. 6 s.

(f. 187 elem.) Dez. 4 de ordinatione dd. cardinalium Claromonten., Tutellen. et Bellifortis, Lemovicen., Cesaraugusten. et camerarii pape pro orationibus faciendis pro papa per religiosos et religiosas civitatis et suburbii Auinion. d. I. de Seduno, elemosinario pape, 500 fl. boni ponderis.

(f. 165) Dez. 26 de mandato pape Guarino de Apcherio misso per papam ad regem Francie 300 scut. novos.

1352 Jan. 2 ex ordinatione camere Apost. monialibus s. Laurentii Auinion. pro sepultura d. Henrici de Ulcellu Anglici, cuius bona per sedem Apost. specialiter erant reservata, sepulti in monasterio dictarum monialium 4 fl.

Jan. 2 de mandato pape nuncio regine Sicilie pro expensis 50 fl.

Jan. 7 Betucho de Luca, servienti armorum pape, pro 16 vestibus de fustani emptis pro portando pecuniam rectori Romandiole, d. Astorgio de Duroforti, tempore quo erat ibi pro ecclesia Rom., 15 s. pro veste, qui tempore istius dati non erant soluti, 10 fl.

(f. 167) Febr. 8 de mandato pape Bernardo Rostagni messagerio pro eundo apud Serentium in Provincia 1 fl.

(f. 168) Febr. 20 de mandato pape vive vocis oraculo mihi facto Rotberto nato quondam Lupi de Alidosiis de Imola provincie Romandiole ex dono sibi facto pro impensis servitiis prestitis in guerra contra archiepiscopum Mediolan. et suos nepotes, occupatores patrimonii Ecclesie, 2000 fl.

Febr. 28 Petro de Sanha, cursori pape, pro se et aliis 2 cursoribus pro eundo in Cathaloniam pro ramis palmarum 6 fl.

2. Beamtengehälter.

Gehälter der Hofbeamten.

(I. 263 f. 175): prima solutio 25. Iunii 1351. *(Die Zahlungen finden für je 8 Wochen statt, Fasttage werden besonders berechnet.)*

Der cancellarius *erhält* 194 fl. 9 s. 9 d.

corrector 27 fl. 2 s. 6 d.

magister in theologia (mag. palatii) 36 fl. 16 s. 6 d.

16 penitentiarii integri et certi pro 11 diebus[1] 401 fl. 23 s.

14 commensales pro tota et certi pro 13 diebus 444 fl. 15 s. 9 d.

2 bullatores 63 fl. 17 s. 7 d., *d. h. jeder täglich* 0, 56 fl.

3 clerici camere pro tota 106 fl. 3 s. 3 d. ob., *d. h. jeder* 35 fl. 9 s.

11 capellani capelle et certi pro 4 diebus 183 fl. 4 s. 4 d.

2 clerici capelle 26 fl. 9 s. 9 d.

clericus capelle . . . 8 fl. 6 s. 6 d.

notarius camere 16 fl. 13 s.

Eblon de Mederio, clericus camere, 35 fl. 10 s. 7 d.

[Hostiarii maiores] *(Torwachen):* prima porta: 1. Geraldus de Leschamel, 3. Geraldus dei Vernh; secunda porta: 3. Aymericus de Dunio, 4. Guillelmus de Margarita, 5. Geraldus de Mazerolis, 6. Angelus Petri [de Lucca]; tertia porta: 7. Petrus Bessiera, 8. Robbertus de Balli, 9. Rotgeyronus de Molendinonovo; quarta porta: 10. Petrus la Vernha, 11. Bertrandus de Penna, 12. Aymericus la Rocha, 13. Ludovicus de Storola *(jeder erhält 27 fl. 2 s. 6 d. für 8 Wochen Dienst), ein* 14. hostiarius Iohannes Annati (Amioci?) *erhält für 15 Tage* 3 fl. 15 s. *Außer dem Gehalt erhält jeder* 8 fl. *für die Sommer- und* 8 fl. *für die Winterkleidung.*

---

[1] f. 174 Liste derselben (jeder erhält 8 fl. pro raubis estatis): fratres Bernardus Raterii, Ioh. Engilberti, Ioh. de Melemberg, Ioh. Belini, Ioh. de Adencia, Steph. de Marlhaco, Alanus Thome, Eblo Bonifacii, Thomas de Trinstede, Gabriel de Aleis, Petrus Gaufridi, Guillelm. Vilate, Geraldus de Cambalone, Iacobus de Assisia, Petrus Amelii, Ioh. Tornini.

2. Beamtengehälter. 461

Die erstere wird am 8. Juni bezahlt (f. 174v). Es werden hier 16 genannt, Reynaldus de Lur, Raimundus de Poiol, Boso Quintini, Rotgerius de Bolonia *erscheinen noch unter ihnen. Der letztere ist wohl mit dem obigen Nr. 9 identisch. Die obige Nr. 8 heißt* Rotbertus de Carlucio.

9 hostiarii minores integri et unus pro 16 diebus 134 fl. 22 s., *kommt auf jeden rund* 14½ fl.

Bernardus de Roana, porterius prime porte, 8 fl. 6 s. 6 d.

39 cursores et certi pro 19 diebus 325 fl. 10 s. 6 d.

41 servientes armorum et unus pro 18 diebus 687 fl. 19 s. 6 d. *An Kleidergeldern erhält jeder für Sommer und Winter je 5 fl. Genannt werden am 4. Juni 47:* 1. Ioh. la Gayta, 2. I. lo Male, 3. I. de Tholosa, 4. Hugo de Sugeto, 5. Ioh. filius magistri Pauli, 6. Leo de Neapoli, 7. Bertrandus sartor, 8. mag. Guillelmus de Auguestis, 9. mag. I. de Opera, 10. Perrotus de Vaccella, 11. Guillelmus de Guilhalmia, 12. Bertrandus de Arageno, 13. Maciotus, 14. Michael de Pistorio, 15. Petrus Bernardi, 16. Bertoletus de Placentia, 17. Guillelmus Ridos, 18. Iacobus speciarius, 19. Iaquetus eius filius, 20. Marchus Landus, 21. Raymundus de Galant, 22. mag. I. Fol, 23. Gannus de Saulis, 24. Ruffinus de Placentia, 25. Bruocius Grassis, 26. I. de Viterbol, 27. filius Lucas abbas Anthonius (!), 28. Rotlandus Petri, 29. Karolus Iori, 30. Raymundus de s. Claro (!), 31. Bernardus de Senis, 32. I. Rostagni, 33. Raterius, 34. Aliotus, 35. Casannus, 36. P. Placenti, 37. Petrus Vitalis, 38. M. Laurinus, 39. M. G. Daniel, 40. Raymundus Oliverii, 41. Nandinus de Petragontuno, 42. Thomas manescallus, 43. Thibaudus de Lauduano, 44. Bertrandus de Veyraco, 45. Rostagnus fusterius, 46. Agerius de Nuena, 47. Bos de Mesclaroc.

8 palafrenarii 56 fl. 4 s. 4 d., d. Guillelmus de s. Amancio 56 fl., Nicolaus de Monteclaro 27 fl. 2 s. 6 d., *ebenso:* d. B. Gaucelmi, Reynaldus de Lur (3 famuli sui 12 fl. 9 s. 9 d.), mag. I. de Cantate coquus, Ioh. Postelli alter coquus; Petrus Lebreti alter coquus *erhält* 16 fl. 13 s., *ebenso* Peniferus alter coquus.

2 panetarii 32 fl. 26 s., d. Petrus Germani regestrator 12 fl. 9 s. 9 d., *ebenso* d. Bernardus de Erbelli alter regestrator *und* regestrator regestri secreti.

custos vaccelle per 54 diebus 15 fl. 22 s. 9 d., custos cere 16 fl. 13 s., custos carceris 20 fl. 16 s., scriptor coquine pro 24 diebus 3 fl., 13 s., scriptor marescalle 8 fl. 6 s. 6 d., trahens campanam 4 fl. 3 s. 4 d., scobator 3 fl. 16 s., mag. Iohannes de Parma surgicus 27 fl. 2 s. 6 d., custos cervorum 9 fl. 2 s.; *der schon als* hostiarius secunde porte *oben besoldete* Aymericus de Dunio *erhält pro* custodia armorum 8 fl. 6 s. 6 d., advocatus fisci 15 fl. 9 s. 9 d., d. Raymundus Guitbaudi 16 fl. 13 s., Marchus Landus 27 fl. 2 s. 6 d.

Die domicelli *erhalten für 8 Wochen Dienst* 27 fl. 2 s. 6 d., *genannt werden (f. 176):* 1—3. domicelli d. vicecomitis Bellifortis, 4.—5. domicelli d. marescalli, 6. domicellus d^ni G. de s. Amancio, 7. Nandinus de Suiraco, 8. Taleyrandus de Vernodio, 9. Gaston de Pestilhaco, 10. Pontius de Diran, 11. Rigaldus de Champiers, 12. Guido de Podiovallis, 13. Bertrandus de Veyraco, 14. Ademarus Bairani, 15. Stephanus la Gaana, 16. Raterius de Cusormo, 17. Geraldus Manhaco, 18. Ranconus de Rupeforti, 19. B. de Lando, 20. Petrus Stephani, 21. Helias de Latrangis, 22. Garinatus de Apcherio, *die folgenden werden für kürzere Zeit besoldet,* 23. Archambaldus de Cambornio, 24. Petrus de Bessia, 25. Gaucerandus de Castellione, 26. Guillelmus de Vallebona, 27. Pontius de Comanura, 28. Nicolaus Iudicis, 29. Bosus Guercini, 30. Karolus Iori.

Im ganzen werden für die erste solutio *verausgabt* 4352 fl. 32 l. 18 s. 6 d. ob., *die einzelnen Zahlungen schwanken zwischen* 4100 *und* 4500 fl.

Besondere Gehälter.

(I. E. 263 f. 150 extraord.) **1351** Mai 30 nobili et potenti viro d. Guillelmo Rotgerii, comiti Bellifortis, pro servitio per ipsum pape impendendo a 19. Maii 1351 pontificatus domini nostri anno 10. usque ad 19. diem Maii pontif. pape anno 11: 1000 fl.

Juni 4 Petro Barrani de Marcello, olim custodi monete pape, pro stipendiis suis seu expensis 50 fl.

Nov. 15 de mandato pape d^no Ademaro [de Pictavia] comiti Valentino ex speciali dono per papam sibi facto pro servitio impenso integro 1 anni 1000 fl. boni ponderis.

1352 Jan. 16 *demselben* pro stipendiis suis pro festo nativitatis Domini preterito 500 fl. de Flor.

Jan. 27 d. Petro de s. Marciali militi pro parte solutionis stipendiorum annualium sibi assignatorum per papam (500 fl. pro anno) 250 fl.

Desgleichen 5. Febr. d. Aymerico de Pestello militi, 8. Febr. d^no Astorgio de Duroforti militi *je* 250 fl.

April 7 Garino de Apcherio de stipendiis annualibus eidem per papam assignatis (1000 fl. pro anno) 500 fl.

April 26 uxori Raynaldi de Lur, lavandarie pape, pro stipendiis suis annualibus ratione officii sui 40 fl.

(f. 152 cera) **1351** Mai 21 mag. Calcedonio de Separano, can. Aquensi, scriptori et distributori literarum Apost., pro gallinis pape scriptoribus debitis pro renovatione pontificatus 20 fl.

(f. 155^v) Juli 20 computum Aymerici de Dunio, custodis arneziorum palacii pape, de expensis per eum factis a 16. Dez. 1350 ad 4. Iulii 1351 *für Reinigung und Unterhaltung der Angriffs- und Verteidigungswaffen* 26 fl. 13 s.

2. Beamtengehälter.

(f. 153 cera) Juni 15 computum Nicolai de Malda, custodis palacii pape de ultra Rodanum, de expensis per eum factis pro cuniculis (13. März—5. Juni = 12 septimane, pro septimana 4 emin. furfuris *zu je* 2 s.) 4 l. 16 s., item petit sibi dari pro gagiis (13. März—5. Juni, pro die 1 gross.) 8 l. 8 s., *zusammen* in 11 fl.

Ähnliche Abrechnungen desselben alle 12 Wochen.

Juni 20 computum Reginaldi de Lur, aquarii pape, de expensis factis ratione officii sui a 8. Marcii ad 2. Iunii: 8. Marcii, qua die papa transivit ultra Rodanum, pro portagio officii aquarii 6 s.; pro mundando 1 crosum buticularie, ubi morat officium aque, 7 s.

Item 9. Aprilis pro revertendo officium apud palacium Auinion. 5 s. 6 d.; 7. Maii, qua die papa ivit ultra Rodanum, pro portando officium aque 7 s., 2. Iunii pro redeundo officium aque in palacio Auinion. 7 s. . . ., debetur Petro Vergerii broquerio pro 28 barralis (12 s. pro pecia) 16 l. 16 s., dicto Petro pro 1 bugadiera ad opus lavandarie pape 1 fl. . . . 5. Mai recepi a (!) Hugone corderio 1 cordam ad opus putei palacii Auin., que ponderabat 8×20 (160) lb. (18 d. pro libra) 12 l., item debetur dicto Hugoni alia corda, quam habuimus 20. Iunii ad opus putei, que ponderabat 6×20 (120) lb. (*zu je* 18 d.) 9 l.; debetur Stephano cursori pro 5 tinis novis ad opus putei palacii et coquine communis et lavandarie pape 15 fl. 12 s.; item habuit 18. Maii, qua die intravit d. cardinalis Autisiodoren. et fuit in prandio cum papa et omnes cardinales, 4 homines computando pro quolibet pro die et nocte 5 s.: 40 s.; quando d. cardinalis s. Dionisii intravit et fuit in prandio cum papa, habuit 3 homines: 30 s.; in die Pentecostes 3 homines (pro quolibet 3 s.) 9 s. etc., *zusammen* 69 fl. 23 s. 6 d.

Ähnliche Abrechnungen desselben alle 8–12 Wochen.

(f. 154) Juni 21 Heliotus de Bufenos, serviens armorum pape, computavit de iunquo per ipsum recepto a Petro Garini, provisore iunqui palacii pape, posito tam in tinellis de ultra Rodanum quam Auinione: a 8. Maii ad 21. Iunii 204 fays (*zu je* 5 s. 3 d. ob. et plus pro toto 6 d.) 54 l. in 45 fl.

Ähnliche Abrechnungen desselben alle 12 Wochen. S. 166 wird für pro iunqo *das Wort* »pro pelone« *gebraucht.*

(f. 168) **1352** Febr. 20 computavit Petrus dels Glotos, habitator Auinion. et natarius palacii pape, ad relationem mag. Rostagni Berqui, qui natas canavit tam in palacio Auin. quam ultra Rodanum: se posuisse in camera, que est subtus s. Michaelem iuxta magnam turrim, 17 cannas 4 palm. (*zu je* 11 s.), in camera, ubi iacet papa, 25 cannas quadratas, in camera pa[ra]menti 58 cann. quadr., in camera, ubi iacent prelati, 33 cann. quadr., in camera d. thesaurarii in palacio 21 cann. 4 palm.; in Villeneuve *zusammen* 71 cann. 8 palm., in camera d. vicecomitis Turenne 24 cann.

quadr., *alles zusammen* 275 canne quadr. *zu je* 11 s.: 151 l. 5 s. in 126 fl. 12 d.

(f. 156) Aug. 3 computum d. Raymundi Textoris, custodis vaccelle pape, de expensis per eum factis pro vaccella a 1. Jan. ad 1. Juli 1351: pro 21 cordis tele grosse ad opus abluendi vaccellam argenti (18 s. pro corda) 18 l. 18 s., pro 6 cordis tele parve ad opus abluendi vaccellam auri (30 s. pro corda) 9 l.; pro illo, qui abluit, et pro lotrice, quam habet, pro mense 1½ fl. *Dazu die Ausgaben für den Transport des Geschirrs nach den verschiedenen Residenzen des Papstes (Villeneuve, Avignon).*

3—5. Frucht, Wein, Vieh und Viktualien.

Brotfrucht-Einkäufe 1351/52.

(I. E. 263 panataria) **1351** Guillelmus Bellifilii panetarius 24. Apr.— 22. Mai computat se expendisse de pane bruno 24 450 panes (550 panes pro saumata), *das sind* 42 saum. *und* 350 panes: in isto mense fuit papa ultra Pontes et fuerunt facta plurima convivia.

Der Gegensatz zum panis brunus *ist* p. albus. *Hiervon wird wöchentlich für* 8—11 l. Auin. *verbraucht.*

Im August werden verbraucht 19 500 panes bruni (550 panes pro saumata) = 35 s. 250 panes.

Im April 1352: 29 750 panes (600 pro saumata) = 49 saum. 350 panes.

Pro cera Febr. 1352. N. de Malda, custodi hospitii pape de Ultrapontem, pro cuniculis et 2 »dampnis« masculo et femella *in 12 Wochen* (20. Nov.—12. Febr.) *wöchentlich* 4 emin. furfuris *zu je* 2 s. 6 d.

Pinhota 1351 Juni comput. Petrus de Frigidavilla, administr. domus elemosine Panhote, de 120 saum. gross. ordei emptis pro elemosina a Nicolao Rafatani merc. christiano et Astrugo Iudeo habitatore in Castro Novarum, die saumata *zu* 1 fl. 13 s. mon. Auin. (1 fl. = 24 s.).

Juli 14 pro 1200 saum.: frumenti pro pane elemosine Panhote *zu je* 2 fl. 15 s.

April 1352 comiti Valentini pro 364 saum. bladi *zu je* 3 fl.

Hafereinkäufe 1351/52.

(I. E. 263 marestalla) **1351** Okt. 111 saumate grosse avene de Provincia *zu je* 12 rasi, in loco de Pertusio, *die* salma de prima compra 18½ gross. (1 fl. = 12 gross.).

Die Fracht von Pertusio zur Durance in territorio Pertusii ½ gross., *von dort bis* Villanova (portus) in navigio 5 gross. pro saumata; *von dort bis zur Scheune* in palafrenaria ultra pontem (Auin.) ½ gross. *Die Unkosten für den Einkäufer hinzu, kommt die Saumata auf* 25 gross.

3.—5. Frucht, Wein, Vieh und Viktualien.

1352 Febr. 500 saum. avene de Burgundia *zu je* 12 rasi, *eingekauft in Lyon und Vienne, Einkaufspreis* 15 gross.

März: 286 saum. avene, *Einkaufspreis* 14 gross. de prima compra in Burgundia supra Lugdunum. *Dazu die Fracht etc. Spesen. Die Schiffsfracht* 5—5$^1/_2$ gross., *im ganzen die Saumata auf* 21$^1/_3$ gross.

Stallmeister ist Guill^s de Channaco, *die Einkäufe besorgt durch* palafrenarius clericus Raymundus Amici. *Vgl. ferner S. 479.*

200 saum. gross. avene, *Einkaufspreis* 14$^1/_2$ gross. *Die Schiffsfracht* 5$^1/_2$ gross. usque ad portam Aurosam Auin.

200 saum. de Burgundia *gekauft in Lyon und Vienne zu* 15$^1/_2$ gross. *Schiffsfracht* 4 gross.

Vom 1. Sept. 1351—6. Juli 1352 hat der clericus Raymundus 1297 saum. gross. *besorgt im Werte von* 231 fl. magni ponderis *und* 2108 fl. parvi ponderis 8$^1/_2$ gross.

Fischpreise.

(I. E. 263 coquina) **1352** März.

1000 allecia 11 fl. 6 s.
2000 „ das Tausend zu 11$^1/_4$ fl.
1800 „ 20 fl. 16 s.
150 merlucii, *hundert zu* 12 fl.
163 „ „ „ 10 fl.
100 minuli salsi 16 fl.
100 anguille 12 fl.

1352 April coquina.
50 merlucii 6 fl.
1000 allecia 7 l. ⎱ 1 fl. = 24 s.
1000 „ 4 l. 8 s. ⎰

Viehpreise coquina.

(f. 70 s.) **1351** Dez.: 31 porci *zu je* 68 s. = 2 fl. 19 s. 4 d. *(an die Kardinäle verschenkt).*

56 lepores *zu je* 10 s. Auin.

porci empti in Carpentorato 9. Dez. 1351

8 porci *zu je* 3$^1/_2$ fl.
1 verratus 3$^1/_2$ fl.   *Zum Schlachten in der päpstl. Küche,*
8 porci, *je* 3 fl.   *sie werden mit Eicheln gefüttert:*
7 porci, *je* 3 fl. 3 s. 6 d.   pro 2 emin. gland. 10 s. 6 d.
4 porci, *je* 4 fl. 6 s.

porci empti in foro de Banholis 13. Dez. 1351:

1 porcus *zu* 7 l. 12 s.
1 porcus *zu* 6 l. 5 s.
5 p., *je* 114 s.
3 p., *je* 104 s.
2 porci = 15 l. 15 s.
2 verrati = 18 l.
} monete Francie.
1 fl. = 40 s. m. Francie.
6 emin. gland. 24 s.

porci empti in foro Carpentorati 16. Dez.

12 p., *je* 3 fl. 8 s.
14 p., *je* $3^1/_2$ fl.
8 p., *je* $3^1/_2$ fl. 1 s. 6 d.
1 verratus $4^1/_2$ fl.
2 verrati $6^1/_2$ fl.
Zusammen 6 verrati
} *Um die Gesundheit der Schlachtschweine zu erkennen, mußten die Metzger die Zungen untersuchen* (linguas respicere).

1352 April 30: mutones dati cardinalibus ratione ecclesie *zu je* 32 s. 54 **eduli** dati cardinalibus *zu je* 15 s. Auin.

Viktualien.

(I. 263) Juni pro cera etc.
400 quintalia caseorum *zu je* 3 fl.
Okt.: 3 quint. caseorum *zu je* 3. fl.
pro Pinhota **1351** Mai: 18 canne de oleo *zu je* 9 s.

NB. *Die täglichen Küchenausgaben in der* Panhota *wie im Palast für Käse, Fleisch, Eier, Fische, Früchte etc., Geflügel, Wildbret, Gemüse etc. werden im Detail eingekauft und nicht im einzelnen berechnet, die Armen erhalten* carnes et caseos. Pinhota 1351 Juni: 18 quint. carnium salsarum *werden von der* pinhota *verkauft zu je* $3^1/_4$ fl., *ebenso* 6 quintalia leguminum *zu je* $2^1/_2$ fl. parvi ponderis.

ex crescentibus in orto 13 fl.

Weinpreise.

(I. E. 263 f. 87) Abrechnung für das Jahr 1350.
pro 2 tonellis sive botis de s. Portiano 18 l. turon.
10 ton. de s. Portiano 35 l. 10 s. tur.
2 „   „   „   17 l. 43 s. „
2 „   „   „   16 l. 15 s. „

1352 Jan. 12 computus dni Geraldi de Arbenco, cantoris s. Petri Lugdun. et sedis Ap. nuntii in provinc. Lugdun., Vien. etc. de vinis de Belna (Beaune, Burgund) per ipsum emptis pro usu hospitii pape: attende quod in quolibet tonello sunt 2 caude et in qualibet cauda 2 modia et in quolibet modio sunt 16 sextaria vini ad mensuram Belnen.; (*also in einem Faß* 64 sextar. 161 sextar. = $2^1/_2$ tonelli + 1 sext.) 39 tonelli 1 cauda 1 modius (1 modius *wird auch* pontzonus *genannt*) 161 sextar. kosten $103^3/_4$ scuti 6 s. 6 d. tur. (1 scut. = 40 s.) . . . et quia dicta vina extrahi non potuerunt de Burgundia propter inhibitionem regine, que inhiberi fecerat, ne aliquis de Burgundia vina non extraherentur (!) etc.

(*I. E. 263 buticularia*) **1352.**

Pro 8 botis vini grossis de Bellicadro pro usu hospitii pape, *gekauft 1349, für jedes Faß* 9 fl.

(*I. E. 263 f. 92*) **1353** Jan. 31 pontif. Innocentii IV. anno primo computavit d^{ns} Guill^{us} Lasudria, buticularius olim palatii pape, de vinis per ipsum apud Bellicadrum pro provisione hospitii de 1351 *(unter Klemens VI.) über Reparatur der Weinfässer.*

6. Gewebe, Kunst-, Seiden-, Tuchwaren.

Kunstsachen und Seidenwaren.

(*I. E. 263 f. 108 ornamenta*).

1351 Mai 19 de mandato pape mag. Petro Boye, mag. tumbe sive sepulture pape sculpte in abbatia Case Dei, pro sculptura imaginis sive corporis de marmore nigro 120 scut. novi.

(*f. 109*) Juli Andreas de Tuderto, decr. dr. collector Tuscie et Ianue, solvit pro pretio rerum, quas de mandato Apostolico fecit fieri et transmisit pape: 10 libr. auri filati, quod de novo operari fecit in Ianua, p. m. Andree . . . de Porticu, mercatoris Lucan. Ianue morantis, 12 Ianuen. auri pro libra.

18 libr. 3 unc. sirici rubei viridi	die libra *zu* 15 l.
2 libr. 2$^{7}/_{8}$ unc. sirici gralli (!)	Lucan. mon. =
7 libr. 11$^{1}/_{2}$ unc. sirici coloris viridis et festichini	5 fl. 10 s. lucan.
Zusammen 147 fl. 8 s. 4 d. lucan.	oder ca. 5$^{1}/_{6}$ fl.

Aug. computus Petri de Siluaneto iuperii pape: 3 libr. de taffata alba *je* 9 fl.

6 canne de tela Remen. *je* 15 gross.

2 libr. 6$^{1}/_{4}$ unc. sirici nigri *zu je* 11 l. lucan., *zusammen* 8 fl. 32 s.

2 l. 5 unc. sirici albi coloris
2 l. 2 unc. „ cauei col. } *zu je* 14 l. 10 s., *zusammen* 22 fl. 53 s. 2 d.

20 l. sirici albi a friscio *zu je* 13 l. 15 s., *zusammen* 24 fl. (?) 48 s.

24 libr. 8$^{1}/_{4}$ unc. sindonum largarum albarum *zu je* 16 l. 10 s. lucan.

4 l. 1 unc. sirici Fariani viridis et rubei *zu je* 16 l. bone mon. Lucan. mercant. (1 fl. = 58 s.).

Zusammen an Seidensachen 2258 fl. 21 s. 9 d. lucan.

(*f. 111*) *eine Menge von* scarlate, albe et rubee, de Brussel, *einige* de Melinis *beim* Corsellus de Barbarino, tonsor pannorum, de bassatura *bezahlt.*

(*I. E. 263 1351/52 pro bulla et literis curie.*)

1351 Juli 26 libre sirici pro bulla *zu je* 4 fl.
1352 Apr. 12 l. sirici pro bulla *zu je* 4¹/₂ fl.

(I. E. 263 f. 110ᵛ orn.) Juli 6 Petrus de Silvaneto, iuperius pape, pro 3 unc. de sente albo 1 uncia *zu* 14 s. *Macherlohn des iuperius pape für* 3 iupones 6 fl., *im ganzen kosten sie* 43 fl. 4 s. 6 d.

Sept. 13 *derselbe bringt für* 3 iupones pape *ähnliche Abrechnung.*

Sept. I. de Tholosa, serviens armorum, de expensis per ipsum factis pro raubis etc. pape: pro 3 unc. et 1 ternali de veta de sento pro caligis pape 2 fl. 1 gross.

pro 3 sargiis viridibus de maiori forma ad ponendum in pariete camere magne 18 fl.

1³/₈ unc. de sento rubeo pro birretis et calligis pape 9¹/₂ gross. pro 2 cannis de samitto albo pro 1 cocardia pape 12 fl.

Okt. Petrus de Silvaneto iuperius *für* 4 iupones pape *im ganzen* 57¹/₂ fl.

Seiden- und Tuchwaren.

(I. E. 263 f. 112 orn.) **1351** Nov. 29 Stephanus Bonardelli de paramentis emptis Parisius pro cameris pape, *es wurden von ihm im ganzen 383 Pariser Quadratellen* »paramenta« *zu je* 17 s. paris. *gekauft.*

Dez. 6 Petro Martini de Narbona, mercatori et factori Raymundi Folherii, pro 9 peciis de orfrezis de Damas, que ponderabant 973 pondera (!), *kosten* 326²/₃ fl.

1 pannus de serico nigro deaurato 18¹/₃ fl.

3 pecie de orfregis de Damasco pond. 384 pond. 154 fl.

7 canne aurifrisiorum posit. in albis 7 fl.

18 canne tele de Remis *zu je* 1 fl.

4 unc. de serico viridi et purpureo seu rubeo *je* 12 s. Auin., *im ganzen* 2 fl.

(I. E. 263 f. 166 cera) **1352** Jan. 16 de mandato pape d. Stephano Bonardelli pro 10 cannis panni emptis ab Antonio Malabayla pro 5 cotardis 5 coquorum pape (28 gross. pro canna) 23 fl. 4 gross.

März Nicolaus Benthi de Floren. comput. pro 211 cannis 5 palm. tele albe de Parisius pro lectis pape *die* canna *zu* 8 gross., 20 manutergii de Parisius *zu je* 12 s. Auin.

(I. E. 263 f. 170ᵛ cera) **1352** April 7 comput. Iohannes Rosseti, clericus et familiaris d. Geraldi de Arbenco, collectoris in provincia Lugdun., de telis emptis in Trenorchio:

1 pecia tele *von* 44 alne (mensure Trenorchii), *die* alna *zu* 13 d. ob. tur. = 49 s. 8 d. tur.

1 pecia *von* 71 alne *zu je* 14 d. tur.

1 „   „ 79¹/₄ „   „ 15 d. „

1 pecia *von* 72   alne *zu je* 14 d. tur.
1   „   „   57½ „   „   17 d. „
1   „   „   73½ „   „   14 d. „
1   „   „   68½ „   „   15 d. ob. tur.
1   „   „   52¼ „   „   15 d. tur.
1   „   „   73   „   „   15 d. „
1   „   „   37   „   „   12 d. „

Die Stücke Tuch werden einzeln von verschiedenen Webern eingekauft, dann in einen Ballen gebunden, vom Hafen von Tournus (Trenorchium) nach Avignon gebracht, Porto 1 fl. Das Tuch soll benutzt werden pro abluendo vacellam pape, *d. h. als Abputztücher.*

Elemosina secreta 1352 März Raynaldus Balbeti comp. de 300 peciis panni pro elemosina pape *zu je* 13 fl.

Über den Macherlohn und die Menge der Tuniken und Hemden für die Armen vgl. unten S. 475.

6a. Pelzwaren.

(I. E. 263 f. 155 cera) **1351** Juli 11 computum Guillelmi la Brossa pelliparii de certis fulraturis per eum factis: 1349 Nov. 28 posui ego Guill. la Brossa in 1 cotardia et in 1 supertunicali pro Ugone s. Ciperii 2 folraturas et 6 pelles agnorum recept. per manus mag. Parisii sartoris, de quibus debentur michi 4 fl., 1351 Ian. 3 posui in 4 garnimentis stulti regis Francorum 15 hermen.: 7½ fl., pro faciendo et folrando stulti (!) 3 fl., April 4 tradidi domine de Voloyre de mandato d. Guillelmi de Bordis 286 dorsa grisorum (7½ fl. pro 100) 21 fl. 10 s. 3 d., April 16 Nicolao de Fores de mandato pape 1 folraturam agnorum 2 fl., 22. Mai 3 folraturas capucii nigras, que fuerunt posite in 1 supertunicali scarlate albe pro puero de Fores 3 fl., *zusammen* 40 fl. 22 s. 3 d.

(I. E. 263 ornamenta) **1351** Nov. 254 ventres minutorum variorum, *je 100 kosten* 9½ fl.

1352 Jan. Guill^{mus} la Brossa pelliparius computat de operibus factis pro papa: *je* 100 ventres variorum minutorum *kosten* 11 fl. *Die meisten feinen Pelze (Hermine) erhält der* pelliparius *von der Kurie geliefert, er muß sie verarbeiten.*

Jan. grisei *kosten 100 Stück* 7 fl.

7. Wachs und Kerzen.

(I. E. 263 f. 154 cera) **1351** Juli 3 d. Geraldus Furnerii, custos cere pape, comput. de expensis factis pro operando ceram a 15. Febr. ad 28. Iunii: pro operatione 119 quint. cere (10 s. pro quint.) 59 l. 10 s., pro 475 lb. de cotone (8 s. pro libra) 190 l., pro 360 lb. de filo canapis (2 s. 6 d. pro libra) 45 l., pro 14 saumatis de carbone (36 s. pro

saum.) 25 l. 4 s., 2 lb. de verdeto (*zu je* 10 s.) 20 s., pro 400 quint. caseorum (3 fl. pro quint.) 12 fl.; pro 2 vicibus, quibus papa fuit ultra Pontem, pro portando etc. 2 fl., *zusammen* 281 fl. 6 s.

(*f. 156*) Aug. 5 computum d. G. Fornerii, custodis cere: 8 carge 2 quint. 31 lb. cere a Petro lo speciaire (45 fl. pro carga) 384 fl. 16 s. 9 d., pro carretaria 18 s., pro portagio 22 s., debentur Bertrando Boerii pro 2 cargiis cere (45 fl. pro carga) 90 fl., *zusammen* 486 fl. 3 s. 9 d.

(*f. 154*) Sept. 16 computum Geraldi Fornerii, custodis cere, pro cera empta a 5. Aug. ad 16. Sept.: pro 11 cargis cere operate: pro salario operatorum (30 s. pro carga) 16 l. 10 s., pro 100 lb. de cotone (*zu je* 7 s.) 35 l., pro 50 lb. de filo canapis (2 s. 6 d. pro libra) 6 l. 5 s., pro 2 saum. de carbone 3 fl., 2 lb. de verdeto 8 s. (ad pingendum torticia); pro 4 quint. caseorum (3 fl. pro quint.) 12 fl., 3 quint. candelarum de cepo (*zu je* 4 fl.) 12 fl., *zusammen* 75 fl. 11 s.

(*f. 159v s.*) Okt. 7 *Demselben* pro cera empta pro usu hospitii pape a Iacobo ypothecario Auinion.: pro 13 quint. 72 lb. cere operate (17 l. 10 s. pro quint., 1 l. 3 s. 6 d.) 240 l. 2 s. in 200 fl. 2 s. (1 fl. = 24 s.).

Okt. 18 *Demselben* pro 22 quint. 77 lb. cere operate in magnis torticiis per ipsum emptis a Iacobo ypothecario (3 s. 6 d. pro libra, valet quintale 17 l. 10 s.) 398 l. 9 s. 6 d., pro 6 quint. candelarum de cepo (4 fl. pro quint.) 24 fl.; pro 3 quint. caseorum (3 fl. pro quint.) 9 fl., *zusammen* 365 fl. 18 d.

(*f. 160*) Nov. 16 *Derselbe* computat se emisse a Iacobo Melioris, ypothecario Auin., 6. Nov. 4 cargas cere pro usu hospitii pape (48 fl. pro carga) 192 fl.

(*f. 164*) Dez. 17 *Derselbe* dicit, quod debentur Iacobo Melioris, mercatori Auinion., pro 30 cargis cere tam operate quam ad operandum (46 fl. pro carga) 1380 fl. et 8 fl. pro tota cera, pro 1 cabassio 2 fl. 18 s., pro portando illa, que erant necessaria pro officio cere, quamdiu fuit ultra Pontem pape, 3 fl., *zusammen* 1393 fl. 18 s.

(*f. 165*) **1352** Jan. 1 *Derselbe* dixit se emisse pro elemosina facienda de mandato pape ecclesiis religiosorum et religiosarum et omnibus aliis ecclesiis ville Auinionis 3 cargas cere operate (46 fl. pro carga) 138 fl., pro 30 lb. cere albe ad faciendum cereos albos pro papa ad benedicendum in die purificat. (8 s. pro libra) 12 l., *zusammen* 148 fl.

(*f. 166v*) Jan. 26 Iacobo Alexandri, habitatori Auinion., pro 12 cargis 2 quint. 97 lb. cere pro usu hospitii pape (39 fl. pro carga) 506 fl. 12 s., pro portu 12 s., pro carretagio 13 gross., *zusammen* 508 fl. 2 s.

(*f. 167*) Febr. 8 d. Geraldo Furnerii, custodi cere, pro 2 quint. 7 lb. de sepo empto a Taberto habitatore Auinion. (5 fl. pro quint.) 10 fl.

(f. 169v) März 16 computavit d. Geraldus Fornerii, custos cere pape, de cera per ipsum facta operari pro usu hospitii pape a 12. Okt. ad 16. Marcii: pro operatione 66 quint. 19 lb. cere (10 s. pro quint.) 33 l. 1 s. 9 d. *Dazu die Ausgaben* pro cotone (255 lb. *zu je* 6 s.), stopa (125 lb. *zu je* 2 s. 6 d.), 8 saumatis de carbone *zu je* 36 s., 2 lb. de verdeto in torticiis et candelis videl. in pede 12 s., *ferner* pro factura 1 equi et 1 ymaginis cere, que est supra equum, pro d. vicecomite Turenne, ubi sunt 6 quint. cere (pro factura cuiuslibet [libre] 2 s.) 60 l., pro 60 lb. cere albe pro cereo paschali (6 s. pro libra) 18 l., pro 1 quint., 25 lb. caseorum (72 s. pro quintali) 4 l. 10 s., *zusammen* 222 l. 14 s. 4 d. in 185 fl. 14 s. 4 d.

(f. 172) Mai 15 *Derselbe* dixit se debere Iacobo Meliori, ypothecario Auin., pro 7 cargis cere (42 fl. pro carga) 294 fl., debentur magistro candelarum de sepo pro 2 quint. candel. de sepo 10 fl., *zusammen* 304 fl.

7a. Spezereien, Gewürze und Apothekerwaren.

Gewürzkrämerwaren.

(I. E. 263 f. 152v cera) **1351** Juni 15 Ademarus Barrani, ypothecarius pape, comp. de confecturis, papira, cera gomata, tela cerata, filo estamina, aqua rosacea de Damasco, cotone etc.

327 lb. confecturarum *zu je* 10 s. = 163 l. 10 s.

30 manus papiree pro camera thesauri (1 manus = 25 folien).

11 manus pro camera pape.

2 „ pro reservatione.

12 „ pro registro secreto.

2 „ pro camera magni hospitii. *Die* manus *kostet* 2 s. Auin., d. i. $1/12$ fl.

57 manus *kosten zusammen* 4 l. 14 s. Auin.

Ferner 4 manus papiree maioris forme pro camera regestri *zu je* 5 s. 6 d. = 22 s., *also die* manus *zu* $11/48$ fl. *Vgl. dazu die Pergamentpreise unten S. 477 ff.*

$5 1/4$ libre cere gomate *(Siegelwachs)* pro camera thesauri.

1 libra „ pro reservationibus, *das Pfund zu* 6 s. Auin.

3 canne tele cerate pro camera thesauri, *die* canna *zu* 15 s.

Juli comput. Ademarus Barrani ypothec. per totum mensem Iuni: 396 libr. confecturarum *zu je* 10 s. = 198 l.

38 man. papir. *zu je* 2 s. 3 d. = 4 l. 5 s. 6 d.

1 manus papir. maioris forme 5 s. 6 d.

pro 1 libro papir. 2 manuum maioris forme pro reservationibus 16 s.

12 libre cere gomate pro camera thesauri et mag. hospitii *zu je* 6 s. = 72 s.

1 canna tele cerate pro camera pape 15 s.

August 261 libr. confect. *zu je* 9 s. 6 d. = 123 l. 19 s. 6 d.

36 man. papir.: 20 pro camera thesauri, 12 pro camera regestri secreti, 1 pro camera dni P. Germani, 1 pro reservat., 1 pro camera magni hospitii *zu je* 2 s. 3 d. = 4 l. 12 pro 1 manu papiris maioris forme pro regestro dni P. Germani 5 s. 6 d.

3 libri pap. *zu je* 3 manus: 2 pro camera thesauri, 1 pro regestro: 29 s. 3 d.

13$^{1}/_{2}$ lb. cere gomate, videl. 14 l. pro camera thesauri, $^{1}/_{2}$ pro reservationibus, *zu je* 6 s. = 4 l. 7 s.

Sept. Ademarius Barrani, ypothecarius pape de confecturis, papiro etc.
312 libr. confect. *zu je* 10 s. = 156 l.

66 manus papir. *zu je* 2 s. 4 d. = 7 l. 14 s.

2 man. papir. maioris forme *zu je* 5 s.

6$^{1}/_{2}$ l. cere gomate *zu je* 6 s.

7$^{1}/_{2}$ canne tele cerate albe *zu je* 14 s.

Dann eine Reihe unbenannter Medizinalien.

Okt. 660 lb. confecturarum *zu je* 10 s. = 330 l.

47 manus papiri rasut *zu je* 2 s. 3 d.

1 cartularium in camera thesauri de 6 manibus papir. 21 s.

15 l. cere gomate *zu je* 6 s. = 4 l. 10 s.

6 canne tele cerate, quas recepit mag. Rostagnus Bert, *die* libra (!) canna *zu* 15 s. = 4 l. 10 s.

Nov. 444 libr. confect. *zu je* 10 s. = 222 l.

51 manus papir. *zu je* 2 s. 4 d.

11$^{3}/_{4}$ lb. cere gomate *zu je* 6 s.

Dez. Ademarus Barrani ypothecarius pape de confecturis etc.
474 lb. confectur. *zu je* 10 s. = 237 l.

36 man. papir. *zu je* 2 s. 6 d. = 4 l. 10 s.

3 man. papir. maioris forme pro regestro dni Petri Germani *zu je* 5 s. 6 d.

3 libri papir. pro camera thesauri *von je* 6 manus 3 l. 6 s.

1 liber papir. pro panataria de 2 manibus 7 s. 6 d.

8 lb. cere gomate *zu je* 6 s.

5 canne tele cerate *zu je* 15 s.

6 lb. zucari rosacei de Alexandria *zu je* 10 s.

8 pomi milgrani 8 s.

1352 Jan. *desgl.* 426 lb. confect. *zu je* 10 s. = 218 l.

37 man. papirus (1 pro camera magna hospitii, 3 pro camera pape, 12 pro regestro secreto, 1 pro reservationibus, 20 pro camera thesauri) *zu je* 2 s. 6 d.

2 libri de 5 manibus papirus pro camera pape 18 s.

1 liber de 3 manibus papirus pro camera thesauri 11 s.

2 libri de 11 manibus papirus maioris forme thesauri 4 l. 2 s.

$12^{1}/_{2}$ l. cere gomate *zu je* 6 s.

(I. E. 263 pro cera) **1352** Jan. *Zwetschen und Trauben s. bei Spezereien.*

24 canne tele cerate *zu je* 15 s.

1 canna estaminee 4 s.

pro pluribus rebus medicinalibus pro papa per totum mensem Decembris 55 l. 5 s. 6 d. (1 fl = 24 s.).

Febr. Ademarus Bairani, ypothecarius pape, comput. 390 lb. confect. *zu je* 10 s.

3 lb. dragie fine 18 s.

35 man. papirus *zu je* 2 s. 6 d.

1 man. pap. maioris forme 5 s. 6 d.

1 liber pap. de 4 man. 13 s.

9 lb. cere gomate *zu je* 6 s.

März *derselbe für den ganzen Februa*r computat: 542 lb. de confect. *zu je* 9 s. 6 d. = 257 l. 9 s.

37 man. papirus *zu je* 2 s. 6 d.

1 man. pap. maioris forme 5 s. 6 d.

2 libri pap. de 8 man. pro camera thesauri 28 s.

$9^{3}/_{4}$ l. cere gomate *zu je* 6 s.

23 canne tele cerate albe *zu je* 14 s.

April *derselbe für den ganzen März* 775 lb. confect. *zu je* 9 s. 6 d. = 368 l. 2 s. 6 d.

39 man. papirus *zu je* 2 s. 6 d.

2 man. pap. maioris forme *zu je* 5 s. 10 d.

April $16^{1}/_{4}$ cere gomate *zu je* 6 s.

33 canne tele cerate albe *zu je* 18 d.

Spezereien.

(I. E. 263 coquina) **1351** Mai *in 4 Wochen* species communes:

14 libr. *zu je* 10 s. Auin.

20 libr. gingiber *zu je* 10 s.

6 libr. piperis *zu je* 10 s.

$10^{1}/_{4}$ libr. cinamonii *zu je* 10 s.

2 l. $^{1}/_{2}$ med. unc. gariofil. *zu je* 56 s.

2 l. $^{1}/_{2}$ unc. flor. cinamonii *zu je* 6 l. pro libra.

2 l. granorum Paradisi *zu je* 18 s.

1 l. nucium muscatis 20 s.

1 lb. macis 35 s.
1 l. cubebarum 30 s.
1 l. garnigalis 45 s.
1 l. folii 20 s.
1 l. piperis longi 12 s.
1 l. spicanardi 25 s.
3 l. croci zu je 4 l.
20 l. zucari zu je 9 l.
400 l. amigdalorum zu je 15 d.
57 l. risi zu je 9 d.
29 l. onudi zu je 2 s.
46 l. frumenti 46 s.

33 l. ordei 33 s.
4 l. pinearum zu je 3 s.
4 l. datillorum zu je 3 s.
4 l. prunorum zu je 18 d.
4 l. racemorum de Corimbr. zu je 4 s.
4 l. ficuum 2 s.
6 l. mellis 6 s.
24 poma granata zu je 15 d.
27 canne olei zu je 9 s.
155 l. casei 7 l. 6 d.

(coquina) Dez. 1351 *in 4 Wochen:*

38 l. specierum communium zu je 10 s.
22½ l. gingiberis zu je 10 s.
19¼ l. canelle zu je 10 s.
7½ l. piperis zu je 10 s.
2½ l. ½ unc. gariofili zu je 48 s.
1½ l. ½ unc. flor. canelle zu je 10 l.
1½ l. granorum Paradisi 24 s.
3½ l. croci zu je 4 l. 6 s.
40 l. zucari zu je 10 s.
350 l. amigdal. zu je 12 d.
13 l. risi zu je 9 d.
53 l. ordei 53 s.
10 l. ancuati 10 s.

10 l. frumenti 10 s.
3 l. prunorum 4 s. 6 d.
1 l. pinearum 4 s.
3 l. datillorum 3 s. 9 d.
1 l. racem. de Corimbr. 4 s.
3 l. coriandri zu je 10 s.
½ l. melorum mundat. 10 s.
6 l. mellis 6 s.
1 l. cumini 2 s.
2 l. alcanete 6 s.
12 poma granata 9 s.
1 l. scandali rubei 20 s.
20 emin. salis zu je 7 s.
3 modii salis grossi zu je 8 l. 10 s.

(f. 166 cera) **1352** Jan. *beim* ypothecarius *gekauft:*

7¾ l. zucari pro panetaria zu je 10 s.
6 l. prunarum zu je 18 d.
2 l. racemorum de Corimbr. 8 s.

Febr. *desgl.* 7 l. zucari pro panetaria zu je 10 s.
12 l. prunarum pro panataria zu je 18 d.
5 l. racemorum de Corimbre zu je 4 s.

März *desgl.* 360 l. ficuum zu je 8 d.
336 l. racemorum zu je 7 d.
20 l. datillorum zu je 3 s.
18 l. prunarum zu je 18 d.
22 l. auellanarum zu je 6 d. 11 s.

April *für* März 1352 *desgl.* 720 l. ficuum zu je 7 d.; 442 l. racemorum zu je 7 d.; 3 l. dragie fine pro papa zu je 16 s.; 6 l. datillorum zu je 3 s., 6 l. prunarum zu je 18 d.

1352 April: 7 l. auellanarum (nux avellana) zu je 6 d.
12 l. ficuum brumt zu je 2 s.
12 l. dragie fine zu je 16 s.
2 l. zucari zu je 9 s. 6 d.

8. Handwerker- und Tagelöhne, Baumaterialien.

Handwerker- und Tagelöhne.

(I. E. 263) **1351** pro operibus et edificiis: R. Gutbandi, director operum pape.

22 diete coopertorum, pro dieta 10 s. (Auin).

19 diete massoneriorum, pro dieta 8 s.

5 diete gippariorum, pro dieta 10 s.

Iohanni de s. Marcello et Antonio eius socio plumberiis pro reparatione cooperture turris de Trolhassio dirrupte propter ignem 7$^1/_2$ fl.

(pro cera) 15 Holzzieher je 5 s. Auin. pro dieta.

(pro Pinhota) 1351 Mai pro factura 13 tunicarum 13 s. Auin., *so auch im folgenden:* 13. 13. 50. 13. 13. 13. 100 *Stück.*

Der fusterius Pinhote *erhält jährlich 35 fl.*

Die fusterii *erhalten sonst täglich* 8 s., *ihre* manobre *nur* 6 s., *die* magistri gypperii *erhalten nur* 6 s., *ihre* manobre 4 s.

factura 300 camisiarum dat. pauperibus tam infirmis in hospitalibus quam aliis et leprosis *zu je* 4 d.

4 rote facte pro quadrigis apud Bituritam p. m. I. de Blado clavarii dicti loci: 8 fl.

pro ferratura rotarum predictarum ponderante 2 quint. minus 3 l. solvi Guill^{mo} ferraterio palatii 9 l.

26 duodene clavorum pro dicta ferratura ponenda 28 s.; pro rotis ferrandis magistro P. de Arlate 30 s.

Im ganzen kosten die 4 Räder 8 fl. 11 l. 18 s. auin.

Baumaterialien.

(I. E. 263 f. 119v) Frühjahr 1351 50 teguli 7 s. 6 d. auin.

Juni 3000 teguli pro palatio antiquo pape 16 fl.

7350 teguli *je* 1000 *zu* 5 scuti (1 scutum = 24 s., 15 fl. = 12 scut.).

8a. Malerei und Goldschmiedearbeiten.

Malerei und Farben.

(I. E. 263 f. 160 cera) **1351** Okt. 18 computum mag. Mathei pictoris de expensis in mensibus Augusti et Septembris in pictura s. Rotberti Case Dei: pro 2 operariis, qui fuerunt in dictis picturis, inter eundo, stando et redeundo per 24 dies 15 fl., pro 300 foliis auri fini 6 fl., pro azurio ultramarino et aliis coloribus 6 fl., pro expensis suis comestionis et equi sui 6 fl., *zusammen* 33 fl.

Goldschmiedearbeiten.

(I. E. 263 ornamenta) **1351** Dez. Raymundus Seguini, argentarius Auin., pro factura et deauratura 12 platellorum argenti *im Gewicht von*

120 march. 7 unc. tur. gross. ad pondus ville, *die Mark zu* 2 fl.; pro brunitura cuiuslibet platelli 1 fl. *Er hatte von der Kammer* 122 march. 1$^1/_2$ unc. *erhalten. Er behält also noch* 2 marche 1 unc. *übrig, die* marcha *Silber zu* 5 fl. 16 s. Auin. *gerechnet.*

(f. 158 cera) **1351** Sept. 1 Nerocius de Senis, argentarius Auin., *verarbeitet* 72 march. 18 d. *Silber zu* vaccella argentea, *erhält für die* marcha 4$^1/_2$ gross. *Arbeitslohn* = 102 fl. 2 s. pro 2 unc. argenti 30 s. Auin.

(f. 170) **1352** April 2 Nerossio de Senis et Thome de Inerte, argentariis habitatoribus Auin., pro factura 6 picheriorum argenti pro usu hospitii pape, que ponderant 108 march. 5 unc. argenti, et fuerunt extimati per argentarios certos pro marcha 1 fl. 2 gross.: in 126 fl. 17 s.

April 3 computavit Nerochus (!) Bartholini, argentarius Auin., de 1 angelo argenti deaurato per ipsum facto ponderis 11 march. 2 unc. arg. (14 gross. pro marcha) 15 l. 15 s., pro reparatura 2 angelorum pro ramis palmarum, que ponderat 4 march. 2 unc. arg. 3 d. (14 gross. pro marcha) 5 l. 19 s., *zusammen* 18 fl. 2 s.; pro quibus faciendis recepit a camera 15 march. 7 unc. arg.; restat, quod debet camere 2 unc. arg. 21 d., quas restituit 3. April.

8b. Holz und Kohlen.

(I. E. 263 f. 152 cera) **1351** Juni 9 computum Iohannis Flota et Guillelmi Quinquinelli, cursorum pape, de lignis et carbonibus per eos receptis ab Ynardo Porchalha de Vinayo mercatore pro usu hospitii pape: 8. Mai 608 banastones carbonum (*zu je* 2 s.), 9. Mai 600 banastones, 10. Mai 600 banast., 11. Mai 600 banast. etc., *zusammen* 4268 banastones (2 s. pro quintali): 426 l. 16 s.

Ferner zusammen 4572 quintalia lignorum combust. (2 s. pro quintali) *zu* 458 l. 4 s., pro 100 dietis hominum, qui dicta ligna estuvaverunt seu posuerunt in lignario (5 s. pro dieta) 25 l. mon. Auinion. (1 fl. = 24 s.), *zusammen* 761 fl. 16 s..

(f. 154) Juli 3 de mandato pape d. Guillelmo de Benevento, camerario d. vicecomitis Turenne, pro lignis et carbone pro usu hospitii vicecomitis 361 fl. 2 6. 8 d.

(f. 155) Juli 20 computavit St. Brueyra de lignis pro usu hospitii pape de Ultra Rodanum per relationem I. Flote, cursoris pape deputati ad recipiendum dicta ligna, quod debebantur eidem pro 1820 quint. lignorum (2 s. 8 d. pro quintali) 242 l. 13 s. 4 d., pro 15 dietis hominum pro estivando ligna (5 s. pro dieta) 75 s., *zusammen* 205 fl. 8 s.

(f. 157) Aug. 16 computum Stephani Vitalis, cursoris pape, de lignis et carbonibus emptis pro coquina pape per G. Chungay, custodem Pontis Auin. pro d. rege Francie, a 15. Marcii, qua die papa transivit apud Villanovam et remansit ibidem ad 8. April, qua reversus est Auinionem: pro

17 salmatis carbonum *(je* 1 fl. 8 s.) 17 fl. 6 l. 16 s., pro 2 salmatis carbonum 3 fl., pro 14 salmatis lignorum 112 s., pro 3 salm. carbonum 4 fl., *zusammen* 34 fl. 8 s.

(f. 165v) **1352** Jan. 1 computum G. Quinquinelli et Combarelli, cursoris pape, de carbonibus per eos receptis ab Ynardo Porcalha de Vinayo dioc. Gracionopolitan. *an verschiedenen Tagen des Okt. und Dez. zusammen* 3840 banastones *zu je* 2 s.: 384 l. *in* 320 fl.

(f. 168v) März 7 Guillelmus Amigoti, emptor hospicii d. vicecomitis Turenne, computavit de lignis pro hospicio d. vicecomitis de mandato pape. *Er empfing in den Monaten Oktober bis März von Stephan Bruerie* 2578 quint. *zu je* $2^1/_2$ s.: 322 l. 5 s., pro portu de 1860 quint. 27 fl. 21 s. 4 d., *zusammen in* 296 fl. 10 s. 4 d. (1 fl. = 24 s.).

(f. 169) März 7 computavit Stephanus Bruerie de Viuario de 400 quint. lignorum combustibilium pro pensione Guillelmi de Channaco, magistri palafrenarie pape, 2 annorum (2 s. 6 d. pro quint.) 50 l. *in* 41 fl. 16 s. mon. Auin.

9. Bibliothek und Schreibwaren.

Iohannes Agulherii, pergamenarius pape, *stellt die Rechnungen aus.*
(I. E. 263 f. 154 cera) **1351** Juni 23 53 duodene pergameni maioris forme: 4 pro camera thesauri et 49 pro d. Francisco pro faciendis litteris legatorum, *das Dutzend zu* 20 s.: = 53 l.

4 duoden. pergameni mediocris forme pro camera thesauri *zu je* 16 s. = 3 l. 4 s.

4 duoden. pergameni min. forme pro camera thesauri *je* 12 s. = 48 s.

15 pelles magne, capras *genannt,* pro dno Francisco *zu je* 12 s. = 9 l.

Aug. Ioh. Agulherii, pergamenarius pape, comp.: 25 duodene pergameni maioris forme (20 duodene pro dno Franciso, 3 pro camera thesauri, 2 pro camerario vicecomitis Turenne) *zu je* 20 s. = 25 l.

10 duoden. pergameni de registro pro dno Francisco *zu je* 24 s.

2 duoden. mediocris forme pro camera thesauri *zu je* 16 s.

2 duoden. minoris forme *zu je* 12 s.

6 duoden. pergameni rasi maioris forme pro regestro secreto *zu je* 14 s.

3 duoden. magni pergameni pro dno Francisco, *das Stück* sive pellis *zu* 6 s. = 10 l. 16 s. Auin.

(I. E. 263 cera) **1351** Nov. Ioh. Agulherii, pergamenarius camere Apostolice: 20 duoden. pergameni maioris forme *zu je* 20 s. = 20 l.

1 duoden. pergameni de registro pro dno Francisco 24 s.

4 duoden. perg. mediocr. forme pro camera thesauri *zu je* 16 s.

6 duoden. pergameni rasi maioris forme pro regestro secreto *zu je* 23 s.

12 duoden. perg. maior. forme pro dno Francisco *zu je* 12 s.

1 magna pellis pro d^{no} camerario 8 s.
1 alia maior pellis 8 s.

1352 Jan. Ioh. Agulherii, pergamenarius camere apostolice, *vom 4. Dez.—19. Jan.*: 38 duoden. pergameni maioris forme *zu je* 20 s.

31. Jan.—28. Febr. *desgl.* 34 duod. pergameni maioris forme *zu je* 20 s.

2 duoden. pergameni mediocris forme *zu je* 16 s.

6 duoden. pergameni rasi maioris forme pro regestro secreto *zu je* 23 s.

NB. *Größen des Pergaments von Innocenz VI.—Martin V.* 40/50, 43/53, 42/51, 31/45, 32/55, 29/45, 42/55, 45/55, ca. 50/65 + 40/70, 50/75, 35/55, öfters 41/51, 40/60, 45/55, 45/55, 42/52, 40/45, 38/50, 42/53, 38/50, 42/53, 38/50, 39/48, 38/58, 42/52, 27/50, 38/48, 50/75, 70/77, 40/53, 50/63, 50/70, 26/45, 30/40, 25/32, 32/50, 30/50.

Es sind nur selten völlig übereinstimmende Maße zu verzeichnen, doch lassen sich 3 Größen formen, die häufiger vorkommen, solche von der Breite 38—45 und der Länge 50—60, häufig ist dabei die Form 41/51, 42/53. Dann von der Breite 50—70 und der Länge 65—80, sie kommen nicht so häufig vor. Die kleinere Form hält sich in der Breite zwischen 25—32 und in der Länge zwischen 40 und 50. Zwischen allen Formen sind Übergänge. (Bullarium Generale II.) *Über Papierpreise vgl. oben S. 471 ff.*

10. Verschiedenes.

(I. E. 263 f. 171 cera) **1352** April 15 facto computo cum Iacobo Duci de Florentia, habitatore Auinion., pro operatione 257 palmarum pro domenica ramorum palm. pro papa (pro qualibet palma 10 d.) 10 l. 14 s. 11 d. in 9 fl. 21 s. 2 d.

Geschenke.

(I. E. 263 ornamenta) **1351** Nov. pro 3 capuciis faciendis ad opus raube filii Infantis Aragonum sibi date per papam 254 ventres minutorum variorum, *je hundert kosten* $9^1/_2$ fl.

Die Kardinäle *erhalten zu Weihnachten:* prior cardinalium 6 malach. 6 s. papien. = 41 tur. gross. 6 d. tur. p.

5 episcopi cardin. *je* 4 malach. 4 s. papien. = 27 gross. 9 d. tur. p.

2 priores tam presbiterorum quam diacon. cardin. *je* 3 malach. 3 s. Papien. = 20 gross. 11 d. parv., *zusammen* 3 s. 5 d. gross. 6 d. parv.

pro portione 20 tam presb. quam diac. cardin. *je* 2 malach 2 s. papien. = 13 gross. 12 d. parv., *zusammen* 22 s. 11 d. tur. gross. 13 d. parv.

Im ganzen 41 s. 5 d. tur. gross. 10 d. parv.

Zu Ostern dasselbe (es fehlt ein Kardinal presb., deshalb eine Portion weniger).

Verschiedenes aus dem **Marstall.**

(I. E. 263 marestalla) **1351** Mai—Juni: *24 neue Hufeisen zu je* 15 d.

Juni: *30 neue Hufeisen je* 15 d. Auin., 11½ corde tele pro faciendo 16 coopertoria equorum, *jede* corda *zu* 22 s.

pro faciendo 16 coopertoria *je* 2 s.

2 brandones 24 candele pro eundo cum equis ad s. Egidium 10 lb. cere, pro qualibet libra 3 s. 9 d.

1352 Jan. 12 sacci pro portando avenam de ultra Rodanum apud Villam Novam 3 s.

2 uncie de arsenic albo et pro sanguine draconis pro mulo capelle 16 s.

1 libra gallari pro eodem mulo 4 fl.

10ᵃ. **Gartenkultur.**

(I. E. 263 f. 161ᵛ cera) **1351** Nov. 19 comput. Michaelis Bruni de expensis pro bestiis silvestribus et pro hortis pape a 8. Febr. **1351**— 28. Okt.:

Febr. 9 pro ligando vites *2 Mann, täglich* 5 s. 6 d., *die Stöcke an Rohrstäbe gebunden.*

2 Mann, qui fodaverunt viridarium, *je* 5 s. 9 d.

Im März ist der Tagelohn für Gartenarbeit 5 s. 9 d.

Im April werden gesät die herbae in parvo horto, *die* caules *eingesetzt; Dünger dazu gebracht.* Petrosilium *gesät.*

2 banastones *zum Herbeitragen des Düngers je* 15 d.

2 mulieres, que sarclaverunt, *je* 3 s. pro *Tag.*

Ende Mai die Pflanzen mit Wasser begossen aus dem dortigen puteus. Juni olera plantare.

Im Juni Tagelohn 6 s., *der Garten öfters begossen im Juni und Juli.*

Im September neue Düngung.

Im Oktober neue Bestellung mit olera *und Petersilien.*

Klemens VI. Elftes Pontifikatsjahr. 1352.

A. Übersicht über die einzelnen Titel und ihre Schlußsummen.

I. E. 265. (Enthält auch die Ausgaben während der ganzen Vakanz des Hl. Stuhles, der Schreiber hat aber auffallend viele Flüchtigkeitsfehler und Unrichtigkeiten begangen, die von mir in der Regel verbessert wurden.)

1. *(I. E. 265 f. 32—42)* **coquina**: dominus Bernardus Gaucelmi, emptor coquine pape; Nicolaus de Monteclaro, magister coquine pape. Die Rechnungen laufen vom 22. April bis 8. Dez. sedis vacantis. *Schlußsumme:* 12 145 fl. 471 scut. 6 l. 11 d.

2. *(f. 43—48)* **panetaria**: d. B. Garnerii, Guillelmus Bellifili, panetarii pape. *Schlußsumme:* 1511 fl. 9 l. 1 s. 9 d.

3. *(f. 49—52)* **buticularia**: d. Geraldus de Turno, Petrus Gasqueti, buticularii pape. *Schlußsumme:* 2243 fl. 724 scut. 26 l. 16 s. 7 d. mon. Auin., 14 s. mon. Francie.

4. *(f. 59—67)* **marescalla**: Guillelmus de Channaco, magister marescalle † 1352, *wahrscheinlich im Dez.,* sein Stellvertreter Raimundus Amici, clericus quondam Guillelmi de Channaco, *seit 1. Febr. 1353* Nicolaus de Monteclaro custos marescalle pape, Raymundus Amici scriptor marescalle. *Schlußsumme:* 3132 fl. 4 l. 2 s. 1 d.

5. *(f. 64—73)* **ornamenta**. *Schlußsumme:* 2916 fl. 215$^1/_2$ scut., 10 l. 18 s. 7 d. ob. mon. Auin., 5 d. tur.

6. *(f. 75—94)* **opera et edificia**: Petrus Chauleti sarralherius palacii pape, d. Raymundus Guitbaudi director operum palacii pape, mag. Ioh. de Lupariis magister novi operis palacii pape, Rotbertus de Tiromonte provisori carbonum palacii, Guillelmus Barnoyni ferraterius palacii, Sifredus Celleri magister conductus aque, mag. Matheus pictor palacii pape. *Schlußsumme:* 7881 fl. 45 regales 70 agnos, 21 l. 3 s. 8 d.

7. *(f. 97—98)* **vadia extraordinaria**: 3431 fl.

8. *(f. 100—109)* **extraordinaria et cera**: 13 417 fl. 13 l. 14 d.

9. *(f. 112—119)* **vadia ordinaria** (4 solutiones, *(die letzte am 10. Nov., dann noch am 29. Dez. Auszahlung der Kleidergelder). Schlußsumme:* 18 994 fl. 130 scut. 174 l. 8 s. 7 d. ob.

10. *(f. 120—122)* **elemosina secreta**: Petrus de Frigidavilla, administrator domus elem. Panhote. *Schlußsumme:* 7473 fl. 800 scuta, 77 l. 14 s. 8 d.

11. *(f. 124—140)* **Panhota**: 6448 fl. 19 s. 4 d. monete Francie, 105 l. 4 s. 6 d. mon. Auin.

12. *(f. 141)* **bulla et littere curie**: 146 fl. 12 s. (fratres Raymundus et Gaubertus bullatores).

13. *(f. 143—144)* **scriptura et libri**: 149 fl. 22 s. 8 d. ob.

14. *(f. 145)* **possessiones empte**, *enthält nur eine Eintragung:* **1352 Juli 12** Rostagno Ricani, draperio de Auinione, pro venditione cuiusdam hospitii siti in civitate Auinion. in parochia s. Simphoriani prope furnum canonicorum iuxta palafrenariam antiquam equorum pape, in quo hospitio tenetur salvazina pape, quod hospitium emptum nomine camere pro usu salvazine tenebatur in feodum a Bertrando Albe, domicello de Tarascone, sub censu annuo 10 s. tur. p.: 60 fl., item pro dicto censu empto a Bertrando 25 fl.

15. *(f. 146—147)* **exequie d. Clementis pape VI. 1352** Dez. 31 computum Iohannis de Tholosa, sartoris ac servientis armorum pape, de expensis per eum factis pro exequiis fel. record. d. Clementis pape VI.: debentur Nicolao Banche pro 3 peciis de sendato nigro ponderis 6 lb., pro panno aureo pape et pro guoteria capelle fuste, ubi stabant candele ($4^{1}/_{4}$ fl. pro libra) 25 fl. 6 gross., $1^{1}/_{2}$ pecia de sendato rubeo pro omnibus sericis ponderis 2 lb. 5 unc. (5 fl. pro libra) 12 fl. 1 gross., pro 3 cannis 2 palmis de tela alba de Remis pro bragueriis pape 4 fl. 4 gross., 2 unciis de serico rubeo et nigro pro suendo pannum aureum pape 1 fl., pro $14^{1}/_{2}$ cannis de sendato nigro pro panno aureo novene (ponderis 2 lb. 6 uncie 3 ternalia, precio $4^{1}/_{4}$ fl. pro libra) 10 fl. 9 gross. 2 d., pro 15 unciis de sendato rubeo pro scutis (5 fl. pro libra) 6 fl. 3 gross., 10 palmis de sendato de grana et 1 cordone de scuto de grana, qui 10 palmi et cordon ponderaverunt 11 uncias et fuerunt pro mantello conclavi, 8 fl. 8 gross., pro coyssinis nigris 3 fl. 6 gross., pro 34 paribus raubarum nigrarum 17 fl., 5 paribus raubarum nigrarum militum 2 fl. 6 gross., pro 1 pecia et 5 cannis de bruneta de boncanno de nigra forma, que pecia habuit in longitudine, molhata et bayssata, 12 cannas 3 palmos, 70 fl. pro pecia et 5 fl. pro canna, *zusammen* 95 fl.

Debentur Nicolao de Lugduno brodario pro faciendo pannum aureum et pro faciendo 16 signa et 16 tyarras et pro argento et auro fino et aliis coloribus et pro magistris 20 fl., pro 24 signis positis in longathieyra capelle fuste et pro argento et asuro fino et pro magistris 10 fl., pro argento panni novene et asuro fino et pro magistris 20 fl.

Zusammen 220 fl. 23 s. 2 d.

Dez. 7 d. Petro de Frigidavilla, administratori domus elemosine Panhote, qua die fuit traditus ecclesiastice sepulture papa Clemens VI., pro dando pauperibus 400 l. Auinionis.

Eadem die d. Iohanni de Seduno, elemosinario pape, pro spargendis pauperibus, quando funus deferebant ad sepulturam in ecclesiam b. Marie de Domps, 40 l. mon. Auin.

Eadem die de mandato dd. cardinalium et d. camerarii conventibus 4 religionum pauperum iuxta ordinationem pape cuilibet 100 fl.: 400 fl., *desgl.* pro complemento dicte ordinationis per d. Clementem papam facte in ordinibus monialium 300 fl., *desgl.* hospitalibus civitatis Auin., cuilibet 25 fl., 425 fl.[1]

Desgleichen diversis religiosis et presbiteris pro celebrando 50 missas per prefatum d. Clementem pro anima sua institutas die qualibet sue novene (4 gross. pro missa) 1800 gross. clem.

Dez. 31 d. Geraldo Furnerii, custodi cere, pro exequiis pape et expensis factis pro funeralibus a die obitus (6. Dez.) usque ad 8. Dez.: pro 23 cargis cere (48 fl. pro carga) 1104 fl.

1353 Jan. 2 computavit Iessinus de Cathalanno sarralherius de serratura, 1 clave, pennis per ipsum factis et traditis ad relationem mag. Rostagni Berqui: pro 4 pennis pro porta capelle nove ponderis 1 quintalis et 75 lb. (2 s. 6 d. pro libra), pro ferrando cassam sive archam, in qua repositus est d. Clemens papa VI., 20 fl., pro reparandis 3 candelabris et faciendis 3 pedibus novis de mandato d. Geraldi Furnerii 3 fl., pro 1 clave, quam fecit fieri idem d. Geraldus 4 s., pro 1 potente [clavi] *desgl.* pro camera pape 8 s., *zusammen* 21 l. 17 s. 6 d. 23 fl.

Alles zusammen 2490 fl. 7 l. 10 s. gross. clemen. novorum, 441 l. 8 s. 8 d. mon. Auin.

B. Systematisch geordnete Einzelheiten aus den verschiedenen Ausgabetiteln.

1. Chronicalische Angaben.

(I. E. 265 f. 100 cera) **1352** Mai 21 Angelo Tauernini, thesaurario Patrimonii, de mandato pape pro stipendiariis solvendis ordinatis contra prefectum urbis Rome 3000 fl.[2]

Juni 4 d. Matheo Pascali, scriptori pape, pro gallinis per papam debitis pro die sue coronationis omnibus scriptoribus cancellarie 20 fl.

Juni 11 Raymundo de s. Michaele, serv. armorum, misso de mandato pape in Lemouicino 20 fl.

---

[1] Demnach gab es damals 17 Hospitäler in Avignon.
[2] Vgl. meine *Deutsche Ritter in Italien* 1. Buch S. 22 f., 2. Buch S. 80 ff.

1. Chronikalische Angaben.

Juli 11 de mandato pape d. Stephano de Bacuto, canonico Agennen., misso ad partes Burgundi per papam pro certis propriis negotiis suis 53 fl.

Juli 12 de mandato pape vive vocis oraculo michi facto Angelo Tauernini de Viterbio, thesaurario Patrimonii, pro guerra contra prefectum Urbis 1500 fl.

Aug. 14 d. Stephano Priozi presbitero, cubiculario d. camerarii, pro 1 lecto per ipsum empto pro tribuno[1] capto 24 fl.

Okt. 21 computum Michaelis de Pistorio, servientis armorum pape, de rebus administratis tribuno[1] capto: pro 1 flassata alba emptis a Iudeis 2 fl. 18 s., pro 3 par. caligarum 2 fl. 6 s., pro reparando 2 par. caligarum 6 s., barbitonsori, qui ipsum preparavit, 2 s. 6 d.

Dez. 26 de mandato Innocentii VI. pape ad relationem camerarii Petro Montossier, cursori pape, misso ad regem Aragonum 30 fl.

Dez. 29 cum f. r. d. Clemens papa VI. fecisset fieri 1 allogium pro usu capituli et ecclesie b. Marie de Domps et precepisset seu mandasset dari pretium, de mandato Innocentii pape soluti fuerunt Antonio de Litore sive de Leodio plumberio presentibus Iacobo de Deycio dr. decr. et Paulo de Sado dr. decr., canonicis eiusdem ecclesie, 50 fl.

(f. 97ᵛ extraord.) **1352** Sept. 12 cum de mandato pape fuerunt Grecis infrascriptis stipendia pro die qualibet constituta (*je* 6 s.), ascendunt, cum sint 4 greci, 1 fl. pro die qualibet, dicta die soluti fuerunt d. Raphaeli ep. Archadien., interpreti eorum, videl. Hemanueli referendarii in ecclesia Salvatoris in Sila Dalphia et Hemanueli Rulicis pro 7 diebus, qui inceperunt die dominica prox. preterita et terminabunt die sabbati, 7 fl.

Vom 30. September an wird das gleiche Gehalt an 9 Griechen wöchentlich mit 15 fl. *bezahlt das ganze Jahr hindurch* videl. d. Raphaeli ep. Archadien., Durando de Bonoura, ambaxatori archiepiscopi Smirne, et 3 famulis suis et d. Hemanueli presbytero et referendario de Magula et d. Hemanueli Theodorunchan. militi et servitori.

(f. 49 butic.) **1352** Mai 21 computavit Guillelmus Lasudria de expensis factis in buticularia in mense Decembr. 1351, quando d. rex Francie fuit in villa: se emisse 6 barralia de saumata ($^{1}/_{2}$ fl. pro quolibet) 3 fl., 6 broquos (*je* 6 s.) 36 s., 4 duodenas et 4 magnos picheros terre 2 fl., 4 duodenas vitrorum cum pede 4 fl., 4 duodenas picherorum terre parvorum 2 fl., *zusammen* 11 fl. 12 s.

Geschenke.

(I. E. 265 f. 103ᵛ cera) **1352** Sept. 3 de mandato pape vive vocis oraculo michi facto ex dono speciali per S[anctitatem] suam d. Iohanni Trencherii, sacriste monasterii s. Michaelis de Clusa, 200 fl. de Florentia.

---

[1] Scil. Cola di Rienzo.

1a. Wohltätigkeit.

(I. E. 265 f. 120 elemos.) **1352** Mai 21 traditi fuerunt de mandato pape fr. Geraldo de Belloforti, priori Mortuemaris ord. Cartusien., pro elemosina per papam fieri consueta pro edificiis monasterii faciendis 800 scut.

Mai 24. *Die vier Bettelorden Avignons erhalten jährlich am Krönungstag des Papstes 400 fl. zur baulichen Unterhaltung ihrer Klöster: bezahlt werden je* 100 fl. fr. Geraldo de Foresto, procuratori ord. Predic.; fr. Iohanni, heremitarum s. Augustini; fr. Petro Pulbi, operario ord. Min.; fr. Petro Raybaudi, procur. ord. Carmelitarum.

Juni 9 de mandato pape pro elemosina pontis Auinion. d. Anthonio episcopo Maioricarum pro parte contingente papam, de 500 fl. datis pro dicto opere per papam et collegium, 250 fl.

Juni 11 d. Petro de Frigidavilla, administratori domus elemosine Panhote, pro visitationibus hospitalium mensium Aprilis—Iunii pro principio cuiuslibet mensis et pro festivitatibus Pasche, creationis et coronationis pape, ascensionis Domini, Penthecostes, s. Trinitatis, corporis Christi, b. Iohannis Bapt., b. Marcialis, apost. Petri et Pauli (*je* 50 s.) 32 l. 10 s. *So auch, wie früher, weiterhin.*

Juni 22 d. Iohanni de Seduno, elemosinario pape, pro elemosina fieri consueta pro principio cuiuslibet mensis: pro principio mensis Iunii 100 fl., *ebenso, wie früher, an den anderen Monatsersten. Am 4. Dez. erhält derselbe* pro elemosina facienda religionibus et hospitalibus Auinion. ex ordinatione dd. cardinalium Tutellen., Guillelmi, Lemovic., Ostien., et Cesaraugust. et camere 500 fl.

Juli 28 de mandato pape ad relationem d. camerarii d. Guillelmo Duriane, camerario monasterii Case Dei ord. s. Bened. Claromonten. dioc., pro edificio dicti monasterii pro pensione per papam dari consueta pro festo b. Marie (15. Aug.) 2000 fl. loco 1600 scutorum, quos solebat recipere pro 2000 fl.

Dez. 4 fr. Arnaldo de Varayre ord. Min. pro elemosina 10 fl.

2. Kurialbeamte der letzten Zahlung.

(I. E. 265 f. 117) **1352** Nov. 10 *(für 8 vorhergehende Wochen)* dno cancellario 194 fl. 9 s. 9 d.

correctori 27 fl. 2 s. 8 d. ob.

mag. in theologia 36 fl. 16 s. 6 d.

Die Gehaltsskala ist auch bei den folgenden Beamten dieselbe wie früher.
18 penitentiarii.[1]

17 capellani commensales et certi pro 14 diebus, 2 bullatores, 4 clerici camere, 10 capellani capelle et certi pro 42 diebus, 1 clericus capelle, 1 clericus capelle intrins., 1 notar. camere.

---

[1] Vgl. ihre Namen unten.

I. porta: Geraldus de Leschamel, Guills de Margarita, Guiotus del Vernh.

II. porta: Aymericus de Dumo, Galhardus de Mozeyrolis, Angelus Petri.

III. porta: Rotbertus de Balh, Petrus Ferrandi, Petr. Bassiera, Stephanus de Bordis.

IV. porta: Aymericus de Rupe, Bertr. de Penna, Boso Quintini, Petr. la Verula.

12 hostiarii minores et certi pro 43 diebus, 22 cursores et certi pro 14 diebus, retentis vadiis Antonii de Fontenaco excommunicati pro 39 diebus.

39 servientes armorum et certi pro 55 diebus.[1]

10 palafrenarii.[2]

dno G. de s. Amantio 56 fl.

Nicolao de Monteclaro pro 27 diebus 13 s. 2 s. 11 d. ob.

Bernardo Gaucelmi 27 fl. 2 s. 2 s. 8 d. ob.

Raynaldo de Lur[3] 27 fl. 2 s. 2 s. 8 d. ob.

3 famulis suis 12 fl. 9 s. 8 d.

Iohanni de Caritate, coquo maiori, pro 5 diebus 2 fl. 7 s. 7 d.

Iohanni Postelli, alteri coquo maiori, 27 fl. 2 s. 8 d. ob.

Pemfero alteri coquo 16 fl. 13 s.

2 panetarii *(haben wie die folgenden das gewöhnliche Gehalt)*, 2 buticularii, d. P. Germani, d. B. Erbella regestratores, 1 regestrator regestri secreti, custos cere, custos vaccelle, custos carceris, custos cervorum, scriptor coquine; Guillo de Channaco 27 fl. 2 s. 8 d. ob., scriptori suo 8 fl. 6 s. 6 d., trahenti campanam 4 fl. 3 s. 4 d.

Aymerico de Dumo pro custodia armorum 8 fl. 6 s. 6 d.

mag. Iohanni de Parma surgico 27 fl. 2 s. 8 d. ob.

d. Raymundo Guitbaudi 16 s. 13 s.

advocato fisci 15 fl. 9 s. 9 d.

Domicelli *(mit dem gewöhnlichen Gehalt von 27 fl. 2 s. 8 d. ob.*

1) Marchus Lando
2—4) 3 domicelli d. comitis Bellifortis
5—6) 2 domicelli d. marescalli
7) 1 domic. dui G. d. s. Amancio
8) Guills de Champiers
9) Rigaldus de Champiers
10) Ioh. de s. Amancio
11) Rotgerius de Belliforti
12) Helias de Latrangis
13) Naudinus de Suiraco
14) Raterius de Cusorino
15) Petrus Stephani
16) Guido de Podiouallis
17) Gasto de Pestilhaco
18) Gauserandus de Castellione
19) Steph. la Ganna
20) Bertrandus de Veyraco

[1] Ihre Namen s. unten S. 486 f.
[2] Desgl. S. 487.
[3] Er ist aquarius pape (ebd. f. 101.

21) Geraldus de Donzenaco
22) socius suus
23) Garinus de Apcherio
24) Petrus de Bessiera

Die folgenden werden für geringere Zeit ausbezahlt:

25) Petrus de Cornilio
26) Colinus Iudicis
27) Pontius de Tornamira
28) Karolus Iori
(29) Guills la Guilhalmia serviens armorum
(30) Guills Scuerii serviens armorum
(31) Albertus de Tineria

(f. 119) Dez. 30 solutio facta penitentiariis, domicellis, magistro palatii, coquis, palafrenariis, hostiariis et servientibus armorum pro eorum raubis hyemalibus:

I. penitentiarii *(jeder erhält* 8 fl. *Kleidergeld):*

1) Bernardus Raterii
2) Gabriel de Aleis
3) Guills Vercellate
4) Iacobus de Acisio
5) Iohannes Engilberti
6) Nicolaus Assimundi
7) Alanus Thome
8) P. de Soemosi
9) Steph. de Maralhaco
10) Ioh. Taurini
11) Eblo Bonifacii
12) Thomas de Anglia
13) Domenicus de Ungaria
14) Iohannes de Yspania
15) Andreas de Wegensant [de Saxonia]
16) Iohannes Belserii
17) Iohann. Gabalona
18) Alasius Thome

II. magistro palatii pro se et socio suo pro raubis yemal. 12 fl.

III. raube hostiariorum pape *(jeder erhält* 8 fl.*):*

1) Geraldus de Scamello
2) G. de Margarita
3) G. de Vernh
4) Aymericus de Dumo
5) Galhardus de Mazerolis
6) Angelus Petri de Luca
7) P. Besserie
8) Robertus de Baylhi
9) P. Ferrandi
10) Robertus de Molendino
11) St. de Bordis
12) Aymericus de Rupe
13) P. la Vernha
14) Boso Quintini
15) Reginaldus de Lucio
16) B. de Pena
17) Ludovicus de Scorola

Scutiferi:

18) Helias Latrange
19) G. de Podiouallis
20) Nicolaus de Monteclaro
21) Stephanus Lagana

IV. servientes armorum *(jeder erhält* 5 fl.*):*

1) Iohannes de Vigoroso
2) Bartholomaeus de Rasigniaco
3) Stephanus la Porte
4) Raimundus la Puger
5) Bos de Mescla Ioto
6) Oliverius la Raymundia
7) Raimundus de s. Michaele
8) Leo de Neapoli
9) Iacobus la Specier
10) Angelus Amorat
11) Geraldus de Belpio
12) P. Roubat
13) mag. Lorinus
14) Garinus barbitonsor

2. Kurialbeamte der letzten Zahlung.

15) Ratier de Rogyer
16) Maccat
17) Cassantinus de Bardis
18) Regant dictus Sant
19) P. de Vatzilla
20) mag. Iohannes de Luperiis
21) Bertholotus
22) Iohannes de Viterbio
23) Heliotus
24) Tharbaldus
25) Antonius Abche
26) mag. Thomas
27) P. Plazen
28) Iohannes la Gayte
29) Karolus Iovi
30) Marchus Landi
31) Guilhermotus la Guilharmia
32) Rondinus de Santicho
33) Iohannes Balistarii
34) mag. Phil. Tinerii
35) Iaquetus Lassetier
36) Raffinus
37) Guills Daniel
38) Bertrandus de Arago
39) Raimundus de s. Claro
40) Iohannes de Tholosa
41) Iohannes Rostagni
42) Michaeletus de Pistorio
43) Rostagnus Fusterii
44) Bethucio de Luca
45) P. Bernardi
46) P. Vidalis
47) Bedos
48) Raimundus de Gilano
49) P. de Alta Rocha
50) Bernardus de Senis
51) mag. Ioh. Coqui
52) mag. Ioh. Porterii
53) Ioh. la Male
54) Bertrandus de Veyraco
55) Raimundus Oliuerii
56) Poncetus de Castro Bono
57) Hugo de Taulucio
58) Ioh. de Verglaco
59) Ioh. filius mag. Pauli
60) Ugonetus de Signeto
61) Iohannes de Bussi
62) mag. P. la Bretir
63) Philipotus
64) Guills de Malomonte

V. palafrenarii *(jeder erhält 2 fl.)*:

1) Blasius Dominici
2) P. Sapientis
3) Guilhelmus Gauterii
4) Dominicus Deneti
5) Bernardus Saucii
6) Anthon. Berardi
7) P. de Nouarre
8) Berthelot
9) Arnaudonus
10) Guilhs Catalani
11) Henricus Lodoici
12) Ioh. Henrici
13) Philippus Horum
14) Egidius Martini
15) P. de Larguo

VI. vayleti palafrenariorum *(jeder erhält 4 fl.)*:

1) Matheus de Francia
2) P. Calessa
3) Ioh. Cathalon.
4) Ioh. de Ispania
5) P. Panel
6) P. Marchesii
7) Ioh. Burgundi
8) Colardi
9) Ioh. de Barbantia
10) Ugo Provincialis

Außerordentliche Gehälter und Pensionen werden in diesem Jahre wiederholt bezahlt unter dem Titel »vadia extraordinaria«:

(I. E. 265 f. 97) **1352** Juli 2 d. Aymerico de Pestelli militi pro pensione assignata sibi et data per papam in anno pro festo nativ. b. Iohannis Bapt. 250 fl. *(halbjährliches Gehalt)*.

Juli 30 d. Ademaro de Agrifolio militi pro medietate pensionis sibi dari consueta per papam *desgl.* 250 fl. boni ponderis.

Desgl. Petro de s. Marciali militi 250 fl.

Aug. 12 d. Guillelmo Rotgerii, comiti Bellifortis, pro pensione per papam sibi data pro anno, qui incepit 19. Maii et terminabitur 19. Maii 1353, 1000 fl.

Aug. 14 ex ordinatione camere Guillelmo Albier, vigerio olim castri Novarum pro papa, pro salario sive stipendiis suis unius anni 15 fl.

Aug. 24 Garino de Apcherio[1] domicello pro stipendiis suis annualibus per papam sibi datis pro complemento istius anni 500 fl.

(f. 98) Okt. 31 d. Astorgio de Duroforti militi pro stipendiis suis videl. pro termino festi Iohannis Bapt. 1352 et pro termino festi nativ. Domini venturi 500 fl.

Dez. 24 de mandato d. camerarii d. B. Rascacii militi, marescallo iusticie Auinion. pro papa deputato, pro stipendiis 40 servientum pro 30 diebus (—7. Januar 1353), ad rationem 2 gross. pro quolibet, 200 fl.

Wasseramt.

(f. 101 cera) **1352** Juli 11 computum Reynaldi de Lur, aquarii pape, de expensis factis ratione officii sui a 8. Okt. 1351—9. Juli 1352: pro 1 salmata circulorum pro tinis coquine palatii et de Ultra Rodanum putei ... pro 1 arbore posita in fundo tine lavandarie 4 s. 6 d., pro 4 dietis fusteriorum tam in officio putei quam in officio lavandarie (7 s. pro dieta) 28 s. Apr. 6—Juli 2 pro 3 cordis grossis in puteo de Ultra Rodanum et 2 minutis in puteo palatii et alia in puteo lauandarie ponderantibus 268 1/2 lb. (18 d. pro libra): 20 l. 2 s. 9 d.; pro 47 bairillis (12 s. pro bairilla) 23 1/2 fl. Pro 7 refrigitoriis (12 s. pro quolibet) 4 l. 4 s.; pro 2 tinellis vocatis de barra ad opus putei de Ultra Rodanum 30 s. Pro 2 pozetis 5 s., pro 2 ferratis ligno nucis ad opus putei palatii 36 s., pro 1 brequeto ad opus officiatorum dicti putei 8 s. Pro reparationibus barrilliorum 24 s. Pro portando et reportando per 2 vices, quibus papa fuit apud Villam Novam, necessaria ad officium aque 36 s. Pro 7 unc. 3 quart. cordonum sirici pro ydriis aque ad serviendum coram papa (16 s. pro uncia) 6 l. 4 s., *zusammen* 59 fl. 14 s.

(f. 104) Sept. 17 computavit Raynaldus de Luco (!), aygerius pape, de expensis pro curando puteum de Ultra Pontem: pro 12 hominibus, qui operati fuerunt in hauriendo puteum per 2 dies et 2 noctes (pro quolibet tam die quam de nocte 16 s.) 9 l. 12 s. in 8 fl., pro expensis in pane, vino, carnibus, piscibus etc. 7 fl., *zusammen* 15 fl.

---

[1] Dép. Lozère.

(f. 105) Okt. 13 computum Reginaldi de Lur, aquarii pape, de expensis in officio aquarii pape, de expensis in officio aquarie a 12. Iulii ad 16. Oct. . . ., *zusammen* 45 fl. 6 s. 3 d.

(f. 106v) Nov. 21 computum Stephani payrolherii Auinion. de certis operibus factis pro officio agadarie (!), prout constat per relationem Reynaudi de Lur, aquarii pape, pro 2 ferratis de cupro 11 fl., pro 2 conquis de lechene ponderis 26 lb. (5 s. pro libra) 6 l. 10 s., *zusammen* 16 fl. 10 s.

3. Brot- und Fruchteinkäufe.

Wie früher geben die Panatare alle 4 Wochen an, wieviele Schwarzbrote verbraucht wurden, von denen 500 auf die Sauma Getreide gerechnet werden.

(I. E. 265 f. 47v panat.) Dez. 7 de pane librate 7550 panes (500 panes pro saumata) 15 saum. 50 panes, de quo pane remansit in palacio tertia quantitas, que fuit distributa custodibus palacii et tribuno [Cola di Rienzo].

(f. 48) Dez. 29 computat Francisquinus de Landa furnerius, habitator Auin., de administratione panis librate in palacio Apost. de precepto d. thesaurarii pro certo tempore preterito et debuit reddere per certas conventiones, inter d. thesaurarium, d. P. de Frigidavilla et dictum Francisquinum factas et habitas, 500 panes pro saumata, quolibet pane ponderis 7 unciarum, pro quibus adimplendis rationem reddidit: administravit a 30. Oct. ad 4. Nov. 3400 panes = 6 saum. 400 panes, a 4. Nov. ad 2. Dec. 19 300 panes = 38 saum. 300 panes, a 2. Dec. ad 7. Dec. 7550 panes = 15 saum. 50 panes, *zusammen* 19 250 panes = 60 saumate 250 panes (4 fl. pro saumata) 242 fl.

(f. 62v s. maresc.) **1353** Jan. 2 computum Raymundi Amici, clerici quondam Guillelmi de Channaco, magistri marestalle pape, de provisione frumenti et avene per eum facta in Burgundia nomine d. Guillelmi pro usu hospiciorum pape de 1352: Ego Raymundus Amici intravi Cabilonem 17. August. pro faciendo provisionem et emi ibidem alternatis vicibus 200 saumatas grossas **frumenti** (qualibet 10 eminarum, costabat saumata 2 fl. boni ponderis $3^1/_2$ gross., fl. de Flor. = 12 gross.) 458 fl. 4 gross.; pro corratagio, mensuratione et botica pro frumento necessaria 7 fl., pro portando 200 salmatas de botiqua, in qua erant, ad navigium supra Sagonam 3 fl., pro portu *je* 1 saumate de Cabilone usque Auinionem cum alleviatione facta per Rodanum propter aquarum parvitatem $6^1/_2$ gross.: 108 fl. 4 gross.; pro vino pedagiorum ratione frumenti 10 fl., pro expensis factis pro me vayletoque et roncino meis tempore, quo fui, prout tangit partem frumenti, 16 fl., *zusammen* 602 fl. 8 gross. *Es kommt auf die* saumata *ein Nettopreis von* 3 fl. de Flor. et ultra plus 2 fl. 8 gross. pro tota quantitate.

Emptio avene: Ego Raymundus Amici emi Suire 3. Sept. 1352 300 salmatas grossas avene qualibet 12 eminarum, decostitit saumata de prima compra (!) 15 gross. (1 fl. de Flor. = 12 gross.), *zusammen* 375 fl., pro corratagio, mensuratione et botica, in qua erant ad navigium supra Sagonam 4 fl., pro portu cuiuslibet saumate de Suira usque Cabilonem et de Cabilone usque Auinionem cum allevatione facta per Rodanum propter aquarum parvitatem 6 gross.: 150 fl.

Emi Cabilone alternatis vicibus in foro et botica 336 saum. grossas avene, decostitit quelibet saumata de prima compra 14 gross.: 392 fl. *Dazu kommen noch die Herbeischaffungskosten.*

Zusammen sind es 636 salmate avene *für* 1164 fl. 10 gross., *als Nettopreis am Ort Avignon ergibt sich* 22 gross. (1 fl. = 12 gross.) et pro tota quantitate 14 gross.

Item emi 18 saccos magnos (*zu je* 2^1/$_2$ gross.) 3 fl. 9 gross., pro 6 palis: 3 gross.

(f. 63v) De assignatione frumenti: Ego Raymundus veni de Burgundia Auinionem 24. Nov. 1352 et fuerunt assignate eadem die pro usu hospitii vicecomitis Turenne de mandato d. thesaurarii 200 salmate grosse frumenti et 250 salm. gross. avene, quas d. Guillelmus de Beneuento recipi fecit in dicto hospitio vicecomitis Turenne.

Eadem die assignate fuerunt de eodem mandato palafrenario pape 386 salmate gross. avene, 18 sacci magni, 6 palee.

Item sunt arrestati 310 bicheti avene in Villa Cabilonensi per Iohannem Botel Dorlay, quorum quodlibet (!) bichetorum deconstitit de prima compra 8 gross., valent 200 fl.; qui quidem 310 bicheti (!) faciunt Auinione 177 saumatas grossas avene, que saumate sunt in dicta civitate in domo curati s. Iohannis Cabilon. posite in presentia Nicolai cursoris pape et d. Astorgii provisoris Panhote et Bertrandi Mathei, burgensis Auinion., et Ricardi Martini, burgen. Auin., et aliorum, qui fuerunt omnes presentes, quando Iohannes Botel Darlay fecit eas arrestari ratione 500 fl., quos petit de stipendiis sibi concessis in Lumbardia.

(f. 101 cera) Juli 12 computavit N. de Maldo de furfure pro cuniculis a 5. Maii usque 29. Iulii (12 septimane, et habent pro qualibet septimana 4 eminas *zu je* 2 s. 6 d. et pro portatura in universo 11 s.) 6 l. 12 s. Item petit pro vadiis suis pro ipso tempore (84 dies, pro die 1 gross.) 8 l. 8 s., *zusammen* 12 fl. 12 s.

(f. 125 Panhota) Juni 17 d. Petro de Frigidavilla, administratori domus elemos. Panhote, pro 300 saumatis siliginis pro usu hospitii Panhote emptis a Laurentio Britonis, Francisco de Lande, Johanne Terrini, I. Galteri, Petro de Verduno, pistoribus elemosine, (2 fl. 1 gross. pro saumata) 625 fl. de Flor. boni ponderis in 650 fl. parvi ponderis.

(f. 134 Panhota) Dez. 29 ex ordinatione camere Laurentio Lobreti, Francisco de Lande, Iohanni Terrini, Ioh. Gauterii, Petro de Verduno,

Ioh. la Calada, Binto de Mediolano, pistoribus elemosine Panhote, pro 700 saum. grossis bladi per ipsos pistores pro elemosina in pane reddendis ($2^3/_4$ fl. pro saumata) 1925 fl. (instrum. publ. per d. I. Palaysini not. camere).

Sonstige Viktualien.

(I. E. 265 f. 41ᵛ coqu.) **1352** Dez. 17 Nicolao de Monteclaro, magistro coquine pape, pro 10 quintal. caseorum emptis per eum in Montaneis pro usu palacii pape (3 fl. pro quintali) 30 fl.

Wie früher legen die Panatare wöchentlich Rechnung ab über die Ankäufe von Weißbrot, Baumfrüchten, Salz, ohne die Einzelmengen anzugeben.

4. Trauben-, Wein- und Essiganschaffung.

(I. E. 265 f. 37ᵛ coquina) **1352** Sept. 11 Provisio agresti: pro 51 salmatis racemorum (1 fl. pro salmata) 51 fl., pro aliis 13 salm. racemorum (*zu je* 23 s.) 14 l. 19 s., pro salario hominis, qui mensuravit banastones in vinea 8 s., pro salario 20 banastonum 5 s., 10 banastonis emptis et consumptis ad calcandum agrestum 40 s., pro 20 iornalibus hominum, qui calcaverunt et portaverunt agrestum, 4 l.; pro expensis ipsorum in pane et vino 48 s., pro portando et reportando torcular et alia necessaria ad agrestum faciendum 12 s., pro salario magistri, qui fecit agrestum 24 s., pro 4 billonis circulorum ad ligandum botas 4 l. 15 s., pro amarinis 28 s., pro farina 4 s., pro portu circulorum 4 s., pro 12 iornalibus magistrorum, qui reparaverunt botas (*je* 10 s.), 6 l., *zusammen* 38 l. 7 s. 51 fl.

(f. 46 panat.) Okt. 13 computat Guillelmus Bellifilii, panetarius pape, de provisione racemorum pro hospicio pape de anno 1352: pro 33 saumatis racemorum (*zu je* 29 s.) 47 l. 17 s., pro 3 duodenis banastonum 4 l. 16 s., pro recolligendo racemos et portando de vineis ad portum Berbentane et deinde per aquam ad palacium 17 l. 5 s., pro filo et clavellis 33 s., pro ligando racemos 42 s., pro expensis 4 l. 12 s.

(f. 49 butic.) Mai 26 facto computo cum Iohanne Bosseti clerico de vino Belne per ipsum empto nunc de novo de mandato d. Geraldi de Arbenco, collectoris Lugdunen., repertum est ipsum emisse 35 tonellos vini Belne, qui tenebant ultra mensuram 126 sextarios vini, quorum sextariorum 32 fecerunt caudam et 2 caude 1 tonellum, empti a diversis personis precio 664$^1/_4$ scut. auri, 126 fl. magni ponderis, 41 s. (scutum = 20 s. Auin.); se expendisse a 22. April. ad 27. Maii pro se, famulo et equo (25 dies) et pro 20 diebus, quibus dicit se stetisse in Curia pro compoto et vinis estiuandis 10 l. 7 s. 11 d. 15 fl. magni ponderis. *Es folgen noch mehrere Ausgaben für die Herbeischaffung des Weines bis in die Keller von Avignon. Zusammen* pro emptione et expensis vini 724 scut. 172 fl. magni ponderis 143 fl. parvi pond.

(f. 51) Dez. 17 Sede vacante computavit Iohannes Rosseti clericus de vinis per ipsum emptis apud Belnam pro provisione palatii pape de anno 1352: est sciendum, quod, secundum quod apparet per particulares rationes suas, ipse emit in universo 18 tonellos grossos vini 74 $^1/_2$ caudas, que decostant de prima emptione, (computato augmento, quod continebant dicti tonelli et caude ultra mensuram, 64 l. 9 d. monete, de qua valet fl. 24 s.): 339 $^1/_2$ scut. 253 fl. 64 l. 9 d. mon. *Dazu kommen an Ausgaben für die Herbeischaffung* 354 fl. 127 fl. 5 s. 3 d.

Dez. 29 computavit Guillelmus de Nexouio scutifer de vinis de s. Porciano per ipsum emptis pro papa anno 1351: pro 3 tonellis emptis a Thoma Rotlat de s. Porciano *(zu je* 17 l. tur.) 51 l., pro 3 tonellis emptis a d. Petro Iorge, monacho prioratus de s. Porciano, *(zu je* 18 l.) 54 l., pro 4 tonellis ab Hugone Chamer de s. Porciano *(zu je* 17 l. 7 s. 6 d.) 69 l. 10 s., pro 2 tonellis a Iohanne medico de s. Porciano *(zu je* 17 l.) 34 l., pro 2 tonellis a Iohanne de Litos de s. Nicolao *(zu je* 16 l. 10 s.) 33 l., pro 1 tonello empto a Iohanne Sabazac de s. Nicolao 17 l. 10 s., pro 2 tonellis a Stephano Motac (Mocat) de s. Nicolao *(je* 17 l. 5 s.) 34 l. 10 s., pro 1 tonello empto a Lavilla Banda de s. Nicolao 16 l. 10 s., pro 2 travassonis sive parvis tonellis emptis a Iordi de s. Porciano (travassano sive parvo tonello ad rationem 8 l. 15 s.) 17 l. 10 s., pro 1 travassano empto a Francillo de s. Porciano 7 l., 1 travassano a Reuerinde de s. Porciano 9 l. *Dazu kommen an Auslagen* 469 l. 4 s., *zusammen für Kauf und Unkosten der Herbeischaffung* 848 l. 4 s. tur. in 565 fl. 14 s. mon. Francie (1 fl. = 30 s.).

(f. 104v) Okt. 7 dd. Bernardo de Rutheno, can. Belvacen., et Bernardo Guinerii, camerario d. cardinalis Caramanni, qui ex ordinatione camere ad locum Nemausi pro vinis extimandis accesserunt, 30 fl.

(f. 126v Panhota) Aug. 11 computavit d. Petrus de Frigidavilla de vinis, que dicebat se emisse pro usu elemosine Panhote a 1. Iunii citra: a Iohanne Michi, apothecario mercatore, 42 $^1/_2$ saum. *(zu je* 1 fl. 12 s.) 63 fl. 18 s., a Cardi tabernario 24 $^1/_2$ saum. *(zu je* 1 fl. 12 s.) 36 fl. 18 s., ab Hugone Imberti mercatore 22 saumat. *(zu je* 1 fl. 2 s.) 23 fl. 20 s., a Iohanne Michi 36 saum. *(zu je* 1 fl. 12 s.) 54 fl., *zusammen* 178 fl. 8 s.

(f. 131 Panhota) d. Petrus de Frigidavilla, administrator domus elemos. Panhote, computavit de vinis emptis per eum pro usu elemosine Panhote: apud Biturritam per manus d. I. de Blado, clavarii dicti loci, 206 saum. (38 s. 6 d. pro saumata una cum expensis usque ad portum Auinion.) 396 l. 11 s.; de vinis de administratione clavarie *(Bidarrides)* 45 saum. portatas in 7 botis grossis, solvendo pro bota portata per aquam vacua et plena 11 s.: 77 s., pro portatura vini de clavaria ad portum dicti loci (5 d. pro saumata) 18 s. 9 d.

Apud s. Spiritum et loca circumvicina per manus fr. Guillelmi Amici, elemosinarii pape, ad diversa precia 24 $^1/_2$ modios (8 fl. *und* 9 fl.

pro modio) 193$^1/_2$ fl. (1 modius = 5$^1/_2$ saumate). Pro portatura 14 modiorum dicti vini de diversis locis, ubi dicta vina empta erant, ad celarium, ubi bote implebantur, (4 s. pro modio) 56 s. ... Item dixit se habuisse de vinis pape de prioratu Palhassie per manus d. Guillelmi de Albo Folio, procuratoris prioratus, 158 saum. portatas in 26 botis grossis, pro quibus portandis vacuis de portu Palhassie ad prioratum et plenis de prioratu ad portum (5 s. pro bota) 6 l. 10 s. (1 fl. = 21 s.), pro portatura 26 botarum per Rodanum plenarum et vacuarum de portu Auinion. ad portum Palhassie (15 s. mon. Auin. pro bota) 19 l. 10 s. (1 fl. = 24 s.).

Apud s. Remigium dixit se recepisse de vinis pape de administratione dicti loci per manus Guillelmi Ysarni, clavarii dicti loci, receptis per Bertr. Chidracii, familiarem elemosine, 36 modios 3 saumatas ad mensuram dicti loci (1 modius = 7 saum.) = 253$^3/_4$ saumatas, que fuerunt portate ad domum elemosine in 63 chargiis (1 fl. pro qualibet) 63 fl., pro expensis dicti Bertrandi cum 1 vayleto in 3 septimanis pro receptione vini ... inclusis 20 s. solutis dicto vayleto pro salario suo 3 fl. 12 s., *zusammen* 66$^1/_2$ fl.

Apud Urgonem d. Petrus dixit se recepisse a Petro Polerii et sociis suis, arrendatoribus fructuum pertinentium clavarie de Novis, per manus G. de Manso, clerici in loco de Urgone, de vinis pape de administratione ad mensuram dicti loci 206 saum., reductas ad mensuram Auinion. (10 saumate dicti loci = 9 saum. Auin.) 185$^1/_3$ saumatas, quod quidem vinum fuit portatum in 37 botis de meira per Durantiam et Rodanum (30 s. pro bota): 55 l. 10 s. eundo et redeundo usque ad portum Urgonis; pro portatura 37 botarum vacuarum et plenarum de portu Urgonis usque cellarium, ubi bote implebantur in dicto loco Urgonis, (pro bota 6 s.) 11 l. 2 s. Dictus Guillelmus clericus dixit se expendisse in 25 diebus, quibus in dicto loco cum 1 vayleto fuit pro receptione vini, in pane, vino empto, carnibus recentibus, caseo, ovis, candelis, oleo, lectis, thoballis, scutellis et pluribus aliis 7 l. 4 s. 9 d., in reparationibus etc. 76 s. 6 d., *zusammen* 77 l. 13 s. 3 d.

Apud Novas dictus d. Petrus dixit se recepisse a P. Polerii et sociis suis arrendatoribus fructuum dicti loci, per manus Baudeti, servitoris hospitii elemosine, de vinis pape de administratione dicti loci 152 saum. ad mensuram dicti loci (12$^1/_2$ saum. = 10$^1/_2$ saum. Auin.) = 127$^1/_2$ saum. Auin, que vina fuerunt portata cum botis et quadrigis hospitii elemosine, exceptis 7 botis, que portate fuerunt per aquam, solvendo pro qualibet 20 s., in summa 8 l.

Item d. Petrus dixit se emisse a Manello mercatore de mense Sept. 29 saumatas (26 s. 6 d. pro qualibet): 38 l. 8 s. 6 d., se emi fecisse apud Arelatem per d. I. Bonifilii, procuratorem d. camerarii, 4 botas grossas continentes 29$^1/_2$ saumatas: 48 fl. 9 s., pro portatura (28 s. Auin. pro qualibet bota) 5 l. 12 s. De mense Novembris apud Tarasconem

d. Petrus dixit se emisse per manus fr. Guillelmi Amici, elemosinarii de vino $28^{1}/_{2}$ modia (*zu je* 12 saum.) = 342 saumate (12 saum. = $10^{1}/_{2}$ saum. Auin.) = $299^{1}/_{4}$ saum. Auinion.: 331 fl. (1 modius *teils zu* 12 fl., *teils* $11^{1}/_{2}$ fl., *teils* 11 fl.), que vina fuerunt reportata per aquam in 43 botis (pro bota vacua et plena 23 s.): 49 l. 9 s., pro portatura vinorum de locis, ubi empta fuerunt, ad portum cum conductione barralorum (7 s. 6 d. pro modio): 10 l. 13 s. 9 d. Pro carrateriis fr. Guillelmus dixit se solvisse 3 fl., pro se, 1 clerico, equo et 1 vayleto 8 fl., *zusammen* 342 fl. 60 l. 2 s. 9 d.

Gesamteinkauf: $698^{1}/_{2}$ saum. vini, *kostet* 590 fl. 547 l. 11 s. 3 d. mon. Auin. 6 l. mon. regis Francie (1 fl. = 21 s.). *Wein aus den* »clavarie pape« *zusammen* $769^{1}/_{4}$ saum., *dafür an Unkosten* $66^{1}/_{2}$ fl. 113 l. 15 s. 6 d. mon. Auin., 6 l. 10 s. mon. Francie (1 fl. = 21 s.).

Alles zusammen 1468 saumate vini, *kosten* $656^{1}/_{2}$ fl. 661 l. 6 s. 9 d. mon. Auin., 12 l. 10 s. mon. Francie in 1219 fl. 7 s. 9 d. (1 fl. = 24 s. Auin.).

5. Vieh- und Fleischeinkäufe.

Schweineeinkäufe.

(I. E. 265 f. 41 coquina) **1352** Dez. 17 computavit d. Bernardus [Gaucelmi, emptor coquine] de porcis emptis in nundinis s. Andree de Vicenobrio Uticen. dyoc. per Iohannem Abbatis macellarium et Philippum de Ageduno presbiterum, servitorem d. Bernardi antedicti: 4 porci 16 fl. 19 s. mon. Auin. a Raynaldo Sagrana de Bocoiran, 4 porci a Petro Columbi de Bocoiran 16 fl., 1 porcus a Thoma Borrelli de Botocran 6 fl., 2 porci de Podio Alto 10 fl., 1 porcus a Raynaldo Rocha 5 fl., 3 porci a Iohanne Regnaudi de Vicenobrio 20 fl., 1 porcus a Iohanne de Ripa Alta 6 fl., 1 porcus a Petro de Maurazargicas $4^{1}/_{2}$ fl., 5 porci a Petro Caboci de Marsanis 25 fl., 2 porci a G. Porolat 10 fl., 1 verratum 5 fl., 2 porci 9 l. 10 s. mon. Francie ab Andrea Fabri de s. Iohanne de Serra, 1 porcus a Petro de Novalibus 105 s. mon. Francie, 2 porci a Bernardo Tholosa 14 l. 10 s. mon. Francie, 2 porci a Petro de Lyrac 9 l. 10 s., 2 porci a G. Squerlic 11 l. 10 s., 5 porci a Raynaldo de Contaminis 29 l. 15 s., 2 porci a P. Constantini 16 l., 2 porci a Dulcia de Moussaco 11 l. 15 s., 4 porci a Stephano de Fontenet Dagromont 23 l., *zusammen* 47 *Schweine, kosten* $123^{1}/_{2}$ fl. 131 l. 14 s. mon. Francie (1 fl. = 28 s.), *also zusammen* 217 fl. 13 s. 9 d., *demnach kostete durchschnittlich ein Schwein* 4,62 fl. (*rund* $4^{2}/_{3}$ fl.) *am Kaufort. Dazu kommen die Transport- und sonstigen Unkosten:*

Expense pro emendis, conducendis, parandis et salandis porcis: pro expensis ementium 27.—29. Nov. 54 s. mon. Auin., pro respiciendo linguas porcorum et expensis famulorum conducentium porcos et porcorum 4 l., pro expensis ementium cum equis suis in Vicenobrio 23 s., in prandio et cena 25 s.; salario famulorum, qui conduxerunt porcos, 24 s., locagio equi dictis 5 diebus 60 s., pro 3 eminis fabarum prima nocte, qua porci venerunt Auinionem, 18 s., pro salario macellorum, qui occiderunt, paraverunt et salaverunt 47 porcos (5 s. pro quolibet porco) 11 l. 15 s., pro palea ad urendum 1 verratum 4 s., 36 eminis salis (*je* 6 s. 6 d.) 11 l. 14 s. etc., *zusammen* 36 fl. 10 s. (1 fl. = 24 s. Auin.).

Kauf- und Unkosten zusammen 254 fl. 23 s. 9 d., de quibus deductis pro ventribus et aliis interioribus porcorum (4 s. pro porco) 9 l. 8 s., pro 3 quint. 15 lb. sagminis dictorum porcorum (3 fl. pro quint.) 9 fl. 10 s.

Fischeinkäufe.

(I. E. 265 f. 33 coquina) **1352** Mai 24 Iohannes Rostagni, serviens armorum pape, computavit de piscibus per ipsum emptis a piscatoribus de stanno Scamendrinorum: a Petro Bertaudi, Iohanne Bertaudi et sociis suis, a 17. Oct. ad 24. Maii, de 132 luciis grossis (*je* 25 s. talis monete, quod 1 scutum valet 37 s.) 165 l., de 220 luciis vocatis alauser (*je* 15 s.) 165 l., de 2400 luciis vocatis bageroli ($8^1/_2$ l. pro centenario) 204 l.; de 140 anguillis a Stephano Gabiani 30 scuta 24 s. (1 scutum = 37 s.), emptori coquine fuerunt assignati de luciis magnis 91, de luciis alausardis 175, de luciis vocatis ragerolz 380, de dictis ragerols fuerunt positi in piscario pape 650 ad nutriendum et alendum alios magnos lucios; residuum dictorum luciorum, qui sunt mortui, vendidi, ut melius potui, recepi de mortuis 40 l. monete tunc currentis Auinione, valent 30 scut. 20 s. mon. Auin. Summa de anguillis receptis per d. Bernardum 80, residuum est in custodia et servatura pape.

Expense facte per me dictum Iohannem a 17. Oct. ad 6. Marcii: primo feci venire 10 servatas piscium, constat quelibet servata 15 scuta auri, 150 scuta, item 2 vassellos ad portandum pisces de stagno ad Rodanum, solvi scutum, pro 1 corda tele ad faciendum linteamina pro portando pisces 1 scutum, pro 1 sillaco magno ad piscandum in piscario pape 10 scut., pro loquerio piscarii ad tenendum pisces 20 scuta.

Heu- und Strohanschaffung.

(I. E. 265 f. 64ª maresc.) **1353** Febr. 1 [Nicolaus de Monteclaro, custos marescalle pape, Sede vacante] computus Raymundi Amici, scriptoris marescalle pape et clerici quondam Guillelmi de Channaco, magistri marescalle, de provisione fenorum et palearum pro usu equorum pape de anno 1352: Ego Guillelmus misi Raimundum Amici, clericum palafrenarie, 6. Iulii 1352 ad locum de Mornasio et emit ibidem a vigerio dicti loci 1050 quint. feni (*zu je* 3 s. 9 d. *netto Avignon*) 196 l. 17 s. 6 d. mon. Auin.

Ego Guillelmus [de Channaco] feci venire de loco Palhassie apud Auinionem ad palafrenariam pape 4 naviatas feni, in quibus erant 800 quint., feni et solvi pro portu Rodani, exoneratione, estivatione cuiuslibet naviate 20 1. 2 s., *zusammen* 80 l. 8 s. mon. Auin.

Item feci venire alias 2 naviatas feni de dicto loco apud Auinionem ad palafrenariam: *desgl.* 35 1. 4 s. Auin.

Feci venire de Biderrida 5 naviatas feni apud Villam Novam ultra Pontem, quarum quelibet decostitit de portu et exoneratione et estivatione 10 1. 12 s., valent 53 l. mon. Auin.; alias 2 naviatas *desgl.* 20 1. 10 s.

Item feci venire de dicto loco apud Auinionem 3 naviatas feni (pro portu etc. 9 l. 6 s.): 27 l. 18 s.; 2 naviatas palearum de dicto loco apud Auinionem, pro portu etc. 15 l.; fuerunt empte 2 naviate palearum in loco de Bederrida, que decostiterunt de prima compra 9 l. 12 s., pro portu de loco, in quo erant, ad navigium et pro portu Riparie et exoneratione navigiorum et repositione et estivatione in fenario pape 15 l.

Remanserant de provisione fenorum facta anno 1351 400 quint. feni in quadam domo et fuerunt reportata ad fenariam, pro portu 112 s., *zusammen für Heu und Stroh* 382 fl. 13 s. 6 d.

6. Tuche und Gewebe.

(I. E. 265 f. 70ᵛ ornam.) **1352** Dez. 17 computum Marcelli tonsoris pannorum civitatis Auinion. a 24. Aug. 1351 incl. usque ad 6. Nov. excl. 1352: pro 2 peciis scarlate (1 rubea et 1 alba) 40 gross., pro 1 pecia scarlate rosate 20 gross., pro 1 pecia de Malinis 20 gross., pro 1 canna scarlate albe pro caligis 3 s., pro 1 pecia scarlate de Brucellis 20 gross., 1 pecia scarl. albe de Malinis 20 gross. etc., pro $^1/_2$ pecia panni de Malinis maioris mansionis pro vestitu d. Iohannis protonotarii 10 gross., pro 1 pecia scarlate morate de Brucellis pro dicto I. protonotario 20 gross., pro 1$^1/_2$ canna scarlate albe 4$^1/_2$ s., pro 1$^1/_2$ pecia bocati et plani pro scutifero dicti d. protonotarii 30 gross., $^1/_2$ pecia mixti de Louanio pro clericis 10 gross. etc., pro 5 cannis pro Turcis 15 s., pro 2 cannis scarlate morate pro capuciis duplicibus 6 s., pro $^1/_2$ pecia viridis pro militibus novis 10 gross., pro 4 cannis pro nepotibus pape 12 s., pro 1 canna morati de Lovanio pro caligis puerorum 3 s., pro 7 cannis scarlate rosate pro pueris 7$^1/_2$ s., pro 2$^1/_2$ cannis panni mixti pro Turcis 7$^1/_2$ s., pro 5 cannis panni mixti de Brucellis pro nuntio, qui venit, d. Giraudo Furnerii[1] 15 s., pro 4 pannis mixti de Brucellis fini pro protonotario 12 s., *zusammen* 21 pecie 46 canne (20 gross. pro pecia, 3 s. pro canna) 48 l. 18 s. mon. Auin. (1 fl. = 24 s.).

(f. 72) Dez. 29 computavit d. Stephanus Bonardelli emisse et fecisse fieri in Francia pro capella nova pape 6 pecias pannorum seu tapissorum viridis coloris cum rosis rubeis continentes 264$^1/_2$ alnas ad alnam de Parisius quadratas (26 s. tur. pro alna quadrata) 343 l. 17 s. tur. (1 fl. =

---

[1] Vgl. Haushaltungsgegenstände und Kleidung des Papstes zum 29. Dez.

19 s. tur.) = 362 fl. minus 12 d., pro portagio de Parisius usque Auinionem in 2 trosellis (*je* 15 fl. 2 gross.) 30 fl. 4 gross. monete Auin., pro fardellando fardellos seu trossellos 1 fl., pro serpeleriis et cordis 2 fl. 12 s. mon. Auin., pro 4 scutis de armis pape factis in dictis trosellis 6 s. mon. Auin.; pro expensis nuntii, qui ivit bis Parisius pro faciendo fieri dicta paramenta, 12 fl., *zusammen* 408 fl. 12 d. mon. Auin.

(*f. 120v elemos.*) Juni 22 (1352) computavit d. Petrus de Frigidavilla, admin. domus elemosine Panhote, de pannis pro elemosina emptis: 15. Marcii se emisse in loco de Andusia pro elemos. 150 pecias pannorum tam alborum quam nigrorum pro usu elemosine ($4^1/_2$ fl. pro pecia) 675 fl., pro portatura 150 peciarum de Andusia ad Auinionem (1 fl. pro 5 peciis) 30 fl.

(*f. 121v*) Dez. 17 sede vacante sequitur computum Iohannis de s. Basilio, draperio Auinion., et Iohannis Rosseti clerici de pannis per ipsos emptis in nundinis Cabilonen. a personis infrascriptis pro provisione elemosine facienda: se emisse a Iohanne de Montoruet 23 pecias panni (*zu je* 10 fl.) 230 fl., a Bossinel de s. Lupo 14 pecias (*zu je* 10 fl. 6 gross.) 147 fl., a Guillelmo lo Viel de Bernay 7 pecias nigras minoris forme (3 peciis computatis pro 2, qualibet pecia 10 fl.) 70 fl., a Rotberto Cont de s. Bipo 4 pecias brunete maioris forme (*zu je* $14^1/_2$ fl.) 58 fl., a Nicolao de Mentil 1 pecia brunete 11 fl., a Nicolao Petit Dauboton 19 pecias maioris forme (*zu je* $12^1/_4$ fl.) 232 fl. 9 gross., a Baudino de Beumont 1 peciam 10 fl. 6 gross., a Balduino Vassellini de Saint Omer 2 pecias (*zu je* 21 fl.) 42 fl., a Iohanne de Fornolio Rothomagensi 2 pecias (*zu je* $9^1/_2$ fl.) 19 fl. a Giraudo de Dignant 8 pecias (*zu je* 11 fl.) 88 fl., a Guillelmo de Vanlis de s. Iacobo 5 pecias (*zu je* 5 fl.) 25 fl. etc. etc., *zusammen* $220^1/_2$ pecias tam maioris (145) quam minoris (76) forme *für* 2343 fl. 3 gross. *Die Unkosten belaufen sich auf* 164 fl. 11 gross. 8 d.

(*f. 128*) Sept. 19 computavit d. Petrus de Frigidavilla, administrator domus elem. Panhote, pro d. Iohanne Sermoneti, subcollectore Apost. in civitate et dioc. Claromonten., de telis per ipsum in illis partibus pro usu elemosine emptis: apud Montem Ferrandi in nundinis medie quadragesime 34 pecias albas (*von je* $23^1/_2$ alne ad mensuram dicti loci, pro pecia 27 s. 6 d., 1 fl. = 15 s.) 46 l. 15 s.; ab alia parte ibidem 400 alnas de tela cruda (13 d. pro alna, 1 fl. = 15 s.) 21 l. 13 s. 4 d., 4 tobalhas cum 4 longeriis (*von je* 5 alne) 7 fl. 20 d., *zusammen* 142 l. 5 s. in 189 fl. 10 s.; in Claromonte in assumptione b. Marie 18 pecias de telis rossetis (*zu je* 2 fl. 2 s., 1 fl. = 20 s.) 36 fl. 36 s., 44 pecias crudas (*zu je* $23^1/_2$ alne, 2 fl. pro pecia) 88 fl.; pro dictis telis portandis ad hospitium in cordis, filo et denariis Deo datis et labore plicandi, trossalandi, ponderandi et corrateriis . . . 2 fl. 9 s., pro portatura 17 quint., que ponderabant dicte tele, solvendo pro quintali 1 fl., 17 fl., *alles zusammen* $149^2/_3$ fl.

6a. Paramente.

(I. E. 265 f. 70ᵛ ornam.) **1352** Nov. 21 computavit d. Iohannes de Seduno, elemosinarius pape, de expensis per ipsum factis in capella secreta pape: pro lotione 7 albarum diversorum colorum (*zu je* 12 s.) 56 s., pro factura 1 casule, stole et manipuli amictus et minutione 1 albe nigri coloris 48 s., pro folratura 1 frontalis de auro et folratura 1 panni de auro pro altari de serico 24 s., *zusammen* 5 fl. 8 s.

6b. Pelzwerk.

(I. E. 265 f. 67 ornam.) **1352** Sept. 3 computavit Guillelmus la Brossa, pelliparius Auinion., de folraturis pro papa: 1. Febr. 1352 in cotarda pape 525 ventres variorum minutorum, quam tradidit mag. I. de Tholosa sartori, 11. Marcii in capucio mantelli 215 ventres variorum minutorum, 24. Marcii in birreta 12 ventres variorum min., que recepit Ioh. d'Achieras, 31. Marcii in cotardia pape 532 ventres variorum min., quam recepit mag. Iohannes de Tholosa sartor, 1. Maii in cotarda 504 ventres var. min., quam recepit idem mag. Ioh., 6. Maii in almussa magna scarlate rubee 50 dorsos grisorum (*zu je* 1 gross.) 4 fl. 2 gross., 8. Maii in almussa magna scarlate rubee 87 ventres var. min., *zusammen* 1875 ventres (*zu je* 2 s. 7 d. 3 pict.) 206 fl. 6 s., *dazu für das Birett* 4 fl. 2 gross.

Sequuntur hermenine recepte per dictum Guillelmum a Iohanne d'Achieras, cubiculario pape: 20. Ian. 1352 a Iohanne 125 hermen., 25. Febr. 1 mantellum, in quo erant 120 hermen., 28. Marcii a Iohanne lo Male cubiculario pape 1 pannum mantelli, in quo erant 96 hermen., summa 341 hermen., ... se posuisse 31. Ian. 1352 in almussia magna de samito 28 hermin., in birreta 12 hermen., 25. Febr. in capucio 130 hermen., 27. Febr. in almussia magna et birreta 59 ermen., que recepit I. d'Achier., 31. Marcii in capucio 124 hermen., que recepit I. lo Male, 5. April in birreta 10 hermen., *zusammen* 363 hermen. (*zu je* 12 s.), in opere pro quolibet centenario 3 fl.

Ähnliche Rechnungsablagen desselben folgen wiederholt unter dem Titel »ornamenta«. Außerdem noch:

(f. 103ᵛ cera) Sept. 3 Guillelmus la Brossa, pellparius Auin., computavit de certis fulraturis per eum traditis certis personis de mandato pape: pro domina de Vayleyres, uxore Petri fratris d. cardinalis Lemovic., pro 1 folratura variorum, in qua intraverunt 310 ventres variorum minutorum (11 fl. pro 100) 34 fl. 2 s. 5 d., item debet domina de la Nitgia 320 ventres variorum minutorum (11 fl. pro 100) 35 fl. 5 s. 4 d., pro 14 hermin., qui fuerunt positi in supertunicali longo (pecia pro 6 gross.) 7 fl., *zusammen* 76 fl. 7 s. 9 d.

6e. Haushaltungsgegenstände, Kleider und Schuhe des Papstes.

(I. E. 265 f. 64 ornam.) **1352** Mai 21 computum Petri de Siluaneto iuperio de rebus per eum factis pro papa, prout constat per relationem I. lo Male et I. d'Acheres cubicularii (!) pape: pro 2 birretis (pro serico et factione *je* 1½ fl.) 3 fl., pro fulcitro pro cathedra secreta pape facta ultra Pontem 12 s., pro bombicinio seu cotono 8 s., pro clavis 3 s., pro veta 4 s., pro factione 12 s.; pro 4 iuponis (2 de tafeta alba et 2 de panno albo de Ultramare): pro 2 lb. de tafeta (9 fl. pro libra) 18 fl., pro 2 cooperturis de panno albo de Ultramare (8 fl. pro pecia) 16 fl., pro 8 cannis de tela Remen. pro illis 4 iuponis (28 s. pro canna) 9 fl. 7 s., pro 4 lb. de bombicino seu cotone (4 s. pro libra) 16 s., pro 4 unciis de serico albo (pro uncia 13 s.) 52 s., pro factione (pro quolibet 4 fl.) 8 fl., *zusammen* 58 fl. 23 s.

Ähnliche Abrechnungen desselben (auch de Siluaneto *genannt) häufiger verzeichnet.*

Mai 24 computum Nicolai Banche mercatoris de rebus receptis ab ipso pro literia pape per Iohannem de Tholosa, servientem armorum pape: 16¼ unc. de veta de serico viridi et rubeo (8 gross. pro uncia) 11 fl. minus 2 gross., pro 5½ unc. de serico viridi et rubeo 2 fl. 8½ gross., 12 unc. de filo de omnibus coloribus et pro veta de filo 9 gross., pro clavellis deauratis et rosetis deauratis et pro clavellis de ferro 7 fl. 9 gross., pro 6 cannis de panno rubeo de Carcassone 6 fl. 9 gross., pro portando literiam ad palacium 5 gross., pro 9 cannis de tela encerada (!) 12 s. . . ., *zusammen* 58 fl. 8½ gross.

Juni 19 computavit Iohannes Masculi, cubicularius pape, pro faciendo 9 paria linteaminum et 20 manutergia orlando 4 fl., pro removendo natas camere pape et mundando alias cameras 2 fl.

Juni 28 computavit d. Guillelmus Fornols de expensis pro 6 carrellis corii rubei pro papa: pro 12 pellibus cordeani rubei emptis Perpiniani 8 fl., pro portu a Perpiniano ad Montem Pessulanum 8 crosati = (1 crosat. = 20 d. Auin.) 13 s. 4 d. Auin., pro portu a Monte Pessulano usque Auinionem 6 s. mon. regni Francie = 7 s. Auin., pro borra, de qua fuerunt impleti dicti carrelli, 25 s.; pro 2½ cannis panni ipri rubei (3 fl. pro canna) 7 fl. 12 s., pro baxiando pannum 5 s., pro factura carrellorum *(je* 6 s.) 36 s., *zusammen* 19 fl. 2 s. 4 d.

Juli 27 Perrimeto de Hancenio, laico Atrebaten. dioc., pro portu 1 lecterie pape a villa Parisien. usque ad Auinionem ad relationem Antonii Malabayla draperii Auinion. 12 fl.

(f. 66) Aug. 1 Heliotus de Bufenos, serviens armorum pape, . . . computavit pro 8 flabellis 9 fl., pro 1 cathedra ferri, que portatur cum papa, quando equitat, 10 fl.

Aug. 1 Guillelmus de Channaco computavit de 1 sella argenti et auri per ipsum fieri facta pro papa: argentarius posuit in dicta sella 25 march. argenti 2½ unc., ipse recepit a dicto Guillelmo 16 marchas 4 unc. 6 d. arg., debentur argentario 8 march. 6 unc. 6 d. arg. (1 marcha = 5 fl. minus ¼ gross.) 43 fl. 17 s. 4 d. ob., pro operatione et auro (4 fl. pro marcha) 101 fl. 3 gross.; item computat capellanus pro 36½ unciis cirici, pro operatione et auro cuiuslibet uncie 18 gross., valent 54 fl. 9 gross., celarius computat pro filo aureo et argenteo et cirico et pro velveto pro braudando collam, peycrale et stupenas et pro suendo et operando sellam, solum de captali 86 fl., pro labore 20 fl., summa dicto selario debita 106 fl., *zusammen* 305 fl. 17 s. 4 d. ob.

Aug. 7 computavit Guillelmus de Breto, sabaterius pape, de sotularibus (relatio I. lo Male et I. la Gaita cubicul. pape pro 3 paribus sotularium (*je* 4 fl.) 12 fl.

(*f. 67*) Aug. 14 Nicolao Benchi (Banche) de Florencia pro 1 vanna fine perpuncta pro lecto pape 20 fl.

Von demselben folgen noch wiederholt ähnliche Rechnungsablagen.

Dez. 29 computum Iohannis de Tholosa, sartoris et servientis armorum pape, de raubis per eum factis pro fel. record. d. Clemente papa VI. a 4. Oct.: pro 1 rauba cum 3 garnimentis, 2 cordure 1 fl.; pro 1 scapulario 3 gross., 1 rauba de 3 garnimentis folratis de gris 1 fl. 6 gross., 1 rauba de 3 garnimentis tota botonata ante et pro caligis nuntii, qui portavit nova Turenne, qui quidem nuntius fuit presentatus pape per d. G. Furnerii, 1 fl. 6 gross.; pro serico tele, filo et botonis raube dicti nuntii 1 fl. etc., *zusammen* 15 fl. 7½ gross.

Dez. 31 computavit Guillelmus Britonis sabaterius Auinion. de 3 par. sotularium sive sandalium per eum factis pro fel. rec. papa Clemente ad relationem Iohannis la Gayta, cubicularium pape, 4 fl. pro pari 12 fl.

(*f. 73*) **1353** Febr. 1 facto computo cum Nigro de Mediolano pro 2 vannis de tafeta viridi ab utraque parte et pro 1 vanna de ciprio botonata pro † papa Clemente 185 fl., item repertum est sibi deberi de bonis quondam d. Manuelis ep. Vercellen., que sibi erant obligata, 30 fl. et 6 gross., *zusammen ausbezahlt* in 168 scut. antiquis 5 s.

(*f. 104ᵛ*) **1352** Okt. 10 Iohanni de Acheriis, cubiculario pape, pro emptione 1 arelagii (!)[1] empti pro usu palacii pape 40 fl.

Vgl. auch weiterhin unten S. 505 Titel 10.

6ᵈ. Preziosen und Kunstgegenstände.

(*I. E. 265 f. 64 ornam.*) **1352** Mai 24 computavit Andreas Geti, mercator de Florencia, de perlis et lapidibus preciosis etc. pro quodam corporali pape et receptis per d. episcopum Claromontensem: pro 23 perlis

---

[1] So statt orologii.

grossis (*zu je* ¹/₂ fl.) 11¹/₂ fl., pro perlis mediocribus ponderis 2 d. 1 fl. 8 s., pro ¹/₂ uncia auri 3 fl., pro 3 emeraudis (*zu je* 1 fl.) 3 fl., pro 3 balastretis 1 fl., pro 9 rubinis arficiis (!) 1 fl. 12 s., pro factione 1 coronate auri domini nostri Iesu Christi 4 fl. etc., pro factione 1 clavis parve argenti deaurate 12 s. . . ., *zusammen* 38 fl. 2 s.

7. Wachs und Kerzen.

(*I. E. 265 f. 100 cera*) **1352** Mai 21 computum d. Geraldi Fornerii, custodis cere, pro 4 quint. candelarum de cepo (*zu je* 105 s.) 21 l., pro pomello cerei pascalis et pictura dicti cerei 7 fl., *zusammen* 24 fl. 12 s.

Juni 11 computavit d. Geraldus Fornerii, custos cere pape, quod debentur Iacobo Meliori, ypothecario Auin., pro 8 cargis cere (*zu je* 43 fl. 18 s.) 350 fl.

Aug. 7 computum d. Geraldi Fornerii, custodis cere palacii pape, de cera empta pro palacio: se deberi Iacobo Meliori, ypothecario Auin., pro 30 cargis cere operate a 13. Iunii ad 6. Aug. (43 fl. 18 s. pro carga) 1290 fl. 27 l. in 1312¹/₂ fl.

Okt. 13 Iacobo Meliori, ypothecario Auin., pro 30 cargis cere (44 fl. pro carga) 1320 fl.

Okt. 20 computum Geraldi Furnerii, custodis cere pape: pro 4 quint. candelarum de cepo (5¹/₂ fl. pro quintali) 22 fl., pro 3 quint. caseorum (*je* 4 l.) 12 l. = 8 fl.

7a. Spezereien und Kolonialwaren.

Bei den vierwöchentlichen Abschlüssen des Bernardus Gaucelmi, emptor coquine, *folgt stets eine Übersicht über die* species expense in dicta coquina in 4 septimanis precedentibus. *Wir lassen die erste hier folgen.*

(*I. E. 265 f. 32 s.*) **1352** Mai 24: 39 lb. specierum communium (9 s. pro libra) 17 l. 11 s., 32¹/₂ lb. gingiberis (*je* 9 s.) 14 l. 12 s. 6 d., 6 lb. piperis (*je* 9 s.) 54 s., 16 lb. canelle (*je* 9 s.) 7 l. 4 s., 7 lb. 4 unc. gariofilorum (*je* 48 s.) 112 s., 7 unc. florum cinamomi (10 l. pro libra) 116 s. 8 d., 1 lb. 1 quart. granorum paradisi (18 s. pro libra) 22 s. 6 d., 4 lb. croci (*je* 108 s.) 21 l. 12 s., 48 lb. zucari (*je* 9 s. 6 d.) 22 l. 16 s., ¹/₄ garnigalis 10 s., ¹/₄ spicenardi 7 s. 6 d., ¹/₄ nucum muscatarum 6 s., ¹/₄ piperis longi 4 s., ¹/₄ macis 8 s., ¹/₄ cubebarum 10 s., ¹/₄ folii 6 s., 300 lb. amigdalarum (*je* 8 d.) 10 l., 78 lb. risi (*je* 8 d.) 52 s., 38 lb. frumenti 38 s., 24 lb. ordei 24 s., 6 lb. amidi 12 s., 5 lb. pinearum (*je* 3 s.) 15 s., 5 lb. datillorum (*je* 3 s.) 15 s., 5 lb. prunorum (*je* 18 d.) 7 s. 6 d., 5 lb. racemorum de Corimbria (*je* 2 s. 6 d.) 12 s. 6 d., 3 lb. coriandri confecti (*je* 9 s. 6 d.) 28 s. 6 d., 14 lb. mellis 14 s., 42 poma granata (*je* 2 s.) 4 l. 4 s., ¹/₂ lb. melonum 8 s., 1 lb. altanete 3 s.

pro 17 canis olei (*je* 8 s. 6 d.) 34 s., 6 eminis salis (*je* 7 s. 6 d.) 45 s.

(*f. 102v cera*) Aug. 14 computavit Ademarus Barrani, ypothecarius pape, de confectura, papiru, cera gomata, tela cerata, dragia fina pro panataria, etc. etc.: pro 336 lb. confecturarum (*zu je* 9 s. 6 d.) 159 l. 12 s., pro 23 manibus papiriis (8 pro camera pape, 12 pro regestro secreto, 1 pro camera magni hospitii et 2 pro reservationibus, *zu je* 2 s. 6 d.) 57 s. 6 d., pro 6¼ lb. cere gomate (pro camera pape 2½ lb., pro camera thesauri 3 lb., pro camera reservationum ¾ lb., *zu je* 6 s.) 37 s. 6 d., pro 4 cannis tele cerate pro camera thesauri (*zu je* 13 s.) 52 s., 3 lb. dragee farine pro fructibus in panetaria pape (*zu je* 16 s.) 48 s., 6 lb. ficuum bincentarum (*zu je* 2 s.) 12 s., 3 lb. datillorum (*zu je* 3 s. 9 d.), 120 lb. ficuum (*zu je* 7 d.) 70 s., 1 lb. zucare 9 s. 6 d., 7 lb. florum pro papa (*je* 5 s.) 35 s., pro 1 recepta florum pro papa 30 s., pro 1 siropo laxativo pro papa 56 s., 6 pomis milgranis (*je* 2 s.) 12 s., *zusammen im April* 181 l. 6 d.

Ähnliche Ausgaben desselben jeden Monat.

8. Bauausgaben: Anlage einer Wasserleitung.

(*I. E. 265 f. 92*) **1353** Febr. 1 computum d. Raimundi Guitbaudi, directoris operum pape, de expensis pro conductu aque coquine, buticularie, panetarie et gardamengerie[1] ac viridarii et aliis ordinatis per d. Sifredum Cellerii: pro 79 dietis frageleriorum, qui operati sunt in cavando rupem dicti conductus a puteo palatii usque ad coquinam et buticulariam, panetariam et gardamengeriam ac cavando rupem fundamenti cisterne contigue dicto puteo (8 s. pro dieta) 31 l. 12 s.; per 21 dies quadrigarum, que portabant brazillum remotum per 2 fragelerios ad Rodanum (18 s. pro dieta) 18 l. 18 s., pro 102 dietis manuperariorum ... (4 s. pro dieta) 20 l. 8 s.; Martino de Troys lapiscide pro reficiendo de novo bugetum et rovillum boque putei, facto pretio cum eodem per d. Sifredum Cellerii, magistrum dicti conductus, 30 fl., *desgl.* pro 35 cannis 4½ palmis quadratis per ipsum factis in supradicta cisterna cum crota et pavimentando et cementando de bitumine (4 fl. pro canna) 142 fl. 6 s., *desgl.* pro 5 cannis 5 palmis per ipsum factis in pila coquine magne (*zu je* 4 fl.) 22½ fl., *desgl.* pro 7 cannis quadratis de pavimento infra claustra dicti putei, 2 pilaribus factis subtus pilari putei 5½ fl., pro 2 pilaribus uno supra murum clausure putei pro sustinendo saumerium cooperture putei et alio iuxta pilam coquine, per quod transit canon conductus aque, 56 s., *desgl.* dicto Martino pro faciendo sedes pilarium stagni buticularie, panatarie et gardamengerie cum 1 visca in buticularia 6 fl.

P. Gaufridi lapiscide pro faciendo 2 pilas seu vagidoyras ferratorum 2½ fl., pro faciendo arcum iuxta puteum camere d. Stephani magistri capelle 6 fl., *desgl.* pro 5 cannis 7 palmis quadratis per ipsum factis de

---

[1] Amt des Speisewarts, Anrichterei.

bugeto inter dictam cameram et puteum (1½ fl. pro canna) 8 fl. 19 s. 6 d.; Damgino lapiscide pro 58 cannis de canalibus lapidum conductus et pavimentorum pro canonibus ponendis de puteo ad coquinam etc. (½ fl. pro canna) 29 fl., *desgl.* pro reparando gradarium coquine, per quod ascenditur ad tinellum diruptum propter conductum 1 fl.

Für ähnliche Arbeiten werden bezahlt die lapiscide Michael Blandeti, Bernardus de Cameraco, Matheus Bordelli.

Pro 5 dietis massonerii, qui operatus fuit in faciendo foramina cabironum et saumerii cooperture putei et reficiendo bugetum diruptum in pede gradarii iuxta portam, ubi custodiunt primi magistri hostiarii, et faciendo clausones lapidum diversis locis (8 s. pro dieta) 40 s., . . . pro 1 poste de nuce posita supra rovillum putei 14 s., pro ligno rotundo de corno rote putei 20 s., pro poste de nuce pro facienda imprentam cum ymaginibus 17 s. etc. etc. *(f. 93)* Guillelmo Viaudi fusterio, qui fecit portam cisterne putei et cooperturam lavatorii, 10 s. . . ., Antonio plumberio pro 87 cannis 2 palmis canonum de stanno per ipsum factis et positis infra clausuram putei et a puteo usque ad coquinam, panetariam, buticulariam et gardemengeriam (½ fl. pro canna) 43 fl. 15 s., *desgl.* pro 39 cannis 5 palm. canonum de plumbo pro conductu aque viridarii a puteo palacii usque ad exitum muri buticularie (3 gross. pro canna) 9 fl. 21 s. 9 d., *demselben* pro faciendo capsas de stanno cum ymaginibus lavatorii, platee palacii, buticularie, panatarie, gardamengerie et coquine 30 fl.; Bartholomeo Calvarie pro sculpendo seu tailliendo tabulam cum ymaginibus pro trahendo seu gitando tabulas capsarum 17 fl. 12 s., Inardo Bangnerii pro 3½ quadrigis de gippo pro faciendo meianum camere, que est supra portam, et pavimentando solerium camere (40 s. pro quadriga) 7 l., pro portu gippi 17 s. 6 d., Iohanni vocato Bocadio pro 3 diebus, quibus operatus fuit in faciendo predicta 30 s., pro 6 manuoperariis, qui ministrabant sibi necessaria, 30 s.; Guillelmo Barloyni de Auinione pro 20 quint. 12 lb. de stanno ab ipso emptis preter 6 quint. 59 lb. stanni, quod erat in thesauro, et 6 quint. 23 lb. assignatum per P. Gauterii, quod erat camere pape (10 fl. pro quintali) 201 fl. 7 s. 10 d. *Demselben* pro 2 quint. 43 lb. de plumbo pro ponendo grapas seu aspas de ferro in bugeto broque putei (52 s. pro quintali) 6 l. 6 s. 4 d., pro 5 canis olei de nucibus pro faciendo bitume pro cisterna putei et pilarum coquine 5 l., pro 28 lb. de cepo pro soliditura canonum 23 s. 9 d., pro sturando coissinetos de metallo rote putei 6 s., pro 1½ libra de cola seu aqua cocta pro solidando rotam putei 18 s.; pro homine, qui intravit puteum et mundavit ipsum, 3 s. 10 d.; pro homine, qui mundavit conductum antiquum palacii subtus buticulariam, 5 s., pro spongia ad tergendum canones, quando ponebatur soliditura, 2 s. 6 d., pro 21 lb. farine seu paste ad faciendum molle ymaginum capsarum stanni (18 d. pro libra) 21 s. 6 d. etc.

Pro conductu aque viridarii: Martino de Troys pro faciendo fontanam aque viridarii 52 fl. 12 s., pro 28 cannis duplicibus canalium conductus aque viridarii subtus terram pro canonibus plumbi et canalibus pro cursu aque (20 s. pro canna) 28 l., pro 17 cannis simplicibus de canalibus pro dicto conductu (10 s. pro canna) 8 l. 10 s. . . . Antonio plumberio pro reparatione putei viridarii, pro rota, corda, ferrato etc., ut aqua possit haberi de supra ambulatorium, 18 fl., *demselben* pro 2 cannis canonum de stanno supra achoam in exitu buticularie et infra pilarem fontayne viridarii 24 s., pro 60 cannis 6 palmis canonum de plumbo pro conductu aque viridarii ab exitu muri buticularie usque ad puteum viridarii et infra fontaynam (6 s. pro canna) 18 l. 4 s. 6 d., pro factura 1 barralis seu capse in pede achoe pro recipiendo aquam conductus 2 fl. etc. etc.

Zusammen 900 fl. 45 regales 18 agni, 17 s. 3 d. (1 fl. = 24 s.).

(f. 95) **1353** Febr. 1 d. Siffredus Cellerii, can. Biterren., computavit de expensis factis in puteis palacii et viridarii Apostolici preter expensas per d. Raim. Guitbaudi: pro rotis seu lanternis ferratis, cordis, ferris, caxis, coyssinetis de metallo et pro tornis et portatura de Biterris usque ad Auinionem 60 fl. Pro 2 magnis griffonibus et 5 parvis de metallo emptis in Montepessulano 20 fl.

Metalle.

(I. E. 265 f. 72 ornam.) **1352** Dez. 31 d. B. de Abbate, archidiacono Mirapicen. ac collectori in prov. Narbonnensi, pro 6 quint. 46 lb. stagni (7 scut. pro quintali) 45$^1/_2$ scutos antiquos, pro portu de Montepessulano 2 scut., pro ponderatura 5 d. tur.

(f. 141 bulla) **1352** Sept. 17 fratribus Raymundo et Gauberto bullatoribus pro 32 quint. 10 lb. plumbi emptis in Montepessulano per L. Lautier (17 gross. pro quintali) 46 fl. 5$^2/_3$ gross., pro portu (6 s. 6 d. pro quintali) 10 l. 8 s. in 10 fl. minus 2 s.

Vgl. ferner die Anlage der Wasserleitung für dieses Jahr.

8a. Holz und Kohlen.

(I. E. 265 f. 103^v cera) **1352** Aug. 31 Petrus de Ponte computavit de carbone ab ipso per Quinquinellum recepto, prout constat per relationem Quinquinelli, pro 100 banastonibus carbonum (3 s. 3 d. pro banastone et pro portagiis 2 d.) 17 l. 20 d. in 14 fl. 5 s. 8 d. (1 fl. = 24 s.).

(f. 125 Panhota) Juni 13 d. Petro de Frigidavilla, administratori domus elemosine Panhote pro 5000 quint. lignorum pro usu domus Panhote (22 d. pro quintali) 458 l. 6 s. 8 d. in 381 fl. 22 s. 8 d.

Verschiedenes.

(f. 101^v cera) **1352** Juli 30 cum facta fuisset conventio et certum pretium inter cameram Apost. et Stephanum Bruerie de Viuariis, quod ipse

serviret de lignis combustib. tam in palatio Apost. Auin. quam Ultra Rodanum stante papa ibi per 1 annum integrum a 13. Juli 1351 usque ad 13. Juli 1352, pro quo tempore debebat recipere a camera, prout constat per quoddam publ. instrum. per d. I. Palaysini notarium camere super hoc receptum, 2700 fl., soluti sunt 2700 fl.

9. Bibliothek und Schreibwaren.

Bibliothek.

I. E. 265 f. 143 scriptura hat eine längere Aufzeichnung über Anschaffung bezw. Herstellung zahlreicher Codices der päpstl. Bibliothek. Die Stelle ist ganz abgedruckt bei Fr. Ehrle, Historia bibliothecae Rom. Pontif. (1890) p. 164—166. *Wir weisen daher hier darauf hin.*

Pergament.

(I. E. 265 f. 100 cera) **1352** Mai 22 computavit Iohannes Agulherii, pergamenarius pape, de pergamenis per ipsum traditis et deliberatis a 31. Marcii incl. ad 22. Maii excl.: pro 79 duodenis maioris forme (11 duodenis pro camera thesauri et 69 pro d. Francisco), 20 s. pro duodena: 79 l., pro 3 duodenis pergameni de regestro pro d. Francisco (1 fl. pro duodena) 3 fl., pro 2 duodenis pergameni mediocris forme pro camera thesauri (16 s. pro duodena) 32 s., pro 6 duodenis pergameni rasi maioris forme pro regestro secreto (23 s. pro duod.) 6 l. 18 s., pro 1 magna pelle pro d. vicecomite Turenne 4 fl., pro 3 magnis pellibus pro d. Francisco (*zu je* 1 fl.), *zusammen* 82 fl. 22 s.

Ähnliche Abrechnungen desselben ungefähr monatlich.

(f. 103ᵛ) Sept. 13 computavit domina Bertranda, uxor quondam Iohannis Agulherii, pergamenarii pape, de pergamenis per ipsam et quondam Iohannem maritum suum traditis et deliberatis tam camere Apost. quam d. Francisco a 30. Iulii usque ad 13. Sept.: pro 12 duodenis pergameni maioris forme pro camera thesauri (*zu je* 20 s.) 12 l., pro 87 duodenis pergameni maioris forme deliberatis d. Francisco (*je* 20 s.) 87 l., *zusammen* in 82 fl. 12 s. (1 fl. = 24 s.).

(f. 107 cera) Dez. 24 Guillelmo Burgundionis, ligatori librorum Auinion., pro ligatura 7 librorum papireorum camere Apost. 5 fl.

10. Verschiedenes.

(I. E. 265 f. 105 cera) **1352** Okt. 13 computum d. Raymundi Textoris, custodis vaccelle *(Silberzeugverwahrer)* pape, de expensis pro dicta vaccella (a 1. Ianuarii ad 1. Oct.): pro illa lavandaria, que habet abluere mappas sive illos pannos, cum quibus tergitur et mundatur vaccella, et pro illo, qui abluit vaccellam in palacio, pro istis duobus pro quolibet mense 1 ½ fl.; quando papa fuit ultra Rodanum in quadragesima pro portando vaccellam tam auri quam argenti et alia necessaria ad opus officii

vaccelle 18 s.; quando papa revenit Auinionem, expendi *für Rückbeförderung des Silberzeugs* 18 s.; *desgl.* quando d. papa fuit post festum Pasche ultra Rodanum . . . 18 s., *bei der Rückkehr* 18 s.; in mense Sept., quando papa fuit ultra Rodanum 18 s. pro portando vaccellam, pro reportando 18 s.; Emit quendam martellum et quendam incudem ad signandum vaccellam argenti 1 fl.

(f. 68v) **1352** Okt. 13 computavit Heliotus de Buffenos, serviens armorum pape pro mundando pannos capelle et tinelli pape, quando comederunt omnes capellani commensales, pro 6 hominibus 12 s., pro reparando pannos de capella et consistorii, quando voluit celebrare in capella nova, pro 8 hominibus 14 s.; die Veneris, quando papa transivit ultra Rodanum pro portando pannos et mensam et sperverium et cathedram ultra Rodanum, pro 10 hominibus 15 s., pro reportando a Villanova ad Auinionem pro 8 hominibus 12 s., pro 1 tapeto de lana, qui ponitur subtus pedes pape in consistorio, 9 fl., *zusammen* 11 fl. 4 s. (1 fl. = 24 s.).

(f. 72) Dez. 31 computavit Iohannes Bruni, usserius porte ferri, de expensis per ipsum factis in camera pape Clementis et ratione dicte camere a 19. Sept. ad 6. Dez., qua die migravit idem d. Clemens: quando papa transivit ultra Pontem, pro portagiis 3 hominum portantium ea, que ponuntur in dicta camera, 3 s., pro 2 pitalphis terre 2 s., 12 urinalibus 9 s., 12 patellis 18 s.; 30. Sept., qua die papa rediit apud Villam-Novam, de portagiis pro 4 hominibus 4 s. et pro 6 patellis, quando rediit de Ultra Pontem 9 s., pro 6 urinalibus 4 s. 6 d., 11. Oct. pro aliis 6 urinalibus 4 s. 6 d. . . ., pro 2 pitalfis argenteis camere parandis, que erant rupti, 1 fl., Oct. 22 pro 6 patellis 9 s., pro 2 cordis pro extrahendo ligna 2 s. 6 d.; pro servicio camere: pro 2 pitalfis terre 2 s., pro extrahendo ligna ad cameram et tinellum pape 2 fl., pro 4 fialis ad dandum tizanam pape 4 s., 3. Dec. pro 4 orinalibus 4 s.

(f. 100v) **1352** Juli 9 computavit Heliotus de Buffenos, serviens armorum pape, de ionquo per ipsum empto a Petro Garini, habitatore Auinion., et posito tam in camera pape quam tinelli a 7. Mai ad 9. Juli excl. 236 fays de ionquo (*zu je* 4 s.) 47 l. 8 s. in 39 fl. 12 s. *Ähnliche Rechnungsablagen desselben monatlich.*

(I. E. 265 f. 101v cera) **1352** Aug. 8 computavit Aymericus de Dumo, custos artilherie palacii pape, de expensis per eum factis pro dicta artilheria a mense Iulii 1351 usque ad 8. Aug. 1352 . . . *Die Leistungen beruhen hauptsächlich auf der Reinhaltung* (ad scobandum arnesia) *der Harnische und Ausbesserung der Rüstkammer. Zusammen* 12 fl. 8 s.

V. Buch.

Die Ausgaben der apostolischen Kammer unter Papst Innocenz VI.

1352 (Dez. 18)—1362 (Sept. 12).

Vorbemerkungen.

Innocenz VI., mit seinem bürgerlichen Namen Stephan Alberti (Étienne Aubert) aus dem Dorfe Mont bei Pompadour (Beyssac) im Limousin, war Lehrer des Rechts an der Hochschule von Toulouse und richterlicher Beamter des französischen Königs gewesen. Im Jahre 1338 hatte er das Bistum Noyon, 1340 das von Clermont und zwei Jahre später schon den Kardinalat erhalten. Bei seiner Wahl ging es auf seiten der Kardinäle nicht ohne Unregelmäßigkeiten zu,[1] die ihre Macht in unerhörter Weise steigern wollten: Die apostolische Kammer sollte hinfort die Hälfte aller ihrer Einnahmen dem Kardinalkolleg zuwenden! Aber Innocenz war ein rechtschaffener und zielbewußter Charakter. Er erklärte die betreffenden vor seiner Wahl geschehenen Abmachungen für ungültig und der Würde des Papsttums widersprechend und machte sich an die Reform der Kurie, insofern er den unter seinem Vorgänger in zu großer Zahl nach Avignon geströmten Pfründenjägern das Handwerk legte. Seine größte Anstrengung aber galt der Reform des Kirchenstaates, die er durch die Wahl und dauernde Unterstützung des Kardinallegaten Albornoz in die Wege leitete und zur Ausführung brachte. Ihm hat er zu diesem Zwecke immer wieder sehr hohe Summen zur Verfügung gestellt, die den Haushalt der apostolischen Kammer stark in Anspruch nahmen. Wurden doch zu dem Behufe im jährlichen Durchschnitt 40% des Gesamtetats aufgewandt, d. h. rund 100 000 Goldgulden für jedes Jahr, also grade 2/3 von den ungeheuren Summen, die Johann XXII. im lombardischen Kriege verausgabt hatte. Beträchtliche Summen wurden unter Innocenz VI. auch für die Verteidigung und Ausrüstung Avignons gegen die durch französische und englische Söldnerbanden drohenden Einfälle aufgewandt. Dabei hat es einen eigenen Reiz zu beobachten, wie der Papst für teures Geld mehrere deutsche Geschützingenieure unter Meister (magister ingeniorum et spingalarum) Ulrich von Stein aus Konstanz und Wilhelm von Vareys aus der Lausanner Gegend in seinen Dienst zog. Auch Wurfgeschütze (spingale) bezog er von einem Deutschen. Und im Kirchenstaat ließ er unter Albornoz die Ruhe durch deutsche Ritter herstellen.

---

[1] Vgl. Mollat, *Les papes d'Avignon* p. 92 s.

Auffallend sind die außerordentlich hohen Zahlungen der apostolischen Kammer an die Privatschatulle des Papstes, die 12% des Gesamthaushaltes mit einem Jahresdurchschnitt von 30 000 fl. betragen.

Das dürfte sich wohl ehestens aus seinen nepotistischen Neigungen erklären. Denn unsere Ausgabe-Akten machen auch sonst die Bevorzugung seiner Neffen und sonstigen Verwandten, sowie seiner Landsleute aus dem Limousin augenscheinlich (vgl. besonders die Pontifikatsjahre 1353. 1357. 1358).

Politisch war Innocenz VI. in hohem Grade tätig und befähigt. Mit den Königen von Frankreich und England wie mit den Herzögen von Bourbon, mit Johanna von Neapel und Blanca von Kastilien, mit den Griechen und Armeniern (1353) wie mit dem König von Serbien wurden Unterhandlungen gepflogen, mit der orientalischen Kirche erneute Unionsversuche eingeleitet (1354 und 1356).[1]

An den Herzog von Brabant und den Grafen von Flandern gingen päpstliche Gesandte, um zwischen beiden den Frieden zu vermitteln (1356 Sept. 1).

Besonders springt der häufige und freundschaftliche Verkehr mit Kaiser Karl IV. aus unseren Akten ins Auge. Am 19. Okt. 1355 weihte der Papst sogar einen kaiserlichen Altar im Palaste zu Avignon. Zu Weihnachten 1357 wurde der kaiserliche Gesandte vom Papste bei der Christmette mit Schwert und silbernem Gürtel bekleidet und las die 4. Lektion des Breviers.

Widerspruch und Anfeindung hat Innocenz VI. wegen seiner Strenge gegen die Fratizellen, der bekannten übertreibenden Abzweigung der Minoriten, erfahren.[2] *Indessen muß man berücksichtigen, daß jene selbst sich herausfordernd benahmen. Hefteten sie doch im November 1354 an die Kirchentüren von Avignon öffentliche Thesen mit »unzähligen Irrtümern« an.*[3] *Dagegen war der Papst den Minoriten wohlgesinnt und ließ bei ihnen besondere Fürbitte für sich bestellen (1355). Auch der Dominikanerorden, der schon in den deutschen Thronstreitigkeiten zur Zeit Ludwigs des Baiern gespalten erscheint,*[4] *machte dem Papste mancherlei Sorgen.*[5]

Für die Bauten am Palaste zu Avignon hat Innocenz nur wenig Geld aufgewandt. Dagegen ist sein Interesse für die Wiederherstellung von San Giovanni e Paolo in Rom (1353) bemerkenswert.

Die jährlichen Ausgaben für wohltätige Zwecke (elemosina secreta) und Almosenamt mit Brotverwaltung (Panhota) überragen unter Innocenz nur wenig diejenigen Johanns XXII., bleiben aber hinter den betreffenden Aufwendungen unter Benedikt XII. und noch mehr unter Klemens VI. stark

---

[1] Mit Bezug auf Serbien vgl. m. *Deutsche Ritter in Italien* 2. Buch S. 157.
[2] Vgl. Mollat, *Les papes d'Avignon* p. 94 s.
[3] Vgl. unten 2. Pontifikatsjahr B Nr. 1 zum 24. Nov.
[4] Vgl. Röm. Quart.-Schr. 1908 m. Aufsatz *Zur Gesch. d. deutschen Dominikaner-Provinz*.
[5] Mollat p. 96.

zurück. Dagegen kommt hinzu seine unter anderem Titel (cera) gebuchte auffallende Wohltätigkeit bei den Bewohnern des Limousin, seinen Landsleuten aus adeligen und bürgerlichen Familien.

Der Papst starb am 12. Sept. 1362 und wurde seiner Bestimmung gemäß bei den Kartäusern von Villeneuve beerdigt, denen er die dortige Niederlassung ermöglicht und fundiert hatte.[1]

NB. Vom Jahre 1361 an sind durch den päpstlichen Thesaurar Gaucelmus de Deux die Jahresbilanzen abgeschafft und dafür sowohl bei den einzelnen Titeln, als auch bei den Gesamtbilanzen Monatsabschlüsse gegeben worden (vgl. Vatikan. Quellen II S. 18*), im Jahre 1361 wie 1362 sind sie aber nur unvollständig erhalten.

Es folgen nun die in Florentiner Goldgulden berechneten Übersichten über die einzelnen Ausgabetitel unter Innocenz VI.

1. Übersicht über die jährlichen Ausgaben der päpstlichen Küche (coquina) unter Innocenz VI.

Pontifikatsjahr	Jahreszahl	Summe in Goldgulden berechnet
1.	1353	nicht angegeben
2.	1354	13 854
3.	1355	12 737
4.	1356	7 845
5.	1357	9 306
6.	1358	8 007
7.	1359	7 794
8.	1360	7 349
9.	1361	9 946

Gesamtsumme: 76 838

Wenn wir vom ersten und dem letzten (10. unvollständig) Pontifikatsjahr absehen, so ergibt sich ein Jahresdurchschnitt von 9605 Goldgulden im Küchenhaushalt. Der Jahresdurchschnitt des Gesamthaushaltes beträgt 250 000 (Vatikan. Quellen II S. 18*). Demnach entfallen 3,84 % auf die Küche.

---

[1] Vgl. R. Michel, *Le tombeau du pape Innocent VI. à Villeneuve-les-Avignon* in der Revue de l'art chrétien 61 (1911) p. 205 ss.

2. Übersicht über die jährlichen Ausgaben des **Brotamtes** (panetaria) unter Innocenz VI.

Pontifikatsjahr	Jahreszahl	Summe in Goldgulden berechnet
1.	1353	nicht angegeben
2.	1354	1080½
3.	1355	2478
4.	1356	904
5.	1357	537
6.	1358	650
7.	1359	717
8.	1360	2952
9.	1361	?

Gesamtsumme: 8668½

3. Übersicht über die jährlichen Ausgaben der päpstlichen **Kellerei** (buticularia) unter Innocenz VI.

Pontifikatsjahr	Jahreszahl	Summe in Goldgulden berechnet
1.	1353	nicht angegeben
2.	1354	7470
3.	1355	6179
4.	1356	5732
5.	1357	6655
6.	1358	3855
7.	1359	4040
8.	1360	4920
9.	1361	?
10.	1362	?

Gesamtsumme: 38 851

Der Jahresdurchschnitt beläuft sich auf 5550 fl. oder 2,2% des Gesamthaushaltes.

4. Übersicht über die jährlichen Ausgaben des päpstlichen Marstalls (marescallia) unter Innocenz VI.

Pontifikatsjahr	Jahreszahl	Summe in Goldgulden berechnet
1.	1353	nicht angegeben
2.	1354	2522
3.	1355	1929
4.	1356	2671
5.	1357	2143
6.	1358	2640
7.	1359	2252
8.	1360	1471
9.	1361	?
10.	1362	?

Gesamtsumme 15 628

Als Jahresdurchschnitt ergibt sich die Summe von 2232 fl. oder 0,89% des Gesamthaushaltes.

5. Übersicht über die jährlichen Ausgaben für Kunstgegenstände und Paramente (pro ornamentis) unter Innocenz VI.

Pontifikatsjahr	Jahreszahl	Summe in Goldgulden berechnet
1.	1353	nicht angegeben
2.	1354	1763
3.	1355	968
4.	1356	1317
5.	1357	2595
6.	1358	1303
7.	1359	678
8.	1360	1105
9.	1361	?
10.	1362	?

Gesamtsumme 9729

Wenn wir von den drei nicht angegebenen Jahressummen absehen, ergibt sich ein Jahresdurchschnitt von 1390 fl. = 0,56% des Gesamthaushaltes.

6. Übersicht über die jährlichen Ausgaben für **Bibliothek und Schreibwaren** (pro scripturis et libris)[1] unter Innocenz VI.

Pontifikatsjahr	Jahreszahl	Summe in Goldgulden berechnet
1.	1353	18
2.	1354	69
3.	1355	9
4.	1356	22½
5.	1357	83
6.	1358	39
7.	1359	—
8.	1360	79
9.	1361	—

Gesamtsumme: 319½

7. Übersicht über die jährlichen Ausgaben für päpstliche **Bauten** (pro edificiis et operibus) unter Innocenz VI.

Pontifikatsjahr	Jahreszahl	Summe in Goldgulden berechnet
1.	1353	nicht angegeben
2.	1354	9540
3.	1355	7928
4.	1356	4802
5.	1357	5512
6.	1358	2310
7.	1359	1434
8.	1360	3629
9.	1361	?
10.	1362	?

Schlußsumme: 35 155

Der Jahresdurchschnitt beträgt 5022 fl. oder rund 2% des Gesamthaushaltes.

---

[1] Wie bei allen Titeln der Introitus et Exitus, so ist hier ganz besonders zu beachten, daß für den übergeschriebenen Zweck auch unter anderen Titeln Ausgaben verbucht und verrechnet wurden.

8. Übersicht über die jährlichen Ausgaben
für das **Siegelamt** (pro bulla et literis curie) unter Innocenz VI.

Pontifikatsjahr	Jahreszahl	Summe in Goldgulden berechnet
1.	1353	199
2.	1354	48
3.	1355	144
4.	1356	58
5.	1357	175
6.	1358	83
7.	1359	116
8.	1360	146
9.	1361	?
10.	1362	?

Gesamtsumme: 969

Das macht im Jahresdurchschnitt 121 fl. oder 0,048% des Gesamthaushaltes.

9. Übersicht über die jährlichen Ausgaben
für **außerordentliche Gehälter** (pro vadiis extraordinariis) unter Innocenz VI.

Pontifikatsjahr	Jahreszahl	Summe in Goldgulden berechnet
1.	1353	70
2.	1354	34
3.	1355	62
4.	1356	142
5.	1357	180
6.	1358	262
7.	1359	200
8.	1360	200
9.	1361	?
10.	1362	?

Gesamtsumme: 1150

Im Durchschnitt fallen unter diesen Titel jährlich nur 144 fl., das macht kaum 0,05% des Gesamthaushaltes.

10. Übersicht über die jährlichen Ausgaben
für das **Lichteramt und Sonstiges** (pro cera et extraordinariis)
unter Innocenz VI.

Pontifikatsjahr	Jahreszahl	Summe in Goldgulden berechnet
1.	1353	ca. 30 950
2.	1354	15 203
3.	1355	23 352
4.	1356	14 327
5.	1357	15 685
6.	1358	22 943
7.	1359	30 373
8.	1360	23 843
9.	1361	?
10.	1362	?

Gesamtsumme: 176 676

Im Jahresdurchschnitt ergeben sich unter diesem Titel 22 084 fl. oder 8,8% des Gesamthaushaltes.

11. Übersicht über die jährlichen Ausgaben
für die **ordentlichen Gehälter der Beamten** (pro vadiis familiarium ordinariis) unter Innocenz VI.

Pontifikatsjahr	Jahreszahl	Summe in Goldgulden berechnet
1.	1353	30 931
2.	1354	32 153
3.	1355	37 694
4.	1356	32 932
5.	1357	39 038
6.	1358	39 284
7.	1359	30 502
8.	1360	39 948
9.	1361	?
10.	1362	?

Gesamtsumme: 282 482

Der Jahresdurchschnitt beträgt 35 310 fl. oder 14,12% des Gesamthaushaltes.

12. Übersicht über die jährlichen Ausgaben für die **elemosina secreta** unter Innocenz VI.

Pontifikatsjahr	Jahreszahl	Summe in Goldgulden berechnet
1.	1353	9825
2.	1354	8254
3.	1355	6474
4.	1356	6037
5.	1357	6093
6.	1358	6189
7.	1359	5156
8.	1360	5186
9.	1361	?
10.	1362	?

Gesamtsumme: 53 214

Im Durchschnitt werden jährlich 6651 fl. verausgabt oder rund 2,7% des Gesamthaushaltes.

13. Übersicht über die jährlichen Ausgaben für das **Almosenamt** (Panhota) unter Innocenz VI.

Pontifikatsjahr	Jahreszahl	Summe in Goldgulden berechnet
1.	1353	13 276
2.	1354	14 982
3.	1355	30 94
4.	1356	10 737
5.	1357	9 050
6.	1358	8 316
7.	1359	13 355
8.	1360	18 505
9.	1361	?
10.	1362	?

Gesamtsumme: 91 315

Das macht einen Jahresdurchschnitt von 11 414 fl. oder 4,55% des Gesamthaushaltes.

14. Übersicht über die jährlichen Ausgaben für **Hausmieten** (pensiones sive locagia domorum) unter Innocenz VI.

Pontifikatsjahr	Jahreszahl	Summe in Goldgulden berechnet
1.	1353	647
2.	1354	—
3.	1355	803
4.	1356	—
5.	1357	851
6.	1358	—
7.	1359	843
8.	1360	—
9.	1361	?
10.	1362	?

Gesamtsumme: 3144

Im Jahresdurchschnitt werden 393 fl. für Hausmieten aufgewandt; das sind 0,16% des Gesamthaushaltes.

15. Übersicht über die jährlichen Ausgaben zur **Erweiterung des päpstlichen Grundbesitzes in und um Avignon** (possessiones empte) unter Innocenz VI.

Pontifikatsjahr	Jahreszahl	Summe in Goldgulden berechnet
1.	1353	—
2.	1354	45
3.	1355	46
4.	1356	30
5.	1357	—
6.	1358	120
7.	1359	200
8.	1360	1000
9.	1361	?
10.	1362	?

Gesamtsumme: 1441

Im Jahresdurchschnitt sind nur 180 fl. auf Grundbesitzerweiterung verwandt worden. Das ist nur 0,072% des Gesamthaushaltes.

16. Übersicht über die jährlichen Ausgaben für den **italienischen Krieg** (guerra contra rebelles) unter Innocenz VI.

Pontifikatsjahr	Jahreszahl	Summe in Goldgulden berechnet
1.	1353	23 000
2.	1354	130 095
3.	1355	192 003
4.	1356	132 144
5.	1357	107 042
6.	1358	60 660
7.	1359	21 504
8.	1360	131 257
9.	1361	?
10.	1362	?

Gesamtsumme: 797 705

Abgesehen von den beiden letzten, nicht angegebenen Jahressummen macht das einen Jahresdurchschnitt von 99 713 fl., das sind rund 40% des Gesamthaushaltes, also trotz ihrer Höhe doch bloß 0,66% der betreffenden Ausgaben unter Johann XXII.

17. Übersicht über die jährlichen Ausgaben zur **Verteidigung Avignons** und des Venaissin (pro custodia) unter Innocenz VI.

Pontifikatsjahr	Jahreszahl	Summe in Goldgulden berechnet
1.	1353	—
2.	1354	—
3.	1355	13 944
4.	1356	—
5.	1357	34 085
6.	1358	28 794
7.	1359	10 429
8.	1360	37 485
9.	1361	?
10.	1362	?

Gesamtsumme: 124 737

Als Jahresdurchschnitt ergibt sich die Summe von 15 592 fl. oder 6,2% des Gesamthaushaltes.

18. Übersicht über die jährlichen Auszahlungen der apostolischen Kammer an den Papst selbst (pecunie assignate pape) unter Innocenz VI.

Pontifikatsjahr	Jahreszahl	Summe in Goldgulden berechnet
1.	1353	ca. 126 900
2.	1354	26 914
3.	1355	36 895
4.	1356	13 023
5.	1357	19 946
6.	1358	nicht angegeben
7.	1359	8 902
8.	1360	8 335
9.	1361	?
10.	1362	?

Gesamtsumme: 240 915

Im Durchschnitt erhielt der Papst also jährlich 30 114 fl. oder 12% der Gesamtausgaben. Wenn wir aber vom ersten Jahre absehen, das hier ungewöhnlich belastet ist, verringert sich der jährliche Durchschnitt zu 16 288 fl.

In ihrer prozentualen Abstufung sind hier die wichtigsten Ausgabetitel zusammengestellt:

1. Für den italienischen Krieg 40%
2. Für die päpstlichen Beamten 14,12%
3. Für die Privatschatulle des Papstes . . . 12%
4. Für Wachs und allerlei 8,8%
5. Für Wohltätigkeit (Titel 12 und 13) . . 7,25%
6. Für die Verteidigung Avignons 6,2%
7. Für die Küche 3,84%
8. Für den Keller 2,22%
9. Für Bauten 2%

Innocenz VI. Erstes Pontifikatsjahr. 1353.

I. E. 267 (systematisch geordnet mit Schlußsummen und Approbation, aber nur Bruchstück, da die ersten 7 Titel fehlen), I. E. 270 (nicht systematisch, sondern chronologisch geordnet).

A. Übersicht über die einzelnen Titel und ihre Schlußsummen.

Die ersten 6 Titel in Intr. Exit. 267 nicht enthalten und wahrscheinlich verloren. Deshalb wurde hier eine eingehendere Übersicht über die einzelnen Ausgabetitel erst für das 2. Pontifikatsjahr gegeben.

7. *(I. E. 267 f. 150)* **vadia extraordinaria.** *Schlußsumme zerstört, etwa* 70 fl.

8. *(f. 177^b)* **pro cera et extraordinariis.** 30 183 fl. 673 $^1/_2$ scuta 23 s. 3 d. tur. gross. pape, 45 l. 5 s. 9 d. cum ob. Auin.

9. **pro vadiis ordinariis** *vgl. B Abschnitt 2.*

10. *(f. 196^v)* **elemosina secreta.** 3482 fl. 5000 scuta 316 tur. gross. arg. 141 l. 8 s. 7 d. cum obolo.

11. *(f. 210)* **Pinhota.** 12 488 $^1/_2$ fl. 622 scuta 14 l. 14 s. 7 d. mon. Auin.

12. *(f. 220^v)* **bulla et litere curie.** 198 fl. 24 s. 11 d.

13. *(f. 221)* **guerra contra rebelles.** 23 000 fl.

14. *(f. 224^v)* **pensiones seu locagia domorum.** 600 fl. 57 l. 18 s. 10 d.

15. *(f. 225)* **scriptura et libri.** 17 fl. 33 s.

16. *(f. 230 und I. E. 270 f. 97 ss.)* **pecunie assignate pape.** *In einzelnen (36) Raten erhält der Papst im ganzen (von mir addiert)* 110 822 $^1/_2$ fl. 5023 scud. (antiqui, boni ponderis, comitum Flandr.) 4000 magne duple auri morescas 4151 scud. Phil. 197 cathedr. auri 2 cathedr. parvi pond. 14 duple 1 dupla ad cath. 67 regales boni ponderis 2 regales contrafacti 15 leones 54 georg. 51 paualhon. 6 paualh. min. pond. 9 agn. 1 dupla regine 11 angeli secundi cugni 5 angeli ultimi cugni 5 paris. bon. pond. 5 dupl. ad massam boni 2 dupl. ad massam parvi 13 corone boni pond. 8 agn. boni pond., 8 $^1/_4$ gross.

17. *(f. 228)* **possessiones empte** *nichts.*

NB. *Die* **Gesamtausgaben** *und Einnahmen finden sich Vatikanische Quellen II S. 25 f.*

Bilanz *(I. E. 267 f. 231):* facta deductione de omnibus receptis ad expensas restat, quod debet thesaurari**us** *(d. h. ein Plus)* 18581½ fl. 8322½ scuta 3 regales 9 cathedre 5 pavalhones 7 leones 8 duple 1 parisien. 2 angeli [80 l. 19 s. 6 d. ob. regis Rotberti de 15 d., 97 l. 8 s. 4 d. ob. pape de 12 d., 19½ s. tur. gross. =] 3038 fl. 18 s. 6½ d. Auin. *Zusammen also* 21620 fl. *und die anderen genannten Goldmünzen* + 6 s. 6 d. et ob. Auin.

Debentur thesaurario: 55 s. 9 d. mon. Francie.

B. Systematisch geordnete Einzelheiten aus den verschiedenen Ausgabetiteln.

1. Chronikalisch wichtigere Angaben.

(I. E. 270 f. 52 ss.) **1353** Jan. 30 de mandato pape ad relationem camerarii referendario Magola Philadelfia, embaxatori Grecorum Philadelfie, pro expensis faciendis in regressu suo ad partes suas 180 fl.

Jan. 30 Diladano de Sala de Bononia, embaxatori Arminarum, ex dono sibi facto per papam ad relationem camerarii pro expensis suis faciendis in regressu suo 120 fl.

Febr. 5 Betucho de Luca, servienti arm. pape, qui fuerat missus per cameram apud Montempessulanum versus collectorem Aragonie, qui veniebat cum pecuniis camere per ipsum recollectis, 2 fl. 12 s.

(I. E. 267 f. 154v) Febr. 20 cum † d. Bertrandus cardinalis Ostien. teneretur camere Apost. pro certis fructibus per ipsum debitis racione cuiusdam beneficiorum suorum videl. pro taxa prepositure de Insula dioc. Cauallicen. in 205 l. Auin. = 120 fl. 10 gross. (1 fl. = 12 gross.), item pro prioratu s. Innocentii dioc. Gebenen. in 105 l. geben. (1 fl. = 12½ s.) = 168 fl., pro prioratu de Fontibus dioc. Viuarien. pro taxa in 75 l. vien. = 60 l. tur. (1 fl. = 20 s.) 60 fl., *zusammen* 398 fl. 20 s.; ab alia vero parte repertum est, eidem † cardinali ex causa mutui facti per eum d. Clementi pape VI. pro guerra Bolonie 1000 fl., de quibus fuerunt deducti 398 fl. 20 s. debiti et 550 fl. sibi soluti per camerarium, *so wird jetzt der Rest bezahlt* 51 fl. 4 s.

(I. E. 270 f. 270) Febr. 28 de mandato pape ad relationem thesaurarii dd. cardinalibus Tucellen., Cesaragustan., Guillo Bellifortis pro transferendo corpus b. memorie dni Clementis de Auinione ad mon. Casadei 5000 fl.

März 8 d. Paulo de Scrofano, priori s. Petri de Urbe, de mandato pape pro reparatione domorum palatii tit. ss. Iohannis et Pauli in Urbe facienda ultra 34 fl., quos aportaverat de dicto titulo et quos reportavit pro facienda reparatione predicta, 66 fl.

März 21 *(I. E. 267 f. 156)* cum die Iovis s. Cene *(21. März)* papa fecerit s. crisma et sit fieri consuetum dari per papam cuilibet dd. cardinalium, qui in huiusmodi confectione intersunt, 13 tur. gross. arg., soluti fuerunt d. camerario pro 22 cardinalibus, qui in dicta confectione fuerunt, 23 s. 10 d. tur. gross. pape. — d. camerario, prout est fieri consuetum, pro Mandato facto per papam in dicta die Cene 12 capellanis commensalibus, quibus lavavit pedes, (2 s. pro quolibet) 24 s. mon. Auin.

April 1 Iohanni Sabaterii de Montepessulano, messacgerio mercatorum, misso de mand. pape per camerarium ad d. cardinalem Bolonien. in Francia cum literis pape 20 fl.

(I. E. 270) April 2 d. Aymerico de Rupecauardo, militi sen. Tolosani, de mandato pape, qui dedit intuitu precarum et helemosine pro recuperatione castrorum de Conburnio et de Salhenco, qui eos tempore f. r. Clementis habuerat in custodia, et fuerant dati per d. Clementem et per d. Innocentium VI. tunc cardinalem et per aliquos alios cardinales prelatos et alias personas ecclesiasticas et seculares existentes tunc in curia, 10 000 fl.

April 3 d. Roberto de Duracio de mandato pape, quos papa dedit eidem Roberto, qui diu fuerat captivus in Ungaria, 500 fl.

April 4 de mandato pape B. de Prato, servienti armorum regis Aragonum, qui venerat cum equis condam d. Gondisalvi archiep. Toletani ex dono speciali per papam facto ultra expensas, quas habuerat a collectoribus Barchinon., pro eundo et redeundo 25 fl.

April 12 de mandato pape fr. Guidoni, lectori Predicatorum Lugduni, cui papa dedit in subsidium capituli generalis, quod debet esse in Lucduno in festo Penthecostes prox. venturo, ad requistam magistri palatii 100 fl.

April 18 fr. Stephano procuratori ord. fr. Predic. de mandato pape ex speciali dono facto magistro generali ord. Predic. 100 fl.

April 20 de mandato pape mag. Petro Hodonis, qui alias per aliquod tempus fuerat coqus domini nostri [pape], dum erat cardinalis, ex dono 30 fl.

April 23 pro oferenda facta per papam in altari b. Marie de Dompnis die predicta, qua recessit apud Villam Nouam, et de mandato ipsius 20 fl.

Mai 24 de mandato pape vive vocis oraculo facto in presentia camerarii dno Hugoni de Arpayone misso per papam in partibus Ytalie pro certis negotiis Ecclesie ibi faciendis et pro expensis suis ultra ea, que fuerunt ordinata sibi qualibet die, que propter caristiam non sufficiebant ei, ut dicebat, et pro gravamine ecclesiarum evitando, 200 fl.

Mai 27 Chatardo misso de mandato pape apud Pontem s. Spiritus ad videndum, si opus novum inceptum supra pontem in preiudicium ecclesie Romane comitatus Venecini per gentes regis Francie fuerat demolitum, prout promiserat senescallus Belicadri, et reportavit dictus Chatardus, quod opus predictum inceptum erat demoliri, sed non erat destructum ex toto, 14 s.

Mai 28 cursori misso apud Pontem s. Spiritus ad sciendum et videndum, si dictum opus inceptum supra pontem erat demolitum ex toto et reportavit quod sic : 12 s.

Juni 25 de mandato pape ex speciali dono per eum facto d^{no} Bertrando de Borii, militi d^{ne} de Autafort, 150 fl.

Juni 27 mag. Petro Odonis, olim coquo pape, dum erat cardinalis, ex speciali dono per papam eidem coquo facto pro eundo apud s. Sepulcrum, quo ibat peregrinus, 40 fl.

Juli 23 d. Bernardo comiti de Ventodoro de mandato pape ex speciali dono, ipso comite personaliter recipiente, 400 fl.

NB. *Vorher und nachher erhalten mehrere Ritter päpstliche Geldgeschenke:* Guill^s de la Sulha miles Bituricen. dioc. 100 fl., Girardus de s. Maria miles Lem. dioc. 100 fl., Ioh. de Molinis miles Lem. dioc. 100 fl., Guill^s Fulcaudi miles Bitur. dioc. 100 fl., Petrus de Ghammarch domicellus 50 fl., Hugo de Ahenco domicellus Lem. dioc. 50 fl., Giraudus de Cont domic. Lem. dioc. 25 fl., Heliotus de Montibus Lem. dioc. 60 fl., vicecomes Turene pro ipso Pontio de Tournamina domicello suo 300 fl., Bernardus de Perusia miles Lem. dioc. 100 fl., Hugo de Rupe miles Lemov. dioc. 200 fl., Archimbaudus vicecomes de Combornio miles Lemov. dioc. 100 scud. Iohannis, Iohannes de Vaquerliaco miles Bitur. dioc. 120 fl., Hugo de Montibus miles Lemov. dioc. 60 fl.

Juli 24 de mandato pape ex speciali dono fr. Iohanni de Manhollis de Florentia ord. Min., qui venerat de partibus Ultramarinis, ubi fuerat missus per fel. record. d. Benedictum papam XII. et steterat per 14 annos, 50 fl.

Juli 29 de mandato pape ex speciali dono per eum facto Karolo de Hispania, comestabulo Francie, 1000 fl.

Aug. 2 de mandato pape fr. Guillelmo Farmerii, generali magistro ord. Min., 50 fl.

Aug. 12 de mandato pape fecimus cambium d. camerarius et ego [thesaurarius Reginaldus] cum mercatoribus de recipiendo hic 10 000 fl. pond. camere et eos reddendo in civitate et villa de Perusia thesaurario Patrimonii pro defensione terrarum Ecclesie et patrimonii s. Petri contra Iohannem de Vico, qui se nominat Prefectum,[1] de quibus solvi Petro

---

[1] Vgl. Schäfer, *Deutsche Ritter* 1. Buch S. 21 ff.

Burgundionis, mercatori de Florentia, socio societatis de Albertis Novis de Florentia, 3000 fl.; Nicolao Comitis, socio societatis Vanni Serarloti de Florentia, 3000 fl.; Michaeli Vay socio societatis Nicolai Gerardi de Florentia 3000 fl.; Iacobo Lapi de Pistorio, socio soc. Bartholomei Francisci de Pistorio, 1000 fl.; quos florenos prenominati mercatores iuraverunt et promiserunt reddere in villa de Perusio die 36. a data presentium die inantea computando, que erit dies 17. Sept., prout constat per instrum. per d. Iohannem Palaysini super hoc receptum, *zusammen* 10 000 fl. *(vgl. Okt. 5).*

Sept. 21 Guioto de Apiaco de mandato pape ad relationem notarii nepotis sui pro expensis factis de Aluernia cum literis neptum pape et redeundo ad eas 6 fl.

Sept. 24 de mandato pape d. camerario et in facto d. Nicolao Laurentii vocato aliter Tribuno ex speciali dono pape pro redeundo Rome, qua die recessit de curia expeditus, 200 fl. *(vgl. Nov. 18).*

Okt. 5 facto cambio de mandato pape per nos camerarium et thesaurarium ipsius cum Lapino Melioris de Florentia, socio soc. Palharsonorum, de 3500 fl. ponderis camere et cum Laurentio Bartholini, socio soc. de Michinis, de 150 fl. dicti ponderis, qui sunt in universo 5000 fl. assignandi per eos vel socios ipsorum in Perusio d. Angelo Tauernini, thesaurario patrimonii b. Petri in Tuscia pro papa, 26. Okt. proxime venturo *(vgl. Okt. 26).*

Okt. 10 habita deliberatione per cameram de mandato pape ex speciali dono facto cuidam servienti armorum regis Aragonum, qui apportavit literas regis dno pape, 50 fl.

Okt. 10 de mandato pape ex dono facto pro opere pontis Auin. dno Guillelmo de Fonte, camerario d. cardin. Albi, recipienti pro dd. Tusculan. et Hostien. ep. cardin. commissariis pro dicto opere fieri faciendo 400 fl.

Okt. 10 de mandato pape Petro Thome,[1] mag. in s. pagina ord. fr. Carmel., 100 fl.

Okt. 26 facto cambio per d. camerarium et me thesaurarium cum Iacobo Blanqui, factore Bartholomei Spiafamis, mercatoris de Luca, de 5000 fl. pond. camere reddendis per eum et eius socios in Perusio d. Angelo Tauernini, thesaurario patrimonii b. Petri in Tuscia pro d. papa, 20. Dec. veniente pro guerra contra Iohannem de Vico (instrum. per d. Ioh. Palaysini) 5000 fl. *(vgl. Dez. 10).*

Nov. 13 facto computo cum Iohanne de Tholosa, sartore pape, de raubis et operibus per eum factis pro papa et pro neptibus et nepotibus suis a 29. Iuni usque Nov. 13 40 fl. 2 gross. — Nicholao Benchi, mer-

---

[1] Später heiliggesprochen, wurde Patriarch von Konstantinopel, befehligte einen Kreuzzug, vgl. Acta SS. Jan. 7.

catori Auin., pro raubis nepotum pape (16. Aug.—12. Okt.): pro serico, syndone, tela rubea, et aliis 70 fl. 8 gross.

Nov. 16 de mandato pape falconerio dⁿⁱ Giscardi de Combornio, qui presentaverat pape ex parte dⁿⁱ Gischardi venationem cervorum, 30 fl.

Nov. 18 Macioto servienti armorum de certis expensis pro d. Nicholao Laurentii vocato Tribuno, dum erat captus in palatio a 8. Juni usque 14. Septem., pro fructibus, candelis etc. *(Kleidungen)* 5 fl. 12 s. 3 d.

Dez. 10 cum de mandato pape fuisset factum cambium per d. camerarium et me thesaurarium cum Zinobio Martini, socio societatis de Rigi mercatorum de Florentia, de 3000 fl. ponderis curie reddendis per eum vel socios eius in Perusio d^{no} Angelo Tauernini, thesaurario patrimonii b. Petri pro guerra contra Iohannem de Vico, infra 2 menses a data presentium, que dies erit 10. Febr. 1354, (instr. per Ioh. Palaysini) 3000 fl.

Dez. 20 de mandato pape fr. Raymundo Pinholi ord. fr. Predicatorum misso per papam in Lemovicino pro facienda helemosina et distribuenda in diversis parochiis et locis pauperibus personis et ecclesiis devastatis, depauperatis et destructis per guerras et pro 2 ronsinis emptis per dictum fratrem pro se et socio suo 5000 scud. Iohannis et 36 fl. *(vgl. Dez. 29)*.

Dez. 24 de mandato pape et speciali dono fr. Petro de Fao ord. Min. redeundo ad castrum Surina 100 fl.

Dez. 29 facto computo cum mag. Guill^o Ademarii, custode cere pape, de cera et expensis factis a 8. Nov. usque 29. Dez. incl. tam pro hospitio pape quam pro anniversario bone memorie d. Clementis VI., facto in fine anni obitus sui, quam pro sepultura filii Ranulphi de Perusia, pro nepote pape quam pro labore . . . ac pro candelis pro hospitio nepotis pape et 1 lanterna in gardaroba, ubi iacet ep. Clarom., 867 fl. 7 s. 4 d.

Dez. 29 Nicholaus Grimardi de operibus per eum factis et expeditis de mandato pape pro mittendo et dando in Lemouicio pauperibus deraubatis propter guerram de calicibus et vestimentis et aliis necessariis ad cultum divinum faciendum computavit: pro 13 calicibus argenti dauratis ponderis 26 march. 3 ons. 2 d. (7 fl. 8 gross. pro marcha) 202 fl. 7 s.; pro aliis 5 calicibus argenti daurati pond. 10 march. 10 1/2 ons. emptis per eum a d. Lapo de Ruspo (7 fl. 10 gross. pro marcha) 80 fl. 18 s. 9 d.; pro reparando et bruniendo[1] alios 7 calices antiquos, qui fuerunt de mandato pape extracti de inventario turris superioris in thesauro pond. 13 1/2 march. 4 fl. 3 gross.; de alio inventario ornamentorum palatii 25 casule, 1 capa seu pluviale, 1 dalmatica et 1 tunicella, 25 stole, 25 manipuli, 19 albe, 19 amicta cum zonis et 2 cofri ferrati; 6 vero albe et 6 amicta deficientia de complimento 25 vestimentorum fuerunt empte Lemouicii, *für Einpacken in die Koffer* 3 fl. 6 s. *Für Fracht von Montpellier nach Limoges* 3 fl., *zusammen* 294 fl. 13 s. 9 d.

---

[1] brünnen, glänzend machen.

2. Kurialbeamte.

Es werden (I. E. 270) 6 Auszahlungen des Gehaltes angegeben, die einzelnen Zahlungen finden statt:

  1. März   4950 fl. 42 l. 15 s. 11 d. ob.
27. Apr.   4597 fl. 32 l. 11 s.   6 d. ob.
22. Juni   4826 fl. 35 l.   2 s.   1 d.
16. Aug.   4793 fl. 31 l.   9 s.   5 d. ob.
12. Okt.   4709 fl. 33 l. 14 s.   7 d. ob.
  7. Dez.   4834 fl. 28 l.   4 s. 10 d. ob.
Zusammen 28709 fl. 203 l. 18 s. 6 d. ob.

Dazu kommen 2 Zahlungen von Kleidergeld an 18 penitentiari (8 fl. cuilibet), 11 scutiferi (8 fl. cuilibet), 65 servientes armorum (5 fl. cuilibet), 9 usserii (8 fl. cuilibet), 15 palafrenarii (2 fl. cuilibet), magister theologie 12 fl., 3 coqui et marescallus equorum (8 fl. cuilibet), *zusammen* 1425 fl.

(I. E. 267 f. 178) Erste Auszahlung am 1./2. März 1353 (1 fl. = 22 s. vien.).

1. dno vicecancellario 194 fl. 9 s. 9 d.
2. marescallo iustitie 193 fl. 7 d.
3. 35 servientibus suis et capitaneo ipsorum computatis pro ipso duplicibus vadiis 239 fl. 18 d. vien.
4. d. Iohanni iudici ordinario curie dicti marescalli 15 fl. 6 s. 8 d. vien.
5. d. Ancelmo Blanchi, iudici dicte curie in criminalibus, 12 fl. 5 s. 10 d.
6. Bononato thesaurario dicte curie 7 fl. 13 s. 4 d.
7. correctori 27 fl. 4 s. 4 d.
8. magistro theologie 36 fl. 16 s. 6 d.
9. 18 penitentiariis 446 fl. 17 s. 4 d.
10. 18 capellanis commensalibus et certis pro 44 diebus 588 fl. 7 s. 8 d. ob.
11. 2 bullatoribus 64 fl. 17 s. 7 d.
12. 3 clericis camere integris et 1 pro 55 diebus 141 fl. 5 s. 5 d.
13. 9 capellanis capelle integris et certis pro 55 diebus 165 fl. 3 s. 9 d.
14. 2 clericis capelle integris 26 fl. 9 s. 9 d.
15. 2 clericis capelle intrinsecis videl. 1 integro et alteri pro 47 diebus 15 fl. 6 s. 11 d.
16. notario camere 16 fl. 13 s.
17. [hostiarii prime porte]:
    Petro Ianzens pro 53 diebus 25 fl. 18 s. 6 d. ob.
    Ademaro la Rebieyra *desgl.*
18. Secunda porta:
    Reginaldo Davidis pro 49 diebus 23 fl. 18 s. 10 d.
    Stephano Vigerii pro 15 diebus 7 fl. 5 s. 8 d.

19. Tertia porta:
Leo pro 53 diebus 25 fl. 18 s. 6 d. ob.
Ebensoviel den folgenden:
Arnaldo Vasconis,
Romanello,
Petro Cortilha,
Raymundo Germoaudi.

20. 14 hostiariis minoribus integris et certis pro 33 diebus 211 fl. 18 s. 11 d.

21. 40 cursoribus integris et 1 pro 1 die, 2 fl. pro cera 1 mortui 333 fl. 16 d.

22. 63 servientibus armorum integris et certis pro 51 diebus 1061 fl. 13 s. 6 d.

23. 14 palafrenariis pro tota et certis pro 36 diebus 121 fl. 3 s. 3 d.

24. Bernardo de Roana et Tassino porteriis prime porte cuilibet 8 fl. 6 s. 6 d.

25. d. Guillelmo de s. Amancio magistro hospitii 56 fl.

26. Nicolao de Monteclaro magistro coquine 27 fl. 4 s. 4 d.

27. Raymundo de Lur aquario (et) pro 3 famulis suis necessariis pro officio aque 12 fl. 9 s. 9 d.

28. d. B. Gaucelmi emptori coquine 27 fl. 4 s. 4 d.

29. Iohanni Postelli coquo pro 42 diebus 20 fl. 10 s. 2 d.
Guillelmo alteri coquo *desgl.*
Gerardo de Miramont coquo *desgl.*

30. I. Alay brodario coquine pro 42 diebus 6 fl. 4 s. 10 d.
P. Alamanni altero brodario *desgl.*
Evono Dionisii altero brodario *desgl.*
Iaqueto Vergueti altero brodario pro 32 d.: 4 fl. 17 s. 4 d.

31. 1 panetario pro 41 diebus 12 fl. 9 s. 9 d.

32. 2 buticulariis pro 41 diebus 24 fl. 19 s. 6 d.

33. d. Symoni regestratori 12 fl. 9 s. 9 d.
Stephano de Fonte alteri regestratori *desgl.*

34. Regestratori regestri secreti pro 52 diebus 11 fl. 12 s. 5 d.

35. custodi cere pro 50 diebus 14 fl. 18 s. 5 d.

36. custodi vaccelle pro 42 diebus 12 fl. 9. s. 9 d.

37. custodi carceris 20 fl. 16 s.

38. custodi cervorum 9 fl. 2 s.

39. Guillelmo Sabaterii magistro marescalle 27 fl. 4 s. 4 d.

40. Scriptori suo palafren. 8 fl. 6 s. 6 d.

41. Scriptori coquine pro 42 d.: 6 fl. 4 s. 10 d.

42. trahenti campanam pro 33 d.: 2 fl. 10 s. 3 d. ob.

43. Aymerico de Dumo pro custodia armorum 8 fl. 6 s. 6 d.

44. barbitonsori pro 8 d. 2 fl. 4 s. 4 d.

45. mag. I. de Parma surgico 27 fl. 4 s. 4 d.
46. Raymundo Guitbaudi directori operum 16 fl. 13 s.
47. Colino de Lingonis scobatori 3 fl. 16 s.
48. advocato fisci 15 fl. 9 s. 9 d.
49. magistro Petro Fabri marescallo equorum pro 42 d.: 20 fl. 10 s. 2 d.
Marcholando *desgl.*
50. Domicelli:

Stephano la Gana
Rotgerio filio comitis Bellifortis
Petro de Bess(i)a fratri dni cardinalis[1]
Guischardo filio dni de Treynhaco
Petro Stephani
dno Guillelmo
} je 27 fl. 4 s. 4 d.

Guidoni de Podio Vallis
Golferio de Luno
Bertrando de Roffinhaco
Stephano de Monteruc
Humberto de Sauzeto
Iohanni de Bre(no)
Rotberto de Vassinhaco
} pro 39 diebus je 18 fl. 23 s. 4 d.

Nicholao fratri dni cardin. Guillelm. pro 31 d.: 15 fl. 1 s.
Bertrando de Veyraco 11 fl.
Rampunholo de Perussia pro 39 d.: 18 fl. 23 s. 4 d.

Weiter werden genannt:
1353 März 5 Guills Sabaterii mag. marescalle.
 „ Ioh. de Ublangiis panatarius pape.
 „ Helias Rambaudi custos vaxelle pape.
März 11 d. Petrus de Montecolon. (Moncolo) helemosinarius.
 „ d. Petrus de Frigidavilla mag. panhote.
 „ Iaquetus Melioris ypothecarius pape.
 „ Bernardus Gaucelmi emptor coquine.
 „ d. Raimundus Guitbaudi mag. operum palatii *(er führt besonderes Buch über die Bauausgaben).*
April 6 Guills de Cruce buticularius pape.
 „ mag. Iohannes de Luperiis mag. operum palatii pape.
 „ 10 Iohannes Iurii magister casularum et vestimentorum *(läßt die Kleider des Papstes in Ordnung bringen).*
April 10 d. Stephanus magister capelle pape *(besorgt Weihrauch, Wäsche der Paramente und Kleidung, Reinigung der Kapelle, das Öl, Bücher etc).*
April 10 fratres Raimundus et Gaubertus bullatores.

---
[1] Kardinal Nicolaus de Bessia, Neffe Klemens' VI.

April 12 Petrus de Frigidavilla administrator Panhote pape.
„ mag. Guills Ademari mag. officii cere pape.
April 19 Petrus de Iaures hostiarius camere pape.
April 23 Stephano de Combis porterio, prime porte Auin., pro oleo necessario ad custodiam 1 fl.
April 23 Petro de s. Marciali, hostiario minori, pro oleo necessario ad custodiam porte ferree de nocte 1 fl.
April 23 Iohannes de Toloza serviens armorum et sartor pape.
April 30 d. Raimundus Guitbaudi director operum palatii pape.
April 30 Guills Sabaterii magister palafrenarie pape *(hat für den Hufbeschlag, Zügel, Licht, Haferbereitung, Auszahlung der* vaileti *und* saumaterii *zu sorgen).*
Juni 15 Raymundus de Lur, aquarius pape, computat de expensis factis ratione officii sui pro barallis, broquis, refrigitoriis, cordis, portu et salario hominum 36 fl. 4 s.
Juni 17 Mourisono de Vasinhaco, usserio pape, ex dono pape 200 fl.
Juni 21 Rogeyrono de Molendino, custodi armorum et usserio pape.
Juli 7 Bernardus Barallia panetarius pape.
Juni 15 Petrus Iansens, hostiarius pape, *besorgt größere Einkäufe für Betten. Er wird auch* usserius *genannt und sorgt für die Kleidung.*
Nov. 30 Petrus de Cortilhas usserius pape *(leitet eine Jagd, erhält* 152 fl.*).*
Dez. 20 Michael Bruni, custos cervorum ac ortolanus viridarii palatii Auin., *hat die Gartenarbeit unter sich).*
Vgl. weiterhin unten S. 536 ff.

3. Getreideeinkäufe und Viktualien.

(*I. E. 270 f. 61*) **1353** Apr. 27 Dinoto de Mediolano, Iohanni Galterii, Iohanni Lacalada, Francisco de Landa, Peroto de Verduno, Iohanni Cerini et Laurentio Lobreto pistoribus pro 350 salmatis siliginis ab eis emptis per d. Petrum de Frigidavilla ad opus helemosine Panhote (45 s. mon. Auin. pro salmata) 656 fl. 9 gross.

Mai 25 Ioh. de Ublangis, panatarius pape, dicit se expendisse in 4 septimanis pro pane albo librate communis recepto a Iacomino, pistore pape, 21 500 panes albos de communi, item de pane bruno 3150 panes et computatis 550 pan. alb. et 50 brun. pro 1 saumata trumenti ascendunt 40 saum. frum. 200 panes.

Aug. 18 Peroneto Laurentii de Tornino et Petro de Vaden de Iovis mercatoribus pro 431 saumatis 3 emin. frumenti pro usu et ad opus helemosine Pinhote per d. Petrum de Frigidavilla (1 saum. *teils zu* 2 fl. 3 gross., *teils zu* 2 fl. 4 gross.) 987 fl. 12 s.

3. Getreideeinkäufe und Viktualien. 531

Okt. 28 facto computo cum d. Petro de Frigidavilla de 400 saum. grossis frumenti et 2 emin. emptis a Petro Laurentii, mercatore de Tornonio, et eius sociis (2½ fl. pro saum.) 1175½ fl.

Dez. 29 Facto computo cum Iohanne Rosseti et Iohanne Flota et Ademario Doadas de bladis per ipsos emptis in Burgundia[1] et de pisis, fabis, telis, mappis et picibus (!) pro adventu: pro 2188½ saum. gross. frumenti assignatis d. Petro de Frigidavillla, qui retulit personaliter eas se recepisse, (2 fl. 3½ gross. pro saum.) 5067 fl. 11 s. ob. mon. Auin.

Pro 330 saum. grossis 2 emin. gross. frumenti, que perdite fuerunt et submerse in Rodano prope s. Spiritum, (1½ fl. pro saum. de prima emptione, quod non fuit solutum navigantibus) 495 fl. 7 s. 2 d. mon. Auin.

Pro 27 saum. 8 emin. ordei assignatis dno Petro de Frigidavilla (1½ fl. 7 d. mon. Auin. pro saum.) 42 fl. 9 s. 1 d.

Desgl. pro 646 saum. gross. avene assignatis Guillo Sabbaterii, mag. marescalle pape, (1½ fl. 7 d. mon. Auin. pro saum.) 383 fl. 4 s. 3. d.

Pro 40 saum. gross. avene per eos assignatis d. Petro de Frigidavilla pro equis cadrigarum *(für denselben Preis)* 68 fl. 14 s. 3 d.

Pro 11½ saum. pisorum assignatis dd. B[ernardo] emptori [coquine] et Gerardo de Castanea pro palatio (3 fl. 21 s. 10 d. pro saum.) 44 fl. 12 s. 2 d.

Pro 5 saum. gross. 2½ emin. pisorum (3 fl. 21 s. 10 d. pro saum.) assignatis d. Petro de Frigidavilla 20 fl. 12 s. 7 d.

Pro 54 saum. 7 emin. fabbarum assignatis eidem d. Petro (2 fl. 3 gross. 19 d. ob. pro saum.) 126 fl. 14 s. 2 d.

Pro 3 saum. 2 emin. fabbarum assignatis dd. Bernardo et Giraudo in palatio *(Preis wie oben)* 7 fl. 9 s. 11 d.

Pro 1 saum. pisorum et alia fabbarum *(wie oben)* assignatis neptibus pape 6 fl. 4 s. 10 d.

Okt. 31 Iohanni de Ublangis, panetario pape, pro faciendo provisionem racemorum pro usu hospitii pape: 26 saum. 3 banaston. emptis per eum apud Biturritam (18 s. pro saum.) 23 l. 18 s. 9 d., ac pro expensis hominum, qui portaverunt racemos 17 l. 13 s. 7 d., *zusammen* 41 l. 12 s. 4 d. in 35 fl. 12 s. 4 d.

Dez. 29 *(f. 94v)* pro 13 duodenis caseorum per Iohannem Rosseti, Ioh. Flota, Ademarium Doadas [emptis in Burgundia?] assignatis d. Petro de Frigidavilla 21 fl. 4 gross.

Facto computo cum d. Iohanne Servientis, subcollectore in Aluernia, de 20 quint. caseorum emptis per eum de pecuniis et mandato camere ac assignatis mag. Guillo Ademari, custodi cere pape, pro usu hospitii pape ac pro portu, cordis etc. 83 fl.

---

[1] In Reg. Avignon. Innocentius VI. Nr. 3 f. 46—73 findet sich der Bericht der drei oben genannten, als »provisores Panhote, super provisione bladorum, telarum et aliarum rerum ac maparum« über ihre am 15. August begonnene Einkaufsreise nach Burgund.

4. Weineinkäufe.

(I. E. 270 f. 90) **1353** Dez. 29 facto computo cum d. Guillo de Cruce, buticulario pape, de expensis, circulis . . . reparandis botis et doliis vid. 332 botis missis pro provisione vinorum ad diversas partes 218 fl. 2 s.

Desgl. de vinis per Guillm de Cruce factis et emptis apud Villam Novam pro usu hospitii pape: 17 botis continentibus 161 saum. racemorum (16 s. pro saum.) 129 l. 2 s. 4 d. et pro broquis, scutellis, dietis hominum etc., *zusammen* 135 l. 14 s. 4 d. in 113 fl. 2 s. 4 d.

Dez. 29 facto computo cum Guillo Sabbaterii de 100 botis grossis vini factis per eum et emptis apud Nemausum pro usu hospitii pape, pro quibus implendis emit, ut dixit 900 saum. racemorum ($^1/_2$ scud. pro saum.) 450 scud. (1 scud. = 1 fl. 2 s. mon. Francie et 1 fl. = 48 s. mon. Francie) 468 fl. 9 gross. ac pro aliis expensis 75 fl., *zusammen* 703 fl. 16 s.

Dez. 29 facto computo cum d. Raimundo Textoris de 101 grossis botis vini factis per eum apud Lunellum, pro quibus implendis emit 1525 quint. racemorum (1 scud. pro 6 quint.) 420 scud. 41 s. 8 d. mon. regis Francie ac pro expensis, circulis, amarnis, dogis, stupis, dietis hominum, cadrigis etc., quod ep. Magalon. nichil solvit, sed adhuc tenetur, super quo advertendus est, 462 scud. 27 s. 11 d. mon. Francie, *zusammen* 883 scud. 18 s. 11 d.

Dez. 29 facto computo cum Nicoleto de Pontoysa, cursore pape, de vinis per ipsum factis et emptis apud Belnam pro usu palatii pape: pro 64 doliis magnis sive tonellis, que tenebant ultra mensuram rectam tonellorum sive ultra moyso 8 tonellos, et sic valebant 72 dolia vel tonelli (10 fl. pro tonello) 720 fl. et pro conducendo dicta vina de Belna apud Cabilhonem (1 fl. 2 gross. pro tonello) 74 fl. et pro aulhacgio 20 fl. et pro onerando vina apud Belnam in cadrigis 12 fl. et pro conductione hospitii, ubi tenet dicta vina in Cabilone, 9 fl. et pro ponendo in navigiis 8 fl. ac pro lanternis, candelis 3 fl. et pro conducendo de Cabilone Auinionem per aquam ($4^1/_2$ fl. pro dolio) 288 fl. et pro vino pedacgiorum 24 fl., *zusammen* 1158 fl. 8 gross., de quibus habuerat a collectore Lugdunen., ut dixit, 200 fl. et sic restabant, qui fuerunt sibi soluti per me 958 fl. 16 s., sed quod superius 29. Dez. in receptis scribuntur predicti 200 fl., ideo tota summa scribitur hic: 1158 fl.

Sic constat quolibet (!) dolium conductum Auinionem, computatis 8 tonellis, que tenent 64 tonelli ultra mensuram, 16 fl. 1 gross. et ulterius pro tota summa 8 gross.

Dez. 29 facto computo cum Guillo de Nexouio et Petro Chatardi de vinis s. Porciani: de 31 tonellis redditis per eos plenis et portatis Auinionem (17 l. 6 s. mon. regis Francie pro tonello) 536 l. 6 s. (15 s. = 1 fl.) = 715 fl. 12 d. tur., de quibus solvit collector Anicien. Guillo de Nexouio 658 fl. 12 d. et ego solvi, qui (!) restabant de dicta summa,

Nicholao de Valentia nauthe, qui conduxerat cum navigiis de Cabilone Auinionem dicta vina, 57 fl., sed quod superius in recepta 29. Dez. computantur predicti 758 fl., ideo ponitur hic tota summa 715 fl. 12 d.

Sic ascendit quolibet tonellum (!) vini s. Porsiani (!) redditum Auinionem 23 fl. 12 d.

5. Vieh- und Fischeinkäufe

sind nicht vermerkt, da die Küchenausgaben-Rechnungen fehlen.

5a. Heu und Stroh.

(*I. E. 270 f. 79*) **1353** Okt. 31 facto computo cum Guillelmo Sabbaterii, magistro marestalle pape, pro provisione fenorum et pallearum ad opus equorum palafrenarie: pro 1506 quint. feni emptis cum portu et estivatura redditis in fenariis Auinionis et Villenove et pro expensis et portu 6 navigatarum et estivatura earum de Biturrita tam Villenove quam Auinione, quas habuit a clavario Biturrice de fenis castri Biturrite, in summa pro toto feno 405 fl. 10 gross. 6 d. ac pro portu 2 navigatarum palee de Biturrita et 1 palherii de Palhacia ac pro emptione 3 navigatarum emptarum per clavarium Palhacie et portu ac estivatura palearum 97 fl. 7 gross. 12 d., *zusammen* 503 fl. 11 s. 6 d.

6. Gewebe und Kleidung.

(*I. E. 270 f. 54ᵛ*) **1353** März 11 d. Petro de Montecolone, helemosinario pape, pro tela ad opus sudariorum pro mortuis 100 fl.

(*I. E. 267 f. 194 elemos.*) Aug. 31 computavit d. Petrus de Frigidavilla, administrator domus elemosine Panhote, de pannis brunis et albis emptis apud Andusiam per Iohannem Bausiri mercatorem pro elemosina pape: pro 200 pessiis (*zu je* 4 fl. *in Andusia*) 800 fl., pro portatura (5 panni in 1 saumata) 40 saumatarum (*je* 20 s. Auin.) 40 l. = (24 s. = 1 fl.) 33 fl. 8 s.; pro emptione se expendisse per 14 dies eundo, redeundo et stando 6 fl., pro Pascali de Sangues corraterio 3 fl., *zusammen* 842 fl. 14 s. 10½ d.

Juni 15 facto computo cum Petro Ianzens, hostiario pape, de 6 culcitris cum pulvinaribus et 6 coperturis, 4 paribus linteaminum, 6 matheraciis per eum emptis de mandato pape pro dd. notariis Petro de Monteruco et aliis, qui iacent in camera ipsius pape, et pro sindone et serico etc. 252 fl. 11 s. Okt. 5 Petro de Ianzens usserio pro aportando de Novavilla apud Auin. aliqua ornamenta et res pape ac pro rochetis et abluendo pannos de 3 mensibus pro papa ac de 4 fl. datis cuidam barberio d. cardinalis Magalon. de mandato pape, *zusammen* 32 fl.

Juni 15 facto computo cum Nicolaho de Benthi, mercatore de Florentia, de banqualibus, tapetis per eum venditis Helie de Bufenos, servienti armorum, pro ospicio Ville Nove, prout particulariter in magno libro latius continetur 82 fl.

(I. E. 270) Sept. 28 facto computo cum B. de Gimello, marito Marie de Iurgia, pro rochetis per ipsam factis pro papa videl. pro 6 peciis tam rochetis quam albis et pro manicis faciendis et aliquibus reparandis 12 fl.

(f. 94v) Dez. 29 pro 4859 alnis tele in 125 peciis assignatis d. Petro de Frigidavilla pro Pinhota 1368 l. 15 s. 8 d. ob. (48 s. = 1 fl.) et ultra hoc constat 16 fl. 10½ gross., pro expensis et cordis et portu 12 fl. 3 gross., *zusammen* 599 fl. 5 gross. 10 d. ob.

Pro 5 peciis tele albe continent. 95 alnas assignatas in thesauria 72 l. 13 s. 6 d. et 24 peciis mapparum magne forme et 12 peciis maparum minoris forme cum suis longeriis assignatis in thesauro 177 fl. 7 gross., *zusammen* 207 fl. 10 gross. 9 d.

7. Wachs und Kerzen.

(I. E. 270 f. 53, I. E. 267 f. 108) **1353** Febr. 18 facto computo cum mag. Guillelmo Ademari, custode cere pape, *(vom 1. bis 15. Febr.)*: se debere Bertrando Boerii pro 11 quint. 82¼ lb. cere (14 fl. 8 gross. pro quint.) 173 fl. 9 s. 6 d., pro corratagio 7 s., pro portu 6 s.; *desgl.* pro 3 quint. 59 lb. cere operate pro usu hospicii pape (15 fl. pro quint.) 53 fl. 20 s.

Item se debere Bernardo Belveer, mercatori de Catalonhia, pro 9 cargis 2 quint. 7¼ lb. cere empte apud Montempessulanum (32¼ scut. antiqu. pro carga) 312½ scut., pro canabo ad embulandum 1 scut. antiqu., pro corratagio 10 gross., pro ponderatore 4½ gross., pro cordis 10 gross., pro ligatore 10 gross., pro portu de botiga ad hospitium 6 gross., pro hostalagio 5 gross., pro portu ad Auinionem 10 fl., *zusammen* 313½ scuta 241 fl. 13 s. 6 d. Auin.

(f. 159) April ... *Lieferung durch* Iaquetus Melioris, ypoth. pape, pro 7½ lb. cere rubee *(je* 6 s.) 36 s., 4 lb. cere rubee 24 s.

(f. 160) 3¾ lb. cere rubee *(je* 6 s.) 22 s. 6 d., 5½ lb. cere rubee 33 s., *so ähnlich jeden Monat.*

7a. Spezereien, Kolonialwaren.

(I. E. 267 f. 158v) Von den monatlichen Abrechnungen des Iaquetus Melioris, ypothecarius pape, *seien hier die für den Monat April und Mai auszugsweise gegeben:*

Mai 20 computavit Iaquetus Melioris ... de speciebus confectis, cera gomata, papiru, zucare, pomis milgranatis, medicinis etc. traditis tam in camera pape quam in camera thesaurarie et panetarie a 5.—30. Apr.: in camera pape 5. Apr. 34 lb. specierum confect., 11. Apr. 25 lb., 18. Apr. 31 lb.; 22. Apr. 2 lb. de smelhiaco confecto, 23. Apr. 30 lb. specierum conf. etc., *im ganzen* 179 lb. (*zu je* 9½ s.), 2 lb. grani pro papagallo (*je* 12 d.); in panetaria 6 lb. zuceris, 29. Apr. 2½ lb. zuceris albi (*je* 10 s.), 7 poma granata (*je* 2 s.). . . . 17. Ian. 1 r[as] erbarum ad faciendum aquam et magnam ollam ad ponendum erbas, 2 palmas de scamna pro arrangiis, 1 cabassum ad portandum supradicta, 1 lb. de ceti rasp., *zusammen* 12 s., 21. Ian. pro alio r. erbarum ad faciendum aquam 3 s. etc.

(*f. 160*) M a i 31 *im ganzen liefert derselbe für den Monat Mai* 323 lb. amigdalarum confect. *und* specierum confectarum *zu je* 9½ s., 6 poma milgranata pro papa (*je* 2 s.) 12 s., pro medicinis pro papa 75 s. *Über die Papierlieferungen desselben vgl. unten Nr. 9.*

8. Bauausgaben.

1353 J u n i 15 facto pretio per cameram apost. cum d. Matheo pictore de pingendo 4 arcus palatii et certis aliis picturis faciendis per eum pretio 200 fl., *erhält Restsumme* 100 fl., *vgl. Nov. 12.*

J u l i 3 facto computo cum d^{no} fr. Stephano de Pondeco, monacho monasterii s. Benigni prope Ianuam, de expensis per eum factis pro reparatione 2 relegiorum in palatio videl. pro fusta, fero, pictura, filo fereo, serraturis, electro (!) et salario magistrorum et aliis, prout in papiro expensarum magno latius continetur, 25 fl.

N o v. 12 mag. Matheo Zerhomiti pictori de pingendo 1 arcum in capite Audientie nove palatii pro 600 fl., de quibus habuerat 500 fl. a. d. ep. Conuenarum, in complementum dicte summe 100 fl.

N o v. 18 facto computo cum mag. Petro de Tornono de operibus per eum factis in palatio vid. de 2 crotis novis, que fuerant destructe pro latrinis dd. cardinalium in conclavi et 2 arculis, uno facto in magno truello et alio in parvo, qui fuerant destructi pro dicto conclavi et facti de novo per d. Petrum 155 fl.

D e z. 29 facto computo cum Antonio Bonelli de operibus per eum factis in conductu aque viridarii palatii Auin.: in plumbo, fusta, ferratis, dietis hominum, canonibus plumbeis a 18. Febr. usque 29. Okt. 7 fl. 22 s.

Ausgaben zur Befestigung und Verteidigung Avignons und seiner Umgebung.

(*I. E. 270*) **1353** J u n i 21 Roggeyrono de Molendino, custodi armorum et usserio pape, pro expensis factis pro portando 20 arnesia[1] de pallatio Auin. ad pallatium Ville Nove et pro 3 archis ad tenendum dicta arnesia 1 fl. 7 s. 9 d.

O k t. 31 Rogerio de Molendino Novo de expensis factis pro reparando et clarificando 20 arnesia in palatio apud Villanovam (4 gross. pro arnesio) 80 gross. = 6 fl. 8 gross.

---

[1] Harnische.

8a. Wohnungsmieten.

(*I. E. 267 f. 223 pensiones domorum*) **1353** computum d. Iohannis Palaysini, scriptoris pape ac notarii camere Ap. ac commissarii per cameram deputati ad solvendum familiaribus et officialibus pape pensiones hospiciorum suorum, prout erat fieri consuetum, de 2 annis 29. Maii tunc proxime preteriti terminatis (NB. in omnibus solutionibus sequentibus turonensis parvus sive coronatus = 5 picta et tur. gross. arg. = 19 d. et obol., 1 flor. = 22 s. vien. computantur et recipiuntur).

A. Solutiones pensionum hospiciorum domicellorum pape, quorum quilibet pro dicta pensione recipit annis singulis pro pensione 1 anni $4^1/_2$ l. tur. p. = 5 l. 2 s. 6 d. vien.: 1. Geraldo de Ventedoro alias de Donzenaco, domicello † d. Clementis pape VI., pro se et socio suo pro pensione 1 anni, pro quo fuerunt residentes in curia, 10 fl. 5 s. 5 d. auin.

2. mag. Iohanni de Caritate, coquo et servienti armorum ad vadia domicellorum † d. Clementis pape VI., pro pensione $1^1/_2$ annorum, quibus ante obitum pape fuit presens in curia, 8 l. 9 d. vien. in 7 fl. 15 s. auin.

3. Guidoni de Podiouallis domicello pro pensione 2 annorum 10 fl. 5 s. 5 d. auin.

4. Petro Bessieyra pro pensione 1 anni 6 mens. 15 dierum, quibus ante obitum ... Clementis VI. fuit magister hostiarius et recipiebat vadia domicellorum, 8 l. 13 s. vien. in 7 fl. 21 s. auin.

5. Rotberto de Bach, mag. hostiario domicello, *desgl.*

6. Aymerico de Dumo, mag. host. domicello, *desgl.*

7. Aymerico la Roccha alias Poscal, mag. host. domicello, pro 1 anno $6^1/_2$ mensibus 7 fl. 21 s. auin.

Desgl. 8. Petro la Vernha, host. domic., 9. Bosoni Quintini, host. domic., 10. Stephano de Bordis, 11. Galhardo de Mazayrolis, 12. Guillelmo de Malomonte, 13. Raterio de Cusornio, 14. Petro Ferrandi, 15. Geraldo de Leschamel, 16. Guillelmo de Vallebona, 17. Angelo Petri de Luca, 18. Helie de Letrangiis, 19. Bertrando de Veyraco, *zusammen* pro domicellis 139 fl. 28 l. 1 s. 10 d. auin.

B. Soluciones pensionum hospiciorum servientum armorum de 2 annis, quorum quilibet recipit in anno pro pensione 48 s. tur. p. = 60 s. vien.: 1. Anthonio de Abbatibus 5 fl. 10 s. 10 d. auin. 2. Betucho Bocha de Vaca pro pensione 1 anni 10 mensium 5 fl. 3. Geraldo de Podio (11 menses) 2 fl. 11 s. Auin. 4. Guillelmo la Guilhalmia (1 annus 9 mens.) 4 fl. 17 s. 4 d. auin. 5. Raymundo de s. Michaele (1 ann. 5 mens.) 3 fl. 20 s. 6 d. auin. 6. Iohanni de Apcherio (2 anni), 7. Thome de Quanto *desgl.* 8. Petro Bernardi *desgl.* 9. Timbaldo de Landriano *desgl.* 10. Stephano la Porta (1 annus 7 mens. 19 dies).

8a. Wohnungsmieten.

11. Aymerico de Dumo (5 mens. 15 d. recepit vadia servientum arm.).
12. Arnaldo de Sienraco (2 anni). 13. Bertrando de Aragone *desgl.*
14. Raymundo de s. Claro *desgl.* 15. Poncio de Castrobono (1 ann. 10 menses). 16. Petro la Vernha (5 mens. 15 dies). 17. Iohanni de Viterbio alias Papessa (!) (2 anni). 18. Leoni Moducapitis de Neapoli *desgl.* 19. mag. Lorino Calheti *desgl.* 20. Casentino de Bardis *desgl.* 21. Guillelmo Danielis *desgl.* 22. Bosoni Quintini (5 mens. 15 dies). 23. Angelo Amorati (2 anni). 24. Petro Gasqueti *desgl.* 25. Raymundo Oliverii (1 annus 9 mens.). 26. Bernardo de Senis (2 anni). 27. Hugoni de Sonheco pro pensione 1 anni 8 mensium, quibus fuit presens in dicta curia, 4 fl. 13 s. auin. 28. Raymundo de Galan (2 anni). 29. Massioto *desgl.* 30. Bosoni Mesclarot *desgl.* 31. Bertrando de Veyraco (5 mens. 15 dies). 32. Rotberto de Bach *desgl.* 33. Helie de Letrangiis *desgl.* 34. Petro Vitalis (2 anni). 35. Petro Placentis. 36. Michaeli de Pistorio. 37. Raphino de Peccorana. 38. Raterio de Rocgier *desgl. Zusammen* servientibus armorum 157 fl. 19 l. 7 s. 4 d. auin.

C. Pensiones hospiciorum hostiariorum minorum videl. porte ferri, quorum quilibet recipit anno quolibet 48 s. tur. p.: 1. Guillelmo Fornerii (10 mens. 23 dies). 2. Arnaldo de s. Petro alias Lauardac (2 anni). 3. Bertrando de Rivo *desgl.* 4. Iohanni Verdelay *desgl.* 5. Iohanni Bruni (1 annus 26 dies). 6. Petro de s. Marciali (1 annus 8 menses). 7. Iohanni de Forgia (2 anni). 8. Iohanni Sicaudi *desgl.*

D. Solucio pensionum hospiciorum cursorum pape (*jährlich* 36 s. tur. p.): 1. Petro Boneti (2 anni). 2. Dominico de Lucarel *desgl.* 3. Petro de Luciaco *desgl.* 4. Stephano de Combis, cursori et porterio prime porte palacii, *desgl.* 5. Geraldo Maleti cursori *desgl.* 6. Iohanne Floce *desgl.* 7. Assagenti de Monte s. Martini. 8. Guillelmo de Marangiis (13 mens. 5 dies). 9. Bartholomeo Petri (2 anni). 10. Colino Lombardi *desgl.* 11. Nicolao de Florencia *desgl.* 12. Petro de Torcapetra alias lo Breto *desgl.* 13. Guillelmo Bartholomei *desgl.* 14. Iohanni Viteri *desgl.* 15. Petro Belo *desgl.* 16. Bernardo de Roana *desgl.* 17. Raynaldo de Molinis (1 annus 6 mens.). 18. Guillelmo Ylareti (2 anni). 19. Stephano Pondemi *desgl.* 20. Petro la Masiera *desgl.* 21. Petro Mathei *desgl.* 22. Boneto Alamanni *desgl.* 23. Iohanni Gaufridi (1 annus 20 dies). 24. Petro Lala (1 annus 20 dies). 25. Petro de Pineio (2 anni). 26. Petro Montrossier (6 mens. 25 dies). 27. B. Plancati (8 mens. 28 dies). 28. Stephano Quarti (6 mens. 3 dies). 29. Matheo Leonardi (2 anni) *desgl.* 30. Quicio de Perusio. 31. Iacobo Cabanerii. 32. Martino de Senis. 33. Nicolao de Nurcia. 34. Iohanni de Roma. 35. Stephano Vitalis. 36. Iohanni de Ambianis. 37. Bartholomeo Petri. *Zusammen* 132 fl. 4 l. 18 s. 4 d. auin.

E. Solucio pensionum hospiciorum, que tenentur per cameram Apost. in civitate Auin. pro servicio pape, pro 2 annis:

1. Bartholomeo Cambeta et Ferrerie eius uxori pro pensione 2 ann. hospicii eiusdem uxoris, in quo tenetur fabrica seu marescalla equorum pape, 10 fl.

2. relicte Vacayracii, uxori Berengarii de Vacayracio, civi Auin., pro hospicio, in quo tenetur carcer pape, 7 fl. 6 s. 6 d.

3. Hugoni Malespina pro pensione hospicii antiqui bullatorum 32 fl. 17 s. 4 d.

4. eidem pro alio hospicio novo, dicto hospicio contiguo, quod tenent bullatores pro habitacione, 16 fl.

5. Ludouico de Auros, domicello de Auinione, pro pensione hospicii seu apothece, quod tenetur pro recipiendis carnibus et piscibus pape, 10 fl.

6. Laurentio Michaelis de Montepessulano pro pensione . . . hospicii, quod tenet d. Petrus de Frigidavilla ad opus Panhote, 10 fl.

7. eidem habitatori Auin. pro pensione seu salario subtuli cum solerio, quod tenet d. Petrus de Frigidavilla pro habitatione fusterii Panhote, 10 fl.

8. d. Rostagno Caualerii, militi de Auin., pro pensione hospicii, quod tenet Stephanus la Gana, custos carceris curie auditoris camere pape, siti in parochia s. Desiderii, taxati in 60 s. vien. in mense, de quibus dictus Stephanus solvit ¹/₃ pro habitacione sua, 48 l. in 43 fl. 10 s. 6 d. auin.

Zusammen 138 fl. 34 s. 4 d. Auin. *Alle Mieten zusammen* 600 fl. 57 l. 18 s. 10 d.

(I. E. 270 f. 95ᵛ) Dez. 29 facto computo cum Romanello, usserio pape, de solutione hospitiorum librate, quam tenebat dominus noster [papa], dum erat cardinalis, facta per d. Romanellum de dimidio anno de omnibus hospitiis, que tenebantur pro papa et eius familiaribus et de certis hospitiis dicte librate, que non fuerant solute aliis annis precedentibus, prout in alio libro per partes et singulas solutiones hospitiorum et hospitum continetur, 258 fl. 18 s.

8ᵇ. Holz- und Kohleneinkäufe.

(I. E. 267 f. 176) **1353** Dez. 29 facto computo cum Ynardo Porchalha, mercatore lignorum et carbonum, de carbonibus per ipsum venditis et traditis Iohanni de Gradimonte pro usu hospitii pape in defectu Roberti de Terramonte: 1440 banastones carbonum (2 s. pro banastone): 144 l. et pro portu 6 l., *zusammen* in 125 fl.

(f. 176) Dez. 29 facto computo cum Petro de Ponte mercatore de lignis per eum traditis et carbonibus: de 5448 quint. ligni receptis ab eo per Petrum Boneti cursorem (2 s. 2 d. pro quint.) 590 l. 4 s. et de 50 banastonibus carbonum (3 s. pro banast.) 7 l. 10 s. et de 3092 quint. lignorum receptis per Ioh. de Grandimonte cursorem ad opus palatii

(2 s. 2 d. pro quint.) 334 l. 19 s. 4 d. et pro portu et estivando 7266 quint. lign. 20 l., *zusammen* 952 l. 13 s. 4 d. in 793 fl. 21 s. 4 d.

(f. 176v) Dez. 29 computum Petri de Villanova, saumaterii palafrenarie pape: pro 3000 quint. lignorum emptorum in territorio de Bays (50 fl. pro 1000 quint.) 150 fl., pro 100 quint. lignorum empt. in loco de s. Spiritu 5 fl. Item se expendisse in 8 diebus, quibus fuit cum famulo pro dictis lignis emendis, 2 fl., se expendisse in 24 diebus, quibus fuit cum roncino et famulo in recipiendis et cargandis lignis, 6 fl. Pro alleviandis 2 navigiis oneratis, que erant aggravata, 8 fl.; pro portu lignorum de Bays usque Auinionem 75 fl., pro discargando in portu Auin. (3 fl. pro miliari) 9 fl. 7 s.; pro ponderandis lignis ($2^1/_2$ fl. pro miliari) 7 fl. 18 s., pro portando de Rodano ad palacium (100 s. pro 1000 quint.) 9 l. 8 s. = 7 fl. 20 s.; pro ponendo et estivando in lenheria pape 7 fl. 20 s.

Pro 1336 quint. lign. empt. in loco d'Aygueze 82 fl., *Fracht bis Avignon* 28 fl., *abladen* 3 fl., *abwiegen* (60 s. pro 1000 quint.) 3 fl. 8 s., pro portu de Rodano ad lenharia pape et stivando 2 fl. 4 s.; se expendisse in 6 diebus, quibus fuit pro lignis emendis et conducendis, *(täglich 3 gross.)* $1^1/_2$ fl.

Zusammen 4400 quint.: 398 fl. 17 s. Auin.

9. Bibliothek und Schreibwaren.

(I. E. 267 f. 177 cera) **1353** Dez. 29 computum Berengarie uxoris Guillelmi Bartholi cursoris: recepit Bernardus Plancat cursor [pro thesauraria pape] 14. Ian. 1353 unam bosciam glassie 3 s., 16. Ian. Hugocho (!) de Perusio 1 busciam, 19. Ian. Matheus Pastem 1 bosciam, 22. Ian. B. Plancat 1 amolam de incausto 5 s. etc. etc. (*an* 100 boscia *und* 50 amole, *dazu* plume *ohne Angabe der Quantität*), *zusammen* 22 fl. (1 fl. = 24 s.) 21 s. 9 d.

(f. 225 script.) **1353** März 11 d. epo Barchinonensi pro instrumento obligationis facto de obligatione per d. Dalphinum olim Vienn., nunc archiepum Remen., camere Apost. facta de 30 000 fl., in quibus camere tenebatur, 1 fl.

Mai 10 Dominico de Lucarrel, cursori pape, pro instrumento de presentatione cuiusdam bulle misse epo Maioricarum de mandato pape super negociis, que in dicta bulla continebantur, quod instrumentum prefatus cursor dicte camere reportavit, 1 fl.

Juni 5 Philippo Furti, notario Auin., pro instrumento obligationis ... *(ausgelassen)* flor., in quibus domini comites d'Eu et de Guinis, Petrus Flota, Gaufridus de Chemhi, Galesius de Leusa et aliqui alii erant Iacobo Malabayla nomine camere pape obligati, 6 fl.

Dez. 29 Petro de Ginsalis alias de Lemouicis, qui fecit copiare istum librum, pro copia 9 fl.

d. Gerardo Xendeti, can⁰ Virdun., pro quibusdam literis per eum fieri factis missis certis prelatis super solucione tricesime 33 s.

(f. 218 bulla) Mai 20 fratribus Raymundo et Gauberto bullatoribus pro 202 lb. corde ad opus bulle (je 3 gross.) 52 fl. 12 s.

Aug. 31 pro 10 lb. de serico 50 fl.

Okt. 31 desgl. pro 2 quint. corde: 50 fl.

Bleieinkäufe für die Bullen s. unten Abschnitt 10: Verschiedenes.

Von den monatlichen Abrechnungen für Papierlieferungen durch Iaquetus Melioris, ypothecarius pape, *hier nur ein Beispiel für den Monat Mai.*

(I. E. 267 f. 160) pro camera 6 manus papirus (je 2½ s.) 15 s., d. Francisco 1 rayma 2 manus papirus ad eandem rationem 55 s., *desgl.* 1 rayma papiri 50 s., 10 manus papirus magne forme (je 5 s. 6 d.) 55 s., pro regestro 4 manus papirus tonse (je 2½ s.) 10 s., pro thesauraria 3 manus 10 s. 6 d., pro d. Geraldo custode esuum sive garda meniar 1 manus papirus 2½ s., pro d. I. 1 librum 1 manus pap. regalis 7 s., 1 rayma pap. 50 s., pro 12 plumis ad scribendum 2 s.

Über Siegelwachs vgl. oben 7. S. 534.

10. Verschiedenes.

(I. E. 270) **1353** Febr. 1 Helie de Bufenos servienti armorum pape pro reparatione 1 cherubim 12 s.

Febr. 16 Iacobo de Bartolo nomine Gucci mercatori perlarum et camsori Auin. pro 1 uncia perlarum (13 fl.) et pro aliis 72 perlis (4 fl.), que fuerunt posite in stola pape 17 fl.

(I. E. 267 f. 202 Panh.) Juli 29 ... Petrus de Frigidavilla, administrator ... Panhote, expendit pro d. Astorgio de Combis, Stephano de Ursa, familiaribus infirmis, in tisana, avenaco, malegranatis et restauramento, cabroto, gallis, zucure, pomis, ficubus, quibusdam herbis 27 s. 4 d.

... se recepisse de crescentibus in orto et logerio cadrigarum 46 fl. 18 s. ... pro salario 2 ortolanorum pro 6 mensibus, uni cum uxore sua, expendit (pro mense 1 fl. 8 gross. uni et alteri 1¼ fl.), *zusammen* 17 fl. 6 gross.

(f. 218 bulla) Aug. 31 computus dⁿᵒʳᵘᵐ Gauberti et Raymundi bullatorum de plumbo: pro 22 peciis plumbi, que ponderant 20 quint. 11 lb. (36 s. pro quint.) 30 fl. 2 s. 11 d. (1 fl. = 24 s.), pro portando de Montepessulano ad locum de Comps (8 s. pro quint.) 8 l. (1 fl. = 44 s.) 3½ fl. 3 s. 4 d., pro portu ad Auinionem 2 fl., pro ponendo in bargua etc. 3 s., *zusammen* 36 fl. 11 s.

Okt. 1 Iohanni Labe boucherio pro salario pastorum, qui custodiverant et reduxerant de montanis de Gaualdano animalia lanuta: 567 tam mutones quam oves, que fuerunt de bonis † ep. Magalonen. reservatis ad cameram Apost., 14 fl. 12 s.

10ᵃ. Gartenarbeiten.

(l. E. 267 f. 121ᵛ cera) **1353** Dez. 20 computavit Michael Bruni, custos cervorum et ortolanus viridarii pape, de expensis per eum in dicto orto factis a 23. Ian. usque ad 30. Nov.: Jan. 24 pro 4 hominibus, qui mundaverunt ortum de lapidibus et aliis, que in eo ceciderant, quando domini cardinales intraverunt conclave, (4 s. pro homine) 16 s., Jan. 25 *desgl.* 16 s., Jan. 26—28 *desgl.,* Jan. 28 pro 3 hominibus, qui podaverunt vites (5 s. pro quolibet) 15 s., Jan. 29 pro cannis ad preparandum vites 24 s.; Febr. 4 pro 3 hom., qui ligaverunt vites *(je* 5 s.) 15 s., pro 1 homine, qui serviebat eis, 4 s., *ebenso am 5. u. 7. Febr.;* Febr. 8 pro 2 hominibus, qui foderunt in orto, 10 s., *ebenso am 11. und 12. Febr.;* pro 2 hominibus, qui portaverunt fimum ad ortum *(je* 4 s.) 8 s.; pro grana de spinargiis et petrocilli 10 s.; Febr. 13 pro 2 homin., qui foderunt in dicto orto *(je* 5 s.) 10 s., 2 homin., qui portaverunt fimum, 8 s.; Febr. 14 2 homin., qui foderunt ortum, 10 s. etc. etc. April 24 pro plantis de maiorana plantatis in orto 12 s., pro 2 homin., qui plantaverunt caules *(je* 5 s.); Mai 16 pro 4 hominibus, qui oneraverunt quadrigas de terra ad portandum ad ortum *(je* 3 s.) 12 s.; Mai 17 pro 2 homin., qui foderunt ortum et plantaverunt caules *(je* 4½ s.) 9 s., pro 2 mulieribus, que mundaverunt ortum *(je* 2½ s.) 5 s., Mai 25 pro 4 homin., qui traxerunt aquam ad rigandum ortum *(je* 5 s.) 20 s.; Juni 1 pro 4 homin. ad rigandum ortum 20 s., Juni 12 pro corda pro puteo orti, que ponderat 32 lb., *(zu je* 15 d.) 15 s., Juni 14 pro 4 hominibus, qui rigaverunt ortum *(je* 5 s.) 20 s. etc. etc. . . ., pro homine, qui rigavit pradellum, 4 s. Sept. 12 pro 2 homin., qui portaverunt fimum ad ortum, 8 s.; pro grana spinargiorum et caulium pro orto 5 s. 6 d.; pro illo, qui seminavit 5 s., Nov. 4 pro plantis caulis in orto plantatis 10 s.; pro homine, qui plantavit, 5 s.; pro homine, qui dicta die portavit fimum, 4 s., *zusammen* 26 fl. 21 s.

Innocenz VI. Zweites Pontifikatsjahr. 1354.

I. E. 272 und 273.

A. Übersicht über die einzelnen Ausgabetitel und ihre Schlußsummen.

1. Coquina.

Gesamtausgaben (I. E. 272 f. 93ᵛ) 13 718 fl. 100 scut. 13 l. 19 d.

(f. 76 ss.) d. Bernardus Gaucelmi, emptor coquine pape; *(f. 153ᵛ)* Nicolaus de Monte Claro, magister coquine pape; *(f. 163ᵛ)* d. Geraldus de Castanea, clericus coquine pape.

Wöchentliche Rechnungsabschlüsse und meist vierwöchentliche Auszahlung seitens der päpstlichen Kammer.

Einzelheiten.

(f. 76ᵛ) Expense specierum facte in 4 septimanis (15. Dez. 1353— 12. Jan. 1354).

15 lb. pulveris communis (13 s. pro lb.): 9 l. 15 s.; 35¹/₂ lb. gingiberis (10 s. pro lb.): 17 l. 15 s.; 22¹/₂ lb. piperis (*je* 13 s.): 14 l. 12 s. 6 d.; 13 lb. canelle (*je* 8 s.): 104 s.; ¹/₂ lb. gariofilorum 20 s.; ¹/₂ lb. granorum paradisi 6 s.; 2 lb. 1 unc. croci (*je* 6 l.): 12 l. 5 s.; 18¹/₂ lb. zucari (*je* 9 s. 6 d.) 8 l. 15 s. 9 d.; 150 lb. amigdalorum (*je* 10 d.): 6 l. 5 s.; 1 lb. cumini 18 d.; 1 olla composte 24 s., 35 lb. bizi (*je* 10 d.): 29 s. 2 d.; 20 lb. ordei 20 s.; 28 lb. frumenti 28 s.; 17 lb. racemorum parvorum (*je* 2 s. 6 d.): 42 s. 6 d.; 15 lb. ficuum nigr. (*je* 1 s. 3 d.): 18 s. 9 d.; 17 lb. pinearum (*je* 2 s. 6 d.): 42 s. 6 d.; 15 lb. prunorum (*je* 1 s. 3 d.) 18 s. 9 d.; 15 lb. datillorum (*je* 2 s.): 30 s.; 1 lb. alcanete 2 s.; 8¹/₂ lb. mellis (*je* 6 d.): 4 s. 3 d.; 186 pecie cavi (*je* 2 d.) 31 s.; 1 lb. salvie 2 s.; 3 canne stannete (*je* 5 s.): 15 s.; 1 manus papiri 2 s. 6 d.

24 porci dati in festivitate nativitatis Domini (1353) 21 cardinalibus existentibus in Rom. curia: d. Penestrino 2 et cuilibet alteri card. 1 porcus, d. camerario 1, servientibus armorum et mag. marescallie pape alius (68 s. pro porco) 81 l. 12 s.; 42 lepores dati in dicto festo prefatis dd. cardinalibus, cuilibet 2 lepores (*zu je* 10 s.) 21 l.; pro portu dictorum porcorum

ad palatium 12 s.; pro 10 mappis pro dressatorio pape 106 s.; 30 cann. tele (*je* 4 s. 9 d.): 7 l. 2 s. 6 d.; 2 baralli vini aceti 24 s.; pro 2 camatis 6 s.: 2 coclearia 6 s., 28 pecie ollarum (*je* 15 d.) 35 s.; 1 grossa corda ad extrahendum ligna de lignerio hospitii pape et 4 cordellis ingenii ponderis 95 lb. (18 d. pro libra) 7 l. 2 s. 6 d.; pro cordis retis piscarii 9 s.; pro 2 lb. fili polomarum 8 s.; pro coadiutoribus coquine 30 s., pro portando ligna combustibilia ad coquinam, scobando coquinam et mundando vasa coquine 4 l. 18 s.; pro mappis coquine abluendis 36 s.; pro cultellis coquine acuendis 12 s.; pro salario peysonerii, qui aptavit sepias pro . . . papa per totum adventum ultimo preteritum, 24 s.

Ähnliche Ausgaben in den folgenden wöchentlichen Abrechnungen. Wir vermerken daraus noch besonders: (*f. 79v*) 3 lb. piperis (*je* 13 s.) 39 s.; 4 lb. ficuum 5 s.; 3 lb. racemorum de Corimbr. 9 s., 3 lb. prunorum 3 s. 9 d.; 12 poma granata (*je* 18 d.) 18 s.

(*f. 80v*) 39 lb. risi (*je* 10 d.) 32 s. 6 d.; 3 lb. cumini (*je* 18 d.) 4 s. 6 d.; 6 pom. milgranorum 9 s.; (*f. 81*): 62 canne olei (*je* 15 s.): 46 l. 10 s.

Fischeinkäufe.

(*f. 80v*) Febr. 1354: 350 cepie sicce (4 fl. 18 s. pro centenario) 16 fl. 15 s.; 50 munioli salsi 10 fl.; 100 merlucii de Cornoalha 13 fl., 1000 allecia 12 fl., 62

(*f. 81v*) März 1354: 80 merlucii magni et 40 merlucii parvi et 40 cepie sicce cum portu de Montepessulano 10 fl. 20 s.

(*f. 82*) April 1354: computum d. Gerardi de Arbenco, obedienciarii s. Iusti Lugdun., collectoris Apost. in provincia Lugdun., de piscibus per ipsum emptis pro usu palacii pape et traditis d. B. Gaucelmi emptori, et N. de Monte Claro, magistro coquine pape:

51 magni lucii 102 fl., 123 lucii communes 61 $^1/_2$ fl. 33 carpe, 3 perchie *von benannten Lyoner Fischern gekauft*, 11 carpe et 3 perchie costiterunt 12 fl., empte a Michaleto dicto Bornyo, piscatore et habitatore Lugdun., residue 22 carpe constituerunt 11 fl.; 50 parve carpetule pro dando pedagiatoribus, ne alios pisces devastassent, 5 fl.; constitit navis una cum archis faciendis 42 fl. (22 fl. pro nave, 20 pro archis).

(*f. 83v*) pro 1 retiaculo ad piscandum in piscario domini 12 s., pro 16 iornalibus hominum ad purgandum piscarium (*je* 6 s.) 4 l. 16 s.; pro 7 iornalibus hominum ad aquandum ortum piscarii (*je* 5 s.) 35 s.

(*f. 84v*) pro 28 iornalibus hominum in cultura orti piscarii (*je* 5 s.) 7 l.; pro 17 iornalibus mulierum 34 s.; *f. 86:* pro 12 iornalibus hominum ad rigandum ortum piscarii (*je* 6 s.) 72 s.; pro 3 iornalibus mulierum ad extirpandas malas herbas (*je* 2 s. 6 d.) 17 s. 6 d.

(*f. 93*) Dez. 1354: Computum redditum per d. Heliam abbatem mon. s. Salvatoris de Blauia, collectorem Apost. in civitate et dioc. Burdegalen., de provisione merluciorum et allecum . . . facta in Burdegal. et

Auinionem miss.: 12 cargas merluciorum, ubi erant 1200 merlucia, et 10 cargas allecum, ubi erant 20 000 allecum, et decostaverunt Burdegalis cum tela ad involvendum, filo ad suendum, cordis . . . et quadrigis ad portandum usque ad locum de Euza in Armaniaco 256 $^1/_2$ flor. de Burdegal., qui conversi in flor. Florentie valent 240 fl. de Flor.; pro aportando de Euza usque Auinionem per terram cum expensis, prout retulit Dominicus de Lucarel cursor, qui adduxit, 100 scudatos.

(f. 81v) (März 1354): 12 lb. gingiberis (*je* 10 s.): 6 l.; 7 lb. piperis (*je* 12 s.): 4 l. 4 s.; 10 lb. canelle (*je* 8 s.): 4 l.; $^1/_2$ lb. gariofilorum 18 s.; 16 lb. avenati 16 s.; 4 lb. amidi 6 s.; 6 poma granata 12 s.; 3 lb. pinearum 9 s.; 2 olle composte 48 s.; 2 barralli vini aceti 20 s.

(f. 83) (Mai 1354): pro 24 mutonibus datis in festo pasche Domini 21 cardinalibus existentibus in Rom. curia: d. Penestrino 2 mut. et cuilibet alteri cardinali 1 mut., d. camerario 1 mut., servientibus armorum et magistro marescallie pape 1 mut. (40 s. pro quolibet): 48 l.; pro 42 edulis datis etiam in dicto festo dd. cardinalibus, cuilibet 2 edul. (18 s. pro quolibet) 37 l. 16 s.

(f. 86) (Juli 1354): pro coadiutoribus coquine in convivio solempnizationis festi b. Marcialis 36 s.

(f. 87) (Aug. 1354): 3 lb. piperis (*je* 13 s.) 52 s.; $^1/_4$ lb. piperis longi 2 s. 6 d.; $^1/_8$ lb. spicanardi 3 s.; $^1/_4$ lb. nucum muscat. 3 s.: $^1/_4$ lb. cubebarum 4 s.; 2 lb. prunorum 3 s.; 2 lb. racemorum parvorum 6 s.; 2 poma granata vetera 12 s.; 2 manus papiri 5 s. etc. 3 duodene amarinarum 18 s.

(f. 89) (Oktober): pro 185 eminis salis grossi emptis per d. Petrum de Frigidavilla, magistrum Panhote, et conductu dicti salis 10 fl. 6 s. 8 d., pro 3 cultellis coquine magnis ad frangendum grossas carnes 4 fl. 12 s.

(f. 90) (Nov.): 9 lb. canelle (*je* 8 s.) 72 s. 100 lb. amigdalorum (*je* 8 d.) 66 s. 8 d. 6 poma granata 4 s.

(f. 90) (Dez.) pro 25 porcis pinguibus emptis pro usu palatii pape (*je* 3 fl.) 75 fl.

(f. 92v) (Dez. 1354): 12 acus 2 s.; 2 uncie camfore 12 s. etc. de speciebus predictis donavit papa die nativ. Domini in collatione prandii omnibus presentibus et fuerunt expensa in universo in dicta collatione 25 lb. gingiberis, 15 lb. piperis, 2 lb. gariofilorum integrorum.

2. Panataria.

(I. E. 272 f. 99, 3) Summa universalis omnium expensarum panetarie in pecunia sive blado una cum provisione ficuum, racemorum, melatorum et recen. datillorum, amellarum ac mapparum, longeriorum, manutergiorum, telarum et aliis . . . sine aliis mappis, longeriis, telis, manutergiis de thesauro receptis est 1070$^1/_2$ fl. 11 l. 11 s. 2 d. mon. Auin., 5 s. 6 d. paris.

Item de blado per totum annum 518 saumate frumenti 1500 panes.

(f. 94) d. Bernardus Barralha, panatarius pape, *und (f. 94v)* d. Iohannes de Hublangiis, panetarius pape.

Die Hauptausgaben werden für feines Weizenbrot (abgewogen), allerlei Früchte und das Weißzeug gemacht.

(f. 162) Okt. 2 Iacobus Melioris ypothecarius computavit de expensis per eum factis pro sepultura et exequiis d. Bernardi Baralha, pape scriptoris familiaris et panatarii, de mandato pape: pro 20 torticiis et aliis candelis tam grossis quam parvis ponderantibus 148$^{1}/_{2}$ lb. (4 s. pro lb.), pro portando funus et dictas torticias et pro sudario 30 s., *zusammen* 31 l. 4 s.

3. Buticularia.

(f. 105v) Summa universalis omnium expensarum buticularie in pecunia una cum provisione vinorum s. Porciani Belnen., de Nemauso, de Bellicadro, de Lunello, Villenove, de Palhassia, s. Saturnini ac provisionum vasorum, circulorum et amarinarum et expensarum nectaris et reparationum vasorum ac sine vinis receptis de locis de Montargiis, de Lunello Veteri de Balhameis, que tenentur ad manum pape, et sine telis et mappis receptis de thesauro est 7324 fl. 3 scut. Iohannis, 172 l. 2 s. 5 d. cum ob. mon. Auin., 2 s. debilis mon. Francie.

(f. 153v) d. Guillermus de Cruce buticularius pape. *Über Weinanschaffungen vgl. unten B 4 S. 560.*

4. Marescalla.

(f. 106) Die Abrechnungen geschehen durch Guillelmus Sabaterii, magister marescalle equorum pape.

(f. 117v) Summa universalis omnium expensarum marescallie una cum provisione avene et feni inclusis etiam certis operibus … factis in dicta palafrenaria sine 1039 quint. feni habitis de prioratu de Palhassia ac sine 1460 quint. feni receptis de Biturrita Auin. dioc. et sine 2 naviatis palearum habitis et receptis de dicto loco inclusis expensis etiam factis pro dictis fenis et paleis recolligendis … 2515 fl. 8 l. 11 s. 2 d. mon. Auin.

Einzelheiten.

(f. 106) **1354** Jan. 31 *für die Zeit vom 31. Dez. bis 28. Jan. 1354 (4 Wochen), nach den einzelnen Wochen berechnet. 1. Woche:* pro 20 ferris novis *(je 18 d.)* 30 s., pro 24 referratis *(je 6 d.)* 12 s., 16 lb. candelarum de cepo *(je 16 d.)* 21 s. 4 d., 2 emin. farine *(je 9 s.)* 18 s., pro reparatione 5 capistroum 8 s., pro 2 peciis prime corde pro equis 2 s. 6 d., pro medicinis equorum 16 s., expensis 12 vayletorum equos custodientium (pro quolibet 3 s. in die) in septimana 12 l. 12 s. pro salario, pro salario 2 saumateriorum pro quolibet 14 s. in septimana 28 s.

Ähnlich in den folgenden Wochen.

(f. 106) 7.—14. Jan. pro 4 pellibus calidis mutonis necessariis pro equo dicto Colombet, qui spaciebatur in spatula, 12 s.

(f. 106ᵛ) pro 2 eminis farine 18 s., 2 lb. assungie porci et 2 lb. cepi 5 s., 6 lb. mellis 3 s., 2 dietis hominis positi ad claudendum logam pape iuxta palafrenariam 13 s., pro 50 gavellis de balant, 6 gavellis parate ac palis et redortis necessariis pro dicta sebicia sive clausura facienda 70 s.

Febr. 12 . . . pro mutando pedem lapideum gradarum, per quod ascendebatur ad fenariam infra dictam palafrenariam.

März 18—25 . . . pro 6 eminis furfuris 12 s., pro 24 ovis pro dicto equo Bayardo 3 s., pro revolvendo avenam in orreis 16 s.

(f. 113) Okt. 23 pro provisione feni pro usu palafrenarie pape de anno 1354: pro secando, fenando pratam (!) prioratus Palhacie et pro portando fenum per terram et aquam de dicto prato usque Auinionem facto pretio cum Petro Villenove 100 fl. Pro discargando, portando de Rodano usque fenariam Auin. et in ea estivando 3 naviatas feni continentes 850 quint.: 18 l. 15 s. = 1 fl. 7½ gross. . . . de feno empto: pro 450 quint. feni empti in Biturrita a Poncio Bolaroti (3 s. 7 d. pro quint.) conducti Auinionem *(ohne die Ausladung etc.)* 80 l. 12 s. 6 d. = 67 fl. 2 gross. 6 d. . . . Pro 374 quint. feni empti ab Albertino mercatore (4 s. pro quintali) 74 l. 16 s. = 62 fl. 4 gross. Pro discargando et portando de Rodano ad fenariam Auin. et in ea estivando 9 l. 7 s. = 7 fl. 9½ gross.

Gesamtausgaben für das Heu 362 fl. 21 s. 10 d.

5. Opera et edificia.

(f. 142ᵛ) Summa universalis omnium expensarum pro operibus et edificiis tam in lapidibus, simente, bardis, ferramentis, inclusis etiam certis summis pecuniarum magne turris vestiarii, certis edificiis in domo Panhote ac in piscario pape factis una cum provisione fustium et plumbi est 9528 fl. 15 l. 1 s.

(f. 127) Jan. 2 mag. Iohanni de Luperiis, magistro edificiorum pape in deductionem maioris summe sibi debite pro faciendo turrim novam, in qua erit vestiarium magne capelle nove, 1000 fl., *am 27. März* 1500 fl., *am 17. Juni desgl.* 700 fl. etc. etc.

Jan. 11 cum de mandato pape esset factum precium per cameram Apostolicam cum Guillelmo de Masan et Poncio Pererii fusteriis, habitatoribus civitatis Auin., pro faciendo seu edificiendo per eos cohoperturam in platea Panhote, in qua datur elemosina Panhote, in 1080 fl., prout in quadam publico instrumento per d. Iohannem Palaysini, notarium dicte camere, . . . continetur, in deductionem dicte summe . . . 400 fl.

Jan. 24 cum olim fuisset factum precium per cameram Apost. tempore bone memorie de Clementis VI. cum Andriueto Scatilli, Andriueto Boyssoti et Iohanne Chardoni, operariis seu massoneriis Auin., de operibus in platea, qua datur elemosina Panhote, postquam tempore istius pape fuerit factum precium cum aliis operariis: cum Nicolao de Masan et Bozone Pererii de faciendis operibus pro bono et minori precio, ex ordinatione camere pro operibus ac calce, cardinis etc. per Andriuetum etc. Iohannem predictos dimissis pro opere visis et estimatis per Petrum Gauterii, Rostagnum Berqui, servientes armorum et fusterios, ac d. Raymundum Guitbaudi, directorem operum palacii pape, per cameram ad hoc deputatos, fuerunt soluti eidem Andriueto et Iohanni 25 fl.

Weiter vgl. unten B Nr. 8.

6. Ornamenta.

(I. E. 272 f. 126v) Summa universalis omnium expensarum factarum pro ornamentis inclusa certa quantitate mapparum, longeriarum, manutergiorum ac telarum ac certa quantitate velveti inclusis etiam tapiciis magnis et parvis, bancalibus, sargiis et aliis garnimentis pro lectis et cameris palatii muniendis . . . 1756 $^{1}/_{2}$ fl. 7 l. 2 s. 9 d.

(f. 118) **1354** Jan. 12 computum Petri Ianzens, cubicularii pape, pro factura 2 parium linteaminum, 4 camisiarum, 4 femoralium, 6 coopertorum capitis pro persona pape 5 fl. . . .

Jan. 31 computum Nicolai Benchi, mercatoris Auin., de rebus per eum traditis et deliberatis pro papa: 17. Dec. pro 2 peciis 10 palmis de veluto croceo et rubeo receptis per d. thesaurarium pro bordatura 3 pannorum, qui stant in cathedris pape (30 fl. pro pecia et est longitudinis 34 palmorum) 68 fl. 10 gross. Pro 6 temalibus sirici pro suendo dictos pannos 4 $^{1}/_{2}$ gross.; 18. Dec. pro 24 cannis tele blave et viride nove pro folrando predictos pannos (4 gross. pro canna) 8 fl. 31. Dec. pro 5 cannis 5 palm. tele blave nove recepte per mag. I. de Tholosa de mandato d. thesaurarii pro folrando 1 pannum antiquum de palatio, quod est de diaspro viridi, 1 fl. 11 gross.; pro 12 cannis vete de filo et 36 anulis pro predictis pannis 9 gross.; 23. Dec. pro 1 sargia magna viridi recepta per Heliotum pro ponendo retro cathedram in magno tinello 8 fl. 6 gross.; pro 30 longeriis de Parisius, de quibus sunt 4 longitudinis 3 cannarum *(zu je* 18 gross.) et 26 longitudinis 21 palmorum *(zu je* 16 gross.) receptis per mag. B. Baralha, panetarium pape, pro mensa pape: 40 fl. 8 gross.; pro 25 manutergiis *(zu je* 8 gross.) 16 fl. 8 gross.; . . . Ian. 22 pro 25 bancalibus Parisien., quorum 2 rubei longitudinis 20 palm. *(zu je* 2 $^{1}/_{2}$ fl.) et 23 bancal. viridibus et rubeis, 2 longit. 15 palm. et 5 longit. 24 palm., 16 longit. 20 palm. *(zu je* 1 $^{1}/_{2}$ fl.) . . . pro garniendo cameram neptis pape, quando fuit sponsa, et cameram Bertrandi de Roffinhaco, cameram I. de Breno, cameram Ademari de Rebieyra, cam. Rampnulphi de Perussia, cam. Golferii de Lionro, cam. Humberti de Sauzeto et cam. Bertrandi de Sauzeto.

(f. 119) Jan. 31 computum Iohannis Iurini, casulerii civitatis Auin., pro operibus per eum factis pro papa: pro cuberta de cadera de panno auri viridi pro factura 1½ fl., pro 1 panno azuro de cadera 1½ fl., ... pro supercelo rubeo de veluto pro magno tinello 2½ fl. etc., *zusammen* 13½ fl.

März 7 Iohannes Condami, cordoanarius Auin. et sabaterius pape, de sotularibus sive sandalis per eum factis et traditis ad opus pape, prout constat per relationem Petri de Ianzens, usserii et cubicularii pape: 6 paria sotularium (3 paria fulrata de sindone et 3 de griso, pro quolibet pari 3 fl.) 18 fl.

Mai 20 Golferio de Lionro, domicello scutifero pape, pro 1 pari cutellorum ad opus mense pape 10 fl.

Mai 31 computum Bartholomei Spinelli, pelliparii Auin., de operibus per eum factis a 15. Ian.—6. Maii: pro 24 dorsis variorum pro 1 pari mitrarum de panno albo pro papa, prout patet per relationem I. de Tholosa sartoris, (12 d. pro pecia) 24 s.; pro 16 dorsis variorum pro birreta 16 s., pro 560 ventris variorum pro mantello pro ipso domino nostro, quos recepit Bertrandus sartor, (precio pro quolibet 2 s.) 56 l.; pro 170 ventris variorum pro capucio de dicto mantello 17 l.; pro 16 dorsis var. pro 1 pari sotularum, quos recepit I. sabaterius pape, (pro pecia 12 d.) 16 s.; pro 424 ventris var. pro 1 cotardia pro papa, quos recepit Bertrandus sartor, (pecia 2 s.) 42 l. 8 s.; pro 16 dorsis var. pro 1 pari sotularium, quos recepit sabaterius, (12 d. pro pecia) 16 s.; pro 100 erminis pro 1 capucio, quos recepit Bertrandus sartor, (pecia 6 gross.) 60 l.[1]; pro 8 erminis pro 1 birreta (pecia 6 gross.) 4 l. 16 s.; pro 16 dorsis var. pro 1 pari sotularum, quos recepit sabaterius, (12 d. pro pecia) 16 s., *zusammen* (1 fl. = 24 s.) 153 fl. 20 s.

(f. 122ᵛ) Okt. 17 computum Helie de Buffenos, servientis armorum pape, de expensis per eum factis pro pannis capelle et cameris pape portandis ultra Rodanum et pro parando capellam novam 5 s., ad scobandum concistorium et reportando dictos pannos et expolverisandum 7 s. ... pro portando scalam 12 d., pro portando magnum pannum cum ymaginibus et pannos aureos 2 s. 6 d. etc.

(f. 123) Okt. 17 d. Iohannes Ademari, magister capelle pape, computavit de expensis per eum factis in dicta capella a 12. Sept. 1353 usque ad 27. Sept. 1354: pro 1 clave in capella de Ultra Rodanum 4 s., ... pro 2 pixidibus pro hostiis reponendis 3 s. 9 d.; pro cordula ad opus orologii et papiro ad ponendum subtus candelabra 14 d. ... pro 1 textu evangeliorum, que feceram religari 5 s.; pro albis et amictis lavandis 4 s. 3 d., pro 1 libra incensi 10 s.; ... in mense Aprilis, quando dominus noster transivit pontem, pro portando ultra Rodanum ea, que erant necessaria pro capella, 15 s. 7 d. ... etc.

---

[1] Demnach 1 l. = 10 gross., 1 gross. = 2 s.

(*f. 123v*) Dez. 29 computum Nicholai Benchi, mercatoris in curia: pro 3 unciis siricis de graua et 1 unc. siricis albe per Bertrandum sartorem receptis pro cappa folrata de sindone et mantello et capucio et 3 birretis et corseto et tunica alba cum colaribus 3 fl. 6 gross.; pro cordone ciricis de graua pro mantello, quibus recepit idem Bertrandus, qui ponderabat 2 unc.: 2 fl. . . . pro tapeto de Parisius laborato cum figuris diversarum bestiarum et longitudinis 15 palmorum recepto per Heliotum, servientem armorum, morante ad pedes domini nostri in capella de Ultra Rodanum 9 fl. . . . pro 10 pellis (!) de cordoano rubeo fino pro coperiendo cathedram palee pape (precio 9 gross. pro pelle) 7 fl. 6 gross. Pro 3 peciis de auripelle et 6 peciis filtri et $1^1/_4$ uncia siricis pro scuto cum armis domini nostri et pro 2 cordonibus ciricis et pro filo pro cathedra 3 fl. 6 gross. Dixit se solvisse Iohanni de Agobio pro factione cathedre de mandato thesaurarii 6 fl.; mag. Nicolao de Bisansone pro factione scuti cum armis domini nostri pro ponendo ad dictam cathedram 3 fl. . . . Iacobo Duei de mandato Petri Ianzens pro 2 baculis pro capellis pape et pro factione et recoperiendo dictos baculos 1 fl. 6 gross. . . . 16. Nov. pro 6 sargiis rubeis magnis receptis per d. thesaurarium pro garniendo cameram Carcasonen. pro adventu regis Navarre 54 fl., pro $10^1/_2$ cannis tele viridis nove pro folrando supracelum dicte camere 3 fl. 6 gross. . . . etc. 10. Dec. pro 6 sargiis coloris violaci, 5 mediocris forme et alia magna, receptis per d. thesaurarium pro garniendo cameram d. Petri de Monterucho 37 fl. 8 gross.; . . . pro 2 tapiciis viridibus, unum longitudinis 20 palm. et alium 12 palm., et pro 2 bancalibus viridibus, longitudinis 20 palm. qualibet pecia, pro dando dicto d. Petro de Monterucho, prothonotario et nepoti domini nostri, 11 fl. . . . etc.

7. Vadia extraordinaria.

(*I. E. 272 f. 143*) **1354** April 12 d. Guilhermo Textoris, clerico collegii dd. cardinalium, pro presbiterio dictorum dd. cardinalium debito pro festo Pasche proxime preterito: pro porcione debita priori episcoporum 6 malach. 6 d. papien. = 41 tur. gross. 6 d. tur. p.; pro parte debita 5 episc. cardin. 4 malach. 4 s. papien. = 27 gross. $9^1/_3$ tur. p. (*zusammen* 11 s. 5 d. gross. $14^2/_3$ d. tur. p.); pro porcione 2 priorum tam presbiterorum quam diaconorum 3 malach. 3 s. pap. = 20 gross. 11 d. parvos (*zusammen* 3 s. 5 d. gross. 6 d. parv.); pro porcione 14 tam presbiterorum quam diacon. 2 malach. 2 s. pap. = 13 gross. $12^1/_3$ d. p. (*zusammen* 16 s. 1 d. gross., $1^1/_3$ d. p.). *Alles zusammen* 34 s. 5 d. gross. papal. 12 d. parvi tur.

Dez. 24 d. Guillelmo de Fonte, clerico collegii dd. cardinalium, pro presbiterio . . . pro festo nativitatis Domini (*in ähnlicher Weise*), *zusammen* 34 s. 5 d. gross. papal. $12^2/_3$ d. parv.

8. Extraordinaria et cera.

(f. 167v) Summa universalis omnium expensarum extraordin. et cere
. . . 15 039 fl. 2 scut. 195 l. 8 s. 7 d. mon. Auin.

Wir lassen hier nur die Ausgaben des Wachsamtes folgen, sonstige Einzelheiten anderen Titeln einordnend.

(f. 151) Febr. 28 computavit Guillelmus Ademari, custos cere pape, de expensis per eum factis racione officii sui a 31. Dez. 1353— 28. Febr. 1354: se debere Martino Gardi pro 8 quint. cere de Romania (18 l. 8 s. pro quint.) 147 l. 4 s.; Donato Dinis mercatori pro 30 quint. 75 lb. cere de Romania (19 l. 4 s. pro quint.) 288 l.; . . . pro 4 quint. candelarum de cepo pro usu hospitii (6 l. 10 s. pro quint.) 26 l.; Bertrando Boerii pro 212 lb. cotonis (5 s. 4 d. pro libra) 56 l. 10 s. 8 d., pro 108 lb. fili stopacei (2 s. 6 d. pro libra) 13 l. 10 s., pro manu opere 57 quint. cere (8 s. pro quint.) 22 l. 16 s.; pro portu et corretagio cere 55 s., *zusammen* 963 fl. 16 s. 2 d. (1 fl. = 24 s.).

(f. 159v) Aug. 30 computavit mag. Guillelmus Ademari, custos cere pape, *in ähnlicher Weise für* 904 fl.

(f. 166) Dez. 11 *desgleichen* 1323 fl. 5. s. 2 d.

(f. 167v) Dez. 29 computavit Iacobus Melioris, ypothecarius pape, de 12 torticiis et candelis pro filio Bertrandi de Roffinhaco, quas recepit Vigerius usserius 28. Octobris, et ponderabant 90 lbr., pro libra 3 s. 9 d., 16 l. 17 s. 6 d. Auin.

9. Vadia ordinaria.

(f. 168 ss.) 6 solutiones vadiorum, *zusammen (f. 178):* 31 988 fl. 198 l. 8 s. 9 d.

10. Bulla.

(f. 202) Summe: 48 fl. (fratribus Raymundo et Gauberto bullatoribus pro 8 lb. cirici ad opus bulle, *zu je* 6 fl.).

11. Pro scriptura et libris.

(f. 213) Gesamtausgaben: 9 fl. 50 scut. s. Avion.

12. Possessiones empte.

(f. 216) Summe: 45 fl.

13. Elemosina.

(I. E. 272 f. 180—184) Summa universalis omnium expensarum elemosine secrete inclusis pannis et bladis pro dicta elemosina emptis, inclusis etiam certis summis de mandato pape 4 ordinibus Mendicantium et conventibus monialium Auin. datis: 8036$^{1}/_{2}$ fl. 322 tur. gross. arg., 229 l. 4 s. 4 d. ob. mon. Auin.

12. Elemosina.

Einzelheiten.

1354 Jan. 11 d. Petro de Moncolo, elemosinario pape, pro elemosina singulis mensibus fieri consueta: pro presenti mense Ian. 100 fl. etc., *ebenso in den folgenden Monaten.*

Demselben pro sudariis mortuorum in hospitalibus, per eum emendis et dandis dictis pauperibus 100 fl.

Jan. 24 d. Petro de Frigidavilla, administratori domus elemosine Panhote, pro visitationibus hospitalium: pro 1. Ian. et festivitatibus epiphanie et circumcisionis Domini pro quolibet 50 s., in summa 7 l. 10 s. mon. Auin. *Ähnlich für die üblichen Festtage der folgenden Monate je 50 s.; doch vgl. April 2.*

Febr. 8 cum fuisset factum precium per cameram Apostolicam cum Laurentio Britonis, Iohanne Galterii, Iohanne Cerini, Petro de Verduno, Iohanne Calada, Francisco de Bindo et Guinoto de Mediolano, pistoribus seu facientibus (!) panem domus elemosine Panhote, (19 gross. pro saumata grossa), ... in satisfactionem 400 saumatarum: 633 fl. 8 s. Auin. *(vgl. auch unten Dez. 29).*

Febr. 19 d. Petro de Frigidavilla, administratori domus elemosine Panhote, pro mandato faciendo in Quadragesima proxime veniente, prout est fieri consuetum, 217 tur. gross. arg.

März 7 Iohanni Gauterii, Petro de Verduno, Iohanni Calada, Ginoto de Mediolano, Ambertino de Banzeolis pro se et Francisco de Lande ac Laurentio Britonis, pistoribus domus elemosine Panhote, pro 500 saumatis siliginis emptis ab eis per cameram Apostolicam et per eos venditis ad opus elemosine Panhote (39 s. Auin. pro saumata) 812 fl. 12 s.

April 2 d. Raymundo Guitbaudi, directori operum palacii pape, in absentia Petri de Frigidavilla administratoris domus elemosine Panhote, pro visitationibus hospitalium ... 7 l. 10 s.

April 4 de mandato pape fr. Raymundo Fabri ord. Min. pro elemosina per papam facta ordini pro capitulo generali, quod debet esse in Assizio in festo Penthecostes proxime venturo, 100 fl.

April 12 *desgl.* fr. Augustino de Brisaco, procuratori generali fratrum Heremitarum s. Augustini, ... ad opus capituli generalis tenendi in festo Penthecostes in civitate Perusii 60 fl.

April 19 *desgl.* fr. Petro de Amarano, procur. ord. fratrum Predic. Narbonen., pro capitulo generali celebrando in civitate Narbon. in festo Penthec. 100 fl.

April 29 de mandato pape ex elemosina per ipsum data conventui fr. Minorum ad finem, quod facerent processionem et oraciones ad Deum propter tempus et pro pace: fr. Francisco Broquerii, gardiano dicti ordinis, 50 fl.

Desgl. fr. Iohanni Peyrolerii, priori fratrum Predic. Auin., 50 fl.

Desgl. conventui Carmelitarum per manus fr. Iohannis Ricaudi prioris 40 fl.

Desgl. conventui heremitarum s. Augustini Auin. p. m. fr. Thome de Ferraria, subprioris dicti ordinis, 40 fl.

April 30 pro elemosina per papam facta 6 ordinibus monialium et uni Repentitarum Auin. et diocesis videlicet s. Laurentii, s. Clare, s. Catherine, s. Verani, de Furnis, s. Praxedis et Repentitarum, ut orarent ad Deum propter tempus et pro pace, cuilibet 10 fl.: 70 fl.

Mai 16 fr. Arnaldo de Treuga, procuratori generali ord. b. Marie de Carmelo Auin., ex speciali elemosina per papam facta pro capitulo generali fiendo in Perpinhiano in festo Penthecostes 60 fl.

(f. 182) Juni 30 computavit d. Petrus de Frigidavilla, administrator . . . Panhote, de pannis emptis apud Andusiam pro usu elemosine per Iohannem de s. Bausilio, draperium de Auinione: 203 pecie pannorum tam brun. quam alborum, de quibus dixit 3 pecias pro curtitudine aliarum 200 peciarum fuisse emptas, alie 200 pecie fuerunt empte *zu je* 4 fl. = 800 fl., que 200 pecie fuerunt portate in 40 saumatis (pro saumata 1 fl.): 40 fl. . . . etc. *Frachtgeld, zusammen* 850 fl. 14 s. 4 d. ob. mon. Auin.

Okt. 11 computavit Iohannes de s. Basilio, draperius Auinion., de pannis per ipsum emptis nomine et de mandato camere Apostolice in nundinis Cabilon. pro usu elemosine Panhote, ac expensis inde secutis: pro 29 pannis modicis de Bernayo (10 fl. pro pecia): 290 fl.; pro 10 pannis modicis de Mariauallo (8 fl. pro pecia): 80 fl., 2 pannis vergatis de Diestra *(je* 13 1/2 fl.) 27 fl., 3 pannis vergatis de Auestallo 20 fl., 11 pannis de Montecorneto de albo et bruneta nigra *(zu je* 12 1/2 fl.) 137 1/2 fl., 4 pannis lividis et brunetis nigris 60 fl., 12 brunetis nigris de Pontoya *(zu je* 14 1/2 fl.) 174 fl., 13 pannis albis de s. Lupo *(je* 13 fl.) 169 fl., pro 17 pannis de livido et mesclato *(je* 14 fl.) 238 fl., 12 burellis *(je* 13 fl.) 156 fl., 2 mesclatis de s. Dionisio 28 fl., 10 pannis de sancto Iaque (!) Vinton. 70 fl. . . . etc. etc., summa universalis omnium pannorum predictorum 1501 1/2 fl.

(f. 183v) Dez. 29 Francisco de Lande, Laurentio Britonis, Iohanni Corini, Petro Dinoto de Mediolano, Petro de Verduno, Iohanni La Calada, Iohanni Gauterii, Hembertino de Placencia, pistoribus Auinion., panem helemosine facientibus, pro 800 saumatis bladi sufficien. emptis ab eis pro dicta elemosina per cameram reddendi per eos in pane pro dicta elemosina Panhote (2 fl. pro saumata), prout constat per instrumentum super hoc per d. Iohannem Palaysini, notarium camere receptum: 1600 fl.

Empte fuerunt propter deffectum provisionum istius anni, que propter raritatem aque venire non possunt.

14. Panhota *(Armen-Brotamt).*

(I. E. 272 f. 186—199) Gesamtausgaben (f. 201^v): Summa universalis omnium expensarum factarum pro domo elemosine Panhote inclusis vadiis ... familiariorum dicte domus et inclusis certis reparationibus et operibus una cum provisione lignorum combustibilium, bladorum videl. frumenti, siliginis, fabbarum, pisorum, avene telarum, carnium, piscium recentium et salsorum, vinorum sine 378 $^1/_2$ saumatis vini ad mensuram Auin. receptis a clavario de Nouis et 50 s. receptis a clavario Biturrite dioc. Auin. est, inclusis et provisis bladiis palacii, 12 246 fl. 283 l. 19 s. 8 d. ob., 2000 scut.

Einzelheiten.

1354 Jan. 25 computavit d. Petrus de Frigidavilla, administrator elemosine Panhote, de expensis ordinariis et extraordinariis factis in dicta elemosina a 30. Dec. inclus. usque ad 25. Ian. exclus. *(wochenweise Berechnung, vierwöchentliche Abrechnung)* 1. septimana: pro pauperibus in carnibus, caseis[1]: 24 l. 4 s. 6 d.; pro elemosinariis et familiaribus elemosine in carnibus salsis, ovis, piscibus, fructibus, in summa 6 l. 9 s. 6 d. ob., pro factura 13 tunicarum pro ordinariis *(so jede Woche)* 13 s., *zusammen* 31 l. 6 s.

Ähnlich in den folgenden Wochen, zusammen bis 25. Jan. 147 l. 8 s. 3 d. cum ob., 10 fl., in 132 fl. 20 s. 4 d. ob. (1 fl. = 24 s. Auin.).

Ähnlich die folgenden Abrechnungen, die in 5 bis 10 Wochen Abstand erscheinen.

(f. 187) Febr. 1—7 pro purgacione latrinarum domus elemosine, que non fuerunt purgate, 7 anni sunt elapsi, facto precio cum purgatoribus, qui fuerunt 14 homines, 6 fl.; pro factura 50 tunicarum datarum extraordin. in festo purif. b. Marie 50 s.

Febr. 15—21 mag. Petro Chauleti sarralherio pro 1 serra cum 2 clavibus pro porta tinelli pauperum a parte interiori 13 s. et pro signo scutellarum pauperum de novo facto 6 s., pro reparatione 2 grazilarum (craticula) 7 s., pro 2 calefactoriis de novo reparatis ponderantibus 55 lb. de ferro (3 fl. pro quint.) 3 gross. 42 s. 10 d. et pro factura et carbone 15 s.

(f. 188) Mai 7 computum Michaelis Nauana, mercatoris lignorum Auinionensis, de lignis per eum traditis et venditis in hospitio elemosine Panhote, prout constat per relationem d. Astorgii familiaris hospitii Panhote: *zusammen in 3 Lieferungen* 5000 quint., que valent (22 d. pro quint.) 458 l. 6 s. 8 d. in 381 fl. 22 s. 8 d.

Mai 10 ... pro 15 cannis de oleo pro provisione hospitii *(je* 14 s.) 10 l. 10 s., pro cambio 1 cacobi elemosine rupti et parvi ponderantis 36 lb. (3 s. pro lb.) cum alio novo ponderante 55 lb. (4 s. pro lb.) pro

---

[1] Sonst auch Fische und Eier.

coquendo anguillas pauperum ascendit maior valencia 6 l. 12 s. (mag. Stephanus Payrolherii).

(f. 189) April 5—10 pro 12 cofinis seu cabassis ad recipiendum panem, dum computatur et recipitur a furnariis, 30 s.; in 200 scutellis 30 s., in 50 graseletis 3 s., in 5 talhadors 10 s., pro factura davantalium et manicarum pape pro mandato die Iovis facta cum veta alba necessaria 11 s., pro sepultura P. Malcrot, familiaris elemosine, in 16 lb. de cera (3 s. 6 d. pro libra) 56 s. et pro panno aureo et 4 torticiis conductis 16 s. et in oblationibus 11 s. 8 d. et pro clericis et presbiteris, qui presentes fuerunt in die sepulture et sequentibus diebus, pro missis et labore seu servitio clericorum 21 s. 6 d., et pro faciendo foveam 3 s. et pro rebus medicinalibus in infirmitate sua necessaria receptis a Luca ypothecario 13 s. 9 d.

Pro factura 100 tunicarum datarum extraordin. die Veneris Sancti et die Pasche 5 l. etc. *Ähnlich bei anderen Kirchenfesten.*

(f. 190) Juni 21 pro fr. Iacobo infirmo in diversis aquis de cysana, de plantagine, de rosis et diversis seminibus, unguentis et pegamassis, saccis, lactinariis, diversis floribus et pulveribus et pluribus aliis rebus medicinalibus receptis a Luca ypothecario 63 s. 9 d.

(f. 192) Juli 5—11 pro Stephano del Fau et Arbino, familiaribus elemosine infirmis, in avenato, ordeato, zucara, malegranatis, aqua rosacea, enplastis, unguentis, cristeriis, yssiruppis, medicinis et aliis rebus medicinalibus 5 l. 1 s. 9 d.

Mai 24—30 pro portatura 60 saumat. de vino provisionis pape de palacio ad domum elemosine una cum conductione barralorum 23 s. 9 d.

(f. 190^v) Mai 31—Juni 6 pro mundatura 200 saumatarum de blado pro molendo et farinam in palacio ponendo, de quibus fuerunt posite in palacio in farina 106 $^1/_2$ saumat. (solvendo pro qualibet 4 d.): 66 s. 8 d.

Iohanni de la Bastida molinaro pro 2$^1/_2$ saumat. bladi pro multura sibi debitis, solvendo pro saumata 2$^1/_2$ fl., in summa 6 fl. 6 s.

(f. 192) Juli 5—11 . . . pro 12 broxis (broquis) pro ministrando vinum pauperibus 36 s.

NB. *Über Getreide- und Wein-Anschaffungen der Panhote vgl. unten B 3 und 4.*

15. Kriegsausgaben *der päpstl. Kammer für das* Patrimonium *in Tuszien.*

(I. E. 272 f. 206) Pro guerra Patrimonii, *Gesamtsumme (f. 212^v):* 130 094 fl. 9 s.

Diese Summe wurde in zahlreichen kleineren Raten von 1 bis 14 000 *fl., meist von* 5000 *fl., angewiesen an den Thesaurar von Tuszien, Angelus Tavernini, durch Vermittlung mehrerer Bankhäuser und ihrer Vertreter in Avignon, die wir aufzählen (Anweisungsort ist meist Perugia):*

14. Kriegsausgaben der päpstl. Kammer für das Patrimonium in Tuszien.

1. Jan. 21 Lapinus Melioris et Angelus de Pero Palharsone ac Pluvianus de Iacobo, socii societatis Palharssanorum (3500 fl. sensentie), *ähnlich 19. Nov. (2 × 1750 fl.); 29. Dez. (5000 fl.).*

2. Jan. 24 Nicholaus Blanchi, factor Bartholomei Spiefamis de Luca (4000 fl. sent.).

3. Bartholomeus Nicolai, socius Nicolai Sudrini de Florentia (3000 fl. sent.), *ähnlich am 24. April, 31. Mai, 21. Juni, 25. Sept., 19. Nov.*

4. Jan. 28 Zenobius Martini, factor Podaldini (!) Richi et sociorum eius de Florentia (1500 fl.).

5. Jan. 29 Ligo Michaelis de Urbeveteri (1000 fl.).

6. Febr. 18 Petrus de Sercauto, socius societatis de Gardis et Nicholaus Melioris mercator de Florentia (4000 fl. camere).

März 7 Zenobius Martini, socius et factor Dedaldini de Richi (!) et sociorum eius (4000 fl.).

8. März 16 Johannes Spiefamis de Luca (2500 fl.).

9. Bartholomeus Bartholini de Florentia mercator (2500 fl.).

10. März 21 Nicolaus de Comte, socius societatis Vanni Sarloti de Florentia (3000 fl.); 11. Petrus Borgonhoni, mercator Florentie, factor societatis Albertorum Novorum (3000 fl.); *ähnlich 7. Juni (2000 fl.).*

12. April 19 Plebano Iacobi societatis Palharsanorum (5000 fl.), *vgl. Nr. 1.*

13. Laurentius Bartholini, socius societ. Ranuchini de Florentia (3000 fl.). *Ähnlich Juni 5 (2000 fl.), 6. Juni (1000 fl.), 18. Juni (1000 fl.), 17. Juli (3000 fl.), 23. Sept. (2000 fl.), 19. Nov. (1750 fl. + 5000 fl.), 29. Dez. (5000 fl.).*

14. Mai 31 Bonarlus Berti, mercator de Florentia, socius societatis Tedaldini de Richi (3000 fl.), *vgl. Nr. 4; ähnlich 6. Juni (1000 fl.), 23. Sept. (2000 fl.), 10. Nov. (3000 fl.).*

15. Juni 5 Nicolaus de Masino, mercator de Florentia, socius societatis Nicolai et Petri Melini (1000 fl.).

16. Nov. 19 Iacobus Blanqui socius et mag. societatis Bartholomei Carochi de societate Albertorum Novorum (2 × 1750 fl.), *vgl. Nr. 11; ähnlich am 29. Dez.*

17. Dez. 29 Tangredus Francisci et Bartholomeus de Meolo, habitatores Auinion. (5000 fl.).

16 Pecunie assignate d^{no} nostro pape.

(I. E. 272 f. 217) In 25 über das ganze Jahr verteilten Raten erhält der Papst auf seinen Befehl vom Thesaurar aus der apostolischen Kammer 26 913 fl. 36 s. 3 d. ob. ausbezahlt.

B. Systematisch geordnete Einzelheiten aus den verschiedenen Ausgabetiteln

(soweit sie nicht schon unter diesen oben wiedergegeben wurden).

1. Chronikalische Angaben.

(I. E. 272 f. 213) **1354** Juni 27 cum d. .Hugo de Ussello, miles Lemovicen. dioc., teneretur et adhuc teneatur camere Apost. ex vero et legitimo mutuo per cameram sibi facto in 500 scutis solvendis in certis terminis . . . iam elapsis . . . et fuissent litere misse et sententie contra eum de mandato pape, que litere . . . per gentes dicti militis fuerunt capte et nuncii verberati, super quo fuerunt facti processus etc.

(f. 163) Nov. 10 d. Stephano ep. Fauentino ex gratia sibi facta de pecunia habita a Iohanne de Quinhano, procuratore illorum de Fauencia, qui fuerunt velut heretici condempnati, 100 fl.

(f. 164v) Nov. 21 de mandato pape soluti fuerunt dd. fr. Petro Thome, episc. Pacten., et Liparien. et Bartholomeo episc. Tregonien. missis per papam ad regem Rascie pro convertendo et uniendo eum et gentes regni sui ad fidem catholicam[1] 300 fl.

Nov. 24 . . . cursori misso cum literis camerarii episcopis Uticen., Nemausen., Magalon. et aliis prelatis seu eorum vicariis in regno Francie pro faciendo capi certos fraticellos, qui se dicunt esse tertie regule s. Francisci, qui posuerunt certos rotulos seu cartas in ianuis ecclesiarum Auin. continentes infinitos errores, 10 fl.[2]

(f. 167) Dez. 17 pro operibus necessariis factis in hospicio nepotum et neptium pape 12 fl.

Pro expensis factis per d. Guidonem Alberti militem, nepotem pape, quando rediit de s. Iacobo,[3] 7 fl.

(I. E. 272 f. 91) **1354** Dez. pro 3 coquis, qui iuverunt in coquina diebus, quibus rex Navarre comedit cum domino nostro [papa], 48 s.

(f. 160) Sept. 12 Iohanni de Roma cursori misso cum literis pape et de mandato suo archiepiscopo Colonien. super solutione 30 000 fl., in quibus dicitur esse camere Apostolice obligatus, ac cum aliis literis collectorum provinc. Colon. et Maguntin., Boemie et Pollonie 30 fl.

---

[1] Vgl. hierzu die Bulle an den deutschen Reiterführer Palmann im Dienste König Stephans Douschan Ourosch IV. von Raszien (Serbien) aus dem J. 1354 in m. *Deutsche Ritter* 2. Buch S. 157.

[2] Seit dieser Zeit datiert wohl die Abneigung des Papstes gegen die sog. Fraticellen, vgl. Mollat, *Les papes d'Avignon* p. 95.

[3] Er hatte also eine Wallfahrt nach Santiago de Compstella unternommen.

(f. 162) Okt. 19 ... cursoribus, qui fuerant in Sabaudia ad citandum comitem Sabaudie pro 15 000 fl., in quibus tenetur camere et est obligatus, 7 fl.

2. Kurialämter.

Die Beamtenlisten ähnlich wie früher.

(f. 170v) die 17 Poenitenziere genannt.

(f. 171) die *66* servientes armorum, *11* scutiferi, *10* hostiarie prime, secunde, tertie porte; *16* palafrenarii.

Dazu **Einzelheiten** aus den **verschiedenen Titeln:**

(I. E. 272 f. 147) **1354** Jan. 2 d. Geraldo Fabri, scriptori pape ac distributori vicecancellarie, pro gallinis scriptoribus dari et solvi consuetis quolibet anno in renovatione date pontificatus pape, que fuit 30. Dec., 20 fl.

Jan. 31 Bernardo de Roana, porterio prime porte palacii pape Auin., pro oleo per eum empto necessario pro custodia dicte porte de nocte 1 fl.

(f. 148v) Jan. 31 computum d. Helie Rambaudi, custodis vaccelle pape, de expensis factis pro nuptiis filie Bertrandi de Roffinhaco, neptis pape *(s. Geschenke)*. Febr. 19 *derselbe* de expensis factis in officio suo.

(f. 151) Guillelmus Ademari custos cere.

(f. 150v) Petrus Garini, provisor pelonis ad opus palatii pape.

(f. 151v) Iacobus Melioris ypothecarius palacii pape, *sorgt für feinere Früchte, Konfekt, Papier etc.*

d. Raymundus Guitbaudi director operum.

(f. 152) Raynaldus de Lur, aquarius pape.

(f. 153 u. 158v) Petrus de Scarparia magister cursorum mercatorum curie Romane.

(f. 154) Aymericus de Dumo, serviens armorum ac custos artilherie palacii pape.

(f. 159v) d. Coldradus de Manelis canon. Paduan., auditor s. Palacii, missus per papam cum lit. Apost. ad regem Sicilie.

(f. 161v) Okt. 10 Bertrandus Bernardi sartor et serviens armorum pape.

(f. 167) Dec. 24 Donatino Santhi, corraterio[1] camere Apostolice, pro servitio et labore suo per eum impenso predicte camere in cambiis factis pro guerra Patrimonii et aliis 7 fl.

Dez. 29 d. Iohanni de Seduno scriptori pape pro gallinis debitis singulis annis grossatoribus in die renovationis anni pontificatus pape videl. pro 100 gallinis pro tot grossatoribus, pro quolibet una: 20 fl., *also* 1 gallina $^1/_5$ fl.

---

[1] D. h. Geldvermittler, Wechselvermittler.

(f. 168) Dez. 29 computavit Berengaria uxor Guillelmi le Breton, cursoris pape, de incausto et glassia ac plumis, busciis et amphoris per eum traditis et deliberatis pro camera thesaurarie pape per diversos dies et cursores per totum annum 1354, prout in computo per eam reddito plenius continetur: pro 114 bosciis glassie (*je* 3 s.), pro 37 aumolis incausti (pro qualibet 5 s.) et pro plumis, bosciis et amphoriis vitreis in universo 26 l. 11 s. 4 d. in 22 fl. 3 s. 4 d.

(f. 213) Aug. 12 pro scribendo sive copiando testamentum et inventarium bonorum Iohannis Rocamaura, quondam capitanei curie marescalli Auin.

(f. 169) Nicolaus Grimaldi, campsor camere Apost., habitator Auin. . . .

Das Wasseramt.

(I. E. 272 f. 168) **1354** Dez. 29 computum Reginaldi de Lur, aquarii pape, de expensis per eum factis in officio suo a 17. Aug.—30. Dez. excl.: pro 90 barrilis (*zu je* 10 s.) 45 l.; 57 refugitoriis (*zu je* 12 s.) 4 (!) l. 4 s.; 4 cordis emptis ad opus putei palacii Auin. ponderis 158 lb. (15 d. pro libra) 9 l. 17 s. 6 d.; pro salario 6 hominum, qui 8. Dec., qua rex Navarre comedit cum domino nostro, et nocte precedenti, portaverunt aquam ad coquinas (4 s. pro homine et die et nocte) 48 s.; pro salario 6 hominum, qui similiter 9. Dez. in secundo convivio dicti regis portaverunt aquam per 1 diem et noctem: 48 s.; pro salario 5 hominum, qui in convivio dd. cardinalium 18. Dec. portaverunt aquam per 1 diem et noctem (4 s. pro quolibet qualibet die et nocte) 40 s.; in convivio nativitatis Domini, quo dux Lancastrie primo comedit cum domino nostro, pro salario 8 hominum, qui portaverunt aquam per 2 dies et 1 noctem: 4 l. 16 s.

3. Getreideeinkäufe.

Über die Getreideeinkäufe bei den Avignoneser Bäckern für das Almosenamt vom 8. Febr., 7. März und 29. Dez. vgl. oben S. 551 f.

(f. 198) Dez. 29 computum redditum per d. Gerardum de Arbenco, obedienciarium s. Iusti Lugdunen. ac collectorem Apost. in provinciis Viennensi, Tarentasien., Lugdunen., Bisuntin. ac Treveren. auctoritate Apost. deputatis (!), de provisione bladorum per eum in Burgundia pro usu palacii pape et hospicii elemosine Panhote facta et d. Petro de Frigidavilla, administr. domus elemosine, assignata . . .: diversis locis et preciis a diversis personis, in aliis computis suis particulariter declaratis: 6028 bichet. 212 emin. frumenti, que reducte per mercatores expertos ad salmatas grossas mensure Auin. valent 4383 salmate 3 emin. gross. frumenti, que decostiterunt de prima emptione 6694 fl. 2½ gross. (1 saumata *zu* 1 fl. 6 gross. 8 d., minus ad totum 2 fl. 6½ gross.). De portu per aquam

usque Auin. cum 5 salmatis, quas plus reddidit quam emerit propter humiditatem aque, de quibus solvitur portus nautis secundum extimacionem mercatorum (7 gross. pro saumata) 2569 fl. 8 gross. Pro expensis pro dicto frumento tam convertendo, exonerando, mensurando, aleviando navigia, portando per terram quam expensis custodum et famulorum (3 gross. 13 d. mon. Auin. pro saumata) et plus ad totum 79 s. 10 d., quia longo tempore steterunt super aquam et in itinere propter parvas aquas et importunitatem temporis, 1293 fl. 7 gross. 3 d.

So kommt die saumata *in Avignon selbst auf* 2 fl. 4 gross. 20 d., *zusammen* 8548 fl. 3 s. 4 d. 2000 scuta Iohannis.

Computavit idem collector, prout in aliis suis computis particulariter continetur, se emisse apud Lugdunum et Surram 125 asinetas 297 bich. siliginis = 347 salmatas 6 emin., que decostiterunt de prima emptione una cum 4 bichetis veciarum (2 fl. $8^2/_3$ gross.) 311 fl. $10^3/_4$ gross.; de quibus assignavit d. Petro de Frigidavilla 340 salm. gross. siliginis et vecias predictas (pro salmata grossa assignata: 10 gross. 18 d. et plus per totum 12 s.): 305 fl. 2 s. De portu pro saumata 7 gross. valent 198 fl. 4 gross.

Sonstige Ausgaben pro saumata 3 gross. 13 d.: 100 fl. 8 s. 4 d.

Alles zusammen kommt die Last Roggen auf 21 gross. 7 d. et plus ad totum 12 s., *zusammen* 603 fl. 18 s. 4 d.

(f. 199) Idem collector computavit de 128 salmatis grossis avene (1 fl. 6 gross. 9 d. pro saumata): 200 fl. 10 s. 8 d.

Desgl. se emisse apud Virdunum 70 bichet. fabbarum, qui reductis ad saumatas grossas faciunt 46 salm. $6^1/_2$ emin. gross., que decostiterunt de prima emptione $67^1/_2$ fl. (1 fl. 5 gross. 9 d. pro saumata et plus ad totum 13 d.); pro portu cuiuslibet saumate per aquam 7 gross., *zusammen* 26 fl. 10 gross., *sonstige Unkosten* (3 gross. 13 d. pro saum.) 13 fl. 13 s. 10 d., et sic ascendit quelibet saumata fabarum reddita Auinionem 2 fl. 3 gross. 22 d., de quibus assignavit d. Petro, quia fuerunt inflate in aqua et crescerunt 49 saumate, que valent omnibus computatis 107 fl. 20 s. 9 d.

Desgl. se emisse 21 bichet. et 1 buysell. pisorum, qui reducta ad saumatas faciunt 14 saum. $1^1/_2$ emin., decostiterunt de prima emptione 50 fl. 23 s. 5 d. (3 fl. 7 gross. pro saumata et plus ad totum 6 s. 7 d.); pro portu per aquam (pro saumata 7 gross.) 8 fl. 2 gross. Pro expensis de saumata (3 gross. 13 d.) 4 fl. 3 s. 2 d.; sic ascendit quelibet saumata pisorum reddita Auinione 4 fl. 5 gross. 13 d., *zusammen* 63 fl. 6 s. 7 d.

Desgl. se emisse pro tendis ad involvendum blada et saccis faciendis et tela pro Panhota $2256^1/_2$ alnas tele ad mensuram Cabilon. ($10^1/_2$ alne pro 1 fl.), de quibus sunt facte 36 tende et 61 sacci et assignati in Panhota; 136 corde, que faciunt (in corda $6^1/_2$ canne) 884 canne, *zusammen* 214 fl. 22 s.

4. Weinanschaffungen.

(f. 194v) Okt. 23 computavit d. Petrus de Frigidavilla, administrator domus elemosine Panhote, de provisione vinorum facta pro usu dicti hospicii pro anno presenti 1354 tam emptorum quam a clavariis episcopatus Auin. recept.: a clavario de Nouis et de Urgone ac Castri Reynardi, facta reductione de salmatis locorum, que fuerunt in universo 441 $^1/_2$ saum. = 378 $^1/_2$ salmate ad mensuram Auin., que portate fuerunt in 68 botis grossis et parvis; a d. Iohanne de Blado, clavario Biturrite, 50 saum. vini . . ., pro quibus vinis portandis de locis supradictis apud Auinionem in ripa Rodani et deinde ad domum elemosine cum quadrigis ac botis vacuis portandis ad loca predicta in universo 78 l. 5 s. mon. Auin. 38 fl. parvi ponderis.

Computat idem d. Petrus fecisse per d. Astorgium de Combis apud Tarrasconem 29 modia vini ad mensuram dicti loci (10 $^1/_2$ salmate ad mensuram Auinion. = 1 modium) = 304 $^1/_2$ salmatas, que decostiterunt diversis pretiis et a diversis personis 222 $^1/_2$ fl.; pro dictis vinis portandis cum barralibus ad botas, que erant in navigio ad ripam Rodani, pro ipsis botis, que erant 48 bote grosse, implendis (8 s. pro quolibet modio) 11 l. 12 s.; pro dictis 48 botis Auinionem portandis: 48 fl.; pro corretariis (salarium) 2 fl.

Item dicit ipsum d. Astorgium expendisse in 12 diebus una cum famulo et in 12 diebus, quibus fuit apud s. Remigium et Castrum Raynardi una cum equo et famulo, pro omnibus necessariis etc.: *kleinere Beträge.*

Desgl. computavit d. Petrus de Frigidavilla de expensis factis pro reparationibus vasorum vinariorum, que sunt in domo elemosine Panhote; pro 4 salmatis circulorum pro parvis botis (40 s. pro salmata) 8 l.; pro 18 circulis de 8 et 10 palmis pro magnis vasis *(je* 7 s.) 6 l. 6 s.; pro 4 duodenis grossis de amarinis (8 fl. pro duodena grossa) et pro 1 duodena pro magnis vasis (4 fl. 6 s.) 16 fl. 6 s.; pro 8 arboribus pro magnis vasis *(je* 6 s.) 48 s.; pro 86 lb. stuparum 45 s.; pro 86 dietis magistrorum, qui reparaverunt dolia, 23 l. 14 s.; pro 66 lb. de cinre (ciure?) 49 s. 6 d.

Item computavit d. Petrus emisse per manus clavarii Nouarum in territorio Castri Raynardi 6 modia vini, que decostiterunt (9 l. pro modio = 10 $^1/_2$ salmatis ad mensuram Auin.) 54 l.; pro dictis vinis in 10 botis grossis portandis apud Auin. 8 fl. Propter vinum turbatum, quod d. Petrus habebat in domo, ut renovaret ipsum ad finem, quod posset expendi, a diversis personis et diversis pretiis *kaufte er* 75 salmatas racemorum, de quibus habite fuerunt preter vinum antiquum ibidem positum 57 $^1/_2$ salm., que decostiterunt 58 l. 13 s. 2 d. Pro stringendo sive trulhando dictam vindemiam ac portando vino antiquo ad rocam novam et reportando postmodum ad dolia 50 s.

Gesamtsumme für den Wein 280 fl. boni, 38 fl. parvi ponderis, 226 l. 11 s. 8 d.

5. Fleisch und Wildbret.

(I. E. 272 f. 160) **1354** Okt. 1 computavit Mauricius de Nassinhaco, hostiarius pape, de expensis factis de mandato pape pro venando ad cervos ... per manus Dalmacii venatoris pro eundis quesitum canes et famulos apud abbatem Crossien. et adducere Auinionem 12 fl.; in 19 diebus pro 7 hominibus equitibus, 16 hominibus peditibus et 24 canibus 45 fl. 5 gross.; pro 2 securibus ad sindendum arbores 2 fl., pro 3 lanceis 2 fl., pro caligis et sotularibus 16 hominum peditum 7 fl., pro locagio bestiarum et quadrigarum pro deferendo venacionem recentem et salsam pluribus vicibus 9 fl., pro salario dicti Dalmacii venatoris et dictorum 16 hominum 30 fl.; 107 fl. 10 s.

Fleischpreise.

(I. E. 272 f. 91ᵛ) **1354** Dez. 17 computum redditum per d. Philippum de Ageduno presbiterum et Iohannem Labe, macellarium Auinion., de provisione porcorum per eos facta pro usu hospitii pape anno 1354, primo die sabbati 6. Dez. receperunt 25 porcos provisionis facte de mandato d. thesaurarii per manum clavarii Carpentoraten., de quibus 7 porci fuerunt dati neptibus pape de mandato d. thesaurarii, ... restant pro usu hospitii 18 porci. Alii 4 porci empti fuerunt Auinione per P. Giraudi macellarium 12 fl. 16 s., qui 4 porci etiam dati fuerunt et assignati de mandato ... thesaurarii pro sua provisione d. B[ertrando] emptori 2 neptuum (!).

Porci empti in nundinis Barriol. Foroiul. dioc. per dictos Philippum et Iohannem: 30. Nov. 15 porci empti ab Hugone Belon de Cotinhac *(je* 3 fl. 2 s.) 92 fl. 12 s.

Pro expensis macellariorum, qui occiderunt et paraverunt porcos, 19 s. 6 d.; pro salario macellariorum, qui occiderunt, paraverunt et salaverunt 63 porcos, (3 s. 6 d. pro quolibet porco) 11 l. 6 d.

(f. 92ᵛ) Dez. 1354 pro 44 leporibus datis in festo Nativitatis Domini 22 cardinalibus existentibus in Rom. curia (10 s. pro lepore) 22 l.

Pro 25 porcis *(desgl.)* datis cardinalibus vid. dom. Penestrino 2 et cuilibet alteri 1 et d. camerario 1, magistro marescallie et servientibus Auin. 1 porcus (56 s. pro quolibet) 74 l.

Vgl. weiter oben A 1.

6. Gewebe und Kleidung.

(I. E. 269 f. 119ᵛ elemos.) **1354** Juni 30 computavit d. Petrus de Frigidavilla, administrator ... Panhote, de pannis emptis apud Andusiam pro usu elemosine per Iohannem de s. Basilio, draperium de Auinione: 203 pecias pannorum tam brunorum quam alborum (de quibus dixit 3 pecias pro curtitudine aliarum 200 fuisse emptas) *das Stück zu* 4 fl.: 800 fl. Que quidem 200 pecie fuerunt portate in 40 saumatis *(je* 1 fl. *Frachtkosten):* 40 fl. Item in et pro emptione dictorum pannorum se expendisse

in 2 vicibus *(in Anduze achttägiger Aufenthalt)* 6 fl. Item dixit se dedisse Michaeli Dalsangles corretario 3 fl., *für Verpackung* 1 fl., *zusammen* 850 fl. 14 s. 4 d. ob. auin.

(f. 120) Okt. 11 Iohannes de s. Basilio, draperius Auin., computavit de pannis per ipsum emptis nomine et de mandato camere Apost. in nundinis Cabilon. pro usu elemosine Panhote: pro 29 pannis modicis de Bernayo *(je* 10 fl.) 290 fl., pro 10 pannis modicis de Manavello *(zu je* 8 fl.) 80 fl., pro 3 pannis vergatis de Anestallo 20 fl., pro 11 pannis de Montecorveto de albo et bruneta nigra *(zu je* 12^1/$_2$ fl.): 137^1/$_2$ fl., pro 13 pannis brudis[1] et brunetis nigris 61 fl., pro 12 brunetis nigris de Pontoya *(zu je* 14^1/$_2$ fl.) 174 fl., pro 13 pannis albis de s. Lupo *(je* 13 fl.) 169 fl., pro 17 pannis de livido et mosclato *(je* 14 fl.) 238 fl., pro 12 burellis peciis *(je* 13 fl.) 156 fl., pro 2 mesclatis de s. Dionisio 28 fl., pro 10 pannis de s. Iaques Vinton. 70 fl.

Summa dictorum pannorum primo 70 pannos permagnos, 16 brunetas de 9^1/$_2$ cannis, 39 pannos de 8 cannis, *zusammen* 125 *für* 1450^1/$_2$ fl.

Item dicit se expendisse pro portandis pannis ad hospitium et pro denario Dei 1 fl., pro plicandis et aptandis 1 fl., pro 60 alnis tele 6 fl., pro funibus seu corda 1^1/$_2$ fl., pro faciendo ligari 6 trossas 1^1/$_2$ fl., pro faciendo portari balas ad Sonam 6 gross., pro camera et logia 2 fl., pro corretagio 1 fl., pro portandis Auinionem 15 fl., pro estrems pedagiorum 5 fl., pro deponendo ad Rodanum et portando ad palacium 1^1/$_2$ fl., pro expensis suis, roncini et familiarium suorum in 40 diebus 12 fl., pro expensis Guillelmi de Rossereya usque ad Lugdunum 3 fl., *alle Ausgaben:* 51 fl., *zusammen* 1501^1/$_2$ fl.

Vgl. ferner oben A 6.

7. Wachseinkäufe
vgl. oben A Nr. 8.

7a. Spezereien und Kolonialwaren
vgl. oben A Nr. 1.

8. Bauausgaben
vgl. auch oben A Nr. 5.

(I. E. 272 f. 127^v edif.) **1354** Jan. 25 computum d. Raymundi Guitbaudi, dir. oper. palacii pape, de expensis ... in hospicio 2 neptium pape pro festo Guinete, quando contraxit matrimonium, pro 14 dietis fusteriorum, qui operati fuerunt in ponendo saumerios subtus deambulatorium et ponchairando hospicium in diversis locis et faciendo dressatoria in coquinis et buticulariis et reparando solerium camere paramenti et deambula-

---
[1] broderie.

torium et faciendo scanna in claustro, ubi fuit celebratum dictum matrimonium, et ponendo perticas pro pannis paramenti ponendis etc. (6 s. pro dieta) 4 l. 4 s.; pro 2 dietis gipparii, qui operatus fuit in reparando pavimentum camere paramenti et fornellum camere dicte Guinete, (*je* 6 s.) 12 s.; pro 2 dietis hominum, qui ministrabant sibi necessaria, 8 s., pro $1^1/_2$ quadriga gippi pro camera et fornello (34 s. pro quadriga) 51 s.; pro massonerio, qui faciebat foramina saumeriorum, 6 s.; pro 16 cannis 3 palmis quadratis de taulamento (16 s. pro canna) 13 l. 12 s. etc., *zusammen* 38 fl. 20 s. 4 d. *Ähnliche Abrechnungen desselben monatlich.*

(*f. 132v*) Mai 7 cum esset factum precium per cameram Ap. cum Anthonio Bonelli [cohopertore et operario plumbi], morante Auinione, de coperhiendo magnam turrim de Trolhassio in palacio Auin. ad 250 fl., prout constat per instrum. per d. Iohannem Palaysini, . . . 50 fl., *das übrige später ratenweis bezahlt.*

(*f. 133*) Mai 28 cum per cameram Apost. fuisset factum precium cum Michaele Way, mercatore Auin., de 500 quint. plumbi tam pro operibus palacii pape quam pro usu bulle ($1^1/_2$ fl. pro quint.), prout constat per instrum. per d. Ioh. Palaysini, de quibus idem Michael assignavit camere 376 quint. 26 lb., et fratribus Raymundo et Galberto bullatoribus pro bulla 100 quint. 49 lb., fuerunt eidem soluti 715 fl. 3 s., pro portu plumbi 2 fl. 22 s.

Mai 31 cum tempore fel. record. d. Clementis pape VI. fuisset factum precium per cameram Ap. cum mag. Christiano de Cantinave, vitriario commorante Auin., de faciendo vitra seu vitralia in fenestris capelle magne palacii novi pape Auin. ad 450 fl. (instrum. per d. Ioh. Palaysini, notarium camere), de quibus receperat 10. Ian. 1352 a d. Bertrando epo Convenarum, olim thesaurario, 200 fl. et 8. Iunii ab eodem 100 fl., necnon pro 3 quint. vitrorum receptis per eum de thesauraria 9 fl., *so erhält er jetzt noch* 141 fl.

Juni 25 cum per cameram Ap. fuisset factum forum cum Petro Gaufridi, peyrerio seu latomo, de cohoperiendo et bardando terrassiam seu corredorium capelle magne, quod ceciderat propter defectum fuste, ad 210 fl., *so erhält er als Rate* 100 fl. etc. etc.

Schlosserarbeiten.

(*f. 128*) Febr. 11 computum Iensoni Catalani, sarralherii Auin., de operibus in palacio pape a 1. Nov. ad 11. Febr. per relationem Petri Boneti, cursoris pape, ad hoc deputatum: pro 49 frechissiis pro incastris fenestrarum (*je* 8 s.) 19 l. 12 s., pro 10 anulis pro balenciis, in quibus ponderantur ligna, et pro 1 penna porte coquine ponderis 42 lb. (14 d. pro libra) 49 s., pro penna 6 palmorum de longo pro porta camere pape, quam d. camerarius tenere solebat, ponderis 26 lb. (*je* 14 d.) 30 s. 4 d., pro penna pro camera pape superiore ponderis $12^1/_2$ lb. (*je* 14 d.) 14 s.

7 d., pro falso vecte cum verrolheria in coquina oris pape ponderis 5 lb. 5 s. 10 d., pro 2 falsis vectibus cum verrolheriis pro camera pape, quam d. camerarius solebat tenere, ponderantibus 16 lb. (*je* 14 d.) 18 s. 8 d. etc. ... pro 1 sarralha ad vectem pro camera, in qua tenuntur (!) vitra, 15 s., pro 3 sarralhis pro portis intucioribus (!) magni tinelli 15 s. etc. ... pro 1 clave pro prima porta palacii 19 d., pro alia clave pro coquina 19 d., pro 2 clavibus pro coquina oris 3 s. 2 d., pro 2 clavibus pro cassia sive caxa, in qua tenuntur (!) species pro papa in gardarauba, 3 s. 2 d., pro 7 clavibus ad lugnetum pro gardarauba pape (*je* 19 d.) 11 s. 1 d. etc. etc. *zusammen* 41 fl. 2 s. 4 d.

So ähnlich häufiger.

(f. 129v) Febr. 28 computum Guillelmi Barnoini, ferraterii civitatis Auin., de certis operibus ferramentorum per eum traditis pro edificiis palacii pape ad relacionem mag. Rostagni Berqui, fusterii et servientis armorum pape: pro 48 lb. palmaseriorum et gofonorum (18 d. pro libra) 3 l. 12 s., pro 12 lb. frachissarum (*je* 2 s.) 24 s., pro 500 clavellis denayrals maioris forme (*je* 12 pro 100) 60 s., pro 350 clavis vocatis rials (3 s. 6 d. pro 100) 15 s. 9 d., pro 900 clavis vocatis galea (2 s. pro 100) 18 s., pro 200 clavis vocatis riosta (20 d. pro 100) 3 s. 4 d., pro 200 clavis vocatis pogezal (2 s. 6 d. pro 100) 5 s., pro 22 verrolhis minutis 44 s., pro 30 cadaulas (!) minutis 48 s. etc. etc., *zusammen* 29 fl. 21 s. 7 d.

(f. 131) April 24 computum d. Iohannis Agni presb., elemosinarii pape, pro reparationibus in quadam camera: pro 11 lb. ferri in platenis et goffonibus ad ponendum in porta et 2 fenestris (16 d. pro libra) 14 s. 8 d., pro 100 clavis magnis et 500 parvis 4 s., in 2 serraturis pro 2 clavis 4 s. etc. 2 fl. 8 s. auin.

Tagelohn

(vgl. A 1 coquina, Fischpreise).

(I. E. 272 f. 87) August pro 7 iornalibus fusteriorum (*je* 8 s.) 56 s.; 6 iornalibus hominum ad rigandum ortum piscarii 36 s., 3 iornalibus mulierum 7 s. 6 d.

(f. 89) Okt. pro 5 iornalibus hominum, qui scobaverunt coquinam, gardamengarium et larderium ... 15 s.; pro 11 iornalibus hominum in cultura orti piscarii (*je* 5 s.) 55 s.

(f. 91) Dez. pro 10 iornalibus hominum in cultura orti piscarii (*je* 4 s.) 40 s., pro 2 iornalibus mulierum 4 s. etc.

8a. Holz- und Kohleneinkäufe

(aus pro cera).

(I. E. 272 f. 157v) **1354** Juli 10 Inardus Porchalha, mercator lignorum, computavit de carbonibus traditis per eum et per P. Boneti, cur-

sorem pape, receptis: pro palacio Auin. 16. Juni 720 banaston., 17. Juni 840 banaston., 19. Juni pro palacio Villenove 640 banaston., *zusammen* 2200 banaston. (22 d. pro banastone) 168 fl. 1 s. 4 d. (1 fl. = 24 s. auin.).

(f. 165) Nov. 30 computum Petri de Ponte, mercatoris et provisoris lignorum pro usu palacii pape, *zusammen lieferte er vom 7. Aug. bis 22. Nov.* 8300 quint. (2 s. pro quint.) *mit Fracht* 701 fl. 16 s.

(I. E. 272 f. 157) Juli 10 computavit Petrus de Ponte, mercator lignorum Auin., de lignis per eum traditis pro usu hospitii pape a 12. Marcii usque ad 26. Aprilis, prout constat per relationem P. Boneti cursoris pape ad hoc specialiter deputati: 5800 quint. lignorum pro palacio Auin.; 1984 quint. pro palacio Villenove; 700 quint. pro hospitio neptum pape, *zusammen* 8484 quint. (2 s. pro quint.): 848 l. 8 s. item pro 50 dietis hominum, qui posuerunt ligna in lenhario (4 s. pro dieta): 10 l. mon. Auin., *zusammen* 858 l. 8 s. in 715 fl. 8 s. mon. Auin.

Desgl. Mai 7—10 pro palatio Villenove 400 quint. lignorum + 288 quint. + 260 quint. (2 s. pro quintali), *zusammen* 948 quint.: 94 l. 16 s., *dazu Transportkosten* 38 s., *zusammen* 80 fl. 18 s. auin.

Desgl. vom 25. Juni bis 10. Juli pro palatio Auin. 6544 quint., pro palatio Villenove 980 quint., pro hospitio de Angelis neptuum pape 500 quint., *zusammen* 8024 quint. (2 s. pro quint.): 802 l. 8 s.

Pro 125 iornalibus hominum, qui operati fuerunt in estivando seu portando ligna in lenherium Auin. et Villenove: 24 l. 11 s. 6 d.; pro portu lignorum dictarum dominarum de Auinione ad portum Rodani de Angelis 48 s., *zusammen* 829 l. 7 s. 6 d. in 691 fl. 3 s. 6 d. (1 fl. = 24 s.).

(Ebd. f. 157v) Juli 10 Inardus Porchalha, etiam mercator lignorum, de lignis per eum traditis in palacio Apostolico et per dictum P. Boneti cursorem receptis: pro 2420 quint. lignorum (22 d. pro quint.): 221 l. 16 s. 8 d.; 1000 banastonibus carbonum (22 d. pro banastone) 91 l. 13 s. 4 d.; pro palacio Villenove *desgl.* 920 banaston.: 84 l. 6 s. 8 d. Pro 36 dietis hominum, qui operati fuerunt in ponendo ligna in lenherio, 6 l. 13 s.: 404 l. 9 s. 8 d. in 337 fl. 1 s. 8 d.

(f. 168) Dez. 29 Petro de Ponte, habitatori Auin. et mercatori lignorum, pro 1000 quint. lign. pro hospicio nepotum et neptium pape (2 s. pro quintali) 100 l. auin.

Vgl. ferner Panhota Mai 7.

9. Bibliothek und Schreibwaren.
Nichts Bemerkenswertes.

10. Verschiedenes.

Gartenarbeit.

(I. E. 272 f. 163) **1354** Nov. 16 computavit Michael Bruni, custos cervorum et ortolarius viridarii pape, de expensis factis in dicto orto a 20. Febr.—16. Nov.: 20. Febr. 3 hominibus qui pedaverunt vites dicti orti (5 s. pro quolibet) 15 s., pro 1 homine, qui portavit 2 onera amarinarum pro religando dictas vites, 4 s.; 27. Febr. pro 2 hominibus, qui lignaverunt dictas vites *(je* 4 s. 6 d.) 9 s., pro 2 hominibus, qui portaverunt fustes necessarias in dicto viridario, 3 s. Pro 100 clavis ibidem necessariis 7 s., 28. Febr. pro 2 dietis 2 magistrorum, qui ligaverunt vites *(je* 4 s. 6 d.) 9 s. Pro cannis necessariis in dicto orto 26 s. . . . *(für verschiedene Rebenbinder).*

März 6 pro 2 hominibus, qui foderunt in dicto orto (4 s. pro quolibet 8 s.), 8. März pro homine, qui seminavit petrocillum et alia semina in viridario necessaria, 5 s.; pro dictis seminibus 5 s. 6 d.; 10. März pro homine, qui mundavit ortum, 4 s., pro 2 banastonibus ad portandum horribilitates orti 5 s.; 12. März pro homine, qui plantavit salviam et maioran., 5 s.; 14. März pro 3 hominibus, qui traxerunt aquam pro rigando ortum (4 s. pro quolibet) 12 s.; 3. April pro 3 hominibus, qui rigaverunt ortum, 12 s.; 13. April pro 2 hominibus, qui foderunt ortum et plantaverunt caules, 8 s.; pro homine, qui cindit herbam pratelli, 4 s.; 24. April pro 2 hominibus, qui portaverunt fimum ad ortum et reparaverunt maioranam, 8 s.; 14. Juni pro 4 hominibus, qui traxerunt aquam et rigaverunt ortum, 16 s. . . . 5. Sept. pro 3 hominibus, qui foderunt ortum *(je* 5 s.) 15 s., 6. Sept. pro 3 hominibus, qui plantaverunt caules in orto, 15 s.: 12. Nov. pro homine, qui seminavit granam petrocelli in orto et seminavit herbam pradelli, 5 s.; 13. Nov. pro corda pro puteo, que ponderat $29^1/_2$ lb. (pro libra 18 d.) 43 s. 6 d.

Gefängniswesen.

(I. E. 272 f. 170^v) **1354** Dez. 29 Petro Gauiia cursori pro expensis factis in custodiendi 1 clericum illorum de Fauentia, qui fuit detentus palacio arrestatus per magnum tempus, quia nolebat relevare nec dicere summas florenorum, quas habebat a dominis suis, a quo postmodum camera de mandato pape habuit, quidquid habebat, 3 fl.

Pro faciendo capi Petrum Bedocii, olim clavarium curie temporalis Auin., pro reddendo racionem de receptis per eum dicte clavarie etc. . . . Petro la Sanha, cursori pape, . . . 6 fl.

Innocenz VI. Drittes Pontifikatsjahr. 1355.

I. E. 275 (chronologische, abgekürzte Eintragungen ohne Approbation). I. E. 277 (systematisches Verzeichnis der Ausgaben mit Schlußsummen und Approbation. Dies haben wir hier zugrunde gelegt).

A. Übersicht über die einzelnen Ausgabetitel und ihre Schlußsummen.

1. **Coquina** *(I. E 277 f. 92—106):* d. Bernardus Gaucelmi, emptor coquine pape. *Schlußsumme:* 12 729 fl. 9 l. 5 s. 4 d. mon. Auin.

2. **Panataria** *(f. 107—114):* d. Iohannes de Hublangis, Guido de Riperia, panatarii pape. *Schlußsumme:* 2469 fl. 7 s. 7 d. ob. parisien., 10 l. 13 s. 3 d. et obol. mon. Auin.

3. **Buticularia** *(f. 115—123):* d. Guillelmus de Cruce, buticularius pape, d. Petrus de Cruce, familiaris buticularie. *Schlußsumme:* 5913 fl. 319 l. 16 s. 1 d. ob. mon. Auin.

4. **Marescallia** *(f. 126—136):* Guillelmus Sabaterii, mag. marescallie. Das Amt wird auch palafrenaria pape genannt. *Schlußsumme:* 1923 fl. 8 l. 18 s. 1 d. mon. Auin.

5. **Ornamenta** *(f. 137—141).* Keine einheitliche Verwaltung, sondern direkte Bezahlung verschiedener Beamten und Lieferanten durch die Kammer. *Schlußsumme:* 816 $^{1}/_{2}$ fl. 105 scud. 24 l. 11 s. 10 d. mon. Auin.

6. **Opera et edificia** *(f. 142—159):* mag. Iohannes de Luperiis, magister operum palacii pape; *er wird auch* magister edificii nove turris novi palacii iuxta audientiam, in quia erit vestiarium pape, *genannt.* d. Raymundus Guitbaudi, director operum palacii pape; mag. Rostagnus Berqui, serviens armorum et fusterius pape; d. Rigaldus Guttardi *(oder* Guitardi) castellanus castri Pontis Sorgie. *Daneben werden verschiedene Lieferanten direkt bezahlt.* Schlußsumme: 7919 fl. 11 l. 7 s. 6 d.

7. **Vadia extraordinaria** *(f. 161).* *Schlußsumme:* 61 s. 11 d. tur. gross., 2 s. 4 d. tur. p.

8. **Extraordinaria et cera** *(f. 162—182):* 23 231 fl. 72 scut. Iohannis 38 l. 3 s. 4 d. mon. Auin.

9. **Vadia ordinaria** *(f. 182—192):* 7 solutiones, *zusammen* 37 495 fl. 238 l. 19 s. 2 d. ob. mon. Auin.

10. **Elemosina** *(f. 194—197):* d. Petrus de Frigidavilla, administrator domus elemosine Panhote. *Schlußsumme:* 6379 1/2 fl. 335 tur. arg., 80 l. 14 s. mon. Auin.

11. **Panhota** *(f. 200—212):* 2743 fl. 421 l. 4 s. ob. mon. Auin.[1]

12. **Bulla et littere curie** *(f. 216):* fratres Raymundus et Gaubertus bullatores: 143 fl. 27 s. 6 d.

13. **Guerra Patrimonii** (et terrarum Ecclesie) *(f. 218-222):* 192 000 1/2 fl. 52 s. mon. Auin.

14. **Pensiones seu locagia domorum** *(f. 225—227):* 766 fl. 45 l. 10 s. 5 d.

15. **Scripture et libri** *(f. 228):* 8 fl. 20 s.

16. **Custodia palacii et civitatis Auinion.** *(f. 229—237):* 13 941 fl. 75 s. mon. Auin.

17. **Possessiones empte** *(f. 238):* 46 fl. 12 s.

18. **Pecunia assignata domino nostro** [pape]: 36 894 fl. 22 s. 9 d.

B. Systematisch geordnete Einzelheiten aus den verschiedenen Ausgabetiteln.

1. Chronikalische Notizen, Boten und Gesandtschaften.

(I. E. 277 f. 162 cera) **1355** Jan. 14 servienti armorum d. regis Francie, qui apportaverat d. pape certam quantitatem telarum pro faciendis rochetis ex parte regine Francie, 50 fl.

Febr. 12 Petro de Carreria, magistro cursorum mercatorum Auinion., pro famulo misso ad d. cardinalem Ispanie legatum cum literis pape, camere et d. cardinalis Magalon. 18 fl.

Desgl. demselben pro alio famulo per legatum et thesaurarium guerre Patrimonii pape misso, cui non fuerat bene satisfactum per prefatum thesaurarium, qui non tradiderat nisi 12 fl. et debebat habere 18 fl.: 6 fl.

Febr. 13 falconerio domini Guischardi de Combornio militis, domini de Traynhaco, qui aportaverat venationes domino nostro [pape] ex parte ipsius d. Guischardi, 30 fl.

Febr. 24 Colino Lombardi et Petro la Masiera cursoribus missis in Provincia pro palma aportanda pro Ramis palmarum pro usu palacii pape 6 fl.

Febr. 28 Petro de Carreria, mag. cursorum mercatorum Auin., pro famulo misso de mandato pape cum literis pape bullatis et clausis . . .

---

[1] Wie früher wöchentliche Abrechnung. 11 familiares et custos domus de Miraculis (monatlich jedem 3 den. tur. gross.), 2 coqui (20 und 15 s. monatlich).

filio † d. comitis de Lanconio de Parisius, vel ubi esset, reddendis in 6 diebus 25 fl.

Febr. 28 computavit d. Bertrandus de Cheyssione, capellanus d. episcopi Convenarum, de expensis per eum una cum Petro la Sanha cursore factis pro capiendo Guillelmum Bedoqui: 11. Febr., qua fuit sibi tradita comissio, dicit se conduxisse 2 palafredos, pro quibus tradidit pro erris 2 fl., 12. Febr. fuimus in prandio in Insula Veneyssini 13 s. 8 d., eadem die in cena Apte 14 s. mon. apten. (= 21 s. mon. Auin.), 13. Febr. fuimus in prandio in loco de Relhana 7 s. 6 d. mon. Auin., iacuimus in loco de Luro et nichil expendimus; 14. Febr. venimus cum d. officiali Cistaricen., in hac causa commissario, cum 2 sociis suis et sic eramus 5 equos (!) et 6 pedites et expendimus in loco Focalquerii in omnibus exceptis equis 42 s. 4 d. cum ob. mon. Auin., pro reparatione celle mee 3 s., 15. Febr. et 16. Febr. 33 s. 9 d., 17. Febr. 23 s. 9 d.; 18. Febr., quando Petrus la Sanha revenit de Auinione cum ultima commissione, 35 s.; ianitori, qui custodiebat portam ecclesie die ac nocte, quamdiu dictus Guillelmus fuit intus, 1 fl. . . . 20. Febr. in cena cenaverunt famuli et omnes servientes diacones et capellani aliqui, qui ipsum custodierant, 15 s. . . ., *zusammen* 17 fl. 10 s. 3 den. ob.

März 19 Petro de Correria, mercatori et magistro cursorum mercatorum Auinion., pro famulo vocato Sanhe, qui venerat cum literis d. legati super capcione fratris Gentilis de Moliano et 4 castrorum, que fuerunt recuperata per rectorem Marchie, qui famulus fuit remissus ad d. legatum de mandato pape cum literis reddendis per eum in 13 diebus, 25 fl.

März 24 d. Hugoni de Mota, rectori parochialis ecclesie de Cufreyo dioc. Cabilon., misso per d. Gerardum de Tureyo militem marescallum Burgundie, super informatione bonorum † abbatis s. Benigni de Diu(i)one dioc. Lingon. 12 fl.

März 30 Arnaldo Sancii pro expensis suis et 1 cursoris in faciendo informationes contra fr. Guillelmum Trosini ord. Minorum inquisitorem et contra certos alios 30 fl. *Vgl. unten Okt. 27.*

(f. 165) März 31 Petro de Correria, magistro cursorum mercatorum Auinion., pro 2 famulis missis ad d. legatum cum literis pape directis dno legato imperatoris[1] et regi ac regine Cicilie super magnis negociis reddendis in 13 diebus 36 fl.

(f. 166) April 15 d. Gerardo Xendeti, capellano d. thesaurarii, pro 13 lanternis ferreis parvis emptis a quodam fabro pro vigilando de nocte in palacio propter rumorem illorum, qui ceperant castrum Delsbaus, 4 fl. 4 d.

April 16 Gaufrido Daurenga, cursori pape, misso cum literis clausis ad d. Guillelmum de Roffilhaco, rectorem comitatus Veneycini, 1 fl.

---

[1] Es handelte sich um militärische Unterstützung des Kardinallegaten Albornoz durch die kaiserlichen Reiter in der Mark Ancona, vgl. folgende Anm.

(f. 167) April 30 computaverunt Bertrandus de Roffinhaco, Stephanus de Monturuco, Radulphus de Perrusia et I. de Breno domicelli, nepotes pape, de expensis factis eundo et redeundo apud s. Spiritum: die Mercurii recesserunt de mandato pape in loco de Banholis: in prandio 4 fl. 12 s., in s. Spiritu in cena in allecibus et aliis piscibus ac pane et vino 3 fl. 12 s. etc., *zusammen* 40 fl. 2 s. 8 d.

April 30 computum d. Bernardi de Theysiono, socii d. episcopi Convenarum, de expensis per eum factis eundo apud Baucium ad citandum d. comitem pro debito 10 000 fl., in quo tenetur pape, . . . 1 fl. 20 s.

(f. 168v) Juni 2 Petro de Scarparia, mercatori et magistro cursorum mercatorum Auinion., pro famulo, qui fuerat missus per d. cardinalem Ispan., legatum in Lombardia, et d. G. de Benevento, thesaurarium guerre Marchie, cum literis et venerat 6. Maii, pro alio famulo misso ad legatum et thesaurarium in 13 diebus et debuit redire in aliis 13 diebus cum responsione et recessit de Auinione 10. Maii 36 fl., pro alio famulo, qui fuit missus per d. legatum 16. Maii cum literis et novis, qualiter gentes Ecclesie ceperant et devincerant in campo d. Galeacum, fratrem domini Malatesta, cum gentibus suis et ceperant aliquas civitates et castra, 25 fl.[1]; pro alio famulo seu nuncio misso per papam ad prefatos dd. legatum et thesaurarium cum literis cambiorum et bullis reddendis festinanter in Florentia in 8 diebus et legato in 13 diebus 25 fl., item pro mittendo bullam ex parte pape communi Ianuensi et aliam communi Venet. et aliam patriarche Gradensi 3 fl.

(f. 169) Juni 16 cuidam famulo misso per cameram de mandato pape cum bulla pro citando personas in bulla nominatas super certis negociis pro informacione bonorum † episcopi Senen. 2 fl.

Juni 18 Petro de Scarparia, mag. cursorum mercatorum curie Rom., pro famulo misso cum literis apertis collectori Aragonum et eius subcollectori in dioc. Gerunden. super reservatione bonorum Raymundi quondam abbatis s. Petri de Rosis ord. s. Benedicti dioc. Gerunden. 7 fl.

Juni 23 *Demselben* pro 2 famulis simul missis de mandato pape cum bullis apertis et clausis ad d. legatum reddendis in 12 diebus 36 fl.

Juli 4 fr. Petro de Fano ord. Min. pro eundo apud castrum de Lesunrua pro expensis 30 fl.

Juli 10 Anthonio de Fontenay pro expensis eundo apud Nemausum, Lunellum et Montempessulanum ad explorandum, si gentes armorum veniebant,[2] ut dicebatur, 1 fl.

---

[1] Über die Schlacht bei Paterno am 29. April 1355 vgl. K. H. Schäfer, *Deutsche Ritter* 1. Buch S. 35.

[2] Es handelt sich wohl schon um die französischen Söldnerbanden, die in größeren Schwärmen erst seit 1357 die Provence und Avignon bedrohten (Mollat, *Les papes d'Avignon* p. 98 s.; H. Denifle, *La désolation des églises*, 1899, t. II).

(f. 170) Juli 13 de mandato pape domino cardinali Magalonen. pro mutuo per d. cardinalem camere Apost. [facto] pro guerra Marchie 8000 fl.

Juli 30 Domenico Petro, famulo rectoris Patrimonii, et Romano de Monteflascone, famulo thesaurarii dicti Patrimonii, qui venerant missi per eos cum literis super captione castri Corneti recuperati per rectorem et gentes Ecclesie a Petro de Vico,[1] 12 fl.

Juli 31 Girardo Martini domicello ex ordinatione camere pro expensis in executione literarum camere contra occupatores, raptores et detentores bonorum † d. Dalphini episcopi Aduren. *(Aire)* per sedem Apost. reservatorum 10 fl.

(f. 171v) Aug. 28 Pocharello, nuntio collectoris Sardinie, pro expensis redeundo in Sardinia cum literis camere directis collectori super certis bonis quondam archiepiscopi Turritan. *(Torres)* ad cameram pertinentibus per fr. Iohannem Vertuchi ord. Min. indebite perceptis 4 fl.

(f. 172v) Aug. 31 d. Iohanni Oynel, capellano d. Blanche regine Castelle, pro expensis suis faciendis eundo in Ispaniam et portando literas pape dicte regine 10 fl.

Okt. 9 Frederico de Campana, cursori mercatorum Auinion., misso de mandato pape d. legato 26. Sept. cum literis pape reddendis in 12 diebus, recipiente nomine dicti Frederici Nicolao Grimaldi, campsore camere, 18 fl.

(f. 174) Okt. 17 Blasio de Senis, cursori mercatorum, pro portando literas pape et camere collectoribus Aragonie, Castelle et Portugalie, super certis negotiis cameram tangentibus maxime pro decimis Portugalie colligendis et comissione collectoris novi facti in Portugalia subrogati loco d. Petri de Marcello et aliis misso festinanter 40 fl.

Okt. 18 Bolonhino et Benedicto, cursoribus pape, missis de mandato pape ad mag. et conventum s. Iohannis Iherosolimit. cum literis pape festinanter 200 fl.

Okt. 19 Arnaudino de Molinis, cursori pape, misso versus 2 cursores, qui fuerunt missi per cameram cum literis procurationum in diversis partibus Alamannie, ut redirent de mandato pape, 3 fl. *(vgl. Nov. 4).*

(f. 174v) Okt. 19 computavit Nicolaus Grimaldi, campsor Auinion., de expensis pro sepultura filie Gauberti d. s. Exuperio, nepotis pape (16. Sept. fuit sepulta), pro hominibus, qui portaverunt intorticia et pro fossa facienda et pro offerenda 25 s. 6 d., 2 monialibus 18 s.

Okt. 27 de precepto pape ad relationem camerarii Aricandi Sancii pro prosequendo certos hereticos et aliquos testes in quadam causa heretica proposita contra fr. Guillelmum Trophini ord. Min., inquisitorem Provincie delatum, 40 fl. *(vgl. oben März 30).*

(f. 175v) Nov. 4 Iohanni de Roma et Bolineto Lombardi, cursoribus pape, qui fuerunt missi per cameram in Alamanniam cum literis Apost.

---

[1] Doch der Präfekt Johann v. Vico gemeint, vgl. m. *Deutsche Ritter in Italien,* Buch 1 S. 22 f., Buch 2 S. 92 ff.

apertis et clausis pape super decimis directis archiepiscopis Treveren., Colon., Maguntin. et aliis archiepiscopis et eorum suffraganeis Alamannie 100 fl.

(f. 178v) computum Petri de Cursoribus, habitatoris Auin., de expensis per ipsum factis nomine camere Apost.: 5. Nov. Iohanni Ser Bindi, qui tunc perrexit Biturium causa scribendi mittendique nova quecunque in dicta patria incidentia inter Gallos et Anglicos 10 fl., *desgl.* Iohanni de Florentia cursori, qui secum itineravit, ut dicta nova referret, 5 fl.; *desgl.* Iohanni de Auinione, qui etiam ivit cum Iohanne Ser Bindi, 5 fl.; 6. Nov. Bartholomeo Arnaudi, qui Parisius perrexit in 5 diebus cum litera destinata d. archiepiscopo Rothomagensi, 25 fl., eidem Bartholomei, qui ivit in Picardia, quia non invenit dictum archiepiscopum in Parisius, 5 fl.

Nov. 6 Guillelmo Arnaldi et Pernognon cursoribus, qui iverunt prope post dd. archiepiscopum Capuanum et episc. Tirason. cum literis dd. camerarii et thesaurarii, ut dicti cursores semper sequi debent ipsos dd. archiepiscopum et ep. et eis in omnibus obedire mandatis, 12 fl., *desgl.* cuilibet dictorum cursorum 1 bonum roncinum pro eorum equitatione; Nov. 10 Perotino cursori pape, qui venit de Montepessulano cum literis, quas prenominati dd. archiepiscopus Capuanus et episc. Tirason. destinabant pape 2 fl., Nov. 11 Guilgloni de Montepessulano cursori, quem proprie ad Tholosam misit cum literis camerarii et thesaurarii causa nova sciendi de dd. conestabulo Francie et comite Armaniaci, 6 fl.; *desgl.* Banchino de Flandria cursori, qui proprie missus peressit (!) Narbonam et Perpinhianum cum literis dd. camerarii et thesaurarii d. archiepiscopo ... directis, ut de illis partibus nova scirent, 5 fl. etc., *zusammen* 186 fl.

(f. 128v ornam.) Okt. 7 Guillelmo Sabaterii, magistro palafrenarie pape, pro 1 mula alba empta ad opus pape pro portando corpus Christi, quando equitat, 60 fl.

(f. 128v ornament.) Okt. 19 ... pro consecratione altaris imperatoris, quod papa consecravit [in capella pape], 5 s. 5 d.; pro consecratione altaris capelle nove 11 s. 9 d.

1ª. Kriegsausgaben.

(I. E. 277 f. 218 guerra) 1355 Febr. 7 d. Guillelmo de Benevento, clerico camere Apost. et thesaurario guerre Marchie Anchonitane pro papa de novo auctoritate Apost. deputato, 20 000 fl.

Desgl. pro expensis suis eundo illuc. 300 fl. — cuidam mag. iuponerio pro 10 iuponibus sive corsetis de fustano pro ponendo et portando dicta 20 000 fl. in secreto 7$^1/_2$ fl.

März 6 cum de mandato pape fuisset factum cambium per cameram Apost. cum Iacobo Blanqui, socio societatis Albertorum Novorum, de 5000 fl. assignandis per eum vel socios eius in Perusio 12. Maii proxime venientis d. Guillelmo de Benevento, thesaurario guerre Marchie ... 5000 fl.

März 6 *Desgl.* Laurencio Bartholini, socio societatis Ranuchini, 5000 fl.

März 7 *Desgl.* Plebano Iacobi, socio soc. Palharsanorum, 5000 fl.

März 30 *Desgl.* Laurencio Bartholini, socio soc. Ranuchini, reddendi in Perusio 12. Maii 1355: 5000 fl.

April 4 Iacobo Blanchi, socio soc. Albertorum Novorum, reddendi in civitate Flor. *demselben Kriegsthesaurar* 5000 fl. *Ebenso* Plebano Iacobi 5000 fl.

Mai 11 *Desgl.* Laurencio Bartholini, socio soc. Ranuchini, et Plebano Palharsonis, socio soc. Palharsanorum *je* 5000 fl.

Mai 13 Iacobo Blanchi, mercatori de Florentia, socio soc. Albertorum Novorum, reddendi in Florentia 5000 fl.

Mai 22 Claro quondam Robi de Florentia et Thome quondam Nicolai, sociis Albertorum Antiquorum reddendi in Florentia d. Guillelmo de Benevento thesaurario Marchie Anconit. vel d. episcopo Emunen.[1] infra 15 dies post presentationem literarum (*gegen* 2% lucrum = 80 fl.) 4000 fl. (+ 80 fl. lucri).

Mai 27 d. Petro ep. Tirasonen.[2] misso per papam ad d. cardinalem Ispanum,[3] Apost. sedis legatum, pro eo, quia non reperiebantur mercatores, cum quibus fierent cambia pro mittendo pecunias dicto d. legato, qui propter captionem fratris domini Malateste et victoriam per gentes Ecclesie habitam contra ipsum in campo petebat magnas pecunias, 21 000 fl.

Eidem d. episcopo pro equis emendis sibi necessariis 300 fl. ac pro expensis ipsius et 15 sociorum suorum equitum, qui iverunt cum eo, 400 fl., et pro 10 iuponibus pro portandis florenis 8 fl. 8 s., *zusammen* 708 fl. 8 s.

Juni 5 cum de mandato pape esset factum cambium per cameram Apost. cum Zenobio Martini, socio societatis Tedaldini (!) de Richi (!) de 3000 fl. ponderis sive currentium Auin. reddendis in Flor. 20. Iulii 1355 d. Guillelmo de Benevento, thesaurario guerre, in aliis 3000 fl. ponderis sententie curr. in Florentia 3000 fl.

Demselben pro lucro 60 fl.

Mai 25 ex cambio facto cum Bartholomeo de Nicolo et Angelo Sudrini, socio Barth. Sudrini, de 5000 fl. reddendis in Florentia prefato d. thesaurario 20 die post receptas literas (+ 100 fl. lucrum) 5100 fl.

Juni 6 cum esset factum cambium per cam. Apost. cum Iacobo Frederici Soldanerii de Florentia, socio soc. de Gardis, de 2000 fl. ponderis sententie currentibus Auin. reddendis per eum in Florentia 20. Iulii de G. de Benevento, thesaurario guerre: 2000 fl.

Desgl. demselben pro lucro 40 fl. (2%).

---

[1] Città Nova in Istrien, damals Joh. Morosini dort Bischof.
[2] Perez Calvillo, Bischof v. Tarazona in Spanien (Saragossa).
[3] D. i. Kardinal Egidius Albornoz.

Desgl. Iacobo de Benedicto, procuratori et factori d. Danielis Cocho, 3000 fl. + 60 fl. lucri.

Juni 9 Laurencio Bartolini, socio soc. Ranuchini, *desgl.* 5000 fl. + 100 fl. lucri.

Plebano Iacobi, socio soc. Palhars., *desgl.* 5000 fl. + 100 fl. lucri.

Tangredo Francisci, mercatori Auinion., *desgl.* 2000 fl.

Sept. 3 *desgl.* cambium cum Bruno Iohannis, procuratore et factore Albertorum Novorum de Florentia, de 5000 fl. auri ponderis sentencie per eum seu socios reddendis in Perusio d. Guillelmo de Benevento, thesaurario Marchie Anchonitane, vel eius certo mandato 1. Nov. 1355: 5000 fl. + 50 fl. lucri (1%).

Sept. 5 *Desgl. demselben* 3000 fl.

Sept. 21 d. Matheo de Porta militi, ambaxatori regis Sicilie, de mandato pape, pro portando Pisis archiepiscopo Pisano nomine d. Guillelmi de Benevento, thesaurarii guerre, 5000 fl.

Sept. 26 Albertassio domini Bentuchii de Ricasulis, militi de Florentia, pro portando d. Guillelmo de Benevento 2200 fl.

Francisco Forcitoni pro 1 iupono pro portando dicta 2200 fl.: 20 s.

Okt. 30 cum de mandato pape per cameram Apost. fuisset factum cambium cum Iacobo de Benedicto, procuratore et factore d. Danielis Coquo et Danielis Victuri quondam de Nicolai contrate s. Marie Formose de Venetiis et Donati Alamanni quondam ser Alamanni Alamanni, de 5000 fl. ponderis sentencie Auin. reddendis in Flor. 31. Ian. 1356 d. Guillelmo de Benevento 5000 fl. sent. + 75 fl. (1½%) lucri.

Okt. 30 *desgl.* Zenobio Martini, procur. et factori Tedaldini Rotgerii de Richi, 5000 fl. + 75 fl. lucri.

Okt. 31 *desgl.* ex cambio cum Andrea Richi, socio Vescometi Lapi et Bartolonis Francisci et sociorum eius de Pistorio de aliis 5000 fl. ponderis sentencie Auin. per eum receptis et reddendis in Florencia 31. Ian.: 5000 fl. + 75 fl. lucri.

Nov. 11 cum . . . Petrus Ostiensis et Velletren. episcopus cardinalis[1] mutuasset . . . d. Egidio tit. s. Clementis presb. card., sedis Apost. legato, *im vergangenen Mai* 10 000 fl. reddendos eidem d. Ostiensi per cameram Apost., solvi eidem recipiente pro ipso d. Alberto de Lingon., can. Eduen., camerario suo, 10 000 fl.

Dez. 1 Bruno Vanni, socio et factori societ. Albertorum Novorum, 5000 fl. reddendi in Flor. d. Guillelmo de Benevento infra ultimam diem Februarii . . . 5000 fl. + 50 fl. lucri.

Dez. 3 Raymundo Grimoaudi Petragoricen. et Leoni Conradi de Iove Amelinen. dioc. pro 2 equis emptis per eos pro eundo ad d. cardi-

---

[1] D. i. Petrus Bertrandi war von Klemens VI. 1344 zum Kardinal kreiert worden.

nalem Ispanie, legatum in Lombardia, in societate d. episcopi Oxomen.[1] . . . 51 fl.

Dez. 12 Betucho de Luca, servienti armorum pape, pro equo empto pro eundo cum episc. Oxomen. 30 fl.

Dez. 12 *Demselben* pro expensis faciendis pro se et aliis 5: Raymundo Grimoaudi, Leone Conradi, domicellis, Domenico de Lucarel, Gaufrido de Aurengia, Iohanne Assagente, cursoribus, eundo et redeundo de d. legato, ad quem debent ire de mandato pape, 250 fl.

Demselben pro 10 iuponibus emptis pro portando pecunias missas d. legato et d. G. de Benevento per episc. Oxomen. et Betuchium 7 fl. 12 s.

d. Alfonso ep. Oxomen., Raymundo Grimoaudi et Leoni de Iovis Domin., Petragoricen. et Amelien. dioc. et Betucho de Luca, servienti armorum, Domenico de Lucarel, Gaufrido Curti de s. Paulo et Assagento Iacobi dioc. Spoletan., cursoribus pape, pro portando d. legato . . . 20 000 fl.

Dez. 12 *desgl*. Plebano Iacobi . . . 2000 fl. + 20 fl. lucri.

Dez. 16 Laurencio Bartholini . . . 3000 fl. + 30 fl. lucri.

Dez. 21 Iacobi Banqui *desgl*. 3000 fl. + 30 fl. lucri.

Dez. 29 fr. I. Ferdinandi, castellano Emposte ord. s. Iohannis Ierosolim., pro custodia comitatus Venecini contra dominum de Gardia et alios invasores dicti comitatus, per papam capitaneo deputato 500 fl. *Am Rande:* pro guerra comitatus Veneyssini.

1b. Geschenke des Papstes.

(I. E. 277 f. 169 cera) **1355** Juni 15 d. Guillelmo Rutlandi, marescallo curie Romane, de mandato pape ex speciali dono 500 fl.

(f. 170) Juli 30 Rampnulpho de Perussia domicello ex speciali dono per papam sibi facto pro certa restitucione facienda per eum de quibusdam, in quibus tenebatur, 200 fl.

(f. 171) Aug. 24 de mandato pape . . . Conrado solhardo coquine, qui per 7 annos continuos servierat tam tempore d. Clementis quam tempore domini nostri in dicta coquina pro labore suo, prout constat per relationem d. N. de Monteclaro, magistri hospicii, 20 fl.

Okt. 3 d. Laurentio Daubiart, phisico pape, de mandato pape et ex speciali dono, 50 fl.

(f. 175) Okt. 24 Petro de Roffinhaco, domicello Lemovicen. dioc., ex speciali dono pape, pro serviciis per eum alias impensis pape 200 fl.

Okt. 27 d. Rampnulpho Helie, militi Lemovicen. dioc., *desgl*. 60 fl.

---

[1] Alfonso Fernandi de Toledo, seit 1354 Bischof von Osma im Erzbistum Toledo.

Desgl. Iohanni Helie, fratri dicti militis, studenti in Montepessulano, 40 fl.

Desgl. eidem d. Rampnulpho ex speciali dono facto per papam Guischardo de Combornio, filio vicecomitis de Combornio Lemovic. dioc., studenti in Montepessulano 40 fl.

Desgl. Helie Folcoandi, domicello Lemovicen. dioc., 30 fl.

(f. 176) Nov. 19 Rampnulpho de Perussia, domicello pape Lemovic. dioc., ex speciali dono per papam sibi facto et Marie, eius uxori, nepti pape, 400 fl.

Dez. 18 d. Iohanni Tynel et Iohanni de s. Clemente, capellanis domine Blanche, regine Castelle, ex gracia eis facta per papam 20 fl.

(f. 180) Dez. 29 computum Nicolay Grimaudi, campsoris Auinion., pro 1 ense cum zona munita de auro et argento et pro aliquibus pocalibus reparandis et bruniendis pro adventu regis Aragonie: se emisse a Iohanne Pincyrol Clarom. dioc., ensem pulcrum cum zona de serico munita de auro et argento totum esmaltatum, qui fuit datus in sero nativ. Domini (24. Dez.) regi Aragonum presenti in matutinis: 260 fl.; se emisse a Guillelmo Finamore 4 unc. 15 d. et ob. de perlis (13 fl. pro uncia) pro muniendo capellum datum dicto regi in dicto sero: 60 fl. 9 s. 6 d., pro muniendo et factura capelli de dictis perlis cum ortulo aureo de Damasco 10 fl., pro bruniendo et reparando cuppam auri et 1 picheram cum esmalhatis cum perlis, saphiris, es marandis et aliis lapidibus extractis de thesauro superiori ponderis 19 march. et uncie, quam dedit papa dicto regi Aragonum, 3 fl.; pro bruniendo et reparando 1 pulcrum tabernaculum cum ymagine b. Marie et reliquiis Sanctorum ponderis 31 march. et 2 unc. extractum de dicto thesauro datum per papam cum 2 pulcris pannis auri de Damasco super viridibus filio Infantis Petri Aragonie, qui fuit factus miles in die nativ. Domini in magna capella post missam per regem Aragonie, 1 fl. 3 gross.; pro bruniendo aliam cuppam cum pede ... de thesauro inferiori datis cum 2 aliis pannis auri de Damasco super albo per papam comiti de Cabreriis facto dicta die militi novo per dictum militem 9 gross.; se emisse pro adventu dicti regis, qui fuit in palacio per aliquas dies 4 culcitras et 5 pulminaria 51 fl. 12 s., 5 parva linteamina 24 fl., 6 culcitras 42 fl., *zusammen* 457 fl. 5 s. 6 d.

Dez. 29 facto computo cum mag. Iohanne Balistarii, serviente armorum pape, de pecuniis per eum distributis de mandato pape officiariis regis Aragonum in festis nativ. Domini, quibus ipse rex fuit in palacio cum papa, 100 fl.

1c. Wohlthätigkeitszwecke.

(I. E. 277 f. 194 elemosina) **1355** Jan. 14 de mandato pape pro elemosina facta ordinibus Mendicantium pro orando et faciendo processiones ac missas celebrando pro pace: Petro de Bardis de Florentia, priori ord. Heremit., 20 fl.

Desgl. fr. Raymundo Boquerii, procur. conventus Predic., 20 fl.; fr. Raymundo Fabri, procur. conv. Minorum, 20 fl.; fr. Arnaudo Treuga, procur. conv. Carmelitarum, 20 fl.

Jan. 16 *desgl.* 6 conventibus monialium et conventui Repentitarum: s. Laurencii, s. Caterine, s. Clare, s. Verani, s. Praxedis, de Furnis et Repentitis (*je* 10 fl.) 70 fl.

Jan. 19 d. Petro de Moncolo, elemosinario pape, pro elemosina secreta singulis mensibus fieri consueta: 100 fl. etc.

Demselben pro sudariis mortuorum semel pro anno dandis et distribuendis pauperibus hospitalium, prout est fieri consuetum, 100 fl.

Febr. 6 d. Petro de Frigidavilla, administratori domus elemosine Panhote, pro visitationibus hospitalium faciendis 1. Ian. et pro festivitatibus Circumcisionis et Epiphanie et pro 1. Febr. et pro purif. b. Marie *je* 50 s.: 12 l. 10 s. *Ähnlich weiterhin.*

April 8 Iacobo Mathei, lectori conventus domus Predic. Ilardensis, de mandato pape ac pro elemosina per eum conventui Pampilon. dicti ordinis facta pro capitulo generali ibidem faciendo in die Pentechostes 100 fl.

April 30 *Einkäufe von Tuchen für das Armenhaus, vgl. Nr. 6 Gewebe und Tuche.*

Mai 8 fr. Boneto Miterti ord. Carmelit. . . . pro capitulo generali faciendo in villa Claromonten. in festo Penthecostes 60 fl.

Juni 19 fr. Iacobo Bermundi, procuratori fr. conventus Augustinorum, quia non habebant, quid comederent, ut dicebant, 30 fl.

Aug. 22 *Getreideeinkauf, vgl. Nr. 3, Brot- und Getreideversorgung.*

Okt. 9 capelle s. Benedicti supra pontem Auin. pro offerenda facta ibi per papam die, qua rediit de Villanova Auinionem, 1 fl.

Nov. 16 fr. Raymundo Fabri, procuratori conventus fr. Minorum Auin., pro elemosina per papam facta ad finem, ut orarent pro papa, 10 fl. *Ebensoviel erhalten die* fr. Augustini.

Dez. 17 d. Petro de Moncolo, elemosinario pape, pro dando in die renovationis quarti anni creationis sue 4 ordinibus Mendicantium, cuilibet 25 fl., 6 conventibus monialium et Repentitis *je* 15 fl. ac hospitali s. Trinitatis 15 fl. ac pro omnibus hospitalibus Auinion. 100 fl. ac pro pauperibus aliis 60 fl., *zusammen* 380 fl.

2. Päpstliche Beamte.

Einzelheiten.

(I. E. 277 f. 173v) **1355** Okt. 3 Humberto Transfort, ortolano orti palacii pape de ultra Pontem videl. Ville Nove, pro expensis suis et famuli sui in mense Oct. 2 fl. 10 s.

Iohanni de Grandimonte, cursori pape ac custodi palacii Villenove, pro expensis pro mense Octobris faciendis 1 fl. 6 s.

Nov. 16 d. I. Ademari, magistro capelle intrincesse,[1] pro celario domorum, in quibus ipse et aliqui capellani dicte capelle fuerunt morati apud Villam Novam a festo Pasche ad festum s. Michaelis, quando papa rediit, 15 fl.

(f. 176v) Nov. 30 Guillelmus Agneti, pulsator campane palacii.

— cum Iohannes Martini de Selhonie Lemovicen. dioc. servisset per 2½ annos in officio panetarie pape et modo in ordinatione hospicii noviter facta fuisset sibi inter alios data licencia, per ordinationem camere fuerunt sibi dati 20 fl.

Die Namen der domicelli, magistri, hostiarii, servientes armorum, cursores pape *vgl. bei den Wohnungsmieten* (pensiones) *unten 8b.*

Bei der 1. solutio *(f. 132) am 3. Januar 1355 werden mit Namen aufgeführt:* Petrus de Ianzens, Ademarus la Rebieyra (prima porta); Rotgerius de Molendino, Stephanus Vigerii, Mauricius de Vassinhaco, Leo, Amandus Vasconis (secuna porta); Romanellus, P. de Cortilh, Raymundus Grimoaudi (tertia porta).

B. de Roana et Tassinus porterii prime porte; Nicolaus de Monteclaro, magister coquine; Raynaudus de Lur aquarius, 3 famuli eius; Iohannes Postelli, coquus maior; Guillelmus Champion alter coquus, Gerardus alter coq.; Iohannes Malferio, brodarius coquine, Iaquetus Vergerii alter brodarius, d. Symon regestrator, d. Stephanus socius suus; regestrator regestri secreti. G. Sabaterii, magister palafrenarie; Aymericus de Dumo, custos armorum; mag. Iohannes de Parma surgicus; Raymundus Guitbaudi, director operum.

Reginaldus ep. Palentin., thesaurarius pape, *(Reg. Secr. 237 f. 135v) erhält monatliche Quittungen über alle Ausgaben auf Befehl des Papstes (in den Reg. Secr. kopiert).*

Guill[us] Rotlandi, Rom. curie marescallus, Berengarius Raymundi, vicarius civitatis nostre Auin., milites *(Reg. Secr. 237 f. 135v).*

Das Wasseramt.

(I. E. 277 f. 167v cera) **1355** April 30 computum Reginaldi de Lur, aquarii pape, de expensis in officio aquarie (30. Dez.—30. April): pro 50 barrilis (*zu je* 10 s.) 25 l., pro 8 refrigitoriis (*zu je* 12 s.), pro 2 ferratis quercus ad opus putei hospicii Auinion. 48 s., pro 2 cordis ad opus putei hospicii Auin. ponderantibus 24 lb. (*zu je* 15 d.) 30 s.; 7. April, qua papa ivit apud Villam Novam, pro portando ydrias, bassinas argenti, barrilia et refrigitoria pro officio aque 10 s., pro salario 3 hominum, qui traxerunt aquam illa die apud Villam Novam 6 s., *zusammen* 35 fl. 18 s. 9 d.

---

[1] f. 137 wird er custos capelle pape genannt.

(f. 172) Aug. 31 *desgl.* 30. April—31. Aug. inclus.: pro 63 barrilibus *(zu je* 10 s.) 31 l. 10 s., pro 12 refrigitoriis *(zu je* 12 s.) 7 l. 4 s., pro 4 cordis ad opus putei ponderantibus 228 lb. *(zu je* 15 d.) 14 l. 5 s., item in convivio 17. Maii, qua die papa consecravit plures episcopos et abbates, pro salario 4 hominum, qui 1 noctem et 1 diem hauserunt aquam *(je* 4 s.) 32 s., in convivio 27. Iunii, qua die d. cardinalis Hostiensis[1] reversus est de legatione sua, pro salario 4 hominum *desgl.* 32 s. (portaverunt aquam ad coquin**as**); in convivio facto 7. Iulii ob solempnitate (!) b. Marcialis, qua 11 cardinales et omnes prelati et notabiles persone de Lemouiaco existentes in Romana curia comederunt cum papa, pro salario 2 hominum *desgl.* (per totam noctem) 8 s., 30. Iulii, qua die papa intravit Villamnovam, pro salario 3 hominum, qui per 1 noctem hauserunt aquam: 12 s., item eadem die pro portando apud Villam Novam ydrias et bassinas argenteas ac barrilias et refrigitoria et alia necessaria ad dictum officium 10 s., *zusammen* 48 fl. 12 d.

Dez. 29 (30. Aug.—31. Dez.) *demselben* 76 fl. 4 s. 6 d.

Das Amt des Gold- und Silbergeschirr-Verwahrers.

(I. E. 277 f. 164 cera) **1355** Febr. 28 computum d. Helie Raybaudi, custodis vaccelle pape, de expensis per eum factis in officio suo a 8. Nov. inclus. ad 28. Febr.: pro 3 cordis tele pro mundando vaccellam argenti (32 s. pro corda) 4 l. 16 s., pro 1 ½ corda tele pro mundando vaxellam auri (38 s. pro corda) 57 s.; pro abluendo dictam telam 24 s.; pro 6 hominibus, qui portaverunt ligna et aquam, quando comedit d. dux Borbon., 20 s., pro 4 hominibus *desgl.*, quando comederunt 2 duci (!) Borbon. et Molastrie (?) 18 s.

Das Waffenamt.

(I. E. 277 f. 164ᵛ cera) **1355** März 3 cum Thomacius Augeblini (!) de Senis, reparator arnesiorum, diceret adhuc se (!) deberi de tempore, quo papa erat cardinalis, pro reparando arnesia hospicii sui 3 fl., habita relacione cum iuramento Guillelmi Sabaterii, tunc in illo officio deputati, fuerunt soluti 3 fl.

NB. *Über das Wachsamt vgl. unten S. 590 f.*

3. Brot- und Getreideversorgung.

Wie früher besorgen auch jetzt die panatarii *die wöchentlichen, nicht spezialisierten Ausgaben für* panis albus pro papa, nebuli, *Salz und Baumfrüchte.*

(f. 112ᵛ panataria) **1355** Sept. 13 cum Iacobus de Gorda et mag. Raymundus Amici, mercatores Auinion. principales, et Excardus Marci, fideiussor ipsorum, vendidissent camere Apost. pro usu palacii et Panhote

---

[1] Kardinal Albornoz.

pape 1500 saum. frumenti boni reddendas certis terminis in portu Auinion. (22 gross. pro saumata, 1 gross. = 2 s.), prout in instrumento per d. Iohannem Palaysini, notarium camere, plenius continetur, de qua soluti fuerunt pro 500 saum. 916 fl. 16 s., *desgl. am 15. Dez. etc.*

Monatlich wird über den Brotverbrauch abgerechnet, z. B. f. 107v für den Januar: panatarius dixit se expendisse in pane librate in dicto tempore recepto a Iacomino pistore pape 28 550 panes, in pane bruno 2100 panes, computatis 550 panibus de albo et 50 de bruno pro 1 saumata frumenti: 51 saumate 50 panes; *im Febr. desgl.* 23 050 panes, 1050 panes (550 panes librate et 50 de bruno = 1 saumata): 40 saum. 100 panes, *im März desgl.* 39 saum. frumenti 250 panes, *im April* 47 saum. 225 panes, *im Mai von demselben für 6 Tage:* 9 $^1/_2$ saumate 150 panes. In aliis 25 diebus Maii in pane librate recepto a Francisco de Milano, nunc pistore palacii, 20 150 panes, 1550 panes bruni (550 panes de albo = 1 saum., 650 panes de bruno = 1 saum.): 38 saum. 350 panes de albo et 250 de bruno. *Ähnlich in den folgenden Monaten. Im ganzen werden* 480 saumate *verbraucht.*

(f. 136 marescallia) 1355 Dez. 29 computum redditum per Iohannem Rosseti et Iohannem de s. Baudilio, mercatores Auinion., de provisione avene per eos facta in Burgondia pro usu palafrenarie pape anno 1355: in Cabilone 1050 $^1/_2$ bichet. ad mensuram Cabilon. (1 bichetus 6 boselli secundum estimatores et mercatores Auin. = 1 somata grossa avene ad mensuram Auinion.) = 600 saum. 4 boselli avene,[1] *zusammen* de prima emptione sine expensis et portu 491 l. 9 s. 10 d. ob., 78 fl. (1 fl. = 41 s.), *zusammen* = 318 fl. 6 gross. 1 d. ob. (*also die* saumata *zu je* 6 gross. 8 d. cum ob. mon. Auin.). *Dazu an Unkosten für Transport u. a. auf die* saumata 14 s. 11 d. pict. *Demnach kostet die Last Hafer in Avignon* 13 gross. 29 d. ob. mon. Auin., *zusammen* in 690 fl. 16 s. mon. Auin. (*also die Last zu* 1,15 fl.).

(f. 195v) Aug. 22 cum fuisset factum precium per cameram Apost. cum Laurentio Lamberti alias lo Breto, Iohanne Teirani, Francisco de Laude, Iohanne Galterii, Iohanne de Calada alias Maffadi, Ambertino de Plasencia et P. de Virduno, pistoribus elemosine Panhote, de 2000 saumatis bladorum ($^2/_3$ frumenti et $^1/_3$ siliginis vel ordei) venditis per eos et reddendis in pane pro elemosina (19 gross. pro saumata) et pro 400 saumatis ordei seu siliginis ab eis emptis (15 gross. pro saumata), prout constat per instrum. per d. I. Palaysini, notarium camere, super hoc receptum: 3666 fl. Florentie 8 gross.

(f. 211) Dez. 29 computum redditum per Iohannem Rosseti, familiarem collectoris Lugdun., et Iohannem de s. Bausilio, mercatorem Auinion., de provisione fabarum facta in Burgundia pro usu hospicii Panhote: in

---

[1] **Demnach hatte** 1 bichetus = 8 boselli und 1 saum. gross. Auin. = 1 $^3/_4$ bicheti.

Cabilone 55³/₄ bichet. cum 1 bosello (1 bichet 5 boselli = 1 saum.) = 34 saum. 4 emin. ad mensuram Auin.) 81 l. 7 s. 5 d. = 39 fl. 8 gross. 13 d. debilis mon. (*also* 1 saumata = 14 gross. de prima emptione), *dazu an Unkosten* 14 s. 11 d. mon. Auin. pro saumata, *alles zusammen* 60 fl. 19 s. 2 d. mon. Auin., *also kommt die* saumata *auf* 21 gross. 11 d.

Summa pisorum emptorum per dictos provisores in Burgondia 30¹/₂ bichets et 1 boysellum (1 bichet 5 boselli = 1 saumata Auin. grossa) = 18 saum. 2 emine, qui bicheti empti fuerunt in Cabilone diversis preciis: 106 l. 8 s. 1 d. ob. + 14 d. + ob. = 51 fl. 10¹/₂ gross. + 1¹/₂ gross. et pro portu etc. 14 s. 11 d. mon. Auin. pro saumata, *alles zusammen* 62 fl. 22 s. 6 d. mon. Auin. (*also kostet die* saum. *Erbsen in Avignon* 3 fl. 5 gross. 23 d.).

4. Weinanschaffungen.

(*f. 117 buticularia*) **1355** Okt. 31 provisiones vinorum facte pro usu palacii pape pro anno presenti per plures personas: computum Guillelmi Sabaterii, magistri marescallie pape, de vinis per eum emptis pro papa in Bellicadro et apud Bellamgardam: apud Bellicadrum 228 salmatas racemorum (quelibet de 3 quintalibus), 1 fl. pro saumata: 228 fl., de quibus implete fuerunt 28 bote grosse inclusa 1 bota posita in adulhagio et vino dato nautis, prout est consuetum; item emisse *ebd.* 18 botas grossas plenas vino (*zu je* 8¹/₂ fl.) 153 fl., pro 29 botis grossis vini emptis apud Bellamgardam prope Bellicadrum (8 fl. pro bota portata apud Bellicadrum) 232 fl., *zusammen für* 75 bote: 613 fl. *Dazu kommen an verschiedenen Ausgaben und Unkosten für die Zubereitung und Herbeischaffung des Weines* 131 fl. 4 s. mon. Auin., *im ganzen also* 734 fl. 6 s. auin.

Desgl. de provisione vinorum de Nemauso facta per eum pro papa: se emisse 80 salmatas vindemie (*zu je* 1 fl. ¹/₂ tur. gross.[1]) 83 fl. 4 gross., 87 salm. racemorum emptis per mag. Petrum de Nemauso (*teils zum gleichen Preis, teils zu je* 1 fl. 2 tur. gross.) 97 fl. 9 tur. gross., *im ganzen* 167 saum. *für* 181 fl. 1 tur. gross., de quibus implete fuerunt 20 bote grosse. *An Unkosten:* 42 fl., *zusammen* 223 fl. 2 s.

(*f. 118*) computum per d. Petrum de Cruce, familiarem buticularie pape: se emisse apud Lunellum 729 saum. 1 quint. 37 lb. racemorum (*jede* saumata *zu* 3 quint. *kostet* 8 tur. gross.) 486 fl. 4 gross., de quibus implete fuerunt 101 bote grosse incluso adulhagio facto in Lunello et bevenda data nautis. *Dazu an Unkosten* 177 fl. 4 s. mon. Auin. non computatis 44 fl. solutis occasione portus [de Coms] per episcopum et capitulum Magalon. ac 1 fl. expenso pro processu ... camerarii contra episc. et capitulum supradictum.

Im ganzen 951 fl. 14 s. 4 d.

---

[1] fl. = 12 tur. gross.

Okt. 31 *Derselbe* de vinis receptis de prioratibus de Lunello Veteri et de Balhanicis dioc. Magalon., quos tenet papa ad manum suam: de Lunello Veteri 33 botas grossas plenas, de Balhanicis 25 botas grossas. Expense: pro extrahendo de cellario Auinion. 68 botas vacuas missas ad dictos prioratus et onerandas in navigio 5 tur. gross., pro dictis botis portandis usque ad portum s. Egidii per aquam 8 fl. 6 gross., pro portatura ad dicta beneficia cum 23 quadrigis 22 fl., pro dictis 58 (!) botis et $^1/_2$ modio muscadelli portandis ad portum de Candalhicis et deinde Aquas Mortuas 46 fl.; pro $^1/_2$ modio habito de prioratu de Balhanicis (implete fuerunt 2 bote grosse) et botis ipsis portandis ad dictum portum 17 fl., pro 45 botis vini clareti et 2 de muscadello portandis per aquam usque Auinionem (2 fl. pro bota) 94 fl., procurator dictorum prioratuum dixit se expendisse pro adulhagio et bevenda nautarum 3 botas, pro logerio hominis, qui per 3 menses custodivit botas in portibus et supra aquam 6 fl.; pro 10 botis vini habiti de prioratibus supradictis portandis de mandato papе nepotibus suis apud Montempessulanum 12 fl., pro suo famulo et ronsino stando in dictis prioratibus et eundo ad diversa loca et portus, in quibus erant vina predicta, ad revidendum ea 9 fl. 11 tur. gross.; pro magnis circulis et 2 tronis novis pro torculari, 1 embuto et 2 ferris novis pro dicto embuto 11 fl. 2 tur. gross, pro 4 botis de novo emptis 12 fl., *zusammen* 239 fl.

Okt. 31 computavit d. Guillelmus de Cruce, buticularius pape, de vinis factis per eum apud Villam Novam *(Ville Neuve les Avignon):* se emisse 369 saum. racemorum (*zu je* 16 s.) 295 l. 4 s., de quibus implete fuerunt 42 bote grosse. *Dazu an Ausgaben:* pro 36 dietis hominum pro racemis calcandis et vinis preparandis (4 s. pro dieta) 7 l. 4 s.; homini, qui rexit torculare, et pro medietate logerii 8 hominum, qui mensuraverunt racemos in vineis, et pro 1 benda ferrea posita in torculari ... 8 l. 12 s., pro 18 botis plenis de vino portandis ad Rodanum et postea per aquam ad portum Auinion. et subsequenter ad palacium (6 s. pro bota) 5 l. 8 s. Et sic decostitit quelibet bota Auinionem conducta 6 fl. 6 s. 8 d.

An sonstigen Unkosten für die Weinanschaffungen erhält derselbe 310 l. 2 s. 4 d. ob., 5 fl.

Desgl. de vinis emptis per dictum Guillelmum ab arrendatoribus prioratus de Bellovicino: 30 botas grossas plenas (*zu je* 9 fl. 4 tur. gr.): 280 fl.

(f. 120) Nov. 30 computavit d. Bartholomeus Marinati presb., administrator prioratus de Palhassia Uticen. dioc., qui tenetur ad manum pape, de vinis factis in dicto prioratu: se misisse buticulariis pape de vinis decimarum et quartonum dicti prioratus de presenti anno 29 botas grossas, item 2 botas grossas plenas de vino albo per ipsum emptas etc. *Unkosten* 95 fl. 10 s. 9 d. mon. Auin.

4. Weinanschaffungen. 583

Dez. 29 computum redditum per Guillelmum de Buxeria, habitatorem Auinion., de provisione vinorum s. Porciani pro papa facta in vindemiis proxime preteritis: a Petro de Chemeres morante apud Saucet 5 pecias vini (*zu je* 15 fl.) 75 fl., a Stephano Groselier morante in villa de Saucet 5 pecias vini (*zu je* 15 fl.) 75 fl. etc., *zusammen* 26 pecias: 374 fl. *Dazu an Ausgaben* 527 $^1/_2$ fl., *darunter bemerkenswert* pro salario 2 corretariorum, qui vina et cellaria docuerunt et ad villagia ipsum Guillelmum duxerunt et semper in negocio presentes fuerunt, (2 fl. pro quolibet) 4 fl., pro chariando et adducendo de s. Porciano dictas 26 pecias vini apud Cabilonem (*je* 1$^1/_2$ fl.) 35 (!) fl., pro discargando in Cabilone dicta vina et pro ponendo ipsa in apotheca in custodia (*je* 1 gross.) 26 gross. = 2 fl. 2 gross., pro ponendo de apotheca in batello in portu Cabilon. (*je* 1 gr.), pro navigio·a Cabilone usque Auinionem (*je* 2$^1/_2$ fl.) 65 fl., pro literis salvi conductus impetratis et habitis tam a rectore ducatus Burgundie quam a castellano Cabilon. 2 fl. etc., *alles zusammen* 901 $^1/_2$ fl. *Weitere Ausgaben des* buticularius *für die Weinbesorgung in Avignon* 218 fl. 22 s. 6 d.

(f. 122) Dez. 29 computum per d. Girardum de Arbenco, obendiaciarium s. Iusti Lugdun. ac collectorem in provincia Lugdun., Vien. etc., de provisione vinorum Belln. per eum facta pro usu palacii pape: se emisse a Iohanne Bauduinii 20 caude (!) vini (*zu je* 17 fl. magni ponderis) 153 fl., pro 25 sestariis vini ultra rationabilem tenutam (*zu je* 6 gross. 18 d. tur., 1 fl. = 50 s. tur.) 13 fl. 3 gross.; a Perello Granoti empte fuerunt 18 caude (*zu je* 15 fl.) 120 fl.; pro 19 sestariis vini, quos dicte caude tenebant plus quam rationabilis tenuta (5 $^1/_2$ gross. pro sestario) 8 fl. 8 $^1/_2$ gross.; est sciendum, quod 32 sestaria faciunt caudam rationabilem, etc. . . . .

Extorsiones pedagiorum: castellanus Cabilon. habuit pro litera sua missa locum suum tenenti apud Columpnam, ut dicta vina dimitteret pro transire et extrahi de Burgondia 8 gross., pedagiatori Columpne 4 gross., pedagiatori de Peureria 3 gross., *desgl.* de Morgia 3 gr., *desgl.* Montebelleti 4 gr., *desgl.* Matiscon. 6 gr., Belleville 6 gr., de Riatiers 4 gr., de Trinox 4 gross., Ruppiscisse 2 gr., s. Simphoriani de Auzone 6 gr., de Giuorgio $^1/_2$ gr., Vienne 1 gr., s. Albani 6 gr., Salerie 6 gr., de Rosseillione 16 gr., de Ceruia 4 gr., s. Valerii 3 gr., de Turnone 2 gr., Ruppis de Cley 1 fl., Valent. 2 gr., de Vaicta 6 gr., de Vays 6 gr., Aucone 3 gr., Vivarien. 2 gr., pedagiatori s. Spiritus nichil, immo ipse nos retinuit arrestatos una cum dictis vinis per 2 dies et fecit decostare libratam 15 hominum, accipiebat quilibet 1 gr., valent 2 fl. 6 gross.; pro factura litere accepte contra ipsum pedagiatorem et salario viguerii regii, qui ipsum bis et ter requisivit, ut dicta vina expediret, 1 fl.; pedagiatori de Lers 1 gr. etc.

Der Einkauf dieser Weine kostete allein 1082 fl. 11 gr. 3 quart., *mit den Ausgaben zusammen* 1386 fl. 18 s. 6 d.

So kommt in Avignon jeder tonellus (*zu je* 32 sestarii) *auf* 22 fl. 8 s. 10 d. *zu stehen.*

(f. 173) Sept. 11 Dominico de Lucarrel, cursori pape, qui fuit missus per cameram ad visitandum et accusandum ac festinandum provisores vinorum et portavit eis potum, 2 fl.

Sept. 17 *Demselben,* qui fuit missus apud Lunellum et Montempessulanum cum literis camere directis episcopo et capitulo Magalon. super conductione vinorum de Lunello, 2 fl.

(f. 209) Nov. 30 computum redditum per d. Petrum de Frigidavilla, administratorem domus elemos. Panhote, de provisione vinorum facta per eum pro usu elemosine Panhote: a d. Petro Brunelli, clavario Novarum, de vinis de Novis et de Castro Raynardi 421$^1/_2$ saum. ad mensuram dicti loci = 354 saum. Auin., de quibus implete fuerunt 56 bote grosse, de Castro Raynardi 4 botas grossas 24 saum., apud Urgonem 234 saum. vini = 210 saum. Auin., de quibus implete fuerunt 42$^1/_2$ bote tam grosse quam de mena, *zusammen* 588 saum., *dafür an Unkosten* 54 fl. 84 l. 11 s. 1 d. et ob.

Computat emisse apud Biturritam 25 saum. vini, que decostiterunt (16 s. pro saum.) 20 l., 137 saum. vini (*je* 18 s.) 116 l. 9 s., 21 saum. (*je* 18 s.) 18 l. 18 s.

Apud s. Spiritum 21 saum. vini antiqui (*je* 15 s.) 15 l. 15 s., 34$^1/_2$ modia (*je* 6 fl.), 3 modia (*je* 8 fl.), *zusammen* 231 fl. (modium dicti loci facit 6 saum. ad mensuram Auin.). *Dazu kommen die Unkosten, alles zusammen* 316 fl. 411 l. 12 s. 3 d. ob. mon. Auin.

5. Fleisch- und Fischeinkäufe.

(I. E. 277 f. 92^v coquina) **1355** Jan. pro 1 porco dato neptibus pape 4 l.

(f. 99^v) Nov. .... provisio porcorum facta isto anno pro palacio: pro 10 porcis emptis Auinione 32 fl., 2 bobus emptis pro provisione hospicii 12 fl., 12 porcis emptis eciam Auinione 42 fl. (*zu je* 3$^1/_2$ fl., 26 porcis emptis in foro Carpentor. per thesaurarium comitatus Venayssini de mandato thesaurarii (*zu je* 3$^1/_2$ fl.) 91 fl., pro alio porco antea empto Auinione 60 s., pro emina salis et salario macellarii, qui dictum porcum paravit et salavit, 10 s., ... pro salario macellariorum, qui occiderunt, paraverunt et salaverunt 47 porcos (5 s. pro quolibet) 11 l. 15 s., pro expensis eorum 10 s. + pro salario famulorum, 18 ventribus porcorum pro faciendis endulliis 9 s., pro 1$^1/_2$ longia porci, 2 nomblis et 1 ventre porci pro omasis fiendis 22 s., summa provisionis porcorum cum adiacentibus 19 l. 177 fl.

Fischeinkäufe.

(f. 101v) **1355** Dez. 29 computus d. Giraldi de Arbenco, collectoris Lugdun., de provisione piscium pro usu palacii pape pro Adventu per ipsum facta in Burgundia: 22 lucios 25 fl., 13 lucios 12 fl., 1 lucium 2 fl. 6 gr., 20 lucios 24 fl., 3 lucios 3 fl., 25 lucios 22 fl.; 4 lucios, 14 barbellos 12 fl., 8 lucios 8 fl.; 7 lucios, 6 carpas 21 fl.; 26 lucios, 4 carpas, 9 brannes 53 fl.; 1 lucium, 13 carpas 12 fl., 22 lucios, 1 carpam 32 fl.; 1 carpam 1 fl., 5 lucios cum quadam quantitate fritalie 12 fl., pro nave seu butita empta et parata ad defferendum pisces 25 fl., pro portu piscium a Cabilone ad Auinionem 25 fl., pro expensis factis per provisores congregando superius pisces et veniendo ad curiam ac recedendo 29 fl., Radulpho piscatori, qui elegit pisces, pro labore suo 10 fl. . . ., *zusammen* 336 fl. 12 s.

Computum redditum per Petrum Baroti, clericum familiarem d. Helie abbatis monasterii s. Salvatoris de Blauia, collectoris Apost. in civitate et dioc. Burdegalen., nomine ipsius collectoris, magistri sui, de provisione merluciorum, allecium et sepiarum salsarum pro palacio pape: . . . misi Auinionem per Dominicum de Lucarrel cursorem pro restauro palacii . . . 1400 merlucia de Cornalha 70 fl. de cugno Burdegal., 200 merlucia de Plasuma 16 fl., de quibus facte sunt 8 carge; 21 000 allecium de pleno et meliori, quod potui Burdegalie invenire, 126 fl., 5000 allecium de Gasto 18 fl., de quibus facte fuerunt 13 carge; emi 71 alnas tele ad involvendum pisces 20 fl. 12 sterling., 49 pecias cordarum ad ligandum 3 fl., filium ad suendum tractas, paleam novam ad ponendum inter telam et pisces et ipsos pisces portari feci de domo, ubi empti fuerunt, ad domum meam, et correterio, qui ipsos pisces vendi fecit, satisfeci de salario suo necnon de salario domus, in qua pisces erant: $2^1/_2$ fl.; item misi 100 cepias: $1^1/_2$ fl.; hominibus, qui dictos pisces suerunt et embalarunt 3 fl. 14 sterling.; conduxi 9 quadrigas, qui dictos pisces portarunt de Burdegala usque ad locum de Euza in Armaniaco 20 fl., *zusammen* 281 fl. de cugno Burdegalen. minus 2 sterling. (1 fl. burdeg. = 28 sterling., 4 fl. boni = 5 fl. burdeg.).

(f. 210 Panhota) Dez. 9 Iohanni de s. Valerio, mercatori Lugdun., pro 9600 allecibus venditis per eum d. Petro de Frigidavilla, administratori domus Panhote, ($7^1/_2$ fl. pro 1000) 72 fl.

5a. Jagd und Wildbretanschaffung.

(I. E. 277 f. 172) **1355** Aug. 31 computum Petri de Cortilhis, usserii pape, de expensis factis pro venando cervos de mandato pape anno presenti: 8. Aug. pro 12 personis, 4 equis, 15 canibus pro tempore, quo fuerunt in villa de Adomaza 4 fl. 13 s., de quibus Delmas Marci reddidit compotum; pro 9 paribus caligarum 43 s., pro 3 lb. fili polmar. 10 s.,

pro acuzando secures 8 s., pro 2 saccis pro portando panem 10 s., pro 6 hominibus pro faciendo tentorias seu sepes pro venacione retinenda 1 fl. 4 s., 13. Aug. pro 3 diebus in Montefrino[1] 6 $^1/_2$ fl., 14. Aug. in villa de Bolegardia,[2] in qua iacerunt, pro expensis 2 fl. 3 s., pro 11 paribus sotularium pro venando et pro aportando de Bellicadro[3] 3 fl., 15. Aug. pro loguerio 14 hominum pro faciendo tentorias seu sepes in territorio s. Egidii 2 fl., pro expensis famuli, qui aportavit primam venacionem pape, et pro reportando cordas ad Montemfrinum 12 s., pro salando carnes pro toto tempore in villa s. Egidii 1 fl., pro salatura carnium in vino albo 2 fl., pro cadrigis, qui portaverunt 7 cervos, pro qualibet 4 albos = 35 s., pro faciendo exonerari dictas carnes 13 s., pro mittendo de s. Egidio ad Auinionem in 3 vicibus carnes venatas (*je* 3 fl.); pro ferratura equorum 1 fl., pro cadrigiis, que portaverunt venacionem de s. Egidio usque villam Ionquieras, 1 fl., pro 13 diebus, quibus fuerunt in villa s. Egidii, pro pane, carne, feno ac domo 25 fl., 24. Aug. recesserunt de s. Egidio ad Montemfrinum et fuerunt per 4 dies: 4 fl., pro sale pro salando cervos 5 s., pro salatura in vino albo 8 s., cadrigario, qui portavit venacionem de s. Egidio Auinionem 12 s., pro 1 pari scivallorum 2 fl., pro salario Dalmasii (!), magistri venationum, 40 fl., *zusammen* 110 fl.

6. Tuch- und Gewebeanschaffungen.

(I. E. 277 f. 176 cera) **1355** Nov. 16 computum per Anthonium de Bayla, mercatorem Esten. curiam Rom. sequentem, de 1 pecia panni mesclati Brucelle de maiori forma de mandato pape tradita pro Stephano Alberti et fratribus et sororibus suis, quam receperunt d. episc. Albien. et I. de Brono, 84 fl.

(f. 181) Dez. 29 computum Nicolai Benthi, mercatoris Auinion., de pannis etc. traditis pro adventu regis Aragonum: pro 1 tapicio tradito 18. Dez. de Parisius longit. 40 palmorum operatum cum foliis et compacibus pro camera dicti regis 35 fl., pro 4 bancalibus rubeis longitudinis 24 palmorum pro camera episcopi Albiensis 8 fl., pro 4 peciis de funibus viridibus et pro arpiglis de ferro pro reparando cameras 1 fl. 6 gross., 19. Dez. pro 1 cabasso de cordoano rubeo fino pro faciendo 6 auricularios pro camera regis 34 fl., pro 5 cannis tele nove blaue pro dictis auriculariis 1 fl. 8 gross., pro 66 lb. plume de garzo pro auriculariis 5 fl. 6 gross., pro 24 flocis de sirico (7 uncie) 2 fl. 11 gross., pro factione dictorum auriculariorum et 2 ternalibus siricis 1 fl. . . ., pro 2 tapitibus de Parisius operatis, unum cum istoria s. Caterine longit. 24 palmorum et aliud cum istoria b. Marie Magdalene et b. Marte longit. 22 palm. pro ponendo in capella nova 60 fl. . . ., pro 1 tapicio rubeo longit. 20 pal-

---

[1] Montfrin, Dép. Gard.
[2] Bellegarde, Dép. Gard.
[3] Beaucaire, Dép. Gard.

morum recepto per Ancelotum de mandato d. thesaurarii pro eundo quesitum aquam maris 5 fl. 5 gross., 26. Dez. pro 100 cannis tele Remen., quas recepit d. thesaurarius (13 gross. pro canna) pro faciendo 4 paria linteaminum pro papa, 108 fl. 4 gross., pro 100 cannis tele Burgundie pro faciendo 10 paria linteaminum pro cubiculariis pape 23 fl. 9 gross. 12 d., *zusammen* 432 fl. 5 s.

(f. 108) Febr. 28 computavit d. Stephanus Bonardelli, can. Beluacen., de certis mappis, longeriis etc. se assignasse panetariis pape pro tinello 59³/₄ alnas mapparum (*zu je* 14 s. paris.) 45 l. 6 s. 6 d. paris., pro mensa pape 16³/₄ alnas (*zu je* 18 s. paris.) 15 l. 18 d. paris., pro tinello 161¹/₄ alnas longeriarum et manutergiorum (*zu je* 8 s. 6 d. paris.) 68 l. 10 s. 7 d. cum obolo, pro mensa pape 36¹/₂ alnas (*zu je* 10 s.) 18 l. 5 s. paris., 9 alne grosse tele pro faciendo davantals in coquina (*zu je* 3 s. 6 d.) 31 s. 6 d., pro portagio de Parisius et aliis expensis 4 l. 2 s. 6 d., *zusammen* 122 fl. 7 s. 7 d. ob. paris. (1 fl. = 25 s. paris.).

Aug. 31 computum Marsoli Iacobi, tonsoris pannorum, de pannis baissatis pro papa a mense Ianuarii ad Aug. pro 2 peciis scarlate albe et rubee 40 gross., pro 1 pecia scarlate rubee 20 gross., pro 1 pecia scarlate morate pro d. prothonotario 20 gross., pro ¹/₂ pecia scarlate rubee 10 gross., pro 17 cannis scarlate et aliorum pannorum pro d. prothonotario 20 gross., pro 1 pecia scarlate rubee de Brucellis 20 gross. etc., *zusammen* 13 fl. 8 s.

(f. 139) Nov. 16 computum per Nicolaum Benthi, mercatorem curiam Rom. sequentem, de certis rebus per P. de Ianzens, cubicularium pape, et per alios receptis: ... pro 3¹/₃ palmis de velveto rubeo fino et 9 palmis tele Remen. et 6 ternalibus siricis 5 fl., ... pro 3 tapitibus viridibus *(von je* 20 palmi *Länge)* pro lectis cubiculariorum pape 16 fl. 6·gr., ... pro 6 cannis tele albe de Parisius pro 3 maletis 4 fl., pro 4 unciis siricis rubee pro suendo dictas maletas etc. etc. *ohne Spezifizierung des Preises.*

(f. 141) Dez. 29 computum d. Stephani Bonardelli, canonici Beluacensis, de tapisseriis bancalibus per eum factis fieri in Francia pro cameris pape tam Auinione quam ultra Pontem: pro palacio Ville Nove pro camera paramenti in alto 3 pecias tapissiorum de 14¹/₂ alnis in longit. et de 8¹/₂ alnis in latitudine, que faciunt ad alnam Parisien. quadratam 123 alnas quadr., pro alia camera paramenti a latere dextro 3 alias pecias (70 alnas quadratas), pro alia camera ab alio latere 3 alias pecias (70 alnas quadr.), pro camera, per quam itur de tinello in altum ad cameram paramenti, 3 alias pecias (60 aln. quadr.), pro alia camera paramenti in basso 1 peciam, que fuerat recepta et posita in palacio Auin. in camera secreta (36 aln. quadr.), pro concistorio 3 pecias (70 aln. quadr.), 1 scutum auri Iohannis pro alna quadr.: 429 scut. etc. *andere Gewebe, alle zusammen für* 705 scut. Ioh. 16 l. 5 s. 10 d. mon. Auin., de quibus dixit se recepisse a . . . collectore Apost. in provincia Rothomagensi 600 scut., de quibus idem collector iam computavit, et ideo non fuerunt positi in receptis nec in expensis, restabant 105 scudati 16 l. 5 s. 10 d.

(f. 195v) April 30 computum d. Astorgii de Combis, presbiteri familiaris domus elemosine Panhote, de pannis de mandato camere pro elemosina Panhote in Andusia emptis: 13. Maii a Francisco Bouerii de Andusia 40 pecie pannorum *(zu je* $4^1/_2$ fl.) 180 fl., a Iohanne Bedocii 30 pecie: 135 fl., a Petro d'Esculi 6 pecias: 27 fl. etc., *zusammen* $108^1/_2$ pecias: $472^1/_2$ fl.

Pro portu dictorum pannorum de Andusia ad Auinionem 22 fl. parvi ponderis; pro corretagiis 2 fl., item dixit se expendisse cum 1 vayleto et equo in 4 diebus eundo et redeundo 2 fl., *zusammen* $498^1/_2$ fl.

Nov. 20 cum Franciscus Bouerii et Petrus del Clavis de Andusia Uticen. dioc. vendidissent camere Apost. pro usu elemosine Panhote 100 pecias pannorum de Andusia alborum et nigrorum grossorum precio facto cum eis 500 fl. (instrum. per I. Palaysini factum) 250 fl.

(f. 197) Dez. 29 Iohannes Rosseti, familiaris collectoris Lugdun., et Iohannes de s. Bausilio, mercat. Auin., de pannis per eos in nundinis Cabilon. pro elemosina d. pape facienda de mandato camere emptis a diversis personis et diversis preciis . . .: 1323 fl., pro portu et expensis 53 fl. 3 gross., *zusammen* 1377 fl. 6 s.

(f. 211v Panhota) Dez. 29 computaverunt Iohannes Rosseti et Ioh. de s. Bausilio de provisione per eos facta telarum crudarum 1355 in Burgondia emptarum pro usu hospicii Panhote: in Cabilone in nundinis ad mensuram Prati 36 pecias continentes $1648^1/_4$ ulnas tele crude: 323 l. 1 s. 3 d. pict. debilis mon., 29 fl. $9^1/_2$ gross. 2 d. ob. (1 fl. = 40 s. 6 d.) = 148 fl. 6 gross. 18 d. et picta debilis mon. + 29 fl. $9^1/_2$ gross. 2 d. ob. *Dazu an Unkosten* 5 fl. $1^1/_2$ gross.

Dez. 29 *desgl.* 40 pecias mapparum cum suis longeriis tam maioris quam minoris forme: 103 fl. 4 gross.; $56^1/_2$ alnas tele albe ad mensuram Pratus Cabilon.: 20 fl. 10 gross. 10 d. mon. Auin., *zusammen* 124 fl. 4 s. 10 d. mon. Auin.

6a. Pelzwaren.

(I. E. 277 f. 174v cera) **1355** Okt. 19 computum redditum per Bartholomeum Spinelli, pelliparium Auinion., de certis fulratis positis in raubis nepotum pape: pro 219 variis integris positis in 2 garnachiis et 2 manthis nepotum *(zu je* 3 s.) 27 fl. 9 s., pro 264 ventris variorum positis in 4 capuciis dictorum puerorum *(zu je* 2 s.) 22 fl., pro 96 variis integris pro 1 supertunicali mulieris Iohannis de Breno, neptis pape *(zu je* 3 s.) 12 fl., pro 48 ventris variorum pro paramento sive erminatura dicti supertunicalis exterior. *(zu je* 2 s.) 4 fl., pro 72 variis integris pro 1 uncia sive mantha et pro 62 variis integris pro 1 garnachia ad opus Guillelmi nepotis

(*zu je* 3 s.) 16 fl. 18 s., pro 96 ventris variorum pro capucio dicte manthe et pro 100 ventris variorum pro capucio dicte garnachie (*zu je* 2 s.) 16 fl. 8 s., *zusammen* 98 fl. 11 s.

6b. Persönliche Kleidung und Paramente des Papstes.

(f. 137 ornam.) **1355** Juni 30 Iohannes Condami, sabaterius pape, de sotularibus pro papa a 1. Nov. 1354 ad festum Corporis Christi, ut constat per relacionem Petri de Ianzens, cubicularii pape, *zusammen* 6 pares sotularium (5 de gris, 1 fulratum de samito) *zu je* 3 fl.: 18 fl.

Computum Bartholomei Spinelhi pelliparii de certis operibus factis pro persona pape (constat per rel. Petri de Ianzens): pro 1 mitra alba pro papa 10 erminorum, pro 2 almussiis scarlate 80 ermin., pro 1 birreta alba 10 ermin., pro alia birreta 12 ermin. . . . pro 1 capucio scarlate 95 emin., pro 1 magna cappa scarlate 115 ermin., 1 magno capucio 108 ermin., 1 parva cappa 103 ermin., *zusammen* 39 ermin., de quibus dixit se recepisse a d. thesaurario 468 emin. de 3 mantellis pape; debentur sibi 71 emine (*zu je* 5 gross.): 29 fl. 14 s.

Desgl. de variis minutis traditis pro persona pape: pro 1 tunica alba 390 ventres variorum (*zu je* 2 s.) 39 l., 60 ventres variorum pro 1 gorgeria alba (*zu je* 2 s.) 6 l., pro 15 dorsis variorum pro 1 pari sotularium (*zu je* 12 d.) 15 s., *zusammen* 38 fl. 3 s.

Ähnliche Abrechnungen desselben öfters.

(f. 128 ornam.) Juli 28 Soreta Iudea pro 3 paribus linteaminum de 4 telis factis in adventu ambaxiatorum dd. regum Francie et Anglie ad opus pape, pro quolibet pari 1$^1/_2$ fl.: 4$^1/_2$ fl., pro 17 capitergiis de tela subtili ad opus pape 1 fl.

(f. 138) Juli 31 computum redditum per Mariam Iohannis sartricem de operibus per eam factis pro papa a 8. Sept. 1354 ad festum Pasche 1355: se fecisse 14 roquetos (*zu je* 1 fl.), 8 linteamina (*zu je* $^1/_2$ fl.), 3 capitergia et 6 tabalia pro coperiendo caput et 6 calotas 1 fl., 2 camisias et 2 femoralia 1 fl., 12 roquetos 12 fl., 6 camisias, 7 femoralia ac 12 capitergia et 4 calotas 4 fl., *zusammen* 36 fl.

7. Wachs- und Kerzenamt.

(I. E. 277 f. 162 cera) **1355** Jan. 31 computum mag. Guillelmi Ademari, custodis cere pape, de cera et expensis (29. Dez.—31. Jan.): Petro de Gard pro 32 quint. cere de Romania (20 l. 12 s. pro quint.) 659 l. 4 s., pro portu dicte cere 22 s.; Bertrando Boerii 132 lb. cotonis (5 s. 4 d. pro libra) 35 l. 4 s.; pro 66 lb. fili stopacei (*zu je* 2 s. 6 d.) 8 l. 5 s., eidem Bertrando pro manuopere de 33$^1/_2$ quint. cere operate (8 s. pro quintallo) 13 l. 8 s., pro 20 lb. cere albe pro candelis pape (6 s. pro libra) 6 l., pro 20 saum. carbonis de provisione (*zu je* 21 s.)

21 l. Chatberto candelerio pro 2 quint. candelarum de cepo (*zu je* 6 l. 10 s.) 13 l., *zusammen* 630 fl. (*zu je* 24 s.) 23 s.

(f. 163) Febr. 28 computavit *derselbe für den Monat Febr.:* se debere Petro de Gardi pro 24 quint. cere de provisione (20 l. 16 s. pro quintallo) 499 l. 4 s. etc. *wie oben, zusammen* 438 fl. 22 s. 8 d.

(f. 165) März 31 *derselbe für den Monat März:* se debere Petro de Gardi pro 14 quint. cere de Barbaria (21 l. 4 s. pro quint.) 296 l. 16 s. . . . pro pomello et ramata cerei paschalis 7 l., pro 80 lb. cere albe pro dicto cereo faciendo (6 s. pro libra) 24 l., *zusammen* 305 fl. 21 s. 8 d.

(f. 166v) April 30 *derselbe für den Monat April:* se debere Andrea Pinelli pro 14 1/2 quint. cere de Polonia (22 l. pro quint.) 319 l. etc., *zusammen* 286 fl. 16 s. 8 d.

(f. 168) Mai 31 *desgl.* Andree Pinelli pro 15 quint. cere de Polonia (*zu je* 22 l.) 330 l.

(f. 169v) Juni 30 *desgl.* debuit Petro de Sarda pro 12 quint. cere barbaresque (*zu je* 21 l. 8 s.) 256 l. 16 s. etc., *zusammen* 260 fl. 10 s. 8 d.

(f. 171v) Aug. 31 *desgl.* se debere Petro de Gardi pro 14 1/2 quint. cere de Polonia (20 l. 8 s. pro quint.) 2095 l. 16 s., *dazu Transport-* (20 s.) *und Zubereitungskosten* . . . (pro manuopere 15 quint. cere, ad rationem 8 s. pro quint.: 6 l.) . . . *zusammen* 270 fl. 17 s. 10 d.

(f. 173v) Sept. 30 *desgl.* pro 8 1/2 quint. cere de Polonia (*zu je* 20 l.) 170 l., pro 6 quint. cere barbaresque (*zu je* 19 l. 4 s.) 115 l. 4 s. etc., *zusammen* 275 fl. 17 s. 10 d.

(f. 175) Oct. 31 *desgl.* Petro de Gardi pro 11 1/2 quint. cere de Polonia (*zu je* 20 l.) 230 l. . . . Chatberto candelerio pro 6 quint. candelarum de cepo (*zu je* 4 l. 12 s.) 27 l. 12 s., *zusammen* 235 fl. 21 s. 10 d.

(f. 176) Nov. 30 *desgl.* Petro de Gardi pro 2 quint. cere barbaresque (*zu je* 19 l.) 38 l. 8 s., pro 7 quint. 75 lb. cere de Romania (*zu je* 20 l.) 155 l., Imberto Masconis pro 8 1/2 quint. cere de Romania (*zu je* 20 l.) 170 l., Hugoni Vitalis pro 9 quint. 75 lb. cere Barbarie (*zu je* 19 l. 10 s.) 190 l. 2 s. 6 d., pro portu et corretagio dicte cere 40 s., Bertrando Boerii pro 48 lb. cotonis (*zu je* 5 s. 4 d.) 12 l. 16 s. etc., *zusammen* 497 fl. 14 s. 6 d.

Ähnlich die weiteren Wachs- und Kerzenanschaffungen. Am 29. Dez. 496 fl. 5 s.

7a. Kolonialwaren, Spezereien, Papier, Medizinalien etc.

(I. E. 277 f. 162 cera) **1355** Jan. 31 computum Iacobi Melioris, ypothecarii pape de speciebus, papiru, cera, tela etc. per eum administratis tam in camera pape quam in camera thesauri quam pro regestro (1. Ian. —1. Febr.): pro 731 lb. specierum confectarum (*zu je* 9 s. 6 d.) 347 l. 4 s. 6 d., pro 51 manibus papiri (2 s. 6 d. pro manu) 6 l. 7 s. 6 d.,

pro 1 libro 3 manuum papirus medie forme pro thesauraria (3 s. 6 d. pro manu) 10 s. 6 d., 4 manus papir. maioris forme (*zu je* 5 s. 6 d.) 22 s., pro 1 libro 1½ manus papir. maioris forme (6½ s. pro manu) 11 s. 3 d., pro 12 lb. cere rubee (*zu je* 6 s.) 3 l. 18 s., pro 6 plumis pro camera pape 6 s., pro 1 canna staminee pro domino Carcassonensi 4 s., pro 3 peciis fentri pro papa 24 s., in diversis medicinis pro papa 4 l. 16 s.

Ähnliche Ausgaben desselben monatlich. Ende März im ganzen für 455 fl. 6 s. *(f. 165v). Ende April für* 172 fl. 11 s. *Einige Beispiele: (f. 168)* pro 12 pomis milgranis pro papa (*je* 2 s.) 24 s., 5½ lb. dragie pro panetaria (*zu je* 9½ s.) 2 l. 9 s. 9 d., 12 lb. ficuum de Nemauso (*zu je* 20 d.) 20 s., pro 15 lb. ficuum (*zu je* 4 d.) 5 s., pro 1 libra racemorum parvorum 2 s. 6 d., 4 lb. datillorum (*zu je* 2 s.) 8 s.

In den monatlichen Küchenabrechnungen des d. Bernardus Gaucelmi, emptor coquine *wird stets eine besondere Liste über die Einkäufe an Kolonialwaren aufgestellt: z. B. (f. 92)* 1355 Jan. 31 sequitur species expense in dicta coquina (30. Dez. incl.—31. Jan.): 28 lb. pulveris communis (*zu je* 13 s.) 18 l. 4 s., 18 lb. gingiberis (*zu je* 10 s.) 9 l., 6 lb. piperis (*zu je* 14 s.) 4 l. 4 s., 13½ lb. canelle (*zu je* 8 s.) 108 s., 1³⁄₄ lb. gariofilorum (*zu je* 36 s.) 63 s., 1 lb. cubebarum 36 s., 1 lb. granorum paradisi 13 s., 1 lb. croci 4 l., 25 lb. zucari (*zu je* 9 s. 11 d.) 11 l. 17 s. 11 d., 5½ lb. coriandri confecti (*zu je* 9 s. 6 d.) 52 s. 3 d., 100 lb. amigdalorum (*zu je* 7 d.) 58 s. 4 d., 18 lb. risi (*zu je* 10 d.) 15 s., 73 lb. frumenti 73 s., 12 lb. ordei 12 s., 12 lb. avenati 12 s., 20 lb. racemorum parvorum (*zu je* 3 s.) 60 s., 20 lb. pinearum (*zu je* 3 s.) 60 s., 20 lb. ficuum 10 s., 20 lb. prunorum 20 s., 20 lb. datillorum 40 s., 376 pecie auri pertici (*zu je* 2 d.) 62 s. 8 d., 11 lb. alcanete (*zu je* 2 s.) 22 s., ¼ lb. camphore 18 s., 12 lb. mellis 6 s., pro castaneis 37 s. 6 d., 10 quane (= canna) staminete (*zu je* 4 s.) 40 s., *zusammen* 88 l. 10 s. 3 d.

(f. 99v) Nov. 1355 ... pro 90 quanis olei pro provisione hospicii (*je* 11 s.): 49 l. 10 s., pro 8 modiis salis grossi (*zu je* 3 fl.) 24 fl., pro 136 portagiis dicti salis ad palacium de portu Rodani (*je* 8 d.) 3 fl. 17 s. 8 d., pro mensurando dictos 8 modios salis 7 s., pro 29 iornalibus hominum, qui trissaverunt dictum sal (*je* 4 s.) 116 s., pro 3 barralibus aceti 36 s.

Das Pergament wird von einem päpstlichen Hofjuden (Silvetus de Stela Iudeus, habitator Auinion., pergamenarius palacii, *auch* pergamenarius camere) *angekauft.*

7b. Käseeinkäufe.

(I. E. 277 f. 180v) 1355 Dez. 29 computum redditum per d. Iohannem Servientis, subcollectorem Apost. in dioc. Clarom., de provisione caseorum facta anno 1355 pro usu palacii pape et domus elemosine Panhote: in Alvernhia, ut constat per relationem mag. Guillelmi Ademari,

custodis cere pape et caseorum, et d. Petri de Frigidavilla, administratoris domus elem. Panhote, quibus dicti casei fuerunt assignati: 6 quint. caseorum de Fonua et erant in numero 806 casei[1] (2$^1/_3$ fl. pro quint.) et costiterunt de portando Auinionem preter cordas et banastas 6 fl.; 20 quint. caseorum de Glao et erant in numero 1016 casei et costiterunt 55 fl. (2$^3/_4$ fl. pro quintali); 70 formas et 3 iohanals ponderantes 5 quint. (2$^1/_2$ fl. pro quintali) 12$^1/_2$ fl., *an sonstigen Unkosten* 7$^1/_2$ fl., *zusammen* 120 fl.

8. Bauausgaben, Einzelheiten.

(f. 146 edif.) **1355** Jan. 29 Petro Chouleti seniori, fabro et seralhario Auinion., pro sarralha et duabus clavibus positis in capella s. Michaelis infra magnum tinellum palacii ad relationem d. episcopi Claromont. 2 fl.

März 31 computum mag. Rostagni Berqui, servientis armorum et fusterii pape, de expensis 2. Ian.—1. Marcii in palacio pro operibus: pro 1 pecia de iaynam pro faciendo bariam magni tinelli pro dando candelas benedictas 30 s., 12 cannis de trabe pro faciendo equos dicte barre (4 s. pro canna) 48 s., 12 cannis 4 palmis de costeria pro faciendo custodias pro dictis barris (2$^1/_2$ s. pro canna) 31 s. 3 d., pro 4 cannis et 4 palmis quadratis de taulanis pro faciendo clausuras et portas dictarum barreriarum (16 s. pro canna) 72 s., *zusammen* 48 fl. 6 s. 9 d.

April 30 computavit mag. Iohannes de Luperiis, magister edificii novi palacii pape Auinion., de lapidibus per eum ductis ad palacium: pro fundamento cave turris nove subtus audientia contradictarum 582 cadast., 49 quarter. parvos; pro clausuris 4 portarum a parte b. Marie 146 cadast., pro claudendo seu levando murum palafrenarie antique iuxta lenherium a parte canonicorum b. Marie 50 cadast. (60 l. pro 1000 cadastis) 46 l. 13 s. 7 d., pro 49 quarteriis (*zu je* 3 s. 9 d.) 9 l. 4 s. 9 d.

Mai 31 computum mag. Christiani veyrerii, habitatoris Auin., de operibus per eum factis in palacio Apost.: Christianus verrerius operavit in capella pape verreriis eiusdem capelle per 6 dietas cum 2 operariis secum (pro die cuilibet 4 gross.) 6 fl.; idem Christianus deprestavit 4 l. de stagno 12 s., de plumbo 1 quarteronum quintalis 15 s., pro vitro ad reparandum verrerias 20 s., *zusammen* 7 fl. 23 s.

Mai 31 computum per Iensonum Cathalani, sarralherium palacii pape, de certis sarralhis . . . (a 1. Sept. 1354 ad 31. Maii) per relationem Petri Boueti, cursoris pape, . . . pro 10 sarralhis duplicibus novis (*zu je* 20 s.) 10 l., pro 157 clavibus positis in palacio (*zu je* 19 d.) 12 l. 9 s. 2 d., . . . pro barra ferrea pro porta cave subtus thesaurarie ponderis 15 lb.

---

[1] Es wog also jeder Käse $^3/_4$ libra, das Stück zu etwas mehr als 67 den. auin. Einkaufspreis ohne Porto und Unkosten.

8. Bauausgaben, Einzelheiten. 593

(*zu je* 14 d.) 17 s. 6 d., pro 2 piquis reparandis et acuendis pro fodiendo lapides in platea 2 s., pro 1 vecte faciendo cum anulis in guicheto magne porte capelle nove palacii 5 s., ... pro 1 lanterna ferrea et 1 candelabro cum 4 dolariis pro porta ferrea illuminanda 10 s. ..., pro 1 falso vecte in porta pedis scalerii ante audientiam ponderis 5 lb. (14 d. pro libra) 5 s. 10 d., pro 2 anulis ad tirandum dictam portam, uno interius et altero exterius 4 s., pro 1 magno barricio et 1 circulo in dicto barricio, in quo portatur vinum in buticularia, 6 s., pro 2 palis ferreis pro levando brasam et cineres camere pape et 4 craponibus supra seralha lignerii et carbonerii 8 s., pro 2 goffonibus ponderis 6 lb. positis in una porta palacii 7 s., pro reparando braserium buticularie, in quo calfatur aqua pape, 12 s. etc. etc., *zusammen* 161 fl. 12 s. 7 d. cum ob.

Computavit idem de ferramentis portarum novarum palacii Auin.: pro 2 pannis in porta versus campellos ponderis 2 quint. 12 lb., pro aliis 2 pannis, 1 parva et 1 magna ponderantibus 1 quint. 80 lb., pro 2 frachissiis in guicheto dicte porte ponderantibus 2 quint. 8 lb., pro 2 pannis in porta versus payroleriam ponderantibus 2 quint. 18 lb., pro 2 aliis pannis, 1 parva et 1 magna ponderis 2 quint. 1 lb., pro 2 frachissiis in guischeto ponderis 2 quint. 5 lb., pro 1 panna in porta versus Dominam nostram de Domis ponderante 1 quint. 12 lb. etc. (18 d. pro libra) 132 l., pro 3 sarralhis grossis cum vectibus pro dictis portis 6 l., *zusammen* 115 fl.

(*f. 150v*) Juni 30 computum d. Raymundi Guitbaudi, directoris operum palacii pape, a 27. Marcii ad 23. Iunii *(Tagelöhne):* pro 167 dietis manuoperariorum, qui operati fuerunt in ascendendo lapides seu codels supra terrassias et cursorias palacii ... et in ministrando necessaria massoneriis et gippariis (4 s. pro dieta) 33 l. 8 s., pro 30 dietis massoneriorum, qui operati fuerunt in claudendo seu murando 4 portas a parte ecclesie b. Marie de Doms et levando murum lenherii a parte canonicorum et faciendo 1 murum in deambulatorio superiori viridarii (8 s. pro dieta) 12 l.; pro 18 dietis faysseriorum, qui portabant lapides, (5 s. pro dieta) 4 l. 10 s.; pro 4 dietis gippariorum, qui operati fuerunt in perforando murum et faciendo portam in camera, quam solebat tenere d. Nicolaus de Monteclaro, pro ascendendo supra cursorias palacii et claudendo in 2 pannis vistam, que est supra terrassiam turris parve, in qua iacet Aymericus Boyso, et claudendo 1 magnam fenestram in audientia contradictarum et reparando pavimentum turris camere pape ante fornellum (6 s. pro dieta) 24 s., pro 3 quadrigatis de gippo camisato (*zu je* 30 s.) 4 l.; pro 8 dietis recoopertoris, qui operatus fuit in rechooperiendo de novo cum serratis vistam turris et 1 cameram de novo factam supra terrassiam magne capelle pro custodia cursorum, (8 s. pro dieta) 64 s., pro 600 tegulis pro dictis cooperturis (*zu je* 12 s. pro 100) 72 s. ..., Charpino et Milhano et sociis eorum serratoribus pro 40 dietis, qui operati fuerunt in serrando fustas spingalarum (7 s. 6 d. pro dieta) 15 l.

..., Iohanni Ricardi pro serrando magnam quercum, que erat iuxta ecclesiam b. Marie de Miraculis, facto precio cum eodem 3 fl., . . . Gaufrido Burgundionis, fusterio de Carpentorato, pro 12 dietis fusteriorum, qui operati fuerunt in faciendo tornos . . . (6 s. pro dieta) 72 s. . . . Stephano Minardi et socio suo fusteriis pro 15 dietis in faciendo portam duplicatam de royre et serrando postes porte in camera servientium armorum . . . (6 s. pro dieta) 4 l. 10 s., mag. Rostagno Berqui pro 217 dietis fusteriorum in faciendo barrerias magni tinelli pro dando ramos in die Ram. palmarum et in reparando dressatorium coquine et in reparando bancos tinelli et faciendo portam in porticu viridarii . . . et cameram pro cursoribus supra terrassiam magne capelle et faciendo 1 portam ante capellam novam et faciendo 1 bancum et 1 predicatorium seu catedram in dicta capella et faciendo fenestram in cava, que est a parte apothecarum notariorum, et ponendo perticas in capella magna pro pannis paramenti, ponendo 3 bancos in camera d. N. de Monteclaro . . . (6 s. pro dieta) 5 l. 2 s. etc., *zusammen* 366 fl. 20 s. 3 d.

(f. 154v) Nov. 14 mag. Iohanni de Luperiis pro 1 fornello de lapidibus in camera, ubi comedit papa iuxta cameram paramenti, facto precio cum eodem per d. Nicolaum de Monteclaro, magistrum hospicii, et d. Raymundum Guitbaudi, directorem operum palacii, 90 fl.

Nov. 27 Guillelmo Iaqueti lapicide pro factura 1 furni magni per ipsum facti in palacio ad coquendum panem, si opus esset, facto precio cum eo *(desgl.)* 24 fl.

(f. 156v) Dez. 15 computum Anthonii Bonelli plumberii, habitatoris Auin., de certis operibus factis in palacio pape a 22. Juni 1354: pro 5 palmis de canonibus et 1 barrileto de plumbo parvo pro curandis canonibus parvi viridarii palacii 36 s., pro reparandis canonibus de stuphis, qui erant impediti, pro operario et saldatura 10 s. *(je 1 libra soldature 2 s., 6 s. pro dieta operarii)* . . . 17 fl. 2 s.

Dez. 29 computavit Bertrandus Capelerii pro factura cuiusdam crote seu volte de lapidibus et 1 vitis de gippo in turre parva, in qua iacet Aymericus Buxonis, tam pro lapidibus, morterio, gippo, quam maestria, facto precio cum eodem, per relacionem d. Raymundi Guitbandi, directoris operum palacii, 65 fl.

Malerei und Farben.

(I. E. 277 f. 146 edif.) **1355** Jan. 16 dicto lo Rey, pictori Auin., pro pingendo cameram et armaria parve camere parlamenti thesaurarie 3 fl.

8a. Holz- und Kohleneinkäufe.

(I. E. 277 f. 164 cera) **1355** Febr. 28 computavit Petrus de Ponte, mercator lignorum Auinion., de lignis per eum traditis pro palacio, ut

constat per relacionem Petri Boneti, et pro hospicio neptuum pape 500 quint., pro hospicio d. Albiensis 500 quint. (*zu je* 2 s.) 100 l. in 83 fl. 8 s. mon. Auin.

März 27 Petro Brunda, mercatore (!) lignorum, pro 500 quint. lignorum per eum venditis d. B. de Nassinhaco, emptori hospicii neptuum pape, pro usu dicti hospicii (22 d. pro quintali) 45 l. 16 s. 8 d. in 38 fl. 4 s. 8 d.

(f. 166) März 31 computavit Petrus de Ponte, mercator lignorum Auinion., de lignis pro palacio Ville Nove (27. Febr. incl.—31. März), prout constat per relationem Petri Boneti, cursoris ad hoc deputati: pro 3200 quint. lignorum (*zu je* 2 s.) 320 l., pro 12 hominibus, qui posuerunt ligna in lenherio (*zu je* 4 s.) 48 s., *zusammen* 268 fl. 16 s. mon. Auin.

April 30 compotum Inardi Porchalha, provisoris lignorum palacii, (relatio Petri Boveti cursoris) *im Monat März und April für Ville Neuve, Pont des Sorgues und Avignon:* 3124 banastones carbonum (*zu je* 22 d.) 286 l. 3 s. 4 d., 2328 quint. lignorum *(für Avignon)*, 22 d. pro quint.: 213 l. 3 s. 8 d., *zusammen mit Tagelöhnen* 505 l. 16 s. in 421 fl. 12 s.

Paulus Suchi, mercator lignorum, habitator Auin., de lignis per eum pro usu palacii pape traditis: 4340 quint. (2 s. pro quint. aportato in palacio in lignerio) 434 l. in 361 fl. 16 s.

(f. 168) Mai 31 *Demselben* pro 1332 quint. lignorum combustib. (*zu je* 2 s. *mit Unkosten*) pro hospicio neptuum pape 111 fl.

(f. 169) Juni 23 computum Inardi Porchalhe, mercatoris lignorum, de lignis combustib. et carbonibus per eum traditis in palacio Auinion., ut constat per relacionem Petri Boneti, cursoris ad hoc deputati: 2408 quint. lignorum (*zu je* 22 d.) 220 l. 14 s. 8 d.; pro 36 dietis hominem, qui posuerunt ligna in lenherio, (4 s. pro dieta) 7 l. 4 s., pro 1964 banastonibus [carbonum] *zu je* 22 d.: 180 l. 8 d.

(f. 177) Dez. 15 computum Inardi Porchalha, provisoris lignorum et fustium et carbonum necessariorum pro palacio pape, per relationum Petri Boneti cursoris: 4044 quint. lignorum (*zu je* 22 d.), pro 28 dietis hominum, qui posuerunt ligna in lenherio (*täglich* 3 s.), *zusammen* 312 fl. 10 s. (1 fl. = 24 s.).

Abholzung.

(I. E. 277 f. 179v cera) **1355** Dez. 29 compotum per d. Bartholomeum de Mayniaco, procuratorem et clavarium prioratus Palhassie, qui tenetur ad manum pape, et Guillelmum Sabaterii, magistrum palafrenarie pape, ac Dragonetum Roche . . . de certis expensis per eos factis pro cindendo ligna nemoris dicti loci Palhacie conducendo et apportando Auinionem ad opus palacii pape: pro scindendis 650 saumatis lignorum in dicto nemore

ad dietas hominum: 117 diet. (*zu je* 2 s. 8 d.) 15 l. 12 s., pro scindendis 3383 saumatis ad precium factum (40 s. pro centenario) 12 l. 13 s. 1 d.: 56 fl. 9 s. 1 d.; pro portu 2989 saum. et 1 quint. de dicto nemore ad portum Auinion. (7 1/2 fl. pro centenario saumatarum) 224 fl. 5 s. 5 d.
Das Holz wird dann auch noch gewogen.

8b. Wohnungsmieten.

(I. E. 277 f. 173 cera) **1355** Sept. 25 d. Petro Ortigia, militi Auin., pro locagio hospicii sui, in quo morantur neptes pape, pro parte sua taxato 10 fl.

(f. 174) Okt. 13 Gungeno de Coyren nomine Rostagni de Moreriis, nepotis sui, et Guillelmi Pertelet et Albe domini de Rocamartina pro loquerio hospicii videl. pro certa parte, in quo morantur nepotes et neptes pape, ad eos pertinente taxata annis singulis, ut patet per apodixias taxatorum, in 54 fl. necnon et Alteraco Martonis, heredi domine Argentine Fardele, pro parte sua, quam habet in predicto hospicio taxato in 10 fl. et d. Petro Ortigia, militi Auin., pro parte sua (10 fl.), *zusammen jährlich* 74 fl.

(f. 225 pensiones) Dez. 29 computum redditum per d. I. Palaysini, scriptorem pape ac notarium camere et comissarium per dictam cameram deputatum ad solvendum familiaribus et officialibus pape pensiones seu locagia hospiciorum suorum, prout est fieri consuetum, videl. de 2 annis die 19. Maii 1355 terminatis et est sciendum, quod in omnibus solutionibus infrascriptis turonensis parvus sive coronatus pro 5 pictis et tur. gross. arg. pro 19 den. et ob., 1 fl. pro 22 s. vien. computantur et recipiuntur: **a.** solutiones pensionum hospitiorum domicellorum et hostiariorum pape, quorum quilibet pro dicta pensione recipit annis singulis 4 1/2 l. tur. p. = 5 l. 12 s. 6 d. vien.[1] 1. Raymundo Grimoaudi, domicello et magistro hostiario pape, pro pensione 2 annorum 11 l. 5 s. vien. in 10 fl. 5 s. 5 d. mon. Auin. 2. Mauricio de Nassinhaco, domicello et mag. hostiario, 3. *desgl.* Stephano Vigerii. 4. Arnaldo de Colonia domicello et mag. host. 5. Romanello de Roma mag. host. 6. Petro de Cortilhis domic. et mag. host. 7. Leoni Conradi de Iovis mag. host. 8. Guidoni de Podiovalle domicello. 9. Bertrando de Roffinhaco domic. 10. Rotgerio de Belloforti domic. 11. Stephano de Monteruco domic. 12. Petro Stephani. 13. Bertrando de Vayraco domic. 14. Petro de Bessia. 15. mag. Petro marescallo equorum, qui recipit vadia scutiferorum, *zusammen* 150 fl. 4 l. 1 s. 3 d.

b. pensiones hospiciorum servientum armorum (quilibet pro anno 48 s. tur. p. = 60 s. vien.[2]) 1. Petro la Nemha pro pensione 1 1/2 an-

---
[1] Im Werte von 5 fl. 2 s. 8 1/2 d. auin.
[2] Im Werte von 2 1/2 fl. 5 s. 5 d. auin.

norum, quibus fuit presens in curia, 4 fl. 2 s. 2 d. mon. Auin. 2. I. Vigores pro pensione 2 annorum 5 fl. 10 s. 10 d. mon. Auin. 3. *desgl.* Bertrando de Aragone. 4. I. de Acheriis. 5. Raymundo de s. Claro. 6. Tibaldo de Ladriano de Placentia. 7. Aymerico de Dumo. 8. Lormo Galheti. 9. Guillelmo de Margarita. 10. Petro Gasqueti. 11. Betucho Loca de Vaca. 12. Petro Vitalis. 13. Geraldo de Bellopodio. 14. Stephano la Porta. 15. Thome de Quanto. 16. I. de Viterbio. 17. Guillelmo Danielis. 18. Bernardo de Senis. 19. Poncio de Castrobono. 20. Leoni de Neapoli.[1] 21. Petro Bernardi. 22. Petro de Autarocha. 23. Guillelmo de Riueto (servienti arm., nunc mag. hostiario) pro pensione 3 mensium, quibus fuit in dicto officio servientium arm. 16 s. 3 d. mon. Auin. 24. Guillelmo la Guilhalmia ($1^3/_4$ anni). 25. Bosoni de Mesclaiot ($1^5/_{12}$ anni). 26. Iordano de Cameraco ($1^5/_6$ anni). 27. Iacobo de Achery *desgl.* 28. Audoyno de Vassinhaco (2 anni). 29. Massioto de Montefalco (2 anni). 30. Aymerico de Ruppe alias de Corthel. 31. Rotberto de Balh[2] (7 menses 19 dies). 32. Stephano de Bordis ($1^1/_2$ anni). 33. Raymundo de Galhan. 34. Arnaudo de Suiraco. 35. Michaeli de Pistorio. 36. Petro Besserie. 37. Bartholomeo de Vassinhaco ($1^5/_6$ anni). 38. Raymundo de s. Michaele ($1^2/_3$ anni). 39. Bosoni Gerenti. 40. Hugoni de Bach (7 menses 10 dies). 41. mag. Iohanni de Civitate ($1^7/_{12}$ anni). 42. Parsevallo. 43. Hugoni de Sonheco ($1^3/_4$ anni). 44. G. de Malomonte ($1^5/_6$ anni). 45. Petro Placentis ($1^5/_6$ anni). 46. Raymundo Oliverii ($1^2/_3$ anni). 47. Begoto Sancii. 48. Angelo de Luca ($1^3/_4$ anni). 49. Guioto de Vernh ($1^5/_6$ anni). 50. Iohanni de Verlhaco ($1^2/_3$ anni). 51. Antonio Abbatis ($1^{11}/_{12}$ anni). 52. Petro Ianzens. *Zusammen* 231 fl. 27 l. 5 s. 7 d.

c. pensiones hospic. hostiariorum minorum videlicet porte ferri (*jährlich* 48 s. tur. p., *wie die vorhergehenden*). 1. Guillelmo Fornerii. 2. Iohanni Verdelay. 3. Iohanni de Forgis. 4. Bertrando de Riuo. 4. Iacobo Cabanerii. 6. Imberto Masconis. 7. Iohanni Bruni. 8. Arnaudo de s. Petro alias Lauardac. 9. Iohanni Sicaudi.

d. pensiones hospiciorum cursorum pape (*jährlich* 36 s. tur. p. = 45 s. vien.[3]). 1. Petro Mathei. 2. Stephano Pondemi. 3. Petro Garrige. 4. Petro Boveti. 5. Nicolao de Murcia. 6. Domenico de Lucarel. 7. Assaianti Iacobi. 8. Gaufrido Turci. 9. P. la Masiera. 10. Geraldo Maleti. 11. I. Vierii. 12. Raynaudino de Molendinis. 13. Bernardo Plancati. 14. Matheo Leonardi. 15. Stephano de Combis. 16. Petro Momore. 17. Guillelmo de Maurengiis. 18. Stephano Scarci. 19. Iohanni de Roma. 20. Nicolao de Murcia. 21. Guillelmo Ilareti. 22. Petro Lale.

---

[1] 1355 Mai 27 Innoc. VI. pro Leone de Neapoli, servienti armorum et familiari pape, ad certas partes regni Sicilie pro negotiis misso (*Reg. Secr.* 237 f. 110).
[2] D. h. Basel in der franz. Aussprache. Nr. 31. 40. 43. 52 sind sicher Deutsche. Über Nr 43 vgl. m. *Deutsche Ritter* 1. Buch S. 102 f.
[3] Im Werte von 2 fl. 1 s. 1 d. auin.

23. Petro Chatardi. 24. Benedicto Iohannis. 25. Martino de Senis. 26. Antonio de Fontenaco. 27. Guillelmo Bartholomei. 28. Petro de Cortapetra. 29. Stephano Vitalis. 30. Petro de Bosco. 31. I. Gaufridi. 32. Hugocioni. 33. Colino Lombardi. 34. Petro Alamanni. 35. Iohanni Bochardi (cursori et custodi prime porte). 36. Franquello de Regio. 37. Raymundo de Biterris. 38. Bartholomeo Petri. 39. Boneto Alamanni. 40. P. la Sanha. 41. Augustino de Perusio. 42. I. de Ambianis. 43. Petro Britonis. 44. Matheo Postelli. 45. I. Combarelli. 46. Petro de Spinello. 47. Anceloto de Pontoysa. 48. Nicolao Rollandi. 49. Iohanni de Agrimonte. 50. I. Britonis. 51. Iohanni Colays. 52. Iohanni de Troyes. 53. Iohanni Manfrenhi. 54. Iohanni Benedicti. 55. Iaqueto Vergerii (brodario).

(f. 227) **e.** solutio pensionum hospiciorum, que tenentur per cameram Apost. in civitate Auin. pro servicio pape, de quibus dicta camera solvit pensiones pro 2 annis: 1 Ludovico Danros, domicello de Auinione, pro pensione seu salario 2 annorum apothece, que tenetur per emptorem coquine pape pro recipiendis et tenendis piscibus et carnibus, cum per emptorem emuntur, 10 fl. 2. Bartholomeo Cambota et Ferrerie eius uxori pro pensione seu salario hospicii eorum, in quo tenetur fabrica seu marescallia equorum pape, 10 fl. 3. Belrite Vacayracie, uxori Berengarii de Vacayracio, pro pensione hospicii, in quo tenetur carcer d. auditoris camere, 7 fl. 6 s. 6 d. 4. Hugoni de Malespina pro pensione hospicii antiqui bullatorum 32 fl. 17 s. 4 d. 5. *demselben* pro alio hospicio novo contiguo dicto hospicio, quod etiam tenent dicti bullatores, 16 fl. 6. Rostagno et Iohanni Caualerii, domicellis Auinion., pro 2 partibus salarii seu pensionis hospicii, in quo tenetur carcer d. auditoris camere, ubi moratur Soldanus, 43 fl. 15 s. 3 d., *zusammen* 118 fl. 39 s. 1 d.

Alle Mieten zusammen: 766 fl. 45 l. 10 s. 10 d. *(dazu oben Sept. 25 und Okt. 13:* 74 + 10 fl.*)*.

8c. Goldschmiedearbeiten.

(I. 277 f. 164ᵛ cera) **1355** März 26 facto computo cum Nicolao Grimaldi, campsore camere, de expensis factis per eum pro rosa data per papam »Letare« 1355: 100 fl. 6 s.

(f. 170) Juli 31 cum Marcus Landi, aurifaber et serviens armorum pape, tam racione nove bulle per ipsum sub nomine pape facte et multorum cugnorum pro fabricando florenos, quos papa facere proponebat, ac pro reparando puteum hospicii seu palacii papalis Ville Nove peteret a camera non modicam pecunie quantitatem, quam papa excessivam reputavit, tandem consideratis laboribus . . . habita deliberatione in camera visum fuit omnibus . . ., quod pro omnibus dentur 200 fl.

9. Bibliothek und Schreibwaren.

(f. 181) Dez. 29 Guillelmus Bartholomei, cursor pape, et Berengaria eius uxor computaverunt de incausto et glassia ac plumis, pixidibus et amphoris per eos traditis et deliberatis pro camera thesaurarie pape per diversos dies et cursoribus per totum annum 1355, prout in computo per eos reddito plenius continetur: pro 58 amphoris incausti (*zu je* 5 s.) 14 l. 10 s., pro 70 pixidibus sive bosciis glassie (*zu je* 3 s.) 10 l. 10 s., pro aliis 21 pixidibus glassie (*zu je* 4 s.) 4 l. 4 s., *zusammen* 29 l. 4 s. in 24 fl. 8 s.

10. Verschiedenes.

(I. E. 277 f. 163ᵛ cera) **1355** Febr. 28 computum Petri Guarini, provisoris peloni pro palacio (1. Nov.—2. Febr.): in vigilia Omnium Sanctorum (per relationem Helioti servientis armorum) pro magno tinello 20 faycet, pro parvo tinello 8 faycet . . ., *zusammen* 125 fayces peloni (*zu je* 6 s.) 37 l. 10 s. in 31 fl. 6 s. *(vgl. unten Juli 31)*.

(f. 166) April 8 Guillelmo Palasserii, custodi porte ferri palacii, pro oleo lampadis ardentis de nocte in dicta porta 1 fl.

Parsauallo, servienti armorum, pro oleo necessario ardendo in camera servientium armorum de nocte in palacio 1 fl.

Juli 8 Iohanni Rosseti pro adducendo cervos apud Pontem Sorgie 3 fl.

Bartholomeo Danreus alias de Paris pro religando librum censualem thesaurarie 12 s.

(f. 171) Juli 31 computum Petri Garini, provisoris cirpi seu fresquerie sive iunqui necessarii pro palacio pape (a Penthecoste ad 1. Aug.), ut constat per relationem Helie de Buffenos, servientis armorum, . . . 172 fays (*zu je* 4 s.) 34 l. 8 s. in 28 fl. 8 s. *(vgl. Febr. 28)*.

Aug. 22 cum fuisset repertum per informationem, quod d. Bernardus Baralhi, olim capellanus pape, dum erat cardinalis, nunc vero panetarius suus, dum vivebat, teneretur certis personis de Lunello ex certis causis in informatione contentis: pro loguerio quadrigarum per eum conductarum pro portando vina provisionis pro usu dicti cardinalis, . . . fuerunt traditi d. Petro de Cruce, familiari buticularie, 72 scut. 4 s.

(f. 173) Aug. 31 computavit Guillelmus Agneti, pulsator campane palacii, pro corda ponderis 43 lb. (15 d. pro libra) 53 s. 9 d. in 2 fl. 5 s. 9 d.

Sept. 18 Petro de Vassinhaco, porterio prime porte palacii, et porteriis secunde porte ferri, pro oleo necessario ad custodiam de nocte 2 fl.

Dez. 19 cuidam manuoperario pro fornello facto in hospicio, in quo morantur neptes pape, 8 fl.

Dez. 29 computavit Petrus de Glotonis, naterius et habitator Auinion., de nathis palhetis per eum in palacio Apost. positis 1355: in introitu prime porte camere paramenti 3 cannas natarum palhearum quadratarum, in camera paramenti pape 67 ▢ cannas, in camera pape 30 ▢ cannas, in studio pape 12 ▢ cannas, in gardarauba prope cameram pape 25 ▢ cannas, in camera iuxta cameram paramenti *desgl.* 25, in camera domini Carcassonen.[1] 35, in camera d. Pampilonensis[2] 16, in cam. magistri hospicii 12, in cam. Claromont.[3] *desgl.* 25, in camera dominorum Iohannis de Baro et Iohannis de Vernhio 25, in capella s. Petri 25, in capella magna nova 67 cann. 4 palm., in revestiario iuxta dictam capellam 24 cam., in camera d. Albiens. 24, in camera d. camerarii 18, in camera d. thesaurarii 25, in capella d. thesaurarii 3 cannas quadratas, *zusammen* 361 cann. 4 palm. quadratas (*zu je* 6 s.) 138 l. 9 s. 6 fl. (1 fl. = 24 s.).

(f. 92v coquina) 1355 Jan. pro 24 scutellis, 4 platis magnis, 4 magnis pintis et 3 aquariis stagni traditis de mandato d. thesaurarii domicellis pape ponderantibus 132 march. (*zu je* 2 s. 4 d.) 15 l. 8 s., pro 65 quanis tele (*zu je* 5 s.) 16 l. 5 s., 1 corda grossa ad trahendum ligna de lignario palacii Auin. ponderante 88 lb. (*zu je* 15 d.) 110 s., pro 1 morterio ad faciendum salsas pro coquina 4 l. 16 s., pro reparandis 2 retibus piscarii 25 s., pro 3 magnis tinis 108 s., 3 canestellis magnis 40 s., pro 11 canastellis parvis 44 s., pro 7 cornutis 54 s. . . . pro 3 barralibus aceti 20 s., pro coadiutoribus coquine 12 l., pro 27 iornalibus hominum ad spargendum per ortum piscarii terram nuper extractam de dicto piscario (*zu je* 4 s.) 108 s., pro fimo empto pro dicto orto 48 s., 6 iornal. hominum, qui oneraverunt quadrigas dicto fimo 24 s., pro 16 iornal. hominum in cultura orti 64 s., pro expensis quadrigariorum 13 s. 6 d., pro portando ligna combustibilia ad coquinam et vasa coquine 4 l. 18 s., pro mappis coquine abluendis 36 s., pro cultellis coquine acuendis 10 s.

(f. 94) April . . . pro 4 croquis et 4 anulis ferri pro cingonhiis irrigantibus ortum piscarii ponderis 20 lb. (*zu je* 4 d.) 23 s. 4 d., pro 13 iornalibus hominum in cultura orti piscarii (*zu je* 6 s.) 78 s.

(f. 95) Mai . . . pro 19 iornalibus hominum in cultura orti piscarii (*zu je* 6 s.) 114 s., 4 iorn. mulierum 10 s.

(f. 95v) Juni . . . pro salario 4 hominum, qui adduxerunt animalia silvestria de Villanova Auinionem, 10 s., pro salario 4 hominum, qui de dictis animalibus duxerunt 6 animalia Pontem Sorgie, 16 s.

(f. 137 ornam.) 1355 März 30 Iohanni Cathenarii, habitatori Auin., pro 1 pari cultellorum empto pro mensa pape, qui fuerunt traditi Roberto de Nassinhaco, domicello scindenti coram papa, 7 fl.

---

[1] D. i. Stephanus Alberti, Elekt von Carcasson., Neffe des Papstes.

[2] Petrus de Monteruco, Neffe des Papstes, Elekt von Pamplona, 1356 zum Kardinal und Vizekanzler befördert.

[3] Petrus d'Aigrefeuille, Bischof von Clermont.

Mai 31 computavit Iohannes Bruni, usserius minoris porte ferri palacii Auinion., de expensis factis pro calefaciendis stuphis palacii pro papa: 8. Mai pro 4 duodenis gavellorum 40 s. pro portando ad palacium 3 s., ... pro portando ligna grossa et pro scobis 7 s. 5 d.

(f. 205 Panhota) Juli 18 pro portatura 2 naviatarum feni continentium 300 quint. ad relationem clavarii Biturrite de loco Biturrite ad portum del Periers 8 fl.

Innocenz VI. Viertes Pontifikatsjahr. 1356.

I. E. 278 (A. systematisches, nach Titeln geordnetes Ausgabenverzeichnis mit Schlußsummen und Approbation), I. E. 280 (B. chronologisches Ausgabenverzeichnis mit Seitensummen, ohne Approbation).

A. Übersicht über die einzelnen Ausgabetitel und ihre Schlußsummen.

1. **Coquina** *(I. E. 278 f. 139—153)* d. Bernardus Gaucelmi, emptor coquine: 7839 fl. 7 l. 19 s. 2 d. mon. Auin.

2. **Panetaria** *(I. E. 278 f. 154—160)* d. Iohannes de Hublangiis, Guido de Ripperia, panetarii pape: 898 fl. 6 l. 17 s. 6 d.

3. **Buticularia** *(f. 166—172) von den 3* buticularii *wird nur genannt* d. Guillelmus de Cruce, buticularius pape: 5162 fl. 400 muton. 8 l. 2 s. mon. Auin. 6 d. ob. tur.

4. **Marescallia** *(f. 176—187)* mag. Guillelmus Sabaterii, magister palafrenarie equorum pape: 2662 fl. 11 l. 10 s. 10 d. mon. Auin. *Die Rechnungsablagen erfolgen durch denselben, wie auch sonst, monatlich. Eine Probe: (f. 176)* Jan. 31 de expensis factis per eum a 1. Ian. inclus. ad 1. Febr. exclus., in quo termino fuerunt 4 septimane et 3 dies: *es folgen die Ausgaben der ersten Woche:* pro 18 ferris novis *(je 18 d.)* 27 s., pro 20 referratis *(je 6 d.)* 10 s., pro 16 lb. candelarum *(zu je 13 d.)* 17 s. 4 d., pro 2 eminis farine *(je 7 s.)* 14 s., 6 emin. furfuris *(je 18 d.)* 9 s., pro reparatione 1 freni et 3 capistrorum 4 s., pro reparatione 1 basti 3 s., 3 travarum 3 s., pro faciendo revolvi avenam 10 s., pro 2 lb. assingie porci et 2 lb. cepi 5 s., 12 lb. mellis 6 s., pro expensis 10 vayletorum equos custodientium *(je 21 s. wöchentlich)* 10 l. 10 s., pro salario eorum 30 s., pro salario 2 saumateriorum *(je 14 s. in septimana)* 28 s., *zusammen* 18 l. 16 s. 4 d. auin.

5. **Ornamenta** *(f. 188—194):* 1309 fl. 9 l. 11 s. 5 d. mon. Auin.

6. **Opera et edificia** *(f. 196—219)* mag. Iohannes de Luperiis, magister edificii turris nove vestiarii palacii pape; d. Raymundus Guitbaudi, director operum palacii; Ienso Cathalani de s. Marcho, quondam faber palacii; mag. Rostagnus Berqui, serviens armorum et fusterius palacii Apost.: 4791 fl. 13 l. 18 s. 7 d. mon. auin.

7. **Vadia extraordinaria** *(f. 222—5):* 78 fl. 58 s. 6 d. tur. gross. arg., 20²/₃ d. tur. p.: 5 l. 5 s. 6 d. mon. Auin.

8. **Extraordinaria et cera** *(f. 223—242e):* 14 294 fl. 1 scut. 38 l. 19 s. 4 d.

9. **Vadia ordinaria** *(f. 243—252):* 6 solutiones: 32 762 fl. 204 l. 3 s. 5 d. ob. mon. Auin.

10. **Elemosina** *(f. 255—259):* d. Petrus de Moncole, elemosinarius pape; d. Petrus de Frigidavilla, administrator domus elemosine Panhote: 4388 fl. 1098 muton. 28 s. 5 d. tur. gross. arg., 90 l. 9 s. 4 d. mon. Auin.

11. **Panhota** *(f. 261—276):* 10 726 fl. 13 l. 18 s. 1 d. ob. et pict. mon. Auin.

12. **Bulla et littere curie** *(f. 277):* 57 fl. 23 s. 9 d.

13. **Guerra** *(f. 279—283):* 132 143 fl. 23 s. 8 d.

14. **Pensiones seu locagia domorum** *(f. 285):* Keine Eintragung.

15. **Scripture et libri** *(f. 287):* 21 fl. 36 s.

16. **Possessiones empte** *(f. 290):* 30 fl.

17. **Assignationes pecuniarum facte pape** *(f. 292):* 10 205 fl. 2000 muton. 37 s.

B. Systematisch geordnete Einzelheiten aus den verschiedenen Ausgabetiteln.

1. Chronikalische Angaben.

(I. E. 278 f. 223ᵛ cera) **1356** Jan. 26 de mandato pape 2 famules missis apud Caturcum cum 2 equis pro adducendo 2 fratres Cartusiensis apud Villam Novam 30 fl.

Petro Montrosserii, cursori pape, misso de mandato pape archiepiscopo Saracustano et d. Fulconi Pererii, collectori in regnis Aragonum, Valen. et Maioric. et Navarre, cum literis et processibus contra gubernatorem, alcadum et procuratorem regis Navarre pro excessibus et iniuriis per eos factis in personam dicti collectoris 10 fl. *Am 9. März desgl.* Raymundo Operacii, famulo d. Fulconis Pererii, *mit Briefen über dieselbe Sache* (factum Pampilonense) *nach Pamplona geschickt* 3 fl. 1 scut. Iohannis.

Febr. 13 Petro de Ispania, famulo d. Iohannis Iairii, canonici Ilerden. ac commissarii per cameram et papam in regno Portugalie post mortem d. Petri de Marcello collectoris in dicto regno ad recipiendum bona dicti collectoris ad cameram pertinentia et ad sciendum et videndum de negotiis collectorie, qui famulus fuerat per ipsum commissarium missus et rediit ad eum, 4 fl.

Febr. 18 d. Lamberto camerario Lamucen.[1] et capellano episcopi Argentinen., misso cum litteris decimarum Alamannie aptis et clausis 100 fl.

(f. 230) März 31 computavit mag. Guillelmus Ademari [custos cere] de expensis per eum factis in viatgio de Tarrascone, ubi fuit missus de mandato pape una cum priore de Flassanis et priore Vallisbone ord. Cartus. pro videndo et considerando redditibus, terris et possessionibus comitis Auellini in territorio de Tarrascone situatis, de quorum agebatur venditione ad opus conventus fratrum Cartus. Villenove, . . . 62 s. mon. Auin.

Computum per Mauricium de Vassinhaco, domicellum et usserium pape, de expensis eundo apud Baucium pro portando certas literas cardinalium de voluntate pape: Febr. 12 ivit ad portandas literas dd. cardinalium Penestrin. et Magalon. de voluntate pape ad Baucent., qui erant in turri d. G. de Prato comitali, et ad requirendum ipsos, quod redderent turrim in manu pape et fuerunt cum eo Guillelmus Perroti notarius, Guillelmus Vigerii et Iohannes de Theysia apud Auraycum per 2 dies et expenderunt qualibet die 1½ fl., pro ferratura roncinorum 7 gross., 16 Febr. ivit cum litteris predictis ad loquendum cum predictis nobilibus et cum d. principe Auraycen. apud Auraycam et ad Gigandas et ad Siriacum pro loquendo eciam cum d. Bertrando Bedocii et ad Suse pro loquendo cum Amyot de Baucio (*täglich* 1 fl. 8 gr. *Ausgaben*). 22. Febr. fuit cum literis dictorum dd. cardinalium ad requirendum dictum Bastardum de Baucio, qui tenebat predictam turrim, quod redderet eam in manibus pape, et quod si recusaret facere, requireret ipsum sub certis penis et quod de requisitione faceret fieri publicum instrumentum, et fuerunt secum predicti G., I. et G. ac Raymundus Iohannis et Pontius de Chartres per 4 dies (*täglich verausgabt* 2 fl.), 10. Marcii fuit locutus cum dominis Montilii et cum predicto bastardo, quod facerent treugas et fecerunt per 8 dies . . . 17. Marcii ivit d. marescallus et Mauricius de Vass. ad faciendum reddere turrim, que fuit reddita in manu pape 20. Marcii, et fuerunt cum eo I. Laual, I. Alaceris, I. de Teysia et Perrotus de Vars et fuerunt per spacium 7 dierum (*tägliche Ausgabe* 2 fl. 9 gross.), . . . pro 2 roncinis, qui erant Bastardi de Baucio et socii sui et erant illesi seu vulnerati, pro cura ipsorum 5 fl., *zusammen* 51 fl. 18 s., *vgl. unten 606 Juli 31*.

(f. 231) April 4 Raynaudino de Molinis, cursori pape, misso ad comitem Auellini per cameram super debitis per eum, ut solveret et super aliis agendis coram dominis cardinalibus Prenestino et Magalon., 2 fl.

April 28 Massioto de Monte Flascone, servienti armorum pape, misso per papam cum bullis apertis et clausis ad d. legatum cardinalem Sabinen. in Lombardia 50 fl.

April 7 Raymundo de s. Michaele, servienti armorum, et Domenico de Lucarrel, cursori pape, pro expensis factis eundo et redeundo de Monte-

---

[1] D. h. wohl Domthesaurar von Lamego in Spanien.

pessulano, ubi fuerunt missi per cameram pro aportando 5000 fl., quos miserat ibi d. Fulco Pererii, collector Aragonum, de pecuniis camere 8 fl.

Mai 31 computum per Petrum de Corriere, magistrum cursorum mercatorum Auinion., de expensis per eum factis pro mittendo certos famulos per certa loca de mandato camere pro negociis cameram et papam tangentibus (12. Febr.—28. Maii): 12 Febr. Karoloto de Norsia, nuncio proprio, qui portavit litteras apud civitatem Cesaraugusten., quas mittebant d. camerarius et d. thesaurarius pape collectori Aragonum pro negotio de argento, quod debebat solvi regi Aragonum per cameram pro communitate Veneciarum iuxta conventiones factas inter dictam cameram et ambaxiatores ducis et communis Venetiarum 16 fl.

28. Febr. Iohanni de Auinione, nuntio proprio, qui portavit literas Cesaraugustam dicto collectori . . . 15 fl., Marcii 25 dicto Iohanni pro eundo in Montepessulano pro dd. camerario et thesaurario, qui portavit literas Bernardo Vincencii mercatori pro audiendis novis de cambio facto in Barsalon. de 5000 fl. per collectorem supradictum 2 fl., 21. Aprilis dixit se plus dedisse Nuto de Florentia, nuncio proprio, cum literis regi Francie et archiepiscopo Remensi et d. Raynaldo de Molinis, secretario dicti regis, directis, qui ivit in 5 diebus usque Parisius, 25 fl.; 21. April Guillelmo de Auinione, nuntio proprio, misso ad abbatem Cluniacen. cum literis pape et cum literis dd. camerarii et thesaurarii 7 fl., 28. Maii Preco de Florentia, nuntio proprio, misso ad d. cardinalem Ispan. *(Albornoz)* cum literis clausis et apertis pape et cum 1 clausa d. Guillelmo de Benevento et cum literis latis Venecias et 1 litera episcopo Erimin. et una episcopo Todi, qui nuntius ivit in 15 diebus, 18 fl., *zusammen 83 fl.*

(f. 234) Juni 20 d. Raynaudo de Pontibus militi de mandato pape ex mutuo eidem facto per papam solvendo per eum infra 3 menses a die presenti, Iohanne de Ranuchiis de Flor. pro ipso recipienti, 1000 fl.

Juni 22 d. Helie Cavalerii, priori de Pernis, misso per cameram apud Montempessulanum pro inventario bonorum † d. Theobaldi, episc. Ulixbon., 4 fl.

Juni 24 cuidam famulo Iohannis Garnia misso dicto Iohanni cum bullis reservationis bonorum † episcopi Ulixbon. et aliis literis camere clausis collectoribus Portugalie in Bracha. et Ulixbon. 5 fl.

(f. 234v) Juni 30 computavit Nicolaus Grimaldi, campsor camere, de rebus infrascriptis per eum emptis et datis per papam Bayssaerearto, ambaxatori imperatoris Grecorum, misso ad papam pro reducendo dictum imperatorem et Grecos ad unionem s. matris Ecclesie et fidei christiane, et dixit se emisse a d. Lapo Raspi cuppam cum pede et supercuppo et aygueria[m] argenti operati, deaurati et esmalhati ponderis 13 march. 1$^1/_2$ uncie arg. (7 fl. 12 s. pro marcha) 98 fl. 21 s. 9 d., 1 picherum argenti deauratum, cuius pannum, quod est desuper, est emalhatum, ponderis 6 march. 6 unc. arg. (7 fl. pro marcha) 74 fl. 6 s.; item computat emisse

a Guidone Malabayla peciam de scarlata rubea precio 140 fl., pro portando omnia ultra pontem 2 s., *zusammen* 286 fl. 5 s. 9 d.

(f. 235) Juni 30 de mandato pape ex mutuo d. Petro ep. Seguntino pro eundo ad regem Francie et ducem Borbonesii pro negotiis d. regine Blanche Castelle tradito 1. Iuni sed non scripto in libro usque ad istam diem, de quibus recepit obligationem d. Iohannes Palaysini, not. camere, 200 fl.

(f. 235) Juli 4 d. Iterio la Iarossa, camerario d. cardinalis Magalon., misso per papam in Francia pro certis negotiis 100 fl.

Juli 18 d. Paulo archiep. Smirnarum pro expensis suis 200 fl.

Juli 21 Guillelmo de Pressoriis, clerico episcopi Albiensis, pro expensis famuli missi Parisius per papam 10 fl.

Juli 31 computum redditum per Hugonem de Bellomonte, scutifer nobilis et potentis viri d. Guillelmi Rollandi, militis pape et curie Rom. marescalli, de expensis factis per eum de mandato marescalli in eundo apud Auraicam 17. Marcii et aliis diebus, qua die d. marescallus hora vesperorum recessit cum gentibus versus Auraicam et castrum Montilii Ademari pape pro recuperando bastida Prati Comitalis, que est in districtu et iurisdictione dicti castri de Montilio, quam Bastardus de Baucio nomine Amelii de Baucio tenebat occupatam faciendo inde guerram contra gentes dicti castri Montilii et eam restituere gentibus pape recusabat, de qua guerra depredationes, homicidia et vulnera fuerunt subsecuta, recessit 16. Marcii de Auinione hora tarda et duxit personas et equos infrascriptos: pro persona sua 2 equos, d. Falco de Sp[et]aleto miles 1, Raynaldus coqus d. marescalli 1, mag. G. Sinerii not. 1, Guillelmus Grasemene clericus suus 1, Maurisonus de Vassinhaco domicellus 5, vaileti pedites 4. . . . 18. Marcii fuit apud Auraicam in prandio d. marescallus cum gentibus suprascriptis, qui fuit locutus super facto bastite cum d. principe Aurayce, d. Guillelmo de Baucio et Amelio de Baucio et pluribus aliis baronibus, quos ibi mandaverat, et venit ad eum Guillelmus de Iagonas domicellus et fuit continue cum eo cum equo . . . die dominica 20. Marcii in loco Mornacii in prandio fuit expensum . . . pro 13 prebendis equorum, quando d. Falco et mag. Guillelmus revenerunt cum bastardo de Baucio et sociis suis 22 s. 6 d., pro prebendis 14 equorum dicti Bastardi de Baucio et sociorum suorum et pro victualibus, quos expenderunt familiares sui, quem quidem Bastardum et eius socium ac dictum Annelem (!) duxit Auinionem d. marescallus arrestatos, 44 s. . . . 11. Aprilis rediit apud Pontem Sorgie d. marescallus cum gentibus et equis, *alles zusammen* 43 fl. 5 s. 9 d.

(f. 237) Juli 31 computavit d. Oldradus de Maneriis, auditor s. palacii, qui fuerat missus per papam in Vasconia cum literis Apost. ad principem de Galis et comitem Armaniaci pro treugis faciendis[1] cum 7 equis per 48 dies, *(tägliche Ausgabe* 2 1/2 *fl.)* 120 fl.

---

[1] Vgl. Breuils, *Jean I*er*, comte d'Armagnac et le mouvement national dans le Midi*

Aug. 11 de mandato pape fr. Petro episcopo Patten. et Limporien.[1] misso per papam ad imperatorem Constantinopolitan. et ad partes Grecorum 500 fl.

Aug. 17 mag. Guillelmo Pini, notario inquisitori officii heretice pravitatis, misso apud Foncalquerium pro certis negociis cameram et officium predictum tangentibus 4 fl.

Pro expensis famuli d. Guillelmi Piloti, collectoris in regno Portugalie, qui portavit literam reservationis bonorum episcopi Elbor.,[2] 7 fl.

Aug. 31 computum per Petrum de Scarparia *(vgl. oben Mai 31)*, magistrum cursorum mercatorum Auinion., de pecuniis per eum promissis et datis certis nuntiis pro camera Apost. et papa missis: cuidam nuntio proprio pape misso d. legato cum bullis et literis pape et d. cardinalis Magalon. et camere in 14 diebus et venit 29. Iunii 18 fl.; pro alio nuntio proprio misso per dd. camerarium et thesaurarium collectori Aragonum, quem invenit Aragone, 11 fl.; 5. Iulii alio nuntio proprio misso cum literis bullatis pape d. regi Francie et de duci Borbon. 14 fl., 31. Iulii alio nuntio proprio misso Parisius cum literis d. cardinali Magalon. et camerario suo et d. Gaufrido David directis 12 fl., 14. Aug. alio nuntio misso d. cardinali Ispan. et d. Guillelmo de Ravennatis cum literis bullatis pape 6 fl., 26. Aug. alio nuntio proprio, qui ivit in 12 diebus d. cardinali Ispan. et Guillelmo de Ravennatis et communi Ianuensi cum literis pape et debebat reverti in aliis 12 diebus 40 fl., *zusammen* 101 fl.

Sept. 1 Petro de Ala, cursori pape, misso per eum ad ducem Brebancie et comitem Flandrie cum literis clausis super comovendo eos ad faciendum pacem vel treugas inter se 12 fl.

Sept. 10 cursoribus missis de mandato pape Parisius d. Iterio la Iarrossa, camerario d. cardinalis Magalon., Gaufrido Dauid et priori s. Martini de Campis cum literis domini Magalon. et Tortosen. (!)[a] 22 fl.

Sept. 16 Dominico de Lucarrel, cursori pape, misso per cameram festinanter Burdegal. pro aportando pecunias, quas haberet collector Burdegalen., ad cameram pertinentes, aportavit 300 scuta antiqua, ut apparet superius in recepta, 10 fl.

Sept. 19 de mandato pape Vidoni cursori mercatorum misso d. Petro Geruasii, collectori Anicien., cum litera reservationis bonorum episc. Aniciensis et litera dd. Bolon. et Magalon. cardinalium directa capitulo Anicien. 10 fl.

---

[a] Es soll Carcasson. sein.

---

au temps du Prince Noir Revue Quest. Hist. 59 (1896) p. 63 s., auch Clergeac in Revue de Gascogne 5 (1905) p. 97 ss.
  [1] Bischof Petrus de Thomas von Patti und Lipari (Sizilien).
  [2] Bischof Johannes Alfonsi von Evora in Lusitanien † 1356.

Sept. 30 cursori misso de mandato pape Parisius in 6 diebus cum literis pape d. cardinali Magalon. et episc. Carcasson. directis camerario dicti cardinalis (Iterio de Iarossa) et Gaufrido Dauid 14 fl.

(f. 240) Okt. 5 Iohanni Guertani misso per cameram ad d. G. Piloti collectorem, la Iauria, commissarium camere in regno Portugalie, pro pecuniis, quas habent predicte camere, mittendis et pro aliis negotiis 6 fl.

Okt. 5 messagerio d. cardinalis Petragoric. de mandato pape, qui portavit literas regi Francie, principi Wallis ac dominis Petragoricen. et Urgellen. pro papa in civitate Burdegalen., 10 fl.

Okt. 7 messagerio vocato Salsauert Lemov. dioc. misso Parisius cum literis pape et d. cardinalis Magalon. directis d. duci Normandie et dd. Iterio la Iarossa et Gaufrido Dauid 8 fl.

Okt. 21 Petro Lala (!), cursori pape, misso ad episc. Cameracensem cum literis super decimis diocesis sue et cum literis imperatoris ac ducis Brebancie et comitis Flandrie super pace vel treuga facienda inter eos 8 fl.

— Dominico de Lucarel, cursori pape, misso Burdegal. cum literis ad regem Francie, principem Wallie et d. cardinalem Petragor. 10 fl.

— Gaufrido de Aurayca cursori misso ad collectorem Aragonie, Ispanie et Portugalie cum literis pape et camere pro pecuniis mittendis et aliis negotiis camere 10 fl.

Okt. 31 Bertrando de Engolisma misso per cameram collectori Portugalie et Ispanie ac Iohanni Garria, commissario deputato per cameram ad exigendum bona mobilia debita et credita quondam mag. Petri de Marcello ac d. Thebaldi quondam episc. Ulixbon., pro faciendo aportari pecunias, quas habebant, usque ad Barchinon. collectori Aragonie pro faciendo solutionem 23 000 fl., quos dictus collector Aragonie de mandato pape et camere debet solvere regi Aragonie pro duce et communi Veneciarum, et dicti dux et comune debent todidem reddere d. legato card. Ispan. vel d. Guillelmo de Benevento pro guerra Romandiole 22 fl.

(f. 241) Okt. 31 computum Petri de Corriere,[a] magistri cursorum mercatorum Auinion.: se dedisse de mandato d. thesaurarii Iohanni de Montepessulano cursori venienti de Parisius cum literis camerarii domini Magalon. et d. Gaufridi Dauid 4 fl.; 26. Sept. Iohanni de Montepessulano nuntio proprio Parisius pro literis domini Magalon. et d. thesaurarii et retulit literas dominis Magal. et Gaufridi Dauid 8 fl., Okt. 14 Bartholomeo de Nurchia, nuntio proprio, cum literis bullatis pape directis d. cardinali Guillelmo legato in Ispania, qui debebat ire et venire in 24 diebus de mandato d. thesaurarii, 36 fl., Okt. 20 Iohanni de Berra, nuntio proprio, Parisius in 6 diebus portavit literas d. Magalon. et d. thesaurarii camerario dicti cardinalis et d. Gaufrido Dauid 20 fl., 25. Okt. Francisquino de Florentia, nuntio proprio, collectori Aragon. in 10 diebus apud Valen.

---

[a] B hat P. de Scarparia (identisch).

in Aragonia cum literis apertis pape et dd. camerarii et thesaurarii dicto collectori de mandato d. thesaurarii 16 fl., *zusammen* 84 fl.

Nov. 14 Iohanni Sansauert, messagerio laico Lemovicen. dioc., misso Parisius cum literis dominorum Magalon., Carcass. mag. Iterio de Iarrossa pro certis negociis pape et aliis ibi expediendis 6 fl.

Nov. 30 computum Petri de Correriis, magistri cursorum mercatorum Auin., de cursoribus missis per eum in diversis partibus de mandato pape: 11. Nov. Guillelmo la Gui, nuntio proprio pro eundo Parisius in 6 diebus cum literis d. Magalonensis et d. thesaurarii directis dd. Iterio la Iarrossa et Gaufrido Dauid 18 fl., 24. Nov. Bindo de s. Miniato, nuntio proprio, misso Parisius in 6 diebus cum aliis literis 18 fl., 25. Nov. Matheo de Montepessulano, nuntio proprio, simili modo 18 fl., *zusammen* 54 fl.

(f. 242^b) Dez. 5 Bernardo de Castris, domicello Lemovicen. dioc. et marescallo terre Romandiole per papam specialiter deputato, ex speciali dono 50 fl.

(f. 242^c) Dez. 29 computavit Petrus de Correriis alias de Scarparia, mag. cursorum mercatorum Auinion.: 12. Dez. Iohanni Marini, proprio nuntio d. abbatis Cluniacensis in civitate Metensi in Lotoringia in 5 diebus cum literis bullatis pape et camerarii ac thesaurarii pape 25 fl., 29. Dez. Bolonino et Cassalino, nuntiis propriis d. cardinalis Ispan. legati in Tuscana, qui iverunt in 12 diebus cum literis bullatis pape dicto legato et episcopo Ariminensi ac G. de Benevento directis, 36 fl. *zusammen* 61 fl.

1a. Kriegsausgaben.

(I. E. 278 f. 279) **1356** Jan. 9 cum de mandato pape fuisset factum cambium per cameram Apost. cum Nicolao Melioris de Florentia de 1000 fl. ponderis sententie current. Auin. per eum reddendis in Florentia d. Guillelmo de Benevento, thesaurario guerre Marchie, infra 31. Marcii 1356, prout in instrumento per d. Iohannem Palaysini, notarium camere, plenius continetur: 1000 fl. + 10 fl. (1%) lucri.

Febr. 12 *desgl.* Nicolao Comitis de Florentia, socio societatis Michaelis Vanni Sarlati de Florentia, 5000 fl. assignandi 30 April 1356.

Febr. 23 cum fuissent facte conventiones de mandato pape per cameram Apost. et Iacobum de Bragadino et Nicolaum Faletro de Veneciis, ambaxiatores de procuratorio Iohannis Gradonico, ducis Veneciarum, et communis Veneciarum, de assignando in Auinione 24. Febr. per dictam cameram eisdem Iacobo et Nicolao 10 000 fl. et 24. Marcii 1356 in Barchinon. vel in Auinione 23 000 fl., et prefati Iohannes et Nicolaus pro se et nominibus, quibus supra, tenerentur assignare et reddere d. cardinali Ispanen. legato in partibus Lumbardie et Tuscie vel d. Guillelmo de

Benevento, thesaurario guerrarum Ecclesie,[1] in civitate Anconitana vel Firmana, ubi prefatus d. legatus vel d. Guillelmus erunt, infra mensem Marcii 33 000 fl. *Beide Summen werden an den genannten Tagen ausbezahlt.*

April 29 *desgl.* Bruno Iohannis, procuratori societatis Albertorum Novorum de Florentia, 5000 fl. assignandi in Florentia d. Guillelmo de Benevento, thesaurario guerre Marche et Romandiole, seu eius certo mandato vel episcopo Eriminen. seu eius subcollectori 30. Iuni.

April 30 *desgl.* Bonaventure Petri, socio et factori societatis Palharsanorum de Florentia curiam Rom. sequenti, 5000 fl.

(*f. 280*) Mai 4 *desgl.* Andree Cisci de Pistorio, socio societatis Viscotis Lapis, et Bartholomeo Emici, sociis de Pistorio, 3000 fl. ponderis sententie curr. Auinione reddendi in Florentia 30. Iuni.

Mai 9 *desgl.* Sercichino de Tudrano, procuratori d. Bernardi de Polenta, militis Ravennatensis, 1000 fl. reddendi d. Guillelmo de Benevento, thesaur. guerre Romandiole, infra festum b. Iohannis Baptiste.

Mai 10 *desgl.* Zenobio Martini de Florentia, procuratori et factori Thedaldini de Richis et sociorum eius de Florentia, 5000 fl. reddendi in Florentia 15. Iulii.

— *desgl.* Iacobo Blanchi, socio Bartholomei Sprefamis, mercatoris de Luca, 5000 fl. reddendi in Florentia 31. Iulii.

Mai 30 cum d. Guillelmus de Benevento, clericus camere Apost. ac thesaurarius guerre Romandiole pro papa, recepisset de arreyragiis census Ferrarien. debitos per marchionem de tempore preterito prefate camere et collegio [cardinalium] 4000 fl., quorum medietas pertinebat ad dictum collegium, fuerunt soluti de mandato pape d. Guillelmo de Fonte, clerico dicti collegii, 2000 fl.

Mai 31 cum d. Raymundus abbas monasterii s. Nicolai in litore Veneciarum, collector Apostolicus per totam Lombardiam, recepisset de procurationibus debitis d. cardinali Boloniensi de tempore, quo fuerat legatus ad partes illas, 450 fl., quos, ut prefatus collector scripsit, tradidit prefato d. G[uillelmo] thesaurario sub conditione, quod alii 450 fl. reddentur prefato d. cardinali per cameram, ideo d. Durando Girardi, camerario dicti cardinalis sunt soluti 450 fl.

Juni 9 cum alias inter cameram ex una parte et Iacobum de Bargaduno et Nicolaum Faletro, ambaxatores et procuratores ducis et communis Veneciarum, fuisset concordatum de assignando et tradendo per cameram ipsis ambaxatoribus infra festum b. Iohannis (24. Juni) 2800 fl. boni ponderis sententie Auin. *für den Kardinallegaten,* Andree de Altedo de Cremona, procuratori ducis et communis Venet., fuerunt soluti 2800 fl. sententie.

---

[1] Am 24. März heißt er »thesaur. guerre Marchie et Romandiole«. Über seine Tätigkeit vgl. m. *Deutsche Ritter* 2. Buch S. 225 und S. 37.

Juni 17 cum d. Guillelmus de Benevento, thesaur. guerrarum, recepisset a d. Iohanne episcopo Imolensi pro complemento sui communis servicii, in quo camere et collegio ac 5 servitiis familiarium ac literis tenebatur, in 201 fl. 11 s. 8 d., de quibus pertinebant ad partem camere 87 fl. 12 s. et pro 4 serviciis familiarium camere 15 fl. 22 s., et pro litera camere 3 fl. 7 s., et ad partem collegii pertinebant 87 fl. 12 s. et pro 1 servicio familiarium collegii 3 fl. 23 s. 6 d. et pro litera dicti collegii 3 fl. 7 s. auin., de mandato pape fuerunt soluti d. G. de Fonte, clerico collegii, pro parte collegii et 1 familiarium et litere ac d. G. de Cauanhaco, clerico camere, pro 4 serviciis et litera familiarium camere 113 fl. camere 23 s. 8 d.

(f. 281) Juni 20 cum fuisset facta conventio inter cameram Apost. et d. Franciscum episcopum Florentinum de assignando per ipsum in Florentia episcopo Eriminen. vel d. Guillelmo de Benevento 700 fl. . . ., soluti fuerunt Benedicto de Palma, familiari dicti episcopi, 700 fl.

Aug. 8 *desgl.* Lamberto Lambertuschi, socio societatis Albertorum antiquorum de Florentia, 1500 fl. reddendi in Florentia 1. Okt. 1356 d. Guillelmo de Benevento.

Aug. 9 *desgl.* Laurentio Bartolini, socio societatis Ranuchini de Florentia, 5000 fl. sententie curr. Auin. reddendi in Florencia 31. Okt.

— *desgl.* Zenobio Martini 3000 fl.

— *desgl.* Iacobo Blanchi, socio Bartholomei Sprefamis, mercatoris de Luca, 5000 fl.

Aug. 11 *desgl.* Abardo Silvestrini de Alamannis de Florentia, factori et procuratori Iacobi Coqui et Danielis Bitini ac Donati Alamanni et sociorum suorum de Veneciis, 3000 fl. ponderis sententie sive Auinion. reddendi in Florentia 31. Okt. *Demselben am 17. Nov.* 3000 fl.

— *desgl.* Nicolao Melioris de Florentia 1000 fl.

Aug. 13 *desgl.* Bruno Vanni alias Iohanni de Florentia, socio societatis Albertorum Novorum de Flor., 1500 fl.

Nov. 10 cum fuissent facte conventiones inter cameram Apost. et mag. Napoleonem, procuratorem et nuntium ducis et communis Veneciarum, vigore literarum dictorum ducis et communis, de 15 000 fl. solvendis per dictos ducem et commune d. Guillelmo de Benevento, thesaurario guerrarum Ecclesie, infra mensem Ianuarii 1357 in civitate Firmana et Ancon., et dicta camera teneatur solvere regi Aragonum nomine ducis et communis infra festum nativ. Domini 1356 alia 15 000 fl., in quibus erant obligati eidem regi, fuerunt dicto d. regi soluti in deductionem 5000 fl. (pro ipso Bernardo Cabanerii, ambaxatore et procuratore regis, recipiente).

(f. 282) Nov. 17 Tangredo Francisci de Florentia 1000 fl. sent. reddendi d. Guillelmo thesaurario in Florentia 31. Ian. 1357.

Nov. 28 *desgl.* Nicolao de Masino de Florentia, mercatori curiam Rom. sequenti, 1000 fl. (+ 1% pro lucro = 10 fl.).

Nov. 29 *desgl.* Zenobio Martini 5000 fl. (+ 2% pro lucro = 100 fl.).

— *desgl.* Andree de Tichis (!) de Pistorio 5000 fl. + 100 fl. pro lucro.

Dez. 29 cum die Martis ante festum nativ. Domini de mandato pape Raymundus Guicardi et Leo Coradi, usserii, et certi alii fuissent missi ad d. cardinalem Ispan. legatum in partibus Italie pro portandis certis pecuniis . . ., in quo itinere perdidit idem Raymundus 3 roncinos mortuos et destinctos, qui sibi costaverunt 60 fl., camera restituit . . . 60 fl.

— *An demselben Tage ordnet der Papst an, daß im Laufe des Januar 1357 an verschiedene benannte Kaufleute für den Kardinallegaten in Italien 22 800 fl. ausbezahlt werden sollen. Die Ausgabe wird schon hier vermerkt (f. 283)* »quia quilibet annus habet portare onus suum et mandatum pape de faciendo dictum tractatum factum fuerat 29. Dec. 1356, idcirco dicte assignationes ponuntur in isto mense Decembris et ista die, qui (!) est ultima pontificatus Innocentii VI.«

Alle Kriegsausgaben zusammen: 132 143 fl. 23 s. 8 d.

1b. Geschenke des Papstes.

(I. E. 278 f. 224ᵛ cera) **1356** Jan. 31 d. Superane de Pompedorio Lemovicen. dioc. ex speciali gratia sibi facta per papam recipiente pro ipsa Petro la Tour domicello, nepote suo Lemovic. dioc., 200 fl.

(f. 226ᵛ) März 10 d. Iohanni domino de Anequin militi venienti de Ultramare, ubi per Turchos longo tempore captus fuerat et tractus in tormentis, ut denegaret fidem, ex speciali dono 100 fl.

(f. 231) April 11 Guillelmo Alberti domicello, nepoti pape, ex speciali dono pape 100 fl.

April 18 Gauberto de s. Exuperio, domicello et scutifero pape, ex dono per papam facto neptibus suis pro expensis earum faciendis 200 fl.

— d. Iohanni de Breno, militi pape, ex simili dono 200 fl.

April 27 d. Aymerico de Rupe Folcaudi, militi Engolismen. dioc., ex simili dono 100 fl.

Mai 30 d. Rampnulpho Helie de Pompendorio Lemovicen. dioc. 100 fl.

(f. 239) Sept. 23 de mandato pape Denisoto Alani, laico Corosopicen. dioc., qui alias pape serviverat tempore, quo erat episcopus Noviomen. . . . et Claromont., in officio coquine per 5 annos, 20 fl.

(f. 242) Nov. 26 de mandato pape domine . . . *(der Name fehlt)* ex speciali dono recipiente pro ipsa ep. Barchinonensi 200 fl.

---

[1] Papst Innocenz VI. war als Domherr (Stephanus Alberti) von Paris 1338 zum Bischof von Noyon, 1340 von Clermont berufen worden.

1e. Wohltätigkeit.

(I. E. 278 f. 255 ss. elemosina.) Die regelmäßigen Spenden pro elemosina secreta *(monatlich* 100 fl. *an* Petrus de Moncole elemosinarius pape), pro sudariis ad sepeliendum corpora defunctorum *(jährlich* 100 fl. *an denselben),* pro visitationibus hospitalium *(an größeren Kirchenfesten durch* Petrus de Frigidavilla, administrator domus elemosine Panhote, *je* 50 s.), pro mandato quadragesime *(wöchentlich* 31 grossi, prout est consuetum, *siebenmal), an die 4 Mendikantenklöster (je* 30 fl.*) und die 6 Nonnenkonvente (je* 15 fl.*), wie in den früheren Jahren.*

1356 März 26 fr. Stephano Sudre, mag. s. palacii, ord. Predic. ex speciali gratia et elemosina per papam conventui Predicatorum Auin. pro rebus suis perditis et conbustis in igne in sacristia dicti conventus casualiter facta 300 fl. et 2 calices ponderantes 10 march. 2 unc. arg. et 3 pannos auri de Dam[asco], 3 pannos auri mataban.

April 30 de mandato pape . . . d. Stephano archiep. Tholosano, pape camerario, pro elemosina data 13 pauperibus, quibus lavavit pedes in die Iovis Cene, (1 fl. pro paupere) 13 fl.

Mai 5 Nicolao Grimaldi, campsori Auin. et camere Apost., pro 10 marchis arg. curie positis in campana facta apud Villam Novam pro ecclesia Cartusiensi per papam ex speciali elemosina (5 fl. 3 gross. pro marcha) 52 fl. 12 s.

— pro simili elemosina per papam facta monachis s. Andree ac presbiteris ecclesie parochialis Ville Nove, qui interfuerunt in factura et benedictione metalli dicte campane, 6 fl.

Juli 31 computavit Iohannes Iurini, magister casularum Auinion. commorans, de certis rebus factis per eum in certis vestimentis palacii extractis de thesauro datis per papam Cartusiensibus Villenove per papam fundatis *(verschiedene Paramente werden aufgezählt)* 30 fl. 20 s.

Sept. 30 *desgl.* 27 fl. 15 s.

2. Päpstliche Beamte.

(I. E. 278 f. 222 varia extraord.) **1356** Jan. 2 Iohanni d. Grandimonte custodi et Iohanni Transfort, ortolano palacii et domus pape de Villanova, pro vadiis extraordin. (1. Ian.—28. Febr., pro die 5 s.) 12 fl. 12 s.

Ebenso in den folgenden Monaten.

Nov. 30 d. Iohanni Agni, elemosinario secreto pape, pro vadiis suis per papam de novo concessis videl. pro expensis suis faciendis, quia antea fuerat deputatus ad comedendum in domo Panhote et postea ordinatum per papam, quod darentur sibi pro die 2 gross.

(f. 223 cera) Jan. 2 mag. Iohanni Bellihominis et Raymundo de Valle, grossatoribus pape, pro gallinis dari et solvi consuetis in reno-

vatione anni coronationis pape omnibus grossatoribus videl. pro 101, cuilibet 1 gallinam: 20 fl.

Jan. 8 de mandato pape d. Guillelmo Rullandi, marescallo iustitie civitatis Auinion. pro papa, ex gratia speciali 500 fl.

Jan. 15 *desgl.* d. Berengario Raymundi militi, vigerio Auin., pro vadiis 20 hominum armorum tenendorum per eum pro custodia comitatus Veneysini contra dominum de Gardia 500 fl.

(f. 234) Juni 7 Rotberto Belenguel, clerico Rothomagen. dioc., pro renuntiatione servicii per eum facti in palacio officio scobatoris et lignorum, qui recessit propter infirmitatem, 20 fl.

(f. 237) Aug. 17 Iohanni Bruni, hostiario iuniori porte ferri pape, pro oleo lampadis ardentis de nocte pro custodia porte 1 fl. — Stephano de Combis, porterio prime porte palacii *desgl.* 1 fl.

Aus der am 21. Mai 1356 stattfindenden 3. solutio *geben wir die mit Namen bezeichneten Beamten wieder (f. 245ᵛ ss.): Kleidergelder erhalten die* penitentiarii, domicelli, magister palacii, servientes armorum, coqui et palafrenarii:

1. penitentiarii *(je* 8 fl. *zweimal im Jahre)*: fratres 1. I. Taurini. 2. Alanus Thome. 3. Iohannes Belin. 4. Guillelmus Vilate. 5. Iacobus de Assisio. 6. Raymundus Pinholi. 7. Gabrielis de Aleys. 8. Geraldus de Cambalone. 9. Thoma de Rynstede. 10. Eblo Bonifacii. 11. Petrus Hugler. 12. Nicolaus Asmundi. 13. Andreas de Vogelsant. 14. Isnardus de Seuecio. 15. Domenicus de Novoloco.

2. magister palatii [fr. Stephanus Sudre, ord. Predic.] 12 fl.

3. scutiferii *(je* 8 fl.): 1. Golferius de Liorio.[1] 2. Rotbertus de Vassinhaco. 3. Rampnulphus de Perussia. 4. Guido de Podiovallis. 5. Petrus la Cuelha. 6. Guillelmus Sabaterii. 7. Guillelmus Alberti. 8. Bertrandus de Roffinhaco. 9. Gaubertus de s. Exuperio. 10. Humberto de Sauzeto. 11. Petrus Stephani. 12. Raymundus de Cabanis. 13. Stephanus de Monturuco. *Bei der Gehaltsauszahlung werden noch genannt:* Bertr. de Varayco, Guischardus de Combornio *und* Rotgerius de Belloforti.

4. hostiarii *(je* 8 fl.): (prime porte) 1. Ademarus la Rebieyra. 2. Stephanus Vigerii. 3. Petrus de Ianzens. (II. porte) 4. Mauricius de Vassinhaco. 5. Rotgerius de Molendino. 6. Guillelmus de Riueto. (III. porte) 7. Romanellus. 8. Raymundus Grimoaudi. 9. Petrus de Cortilh. 10. Leo. 11. Arnaldus de Colonia.

5. servientes armorum *(je* 5 fl.): 1. Raymundus de s. Claro. 2. Guill. de Margarita. 3. Raym. de s. Michaele. 4. Stephanus la Porta. 5. Barth. de Saranghaco. 6. Petrus Placentis. 7. Boso Mesclaioc. 8. Vigoresus. 9. Hugo de Sonheco. 10. Bernardus de Senis. 11. Angelus

---

[1] Derselbe wird unten als magister coquine bezeichnet.

Petri. 12. Leo de Neapoli. 13. Poncetus domini Penestrini. 14. Iacobus Melioris. 15. Boso Quintini. 16. Raym. de Galenzino. 17. Michaleto de Pistorio. 18. Guill. Danielis. 19. Bertr. de Vayraco. 20. Betuchus de Luca. 21. Petrus Lebrate. 22. Iohannes de Tholosa. 23. mag. Marchus de Senis. 24. Bertr. de Aragone. 25. Iohann. de Blas. 26. Andoynus domini Magalon. 27. Iordanus de Cameraco. 28. Raymund. de Lacalana. 29. Bedocius. 30. Geraldus de Bellopodio. 31. Anthonius de Abbatibus. 32. Petrus Bernardi. 33. Rotbertus et 34. Hugo de Chalus. 35. Bigotus Simeoni. 36. Raym. Oliverii. 37. Guillelm. de la Nuguiglelma. 38. Monnus de Pelagrua. 39. Aymericus de Rupe. 40. Iohannes de Viterbio. 41. mag. Lorinus. 42. Bertrand de Falgeyraco. 43. Philipp Minceti. 44. Naudino de Sirraco. 45. Iohanni la Chante. 46. Petrus Raubac. 47. Tibaldus de Landuano. 48. Stephanus de Bordes. 49. Massiotus. 50. Raterius. 51. Petrus de Alvernhia. 52. mag. Guillelmus de Inchestris. 53. Petrus Vitalis. 54. Guillelmus de Malomonte. 55. Iohannes magistri Pauli. 56. Reginaldus Bassi. 57. Parsavallus. 58. Iohannes de Chieras. 59. Amaro de Hostia. 60. Iacobus de Creri. 61. Bosio. 62. Petrus Gasqueti. 63. Karolus Iori. 64. Heliotus. 65. mag. Iohannes de Luperiis. 66. mag. Iohannes Balistarii. 67. Iaquetus Melioris iun. 68. Chornax Canti. 69. Petrus Bessiera. 70. Ioh. Rostagni. 71. Helias de Letrenges. 72. Petrus de Altaroca. 73. Ioh. de Varliaco. 74. Bertron de Penna. 75. mag. Rostagnus Berqui. 76. Barthol. de Placentia.

6. coqui (*je* 8 fl.) una cum **marescallo** equorum: 1. mag. Gerardus de Miramonte. 2. mag. Guill. Champion. 3. mag. Ioh. Hote (coqui). 4. mag. Petrus marescallus.

7. palafrenarii (*je* 2 fl.): 1. Petrus le Grose. 2. Guillelm. Gauterii. 3. Domenic. Demet. 4. Arnaldus de la Boysiere. 5. Anthonius Beardi. 6. Bernardus Saucii. 7. Guillelmus Catalani. 8. Petrus de Navarra. 9. Egidius Martini. 10. Henricus de Tongris. 11. Gobilotus Forini. 12. Bartholomeus de Ponte. 13. Petrus de Lorgue. 14. Stephanus Malpas.

Außer diesen Kleidergeld empfangenden Beamten werden bei der Gehaltsauszahlung noch mit Namen aufgeführt: (f. 246) B. de Roana et Taffinus portarii prime porte. Golferius de Lioro, magister coquine.[1] Raynaldus de Lur aquerius et 3 famuli sui. B[ernardus Gaucelmi] emptor coquine. I. Postelli coquus. (G[uillelm.] Champion alter coquus.) Geraldus alter [coquus]. Iaquetus brodarius coquine. 3 buticularii *(nicht genannt).* d. Sy. regestrator, d. St. socius suus. regestrator regestri secreti. G. Sabaterii magister palafrenorum et scriptor suus. scriptor coquine *(nicht genannt).* Aymericus de Dumo custos armorum. mag. I. de Parma surgicus *(erhält wie die* domicelli 27 fl. *acht-*

---

[1] Vgl. denselben oben 3 als scutifer.

wöchentlich). d. R. Guitbaudi director operum. (mag. P[e rus] marescallus equorum.)

Die 8 capellani capelle intrinsece *werden mit Namen aufgeführt f. 191 (vgl. Pelzwaren zum 3. Juni).*

(f. 204 edif.) wird genannt d. Nicolaus de Monteclaro miles, magister hospitii pape.

3. Brot, Frucht und Lebensmittel.

(I. E. 278 f. 262 Panhota) **1356** Febr. 1 cum Laurentius Britonis, Franciscus de Laude, Petrus de Verduno, Iohannes Terrini, Ioh. Calada, Aubertinus de Placentia et Ioh. Galteri pistores vendidissent alias 2000 saumatas bladi pro elemosina Panhote et 400 saum. ordei (19 gross. pro saum. bladi et 15 gross. pro saum. ordei), *erhalten abschläglich* 1000 fl. April 1 *desgl.* 833 fl. 8 s.

(f. 265) Mai 7 cum Iacobus de Gorda et mag. Raymundus Amici, mercatores Auinion. principales, et Eycardus Martini, fideiussor eorum, vendidissent camere Apost. pro usu palacii et domus elem. Panhote 1500 saum. frumenti reddendi per eos in portu Auin. (22 gross. pro saum.), de qua summa habuerunt 13. Sept. et 15. Dez. pro 1000 saumatis 1832 fl. 32 s., pro residuis 500: 916 fl. 16 s.

(f. 268v) Sept. 12 *den zum 1. Febr. genannten Bäckern für* 3000 saum. bladi (2000 frumenti et 1000 siliginis vel ordei) *zu je* 17$^1/_2$ gross. reddendis per ipsos in pane cocto sufficienti pro elemosina Panhote ...: 4375 fl. (*zu je* 12 gross.), *sie erhalten* pro medietate 2187 fl. 12 s.

Dez. 22 cum d. Petrus de Artizio, thesaurarius comitatus Veneycini pro papa, de mandato camere Apost. emisset tam pro usu hospicii elemosine Panhote quam pro usu palacii 3000 saum. frumenti gross. (*zu je* 2 fl. 6 s.): 675 fl., et quia fuerunt positi superius in recepta dicti thesaurarii, fuerunt hic positi in expensa Panhote.

(f. 273v) Dez. 29 computum redditum per mag. Iohannem Rosseti clericum, canonicum Cabilonensem, de provisionibus bladorum, pisorum, fabarum ... tam pro usu palatii pape quam domus elemosine Panhote in Burgundia factis et d. Petro de Frigidavilla, administratori dicte domus, assignatis. *Die Einkäufe werden weitläufig beschrieben. Wir lassen nur die Schlußrelation hier folgen:* sic apparet, quod quelibet de 857 saumatis frumenti 2 eminis emptis per eum diversis pretiis et a diversis personis (de prima emptione 31 s. 1 d.) reperitur decostare conducta in graneriis pape 23$^1/_2$ gross. 2 d., *zusammen* 1685 fl. 19 s. 1 d. ob., item repertum fuit ipsum emisse ultra predictas ab alia parte 359 saum. frumenti precio de prima emptione supradicto et inclusis expensis absque portu, quia perierunt supra pontem s. Spiritus naufragio, casu fortuito veniente, et nichil pro portu fuit computatum (salmata qualibet 18$^1/_2$ gross.

2 d. et picta), de quo blado periclitato repertum est fuisse extractas 99 saum. de aqua et ipsas fuisse venditas, cum erant inutiles pro usu Panhote, precio in universo 47 fl. 11 gross., quibus deductis pro blado periclitato computat in universo expendisse 508 fl. 7 s. 9 d. et picta.

An Erbsen (pisi) *waren* 20 *saumat.* 9 *boysselli eingekauft. Es kostete bis in Avignon die* saumata 39 gross. 8 d. 1½ picta, *zusammen* 67 fl. 20 s. 3 d. ob.

An Bohnen (fabbe) *wurden* 77 saum. 12 boyssell. *eingekauft (mit Unkosten zu je* 19 gross. 6 d. et picta), *zusammen* 128 fl. 8 s.

(*f. 242 cera*) Nov. 30 computavit d. Petrus Gervasii, can. Anicien. ac collector Apost. in civitate et dioc. Anicien., Mimaten., s. Flori ac Claromonten., de caseis missis pape per d. I. Servientis, subcollectorem suum in Alvernhia, pro 24 quint. caseorum, quorum 16 quint. costaverunt in patria (*zu je* 2½ fl.) 40 fl., residua 8 quint. (*zu je* 2¼ fl.) 18 fl., pro expensis illius, qui procuravit caseos, 3 fl.; pro telis et cordis 3 fl., pro vectura seu portu dictorum 24 quint. (*je* 1 fl.) 24 fl., *zusammen* 88 fl.

NB. *Hafereinkäufe vgl. unten S. 621.*

4. Weinanschaffungen.

(*I. E. 278 f. 270 Panhota*) Okt. 31 d. Petrus de Frigidavilla, administrator Panhote, computavit pro 9 botis emptis (*zu je* 2½ fl.) 22 fl. 12 s., pro aliis 6 botis (*zu je* 2 fl.) 12 fl.

— se recepisse in Urgone 262 salmat. vini ad mensuram dicti loci (10 salmat. = 9 salm. Auin.) = 236 salm. minus ¼, pro portu dicti vini in 46 botis tam de mena quam aliis (*zu je* 1 fl.) 46 fl.; pro expensis Bertrandi Chidrat et Iohannis Bossin, qui iverunt pro dictis vinis et steterunt per 31 dies (*je* 3 s.) 4 l. 13 s., *dazu an kleineren Ausgaben* 26 s. 3 d.

De vinis de Novis et de Castro Raynardi 456 salmatas (12 salm. = 10½ salm. Auin.) = 312 salm. Auin., in 52 botis, quarum 3 bote portate fuerunt cum quadrigis Panhote et 49 cum navigio Guillelmi Coycic de Novis (*zu je* 1 fl.) 49 fl., *zusammen* 99 fl. 23 s. 3 d.

— se emisse a Manello mercatore 36 salm. vini antiqui (13 s. pro salm.) 23 l. 8 s., pro 26 salm. vini antiqui a Iohanne mercatore (*zu je* 15 s.) 19 l. 10 s., pro 76 salm. racemorum (*zu je* 15 s. 6 d.), de quibus fuerunt habite 57 salmate vini, 58 l. 18 s., pro 4 trolhaturis (*je* 6 s.) 24 s., pro logerio 1 tine per 8 dies (*je* 5 s.) 40 s., *zusammen* 87 fl. 12 s.

— computavit de vinis in locis de Iunqueriis et de s. Spiritu per d. Astorgium de Combis, familiarem Panhote, emptis: pro 18 modiis vini emptis in loco de Iunqueriis et portatis ad portum s. Stephani (4 fl. 8 tur. gross. pro modio mensure de Balneolis) 84 fl., que valent ad mensuram Auin. 5½ salmatis pro modio computatis) 99 salmat.; pro 15 modiis vini emptis per d. Astorgium apud s. Spiritum de vino de Plans (5½ fl.

pro modio) 82 ½ fl., pro 11 ½ modiis vini de Greso (*zu je* 6 fl.) 69 fl., que 26 ½ modia faciunt 159 saum. Auin., *zusammen* 258 saumate Auin., que portate fuerant in 42 botis (*für Hin- und Rücktransport der Fässer je* 7 tur. gr.): 24 ½ fl.; pro dictis 26 ½ modiis vini portandis cum barralibus a loco, quo empti fuerant, usque ad locum, quo implete fuerunt predicte bote (1 ½ tur. gross. pro modio) 3 fl. 7 s. 6 d., ... pro logerio cellarii, in quo dicte bote fuerunt implete, 10 tur. gross., pro salario corretarii 2 fl. ..., pro 85 botis plenis vino exhonerandis de navigiis et honerandis in quadrigis, reponendis et estiuandis in cellariis (3 s. pro bota) 12 l. 16 s.

Die Weinanschaffungen kommen im ganzen auf 577 fl. 13 s. 2 d. auin.

(f. 167ᵛ butic.) Okt. 31 computavit d. Guillelmus de Cruce, buticularius pape, de vinis factis per eum pro usu palatii tam apud Villam Novam quam apud locum de Angulis: apud Villam Novam se emisse 214 saum. racemorum, de quibus implete fuerunt 26 bote grosse, (pro saumata 18 s. mon. Auin.) 192 l. 12 s.

Pro loguerio 40 hominum, qui calcaverunt vindemiam, distrinxerunt eam, iverunt per vineas et fecerunt mensurari racemos (4 s. pro homine) 8 l. Pro portando de Villanova apud Auinionem 16 botas tam per terram quam per aquam (6 s. pro bota) 4 l. 16 s. mon. Auin., pro 4 broquis, 4 gamatis 3 palis et 1 embuto et pro trolio reparando 48 s. Sic decostat quelibet bota grossa 8 l. mon. Auin. minus 4 s. in toto.

Computat emisse apud locum de Angulis 58 saum. vini novi, que decostiterunt (*je* 28 s.) 81 l. 4 s., de quibus implete fuerunt 9 bote grosse; pro dictis botis portandis tam per terram quam per aquam apud Auinionem (*je* 12 s.) 5 l. 8 s.; *zusammen* 245 fl. 8 s.

Okt. 31 computavit d. Petrus de Cruce, nepos d. Guillelmi, de vinis per eum factis pro papa apud Nemausum: 727 saum. 2 quint. racemorum (saumata de 3 quint.), de quibus fuerunt implete 100 bote grosse (10 tur. gross. pro saumata) 606 fl. 9 s. 4 d., pro 108 dietis hominum pro calcando et faciendo vina (*je* 3 ½ s.) 18 l. 18 s. *Mit allen Unkosten kommt schließlich die* bota grossa *in Avignon auf* 8 fl. 10 tur. gross. 6 d. auin., *zusammen* 318 fl. 400 muton. 17 s. 4 d. mon. Auin.

— *desgl.* de vinis factis per eum in Lunello ... 2350 quint. racemorum, de quibus implete fuerunt 101 bote grosse (4 ½ quint. *kosten* 1 fl. 8 tur., 1 fl. = 20 tur.!): 516 fl. 7 tur. gross. *In Avignon kommt schließlich die* bota grossa *mit allen Unkosten auf* 8 fl. 8 tur. gr. 2 d. auin. + in toto 14 d. auin., *zusammen* 876 fl. 2 s. mon. Auin., 5 tur.

Okt. 31 d. Petrus de Cruce computavit de vinis receptis de redditibus prioratus de Lunello veteri, qui tenetur ad manum pape: 347 quint. 30 lb. de vindemia, 8 botas grossas plenas vino, *zusammen* 23 botas grossas plenas una cum 5 sextariis vini emptis ... Sequntur vina de prioratu de Balhanicis, qui tenetur etiam ad manum pape: 18 botas grossas

4. Weinanschaffungen.

plenas exceptis 11 sextariis vini, qui fuerunt empti pro ipsis implendis, (5 fl. pro modio) *für* 3 fl. 1 tur. gross.

Item pro 49 sextariis 3 quartalibus vini muscadelli, de quibus una cum muscadello habito de prioratu de Balhanicis implete fuerunt 3 bote grosse, 9 fl. pro modio: 25 fl. 2 s. *Mit Fracht kommen diese Weine bis Avignon auf* 196 fl.

— computavit d. Petrus de Cruce . . . emisse in Nemauso et in Lunello 24 botas novas deficientes: 73 fl. una cum portatura ad tinale, pro 12 semalibus novis emptis in Montepessulano pro ponerando vindemiam, que decostiterunt una cum portu 9 fl. 4 gross. etc., *zusammen* 128 fl. 14 s.

(f. 170) Okt. 31 computum redditum per Guillelmum Sabaterii, magistrum palafrenarie pape, de vinis factis pro usu pape apud Coms: emisse 195 saum. racemorum (*zu je* 3 quint., 9 tur. gross. pro saumata (12 tur. gross. = 1 fl.) 146 fl. 3 tur. gross., de quibus implete fuerunt 26 bote grosse, sed 1 fuit expensa in adulhagio supra portum. *Mit allen Unkosten kommt die* bota conducta Auinionem *auf* 7 fl. 14 s. 9 d. mon. Auin., *zusammen* 190 fl. 8 s.

— computavit idem de vinis factis per eum in Bellicadro: pro 22 modiis vini ad mensuram Bellicadri, de quibus implete fuerunt 24 bote grosse (10 fl. pro modio) 220 fl., pro portandis de Bellicadro apud Auinion. (14 s. pro bota) 16 l. 16 s. (1 fl. = 24 s.), *zusammen* 234 fl. *Die* bota *kommt in Avignon auf* 9 fl. 9 tur. gross.

Dez. 29 computavit Stephanus Vitalis, cursor pape, de vinis de s. Porciano per eum emptis pro usu palacii pape: pro 21 tonellis 2 botarellis vini (2 botarelli = $^1/_2$ tonello, pro tonello 10 fl.) 215 fl., *mit allen Unkosten bis Avignon kommt* 1 tonellus *auf* 21 fl. 11 s. 9 d., *zusammen* 461 fl. 8 d.

(f. 171ᵛ) Dez. 29 computavit d. Gerardus de Arbenco, obedientiarius s. Iusti Lugdun. ac collector fructuum beneficiorum vacantium in provinciis Viennen., Tarentasien., Lugdun. etc., de vinis emptis in villa Belnen. pro usu palacii pape (est sciendum, quod in omnibus emptionibus florenus Pedimontis boni ponderis computabatur pro 27 s. mon. Francie): se emisse a Iohanne Mileti 12 caudas vini (pro cauda tenente 32 sextarios: 17 fl. de prima emptione) 204 fl., pro 20 sextariis vini, quod dicte 12 caude tenebant ultra tenutam consuetam, (pro sextario 6 gross. 10 tur.) 10 fl. 7 gross. 11 d.; a Geraldo Panetarii 12 caude (*zu je* 16 fl.) etc., *zusammen* 82 caude 9 sextaria *für* 1366 fl. Pedimontis boni ponderis 4 gross. de prima emptione. *Dazu kommen die Unkosten des Transportes etc. mit* 370 fl. $^1/_2$ gross. 3 obol. tur., *so steht die* cauda communis *von 32 Sextar in Avignon* 21 fl. 11 gross. 20 d. parvi, *zusammen* 1736 fl. 9 s. mon. Auin. 3 ob. tur.

5. Fleisch, Fische, Wildbret.

(I. E. 278 f. 141v coqu.) März 31 . . . pro 3 salmonibus recentibus de mandato pape in partibus Anicien. dioc. emptis et inde apportatis 14 fl., pro expensis Anceloti de Pontisara, cursoris pape, factis eundo apud Montempessulanum, Aquas Mortuas et alia loco adiacentia ripe maris pro perquirendis ostris pro papa 4 fl.

— computum redditum per d. Gerardum de Arbenco, obedientiarium s. Iusti Lugdun. ac collectorem Apost. in provinciis Lugdun. Viennen. etc., de provisione piscium facta per eum in Burgundia pro usu palacii pape 1356: 12 lucios (21 fl.), 3 lucios (8 fl.), 7 lucios, 8 barbellos, 6 bramas (22 fl.), 23 lucios, 81 carp. (140 fl.); 2 lucios, 3 bramas, 6 barbellos (8 fl.), 16 lucios, 7 carpas, 10 barbellos 26 fl., 13 lucios, 9 bramas, 11 carpas 28 fl., 10 lucios, 8 carpas (17 fl.), 13 carpas, 10 bramas (16 fl.), pro 2000 parvulis carpicellis ad nutriendum lucios 10 fl., pro nave seu buticha empta et parata ad deferendum dictos pisces 30 fl. 6 gross., pro portu dictorum piscium per aquam 20 fl., pro expensis provisorum piscium 18 fl., *zusammen* 406 fl. 4 s.

(f. 142v coqu.) April 31 pro 21 mutonibus datis ex parte pape 18 cardinalibus existentibus in Rom. curia (d. Penestrino 2 mutones et cuilibet alteri 1 mut., camerario pape 1 mut., servientibus armorum et magistro marescallie pape 1 muton.) emptis *zu je* 32 s.: 33 l. 12 s.; pro 36 edulis etiam datis in dicto festo [Pasce] prefatis dominis cardinalibus (cuilibet 2 edulos *zu je* 15 s.) 27 l., pro 3 salmonibus recentibus emptis in partibus Anicien. et inde apportatis in coquinam (*zu je* 6 fl. cum portu) 18 fl., pro alio salmone 5 fl. 8 s., pro ostris emptis in Aquis Mortuis per Anselotum cursorem 24 s.

(f. 150) Dez. 29 *werden für spezialisierte Fischeinkäufe in ähnlicher Weise verausgabt* 311 fl. 4 s.

(f. 149v) Dez. 29 . . . sequitur provisio porcorum facta pro palacio: pro 10 porcis emptis in foro Auinion. 23 fl. 12 s., pro aliis 20 porcis emptis in foro Carpentorat. per clavarium dicti loci et P. Geraldi, macellarium Auin., 51 fl., pro fabbis ad pascendum porcos, usque quo fuerunt occisi, 7 s. 6 d.; pro 13 iornalibus hominum, qui tressaverunt sal pro porcis salandis (*zu je* 3 s.) 39 s.; pro salario macellariorum, qui occiderunt, paraverunt et salaverunt dictos 30 porcos (*je* 4 s.) 6 l.; pro expensis macellariorum 24 s., pro 1 apro domestico 60 s.

Wildbret.

(I. E. 278 f. 242 cera) **1356** Nov. 30 computum per P. de Cortilh., usserium pape, de expensis pro venatione cervorum facta per eum: pro 3 saccis pro portando cordas et panem 20 s., pro 10 par. caligarum linearum pro venatione 30 s., pro 3 lb. cordarum 5 s., . . . pro expensis

Dalmati venatoris et 10 hominum cum eo ac 14 canum a Petralata ad Montemfrigidum 3 fl., *zusammen* 7 fl. 3 s. auin. *Die weiteren Ausgaben der Jagd werden im einzelnen aufgeführt. Die Jagd fand in der Gegend von Arles statt und kostete im ganzen* 89 fl. 20 s. 5 d. mon. Auinion.

5a. Hafereinkäufe.

(I. E. 278 f. 186v maresc.) **1356** Dez. 29 computum Iohannis Rosseti clerici de provisione avene facta per eum in Cabilone per relationem Guillelmi Sabaterii, magistri dicte palafrenarie: se emisse a Iohanne lo Babalat de Cabilone, mercatore 129 bichetos avene ad mensuram Cabilon. (*zu je* $^1/_3$ fl. boni ponderis) 43 fl., a Guillelmo de s. Cosma de Cabilone 198 bichetos (*je* $^1/_3$ fl.) 66 fl., a Philiberto Chandelerii de Cabilone mercatore 66 bichetos (*je* $^1/_3$ fl.) 22 fl., a Iohanne de Pinat de Verduno mercatore 69 bichetos (*je* $^1/_3$ fl.) 22 $^1/_2$ fl. etc., *zusammen* 518 bichetos *zu* 172 fl. 2 gross. [prime emptionis].

Pro onerando in Cabilone et pro salario corretariorum, qui emerunt avenas, 4 fl. 10 gr. Pro expensis 1 nuncii, qui custodivit et conduxit avenas per aquam de Cabilone apud Auinionem per 24 dies 6 fl., pro vino dato pedagiariis de Cabilone usque Auinionem et expeditione literarum 8 fl., pro lanternis et candelis necessariis pro navigiis de nocte 10 gross., pro penuncello de arma pape pro ponendo super navigium 1 gross., pro mensurando Auinione dictas avenas videl. 295 saum. avene grossas (1 $^3/_4$ bichetus ad mensuram Cabilon. = 1 saum. grossa Auin.), pro saumata 2 d.: 49 s. 2 d., pro portu de navigiis ad orrea pape (3 d. pro saumata) 78 s., pro virando avenas in orreis palafrenarie, ne calefirent, per plures dies 3 fl., pro portu cuiuslibet salmate per aquam de Cabilone apud Auinionem 5 gross. boni ponderis: 122 fl. 11 gross., *zusammen* 323 fl. 3 s. 2 d. mon. Auin.

— computavit idem I. Rosseti de aliis avenis per eum in Burgundia in dicto loco Cabilon. et in Virduno emptis: se emisse in festo nativ. b. Marie in Cabilone in foro communi a pluribus personis 96 $^1/_2$ bichetos (*zu je* 7 s. 10 d., 1 fl. = 24 s.) 37 l. 15 s. 11 d. etc., *teils zu* 8 s. *und* in granerio, *zusammen* 460 $^1/_4$ bichetos *für* 182 l. 5 s. 5 d. ob. Ferner in Virduno die Iovis ante festum apostolorum Symonis et Iude in foro communi a I. Lalemant (!) et pluribus aliis 74 $^1/_2$ bichetos ad mensuram de Virduno (2 bicheti pro 1 fl.) 37 fl. 3 gross. etc., in Lugduno a Salandrin 3. Dez. 604 $^1/_2$ rasos avene ad mensuram Lugduni (13 rasi *zu* 1 fl. boni ponderis) 46 fl.

Zusammen in Verdun 277 bichetos 1 boss., *in Lyon* 604 $^1/_2$ rasos, *beides zusammen gleich* 576 $^1/_2$ saum., *die* saumata *zu* 13 s. 9 d. obol. et picta, et 2 gross. 1 d. et pict. pro expensis et 5 grossi de portu per aquam, *macht zusammen auf die* saum. 13 $^1/_2$ gross. 11 d.

Im ganzen 670 fl. 14 s. ob.

5b. Heu- und Strohanschaffungen.

(f. 266ᵛ Panhota) Juni 30 computavit d. Petrus de Frigidavilla de provisione feni per eum facta pro domo Pinhote: pro 400 quint. feni pro provisione ad opus animalium cadrige et orti (3 s. 5 d. pro quintali conducto ad portum), pro portatura de portu ad domum elemosine de Miraculis (1 d. pro quint.) 58 fl. Pedimon. 8 s. (1 fl. = 24 s.).

(f. 184 maresc.) Okt. 31 computavit Guillelmus Sabaterii, mag. palafrenarie: emisse in Auinione ab Alberto de Mediolano mercatore 270 quint. feni (5 s. pro quint.) 65 l., pro dicta quantitate feni una cum aliis 80 quint. mutuo a dicto Albertino receptis portandis de Auinione ultra Rodanum et de ripa Rodani usque fenariam Villenove et pro ipso estivando sive collocando 8 l. 5 s. 3 d. ob.; pro 40 quint. feni novi empti apud Villamnovam (3 s. 9 d. pro quint.) 7 l. 10 s., pro 1517 quint. feni novi empti a diversis personis *(zu je* 3 s. 6 d.) 265 l. 9 s. 6 d., pro 652 quint. feni *(zu je* 3 s. 3 d.) 105 l. 19 s., *für das Herbeibringen und Ordnen in der Heuscheune* 32 l. 8 s. *Zusammen wurden gekauft* 2469 quint. feni.

— se habuisse de fenis prioratus de Palhassia 905 quint. feni, *dafür an Macherlohn und Herbeischaffung* 94 l. 6 s. 10 d., *im ganzen für Heu verausgabt* 482 fl. 10 s. 11 d. ob.

(f. 185ᵛ) Nov. 30 computavit idem Guillelmus de provisione palearum factarum per Egidium Martini, palafrenarium pape, in Rupemaura: pro 33 cannis quadratis palheliorum emptis *(zu je* 24 s.) 63 l. 12 s., pro faciendo portari paleas de palheriis usque ad Rodanum et ibidem cargari in navibus 10 l., pro faciendo aportari usque Auinionem per aquam 15 l., pro faciendo discargari et estivari in palafrenaria 8 l. 10 s., *zusammen* 80 fl. 22 s.

6. Kleidung, Tuche und Gewebe.
a. Bekleidunsgegenstände.

(I. E. 278 f. 189 ornam.) April 30 computum redditum per Bertrandum Bernardi, servientem armorum et sartorem pape, de raubis factis per eum pro papa a 11. Okt. ad 1. April.: pro 1 mantello folrato de griso facto in mense Nov. 1 fl., pro 2 paribus caligarum 4 gross., pro 2 paribus mitanarum 3 gr., in festo Nativit. Domini pro 1 mantello, tunica, corseto duplo et cocardia cum capucio duplo cum caligis et birretis 4 fl., pro 3 maletis 3 fl., in festo Pasche pro mantello, capa, cocardia, tunica, corseto duplo, caligis et birretis 5 fl., . . . pro tunica, corseto et gorgerio et aliis reparatis 2 fl.; item computat pro Guillelmo Alberti, pro Stephano et pro domina Galiana et Guinoto pro diversis garnimentis pro manu 4 fl. etc., . . . *zusammen* 100 fl.

(f. 191ᵛ) Sept. 30 computum Nicolai Benchi, mercat. curie Rom., de rebus a 19. Mai ad 30. Sept. traditis pro papa: Bertrando sartori de

mandato Petri Iansenii pro garniendo 3 mantellos, 1 de scarlata, 1 de surriano, 1 de saya Mediolan., et 1 corsetum cum capucio duplici et alio simplici et 1 cotam folratam de sindone et 1 tunicam, 1 maletam cum 3 paribus caligarum et 6 birretos: 5 uncias ciricis de grana[1] (*zu je* 1 fl.) 5 fl., 3 uncias ciricis rubee (*je* 6 gross.) 1^1/$_2$ fl. . . ., pro 4 cordonibus siricis de grana ponderantibus 9 unc. et 1 ternal. (*zu je* 1 fl.): 9 fl. 1^1/$_2$ gross.[2]; pro 1^1/$_2$ canna tele albe de Parisius pro predicta maleta 1 fl. 1^1/$_2$ gross., pro 6 floquis de cirico rubeo pro maleta ponderant. 3^1/$_2$ unc. (*zu je* 6 gross.) 1 fl. 9 gr., pro 4 cannis vete de sirico et 2 ternalibus de sirico pro caligis pape 1 fl., pro 1 uncia 5^1/$_2$ ternal. sindonis de grana receptis per P. Iansens pro sotularibus pape 10^1/$_2$ gross., pro 6^1/$_2$ cannis vete de sirico albo pro capitergiis pape 8 gr. . . . pro 4 fibletis de argento ponderant. 1 march. 6 d., pro faciendo bracharium pro papa 7 fl. 1 gross., pro 3^1/$_3$ palmis de velveto fino et 1 canna tele albe et 5 ternal. siricis de grana pro faciendis bracariis pro papa 4 fl. 6 gross.

(*f. 193*) Nov. 30 computavit Iohannes de Condamini, cordoanerius sive sabaterius Auinion., de sotularibus pro papa (1. Nov. 1355—1. Nov. 1356), ut constat per relationem cubicularii: pro 5 paribus sotularium folratis de gris et de scarlato (*zu je* 3 fl.) 18 fl.

Nov. 30 computavit Franciscus Dominici, iuperius Auin., pro reparando 2 malacia (!) de sindone blavo 12 gross., aliud matalacium de fustano albo 6 gross., aliud de sindone rubeo 6 gr., aliud de sindone viridi 6 gr., aliud de fustano albo 6 gr., aliud de bordo virgato 6 gr.; pro faciendo extendere pannos sive tapetos in camera paramenti 2 fl. 12 s. etc., *zusammen* 14 fl. 22 s.

6b. Tuche und Gewebeeinkäufe.

(*I. E. 278 f. 255^v elemosina*) **1356** März 5 cum Franciscus Bouerii et Pascalis de Angulis, mercatores de Andusia, vendidissent camere Apost. pro usu et ad opus elemosine Panhote 100 pecias pannorum gross. precio 500 fl., prout constat per instrumentum per d. Iohannem Palaysini, notarium camere, super hoc receptum, *erhalten sie jetzt die zweite Hälfte* 250 fl.

April 1 de mandato pape Iohanni Verdelli, mercatori Auinion., pro 20 cordis tele albe pro faciendis 25 albis cum amictis pro celebrandis missis et 15 mappis altaris ad opus monasterii Cartusien. Ville Nove ex speciali dono (43 s. pro corda) 43 l. auin. in 35 fl. 20 s.

Mai 31 computavit d. Petrus de Frigidavilla, administr. domus elemosine Panhote, de 200 pannis elemosine albis et brunis emptis in Andusia per d. Astorgium de Combis, familiarem elemosine, *zu je* 4 fl. 18 s.

---

[1] D. h. eine bestimmte Art von scharlachrot.
[2] Hiernach ist 1 ternal. = ^{1}/$_8$ uncia.

auin.: 950 fl. Pedimontis boni ponderis; pro portatura 200 pannorum (de 5 pannis 1 fl. parvi ponderis) 40 fl. parvi pond., ac pro portatura 4 pannorum de curtigine (?) 1 fl.; se expendisse in 5 diebus pro se et equo eundo et redeundo et illuc stando cum corretario 2 fl. boni pond. 6 s. auin., *zusammen* 952 fl. Pedism. boni pond., 41 fl. parvi, 6 s. mon. Auin.

Mai 15 fratribus Cartusien. pro capitulo maiori ipsorum tenendo in Cartusia recipiente fr. Petro de Porta, priore Vallis Bone, 100 fl.

Mai 16 *desgl. den Dominikanern:* fr. Guillelmo priori convent. Predic. Parisiensis 100 fl.

Juli 2 *desgl. den Augustinern:* fr. Petro de Bardis, priori conventus August. Auin., pro capitulo provinciali in Auinione faciendo 20 fl.

Okt. 31 computavit Iohannes de s. Bausilio, draperius Auin., de pannis per ipsum emptis in nundinibus Cabilon. pro elemosina Panhote pape . . ., *zusammen* 105 pecie: 1512 fl., *mit den Ausgaben* 1098 mutones 28 s. 4 d. mon. Auin. (1 muto = 34 s. 1 d., 1100 mutones = 1562 fl. boni ponderis).

(f. 275ᵛ Panhote) Dez. 29 Provisio telarum crudarum emptarum per d. Iohannem Rosseti [canon. Cabilon., in Burgundia] pro usu Panhote: se emisse die lune post. nativ. b. Marie virg. in foro communi in Cabilon. a Iohanne de Chimino peciam continentem 51 alnas ad mensuram Cabilon. ad magnam alnam prati (9³/₄ alne *zu* 1 fl.) 5 fl. 3 gross., ab eodem Iohanne aliam peciam 62³/₄ aln. (9³/₄ aln. *zu* 1 fl.) 5 fl. 14 s. 14 d. ob. (1 fl. = 23 s.) etc. etc., *zusammen für* 191 l. 9 s. 4 d. ob. [Auin.] tele crude. Sequitur provisio tele albe, mapparum et longeriarum: emit 12. Sept. in dictis nundinis pro usu palatii pape ab Hugone Boyssant, mercatore Eduen., 1 peciam tele prunene et albe continentem 36 alnas (2 alne pro 1 fl.) 18 fl., 2 pecias tele albe [*je* 19¹/₂ alne *zu je* 7 s. 6 d. (1 fl. = 24 s.)] 14 l. 5 s.; a Roberto de Trois 5 pecias mapparum de lino et 5 longerias continentes 41 alnas de pruneno (3 aln. pro 1 fl.) 13 fl. 8 gross.

(f. 146 panataria) **1356** April 30 computavit d. Stephanus Bonardelli, canon. Belvacen., *(vom 8. März 1355 bis 8. März 1356):* 13 mappas (62¹/₄ aln. Parisien.), pro mensa pape 8 longerias (48 aln.) etc., *zusammen* pro tinello 294¹/₂ alne de mappis (10 s. paris. pro alna) 147 l. 5 s. paris., 82³/₄ alne de mappis pape *(je* 11 s. paris.) 45 l. 10 s. 3 d., pro tinello 516¹/₂ alne de longeriis et manutergiis *(zu je* 5 s. 6 d.) 142 l. 9 d. paris., pro mensa pape 246¹/₄ alne de longeriis et manutergiis *(zu je* 6 s.) 73 l. 17 s. 6 d.; *alles zusammen mit Unkosten und Transport* 525 fl. 20 s. 3 d.

(f. 188ᵛ ornam.) März 31 (1356) computum Marsoli tonsoris pannorum, habitatoris Auin., de pannis tonsis per eum pro papa *(11. Sept.— 31. März):* pro 2 peciis scarlate, 1 rubea et 1 alba, de Brucellis, quas portavit Bertrandus sartor, 40 gross., pro 1 pecia scarlate rubee de Brucellis *desgl.* 20 gross., pro 1 pecia scarl. albe de Brucellis *desgl.* 20 gr., pro

2 peciis scarlate rubee et albe de Brucellis *desgl.* 40 gr., *zusammen* 120 gross. in 10 fl.

(f. 192 ornam.) Sept. 30 computum Nicholai Benchi, mercat. curie Rom. . . ., pro 100 cannis tele Remensis, quas recepit Ancelotus cursor pro faciendo 4 paria linteaminum pro papa (13 gross. pro canna) 108 fl. 4 gross., pro 24 manutergiis de Parisius (*zu je* 10 gross.) 20 fl., que fuerunt recepta per d. I. panetarium, pro 24 longeriis de Tornay, longitudinis pecia 3½ cannarum, *zusammen* 84 cannarum (10 gross. pro canna) 70 fl.

6c. Pelzwaren.

(I. E. 278 f. 188 ornam.) **1356** Jan. 31 computavit Bartholomeus Spinelli, pelliparius Auinion., de operibus per eum factis pro papa: pro 1 capucio folrando, in quo intraverunt 192 ventres variorum minutorum (pro pecia 2 s.) 19 l. 4 s.; pro 1 pari sandalium sive sotularum pro papa per eum folratis, in quibus intraverunt 14 dorsa variorum per eum traditorum (12 d. pro pecia) 14 s.; pro 1 pari mitanarum[1] magnarum de scarlato folratarum per eum, in quibus intraverunt 30 dorsa variorum (*zu je* 12 d.) 1 l. 10 s., *zusammen* 17 fl. 20 s.

Mai 31 *Demselben* pro 14 dorsis variorum positis per eum in 1 pari sotularium (12 d. pro dorso) 14 s., pro 360 ventribus variorum positis in cocardia et birreta pape (2 s. pro pecia) 30 fl. 14 s.

Juni 3 pro 8 almuciis variorum et grisorum fulratis de variis necessariis pro 8 capellanis capelle intrinsece: dominis Petro de Moncolo, Iohanni de Ayras, Iohanni Ademari, Iohanni Valhant, Petro Bomarc, Petro Montagut, Guillelmo Lupi, Iohanni Lauanta (7 fl. pro almucia) 56 fl.

(f. 194) Dez. 29 computum redditum per Bartholomeum Spinelli, pelliparium Auinion., pro 360 ventribus variorum pro 1 tunica, 786 ventr. variorum pro mantello, 155 ventr. var. pro capucio, 66 ventr. pro gorgeria, 38 ventr. pro 2 birretis, *zusammen* 1405 ventres variorum (*zu je* 2 s.) 140 l. 10 s.; pro 606 dorsis variorum pro 1 mantello, 104 dorsis pro capucio etc., *zusammen* 758 dorsa (*zu je* 12 d.) 37 l. 18 s., *alles:* 148 fl. 16 s.

6d. Kirchliche Gegenstände und Paramente.

(I. E. 278 f. 189ᵛ) April 30 computavit d. Iohannes Ademari, magister capelle pape: pro 3 lb. incensi (*zu je* 8 s.) 24 s., pro 1 missali religato 11 s., pro 1 epistolario 10 s., pro 1 graduali 18 s., pro 1 psalterio feriali 12 s., pro signaculis 4 librorum 8 s., pro 1 serratura in capella nova posita 13 s., . . . pro 6 cannis natarum positis in parco capelle nove (6 s. pro canna) 36 s., pro portando in capella nova ea, que fuerunt

---

[1] Handschuhe.

ibi necessaria in natali, 4 s. 8 d., . . . quando papa transivit ultra Rodanum, pro portando ea, que erant ibi necessaria pro capella 15 s. 8 d., . . . pro 2 pulpitis seu letreriis novis et 2 antiquis reparatis 8 fl., pro 2 campanis in capellis nova et antiqua de ultra Rodanum (6 s. pro libra) 3 fl.,[1] pro scobando capellas et pro scopis 7 s., pro portando in festo Pasche de una capella ad aliam 4 s. 6 d., pro 9 peciis pannorum lavand. 2 s. 3 d., *zusammen* 20 fl. 7 s. 10 d.

Ähnliche Abrechnungen desselben von Zeit zu Zeit.

(f. 191v) August 31 computum Helioti de Buffenos, servientis armorum pape, de expensis pro mundando pannos capelle pape *(vor den größeren Kirchenfesten werden die* panni *und* bancalia *ausgestaubt* (expulverisare) *und gereinigt* (excobare), *vom 6. Mai bis 25. Aug.:* 4 fl. 9 s.

(f. 192v) Okt. 31 computum redditum per Heliam de Buffenos, servientem armorum pape ac magistrum pavalhonum pape, de expensis pro pannis capelle et consistorii pulverisandis: pro 6 hominibus, qui mundaverunt et scobaverunt pannos et capellam de ultra Pontem, 6 s. etc. . . . 7 fl. 4 s. 6 d.

7. Wachs und Kerzen.

(I. E. 278 f. 223v cera) **1356** Jan. 31 computum per mag. Guillelmum Ademari, custodem cere pape, *für den Monat Januar:* se debere Hugoni Vitalis, mercatori Auin. pro 12 quint. cere (*zu je* 19 l. 8 s.) 232 l. 16 s.; Petro Adam pro 8 quint. cere (*zu je* 19 l. 4 s.) 153 l. 12 s., Imberto Masconis pro 7½ quint. cere (*zu je* 19 l. 4 s.) 144 l.; pro portu et corretagio 36 s.; Bertrando Boerii pro 124 lb. cotonis (*zu je* 5 s. 4 d.) 33 l. 16 d., pro 62 lb. stopacii (*zu je* 2 s. 6 d.) 7 l. 15 s.; eidem pro manuopere de 31 quint. cere operate inclusa cera operata pro festo b. Marie candelarum (8 s. pro quintallo) 12 l. 8 s.; pro 20 lb. cere albe ad faciendum 2 candelas ad opus pape (6 s. pro libra) 6 l., *zusammen* 493 fl. 6 s. 4 d. (1 fl. = 24 s. auin.).

Ähnliche Abrechnungen desselben monatlich.

7a. Krämerwaren.

(I. E. 278 f. 223v cera) **1356** Jan. 31 Iacobus Melioris, ypothecarius pape, computavit *für den Monat Januar:* pro 388½ lb. confecturarum (*zu je* 9 s. 6 d.) 184 l. 10 s. 9 d., pro 72 manibus papiri mediocris forme (pro camera pape 4 manus, pro d. Carcasson. 7 et pro thesauraria 41 ac pro d. Francisco de Neapoli 20 manus) pro manu 2 s. 6 d.: 9 l.; pro 3 manibus papirus maioris forme pro registro supplicationum (5 s. 6 d. pro manu) 16 s. 6 d., pro 2 libris de 11 manibus maioris forme pro thesauraria (7 s. 6 d. pro manu) 4 l. 2 s. 6 d.; pro 8¾ lb. cere rubee

---

[1] Demnach wogen sie zusammen 12 libre.

($2^1/_2$ pro d. Carcasson., $6^1/_4$ lb. pro thesauraria) 6 s. pro libra: 2 l. 12 s. 6 d.; pro 6 plumis pro papa 6 s., pro 3 cannis tele cerate, quas recepit mag. Rostagnus (14 s. pro canna) 2 l. 12 s.; pro $8^1/_2$ unciis vete (14 s. pro libra) 9 s. 11 d.; pro 5 lb. dragie pro panetaria (*zu je* 9 s. 6 d.) 2 l. 7 s. 6 d., pro rebus medicinalibus pro papa 12 l. 3 s., *zusammen* 182 fl. 2 s. 8 d.

Ähnliche Abrechnungen desselben für jeden Monat.

8. Bauausgaben *(Einzelheiten).*

(I. E. 278 f. 196 edific.) **1356** März 30 computum per Ludovicam uxorem quondam Iensoni Cathalani, quondam fabri palacii, de operibus factis in operatorio suo (1. Jan.—30. März), prout constat per relationem Petri Boneti, cursoris pape ad hoc deputati: pro reparando sarralham in campaneria b. Marie de Domps et pro alia reparanda in porta magni tinelli . . . et pro sarralha reparanda hospicii, ubi buticularii custodiebant vaccellam, quando d. rex Aragonum erat Auinione, et pro 3 aliis seralhis reparandis in 3 portibus magni tinelli de mandato magistri hospicii — et pro alia reparanda cum clave in porta panetarie de mandato dicti cursoris, alia in prima porta d. thesaurarii in platea palacii et alia in secunda porta thesaurarii, alia cum 2 craponis in tertia porta, sicut ascenditur in scaleries d. thesaurarii, de mandato cursoris . . . pro 1 serralha cum clave et morralha in 1 coffino buticularie, ubi ponitur vaccella, de mandato buticularii, 1 in baria ante primam portam platee, 1 . . . in quadam apotheca nova ad custodiendum ferramenta, . . . 1 in camera Bertrandi de Roffinhaco, 1 in parvo coffreto in parva thesauraria pro d. Reginaldo de Moleriis, pro 1 reparata cum 1 anulo cancelli post primam portam ferream, pro 1 repar. in coffino pro magistro cere, ubi posite fuerunt candele purificationis, 1 in caxa in camera domini Carcassonensis, pro 1 vecte cum 2 anulis in porta parvi tinelli de mandato magistri hospitii versus ambulatorium; 1 in camera, ubi ponuntur vitra pape; pro 1 serralha . . . porte magni tinelli, ubi custodiunt servientes armorum, de mandato d. thesaurarii; 1 in gardarauba pape de mandato cubicularii, *zusammen* 33 reparationes *zu je* 5 s.: 8 l. 5 s. pro 1 platina, 1 lanterna scalerii, sicut descenditur in coquina inferiori, 4 s.; pro 1 candelabro in parvo tinello iuxta portam camere regis 2 fl., pro 4 liamis in cathedra capelle nove, ubi fit predicamentum, 1 fl., pro 6 anulis cum 12 vertenellis dicte cathedre de mandato mag. Rostagni 1 fl., pro 6 candelabris capelle nove pape 6 fl., pro 2 brochis ad ponendum brandones, 1 in itinere, sicut itur a camera regis in parvo tinello, et alia, sicut exitur in ambulatorium prope capellam, 12 s., pro 1 frachissa in cathedra capelle nove, ubi fit predicamentum, 12 s., pro 4 traponis in sarralha prime porte d. thesaurarii tam extra quam infra 8 s., pro 4 aliis traponis in sarralha secunde porte dicti thesaurarii

8 s., pro 1 serralha in gradario iuxta Dominam nostram de Domps de mandato buticulariorum 15 s. . . ., pro 1 clave pro nepote d. thesaurarii de mandato cursoris, pro alia in camera d. Iohannis capellani d. thesaurarii, pro 3 in sarralha panetarie, 1 in camera iuxta cameram d. Carcasson., 1 in camera paramenti pro d. episcopo Pampilonensi, alia in porta pro domino Albien., alia pro Iohanne de Bar, 1 pro St. de Monturuco, 1 in camera buticulariorum etc., *zusammen* 31 fl. 22 s.

(f. 198 edif.) März 31 computum per Guillelmum Sabaterii, magistrum marescalle equorum pape, pro reparationibus factis fieri in palafrenaria antiqua pape, que est iuxta turrim de Trolhas: pro refectione domus dicte palafrenarie totaliter discoperte: pro faciendo conduci de porta Aquaria ad portam Aurosam per aquam et ibidem extrahendo de aqua 18 pecias fuste vocate iasenam et 12 bigas necessarias pro dictis operibus 4 l. 16 s., pro faciendo dictam fustam videl. pro 40 cannis quadratis sclape et 20 cannis quadratis de taula (4 s. 6 d. pro canna) et pro 40 talliis cabironum costeriarum acus et gradariorum (2 s. 6 d. pro tallio) 18 l. 10 s., pro faciendo portari dictam fustam de porta Aurosa ad dictam palafrenariam 45 s. pro 4000 clavibus dictis ternals (30 s. pro 1000) 6 l. etc. etc. 139 fl. 23 s. 8 d.

(f. 199) März 31 computum d. Raymundi Guitbaudi, directorem operum palacii pape, de expensis pro operibus palacii (4. Febr.—31. März): pro 4 dietis 1 massonerii, qui operatus fuit in claudendo 1 portam ambulatorii iuxta cameram, in qua iacent capellani d. thesaurarii, et reficiendo 1 bugetum, quod est in introitu terrassiarum camere d. thesaurarii et reficiendo conductum aque putei palacii inter buticulariam et gradarium (8 s. pro dieta) 32 s., pro **gipperio**, qui operatus fuit in claudendo portam in audientia contradictarum, 8 s., pro 1 quadriga gippi 27 s., pro portu gippi 3 s. 4 d., pro 11 dietis **manuperariorum**, qui ministrabant necessaria dicto gipperio et massoneriis et mundaverunt capellam magnam et plateam ante audientiam, quando d. Ostiensis celebravit ordines in dicta capella (4 s. pro dieta) 44 s., pro 15 dietis fusteriorum, qui operati fuerunt in faciendo armarium ad tenendum vasa argentea et faciendo taulerium et stannum in camera d. thesaurarii et faciendo 1 parabandam in descensu gradarii camere paramenti et faciendo meianum in camera servientum armorum . . . et reparando sedes capellanorum comensalium in audientia et ponendo saumerium in turella, in qua iacet Aymericus Boyssonis, (6 s. pro dieta) 4 l. 10 s., pro faciendo et pingendo 2 scabella magna pro capella magna pro dd. cardinalibus ad sedendum ante papam 24 s., pro 2 scalis frachissis pro camera pape et 1 parva pro camera thesaurarii 54 s., pro 10 bandulphis seu pilotis positis in parabanda gradarii camere paramenti 12 s., etc. *Zusammen* 16 fl. 12 s. 4 d.

---

[1] Kardinalbischof Petrus Bertrandi, der 1355 Kaiser Karl IV. in Rom gekrönt hatte.

Mai 31 cum fuisset factum precium per cameram Apost. cum Bertrando Capellerii lathomo de faciendo 3 pilaria cum arriellis pro ponte ad transeundum de magna capella ad palacium per edificium novum 300 fl., de quibus habuerat, ut superius patet, 250 fl., 50 fl.

Juni 30 computum redditum per Ludovicam de Verduno, uxorem quondam Iensoni de s. Marcho, *(vgl. oben z. 30. März,)* vom *1. April bis 30. Juni*: pro 1 clave et pro reparando sarralham caxe in coquina oris pape de mandato Petri Boneti cursoris ad hoc deputati 5 s., pro alia clave et reparatione sarralhe porte eiusdem coquine a parte versus capellam 5 s., pro alia clave et reparatione alterius sarralhe camere versus Champens, ubi paraverunt ingenia, 5 s. ... pro faciendo 1 crocum in porta de garda manger ante turrim novam 5 s., pro ducendo et reparando cathenas putei pape 8 s., pro 3 cuneis ferreis positis in cancello prope beatam Mariam de Domps ante domum d. camerarii de mandato dicti cursoris 2 s., ... pro clave pro Aymerico Boyssonis de camera, in qua custodiuntur spingale, 19 d.; ... pro clave porte camere paramenti pro vigerio[1] 19 d., pro sarralha nova reparanda et ponenda in camera d. Albiensis, que fuit fracta, die qua frater regis Sicilie fuit in palacio, 5 s. etc., ... 14 fl. 20 s. 4 d.

(f. 204) Aug. 16 Marcolando, servienti armorum pape et aurifabro Auinion., pro clausura putei palacii Ville Nove de fusta, facto precio cum ipso per d. Nicolaum de Monteclaro militem, magistrum hospitii pape, 30 fl.

Aug. 25 cum fuisset factum precium per cameram Apost. cum Colino de Quercu, Poncio eius fratre, Iohanne Vainerii de Brayo et Bertrando Capelerii, eorum fideiussore, de fustando et reparando turrim de Trolhas, que alias fuit combusta, in 1000 fl., fuerunt soluti in deductionem dicte summe 300 fl.

Sept. 16 soluti fuerunt mag. Iohanni de Luperiis, magistro operis turris vestiarii, in deductionem summe sibi promisse pro edificando dictam turrim 90 fl.

Sept. 22 cum fuisset factum precium per cameram Apost. cum Rostagno Aurus, cohopertore domorum, de cohoperiendo per eum de lausa et morterio expensis suis turrim de Trolhassio nuper conbustam in 275 fl., prout in instrumento per Iohannem Palaysini, notarium camere super hoc recepto, plenius continetur, in deductionem soluti fuerunt: 60 fl.

(f. 206) Sept. 30 computum per mag. Rostagnum Berqui, servientem armorum et fusterium palacii Apost., de certis rebus per eum factis sive operibus in dicto palacio ... ad opus turris Trolhacii: März 15 pro reparatione turris, que fuit combusta, ab Hugonino Bet Dase de Saycello 12 duoden. simplices fustarum de 9, 8, 10 tesarum in longitudine et

---

[1] Es war der Ritter Berengar Raymundi, vgl. oben unter den Beamten.

1½ pedis in altitudine et spicitudinis 1 pedis (50 fl. pro duodena) 600 fl., *desgl.* 8 bodonalia pro faciendo saumeria in magna turri (9 fl. pro pecia) 72 fl., . . . a Peyroneto Auini de Brengo 12 pecias quercoris 4 cannarum in longitudine precio 24 fl., a Iohanne Petri de Valle Viridi 12 talagonhas pro faciendo radellos precio 5 fl. . . ., pro 4 quint. 65 lb. cordarum ad ligandum ratellos (3 fl. 9 gross. pro quint.) 17 fl. 5 gr., pro 2 grossis vasis de quercore et pro 2 barrilibus et 2 celliis traditis pincerne pro portando vinum ad opus hominum, qui duxerunt ratellos, 6 fl., pro 920 quint. lignorum pro comburendo (12 d. pro quint.) 46 l., . . . pro 39 copis frumenti pro faciendo panem pro hominibus, qui duxerunt ratellos (8 s. pro copa) 15 l. 12 s. = 13 fl., pro 22 saumatis vini (*zu je* 2 fl.) 44 fl., pro 8 copis fabbarum 1 fl., pro 1 quint. caseorum et pro 4 bacon. et pro carnibus recentibus 18 fl. 5 gr., pro encemis 35 pedagiorum 18 fl., pro salario hominum, qui duxerunt ratellos, et pro botiga et navigio 182 fl. . . ., *zusammen* 1172 fl. 10 s.

(*f. 219v*) Dez. 29 computum Guillelmi Barnoyni, mercatoris ferratorum Auin., de ferramentis (per relationem mag. Rostagni Berqui) . . . 4 fl. 20 s. 1 d.

8ª. Holz- und Kohleneinkäufe.

(*I. E. 278 f. 227 cera*) **1356** März 24 Rucho Lamberti de Florentia mercatori, habitatori Auin., de lignis combustibilibus traditis pro palacio sive hospicio pape Villenove a 16. Febr. ad 17. Marcii per relationem Petri Boneti, cursoris pape, pro 4520 quint. lignorum (23 d. pro quint.) 433 l. 3 s. 4 d. (1 fl. = 24 s.). — computavit eciam Inardus Porchalhe, mercator de Vinayo, de carbonibus per eum traditis pro palacio Ville Nove quam Auin.: pro 1280 banaston. carbon. (*Villeneuve*) + 760 (*Avignon*) *zu je* 22 d.: 187 l. in 155 fl. 20 s.

(*f. 234*) Juni 24 computavit Isnardus Porchalhe, mercator de Vinayo, de 2542 banastonibus carbonum per eum pro usu palacii Apost. traditis et per Petrum Boneti, cursorem pape, receptis (22 d. pro banastone), 233 l. 4 d.

Juli 31 computum Tuchi Lambertesqui, mercatoris Auin., de provisione lignorum combustibilium pro usu palacii (per relationem Petri Boneti cursoris ad hoc deputati): 7204 quint. lignorum combust. (23 d. pro quint.) 690 l. 7 s. 8 d., pro palacio Ville Nove 880 quint. et pro palacio Auinion. 2512 quint. (23 d. pro quint.), *zusammen* 775 fl. 22 s. 4 d. (1 fl. = 24 s.).

(*f. 241v*) Okt. 31 *Demselben für* 6920 quint. lignorum (*zu je* 23 d.) 552 fl. 15 s. 4 d. (1 fl. = 24 s. auin.).

Dez. 30 Isnardo Porchalha, provisori lignorum combustib. et carbonum pro usu palacii pape, pro 960 banast. carbonum (*je* 22 d.) 88 l., pro 800 banast.: 73 l. 6 s. 8 d., *zusammen* 134 fl. 10 s. 8 d.

8b. Zimmereinrichtung.

(I. E. 278 f. 188v ornam.) **1356** April 30 computavit Franciscus Dominici, giperius de Florentia: se fecisse in carnisprivio proxime preterito in palacio Villenove 2 matalassia nova de bardo 3 fl., pro factura 1 matalacii sindonis viridis novi $1^1/_2$ fl., pro factura 1 matalacii de tafata (!) rubeo $1^1/_2$ fl., alterius de tafetano albo $1^1/_2$ fl., 2 matalassiorum de bordo veteri 3 fl., 1 mat. de sindone veteri $1^1/_2$ fl., pro extendendo pannos in camera pape et solio camere in palacio Villenove 6 gr., pro reparatura 2 auricularum de sindone 6 gross.; in palacio Auinion. in mense Aprilis computat fecisse 2 matalassia de sindone blavo novo 3 fl., 1 mathalassii de sindone viridi novo 1 fl. 6 gr., 1 mat. de sindone rubeo veteri 1 fl. 6 gr., 1 mathalassii de fustano pruno novo 2 fl., pro 12 cannis fustani albi ad opus dicti mathalacii *(zu je* 8 s. 6 d.) 4 fl. 3 gross., pro 8 cannis tele albe *(zu je* 5 s. 6 d.) 1 fl. 10 gr., pro 2 quint. 69 lb. de cotono operato in dictis mathalaciis (11 fl. $9^1/_3$ gr. pro quintali) 32 fl. 11 gr. 11 d., *zusammen* 60 fl. 11 d. (1 fl. = 12 gr. = 24 s.).

(f. 190) April 30 computum redditum per Nicolaum Benchii, mercatorem Auinion., de rebus habitis ab eo et in operatorio suo pro persona pape [factis] (2. März—30. April): pro 3 unciis siricis de grana et 1 uncia siricis rubee receptis per Bertrandum sartorem de mandato Petri Iansenii, cubicularii pape, pro 2 mantellis, 1 corseto, 1 maleta, 1 cota pape ($10^1/_2$ gross. pro uncia) 3 fl. 6 gross., pro $1^3/_8$ uncia siricis viridis receptis per Franciscum gipperium pro reparando matalacia de ultra Rodanum pape (6 gross. pro uncia) 8 gross. 6 d., pro 1 quint. 19 lb. de bumbace pro faciendo 2 matalacia pape pro palacio Villenove (13 fl. 3 s. pro quint.) 15 fl. 7 gross., pro 47 cannis de burdo de diversis modis *(zu je* 9 s.) 17 fl. 7 gross. 12 d., pro 7 palmis de catassamito albo et viridi pro reparando aliquos matalacios fractos et diruptos (6 gross. pro palmo) 3 fl. 6 gross.; pro 200 arpiglis de ferro et 6 peciis de funibus viridibus et 8 pulegiis pro reparando cameram de ultra Rodanum 4 fl., pro 2 sargiis viridibus magnis receptis per magistrum hospicii de mandato thesaurarii 18 fl. etc., *zusammen* 326 fl. 11 s. 6 d.

8c. Goldschmiedearbeiten.

(I. E. 278 f. 231 cera) **1356** März 31 computavit Nicolaus Grimaldi, campsor Auinion. et camere Apost., de expensis pro rosa aurea per eum facta fieri et data per papam dominica Letare . . .: pro 1 marcha 3 unciis 17 d. auri de 20 carattis (53 fl. pro marcha) 77 fl. 13 s. 7 d. et ob., pro 1 saphiro et 2 balassiis arsichiis 7 fl., pro factura cum calo seu diminuitione auri per ignem 15 fl.

(f. 242dv) Dez. 29 computavit Nicolaus Grimaldi, campsor camere, de vaccella argentea per eum de mandato d. thesaurarii facta fieri, tradita

tam d. Helie Rambaudi, custodi vaccelle pape, quam pape assignata: se recepisse a camera, prout scripserunt dd. Iohannes Palaysini et Gerartus Xandeti, notarii publici, 4. Aug. 1355 9 taceas argenti, signatas signo Tholose, et 14 taceas arg. signatas signo Rom. curie, 10 chopinas et 7 quart. signata dicto signo curie, que omnia ponderabant ad pond. camere 104 march. 5 unc. 3 quart.; item a d. thesaurario ... 24. Dez. 1355 de bonis + d. Fulcaudi archiep. Bitur. assignatis camere per d. Iohannem Raymundi, collectorem in dioc. Biturricen. et Lemovicen.: 18 taceas arg., 2 scutellas, 3 platos, 1 gobeleriam cum 5 gobellis[1] infra, 3 potos pro vino, 4 chopinas, 2 candelabra, 1 potum pro elemosina, 1 navem pro mensa argenti, que omnia ponderabant ad pondus camere 94 march. 2 unc. 3 quart., cuius vaccelle aliqua pars erat signata de diversis signis et alia non.

De qua vero vaccella dicit se fieri fecisse et tradidisse d. Helie Rambaudi et d. Guillelmo de Cruce buticulario ... vaccellam novam: 12 aquerias argenti pro aqua (6 cum copertorio et 6 sine), ponderabant in toto 51 march. pond. camere, pro quibus computat solvisse (9 gross. pro marcha) 38 fl. 3 gross.; item computat fieri fecisse pro complendo 1 duodenam tacearum arg. 2 taceas arg. novas ponderis 2 march. 3 d. pond. cam. ($2^1/_2$ gross. pro marcha) 5 gross.; *desgl.* pro usu hospicii 16 scutellas arg. novas pond. 33 march. 4 unc. 15 d. ($2^1/_2$ gross. pro marcha): 7 fl.

Item computat fieri fecisse vaccellam novam, que fuit pape assignata et data per eundem d. cardinali Pampilonensi mense Decembris: 24 scutellas arg. novas, que ponderabant 46 march. 6 unc., 24 graseletos et 6 platos pond. 41 march. $^1/_2$ unc., 24 taceas arg. pond. 21 march. $7^1/_2$ unc., 24 coclearia arg. pond. 2 march. 5 unc. 18 d., *zusammen* 112 march. 3 unc. 3 quart., pro quibus ... pro factura ($2^1/_2$ gross. pro marcha, *aber* pro marcha cloqueariorum 13 gross.): 28 fl. 8 d.

Alles zusammen an Arbeitslohn 73 fl. 16 s. 8 d.

(*f. 257 elemos.*) Juli 31 computavit Nicolaus Grimaldi, campsor Auin. et camere Apost., de operibus per papam conventui Cartusiensi Ville Nove datis: pro factura pedis calicis argenti et brunitura ipsius ponderantis 2 march. 1 unc.: 1 fl. 3 gross., pro dressatura et brunitura alterius calicis arg. 3 gross., qui ponderabat 3 marchas $^1/_4$ unciam ... pro dressatura et brunitura vitreali cum suo ysopo argenti pro tenendo aquam benedictam ponderis 6 march. 1 unc.: 6 gross., pro dressatura et brunitura 2 candelabrorum argenti 4 gross., que ponderabant 4 march. $3^1/_2$ unc., pro dressatura crucis de cristallo 2 gross., pro brunitura et dressatura 2 turribulorum arg., quorum unus fuit noviter deauratus, ponderis 8 march. $1^1/_2$ unc.: 1 fl. 10 gross., *zusammen* 23 march. $7^1/_4$ unc.

---

[1] Silberne Becher.

Item computavit pro auro posito in chopina et gobeleto de cristallo datis per d. cardinalem Bolonien. d. pape 7 fl. et pro reparatione 3 fl., pro reparatione poti de auro 1 fl., . . . pro reparatione ciphi de madre pro persona pape 10 gross., pro repar. alterius ciphi de argento et pro auro posito in dicto cipho pro persona pape 2 fl., . . . pro reparatione cuiusdam crucis pape et argento in eadem posito 1 fl., *alles zusammen* 22 fl. 8 s.

(*f. 188 ornam.*) **1356** März 27 computavit Nicolaus Grimaldi, campsor Auin. et camere, de expensis pro faciendo reparari anulum pape: se emisse a Ludovico filio d. Lapi de Ruspo militis 3 perlas: 27 fl., a quodam alio, cuius nomen ignoro, 1 dieman et 1 perlam 12 fl., mag. Sandro argenterio tam pro auro quam factura anuli 5 fl., pro reparatione brachii cuiusdam ymaginis altaris pape 2 fl., quos solvit Iohanni magistri Marchi, *zusammen* 46 fl.

(*f. 193*) Nov. 30 computum per Nicolaum Grimaldi, campsorem camere, pro reparationibus factis fieri certorum vasorum sive iocalium auri et argenti: pro reparando 1 cloquear aureum 1 fl. 4 s., 1 navietam Auriferrariam et reficiendo 1 esmalto tam in auro quam aliis 3 fl., pro reparatione 1 anuli pontificalis pape 7 fl. 12 d., pro repar. 2 calicium capelle pape 6 gross., pro reparatione 1 calicis arg. deaurati et pro deauratura alterius calicis arg., qui fuerunt traditi fratribus Cartusien. Villenove 3 fl. 6 gr.; in reparatione unius aquile cum multis lapidibus pretiosis, in qua deficiebant 3 esmeragde et 2 robini cresichi empti 21 fl., item deficiebant 6 perle empte 6 fl., pro folio necessario dicte reparationi 6 gross., pro aureo ad dictam aquilam reparandam 4 fl. 2 s. 6 d., pro labore magistri 7 fl., *zusammen* 53 fl. 19 s. 6 d.

8d. Gold- und Silbergeschirr-Verwahrung.

(*I. E. 278 f. 224 cera*) **1356** Jan. 31 computum d. Helie Rambaudi, custodis vaccelle pape, de expensis factis per eum in officio suo a 5. Dez. incl. ad 30. Jan. excl.: pro 4 cordis tele pro mundando vaccellam argenti (40 s. pro corda) 7 l. . . ., pro 8 diebus, quibus rex Aragonum fuit in palacio, pro 6 hominibus, qui portaverunt ligna, aquam, et mundaverunt vaccellam auri, argenti et fusti (pro homine 2 s. 6 d.) 6 l., . . . se emisse in vigilia nativ. Domini a Raymundo Chapus 16 duodenas scutellarum de Martico (4 s. pro duodena) 64 s., 8 duodenas platorum de Blazi (12 s. pro duodena) 4 l. 16 s., 8 duod. platellorum carrerii (*zu je* 4 s.) 32 s.; 5 duoden. platellorum de Blazi (*zu je* 9 s.) 45 s., 5 duod. platellorum, qui vocantur cans (*je* 14 s.) 70 s., in die b. Thome martiris 13 duod. platellorum de Blazi (*zu je* 12 s.) 7 l. 16 s., 15 duod. scutellarum (*zu je* 4 s.) 60 s., 11 duod. platellorum carterii (*zu je* 4 s.) 44 s., *zusammen* 52 fl. 11 s.

8e. Militärische Ausgaben zur Verteidigung und Justiz.

(I. E. 278 f. 223 cera) **1356** Jan. 25 Mauricio de Vassinhaco, domicello et usserio pape, pro expensis eundo et redeundo de Vivariis, Valencia et comitatu Sabaudie pro querendo magistros, qui facerent ingenia et undolas et alia instrumenta lignea pro provisione et custodia palacii et comitatus Veneysini 17 fl. 12 s.

(f. 226v) März 14 cum fuisset facta conventio per cameram Apost. cum Symone Carelerii de Ianua de stando et morando in palacio Auin. ac operando in artilharia palacii per 1 annum integrum precio 80 fl., in deductionem fuerunt soluti 20 fl.

(f. 227) März 31 computum redditum per Guillelmum de Gardia, scutiferum d. Guillelmi Rollandi militis pape et Rom. curie marescalli, de expensis factis 1356 Ian. 31—Febr. 2, qua die dominica 31. Ian. sumpto prandio dictus marescallus recessit de Auinione cum gentibus armorum versus Gardiam et Petramlaptam ad arrestandum et capiendum d. Hugonem dominum de Gardia militem et castra et terram suam ad manum pape et adducendum ad Rom. curiam in carceribus pape pro quibusdam excessibus seu delictis enormibus commissis in personas quorundam servientium curie rectoris comitatus Venayssini, quibus portantibus certas litteras citationum contra dictum dominum de Gardia fuerant abcise lingue et oculi eorum ... *es werden die Teilnehmer an dem Zug aufgezählt und die Zehrung unterwegs berechnet, zusammen* 83 fl. 10 s. 1 d.

März 31 computum redditum per Aymericum de Dumo, servientem armorum et custodem artilharie pape: 28. Nov. 1355 misit Iohannem de Remis fusterium apud Insulam in Veneyssino et emit 15 pecias fuste de Molina, pro quibus solvit una cum portu 7 fl.; 1.—5. Dez. fuerunt 2 balistarii ad operandum in artilheria ad faciendum fustam guerratorum (4 gross. pro dieta) 3 fl. 4 gr.; 11. Ian. 1356 misit famulum eques (!) Bellicadro, Tarrasconio, Arelate, Nemauso, Uticis, a Someyra apud Montempessulanum et in pluribus aliis locis ad perquirendum de pilo pro faciendo cordas spingalarum: 2 quint. 54 lb. pili, quod adhuc se tenebat cum caudis bovum et iumentarum: 5 fl. (cum portu); item fecit conduci de Bellicadro 2 quint. 10 lb. pili tonsi a caudis bovum et iumentorum: 10 fl.; de Uticis 2 quint. 20 lb. pili cum caudis: 7 fl., a Bertrando Lourier, mercatore de Auinione, 1 quint. 80 lb. pili tonsi a caudis 10 fl. . . ., mulier, que mundavit et lavavit pilum, que quantitas est 8 quint. 64 lb., et quod pilum ipso loco et mundatum cum 1 quint. 34 lb. pili, que tradidit Rustagnus Berc, serviens armorum, non reddidit nisi 6 quint. 7 lb. corde facte, et debet habere ipsa mulier pro quolibet quintali corde per ipsam facte 2 fl.: 12 fl.

Debet habere Iohannes Noli pro quibusdam sizalhis ferreis factis ad cudendum foliam ferri stagnati pro impenando guerrotos 2 fl., pro 2 esthumhes necessariis magistro, qui infustat viratones 2 fl. 6 gross., item debet habere Guillelmus Villars pro 33 brelis sive sivellis bondreriorum

8e. Militärische Ausgaben zur Verteidigung und Justiz.

deficientibus ad muniendum bandreria, que emit d. marescallus, et pro 17 pantis 2 fl. . . . pro 86 lb. ferri operati pro ferrando spingalam (20 d. pro libra ferri operati) 5 fl. 23 s. 4 d., pro mola et munitione ferri eidem mole condecenti et pro cavaleto fuste dictam molam sustinente et pro bagneto fuste necessario mole 4 fl. 6 gross.; pro 250 alis ancerum sive pluials necess. ad impenandum viratones 1 fl. 3 gross., *zusammen* 90 fl. 17 s. 4 d.

(*f. 238v*) Aug. 31 computavit Mondonus lancerius, habitator Auin., de certa quantitate lancearum per eum pro munitione palacii Aymerico Boyssoni, castellano palacii traditorum (constat per relationem dicti Aymerici): pro 6 duodenis grossis lancearum, 2 duodenis grossis garrotorum duplicium, 1 duodena grossa garrotorum simplicium et grossa duodena lancearum de tilia pro equitantibus, 1 grossa duodena lancearum pro viratonibus et carellis balistarum, *zusammen* 11 gross. duoden. (11 d. pro pecia): 132 l. in 110 fl.

Sept. 10 Stephano balistario, filio Iacobi balistarii de Salhens Dien. dioc., pro 60 balistis de 1 pede pro munitione palacii et receptis per Aymericum de Dumo alias Boyssonum castellanum palacii et custodem arnesiorum et artilharie, 65 fl. fortes.

(*f. 200v edif.*) Mai 31 computum redditum per Mauricium de Vassinhaco, domicellum ac usserium pape, pro certis injeniis fusteis fieri faciendis pro custodia palacii et civitatis Auinion.: Ian. 26, qua die recessit de Auinione pro eundo in patriam Vienn. cum 3 equis et 1 cursore cum famulo ad emendum fustam pro faciendo dicta injenia . . . emptio fuste pro ingeniis: ab Inardo Porchalhe de Vinayo pro 4 peciis fuste 9 tesiarum habentibus in latitudine 1 pedem manualem, 3 pecias fuste 8 tesiarum (1 ped. in latit.), 4 peciis 7 tersiarum (!) (in latit. $1^1/_2$ pedem), pro 6 duodenis fuste 6 ters., pro 4 duodenis fuste 5 ters., 8 duod. postarum 5 ters., 2 chemonibus rotundis 9 ters., 4 peciis fuste de quercu $2^1/_2$ ters., 4 duod. de iaserans duplicibus de fusta, 12 peciis de corde quercus pro faciendis chanillis (de 1 ters. quelibet pecia), 24 peciis fuste »chalnous«, quam fustam prescriptam facto foro cum dicto Isnardo debet et tenetur reddere totam paratam in portu Valencie pro 300 fl. . . .

— expense pro factura dictorum ingeniorum: pro 2 parvis papiris pro dicto Mauricio et pro mag. Guillelmo, operario ingeniorum, pro scribendo expensas et missionem $3^1/_2$ gross., pro salario 6 operariorum de Valencia carpentatorum, qui fecerunt rotas mantellorum dictorum ingeniorum (*täglich je* 3 gross.) 18 gross., pro salario mag. Guillelmi predicti et eius filii pro 3 diebus, per quos fuerunt in dicto opere (*täglich je* 8 gross.) 4 fl.; 12. Febr. pro 1 roncino locato pro B. Plancati, cursore pape, qui portavit pecuniam pro solvendo dicta fusta et qui portavit literam pro expeditione pedagiorum per 10 dies, (*je* 4 s.) 1 fl. 8 gross.; 19. Febr. pro salario 3 fusteriorum de Valencia (*täglich* 3 gross.) 9 gross., pro salario dictorum mag. Guillelmi et eius filii pro 4 diebus (*täglich je* 8 gross.) 5 fl. 4 gr.

... pro 2 ferris dictis de Bomre ponderantibus $2^1/_2$ quint. 10 fl., pro $8^1/_2$ quint. ferri non operati empti a Vincencio Allimer pro fornitura ingeniorum ($3^1/_2$ fl. pro quint.) 29 fl. 9 gr.; facto foro cum le Ramanx et Iacmono Dote fabris pro fabricando dictum ferrum (3 fl. 2 gross. pro quint.) $26^1/_2$ fl. 5 gross., pro 350 clavis grossis emptis de dicto Vincencio $19^3/_4$ gross., pro 8 quint. 92 lb. cordarum emptis pro 3 ingeniis et pro beffroy (4 fl. pro quint.) 35 fl. $8^1/_2$ gr., pro 3 coriis bovinis et 1 pelle vituli alba pro faciendis frontibus dictorum ingeniorum et pro 7 lb. sippi pro ungendis coriis 5 fl. 5 gr.; pro salario 3 carpentorat. (!) Valencie pro 6 diebus (*täglich je* 3 gross.) 6 fl., pro 1 carpentorat. de Valencia pro 5 diebus (*täglich je* 3 gross.) 15 gross., pro 1 carpentatore (!) Valencie pro 4 diebus: 12 gr., pro 3 aliis fusteriis de Vinayo pro 5 diebus (*je* $3^1/_2$ gross. 4 fl. $4^1/_2$ gross.; etc. etc. ..., *zusammen* 823 fl. 14 s.

Aug. 30 computavit Niger de Mediolano mercator, habitator Auin., de 8 quint. 42 lb. de foliis ferri estanhati (4 s. 6 d. pro libra) 211 l. 19 s., quod ferrum fuit emptum per Aymericum de Duno alias Boysso, magistrum artilharie palacii, ad opus guerratorum palacii, que summa fuit eidem Bruno (!) soluta in 176 fl. 15 s.

9. Papier- und Pergamenteinkäufe.

Papiereinkäufe s. unter 7ª Krämerwaren. Bibliothek vgl. auch 6ᵈ.

(*I. E 278 f. 226 cera*) **1356** Febr. 28 computum Silveti de Stela Iudei, pergamenarii Auin. de pergamenis per eum traditis tam pro papa quam pro thesauraria: pro 13 duodenis pergameni de regestro rasis pro faciendis libris pro papa (32 s. pro duodena et pro rasura 2 s. pro duodena) 22 l. 2 s., 20 duoden. pergameni mediocris forme rasis pro dictis libris faciendis (22 s. pro duod. et 2 s. pro rasura pro duod.) 24 l., pro thesauraria 5 duod. pargameni rasi maioris forme pro faciendo certos rotulos compotorum (pro duodena 28 s., pro rasura 2 s.) 7 l. 10 s. etc., *zusammen* 56 fl. 4 s.

(*f. 190*) Sept. 30 computavit d. fr. Petrus ep. Tholonen. de expensis factis pro studio pape: pro 2 sarraturis pro armariis librorum pape 1 fl., pro faciendo scribi et illuminari *Letatus Sium cum orationibus* 2 gr., pro viratoriis ad opus missalis pape 36 s., pro 1 nata palearum in dicto studio 16 s.

10. Verschiedenes.

(*I. E. 278 f. 225ᵛ cera*) **1356** Febr. 27 fratribus Geraldo et Iacobo Benedicti ordinis Grandimontensis pro cultura vinee loci de Montargiis, que tenetur ad manum pape, 30 fl.

Febr. 28 Rotbertus Belenguel, scobator palacii pape, computavit pro extrahendo ligna de lignario palacii et deferendo fieri per 2 vel 3 homines tam in camera pape quam in camera regis Aragonum et Infantis Aragonum, dum fuerunt in palacio predicto, quam in aliis cameris prelatorum palacii a festo Omnium Sanctorum ad 20. Febr.: 12 fl. 13 s.

Jan. 26 computavit d. Iohannes de Breno miles de rebus . . . emptis pro loco pro eo ad iacendum in camera pape de mandato pape: pro 3 quarteronis de Gars 12 fl., pro 1 flima $5^1/_2$ fl., pro 60 lb. cotonis 8 fl., de bort et factura $3^1/_2$ fl., *zusammen* 29 fl.

(f. 239) Sept. 24 pro expensis factis per commissarium missum per cameram ad prioratum de Gordis Cauallicen. dioc. regendum et informandum de valore et fructibus istius anni, ubi stetit per 8 dies, 4 fl.

(f. 242^b) Dez. 17 Guilhote Burgundionis pro factura literarum alfabeti ad opus cofrorum camere, in quibus tenentur litere et privilegia ecclesie Romane, 1 fl.

(f. 242^d) Dez. 29 computavit Guillelmus Bartholomei, cursor pape, et Berengaria eius uxor, de incausto et glassia ac plumis, pixidibus et amphoris traditis per eos et deliberatis pro camera thesaurarie . . . per 1 annum terminatum 29. Dez.: pro 107 pixidibus glassie (*zu je* 4 s.) 21 l. 8 s., pro 60 amphoris incausti (*zu je* 5 s.) 15 l., pro amphoris, pixidibus ac plumis 8 s. 9 d., *zusammen* 30 fl. 16 s. 9 d. (1 fl. = 24 s.).

— cum alias de mandato pape fuissent mutuati Guillelmo Chemuhi, custodi pontis Auinion., pro faciendo dirrui et amoveri furcas, que erant apud Villam Novam in itinere posite, 30 fl. fuerunt sibi remissi et positi in solutione.

(f. 180 maresc.) Juni 16 Alfonso Martini Portogalen. dioc. pro 1 mula grossa empta per d. Guillelmum Sabaterii, mag. palafrenarie, 45 fl.

(f. 181) Juli 1 Guillelmo Sabbaterii pro 1 roncino empto ad opus palafrenarie 40 fl.

(f. 190^v ornam.) Mai 31 computum redditum per Iohannem Bruni, usserium minorem pape, de expensis factis pro calefaciendo stuphas palacii pape: pro circulis et amarinis et salario 2 fusteriorum, qui reparaverunt cubas dictarum fustarum, 24 s., pro conductu aque plumbeo reparando tam in soldatura quam salario magistri 6 s., pro 4 ferratis fusteis 8 s. pro magna scutella fustea 18 d., pro 1 picherio terre 12 d. . . ., pro radibulo ad extrahendum prunas de furno 10 d., pro $9^1/_2$ duodenis fasciculorum lignorum minutorum combustibilium (*je* 8 s. 8 d. cum portu) 4 fl. 2 s. 3 d., pro portu grossorum lignorum combustibilium pro camera, in qua papa comescebat, 2 s.

(f. 191^v) Aug. 17 Guidoni de Podiovalli, domicello pape, pro 1 pari cultellorum pro mensa pape 6 fl.

(f. 192^v) Nov. 8 *desgl.* 8 fl.

10a. Gartenarbeit.

(I. E. 278 f. 224v cera) **1356** Febr. 24 computavit Michael Bruni, custos cervorum et viridarii palacii pape Auin., de expensis factis per eum in dicto viridario a 24. Febr. 1355—24. Febr. 1356: 25. Febr. 1355 pro dietis 3 hominum, qui podaverunt vineam parvi orti (5 s. pro dieta) 15 s., 26. Febr. . . . pro 2 hominibus, qui ligaverunt trilhias orti 10 s. . . ., pro dietis 2 hominum, qui 4. Marcii ligaverunt vites dicti viridarii, 10 s., pro homine, qui iuvit ad honerandum quadrigam pro portando fimum ad ortum 4 s., 5. Marcii pro 2 hominibus, qui foderunt in dicto viridario, 10 s., pro alio homine, qui eciam dicta die onerabat tombarellum de fimo pro portando ad dictum ortum, 4 s., pro 2 hominibus, qui mundaverunt de lapidibus et aliis rebus 8 s.; 9. Marcii pro 2 hominibus, qui plantaverunt maioranam 5 s. *und* 4 s.; pro granis petrocilli et spinargii et pluribus aliis seminibus pro dicto orto 10 s.; 10. Marcii pro homine, qui reparavit maioranam 5 s., pro famulo, qui portabat fimum et serviebat sibi, 4 s.; 11. Marcii pro homine, qui plantavit salviam et reparavit eam, 5 s.; pro alio homine, qui iuvabat eum et portabat fimum ad ortum, 4 s.; 24. Marcii pro homine, qui traxit aquam ad rigandum maioranam et salviam, 4 s.; 8. April pro homine, qui seravit herbam parvi pratelli, 4 s., pro 2 hominibus, qui foderunt in orto, 8. s., . . . *im Juli wird täglich Wasser gegossen* (4 s. pro dieta).

(f. 242b) Dez. 29 computum Michaelis Bruni, custodis animalium silvestrium ac custodis et magistri viridarii palacii pape: *vom 1. März an genau spezialisierte Auslagen, ähnlich wie die vorhergehenden, zusammen* 16 fl. 14 s. 8 d.

Innocenz VI. Fünftes Pontifikatsjahr. 1357.

I. E. 282 (A systematisch geordnet mit Seiten- und Schlußsummen der einzelnen Titel, approbiert), I. E. 283 (B chronologisch geordnet mit Seitensummen).

A. Übersicht über die einzelnen Ausgabetitel und ihre Schlußsummen.

1. **coquina** *(f. 97—109)* d. Bernardus Gaucelmi, emptor coquine pape: 9078 fl. 178$^1/_2$ scuta auri, 6 l. 13 s. 10 d. mon. Auin., 14 s. 2 d. mon. Francie (1 fl. = 18 s.).

2. **panataria** *(f. 112—123)* d. Ioh. de Hublangiis, d. Guido de Riperia, panetarii pape: 532 fl. 6 l. 4 s. 3 d. ob. mon. Auin., de frumento: 345 saum. frumenti 205 panes. (NB. *Der Papst erhält wie auch früher für sich panis albus frisch gekauft.) Manche Ausgaben für das Brotamt, namentlich solche für Obst und Früchte, sind auch im Titel pro cera verbucht worden (z. B. f. 174).*

3. **buticularia** *(f. 124—132)* Guillelmus de Cruce, buticularius pape: 6645 fl. 12 l. 10 s. 10 d. mon. Auin.

4. **marestalla** *(f. 134—144)* Guillelmus Sabaterii, magister palafrenarie pape *(und* marescallie pape*)*: 2137 fl. 7 l. 5 s. ob. mon. Auin. de avena tam pro equis quam pro salvasinis 682 saum. 11 emin. de feno: 2822$^1/_2$ quint.

Einzelheiten aus dem Marstall:

Jan. 31 computum redditum per Guillelmum Sabaterii . . . de expensis per totum mensem Ianuarii: in prima septimana (1.—8. Ian.) pro 6 ferris novis *(je* 18 d.*)* 9 s., pro 8 referratis *(je* 6 d.*)* 4 s., pro 15 lb. candelarum *(je* 14 d.*)* 17 s. 6 d., pro 2 emin. farine *(je* 6 s.*)* 12 s., pro 6 emin. furfuris *(je* 15 d.*)* 7 s. 6 d., pro 12 lb. mellis 5 s., pro 2 lb. assumigie[1] et 2 lb. cepi 5 s., . . . pro pecia corde pro ligando barras inter equos 28 s., pro medicinis equorum 15 s., pro expensis 8 vailetorum equos custodientium *(je* 21 s. in septimana*)* 8 l. 8 s., pro salario eorum *(je* 3 s. in septimana*)* 24 s. pro salario 2 saumateriorum *(je* 14 s. in septimana*)* 28 s.

---

[1] Schweinefett.

So ähnlich in jeder Woche und nach jedem Monat.

(f. 135) Febr. 28 pro 1 pecia integra et 12 palmis panni rubei dicti garensa pro faciendis 4 paramentis equorum pape et coperta coffinorum capelle pape (44 fl. pro pecia 12 cannarum) 49$^1/_2$ fl.

5. **ornamenta** *(f. 146—152):* 1260 fl. 1060$^1/_4$ scut. 11 l. 3 s. 4 d.

6. **opera et edificia** *(f. 154—166)* Raymundus Guitbaudi, director operum palacii pape; mag. Rostagnus Berqui, serviens armorum et magister fusterii pape: 5499 fl. 14 l. 19 s. 6 d. ob. mon. Auin. *Einzelheiten vgl. unten B 8.*

7. **vadia extraordinaria** *(f. 170—171a):* 77 fl. 3 l. 8 s. 10 d. tur. gross. arg., 1 s. 10 d. tur. p., 70 l. 10 s. mon. Auin.

Einzelheiten: (f. 170) 1357 Jan. 2 Iohanni de Grandimonte custodi et Iohanni Plancat, ortolano palacii Villenove, pro vadiis et expensis faciendis in mense Ianuarii 6 fl. 6 s. 6 d. *So in jedem Monat.*

Jan. 31 de mandato pape d. Iohanni Agni elemosinario intrinseco pro expensis et vadiis suis pro mense Ianuarii (4 s. pro die) 6 l. 4 s. in 5 fl. 4 s. *So am Ende jedes Monats.*

Außerdem ist noch das Presbyterium an die Kardinäle gebucht zu Weihnachten mit 35 s. 7 d. tur. gross. 8$^2/_3$ d. tur. p. *und zu Ostern mit* 33 s. 3 d. gross. 13$^1/_3$ d. parvi.

8. **cera et extraordinaria** *(f. 173—191):* 15 630 fl. 66 l. 19 s. ob. mon. Auin.

9. **vadia ordinaria** *(f. 193—201v):* 38 861 fl. 209 l. 10 s. 11 d. avin. (7 solutiones).

10. **elemosina** *(f. 205—208):* d. Petrus de Moncolo, elemosinarius pape, *hat die monatliche* »magna elemosina« *in Höhe von* 100 fl. *auszuteilen.* d. Petrus de Frigidavilla, administrator domus elemosine Panhote, *hat die laufenden Ausgaben der Panhota, die* visitatio hospitalium *(jedesmal* 50 s.*).* d. Iohannes Agni presb.,[1] distributor certe secrete elemosine *(f. 208). Vgl. weiter unten B 2 päpstliche Beamte b. Schlußsumme:* 6014 fl. 7 s. 9 d. tur. gross. arg., 87 l. 4 s. 2 d. mon. Auin.

11. **Panhota** *(f. 211—220): Ausgaben für das Almosenhaus:* 6603 fl. 1732 muton. 9 l. 13 s. 5 d. mon. Auin.

12. **bulla et littere curie** *(f. 224):* fr. Raymundus et fr. Gaubertus bullatores: 174 fl. 24 s. 9 d.

13. **guerra** *(f. 226—230):* 107 042 fl. 12 s. mon. Auin. *Das Geld wird durch verschiedene Bankhäuser nach Italien für den Krieg in der Romagna gesandt. Einzelheiten vgl. B 1 Chronikal. wichtigere Angaben.*

14. **pensiones seu locagia domorum** *(f. 231—233)* pro 2 annis: 811 fl. 48 l. 14 s. 9 d. ob. auin. *Aber auch unter dem Titel 8* (cera) *sind Mieten gebucht worden.*

---

[1] Er ist identisch mit dem f. 170 (extraord.) genannten d. Iohannes elemosinarius intrinsecus.

15. **scriptura et libri** *(f. 234):* 69 fl. 16 l. 6 s. 4 d. ob. mon. Auin.

16. **custodia** *(f. 236—256) Ausgaben für die Befestigungen und Bewachung der Stadt Avignon:* 34 073 fl. 5 scuta 7 l. 2 s. 5 d. mon. Auin.

17. **Assignationes facte domino nostro [pape]** *(f. 258)* 19 936 fl. 4 scuta Philippi 8 l. 6 s. 11 ob., *die einzelnen Zahlungen geschahen an 16 verschiedenen Terminen, ohne daß dabei nähere Angaben gemacht werden.*

B. Systematisch geordnete Einzelheiten aus den verschiedenen Ausgabetiteln.

1. Historisch wichtigere Angaben.

(I. E. 282 f. 147 ornam.) **1357** Mai 22 d. Guillelmo de Cruce, buticulario pape, pro loquerio 6 navigiorum, cum quibus venit papa ac dd. cardinales de Pontesorgie apud Villam Novam per Rodanum, 27 fl.

(f. 173ᵛ cera) Febr. 17 cum d. Aldebrandinus marchio Estensis et eius fratres pro censu et arreyragionibus, in quibus tenentur ecclesie Romane, solvissent camere Apost. 13. Ian. 4000 fl. et die ista solvissent pro parte collegii in camera Apost. dd. Guillelmo de Fonte et Iohanni de la Para, clericis collegii, 3500 fl. per manus Alpardi de Alamannis de Florentia et Zenobii Martini ac Iohannis Spiefamis, mercatoribus de Luca, quia camera plus habuerat 500 fl., de quibus medietas ad collegium pertinebat, . . . 250 fl. camere.

Febr. 24 de mandato pape d. Androino abbati mon. Cluniacen., misso per papam in partibus Lombardie ad d. legatum[1] pro remanendo ibi loco dicti legati, si ipse vellet redire ad partes istas, pro expensis suis faciendis 1000 fl.

Febr. 28 Bernardo Plancati, cursori pape, pro expensis factis per Guillelmum la Guilhalmia et Raymundum Oliuerii, servientem (! *statt* servientes) armorum, qui duxerunt fr. Iohannem ord. Min. in castro de Novis de mandato camerarii, 2 fl.

Febr. 28 Nicolao Benchi de Florentia pro capello dato per papam d. cardinali de Gordonio prima die, qua intravit in curia cardinal.,[2] 9 fl.

März 14 facto computo cum d. Arnaudo de Moleriis et Iohanne de Lesine, nuncio collectoris Lugdunen., de expensis factis per d. Arnaldum

---

[1] Abt Androin v. Clugny wurde auf kurze Zeit der Nachfolger des Kardinallegaten Albornoz.

[2] Guillelmus Farinerii de Gordonio ord. Min. gener., intravit curiam 26. Jan. 1357 (Eubel).

antedictum, quando fuit missus per papam ad imperatorem in Alamanniam videl. in dioc. Tullen. (!) cum 5 equitaturis, ubi stetit per 42 dies, 179 fl.

März 31 computavit Nicolaus Grimaldi, campsor camere, pro factura rose auri date per papam in dominica Letare, *(an wen, ist nicht gesagt):* 1 marcam 3 unc. 20 d. auri de 20 caratt.: 53 fl. pro marca: 78 fl. 9 s. 6 d., pro 1 zaphiro et 2 granatis 8 fl., pro factura 15 fl., *zusammen* 101 fl. 9 s. 6 d.

(f. 177) April 26 famulo d. Guillelmi de Benevento, clerici camere ac thesaurarii guerre in partibus Italie, misso per ipsum thesaurarium do pape pro novis cuiusdam comitis cum 400 archeriis missis per regem Ungarie ad legatum in servitium Ecclesie contra hereticos de Forlivio[1] et sibi remisso cum literis et bullis ad d. legatum card. Ispanie et ad abbatem Cluniacen. directis de mandato pape 4 fl.

(f. 178v) Mai 20 de mandato pape et voluntate d. Iohannis, episcopi Dertusen.,[2] Raymundo de Cabanis, domicello et scutifero pape Lemovicen. dioc., in deductionem summe provisionis facte et debite per cameram eidem d. Iohanni ep. Dertusen. pro bonis et fructibus episcopatus reservatis (per collectorem Aragonie) ipso Raymundo recipiente 100 fl.

(f. 180) Juni 3 cum fuisset controversia inter cameram et Amanenum de Bedociis super parte bonorum quondam Iohannis Milsoudi de Biturrita, que dictus Amanenus dicebat ad se racione uxoris sue et de donatione sibi facta per dictam uxorem suam in testamento suo ultimo pertinere, . . . et fuisset facta concordia, quod pars et ius dictorum bonorum ad prefatum Amanenum pertinens in dictis bonis remaneret pape pro ordine Cartusien. per eum fundato apud Villam Novam precio 344$\frac{1}{2}$ fl., *werden diese bezahlt.*

Okt. 31 d. Iohanni de Nabayrono, procuratori fiscali pape, de expensis factis per eum eundo, morando et redeundo de Montepessulano, ubi missus fuit per cameram pro bonis et rebus substractis in galea Antonii Bocafuec, que aportabat mag. I. Garrini de regno Portugalie ad cameram, 20 fl.

(f. 190) Dez. 29 de mandato pape Ludovico filio d. Lapi de Ruspo militi, habitatori Auin., pro ense cum zona de serico munita de argento dato per papam in vigilia nativitatis Domini in matutinis cum capello cuidam comiti ambaxatori domini imperatoris, qui legit quartam lectionem, 62 fl. 12 s. 9 d.

(f. 226 guerra) **1357** März 1 de mandato pape d. Stephano ep. Fauentino pro mutuo sibi facte per papam et per ipsum reddendo d. Guillelmo

---

[1] Vgl. m. *Deutsche Ritter in Italien* 2. Buch S. 53, wo über die Ungarn neben den deutschen Fähnlein berichtet wird.
[2] Bischof Johann (Fabri) von Tortosa in Spanien, seit 27. Febr. 1357, vorher Bischof von Le Puy (1356), davor Abt von Grandimont dioc. Lemovicen.

de Benevento in Faventia infra diem Penthecostes 1357 (instrum. per d. Ioh. Palaysini) 400 fl. sent.

März 13 *desgl.* d. Aymerico Rutlandi, rectori Romandiole noviter facto, deducendos de vadiis suis per d. Guillelmum de Benevento, thesaurario guerre Romandiole, (4 fl. pro die) 300 fl. sententie.

April 29 cum d. Guillelmus de Benevento, clericus camere ac thesaurarius guerre ecclesie Romane in partibus Italie, recepisset a Guillelmo de Talliata, domicello Caturcen. dioc., pro guerra Romandiole 300 fl. et eos promisisset eidem domicello facere restitui per cameram, ut apparebat per litteras d. Guillelmi . . ., fuerunt soluti Gaufrido ep. Carcasson., procuratori ipsius Guillelmi, (instrum. Ioh. Palaysini) 300 fl.

(f. 228) Sept. 12 de mandato pape Laurentio de s. Chamasio, militi dioc. Sarlaten., misso ad d. legatum et abbatem Cluniacen. cum 12 hominibus armorum pro regimine alicuius officii vel districtus terrarum Ecclesie pro vadiis suis et dictorum hom. arm. de 3 mensibus, de quibus steterat hic per 1 mensem (pro quolibet homine arm. 15 fl. et pro se 30 fl.) 585 fl.

Dez. 18 Iohanni de Veruculo Chaquo de s. Archangelo et Xantolino de Lausano Eriminen. dioc., ambaxatoribus s. Archangeli, 100 fl. assignandos per eos d. Guillermo de Benevento, thesaurario guerre Romandiole infra 2 menses (instrum. per d. Iohannem Palaysini).

1a. Botenlöhne.

(I. E. 282 f. 173 cera) **1357** Jan. 9 de mandato pape Dominico de Lucarrel cursori misso Burdegalen. et Baione cum literis pape ad regem Francie et principem Wallie directis et pro provisione piscium salsorum facienda pro quadragesima ad opus palacii et domus Panhote 15 fl.

Febr. 5 Bernardo de Mota, Petro Calui, nuntiis missis cum literis camere d. G. Piloti collectori et mag. Iohanni Garruci commissario in regno Portugalie, 12 fl.

Febr. 7 mag. Guillelmo Ademari, custodi cere palacii, misso per papam in Aluernhia pro certis negotiis 100 fl.

(f. 174) Febr. 28 computum Petri de Scarparia, magistri cursorum mercatorum Auin., de expensis factis per eum pro certis nuntiis missis de mandato pape ad diversas partes: 6. Febr. Antonio de Ponsane et Bindo de s. Miniato pro eundo in 5 diebus Parisius et redeundo in aliis 5 pro literis pape, d. Magalon. cardinalis et d. thesaurarii 72 fl.; 8. Febr. Bolongnis et Cassalino, qui venerunt in 14 diebus de d. cardinali Ispan. et de d. G. de Benevento cum literis directis pape et quibusdam cardinalibus ac camerario et thesaurario 30 fl., *zusammen* 102 fl.

(f. 175) März 2 de mandato pape Dominico de Lucarel, cursori misso Burdegal. cum literis pape directis d. regi Francie et principi Wallie

ac dd. cardinalibus Petragoric., Urquellen. et Rothomagen. ac aliis tractatoribus pacis et concordie inter predictum regem Francie et regem Anglie, pro expensis 20 fl.

März 3 Iohanni Sansavert, messagerio misso Parisius, cum literis d. Itorio la Iarrossa, camerario d. cardinalis Magalon., directis 12 fl.

März 24 Guillelmo la Guilhalmira, servienti armorum pape, misso per cameram apud Montempessulanum pro conducendo mag. Iohannem Garriga cum pecunia camere, quas apportabat de Portugalia, 4 fl.

(f. 177) April 26 Petro de Montrossier, cursori pape, misso de mandato pape ad d. cardinalem Rothomagen. cum literis sibi directis super ingressu suo (festinanter) 6 fl.

(f. 178v) Mai 24 de mandato pape Petro Montrossier, cursori pape, misso Parisius cum litteris pape directis dd. cardin. Petragoricen. et Urgellen. ac dd. ducibus Normandie et Aurelianen. ac archiep. Remensi et ep. Laudunen. et comiti de Lautrano festinanter 30 fl.

— desgl. Dominico de Lucarel, cursori misso etiam cum literis pape ad comitem Armaniaci, 10 fl.

(f. 179) Mai 31 computum per Petrum de Corriers, magistrum cursorum mercatorum Auin., de expensis pro mittendo nuntios seu cursores: 14. Marcii Iohanni de Sisterono, nuncio proprio, a d. abbate Cluniacen. et episcopo Novarien. pro litteris dd. Bolonien. et Magalon. cardinalium ac camerarii et thesaurarii pape deferendis 10 fl., 21. Marcii Dominico de Perusio, nuncio proprio, ad dominum legatum in Lombardia cum litera bullata pape 6 fl.; 6. April. Guillelmo de Parisius, nuncio proprio, in Lauduno cum literis pape 14 fl.; 12. Apr. Iohanni Marini, Iohanni Andrini, nunciis propriis, in 12 diebus tam pro eundo quam redeundo apud d. cardin. Ispan.[1] et d. abbatem Cluniacen. in Lombardia cum multis literis bullatis pape et dd. camerarii et thesaurarii 72 fl.; 13. Apr. Iohanni de Senis, nuncio proprio, apud dictum d. cardinalem et d. abbatem, qui ivit in 12 diebus cum literis bullatis, 18 fl.; 11. Maii Frederico de Florentia, nuncio proprio, qui venit ad papam ex parte dd. cardin. et abbatis et apportavit nova de captione Sezena,[2] 20 fl.; 18. Maii Anthonio de Ponsano, nuncio proprio, de Parisius cum literis pape, dni Magalon., camerarii et thesaurarii 14 fl.; 30. Maii Frederico de Florentia, qui ivit ad dd. cardinalem et abbatem in 11 diebus cum literis pape, 18 fl., *zusammen* 172 fl.

(f. 180) Juni 2 dicto Salsauert misso de mandato pape apud Anicium cum literis decano et collectori Anicien. directis et exinde Lugdun. et Romen. pro inquirendo de gentibus armorum, que, ut dicebatur, erant in partibus illis vel debebant esse breviter congregate, 6 fl.[3]

---

[1] D. i. Albornoz.
[2] Über die Einnahme Cesenas vgl. S. 646 Anm. 1.
[3] Seit dem Waffenstillstand von Bordeaux zwischen England und Frankreich waren zahlreiche Söldner frei geworden, die sich in Banden vereinigten und den Süden Frankreichs lange Jahre hindurch brandschatzten, vgl. H. Denifle, *La désolation des églises etc.*, Paris 1899, t. 2.

(f. 180v) Juni 9 Petro de Ala cursori pro expensis factis veniendo de Parisius cum literis d. Dalphini directis pape et aliis literis apertis super inhibicione, ne aliquis homo armorum exiret regnum nec Dalfinatum pro invadendo comitatum Veneycini nec comitatum Provincie, qui cursor venerat in 4 diebus, propterea quod plus expenderat, 22 fl.

Juni 14 Ongerio Riuerse, servienti armorum pape, misso comiti Sabaudie et d. Guillelmo de Vergi, gubernatori Dalfinatus, super congregationes gentium armorum, que fiebant pro veniendo in Provinciam, disolvendo et impediendo 15 fl.

Juni 15 de mandato pape Karolo Iori, servienti armorum pape, misso in Anglia cum literis pape directis regibus Francie et Anglie et dd. cardinalibus 25 fl.

— *desgl.* Petro de Ala cursori misso apud Nemausum cum literis senescallo Bellicadri directis pro faciendo proclamari ex parte regis, ne gentes armorum transirent extra regnum pro invadendo Provinciam, 2 fl.

Juni 23 *demselben* misso versus Anicien., Lugdun., Roman. et Valen. pro explorando de gentibus armorum, que se congregabant, . . . 20 fl.

Juni 26 dd. Berengario Raymundi et Bernardo Rascacii militibus missis per papam Valen. et Romanis ad dd. Amelium de Baucio, Carolinum de Pictavia, Ademarum de Claromonte et certos alios *zum gleichen Zweck* 24 fl.

— *desgl.* Amandino de Molinis cursori misso versus Montempessulanum pro explorando de gentibus armorum comitis Armaniaci et filiorum eius, que . . . veniebant ad invadendum Provinciam, 3 fl.

Juni 30 Bertrando de Penna, servienti armorum pape, qui fuit missus per cameram ad Castrum Novum pro custodiendo dictum locum, pro expensis suis factis 1 fl.

(f. 182) Juli 20 Iohanni Alfonsi, qui portavit literas camere collectori Castelle et Portugalie pro pecuniis mittendis, . . . 7 fl.

— de mandato pape d. Dauando de Moleriis, thesaurario Bisuntin., misso per papam ad dd. legatum cardinalem, abbatem Cluniacen. et Guillelmum de Benevento in Lombardia super certis secretis negociis eis ore explicandis 150 fl.

(f. 183) Juli 31 computum per Petrum de Corriers, mercatorem Auin. ac magistrum cursorum mercatorum: pro famulo, qui vocatur Heinnekino 4. Juni misso ad Roman. et plura alia castra pro inveniendis novis de gentibus armorum, que venierunt in Provinciam 4 fl., pro Iohanne de s. Miele nuncio misso 6. Iunii Burgen.[1] in Flandria in 8 diebus cum literis pargameni 30 fl.; pro Matheo nuntio proprio misso 20. Iunii apud Dien. et Roman. et Valentin. cum literis directis ep. Valentin. et plura alia castra ad inveniendum nova de gentibus supradictis 6 fl.; pro

---

[1] D. h. Brügge.

Dominico de Perusio, nuntio proprio, misso 23. Iunii cum literis pape bullatis duci et comiti Gebennen. 1 fl., pro Dominico de Florentia, nuncio proprio, misso 26. Iunii cum literis pape bullatis cardinali Ispanen. et abbati Cluniacen. et d. G. de Benevento pro eundo et revertendo in 24 diebus cum responsione dictarum literarum 36 fl.

Pro mittendo apud Mornas 2. Iulii 2 caxias virratonum $9^1/_2$ fl., pro Pagio de Sena, nuncio proprio, misso apud Dumont pro querendis literis, quas Belonhinus (!) de Bononia, nuntius proprius, portaverat, quas mittebat d. cardinalis Ispan. d. pape et dictus Belonhmus fuit mortuus Dimonte, 6 fl. Pro Amalatestino nuncio proprio, qui venit ex parte d. cardin. Ispan., abbatis Cluniacen. et d. Guillelmi de Benevento dno pape cum novis de captione castri Chesene (!) et domine capitane de Fourli (!) et filii sui cum nepote[1] 18 fl., pro predicto Amalatestino de gracia sibi facta de bona nova (!), que apportaverat, 10 fl. de mandato dd. camerarii et thesaurarii; pro 3 nuntiis missis 5. Iulii apud Romas ad videndum de illis gentibus 10 fl.; pro dicto Amalatestino de Florentia et Dominico de Padua, nuntiis propriis, 27. Iulii missis ad d. cardinalem Ispanum et abbatem Cluniacen. etc. cum literis pape bullatis 72 fl. pro eundo et redeundo. Pro dicto Atosqueto nuntio proprio 30. Iulii misso cum 5 literis bullatis pape et cum 1 litera dd. camerarii et thesaurarii in Lombardia ad d. legatum, abbatem et thesaurarium ac Arnaldum de Moleriis 6 fl., *zusammen* 208 fl. 12 s.

Aug. 12 de mandato pape Nicolao de Reatino misso Londen. cum literis pape directis regibus Francie et Anglie et dd. cardinalibus Petragoricen. et Urgellen. 10 fl.

Aug. 27 de mandato pape Iohanni de Villa Nova et Nicolao de Florentia, cursori mercatorum Auin., missis dd. legato, abbati Cluniacen. et G. de Benevento cum literis cambiorum etc. 20 fl.

(f. 184v) Sept. 2 de mandato pape d. Heinrico de Tremonia, archidiacono in ecclesia Leodien., misso per papam in Alamanniam pro subsidio habendo loco decimarum pro expensis suis faciendis eundo, stando et redeundo 150 fl.[2]

(f. 185) Sept. 20 de mandato pape Iohanni de Colongis, domicello Engolismen. dioc., misso per papam in Angliam cum literis directis regibus Francie et Anglie ac dd. cardinalibus Petragoricen., Urgellen. et Rothomagen. 50 fl.

(f. 185v) Okt. 2 *desgl.* d. Philippo episc. Cauallicen. misso per papam in Alamannia pro subsidio subrogato loco decimarum habendo pro faciendis expensis 1200 fl. fortes.

---

[1] Über die tapfere Verteidigung Cesenas durch Cià degli Ubaldini, Gattin des Ordelaffi von Forli, vgl. Wurm, *Kardinal Albornoz;* Mollat, *Les papes d'Avignon* p. 151; Schäfer, *Deutsche Ritter* 1. Buch S. 35, 2. Buch S. 42 Nr. 32, S. 44 Nr. 43a. 77, S. 47 Nr. 70. 73. Cesena war am 21. Juni 1357 gefallen.

[2] Vgl. E. Hennig, *Die päpstlichen Zehnten aus Deutschland,* Halle 1909.

(f. 188) Nov. 30 computaverunt Guillelmus la Guilhahma, serviens armorum, et Dominicus de Lucarel, cursor pape, de expensis in eundo apud Montempessulanum quesitum d. collectorem Aragonie: pro 2 equis conductis 5 diebus (10 s. pro die) 2 fl. 2 s., pro expensis equorum 4 fl. 9 s., pro ferrando equos in via 6 s., pro expensis 3 personarum 2 fl. 7 s., *zusammen* 9 fl.

(f. 188ᵛ) Dez. 22 d. Reynando de Lupchaco, cantori ecclesie Altissiodoren., misso per papam ad regnum Sicilie pro certis negotiis . . . 150 fl.

Dez. 23 Assaganto Iacobi cursori pro cera seu funeralibus quondam Raimundi de Biterris, cursoris pape, defuncti 2 fl.

(f. 189) Dez. 28 de mandato pape Raymundo de s. Michaeli, servienti armorum pape, misso in regno Polonie, Ungarie et Boemie ad collectores Apostolicos pro pecuniis aptandis 200 fl.

(f. 190) Dez. 29 computum per Petrum de Correri, mercatorem et magistrum cursorum mercatorum curie Romane, de pecuniis per eum traditis certis [nuntiis] per eum diversis partibus de mandato camere missis: Iohanni de Terra Nova et Nicolao de Pisa, nuntiis propriis, missis cum literis bullatis ad d. cardinalem Ispan., d. abbatem Cluniac. et d. G. de Benevento 26. Aug.: 10 fl., Malatestino misso cum literis bullatis *desgl.* 9. Sept. pro eundo et redeundo in 24 diebus 36 fl., Iohanni de Ianua misso cum literis legati de Romania dno pape et cardinalibus et dd. camerario et thesaurario 4 fl., Malatestino misso cum literis bullatis pape ad ipsos d. abbatem et d. Guillelmum, qui debet ire et redire in 24 diebus, 36 fl. videl. 12. Dez., *desgl.* 12. Dez. Nicolao de Pisis misso per collectorem Venetian. ad dd. camerarium et thesaurarium 1 fl., Iohanneto de Parisius misso cum literis dd. camerarii et thesaurarii ad d. I. de Castronovo, collectorem Remen., 4 fl., *zusammen* 91 fl.

(f. 236 custodia) **1357** Juli 13 de mandato pape Augerio Riuerie, servienti armorum, misso ad explorandum de illa societate gentium armorum, que veniebant in Provincia, 40 fl.

Desgl. 2 messageriis d. ep. Valentin., qui venerant de Romanis et Nouiaco ad significandum nova de archipresbitero de Verinis[1] et eius consociis venientibus in Provincia 31 s.

Juli 14 2 aliis messageriis, qui retulerunt dictas gentes fuisse apud Valenciam, 1 fl.

Juli 15 Raymundo de s. Michaele, servienti armorum pape, misso cum literis bullatis pape ad dictum archipresb. de Verinis 9 fl. 13 s. 8 d.

Juli 16 messagerio ep. Valentin., qui portavit literas pape dicto episcopo, 5 s.

---

[1] Der berüchtigte Erzpriester (Pfarrer) von Vélines, Arnold de Cervole, kommandierte die französischen Söldnerbanden und fiel mit ihnen in die Provence ein, vgl. H. Denifle, *La désolation des églises* . . . t. II p. 188 ss.; Mollat, *Les papes d'Avignon* p. 98 s.

Juli 17 Nicolao de Murcia cursori pro expensis suis faciendis eundo et redeundo versus Vienn. misso ad explorandum de aliis gentibus, qui dicebantur venire post archipresbiterum, 10 fl.

Aug. 4 Raymundo Grimoaudi usserio et Dominico de Lucarel cursori missis per papam apud Montempessulanum pro inquirendo de dominis capitanis de Burgio et de Moyssidorio, si veniebant contra Provinciam, 4 fl.

Aug. 5 de Gaufrido David, archidiacono Tirachie in ecclesia Laudunen., misso per papam in Francia ad ducem Normandie pro istis gentibus ad instanciam ipsius, ut dicebatur, in Provincia congregatis revocandis et impediendis, ne tanta mala fierent per eos, sicut fiebant, 100 fl.

(f. 255 cust.) Dez. 29 d. Fulconi de Spaleto, militi vigerio episcopatus Auin., misso per marescallum de mandato pape versus caserum de Saumana, de Bonil, de Epeda, de Manerbis pro avisando et iuvando eis contra invasores comitatus ac deinde ad d. Guirannum de Saumana et filios Senescalli Provincie super certis sibi iniunctis cum 6 hominibus armorum et 12 equis 51 fl.

1b. Kriegsausgaben für Italien (Geldverkehr und Banken).

(f. 226 ss. guerra.) Wir geben eine schematische Übersicht über die für den italienischen Krieg von der apostolischen Kammer abgesandten Summen dieses Jahres. Empfänger ist in allen Fällen Guillelmus de Benevento, thesaurarius guerre Romandiole.

Datum	Fol.	Namen der Geldvermittler bezw. Banken	Bestimmungsort und Zeit	Summe	Wechsel %
1357 Mai 4	226	Andreas Tisci societatis Visconti Lapi et Bartholomei Francisci, soc. de Pistorio	Florenz Juli 31	5000 fl.	
„ 4	226	Iohannes Spiefamis, mercator de Luca, habitator Auin.	„	5000 fl.	
„ 5	226v	Bruno Iohannis de Flor., procurator et factor Bartholomei Carochi de Albertis Novis de de Flor.	„	4000 fl.	
„ 7	226v	Apardo Silvestri de Alamannis fratribus d. Iacobi Coqui et Danielis Victini et sociorum suorum de Veneciis	„	5000 fl.	
„ 8	226v	Zenobius Martini factor et procurator Thedaldi de Richi et sociorum eius de Flor.	„	5000 fl.	

1b. Kriegsausgaben für Italien (Geldverkehr und Banken). 649

Datum	Fol.	Namen der Geldvermittler bezw. Banken	Bestimmungsort und Zeit	Summe	Wechsel %
1357 Mai 10	227	*Desgleichen demselben*	Florenz Juli 31	3000 fl.	
„ 10	226v	Nicolaus Melioris de Florentia, habit. Auin.	„	1000 fl.	
„ 10	227	Andreas Brancalis et soc. de Luca	„	2000 fl.	
Juni 22	227	Bruno Vanni merc. et factor et socius Barthol. Carochi de soc. Albert. Novorum	Florenz Aug. 31	5000 fl.	
„ 26	227	d. Andreas Reulo plebanus s. Casiani de Veneciis, et mag. Neapoleo de Ponterolis de Forliuio, procurator et conciliarius ducis Veneciarum	Fauentia vel Cesena infra Augustum	2000 fl.	
„ 26	227	Laurentio Bartolini, socio Ranuchini	Florenz Sept. 15	7500 fl.	
„ 26	227	Matheus de Vurretanis de Luca, factor et socius soc. de Venichi de Luca	„	7500 fl.	
„ 30	227v	Tangredus Francisci de Florentia	„	2000 fl.	
„ 30	227v	Zenobius Martini, factor Thedaldini de Richis et soc. de Florentia	„	4000 fl.	
„ 30	227v	Dardinus Iohannis, factor et procur. d. Passini et soc. de Flor.	„	2000 fl.	
Aug. 12	227a	*Desgleichen demselben*	Sept. 30	2000 fl.	1½%
„ 12	227v	Sionellus de Podio, mercator de Luca	„	2000 fl.	1½%
„ 12	227v	Matheus de Beretanis, merc. de Luca, socius Francisci de Gunsis de Luca	„	2000 fl.	1½%
„ 12	227a	Nicolaus Verini soc. Nicolai Comitis de Florentia	„	2000 fl.	1½%
„ 12	227a	Bartholomeus Spinelli de Flor., habit. Auin.	„	500 fl.	1½%
„ 16	227a	Nicolaus Melioris de Flor.	„	1000 fl.	1½%
„ 16	227a	Philippus Barthelini, factor Albertorum Antiquorum de Flor.	„	2000 fl.	1½%

Datum	Fol.	Namen der Geldvermittler bezw. Banken	Bestimmungsort und Zeit	Summe	Wechsel %
1357 Aug. 16	227ª	Bruno Iohannis, factor et procurator Bartholomei Carochi de Albertis Novis de Flor.	Florenz Sept. 30	2000 fl.	1½%
„ 16	227aᵛ	Bruno Iohannis factor et procur. Bartholomei Carochi de Albertis Novis de Florentia	Nov. 30	3000 fl.	
„ 16	227aᵛ	Zenobius Martini factor Thedaldini de Richis et soc. de Flor.	„	3000 fl.	
„ 16	227aᵛ	Andreas Tissi soc. Viscontis Lapi et Bartholomei Francisci et soc. de Pistorio	„	3000 fl.	
„ 19	227aᵛ	*Desgleichen demselben*	Okt. 31	3000 fl.	1½%
„ 23	227aᵛ	Capardus Alamanni factor Iacobelli Coqui et soc. de Venetiis	Nov. 30	2000 fl.	
„ 25	227aᵛ	Ludovicus filius d. Lapi de Ruspo militis	„	2000 fl.	
„ 26	228	Zenobius Martini factor Thedaldini de Richis et soc. de Flor.	„	5600 fl.	1%
„ 26	228	Iohannes Spiefamis, mercator de Luca	„	4000 fl.	1%
„ 26	228	Dardanus Iohannis, socius et factor Thomacii David et soc. eius de Flor.	Okt. 31	1000 fl.	1½%
Dez. 29	228ᵛ	Apardus Silvestri de Alamannis de Flor., factor et procurator d. Iacobi Coqui et Danielis Victuri ac soc. de Venetiis	1358 März 31	2000 fl.	
„ 29	228ᵛ	Zenobius Martini de Flor, factor Thedaldini de Richis et soc. de Flor.	„	3000 fl.	

1c. Geschenke und Wohltätigkeit.

(*I. E. 282 f. 173 cera*) **1357** Jan. 28 de mandato pape d. cardinali de Gordonio ex speciali dono sibi facto ipso in domo sua recipiente 500 fl. sententie.

(*f. 173*) Jan. 31 d. Contorra, uxor † d. Petri Alberti nepotis pape, *erhält Pelzmantel und Scharlachtuch für* 178 fl. 4 s. *(vgl. unten unter Gewebe und Kleidung).*

Febr. 7 d. Hugoni la Rocha, militi Lemouicen. dioc., ex speciali dono per papam facto ipso recipiente 100 fl.

(f. 175v) März 27 de mandato pape domine Galiane de Pompedorio[1] ex dono sibi facto per papam, ipsa, que venerat ad curiam, personaliter recipiente, 200 fl.

Desgl. d. Radulpho la Reyma, militi Lemovicen. dioc., 100 fl.

(f. 176) Desgl. mag. Iohanni Alamanni Parisiensi, olim marescallo pape, dum esset cardinalis, ex dono speciali 60 fl.

(f. 180v) Juni 20 de mandato pape d. Iohanni de Breno, militi Comoran. ac nepoti pape ex speciali dono 150 fl.

(f. 184v) Sept. 4 desgl. Guidoni de Combornio ex speciali dono sibi facto per papam 30 fl.

Sept. 12 desgl. Bertrando de Roffinhaco domicello et eius filio pro expensis factis per eum pro nuptiis suis, quando receperunt uxores, 300 fl.

(f. 185) Sept. 13 desgl. d. Guidoni Trapini, militi Pictaven. dioc., ex speciali dono 100 fl.

Sept. 29 desgl. Guischardo filio vicecomitis de Combornio studenti in Montepessulano, mag. Petro Lasterra, licenciato in decretis recipiente, 50 fl.

(f. 185v) Okt. 2 de mandato pape Guillelmo Alberti, nepoti suo, pro expensis hospitii sui faciendis, Mauricio de Vassinhaco usserio recipiente pro ipso 100 fl.

(f. 187) Okt. 31 ex speciali dono pape d. Ratherio militi, domino de Monte Rocherii dioc. Lemovic., 100 fl.

Nov. 16 desgl. d. Iohanni de Breno, militi Lemouicen. dioc. 150 fl.

Nov. 29 desgl. Guillermo Rullandi, militi marescallo iusticie curie Romane, ex speciali dono 500 fl.

(f. 204v elemos.) **1357** April 6 d. camerario pape pro cena 13 pauperum facta per eum loco et nomine pape die Iovis Sancti (je 1 fl.) 13 fl.

April 7 de mandato pape 75 hominibus pauperibus de Trocha, de Loberciaco, de Crulhaco, de Boysso, de s. Pardulpho,[2] de s. Cirico Lemovicen. dioc. exiliatis propter guerram distribuendi inter eos per d. archiepiscopum Auxitan., qui pecuniam recepit, 300 fl. fortes.

April 12 de mandato pape d. fr. Raymundo Fabri, procuratori generali ord. fr. Minorum curie Romane, ex elemosina pro capitulo generali dicti ordinis faciendo in Barchinona in die Penthecostes proxime venturi, recipiente fr. Raym. de Rupe, 100 fl.

Desgl. fr. Guillelmo Militis, procur. gener. ord. Predic., pro capitulo generali ord. faciendo in Venetiis in dicto festo Penthecostes 100 fl.

---

[1] Pompadour liegt nahe bei dem Geburtsort des Papstes, dem Dorfe Mont.
[2] D. h. S.-Pardoux.

Desgl. fr. Amando Trenta, procur.· ord. Carmelit., pro capit. gen. faciendo in civitate Ferrarien. 60 fl.

Desgl. fr. Augustino de Brisaco, procur. generali ord. August., pro capit. gener. tenendo in Montepessulano 60 fl.

(f. 205v) Mai 10 de mandato pape, die qua papa ivit apud Pontem Sorgie, Petro de Metis, gubernatori hospitalis s. Trinitatis prope Auinionem, 10 fl.

Desgl. monialibus s. Verani 10 fl.

Mai 22 *desgl.* Guillelmo de Cruce, buticulario pape, 12 fl., quos dederat de precepto pape pauperibus apud Pontem Sorgie, quando papa erat ibi et equitavit absente elemosinario.

Einzelheiten *aus dem Titel pro Panhota (Almosenhaus).*

(f. 210) **1357** Jan. 31 pro grasilha empta pro allecibus pauperum coquendis 12 s., pro 400 scutellis pro pauperibus et familiaribus elemosine (100 *zu* 14 s.) 56 s., pro factura 80 tunicarum datarum extraordinarie in diebus coronationis pape, circumcisionis et epiphanie Domini 4 l., *vgl. weiter B Nr. 3 (Getreide und Brot), B 5 (Fleisch und Fische), B 6 (Kleidung).*

(f. 212) März in 86 marchis de stanno in scutellis, graseletis et platis pro usu hospitii retentis (18 d. de bonis pro marcha), que quondam fuerunt fr. Iacobi elemosinarii, 6 l. 9 s.

(f. 213) April 8 pro factura 100 tunicarum datarum extraordinarie in Septimana Sancta et in festo Pasche 5 l.[1]

April 30 . . . pro 6 duodenis manumculorum[2] pro cursoribus pape et familiaribus domus elemosine (10 s. pro duodena) 60 s.

(f. 211) Febr. 28 . . . pro pauperibus cum duplicatione 25 pauperum in purificatione b. Marie (a 1. Febr. ad 28. Febr.) 9 l. 6 s. 6 d., *so ähnlich oft. Am Krönungstag sind es* 325 pauperes.

(f. 213) . . . pro 2 canastellis seu paveriis pro scutellis pauperum ponendis 8 s.

(f. 214) Mai pro factura 100 tunicarum extraord. in festivitatibus ascensionis Domini et Penthecostes 5 l., pro factura 360 camisiarum datarum pauperibus leprosis iacentibus in hospitalibus peregrinis et aliis (*je* 4 d.) et pro 16 lectis linteaminum pro familiaribus domus elemosine (*je* 6 d.) 6 l. 8 s.

(f. 217v) Sept. pro factura 100 tunicarum datarum extraordinarie in festiv. nativit. b. Marie et b. Michaelis 5 l.

2. Päpstliche Beamte.

(I. E. 282 f. 193 vadia ordin.) Das Gehalt der Beamten wie früher, achtwöchentlich nach geschehenem Dienst bezahlt. Sieben Zahlungen und

---

[1] Sonst sind es wöchentlich bloß 13 tunice.
[2] D. h. grobe Handschuhe.

zweimalige (Sommer und Winter) Kleidergelder an die penitentiarii, domicelli, magister palacii, hostiarii, servientes armorum, coqui, palafrenarii, *die jedesmal mit Namen aufgezählt werden. Wir geben die siebte Sold- und zweite Kleiderzahlung hier wieder ohne Aufzählung der Gehälter:*

(*f. 199v*) **1357** Dez. 1 fuit facta septima solutio stipendiariorum familiarium et officialium pape pro 8 septimanis proxime preteritis (attende quod flor. solvitur pro 22 s. vien.).

d. vicecancellario, marescallo iusticie, 35 servientibus suis et capitaneo eorum computato pro 2, iudici ordinario curie marescalli, iudici dicte curie in criminibus, thesaurario dicte curie, correctori, magistro in theologia, 12 penitentiariis integris et 2 diebus?, 25 capellanis comensalibus integris et certis pro 32 diebus, 2 bullatoribus, 3 clericis camere, 10 capellanis capelle intrinsece integris et certis pro 14 diebus, 2 clericis capelle magne integris, 1 alio clerico capelle intrinsece integro et alteri pro 53 diebus, notario camere.

Prima porta: Petro de Ianzens, Ademaro La Rebieyra, Stephano Vigerii pro 14 diebus.

Secunda porta: Guillelmo de Riveto, Rotgerio de Molendino, Gundisalvo Roderici pro 29 diebus.

Tertia porta: Leoni [de Iovis], Romanello, Raymundo Grimoaudi.

12 hostiariis minoribus integris et 8 pro 28 diebus, 64 servientibus armorum integris et certis pro 46 diebus, 48 cursoribus integris et certis pro 18 diebus,[1] 15 palafrenariis integris, B. de Boana et Tassino porteriis prime porte, magistro hospitii (56 fl.), Golferio de Lionio magistro coquine, Raynaldo de Lur aquario pro 16 diebus (7 fl. 17 s. 9 d.), 3 famulis suis pro aqua (12 fl. 9 s. 9 d.), d. B. Gaucelmi emptori coquine (27 fl. 2 s. 7 d.), Iohanni Pestelli, coquo coquine, Guillelmo Champion alteri coquo, mag. Gerardo alteri coquo, Iaqueto brodario coquine, 2 panetariis, 3 buticulariis, d. Symoni regestratori supplicationum (12 fl. 9 s. 9 d.), d. Stephano de Fonte socio suo (tantum), regestratori regestri secreti (tantum), custodi vaccelle (16 fl. 13 s.), custodi carceris (20 fl. 16 s.), custodi cervorum (9 fl. 2 s.), mag. G. Sabaterii magistro marescallie (27 fl. 2 s. 7 d.), scriptori suo (8 fl. 6 s. 6 d.), scriptori coquine (tantum), trahenti campanam (4 fl. 4 s. 4 d.), Aymerico de Duno pro custodia armorum (8 fl. 6 s. 6 d.), scobatori (3 fl. 16 s.), mag. Iohanni de Parma surgico (27 fl. 2 s. 7 d.), d. Raymundo Guitbaudi directori operum (16 fl. 13 s.), advocato fisci (15 fl. 9 s. 9 d.), mag. Petro marescallo equorum (27 fl. 2 s. 7 d.).

domicellis: 1. scutifero magistri hospitii, 2. Guillelmo Alberti, 3. Petro de Cuelha, 4. Petro Stephani, 5. Aymerico la Reyna, 6. Raymundo de Chabanis, 7. Rotberto de Vassinhaco, 8. Bertrando de Roffin-

---

[1] Ihre Namen vgl. unten bei Wohnungsmieten.

haco, 9. Guidoni eius filio, 10. Humberto de Sauzeto, 11. Bernardo la Gana, 12. Guischardo de Combornio, 13. Gaubertoni de s. Exuperio, 14. Rotgerio de Belloforti, 15. Rampnulpho de Perussia, 16. Bertrando de Vayriaco, 17. Stephano de Monteruco, 18. Guidoni de Podiovallis, dem 19. Petro de Bessia *nur für 37 Tage.*

(*f. 201*) *Kleidergelder werden bezahlt* (Dez. 29) 14 fratribus **penitentiariis:** 1. Guillelmo Vilate,[a] 2. Stephano de Marlhaco, 3. Iacobo de Assizio, 4. Gabrieli de Aleis,[b] 5. Iohanni Belin, 6. Petro Huglem,[c] 7. Geraldo Cambilon, 8. Andree de Vugelscant,[d] 9. Dominico de Novo Loco, 10. Nicolao Assmundi, 11. Raymundo Pinholi, 12. Inardo de Seuecio, 13. Arnaldo Guidonis, 14. Roberto de Burgonia (*je* 8 fl.).

(*f. 196ᵛ*) Juni 30 *werden noch* 15. Thomas de Rymgstede *und* 16. Eblo Bonifacii *genannt.*

Magistro palacii 12 fl.

Dann wird den domicelli scutiferi, *d. h. hier den* **hostiarii maiores** *Kleidergeld bezahlt:*

prima porta: *dieselben wie oben bei der Soldzahlung,* secunda porta: Mauricio de Vassinhaco, Rotgerio de Molendino, Guillermo de Riveto, Alfonsoni Roderici, Romanello de Roma, tertia porta: Leoni de Iovis, Raymundo Grimoaudi, Petro de Cortilhis, Arnaldo de Colonia (12 hostiarii *je* 8 fl.).

74 **servientibus armorum** (*je* 5 fl.): 1. Raymundo de s. Claro, 2. P. Bernardi, 3. Aymarono de Bordis, 4. B. de Sena, 5. Macioto, 6. Michaleto de Pistoya, 7. Guillelmo Danielis, 8. Batuchio de Luca, 9. Bertrando de Aragone, 10. mag. Lorino, 11. Bosoni Quintini, 12. Petro Placentis, 13. Aymerico de Rupe, 14. Guillelmo de Malomonte, 15. P. Lebratier, 16. Rotberto de Caslucio, 17. Hugoni de Caslucio, 18. Geraldo de Bellopodio, 19. Augerio de Riperia, 20. Iohanni de Tholosa, 21. Iohanni Rostagni, 22. Iohanni de Viterbio, 23. Bertrando de Veyraco, 24. Leoni de Neapoli, 25. Iaqueto Melioris, 26. Iaqueto eius filio, 27. Marco Lando, 28. Bertrando Bernardi, 29. Petro de Alvernhia, 30. Iordano de Cameraco, 31. Audoyno de Bharsina, 32. Audoyno de Vassinhaco, 33. Ponseto de Castrobono, 34. Iohanni Balisterii, 35. Iohanni de Luperiis, 36. Raymundo Oliuerii, 37. Bidessio, 38. Guioto de Lucro, 39. Bertrando de Falgeriis, 40. Bichot Sozoni (Socion), 41. Iohanni de Acheriis, 42. Hugoni de Sunhoto, 43. Guillelmo la Guilhamia, 44. Oliuerio la Raymundia, 45. Stephano la Porta, 46. Raymundo de s. Michaele, 47. Bertrando de Pena, 48. Raymundo de Galanto, 49. Helioto, 50. Bosoni Mesclayo, 51. Aymerico de Duno, 52. Rostagno Berqui, 53. Raynaldo de Lur, 54. Petro de Vaccella, 55. Bartholomeo de Vassinhaco, 56. P. Raubati, 57. P. de Altarupe, 58. I. de Broys, 59. I. de Verlhaco, 60. I. Vigorosi, 61. Raterio

---

[a] f. 196ᵛ: Rulate. [b] Ebd. Allors. [c] Ebd. Hugler. [d] Ebd. Vugelsanc.

de Rotgerio, 62. G[uillelmo] Emerii, 63. Galsauallo, 64. I. de la Vecchia, 65. Antonio Abbatis, 66. Rosseto de Gimello, 67. G. de Margarita, 68. Iacobo de Athorino barbit., 69. B. Bessieyra, 70. Carolo Iori, 71. mag. Guillelmo Ademari, 72. Stephano de Bordis, 73. Helie de Letrangis, 74. Petro Ferrandi. *f. 196v wird noch* Hugo de Sonheco *genannt.*

Dann den 4 bekannten **coqui** *(je* 8 fl.).

Dann 15 **palafrenariis** *(je* 2 fl.): 1. Petro Legreso, 2. Guillelmo Gauterii, 3. Dominico Domec, 4. Arnaldo de la Bosine. 5. Anthonio Beardi, 6. Bernardo Sancii, 7. Guillelmo Cathalani, 8. Petro Nauarra, 9. Egidio Martini, 10. Quirico de Conginis, 11. Bartholomeo de Ponte, 12. Petro de Lorgne, 13. Stephano de Malpas, 14. Petro Masquerat, 15. uni alio (!).

2a. Weitere Angaben über päpstliche Beamte.

(I. E. 282 f. 173 cera) **1356** Dez. 30 d. Iohanni de Seduno, scriptori et distributori literarum pape, pro gallinis dari et solvi consuetis scriptoribus in renovatione anni creationis pape, videl. pro 101 scriptoribus pro quolibet 1 gallinam: 20 fl.[1]

(f. 173) **1357** Jan. 31 computavit Raynaudus de Lur, aquarius pape, pro expensis in officio aque per totum mensem Ianuarii: pro 2 refrigitoriis pro tinello emptis 24 s., pro salario 4 hominum, qui nocte 1. Januar) et die traxerunt aquam et portaverunt in coquinis (6 s. pro quolibet) 24 s.; in epiphania Domini (6. Jan.), qua piures prelati et alii de genere pape eiusque cubicularii et quidam de genere imperatoris [erant], pro 3 hominibus *desgl.* 18 s. etc., *zusammen* 4 fl. 6 s. *Ähnlich so jeden Monat.*

(f. 174v) Febr. 28 computavit d. Helias Rambaudi, custos vaccelle pape, per totum mensem Februarii: pro 4 cordis tele pro abluendo vaccellam argenti *(zu je* 30 s.) 6 l., pro 1 corda alterius tele pro abluendo vaccellam auri 33 s., pro logerio 2 hominum, qui portaverunt ligna et aquam pro abluendo vaccellam, quando prelati Lemovicen. dioc. comederunt in palacio *(je* 2 s.) 4 s., pro aliis 2, quando Provinciales comederunt in palacio 14 s., pro aliis 2, quando d. cardinalis de Gordonio venit, 4 s., pro logerio 2 calderiarum in 2 conviviis *(je* 4 s.) 16 s., pro abluendo dictam telam pro mense 12 s. videl. pro Ian. et Febr.: 24 s., *zusammen* 8 fl. 13 s. *So ähnlich jeden Monat.*

Mai 11 Guillermo Fornerii, ostiario porte ferri, pro oleo lampadis ad custodiam porte de nocte 1 fl.

(f. 180) Mai 31 computavit Iohannes de Metis, lavanderius palacii, pro lavando 200 pecias tam suppelliciorum, rochetorum, albarum, amictuum quam mapparum et longeriarum in inventariis repertarum sibi

---

[1] Demnach wurde der Preis einer Henne mit $^1/_5$ fl. recht teuer bezahlt.

traditarum ad lavandum per dd. Iohannem Palaysini et Gerardum Xendeti (pro pecia 1 patacum) 50 s. in 20 fl. 2 s.

(f. 180) Mai 31 computavit Petrus Garini, administrator fresquerie palacii pape. *Er wird (f. 190v) auch* Petrus de Glotonis, naterius curie Romane, *genannt, vgl. unten Nr. 10 (Verschiedenes) denselben.*

Juni 9 Stephano de Combis, porterio prime porte palacii Auin., pro oleo lampadis de nocte necessario 1 fl.

Für die Elemosinare vgl. oben A 10.

Päpstl. Wappen an den Uniformen (!): (f. 210v Panhota) 1357 Jan. pro 10 signis pape cadrigario elemosine et in pluribus aliis necessariis 13 s.

(f. 212v) Pro vadiis 11 familiarium [Panhote] cum custode domorum de Miraculis pro mense Ian., Febr. et Martii (3 tur. gross. pro mense cuilibet) 8 fl. 6 s., pro salario 2 equorum (uni pro mense 20 s., alteri 15 s.), pro salario 2 ortolanorum pro 3 mensibus (uni cum uxore sua pro mense 1 fl. 7 gross., alteri 1 fl. 2 gross.): 8 fl. 6 s., pro salario cadrigarii pro 3 mensibus (*je* 1 fl. 12 s.) 4 fl. 12 s. *So jedes Vierteljahr.*

(f. 213) pro ablutrice pannorum *(monatlich* 15 s.) 60 s.

3. Brot- und Getreideanschaffungen, Viktualien.

Monatlich werden von den Hofbäckern 10—12 000 panes librate bezogen, von denen 550 aus der Last (saumata) *gebacken wurden (z. B. f. 113v).*

(f. 140v marest.) **1357** Aug. 31 computum per Guillelmum Sabaterii, magistrum marescalle pape, de expensis pro provisione avene pro marescalla: ... pro 40 saumatis grossis avene Provincie ad mensuram Auin. emptis a grangerio Ronhonacio hospitalis s. Iohannis Iherosolimitani (24 s. pro saumata conducta in Auinionem) 48 l., pro faciendo discargari et estivari avenam in orreis palafrenarie Auin. 5 s., pro 10 saum. grossis avene Provincie ad dictam mensuram emptis a Bertrando de Scarpita *(je* 24 s.) 12 l. ..., pro 300 saum. gross. avene Provincie desgl. a Simoneto Arnulphi, mercatore Bellicadri, (*zu je* 26 s. conducta Auin. in portu Rodani) 390 l., pro faciendo portari de portu ad orrea (3 d. pro saum.) 75 s., pro estivando in orreis 15 s., pro 200 saum. gross. avene Provincie emptis a Crestono Choem Iudeo, mercatore Auin., (*zu je* 26 s. conducta in portu Rodani Auin.) 260 l.

Zusammen 550 saum. *für* 596 fl. 19 s. 2 d. mon. Auin.

(f. 207 elemos.) **1357** Okt. 31 computum per Iohannem de s. Bausilio, draperium et mercatorem Auin., missum per cameram in Burgundia: ... provisio **leguminum:** se emisse 74 bichetos et 6 boyssellos fabarum mensur. Cabilon. videl. $1^1/_2$ bichet. et 1 boyssel = 1 saumata: 46 saum. (1 bichet. *zu* 1 fl. 1 gross.): 80 fl. $11^3/_4$ gross.

Item se emisse 26 bichetos pisorum alborum *(je* 2 fl. 2 gross.) 56 fl. 4 gross. (16 salmate), quorum leguminum d. B. Gaucelmi, emptor

3. Brot- und Getreideanschaffungen, Viktualien.

coquine pape, recepit pro usu palacii 6 saum. pisorum et 3 saum. fabarum, *zusammen* 137 fl. 3³/₄ gross. *Dazu an Ausgaben für Fracht etc. bis Avignon* 42¹/₂ fl.

(f. 210 Panhota) **1357** Jan. 24 cum alias fuisset factum precium per cameram cum Iohanne Gauterii, Laurentio Britonis, Francisco de Laude, Iohanne Termi alias lo Picart, Petro de Verduno, Iohanne la Calada, Albertino de Placentia furneriis de 2000 saumatis frumenti et 1000 saumatis siliginis vel ordei reddendis per eos in pane cocto bono et sufficienti ad opus elemosine Panhote singulis diebus, prout esset expediens (17¹/₂ gross. pro saumata *Durchschnittspreis*), quod precium ascendit 4375 fl., de quibus habuerunt 12. Sept. 1356: 2187 fl. 12 s., *jetzt Restzahlung mit* 2187 fl. sententie 12 s. mon. Auin.

(f. 210v) Jan. 7—14 pro mensuratura 625 saum. bladorum tam recognitorum in orreis quam traditorum furnariis elemosine et neptibus pape ac gentibus d. cardinalis ord. fr. Min. (12 s. pro centenario) 75 s.

(f. 212) März pro 12 cabassiis pro pane portando, dum a furnariis recipitur, 28 s.

(f. 216) Aug. 31 cum fuisset factum precium cum Laurencio Alberti, Francisco de Laude, Iohanne Gauterii, Petro de Verduno, Iohanne la Calada et Aubertino de Placentia pancosseriis de 3000 saumatis bladi videl. ²/₃ frumenti et ¹/₃ ordei vel siliginis reddendis per eos in pane cocto ad opus domus elemosine Panhote (18¹/₄ gross. pro saumata), in deductionem summe 4562 fl. 12 s. solvimus 2000 fl.

(f. 217) Aug. 31 computavit d. Petrus de Frigidavilla de 30 saum. avene pro animalibus quadrige et rote orti (20 saum. *zu je* 27 s. in Biturrita, 10 saum. apud Insulam Venayssini *zu je* 25 s.) 39 l. 10 s. in 32 fl. 22 s.

(f. 220v) Dez. 29 *denselben* »forneriis domus elemosine Panhote« in deductionem *(wie oben Aug. 31)* 2000 fl. sententie in 1432 muton. auri 28 s. auin. (1 muton. = 33¹/₂ s.).

Käse-Einkäufe.

(I. E. 282 f. 186 cera) **1357** Okt. 31 computum redditum per d. Iohannem, servientem subcollectorem Claromonten., de provisione caseorum facta pro usu palacii de mandato camere et soluta de pecuniis receptis per eum in subcollectoria sua: pro annuata presenti 24 quint. caseorum videl. 16 quint. (*zu je* 2³/₄ fl.) 44 fl. et 8 quint. (*zu je* 2 fl. 21 s.) 23 fl.; se expendisse pro emptione et congregatione caseorum in uno loco ... ac portu ad Auin. 32 fl., se solvisse vayleto, qui conduxit caseos ad Auin., 2 fl., *zusammen* 101 fl.

(f. 213 Panhota) **1357** April 30 ... pro ¹/₂ quint. caseorum 36 s.

(f. 214v) Juni ... pro ¹/₂ quint. cas. 28 s.

4. Wein, Öl und Getränke.
Weinanschaffungen.

(I. E. 282 f. 104v coq.) **1357** Aug. ... pro provisione facienda de **agresto**: pro 60 saumatis racemorum *(je* 14 s.) 42 l., pro 2 iornalibus hominis, qui mensuravit banast. in vinea, 5 s., pro loquerio tine ad recipiendum agrestum ante torcular 6 s., pro 12 banastonibus consumptis in calcando racemos 18 s., pro 24 iornalibus hominum, qui calcaverunt et portaverunt agrestum ad palacium, *(je* 4 s.) 4 l. 16 s., pro expensis eorundem 48 s., pro factura agresti piscarii cum portu 15 s., pro 2 eminis salis ad salandum agrestum 6 s., pro salario magistri, qui fecit agrestum cum torculari 24 s., pro salario fusterii, qui amovit fundos de botis, 8 s., pro salario hominis, qui rasclavit et mundavit botas, 4 s., pro 2 bilhonis circulorum 44 s., pro $2^{1}/_{2}$ duodenis amarinarum $12^{1}/_{2}$ s., pro 2 lb. farine 2 s., pro stupa 18 d., pro 7 iornal. fusteriorum, qui religaverunt botas, *(je* 8 s.) 56 s., pro expensis fusteriorum 18 s., *zusammen für diese Essiganschaffung* 60 l. 12 s. 6 d.

— pro 2 barrallis aceti 20 s.

(f. 107) pro 1 barralli aceti 10 s. etc.

(f. 108v) pro 2 barrallis aceti 20 s.

(f. 116v panet.) Okt. 31 computavit d. Iohannes de Ublangiis panetarius de provisione **racemorum** pro palacio pape: pro 41 saum. 2 banaston. racemorum *(die Last zu* 18 s.) 37 l. 5 s. 2 d., pro navigio, quod portavit racemos, 72 s., pro 5 hominibus, qui portaverunt dictos racemos de vineis Berbentane ad portum Durancie et etiam de portu Ayguerie Auinionem ad palatium, qui fuerunt per 5 dies (pro dieta 3 s.) 75 s., pro 3 mulieribus, qui ligaverunt racemos et fuerunt per 4 dies (15 d. pro dieta) 20 s., pro homine, qui pendebat racemos per 4 dies, 8 s., in carnibus recentibus ac caseo et piscibus pro dictis hominibus et mulieribus 33 s. 11 d., in vino empto tam Berbentane quam Auinione 23 s., in hospitalagio et aliis necessariis 48 s., pro 5 duodenis banastonum ex parte una ($14^{1}/_{2}$ s. pro duodena), ab alia parte pro 2 aliis duodenis banastonum *(je* 13 s.) 26 s., *zusammen* 47 fl. 7 s. 7 d.

(f. 124 butic.) **1357** Jan. 31 — pro extrahendo de apotheca, que est iuxta Rodanum, et portando cum quadrigis ad hospitium cardinalis de Gordonio 25 botas vini dati dicto d. cardinali per papam (4 s. pro bota) 100 s., pro portando de Auinione apud Villam Novam 4 cados vini pro adhulando vino hospitii Villenove 4 s.

(f. 125v) Nov. 30 provisiones vinorum facte in Lunello, Nemauso etc. pro usu palacii d. pape per dd. Guillelmum de Cruce et Petrum de Cruce eius nepotem ac G. Sabaterii ... primo dixit Petrus de Cruce de provisione vinorum in Nemauso ... se recepisse de apotheca pape (iuxta Rodanum) 96 botas vacuas non religatas, que fuerunt portate apud Ne-

4. Wein, Öl und Getränke. 659

mausum, de quibus fuerunt religate 94, quia 2 erant dirupte et mali saporis, et apud Lunellum fuerunt portate 79 bote vacue non religate et sic fuerunt religate in dictis locis 171 bote, pro quibus religandis se emisse 29 salmata circulorum (*zu je* 15 gross.) 36 fl. 3 gross., pro 3 duod. gross. de marinis (*zu je* 5 fl.) 15 fl., pro 2½ duod. de arboribus (*je* 2½ fl.) 6 fl. 3 gross., pro 50 dognis 2½ fl., pro stupis, syore, bosa 1 fl. 4 gross., pro farina pro dictis botis 3 gross., pro magistria sive pro manu fusteriorum, qui religaverunt dictas botas, (5 s. 6 d. pro bota) 47 l. 6 d. = 39 fl. 4 s. 6 d. . . . sic decostat ligatura cuiuslibet bote *(mit allen Unkosten)* 14 s. 6 d. et plus 12 d. ad totum, de quibus botis fuerunt adimplete in Nemauso 94 bote et in Lunello Novo 67 bote et in Lunello Veteri 10 et una fuit Auinionem reportata vacua, quia fuit evacuata pro adulhagio facto in portu.

Emptio vini in Nemauso: pro 1050 salmatis et 2 quint. racemorum (quelibet salmata 3 quint.), de quibus fuerunt restitute in portu Auin. plene 137 bote grosse, pro qualibet saumata 1 fl.: 1050 fl. 8 gross.

Pro extrahendo de apotheca de Auinione 96 botas vacuas non religatas et ponendo in navigiis et discargando, quia alie bote defficientes fuerunt et pro ponendo et arrengando sive ordinando in portu de Comis 1 fl., pro portando cum quadrigis de portu de Comis apud Nemausum (*je* 5 s.) 24 l. = 20 fl., pro 12 broquis, 6 gamatis, 4 grasalibus, 12 scutellis magnis pro submostando et 44 scutellis parvis pro comedendo et 20 zisoriis, 4 ollis, 12 gobellis, 4 amphoris, 2 lampadibus, syore, stupis, 2 lanternis et 200 cachetis, papiru, pergameno, 4 penossellis, 3 forquis, 4 palis, 4 banastonibus, 2 cabassiis et pro 8 dietis hominum pro curando puteum, quia non potuit exhauriri, et pro 2 ferraturis et cordis pro puteo et aliis utensilibus pro faciendo vina 7 fl. 1 gross. 6 d. . . . pro religando 12 semales,[1] in quibus ponderatur vindemia, et reparando trolia sive districtum ac imbuta et canelas etc. cordis, sepo et pega et pro magistria et pro loquerio 1 tinalis et 1 magne tine et pro loquerio 12 cubarum necess. pro faciendo vina 7 fl.

Pro 144 dietis hominum pro faciendo vina (*je* 3 s.) 21 l. 12 s. = 18 fl. Pro pane, vino, carnibus, coquina, candelis etc. pro victualibus factis supradictis hominibus . . . et pro expensis pro me et pro Stephano Vitalis cursore una cum roncinis, quia fuimus per multas vices apud Nemausum pro emendo vindemiam et portando pecuniam . . . et steti 4 menses et ultra: 53 fl. 1 gross. 6 d.; pro ponderando vindemiam 5 fl., pro distringendo vindemiam 3 fl., pro loquerio corrateriorum 3 fl., pro loquerio 6 lectorum, 2 mapparum etc. 4 fl., pro loquerio 2 clericorum pro scribendo vindemiam et pro custodiendo botas plenas et vacuas per terram et aquam 5 fl.; pro portando cum quadrigis de Nemauso ad portum de

---

[1] Hohlgefäß für Weinmessungen.

Comis 137 botas plenas et pro reportando de dicto portu de Comis apud Nemausum 6 botas evacuatas pro adulhagio facto in portu (1 fl. pro plena, 5 s. pro vacua) 144 fl. 3 gross., pro portando per aquam de Auinione ad portum de Comis 96 botas vacuas et reportando plenas (14 s. pro bota) etc. etc.

(f. 127) Summa omnium expensarum tam pro provisione 137 botarum vini in Nemauso et pro ligatura 94 botarum et emptione 43 bot. vacuarum ac aliarum expensarum 1657 fl. 19 s. *Es kam also die* bota *auf etwas über* 12 fl.

Ähnliche Abrechnung desselben über die von Lunel bezogenen Weine f. 127v und 128: pro 1541 quint. 34 lb. vindemie seu racemorum empt. in Lunello, de quibus fuerunt restitute plene Auinione et data bevenda nautheriis et comput. 4 quint. pro 1 fl. = 385 fl. 9 s. 9 d. et ultra $1^1/_2$ libra vindemie ... pro 64 dietis hominum pro faciendo dicta vina ($4^1/_2$ s. pro dieta) 14 l. 8 s. = 12 fl., pro expensis victualibus pro dictis hominibus et pro expensis ipsius et d. Iacobi Iariaya presbiteri ... 35 fl. 4 gross. ... pro portando cum quadrigis de loco de Lunello ad portum de Comis 67 botas plenas et 4 botas evacuatas pro adulhagio facto in portu et iterum portando plenas (2 fl. pro plena et 4 gross. pro vacua) non computatis 40 fl. pro portu vinorum per dd. episcopum et capitulum Magalon., prout est consuetum, 103 fl. 4 gross. etc. Summa expensarum pro dictis 67 botis vini factis in Lunello, non computatis 40 fl. solutis per ep. et capit. Magal., 652 fl. 8 s. 9 d.

(f. 128) Nov. 30 Expense facte per d. Petrum de Cruce pro vinis receptis de prioratu de Lunello Veteri ... 30 botis vini computata factura, portu etc. 124 fl. 19 s. 6 d.

— pro 3 botis de mena muscadelli factis in Melgorio: pro 2 modiis et 2 palleriis muscatelli emptis in Melgorio, de quibus adimplete fuerunt 3 bote, que pro botis de mena computantur, tamen plus continent, 8 fl. pro modio, *zusammen* 18 fl. 8 gross. 6 d.[1] Pro portando cum quadrigis de portu s. Egidii ad locum de Melgorio 3 botas vacuas et reportando de Melgorio ad portum de Comis plenas (2 fl. 5 gross. pro bota) 7 fl. 3 gross. ... pro portando per aquam de Auinione ad portum s. Egidii dictas 3 botas vacuas et reportando per aquam de portu de Comis Auinionem plenas (10 s. pro bota) 1 fl. 3 gross., se expendisse ... 2 fl., *zusammen* 30 fl. 6 gross. 6 d.

Nov. 30 computavit Guillelmus Sabaterii, magister marescallie pape, de expensis faciendo vina pro usu palatii pape in locis de Comis et de s. Egidio ... pro 200 saumatis vindemie (*zu je* 3 quint.) pro qualibet 1 fl.: 200 fl., de quibus implete fuerunt 26 bote grosse inclusa 1 bota grossa posita in adulhagio aliarum, quarum botarum 10 erant vini albi,

---

[1] Demnach 2 palleria = $1/_3$ modius, oder 1 modius = 6 palleria.

et ultra fuit 1 barrale vini traditum pro bevenda nautheriorum. . . . pro 24 dietis hominum in dictis vinis faciendis 4 fl., *dazu ihr Essen und Trinken etc., zusammen* 246 fl.

Es kommt die bota grossa *in Avignon auf* 9 fl. 10 gross. et ultra 2 gross. ad totum.

Desgl. pro 25 botis vini (in s. Egidio), quarum 10 erant vini albi, *zu je* 7³/₄ fl. 193 fl. 10 gross., pro portando 25 botas vacuas de portu s. Egidii ad villam 1 fl., pro implendo botas 5 fl., pro portando plenas de s. Egidio ad portum 5 fl., pro loquerio 3 barralium 10 gross., pro adulhando botas in navi 3 fl., pro bevenda nautheriorum 5 gross., pro expensis per ipsum 3 diebus et per 1 factorem cum 1 famulo 20 diebus, quibus fuerunt in recipiendo et custodiendo vina, 5 fl.; pro loquerio celarii, ubi fuerunt reposite et implete dicte bote, ac pro salario factoris et famuli 6 fl., pro corraterio 1 fl., pro portu 25 botarum de portu s. Egidii usque Auinionem (pro bota 10 gross.) 20 fl. 10 gross., *zusammen* 241 fl. 11 gross.

(f. 129) d. Guillelmus de Cruce, buticularius d. pape, pro vinis factis per Bernardum Iohannis de Cruce presbiterum in prioratu Palhassie et de s. Spiritu et in aliis locis circumvicinis: pro 53 modiis vini clareti et 13 modiis vini albi ad mensuram illius patrie, de quibus adimplete fuerunt 60 bote grosse (5½ fl. pro modio vini clareti et 6 fl. pro modio vini albi) 369 fl. 6 gross., pro quadrigis pro portando vina de locis, in quibus fuerunt empta, ad portum Rodani 8 fl. etc. etc., *zusammen* 422 fl. 10 s. 6 d. (*so kommt auf die* bota 7 fl. 11 d. ob.).

Desgl. pro vinis factis per ipsum in Villanova: pro 403 salmatis ac 3 banastonibus racemorum seu vindemie, de quibus fuerunt adimplete 42 bote grosse, (30 bote de fusta Belnen. = 20 bote grosse) computatis 17 s. pro salmata: 343 l. 2 s. 6 d. (3 banast. = ½ salmata). *Dazu kommen die Unkosten für die Winzer etc.* pro 46 dietis (*je* 4 s.) 9 l. 4 s., *alles zusammen* 311 fl. 1 s. 6 d.

(f. 130) pro 55 botis grossis [novis] non religatis emptis in Auinione (*zu je* 60 s.) 165 l., 11 botis de mena non religatis (*zu je* 36 s.) 19 l. 16 s.

(f. 131) Dez. 29 computum per Stephanum Vital, cursorem pape, de provisione vinorum s. Porciani facta pro usu palatii: in Borbonesio se emisse a Petro Gerode de Sanci 6 tonellos (*zu je* 12 fl.) 82 fl., a Iohanne Gemet 8 tonellos 96 fl. etc., *zusammen* 26 tonelli *für* 298 fl.

Pro circulis amarinis et operariis pro religandis vinis (qualibet pecia ½ fl.) 13 fl., pro portandis 20 botis de Sanci apud s. Porcianum 3½ fl., pro 1 apotheca pro reponendo vina in s. Porciano 3 fl. 8 s., . . . pro Petro Giraudeti, qui investigavit et perquisivit dicta vina 2½ fl., pro portandis dictis 26 botis sive tonellis per terram cum quadrigis de s. Porciano usque Cabilonem (*je* 5 fl. 18 s.) 130 fl. 21 l. 16 s., pro portu seu pedagio dictarum quadrigarum in portu de Digon 1 fl., . . . pro discargando dicta vina de quadrigis et ponendo in navi Cabilone $2^1/_2$ fl., pro eundo quesitum literam deliberationis Diuioni[1] pro sigillo et scriptura $2^1/_2$ fl., pro portu dictorum vinorum per aquam de Cabilone Auinionem (pro 2 tonellis $3^1/_2$ fl.) $45^1/_2$ fl. Pro pedagiis a Cabilone usque Auinionem non obstantibus literis $6^1/_2$ fl., pro expensis suis, corraterii, famuli et equi eundo, stando et redeundo in 50 diebus (*je* 16 s.) 40 l., pro Petro Manhani fusterio, qui venit cum dictis vinis a s. Porciano usque Auinionem per terram et aquam 4 fl.

Alles zusammen 574 fl. 8 s. *(Das macht auf die* bota 22,08 fl. *in Avignon.)*

(f. 131v) Dez. 29 computum redditum per d. Gerardum de Arbenco, obedientiarium s. Iusti Lugdun. ac collectorem Apost. in provincia Vienn., Lugdun. etc., de provisione **vinorum Belne** pro usu palatii pape: se emisse a Iohanne Baudoyni 12 caudas (*von je* 32 sextar *ad mensur. Belnen.*), quelibet cauda 15 fl.: 180 fl., pro 33 sextariis, que dicte 12 caude tenebant ultra tenutam consuetam (*zu je* $5^1/_2$ gross. 3 d. tur.) 15 fl. $5^1/_2$ gross. 3 d. tur., a Thoma de Aragone 24 caude (*zu je* 15 fl.) 360 fl. etc., *zusammen* 66 caude *(dem Maße nach)* 4 sextaria *für* 991 fl. $10^1/_2$ gross.

(f. 132) Expense pro dictis vinis conducendis Auinionem: pro barrando et sigillando 61 caudas vini (*je* 2 s. tur., 1 fl. = 24 s.) 5 fl. 1 gross., pro iaugiendo 61 caudas (*je* 12 d.) 2 fl. $6^1/_2$ gross., pro chargiendo seu onerando 61 caudas super quadrigis (*je* 12 d. tur.) 2 fl. $6^1/_2$ gross., pro quadrigando et ducendo 61 caudas de Belna usque Cabilonem (*je* 11 gross.) 55 fl. 11 gross., pro salario et expensis illorum, qui quadrigas . . . conduxerunt 3 fl. 6 gross. . . . pro expensis 2 hominum, qui die ac nocte supra portum custodierunt dicta vina per 8 dies (*je* 4 gross.) 2 fl. 8 gross., pro salario ipsorum hominum (*je* 12 gross.) 2 fl., pro salario famuli, qui custodivit vina in navi et removebat aquam de navi et pro expensis 5 fl. — pro litteris impetratis a comite de Ioingny, gubernatore provincie, pro extrahendo dicta vina de Burgundia 4 fl., pro castellano Cabilon. 1 fl., pro chargando vina Cabilone in navi 4 fl., pro 1 penuncello 2 gross., pro cerothecis nautarum 4 gross., pro 1 famulo, qui venit ad curiam quesitum literas vinorum, expendit . . . 4 fl., — — pro portu 61 caudarum vini Belnen. de Cabilone usque Auinionem (21 gross. pro cauda) 106 fl. 9 gross. *Alle Ausgaben:* 282 fl., *Gesamtsumme* 1273 fl. 21 s. *Demnach kostet die* cauda (*zu* 32 sextar) *in Avignon* 19,3 fl.

(f. 173 cera) **1357** Jan. 14 cum tempore, quo papa erat cardinalis, Iohannes Brisseti Remen. dioc. pro provisione vinorum Belne fuisset cum certis aliis destinatus et tam pro inordinatione temporis et inundatione aquarum stetisset longo tempore in itinere impeditus, . . . 8 fl.

---

[1] Dijon.

(f. 186v cera) Okt. 31 computavit d. Guillermus de Cauanhaco, clericus camere Apost., de expensis factis in eundo, morando et redeundo de et in Nemauso, ubi fuit missus per cameram pro taxando et precium apponendo in vinis et fruchia per provisores pape, dd. cardinalium et aliorum habitantium Romane curie emptis in loco de Nemauso et locis circumvicinis, qui stetit ... per 5 dies cum 8 equitaturis: 16 fl. (pro quibus dixit se recepisse a camera 25 fl., et sic restabat, quod debebat camere, quos restituit, 9 fl.

(f. 216 Panhota) Juli 31 computavit d. Petrus de Frigidavilla de 20 modiis vini emptis a Guillelmo Malrepacis, mercatore de Rocamaureta, (13 l. 10 s. pro modio) 270 l., item Doada familiari elemosine eundo ad dictum locum pro recipiendo vinum et stando illuc 12 diebus (*je* 4 s.) 48 s. et pro loquerio roncini 2 diebus 12 s., pro scandalhando 26 botas, dum fuerunt portate cum vino, Iohanni de Castilhone 24 s., *zusammen* 274 l. 4 s. in 228 fl. 12 s.

(f. 219) Nov. 30 computum per d. Petrum de Frigidavilla, administratorem domus elemosine Panhote, de expensis pro receptione vinorum recept. a clavariis de Novis et s. Remigii ac vinis emptis apud s. Spiritum etc.: se emisse 26 saumatas circulorum de 4, $5^1/_2$, 6 et 7 palmis videl. 10 saum. *zu je* 33 s.: 16 l. 10 s. (a d. G. de Cruce buticulario pape), 16 saum. *zu je* 44 s.: 35 l. 4 s. etc. etc., *zusammen* 72 fl. 23 s.; se recepisse de vinis episcopatus Auin. apud Novas a d. Iohanne de Aluernhia clavario 156 saum. mensure Novarum = $136^1/_2$ saum. Auin. (12 saum. de Novis = $10^1/_2$ saum. Auin.), que portate sunt in 28 botis, facta conventione cum Guillelmo Coytre de Novis ad 1 fl. pro bota: 28 fl., apud s. Remigium a d. Astorgio de Cumbis clavario 44 modia vini (1 modius = $6^3/_4$ saum. Auin.) = 297 saum., que portate fuerunt in 34 botis de mena (1 fl. pro bota): 34 fl., et in 17 botis grossis (pro 11 *je* 30 s.: 16 l. 10 s., 6 bote grosse fuerunt cum quadriga elemosine portate): *zusammen an Frachtkosten* 57 fl. 18 s.

Item se emisse apud s. Spiritum a diversis personis et ad diversa precia 85 modia vini ad mensuram dicti loci (1 modius = 6 saum. minus $^1/_3$ barrale ad mens. Auin.) = 496 saum. minus 16 picheria, que quidem modia empta fuerunt 35 *zu je* $4^1/_2$ fl.: $157^1/_2$ fl. et 30 modia *zu je* 4 fl. 8 gross.: 140 fl., 20 modia *zu je* 4 fl. $10^1/_2$ gross.: $97^1/_2$ fl., *zusammen* 395 fl., pro portatura 85 modiorum de Selariis, ubi empta fuerunt, ad navigia pro botis implendis (2 s. 9 d. pro modio) 11 l. 13 s. 9 d., pro corraterio 2 fl., pro portatura 82 botarum gross., in quibus fuit portatum dictum vinum per Rodanum ascendendo et descendendo (6 gross. pro bota) 41 fl., pro expensis pro emptione dictorum vinorum cum 3 vayletis in 24 diebus ... 18 l. 6 s., pro stivatura, exoneratura de navigiis, oneratura in quadrigis 49 botarum *zu je* 3 s. et pro exoneratura de navigiis et oneratura in quadrigis aliarum 53 botarum evacuatarum in magnis vasis (*zu je* 18 d.) 11 l. 6 s. 6 d.; *alles zusammen* 206 fl. 300 mutones 3 s. 11 d. (1 muto = 34 s., 1 fl. = 24 s. auin.).

Kleinere Einkäufe von Getränken und Gläsern etc.

(I. E. 282 f. 124 butic.) **1357** Jan. 31 computum per G. de Cruce, buticularium pape, de expensis in buticularia per totum mensem Ianuarii: pro 45 pitalphis nectaris cum zucaro (10 s. pro pitalpho) 22 l. 10 s., pro 4 barralibus 24 pitalphis nectaris cum melle (48 pitalphis pro quolibet barrili), solvendo 15 d. pro quolibet pichero: 13 l. 10 s. Pro 14 pitalphis vernachie (*je* 8 s.) 5 l. 12 s. *So ähnlich auch in den folgenden Monaten.*

(f. 125) Mai 31 *desgl.* pro 1 barrali 48 picheriorum et 24 pitalphis nectaris cum melle (15 d. pro pitalpho) 4 l. 10 s. auin.

Juli 31 d. Guillelmus de Cruce . . . computat pro 36 duodenis vitrium tam magnorum quam parvorum (6 s. pro duodena) 10 l. 16 s., pro 1 quintali de syore pro botis claudendis 48 s.

Okt. 31 — pro 6 duodenis grossis vitrium (40 s. pro duod. grossa) 12 l.

Öl.

(I. E. 282 f. 97ᵛ coqu.) **1357** Januar — pro 17 quanis olei (*je* 15 s.) 12 l. 15 s.

(f. 98) Febr. — pro 30 quanis olei olivarum (*je* 15 s.) 22 l. 10 s., *so ähnlich in den folgenden Monaten.*

(f. 102) Mai — pro 5 quanis olei (*je* 13 s.) 65 s., 15 quanis olei (*je* 14 s.) 10 l. 10 s.

(f. 108ᵛ) Dez. pro 18 quanis olei (*je* 16 s.) 14 l. 8 s., 16 quan. olei (*je* 14 s.) 11 l. 4 s.

(f. 213ᵛ Panhota) **1357** Mai pro 13 canis olei pro provisione hospitii (*je* 12 s.) 7 l. 16 s.

(f. 216) Aug. 12 canne olei (*zu je* 14 s.) 7 l. 4 s.

5. Vieh-, Fisch- und Fleischeinkäufe.

(I. E. 282 f. 97ᵛ coqu.) **1357** Jan. . . . pro 10 porcis emptis Auinione pro provisione 27 fl., pro pastura porcorum, quousque fuerunt occisi, 6 s. 6 d., pro 4 iornalibus hominum, qui trissaverunt sal pro dictis porcis salandis 12 s., pro salario macellariorum, qui occiderunt, paraverunt et salaverunt porcos, 40 s., pro expensis macellariorum 12 s.

(f. 98) Febr. — pro pastu et custodia 4 bovum presentatorum 31. Okt. 1356, quousque . . . fuerunt occisi 4 l. 16 s.

(f. 98ᵛ) Febr. 28 computum redditum per d. Gerardum de Arbenco, obedientiarium s. Iusti Lugdun. ac collectorem fructuum beneficiorum

5. Vieh-, Fisch- und Fleischeinkäufe. 665

ecclesiasticorum vacantium ... in provinciis Viennen., Tarentasien., Lugdunen. etc., de provisione piscium recentium facta per eum de mandato camere pro usu palacii et soluta de pecuniis receptis in collectoria sua ...: se emisse apud Cabilonem 38 lucios 16 carpas 6 bramas et 100 tenchias 95 fl. 6 gross., apud Trenorchium *für* 8 fl., apud Matisconem *für* 19 fl., apud Toysses *für* 15 fl., apud portum Belleville *für* 3 fl., apud Biotiers *für* 7 fl., *zusammen für* 155 fl. 6 gross. Expense pro dictis piscibus: pro expensis d. Dominici de Minonvilla et Radulphi de Ponsino, qui iverunt de Lugduno apud Cabilonem ad emendum ... et ad requirendum religiosos viros dd. priorem et conventum s. Marcelli Cabilon., ut stagnum prioris et lacum conventus piscarent et, si pisces in eis invenirentur, eis traderentur pro precio, quo aliis venderentur, prout per dominos de camera eis mandatum fuerat, steterunt per 14 dies: 14 fl., pro salario 6 hominum, qui lacu predicto piscaverunt et non fuerunt reperti pisces valoris 1 fl. ... pro 1 parvo bancherio sive nave ducto de Lugduno usque Cabilonem pro adducendo dictos pisces, qui remansit in Lugduno, quia nimis parvus erat, 14 fl. 6 gross., pro expensis et salario 3 hominum, qui dictum bancherium sive navem adduxerunt de Cabilone usque Lugdunum, steterunt per 7 dies (pro die 2 gross. cuilibet), 3 fl. Pro conductu magni bancherii sive navis pro ducendo dictos pisces ad curiam, quod ibidem redditum fuit cuidam mercatori de Lugduno, a quo fuit conductum, 20 fl., pro salario gubernatoris et nautheriorum 18 fl. ... pro descendendo dictum bancherium de portu Aurose usque ad piscarium pape et reascendendo ad pontem Auin. 1 fl. 6 gross. *Ein Beauftragter des Kollektors begleitete den Fischtransport und führte Rechnung. Er erhält täglich 6 gross. auf 24 Tage = 12 fl. Im ganzen belaufen sich die Unkosten für den Fischtransport auf 77 fl. Die Fische kamen lebend in Avignon an mit wenigen Ausnahmen (12—15%), nur von 18 brame waren 12 tot (200%). Einkauf und Unkosten 249 fl.*

(f. 99) März 31 computum redditum per Dominicum de Lucarel, cursorem pape, de provisione piscium salsorum emptorum apud Tholos.: Febr. 26 se solvisse Arnaldo Guillelmi de Angelo de Lascuro in Bearno pro precio 2 sarcinatarum allecum dictorum *gast* 17 fl. boni ponderis, 27. Febr. Sancio de Ussone debito in Fesensaco pro precio 2 sarcinatarum allecum dictorum *ple* 30 fl., Laurentio de Fornerio de Condomio pro 2 sarcin. allecum *ple* $28^{1}/_{2}$ fl., pro 1 sarcin. *gast* $8^{1}/_{2}$ fl., Guillelmo Raimundi de Sererio de Santo in Bearne pro 2 sarcin. merluciorum emptorum ad forum *zu je* 16 fl.: 32 fl., Iohanni de Petro Vitalis de Ortesio pro 200 merluciis de Cornoalha pro persona pape 20 fl., Dominico Iohaneto, famulo Nicolai de Magistro Marenio, pro 1 sarcin. allecum *gast* pro provisione hospitii de Panhota $9^{3}/_{4}$ fl., Raymundo de Palissano de Lauuena in Bearnio pro 2 sarcin. allecum *ple* pro hospicio pape ad forum *je* $14^{1}/_{4}$ fl.: $28^{1}/_{4}$ fl. Iohanni la Guita et Guillelmo del Codere

saysheriis Tholose pro portu piscium in 26 balis de domo mercatorum, a quibus empti fuerunt ad domum d. archiepiscopi Thol., dando pro bala 6 d. tur., 14 s. tur. (1 fl. = 18 s. tur p.). *Die Gesamtkosten der gesalzenen Fische:* 221 fl. 14 s. 2 d. mon. Francie.

(f. 101) April 30 computum per d. Gerardum de Arbenco, collectorem Apost. in provinciis Viennen., Lugdunen. etc., de piscibus recentibus emptis per eum in Burgundia pro usu palacii pape *(vom Kollektor aus seinen Einnahmen bezahlt, da sie aber in den Introitus verrechnet waren, sind sie auch hier als Ausgaben gebucht)* . . .: se emisse Cabilone ab Andrea de Lure 200 thenchias et 4 carpas: 24 fl., a Iohanne Gorsson de Cabilone 9 carpas 9 bramas et 30 lotas: 16 fl., a Guillelmo le Chauetel de Cabilone 100 bramas 54 fl., 1000 carpisculas pro luciis 9 fl., a le Bailif 65 lucios 52 fl., a le Ficodel de Cabilone 11 bramas 6 fl., a Benedicto Gauchier 4 carpas 3 fl., a Guillelmo Reginaldi 5 lucios 7 fl., a Guillelmo Viuiani 3 carpas 3 fl. 6 gross., a lo Roncel de Columpna 20 bramas 8 fl. 6 gross. etc., *zusammen für* 300 fl. 6 gross. *Dazu an Ausgaben für Fracht etc.* $95^{1}/_{2}$ fl.

(f. 103) Juni . . . pro 60 luciis alauzardis emptis Auinione a Radulpho de Pontino, mercatore piscium, qui eos adduxerat venales de Burgundia, *(je* 12 s.) 36 l., qui lucii positi fuerunt in piscario pape.

(f. 105v) Sept. 30 computum per collectorem Burdegalen. et Tholosan. de provisione piscium salsorum . . .: pro 10000 allecum (pro mille $5^{1}/_{5}$ leopard.) $53^{1}/_{3}$ leopard., pro 12000 allecum (pro mille 3 leopard.) 36 leopard., pro 600 merluciis (pro centum 6 leopard.) 36 leopard., pro 100 merluciis 8 leopard., pro 500 cepiis 3 leop. *Ausgaben:* pro $58^{1}/_{2}$ alnis tele ad involvendum pisces 8 leop., pro cordis et stachis, cum quibus ligati fuerunt, $1^{1}/_{2}$ leop., pro filo ad suendum 12 sterling. . . ., quadrige, que portaverunt pisces de Burdegalia ad locum de Euza [in Armanhaco], 18 scut. vetera. Dominicus cursor habuit 25 scut. vet., *zusammen* 135 scut. vet. 24 sterlin. minus $^{1}/_{4}$ (1 scut. vet. = 4 s. sterlin., 1 leop. = $43^{1}/_{2}$ sterl., *demnach* 1 leop. = ca. 1,15 fl.) pro portu a loco de Eusa ad Vicfezen. pro 16 cargis 8 fl., a loco de Vic ad Tholos. 48 fl., de Tholos. ad Auinionem 56 fl.

(f. 108v) computavit d. Gerardus de Arbenco, obedientiarius s. Iusti etc., de provisione piscium facta per eum in Burgundia pro adventu nativitatis Domini . . ., *zusammen für* 509 fl., *dazu an Unkosten* 84 fl.

(f. 108) **1357** Dez. provisio porcorum facta in Novembris et Decembris mensibus: Nov. 22 empti in Balneolis 4 porci 12 fl., 7 porci $17^{1}/_{2}$ fl., 4 porci 8 fl., in Carpentras Nov. 14 pro 4 porcis 12 fl., 8 porcis 26 fl., 6 porcis 18 fl., 5 porcis 14 fl., pro 1 apro 4 fl., pro 25 porcis 45 fl., alii porci empti in mercato Carpent. Dez. 1: pro 3 porcis 11 fl., 6 porcis 20 fl., 3 porcis emptis Auinione 14. Dez. 10 fl., pro 1 apro $3^{1}/_{2}$ fl., 1 apro 5 fl., pro expensis factis per emptorem cum equo et famulo

tam Balneolis quam Carpent. in dictis mercatis 6 l. 10 s. 6 d., pro salario macellarii, qui 7 diebus interfuit emptioni porcorum, linguas respexit et porcos ad Auin. adduxit, 2 fl., pro salario macellariorum, qui occiderunt, paraverunt dictos **75** porcos et 3 apros (3 s. 6 d. pro porco) 13 l. 13 s., pro expensis macellariorum 36 s., pro salario hominum, qui trissaverunt sal., quo porci fuerunt salsi, 4 fl., *alles zusammen* 232 fl. 21 l. 19 s.

— Pro 23 porcis datis in festo nativ. Domini 20 cardinalibus existentibus in Romana curia: d. Penestrino 2 porcos et cuilibet alteri 1, camerario pape 1, servientibus armorum et magistro marescallie pape 1 (*zu je* 52 s.) 59 l. 16 s. pro 40 leporibus datis etiam in dicto festo cardinalibus (*jedem 2, das Stück zu* 8 s.) 16 l.

(f. 211v Panhota) **1357** Febr. pro provisione hospitii [Panhote] in 4 balis allecium (*je* 11 fl. 12 s.) et pro aliis 5 balis allecum (!) gastz (*je* 9 fl. 12 s.) et pro 1 cabasso anguillarum contin. 1025 anguillas 4 fl., et pro 4 balis allecum (*je* 7$^1/_2$ fl.) 127 fl. 12 s.

Pferdeeinkäufe.

(f. 139v marest.) **1357** Aug. 9 Guillelmo Sabaterii, magistro marestalle equorum pape, pro equo empto ad opus palafrenarie, quem duxit d. Gaufridus Dauid, archidiaconus Tirachie in ecclesia Laudunen., Parisius, ubi fuit missus per papam super facto guerre Provincie, 36 fl.

(f. 178v cera) Mai 22 d. Guillelmo de Cruce buticulario pro roncino quadrige portando et quadrigando utensilia et vaccella buticularie, qui cecidit in vallato et fuit mortuus, 8 fl.

(f. 182) Juli 24 Guillelmo Sabaterii, magistro marescallie equorum pape, pro roncino empto de mandato pape ad opus Arnaldi de Moleriis missi in Lombardia ad dd. legatos et thesaurarium guerre Patrimonii 35 fl.

Jagd.

(I. E. 282 f. 190v cera) **1357** Dez. 29 Dalmacio Martini venatori de mandato pape pro venando ad cervos in mense Augusti, de quo non fuerat computatum, 30 fl.

5a. Heueinkäufe.

(f. 140v marest.) **1357** Aug. 31 computum per Guillelmum Sabaterii, magistrum marescalle pape, pro provisione feni pro equis et animalibus pape: pro 680 quint. feni empti a priore Cartusien. de prioratu Palhacie conductis in portu Rodani Auin. (3 s. pro quintali) 102 l., pro portando de portu s. Andree ad fenariam Ville Nove (30 s. pro centenario quintalium) 10 l. 4 s., pro faciendo estivare dictum fenum in dicta fenaria Ville Nove 24 s.

Pro 800 quint. feni empti a Iacomino Moiol, mercatore de Auin., et quondam eius socio de Caderosa (3 s. pro quint. de feno Cadarose in portu Rodani Auin.) 120 l., pro portu dicti feni de Rodano ad feneriam Auin. (10 s. pro centenario quint.) 4 l., pro estivando fenum 26 s.

Pro 1296 quint. feni Mornacii empti a Petro Ville Nove, mercatore Auin., (*zu je* 3 s. conductum in portu Rodani Auin.) 194 l. 8 s., *für Transport zum Heuboden* (pro centenario quint. 10 s.) 6 l. 10 s., pro estivando 40 s.

Pro 300 quint. feni Pontis Sorgie empti per d. Rigaldum Guitardi, castellanum dicti loci, pro salvasinis pape, quas nutrit ibidem, (*zu je* 2 s. 6 d.) 37 l. 10 s.

Zusammen 3000 quint. fenorum *für* 399 fl. 6 s. auin.

(f. 137) April 30 ... pro 100 quint. feni empti ab arrendatoribus Biturrite (*je* 2 s. 6 d. ob. super locum) 12 l. 14 s. 2 d., pro portu de Biterrita ad Pontem Sorgie (*je* 3 d.) 25 s., pro portando et ponderando dictum fenum de grangia, ubi fuit emptum, usque ad navem 20 s., pro discargando et estivando fenum 15 s., *zusammen* 15 l. 14 s. 2 d.

(f. 177 cera) April 12 fr. Petro de Portu, priori ord. Cartusien. Villenove, de mandato pape pro fenis pratorum prioratus Palhacie isto anno receptis pro usu palafrenarie pape causa donatonis per papam de dicto prioratu Palhassie eis facte 100 fl.

(f. 215 Panhota) Juni 30 computavit d. Petrus de Frigidavilla, administr. domus elemosine Panhote, de 400 quint. feni pro provisione animalium elemosine emptis a Guillelmo Ramberti et Salue Scaranda di Biturrita (2 s. pro quint.) et pro portatura per aquam ad portum *Dels Periés* Auin. (6 d. pro quint.) 51 l. 13 s. 4 d. in in 43 fl. 1 s. 4 d.

6. Gewebe, Kleidung, Paramente.
a. Einfache Tuche und Linnen.

(I. E. 282 f. 205 elem.) **1357** April 30 computavit d. Petrus de Frigidavilla, administrator domus elemosine Panhote, de 200 pessiis pannorum emptis apud Andusiam pro elemosina Panhote: de 100 pessiis (*zu je* 4 fl. 11 gross.) 491 fl. 8 gross., de alis 100 peciis emptis a diversis personis (*zu je* 4 fl. 9 gross.) 475 fl. Pro portatura dictarum 200 peciarum de dicto loco Andusie ad domum elemosine (20 s. mon. pro 5 peciis) 40 l.: 33 fl. 8 s.: pro portatura 4 peciarum, que habita fuerunt pro cortigiis, 16 s.; pro salario correterii, qui hic venit pro pecunia mercatoribus debita, 4 fl., *zusammen* 1004 fl. Pedim. bon. pond. 16 s. mon. Auin.

(f. 206) Okt. 31 computum per Iohannem de s. Bausilio, draperium et mercatorem Auin., missum per cameram in Burgundia pro faciendo provisionem pannorum, telarum etc. ad opus elemosine (et domus

Panhote): se emisse a Guillelmo Loncot de s. Loz et Petro Maurini 17 **pannos** albos (*zu je* 13 fl.) 221 fl., a Robino de Maserai de s. Loz 18 pannos de burello (*je* 14 fl.) 225 fl., a Guillelmo Ages et a Petro Andree de Bernayo 24 pannos integros minoris forme (*je* 13 fl.) 312 fl., 3 alios parvos pannos (*je* 11 fl.) 33 fl., a Petro Mahueti de Sunayo 12 pannos mesclatos et rubeos (*je* 15$^1/_2$ fl.) 186 fl., a Iohanne domicello de Sunayo 12 pannos virides mesclatos, blauos et burellos (*je* 15 fl.) 180 fl., a Aymoneto Britone de s. Dionysio 8 pannos mesclatos et eschaquetos (*je* 16 fl.) 128 fl., a Colardo de Sacarone 4 pannos radiatos (*je* 14 fl.) 66 fl., 6 alios pannos parvos radiatos (*je* 7 fl. 8 gross.) 46 fl., a Symone de Louencis 6 pannos manbretos (*je* 18 fl.) 108 fl., 2 pannos mesclatos (*je* 21 fl.) 42 fl., *zusammen* 112 panni, quorum sunt 33 minoris forme, reducti vero ad formam maiorem valent 21 pecie maioris forme et sic sunt 101 pecie, quolibet panno continente 11$^1/_2$ cannas. **Gesamtpreis** 1564 fl., *dazu kommen die verschiedenen Ausgaben* . . . pro corretario, qui ivit cum eo in emendo, 6 fl.; pro vectura pannorum per aquam de Cabilone usque Auin. 18 fl., pro discargando pannos de navigio et portando ad capellam novam pape 2 fl., *zusammen* 36$^1/_2$ fl.

Emptio **telarum:** se emisse peciam tele continentem 28$^1/_4$ alnas Cabilonenses (1 fl. pro 10 alnis) 2 fl. 9 gross. 20 d., 2 pecias tele contin. 145 alnas (1 fl. pro 9$^1/_2$ alnis) 15 fl. 3$^1/_2$ gross. etc. etc., *zusammen* 2566$^1/_4$ alnas *für* 272 fl. 6 gross. 8 d., *dazu die Ausgaben* 9 fl.

b. Teppiche und feinere Gewebe.

(I. E. 282 f. 146 ornam.) **1357** März 17 Bruno Vanni de Albertis Novis de Florentia draperio (habitatori Auin.) ad relationem Petri Ianzens cubicularii pro 1 pecia scarlate rubee ad opus pape 135 fl.

(f. 147) Mai 27 *Demselben* pro 2 cannis et 2 palmis panni rubei de Melinis pro coperiendo 2 cofros capelle pape, quos tenet d. episc. Tholonensis, ad relationem Bertrandi sartoris (pro canna 4 fl.) 9 fl.

(f. 148) Mai 31 computavit d. Petrus de Verriguis presb. familiaris d. Iohannis de Castronovo, canonici Trecen., collectoris Apost. pro provincia Remen., de pannis laneis paramentis necnon mappis, longeriis etc. emptis per ipsum collectorem de mandato camere Apost. tam Remis quam Tornaci ac Parisius pro usu palacii pape: pro camera magna turris palacii Auin., in qua iacet papa, magnum pannum in 3 peciis longitudinis 9 alnarum Parisien. et latitudinis *(f. 148v)* tantundem (81 alne quadrate), pro camera paramenti Auin. 1 pannum in 2 peciis longitud. 21 aln. Parisien. et latit. 7$^1/_4$ aln. (152$^1/_4$ aln. quadrate), pro parvo tinello Auin. 1 pannum in 1 pecia per se longit. 5$^3/_4$ ulnarum Paris. et latit. 3$^1/_2$ uln. (20$^1/_8$ quadrat.), pro consistorio 1 pannum in 2 peciis (8$^1/_2$ × 5 uln. Paris. = 42$^1/_2$ □), pro capella Ville Nove 1 pannum in 3 peciis (9$^3/_4$ × 6$^3/_4$ uln. Paris. = 67$^1/_8$ □), *alles zusammen* 363 uln. quadr. Paris. (*zu je* 1 scutum

Iohannis minus 1 gross. tur. arg.; 9 gross. = 1 scutum Ioh.) *für den Preis von* 322 scuta 6 gross. *Dazu kommen* expense: pro 11 flossardis, de quibus involuti fuerunt fardelli propter pluviam, quando portati fuerunt Auinionem, 5 scuta Iohannis, pro 32 ulnis Parisien. tele grosse ad cooperiendum pannos 6 scuta, pro illo, qui fecit fardellos, 1 scutum, pro cordis ad ligandum fardellos et pro pictore, qui fecit 12 scuta de armis pape, 1 scutum, pro portando fardellos de hospicio meo ad domum vectuarii Paris. 10 s. (= $^1/_3$ scut.). Expendi pluries veniendo et stando Parisius, quando feci fieri predictos pannos et alia visitando operarios, ut bene agerent et ipsos recepi et feci fieri fardellos ac ipsos misi ad curiam 10 scuta. Item dedi famulis magistri, ut bene agerent, pro vino suo, ut est moris, 1 scutum. Pro vectura de Parisius usque Auinionem 20 scuta. Summa expensarum $44^1/_3$ scuta.

(f. 152) Dez. 29 Anthonio Malabayla, draperio et mercatori Auin., pro 1 pecia panni de scarlata rubea de Brucella maioris forme pro persona pape ad relationem Petri de Ianzens et Bertrandi sartoris 150 fl.

(f. 173 cera) **1357** Jan. 31 Guideto Malabayla draperio pro 1 pecia scarlate empta per N. Grimaldi et data per papam domine Contorre [uxori + d. Petri Alberti nepotis pape] et sibi missa per Rampnulphum de Perussia et mag. G. Ademari 146 fl.

c. Kleidung, Wäsche etc. für den Papst.

(I. E. 282 f. 146 ornam.) **1357** Febr. computum per Mariam Iohanne sartricem de operibus factis pro persona pape: se fecisse 6 roquetos precio 6 fl., 4 camisias et 4 femoralia 1 fl., $^1/_2$ duodenam de caloces et 4 cohopertoria capitis (*von je* 1 canna), 4 linteaminum pro d. Helia de Lionio de tela alia cubicular. dicto tempore recepta precio 4 fl., que tela linteaminum recepit ab Anceloto cursore; item dixit se recepisse 26. Ian. a Nicholao Benchi, mercatore Auin., 100 cannas tele, de quibus dixit se fecisse 8 linteamina pro papa, precio 8 fl., *desgl.* 100 cann. tele pro 8 linteam. pape 8 fl., se amplius fecisse de tela tradita per dictum cursorem 4 cannas et 4 femoralia, item 2 pannos pro ponendo coram papa, quando paratur per barbitonsorem, item 6 essugacaps,[1] $^1/_2$ duoden. descalotes, 7 cabrecaps[2] precio 2 fl., *zusammen* 29 fl.

(f. 146v) März 31 computavit Nicolaus Grimaldi, campsor camere, de 3 mathalassiis et 1 pulvinari de mandato thesaurarii factis fieri ad opus lecti pape: se posuisse 10 cannas de fustano, que decostaverunt sibi 4 fl. 4 s., pro 2 lb. de tafatano viridi (8 fl. pro libra) 16 fl., pro $2^1/_2$ cann. de bocassino (*zu je* 9 s. 6 d.) 33 s. 3 d., pro $10^1/_2$ lb. de pluma vocata gart (*je* $3^1/_2$ s.) 36 s. 9 d., pro veta et anulis positis in matlarassio posito in capite dicti lecti 4 s., pro factura 4 fl., *zusammen* 40 fl. 2 s.

---

[1] Tüchlein zum Trocknen des Kopfes.
[2] Desgl. zur Kopfbedeckung.

März 31 Plebano socio societatis Palharsanorum pro 1 vanna seu culcitra[1] puncta de sindone pro lecto pape 90 fl.

(f. 147v) Mai 31 computum per Nicolaum Benchi, mercatorem curiam Romanam sequentem, . . . a 1. Martii ad 31. Maii, ut constat per relacionem cubiculariorum pape: 3 unc. et $3^1/_2$ quart. siricis de grana recepte per Bertrandum de Tholosa, sartorem et servientem armorum pape, pro suendo mantellum et corsetum duplicem et 2 paria caligarum et tunicam albam (1 fl. pro uncia) 3 fl. 21 s., pro cordone siricis de grana pro dicto mantello ponderis $2^3/_4$ unc.: 2 fl. 18 s., pro 2 cannis vete de cirico pro caligis 10 s., pro $1^1/_2$ canna tele albe recepte per P. Gausencii cubicularium pro coperiendo certos amiculares pape 15 s., pro $2^1/_2$ unciis siricis de grana receptis per ipsum Bertrandum pro suendo mantellum et corsetum simplicem et 2 capucios, 2 birretos et 1 par caligarum 2 fl. 12 s. etc. etc., *zusammen* 287 fl. 16 s.

Aug. 31 computum per Nicolaum Benchi, mercatorem Auin., de rebus traditis per eum de domo sua pro papa a mense Iunii ad presentem diem: pro 40 cannis tele albe de Parisius receptis per Petrum Gausencii, cubicularium pape, 16. Iunii pro faciendo 2 paria linteaminum pro papa (10 gross. pro canna) 33 fl. 4 gross., pro 8 palmis aurifrigii de auro et 4 palmis sindonis de grana et 1 ternali siricis receptis per P. Gausencii pro sotularibus pape 1 fl. 8 gross., Juli 3 pro $12^1/_2$ cannis tele de Parisius pro garniendo 7 maletas (10 gross. pro canna) 10 fl. 5 gross. Pro 3 peciis de filtro et 50 clavis de hottone parvis et 6 cannis vete de filo pro sellis pape 1 fl. — pro $7^1/_2$ unciis siricis rubee receptis per Bertrandum pro garniendo 1 cappam et 7 maletas (6 gross. pro uncia) 3 fl. 9 gross., pro 12 palmis tele Remen. fina pro faciendo 12 caloctas pro papa 2 fl., pro factione 12 caloctarum 1 fl., pro 6 ternalibus sindonis et siricis pro sandalibus pape 4 gross., pro 8 pellis de cordovano rubeo pro garniendo 7 maletas pape 6 fl., pro 12 cordonibus de serico rubeo cum 12 flottis de serico ($8^3/_8$ uncie, 7 gross. pro uncia) pro malettis 4 fl. 10 gross. 15 d.

(f. 151) Nov. 30 computavit Iohannes Condami, sabaterius Auin. et pape, de sotularibus pro persona pape a 1. Nov. 1356 ad 30. Nov. 1357: 1 par sotularium fulratorum de gris (1. Nov. 1356), in festo Ramis palmorum 1357 aliud par fulrat. de escarlata, 24. Juni 1 par sotul. folrat. de sendato, in festo b. Marie (8. Sept.) 1 par fulrat. de escarlata (3 fl. pro pari) 12 fl.

(f. 151v) Dez. 29 computum per N. Benchi, mercatorem curie Rom.: pro $2^1/_2$ cannis vete de sirico rubeo traditis Bertrando sartori 4 gross., pro 4 peciis de filtro et 100 clavis parvis et 3 cannis vete de filo et 1 martello receptis per Ancelotum cursorem pro cellis pape 1 fl., pro 2 peciis cum 20 palmis de catasamito violato et blauo receptis per

---

[1] Matratzenkissen.

Petrum Gausencii cubicularium pro faciendo matalacium pro papa 32 fl. 8 gross. 12 d., pro $1^3/_8$ uncia sirici et 2 unc. fili pro suendo dictum matalacium 10 gross., pro 1 quint. et 25 lb. bumbacis pro dicto matalacio 16 fl. 3 gross., pro 4 cordonibus siricis de grana ponderis 13 unc. receptis per Bertrandum sartorem pro 4 mantellis (1 de ermenis, 1 de cindone, 1 de variis) 10 fl. 10 gross., pro $14^1/_2$ cannis tele viridis nove pro folrando matalacium (pro canna 4 gross.) 4 fl. 10 gross., ... pro $3^1/_2$ palmis de velveto rubeo fine et 5 palmis tele Remen. et 5 ternalibus ciricis pro garniendo 2 bragerios pape 4 fl. 6 gross. ..., pro 13 cordis tele de Burgundia emptis a Paulono Sicardi pro faciendo 12 paria linteaminum pro cubiculariis pape (20 gross. pro corda) 21 fl. 8 gross. ... pro 1 conservatorio corporalium auri de Damasco et pro 1 corporali de tela Remensi et 1 lapide, qui ponitur in medio altario, 3 fl. 6 gross., pro 1 pari cirothecarum de cirico albo pro papa 2 fl., *zusammen* 125 fl. 15 s.

d. Feineres Weißzeug.

(I. E. 282 f. 112v panet.) 1357 Febr. 28 computum Nicolai Benchi, mercatoris Auin., de certis mappis, longeriis ac manutergiis traditis tam pro panataria quam pro camera pape: 7 manutergia de Dornaco longitudinis 9 cann. (10 gross. pro canna) 7 fl. 6 gross., pro 3 mappis Parisius longit. 10 cann. (14 gross. pro canna) 11 fl. 8 gross., 12 longeriis Parisius longitud. 36 cann. (7 gross. pro canna) 21 fl., pro 5 manutergiis Parisius longit. $6^1/_2$ cann. (*je* 7 gross.) 3 fl. 9 gross. 12 d., omnia recepta per d. Iohannem de Ublangiis, panetarium pape; Petro de Ianzens, cubiculario pape, pro camera pape 26 manutergia de Tornassio longit. 1 canne pecia et sic sunt 26 canne (12 gross. pro canna) 26 fl., *zusammen* 100 fl. 7 gross.

(f. 148v) Mai 31 ... computum redditum per d. Petrum de Verriguis: emptio facta Remis ad ulnam Remensem et scuto Iohannis pro 20 s. computato: se emisse unam telam continentem $79^1/_2$ ulnas Remen. (*zu je* $11^1/_2$ s.), de quibus deducitur pro aliquibus defectibus modicis $1^1/_2$ uln.: 44 l. 17 s.

Unam telam $77^1/_2$ uln. (*zu je* 12 s. 8 d.) deducta 1 ulna pro defectibus: 48 l. 9 s.; aliam telam continentem $78^1/_2$ ulnas (*zu je* 14 s.): 54 l. 19 s.; 1 telam continentem $77^1/_2$ ulnas (*zu je* 16 s.) 62 l., 1 telam continentem 78 ulnas (*zu je* $17^1/_2$ s.) deducta 1 ulna: 67 l. 7 s. 6 d., 1 telam continentem $79^1/_2$ ulnas (*zu je* 19 s.) 75 l. 10 s. 6 d., 1 telam continentem 79 ulnas (*zu je* 27 s.) deducta $^1/_2$ ulna: 105 l. 14 s. 6 d., 1 peciam mapparum subtilium contin. 58 ulnas (*zu je* 20 s.) 58 l., 1 duodenam tobaliarum subtilium 22 l.

Dazu expense: $31^3/_4$ scuta 4 s. parve mon. Auin.

Zusammen $547^1/_2$ ulne mapparum 58 ulne 1 duodena tobaliarum. *Gesamtpreis* 571 scuta 12 d. parve monete.

Emptio in Tornaco (1 scutum = 19 gross. Flandren.): 1 peciam mapparum subtilium continentem $23^3/_4$ ulnas Tornacen. (*zu je* 11 gross. Flandren.) $261^1/_4$ gross. flandren. Unam peciam doubleriorum subtilium continentem 49 ulnas Tornacen. (*zu je* $5^1/_2$ gross.) $270^1/_2$ gross., 1 peciam de mappis magnis grossis continentem 78 ulnas Torn. (*zu je* 8 gross. flandren.) 624 gross., 1 peciam de doubleriis similibus istis mappis continentibus 53 ulnas et aliam peciam contin. 28 uln. Torn. (*zu je* 4 gross.) 324 gross., *zusammen* $1478^3/_4$ gross. flandren. = $77^1/_2$ scuta Iohannis $6^1/_4$ gross. *Dazu* expense: $11^1/_2$ scuta 8 gross. flandren.

(f. 149v) Emptio mapparum et doubleriorum facta Parisius: 1 peciam mapparum continentem 42 uln. Paris. (2 ulne pro 1 scuto Philippi de ultimis) 21 scuta; 42 uln. doubleriorum in 1 pecia (4 ulne pro 1 scuto Phil.) $10^1/_2$ scuta.

e. Kirchengeräte und Paramente.

(I. E. 282 f. 146v ornam.) **1357** März 31 computum per d. Iohannem Ademari, magistrum capelle pape, de expensis factis per eum in dicta capella a die 5. Aug. 1356 ad 31. März: pro 1 missali, 1 psalterio feriali religandis et 2 firmatoriis breviarii 28 s., ... pro cordula, que fuit posita in bassino coram corpus Christi 12 d., pro reparando parcum antique capelle et ponendo pulpitum in eadem 13 s., pro mundando capellam 15 d., pro mundando capellam novam 3 s., pro serratura posita in parco 7 s. 8 d., pro reparando aliam serraturam 15 d., pro 1 lb. incensi 9 s., pro faciendo 4 cohopertoria pro calicibus et 4 manutergia pro altaribus 5 s., Dez. 24 pro portando iocalia etc. in capella nova 4 s. 6 d. ..., Jan. 6 pro reportando ad capellam antiquam 3 s. 6 d., pro 2 pitalphis 16 d., pro lavando 26 peciis pannorum de capella 4 s. 4 d. etc., *zusammen* 4 fl. 18 s. 1 d.

(f. 147) April 30 computum per H[eliam] de Buffenos, servientem armorum pape, ... pro pannis capelle et camere ac concistorii palacii pape: *kleinere Ausgaben für Reinigen und Reparaturen, zusammen* 2 fl. 22 s.

— computavit d. Petrus ep. Tholon., pape confessor, de reparatione 2 cofrorum magne capelle et palacii de mense Marcii 1357 pro 8 lb. de cola 10 s., pro 2700 clavis parvis sive tachetis $24^1/_2$ s., pro salario magistrorum 2 fl. 12 s.

(f. 150v) ... Juni 21 pro 2 corporalibus cum patenis tele Remen. fine receptis per episcopum Tolon. pro papa 4 fl., pro 36 cannis vette de filo receptis per mag. Iohannem pro garniendo 24 amictos de ordine Cistercien. 6 gross.

Juni 27 per mag. Iohannem de Bisansono pro factione cuiusdam auricularii pro capella pape operate cum suo auro et serico 20 fl., pro 14 palmis vette de auro pro ponendo circumquoque predicto auriculario

1 fl. 9 gross., pro 12 lb. plume de garzo fino et 1 canna tele viridis pro dicto auriculario 3 fl., pro 1 uncia sericis et $1^1/_2$ uncia de auro et argento pro faciendo 4 flottos pro dicto auriculario 4 fl., pro $33^1/_2$ unciis sindonis nigri receptis per magistrum Iohannem de mandato thesaurarii pro bordando drapes pro renovalio regis Portugalie (4 fl. pro libra): 11 fl. 2 gross.

Pro 13 unciis sindonis rubei pro faciendo 16 scutos cum armis regis Portugalie (pro uncia $4^1/_2$ gross.) 4 fl. $10^1/_2$ gross. Pro 8 unciis sindonis de grana receptis per mag. Iohannem pro faciendo banderiam cum armis pape, que fuit missa ad pontem Sorgie ($6^1/_2$ gross. pro uncia) 4 fl. $10^1/_2$ gross., pro 7 unciis frangie de serico pro dicta banderia (8 gross. pro uncia) 4 fl. 8 gross., pro 4 palmis tele pro faciendo vaginam predicte banderie 2 gross., pro 5 peciis de funibus et 3 duodenis de anulis et 3 cannis vette de filo receptis per Heliotum pro discendendo drappos tinelli 1 fl. 4 gross., *zusammen* 124 fl. 17 s. 3 d.

(f. 150v) Sept. 30 computavit Iohannes Iuran, casulerius Auin., de certis operibus factis pro papa: pro 1 paramento ante altare capelle nove 6 gross., pro 1 frontali eiusdem paramenti 3 gross., pro 3 copertis scarelli magni altaris 6 gross., pro 7 tunicis Cartusien. $3^1/_2$ fl., pro 1 reportorio corporalium et pro 3 tobalhiis altaris 1 fl., pro 1 mitra de perlis reparanda, quam Iohannes ivit quesitum apud Pontem Sorgie, 1 fl. Pro 1 panno cum 18 scutis regis Portugal. (9 gross. pro scuto) 13 fl. 12 s., pro muniendo dictum pannum 2 fl., pro 1 baneria pro ponendo in Pontesorgie et pro munimentis et labore 9 fl., pro reparandis scandalhis pape 2 fl. etc., *zusammen* 38 fl. 14 s.

(f. 151) Nov. 30 computavit Nicolaus Grimaldi, campsor curie Romane et camere Apost.: pro reparatione turribili pro capella pape 4 fl., pro reparatione calicis pro dicta capella 3 gross., *desgl.* mitre 2 fl., pro repar. 4 ciphorum de madre 2 fl., pro repar. arsinalis capelle pape e patene 2 fl., *zusammen* 10 fl. 6 s.

(f. 151) Dez. 29 computum per d. Iohannem Ademari, magistrum capelle pape, de expensis a 4. April. ad 29. Dez.: pro reparatione buscie de ebore pro tenendo hostias 1 fl., . . . pro 1 vaso stagneo ad tenendum aquam benedictam et pro benedictione aque 12 s., pro 2 pitalphis ad tenendum aquam in capellis 12 d., pro faciendo reparari 1 cohopertorium altaris de corio 12 d., pro quadriga et roncino, qui quando papa ivit ad Pontem-Sorgie et redivit ad Villam Novam portaverunt et reportaverunt ea, que fuerunt in Ponte Sorgie necessaria pro capella, 36 s., pro kalendario, quod fecit fieri et posuit in ordinario 12 s. . . . pro 2 campanis pro capellis de Ultra Rodanum 42 s., pro cordula pro campana Pontis Sorgie 2 s. . . ., pro 2 lb. incensi 14 s., pro ympnario religando 12 s.

Quando fuit factum cantare regis (!) Portugalie, pro faciendo mundari capellam antiquam, pro reparatione 1 textus evangeliorum 2 s., pro reparatione psalterii 3 s., pro faciendo aptari pannos in solo capelle tinelli 3 s., pro 1 lb. incensi 7 s. —*zusammen* 10 fl. 8 s. 4 d.

f. Ausgaben für das Tuchscheren.

(I. E. 282 f. 146 ornam.) **1357** März 31 computavit Marsolo tonsor pannorum, habitator Auin., de pannis tonsis per eum pro persona pape a 31. März 1356 ad 31. März 1357: pro tonsura 1 pecie scarlate rubee de Brussellis tote destructe de tineis 20 gross., pro tonsura alterius pecie scarlate rubee de Brussellis 7. Apr., que pecia fuit recepta pro alia, que nichil valebat, alios 20 gross., pro 2 peciis scarlate rubee et albe de Brussellis tonsis 11 Iulii 40 gross., etc., *zusammen* 11 fl. 16 s.

g. Pelze.

(I. E. 282 f. 151 ornam.) **1357** Okt. 31 computum per Bartholomeum Spinelli, pelliparium Auin.: pro 674 ventres variorum pro mantello pape, pro 326 ventres variorum pro cota[1] pape, que sunt in universo 1000 ventres, (*zu je* 20 d.) 83 l. 6 s. 8 d. in 94 fl. 10 s., pro 300 peciis grisorum pro cotardia pape (*zu je* 12 d.) 15 l. = $12^1/_2$ fl., pro affectatu 600 erminorum, de quibus folravit 1 mantellum, 3 capucios, 3 birretos pro papa, 10 fl.

(f. 152) Dez. 29 computavit Bartholomeus Spinelli, pelliparius pape: pro 16 grigiis variorum traditis pro 1 pari sandalium 16 s. pro 510 ventribus variorum pro tunica alba magna (*zu je* 20 d.) 42 l. 10 s., *zusammen:* 36 fl. 2 s. (1 fl. = 24 s.).

(f. 173 cera) **1357** Jan. 31 computavit Bartholomeus Spinelli, pelliparius Auin., pro 2 fulraturis, in quibus intraverunt 386 ventres variorum (2 s. pro pecia) 38 l. 12 s., que fulrature fuerunt date de mandato pape domine Contorre, uxori quondam d. Petri Alberti, nepotis pape: 32 fl. 4 s.

(f. 183ᵛ cera) Juli 5 computavit Nicolaus Grimaldi, campsor Auin. et camere Apost., de expensis factis de mandato pape pro uxore Bertrandi de Roffinhaco: pro 1 pecia scarlate empta pro dicta dnᵃ et filia sua 157 fl., pro 2 fulraturis variorum minutorum, in quibus erant 560 ventres (*zu je* 20 d.) 38 fl. 21 s. 4 d., pro 2 aliis fulr. grossorum variorum, in quibus erant 154 bestie integre, (*zu je* 3 s.) 19 fl. 6 s., pro 5 duodenis de laticiis 15 fl., *zusammen* 230 fl. 3 s. 4 d.

7. Kerzen- und Wachsanschaffungen.

(I. E. 282 f. 172ᵛ cera) **1357** Jan. 31 computavit Guillelmus Ademari, custos cere pape, de expensis factis pro officio cere a 29. Dez. ad 31. Ian. incl.: se debere Iohanni Espiamal pro 16 quint. cere de Romania

---

[1] D. h. Pelzwams oder Pellerine.

tam pro provisione hospitii quam pro provisione festi b. Marie Candelore, una etiam pro provisione restante pro mense sequenti (19 l. 12 s. pro quint.) 313 l. 12 s., pro portu et corretagio 20 s., Bertrando Boerii pro 64 lb. cotonis (*zu je* 5 s. 4 d.) 17 l. 1 s. 4 d., pro 32 lb. fili stopator (2½ s. pro libra) 4 l., pro manuopere 17 quint. cere operate (8 s. pro quint.) 6 l. 16 s., pro 20 lb. cere albe ad faciendum 2 candelas pro persona pape (6 s. pro libra) 6 l.; pro 1 quintallo candelarum de cepo 110 s., *zusammen* 294 fl. 23 s. 4 d.

Ebd. Iacobo Meliori, ypothecario pape, ... pro 13 lb. cere rubee (*zu je* 6 s.) 3 l. 18 s., pro 4 cannis tele cerate pro thesauraria (*je* 14 s.) 2 l. 16 s.

(*f. 174*) Febr. 28 *Demselben* pro 10½ lb. cere rubee (pro d. Auxitan. 3 lb., pro thesauraria 7½ lb.) *zu je* 6 s.: 3 l. 3 s. — pro 1 canna tele cerate pro thesauraria 14 s.

Febr. 28 Guillelmus Ademari, serviens arm. et custos cere pape, computavit: se debere Guillelmo Geraldi pro 9 quint. cere de Romania (*zu je* 19 l. 12 s.) 176 l. 8 s.

Pro portu et corretagio cere 12 s.; se debere Bertrando Boerii pro 36 lb. cotonis (*zu je* 5 s. 4 d.) 9 l. 12 s., pro 18 lb. fili stopacei (*je* 2 s. 6 d.) 45 s., pro manuopere 9½ quint. cere operate (*zu je* 8 s.) 76 s.; pro 1 quint. candelarum de cepo 110 s., *zusammen* 165 fl. 3 s. mon. Auin.

(*f. 176*) März 31 computum per mag. Guillelmum Ademari ... se debere Hugoni Vitalis pro 10 quint. cere de Romania (*zu je* 20 l. 8 s.) 204 l., pro portu et corretagio cere 12 s., Bertrando Boerii pro 40 lb. cotonis (*zu je* 5 s.) etc. pro 1 quint. candelarum de cepo 110 s., *zusammen* 215 fl. 9 s. 4 d.

(*f. 177*) April 30 *desgl.* se debere una cum provisione restante Francisco Rotundi pro 6 quint. cere de Romania (20 l. 16 s. pro quint.) 124 l. 16 s.; Hugoni Vitalis pro 3 quint. cere barbaresque (20 l. pro quint.) 60 l., pro portu etc. 12 s. ... pro 1 quint. candelarum de cepo 110 s., *zusammen* 206 l. 11 s. in 172 fl. 3 s.

(*f. 179*) Mai 31 *desgl.* se debere Hugoni Vitalis pro 9 quint. cere de Romania (*zu je* 20 l.) 180 l., pro portu etc. 12 s. ... pro 1 quint. candelarum de cepo 110 s. ..., *zusammen* 168 fl. 19 s.

(*f. 181*) Juni 30 *desgl.* pro 10 quint. cere de Romania habitis a Guillelmo Tinamor (*zu je* 20 l.) 200 l. ... pro 1 quint. candelarum de cepo 110 s., *zusammen* 223 l. 9 s. 4 d. in 186 fl. 5 s. 4 d.

(*f. 219*) Nov. 30 pro 4 quint. de cepo pro candelis faciendis pro provisione hospitii (4 l. 10 s. pro quint.) et pro factura cum cotone necessario solvendo pro quintali 14 s., *zusammen* 20 l. 16 s.

(*f. 224 bulla*) März 31 fr. Raymundo bullatori pro 1 quint. candelarum de cepo pro usu domus bulle 5 fl.

7a. Spezereien und Kolonialwaren.

(I. E. 282 f. 97 coq.) **1357** Januar species expense in 33 diebus: 10 lb. pulveris communis (*je* 12 s.) 6 l., 12 lb. gingiberis (*je* 20 s.) 108 s., 6 lb. cinamoni (*je* 8 s.) 48 s., $^1/_4$ gariofilorum 7 s. 6 d., 100 lb. amigdalorum (*je* 6 d.) 50 s., 8 lb. racemorum parvorum (*je* $2^1/_2$ s.) 17 s. 6 d., 5 lb. ficuum nigrorum 5 s., 6 lb. pinearum (*je* 3 s.) 18 s., 125 pecie auri percici (*je* 2 d.) 20 s. 10 d., $4^1/_2$ lb. mellis (*je* 6 d.) 2 s. 3 d., 2 lb. altanete 4 s., 6 malagranata 6 s., 31 lb. frumenti 31 s., 8 lb. amidi 12 s., 6 lb. ordei 6 s. *So ähnlich sind die Ausgaben für Spezereien in jedem Monat.*

(f. 100) März — pro 35 lb. zucari (*zu je* $9^1/_2$ s.) 16 l. 12 s. 6 d., pro 2 lb. coriandri confecti (*je* 9 s. 6 d.) 19 s., 200 lb. amigdal. (*je* 6 d.) 100 s., 34 lb. risi (*je* 6 d.) 17 s., 30 lb. ordei 30 s., 34 lb. avenati 34 s., 16 lb. ficuum 20 s. etc.

(f. 100v) April — pro 37 lb. frumenti 37 s., 34 lb. ordei 34 s., 16 lb. avenati 16 s., 18 lb. risi 9 s., 16 lb. amidi (*je* 18 d.) 24 s. etc.

(f. 173 cera) Jan. 31 computavit Iacobus Melioris, ypothecarius pape: pro $287^1/_2$ lb. confectur., videl. pro camera pape $229^1/_2$ lb. et 50 pro domino Auxitan. et 8 pro domino Albien., (9 s. 6 d. pro libra) 136 l. 11 s. 9 d., ... pro 56 lb. ficuum de Nemauso pro panetaria (*zu je* 12 d.) 56 s., pro rebus medicinalibus pro papa 3 l. 15 s.

(f. 174) Febr. 28 *Demselben* pro 273 lb. confecturarum (*zu je* 9 s. 6 d.) 129 l. 13 s. 6 d., ... pro $60^1/_2$ lb. ficuum de Nemauso pro panetaria (15 d. pro libra) 3 l. 15 s. 7 d. ob., pro 350 lb. ficuum pro comuni pro panetaria (*zu je* 9 d.) 13 l. 2 s. 6 d., pro 5 lb. racemorum de Corimbria pro panetaria (*zu je* $2^1/_2$ s.) 12 s. 6 d., pro 180 lb. racemorum pro comuni (*zu je* 12 d.) 9 l., pro 14 lb. dragie pro panetaria (*zu je* 9 s. 6 d.) 6 l. 13 s., pro 2 lb. zucare pro panetaria 19 s., pro 4 lb. datillorum pro panet. (*je* 7 s.) 28 s., 4 lb. prunarum 4 s., 4 lb. avellanarum pro panet. (*je* 8 d.) 2 s. 8 d., pro rebus medicinalibus pro papa 52 s., *zusammen* 148 fl. 21 s. 9 d. ob.

So ähnlich auch in den folgenden Monaten.

(f. 214 Panhota) Mai ... pro 1 quint. amigdalarum pro provisione Panhote 45 s.

(f. 214v) Juni ... pro 1 lb. piperis 11 s., 3 unciis saffrani 12 s.

(f. 215v) Aug. pro 2 lb. zucaris 16 s., $3^1/_2$ lb. piperis 19 s. 6 d., $^1/_2$ lb. canelle 4 s., 3 unciis de saffrano 12 s.

8. Bauten, Wohnungen und Verteidigung in Avignon.

Bauausgaben.

(I. E. 282 f. 106v coq.) **1357** Okt. ... pro 100 tegulis seu laceribus cottis ad reficiendum cohoperturam domus piscarii 12 s., pro 32 banastonibus

morterii sive cementi 32 s., pro 4 saccis gippi ad perficiendum fornellum dicte domus 16 s., pro portu gippi 3 s., pro 5 dietis magistri, qui refecit recoperturam, 40 s., pro 5 dietis 2 famulorum, qui servierunt dicto magistro (*je* 4 s.) 40 s.

(*f. 137 marest.*) April 30 . . . pro faciendo coperiri domum palafrenarum Auin.: pro 6 scandalis calcis et 1 viatgio arene pro faciendo morterium 50 s., pro 200 tegulis 20 s., pro 5 dietis magistri (8 s. pro dieta) 48 s., pro 12 dietis manobrarum (*je* 4 s.) 48 s.

(*f. 140*) Aug. 31 . . . pro refectione cuiusdam parietis in palafrenaria Auin. . . . et claudendo certa foramina et fenestras aliquas dicte palafrenarie propter metum ignis: pro 125 cadastis positis in dicta pariete una cum nonnullis aliis edificiis et carronibus, qui erant in dicta palafrenaria, $6^{1}/_{2}$ fl., pro 12 scandalhis calcis pro faciendo morterium pro dicto opere (*je* 5 s.) 60 s., pro 2 lapicidis, qui fuerunt 10 diebus in predicto opere (*täglich je* 8 s. 3 d.) 8 l., pro 3 manobris, qui fuerunt 10 diebus, (*je* 4 s. in die) 6 l., pro 14 tronatellis et pluribus postibus et pontheriis et parabandis necessariis ad faciendum quendam deambulatorium supra dictam parietem pro defensione hospitii longitud. 6 cann. et latitud. 6 palmorum 60 s., pro clavis necessariis 8 s., pro 3 dietis fusterii (*je* 8 s.) 24 s.

(*f. 154 edif.*) **1357** Jan. 31 computavit Raymundus Guitbaudi [directorem operum palacii]: pro 5 saccis de gippo camissato pro faciendo mantellum in fornello camerarii et reparando armarium, in quo tenentur casei in camera cere, 15 s., pro 1 gippario cum sua manobra 12 s., pro 1 quadriga cum tambarello, que portabat mundaturas palacii ad Rodanum, 16 s.; pro 2 hominibus, qui onerabant quadrigam et mundaverunt palacium, 6 s., pro 33 cannis 4 palmis quadratis de taulamento pro armariis ad tenendum libros factis in turri magna iuxta thesaurariam parvam et faciendo meianum in magno tinello ad dandum candelas in die purificationis b. Marie (16 s. pro canna) 26 l. 16 s., pro 10 cann. quadr. de sclapa pro dictis armariis (12 s. pro canna) 6 l., pro $22^{1}/_{2}$ cannis de tranoson pro meiano tinelli (3 s. 6 d. pro canna) 78 s. 9 d., pro 38 cannis de costeria pro dictis armariis (2 s. pro canna) 76 s., pro 8 cannis de riosta pro meianis 8 s., pro 3 scalis pro ascendendo in dictis armariis 36 s., pro pecia fuste ad firmandum meianum tinelli 72 s., pro portu dicte fuste ad palacium 19 s. 6 d., pro 36 dietis fustariorum (*zu je* 6 s.) 10 l. 16 s., *zusammen* 50 fl. 11 s. 3 d.

Ähnliche Abrechnungen desselben am Ende jedes Monats.

»manobre« *erhalten* 4 s. *Tagelohn.*

(*f. 156ᵛ*) Mai 31 computum per mag. Rostagnum Berqui, servientem armorum et magistrum operum fustarum palacii pape, de expensis factis in palacio Pontis Sorgie pro adventu pape: pro 17 quadrigatis gippi, que fuerunt Raimundi Riguerii et Guillelmi Gaucerii de Insula, pro faciendo

8. Bauten, Wohnungen und Verteidigung in Avignon.

fornellum coquine oris[1] et pro reparando meianum et fornellum magne coquine et pro faciendo solum latrinarum et cameram porteriorum prime porte et pro faciendo alia opera infra dictum palacium (19 s. pro quadrigata) 16 l. 3 s., pro 12 diebus magistrorum gipperiorum (*je* 10 s.) 6 l., pro 44 diebus manuoperariorum, qui servierunt magistris gipperiis, (4 s. pro die) 8 l. 16 s.; pro portando et vacuando 17 quadrigatas gippi infra palacium 13 s., pro molendo grossitudinem gippi, in quo fuerunt 77 emine de gippo, (5 s. pro emina) 32 s. 1 d.

(*f. 157*) Pro 7 diebus magistri tectoris pro cooperiendo tectum prime porte et pro coperiendo cameram primi porterii ac pro perforando murum ad ponendum incastra fornelli coquine oris et pro faciendo larem et recoperiendo coquinam (6 s. pro dieta) 42 s., pro 14 manuoperariis, qui servierunt tectori (4 s. pro die) 56 s. etc. . . . pro 2 banquis longit. 12 palmorum et 1 palmi in spicitudine pro frangendo carnes in coquina oris 48 s. . . ., pro 108 dietis fusteriorum, qui fecerunt opera (6 s. pro die) 32 l. 8 s., . . . pro 200 signis armorum pape (12 d. pro signo) 10 l., pro pingendo 5 gradaria pro ascendendo supra fenestras camere pape 4 l. 16 s., *zusammen* 232 fl. 4 d.

(*f. 148*) Juni 13 mag. Rostagno Auros, cohopertori domorum, in deductionem summe promisse pro cohoperiendo turrim magnam palatii vocata de Trolhacio, que fuerat alias combusta casu fortuitu, 40 fl.

Desgl. Bertrando Capelerii et aliis sociis suis fusteriis 100 fl.

Juni 17 mag. Iohanni de Luperiis et Bertrando Capelerii in deductionem summe . . . pro complendo 2 turres palacii videl. audientie et revestiarii magne capelle 400 fl.

Juli 20 Bertrando Chapelerii, lathomo Auin., de 4 fornellis lapideis per ipsum de novo factis in turri Trolhatii palacii Auin., que fuit combusta, 45 fl.

(*f. 160*) Aug. 31 Bertrando Capelerii, massonerio seu lapiscide Auin., pro 7 fenestris magnis per eum clausis de muro in audientia palacii tam pro lapidibus, calce, arena, gippo etc. 116 fl. 12 s.

(*f. 161*) Sept. 12 Bertrando Capelerii peyrerio pro faciendo turrim sive fustando eam (ut constat per instrumentum per d. I. Palaysini super hoc receptum) 40 fl.

Sept. 20 Hugoni Boguyreti fusterio, habitatori Auin., pro faciendo molendinum infra palacium (*Teilzahlung*) 50 fl.

(*f. 163ᵛ*) Okt. 24 *demselben desgleichen (Teilzahlung)* 25 fl.

Okt. 31 Petro Michaelis, clavario castri s. Laurentii de Arboribus pro papa per cameram deputato, pro reparationibus dicti castri 100 fl.

Nov. 20 cum per cameram Apost. fuisset factum precium cum Petro Gaufridi et Petro Fortada massoneriis de faciendo iter seu carreriam inter

---

[1] D. h. oris pape, die »Mundküche« des Papstes selbst.

capellam magnam et hospitium marescalli et achoam in medio dicte capelle a parte extra precio 1500 fl. (instrum. d. Iohannis Palaysini, notarii camere), soluti fuerunt in deductionem: 300 fl.

(f. 182 cera) Juli 12 pro reparatione fornelli facta in hospitio de Augulis, in quo consueverant morari neptes pape, de quo adhuc non fuerat computatum et gentes conquerebantur, 19 fl. 13 s.

(f. 210 Panhota) 1357 Jan. 31 pro 2 saccis de gyppo pro reparationibus orreorum s. Benedicti 6 s.

(f. 210v) Jan. pro reparatione furnelli coquine pauperum, qui ruptus erat ab una parte, in 13 saccis de gippo camissato (je 3 s.) 39 s., pro 1 magistro 6 s., pro 2 manobris 8 s., pro 4 banastonibus tegulorum fractorum 3 s.

Jan. 21—28 pro reparatione clausure lignorum, que ab una parte erat dirupta, in 4 dietis magistrorum (je 6 s.) 24 s., pro 6 dietis manobrarum (je 3 s.) 18 s.

(f. 213v) Mai 31 ... pro gippo de supra coquinam [Panhote] propter pulverem, qui cadebat super cibaria, in 9 saccis de gippo (je 2 s. 6 d.) 22 s. 6 d. et in 4 banastonibus tegulorum fractorum 5 s., pro magistro 6 s., 2 manobris 6 s., in clavis 18 d.

(f. 215v) Juli 31 pro preparando cameram novam supra cavam palacii, in qua debet poni farina facta apud Carpentoratum, de mandato d. thesaurarii in 3 quadrigatis de gippo, 2 portatis cum quadriga elemosine cum expensis quadrigarii 32 s. 6 d., et alia ibi in villa empta 28 s., et pro 2 dietis gipparii 12 s. et pro 4 manobris 10 s.

Schlosserarbeiten.

(I. E. 282 f. 154 edif.) 1357 Jan. 31 computum redditum per Petrum Danpini (!),[a] sarralherium pape de operibus in palacio pape per totum mensem Ianuarii: pro reparatione sarrature de porta buticularie et pro 1 barra ferrea in dicta porta de precepto P. Boneti cursoris ad hoc deputati 36 s., pro magno anulo in porta, ubi sunt racemi, 2 s.; pro anulo in cellario iuxta puteum 12 d., pro reparatione sarrature de porta pedis gradarii, per quod ascenditur in opere novo de mandato d. Raymundi, directoris operum, 5 s.; pro serratura nova in porta, per quam intratur in terracia, 15 s., pro clave in dicta porta 19 d.; pro sarratura in armario, ubi efficiuntur cere, de precepto P. Boneti 15 s., pro reparatione 2 sarraturarum et pro 2 clavibus in porta Servientum armorum 10 s.; pro faciendo ferramenta parve campane palacii 20 s. 2 d.; pro serratura firmante per se in camera d. Guillelmi nepotis pape 20 s., pro alia serratura in dicta camera 15 s., pro 4 clavibus in dicta porta 6 s. 4 d.; pro 2 anulis in porta parvi tinelli 2 s., pro 2 sarraturis in barris tinelli 30 s., pro

---

[a] Sonst heißt er P. de Pinu, f. 158v sogar P. Dalphini!

reparatione sarralhe de porta, ubi custodiuntur carbones, de precepto dicti cursoris 5 s.; pro 2 frachissiis in caxa buticularie, ubi custodiuntur vasa pape, 15 s., pro sarralha in porta, ubi sunt armature d. thesaurarii, de mandato dicti cursoris 15 s. —, pro sarratura in caxa, ubi custodiuntur species, 15 s., *zusammen* 10 fl. 10 s. 8 d.

So ähnliche Abrechnungen desselben am Schlusse jedes Monats.

(f. 162) Sept. 30 computavit mag. Guillermus Bernomi, mercator Auin., ferraterius pape, de ferramentis receptis in operatorio suo pro operibus pape, ut constat per relationem mag. Rostagni Berqui, servientis armorum et magistri fusterii pape: pro 50 clavellis permerell., quos recepit Pontius socius Rostagni, pro faciendo barrieyras magni tinelli, in quo dentur candele in festo b. Marie purif., 13 s. 4 d., pro 200 clavellis denayral. maioris forme (10 s. pro 100) 20 s. etc. etc. . . . pro 54 lb. plumbi, quod cepit Rostagnus coopertor pro faciendo gorgas fornelli magne turris 31 s. 8 d., pro 400 ianuen. clavell., quos cepit Ianotus Chavant 15. Iulii pro 4 fenestris prope cameram thesaurarie, 4 s. etc., *zusammen* 37 fl. 5 d.

8ª. Ausgaben für die Verteidigung Avignons.[1]

(I. E. 282 f. 112ᵛ cera) **1357** Jan. 30 computavit Aymericus de Duno alias Boysso, serviens armorum pape et custos arnesiorum seu artilharie pape, quod debentur Iohanni Anglici pro 1400 alis sive plumalhis ancerum, quas emit pro impenando viratones, 8 fl. 16 s., item dixit se debere Petro de Arelate pro 2 canonibus ferreis 24 fl.[2]

(f. 186) Okt. 31 d. Gerardo Mindeti, capellano d. thesaurarii, pro evacuando turrim palacii prope ecclesiam b. Marie de Domps et portando coffros et alia, que erant in dicta turri, in fundo turris, in qua iacet papa, quia dicta turris erat necessaria pro vigilia facienda de nocte, 102 s.

(f. 236 custodia) **1357** Juli 6 de mandato pape pro reparatione portalium Auin. d. Guillelmo Rullandi militi, marescallo Auin., mag. G. Sinerii, notario suo, recipiente 150 fl.

Juli 31 computum per mag. Guillelmum Sinerii, servientem armorum pape, de expensis factis per eum pro custodia ville Auin. et locorum circumvicin.: propter eminentes turbationes guerrarum, que noviter et insperate in Venayssino et in Provincia Romane curie valde vicina supervenerunt, ex quibus in Auinione et in locis valde vicinis evenire scandala verisimiliter timebantur, et papa deliberato consilio provide ordinavit tenere certam gentem tam equitum quam peditum armatorum ad stipendia tam

---

[1] Die diesjährigen großen Ausgaben unter dem obenstehenden Titel (vgl. oben A Nr. 16) wurden ausschließlich veranlaßt durch das oben unter B 1a oft angekündigte Herannahen der unter dem Erzpriester v. Vélines u. a. stehenden, aus dem langjährigen englischen und französischen Kriegsdienst entlassenen Söldnerscharen.

[2] Über die frühzeitige Verwendung von Feuerwaffen beim päpstlichen Militär vgl. m. *Deutsche Ritter* 1. Buch S. 71 f.

sua quam civitatis Auin. pro tuicione civitatis et Romane curie, ne de facili patere posset incursibus hominum malignorum, et inter cetera ordinavit, quod pro custodia civitatis tenerentur 400 pedites arivati vocati briganti, quibus videl. 200 ex eis solverentur stipendia de pecunia pape et aliis 200 de pecunia civitatis, dando cuilibet briganti 6 fl. in mense 30 dierum et cuilibet capitaneo 25 brigantum stipendia dupplicata . . .; computavit se solvisse de mandato nobilis viri d. Guillelmi Rullandi militis, domini Montisflaconis et marescalli Romane curie: d. Iohanni de Guario iurisperito pro vadiis 2 mensium inchoat. 20. Iulii 50 brigantium, 2 capitaneorum 624 fl., item Petro de Correriis etc., *zusammen* 3192 fl.

(f. 236) Aug. 31 computum per mag. Guillelmum Sinerii . . . de solutionibus factis per eum . . . hominibus armorum ad custodiam Romane curie et civitatis Auin. de mandato pape ad ordinationem . . . d. G. Rullandi militis, domini Montisfalconis, pape et Rom. curie marescalli, . . . ad dictas solutiones deputatum, et fuit ordinatum, quod cuilibet domicello pro stipendiis cuiuslibet mensis 30 dierum dentur 15 fl. et cuilibet militi 30 fl. et baroni domicello 30 fl. et baroni militi 60 fl. pro persona sua et 2 ministris cuiuslibet baronis una paga 15 fl.:

Juli 30 solvi . . . d. Rigaldo de Mauriaco militi pro stipendiis 1 mensis 25 hominum, in quibus sunt 3 milites, quorum 2 milites et 4 domicelli fuerunt recepti 25. Iulii et 1 miles et 12 domicelli 26. Iulii et 6 domicelli 28. Iulii (15 fl. cuilibet domicello, vadiis dictis militibus dupplicatis) 420 fl.

D. Fulconi de Espaleto militi 30 fl., domino de Chalatano, domicello baroni, pro stipendiis 21 hominum armorum, in quibus est 1 miles, quorum 8 videl. ipse et 7 domicelli recepti fuerunt 28. Iulii et 2 domicelli 31. Iulii et 1 miles et 1 domic. 2. Aug. etc. etc.

So geht es von f. 236 bis f. 256 in enggeschriebenen Seiten weiter mit Aufzählung der bezahlten Ritter und Edelknechte. Da dieselben ausnahmslos französischen Ursprungs sind, unterlasse ich ihre Aufzählung. Denn ihre Identifizierung und Veröffentlichung geschieht sachgemäßer durch einen französischen Forscher. Hier sei nur hervorgehoben, daß diese Aufzeichnungen weit exakter geschrieben sind als die von mir publizierten Listen der in den italienischen Provinzen stehenden deutschen Ritter und Edelknechte. Dort im italienischen Krieg geschahen die Aufzeichnungen von den Klerikerschreibern der geistlichen Thesaurare, die vom ritterlichen Kriegswesen wenig kannten, hier in Avignon aber durch einen serviens armorum pape, also einen päpstlichen Leibgardisten unter der Aufsicht des hohen Marschallamtes; beides Personen, die mit dem Ritterwesen wohlvertraut waren. Daher fehlen in den italienischen Aufzeichnungen regelmäßig die näheren Standesbezeichnungen der Reiter, ob sie domicelli (Edelknechte), milites (mit der Ritterwürde bekleidet), und vor allem, ob sie barones (oder Ministeriale = domicelli) waren. Diese wichtigen Standesbezeichnungen sind in der französischen Liste genau eingetragen.

Außerdem fällt der hohe Sold der in Avignon damals angeworbenen Reiter auf, der doppelt so groß war als derjenige unserer gleichzeitigen deutschen Ritter in Italien. Das läßt sich freilich aus zwei Gründen erklären: Einmal drängte die Notlage in Avignon zur plötzlichen Anwerbung und Heranziehung der französischen Ritter, und dann war das Leben in Avignon (und Frankreich) selbst weit teurer als in den italienischen Provinzen.

8b. Holz- und Kohleneinkäufe.

(I. E. 282 f. 175ᵛ cera) **1357** März 17 computavit Tucho Lamberthi de Florentia, mercator habitator Auin., de lignis combustibilibus traditis per eum in palacio Apost. pro usu palacii (6.—15. Marcii), ut constat per relationem Petri Boneti, cursoris ad hoc specialiter deputati: pro 5896 quint. lignorum (*zu je* 20 d.) 491 l. 6 s. 8 d. in 409 fl. 10 s. 8 d.

(f. 129ᵛ) Mai 31 computum Tuchi Lambertesqui de Florentia, mercatoris Auin., ... *(16. März—31. Mai)* per relationem Petri Boneti cursoris etc. pro palacio Pontis Sorgie: März 16 1216 quint. lign. combust., Mai 15 pro palacio Auin. 12 080 quint. *zu je* 20 d., *zusammen* 1108 l. in 923 fl. 8 s.

(f. 181) Juni 30 computavit Inardus Porchalha, mercator de Vinayo ac provisor lignorum combust. et carbonum necessariorum pro palacio pape: ut constat per relationem Petri Boneti cursoris ... 2584 banastones carbonum pro palacio Auin., 640 banast. pro palacio Villenove (*zu je* 22 d.) 295 l. 10 s. 8 d. in 246 fl. 6 s. 8 d.

(f. 182) Juli 12 Tucho Lamberteschi, mercatori Auin., pro lignis conbustib. per eum traditis pro lavando pannos pape 36 fl.

Juli 20 *demselben* pro 4744 quint. lignorum conbust. (*zu je* 20 d.) 395 l. 6 s. 8 d. in 329 fl. 10 s. 8 d.

(f. 188ᵛ) Nov. 30 computavit mag. Rostagnus Berqui, fusterius et serviens armorum pape, de 1000 quint. lignorum combustib. emptis in Burgundia pro usu palacii pape receptis per Petrum Boneti, cursorem ad hoc deputatum, 12 d. pro quintali: 50 l. = 41 fl. 16 s.; pro ponderando ligna et portando ab hospitio Pontis ad palacium et pro ponendo in lignario 10 fl.

Dez. 29 computavit Inardus Porchalha, mercator de Vinayo, de carbonibus traditis pro usu palacii pape in mense Dez. (relat. per Petrum Boneti): 3180 banaston. carbonum (*zu je* 18 d.) 198 fl. 18 s.

(f. 212 Panhota) **1357** März ... pro 5000 quint. lignorum combust. pro usu elemosine emptorum a Michaele Nauarra mercatore (pro quintali in portu conducto 15 d.) 312 l. 10 s., pro 200 banastonibus carbonum (*je* 22 d.) 18 l. 6 s. 8 d. auin. (1 fl. = 24 s.).

8e. Wohnungsmieten und Zinsen.

(I. E. 282 f. 175 cera) **1357** März 4 de mandato pape Moneto Ferandi, civi Auin., pro loguerio hospitii sui siti iuxta palacium ante locum de Champellis, in quo moratus fuerat d. cardinalis Pampilon. et nunc moratur d. Iohannes de Breno: pro 8 mensibus et 19 diebus, quibus vacavit dictum hospitium, quod non fuit alicui assignatum, sed tenuit claves camerarius pape, taxatum pro anno ad 33 fl.: 23 fl. 27 s.

(f. 184 cera) Aug. 31 de mandato pape Mauricio de Vassinhaco domicello pro locagio 18 lectorum ad 1 mensem pro familia d. episcopi Albien. et portu, quia dimittebat hospitium suum cum lectis et aliis garnimentis Guillelmo fratri suo, 10 fl. 4 s.

(f. 216v Panhota) Aug. 31 ... pro censibus domorum de Miraculis debitis collegio capellanorum b. Marie de Miraculis pro 6 l. 9 d. coronat.: 10 fl. 18 d.

(f. 231v pensiones seu locagia domorum) **1357** Dez. 29 computum redditum per d. Iohannem Palaysini, notarium camere, de solucionibus factis per eum familiaribus et officialibus pape pro locagio domorum pro 2 annis 29 mensis Maii 1357 terminatis, sicut est hactenus fieri consuetum, videl. cuilibet familiari pro tempore, quo fuit in curia, et attende, quod solucio huiusmodi fuit instituta et fieri consueta de moneta viennen., de qua moneta tur. gross. arg. pro 19 d. et ob., et flor. auri pro 22 s. vien. computantur.

Primo solucio facta de pensione hospitiorum **domicellorum** et **magistrorum hostiariorum,** quorum quilibet recipit anno quolibet pro pensione, si totum annum integrum fuerit in officio et presens in curia 5 l. 12 s. 6 d. vien. = 5 fl. 2 s. 8 d. ob. auin. Attende, quod habentes propria hospicia non habent de huiusmodi pensione:

1. Arnaldo de Colonia, domicello hostiario, *(für 2 Jahre)* 10 fl. 5 s. 5 d. auin., *desgl.* 2. Petro de Cortilhis, domic. host., 3. Leoni Conradi de Iorio hostiario, 4. Romanello de Urbe host., 5. Guillelmo di Riueto host., 6. Petro Stephani domic. et scutifero, 7. Bertrando de Vayraco dom. scut., 8. Guidoni de Podiovalle, *desgl.* 9. Golferio de Lionro, 10. Stephano de Monteruco, 11. Rotgerio de Belloforti, 12. Ademaro la Rebieyra, 13. Stephano Vigerii, 14. Petro de Ianzens, 15. Rotgerio de Molendino, 16. Mauricio de Vassinhaco, 17. Guischardo de Comborino, 18. Gaubertoni de s. Exuperio, 19. Imberto de Sauzeto, 20. Petro de Cuelha, 21. Raymundo de Chabanis, 22. Rampnulpho de Perussia etc. etc. *(vgl. oben päpstliche Beamte).* ... item Raymundo Grimoaudi domic. host., qui per 1 annum tenuit custodiam carceris auditoris camere et tunc nichil recipiebat de pensione huiusmodi, pro pensione alterius anni 5 fl. 2 s. 9 d.

Sequitur solucio pensionum hospitiorum **servientum armorum,** quorum quilibet pro 2 annis integris recipit 6 l. vien. = 5 fl. 10 s. 10 d.

8c. Wohnungsmieten und Zinsen. 685

auin.: 1. Iohanni de Acheriis alias la Gayta, servienti armorum . . . Hugoni de Sonheco . . . etc. etc., *vgl. oben päpstliche Beamte.*

Sequuntur servientes armorum, qui habent hospitia propria et non recipiunt de huiusmodi pensione: 1. Bertrandus de Penna, 2. Helias de Bufenas, 3. Guillelmus Margarida, 4. Raterius de Rogerio, 5. Iohannes de Viterbio, 6. Rostagnus Berc, 7. Iohannes Rostagni, 8. Guillelmus de Guillamia, 9. Iacobus Acherii, 10. Guillelmus Bedocii, 11. Marcus Lando, 12. Iohannes Le Male, 13. Bertrandus Bernardi, 14. Iacobus Melioris, 15. Iacobus eius filius, 16. Iohannes de Luperia, 17. Iohannes de Balisterii, 18. Iohannes de Tholosa, 19. Iohannes Postelli, 20. Iohannes Moychoti, 21. Petrus Raubati, 22. Guillelmus Seuerii, 23. Petrus Lebrati, 24. Bos Mesclarat.

Sequuntur servientes, qui non fuerunt presentes in curia in dictis 2 annis: 1. Raynaldus [de] Poiolis, 2. Iohannes de Borssi, 3. Petrus Ferrandi, 4. Helias de Letrangiis, 5. Petrus de Cornilh, 6. Karolus Iori, 7. Raphinus de Pecoraria.

Sequuntur solutiones pensionum hosp. **hostiariorum minorum,** quorum quilibet recipit anno quolibet 60 s. vien., pro 2 annis = 5 fl. 10 s. 10 d. auin.

(f. 232) 1. Arnaldo de s. Petro alias Lauerdat, 2. Iacobo Cabanerii, 3. Guillelmo Fornerii, 4. Iohanni Verdalay, 5. Ymberto Mascenis, 6. Iohanni Bruni (1 annus 7 menses), 7. Petro de s. Marciali (1 annus).

Hostiarii minores, qui habent hospitia propria et non recipiunt de huiusmodi pensione: 1. Iohannes Ficaldi, 2. Ioh. de Forgiis, 3. Bertrandus de Rino, 4. Ioh. Annoti, 5. Guillelmus Polaserii, 6. Guillelmus Lobreton, 7. Iohannes Minguti.

Sequuntur **cursores,** quorum quilibet recipit anno quolibet 45 s. vien. (2 fl. 1 s. 1 d. vien.).

1. Iohanni Flote, 2. Gocho de Perusio, 3. Nicholao de Florentia, 4. Iohanni de Roma, 5. Petro Bonneti, 6. Martino de Senis, 7. Petro la Masiera, 8. Petro Britonis, 9. Matheo Postelli, 10. Guillelmo Bartholomei, 11. Stephano Pondenii, 12. Matheo Leonardi, 13. Nicolao de Nursia, 14. Petro Montrosier, 15. Petro Mathei, 16. Guillelmo Ilareti, 17. Petro la Garrigia, 18. Iohanni Vierii, 19. Stephano Vitalis, 20. Petro de Spinello, 21. Iohanni Gauffridi, 22. Mamora, 23. Petro de Bosco, 24. Nicolao Rotlandi, 25. Petro Chatardi, 26. Iohanni de Agrimonte, 27. Benedicto Iohannis, 28. Petro Alamanni, 29. Iohanni Nicolay, 30. Iohanni de Trois, 31. Iohanni de Nautas, 32. Colino Lombardi, 33. Dominico de Lucane, 34. Geraldo Maleti, 35. Asserante Iacobi, 36. Gaufrido Turci, 37. Guillelmo de Mauragiis, 38. Bernardo Plantati, 39. Petro de Uchello, 40. Stephano Scarti, 41. Bartholomeo Petri, 42. Bonneto Almanni, 43. Ancelato de Pontoise (1 annus), 44. Petro Basanha (1 annus 10 menses), 45. Petro Bachardi (1 annus 8 menses).

Sequuntur cursores, qui habent hospicia propria 1. Aymonetus Britonis, 2. Raynaldus de Biterris, 3. Augustinus de Perusio, 4. Iohann. de Ambianis, 5. Raynaldinus de Malinis, 6. Antonius de Fonteiaco, 7. Petrus Ferrerii, 8. Petrus de Vassinhaco, 9. Stephanus Lascimbas, 10. Bartholomeus de Vinsipec, 11. Petrus de Ala absens fuit per totum tempus.

Secuntur **custodes prime porte,** qui non sunt cursores, 1. Bernardus de Roana vocatur porterius, 2. Thassinus Flori similiter et habent propria hospitia, ideo de ista pensione nichil recipiunt.

Brodarii, quorum quilibet recipit in anno 45 s. vien.: 1. Matfienho pro 2 annis, quibus fuit brodarius et nunc est cursor, 4 fl. 2 s. 2 d. auin., 2. Iaqueto Iurneti.

Sequuntur solutiones pensionum hospitiorum, que tenentur per cameram Apost. pro diversis serviciis seu usibus:

hospitia **bullatorum** et bulle pape: Hugoni Malaspina, domicello de Auin., pro salario hospitii, quod tenent bullatores pro bulla et pro habitatione (30 s. vien. pro mense) 36 l. vien. in 32 fl. 17 s. 4 d. vien., eidem pro alio hospitio contiguo (8 fl. pro anno) 16 fl.

Pro hospitio **carceris auditoris:** d. Rostagno Caualerii militi et Iohanni Caualerii, domicello de Auin., pro hospitio eorum in parochia s. Desiderii, in quo tenetur carcer auditoris camere, taxato in 60 s. vien. pro mense, de quibus custos ipsius carceris solvit $^1/_3$ pro habitatione sua et familiarium suorum: pro $^2/_3$ in 43 fl. 15 s. 2 d. auin. Item Bebrite Vacayrassie, uxori Berengarii Vacayracii de Auin., pro pensione 2 annorum hospitii sui, in quo tenetur pars dicti carceris (10 s. vien. pro mense).

Pro **fabrica:** Bartholomeo Cambeta et Ferriere eius uxori, relicte condam Raynaldi Trote, pro pensione hospitii, quod tenetur pro fabrica seu marescallia equorum pape, taxati 5 fl. pro anno: 10 fl.

Botiga pro carnibus: d. Iohanni Dauros, militi de Auin., pro pensione 2 annorum eiusdem apothece pro carnibus recipiendis in macello 10 fl.

Zusammen für diese Mieten von zwei Jahren 811 fl. 48 l. 14 s. 9 d. ob. Auin.

9. Für Bibliothek und Schreibwaren.

(I. E. 282 f. 149v ornam.) 1357 Juni 31 computavit d. Petrus episcopus Tholon. ... pro illuminatura libri Alberti de animalibus in 2 voluminibus 2 fl., pro ligatura dicti libri tam pro necessariis quam pro salario magistri 5 fl.

(f. 172v cera) Jan. 31 ... Iacobo Melioris, ypothecario pape, pro 37 manibus papiri mediocris forme (*zu je* 2 s. 6 d.) 4 l. 12 s. 6 d., pro 1 libro papireo de 3 manibus mediocris forme pro thesauraria 7 $^1/_2$ s., pro factura dicti libri 4 s. 6 d.

9. Für Bibliothek und Schreibwaren. 687

(*f. 174*) *Demselben* Febr. 28 . . . pro 51 manibus papiris (pro camera pape et pro thesaur.) *zu je* 2 s. 6 d.: 6 l. 7 s. 6 d.

(*f. 177v cera*) April 30 computavit Silvetus de Stela Iudeus pargamenarius, habitator Auin.: se tradidisse 29. Marcii pro faciendo rotulos compotorum 3 duodenas pargameni rasi maioris forme (pro duodena 28 s. et pro rasura 2 s.) 4 l. 10 s., 19. April. pro faciendo copiari librum obligationum camere de papiro et pergameno 11 duod. pergameni rasi mediocris forme (pro duodena 22 s. et pro rasura 2 s.) 13 l. 4 s., 4 duod. pergameni rasi de regestro pro faciendo scribi et copiari constitutiones episcopatus Auin. (pro duodena cum rasura 34 s.) 6 l. 16 s., 1 duodena minoris forme tradita d. G. Secoclausa 16 s., 1 duod. pro camera maioris forme 28 s., 6 duod. pargameni rasi de regestro traditi per eum 24. April. pro scribendo statuta et ordinationes episc. Auin. (34 s. pro duodena) 10 l. 4 s., pro 2 pellibus vocatis angninis traditis d. Raymundo de Valle rescribendario pro faciendo literas constitutionis dd. cardinalium 14 s., pro 50 duodenis pargameni maioris forme traditis d. Francisco (28 s. pro duod.) 70 l., pro 6 duodenis de angninis (3½ fl.) 21 fl., pro usu camere 1 duod. pargameni rasi 30 s., 2 duod. parg. mediocris forme (22 s. pro duod.) 44 s., *zusammen* 113 fl. 18 s. mon. Auin.

Juli 31 computavit Silvetus de Stela Iudeus, habitator Auin., mercator pargamenorum, . . . tam pro camera thesaurarii quam pro d. Francisco secretario quam aliis personis a 1. Iunii citra (per relationem Petri de Lemovic., scriptoris camere: se tradidisse d. Raymundo de Valle rescribendario pro literis curie faciendis 6 pelles mediocris forme et 9 pelles maioris forme 32½ s., d. Gerardo capellano d. thesaurarii 6 pelles mediocris forme precio 11 s., eidem 2 angnin. 14 s., Iuni 26 pro camera 8 duoden. pargameni maioris forme (28 s. pro duodena) 11 l. 4 s., 8 duod. mediocris forme (*je* 22 s.) 8 l. 16 s., 6 duod. minoris forme (*je* 16 s.) 4 l. 16 s.; d. Arnaldo de Moleriis pro faciendo librum decimarum 10 duod. pargameni de regestro rasi (32 s. pro duodena et 2 s. pro rasura) 17 l.; 1 duod. dicti pargameni pro faciendo rotulos compotorum camere 34 s.; 5. Iulii pro regestro secreto 12 duod. pargameni rasi mediocris forme (*je* 22 s. et 2 s. pro rasura) 14 l. 8 s.; pro d. Francisco 15. Iulii 44 duod. maioris forme (*je* 28 s.) 61 l. 12 s., eidem 6 duod. de regestro (*je* 32 s.) 9 l. 12 s., eidem 4 duod. de anhinis[a] (3½ fl. pro duodena) 14 fl., *zusammen* 128 fl. 6 d. (1 fl. = 24 s.).

(*f. 185v*) Sept. 30 computavit Silvetus de Stela Iudeus etc. *ähnlich wie vorher*, *zusammen* 87 fl. 13 s.

(*f. 188v*) Nov. 30 desgl. 65 fl. 14 s.

(*f. 189v*) Dez. 29 computavit Berengaria, uxor Guillelmi Bartholomei, cursoris pape, de tincta et glassia ac plumis et pixidibus per eam traditis in thesauraria a mense Ianuarii citra ad 29. Dez.: 36 fl. 2 s. 6 d.

---
[a] Identisch mit dem oberen angninis, d. h. Lämmerpergament.

(*f. 224 bulla*) **1357** März 31 fr. Raymundo bullatori pro 12½ lb. cirici emptis per Nicolaum Grimaldi (3½ fl. pro libra) 43 fl. 18 s.

Mai 4 *demselben* pro 2 quint. cordarum canapis ad opus bulle (6 s. pro libra) 50 fl.

Nov. 6 fr. Raymundo et fr. Gauberto bullatoribus pro ½ libra cirici 3 fl.

Nov. 6 *denselben* et Nicolao Grimaldi, campsori camere, pro 19 lb. 6½ unciis cirici (3 fl. 9 gross. pro libra) 73 fl. 6 s. 9 d.

(*f. 234 script.*) **1357** März 31 Petro de Lemouicis 7 fl. 20 s., quos tradiderat Alano Laudebri, clerico Britoni, pro scripturis et libris factis super statutis civitatis et episcopatus Auinion. in pargameno, ut remaneant semper in camera thesaurarie.

April 28 d. Petro Assati, rectori ecclesie de Ulmis Aurelianen. dioc., pro scribendo et copiando librum papireum de obligationibus prelatorum camere in pargameno et in bona litera, videl. pro 6 caternis 6 fl.

Mai 25 Alano de Silva Terra (!), clerico Leonen. dioc., pro copiando in pargameno decimas beneficiorum provincie Arelaten. (27 s. pro caterno) 27 s.

Desgl. Arneo de Vico, clerico dioc. Leonen., pro copiando in pargameno decimas beneficiorum provincie Narbon. pro 2 quaternis 54 s.

Mai 27 d. Petro Assati, rectorem ecclesie de Ulmis etc., pro copiando librum obligationum comunium servitiorum prelatorum (1 fl. pro quaterno) pro 3 quaternis: 3 fl.

Juni 10 Arneo de Vico, clerico Briton., *wie 25. Mai* pro 1 quaterno 26 s. 5 d.

— Alano de Silvarupe, alii scriptori, pro alio quaterno dicti libri 22 s. 4 d.

Juni 16 Arneo de Vico *desgl.* pro alio quaterno sive sexterno eiusdem libri 27 s.

So ähnlich noch mehrmals, auch dem Ebloni de Vico, cler. Leonen. dioc.

Juli 21 Bricio Decani, cler. Suession. dioc., qui copiavit certos rotulos computorum, quos portavit d. Armandus de Moleriis ad d. legatum et thesaurarium guerrarum Ecclesie in Lombardia, 12 s.

Juli 27 d. Petro Assati presb. pro copiando 9 caternos in pargameno libri obligationum prelatorum camere pro complimento scripture 9 fl.

Aug. 14 Emrico Landemit (!), cler. Leonen. dioc., pro 4 sexternis pargameni scriptis in libris decimarum camere (26 s. pro sexterno) 4 fl. 12 s., *desgl.* am

Sept. 30 pro 12 sexternis 13 fl. 12 s.

Okt. 16 Amrico (!) Mandemi (!), cler. Leon. dioc., pro scribendo sexternum pargameni 27 s.

Nov. 20 Bartoloto de Parisius, illuminatori habitatori Auin., pro illuminatura et ligatura unius speculatoris et 1 volum. pro papa et 1 libri continentis statuta civitatis Auin. et alterius decimarum pro camera thesaurarie 6 fl.

Nov. 20 Petro de Ginssalis pro faciendo scribi 21 minutas bis factas super decimis impositis in 21 provinciis pro guerris Ecclesie 3 fl. 18 s.

Nov. 30 computavit ven. pater d. Petrus ep. Tholon., de quodam libro facto de mandato pape, qui liber est de serimoniis curie Romane et continet 18 quaternos (*zu je* 8 folia) ad rationem 4 s.: 72 s., pro ligatura et illuminatura 12 s., *zusammen* 3 fl. 12 s.

Dez. 19 Petro de Ginssalis, scriptori pape, pro minutis decimarum in partibus Italie de novo impositis 11 fl.

Dez. 24 Cruco Brevis, presb. Leon. dioc., pro scriptura libri, in quo iurantur in camera, 1 fl.

10. Verschiedenes.

(I. E. 282 f. 104^v coqu.) **1357** Aug. . . . pro 1 corda grossa et 4 cordellis pro ingenio lenherii palatii Auin. ponderis 110 lb. (*je* 15 d.) 6 l. 17 s. 6 d.

(f. 106^v) . . . pro cultellis coquine acuendis 10 s.

(f. 107) — pro 1 payrollo et 1 concha cupreis ad calefaciendum aquam pro pannis lineis pape abluendis ponderant. 103 lb. (*zu je* 4 s.) 20 l. 12 s.

(f. 113 panet.) März — pro lavando 474 peciis mapparum longeriarum et aliarum rerum panetarie (*100 Stück zu* 20 s.) 4 l. 14 s. 10 d. *So ähnlich häufige Waschausgaben verzeichnet (ebenso auch früher), vgl. auch oben Nr. 2 Beamte.*

(f. 150 ornam.) Juli 8 Ysabelle de Champellis Auin. pro 1 pari cultellorum emptis pro mensa pape per Nicolaum Grimaldi, campsorem camere, recipiente pro ipsa Rotberto Ras, familiari suo, 9 fl.

(f. 173 cera) **1357** Jan. 23 computavit Guillelmus Agneti, trahens campanam palacii pape, de corda empta per eum ad opus campane ponderis 44 lb. (15 d. pro libra) 55 s. in 2 fl. 7 s.[1]

Jan. 26 Guillelmo Burgundionis, habitatori Auin., pro certis literis de lotone per ipsum factis et positis in cofinis, ubi sunt litere et privilegia antiqua in turri bassa, 1 fl.

(f. 173) Jan. 31 computavit Petrus Guarini, habitator Auin.,[2] de pelone tradito ad opus palacii Auin. ad relationem Helie de Buffenos, serv. arm. pape, se tradidisse die Veneris ante festum nativ. Domini 6 fayssis peloni, in vig. nativ. pro 2 tinellis et cameris palacii 30 fayss., in die

---

[1] Demselben am 30. April pro corda ad opus campane Pontis Sorgie 28 lb. (*zu je* 15 d.) 1 fl. 11 s.

[2] Vgl. oben Nr. 2 unter Beamten denselben.

s. Stephani 4 fayss. etc., *zusammen* 84 fayss. (*zu je* 6 s.) 24 1. 4 s. in 20 fl. 4 s. (1 fl. = 24 s.). *So ähnlich jeden Monat.*

(f. 175) März 1 Bertrando Plancati et Guillelmo de Monrengiis, cursoribus pape, missis Ianue et in Provincia pro palmis aportandis et emendis pro ramis palmarum faciendis 6 fl.

(f. 175v) März 14 fratribus Girardo Benedicti et Iacobo et eius fratri ord. Grandimonten. pro factura et cultura vinee de Montargiis, que tenetur cum loco ad manum pape, 20 fl.

März 22 de mandato pape Bertrando Capelerii nomine d. Bernardi Rascacii recipientis pro reparando iter, per quod itur ad Pontem Sorgie, ubi papa intendit accedere Domino permittente post festum Pasche, 100 fl.

April 30 Iacobo de Florencia, habit. Auin., pro 239 palmis paratis pro Ramis palmarum (*je* 9 d.) 8 1. 19 s. 3 d. in 7 fl. 11 s. 3 d.

(f. 216) Aug. 31 . . . pro 1 cultello magno empto pro carnibus scudendis in coquina 24 s. et pro reparatione 2 cultellorum, quorum unus erat fractus, 14 s.

10a. Gartenarbeit.

(I. E. 282 f. 97v coq.) **1357** Jan. — pro 7 iornalibus hominum in cultura orti piscarii 28 s., pro 3 iornalibus mulieris 6 s., pro semine petrosilli 4 s. 6 d.

(f. 103) Juni . . . pro 18 iornalibus hominum in cultura orti piscarii (*je* 6 s.) 108 s., pro 7 iornalibus mulierum (*je* $2^1/_2$ s.) 17 s. 6 d.

(f. 104) Juli . . . pro 10 iornalibus hominum in cultura orti piscarii (*je* 6 s.) 60 s., pro 9 iornalibus mulierum (*je* 2 s. 6 d.) $22^1/_2$ s.

(f. 187v) Nov. 30 computum per Michaelem Bruni ortolanum et custodem animalium silvestrium pape: 9. Febr. pro 3 dietis hominum, qui putaverunt trilhias orti,[1] 12 s., 10. Febr. pro 3 dietis hom., qui foderunt, 12 s., 11. Febr. pro 2 dietis hom., qui portaverunt fimum, 8 s., 14. Febr. pro quamnis ad trilhias orti necessariis 8 s., pro amarinis ad idem 4 s., pro 2 + 4 dietis hominum, qui ligaverunt trilhias, 8 s. + 16 s., März 1 pro 2 dietis hominum, qui foderunt in dicto orto, 8 s., pro seminibus petrosilli et caulium 6 s. 6 d., März 2 pro 1 dieta hominis, qui seminavit dicta et paravit salviam, 4 s., 20. März pro loquerio 2 animalium cum famulo, qui conduxit fimum ad ortum, 13 s., pro 4 dietis hominum, qui paraverunt salviam et maioranam,[a] 16 s. März 31 pro 2 dietis hominum, qui purgaverunt ortum de lapillis, 8 s., pro 1 dieta hominis, qui secavit herbam pratelli orti, 3 s.; 18. April pro 4 iornalibus hominum,

---

[a] Salbei und Majoran.

[1] D. i. den Gartenzaun beschneiden.

qui hauzerunt aquam et irigaverunt ortum, 16 s.; *ebenso am 20. und 28. Mai;* pro 2 dietis mag. fusterii, qui reparavit conductum aque plumbeum, 10 s.; 5., 13., 21. Iunii pro 12 dietis hominum, qui illis diebus hauzerunt aquam et irrigaverunt ortum piscarii (4 s. pro dieta) 48 s.; Juli 1, 8, 14, 28 pro 4 + 4 + 4 + 4 hominibus, qui irrigaverunt ortum 64 s., pro 2 broquis ad portandum aquam in dicto orto 6 s. 6 d., Aug. 9 pro 3 dietis hominum, qui similiter irigaverunt 12 s., *zusammen* 13 fl. 9 s.

Innocenz VI. Sechstes Pontifikatsjahr. 1358.

I. E. 284 (chronologisch geordnetes Register mit Seiten-Schlußsummen, nach Monaten geordnet, am Schlusse jedes Monats sind die unter die einzelnen Titel fallenden Summen angegeben, ebenso die Gesamt-Monatssumme und die Monatsbilanz). I. E. **286** *(systematisch geordnetes Hauptregister mit Seiten- und Jahres-Schlußsummen der einzelnen Titel). Das letztere liegt unseren Auszügen zugrunde. Beide Register sind voneinander unabhängig geführt.*

A. Übersicht über die einzelnen Ausgabetitel und ihre Schlußsummen.

1. **coquina** *(f. 97—107)* d. Bernardus Gaucelmi, emptor coquine pape, *legt die monatlichen Abrechnungen am letzten Monatstage vor. Die regelmäßigen Ausgaben sind, wie früher, wochenweise geordnet. Schlußsumme:* 8001 fl. 7 l. 16 s. 7 d. mon. Auin. *Über die anderen Küchenbeamten vgl. unten B 2 (Beamte).*

2. **paneteria** *(f. 112—118)* d. Guido de Riperia, panetarius pape, *legt die nach Wochen geordneten Monatsrechnungen ab, abwechselnd mit* d. Iohannes de Hublangis, panetarius pape: pro pane albo pro papa, pomis, gindolis, avellanis, prunis, piris, ficubus, nucibus, pomis, poponibus, racemis, sale albo, nebulis. *Tischobst kommt, wie früher, auch im Winter auf die Tafel. Dann wird desgl. monatlich abgerechnet über die Zahl der verbrauchten, von den Bäckern in größeren Mengen akkordweise gelieferten Brote* (de pane librate), *deren Zahl zwischen 13—26 000 Stück monatlich schwankt (550 pro saumata frumenti). Ferner über die Wäsche des Tafellinnens und über Neuanschaffungen desselben. Schlußsumme:* 643 fl. 8 l. 15 s. 8 d. auin., 379 saum. frumenti 500 panes.

3. **buticularia** *(f. 124—130^v)* d. Guillelmus de Cruce, buticularius pape, *legt die Monatsrechnungen ab. Außer ihm gibt es aber noch* 3 buticularii. *Schlußsumme:* 2856 fl. 705 mutones 7 l. 19 s. 11 d. mon. Auin. sine 4 botis grossis vini de prioratu de Montargiis et 2 de vinea palacii Villenove pape et 40 botis grossis de prioratu de Lunello

Veteri et 7 botis grossis et una de mena de Castronovo episcopatus Auin. habitis et receptis.

4. **marescallia** *(f. 134—145)* Guillelmus Sabaterii, magister marescallie equorum pape, *legt die Monatsrechnungen am letzten Monatstage ab. Unter ihm 9* vaileti *und 2* saumaterii. *Außerdem genannt:* Iohannes de Sergia Gebenn. dioc.,[1] marescallus equorum pro cura equorum palafrenarie pape, *mit einem Gehalt von 4 s. täglich und mit einer Provision von 50 fl.* »quia est bonus marescallus«. *Über die Palafrenare vgl. unten B 2 (Beamte). Schlußsumme:* 2634 fl. 8 l. 7 s. 2 d. ob. mon. Auin. Summa vero feni et avene expensa: 2048 quint. feni; 569 saum. 4 emin. avene.

5. **ornamenta** *(f. 147—151ᵛ)*: 1293 fl. 12 l. 1 d. mon. Auin.

6. **opera et edificia** *(f. 155—170)* d. Raymundus Guitbaudi, director operum palacii, *legt die Monatsrechnungen ab. Außerdem werden von einzelnen Handwerkern und Beamten noch besondere Rechnungen eingereicht. Vgl. unten B 8. Schlußsumme:* 2300 fl. 12 l. 13 s. 2 d. mon. Auin.

7. **Vadia extraordinaria** *(f. 171—171ᶜ):* 72 fl. 67 s. 9 d. tur. gross. arg., 11 ¹/₃ tur. p., 148 l. 18 s. mon. Auin.

8. **Extraordinaria et cera** *(f. 172—191ᵇ):* 22 661 fl. 200 scuta antiqua et 39 l. 7 s. 2 d. ob. mon. Auin.

9. **Vadia ordinaria** *(f. 192—202ᵛ)* 7 solutiones stipendiorum et 2 pro raubis: 39 052 fl. 279 l. 1 s. 7 d. ob. et pict. mon. Auin.

10. **Helemosina** *(f. 204—208)* d. Petrus de Frigidavilla, administrator domus elemosine Panhote, *vollzieht die* visitationes hospitalium *an einzelnen Festtagen mit je 50 s., ebenso das* »Mandat« *an den einzelnen Donnerstagen im Advent und der Quadragesimalzeit (mit je 31* gross. arg.*)*; d. Petrus de Moncolo, elemosinarius magnus secretus pape, *seit 20. Sept.* d. Guido de Riperia, helemosinarius de novo per papam factus loco quondam d. Petri de Moncolo nuper defuncti in curia *(er wird auch* panetarius et elemosinarius *genannt, vgl. oben Nr. 2), verteilt monatlich nach freiem Ermessen, ohne darüber Rechenschaft abzulegen,* 100 fl., *außerdem jährlich* pro sudariis pauperum mortuorum dandis, prout est consuetum quolibet anno, 100 fl. *Ferner sub tit. extraord. (f. 171)* **1358** Jan. 31 Iohanni Agni presb., deputato per papam ad dandum certam elemosinam secretam per papam, *täglich* 4 s. *Gehalt. (f. 207ᵛ elemos.)* dⁿᵒ Iohanni Agni, elemosinario minori pape, qui debet intrare in ordine Cartusien. Villenove, pro 2 pelhissonis 7 fl. *Über größere Ankäufe von Tuchen wird durch besondere Beauftragte Rechnung gelegt, vgl. unten B die einzelnen Titel. Schlußsumme:* 6091 fl. 26 s. 4 d. tur. gross. arg. 87 l. 1 s. 5 d. ob. mon. Auin.

---

[1] Nach frdl. Mitteilung des Herrn Dr. F. Ruegg waren die Sergi (Sergier) ein Rittergeschlecht in der gleichnamigen Ortschaft bei Gex südlich vom Genfer See.

11. **Panhota** *(f. 210—223):* Petrus de Frigidavilla, admin. domus elem. Panhote *legt die nach Wochen geordneten Monatsrechnungen ab. Größere Einkäufe an Brotfrucht, Wein, Heu, Tuchen etc. werden besonders berechnet, vgl. unten unter B die einzelnen Titel. Gesamtsumme:* 6539 fl. 1253 mut. auri 14 l. 6 s. 7 d. ob. mon. Auin.

12. **bulla et litere curie** *(f. 226), genannt wird von den* bullatores *nur* Raymundus: 82 fl. 18 s.

13. **guerra** *(f. 228—230, f. 229 fehlt!):* 60 660 fl.

14. **possessiones empte** *(f. 235) nur eine Eintragung:* **1358** April 30 de mandato pape Stephano Martini, civi Auin., ratione venditionis eiusdem sui hospitii per ipsum venditi pape, siti in parochia s. Petri Auin., confrontantis ab una parte cum hospitio Philippi de Someyra et ab alia parte cum carreria vocata Payrollaria et ab alia cum carreria nova publica, que est inter capellam novam palacii et hospicium marescalli; quod quidem hospitium a dicto Stephano emptum fuit et dirruptum pro dicta carreria nova facienda (instrum. per d. Ioh. Rosseti) 120 fl.

15. **scriptura et libri** *(f. 236), vgl. unten B 9 (Bibliothekswesen):* 35 fl. 5 l. 11 s. mon. Auin.

16. **custodia** *(f. 238—246):* 26 243 fl. 1800 mutones auri 20 l. 7 s. 7 d. mon. Auin.

B. Systematisch geordnete Einzelheiten aus den verschiedenen Ausgabetiteln.

1. Historisch wichtigere Angaben.

(I. E. 286 f. 173 cera) **1358** Febr. 27 d. Iohanni la Marchania, lic. in legibus, Agennen. dioc. facto noviter per papam et eius cameram collectori in provincia Marchie Anchonitane, ducatus Spoletan. et Romandiole, pro expensis suis in deductione vadiorum suorum 120 fl.

(f. 176) März 31 computavit Nicolaus Grimaldi, campsor camere, de expensis pro rosa aurea data per papam dominica »Letare« comiti Armaniaci: pro 1 marca 3½ unciis auri de 20 carratis (52 fl. 22 s. pro marcha) 76 fl. 1 s. 7 d., pro 1 saphiro et robinis positis in dicta rosa 8 fl., pro factura 15 fl., *zusammen* 99 fl. 1 s. 7 d. ob.

(f. 181) Juli 21 de mandato pape rev^{mo} ... d. Raymundo de Canilhaco, presbitero cardinali, in deductionem 12 000 fl., in quibus papa et camera tenebantur executioni quondam d. cardinalis de Mota, pro quibus idem d. cardinalis de Canilhaco, executor testamenti, habebat in pignore et adhuc habet magnum iocale seu tabernaculum olim factum fieri per d.

Clementem VI.,[1] prout patet per instrumenta super traditione dicti pignoris eidem d. cardinali de Canilhaco facta per magistros Iohannem Palaysini et Gerardum Xendeci, 6000 fl.

(f. 190) Nov. 30 de mandato pape d. Stephano Larua, socio d. cardinalis Pampilon., in quibus papa tenebatur sibi de tempore, quo erat cardinalis, 200 scuta antiqua.

Dez. 7 de mandato pape d. Iohanni electo Conseranen.[2] in deductione summe provisionis sibi faciende per cameram usque ad novos fructus a die promotionis sue, d. Bernardo de Latapetra et Petro de Ponte, licen. in utroque iure, socio suo, recipiente 1000 fl.

(f. 171v) Die Kardinäle erhalten zu Weihnachten und Ostern ihr übliches »presbyterium«. *Empfänger:* d. Guillelmus de Fonte, cler. collegii dnorum cardin.; *berechnet werden, wie auch früher, für den* prior cardin. 6 malach. 6 s. papien. (1 malach. = 7 s. 3 d. tur. p., 1 s. papien. = $23^1/_3$ tur. p., 1 tur. gross. = 16 tur. p.) etc. *Summe zu Ostern:* 35 s. 7 d. tur. gross. $8^2/_3$ d. tur. p., *zu Weihnachten:* 32 s. 2 d. tur. gross. $2^2/_3$ d. tur. p.

(f. 112 panet.) **1358** Jan. d. Guido de Riperia panetarius dixit se expendisse ... in placentulis sive friassis in vigilia aparitionis Domini 16 s.

(f. 114 panet.) Mai fuerunt convivia in festivitate Ascensionis, Trinitatis, Penthecostes et Corporis Christi, comederunt omnes capellani capelle etiam in vigiliis eorum. Item fuerunt in prandio Provinciales, item bis ambaxiatores Ianuenses; transivit papa apud Villam Novam et fuerunt librati servientes armorum, servientes marescalli et vigerii, palafrenarii et saumaterii; intravit d. cardinalis Guillelmi in predicto mense et fuit in prandio una cum aliis dd. cardinalibus.

... pro $35^1/_2$ cannis de lungeriis de Parisius et Remis receptis per panetarium pro convivio facto de comite Pictauen. per papam (*je* $7^1/_2$ gross. pro canna) 28 fl. 10 s. 6 d.

(f. 115v) Aug. ... convivia: papa equitavit ad campos et fuerunt librati servientes armorum, servientes marescalli et regens cursorum, magister equorum, palafrenarii, saumatarii. Item fuit sacratum altare magne capelle Villenove et fuerunt 2 cardinales et plures prelati et omnes capellani capelle in prandio et cena; item fuit sacrata capella et claustra Cartusien. et fuerunt in prandio 12 cardinales et plures prelati et omnes capellani capelle etc.; quando papa transivit de Villanova Auinionem fuit magnum convivium, ut moris est; item fuit quater comes Pictauen. et plures alii barones et comites cum ipso.

(f. 118) Dez. 6 fuerunt in prandio plures milites et clerici Lemouicen., 14. et 15. Dez. comes Pictauen. cum gentibus suis; 24. Dez.

---

[1] Dieses kostbare Prunkstück war im Februar 1345 angefertigt worden, vgl. oben S. 278 ff.

[2] Ioh. de Rochechouart, capell. pape, Elekt v. Conserans (St. Lizier).

comes de Meulan, vicecomes de Rochafort; 25. Dez. capellani commensales et plures alii prelati et clerici.

1a. Boten und Gesandtschaften.

(I. E. 286 f. 172 cera) **1358** Jan. 14 de mandato pape d. Iterio la Iarrossa, decano s. Aredii Lemovicen. dioc. et camerario d. cardinalis Magalon., misso per papam Parisius pro certis negociis magnis Ecclesiam tangentibus ibi expediendis 200 fl.

Jan. 31 Guillermo de Corp, messagerio d. episcopi Cauallicen., remisso Metis ad prefatum episcopum per cameram de mandato pape cum literis apertis et Apostolicis super subcidio decimarum etc. 4 fl.

Febr. 23 Stephano Vigerii, domicello et usserio pape, de mandato pape pro expensis factis per Bernardum Plancati missum pro exequendis certis litteris pape et eius camere contra certos malefactores, qui deraubaverunt dictum Stephanum venientem ad curiam, 15 fl.

Febr. 28 computavit Petrus de Correriis, **magister cursorum** mercatorum Auin., de pecuniis per eum de mandato camere certis nuntiis per cameram missis traditis: 20. Febr. Frederico de Florentia et Dominico de Perusio, nuntiis propriis, abbati Cluniacen.[1] cum 2 fardellis literarum apert. et claus. pape et dd. camerarii et thesaurarii 80 fl., eadem die Arrigueto de Francia, nuntio proprio, in 5 diebus eunti Parisius camerario d. cardinalis Magalon. cum literis eiusdem card. et d. archiepiscopi Auxit. et dd. camerarii et thesaurarii pape 25 fl., *zusammen* 105 fl.

März 2 de mandato pape Anthonio de Pansano prope Florentiam, habitatori Parisien., misso ad **papam**, per d. Iterium la Iarrossa, camerarium d. cardinalis Magalon., de Parisius cum certis literis eidem pape directis: 16 fl.

März 3 *desgl.* Bertrando ep. Montis Albani misso per papam ad regem Sicilie pro certis negociis papam tangentibus pro expensis suis faciendis eundo, stando et redeundo pro 2 mensibus Marcii et Aprilis (8 fl. pro die) 488 fl.

März 21 de mandato pape Iohanni Imblardi, nuncio d. Guillelmi de Benevento, misso ad d. abbatem Cluniacen. legatum in Lombardia, qui portavit literas pape dicto legato et d. Guillelmo, 8 fl.

(f. 176) April 10 *desgl.* Mauricio de Vassinhaco, domicello et usserio pape, misso **Pictavis** et ad plures alias partes cum pluribus literis apertis et clausis bullatis missis certis prelatis et baronibus super expeditione d. Guidonis Geraldi, collectoris Pictaven., capti per **Anglicos**, dum veniebat ad curiam cum pecuniis pape et camere, 60 fl.

Desgl. Gaufrido Trussi, cursori pape, misso Burdegal. per papam cum pluribus literis directis certis baronibus super premissis 30 fl.

---

[1] Der päpstliche **Legat** in Italien Audoyn, Abt v. Clugny.

(f. 177) April 30 computum per d. Iterium la Iarrossa, camerarium d. cardinalis Magalon., de expensis factis eundo, morando et redeundo de Normannia, ubi fuit missus per papam pro certis negotiis ecclesie Romane: se emisse 2 equos Auinione (*zu je 36 und 26 fl.*), in itinere eundo Parisius pro alio equo empto, quia palefredus suus, quem tradiderat sibi d. cardinalis Magalon., patiebatur in tibiis, 18 fl., qui equi fuerunt restituti per eum G. Sabaterii, magistro marescallie pape; se emisse 1 cellam pro deferendo maletam $2^1/_2$ fl.; 4. Febr. se misisse de Parisius Auin. cursorem ad papam et ad dd. cardinales Penestrinum, Bolonien. et Magalon. cum responsione, quam fecerat dux Normannie, et cum literis missis per d. ducem ad d. papam et debuit facere viagium in 5 diebus et habuit 28 fl.; misit alium cursorem dno pape, per quem nuntiavit mortem militum, qui fuerant interfecti Parisius in camera d. ducis, et debuit facere viacgium in $4^1/_2$ diebus et habuit 16 fl.; alium cursorem ad papam, per quem misit literas apertas, per quas gubernator Dalphinatus faciet homagium dno pape nomine dicti ducis virtute quorundam castrorum in comitatu Venecini situatorum ad dictum d. ducem et Dalphinum Vienn. spectantium; se emisse alias literas apertas pro eodem cursore, virtute quarum nobilis vir Guillelmus Alberti faciat homagium senescallo Bellicadri vel eius locumtenenti pro 500 l. rendualibus per d. regem dicto Guillelmo [datis] et habuit 12 fl., alium cursorem in Aluernhiam cum literis regis super expeditione castri Rupedagulfis, quod fuerat positum ad manum d. regis: 12 fl.; pro scriptura et sigillo dictarum literarum et pro 2 »vidimus« factis sub sigillo Castelleti $1^1/_2$ fl.; pro impetrando literam regiam contra castellanum de Rupemaura, qui inferebat quampluria gravamina castro s. Laurentii et habitatoribus eiusdem, et solvit pro sigillo $2^1/_2$ fl. et pro scriptura et audientia 8 s.; pro alia litera impetrata a d. duce pro nob. viro Guillermo Alberti, qualiter idem d. dux dedit sibi dilationem faciendi homagium pro castellania de Murato in Lemouicinio usque ad biennium et committit marescallo pape, quod recipiat ab ipso fidelitatis iuramentum, $^1/_2$ fl.; pro literis impetratis a d. duce directis dominis camere compotorum, in quibus mandabatur eisdem, quod literas eis traditas super dono facto per d. regem nobili viro Guillermo Alberti de 500 l. rend. sibi expedirent et cum hoc mandarent certis commiss. Tholose, quod assitiationem et presensiam facerent de dictis 500 l., de quibus literis fecit fieri 4 vidimus sub sigillo Castelleti Parisien. et solvit tam pro literis impetratis quam pro vidimus, pro scriptura et sigillo $2^1/_2$ fl.; fuit absens pro dictis negotiis expediendis cum 5 equis a 16. Ian. inclus. ad 29. Marcii excl. (72 dies *zu je* 3 fl.): 216 fl., *zusammen* 373 fl., de quibus dixit se recepisse a dd. thesaurario 200 fl., ut apparet superius die 14. Ian., a collectore Remen. de pecuniis camere 120 scut. = $120^1/_2$ fl. et sic restabat sibi deberi 53 fl. 12 s.

(f. 178) Mai 16 de mandato pape d. Henrico de Tremonia, archidiacono in ecclesia Leodien., misso per papam in Alamanniam versus episcopum Cauallicen. pro negotiis subsidii impositi et concessi loco decimarum deducendi de stipendiis suis 100 fl.

(f. 180) Juni 8 de mandato pape Petro de Valle, cursori pape, misso Burdegal., Pictauis et Turonis cum bullis clausis et apertis et processibus super expeditione d. Guidonis Geraldi, collectoris Pictauen., capti et detenti cum pecuniis camere in loco de Reynheio dioc. Pictauen. per aliquos Anglicos seu se dicentes de obedientia regis Anglie 25 fl.

(f. 181) Juli 14 de mandato pape Maurissono de Vassinhaco, domicello et usserio pape, misso Biturris et Lemouic. per papam 100 fl.

(f. 182) Juli 31 Iohanni Dominici, cursori mercatorum, misso apud Ispalun et Ulixbonam collectoribus Castelle et Portugalie cum literis et procurationibus certorum mercatorum Floren. super conventionibus factis cum Matheo Frederigui, socio dictorum mercatorum, de recipiendo per dictos socios mercatores pecunias camere eis assignandas per collectores in civitatibus Ipsalen. et Ulixbonen. et reddendis per Matheum et eius socios hic in curia iuxta conventiones preteritas 12 fl.

Juli 31 Petro de Bosco cursori misso per d. camerarium ad locum de Baucio pro recuperando res et bona capta per gentes comitis Auellini, ut dicebatur, apud s. Remigium extra villam, que erant pape, qui cursor fuit deraubatus et vulneratus in itinere fortiter: pro medicinis et medicis sibi necessariis ad curandum 6 fl.

Aug. 4 de mandato pape mag. Guillermo Ademari, custodi cere, misso per papam versus partes Tholosan. pro negotiis pape 200 fl.

Aug. 27 Iohanni de Roma, porterio prime porte palacii, misso per cameram de mandato pape, in Alamannia episcopo Gurcensi pro pecuniis collectis per episcopum faciendis portari Veneciis collectori Lombardie et exinde legato vel thesaurario pro guerra Romandiole 60 fl.

Aug. 31 computavit Dominicus de Lucarel, cursor pape, de expensis factis in prosecutione et expeditione d. Guidonis Geraldi, collectoris Pictauen., cum 7 equitaturis in partibus Pictaven. et pluribus aliis locis, potissime cum consilio regis Anglie per 5 septimanas, in quibus dixit se expendisse eundo, stando et redeundo, solvendo literas et commissiones senescalli Vasconie 60 fl., pro expectando monetam episcopi Condomien., in quo tempore stetit per 12 dies, 6 fl.; item misit bis famulum suum de villa Auxitan. usque ad Tholosam pro habenda pecunia collectoris Tholose, in quo tempore stetit 6 dies, in quibus expendit 2 fl., cuidam famulo, quem misit bis de Burdegal. ad Baionem, in quo spatio sunt 12 dies, in quibus expendit pro portando pecuniam collectoris Baion. 6 fl., *zusammen* 74 fl., de quibus receperat a d. thesaurario, ut apparet superius [10 fl.], et sic fuerunt ei soluti 64 fl.

(f. 184) Sept. 7 de mandato pape Dominico de Lucarel cursori misso per papam Burdegalem pro certis negotiis 10 fl.

Sept. 24 de mandato pape Petro de Montrossier, cursori suo, misso ad partes Tholos. pro negotiis papam et cameram tangentibus 4 fl.

Sept. 30 computum redditum per Petrum de Correriis, mercatorem et magistrum cursorum mercatorum curie Romane: 23. Maii se dedisse Angelucio de Perusio, nuntio proprio, misso cum literis camerarii et thesaurarii ad collectorem Rothomagen., qui famulus stetit per 8 dies cum dicto collectore pro habenda responsione 10 fl.; 27. Maii Tibaldo nuncio proprio misso cum 3 cartis bullatis ad archiep. Aquensem et rediit cum responsione 3 fl., 2. Iulii Guilono de Montepessulano, nuntio proprio, misso cum literis bullatis ad archiep. Lugdun., ad episc. Parisien., ad priorem s. Martini de Campis cum sparadrapo (!) d. Magalonensis, qui ivit Parisius in 5 diebus, 25 fl.; 6. Iulii Nicolao de Brabantia, nuntio proprio, misso cum literis dd. camerarii et thesaurarii collectoribus Narbonen., Tholosan., Agennen., Condomien., Burdegalen. et de Baiona, qui rediit cum responsionibus omnium 20 fl.; 20. Aug. eidem, qui ivit apud Lugdun. cum bullis pape et literis d. thesaurarii in 2 diebus, 8 fl.; 21. Sept. Ginglonio de Montepessulano misso cum literis pape et dd. camerarii et thesaurarii ad ep. de Esuno (!)[a] in Ispania et ad collectorem 18 fl.; 21. Sept. Iohanni Manu misso ad comitem Pictavien. et ad mag. G. Ademari, servientem armorum pape, Tholose cum literis 8 fl.; Bartulio de Florentia misso ad d. abbatem Cluniacen. cum multis literis bullatis 18 fl., *zusammen* 110 fl.

(f. 185) Sept. 30 computum per Mauricium de Vassinhaco, domicellum et usserium pape, de expensis eundo apud Biturr. et Lemouic. et redeundo, ubi fuit missus per papam pro negotiis ibi peragendis: se recessisse de Auinione pro eundo Biturr. ad emendum castrum dictum De Bre domini de Sauli 15. Iulii et ivit cum 3 equis et 2 famulis et fuit in via per 8 dies *(je* 1 fl.): 8 fl., pro 2 roncinis, quos dimisit causa infirmitatis cum 2 famulis apud Rions in Aluernia, ubi manserunt 15 diebus, 10 fl.; item conduxit 2 equos cum 1 famulo de Rions usque Biturr. et expendit 5 fl.; intravit dictus Maurissonus Biturr. 24. Iulii, qua die venit in dicta civitate d. Nicolaus Claudert, procurator Guillelmi Alberti ad dictum Maur. causa emptionis dicti castri et fuerunt ibi ambo insimul in expensis usque ad 3. August. (10 dies): 20 fl.; dictus d. Nicolaus recessit de Bitur. et ivit apud Montilium et dictus Maur. remansit Bitur. usque ad 12. Aug., qua die fecissent dietam cum d^{no} de Seuli in Bitur.: 9 fl.; 12. Aug. venit dictus d. Nicolaus Bitur. et emerunt ipse et dictus Maur. dictum castrum de Bre a d^{no} de Seuli 14. Aug. et remanserunt ibi pro faciendo fieri literas et pro accipiendo possessiones castri usque ad 20. Aug. etc. etc., *zusammen* 104 fl. 1 s. 8 d.

---

[a] Vielleicht ist Huesca gemeint.

(f. 186) Okt. 12 de mandato pape d. Petro de Perusio, advocato fisci, misso ad partes Aquilegen., Venezias et Paduan. pro recuperatione villarum, locorum etc. ad papam et Ecclesiam pertinentium 150 fl.

Okt. 25 de mandato pape Iohanni Isambardi, familiari d. Guillelmi de Benevento, misso cum bullis et literis camere dd. legato cardinali et abbati in Lombardia pro expensis faciendis 5 fl.

(f. 187) Okt. 31 computavit Maurissonus de Vassinhaco, domicellus et usserius pape, missus per papam 15. Okt. versus dominam de Chalancon. et versus Gerardum condominum de Montiliis Ademari super captione castri de Alon., quod dicta d^{na} fecit capi, in quo dictus d^{nus} habet partem, [ipse Mauriss. cum 2 equitibus; 16.—22. Okt.]: 8 fl. 22 s.

(f. 188) Nov. 8 de mandato pape d. Iterio la Iarrossa, camerario d. cardinalis Magalon., misso per papam Parisius pro negotiis papam tangentibus 200 fl.

— *desgl.* Gaufrido Trussi, cursori pape, misso per papam et cameram Apost. ad imperatorem et archiep. Pragensem et ad plures alios cum pluribus bullis apertis et clausis et literis camere 15 fl.

Nov. 9 *desgl.* Iohanni de Bliaco, servienti armorum pape, qui fuit missus per papam in Francia cum bullis pape duci Normannie et communitatibus Francie directis 30 fl.

Nov. 29 de mandato pape Henricoto Ludouici, cursori pape, misso cum literis directis ep^o Cauellicen., qui est in Alamannia, pro commissionibus cameram tangentibus et ad partes Leodien. 40 fl.

Nov. 29 de mandato pape Iohanni de Nauayro, procuratori fiscali d. pape, misso ad Montempessulanum pro informatione facienda de excessibus factis per aliquas personas ibidem nepotibus pape 20 fl.

— Bernardo de Latapetra, socio d. cardinalis Magalon., pro expensis et provisione faciendis pro d. Iohanne de Rupecauardi, electo Cozeranen., stando et veniendo de Montepess. ad Auin. 1 fl.

(f. 189) — Petro Uramacii, clerico d. cardinalis Magalon., misso per papam ad partes Tholosan. cum literis directis mag. Guillermo Ademari, custodi cere, et pluribus aliis 3 fl.

Nov. 30 mag. Guillermo Ademari, custodi cere et servienti armorum pape, qui nuper fuerat missus per papam ad partes Tholosan. pro certis negotiis pape, pro expensis solutis per d. Raymundum Rotgerii collectorem Tholos., de pecuniis per ipsum collectorem receptis in collectoria, qui ista die supra positi sunt in recepta: 200 fl.

(f. 190) Dez. 1 de mandato pape Raymundo de Portali, nuntio thesaurarii Romandiole, misso cum literis bullatis pape et literis camere Apost. ad d. legatum et thesaurarium in Romandiola 2 fl.

Dez. 12 Iohanni de Lauduno cursori misso de mandato pape versus Parisius cum literis directis d. Iterio la Iarrossa, camerario d. cardinalis Magalon., et d. duci Normannie 14 fl.

(f. 191) Dez. 29 computavit Petrus de Scarparia, magister cursorum mercatorum curie Rom., de expensis pro nuntiis missis per eum de mandato camere: 13. Okt. dedit Iohanni Godeti, nuntio proprio, misso d. cardinali Ispanie cum literis dd. camerarii et thesaurarii et invenit ipsum in civitate Aquen 2 fl.; 1. Nov. Bernardo de Florentia, nuntio proprio, misso d. cardinali et abbati Cluniacen. et thesaurario Romandiole cum literis bullatis 18 fl.; 17. Nov. Iohanni de Auinione, nuntio proprio, misso regine Francie 15 fl., Dominico de Perusio, nuntio proprio, misso cum literis dd. camerarii et thesaurarii Lugdunum et Matisconem pro eundo et redeundo in brevi tempore 10 fl.; 20. Dez. *demselben* misso card. Ispanie et abbati Cluniacen. ac thesaurario guerre cum literis bullatis et dd. camerarii et thesaurarii 18 fl.; 29. Dez. Malatestino de Florentia, nuntio proprio, apud Neapolitan. pro eundo et redeundo d^{no} archiepiscopo Beneventan. et archiep^o Capuan. 36 fl.; Dez. 30 Raguassino de Mediolano cursori cum literis bullatis missis Parisius d^{no} cardinali Petragoricen. et regi Nauarre et duci Normannie et 2 literis ex parte camerarii et thesaurarii d. Iterio la Iarrossa, camerario d. cardinalis Magalon., et Petro Relhat 6 fl., *zusammen* 105 fl.

Dez. 29 computavit mag. Iohannes Guarrigie, famulus et servitor camere Apost., de expensis eundo apud Montempess., ubi fuit missus per dominos camere causa recipiendi informationem super 10 000 fl. debitis per quondam regem Maioricarum,[1] ubi stetit . . . 7 diebus *(spezifiziert)*, *zusammen* 26 fl. 18 s.

1b. Geschenke und Wohltätigkeit.

(I. E. 286 f. 172 cera) 1358 Jan. 11 de mandato pape Aymerico la Reyna domicello ex speciali gracia et ex dono sibi facto per papam pro maritando filiam suam 300 fl.

Jan. 23 d. Archambaudo de Combornio, militi Lemovicensis dioc., ex speciali dono per papam sibi facto: 150 fl.

(f. 175) März 12 de mandato pape d. Seguino Helie, can. Lemouicen., ex speciali dono per papam sibi facto 200 fl.

(f. 176) März 31 computavit Nicolaus Grimaldi de reparatione et brunitura vaccelle auree et argentee date per papam d. comiti Pictaven. et duci Borbon.: pro reparatione et brunitura ciphi cum pede et supercuppo de auro et picherii et ayguerie auri datis dicto d. comiti: 4 fl., pro reparatura et brunitura 2 ciphorum, 2 picheriorum et 2 aygueriarum arg., quorum 3 vasa fuerunt data d. duci Borbonie et alia 3 remanserunt penes papam 9 fl.

---

[1] Jakob (Jayme) II., entthronter König von Majorca, hatte im J. 1349 zur Ausrüstung eines Heeres gegen Peter IV. von Aragonien dies Geld aufgenommen, um sein Königreich wiederzugewinnen, war aber am 25. Okt. 1349 in der Schlacht gefallen (Mollat p. 294 s.).

April 20 d. Iohanni de Breno militi ex speciali dono per papam sibi facto 150 fl.

April 24 de mandato pape fr. Arnaldo Guidonis ord. Predic., penitentiario pape, ex speciali dono 200 fl.

April 26 *desgl.* d. Laurentio ep. Vazionen. 100 fl.

(f. 178v) Mai 17 Rampnulpho de Perussia, domicello Lemovicen. dioc., ex speciali dono per papam sibi facto pro solvendo certos redditus, quos emerat in partibus suis, 400 fl. sententie.

Juni 4 de mandato pape Guillermo Alberti, nepoti suo, ex speciali dono sibi facto per papam pro expensis et provisionibus hospicii sui, d. Hugone la Vernha, familiari et dispensatore domus sue, recipiente, 500 fl.

Juni 8 de mandato pape d. Ludovico militi, vicecomiti de Rupecavardi, ex speciali dono 100 fl.

Aug. 28 Guillermo Alberti, nepoti pape, ex speciali dono sibi facto per papam pro expensis et provisionibus hospitii sui faciendis, d. Hugone la Vernha, familiari et dispensatore domus sue, recipiente, 500 fl.

(f. 184) Sept. 12 de mandato pape Guillermo Alberti, nepoti suo, ex speciali dono per papam sibi facto pro expensis hospitii sui 300 fl.

(f. 188) Nov. 3 de mandato pape d. Flamingo de Camiraco, militi Nouiomen. dioc., ex speciali dono 200 fl.

Nov. 16 *desgl.* mag. Guillermo Ademari, custodi cere et servienti armorum pape, pro speciali dono pape 200 fl.

— *desgl.* d. Iohanni de Breno militi pro festo Omnium Sanctorum 150 fl.

Nov. 24 *desgl.* Mauricio de Vassinhaco, usserio pape, 100 fl.

— d. Petro de Caslucio militi, domino de sancta Anice, gubernatori terre de Montilio et Rupis de Gos Claromont. dioc., pro Guillermo Alberti, nepote pape 80 fl.

— Boneto Sapientis, domicello Lemouicen. dioc., castellano predictorum castrorum et locorum, 30 fl.

— Imberto Lebreti, domicello Claromont. dioc., magistro forestarum predicte terre, 30 fl.

Nov. 30 Iacobo de Borbonio, comiti de Marchia et Ponthoys, pro speciali dono per papam sibi facto, d. Guillelmo Dalbi, capellano suo, recipiente 500 fl.

— Bertrando sartori et servienti arm. pape, qui diu sententiam excommunicationis incurrerat, propter quam ammiserat vadia sua pro tempore, quo extiterat in excommunicatione, 150 fl.

(f. 190) Nov. 30 d. Laurentio, ep. Vasion., ex speciali dono pape 100 fl.

Dez. 17 d. Flotono de Reuello, dno de Scola Niuernen. dioc., d. Falconeto de Quintiaco Vienn. dioc. recipiente 100 fl.

1b. Geschenke und Wohltätigkeit.

Dez. 29 d. Guillelmo Rotlandi, marescallo iustitie curie Romane, ex speciali dono pape 500 fl.

(f. 171 extraord.) **1358** Jan. 31 d. Iohanni Agni presb., deputato per papam ad dandum certam elemosinam secretam per papam, pro vadiis suis extraordin. *(täglich* 4 s.), pro 33 diebus 6 l. 12 s.

(f. 204 elemos.) April 20 de mandato pape fr. Arnaldo Guidonis ord. Predic., penitentiario pape, pro elemosina per papam fratribus eiusdem ord. data pro capitulo generali celebrando in civitate Argentin. in festo Penthecostes 100 fl.

(f. 205) Mai 18 de mandato pape in die, qua transivit ultra Pontem, pro oblatione per eum facta in altari b. Marie de Domis 6 fl.

Juli 20 *desgl.* fr. Geraldo la Tremolher ord. min. conventus de Donzenaco Lemouicen. dioc. pro elemosina facta per papam 3 conventibus: Min. et Predic. Briue et conventui Min. de Donzenaco *(je* 20 fl.), Geraldo de Molinis, servitore dicti fratris Geraldi, recipiente 60 fl.

(f. 205v) Juli 26 de mandato pape domino fr. Iohanni archiep. Matrigen. nationis Zaquie,[1] qui venerat ad curiam Romanam, pro speciali dono pro redeundo ad partes suas cum certis comissionibus 50 fl.

Aug. 14 de mandato pape fr. Arnaldo Crenga, procur. gen. ord. Carmel., pro elemosina facta dicto ordini pro capitulo generali faciendo Burdegal. die nativ. b. Marie proxime venture 60 fl.

(f. 208) Dez. 18 Guidoni de Riperia elemosinario de mandato pape pro dando die creationis pape 4 ordinibus Mendicant. cuilibet 25 fl. et 6 conventibus monialium (s. Caterine, s. Laurentii, s. Clare, s. Verani, s. Praxedis et de Furnis) cuilibet 15 fl. et Repentitis 15 ac fratribus Celestin., s. Trinitatis 15 fl. et pro pauperibus hospitalium 100 fl. et pro aliis pauperibus particularis 60 fl., *zusammen* 380 fl.

Ebensoviel Geld wird unter dieselben verteilt in die renovationis anni coronationis pape (30. Dez.). *An demselben Tage wurden nach f. 210:* 325 pauperes *gespeist.*

Wohltätigkeit.

(f. 221v Panhota) **1358** Nov. 8—15 pro fr. Guillermo Amici elemosinario et Dinando de Bossia et Guillermo familiaribus elemosinarii pro infirmitatibus suis fuit solutum Francisco ypothecario pro yssirupis, medicinis, saquetis, emplastris, oleis et pluribus aliis rebus medicinalibus 9 l. 15 s.

So ähnlich öfters.

---

[1] Vgl. Eubel, *Hier. cath.* I S. 346, wo derselbe Erzbischof Johann von Matrek in regno Zechiae am Schwarzen Meer für das Jahr 1349 genannt wird.

Nov. 22—30 . . . pro factura aliarum 70 tunicarum datarum extraord. tam incarceratis Novarum, soldani et officialis quam aliis pauperibus 70 s.

1e. Kriegsausgaben.

(I. E. 286 f. 228 guerre) **1358** Febr. 27 de mandato pape d. Aymerico Chati, cantori s. Martini Turon., ordinato per papam et subrogato in locum d. Guillelmi de Benevento pro thesaurario generali in partibus Italie pro expensis et aliis necessariis pro eundo ad illas partes 100 fl.

Juni 24 cum nuper fuisset factum cambium de mandato pape cum mag. Neapoleone de Ponterolis de Forliuio, procuratore ducis et communis Venetiarum de 20000 fl. ponderis sententie curren. Auin. per dictum Napoleonem recipiendis a camera Apost. nomine ducis et com. Venetiarum reddendis in Fauentia vel Sezena d. abbati Cluniacensi legato vel d. Aymerico Chati, thesaurario Ecclesie in partibus Italie pro guerris Ecclesie, die 15. Iulii venienti (instrum. per d. Ioh. Rosseti, notarium camere) 20000 fl. sent.

Aug. 31 cambium per cameram cum Rico Gerardi, mercatore et socio soc. Albertorum Novorum de Flor. curiam Rom. sequenti, de 2000 fl. ponderis sententie Auin. reddendis . . . d. Aymerico Chati 15. Oct. (instrum. Iohannis Palaysini not. camere).

Desgl. cambio facto cum Andrea Tissi, socio soc. Viscotis Lapi et Bartholomei Aurici de Pistorio . . . 5500 fl. sent.

Sept. 30 cum d. Androynus abbas mon. Cluniacen. legatus et d. Aymericus Chati, electus Vulterran., thesaurarius guerre in partibus Italie, recepissent mutuo pro necessitatibus guerre a Ligone Aludunsi (!) et Hugone Carari ac Aldobrandino de Malatacha, mercatore de Bononia, 7700 fl. auri pond. camere, et dicti abbas et thesaur. promisissent ipsos facere assignari per cameram Apost. Luce Abbati de Florentia, mercatori curiam Rom. sequenti, in Auinione infra festum b. Michaelis, *so geschieht jetzt die Rückzahlung mit* 7700 fl. camere.

Nov. 8 cambium cum Zenobio Martini, factore Thedaldini de Richis de Florentia, *für den Kriegsthesaurar in Italien, zahlbar in Florenz am 31. Dez.* 8000 fl.

Desgl. cum Andrea Tici de societate Vicecomitis Lapi etc. 10000 fl.

Desgl. cum Richo Guirandi de Florentia, socio societatis Albertorum Novorum de Florentia, 2000 fl.

Nov. 12 *desgl.* cum Andrea Tici . . . 5000 fl.

(f. 229) Dez. 14 d. Iohanni Bellihominis, scriptori pape nomine d. Aymerici Chati, electi Wulteran., thesaurarii gen. Ecclesie in Romandiola, pro literis provisionis dicti electi faciendis et per dictum electum restituendis 60 fl.

2. Beamte.

(I. E. 286 f. 172 cera) **1358** Jan. 2 d. Iohanni de Seduno, pape scriptori, pro gallinis consuetis et debitis dari in renovatione anni coronationis pape omnibus scriptoribus pape, qui sunt numero 100, pro quolibet 1 gallinam: 20 fl.

(f. 173) Febr. 20 Stephano de Combis, porterio prime porte, pro oleo lampadis dicte porte necessario de nocte 1 fl.

(f. 179v) Juni 8 Bernardo de Senis, servienti arm., pro oleo lampadis magni tinelli, in quo iacent servientes armorum de nocte in palacio Auin., 1 fl.

(f. 181) Juli 30 Anceloto de Pontoysa, porterio porte ferri, pro oleo lampadis dicte porte 1 fl.

(f. 189v) Michaelis Bruni, custos servorum et magister orti palatii *(vgl. Gartenarbeiten).*

(f. 190) Nov. 30 computavit Guillelmus Hagueti, trahens campanam palacii pape, de corda empta pro dicta campana ponderis 42 lb. *(zu je* 15 d.) 52 s. 6 d.

NB. *Für eine Anzahl Beamte ist die Rechnung des Mattenverkäufers wichtig, vgl. unten S. 725 »Allerlei für die Palasteinrichtung«.*

(f. 171 extraord.) **1358** Jan. 3 Iohanni de Grandimonte custodi et Iohanni Plancati, ortolano orti palacii Ville Nove pape, pro vadiis suis extraord. pro expensis suis faciendis singulis mensibus: pro mense Ian. 6 fl. 6 s. 6 d., *so jeden Monat.*

Febr. 27 de mandato pape Guillelmo Albi, recepto noviter per papam pro custodia piscium piscarii, pro vadiis suis per papam datis extraord. *täglich* 4 s.: pro 85 diebus 17 l. *So auch weiterhin.*

Wasseramt.

(I. E. 286 f. 173 cera) **1358** Jan. 31 computum per Reginaldum de Lur, aquarium pape, de expensis in officio suo aque a 29. Dez. 1357— 1. Febr.: pro 12 barrilibus emptis *(zu je* 10 s.) 6 l., pro 3 refrigitoriis ad opus tinelli *(je* 12 s.) 36 s.; 29. Dez. comederunt cum papa omnes cardinales et plures alii nobiles et prelati: pro 8 hominibus, qui extraxerunt aquam et portaverunt in coquinis per unam noctem et diem, *(je* 4 s.) 32 s., *zusammen* 7 fl. 20 s.

(f. 174v) Febr. 28 computum per R. de Lur, aquarium pape, . . . per mensem Febr. pro 8 barrillibus *(je* 10 s.) 4 l., pro 2 refrigitoriis *(je* 12 s.) 24 s., pro 1 corda ad opus putei palacii Auin. ponderante 32 lb. *(je* 15 d.) 40 s., 5. Febr. pro 8 hominibus habitis ad trahendum aquam et portandum in coquinis in die, qua fuerunt in prandio in palacio d. comes Pict. et dux Borbonie et omnes cardinales et multi barones et milites, (5 s. pro quolibet) 40 s., *zusammen* 7 fl. 16 s.

So ähnlich am Ende jedes Monats.

3. Brot- und Fruchteinkäufe, Lebensmittel.

(I. E. 286 f. 214) **1358** Mai 31 computum per Dominicum Gerardum de Arbenco . . . collectorem . . . in prov. Vienn., Lugdun. etc., de provisione bladorum . . . facta in Burgundia pro usu domus Panhote et palacii et per eum . . . administratori Panhote assignatis: se solvisse pro 581 asinatis 4 boyssellis frumenti emptis apud Lugdunum et in locis circumvicinis (16 tur. gross. pro asinata) 775 fl. parvi ponderis (1 fl. = 12 tur. gross.), pro 67 asinatis frumenti (*zu je* 15 tur. gr.) 83 fl. 9 tur. gross., pro 29$^1/_2$ asinatis frumenti (*zu je* 13 gross.) 34 fl. 5 tur. gr.; pro 68 asinatis frumenti (*zu je* 18 tur. gross.) 112 fl., pro 200 sextariis frumenti emptis apud Viennam (*je* 21 tur. gross.) 350 fl., *zusammen* 746 asinate 200 sextaria. NB. 5 asinate faciunt 4 saum. gross. ad mens. Auin., 100 sestaria faciunt 99 saum. gross. ad eandem mensuram, *zusammen also* 794 saum. gross. 8 ras. *Sie kosten zusammen beim Einkauf:* 1308 fl. boni ponderis 1$^1/_2$ tur. gross.

Dann Unkosten: pro nuntiis mittendis ad curiam ad certificandum dominos[1] de precio bladorum ac expensis illorum, qui iverunt per patriam ad videndum, ubi melius possent blada reperiri, et melius forum ac pro bladis emendis ac conducendis per terram usque ad Sagonam, salario corraterii, ipsisque portandis [per aquam] per Sagonam usque Lugdun. ac ibidem exhonerandis, quia aque erant parve, mensurandis et reponendis in graneriis ac postea, postquam creverunt aque, onerandis in navigiis etc. etc. 123$^5/_6$ fl., pro vino dato pedagiariis a Lugduno citra 29 fl. 4 tur. gross., pro 614 saum. frumenti portandis de Lugduno usque Auinionem (*je* 5 tur. gross.) 255 fl. 10 tur. gross., pro 198 saum. frum. portandis de Vienn. usque Auinionem (je 4 tur. gross.) 66 fl., pro dictis bladis mensurandis in curia (2 d. pro saumata) 5 fl. 15 s. 4 d., *zusammen* 1788 fl. 3 s. 4 d.

Desgl. computavit se emisse a Iohanne Paussez 60 assinatas frumenti ad mens. Lugdun. (*je* 15 gross.) 75 fl. boni ponderis; a Henrico Paussez 40 asinatas frumenti (*je* 16 gross.) 53 fl., a Stephano Rosseti 51 asin. (*je* 16 gross.) 66 fl. 8 gross. etc., *zusammen* 278$^1/_2$ asinate = 222 saum. 8 emin. Auin. *zu* 380 fl. 6$^1/_2$ gross., *dazu an Ausgaben für Fracht etc.* 107 fl. 10$^1/_2$ gross. *Zusammen* 488 fl. 20 s. et costat qualibet saumata portata in orreis 2 fl. 2 gross. boni ponderis 3 d. et 3 pict.

(f. 218) Sept. 18 cum fuisset factum precium per cameram cum Laurentio Britonis, Francisco de Laude, Iohanne Terrini alias Lopicart, Petro de Verduno, Iohanne la Calada, Aubertino de Placentia, Iohanne Gauterii et Paulo Bessi, panetariis panem domus elemosine Panhote facientibus, de 2000 saumatis bladi ($^2/_3$ frumenti, $^1/_3$ siliginis vel ordei) per ipsos pancocerios reddendi in pane sufficienti (21 gross. pro saumata, instrum. per d. I. Palaysini): 3500 fl., *davon werden gleich bezahlt* 1750 fl.

---

[1] D. h. die Herren der päpstl. Kammer.

ponderis sententie in 1253 mutonibus 24 s. 6 d. (1 fl. = 24 s., 1 muto = 33¹/₂ s. auin.).

(f. 219v) Okt. 31 computavit Iohannes de s. Bausilio de provisione facta in Burgundia de mandato camere de leguminibus ad opus Panhote: 22³/₄ bichetos = (1¹/₂ bichetum + 1 boyssellum = 1 saumata) = 14³/₄ saumate pisorum alb. ad mensuram de Cabilone (*zu je* 1 fl. 9 gross.) 39 fl. 15 gross.; 27³/₄ bichetos (= 17 saumate) fabarum (1 fl. 1 gross. pro bicheto) 30 fl. ³/₄ gross., *zusammen* 69 fl. 9³/₄ gross. *Dazu an Ausgaben* 25 fl. 6 gross.

3a. Brotverbrauch im Brotamt.

(I. E. 286 f. 112 panet.) **1358** Jan.: 18 500 panes (550 = 1 saum.) = 33 saum. 350 panes.

(f. 112v) Febr.: 13 200 panes = 24 saum.

(f. 113) März: in pane librate recepto a Francisco de Laude pistore 14 150 panes = 25 saum. 400 panes.

(f. 114) Mai: *desgl.* 21 100 pan. = 38 saum. 200 pan.

(f. 114v) Juni: 37 saum. 300 panes.

(f. 115) Juli: de pane librate in tinello 46 saum. 450 panes.

(f. 115v) Aug.: 52 saum. 300 panes.

(f. 116v) Sept.: 21 saum. frumenti.

(f. 116v) Okt.: 22 saum. 450 pan.

(f. 117) Nov.: 25 saum.

Dez.: 26 saum. 500 pan.

Zusammen 379 saum. 500 panes.

Hafereinkäufe.

1358 Jan. pro portandis de Rodano ad palafrenariam pape 169 saum. avene provisionis receptis a d. G. de Arbenco, collectore Lugdun., (3 d. pro saum.) 42 s. 3 d.

Im Jan. wird verbraucht im Marstall an Hafer pro 745 prebendis equorum liberatis, inclusis 4 saumatis 5 emin. avene datis aliquibus magnis equis pro avantagio ultra prebendam et 1 saumata et 8 emin. datis pro salvasina Auinion. et cuniculis domesticis pape, qui nutriuntur in Villanova, ac 10 saum. traditis pro salvasinis pape, que tenentur in Pontesorgie, ac 10¹/₂ saum. pro quodam bove pape impingendo: 48 saum. *Ähnlich so jeden Monat.*

(I. E. 286 f. 138 maresc.) **1358** Mai 31 redditum per d. Gerardum de Arbenco, obedientiarium s. Iusti Lugdun. et collectorem Apost. in provincia Lugdun., Vienn. etc., de provisione avene facta in Burgundia pro usu palafrenarie pape: in Lugduno a diversis personis et diversis preciis 1771 ras avene (de quibus 9 rasi faciunt salmatam grossam ad mensur. Auin.) = 194 saum. gross. Auin. 7 ras. 143 fl. parvi ponderis 14 fl. boni ponderis 9¹/₂ tur. gross.

Item se emisse apud Viennam a Francisco Veirerii 140 sextaria avene, que decostiterunt de prima emptione 140 fl. boni ponderis, que faciunt ad mensuram Auin. 169 saum.[1]

Zusammen mit allen Ausgaben 301 fl. boni ponderis 162 parvi ponderis 9 tur. gross. 14 d. auin. (162 fl. parvi = 155 fl. boni ponderis 3 gross.).

— apud Suram a Guillelmo Hueti de Surra 75 bichetos avene decostantes (je 8 gross.) 50 fl. Pedimontis boni ponderis, a Guischardo Rose 30 bichetos (je $7^1/_2$ gross.) 18 fl. 9 gross., a Petro Divitis 132 bichet. (je $7^1/_2$ gross.) 76 fl. 3 gross. etc., zusammen 522 bichetos für 329 fl. $4^1/_2$ gross. (1 bichetus mens. de Sura = 11 emin. Auin., 12 emin. = 1 saum. avene): 478 saum. 7 emin. et crevit dicta avena de 9 saumatis = $487^1/_2$ saum. Expense: »pro expensis Hueti de Arbenco et 1 corretarii, qui avenas emerunt et steterunt apud Suram per 15 dies, 6 fl., pro mensurando avenas apud Suram, quando fuerunt onerate in navibus, 2 fl., pro portando avenas in navibus 4 fl. $1^1/_2$ gross., pro expeditione literarum d. ducis Burgundie 2 fl., pro scriptura dictarum lit. $2^1/_4$ gross., pro expensis Hueti et hominum, qui dictas avenas die ac nocte custodierunt a Sura usque Lugdunum, 3 fl. 6 gross., pro pavuncellis 3 gross. etc. pro portu de Sura usque curiam (je 5 gross.) 199 fl. $4^1/_2$ gross.

Sequuntur extorsiones pedagiorum: pedagiatori de Virduno 7 gross., pedag. s. Simphoriani 1 fl., pedag. de s. Albano 1 fl., de Rossilhone 2 fl., de Saleriis 1 fl., de s. Raueberto 1 fl., pedagiatori s. Valerii 1 fl., de Cerua 3 fl., de Turnone 6 gross., ped. Rupis de Clino 6 gross., ped. Valentino 4 gross., ped. Vote 6 gross., ped. de Vars 1 fl., ped. Ancone 6 gross., ped. s. Spiritus 1 fl., ped. de Lers et de Rocamaura 1 fl., zusammen 15 fl. 11 gross. 5 parv.

Summa omnium expensarum 255 fl. 8 gross. 21 d. Alles zusammen 585 fl. 2 s. 9 d.

NB. In dem Marstall wird wöchentlich in der Regel 1 emina farine verbraucht für 8 s. auin. und 6 emin. furfuris zu 9 s.

Käse-Einkäufe.

(I. E. 286 f. 184 cera) 1358 Sept. 30 computavit G. Ademari, custos cere pape, ... pro 1 quint. caseorum 3 l. 12 s., pro alio quint. 61 s. mon. Auin. (24 s. = 1 fl.).

(f. 187v) Okt. 31 derselbe pro $^1/_2$ quint. cazeorum 36 s.

— computum pro parte d. Iohannis Servientis, subcollectoris Apost. in Aluernhia pro camera Apost., de 24 quint. caseorum pro provisione pape emptorum in illis partibus ($2^1/_2$ fl. pro quint.) 60 fl., pro cordis, portatura apud Auin. eundo, redeundo pro emptione ac congregando dictos caseos de diversis locis, ubi empti fuerunt, 34 fl., zusammen 94 fl.

---

[1] Irrig ist im Original gesagt 194 saum.

4. Wein- und Öleinkäufe.

(I. E. 286 f. 215v Panhota) **1358** Juni 8 computavit d. Petrus de Frigidavilla . . . de 23 modiis vini emptis apud Tarasconem pro usu helemosine Panhote pape (20 modia *zu je* 6 $^1/_2$ fl., 3 modia *zu je* 6 fl., continet 1 modium ad mens. Auin. 10 saumatas) = 241 $^1/_2$ saumate: 148 fl.

(f. 220v) Okt. 31 computavit d. Petrus de Frigidavilla, administrator . . . Panhote, de portaturis et expensis vinorum receptorum a clavariis Auin., Biturrite et Nouarum: a clavario Auin. 756 saum. = (12 saum. = 10 $^1/_2$ saum.), 661 $^1/_2$ saum., que valent computando communi estimatione (14 s. pro saumata) 463 l. 1 s. = 385 fl. 21 s.; a clavario Novarum in dicto loco de Novis et de Urgone: 519 $^1/_2$ saumatas *zu je* 12 s.: 311 l. 14 s. in 259 fl. 18 s.; a clavario de Biturrita 129 saum. *zu je* 15 s.: 96 l. 15 s. in 80 fl. 15 s. *Dazu an Ausgaben für den Transport der Weine nach Avignon* 108 fl. 1 d.

(f. 124v butic.) **1358** März 13 d. Guillermo de Cruce, buticulario pape, pro 16 botis vini grossis cum fusta emptis per eum ab executoribus testamenti quondam d. Francisci de Neapoli nuper defuncti in Rom. curia (13 fl. pro bota) 208 fl.

(f. 125) Juni 10 cum in vindemiis proxime preteritis buticularii pape fuissent Nemausum (!) pro vinis ibidem faciendis, et, prout est moris, per Stephanum Eyrela de Nemauso corraterium racemos emi mandassent pro dictis vinis, quibus emptis et doliis impletis missis certis commissariis pro parte camere et collegii apud Nemausum pro conveniendo et concordando cum consulibus et aliis civibus de precio vindemie et vinorum, prout est consuetum, factaque relatione plenaria per dictos commissarios, quod de precio dicte vindemie et vinorum cum dictis consulibus et civibus convenire non poterant, quia pro minori precio quam pro 12 grossis saumatam quamlibet racemorum seu vindemie dimittere non volebant, propter quod de mandato pape per camerarium fuit inhibitio facta sub pena excommunicationis, quod nullus curialis emeret vinum nec vindemiam in Nemauso nec solveret de vinis seu vindemiis precium, quod petebant, quousque fuisset super hoc aliter ordinatum, et vellent dicti buticularii facere portari dicta dolia plena apud Comps, quia tunc ratione inhibitionis predicte, quousque dicta ordinatio super precio facta foret, pecuniam restantem habere non poterant et sic eam solvere non volebant nec audebant, venditoresque racemorum vellent impedimentum apponere, ut non portarentur dicta vina, prefatus corraterius dicens venditoribus bona fide, quod non timerent et quod bene satisfaceret eis, dicti venditores promiserunt cadrigare vina predicta, que Auinionem portata fuerunt et posita in cellariis palacii pape, demum tardante solutione, quia venditores volebant facere executionem contra dictum corraterium et eius bona, venit ad curiam pro habendo pecuniam, que

restabat debere et deinde habita deliberatione per cameram, ubi erant presentes omnes: quia dictus corraterius agendo bona fide promiserat ..., *wird der Rest bezahlt an den* corraterius, ne idem dampnum haberet ... pro satisfaciendo venditoribus prelibatis. Qui corraterius, dum iret versus Nemausum, per predones et raubatores fuit interfectus et pecunia spoliatus; subsequenter vero cum ad instantiam venditorum fieret executio in bonis corraterii, uxor ipsius pregnans venit ad curiam pro exponenda querela sua et misericordia impetranda, que cum rediret, peperit abortivium et deinde defuncta fuit; propter quod aliqui ex dictis venditoribus ad cameram accesserunt exponendo factum miserabile ... et supplicando pro solutione eis facienda, quibus d^{no} pape per camerarium et thesaurarium expositis viva voce precepit, ut super hoc iusticiam facerent et ... propter casus predictos graciam et misericordiam, prout eis et aliis de concilio camere videretur; et quia thesaurarius summam, que petebatur, de pecunia camere semel solverat, ordinaverunt camerarius et thesaurarius, quod factum huiusmodi preponeretur in camera coram dd. Raymundo Elien., Michaele Barchin. episcopis, Bernardo de Nexouio, Guillelmo de Cauanhaco, clericis camere, Petro de Perusio advocato et Iohanne de Nabayro, procuratore fiscali pape; quo facto per dictum thesaurarium explicato et petito a quolibet singulariter, quid videbatur eis, de iure debere fieri, omnes concorditer et singulariter ... dixerunt, quod iterato deberet solvi summa predicta debita et liberari bona dicti corraterii per cameram ..., inde facto computo cum Guillelmo de Nemauso, cive et burgensi Nemaus., qui pro se et aliis venditoribus venerat pro solucione, repertum est adhuc deberi pro 289 saum. vindemie, computata qualibet 10 gross., 224 fl. 19 s. mon. Auin.

(f. 126) Juni 25 soluti fuerunt de mandato pape d. Guillelmo de Cruce buticulario pro provisione nova vinorum faciendo apud Comis, s. Egidium, Nemausum et Lunellum 2000 fl. in 1000 fl. fort. et 705 muton. 30 s. auin. (1 muto = 1 fl. 10 s.).

f. 126^v—130 folgt dann die eingehende Berechnung der Weinanschaffungen an den genannten und anderen Orten:

1. apud Villam Novam prope Auinionem 380 saum. racem. *(je 12 s. pro saum.)*: 228 l., *daraus* 47 bote plene vino *mit allen Unkosten:* 260 l. 2 s. 8 d. = 216 fl., *kommt auf das Faß bis im Keller von Avignon* 4 fl. 14 s. 8 d.

2. de vinis prioratus de Montesargiis et medietate vinee pape prope palacium Villenove (alia pars remansit pro fratribus Cartusien.): *vom letzteren Weinberge nur 2 Faß Wein geerntet, an Unkosten bis Avignon* 40 s., pro 23 saumatis vini emptis apud locum de Angullis (= 4 bote grosse), 17 s. pro saumata: 19 l. 11 s.

2. in Palhassia: 21 bote grosse *bis in Avignon je* 5 fl. 11 s. 7 d., *zusammen* 115 fl. 4 s.

4. in Lunello pro 2277 quint. 12 l. racemorum (5½ quint. pro 1 fl.) 414 fl. 12 d. . . . 101 bote plene: *fertig in Avignon das Faß zu 7 fl. 10 s. 7 d., zusammen* 760 fl. 22 s. 8 d.

5. de prioratu de Lunello Veteri: a Petro Raynaldi, arrendatore prioratus, 40 botas grossas plenas; *dafür an Ausgaben* 142 fl. 11 s.

6. Apud Castrum Novum episc. Auin. de vinis spectantibus ad Ecclesiam 7 botas grossas et 1 de mena plenas *für Fracht* 4 fl.

7. Apud Coms: 760 quint. racem. (= 30 bote grosse vini albi) 6 quint. pro 1 fl.: 110 fl., *bis Avignon kostet das Faß* 5 fl. 8 s. 8 d.

8. Bellicadri: 968 quint. vindemie (6 quint. pro 1 fl. 2 gross.) 188 fl. 5 s. 4 d., de quibus habite sunt 42 bote grosse plene; *mit allen Ausgaben:* 269 fl. 2 s. 4 d., *auf das Faß bis Avignon* 6 fl. 5 s.

9. in Vilatellis: 946 quint. racem. (5½ quint. pro 1 fl.) 172 fl., de quibus replete fuerunt 43 bote grosse; *bis Avignon kommt aufs Faß mit allen Unkosten* 8 fl. 1 d. et ob., *zusammen* 325 fl. 6 s.

10. in Nemauso: pro 82½ saumatis racemorum, de quibus implete fuerunt 11 bote grosse (8 gross. pro saumata) 55 fl., de quibus fuit expensa ½ bota pro adulhagio in loco de Comps; *mit Unkosten bis Avignon* 85 fl. 12 d., *kommt auf die* bota 7 fl. 17 s. 6 d.

(f. 129) Computum de botis emptis in Auinione, Lunello et Nemauso: in Auinione 44 grossas botas: 127 fl., pro 25 botis grossis in Lunello 90 fl. 3 s. 6 d., pro 2 semalibus emptis in Montepessulano et pro ferro ad signandum botas 36 s., pro 11 botis grossis emptis apud Nemausum (*je* 3½ fl. pro qualibet bota grossa) 38 fl. 12 s.

(f. 130) Dez. 29: computavit Stephanus Vitalis, cursor pape, de vinis s. Porciani emptis pro papa: pro 10 botis vini de s. Porciano (6 fl. pro bota) 60 fl., pro 5 botis (*je* 5½ fl.) 27½ fl.; pro extrahendis de cellario et cargandis super quadrigis in s. Porciano (*je* 2 s.) 30 s., pro religandis et barrandis circulis et amarinis (*je* 12 s.) 9 l., pro ducendis botis de s. Porciano usque Cabilonem per quadrigas (*je* 5 fl.) 75 fl., pro portu de la Corde pro 12 quadrigis (*je* 8 s.) 4 l. 16 s., pro portu de Degoing pro 12 quadrigis (*je* 10 s.) 6 l., pro portu inter Degoing et le Frame pro 12 quadrigis (*je* 2 s.) 24 s., pro discargandis 15 botis in Cabilone et pro ponendis in cellariis 24 s., pro portandis de cellario et ponendis in navi 30 s., pro adducendis 14 botis vini et 1 detracta pro repletione aliarum botarum (*je* 2 fl.) 28 fl., pro inseniis pedagiorum a Cabilone usque Auinionem 3 fl., pro expensis dicti Stephani, equi et famuli ipsius pro 60 diebus (*je* 10 s.) 30 l., pro correterio 3 fl., pro famulo, qui regebat quadrigas, 2 fl., *zusammen* 244 fl. 12 s., de quibus dixit se recepisse mutuo a d. Iohanne Servientis, subcollectore Claromont., 230 fl., restant sibi deberi 14 fl. 12 s. Ascendit qualibet bota 16 fl. 16 s. 9 d. ob.

Traubeneinkäufe.

(I. E. 286 f. 117ᵛ panet.) **1358** Nov. 30 computavit d. Guido panetarius de provisione racemorum pro usu palacii: apud Barbentanam se emisse 40 saum. *(je* 12 s.*)* 24 l., pro 4 hominibus, qui fuerunt per 2 dies in Berbentana pro portando racemos de vineis Berbentane ad portum eiusdem loci (pro die 3 s.) 24 s., pro portando 40 saum. racem. (= 200 banastones) de portu Aquarie prope pontem Auin. ad palacium *(je* 3 d. pro banastone*)* 50 s.; pro 6 mulieribus, que fuerunt per 3 dies pro ligando racemos *(je* 2 s.*)* 36 s.; pro 2 hominibus, qui fuerunt per alios 3 dies et pendebant racemos *(je* $2^1/_2$ s.*)* 15 s.; pro expensis in carnibus recen. ac piscibus, candelis et caseo pro dictis hominibus et mulieribus et pro 3 familiaribus, qui custodiebant tallia in vineis et talhabant cum gentibus, a quibus recipiebant racemos et etiam faciebant banastones in vineis et custodiebant racemos de nocte 4 l. 2 s.; pro vino empto tam in Berbent. quam in Auin. pro dictis homin. et mulier. 20 s., pro hospitio etc. 24 s., item in paleis ad ponendum racemos 6 s., pro filo ad ligandum 19 s. 4 d., pro 6 × 12 banast. *(zu je* 20 s. *das Dutzend)* 6 l., pro navigio cum hominibus, qui gubernabant, 4 l. 16 s., *zusammen* 40 fl. 12 s. 3 d. (1 fl. = 24 s.).

Öl, Honig und Essig.

(I. E. 286 f. 98 coq.) **1358** Febr. 28 pro 16 quanis olei *(je 13 s.)* 10 l. 8 s., pro aliis 88 quanis olei *(je* 12 s.*)* 52 l. 16 s. . . . pro 2 barrallis aceti 20 s., *ähnlich in den folgenden Monaten.*

(f. 99ᵛ) März 31 . . . pro 3 lapidibus cavatis ad conservandum oleum 15 fl., pro 143 quanis olei *(je* 12 s.*)* 85 l. 16 s.

(f. 103ᵛ) Aug. 31 . . . pro 6 quanis olei *(je* 16 s.*)* 4 l. 16 s., pro 3 barralis aceti 30 s.

(f. 134ᵛ maresc.) **1358** Jan. . . . pro 20 quanis olei pro marescalla 12 l.

Im päpstlichen Marstall werden wöchentlich 12 libre mellis *verbraucht* pro 5 s. (1 fl. = 24 s.)

Sonstige Getränke.

(I. E. 286 f. 124 butic.) **1358** Febr. 18 computum per d. Guillermum de Cruce, buticularium pape: pro 35 picheriis nectaris cum zucaro (10 s. pro picherio) 17 l. 10 s.; pro 3 barralibus nectaris cum melle, quolibet barrali 48 picheriorum, 15 d. pro picherio, 12 l.; pro 5 picheriis et 1 folheta vernachie (8 s. pro picherio) 44 s.; pro 1 bota vini varnachie empta a Manello de Montifalcone, mercatore Auin., 80 fl., pro extrahendo de selario mercatoris et quadrigando ad palacium et stivando in celario palacii 8 s.

So ähnlich häufig am Ende des Monats.

5. Fleisch- und Fischeinkäufe.

(I. E. 286 f. 207v elemos.) **1358** Nov. 30 computavit Dominicus de Lucarel, cursor pape, . . . se solvisse pro 1200 allecum emptis Burdegalis pro papa et portu de Burdegal. ad palacium Auinion. 15 fl. 15 s. 4 d. auin.

(f. 211v) **1358** Febr. 28 computavit d. Iohannes de Gardaga, collector Apost. Baionen., de piscibus salsis emptis de mandato camere pro usu Panhote missis per Dominicum de Lucarel, cursorem pape: se emisse in loco Baion. 1200 merlucia salsa de Ispania, pro quibus solvit (*je* 100 *zu* 5 fl. 20 s. mon. Auin.) 70 fl.

Für Unkosten und Fracht bis Toulouse 32 fl., *für Fracht von Toulouse nach Avignon* 23 fl., *zusammen* 125 fl.

(f. 97v coqu.) **1358** Jan. 31 . . . pro 6 porcis datis G. Alberti, nepoti pape, de speciali mandato pape, 19 fl.

(f. 98) Febr. 28 pro 50 anguillis salsis 11 l. 4 s., pro 40 muiulis salsis 7 fl., pro 1000 allecibus 16 fl., 12 peciis tonine salse electis 4 fl.; 1

(f. 98v) Febr. 28 computavit Dominicus de Lucarel, cursor pape, missus per cameram apud Nemausum pro emendo quantitatem allecum pro hospitio pape dicit se emisse in dicto loco 4000 allecum assignat. d. Geraldo de Castanea (12 fl. 12 s. pro 1000): 50 fl., pro portu 2 fl.: 52 fl.

Desgl. pro piscibus salsis de mandato camere emptis Burdegalis et Baione pro quadragesima: se emisse Burdegalis 1255 merlucia salsa (5 $1/_2$ leop. *für je* 100) 69 leopard. auri et 1 sterlingum (= 8 d. auin.); item 500 sepias: 3 leop. (= 3 fl. 8 s. auin.), pro 20 alnis tele, in quibus fuerunt involuti pisces: 2 $1/_2$ leop. 5 sterl. (= 2 fl. 22 s. auin.), *für sonstige Unkosten* et portu de loco, ubi fuerunt empti, usque ad portum Burdegal. 1 fl. 12 s. 8 d. auin., pro portu a dicto portu tam per mare quam per terram usque ad palatium Auin. 33 fl. 12 s., *zusammen* 118 fl. 23 s. 4 d. auin., de quibus dicit se recepisse ab abbate de Blania, collect. Burdegal., 101 fl. 11 s. 4 d., a collectore Thol. 17 fl. 12 s. auin.

(f. 99v) März 31 . . . pro 50 barbellis et 100 luciis alauzardis de Burgundia emptis a Stephano, cursore pape, 92 fl., pro salario nautheriorum, qui cum serva sua dictos pisces conduxerunt per Rodanum de portu porte Aquarie Auin. ad ripam Rodani prope piscarium pape et inde reduxerunt dictam servam suam vacuam ad portum supradictum: 15 s.; pro vino dato famulo, qui presentavit ex parte d. Iohannis Dalza, canonici Anicien., 2 salmones 4 l. 18 s.; pro salario magistri, qui adaptavit sepias provisionis expensas in quadragesima, 48 s.; pro 2 retibus et 4 raciaculis pro piscario 18 fl.

(f. 100) April 30 . . . pro 23 mutonibus datis in festo Pasche 20 cardinalibus existentibus in Rom. curia, videl. d. Penestrino 2 muton. et

cuilibet alteri 1 muton., d. camerario 1 muton., servientibus arm. et magistro marescallie pape 1 mut., (*zu je* 30 s.) 24 l. 10 s., pro portu 23 mutonum ad palatium 8 s.; pro 40 edulis datis etiam in festo Pasche dd. cardinalibus (*jedem 2 je* 13 s. pro edulo) 26 l.

(f. 106ᵛ) Dez. provisio porcorum salsorum facta pro usu palacii pape: pro 3 porcis 13 fl., pro 10 porcis 32 fl., pro aliis 10 porcis 36 fl., pro 12 porcis 41 fl., 8 porcis 16 fl., 17 porcis et 1 apro domestico 70 fl., pro 3 aliis apris domesticis 11 fl.; pro expensis factis in 3 mercatis Carpentorati per emptorem cum 1 equo et famulo 41 s., pro salario macellarii, qui interfuit emptioni, linguas porcorum tetigit et palpavit et porcos Auinionem adduxit, 36 s., pro salsario macellariorum, qui dictos **60 porcos** et **4 apros** occiderunt, paraverunt et salaverunt (*je* 4 s.) 12 l. 16 s., pro expensis macellarii 25 s., pro salario hominum, qui trissaverunt sal, quo porci fuerunt salsi, 4 fl., *alles zusammen* 233 fl. 17 l. 18 s.

In festivitate natalis Domini fuerunt dati 22 porci videl. d. cardinali Penestrino 2 porci et cuilibet alteri 1 porcus, d. camerario 1 porcus, servientibus armorum et mag. marescallie pape alius porcus (*zu je* 54 s.) 59 l. 8 s.; 38 lepores 19 cardinalibus (*jedem 2 zu je* 8 s.) 15 l. 4 s.

5a. Heu- und Stroheinkäufe.

(I. E. 286 f. 216ᵛ Panhota) **1358** Juni 30 computavit d. Petrus de Frigidavilla, administrator domus elemosine Panhote, de 350 quint. feni empti pro animalibus quadrige et rote orti elemosine (150 quint. *zu je* 2 s. 7 d. in portu conducta, 200 quint. empta apud Tarasconem *zu je* 2 s. 8 d. in portu Auin.), pro portu feni de portu in domibus de Miraculis et estivando fenum in dictis domibus (1 d. ob. pro quint.) 48 l. 4 s. 8 d. in 40 fl. 4 s. 7 d.

(f. 134ᵛ maresc.) **1358** Jan. pro 1 naviata palearum empta in Biturrita a mag. Hugone notario dicti loci 7 l. 4 s., pro portu usque Auinionem 4 l. 16 s., pro discargando, portando et estiuando in palafrenaria 40 s.

(f. 135) Im Januar an Heu verbraucht: pro 5 ex equis fenum comedentibus inclusis 6 quint. traditis salvasinis Auin. et 4 quint. traditis bovi impingendo 43$^{1}/_{2}$ quint. *So ähnlich monatlich.*

(f. 142ᵛ) Sept. 30 computavit Guillelmus Sabaterii, mag. maresc., de provisione palearum: pro 6 naviatis Sorgie palearum emptarum in loco de Biturrita (5$^{1}/_{2}$ fl. pro naviata) 33 fl., pro faciendo portari dictas paleas ad aquam et cargando eas in navibus (1$^{1}/_{2}$ fl. pro naviata) 9 fl., pro faciendo portari de Biturrita usque Auinionem (3 fl. pro naviata) 18 fl., pro discargando ac portando et estivando in fenaria seu palheria Auin. (1$^{1}/_{2}$ fl. pro naviata) 9 fl., *zusammen* 69 fl.

6. Gewebe und Kleidung.
a. Tucheinkäufe.

(I. E. 286 f. 178v cera) **1358** Mai 24 de mandato pape Iohanni de Vallefenaria, draperio Auin., pro 3 cannis 1 1/2 palmo panni mesclati ad opus Guillelmi Alberti, nepotis pape, Iacobo de Vallefenaria recipiente, 25 fl. 12 s.

(f. 205v elem.) Aug. 31 computum redditum per Dominicum de Lucarel, cursorem pape, missum per cameram Apost. Burdegales pro facienda provisione pannorum elemosine de pannis per collectorem Burdegal. emptis: sibi assignasse[a] per dictum collectorem 160 pecias pannorum diversorum colorum modicas, sunt in qualibet pecia 8 1/2 alne merchande Burdegal. (= 6 2/3 canne) et habent in amplitudine 6 palmos et plus, decostitit quelibet pecia Burdegalis 8 fl., deficit tamen de 1 pecia 1 canna et de alia 3/4 canna, valent dicte 160 pecie 80 pecias magnas, que decostaverunt 1280 fl. (8 fl. pro pecia). Item fuerunt sibi assegnate 3 pecie magne mesclati (*von je* 17 alne marchande Burdegal. = 13 1/2 canne in longit. et 7 palme in amplitud.) *zu je* 19 fl. minus 4 sterling.: 56 fl. 34 sterling.[1]; item 5 pessie de albo, que continent 62 alnas merchandas Burdegal., que faciunt 40 cannas, et habet quelibet pecia in amplitudine 6 palmos: 48 fl.; alia pessia de albo, que continet in longitudine 17 alnas merchandas Burdegal., que faciunt 13 1/2 cann. (amplitudinis 6 palm.): 16 fl.; 2 pessie roceti, quarum una continet 24 alnas et altera 70 alnas, in quibus fuerunt involuti panni supradicti: 29 1/3 fl.; decostaverunt corde et filum, cum quibus dicti panni suti et involuti fuerunt, 1 1/2 fl. et 6 sterling.; item habuerunt magistri breymandi, qui dictos pannos ligaverunt. et paraverunt in trecellis, 1 fl. 27 sterling.; illi, qui portaverunt pannos ad domum collectoris, ubi fuerunt ligati, habuerunt 1 fl. 1 sterl.; 3 cadrige, que portaverunt dictos pannos de Burdegal. usque Assos (!) in Armaniaco, habuerunt 8 leopardos (= 9 fl. minus 4 sterl.; 1 fl. = 3 s. sterling., 1 leopard. = 40 sterl., 1 scutus (!) vetus = 4 s. sterl.). Premissa facta fuerunt per collectorem et sic est summa soluta per collectorem, prout constat per literas suas 1442 fl. videl. 796 fl. 8 sterl. de pecuniis per eum collectis, residuum vero de pecuniis collectorie Baion.; dictus Dominicus dixit se solvisse pro portu 8 cargarum, in quibus fuerunt portati dicti panni de dicto loco Dessos (!) usque ad Vicum 4 fl., de Vico ad Tholosam (pro carga 1 fl. 9 s. mon. Auin.) 11 fl., pro portu 8 cargarum de Montepessulano apud Auin. (pro carga 1 1/4 fl.) 10 fl., in Auinione pro pannis parandis et portando in loco, ubi sunt, 37 s.; *zusammen bezahlt* durch Dominicus de Lucarel 45 fl. 5 s., *alles zusammen* 1487 fl.

---

[a] Statt assignatas esse!

[1] Das stimmt nicht mit dem Kurs der Sterlinge.

5 s. mon. Auin.; quos pannos assignavit dno Stephano Priosi, capellano d. camerarii, preter 2 pecias, que pro sarpilheriis erant panni plicati, quas dno Petro de Frigidavilla pro elemosina Panhote assignavit.

Item computavit dictus Dominicus de pannis elemosine Panhote emptis in diocesi Auxitan. per d. Petrum Brunelli, thesaurarium dni archiepi Auxitan., et dictum Dominicum in loco de Tria, ubi emerunt 100 pessias tam albas quam brunas, contin. quelibet in longit. 13 cann. in latit. $4^{1}/_{2}$ palmos et decostitit quelibet pecia in dicto loco $4^{1}/_{3}$ fl.: $433^{1}/_{3}$ fl., emerunt in loco de Vico 40 pessias (*je* $4^{1}/_{2}$ fl.): 180 fl., 10 pecias blaui coloris (*je* $7^{1}/_{2}$ fl.) 75 fl., ab alia parte 8 pecias albi coloris (*je* 9 fl.) 72 fl., 48 pessias eiusdem longit. et latitudinis (*je* 4 fl. 4 gross.) 208 fl.; pro portu 25 cargarum dictorum pannorum: 19 carge de loco de Vico usque Tholos. *je* $1^{1}/_{3}$ fl.: $25^{1}/_{3}$ fl.; pro portu de Tholosa apud Montempessulanum *je* $2^{1}/_{3}$ fl.: $44^{1}/_{3}$ fl., pro portu de Montepess. apud. Auin. *je* $1^{1}/_{4}$ fl.: $23^{3}/_{4}$ fl., pro aliis 6 cargis de Vico apud Auin. facta conventione cum mercatore pro carga 5 fl.: 30 fl. Item in cordis, filo et salario hominum, qui ligaverunt pannos, 4 fl., *zusammen* $1095^{1}/_{4}$ fl. *Beide Tucheinkäufe zusammen* 2582 fl. 23 s.

(*f. 207*) Okt. 31 computavit Iohannes de s. Basilio, draperius Auin., missus per cameram in Burgundia pro faciendo provisionem pannorum ad opus elemosine Panhote . . ., in qua deficiebant panni nigri: se emisse a Perrino Baudeti de Veru . . . 16 pecias brunete nigras parve forme (*je* $13^{1}/_{2}$ fl.) 216 fl., a dicto Perrino 1 peciam magne forme nigram 18 fl., a Robino de Sanctoloco 2 albos: 27 fl., *zusammen* 251 fl.

Expense: pro corretagio 1 fl., pro loquerio et cordis 1 fl., pro portando ad navigium, pro plicando 1 fl., pro portando usque Auinionem 2 fl., *alles zusammen* 266 fl.

(*f. 207v*) Nov. 30 computavit Dominicus de Lucarel, cursor pape, de pannis emptis per ipsum Burdegalis: $44^{1}/_{2}$ pecias grossas pannorum diversorum colorum, inclusa $^{1}/_{2}$ pro cirpilheriis (*je* 12 fl. 4 s. 3 d. auin.) 541 fl. 21 s. 1 d. ob., pro portu de Burdegal. usque Auin. 33 fl. 6 s., *zusammen* 575 fl. 3 s. 1 d. ob.

(*f. 214 Panh.*) **1358** Mai 31 computum per d. Gerardum de Arbenco, obedientiarium s. Iusti Lugdun. et collectorem fructuum beneficiorum ecclesiasticorum vacantium ad cameram Apost. pertinentium in provinc. Vienn., Lugdun. etc., . . . se emisse pro tendis faciendis, in quibus blada ponerentur in navigio, et pro saccis faciendis 600 alnas tele: 63 fl. 6 tur. gross., pro sutura 4 fl.

(*f. 215*) *desgl.* se emisse a Iohanne Barberii dicto Salandrin 190 alnas tele ad mensur. Lugdun. ad faciendum tendutas ad coperiendum blada (1 fl. pro 10 ulnis) 19 fl., pro factura 1 fl. 3 gross.

(*f. 230*) Okt. 31 computavit Iohannes de Bausilio, draperius Auin., missus per cameram in Burgundia pro facienda provisione telarum ad opus domus Panhote pape: se emisse a diversis personis 22 pecias telarum, que continent 1032 aune (!) (10 aune *zu* 1 fl.) 103 fl. 2 gross. 8 d.; 10 pecias (525 aune): 10$^1/_2$ aune pro 1 fl.: 500 fl.; 2 pecias tele (126 aune; *je* 9$^1/_2$ *zu* 1 fl.) 120 fl.; 1 telam pro faciendo saccos, que continet 52 aunas: 5$^1/_2$ fl.; 1 telam primam pro papa pro mandato adventuum (!) quadragesime, que continet 37 aunas: 10 fl.; pro 2 aliis primis pro dicto mandato pro d. camerario continentes 69 aunas: 17 fl., *zusammen* 197 fl. 8 gross. 8 d., *dazu an Ausgaben* 8 fl. 10 gross.

(*f. 115ᵛ panet.*) **1358** Sept. 30 computum per Landum Bencii de Florentia, habitatorem Auin., et socios suos de mapis, longeriis et manutergiis traditis per eos panetariis pape a mense Iulii 1358 citra: 6. Iulii d. Guidoni de Riperia panetario 24 longerias primas de Parisius (74 cann. in longit. (*je* 8 gross.) de mandato Nicolai Grimaldi: 49 fl. 4 gross.; item habuit d. Guido de apotheca ipsorum de mandato dicti Nicolai 24 monutergia subtilia de Tornaco (24 cann. longit. *zu je* 10 gross.) pro festo s. Marcialis: 20 fl., recepit d. I. de Ublangis panet. 5 longeria de Tornaco (14 cann. longit. 6 palm. *zu je* 1 fl.) 14 fl. 9 gross.[1] Aug. 20 recepit de Ianzens, cubicularius pape, de dicta apotheca 26 manutergia de Tornaco de Parisius pro camera pape: 26 fl. etc., *zusammen* 190 fl. 22 s.

(*f. 136ᵛ maresc.*) **1358** März 31 expense extraord. facte in palafrenaria: pro paramentis equorum pape: pro 1 pecia panni rubei vocati garensa 12 cannarum 6 palm. pro faciendo coperturas sive paramenta pro 4 equis pape et coperta capelle pape 48 fl., pro baxiando pannum 24 s., pro 3 quannis tele rubee ad folrandum pannum 24 s., pro 3 quan. tele rubee ad folrandum copertam capelle 30 s., pro coperta rubea lane pro montatorio pape 28 s., pro factura coperturarum 36 s.

(*f. 147 ornam.*) Mai 31 computaverunt executores Marie la Gasca, habitatricis Auin., de roquetis, linteaminibus etc. per eam tempore, quo vivebat, pro persona pape factis (per relationem d. Iohannis de Baro, cubicularii pape): pro 9 roquetis factis 20. April 1357: 9 fl., pro 8 capitergiis 16 s., pro 6 camisiis et 4 fem. 2 fl. 12 s., pro 2 linteaminibus parvis 12 s., pro 6 cossis 12 s., pro 4 magnis linteaminibus 2 fl., pro 3 albis 3 fl., *zusammen* 18 fl. 4 s.

Juni 25 computum per Bertrandum Bernardi, servientem armorum et sartorem pape, de operibus factis pro persona pape a mense Aprilis 1356 ad diem epiphanie 1358: pro 1 mantello scarlate rubee facte 16 gross., pro 2 paris caligarum et 2 birretis 6 gros., 1 gorgoretam albam 4 gross., ad festum Penthecostes 1 mantellum folratum sindone et cotardiam folratam de sindone et tunicam et simplex supertunicale 4 fl. 6 d., pro mantello de sargia Mediolan. folrato de sindone et 2 birretis 2$^1/_2$ fl., pro 2 paribus caligarum 4 gross., Octobr. 3 mantellos rubee scarlate, 1 folratum

---

[1] Demnach 1 canna = 8 palmi.

herminis, alium folratum variis et alium folratum grisis, 1 duplex supertunicale eiusdem panni, 1 cotardiam albam cum tunica 5 fl., in mense Dec. ad festum nativ. D^{ni} corsetum pro induendo in lecto, 2 paria caligarum et birretam albam 16 gross., in mense Aprilis 1357 in festo Pasche mantellum folratum sindone, capucium folratum herminis, cotardiam folratam variis, dupplex corsetum 3 fl., 2 paria caligarum 4 gross., 1 capucium duplex et aliud simplex 5 gross., ad subsequens festum Penthecostes integram vestem et completam cum cappa 6 fl., mense Sept. duplex capucium, aliud simplex, 3 paria caligarum et 1 birretam 1 fl., 5 maletas comunes et 2 magnas 12 fl., de mense Oct. 3 mantellos 4 fl., 1 corsetum duplex, 2 cotardias 3$^1/_2$ fl., pro 4 gipponibus pro 4 pueris videl. Stephano et sociis suis ac pro fornituris stophis videl. serico, cotono etc. 6 fl., pro 1 cohopertorio tabularum . . . 1 fl.; ad epiphaniam D^{ni} 1358 pro papa cotardiam albam 8 gross., *zusammen* 53 fl. 10 s.

(f. 148) Juni 25 computavit idem Bertrandus sartor: 1357 in palacio Villenove pro 2 sartoribus, qui fuerunt per 8 dies in dicto palacio reparando, suendo, annulando et aptando cortinas, tapetos, mersupia et cohopertoria 32 gross., 1358 März 13—24. Iunii: se fecisse mantellum pro papa 1 fl., pro 2 birretis 4 gross., pro 2 paribus caligarum 4 gross., pro tunica 6 gross., pro corseto duplici 10 gross., pro magna et lata tunica 8 gross., pro mantello folrato sindone in festo Penthecostes 14 gross., pro 2 birretis 4 gross., pro 2 paribus caligarum 4 gross., pro 2 baculis ad portandum capellum pape 2 fl.; pro 2 sartoribus, qui reparaverunt et aptaverunt mersupia camere 8 gross., pro 2 aliis sartoribus, qui per 2 dies aptaverunt cortinas, mersupia et tapetos camere in palacio Villenove, 16 gross.; pro aliis servitoribus, qui fuerunt in dicto palacio Villenove, pro reparatione et aptatione cortinarum etc. per 8 dies: 32 gross.

Juli 31 computavit Maria de Aquis sartorissa de roquetis etc. pro persona pape (per relationem P. Ianzenii): pro 10 roquetis factis pro papa 10 fl., pro 8 capitergiis 8 gross., pro 6 camisiis et 4 femorariis 2 fl. 12 s., pro 24 corsis seu cucusis 2 fl., pro 2 capitergiis 4 gross., *zusammen* 15 fl. 12.

(f. 149^v) Sept. 30 computum per Landum Bencii de Florentia, habitatorem Auin., et socios suos pro rebus receptis ab eis pro cameris pape a 21. Iunii citra: recepit Petrus de Ianzens, cubicularius pape, 1 unciam sindonis de grana et 2 ternalia siricis de grana 8 gross. 12 d.; 1. Iulii recepit d. St. de Fonte, alter cubicularius, 1 ternale siricis rubee et 2 uncias fili diversorum colorum: 3 gross.; 2. Aug. pro 600 arpiglis de ferro et 12 peciis de funibus rubeis et blauis et 1 mantello etc., *zusammen* 39 fl. 7 s.

(f. 150) Okt. 31 computavit Nicolaus Grimaldi, campsor camere, de sendatis rubeis et viridibus per socios dicti Nicolai emptis in civitate Lucana de mandato camere ad opus camerarum pape . . . et fuerunt posite

in turri inferiori in coffino presentibus dd. Iohanne Palaysini et Gerardo Xandeti, notariis camere: primo fuerunt empte in dicto loco 24 pecie sandati rubei, que ponderant 48 lb. 7 uncie, 24 pecie sandati viridis ponderis 49 lb. 6 unc., *zusammen* 98 lb. 1 unc. (pro libra 5 fl. 6 s.): 514 fl. 22 s. 6 d.

(f. 150v) Okt. 31 computavit I. Iurini, casulerius Auin., de zona empta per eum pro persona pape ponderante 14 $^1/_4$ uncias de serico (10 gross. pro uncia) ad relationem d. I. de Baro, cubicularii pape: 11 fl. 21 s.

6ª. Pelzwaren.

(I. E. 286 f. 179 cera) **1358** Mai 31 computavit Bartholomeus Spinelli, pelliparius Auin. et pape, de fulraturis per eum traditis pro neptibus pape: pro 625 ventribus variorum pro 3 garnachiis, que fuerunt donate una cum dimidio uxori d. I. de Breno militis et tantum uxori Guillelmi Alberti, receptis per d. H. de Liono, cubicularium pape, *zu je* 20 d. pro pecia: 52 l. 20 d. mon. Auin. in 43 fl. 9 s. 8 d.

Juni 30 *derselbe* pro operibus factis isto mense Iunii pro domina de Rupecanardi: pro 360 ventribus variorum pro folrando cappam pro equitando de mandato d. thesaurarii (20 d. pro pecia) 30 l. in 25 fl.

(f. 150v ornam.) Okt. 31 computum per Bartholomeum Spinelli pelliparium: pro 588 ventr. variorum pro mantello de scarlata, pro 344 ventr. variorum pro cotardia alba, pro 65 ventr. variorum pro gorgeria magna alba, *zusammen* 997 ventres variorum *(zu je* 22 d.) 91 l. 7 s. 10 d.; pro 262 grizis variorum pro 1 cota alba *(zu je* 12 d.) 10 fl. 11 gross., pro factione et folratura . . . 4 fl., *zusammen* 91 fl. 1 s. 10 d.

6ᵇ. Paramente und Kirchengeräte.

(I. E. 286 f. 148 ornam.) **1358** Juni 30 computavit Nicolaus Grimaldi, campsor Auin. et camere: pro 200 perlis finis positis in mitra et pluviali pape *(zu je* 2 gross.) 33 fl. 4 gross., pro mitra aliarum perlarum posit. in dicta mitra et pluviali 12 fl.; item se solvisse Iohanni Iure, casulerio Auin., pro factura et reparatura predicta 5 fl., pro 3 botonibus de auro positis in una stola pape 3 fl., pro factura 1 fl., *zusammen* 54 fl. 8 s.

Juli 31 computavit Helias de Buffenos, serviens armorum pape, de expensis factis tam in capella quam in aliis rebus pro papa: pro reparando cathedram sparverii pape et scalam 39 s., 9. Iunii pro portando scalam et cathedram ultra Rodanum et mundando capellam novam magnam 7 s. 3 d., 20. Iunii pro 6 moscalhiis pro papa 4 fl., pro 4 flabellis magnis 3 fl., 4. Iulii pro faciendo mundari dictam capellam et aptari concistorium 5 s. 6 d., 6. Iulii ad reponendum tabulas et barras concistorii et aptando capellam pro festo b. Marcialis necnon et aptando tinellum 8 s. 6 d., 9. Iulii pro convivio d. comitis Pictauen. pro portu 3 tabularum, quas mutuavit, 5 s. *So ähnlich öfters (am Ende jedes Monats).*

(*f. 149v*) Sept. 30 computavit Franciscus iuperius de Florentia: 1357 Maii pro tenendo et parando pannos camere paramenti 2 fl., pro 200 clavellis necessariis ad dictos pannos tendendos 10 s., pro tendendo et parando pannos camere secunde turris, in qua iacet papa, 2 fl., . . . pro parando tertiam cameram dicte turris 1 fl. 12 s. . . ., pro refectione 2 mathalassiorum alborum de fustano antiquorum 2 fl. etc., *zusammen* 30 fl.

(*f. 150v*) Dez. 29 computum per d. Iohannem Ademari, magistrum capelle pape, de expensis in dicta capella a 5. Ian. 1358 ad 29. Dez.: pro 4 lb. incensi 28 s., pro faciendo amoveri natas de capella 2 s. . . ., pro 4 pulpitis sive littreriis 5 fl., pro 4 ringis ferreis positis in eisdem 1 fl., pro faciendo depingi dicta pulpita 2 fl. 12 s., pro 4 pellibus rubeis et 4 albis 3 fl. 20 s., pro faciendo dicta pulpita cudi 2 fl. 4 s., pro 4 scutis de armis pape et frangiis positis in pulpitis 6 fl., pro 12 corrigiis rubeis positis in eisdem 1 fl., pro 1 libra incensi 7 s. etc., *zusammen* 27 fl. 22 s. mon. Auin.

(*f. 151*) Dez. 29 computavit Bartholomeus Locti: pro 1 pecia de funibus viridibus 4 gross., pro 2 unc. siricis de grana et 1 uncia serici albe, recepit Bertrandus sartor de mandato Petri Gransencii pro suendo mantellos etc. etc., *zusammen* 133 fl. 13 s. 6 d.

7. Wachseinkäufe, Kerzen.

(*I. E. 286 f. 172v cera*) **1358** Jan. 31 mag. Guillelmus Ademari, serviens armorum et custos cere pape, computavit de expensis factis per eum in officio cere pro mense Ianuarii una cum provisione restante et cum luminaria b. Marie Candelose: se debere Petro Den Gardis (!) pro 6 quint. cere de Romania (20 l. pro quint.) 120 l., item amplius eidem (!) Bertrando Petro pro 11 quint. cere (*zu je* 20 l. 8 s.) 224 l. 8 s., eidem Petro pro 6 quint. eiusdem cere (*zu je* 20 l. 16 s.) 124 l. 16 s., pro portu et corretagio dicte cere 28 s.; Bertrando Boerii pro 92 lb. cotonis (*je* 5 s. 4 d.) 24 l. 10 s. 8 d., eidem pro 46 lb. fili stopacei (*je* 2 s. 6 d.) 115 s., eidem pro manuopere 24 quint. cere operate (*je* 8 s.) 9 l. 12 s. pro 1¼ quint. candelarum de cepo (*zu je* 6 l.) 9 l., *zusammen* 432 fl. 21 s. 8 d.

(*f. 174*) Febr. 28 *Demselben* pro Petro Dengardi pro 10 quint. cere de Romania (*zu je* 20 l. 16 s.) 208 l., pro portu et corretagio 12 s., pro Bertrando Boerii pro 40 lb. cotonis (*je* 5 s. 4 d.) 10 l. 13 s. 4 d., pro 20 lb. fili stopacei (*je* 2 s. 6 d.) 50 s., pro manuopere 10½ quint. cere (*je* 8 s.) 4 l. 4 s., pro 10 saum. carbonis (*je* 20 s.) 10 l., pro 1 quint. candelarum de cepo 6 l., *zusammen* 201 fl. 15 s. 4 d.

März 31 *desgl.* se debere una cum provisione restante Iohanni Ruphi, mercatori Montispessulani, pro 11 quint. cere de Romania (*je* 21 l. 16 s.) 239 l. 16 s., Bertrando Boerii pro 44 lb. cotonis (*je* 5 s. 4 d.)

11 l. 14 s. 8 d., etc. pro 1 quint. candelarum de cepo 6 l., pro 75 lb. cere albe ad faciendum cereum paschale (*je* 6 s.) 22 l. 10 s., pro faciendo pomello dicti cerei et pro eius floratura 13 l. 15 s., pro 4 saum. carbonis (*je* 20 s.) 4 l., *zusammen* 254 fl. 10 s. 8 d. mon. Auin.

(*f. 176v*) April 30 *desgl.* se debere Iohanni Ruphi de Montepess. pro 11 quint. cere de Romania (*zu je* 21 l. 16 s.) 239 l. 16 s., Bertrando Boerii pro 44 lb. cotonis (*je* 5 s. 4 d.) 11 l. 14 s. 8 d. etc., pro 1 quint. candel. de cepo 6 l. 8 d., *zusammen* 220 fl. 17 s. 8 d.

(*f. 178v*) Mai 31 *desgl.* se debere Petro de Gardis pro 9 quint. cere de Romania (*zu je* 22 l.) 198 l., pro portu et corretagio 12 s., Bertrando Boerii pro 36 lb. cotonis (*je* 5 s. 4 d.) 9 l. 12 s,, pro 18 lb. fili stopacei (*je* 2 s. 6 d.) 45 s., pro manuopere $9^1/_2$ quint. cere (*je* 8 s.) 76 s., pro 1 quint. candelarum de cepo 6 l., *zusammen* 220 l. 5 s. in 183 fl. 13 s.

(*f. 180*) Juni 30 *desgl.* Hugoni Vitalis pro $9^1/_2$ quint. cere Barbaresque (*je* 21 l. 4 s.) 201 l. 8 s., Petro den Gard pro $1^1/_2$ quint. cere de Romania (*je* 22 l.) 33 l., pro portu et corretagio 16 s. . . . pro 1 quint. candelarum 6 l., *zusammen* 221 fl. 21 s. 8 d.

(*f. 181v*) Juli 31 *desgl.* Hugoni Vitalis pro 9 quint. cere de Romania (*je* 22 l.) 198 l. etc., *zusammen* 183 fl. 3 s. auin.

(*f. 182v*) Aug. 31 *desgl.* Nicolao Melhoris pro 9 quint. cere de Romania (*je* 22 l.) 198 l., etc. . . . pro 1 quint. candelarum de cepo 110 s., *zusammen* 219 l. 15 s. in 183 fl. 3 s.

(*f. 184*) Sept. 30 *desgl.* Nicolao Melioris pro 9 quint. cere de Romania (*je* 22 l.) 198 l. etc. pro 1 quint. candelarum de cepo 110 s.

(*f. 187v*) Okt. 31 *desgl.* pro 9 quint. cere Barbaresque (*je* 21 l. 12 s.) . . . pro 1 quint. candelarum de cepo 110 s.

(*f. 189v*) Nov. 30 *desgl.* Nicolao Melioris pro 10 quint. cere de Romania (*je* 21 l. 16 s.) 218 l. . . . pro 1 quint. candelarum de cepo 110 s.

(*f. 190v*) Dez. 29 *desgl.* computat pro 12 quint. cere de Romania (*je* 20 l. 16 s.) 261 l. 12 s. etc., pro 3 quint. candelarum de cepo 16 l., *zusammen* 252 fl. 8 s. 2 d.

Im päpstlichen Marstall werden wöchentlich 14—15 *libre candelarum* (*zu je* 15 d.) *verbraucht und verrechnet.*

(*f. 137*) **1358** April pro 2 torchis cere ponderis 11 lb. et 2 lb. candelarum pro oblationibus factis cum equis palafrenarie in festo s. Georgii in ecclesia Augustinorum (4 s. pro libra) 52 s.

7ᵃ. Krämer- und Kolonialwaren, Medizinalien.

(*I. E. 286 f. 172v cera*) **1358** Jan. 31 computavit Iacobus Melioris, ypothecarius pape, de confecturis etc. traditis a 30. Dez. ad 1. Febr. exclus.: pro $136^1/_2$ lb. confecturarum (*zu je* 9 s. 6 d.) 64 l. 16 s. 9 d.,

... *(vgl. Schreibwaren B 9),* pro 3 lb. grane pro ave 3 s., pro 7 quannis et 2 palmis tele cerate pro thesauraria et pro capella (*zu je* 14 s.) 5 l. 1 s. 6 d., pro 3$^1/_2$ unciis vete 3 s. 9 d. et ob., pro 3 quanis staminee pro lanteriis 12 s., pro 38$^1/_2$ lb. ficuum de Nemauso pro **panetaria** (*zu je* 16 d.) 51 s. 4 d., pro 14 lb. pruniarum pro panetaria 14 s., pro medianis pro papa 6 l. 15 s.

(f. 173) Febr. 28 computavit Iacobus Melioris, ypothecarius Auin. et palacii, ... pro 362$^1/_2$ lb. confecturarum (*zu je* 9 s. 6 d.) 172 l. 3 s. 9 d. ... pro 9$^1/_2$ cannis tele cerate (1 pro d. Auxitan. et 8 pro thesaur.) *zu je* 14 s.: 6 l. 13 s.; pro 3 unciis vete pro d. Auxit. 3 s. 3 d., pro 2$^1/_2$ lb. fili polmarum pro thesauraria (*je* 3$^1/_2$ s.) 8 s. 9 d.; pro 510 lb. ficuum pro **communi** (*je* 4 d.) 8 l. 10 s., pro 75 lb. ficuum de Nemauso pro **papa** (*je* 16 d.) 5 l., pro 315 lb. racemorum pro communi (*je* 9 d. 11 l. 16 s. 3 d., pro 16 lb. racemorum parvorum pro papa (*je* 2 s. 6 d.) 40 s., pro 17 lb. dragie pro **panetaria** (*je* 9$^1/_2$ s.) 8 l. 1 s. 6 d., pro 4 lb. zucare pro panetaria (*je* 9 s. 6 d.) 38 s., pro 16 lb. avellanarum pro panetaria 8 s., pro 17 lb. pruniorum pro panet. 17 s., pro 12 lb. datillorum pro panet. (*je* 2 s. 6 d.) 30 s., pro medicinis pro papa 3 l. 4 s., *zusammen (mit Papier und Siegellack, vgl. B 9)* 115 fl. 18 s. 6 d.

So ähnlich am Schlusse jedes Monats.

(f. 176ᵛ) April 30 ... pro 4 milgranis de Cathalonia pro papa 6 s., ... pro 3 lb. zucaris albi pro panetaria (*je* 9 s. 6 d.) 28$^1/_2$ s., pro 11 lb. pruniarum pro panetaria 11 s., pro rebus medicin. 9 l. 7 s. pro papa etc., *zusammen* 91 fl. 12 s. 7 d.

(f. 97ᵛ coq.) 1358 Jan. 31 12 lb. pulveris communis (*je* 10 s.) 6 l., 16 lb. gingiberis (*je* 8 s.) 6 l. 8 s., 8 lb. piperis (*je* 12 s.) 4 l. 16 s., 12 lb. canelle (*je* 8 s.) 4 l. 16 s., $^1/_4$ gariofilorum 7 s. 6 d., 1 lb. cuminii 4 s., 9 lb. zucari (*je* 9 s. 6 d.) 9 l. 10 s., 200 lb. amigdalarum (*je* 6 d.) 100 s., 31 lb. ordei 31 s., 7 lb. amidi (*je* 18 d.) 10 s. 6 d., 12 pecie auri partiti 2 s., 2 lb. mellis 12 d.

So ähnlich jeden Monat für die päpstliche Küche.

8. Bauten.

(I. E. 286 f. 155 edif.) 1358 Jan. 26 Iohanni de Brayo, fusterio Auin., in deductionem 60 fl. sibi promissorum pro faciendo solerium in camera bassa, ubi est **molendinum**, in quo teneatur bladum, 40 fl.

— Petro Gaufridi massonerio pro complemendo 105 fl. sibi promissorum pro factura **conductuum aque** inter hospitium pape iuxta portam Aqueriam pro conservatione muri dicti hospitii contra Rodanum 55 fl.

— Bertrando Capelerii massonerio in deductionem summe sibi et mag. Iohanni de Luperiis, quondam magistro edificiorum palacii, promisse

8. Bauten.

pro consumando et perficiendo 2 turribus novis audientie et revestiarii palacii Auin. 100 fl.

Jan. 31 computum per d. Raymundum Guitbaudi, directorem operum palacii, de expensis factis per eum pro operibus palacii a 13.—31. Jan.: pro 1 coopertore, qui operatus fuit cum una manobra in recooperiendo cooperturam coquine magne, 15 s., pro 50 tegulis 6 s., pro portu 12 d., pro 2 manuoperariis, qui mundaverunt palacium pro festo purificationis b. Marie, 8 s.; pro quadriga, qua portabat mundaturas ad Rodanum, 12 s.; P. Gaufridi massonerio pro 8 cannis 7 palmis de muro cum crotone in claudendo portale magnum in tufri nova, que est a parte Payrolerie, tam pro lapidibus, calce quam maestria ($3^1/_2$ fl. pro canna) 31 fl. 18 d.

Jan. 31 computum per P. de Pinu, serralherium Auin., de operibus factis in palacio Apost. per totum mensem Ianuarii (per relationem P. Boneti cursoris ad hoc deputati): pro 1 clave et reparatione serralhi concistorii de mandato dicti cursoris 5 s., pro reparanda serralha molendini *desgl.* 5 s., pro lugueto in porta magni tinelli de mandato magistri hospitii et in cathena 15 s., pro anulo in porta servientium armorum 12 d., pro 2 magnis anulis in porta ferrea 6 s., pro 2 aliis pro buticularia 2 s., pro munitione 1 lugueti et reparatione porte reservatorii estatis de mandato magistri hospicii 5 s., pro serratura reparanda pro camera paramenti de mandato cubiculariorum 5 s., pro serratura in nova turri de mandato d. Raymundi 15 s., pro reparatione serrature pro cava de mandato d. Raymundi[1] 5 s., pro reparando serraturam celarii iuxta puteum de mandato Boneti 5 s., pro serratura firmante intus et extra cum 2 clavibus pro porta camere d. archiep. Auxitan. in palacio 21 s. 7 d., pro 45 lb. ferri pro fenestra crote, ubi reponuntur bricolas (!) et alia ingenia, de mandato d. Raymundi et cursoris (15 d. pro libra) 56 s. 3 d., pro clavi et serratura reparanda in caxa in thesauraria de mandato Petri de Lem. 5 s., pro clave et reparanda serratura turris nove de mandato d. Raymundi 5 s., pro reparatione arche in camera d. thesaurarii de eius mandato 3 s., pro clavi et reparatione serralhe camere magistri hospitii 5 s., pro reparandis 2 sarralhis 2 armariorum in camera d. thesaurarii 10 s., pro sarralha in porta iuxta parvum viridarium, ubi est puteus, 15 s., pro serratura in logia, ubi sunt vina de Belna, 15 s.; pro serratura posita in porta putei iuxta stuphas 15 s., pro alia serratura cum 2 clavibus in porta d. thesaurarii de mandato cursoris 18 s. 2 d., pro clavi et reparatione serralhe in magna coquina de mandato cursoris 5 s., pro vecte pro d. Arnaudo de Moleriis de mandato cursoris 4 s., pro vecte falso pro dicto d. Arnaudo de Moleriis 3 s. 2 d., pro serratura nova in magna capella in loco, per quem operarii ascendunt superius, 15 s., *zusammen* 11 fl. 1 s. 2 d.

So ähnliche Abrechnungen am Schlusse jedes Monats.

---

[1] Scil. R. Guitbaudi, director operum.

(f. 156v) März 16 Petro Gaufridi et Petro Forcade massoneriis in deductione 1500 fl. eis promiss. pro faciendo carreriam subtus capellam novam et 1 pilare sive achoam sustinentem capellam inter domum d. marescalli et ipsam capellam 300 fl.

(f. 158) Mai 23 d. Rigaldo Gintardi, castellano Pontis Sorgie, pro faciendo pontem levatum ante portam dicti palacii 75 fl. et recoperiendo palacium et pro vadiis gache, qui vigilat de nocte pro custodia, pro 5 mensibus (2 fl. pro mense) 75 fl.

(f. 158v) Mai 31 computum per mag. Rostagnum Berqui, fusterium et servientem armorum pape: pro 5 palmis quadratis de taulamento pro faciendo portam in coquina de ere 10 s. . . . pro faciendo cassam in panetaria, 4 diebus fusteriorum *(je* 6 s.) 24 s., pro loguerio quadrige pro curando palacium 16 s., pro 2 diebus manobre pro escobando et pro onerando quadrigam 6 s., pro emptione 12 banastonum pro escopando palacium 15 s., pro loguerio 8 manobrarum pro amovendo natas ambarum camerarum pape et pro expulverizando cortinas dictarum camerarum et pro emptione 4 lucernarum de benna pro faciendo custodiam palacii 3 fl. 6 s., pro faciendo solum de gippo in altiori camera turris, in qua iacet d. camerarius, in qua sunt 31 canne 4 palmi quadr. (1 fl. pro canna) facto precio per d. Raym. Guitbaudi 31 fl. 12 s.

So ähnlich demselben von jetzt an am Ende jedes Monats bis zum 1. Okt., wo wieder Raimundus Guitbaudi, director operum palacii, Rechnung ablegt.

Bau-Reparaturen.

(I. E. 286 f. 221v Panhota) **1358** Nov. 30 computavit d. Petrus de Frigidavilla de reparationibus factis ex ordinatione camere in domibus elemosine olim acquisitis per cameram ab heredibus quondam dicti loci tabernarii: in 3 viatgiis de posteyra (*zu je* 3 fl. 12 s.) 10 fl. 12 s., pro 133 cayros emptis pro pilaribus faciendis (4 fl. pro 100): 5 fl. 8 s., pro 9 lapidibus 5 et 6 palmarum pro bochetis faciendis (*je* 5 s.) 45 s., pro 48 scandalhis calcis (*je* 5 s.) 12 l., pro 1 viatgio arene empte, que alia erant in domibus de Miraculis, 18 s., pro 1800 divers. clavorum 56 s., pro 300 tegulis (12 s. pro 100) 36 s., pro 18 fays perticarum pro faciendo aliqua de media de malglou 18 s., pro 1 saumata de pelo 6 s., pro 1 gerba de iunco 5 s. 6 d., serratoribus pro 22 tallibus (*je* 2 s. 6 d.) et pro 29 cannis quadratis de. postam et de sclapa (*je* 5 s.); mag. Iohanni Lopetit peyrerio pro 16 cannis quadr. de muro et pro 8 canis de pilar (*je* 15 s.) 18 l. etc., *zusammen* 196 fl. 7 s. 11 d. ob.

(f. 134v maresc.) **1358** Jan. pro reparatione terracie domus palafrenarie, que minabatur ruinam: pro refectione pilaris rupti in terracia 16 s., pro 2 traversenis de fusta positis in dicta terracia, in quibus fuit reclavata clausura terracie, 15 s., pro refectione 2 fenestrarum ruptarum propter ventum in orreis palafrenarie 14 s.

8a. Allerlei für die Palastausstattung.

(f. 178) April 30 computavit Petrus Garini, habitator Auin. et provisor peloni et iunqui vectarum pro tinellis palacii, de pelone tradito in dicto palacio a festo nativitatis Dⁿⁱ citra, ut constat per relationem Helioti de Buffenos, servientis armor.: 6. Ian. 6 onera etc., *zusammen* 50 onera pelonis (*zu je* 6 s.) 15 l. auin. in 12 fl. 12 s. *So ähnlich öfters derselbe.*

Mai 11 de mandato pape d. Stephano de Fonte, cubiculario pape, pro lecto munito ad opus ipsius Stephani empto per Petrum Ianzen pro cubando in camera pape 40 fl.

(f. 179^v) computavit [Barduschus olim familiaris Nicolai Benchi][a] tenens operatorium N. Benchi, mercatoris quondam curie Romane, pro 2 cabassiis de cordoano rubeo cum garnimentis receptis per mag. G. custodem cere 4 fl., pro 24 cannis vete de filo et 80 anulis de ferro et 60 arpiglis de ferro et factione et garnitura cuiusdam camere cum sargiis in palacio pro filio regis Francorum 3 fl., pro 2 tapetibus (*von* 20 *und* 15 *palm. Länge*) receptis pro garniendo cameram 8 fl. 6 gross., pro 17 unciis de tafatano blauo receptis per d. H. Lionio cubicularium pro dando d^{ne} Galeane et uxori Guillelmi (precio 8½ gross.) 12 fl. 12 d., *zusammen* 27 fl. 13 s.

Dez. 29 computum per Petrum de Glotonis, naterium Auin., de natis positis per eum in palacio Auin. pape: per relationem mag. Rostagni Berqui, serv. arm. et fusterii pape, pro camera, in qua iacet papa, 25 cann. quadr., pro camera garderaube 16 quanas quadr., pro camera paramenti 66 cann. quadr. 4 palm.; pro camera, in qua hostiarii camere pape comedunt, 6 cann. quadr., pro tinello parvo iuxta cameram paramenti 18 cann. quadr., in capella parva magni tinelli 6 cann. quadr., pro camera in introitu camere paramenti 3 cann., pro camera dⁿⁱ Auxitan. 36 cann., in camera epⁱ Tholosan. confess. 3 cann., pro camera magistri hospitii 9 cann., pro camera Guidonis de Podioualli scutiferi 10 cann., pro magna capella antiqua 20 cann., pro cam. Ademari de Riperia cubicularii 5 cann., pro cam. dⁿⁱ Albien. 24 cann., pro camera iuxta illam 3 cann., pro camera magrⁱ coquine 6 cann., pro cam. dⁿⁱ Ioh. de Breno militis 12 cann., pro cam. dⁿⁱ camerarii 16 cann., pro capella sua 6 cann., pro cam. d. thesaurarii 24 cann., pro gardarauba et capella sua 3 cann., pro camera cubiculariorum dⁿⁱ Auxitanen. 4 cann., pro cam. dⁿⁱ G. Alberti nepotis 10 cann. quadr., pro studio pape 12 cann., pro camera cubiculariorum 18 cann. quadr., item in parcu capellanorum in capella 5 cann., *zusammen* 367 cann. quadr. 4 palm. (*zu je* 7 s.) 128 l. 12 s. 6 d. in 107 fl. 4 s. 6 d.

---

[a] So I. E. 284 f. 87^v.

8b. Verteidigung der Stadt Avignon und der Grafschaft Venayssin.

(I. E. 286 f. 230 custodia) **1358** Jan. 1 de mandato pape mag. Guillermo Sinerii, servienti armorum pape ac notario curie marescalli Auin., deputato ad solvendum stipendia gentium armorum et peditum pro custodia comitatus Veneyssini videl. pro 200 hominibus armorum et 300 servientum peditum (pro milite 20 fl. et quolibet domicello 12 fl. et quolibet barone 30 fl. et quolibet cliente pedite 5 fl. et pro quolibet capitaneo serviente stipendio dupplicato pro 1 mense) 4560 fl., *so ähnlich am Anfang jedes Monats (im voraus).*

Desgl. quia gentes predicte non sufficiebant pro custodia comitatus eo, quod plures invasores sive ribaldi congregati de Provincia ceperant castra de Langes et de Capreriis in Provincia, pro augmentatione gentium armorum: pro 20 hominibus armorum inclusis militibus etc. pro 15 diebus, quia interim dicti ribaldi dimiserunt dicta loca, 200 fl.

Desgl. Francisco Michaelis, habitatori Auin., pro 70 pavesiis ab ipso emptis missis castellano Emposte, capitaneo deputato pro custodia dicti comitatus (2 fl. pro quolibet pavesio) 140 fl.

Demselben et Nigro de Mediolano, mercatori et habitatori Auin., ac Luce Donati pro 9800 viratonibus sive quarellis balistarum ab ipsis emptis et missis dicto capitaneo (12 fl. pro miliari) 185 fl. 20 s.

Jan. 13 mag. Guillelmo Dacra de Ucecia pro 100 balistis 1 pedis munitis de cordis emptis ab eo pro palatio per Aymericum de Duno, custodem artilherie, qui recepit eas in custodia, 115 fl.

Jan. 18 Raterio de Rotgier, servienti armorum, deputato ad custodiam Castri Novi, pro trompeta pro dicto castro 3 fl.

Jan. 29 de mandato pape Iohanni Christofori de Luca, mercatori seu campsori Auin., deputato inter alios ad recipiendum pecuniam, que expendetur pro vallatis et clausura civitatis Auin., ex dono facto per papam pro clausura 500 fl.

Jan. 31 computum per d. Raimundum Guitbaudi, directorem operum palacii pape, pro operibus fusteis missis in comitatu Veneysini contra invasores comitatus: se tradidisse Iohanni Ricardi et sociis suis serratoribus pro serratura 55 cannarum 4 palm. quadrat. de taulamentis, quod debebat portari apud insulam Venayssini ad capitaneum, et 9 cann. 5 palm. de sclapa (5 s. pro canna) 16 l. 5 s. 7 d.; Petro de Arelate fabro pro 4 piconibus et 4 ligonibus de ferro traditis Aymerico Boyssonis, magistro artilharie, pro mittendo apud dictam insulam 4 fl. 12 s., *zusammen* 18 fl. 1 s. 7 d. (1 fl. = 24 s.).

Jan. 31 computavit Iacobus Cabanerii, usserius porte ferri pape, de expensis factis per eum pro conducendo ingenia et alia arnesia Insule in Venayssino eundo, morando et redeundo: Ian. 10 se tradidisse 39 quadrigariis conducentibus ingenia, et quilibet quadrigarius habebat ad quadrigam

8b. Verteidigung der Stadt Avignon und der Grafschaft Venayssin.

2 equos (per 6 dies), et de taxatione d. marescalli percepit quilibet pro dieta 12 s. et sic habuit quilibet 3 fl., *zusammen* 117 fl.; 11 quadrigariis *mit nur einem Pferd (je 8 s. täglich, 6 Tage lang)* 22 fl. etc. etc., *zusammen* 164 fl. 6 s.

(f. 239) Jan. 31 computum per Aymericum de Duno, servientem armorum et magistrum artilherie pape: Ian. 5 se retinuisse de novo et de mandato d. thesaurarii mag. Guillelmum de Vareys et Ludovicum eius filium magistros ingeniatores[1] ad stipendia hominum armorum pro eundo in acie et serviendo de officio eorum et prout d. capitaneo expeditum videretur: se eis solvisse pro stipendiis suis pro 27 diebus 27 fl. *Desgl.* retinuit 4 fusterios: Iohannem d. s. Anna, Martinum de Heenant, Guillelmum de Richemont et Ymbertum de Vareys ad serviendum dictis magistris in eorum officio, quamdiu essent necessarii, (8 s. pro dieta) et servierunt ipsi tam in acie quam ad reparandum castrum de Langis a 5—19 diem Ianuarii *(jedem* 5 fl.) 20 fl., *desgl.* tenuit 4 manobras pro extrahendo fustam ingeniorum seu bricolarum extra turrim payrolerie: 16 s. etc. etc., *zusammen* 231 fl. 4 s. 9 d.

Desgl. (f. 240) se debere magistris Guillelmo et Ludovico de Vareys ingeniatoribus pro eorum stipendiis a 24. Dez. ad 4. Ian. (12 dies) 12 fl.; Iohanni Dalbini fabro pro 1000 floris guerrotorum baliste de torno 40 fl.; 6. Ian. se misisse clericum suum Ucessie *(Uzès)* ad faciendum aptari 100 balistas 1 fl. 12 s.; Iohanni de Remis fusterio pro factura 30 anteprems pro tendendis balistas (pro quolibet anteprem 30 s.) 37 fl. 12 s.; Petro de Pinu sarralherio pro ferramenta (!) necessaria in ipsis 30 anteprems videl. in quolibet 5 lb. ferri operati *(zusammen* 150 libre ferri *zu je* 2 s.) 12 fl. 12 s.; Colino lo Colier pro 30 corrigiis, quelibet corriga 3 coriorum long. 4 palm. simplicium, latis 4 digitis et corii albi preparati in alium, necessariis in dictis anteprems 15 fl., pro 400 clavellis necessariis ad clavandum dictas corrigias in dictis anteprems 10 s., *zusammen* 118 fl. 22 s.

Jan. 31 pro 50 brigantibus deputatis per marescallum Auin. pro custodia portarum Auin. (5 fl. in mense cuilibet, stipendiis capitaneorum duplicatis) et cives Auin. solverunt pro aliis 50: 267 fl. 12 s.

(f. 240ᵛ) Febr. 28 Raterio de Rotgerio, servienti armorum pape, deputatus ad custodiam castri Novarum, Iohanni Vigoronis pro custodia castri de Mornacio, Bertrando de Falgeyraco, Oliuerio la Reymundia pro custodia Pontissorgie, Bozono Quintini pro castro Novarum, Bartholomeo de Vassinhaco pro custodia castri de Somnana deputatis, etiam servientibus armorum ultra vadia consueta pro augmento eis facto per cameram de mandato pape pro 2 mensibus (Ian. et Febr.) *monatlich* 4 fl. 48 fl. *So ähnlich öfters.*

(f. 241) April 30 computum per Aymericum de Duno, serv. arm. pape ac custodem artilherie palacii, pro defensione terrarum comitatus

---

[1] Sie gehörten einem Genfer Geschlecht an.

Venessini et episcopatus ac civitatis Auin.: pro 1 grossa corda canapis longa 16 cann., ponderante 2 quint., necessaria in magna turre pro trahendo de basso usque ad summum turnos balistarum, los anteprems, arnesia etc., empta ab Hugone lo Cordier precio 10 fl., pro 2 quint. corde pili pro spingalis emptis ab Andrea lo Cordier 13 fl. . . . item fecit cerrari Aniquino Alamanni 40 tallia fuste de rore pro faciendo pedes balistarum de turno, supra quos pedes baliste ponuntur, dum est necessarium, pro trahendo, debet habere pro quolibet tallio 4 s.: 8 l. = 6 fl. 16 s., item Borgonhono carretario pro conducendo dictam fustam de Rodano ad palacium 40 s. etc.

Mai 11 Guillermo de Acra *(vgl. oben Jan. 13)*, balistario de Ucecia, pro 100 balistis de fusta munitis de cordis ab eo emptis per Aymericum de Duno, serv. arm. . . ., 115 fl.

Mai 31 computum per Aymericum de Duno . . .: 20. April fuit retentus per dd. camerarium et thesaurarium mag. Ulricus de Stenia,[1] magister machinarum seu ingeniorum, cum 2 operariis eiusdem artis ad operandum in eorum officio ad stipendia cuiuslibet mensis 36 fl.: a 20. April —19. Mai: 36 fl., a 20. Mai—31. Mai: 14 fl. 9 s. 6 d.; se recepisse a Marcho de Mompis fusterio 1 molam lapideam dicto magistro necessariam: 3 fl. etc. . . ., item fecit cerrari Aniquino Alamanni et eius sociis 50 tallia fuste de rore longa, quolibet tallio 4 s. 6 d.: 11 l. 5 s. = 9 fl. 9 s., Borgonhoni carretario pro conducendo dictas 6 iacenas de rasello et fustam Pontis Levandis usque ad grangiam pape 1 fl., . . . se emisse a I. de Claustra, mercatore fustarum, 300 quint. de fan pro faciendo guerrotos spingalarum et balistarum de turnis (20 d. pro quint.) 25 l. = 20 fl. 20 s.

Ähnliche Abrechnungen desselben am Ende jedes Monats.

Juli 12 computavit Iacominus de Salliente balistarius de balistis venditis in palacio pape pro custodia: pro 12 balistis bane de turno (*zu je* 8 fl.) 96 fl., pro 1 balista fuste de burno 8 fl., pro 3 balistis bane de galanche 12 fl., 11 balistis bane de 2 pedibus (*je* 3 fl.) 33 fl., pro 35 balistis fuste 1 pedis (*je* 1 fl.) 35 fl., *zusammen* 184 fl.

(f. 244) Aug. 31 de mandato pape d. Guillelmo de Benevento, clerico camere Apost., pro solvendo per castellanum Emposte societati, que diu fuerat in Provincia dampnificando eam, iuxta compositionem factam per Provinciales de consensu pape et dd. cardinalium, ut dicta societas recederet, 2500 fl.

Okt. 31 d. Rigaldo Gintardi, castellano Pontis Sorgie, pro expensis suis, vadiis 1 gache,[2] qui vigilat nocte et die pro custodia dicti loci, pro 5 mensibus (*je* 40 s.), qui tantundem recipit a gentibus et habitatoribus Pontis Sorgie, 10 l.

---

[1] Meister Ulrich von Stein aus schwäbischem Adelsgeschlecht (Konstanz), vgl. unten S. 750 Anm. 1 und m. Abhandlung über »das römische Deutschtum im 14. Jahrh.« in der kirchengesch. Festgabe für Msgr. De Waal, 1913.

[2] D. i. das deutsche Wort Wache.

8c. Silberzeug-Amt und Goldschmiedearbeiten.

(I. E. 286 f. 174 cera) **1358** Febr. 28 computavit d. Helias Raymbaudi, custos vaccelle pape, de expensis in officio per totum mensem Februarii a 29. Dec.: pro 3 cordis tele pro tergendo vaccellam argenti *(zu je* 30 s.) 4 l. 10 s., pro 1 corda tele pro tergendo vaccellam auri 33 s., pro abluendo telam 24 s., pro 100 platellis magnis ligneis emptis, quando venerunt comes Pict. et dux Borbonie, 4 fl., pro 300 scutellis marcalibus (2 fl. pro 100) 6 fl., pro tela posita in 2 cabaciis vaccelle auri 1 fl., pro 3 calderiis ad lavandum vaccellam 12 s., pro 6 hominibus, qui portaverunt ligna et aquam et lavaverunt vaccellam 12 s., *zusammen* 18 fl. 4 s.

März 31, *vgl. B 1.*

(f. 179) Mai 31 computavit N. Grimaldi, campsor Auin. et camere Apost., de certa vaccella argenti per ipsum de novo facta refieri ad opus hospitii pape tradita sibi per Raynaldum de Lur, aquarium pape: 1 bassinam argenti fractam, que ponderabat, quando sibi tradidit, 33 march. 2 unc. arg. ad pondus curie, que facta ponderavit per totum 33 march. $1^3/_4$ unc. et sic ponderavit minus $^1/_4$ unc., quod valet 4 s.; idem Nic. habuit a dicto aquario 1 picherium argenti fractum ponderis 6 marc. $3^3/_4$ unc. et ponderabat, quando fuit factum novum, 6 marc. $6^1/_4$ unc. et sic plus ponderat $2^1/_2$ unc. arg. (pro uncia 16 s.) = 1 fl. 16 s.; pro factione 40 marcarum arg. *(je* 1 fl.) 40 fl., pro $2^1/_4$ unc. arg. positis in dictis bassina et picherio: 1 fl. 12 s., *zusammen* 41 fl. 12 s.

8d. Holz- und Kohleneinkäufe.

(I. E. 286 f. 179ᵛ cera) **1358** Mai 31 computavit Tucho Lamberti, mercator lignorum commorans Auin., (relatio per P. Boneti, cursorem ad hoc deputatum): pro 14 732 quint. lign. combust. *(je* 2 s.) 1473 l. 4 s. 1227 fl. 16 s.

(f. 180) Juni 30 computum per Iohannem cursorem et scobatorem pro trahendis lignis a vigil. festi Omnium Sanctorum citra ad festum b. Georgii: a 1. Nov. ad 8. Nov. 30 s. 6 d. etc. etc. *wochenweise, zusammen* 17 fl. 17 s. 2 d.

(f. 184) Sept 20 computum Tuchi Lamberti, mercatoris curiam Rom. sequentis, de lignis combustibilibus (a 25. Iunii—20. Sept.) per relationem Petri Boneti, cursoris ad hoc deputati: dixit se recepisse idem cursor a dicto Tucho pro palacio Ville Nove 1656 quint., de mandato d. thesaurarii pro hospitio domine de Ripperia 700 quint., *zusammen* 2356 quint. *(zu je* 2 s.) 235 l. 12 s. in 196 fl. 8 s.

(f. 186) Okt. 12 computavit Inardus Porchalha, mercator de Vinayo de carbonibus (per relationem Petri Boneti cursoris pape): pro 2303 banastonibus carbonum traditis a 2. Okt. ad 5. Okt. *(zu je* 18 d.) 172 l. 13 s. in 143 fl. 21 s. mon. Auin.

(f. 190v) Dez. 20 comput. Tucho Lamberti, mercator Auin., de lignis traditis in palacio pape Auin. (10.—18. Dez.) per relationem Petri Boneti cursoris: pro 6812 quint. lignorum *(zu je* 2 s.) 681 l. 4 s. in 567 fl. 16 s.

— comput. Isnardus Porchalha, mercator de Vinayo, *desgl.* 19. Dec. se tradidisse 604 banastones carbonum, 20. Dec. pro palatio Ville Nove 602 banast. (per relationem Petri Boneti) *zu je* 18 d.: 90 l. 9 s. in 75 fl. 9 s.

(f. 212v Panhota) März 31 computavit d. Petrus de Frigidavilla, admin. domus Panhote, se emisse a Michaele Nauarra mercatore 5000 quint. lignorum combustib. in portu Rodani *(je* 19 d.) 395 l. 16 s. 8 d., pro salario 16 hominum 2 diebus ad honerandum quadrigas et sequendum eas *(je* 2 s. 6 d. pro dieta) 4 l.

9. Bibliothek und Schreibwaren.

(I. E. 286 f. 172v cera) **1358** Jan. 31 computavit Iacobus Melioris, ypothecarius pape, ... pro 59 manibus papirus mediocris forme (pro camera pape 8, pro d. Auxitan. 6, pro thesauraria 45 manus) *zu je* 3 s.: 8 l. 17 s.; pro 1 libro papirus de 4 manibus mediocris forme pro thesauraria *(zu je* 4 s.) 16 s., pro 4 libris papirus de 13 manibus maioris forme pro thesauraria *(zu je* 7 s. 6 d.) 4 l. 17 s. 6 d., pro $14^1/_2$ lb. **cere rubee** (pro camera pape 2, pro d. Auxitan. 4 et pro thesauraria $8^1/_2$) *zu je* 6 s.: 3 l. 15 s.

(f. 173v) Febr. 28 *desgl.* ... pro 34 manibus **papirus** (pro camera pape 4, pro domino Auxitan. 7, pro panetaria 1 et pro thesauraria 22 manus) *zu je* 3 s.: 5 l. 2 s.; pro 8 manibus pap. maioris forme pro registro maioris forme *zu je* 7 s.: 2 l. 16 s., pro $14^1/_2$ lb. **cere rubee** (pro camera pape 3 lb., pro d. Auxitan. $3^1/_2$ lb., pro thesauraria 8 lb.) *zu je* 6 s.: 4 l. 7 s.

So ähnlich am Schlusse jedes Monats.

Febr. 28 computavit Silvetus de Stela Iudeus pargamenarius, habitator Auin., de **pargamenis** traditis in thesauraria tam pro thes. quam pro d. Arnaldo quam pro literis cancellarie, que tangent cameram: (per relationem Petri de Lem.) se tradidisse dicto Petro in mense Dec. pro faciendo fieri bullam decimarum 8 duoden. pargameni vocati anhini *(zu je* 3 fl.) 24 fl., pro camera 8 duoden. maioris forme *(zu je* 28 s.) 11 l. 4 s., eidem 6 duoden. mediocris forme *(zu je* 22 s.) 6 l. 12 s., 4 duod. minoris forme *(zu je* 16 s.) 64 s., 8 duod. maioris forme *(je* 28 s.) 11 l. 4 s., 6 duod. de registro *(zu je* 32 s.) 9 l. 12 s., 10 duod. mediocris forme *(zu je* 22 s.) 11 l., *(f. 174)* 6 duod. minoris forme *(je* 16 s.) 4 l. 16 s., pro literis decimarum 4 duoden. de anhinis *(je* 3 fl.) 12 fl.; se tradidisse G. Secoclausa 2 duod. maioris forme: 56 s., 2 duod. mediocris forme 22 s., 1 duod. minoris forme 16 s., *zusammen* 87 fl. 22 s.

10. Verschiedenes.

So ähnlich derselbe öfters:
April 30 . . . 62 fl. 6 s.
(f. 182) Juli 30 . . . 60 fl. 10 s.

(f. 191a) Dez. 29 computavit Berengaria uxor Guillelmi Bartholomei, cursoris pape, de tincta, glacia, plumis et pixidibus traditis per eam in camera thesaurarie diversis diebus et per diversos cursores per totum annum (computando pro 1 amnola incausti 5 s., et pro 1 boscia glacie 6 s.), *zusammen* 39 l. 18 s. in 33 fl. 6 s.

(f. 226 bulla) Sept. 18 Nicolao Grimaldi, campsori camere, pro 22 lb. 6 unciis ciricis emptis ad opus bulle (*zu je* 3 fl. 12 s.) 77 fl. 6 s.

(f. 236 scriptur.) **1358** Mai 25 Thederico dicto Winellic[1] et Amedeo Arna, Ferrico Alberti et Iohanni Februarii clericis pro scribendo et copiando plures minutas et extrahendo beneficia de regestris a tempore d. Clementis et Innocentii VI. collata in Alamannia pro mittendo episcopo Cauallicen. et d. Henrico de Trimonia ad relationem d. Arnaudi de Moleriis ad hoc deputati 15 fl.

Juni 16 ad relationem d. Arnaudi de Moleriis Tederico Vaulhart[2] et Amedeo de Arua ac Iohanni de Braquis clericis commorantibus Auin. pro certis minutis factis pro negotiis camere 4 fl.; Ferrico Alberti, cler. Tullen. dioc., pro 12 minutis magnis 2 fl.

Juni 25 Bartholomeo illuminatori, habitatori Auin., pro illuminando librum sacramentorum Iudeorum, qui est in camera thesaurarie, ad relationem d. Arnaldi de Moleriis 2 fl.

Als Schreiber von Minuten und Briefen werden noch genannt: Iohannes de Aunia, cler. Laudun. dioc.; Herricus de Vico, cler. Leonen. dioc.; Ioh. Februarii, cler. Melden. dioc. et d. Arnulphus Sabbe presb., notarii apothecarum; Brictus Decani et Iohannes de Remis notarii.

(f. 147 ornam.) **1358** März 31 computavit Nicolaus Grimaldi, campsor curie Rom. et camere: pro ligatura et reparatura 2 breviariorum et 1 biblie pape: Guillelmo Burgundionis pro ligatura 4 fl. 12 s., pro faciendo 2 sarretoria argenti cum serico pro dictis libris 14 fl. 12 s.

10. Verschiedenes.

(I. E. 286 f. 172 cera) **1358** Jan. 13 Marcello Marcelli pro pecia de letone empta per d. Arnaldum de Moleriis, secretarium pape, pro faciendo litteras alphabeti ponendas in quibusdam cophinis thesaurarie 5 fl.

(f. 173) Febr. 20 Matheo Leonardi et Bernardo Plancati, cursoribus pape, missis pro palmis necessariis pro dominica Ramis P. in Provincia 6 fl.

(f. 175v) März 31 computavit Alamannus Gueti de Florentia, habitator Auin., de factura sive operatura 230 ramorum palm. datorum per

---

[1] D. h. Weinlich.
[2] Offenbar derselbe wie Anm. 1.

papam in die Ramis palmarum, prout est fieri consuetum, (*zu je* 12 d.) 11 l. 10 s. in 9 fl. 14 s.

(*f. 189*) Nov. 30 de mandato pape Petro de Cortilhis, usserio pape, et Dalmassio Martini venatori, qui fuerunt eis promissi pro venando ad cervos pro palacio Apost. in mensibus Iunii et Augusti 1358: 80 fl.

(*f. 99v coq.*) **1358** März 31 . . . pro 9 peciis ollarum et picheriis terre (*je* 15 d.) 11 s. 3 d.

(*f. 100*) April 30 . . . pro corda pro ingenio lignerii palacii Auin. ponderis 85 lb. (*je* 15 d.) 106 s. 3 d. . . ., pro 13 peciis ollarum et picher. (*je* 15 d.) 16 s. 3 d., pro 10 coclearibus 7 s. 4 d.

(*f. 101*) Mai 31 . . . pro cultellis coquine acuendis 10 s., pro scobando coquinam et mundando vasa coquine 4 l. etc., *so am Ende jedes Monats ähnlich.*

(*f. 103v*) Aug. . . . pro 8 modiis salis grossi[1] emptis ad portum porte Aquerie Auin. (*je* 4 fl.) 32 fl., pro coadiutore mensuratarum 6 s., pro portu ad palacium 4 l. 4 s.

(*f. 104v*) Sept. . . . pro 4 craticulis reficiendis 64 s.

(*f. 105v*) Nov. . . . pro 5 modiis salis grossi (*je* 4 fl.) 20 fl., pro portu salis ad palatium (75 portagia *zu je* 6 d.) 42 s. 6 d.; pro salario hominis, qui reversavit sal, dum mensurabatur, 4 s.

(*f. 107*) Dez. . . . pro 6 modiis salis grossi (*zu je* 4 fl.) 24 fl., pro salario hominis, qui iuvit ad mensurandum sal, 4$^1/_2$ s.

(*f. 107*) Dez. . . . pro stagnando 7 ollas cupreas 42 s., pro 12 cloquearibus 8 s., pro 26 peciis ollarum, cassolarum et picheriorum terre 32 s. 6 d. etc.

(*f. 126 butic.*) Sept. 30 . . . pro 2 flasconibus de vitro cohopertis de palea pro portando vinum de Auinione apud Villamnovam pro papa 16 s., pro 3 duodenis pitalphorum de terra tam magnorum quam parvorum receptorum, quando comes Pictauen. comedit in palacio Villenove et etiam, quando comedit in palacio Auin. cum papa, (16 s. 8 d. pro duodena) 50 s., pro 200 gobellis de vitro 32 s.

(*f. 134 maresc.*) **1358** Jan. 31 pro 20 ferris (*Hufeisen*) novis (*je* 18 d.) 30 s., pro 24 referratis (*je* 6 d.) 12 s., 16 ferris novis: 24 s., 18 ferris novis 27 s., 17 ferris novis 25 s. 6 d. *So jeden Monat ähnlich.*

(*f. 149 ornam.*) Aug. 31 Anceloto de Pontoysa, usserio porte ferri pape, misso apud Aquas Mortuas pro aqua maris ad opus pape pro expensis 4 fl. 12 s., *desgl.* Petro de Bosco cursori misso in dicto loco 2 vicibus pro dicta aqua 8 fl.

(*f. 150*) Okt. 31 computavit Petrus de Ianzens, cubicularius pape, de 2 calfadoriis pro camera pape ponderis 27$^1/_2$ lb. (*zu je* 5 s.) 6 l. 17 s. 6 d. in 5 fl. 17 s. 6 d.

---

[1] Im Gegensatz dazu steht das sal album, das von den Panetaren (Brotamt) im kleinen eingekauft wird.

Nov. 27 Guidoni de Podiovallis, domicello et scutifero pape, pro 1 pari cultellorum empto pro mensa pape, Dinando la Chapelia, domicello ipsius Guidonis, recipiente 4 fl. 12 s.

10ª. Gartenarbeiten.

(I. E. 286 f. 189v cera) **1358** Nov. 30 computum per Michaelem Bruni, custodem cervorum et magistrum orti palatii, de expensis factis per eum in cultura orti a 1. Febr. ad 31. Aug.: in Febr. pro 3 dietis hominum, qui putaverunt ortum (*je* 5 s.) 15 s.; in mense Marcii pro 2 dietis hominum, qui ligaverunt trilhias, 10 s.; pro portu fuste necessarie ad ligandum trilhias de fusteria ad ortum 2 s.; pro quanis emptis pro eodem 6½ s.; pro 8 dietis hominum in cultura orti (*je* 5 s.) 40 s.; pro seminibus petrocilli, feniculi et aliarum herbarum 6 s.; pro 1 dieta hominis, qui seminavit, 5 s.; pro 2 dietis hominum, qui portaverunt fimum, 8 s.; pro 1 dieta hominis, qui scobavit ortum 4 s.; pro 2 hominibus, qui preparaverunt in mense Aprilis rezarios, 10 s.; pro 1 dieta hominis, qui fodit, 5 s.; pro 2 dietis hominis, qui preparavit salviam, 10 s.; pro 2 dietis hom., qui purgaverunt ortum a lunaciis et aliis putridis, 8 s.; pro 1 dieta hom., qui secavit pratellum, 4 s.; pro 2 dietis mulierum, que extirpaverunt malas herbas de orto, 4 s.; in mense Iunii pro corda ad opus putei orti ponderis 26 l. (*je* 15 d.) 32 s. 6 d., pro 2 broquis fusteis ad irigandum ortum 6 s., pro 6 dietis hom., qui irigaverunt ortum (*je* 4 s.) 24 s.; in mense Aug. *desgl.* 24 s., *zusammen* 10 fl. 8 s.

(f. 98v coq.) **1358** Febr. 28 . . . pro 18 iornalibus hominum, qui putaverunt trilhias **orti piscarii** et ligaverunt easdem 108 s., pro perchiis ad aptandum trilhias pro 2 iornalibus hominum, qui collegerunt sermenta trilhiarum, 8 s.

(f. 99) März 31 . . . pro 10 iornalibus hominum in cultura orti piscarii (*je* 5 s.) 50 s., pro 8 iornalibus mulierum (*je* 2½ s.) 20 s., pro semine petrocilli 5 s.

(f. 100) April 30 . . . pro 12 iornalibus hominum in cultura orti piscarii (*je* 5 s.) 60 s., pro 10 iornalibus mulierum 25 s., pro semine caulium 3 s., pro 18 quadrigatis fimi 24 s.

(f. 101) Mai 31 . . . pro aqua aurienda ad irrigandum ortum piscarii 48 s., pro 7 iornalibus hominum, qui irrigaverunt ortum, 35 s., pro iornali mulieris 2½ s.

(f. 102) Juni 30 . . . pro 22 iornalibus hominum in cultura orti piscarii, plantando **caules albos**, rigando, colligendo allia (*je* 5 s.) 110 s., pro 7 iornalibus mulierum 17 s. 6 d.

(f. 102v) Juli 31 . . . pro 12 iornalibus hominum, qui irrigaverunt ortum piscarii (*je* 6 s.) 72 s., pro 6 iorn. mulierum 15 s.

(f. 104v) Sept. . . . pro semine spinagierum in ortu piscarii 10 s., pro plantulis caulium viridium plantatis in orto piscarii 24 s., pro 17 iornalibus hominum in cultura orti *(je* 5 s.) 4 l. 5 s., pro 4 iorn. mulier. 10 s.

(f. 106) Nov. . . . pro 5 iorn. homin. in cultura orti pisc. 25 s., pro 3 iorn. mulier. 7 s. 6 d., pro 7 iorn. homin. ad purgandum meianum piscarii 35 s.

Innocenz VI. Siebtes Pontifikatsjahr. 1359.

I. E. 288 f. 35 ss. enthält eine summarische Übersicht der Ausgaben mit den gewohnten Titeln und nach Monaten geordnet mit Monats- und Jahres-Schlußsummen. Eine gleiche Übersicht für das Jahr 1358 geht vorher und eine solche folgt für 1360.

Das Hauptausgabenbuch (liber magnus *oder* liber ordinarius) *habe ich für dieses Jahr nicht ausfindig machen können. Nur für die* »elemosina« *und die* »edificia« *finden sich die eingehenderen Abrechnungen im I. E. 269.*

A. Übersicht über die einzelnen Ausgabetitel und ihre Schlußsummen.

1. **coquina** *(f. 35) Einzelheiten:* Nov. 1359 pro 6 lapidibus cavatis ad ponendum oleum 51 fl. *Schlußsumme:* 7785 fl. 11 l. 1 s. 10 d. mon. Auin.

2. **panetaria** *(f. 36): im Januar werden verbraucht* 17 100 panes = (550 = 1 saum. frumenti) 31 saumate 50 panes, im Febr. 26 saum. 100 panes, im März 26 saum. 200 panes, April 29 saum., Mai 27 saum. 100 pan., Juni 45 saum. 450 pan., Juli 47 saum. 100 pan., Aug. 46 saum. 300 pan., Sept. 24 saum. 250 pan., Okt. 24 saum. 300 pan., Nov. 25 saum. 50 pan., Dez. 26 saum. 150 pan., *zusammen* 376 saum. 50 pan. *Schlußsumme an Geldausgaben:* 707 fl. 12 l. 17 s. 5 d. ob. Auin.

3. **buticularia** *(f. 38):* 2038 fl. 1411 mutones 7 l. 14 s. 9 d. Auin.

4. **marestalla** *(f. 38ᵛ—39) Verbrauch an Hafer:* 523 saum. 7$^1/_2$ emin. *Verbrauch an Heu:* 1709 quint. feni. *Schlußsumme an Geldausgaben:* 2245 fl. 8 l. 4 s. 10 d. Auin.

5. **ornamenta** *(f. 40) Schlußsumme:* 671 fl. 8 l. 17 s. 7 d. auin.

6. **opera et edificia** *(f. 40ᵛ)* 1424 fl. 12 l. 14 s. 11 d. ob. Auin. NB. *Einzelheiten dieses Titels finden sich I. E. 269 f. 87—93, vgl. unten B 8.*

7. **vadia extraordinaria** *(f. 41):* 72 fl. 64 s. 4 d. tur. gross. arg., 5$^1/_3$ tur. p., 76 l. 18 s. auin.

8. **extraordinaria et cera** *(f. 41ᵛ) Schlußsumme:* 30 331 fl. 50 l. 13 s. 7 d. ob. mon. Auin.

9. **vadia ordinaria** *(f. 42v) Schlußsumme:* 33 692 fl. 205 l. 8 s. ob. mon. Auin. (6 solutiones), *eingeschlossen die zweimalige Zahlung der Kleidergelder an* 16 penitentiarii *(je* 8 fl.), 16 scutiferi *(je* 8 fl.), 1 magister palacii sive in teologia (12 fl.), 12 usserii *(je* 8 fl.), 1 magister *und* 1 marescallus equorum, 3 coqui *(je* 8 fl.), 71 servientes armorum *(je* 5 fl.), 14 palafrenarii *(je* 2 fl.). *Die Summe der beiden Kleiderzahlungen (in die obige eingeschlossen):* 1572 fl.

10. **helemosina** *(f. 43):* 5059 fl. 26 s. 4 d. tur. gross. arg., 86 l. 12 s. mon. Auin. *Von diesem Titel ist die Hauptabrechnung in I. E. 269 f. 138—140 erhalten. Hieraus geben wir wichtigere Einzelheiten:* d. Guido de Riperia, elemosinarius et panetarius pape, *erhält monatlich zur Verteilung* pro elemosina secreta 100 fl. *und jährlich* pro sudariis dari pauperibus defunctis consuetis 100 fl.

Petrus de Frigidavilla, administrator elemosine Panhote, *erhält für die* visitationes hospitalium *am 1. jedes Monats und an einzelnen Festtagen je* 50 s.

Am Ostersamstag erhalten wie sonst die 4 Mendikantenklöster Avignons *je* 25 fl., *die* 6 Nonnenkonvente *je* 15 fl., *ebenso die* Repentite *und die* fratres hospitalis s. Trinitatis. *Die* pauperes hospitalium 100 fl. et alii pauperes extra hospitalia 60 fl., *zusammen* 380 fl.

Ganz ebenso an den beiden Jahrestagen der Wahl und der Krönung des Papstes.

Für die puelle maritande *kauft* Dominicus de Lucarel, hostiarius minor palacii Apost., *in Bordeaux für* 12 fl. *Tuche ein.*

(f. 138v) Mai 7 de mandato pape fr. Guillelmo Militis, procuratori ord. Predic. conv. Auin., pro elemosina in capitolo generali fiendo in civitate Pragensi in festo Penthecostes proxime 100 fl.

Desgl. fr. Thome de Amelia, procur. generali ord. Min., in capitolo gen. fiendo Ianue in dicto festo Penthecostes 100 fl.

(f. 139) Juni 1 *desgl.* fr. Bernardo de Manso, procur. totius ord. Augustin. in Rom. curia, pro capitulo celebrando in Padua in festo s. Augustini 100 fl.

Juni 4, qua die papa transivit Pontem pro morando apud Villam Novam, pro oblatione facta per eum in Ecclesia b. Marie de Domps, ubi audivit missam, 10 fl.

(f. 139v) Nov. 18 de mandato pape fr. Geraldo de la Tremolhiera[1] ord. Min. de Donzenaco Lemovic. dioc. pro elemosina per papam facta conventibus Min. et Predic. Briue et Min. de Donzenaco dicte diocesis, Stephano Sarrosola Lemovic. dioc. in presentia dicti fratris Geraldi recipiente (20 fl. pro quolibet conventu) 60 fl.

---

[1] Er war von 1316 bis 1348 päpstlicher Großalmosenverwalter. Im letzten Jahre starb er demnach nicht (wie Vatik. Quellen II S. 639 angegeben wurde), sondern ging ins Kloster.

Nov. 21 d. Petro de Frigidavilla, admin. domus elemos. Panhote, pro mandato Adventus venientis continentis 3 septim. et 1 diem (pro septimana 31 gross. et pro dicta die 6 gross. tur. arg.) 8 s. 3 tur. gross. arg.

Über Kleidung und Tuche für die Armen vgl. unten B.

11. **Panhota** *(f. 44):* 13 347 fl. 9 l. 19 s. 11 d. mon. Auin.
12. **bulla et littere** *(f. 44ᵥ):* 116 fl. 12 s.
13. **possessiones empte** *(ebd.):* 200 fl.
14. **guerra** *(ebd.):* 21 504 fl.
15. **pensiones et locagia domorum** *(f. 45)* familiarium et officialium pape pro 2 annis, 19. Maii 1359 terminatis. Attende, quod habentes propria hospicia non recipiunt de huiusmodi pensione.

a. solutio facta de pensione hospiciorum domicellorum et mag. hostiariorum, quorum quilibet recipit anno, si totum annum integrum fuit in officio et presens in curia, 5 l. 12 s. 6 d. vien. (1 fl. = 22 s. vien.) = 5 fl. 2 s. 8 d. ob. mon. Auin. *(für 1 Jahr).*

b. solutio pro pensione hospiciorum servientum armorum *(je 5 fl. 10 s. 10 d. für 2 Jahre).*

c. *desgl.* hostiariorum minorum porte ferri *(je 5 fl. 10 s. 10 d. für 2 Jahre).*

d. *desgl.* cursorum *(je 4 fl. 2 s. 2 d. für 2 Jahre).*

e. *desgl.* uni brodario *(ebenso wie ein* cursor*).*

f. pro hospiciis bullatorum pro pensione 2 annorum 48 fl. 17 s. 4 d.

g. pro carcere auditoris camere 43 fl. 15 s. 2 d.

h. pro uno hospitio dicti carceris 50 fl. 21 s. 8 d.

i. pro fabrica marescallie 10 fl.

k. pro hospicio emptorum carnium et piscium 10 fl.

Zusammen 843 fl. 18 s. 8 d. ob. mon. Auin.

16. **custodia** *(f. 46):* 10 419 fl. 11 l. 11 s. 3 d. mon. Auin.
17. **assignationes facte dⁿᵒ pape** *(f. 47)* 8902 fl.

Gesamteinnahmen im 7. Pontifikatsjahr Innocenz' VI. (1359) *I. E. 288 f. 14:* 164 019 fl. 1685 scuta 1077 mut. 4 regales auri cugni secundi 13½ tur. arg. 709 l. 5 s. 9 d. ob. mon. Auin.

Die Gesamtausgaben vgl. Vatik. Quellen II S. 30.

B. Systematisch geordnete Einzelheiten

(vgl. die Vorbemerkung oben S. 735).

Kleidung und Tucheinkäufe.

(I. E. 269 f. 138ᵥ elemos.) **1359** Mai 31 computavit d. Petrus de Frigidavilla, administrator domus elem. Panhote, de 200 peciis pannorum tam alborum quam brunorum empt. apud Andusiam per Iohannem de

s. Basilio, draperium et mercatorem Auin., pro pecia in dicto loco 5 fl.: 1000 fl., in portatura pannorum de loco apud Auin. (2 gross. pro pecia) 33 fl. 4 gross.; pro expensis dicti mercatoris, dum ivit emptum dictos pannos per 5 dies tam eundo quam redeundo et ibi existendo et per alios 6 dies tam pro recipiendo quam mensurando dictos pannos 6 fl. 2 gross., *zusammen* 1039 fl. 12 s.

(f. 139v) Nov. 26 de mandato pape fr. Petro de Porta, priori conventus Villenove, pro pelliciis et vestimentis per ipsum priorem de mandato pape emptis et emendis et per papam pro elemosina datis fratribus dicte domus 100 fl.

(f. 140) Nov. 30 computavit Dominicus de Lucarel, hostiarius minor pape, de pannis emptis nuper Burdegalis et Auxitani de mandato camere dandis pauperibus puellis, orphanis et viduis pro elemosina, prout est fieri consuetum, assignatis de mandate camere d. Stephano Priosi, capellano et familiari camerarii pape: pro 47 peciis diversorum pannorum incluso portu de Bordegalis usque ad civitatem Aquensem (*je* 14 fl. 4 gross.) 673 fl. 16 s. mon. Auin.; pro 2 peciis panni de Colocestre continen. 15 cannas 31 fl. 16 s. Auin.; se solvisse in civitate Auxitan. pro 9 peciis pann. alborum et 1 pecia panni bruni coloris (12 fl. pro pecia portata Auinionem) 120 fl., *zusammen mit allen Unkosten* 901 fl. 20 s. Item dixit se fecisse emi pro dicta elemosina, eo quia deficiebant brunete nigre, de mandato camere per Iohannem de s. Basilio, draperium Auin., in nundinis de Pasanas[1] 11 pecias pann. de bruneta, (quelibet pecia continet 12 cannas Auin.): *3 Stück kosten je* $16^1/_2$ fl. = $49^1/_2$ fl., *4 andere je* 16 fl. = 64 fl., *ein Stück* 18 fl., *eins* $17^1/_2$ fl., *eins* $12^1/_2$ fl., *eins* 17 fl.; pro corretariis etc. 3 fl., pro portu de dicto loco ad Auinionem 5 fl. $5^1/_2$ s., *zusammen* 184 fl., *alles zusammen* 1075 fl. 20 s., de quibus dixit se recepisse a d. Helia abbate s. Salvatoris de Blauia ord. s. Augustini Burdegal. dioc. collectore de pecunia tricesime de mandato camere super hoc eidem collectori facto 717 fl. fortes 10 gross. mon. Auin., prout apparet etiam in recepta tricesime superius, et a dno P. episco Aquensi in Vasconia de dicto mandato videl. de bonis quondam episcopi Aquensis immediate predecessoris sui in 100 scutis auri antiquis (3 scut. = 4 fl.) et in 72 mutonibus (*zu je* 17 gross.) et in 104 fl. 8 gross.: 334 fl.

Bauausgaben.

(I. E. 269 f. 87 edif.) **1359** Jan. 31 computum per d. Raymundum Gitbaudi, directorem operum palacii pape, de expensis per totum mensem Ian.: pro 148 dietis manuoperariorum, qui operati fuerunt in extingendo ignem lignerii et palafrenarie et onerando quadrigas, que portabant bracillum et fimum dicte palafrenarie ad Rodanum (4 s. pro dieta) 29 l. 12 s.;

---

[1] Pézénas, Dép. Hérault, wo viele Webereien waren und noch heute sind.

pro 23 dietis quadrigarum, que portabant . . . ad Rodanum (*je* 15 s. pro quadriga cum 2 roncinis) 17 l. 5 s.; pro 9 ferratis ad extrahendum aquam 22 s. 6 d., pro cordis 8 s. 4 d., pro 12 broquis ad portandum aquam 36 s., pro 1 quadriga cum tombarello ad portandum mundaturas palacii 15 s., pro 4 hominibus, qui onerabant quadrigam et mundaverunt palacium, 12 s.; pro 2 palis fustium $2^1/_2$ s., pro 1 massonerio, qui operatus fuit cum suo manobra in reparando fornellum camere dni Auxitanensis et pro morterio 8 s., pro 13 banastonibus maioribus 27 s., pro 6 banastonibus parvis 6 s., pro 2000 tegulis pro cooperiendo hospicium combustum, in quo solebat stare d. Nicolaus de Monteclaro, quod hospitium tenet d. Albiensis episcopus, 13 l. 12 s., pro portu 20 s., *zusammen* 56 fl. 22 s. 4 d.

So ähnlich jeden Monat.

Jan. 31 computavit Petrus de Pinu, sarralherius Auin. et palacii pape, de sarralhis et aliis reparationibus factis in palacio Auin. per totum mensem Ianuarii: pro 1 clave posita in buticularia de mandato Petri Boneti cursoris ad hoc deputati 19 d., pro 1 serralha nova cum benda in caxa, qua ponuntur panni elemosine, 15 s. . . ., pro 1 lugueto porte putei, quem fecit poni ibidem aquarius, 15 s., pro reparando serralham tressoriam et pro faciendo clavem in porta ambulatorii iuxta parvum tinellum, ubi papa dedit candelas die purificationis b. Marie, de mandato hostiariorum 5 s., pro reparando serralham et pro faciendo clavem in barra porte ferree de mandato servientum armorum 5 s., pro reparando 1 serralham in cellario subtus cameram d. thesaurarii de ipsiusmet mandato 5 s., pro reparando serralham in capella et pro 2 anulis, qui fracti fuerunt propter ignem, de mandato capellanorum 6 s., pro 2 sarralhis reparandis in porta iuxta lignerium, que fuerunt tanquate nocte ignis, 10 s., pro 1 anulo pro clavibus usseriorum, qui fuit ruptus die ignis, 4 s., pro 1 pala nova ferrea in camera d. thesaurarii in palacio Auin. 8 s., pro reparando serralham in porta magne coquine, que fuit fracta nocte ignis de mandato d. Giraudi guardamangier 5 s., pro clave porte subtus parvam campanam cellarii, in qua tenentur vina pape, 5 s. . . . pro reparando serralham et faciendo clavem in caxa, in qua ponuntur anuli pape, de mandato d. Stephani cambrerii 5 s., pro 3 clavibus in caxa, in qua ponuntur vasa argentea in buticularia 6 s. 9 d., . . . pro 1 gacha lugueti in l'estuich, in qua ponuntur vasa argentea, de mandato d. Guillelmi 2 s. etc., *zusammen* 7 fl. 19 s. 4 d.

So ähnlich am Ende jedes Monats.

(f. 88) Febr. 5 Petro Forcade massonerio pro complemento 1500 fl. sibi et quondam Petro Gaufridi promissorum pro faciendo pilare sive acheam extra capellam magnam a parte domus, in qua habitat marescallus iustitie curie Romane, et faciendo iter inter dictam capellam et domum marescalli . . . (instrum. d. Iohannis Rosseti not.) 50 fl.

Febr. 14 Guillelmo de Senholis, Matheo et Stephano de Erna massoneriis in deductione summe 240 fl. eis promissorum pro refectione portalis magne capelle nove (instrum. d. Iohannis Palaysini) 100 fl.

Febr. 28 Raymundo Guitbaudi, directori operum . . ., pro reparationibus hospiciorum de Trolhassio pape nuper combustorum et diruptorum, que tenet d. Albiensis episc., preter expensa facta per administratorem ipsius d. Albiensis: pro 3 diebus massonerii, qui operatus fuit in operando muros hospiciorum (8 s. pro dieta) 24 s., pro 3 dietis manuoperariorum, qui assistebant sibi (4 s. pro dieta) 12 s., pro 52 dietis fusteriorum, qui operati fuerunt fustando de novo hospicium, in quo solebat stare d. Nicolaus de Monteclaro, et faciendo portas, fenestras et vistas ac 2 saumerios ponendos in tinello (6 s. pro dieta) 15 l. 12 s., pro 11 dietis coopertoris, qui operatus fuit in recooperiendo de novo cum serratis hospitium d. Nicolai et recooperiendo hospitium magnum dicti d. Albiensis (7 s. pro dieta) 77 s., . . . pro 13 scandalhis de calce pro serratis (5 s. 6 d. pro scandalho) 77 s., pro 5 quadrigatis de arena 8 s., pro 8 dietis gipparii, qui operatus fuit in reficiendo fornellos, meianos et pavimentum camerarum (8 s. pro dieta) 64 s.; pro 15 dietis manuoperariorum, qui assistebant sibi (je 4 s.) 60 s., pro 8 quadrigatis 2 saccis de gippo camisato pro dictis fornellis, meianis et pavimento (30 s. pro quadrigata) 12 l. 6 s. etc.

(f. 89v) März 29 d. Iohanni de Breno militi de mandato pape ad relationem d. camerarii pro reparationibus per eum factis fieri in domo, ubi erat antiqua palafrenaria prope turrem de Trolhassio, 9 fl.

März 31 . . . pro 5 cannis 4 palmis quadratis de taulamento pro faciendo altare in camera paramenti et faciendo scannum in camera Ademari de Riperia (16 s. pro canna) 4 l. 8 s., pro scala pro capella ad aperiendum et claudendum fenestras 8 s., pro 17 cannis 4 palmis de agulha pro faciendo magnum incastrum pro fenestris capelle etc.

April 5 d. Rigaldo Guitardi, castellano Pontis Sorgie, pro faciendo pontem levaticum in dicto palacio 50 fl.

(f. 90v) April 30 pro 1 navigata arene 40 s., pro corda ad auriendum aquam 18 d., pro portando lectum et tendendo cortinas et portando ligna et mundando cameram . . ., quando venerunt dd. cardinales Petragoricensis et Urgelensis de legatione, 11 s. 3 d., pro 3 cannis quadratis de taulamento pro faciendo cathedram pro papa et faciendo barrerias ad dandum ramos in die Ramis palmarum et faciendo barrerias in deambulatorio ad publicandum processus in die Iovis Sancti (16 s. pro canna) 48 s. . . . pro faciendo dressatorium in coquina ad scindendum carnes 3 fl. etc.

April 30 computavit Nicolaus Grimaldi, campsor camere pape, de caxa et armario per eum factis fieri in thesauraria bassa 12 fl.

(f. 92) Juni 21 Bertrando Capellerii massonerio in deductione 50 fl. sibi promissorum pro faciendo murum novum subtus turrim, que est prope Peyroleriam, pro custodiendo ingenia 20 fl.

Juni 27 d. Falconi de Espali militi, vigerio episcopatus Auin., pro certis operibus et reparationibus faciendis in castro s. Laurentii de Arboribus Auin. dioc., quod est pape, 50 fl.

Innocenz VI. Achtes Pontifikatsjahr. 1360.

I. E. 293 systematisch geordnet und mit Schlußsummen der einzelnen Titel.

A. Übersicht über die einzelnen Ausgabetitel und ihre Schlußsummen.

1. **coquina** *(f. 94—102)* Philippus de Ageduno, emptor coquine, *wöchentliche Abrechnung für die kleineren täglichen Ausgaben, monatliche für die Spezereien und größeren Einkäufe* (pro provisione). *Monatliche Bezahlung seitens der Kammer. Summe:* 7342 fl. 8 l. 13 s. 11 d. mon. Auin.

2. **panetaria** *(f. 103—111)* Guido de Riperia, panetarius pape (et elemosinarius), *später auch* Iohannes Hublangis, panet. pape. *Monatliche Abrechnung (nach Wochen) und Bezahlung. Summe:* 908 fl. 1446 muton. 10 l. 14 s. 1 d. auin. *Hierin ist das im Palast verbrauchte Brot nicht einbegriffen, das von den Bäckern gegen Getreidelieferung bezogen wurde:* 421 saumate 250 panes frumenti.

3. **buticularia** *(f. 112—119)* Guillelmus de Cruce, buticularius pape. *Abrechnung und Bezahlung monatsweise. Summe:* 4916 fl. 5 l. 6 s. 5 d. auin.

4. **marescalla** *(f. 120—129), f. 124:* mag. Iohannes de Sergiaco Gebenn. dioc., marescallus equorum pape, *erhält ein jährliches Gehalt von* 50 fl., *die Wochenabschlüsse macht* Guillelmus Sabbaterii, magister equorum. *Über die* vaileti et saumaterii *vgl.* B 5 (Viehpreise). *Monatliche Abrechnung und Auszahlung nach den Wochenabschlüssen. Summe:* 1466 fl. 7 l. 7 s. auin., *dazu* 548 saum. gross. avene *und* 1926 quint. feni.

5. **Ornamenta** *(I. E. 293 f. 132—135), keine Abrechnungstermine. Summe:* 1100 fl. 6 l. 17 s. 4 d. auin.

6. **Opera et edificia** *(f. 135—149) Die Abrechnung geschieht von verschiedenen Bauämtern, durch*

1. d. Raymundus Guitbaudi, director operum palatii pape, *monatlich,*

2. mag. Rostagnus Berqui, serviens armorum et fusterius palatii pape, *monatlich,*

3. *(Schlossermeister)* Petrus de Pinu, Pynu, faber et sarralherius palatii Apost., *monatlich,*

4. *durch einzelne Meister.* 3623 fl. 7 l. 19 s. 6 d. ob. auin.

7. **vadia extraordinaria** *(f. 150 – 152):* 72 fl. 64 s. tur. gross. arg., 5 $^1/_3$ d. tur. p. 77 l. 2 s. auin.

8. **extraordinaria et cera** *(f. 153—174):* 23 804 fl. 47 l. 11 s. 7 d. ob. auin.

9. **vadia ordinaria** *(f. 178—187): achtwöchentliche Auszahlung. Jede Zahlung kommt auf 5—6000 fl. Summe:* 39 766 fl. 219 l. 5 s. 7 d. ob. auin.

10. **elemosina** *(f. 190—195):* Petrus de Frigidavilla, administrator domus Panhote; Guido de Riperia, elemosinarius. *Summe:* 5088 fl. 27 s. 11 d. tur. gross. arg., 85 l. 9 s. 10 d. auin.

11. **Panhota** *(f. 196—208): Summe:* 18 499 fl. 7 l. 6 s. auin.

Einzelheiten.

Der administrator domus Panhote (Petrus de Frigidavilla) *hat an den einzelnen kirchlichen Feiertagen die Hospitäler zu besuchen und je* **50 s.** auin. *zu verschenken, im ganzen 85 l., also an 34 Feiertagen.*

Der elemosinarius et panetarius pape (Guido de Riperia) *verteilt monatliche Almosen zusammen in der Höhe von* 100 fl. (elemosina secreta).

Für die an der Kurie sterbenden Armen werden vom elemosinarius sudaria *gekauft im Werte von* 100 fl.

Sonstige Almosen: dem Prior des Kartäuserkonventes in Villeneuve bei Avignon, fr. Petrus de Porta, *Ende April 1360 zur Abhaltung des Generalkapitels* 100 fl.

Für die Brücke von Avignon im Mai 1360 auf Befehl des Paptes 250 fl.

Ende Juli werden vom administrator domus Panhote *194 Stück braunes und weißes Tuch gekauft* tam de Anduxia quam de Mimata (Mende), *30 Stück von* Bermundus de Sabazalgita, mercator de Marologio Mimat. dioc., *das Stück von je 18* canne *zu 6 fl., und 164 Stück bei* Anduzia, *das Stück von 15* canne, *zu 5 fl., zusammen 1041 fl.*

Am 18. Dez., dem Erwählungstag des Papstes, werden den 4 Mendikanten- und 6 Nonnenkonventen je 25 fl. bezw. 15 fl. geschenkt, außerdem den Hospitalarmen 100 fl. *und anderen Armen* 60 fl.

Es werden noch für 1482 fl. 9 s. 10 d. auin. *Tuche für die Armen gekauft in Bordeaux durch* Dominicus de Luccarel, hostiarius minor pape, *und* H. abbas monasterii s. Salvatoris de Blavia et collector Burdegal., *es sind* panni albi, bruneti, burelli et aliorum colorum, 99 pecie *von je 12* canne, *das Stück zu* 12 leopardi auri.

In der Panhota *selbst rechnet* Petrus de Frigidavilla, administrator domus elemosine, *wöchentlich ab, die Auszahlung erfolgt am Ende jedes Monats. Außer den 25 ständigen Armen erhalten ihre Kost noch die* elemosinarii *und die* familiares; *es werden viele fertige Kleider verschenkt, in der Quadragesimalzeit 120 Tuniken.*

12. **bulla et littere curie** *(f. 209):* fratres Gaubertus Guss (*oder* Grisi), Raymundus Raucamaure, bullatores pape. *Summe:* 146 fl. 4 s. auin. *Vgl. unten B 9.*

13. **possessiones empte** *(f. 210): Der Titel enthält nur eine Eintragung:*

Juni 21 soluti fuerunt de mandato pape domine Tassiete de Baussio, relicte quondam d^{ni} Guiraudi Ademari quondam domini Montillii Ademari Valentin. dioc., tutrici Guiraudeti Ademari filii et heredis dicti quondam d^{ni} Guiraudi, pro homagio, quod dictus Guiraudus tenebatur facere et pater suus, dum viveret, faciebat tempore debito episcopo et comiti Valentin. et Dien. et eius ecclesiis pro illa parte castri et territorii Montillii Ademari et pertinentiarum cum 7 partibus sive parereiis pro indiviso 18 partium castri de Alando Tricastrin. dioc. necnon et feudo de Sauceto et de Calma ac de turri vocata de Veire et pro omni eo, quod habet in castro sive mandamento de Mirmanda et aliis omnibus, que tenet et possidet citra Rodanum, que non tenet ab alio domino et que dictus pater suus, dum viveret, tenebat et possidebat in locis et castris ac pertinentiis antedictis pape de consensu et voluntate ac licentia d^{ni} Ludovici electi et comitis Valentin. et Dien. seu procuratoris sui eius nomine prestito ... 1000 fl.

14. **guerra** *(f. 211—214):* 131 254 fl. 68 s. auin. *Vgl. B 1a.*

15. **scriptores et libri** *(f. 215):* 79 fl. *Vgl. B 9.*

16. **custodia** *(f. 216—224)* 37 480 fl. 6 l. 11 s. auin. *Vgl. B 1a.*

17. **assignationes** *(f. 224): Der Papst erhält aus der Kammer in verschiedenen Terminen während des Jahres 1360 8335 fl. für seinen persönlichen Gebrauch angewiesen.*

B. Systematisch geordnete Einzelheiten aus den verschiedenen Ausgabetiteln.

1. Chronikalisch wichtigere Angaben.

(I. E. 293 f. 154^v cera) **1360** Jan. 27 comederunt cum papa ambaxiatores regis Neapolitan., archiepiscopus Arelaten. et plures alii barones et milites.

(f. 156 cera) Febr. 29 *Es war ein sehr großes Pergament gekauft worden für die Kammer* ad faciendam literam studii Tholosani de novo creati et instituti per papam *für 9 fl.*

(f. 157 cera) März 5 soluti fuerunt de mandato pape pro faciendis expensis d. Hugoni de Gebenna militi misso per papam cum d. abbate Cluniacensi ad regem Anglie et ducem Normannie pro magnis et arduis negotiis dno Egidio de Ulcheyo Castro, magistro hospitii sui et scriptore pape, [recipiente] 500 fl.

März 6 *desgl.* Vitali Caroli, presbytero Burdegalen., misso per papam in partibus Burgundie pro certis arduis negotiis 30 fl. fortes.

März 19 *desgl.* d. Guillo abbati s. Germani Autissiodor. ord. s. Bened. misso per papam ad d. legatum in Lombardia pro certis magnis negotiis . . . 400 fl. fortes.

März 18 d. Benevento de Utino, capellano commensali pape et eius causarum sacri palatii auditori, misso per papam ad d. Bernabonem vicecomitem et dominum de Mediolano . . . 200 fl.

März 31 computavit Dominicus de Luccarel, pape hostiarius minor, pro portatura 2 cargarum librorum de loco de Lingon. in Vasconia usque Auin., qui fuerunt b. m. dni Petri episcopi Aquensis, ad cameram Apost. pertinentes, 20 fl.

Apr. 27 soluti fuerunt de mandato pape fr. Matheo de Esculo, priori generali fratrum s. Augustini, misso per papam ad partes Tuscie pro certis negotiis 100 fl.

Mai 7 Iohanni Viarii, cursori pape, nuper misso per papam ad senescallos maiores Neapolitan. et Provincie ac archiep. Neapolitan., qui tenebant consilium in civitate Apten. super certis negotiis papam et Rom. eccl. tangentibus, 12 s.

Juni 1 soluti fuerunt de mandato pape Iohanni de Lauduno, equitatori regis Francie, pro dono speciali sibi facto per papam, quia apportaverat tractatum pacis factum inter regem Francie et Anglie, 100 fl.

Juni 23 (vgl. März 5) soluti fuerunt de mandato pape d. Hugoni de Gebenis militi, dno de Ancone Lugdun. dioc., pro expensis nuper per eum factis, dum per papam fuit missus una cum d. abbate Cluniacensi ad regem Anglie tunc in Francia guerram facientem super tractatu pacis, d. Ancelino Chauena canonico Gebennen., magistro hospitii dni Hugonis, recipiente 500 fl. fortes.

Aug. 24 in presentia d. Guilli Rotlandi militis, marescalli iustitie curie Rom., Raymundo Garsavalli, servienti armorum pape et servientium dicte curie capitaneo, misso per papam cum pecuniis infrascriptis ad d. Egidium episcopum Morinen., cancellarium d. Iohannis regis Francie et in eius absentia ad d. Borsicaudum marescallum vel Petrum Scatissa, thesaurarium regis, existentes in Lugduno vel Matiscone, per ipsum capitaneum assignandos dd. cancellario et aliis supradictis . . . pro redemptione eiusdem regis . . . 8000 fl.

Sept. 30 d. Bertrandus episc. Convenarum computavit de certis expensis factis eundo apud Nemausum, ubi fuit missus per papam et ex ordinatione camere videl. 30. Aug. 1360 pro tractando et concordando cum gentibus regis et communitatis Nemausensis, ut fructus racemorum de cetero venderentur ad pondus et de pretio et de aliis convenirentur sub certis pactis et conditionibus in dicto tractatu appositis, . . . stetit in hoc loco per 9 dies cum discretis viris dd. Petro de Champanhaco, Guidone de Caturco, canonico Xancton., Iohanne Faber et pluribus aliis familiaribus suis, *erhält täglich* 6 fl., *zusammen* 59 fl.

(f. 170) Nov. 17 fuerunt soluti de mandato pape Nicolao de Ricomer, Iohanne de Landiavilla et Michaelete la Palmere, domicellis d^{ne} regine Castelle, que fuerunt per regem Castelle deiecte de dicto regno, pro speciali dono eisdem per papam facto, Iohanne de s. Clemente, presbytero Baiocen., pro ipsis recipiente, 50 fl. fortes.

Nov. 17 Pontius Britonis, procurator curie marescalli Auin., missus ad requirendum senescallum Provincie sub invocatione brachii secularis pro 15 000 fl. auri debitis d^{no} pape et eius camere per certos nobiles Provincie nominatos et descriptos in litera, que dirigitur senescallo ex parte auditoris camere dirigenda et portanda ipsi senescallo, . . . *Pontius erhält* 20 fl. fortes.

Dez. 10 Iohanni de Lauduno, cursori et messagerio regis Francie, qui portavit litteras regis d^{no} pape et reportavit literas d^{no} regi, 30 fl.

Dez. 29 facto computo cum Dominico de Lucarre, hostiario minore palatii pape, de expensis factis pro se et roncino ac famulo in 6 mensibus, quibus fuit pro procurando provisionem factam in Burdegal. pannorum et piscium salsorum et pro faciendo fieri inventario bonorum archiepiscopi Burdegalen. ultimo defuncti ac bonorum tempore vacationis episcopatus Vasaten., 50 fl.

(f. 215 Scriptura et libri) **1360** Febr. computum redditum per mag. Egidium de Meuania, notarium curie auditoris camere, . . . pro quodam instrumento obligationis 10 000 fl. contra d. Hugonem comitem Avellini quondam 2 fl., pro quodam alio instrumento summissionis valde laborioso et processibus aliis contra regem Norwegie de 20 000 fl. 3 fl., pro 3 instrumentis summissionis 10 400 fl. contra comitem Valentin. 3 fl.

Apr. soluti fuerunt Petro de Lemovicis clerico pro scripturis cameram et Rom. eccl. tangentibus, pro facto civitatis Bononie contra dominum Bernabonem [dominum de Mediolano] et Galeatium 4 fl.

(I. E. 293 f. 111 panet.) **1360** *Im Sommer weilte der päpstl. Tucheinkäufer in Flandern* »nichil fecerat Attrebatis nec fuit ausus ibi ire propter exercitum Anglicorum, qui tunc erant in partibus illis«.

(f. 132^v ornam.) **1360** Apr. 16 soluti fuerunt Henrico de Viclmar Maguntin. dioc. misso per cameram cum literis ad collectorem Remen. et eius subcollectorem pro paramentis camerarum pape . . . 6 fl. pro expensis faciendis.

(f. 133 ornam.) Okt. 29 soluti fuerunt de mandato pape fr. P[etro] de Porta, magistro ord. Cartusien. Villenove, pro faciendo construi et edificari capellam pro sepultura pape (in Villa Nova) 200 fl.

Dez. 5 *desgl.* 400 fl.[1]

Dez. 29 comput. Franciscus Bonamici et socii sui, mercatores Auin. (de Florentia), pro 2 petiis corde viridis, 150 crochetis ferri pro parando 1 cameram, quando ambaxiatores imperatoris intraverunt videl. 20. Okt., 1 fl. 6 s.

(f. 139v) Die päpstliche Kammer hatte besondere Leihbücher, wo vorgeschossene Geldsummen (mutua) *verzeichnet wurden.*[2]

(panetaria) 1360 August fuerunt hospites comes Pictauen. cum pluribus comitibus, militibus necnon et ambaxiatores Rome, Bolonie, Pollonie et Cipri.

(cera) Aug. 31 Reginaldus de Lur aquarius ... 4. Aug., qua die fuerunt in Villanova cum papa d. comes Pictavis, comes Armaniaci et comes de Montislanii et multi cardinales necnon barones et milites, ... Aug. 5 in cena fuerunt dicti comites etc.

(Aug. 6) reversus fuit papa Auinionem ... pro prandio, ubi fuerunt omnes cardinales ac prelati et multi nobiles et milites ...

1a. Italienischer Krieg und Verteidigung von Avignon.

(f. 214v Bilanz für das Jahr 1360, vgl. Vatik. Quellen II S. 31) Ultra vero premissa debet d. papa etc. pro recuperatione et defensione terrarum Rom. ecclesie:

1. d. Raymundo tit. s. Crucis in Ierosol. presb. card., executori testamenti bone memorie d. Galhardi tit. s. Lucie in Silice diac. card., mutuanti restituendos 10 000 fl.[3]

2. d. Guillelmo ep. Tusculan. card., camerario collegii dd. cardinalium, de pecuniis receptis per ipsum de executione quorundam dd. cardinalium in Rom. curia defunctorum restituendos 4000 fl.

3. eidem d. cardinali epo Tusculano, quos de suis propriis pecuniis mutuavit, restituendos 1000 fl.

---

[1] Vgl. R. Michel, *Le tombeau du pape Innocent VI. à Villeneuve-les-Avignon* (Revue de l'art chrétien 61, 1911, p. 205 ss.).

[2] Vgl. M. Faucon, *Prêts faits aux rois de France par Clément VI., Innocent VI. etc.* (Biblioth. de l'école des Chartes 40, 1879, p. 570 ss.), ferner Göller in Röm. Quart.-Schrift 23 (1909) p. 65 ss.

[3] Wie die Verwaltung der kirchlichen Einkünfte unhaltbar war und einer gründlichen Reform bedurfte, können wir auch aus dieser Aufzeichnung entnehmen. Denn während die Kardinäle aus dem Kirchenstaate die Hälfte aller Einnahmen beanspruchten, gaben sie doch zu dessen Verteidigung keinen Pfennig, sondern liehen im günstigsten Falle dem Papste kleinere Summen auf kurze Frist. Während ferner das bißchen Erbe der niederen Geistlichen, die im Gebiete der Kurie starben, von der päpstlichen Kammer eingezogen wurde, wie wir es z. B. nach dem Tode des in der Gegend von Avignon verstorbenen Heinrich von Fritzlar (1361 B 4) sehen, blieben die nach heutigen Begriffen in die Millionen gehenden Erbschaften der an der Kurie sterbenden reichen Kardinäle unangetastet.

4. *desgl.* Raynaldo s. Adriani diac. card. 1000 fl.
5. d. Petro epo Penestrino card. 4000 fl.
6. d. Andoyno ss. Ioh. et Pauli, presb. card., 2000 fl.
7. d. Guillelmo s. Marie in Transtiberim presb. card. 1000 fl.
8. d. Nicolao s. Marie in Vialata diac. card. 1497 fl.
9. d. Guillelmo s. Marie in Cosmedin. diac. card. 1500 fl.
10. d. Guillelmo ss. Marcelli et Petri presb. card. 1000 fl.
11. d. Nicolao s. Sixti presb. card. 500 fl.
12. d. Petro tit. basilice XII Apostorum 1000 fl.
13. d. Talayrando ep. Alban. card. 2000 fl.
14. d. Hugoni s. Laurentii in Damaso presb. card. 2000 fl.
15. d. Petro ep. Ostien. 1000 fl.
16. d. Petro s. Martini in Montibus 1000 fl.
17. d. Helie 's. Stephani in Celimonte presb. card. 500 fl.

(I. E. 293 f. 212 guerra) **1360** Juli 29 cum fuerat facta conventio et pactum per cameram mandato pape cum Gautifredo Marini de Portu Veneris dioc. Ianuen., patrono galee vocate »sancti Nycolai«, de conducendo per mare per ipsum patronum dominum Paulum episcopum Frisingensem[1] cum certis gentibus et rebus suis et pape de Arelate usque ad portum Pisanum per papam missum ad dominum legatum in Lombardia super facto guerre Bononie et super certis aliis negotiis ipsum papam ac Rom. ecclesiam tangentibus videl. pretio 350 fl. eidem patrono solvendorum, ut in instrumento per d. Iohannem Palaysini, notarium camere super hoc recepto, plenius continetur, die qua supra, in deductione dicte summe . . . 100 fl.

Aug. 16 soluti fuerunt de mandato pape Maurissono de Vassinhaco, magistro coquine pape, misso per eum in societate dni Pauli episcopi Frizingen., d. regis Ungarie ambaxatoris, ad d. Egidium ep. Sabinen., cardinalem legatum, et ad dominum Aymericum, electum Vulteran., thesaurarium generalem sedis Apostolice in partibus Italie, per ipsum Mauricium reddendos et assignandos eisdem legato et thesaurario expendendos in deffensione et guerra civitatis Bonon. ipso Maurissono manualiter recipiente 30 000 fl.

Aug. 16 de dicto mandato Gotfrido Marini de Portu Veneris, patrono galee vocate »s. Iuliani«, pro complemento 350 fl. sibi promissorum pro conducendo prefatum d. Paulum episcopum Frisingen. et gentes et res ipsius domini episcopi et pape per aquam de Arelate usque ad portum Pisanum . . . 250 fl. ac pro mora et expensis factis per ipsum patronum propter retardationem introitus dicte galee per ipsum d. episcopum et alias factam 30 fl.

---

[1] Für dies und das folgende vgl. Schäfer, *Deutsche Ritter in Italien* 2. Buch S. 201.

(f. 213v) Dez. 29 computum redditum per Leonem de Iovis usserium et Massiotum servientem armorum pape:

5. Juni recessimus de Auinione Massiotus serviens armorum et ego Leo usserius pape cum 6 equis pro portando certam florenorum summam de mandato pape d^no cardinali Ispanie legato in partibus Italie, recepit Massiotus 60 fl., de quibus dictus M. debet computare. 3. Juli recessimus de Ianua: ego Leo cum d^no archiepiscopo Neapolitano per mare causa securitatis cum pecunia, expendi usque Pisis pro me 1 fl., 3. Juli dictus Massiotus recessit de dicto loco per terram cum equis et familia et venit, 6. Juli Pisis, qua die etiam nos in dicto loco stetimus, 4 fl.; 8. Juli recessimus de Pisis et venimus Florentiam, expendi per viam 2 fl.; 9. Juli fuimus Florentie per 5 dies semper cum 6 equis, ubi expendimus pro expensis nostris et equis $8^1/_2$ fl.; 16. Juli recessimus de Florentia et venimus ad castrum s. Iohannis, ubi expendimus pro nobis et equis 2 fl., 17. Juli recessimus de dicto castro et venimus ad castrum de Castillione Aretino, ubi expendimus pro prandio et cena pro nobis et equis $2^1/_2$ fl., 18. Juli recessimus de dicto loco et venimus Perusium, ubi expendimus pro prandio et cena pro nobis et equis 2 fl., 19. Juli venimus Fulginum de sero, ubi expendimus pro nobis et equis in prandio et cena 2 fl., 20. Juli venimus ad Prorato (!), ubi expendimus pro prandio et cena pro nobis et equis 2 fl. 20 s., 21. Juli venimus Anchonam, ubi expendimus pro expensis et reparatura equorum $3^1/_2$ fl., 28. Juli recessi ego Leo de Anchona de mandato legati et ivi ad Patrimonium et dimisi Massiotum 4 fl., expendi ego cum 3 equis in eundo ad Patrimonium et redeundo Anchonam 20 fl., de quibus expendi in infirmitate, quam habui, 10 fl., 8. Sept. redii Anchonam de Patrimonio ad dominum legatum et postea legatus fecit me remanere in Anchona et steti in dicto loco per 10 dies vel circa et steti expensis dicti d^ni legati, postea legatus ivit Cesenam per mare et Maurissonus (!) cum eo, et ego ivi per terram, expendi in $3^1/_2$ diebus una cum aliquibus quam ratione infirmitatis dicti Maurissoni, dum eramus in Anchona, $3^1/_2$ fl., 30. Sept. recessimus de Cesena et fui Florentie et expendi per viam cum 3 equis $2^1/_2$ fl., 2. Okt. venimus Florentiam, expendimus ibi 2 fl., 22. Okt. venimus in Auinionem, expendi per viam in expensis meis, familia, equorum ferratura, reparatura cellarum et pedagii 29 fl.; *im ganzen* 93 fl. 20 s.

Davon bezahlte der Kollektor Tuscie 60 fl. 50 s. mon. Florentie.

(f. 216 custodia) **1360** Jan. 28 de mandato pape d. Rigaldo Guitardi, castellano castri Pontis Sorgie prope Auinionem, pro fossatis in circuitu et pro custodia fieri faciendis 200 fl. Pedim. boni ponderis. *So jeden Monat.*

Jan. 30 mag. Iohanni [de Finayo] Albigan. dioc.,[1] magistro ingeniorum, pro vadiis suis et 2 sociorum presentis mensis Ianuarii 30 fl.

---

[1] Hiernach war dieser Meister aus der Diözese Albenga in Oberitalien.

Jan. 31 computum redditum per Aymericum de Duno, servientem armorum et custodem artilherie palacii pape, ratione officii sui artilharie et pro custodia civitatis et episcop. Auin. ac comitatus Venayssin: pro stipendiis conventionalibus datis mag. Ulrico de Steina, mag° ingeniorum et spingalarum, et 2 sociis suis pro mense Ianuarii, ut est fieri consuetum, 36 fl.,[1] pro aliis stipendiis conventionalibus ipsius mensis datis Guillelmo de Vareys,[2] magistro etiam ingeniorum et spingalarum, pro 20 diebus (*monatlich* 8 fl. 6 s. 6 d.) 5 fl. 12 s. 4 d., pro fusterio, qui operatus fuit cum eodem magistro Guillelmo ipso vivente[3] et post videl. 25 diebus (*je* 7 s.) 7 l., . . . pro omnibus ferramentis necessariis pro 2 spingalis factis per dictum magistrum G. receptis a magistro Petro Lombardi fabro, que ponderat, 85 lb. (*zu je* 2 s.) 7 fl. 2 s., pro 3 quint. cordarum pili pro spingalis religandis 21 fl., pro 1 miliari fuste guerratorum pro spingalis emptis a quodam Alamanno 12 fl., pro stipendiis mag. Iohannis Durglas, magistri balistarii, (pro $1/4$ anno) 25 fl.

Febr. 24 cum Petrus Iohannis, civis Auin., Franciscus de Podio de Luca, Atomannus Maleficii et Bartholomeus Ademari de Florentia, mercatores curiam Rom. sequentes, arrendaverunt seu ad firmam ceperunt a dominis Raymundo s. Crucis in Ierosol. et Audoyno ss. Iohannis et Pauli tit. presb. cardin., vice et nomine pape ad firmam tradentibus, pro muris et fossatis faciendis pro clausura civitatis Auin. ad 2 annos continue in Kal. Oct. 1359 inceptam gabellam vini, quod vendetur interim in civitate et suburbiis Auin., precio 39 000 fl. solvend. in certis terminis, . . . quia pecunia pro dicta clausura facienda est in parte necessaria de presenti, *so läßt der Papst aus der apost. Kammer* 19 500 fl. fort. *vorschießen, desgl. am 29. Dez.* 10 000 fl.

(f. 217) März 31 Iacomino de Saliente, balisterio Dien. dioc., pro 15 balistis de turno munitis pro custodia palacii (*zu je* 8 fl.) 130 fl.

(f. 217ᵛ) April — pro 4½ cannis fuste sive postium pro caxiis (*zu je* 14 s.) a Iohanne de Lotiringia.

(f. 218) — pro portando de Rodano ad palacium 6000 fust. sive

---

[1] Ebenso in den folgenden Monaten. Meister Ulrich von Stein, Geschützingenieur des Papstes, war aus Konstanz am Bodensee gebürtig und schon seit April 1358 im päpstlichen Dienste als magister ingeniorum (vgl. oben S. 728; ferner s. auch die Urkunde bei Rieder, Röm. Quellen z. Konstanzer Gesch. 1908 S. 65 Nr. 293). Sein Sohn Albert studierte damals auf der Domschule zu Konstanz. Sein Gehalt in Avignon war beträchtlich hoch, wenn er auch noch 2 Gesellen bezahlen mußte. Er erhielt jährlich 432 Goldgulden, bedeutend mehr als die sonstigen Geschützmeister. Außerdem auch noch Kleidungs- bezw. Rüstungsgegenstände: (f. 217ᵛ): pro malha (Kettenhemd) dicti magistri Ulrici, magistri ingeniorum, eidem promissa in conventione cum eodem facta 8 fl. Im Herbst (Anfang Okt.) 1360 verließ er den päpstlichen Dienst, um einen Besuch in der Heimat auszuführen. Der Papst aber konnte ihn nicht entbehren und sandte schon im selben Monat Oktober einen eiligen Boten nach Konstanz, um ihn und seine Gesellen zurückrufen zu lassen (vgl. unten).

[2] Nach frdl. Mitteilung Herrn Dr. Rueggs sind die »von Vareys« ein Genfer und Lausanner Geschlecht; vgl. auch oben S. 727.

[3] Meister Wilhelm starb also um den 20. Jan. 1360 in Avignon.

1a. Italienischer Krieg und Verteidigung von Avignon. 751

astas guerrotorum pro spingalis, quas conduxit Iohannes Grant de Burgundia, 2 fl.

(f. 219v) Mai 31 Bartholomeo de Vassinhaco, servienti armorum pape, deputato ad custodiam castri de Saumana, ultra ad vadia ordinaria pro avantagiis 5 mensium (Jan.-Mai, *je* 4 fl.) 20 fl.

(f. 220v pro custodia) Okt. 31 pro 1 famulo, qui ivit Constantie in Alamannia ad querendum magistros ingeniorum, qui recesserant, cui promisit pro eundo et revertendo tam pro labore quam expensis, 8 fl.

Nov. 16 d. Nicodo (!) de Glande Gebennen. dioc. misso ordinatione pape et camere cum 50 hominibus armorum et 500 peditum pro custodiendo passus comitatus Venayssini et perquirendo aliquos depredatores, qui dicebantur ibi esse, pro expensis, Iacobo de Margico, familiari suo, recipiente 50 fl.

Dez. 18 Petro Scatissa, thesaurario Francie, pro vadiis et expensis per ipsum thesaurarium solvendis certis bricandis missis ad custodiendum Pontem s. Spiritus, ne prava societas, que dicitur venire in Provincia, transeat per dictum Pontem,[1] mag. Matheo Achetantis de Luca, serviente arm. d. regis Francie et vigerio s. Spiritus, recipiente 500 fl. sent.

Dez. 19 Henrico de Touris et Nicolao Lombardi, cursoribus pape, missis archiepᵒ et collectori Lugdun. cum literis camere ad explorandum de dicta prava societate 16 fl.

Dez. 19 de mandato pape d. Nicolao (!) de Glande, militi Geben. dioc., misso cum 25 hominibus arm. per papam ad custodiendum passus et introitus comit. Venayssini, ne prava societas, que dicitur esse in partibus Ianuen., intret comitatum, quos eidem portavit Bertrandus de Engolisma, domicellus Caturcen. dioc., Audoyno de Acra can. Carpentoracen. et thesaurario dicti comitatus pro papa, tradendos 400 fl. fort.

Dez. 26 Colino Lombardi et Bernardo Plancati, cursoribus pape, missis ad explorandum de prava societate, que dicitur venire Auinionem et in Provincia, 16 fl. fortes.

Dez. 27 Golferio Helye et Iohanni Aurosi, militibus Lem. dioc. et civitatis Auin., missis ad pravam societatem, que dicitur esse in Rupemaura vel circa, ad sciendum, quod agere intendit, 50 fl. fort.

Dez. 28 fr. Iohanni Cereni ord. Predic., qui venit de predicta mala societate et iterato rediit ad ipsam ad explorandum de eadem, 10 fl.

— Bertrando de Engolisma, domicello Caturc. dioc., misso cum 25 brigandis et eorum capitaneo ad custodiendum locum de s. Laurentio de Arboribus Auin. dioc. 162 fl. fort.

(f. 222v) Dez. 29 d. Hugoni de Poiolis, domino de Blancaforti, militi Agennen. dioc., capitaneo comitatus Venaycini et episcopatus Auin. pro papa, deducendi de vadiis suis et gentium suarum 1000 fl.

---

[1] Vgl. über dies und das folgende L. H. Labande, *L'occupation du Pont-Saint-Esprit par les grandes compagnies* . . . (Revue hist. de Provence 1901 p. 79 ss. 146 ss.)

(f. 223) Dez. 29 d. Petro de Nontronio, can. Palent., pro 16 lectis per eum de mandato pape pro militibus et gentibus armorum iacentibus in palacio pro custodia emptis 239 fl. fort.

— Ludovico de Montelupello et Hugoni Gorda de Montilio Ademari Valentin. dioc. ex causa mutui pro defensione et fortificatione dicti loci de Montilio Ademari fieri faciendis 1000 fl. fort.

— pro stipendiis conventionalibus Dezembris mag. Clementis lo Loureng *(Lothringer)*, magistri spingalarum et aliorum artificiorum, 7 fl. etc.

1b. Geschenke und Wohltätigkeit.

(I. E. 293 f. 153 cera) **1360** Jan. 10 de mandato pape d. Ludovico Virlici, vicecomiti de Rupecauardi Lemouicen. dioc., pro speciali dono, d. Aycardo Marches, milite dicte dioc., recipiente 300 fl.

Jan. 14 *desgl.* Guillelmo Alberti, nepoti pape, 200 fl.

(f. 155) Febr. 3 *desgl.* d. Helye de Nuouilla, militi Lemov. dioc., 50 fl.; Guillelmo la Marcha, domicello Lemov. dioc., 30 fl.

Febr. 7 *desgl.* Iohanni Alinor, domicello Lemouic. dioc., 100 fl.

Febr. 23 *desgl.* d. Guillermo Coteti, militi Lem. dioc., 100 fl.; d. Gaucelmo de Melhaco, militi Lem. dioc., 60 fl. fortes.

(f. 156v) März 3 *desgl.* mag. Petro Audeberti, lic. leg. Petragor. dioc., pro dono speciali 100 fl.; Petro de Maseriis, domicello Lem. dioc. 40 fl.; d. Rampnulpho Helye, militi Lem. dioc., 60 fl. fort.; d. Aymerico Pantena, militi Lem. dioc., 60 fl. fort.; Helye de Ponte, civi Lemouicen., pro dono speciali 100 fl.

(f. 157) März 8 *desgl.* d. Bernardo Chati, militi Lem. dioc., 60 fl.

März 28 *desgl.* domine Catori Cotete, matri Stephani Alberti, nepotis pape, pro speciali dono 100 fl. fort.

(f. 159) April 19 *desgl.* Guischardo de Combornio, filio d. vicecomitis de Combornio, pro dono speciali 30 fl.; Iohanni de Albussoro vel de Bornia, cler. Lemov. dioc., 20 fl.

(f. 160) Mai 16 de mandato pape d. Laurentio epo Vasionen., eiusdem phisico, de speciali dono, d. Stephano Grossi, nepote suo recipiente, 100 fl. sent.

Mai 18 *desgl.* d. Iohanni de Breno, militi Lem. dioc., 150 fl. camere.

(f. 161v) Juni 6 dominabus Bernarde de Iumilhaco, Katherine eius filie et uxori d. Iohannis de la Porta militis et eius avie Lemouicen. dioc. pro speciali dono pape 424 fl. fort. 15 s. 9 d.; d. Iohanni dno de Petrabufferia, militi Lem. dioc., *desgl.* Iohanne Christiani, cler. Pictauen. dioc., familiari suo recipiente, 200 fl. fort.; d. Golferio Helie, militi Lem. dioc., 50 fl. fort.; Iohanni la Porta, militi Lem. dioc., 200 fl.; dne Eyde de la Porta, avie d. Iohannis de la Porta, 100 fl. fort.

(f. 162) Juni 14 *desgl.* mag. Petro Audeberti, lic. leg. Petragor. dioc., 100 fl.; d. Petro Bruschardi, militi Lem. dioc., 60 fl. fort.

Juni 19 *desgl.* Iohanni de Breno, mil. Lem. dioc., pro dono speciali fieri consueto pro termino festi omnium Sanctorum proxime venturo (!) 150 fl. camere.

Juni 21 *desgl.* d^{ne} Tassiete de Baussio, relicte quondam d. Guiraudi Ademari, condam dⁿⁱ Montili Ademari Valentin. dioc., tutrici Guiraudeti Ademari, filii et heredis dicti † d. Guiraudi, pro dono speciali ratione expensarum factarum per ipsam in prosequtione cuiusdam homagii prestiti per eam, ut inferius in alia rubrica expensarum continetur, et pro expensis factis veniendo propter hoc ad Rom. curiam et morando per certos dies in eadem . . . 200 fl. fortes *(vgl. oben S. 744, 13).*

(f. 162v) Juni 29 *desgl.* d. Iohanni de Breno, militi Lem. dioc., pro raubis emendis per eum pro d^{na} Sibilla, sorore sua, Ademaro de Benevento recipiente, 100 fl.

(f. 164v) Aug. 17 *desgl.* Mauritio de Vassinhaco 200 fl. fort.

Aug. 18 *desgl.* d. Rampnulpho de Perussia, mil. Lem. dioc., d. Iohanne de Lescura presb. familiari suo recipiente, 200 fl.

(f. 165v) Sept. 5 *desgl.* Raymundo de Chabanis, domicello et scutifero pape, Lemouic. dioc., 100 fl.

(f. 166) Sept. 29 Petro Michaelis, can. Gienn.,[1] pro speciali dono pape 10 fl. fort.

(f. 170v) Nov. 28 d. Laurentio ep^o Vasion. (dati per papam) pro festo Omnium Sanctorum, d. Stephano Grossi, nepote suo, recipiente, 100 fl. sententie.

(f. 171v) Dez. 14 de mandato pape d. Guischardo de Combornio, militi Lemovic. dioc., pro dono speciali, Iohanne de Decimaria, s. Ylarii Pictauen. can., recipiente 300 fl. fortes.

(f. 96 coquina) **1360** April *Die 22 an der Kurie anwesenden Kardinäle erhalten zu Ostern (wie üblich)* 25 mutones; *der cardinalis Penestrinus 2 mutones, sonst jeder einen, der Kamerar einen, die* servientes armorum, mag. marescallie pape *noch einen. Außerdem jeder Kardinal* 2 edulos; *zu Weihnachten* 25 porcos; *der cardinalis Penestrinus vice-*cancellarius Rom. curie 2 porcos, *jeder andere nur 1, ebenso der* camerarius 1 *und die* servientes armorum et palafrenarii marestalle domini pape 1 (pro *Schwein wurden auf dem Markt bezahlt* 60 s.).

Ferner werden unter die Kardinäle verteilt 17 lepores + 54 cuniculi *anstatt* 27 lepores, *also zusammen* 44 lepores; *(varia extraordinaria)* **1360** April 4 computavit Iohannes de Lapaira, clericus collegii dominorum cardin., de presbyterio debito d^{nis} cardinalibus pro festo pasche: pro portione debita priori episcoporum cardin. 6 malachin. 6 s. papien. (= 3 s. 5 d. tur. gross. 6 d. tur. p.).

---

[1] D. h. Domherr von Jaen in Spanien.

pro portione debita cuilibet 3 episcoporum aliorum cardinalium 4 malach. 4 s. papien. (2 s. 3 tur. gross. 9¹/₃ d.) in summa 6 s. 10 d. gross. 12 tur. p.

pro portione debita cuilibet 2 priorum presbyterorum et diaconorum 3 malach. 3 s. papien. = 20 gross. 11 tur. p. Summa 3 s. 5 d. gross. 6 d. tur. p.

pro portione debita cuilibet 16 tam presb. quam diac. cardin. 2 malachin. 2 s. papien. = 13 gross. 12²/₃ d. tur. p., *Summe* 18 s. 4 d. gross. 10²/₃ d. tur. p. *Zusammen erhalten die 22 Kardinäle 32 s. 2 d. tur. gross. 2²/₃ d. tur. p.*

Ebenso zu Weihnachten.

(*I. E. 293 elemosina*) **1360** *Ende April dem Prior des Kartäuserkonventes in Villeneuve zur Abhaltung des Generalkapitels* 100 fl.

Desgl. am 13. Mai dem Prokurator des Dominikanerordens, fr. Iohannes de Constantia, zur Abhaltung des Generalkapitels in Perpignan zu Pfingsten 100 fl.

Nov. 30 *Die 4 Mendikantenorden der Stadt Avignon erhalten je* 10 fl. *und der Trinitarierorden* 5 fl. pro missis celebrandis et ... orationibus faciendis pro pace facta inter reges Francie et Anglie.

(*cera*) **1360** Okt. 11 de mandato pape soluti sunt d. Petro Lasteyria, decret. doctori Lemouicen. dioc., misso per papam ad partes Lemouicen. pro faciendo edificari ecclesiam parochialem in loco de Vayshaco et plures ecclesias dicte dioc. reparari ac certis aliis negotiis expediendis per papam sibi iniunctis 100 fl. fortes.

2. Beamte.

Gehälter der Hofbeamten.

8. Pontifikatsjahr Innocenz' VI.

(*I. E. 293 f. 178 ss. vadia ordinaria*) *Die Zahlungen finden für je 8 Wochen statt, Fasttage werden besonders berechnet.*

1. vicecancellario[1] 194 fl. 9 s. 9 d.
2. marescallo iustitie 193 fl. 7 d.
3—38.[2] 35 servientibus suis et capitaneo eorum computato pro 2 239 fl. 18 d., *macht pro Mann* 6 fl. 11 s. *oder ca.* 6¹/₂ fl.
39. iudici ordinario [rerum civilium] curie marescalli 15 fl. 6 s. 8 d.
40. iudici dicte curie in criminibus 12 fl. 5 s.
41. thesaurario dicte curie 7 fl. 13 s. 4 d.
42. correctori 27 fl. 2 s. 7 d.

---

[1] Unter dem cancellarius stehen die scriptores pape, welche unter Innocenz VI. 101 an Zahl waren und am Krönungstage (wie früherhin) je 1 gallina zum Geschenk aus der Kammer erhielten. Rescribendarius war nach pro cera Sept. 30: Johannes Bellihominis.

[2] Um die Menge der offiziellen Kurialbeamten leicht erkennen zu lassen, habe ich sie oben einmal fortlaufend gezählt. Die verschiedenen scriptores müssen freilich noch dazu gerechnet werden.

43. magistro palatii [in theologia] 36 fl. 16 s. 6 d.

44—59. 16 penitentiariis integris 397 fl. 2 s. 2 d., *jeder ca.* 24 fl. 18 s. vien.

60—89. 28 capellanis commensalibus integris et uni pro 2 diebus 871 fl. 22 s. 2 d. ob.

90—91. 1 bullatori integro et alteri pro 42 diebus 55 fl. 18 s. 1 d. ob., *d. h. jeder bekommt täglich* 0,56 fl.

92—95. 4 clericis camere 140 fl. 37 s., *d. h. jeder* 35 fl. 9 s.

96—108. 8 capellanis capelle 132 fl. 8 s.

109—110. 2 clericis capelle 26 fl. 9 s. 9 d.

111—112. 2 clericis aliis capelle intrinsece 16 fl. 13 s.

113. notario camere 16 fl. 13 s.

3 Türwachen (usserii *oder* hostiarii):

114—116. Prima porta { 1. Petrus de Ianzens; 2. Ademarus la Ribyera; 3. Stephanus Vigerii } *je* 27 fl. 2 s. 7 d.

117—120. secunda porta { 1. Guills de Riueto; 2. Rotgerus de Molendino Novo; 3. Robertus de Balh; 4. Romanellus (de Roina) } *je* 27 fl. 2 s. 7 d.

121—123. tertia porta[1] { 1. Raymundus Grimaudi; 2. Arnaldus Nasconis; 3. Petrus de Cortilhis } *je* 27 fl. 2 s. 7 d.

124—135. 10 hostiariis minoribus integris et certis [2] pro 42 diebus 155 fl. 21 s. 4 d.

135—207. 60 servientibus armorum integris et certis [12] pro 50 diebus incl. 4 l. 1094 fl.

208—262. cursoribus integris et certis [10?] pro 26 diebus 376 fl. 2 s. 8 d.

263—276. 14 palafrenariis integris 115 fl. 19 s. 6 d.

277—278. Bernardo de Rocha et Tassino, porteriis prime porte, 16 fl. 13 s.

279. Golferio de Lieuro, magistro hospitii, 56 fl.

280. Mauritio de Vassinhaco, magistro coquine, 27 fl. 2 s. 7 d.

281. Reginaldo de Lur aquario 27 fl. 2 s. 7 d.

282—284. 3 famulis suis pro aqua 12 fl. 9 s. 9 d.

285. dno Philippo de Ageduno, emptori coquine, 27 fl. 2 s. 7 d.

286. Iohanni Postelli, coquo dicte coquine, 27 fl. 2 s. 7 d.

---

[1] Bei der 3. Zahlung (Mai) werden genannt als usserii 3. porte
1. Petrus de Cortilhis,
2. Raymundus Grimoaudi,
3. Arnaldus de Colonia,
4. Leo de Iovis (letzterer hatte eine wichtige Sendung an den Kardinallegaten Albornoz in Italien vom 5. Juni—22. Okt. 1360 mit Massiotus serviens armorum und 6 Pferden).

287. mag. Gerardo Benpinhe alteri coquo 27 fl. 2 s. 7 d.
288. mag. Guillo Championis alteri coquo 27 fl. 2 s. 7 d.
289. Naudino brodario coquine 8 fl. 6 s. 6 d.
290—291. 2 panetariis integris 32 fl. 26 s.
292—295. 4 buticulariis integris 64 fl. 52 s.
296. dno Symoni regestratori supplicationum 12 fl. 9 s. 9 d.
297. dno Stephano socio suo 12 fl. 9 s. 9 d.
298. regestratori regestri secreti 12 fl. 9 s. 9 d.
299. custodi vaccelle 16 fl. 13 s.
300. custodi carceris (Soldani) 20 fl. 16 s.
301. custodi cervorum 9 fl. 2 s.
302. Guillo Sabbaterii, magistro equorum (marescalle), 27 fl. 2 s. 7 d.
303. clerico suo (scriptori marescalli) 8 fl. 6 s. 6 d.
304. scriptori coquine 8 fl. 6 s. 6 d.
305. trahenti campanam 4 fl. 4 s. 4 d.
306. Aymerico de Duno pro custodia armorum 8 fl. 6 s. 6 d.
307. mag. Iohanni de Parma surgico 27 fl. 2 s. 7 d.
308. dno Raymundo Guitbaudi, directori operum, 16 fl. 13 s.
309. advocato fisci 15 fl. 9 s. 9 d.
310. mag. Petro marescallo equorum 27 fl. 2 s. 7 d.
311—331. Domicelli:
  1. scutifero magistri hospitii 27 fl. 2 s. 7 d.
  2. Petro Lacaelha 27 fl. 2 s. 7 d.
  3. Guillo Alberti 27 fl. 2 s. 7 d.
  4. Stephano Alberti 27 fl. 2 s. 7 d.
  5. Petro Stephani 27 fl. 2 s. 7 d.
  6. B. la Gana 27 fl. 2 s. 7 d.
  7. Gaufrido Vigerii 27 fl. 2 s. 7 d.
  8. Bertrando de Roffinhaco 27 fl. 2 s. 7 d.
  9. Guidoni eius filio 27 fl. 2 s. 7 d.
  10. Bertrando de Vayraco 27 fl. 2 s. 7 d.
  11. Stephano de Montaneo 27 fl. 2 s. 7 d.
  12. Gaubertoni de s. Xuperio 27 fl. 2 s. 7 d.
  13. Aymerico de la Reyma 27 fl. 2 s. 7 d.
  14. Guidoni de Podiovallis 27 fl. 2 s. 7 d.
  15. Humberto de Sauzeto 27 fl. 2 s. 7 d.
  16. Guischardo de Combornio 27 fl. 2 s. 7 d.
  17. Rotgerio de Belloforti 27 fl. 2 s. 7 d.
  18. Petro de Roffinhaco pro 40 diebus 19 fl. 9 s. 4 d.
  19. Raymundo de Chabanis pro 40 diebus 19 fl. 9 s. 4 d.
  20. Roberto de Vassinhaco pro 40 diebus 19 fl. 9 s. 4 d.
  21. Nicholao Iudicis pro 49 diebus 23 fl. 17 s. 8 d.
Summa totius solutionis 5523 fl. 28 l. 18 s. 9 d.

2a. Einzelheiten zu der Beamtenliste.

Die folgenden Zahlungen schwanken zwischen 5200 und 5500 fl.

Außer dem Gehalt wird noch die Sommer- und Winterkleidung von der Kammer bezahlt für

16 penitentiarii *je* 8 fl. *am 30. Juni*
20 scutiferi *je* 8 fl. *am 30. Juni*
1 magister palatii 12 fl. *am 30. Juni*
11 usserii portarum *je* 8 fl. *am 30. Juni*
72 servientes armorum *je* 8 fl. *am 30. Juni*
3 coquis et magistro marescallo *je* 8 fl.
13 palafrenarii *je* 2 fl.

denselben ebensoviel für die Winterkleidung am 29. Dez. bezahlt.

2ᵃ. Einzelheiten zu der Beamtenliste.

Die Namen der penitentiarii *sind (f. 181ᵛ):*

1. Raymundus Pinholi.[1]
2. Guills Vilata*.
3. Stephanus de Mailhaco*.
4. Iacobo de Assizio.
5. Gabrieli de Aleis*.
6. Geraldo de Cambalone.
7. Andreas de Voglesant*.
8. Petrus Hugler*.
9. Dominicus de Novoloco.
10. Isuardus de Aretio.
11. Euenus Regaymon.
12. Arnaldus Guidonis*.
13. Robertus de Vigorma*.
14. Geraldus de Gunaco.
15. Nicolaus de Assumudi*.
16. Iohannes Belin*.

*(Vgl. die Liste von 1361 Dez. 29; die oben mit * versehenen Namen kommen 1361 nicht mehr vor.)*

Die Namen der palafrenarii *sind (f. 182):*

1. Petrus Sapientis (Savi).
2. Guills Gauterii.
3. Dominicus de Met.
4. Bernardus Sautii.
5. Arnaldus de la Bussiera.
6. Bertholus de Leodio.
7. Guills Cathalani.
8. Petrus de Navarra.
9. Egidius de Ispania.
10. Stephanus Bartholomei.
11. Pochorius Mascharati.
12. Michaletus Cordelerii.
13. *Nicht genannt.*

Die Namen der servientes armorum *(f. 181ᵛ s.) (jedem werden je 5 fl. für Sommer- und Winterkleidung bezahlt):* 1. Karolo Iori, 2. Anceloto de Breturia, 3. Guillelmo la Guilhalmia, 4. Raymundo Pogioli, 5. Massioto de Montefalco, 6. Bernardo de Sena, 7. Guillelmo Danielis, 8. Ademaro de Bordis, 9. Bertrando Bernardi, 10. Ogerio la Reuere, 11. Iohanni de Tholosa, 12. Reginaldo de Lur, 13. Monine de Pelagrua, 14. Audoyno de Vassinhaco, 15. Betucio de Luca, 16. Michaleto de Pistorio, 17. Marcholando, 18. Anthonio Lucce abbatis, 19. Leoni de Neapoli, 20. Raymundo

---

[1] cera Dez. 29 de mandato pape fr. Raymundo Panholi, penitentiario pape, nuper misso ad partes Lemouicen. pro certis negotiis per papam iniunctis et expediendis ipso fr. Raymundo manualiter recipiente 33 fl.

de s. Claro, 21. Bartholeto de Placentia, 22. Petro Mespi, 23. Aymerico de Duno, 24. Raterio Rotgerii, 25. Iohanni de Acheriis, 26. Bonfonto de Gunello, 27. Beghoto Suthon, 28. Bertrando de Falgeyracio, 29. Guillelmo de Malomonte, 30. Ponceto de Castrobono, 31. Iacobo Melioris, 32. Iaqueto eius filio, 33. Raymundo Garsaualli, 34. Iohanni Balistarii, 35. Photio Maceti, 36. Naudino de Suiraco, 37. Petro Gasqueti, 38. Raymundo de Galan, 39. Bosoni Quintini, 40. Iohanni Vigorosi, 41. Oliuerio la Reymundia, 42. Bosoni de Mesclaione, 43. Petro Placentis, 44. **Guillelmo de Magunta**, 45. Stephano la Porta, 46. Raymundo de s. Michaele, 47. mag^o Lorino, 48. Aymerico la Roccha, 49. Angelo de Luca, 50. Bertrando de Penna, 51. Raymundo de la Caussina, 52. **Hugoni de Sunheco**, 53. Iordano de Chamayraco, 54. Iacobo de Acheri, 55. Geraldo de Bellopodio, 56. Guillelmo Sinerii, 57. Petro Robati, 58. Hugoni la Ribieyra, 59. Guillelmo Bedos, 60. Petro Lebrat, 61. Stephano de Bordis, 62. Bertholomeo de Vassinhaco, 63. Petro Bernardi, 64. Iohanni magⁱ Pauli, 65. Rostagno Berqui, 66. Guillelmo Ademari, 67. Helyoto de Buffenos, 68. Iohanni Rostagni, 69. Guioto de Vernh, 70. Bertrando de Vayraco, 71. Iohanni de Mesin.

NB. *Als Deutsche kommen sicher in Betracht nur 44 und 52 (Hüglin von Schöneck[1]), außerdem wohl noch 71 (Menzingen?).*

(cera) Aug. 31 d. Falco de Spoleto miles, **vicarius temporalitatis episcopatus Auin.**, de expensis factis in eundo et redeundo ad senescallum Provincie in Provinciam missus ibi per dd. camerarium et thesaurarium pro certis negotiis et bladis emendis . . . 8 fl. etc.

Sept. 18 soluti fuerunt P. de Campinhaco, **procuratori fiscali pape**, et d. Petro Stephani, camerario dⁿⁱ cardinalis de Aragonia, missis apud Bellicadrum Nemausen. ad taxandum salmatas racemorum pro vinis provisionum ibi factis seu faciendis 39 fl.

(cera) Sept. 30 d. Bernardus de Segurano, **cubicularius pape**, comput. de 1 lecto empto pro persona sua pro cubando in camera pape: 1 culcitra cum plumario 14 fl., 1 matalatium de cotone 8 fl., 1 manna alba 7 fl., 1 coopertura viridis 5 fl., 2 paria lintheaminum 6 fl., *im ganzen* 40 fl.

Dez. 31 Ademarus la Rebieyra, **cubicularius pape**, *besorgt Kleidung für die Nichten des Papstes.*

(Extraordinaria) **1360** Jan. soluti fuerunt d^{no} Iohanni de Seduno, **scriptori pape et distributori**, pro gallinis dari et solvi consuetis in **renovatione coronationis** sive pontificatus pape omnibus scriptoribus pape, qui sunt in numero 101, cuilibet 1 gallinam 20 fl.

---

[1] Vgl. m. *Deutsche Ritter in Italien* 1. Buch, Register.

2a. Einzelheiten zu der Beamtenliste. 759

(f. 155 cera) Febr. 7 de mandato pape soluti fuerunt Guillo de Benevento, clerico camere, misso per papam ad d. cardinalem Yspan. in Lombardia legatum pro certis negotiis ipsum papam et ecclesiam Rom. tangentibus 600 fl.

(f. 159v cera) **1360** Mai 16 soluti fuerunt de mandato pape d. Laurentio episcopo Vasionen., eiusdem phisico, de speciali dono per ipsum papam sibi facto, dno Stephano Grossi, nepote suo, pro ipso recipiente, 100 fl.

Nov. 28 *desgl.* 100 fl.

(f. 154v) Reginaldus de Lur, serviens armorum et aquarius pape, *legt monatlich Rechnung ab* de expensis factis per eum ratione officii aque, *das Wasser wird von Trägern in die Küche gebracht in kleinen Tragfässern* (barrilia).

(cera) **1360** Dez. 29 computavit Widericus de s. Deodato, servitor in officio scobe pape, de expensis factis per eum pro extrahendo ligna combustibilia de lignerio et portando in camera pape *vom 31. Okt.— 1. Jan.* 10 fl. 19 s. 4 d.

Helyas Rambaudi, custos vaccelle pape, *hat dreimonatliche Abrechnung, er wacht über die Aufbewahrung und Reinhaltung des Gold- und Silberzeuges (die Abrechnungen in I. E. 293 [1360] im Titel* pro cera).

Trahens campanam palatii *war nach* cera 1360 Aug. 31 Guillelmus Agneti, *er sorgt für die Bedienung der Glocke, die ziemlich hoch gehangen zu haben scheint, da das Glockenseil 38 libre wog und 1 fl.* 23$^1/_2$ *s. kostete.*

regestrator registri secreti *war nach I. E. 293* pro cera Sept. 30 I. de Angicuria.

(cera) **1360** Aug. 31 Iohannes de Grandimonte, cursor et custos palatii Villenove, *hat für Verschönerung der Wege zu sorgen.*

Sept. 22 Gaufridus Trusci cursor pape.

Sept. 23 Henricus cursor pape.

April 15: Iacobus cursor pape *besorgt die Funeralia des an der Kurie verstorbenen* Augustinus de Perusio, cursor pape, *die Kammer bezahlt nach altem Herkommen die Kosten.*

Dez. 24 Petro de Aula, cursori pape, misso cum literis procurationum et subsidii de novo per papam indictarum ad collectores Remen., Senonen., Rothomagen. et Turonen. 10 fl.

Dez. 31 Guills Bartholomei cursor.

(I. E. 293 elemos.) Apr. 29 Geraldus Meleti cursor *überbringt aus der Kammer auf Befehl des Papstes* 100 fl. *Geschenk an den Kartäuserkonvent in Villeneuve bei Avignon.*

Dominicus Lucarrel, hostiarius minor, *kauft in Bordeaux Tuche für die Armen ein und Fische* (elemosina).

(f. 204 Panhota) Iohannes de Roma et Bartholomaeus de Vincebec, porterii prime porte, Nicolaus de Mucia, Assaiantus Iacobi de Monte sancti Martini, cursores pape, *nach Genua zum Einkauf von Getreide geschickt.*

(f. 150 extraord.) **1360** Jan. 4 Iohanni de Grandimonte custodi et Iohanni Plancati, ortolano palatii Villenove, pro vadiis extraordinariis sive eorum expensis 6 fl. 6 s. *Das Gehalt immer in den ersten Tagen des Monats bezahlt.*

Guills Albi, clericus Lemovicen. dioc., deputatus ad custodiam piscarii pape, *täglich* 4 s., *am Ende jedes Monats bezahlt. Er wird seit Februar auch als* cursor *bezeichnet.*

(f. 220 custodia) **1360** Dez. 11 Stephano de Combis, porterio prime porte palacii pape, pro oleo pro custodia dicte porte de nocte 1 fl.

(f. 169v cera) Guido de Rayssio, capellanus commensalis pape et eius s. palatii causarum auditor, *wird 1360 April—Mai in wichtigen Geschäften nach Italien geschickt.*

(f. 204 Panhota) Okt. 9 *erscheinen* Iohannes de Roma *und* Bartholomeus de Vincebec *als* porterii prime porte palatii.

3. Brot und Fruchteinkäufe.

(I. E. 293 f. 198v Panh.) **1360** April 30 computum per Iohannem Rosseti clericum de provisione . . . pisorum et fabbarum facta per eum in Burgundia de mandato Apostolice camere pro usu hospitii Panhote et etiam palacii Apostolici assignatorum d. Petro de Frigidavilla, administratori domus Panhote . . . *(f. 199):* pisa empta in Cabillone ad mensuram Cabilon.: a Guillelmo Dulle de Cabilone 6 bichetos *(zu je* 2 fl. 4 gross.) 14 fl., a Iohanne de Fonte 10 bichetos *(zu je* 2 fl. 3 gross.) 22 fl. 6 gross., a Iaquineto Prelli nauterio 8 bichetos *(zu je* 2 fl. 2 gross.) etc., *zusammen* 41 bicheti 7 boysselli pisorum *für* 95 fl. 2$^1/_2$ gross. *Einkaufspreis.*

fabe empte in Trenorchio[1] et Lugduno pro usu Panhote; a Guillelmo de Fongeria de Trenorchio 12 bichetos *(zu je* 2 fl. 5 gross.) 29 fl., a curato de Veyaco prope Trenorchium 8 bichetos *(zu je* 2 fl. 4$^1/_2$ gross.) 19 fl., a Peroneto de Preneria 10 bichet. *(je* 2 fl. 3$^1/_2$ gross.) 22 fl. 11 gross., in Lugduno a Francisco Pascalis 22 asinatas *(je* 2 fl. 5 gross.) 53 fl. 2 gross., a Iaquineto de Vallibus de Lugduno 4$^1/_2$ asinatas *(je* 2 fl. 4 gross.) 10 fl. 6 gross.; *zusammen* 30 bichetos $+$ 26$^1/_2$ asinatas *für* 134 fl. 7 gross. *(Einkaufspreis).*

Expense pisorum et fabarum: pro corretariis, qui fabas et pisa emerunt, 1 fl.; pro botiqua, in qua fuerunt reposita, 9 gross.; pro onerando in Trenorchio et Cabilone in navigiis 13 gross., pro mensurando

---

[1] Abtei Tournus in Burgund.

superius in Burgundia 8 gross.; pro expeditione et pedagiis, quia fecit 2 viagia de dictis pisis et fabis de Lugduno, Cabilone et Trenorchio apud Auinionem et solvit pro dictis pedagiis et extensionibus pro 2 viagiis *(bis Avignon)* 9 fl. 8 gross., pro lanterna pro custodia navigii 2 gross., pro panuncello ad arma pape pro ponendo supra navigium 1 gross., pro factura 2 tendutarum et 16 saccorum pro portando fabas et pisa 7 gross., pro expensis nuntii, qui continue custodivit navigium de Cabilone apud Auin., 3 fl. 9 gross., pro portu per aquam de Cabilone, Trenorchio et Lugduno pro 60 saumatis grossis tam pisorum quam fabarum (*je* 5 gross.) 25 fl., pro mensurando in Auinione (2 d. pro saumata) 10 s., pro portu de navigio ad grener (granarium) pape (6 d. pro saum.) 30 s., pro cerotecis notheriorum 4 s., *zusammen* 44 fl. 7 gross.

Item computavit idem Iohannes se expendisse a 10. Dez. 1359, qua recessit de Auinione de mandato dd. camerarii et thesaurarii pro eundo ad collectorem Lugdunen. pro apportando certam quantitatem pecunie penes collectorem et fuit tam in Lugduno quam in Bisuntio et locis aliis collectorie dicti collectoris pro recolligendo 3000 fl., quos ad cameram apportari procuravit, pro 34 diebus, quibus expendit pro equo, nuntio et aliis pluribus 22 fl., et applicavit Auinionem 12. Ian. 1360, idem Iohannes 18. Ian. 1360 fuit iterato missus ad partes Burgundie tam pro portando bullas clausas archiepo Lugdun. ex parte pape super tractatu pacis inter reginam Burgundie et comunitates patrie et quibusdam nobilibus ipsius patrie quam pro emendo, conducendo et portando literas per 42 dies, *zusammen* 25 fl.

(f. 201v) Aug. 16 de mandato pape d. Dominico de Campocassio, can. Ianuensi ac collectori Apost. in partibus Ianuen. ac commissario Apost. deputato ad faciendum certas provisiones bladorum in Sardinia et Corsica et aliis certis partibus pro usu palacii et Panhote pape, de quibus promisit bonum computum reddere et legalem, ut in instrumento per d. Iohannem Cellarii, notarium procuratoris fiscalis camere, super hoc recepto continetur, 3000 fl. camere.

Aug. 18 Matheo Leonardi alias Bolonino, cursori pape, misso cum collectore Ianuensi in Sardiniam et aliis partibus pro bladorum provisionibus faciendis 8 fl. fort.

(f. 203) Aug. 31 de mandato pape Petro de Giers alias de Scarparia, magistro cursorum mercatorum Auin., pro provisionibus bladorum per ipsum Petrum faciendis in Bellicadro et aliis locis circumvicinis pro usu hospitii palacii et elemosine Panhote pape 1500 fl. fortes.

— Petro Reynaldi, clavario Carpentorat. pro papa, pro provisionibus bladorum per ipsum faciendis in dioc. Foroiulien., Aquen. et quibusdam aliis locis Provincie pro usu hospitii et elemosine 500 fl. fort.; item d[no] Falconi de Spoleto militi, vigerio episcopatus Auin., quos dicto Petro Reynaldi portavit apud Aquenses pro dictis provisionibus faciendis, d. Raymundo

Naulonis collectore Apost. in provincia Aquensi de mandato camere pro dicto clavario recipiente . . . 1000 fl.

— Petro Reynaldi pro 400 saum. frumenti emptis in comitatu Veneyssini (*zu je* 4 fl. 3 gross.) 1700 fl.

Okt. 3 *Demselben* pro portu certe quantitatis bladorum per ipsum missorum ad opus Panhote de bladis et fructibus reservatis episcopatus Foroiulien., Raymundo Marini, cive Auin., factore suo, recipiente 50 fl. fortes.

(*f. 204*) Okt. 9 Iohanni de Roma et Bartholomeo de Vincebec, porteriis prime porte palacii, et Nicolao de Mucia, Assaianto Iacobi de Monte s. Martini, cursoribus pape, missis apud Ianuam Dominico de Campocassio, can. Ianuen. et collectori Apost^o in civitate et diocesi Ianuen. vel alibi, ubi dictus collector existet, pro . . . provisionibus bladorum pro usu elemosine Panhote hospitii pape . . . 7000 fl.

— Nicolao Grimaldi, campsori camere, pro 4 iuponibus factis fieri ad portandum dictam pecuniam Ianuam 4 fl. sent., *ferner den genannten* cursores *für die Reise* 100 fl.

Dez. Iohannes Rosseti *kauft in Burgund Erbsen* (pisi) *und Bohnen* (fabe) *in Cabillon.*:

1 bichetus pisorum pro usu palatii pape 5 fl.
1 „ „ „ „ „ „ 4 fl. 10 gross.
1 „ „ „ „ „ „ 5 fl.
2 boyselli pisorum 18 gross.

NB. 3 bicheti + 2 boyselli (Cabilon.) = 2 saumate grosse Auin. 1 saum. = 13 boyselli.

Die beiden Saumate Erbsen kosten 16 fl. 4 gross. Iohannes Rosseti clericus *kauft ferner in Verdun*

8 bicheti fabarum *zu je* 3 fl.
12 „ „ in Trenorchio *zu je* 3 fl.
6 asinate (mens. Lugdun.) fabarum apud Auxam *zu je* 3 fl.
8 asinate fabarum in Lugduno *zu je* 3 fl.
6 „ „ „ „ „ 3 fl.
5 „ „ „ „ „ 2 fl. 11 gross.

NB. $1^1/_4$ bichetus + $1^1/_4$ asinata = 1 saumata grossa Auin.

Im März vom panetarius *ausgegeben* de pane librato (*für den Palast*) 14 600 panes, 550 panes *gehen auf die* saumata, *also zusammen* 26 saum. 300 panes.

Im April in pane librate recepto a Francisco de Laude, pistore pape, 19 050 panes (*auf die* saumata *gehen* 550 panes), *zusammen also* 34 saumate 350 panes frumenti.

Aug. in pane pro usu palatii recepto a Francisco de Laude pistore palatii 25 200 panium (550 panes *auf die* saumata frumenti) = 45 saum. 450 panes.

marescalla Jan. 1 emina farine 9 s., *so auch im folgenden* 8 emine furfuris *(Kleie)* 12 s.

Febr. ⎫ ⎧ 1 emina farine 12 s. ⎫ *so auch in den anderen Februar-*
März ⎭ ⎩ 6 emin. furfuris 10 s. ⎭ *wochen.*

Im April 1 emina farine 11 s.
6 emin. furf. 10 s.

Mai ⎫ 1 emin. far. 10 s.
Juni ⎭ 6 emin. furf. 10 s.

Elemosina Jan. $^1/_2$ quintale caseorum 37 s.

Aug. $^1/_2$ quintale caseorum 37 s.
6 canne de oleo *zu je* 12 s.

panhota Okt. $^1/_2$ quint. caseorum 37 s.

Juni 30 $^1/_2$ quint. caseorum 39 s. (*von* Guill[s] Ademari serviens armorum et custos cere).

cera Dez. 29 mag. Guill[s] Ademari, serv. arm. et custos cere pape, computavit et dixit se recepisse 14 duoden. caseorum de Crapona missorum per d. P. Gervasii, collectorem in partibus Alvernie, et emptorum per ipsum et de pecuniis camere receptis per eum in collectoria sua pro provisione hospitii pape, qui decostiterunt una cum portu usque Auin. et sunt hic positi in expensis qui etiam fuerunt positi in receptis 22 fl. 9 s. 6 d.

4. Wein und Getränke.

(*I. E. 293 f. 99 coqu.*) **1360** August 42 salmata racemorum agrestium *zu je* 15 s.

8 homines calcaverunt dictum agrestum: 32 s. pro salario, 2 homines mensuraverunt banastones in vinea: 6 s.

pro loquerio dictorum banastonum 6 s.

pro banastis consumptis calcando agrestum 12 s.

pro salario magistri cum torculari et aliis utensilibus 24 s. Pro botis aptandis: pro salario hominis, qui amovit fondos et rasclavit botas 6 s., pro 4 fondis novis 15 s., pro 1 bilhono circulorum 20 s., 2 duellis 3 s., pro stopa et farina 4 s., pro 2$^1/_2$ duodenis amarinarum 12 s. 6 d. . . . pro 1 bota ad reponendum acetum 24 s.

Summa provisionis agresti 45 l. 3 s.

pro 3 barrallis aceti 30 s.

(*panet.*) **1360** Guido de Riperia panetarius de provisione racemorum in Berbentana pro usu palatii Apostolici: 40 saumata racemorum *zu je* 20 s., *die* 40 saumata *werden in* 200 banastones *von Barbentana zu Schiff vom Hafen Ayguerie nach Avignon gebracht. Ein Dutzend* banastones *zu* 18 s. *Die Trauben werden von 10 Frauen in zwei Tagen aufgehangen an Fäden.*

(*buticul.*) **1360** Febr. 12 picheria (pitalphi) vernachie *zu je* 8 s.

50 picheria nectaris cum zucaro *zu je* 8 s.

9 barralia 36 bicheria nectaris cum melle, *das* barrale *hat* 48 picheria, *der* bicherius *zu* 15 d.

5 ½ *Gros Gläser mit Fuß, das Gros zu* 72 s.

Einkauf von Burgunderwein, vina Belnensia *(Diöz. Autun, Beaune) durch* Gerardus de Arbenco, obedienciarius s. Iusti Lugdun. et collect. in provinciis Vienn., Lugdun. etc.

16 caude vini Belnen. de prima emptione *zu je* 7 fl., *sie enthielten über das gewöhnliche Maß hinaus* 33 sextaria *mehr.* 1 sextar *kommt* 33 s. 3 d. turon.

Eine jede **cauda** *enthält gewöhnlich* **32 sextaria.**

12 caude de prima emptione *zu je* 6 fl. 6 gross., tenentes ultra mensuram 32 sext.

Die Burgunderweine von den einzelnen Besitzern in Beaune direkt gekauft.

8 caude de prima emptione *zu je* 6 fl.
12 „ „ „ „ „ 6 fl. 6 gross.
6 „ „ „ „ „ 6 fl.
6 „ „ „ „ „ 6 fl. 6 gross.

Im ganzen 64 caude 6 sext. *(genaue Messung), sie kosten* 418 fl. 7 s. 6 d. auin.

Die Weine werden in Beaune gemessen und versiegelt, dann auf Wagen geladen und nach dem Hafen von Chanort gefahren; der clericus regine *erhält* pro litera expeditionis dictorum vinorum de Burgundia 2 fl.

In Channort werden sie auf ein Schiff verfrachtet; zur Beleuchtung des Schiffes 2 Lanternen gekauft 6 gross. tur. *Von Beaune bis Lyon begleitet ein Ritter.*

Dem castellanus Cambilon. pro expeditione vinorum 1 fl., pedagium 3 gross.

2 pedagiatoribus Columpne 6 ½ gross.
pedagio de Montisbeleti 2 ½ gross.
pedagio de Moges 2 gross.
2 pedagiis de Matiscon. 6 gross.
pedagio Belleville 6 gross.
„ de Liortiers 1 fl. 2 gross.
„ de Tranors 2 gross.
„ Ruppecisse 1 gross.

apud Lugdunum pro vinis ibidem dissigilandis, mutandis et implendis et resigillandis etc. 2 fl. 3 gross.

Der Einkauf und die Herbeischaffung der Weine nach Lyon dauerte vom 8. Dez.—24. Febr. Von Lyon nach Rossillon. Ein Ritter wird vorausgeschickt, um zu veranlassen, daß das Transportschiff nicht angehalten wird.

Weiter pedagiatori de Salieres 6 gross.

pedagio de Cierna 3 fl. 6 gross.
„ de Turnone 4 gross.
„ de Ruppe de Clivo 4 gross.
„ Valentie 4 gross.
„ Vote 10 gross.
„ de Bais 6 gross.
„ de Antenne 6 gross.
„ de Vivario 4 gross.
„ de Lers et
 de Raucamaura } 6½ gross.
„ Sancti Spiritus 10 gross.

Dominicus canonicus Metensis *und ein Diener* (famulus) *begleitet die Weine von Lyon zur Kurie, das dauerte 30 Tage, erhält täglich 6 gross. In Bais mußte 4 Tage gewartet werden, weil der* comes Valen., *der grade an der Kurie weilte, verboten hatte, irgendwelches Getreide oder Weine ohne seine besondere Erlaubnis durch jenen Ort passieren zu lassen.*

Die Gesamtkosten der Fracht kommen auf 286 fl. 15 s. 8 d., *so daß die* 64 caude *Burgunderweine in Avignon* 704 fl. *kosten, d. h. die* cauda *zu* 11 fl.

(f. 114ᵛ buticularia) **1360** Aug. 2 barralia 24 s., 5 flascones ex vitro cooperti de palea *zu je* 7 s. pro portando vinum pro papa.

Sept. 3 gross. vitrium de maiori forma (1 duodena gross. = 12 duod. simplices) *das Gros zu* 64 s., 2½ *Gros* vitrium de minori forma *zu je* 40 s.

Nov. 6 picheria nectaris cum zucaro pro papa *zu je* 8 s., 5 barralia nectaris cum melle, *ein jedes* barrile *enthält* 48 picheria, *das* pichere *zu* 15 d. *Ähnlich im Dezember.*

Im Herbst 1360 werden in Beaune 42 caude 2 ponton. (= 1 cauda) 95 sext. *Burgunderwein gekauft für* 881 fl. 5 gross. (95 sext. = 3 caude minus 1 sext., *also im ganzen* 46 caude). *Der Wein wird wieder in Chanort aufs Schiff gebracht, dieser Ort ist von Beaune* 3 leuce *entfernt. Es muß wiederum vom Herzog von Burgund die Erlaubnis zur Ausfuhr der Weine gegeben werden* »quia aliter extrahi non poterant«, *die betr. Urkunde kostet* 3 fl.

pro 1 pannumcello ad arma pape pro ponendo super navigium dictorum vinorum 2 gross. *In Lyon wird ein* navigium *gekauft,* in quo fecerunt expeditionem vinorum in dictis portibus, *es kostet* 7½ fl., *in Avignon wird es für* 4 fl. *verkauft. Die Gesamtfrachtkosten:* 178 fl. 8½ gross. *Der Wein kostete in Avignon* 1060 fl. 3 s. 9 d.

(f. 117 ss. buticularia) Dez. comput. Guillˢ de Cruce, buticularius pape, de provisionibus vinorum in Villanova, castro s. Laurentii, Castronovo, in Montisargiis, Comis, Bellicadro, Arelato, Nemauso, Lunello, Villatella et prioratu de Lunello novo:

302 salmata racemorum apud Villamnovam, de quibus fuerunt implete 34 bote grosse, 15 s. pro qualibet salmata = 226 l. 10 s.

30 Mann stellen den Wein her, drehen die Kelter (rexerunt trolium), *machen Körbe zum Herbeitragen der Trauben, sie erhalten außer der Nahrung* 6 l. 8 s., pro cepo, tinali *(große Bütte)* mundando, banastonibus, broquis camatis, cornutis pro vino portando ad tonellos etc. 5 l. 3 s. 9 d. *Die 34 Faß Wein kosten Transport zu Land und zu Wasser bis Avignon je* 7 s.

Weißwein de Castronovo episc. Avignon. *15 Faß voll, die dortigen* fratres *hatten den Wein hergestellt, sie erhalten dafür* 44 l. 5 s.

De vinis factis apud Coms: $810^1/_2$ quint. racemorum, *wovon* 36 bote grosse *gefüllt wurden, je* 3 quint. *zu* 7 tur. gross.

NB. *Wenn* 22 quintalia *Trauben* 1 bota *ausmachen, entsprechend* 9 salmata *Trauben, so gingen* $2^1/_2$ quintalia *auf die* saumata, *in Wirklichkeit aber* 3 quint., *die fertige* bota *Wein kommt in Avignon auf* 8 fl. 7 d. ob.

De vinis factis apud Bellicadrum: 675 quint. racemorum = 225 saumata (*danach* 1 saumata = 3 quintalia), *davon werden* 30 bote grosse *gefüllt, also eine* bota *aus* $22^1/_2$ quintalia *oder* $7^1/_2$ salmatae; 1 salmata *kostet* 8 tur. gross. (1 fl. = 12 tur. gross.). *Die Herstellung kostet* 24 fl. 39 s. + 24 l. auin. *Fix und fertig kommt die* bota *Wein auf* 8 fl. 9 d.

De vinis factis in Arelate: pro 22 **modiis** vini, de quibus replete fuerunt **30 bote** grosse, 10 fl. pro quolibet modio, *fertig in Avignon kostet die* bota 9 fl. 9 s. 9 d.

De vinis factis in Nemauso: 600 salmate racemorum *zu je* 8 tur. gross., de quibus fuerunt replete 80 bote grosse. *Die 5 Arbeiter im Weinberg erhalten täglich* 3 s. *und die Kost; sie sind 16 Tage beschäftigt. Die* bota *fix und fertig kostet in Avignon* 8 fl. 17 s. 8 d.

(*f. 118^v*) De vinis factis in Lunello: 1218 quint. racemorum, *je* 6 quint. *zu* 1 fl., de quibus implete fuerunt 56 bote grosse, *also ca.* 21 quint. *auf die* bota, *56 Tagewerke zur Herstellung nötig*.

Wie bei den vorhergehenden Weineinkäufen werden die leeren Fässer von Avignon zu den betreffenden Weinbergen gebracht.

Jede bota *Wein kostet fertig in Avignon* 7 fl. 3 s. 6 d., *der* clerus Magalonen. *mußte aber jährlich zu den Transportkosten von Lunel bis Comps* 40 fl. *beisteuern, jede* bota *kostete auf Wagen von Lunel nach Comps* 2 fl.

De vinis factis in Villatella: 1112 quint. racemorum *je* 7 quint. *zu* 1 fl., quibus replete fuerunt 50 bote grosse, *also ca.* 21 quint. *auf die* bota, *50 Tagewerke zur Herstellung nötig. Der Wagentransport von Villatella nach Comps kostet* 2 fl. *für die* bota, *der Wassertransport zwischen Comps und Avignon kostet für die volle* bota 15 s., *für die leere* 3 s.

Fertig in Avignon kostet die bota grossa 8 fl. 2 s. 7 d.
Über die Trauben von Nemausum vgl. Chronik. Notizen Sept. 30.

(*f. 205 Panh.*) Okt. Expense vinorum a clavariis episcopatus Auin. pro elemosina receptorum: d. Petrus [de Frigidavilla] dixit se recepisse a d. Petro de Acra, clavario Biturrite, de vinis episcopatus 85 saum., que portate fuerunt in 13 botis grossis, que decostiterunt pro portatura de portu ad clavariam vacue et plene de clavaria ad portum cum cadrigis 44 s., et pro implendo dictas botas cum barralibus 10 s. et pro onerando et exhonerando in cadrigis 21 s., et pro reparatione 1 bote 5 s. 5 d., *dazu für Fracht von Bédarrides nach Avignon* (12 s. pro bota) 7 l. 16 s., *zusammen also* 12 l. 1 s.

Item dixit se recepisse a d. Stephano clavario Nouarum et Urgonis ad mensuram Terrasconen. 282 saum. de Nouis et 211 saum. de Urgone, *zusammen* 493 saum. = 431 $^1/_2$ saum. vel circa, que portate fuerunt per aquam cum navigiis Coytre de Novis in 76 botis grossis, facto precio cum eodem (1 fl. 1 gross. pro bota) 82 fl. 8 s. etc.

Item dixit se recepisse a d. Germano clavario curie episcopalis Auin. de vinis dicte clavarie per manus Petri Beulaiga, assensatoris vinorum, 15 modia in 180 saum. Tarrasc., que portate fuerunt in 26 botis ad domum elemosine cum cadrigis, que reducte ad mensuram gross. Auin. (1 modius = 10 $^1/_2$ saum. gross.) ascendunt 157 $^1/_2$ saum., *zusammen* 37 $^1/_2$ s. mon. Auin.

— Sept. fuit receptum (!) de vinis episcopatus a d. Astorgio de Combis, clavario s. Remigii, ad mensuram dicti loci 50 modia = 350 saum. Auin., que portate fuerunt in 81 botis parvis (*zu je* 18 s.) 72 l. 18 s., item emit dictus Petrus apud Bellumcadrum per manus d. Iohannis buticularii pape 4 botas grossas et 1 de mena, que decostaverunt portate ad portum Auin. 32 fl., pro portatura 118 bot. gross. et parv. de domo elemosine ad portum vacuarum et reducendo plenas ad domum in 28 dietis cadrigarum (14 s. pro dieta) 19 l. 12 s., pro 96 botis exhoneratis de navigiis et honeratis in quadrigis (*je* 2 s.) et estivatura 33 botarum (*je* 2 s.) 12 l. 18 s., *alles zusammen* 369 fl. 10 s. 4 d.

5. Fleisch und Vieh, Fische.

(*I. E. 293 coquina*) **1360** Apr. 25 mutones *zu je* 32 s.
44 eduli *zu je* 14 s.
1 cervus 11 fl.

Juni pro 4 bobus, 6 vaccis cum 6 vitulis lacteis et aliis 7 vaccis iuvenculis emptis in foro Novarum 10. Iuni 1360: 112 fl., *ebd.* 100 mutones: 100 fl., *dies Vieh wird weiter gefüttert.*

Dez. *in Carpentras eingekauft:*

12 porci = 36 fl.   40 mutones *je* 34 s.
10 porci = 38 fl.
11 porci = 36 fl.
 7 porci = 24 fl.
 2 porci = 8 fl.
 3 apri domestici 15 fl.
 ___
 35

Die Metzger müssen zuerst die Zungen beschauen, ob die Schweine gesund sind.

Sie werden geschlachtet, das Fleisch eingesalzen. Zu den eingekauften 35 porci *kommen noch* 33 porci missi a clavario episcopatus Foroiulien. pro papa, *und 9 kleinere Schweine. Der bloße Schlächterlohn beträgt je* 4 s.

(I. E. 293 f. 120ᵛ marestalla) **1360** Jan. *für den ganzen Monat und 2 Tage.* Pro 713 prebendis equorum inclusis 5 saumatis 2 emin. datis aliquibus magnis pro avantagiis ultra prebendam suam et 8 saumate 8 emin. traditis pro salvasinis pape, que nutriuntur in Pontesorgie ac 1 saumata, et 10 emin. pro salvasinis, que in Avinione, et cuniculis, qui in Villa Nova pro papa nutriuntur, 45 saum. 4½ emin. avene.

Dazu noch 60 quintalia feni.
Ähnlich in den folgenden Monaten.
Im Febr. 100 quint. feni.
März 158 quint. feni.
April 158 quint. feni 39 saum.

Die Zahl der prebende equorum *schwankt in den einzelnen Monaten zwischen 600 und 800.*

Juni pro 24 coopertis lineis cum testeriis pro equis pape, camerarii et thesaurarii ac clericorum camere pape *zu je* 9 s.

Die Hufeisen (ferra) *kosten je* 18 d. *mit Fracht.*

Juli 2000 quint. feni *zu je* 3 s. *von* Isard Brunelli; 300 quint. *am Orte* (Biturrita) *vom* clavarius Biturrite *je* 2 s.

1360 *Weihnachten* 25 porci pro cardinalibus etc. *je* 60 s.

17 lepores *zu je* 10 s.

54 cuniculi dati in defectum leporum, qui non reperiebantur, *je* 4 s.

Ein equus *zum Reiten für einen päpstl. Gesandten* (1360 Dez. buticul.) 16 fl., *nach seiner Rückkehr für* 13 fl. *verkauft.*

Juli marestalla 1 naviata *(Kahn, Nachen)* palearum in Biturrita *kostet* 7 l. 4 s., *das Aufladen* 30 s., *die Fracht bis Avignon* 4 l. 16 s., *das Abladen* 28 s., *für die Aufschichtung in der Palafrenaria* 6 s.

Es sind 10 vaileti *zur Überwachung der Pferde im Marstall, sie erhalten wöchentlich* 30 s., *außerdem aber alle ihre Ausgaben bezahlt,* 2 saumaterii *jeder wöchentlich* 14 s., *jeder erhält als* salarium *wöchentlich* 5 s.

(elemos.) Jan. pro 4 porcis salsandis 10 fl. 9 s., pro 4 porcis aliis (salsandis) 7 fl. 15 s., *die letzteren werden im Almosenhaus noch weiter gefüttert.*

Wildbret.

Aug. 24 de mandato pape ... Hymberto de Sauzeto, domicello et scutifero pape, misso ad venandum ad cervos pro usu palatii pro expensis suis et aliis consociis et familiaribus suis 20 fl.

Sept. 7 soluti fuerunt Dalmatio Martini, venatori Triscastrinen. dioc. pro salariis et expensis per eum solutis certis personis, qui secum fuerant in venando ad cervos pro usu hospitii palatii, 50 fl. fortes.

Fischeinkäufe.

(f. 197ᵛ Panhota) März 31 computavit Dominicus de Lucarrel, hostiarius minor pape, de piscibus salsatis per collectorem Burdegal. de mandato camere Apost. in illis partibus emptis pro provisionibus palacii Apost. et hospicii elemos. Panhote: de 1250 merluciis portatis in 5 cargis ... extra Burdegalen. per 7 leucas per aquam in loco vocato de Lingon., que decostaverunt (!) 81 1/4 leopardos; item 25 000 allecum et decostitit (!) 1000 in Burdegal. 4 leopard. et 15 sterling., *zusammen* 109 leop. 15 sterl., item assignavit collector eidem Dominico 800 sepias et decostaverunt Burdegalis 10 leopardos et 16 sterling., *alles zusammen* 201 leop. 1 sterling.

Item computavit Dominicus pro collectore in telis, cordis, filo ad involvendum dictos pisces et labore hominum, qui dictos sardellos seu balas fecerunt, et pro portaturis de Villa ad Mare et portu per aquam ad Lingones 26 leop. 2 sterling. (1 fl. = 36 sterling., 1 leop. = 40 sterl.), *zusammen* 252 fl. 11 sterl. (= 7 s. 4 d.). *Diese Summe vom Kollektor bezahlt. Dazu* pro portaturis 20 cargarum de dicto loco de Lingon. usque ad Auinionem (10 fl. pro carga) 200 fl., pro expensis factis in 6 septimanis pro provisionibus faciendis pro se et vayleto et equo conducto 25 fl., *alles zusammen* 477 fl. 7 s. 4 d. mon. Auin.

(coquina) 2 emine ordei pro pastura scarparum piscarii 12 s.

(coquina) 1360 Dez., *Einkauf gesalzener Fische für die zukünftige Quadragesimalzeit durch* Dominicus de Lucarrel, hostiarius minor pape, in partibus Burdegal.: 600 merlucii, *das Hundert zu* 5 3/4 leopard. 4000 allecia, *das Tausend zu* 7 1/2 leopard. (9 leopard. = 10 fl.). *Es sind zusammen* 5 1/2 carge *Fische.*

5. Heu und Stroh.

(I. E. 293 f. 125 maresc.) **1360** Juli 31 computavit Guillelmus Sabbaterii, magister palafrenarie, pro provisione feni et palearum: pro 2000 quint. feni emptis ab Ysardo Brunelli (3 s. pro quint. conducto Auinionem in porta Infirmariarum) 300 l., pro discargando et portando fenum de portu

ad fenariam palafrenarie (24 s. pro 100 quint. 24 l., estivando fenum et fenaria 6 l., pro 300 quint. feni receptis et emptis a clavario Biturrite pro provisione salvasinarum pape, que mittuntur in Ponte Sorgie (2 s. pro quint. supra locum) 30 l., pro apportando dicta 300 quint. feni ad portum Pontis Sorgie 9 l., pro faciendo carcari in loco de Biturrita 1 naviatam palearum receptam a clavario dicti loci 32 s., pro aportando naviatam palearum usque Auinionem 4 l. 16 s. pro discargando 30 s., pro estivando in palafrenaria 6 s., pro 1 naviata palearum empta Biturrite 7 l. 4 s., pro cargando 30 s., asportando 4 l. 16 s., discargando 28 s., estivando 6 s., *alles zusammen* 335 fl. 8 s.

6. Tuche und Gewebe, Kleidung.

(I. E. 293 f. 132ᵛ ornam.) **1360** Juli computavit Petrus de Ianzens, cubicularius pape, de roquetis, linteaminibus etc. pro papa: pro factura 10 roquetorum 10 fl., 10 lintheaminum 5 fl., 1 lintheaminis ad tergendum caput et 1 panni ad barbegandum 2 fl. 12 s., pro factura 12 camisiarum 4 fl., 2 essugacaps 4 gross., 12 velis 1 fl.

Aug. Petrus de Ianzens, cubicularius pape, de portatura lectorum et aliarum rerum camere pape videl. 20. Aug., qua venit dominus noster Auinionem, 3 fl.

Sept. computum redditum per Franciscum Bonamici et socios suos de Florencia de rebus traditis per eos de suo operatorio pro papa, ut sequitur a mense Aprilis citra: pro 1 cordone fili albi pro superpelliciis pape, quem tenet, quando radit barbam 6 s., pro $1^1/_2$ unc. virici in grana pro 1 mantello pape fulrato de sindone et 1 alio non folrato et pro birretis etc. pro festo pentecostes 1 fl. 12 s., ... 300 clavellis pro parando tapeto in thesaurario 1 fl. 12 d., 2 canne vete de sirico traditis per Iansenum cubicularium pro calotis sive capitergiis pape 1 fl. 8 s. ... pro 2 martellinis pro parando cameram pape 17. Aug. 8 fl. 12 s., 12 cannis fustani albi fini habitis et receptis per archipresbyterum domini thesaurarii 21. Aug. pro faciendo 1 matalatium pro papa 8 s. pro canna = 4 fl. 12 s. etc. etc.

(panetaria) Jan. Guido panetarius comput. de mappis, longeriis, manutergiis etc.

6 mappe operis Parisien. *von je* 3 canne, *die* canna *zu* 25 s.
6 longeria dicti operis *von je* 3 canne *die* canna *zu* 12 s. 6 d.
6 manutergia dicti operis *von je* 1 canna *zu je* 12 s. 6 d.
März: 4 mappe operis Burgundie (12 canne) *die* canna *zu* 11 s.
4 longeria Burg. (11 canne *zu je* 5 s.).
2 manutergia *von* 1 corda dicti operis = 33 s.
Mai: Guido de Riperia panetarius emit 4 mappas operis Lombard. *von je* 4 canne et 1 mappa *von* 3 canne, *die* canna *zu* 23 s.
12 longerie Lombard. *von je* 3 canne *die* canna *zu* 11 s. 6 d.

6. Tuche und Gewebe, Kleidung.

4 mappe operis Burgundie *von je* 3 canne *die* canna *zu* 11 s.
4 longerie Burg. *von zusammen* 12 canne *zu je* 5 s.
  panetaria (Dezember) d. Petrus de Verrignis, canonicus b. Marie de Nigella Nouiomen., comput. *über seine Tucheinkäufe* in partibus Picardie, Flandren. et Hannonie:
  die ulna de Montibus in Hanonia: $2^5/_8$ ulne de Montibus = 1 canna Auin.

16 ulne de Montibus in 1 pecia *zu je* 4 s.			
28 „	„ } 6 s.		mappe
16 „	„		
44 alne in 2 peciis	„ 5 s. 6 d.	+ 53 alne
180 „ in pluribus peciis	„ 4 s. 6 d.	Torn. map-
$11^1/_2$ „	„ 3 s. 6 d.	parum *zu je*
44 „	„ 4 s. 3 d.	20 s.

$339^1/_2$ alne   80 l. 21 s. 9 d.

23 alne Torn. *zu je* 2 s.
69 „   „ 4 s. 4 d.   longeria et
53 „   „ 20 s. *mit* mappe *zusammen*   manutergia.
71 „   „ 6 s.

129 ulne Flandren. *zu je* 8 s.
106 „   „ 8 s. 6 d.
$322^1/_2$ „   „ 4 s. 6 d.
41 „   „ 6 s. 6 d.
51 „   „ 8 s. 6 d.
$28^1/_2$ „   „ 6 s.   } mappe.
$66^1/_2$ „   „ 6 s. 6 d.
17 „   „ 5 s.
35 „   „ 5 s.
182 „   „ 4 s. 6 d.
$55^1/_2$ alne Valenthen. „ 4 s.

1034 alne.
Tele ad alnam de Montibus:
64 alne de Montibus *zu je* 7 s.
86 „   „ 6 s.
74 „   „ 6 s.
52 „   „ 6 s. 6 d.
71 „   „ 7 s.
53 „   „ 6 s. 6 d.
71 „   „ 5 s.
76 „   „ 20 s.

547 alne »de subtilibus telis«.

Emptio cavenachiorum et grossarum telarum pro sarpilheriis tam pro predictis quam pro pannis paramentorum, tepetorum et banchorum:

240 ulne de cavenachio in 7 peciis, *das Hundert Ellen zu* 10 l. 10 s.

70 ulne de cavenachio in 2 peciis, *die alna zu* 2 s.

de grossa tela 47 ulne *zu je* 3 s.

36 ulne *zu je* 2 s. 6 d.

de tela cerata, *gekauft in Brügge,* 90 alne *zu je* 4 s. 6 d.

27 ulne tele cerate in Valenciennes *zu je* 6 s.

Summa alnarum de cauenachio et grossis telis 393. *Mit Kordel* (100 s.): 794 l. 9 s. 9 d.

Wandteppiche von Valenciennes.

tapeta viridia cum rosis rubeis pro palatio Auin. facta in Valenthenis ad ulnam Valenthen. $2^1/_2 + 3$ digiti alne Valenth. = 1 canna Auin.

1. pro camera paramenti Avin.:

1 pannum in 3 peciis 34 *Ellen lang,* $12^5/_8$ *Ellen breit*: 429 *Quadratellen*. Pro camera turris 1 pannum in 3 peciis, 14 *Ellen lang und breit* = 196 *Quadratellen*.

Pro maiori tinello 1 pannum in 2 peciis $10^1/_2$ *Ellen lang und* $9^1/_2$ *breit* = $100^1/_4$ □ *Ellen*.

Pro minori tinello 1 pannum *von derselben Größe* ($100^1/_4$ □*Ellen*).

Pro consistorio 1 pannum in 2 petiis 13 *Ellen lang und* 8 *Ellen breit* = 104 □*Ellen*.

Pro capella antiqua 1 pannum in 3 peciis 20 *Ellen lang und* 14 *Ellen breit* = 280 □*Ellen*.

Pro camera paramenti Villenove 1 pannum in 2 peciis 18 *Ellen lang,* 11 *Ellen breit* = 198 □*Ellen*.

Im ganzen wurden an grünen Teppichen mit roten Rosen gekauft $1407^3/_4$ □*Ellen, sie kosten* 492 l. 14 s. 4 d., *also die Quadratelle zu* 7 s. *Die Avignoner* canna *also* $2^1/_2 \times 7 \times 2^1/_2 = 43$ s. 9 d. auin.

(f. 110) De b[i]ancheriis diversorum colorum cum diversis arboribus, fructibus, avibus, canibus et aliis animalibus:

1. de maioribus bancheriis *aus Arras* (**$2^5/_8$ ulne** *von* **Arras** = 1 canna Auin.):

9 *große Tücher (Tisch-?) von je* $11^5/_8$ *Länge und* 4 *Ellen Breite* = 45 □*Ellen, die* 9 bancheria *zusammen* = $409^1/_2$ □*Ellen.*

2. d. minoribus bancheriis 3 *Stück* $11^5/_8$ *Ellen lang,* $1^3/_4$ *breit, zusammen* $64^1/_2$ □*Ellen.*

3. de maioribus bancheriis factis in Valenth., 1 ulna Valenthin. aliquantulum maior illa Attrebaten.

4 bancheria $11/3^3/_4$ *Ellen* = 42 □*Ellen, zusammen* = $169^1/_2$ □*Ellen.*

6 bancheria minora apud Valenth. *zu* $11/1^3/_4 = 19^1/_4$ □*Ellen, zusammen* = 115 □*Ellen.*

6. Tuche und Gewebe, Kleidung.

Eine jede ☐ *Elle Tischzeug kostet sowohl in Arras als in Valenciennes* 15 s., *also die* 22 bancheria = 759 ☐ *Ellen kosten* 493 l. 7 s.

Bancheria viridia cum rosis rubeis pro capella palatii Auin. *aus Valenciennes:*

1. 2 bancheria *zu je* 13 × 2¹/₈ *Ellen* = 27⁵/₈ ☐ *Ellen.*
2. 2 bancheria *zu je* 9¹/₄ × 2¹/₈ *Ellen* = 25¹/₄ ☐ *Ellen.*

Im ganzen 105¹/₂ alne *zu je* 11 s. = 58 l. 3 s. 3 d.

Panni virides pro thesauraria *aus Valenciennes*

1. ad ponendum de retro dominos nostros[1] 12¹/₂ ☐ *Ellen.*
2. ad ponendum supra computorium 23 ☐ *Ellen.*
3. ab alia parte computatorii 1 pannum 7¹/₂/1³/₄ = 13 ☐ *Ellen.*
4. pro camera secreta thesaurarie ad ponendum de retro dominos 1 pannum 12³/₄ ☐ *Ellen.*

pro camera secreta 1 pannum ad ponendum supra computatorium 23 ☐ *Ellen, zu je* 8 s. 6 d. = 36 l. 17 d. pict., *zusammen* 84³/₄ ☐ *Ellen.*

Summa de bancheriis diversorum colorum 759 ☐ *Ellen.*

de pannis viridibus cum rosis rubeis 1407³/₄ ☐ *Ellen. Es wird dafür bezahlt* 1086 l. 6 s. 11 d. pict. Auin.

Im ganzen wurden für diese Tuchwaren bezahlt 1253²/₃ *mutones Francie* 5 s. 8 d. auin. *Das Tuch wird zuerst in 4 großen Ballen von Valenciennes nach Löwen gebracht,*[2] *dann per Achse in 6 Ballen über Luxemburg nach Straßburg, von Löwen nach Straßburg kostet die Fracht für je 100 Pfund 2 mutones, im ganzen 96 mutones. Von Straßburg nach Lausanne ebenfalls für je 100 Pfund 2 fl. = 96 fl.; von Lausanne nach Genf 8 fl. In Genf werden aus 6 großen Packen (sardelli) 14 kleinere Ballen für Pferde und Maultiere gemacht. Auf jedem Ballen werden zwei Schilde mit dem päpstlichen Wappen befestigt. In Genf werden die Ballen umgewogen nach Genfer Gewicht, es war dies schwerer als das Pfund in Alamannia, Brebantia, Picardia. Die vorigen 48ᶜ sind jetzt nur noch 40ᶜ.*

Von Brüssel aus war ein deutsch sprechender Führer (conductor) *namens Guido bis nach Genf mitgefahren. Die Fahrt hatte von Ostern bis Himmelfahrt gedauert. Er erhielt* 15 fl.; *außerdem hatte er noch 2 große Ballen* pro Albertis antiquis *(Florentiner Kaufleute mit Kontor in Avignon) zu überwachen, von denen er noch Salair erhielt. Die Fracht von Genf bis Avignon kostet für je 100 Pfund* 20 gross. tur.

Die Auslagen für Transport, Spesen etc. kommen auf 192 muton. de Francia, 195 fl. 17 s. mon. Auin. 8 tur. gross.

Der Einkäufer selbst erhielt noch 100 fl. *für seine Reise von 15 Tagen vor Ostern bis Freitag vor Pfingsten.*

Gesamtkosten *der flandrischen Tuche in Avignon:* 296 fl. fort. 1446 muton. 24 s. 7 d. auin.

---

[1] D. h. Kamerar und Thesaurar.
[2] Sie wogen 48ᶜ Pfund.

(panhota) **1360** April Iohannes Rosseti clericus *macht die Einkäufe in Burgund* (Trenorchium):

1 pecia tele *von* 74 alne ad mensuram Trenorchii *je* 11¹/₂ alne 1 fl., *zusammen* 6 fl. 4 gross. 19 d. auin.

1 pecia *von* 82¹/₂ alne, *je* 11 alne *zu* 1 fl., *zusammen* 7 fl. etc.

1 pecia *von* 85 alne, *je* 11 alne *zu* 1 fl., *zusammen* 6 fl. 9 gross. etc.

Zusammen 1590¹/₄ alne *kosten* 140 fl. 10 gross.

Im Dezember ist eine zweite Abrechnung mit Johannes Rosseti über seine Tuch- und Fruchteinkäufe in Burgund. Die Tuche (tele) *werden in Verdun von den einzelnen Webern gekauft. Die Stücke messen meist 80—90* alne Verdun., *je* 13—14 alne *kosten* 1 fl., *es sind 21 Stück* tele crude, *für zusammen* 115 fl.

Außerdem werden für 50 fl. 10 gross. tele albe *eingekauft je* 3 alne mensure Cabilon. *zu* 1 fl.

Dez. 31 computavit Antonius Malabayla, mercator Esten., habitator Auin., de 5 peciis pannorum de Brucellis traditis per eum de operatorio suo de mandato pape perceptis pro neptibus et aliis de genere pape Auinione commorantibus, qui decostiterunt in universo ad relationem Ademari la Rebieyra, cubic. sui, 302 fl.

Dez. 31 Marcellus tonsor pannorum, habitator Auin., de 5 peciis pannorum per eum tonsis et baxiatis pro neptibus pape in festo Omnium Sanctorum *zu je* 1 fl. = 5 fl.

Pelzwaren.

(I. E. 293 f. 132ᵛ ornam.) **1360** Apr. 30 Bartholomeus Spinelli, pelliparius pape, de fulratis et operibus pro papa: 396 minutis variis positis in 1 cocardia pape facta pro festo Pasche et 50 alia minuta varia posita in 1 colareta alba, *das Stück zu* 22 d., *zusammen* = 34 fl. (*zu je* 14 s.) 1 s. 8 d.

Mai 23 computum Bertrandi Bernardi, sartoris et servientis armorum pape, primo de mense Octobris **1358:** pro 1 mantello folrato de arminis, 1 mantello folrato de variis, 1 mantello de sindone, 1 supertunicali dupplici, 2 paribus caligarum, 1 caputio dupplici, 1 tunica et 1 cocardia folrata de grix 10 fl.; **1359** pro 1 tunica larga pro factura et furnitura 1 fl., 1 rauba integra facta in festo Pasche 5 fl., alia rauba in festo Pentecostes 5 fl., in mense Aug. pro 2 mantellis, unum folratum de sindone et alium de erminis, pro 2 cocardiis, 1 corseto duplici et 2 tunicis, caligis et birretis 7 fl. **1360** circa festum carnisprevii pro 1 cocardia, 1 tunica, 1 caputio duplici, 2 paribus caligarum 3 fl., in festo Pasche pro 1 cappa et 1 mantello et 2 birretis 2¹/₂ fl., 1 mantello in festo ascensionis Dⁿⁱ folrato de sindone et 15 birretis grossis etc. 4 fl.; *er erhält aber im ganzen nur* 30 fl., *obwohl die Summe* 38 fl. *ausmacht.*

Vgl. Elemosina: 99 pecie pannorum diversorum colorum *von je* 12 canne *Länge zu je* 12 leopard. auri.

Kunst- und Seidenwaren.

(Ornamenta) März 31 computum per Nardutium Lapi et socios suos, mercatores curiam Roman. sequentes: 1 $^1/_2$ unc. de sirico albo recept. per Bertrandum sartorem 18 s.

24 manutergia Remen. et de Tornaco recepta per d. Stephanum cubicularium 24 fl.

40 canne tele de Burgundia pro faciendo 4 paria lintheaminum pro Guidone Ferreguti et Ademaro la Ribiera cubiculariis 10 fl.

pro 6 unciis de canucato albo receptis per Ianonum de mandato d. Iohannis de Baro cubicularii pro faciendo 2 mitras 4 fl. 12 s.

pro 5 tornalibus de frangia pro dictis mitris 12 s.

pro 2 cordonibus siricis de grana pro mantello, qui ponderant 6 unc.: 10 gross.

März Nicolaus Grimaldi, campsor camere, *erhält* de reparatione cuiusdam ymaginis b. Marie etc. 2 fl.

7. Wachs und Kerzen.

(I. E. 293 f. 153 cera) Guill^s Ademari, custos cere pape et serviens armorum suus, *rechnet monatlich ab.*

1360 Jan.: 21 quint. cere de Romania *zu je* 22 l.

20 libre cere albe pro faciendo inde 2 candelas ad servitium pape, *die* libra *zu* 7 s.

2 quint. candelarum de cepo 14 l.

18 lb. cere rubee *zu je* 6 s.

6$^1/_2$ canne tele cerate pro thesauraria *zu je* 14 s.

Febr. 29 8 quint. cere de Romania *zu je* 22 l.

32 lb. cotonis *zu je* 5 s. 4 d.

16 lb. fili scopacei *zu je* 2 s. 6 d.

Bertrando Boerii pro manuopere dicte cere 68 s.

1$^1/_2$ quint. candelarum de cepo, *das* quint. *zu* 9 l. 15 s.

März 31 Iacobus Melioris, ypotecarius et serviens armorum pape, computavit:

15$^1/_2$ lb. cere rubee: pro camera pape 2 et pro d. Auxitan. 2 et pro thesauraria 11 lb. *zu je* 6 s.

4 canne tele cerate *zu je* 14 s.

März 31 mag. G. Ademari etc. pro ratione officii sui cere pro 7 quint. cere de Romania *zu je* 22 l.

2 quint. candelarum de cepo, *zu je* 6 l. 10 s.

Apr. 30 Iacobus Melioris ypothecarius: 18$^1/_4$ lb. cere rubee *zu je* 6 s.

20½ canne tele cerate, quas recepit mag. Rostagnus pro palatio Villenove, *zu je* 14 s.

April 30 Guills Ademari, serviens armorum et custos cere pape: 7 quint. cere de Romania receptis a Iacobo de Folo mercatore *zu je* 20 fl.

2 quint. candelarum de cepo *zu je* 6 l. 10 s.

Mai 31 7½ lb. cere rubee *von* Iacobus Melioris, ypoth. et serviens armorum, *zu je* 6 s.

Mai 31 mag. Guillus Ademari, serv. arm. et custos cere pape: *hat von* Nycholaus Melioris *gekauft* 8 quint. cere de Romania *zu je* 20 l.

Bertrand Boerii *stellt die Kerzen her, liefert dazu den Docht (Wicke).*
2 quint. candelarum de cepo 13 l.

Juni 30 pro 13½ lb. cere rubee *zu je* 6 s. (Iacob. Melioris).

Juni 30 Guills Ademari, serv. arm. et cust. cere: 7 quint. cere (de Romania) *zu je* 20 l. auin.

Das Wachs diesmal von Iacobus Melioris *gekauft und von* Guills Ademari *verrechnet.*

Bertrandus Boerii *stellt daraus die Kerzen her; er erhält für die Bearbeitung von* 7½ quintalia *je* 8 s. pro quintali, *dazu die Auslagen.*

2 quint. candelarum le cepo 13 l.

Juli 31 Guills Ademari *hat von* Iacobus Amelii *gekauft* 8 quint. cere de Romania *zu je* 20 l.

Bertrand Boerii *stellt daraus Kerzen her, Macherlohn* pro quintali 8 s.
2 quint. candelarum le cepo 13 d.

9½ lb. cere rubee pro camera pape, pro d. Auxitanen., pro thesauraria *zu je* 6 s. (*von* Iacobus Melioris ypoth. et serv. arm.).

Aug. 31 10¾ lb. cere rubee *zu je* 6 s.

2 canne tele cerate, quas recepit mag. Rostagnus fusterius, 28 s.

Aug. 31 mag. Guills Ademari *kauft* 7 quint. cere de Romania *von* Iacobus Melioris *zu je* 20 l. 8 s.

Aug. 30 Iac. Melioris serv. arm. et ypoth.: 21¼ lb. cere rubee *zu je* 6 s.

Okt. 31 14 lb. cere rubee (2½ pro camera pape, 1 pro domino Auxitan., 10½ pro thesauraria) *zu je* 6 s.

58 canne tele encerate pro palatio *zu je* 14 s.

Okt. 31 Guills Ademari, serv. arm. et custos cere pape: 8 quint. cere de Romania *zu je* 20 l.

3 quint. candelarum de cepo, incluso 1 quintali cosueto tradi semel in anno pro usu thesaurarie, *zu je* 7 l. 10 s.

20¾ lb. cere rubee *zu je* 6 s.

3 palme tele encerate pro thesauraria *zu je* 21 d.

Dez. 29 Guills Ademari comput. de cera: *kaufte von* Iacobus Melioris ypothecarius 9 quint. cere de Romania *zu je* 21 l. 12 s.

Die Verarbeitung kostet pro quintali 8 s.

2 quint. candelarum de cepo *zu je* 6 l. 12 s.

Nov. 30 17³/₄ lb. cere rubee (2¹/₄ pro camera pape, 1 lb. pro d. Auxitanen., 18¹/₂ pro thesauraria) *zu je* 6 s.

46¹/₂ canne tele cerate (*davon* 44 canne pro fenestris palatii, quas recepit mag. Rostagnus) *zu je* 14 s.

7a. Spezereien.

Einkäufe von Spezereien und Kolonialwaren geschehen wie früher durch die Küchenverwaltung (emptor coquine: Philippus de Ageduno) *und werden monatlich verrechnet und bezahlt, ferner durch* Iacobus Melioris, serviens armorum et ypothecarius pape, *der auch die Medizinalien sowie Papier liefert.*

Wir lassen hier zunächst aus coquina *f. 94ᵛ ss. mehrere Beispiele für Menge und Preis der eingekauften Spezereien folgen:*[1]

Jan.: 15 lb. gingiberis   *zu je* 6 s.   16 lb. zucari   *zu je* 8 s.
       9 lb. piperis   „ 8 s.   200 lb. amigdalorum   „ 6 d.
       6 lb. cinamonum   „ 8 s.   April: 5 lb. datill.   „ 2 s.
       1 lb. croci   „ 48 s.   5 lb. ficuum Nemau. „ 12 d.
       ¹/₂ lb. gariofilorum   „ 12 s.
       6 lb. racemorum parv. *zu je* 2 s. 6 d.
       2 lb. ficuran. 2 s.
       2 lb. prunorum 2 s.
       ¹/₈ (¹/₂ Viertel) camphore 3 s.

März: 15 lb. gigimberis *zu je* 6 s.
         6 lb. piperis   „ 8 s.
         6 lb. cinamoni   „ 8 s.
         ³/₄ lb. gariofil. 15 s., *im April* 18 s.
         1 lb. croci 72 s.; *April* ³/₄ croci 54 s.
         33 lb. zucari *April* 8 s.
         7 lb. corriandri et anisii confectorum *zu je* 8 s.
         350 lb. amigdalorum *zu je* 6 d.
         19 lb. ficuum nigrorum 19 s.
         43 lb. racemorum gross. *zu je* 6 d.

3 lb. racem. parv. 9 s.   8 l. malagranata 8 s., *ebenso im*
20 lb. *zu je* 8 d.   *April.*
22 lb. avenati 22 s.
       2 barrall. aceti 20 s., *so teuer auch später.*

Mai 16 lb. gingiberis *zu je* 6 s.   Juni *je* 6 s.   Juli 6 s.
      6 lb. piperis   „ 8 s.
      4 lb. synamonii   „ 8 s.   „ 8 s.   8 s.
      ³/₄ lb. gariofili 15 s.
      1 lb. croci 60 s.   „ 60 s.   60 s.

---

[1] NB. Ein lb. oder l. vor Gewürzen etc. bedeutet, wie stets, libra (Gewichtspfund).

Mai $^1/_4$ l. piperis longi 5 s.
$^1/_4$ l. nucium muscat. 3 s.
$^1/_4$ l. cubebarum 5 s.
16 l. zucari *zu je* 8 s.   Juni *je* 8 s.   Juli   8 s.
2 l. cumini 6 s.   6 s.   1 l. *zu* 3 s.
150 l. amigdalorum *zu je* 6 d.   = *je* 7 d.   = *je* 8 d.
3 l. racem. parv. 9 s.   9 s.
3 l. prunorum 3 s.   *je* 3 s.
3 l. datillorum 9 s.   9 s.
3 l. pinearum 9 s.
3 l. ficuum nigrorum 3 s.
20 l. risi *zu je* 7 d. = 11 s. 8 d.   = 8 d.
Juli 16 l. ordei = 16 s.   44 l. **frumenti** 44 s., *wie auch*
16 l. avenata 16 s.   *in den vorhergehenden und fol-*
                                 genden Monaten stets die libra 1 s.

August.   Sept.   Okt.
                     4 l. gingiberis *zu* 6 s.   11 l. *zu je* 6 s.
13 l. synamoni *zu je* 8 s.   3 l. *je* 8 s.   5 l. „ 8 s.
3 l. cumini 9 s.   2 l. = 6 s.   1 l. = 3 s.
$^1/_2$ l. croci 30 s.   1 l. = 60 s.
$^1/_4$ l. gariofilorum 5 s. $^1/_2$ l. = 10 s.
$^1/_4$ l. piperis longi 5 s.   3 l. *zu je* 8 s.
$^1/_4$ l. nucium muscat. 3 s.
$^1/_8$ spicenardi 2 s. 6 d.
$^1/_4$ l. granorum paradisi 3 s.
$^1/_4$ l. cubebarum 5 s.
25 l. zucari *je* 8 s.   29 l. *je* 8 s.   18 l. *zu je* 8 s.
2 l. coriandri et anisii
   confectorum 16 s.
4 l. mellis 2 s.
200 l. amigdalorum *zu je*
   8 d.   100 l. *je* 12 d.   125 l. *zu je* 1 s.
12 l. avenati 12 s.   12 l. frumenti 12 s
24 l. ordei 24 s.
40 l. amidi *zu je* 1 s. 6 d.   *Im November sind*
10 malagranata *zu je* 4 s.   *die Preise wie im Okt.,*
3 l. pinearum 9 s.   3 l. = 9 s.   *ebenso im Dezember.*
3 l. prunorum 3 s.   5 l. = 5 s.
3 l. datillorum 9 s. 3 l. = 9 s.
3 l. racemorum parvorum
   9 s.   3 l. = 9 s.
1 canne olei *zu je* 12 s.

8. Bauarbeiten und Tagelöhne.

(*f. 54v cera*) Febr. 29 Iacobus Melioris, ypothecarius pape, computat.: *verrechnet monatlich.*

388 l. confecturarum *zu je* 8 s.
27 l. prunarum pro panetaria *zu je* 12 d.
Desgl. 66 l. ficuum pro panetaria *zu je* 12 d.
280 l. ficuum pro communi panetaria *zu je* 6 d.
Desgl. 24 l. avellanarum *zu je* 6 d.
14 l. datillorum „ 2 s. 6 d.
16 l. dragie „ 8 s.
2 l. zucare „ 16 s.

März 31 pro cera
pro 507 1/2 l. confecturarum *zu je* 8 s.

pro panetaria {
840 l. ficuum pro communi *zu je* 6 d.
91 l. ficuum de Nemauso „ 12 d.
500 l. racemorum pro communi „ 6 d.
10 l. racem. de Corimbre „ 3 s.
27 l. datillorum „ 3 s.
30 l. avellanarum „ 6 d.
21 l. prunarum „ 12 d.

April 30 374 l. confecturarum *zu je* 8 s.
April 30 14 l. ficuum de Nemauso *zu je* 6 d.
82 l. racemorum „ 6 d.
6 l. datillorum: 18 s.
12 l. avellanorum: 6 s.
9 l. dragie *zu je* 8 s.
3 l. zucari „ 8 s.

Mai 31 477 l. confecturarum *zu je* 8 s.
1 l. prunarum 12 d.

Juni 30 Iacobus Melioris serv. arm. et ypothec. pro 321 1/2 l. confecturarum *zu je* 8 s.
Juli 31 383 1/2 l. confect. *zu je* 8 s.
Aug. 31 408 l. confectur. „ 8 s.
Sept. 30 307 1/2 l. „ „ 8 s.
Okt. 31 Iacob. Melioris: 323 l. specierum confectarum *zu je* 8 s.
Dez. 29 Iac. Melioris: 489 1/2 l. specierum confect. *zu je* 8 s.
5 l. dragee pro panetaria *zu je* 8 s.
25 l. ficuum de Nemauso panetaria *zu je* 6 d.
9 l. prunarum „ „ 3 s.

8. Bauarbeiten und Tagelöhne.

NB. *Die Bauausgaben für die Verteidigung Avignons sind schon oben in 1a enthalten (S. 749 f.)*

coquina **1360** März: *22 Tage Gartenarbeit (Zäune flechten) je* 5 s.; 7 *Tage eines Knaben je* 2 s. 6 d.

7 *Tage* mulierum in horto *je* 2 s. 6 d.
16 „ hominum in cultura horti 4 s.
Okt. 15 iornales hominum in cultura orti piscarii *je* 5 s.
8 iornales mulierum *je* 2 s. 6 d.

marestalla **1360** April pro 4 dietis 1 quadrige cum 3 equis et 2 famulis in apportando 1 botam aque maris de Aquis Mortuis pro papa 4 l. 16 s.

ornamenta, Febr.: soluti fuerunt Nicholao Grimaldi de Luca, campsori camere, pro reparatione anuli pontificalis pape 5 fl.

ornamenta, Juni: soluti fuerunt de mandato pape Anseloto de Pontoysa, usserio minoris porte ferri, pro expensis et 2 roncinorum et 2 vailetorum faciendis eundo apud Aquas Mortuas pro portando aquam maris pro persona pape ipso Anceloto manualiter recipiente 6 fl., *desgl. im Juli.*

Aug. 27 fuerunt soluti Anseloto de Pontisora, hostiario minori pape, misso apud Aquas Mortuas etc. 6 fl.

Dez. 1360 fuerunt soluti Anceloto de Pontoysa, hostiario pape, qui fuit missus apud Aquas Mortuas pro adducendo et portando 1 salmatam aque, maris necessaria pro persona pape, 6 fl.

opera et edificia, Febr. 28: Raymundus Guitbaudi, director operum palatii Apostolici, de certis operibus et reparationibus per eum fieri factis per totum mensem Februarium *(wie auch am letzten Januar die Abrechnung und Bezahlung, also stets am Ende des betr. Monats!)*: pro 2 quadrigis cum tombarello, que portabant mundaturas palatii ad Rodanum, 30 s., pro 3 hominibus, qui mundaverunt dictum palatium et honerabant dictas quadrigas 12 s., pro 5 dietis 1 coopertoris, qui operatus fuit in recoperiendo capellam magnam palatii, *täglich* 7 s.

17 diete manuperiorum, qui ministrabant sibi necessaria et mundaverunt cursorias *(Wasserläufe), täglich* 4 s. Pro 600 tegulis pro dicta capella, *das Hundert zu* 15 s. = 4 l. 10 s.

6 diete massoneriorum, qui operati fuerunt in perforando murum turris ad faciendum 1 portam pro ascendendo ad cursorias a parte capelle b. Marie de Dompnis, *täglich* 6 s.

Pro 28 dietis manuperariorum, qui operati fuerunt in removendo fimum, quod erat inter hospitium Rodani pape et Rodanum, *täglich* 2 s. 6 d.

12 diete fusteriorum *täglich* 6 s.

Febr. 28 Audinetus Scatini massonarius de 107 cannis $7^1/_2$ palmis per ipsum latomatis in levando murum capelle palatii a parte refectorii canonicorum b. Marie de Domnis tam pro maestria, lapidibus, calce quam arena, *die Rute* (canna) *zu* 5 fl. 9 gross. = 620 fl. etc.

Raymundus Guitbaudi, director operum, *rechnet zu Ende jedes Monats über die verschiedenen Bauausgaben ab, er bezahlt dann die einzelnen Meister, Unternehmer und Arbeiter.* 335 canne de agulha pro piscario, *die* canna *zu* 15 d., 187 canne de costeria *zu je* 21 d.

Am letzten jedes Monats rechnet auch Petrus de Pinu, faber et sarralherius palatii Apostolici tam ultra quam citra Rodanum, *ab* de sarralhis etc.

Im Mai: Golferius de Lionro, magister hospitii pape, *läßt die Bauarbeiten* in palatio et viridario Villenove *ausführen und verrechnet sie bei der Kammer.*

Juni 19 cum de mandato pape fuisset per cameram factum pretium cum Matheo et Stephano de Cura, Radulpho Opequin et Hugone de Mota, lapicidis Cenomanen., Costantiensis et Gratianopolitan. dioc. habitatoribus Auin., de faciendo unum pontem lapideum inter tynellum parvum et capellam magnam pretio 800 fl., prout in instrumento per d. Iohannem Palaysini notarium dicte camere plenius continetur.

Juli 17 fuerunt Matheo et Stephano de Cura, fratribus Cenoman. dioc. lapicidis, habitatoribus Auin., pro faciendo pilaria et pontem de lapidibus, per quem eatur de parvo tinello ad magnam capellam novam, 200 fl.

Aug. 31 comput. mag. Rostagnus Berqui, serviens armorum et fusterius pape, *für den Monat August:* 28 canne trabium pro faciendo cameram latrinarum pro papa in camera subtus capellam s. Michaelis *zu je* 2 s. 6 d.

18 canne ☐ de taulamento *(Täfelung)* pro faciendo dictam cameram et pro faciendo 4 portas, 1. ubi tenentur ligna, 2. in ambulatorio iuxta cameram thesaurarii et 2 alias in capite parvi tynelli etc., *die* canna ☐ *zu* 16 s.

9. Bibliothek und Schreibwaren.

(coquina) **1360** Jan. 1 manus papiri 2 s. 6 d.
März 2 man. papiri 5 s.
    1 liber papireus 5 s. 1 d.
Okt. 2 man. papiri 5 s.

(cera) Febr. 28 47 manus papiri mediocris forme pro camera pape etc. *zu je* 2 s. 6 d.

2 manus papiri maioris forme pro thesauraria 12 s.

(cera) Febr. 29 Silvetus de Stela Iudeus, habitator Auin., pergamenarius de pergamenis traditis per eum in camera apostolica tam pro usu camere quam pro d^{no} Zenobio et d. Arnaldo de Moleriis secretariis, ut constat per relationem Petri de Lemovicis:

1 magna pellis *zur Eröffnung der Toulouser Universität* 9 fl.

2 duodene mediocris et 2 duod. minoris forme rasis, *die erstere das Dutzend* cum rasura *zu* 22 s., *die letzteren das Dutzend zu* 18 s.

3 duodene maioris *zu je* 24 s.
3 duodene mediocris *zu je* 20 s.
6 duodene minoris forme *zu je* 16 s.
24 pelles tam de regestro quam maioris forme valent 56 s.

März 31 Iacobus Melioris, ypothecarius et serviens armorum pape, computat *(monatlich)* 59 manus papiri mediocris forme: pro camera pape 4, pro d. Auxitan. 5, pro regestro 4, pro panetaria 2 et pro thesauraria 44 manus *zu je* 2 s. 6 d.

4 man. papiri maioris forme pro regestro 24 s.

April 30 (pro cera) 26 man. papiri mediocr. forme *zu je* 2 s. 6 d.
Mai 31 (pro cera) 16 manus papiri *zu je* 2 s. 6 d.

Mai 31 Silvetus de Stela Iudeus, habitator Auin., pergamenarius computat de pargamenis traditis per eum in camera Apostolica pro usu camere et d^(norum) Arnaldi de Moleriis et Zenobii, secretariorum pape, et pro litteris cancellarie tangentibus cameram ad relationem Petri de Guissalis, familiaris camere:

2 duodene pergamen. de regestro rasorum *je* 34 s.
3 duoden.   „   „   „   „   „ 34 s.
4 duoden.   „   mediocris forme   „ 20 s.
20 duoden. pergam. maioris forme distribuend. secretariis *zu je* 24 s.
40 duoden. mediocris forme *zu je* 20 s.

Juni 30 Iacobus Melioris, ypoth. pape et serv. arm.: 51 manus papiri mediocris forme *zu je* 2 s. 6 d.

4 man. *(je 25 Bogen)* maioris forme pro regestro *je* 6 s.

Juli 31 Iacob. Melioris 51 man. papiri mediocris forme *zu je* 2 s. 6 d.
7 man. papiri maioris forme pro regestro *je* 6 s.

Aug. 31 Iac. Melioris: 53 man. papiri *zu je* 2 s. 6 d.

Sept. 30 Iac. Melioris: 31 man. papiri   „   2 s. 6 d.

Sept. 30 computum per Siluetum de Stela, Iudeum pergamenorum, habitatorem Auin.: 53 duodene pergameni maioris forme *zu je* 26 s. (pro litteris et bullis visitationum et subsidii de novo per papam impositis).

31 duodene mediocris forme *zu je* 20 s.
20   „   „   „   „ 20 s.
4   „   pergam. de regestro rasorum *zu je* 34 s.
12   „   pergameni rasi mediocris forme *zu je* 22 s.
48   „   maioris forme *je* 26 s.

10 magne pelles tradite mag. Iohanni Bellihominis rescribendario pro processibus contra d. Barnabonem *zu je* 4 fl.! *Im ganzen erhält* Siluetus 240 fl. 12 s.

(cera) Okt. 31 Iacob. Melioris: 66 man. papiri mediocris forme (4 pro camera pape, 6 d^no Auxitan. pro regestro secreto, 52 pro thesauraria) *zu je* 2 s. 6 d.

8 man. papiri maioris forme pro regestro secreto *zu je* 6 s.

5 libri 16 manuum papiri mediocris forme (pro d^no Auxitan. 1 liber 4 manuum et pro thesauraria 4 libri 12 manuum), *die* manus *zu* 3 s. 6 d.

2 libri 10 manuum papiri maioris forme pro thesauraria *zu je* 7 s. d.

Nov. 30 59 man. papiri mediocris forme *zu je* 2 s. 6 d.

1 liber unius manus mediocris forme 3 s. 6 d.

Dez. 29 Iac. Melioris, serv. arm. et ypothec.: 74 man. papiri mediocris forme *zu je* 2 s. 6 d.

1 man. papiri maioris forme 5 s.

3 libri de 10 man. papiri mediocris forme (2 × 4 und 1 × 2) pro thesauraria *zu je* 3 s. 6 d.

3 libri de 12 man. papiri maioris forme *zu je* 8 s.

(cera) Dez. 31 Berengaria uxor Guilli Bartholomei, cursoris pape, computavit de tincta sive incausto et glacia traditis per eam in cam. Apost. *während des ganzen Jahres:* pro 73 boscis glaciei *zu je* 6 s., pro 62 molis incausti *zu je* 4 s., *zusammen* 29 fl. 2 s. 10 d.

10. Verschiedenes.

(coquina) **1360** Febr. 2 magna coclearia cuprea perforata cum cadis ferreis 72 s. auin.

2 duodene fasciculorum quanarum *(Rohrschilf zum Binden der Hecken)* 18 s.

(coquina) Juni 1 magnum cultellum ad frangendum carnes bovinas pro dressatorio et aliis 2 cultellis ad picandum herbas 4 l. 4 s.

(f. 116^v) *Der päpstliche Kollektor in Lyon gibt* 300 fl. *zum Einkauf der Weine direkt an den Einkäufer, dieses Geld wird aber in den Einnahmen als Einnahme und in den Ausgaben als Ausgabe verrechnet.*

(marescalla) Jan. 14 lb. candelarum 17 s. 6 d., *so immer, es werden wöchentlich regelmäßig* 14 lb. candelarum *verbraucht im Marstall.*

24 l. mellis 10 s. Juli 12 l. mellis 5 s.

August 12 l. mellis 6 s.

30 canne olei *zu je* 9 s.

Febr. 24 l. mellis 12 s.

pro 2 torchis ponderis 11 libr. et pro 2 lb. candelarum pro oblatione equorum in s. Georgio facta in eccl. Augustinorum 52 s.

(maresc.) August 6 emin. furfuris 14 s.

1 emin. farine 12 s.

14 lb. candelarum *je* 16 d.: 18 s. 8 d.

1 emin. farine 12 s.

6 emin. furf. 14 s.

6 lb. candel. 8 s.

8 lb. assungie *(Schweineschmalz)* 10 s.

Sept. 1 em. farine 12 s.

6 em. furf. 12 s.

12 l. mellis 6 s.
8 l. assungie porci 10 s.
4 l.   „   „   5 s.

pro 3 wagiis arene ad deponendum supra pontem quando papa debuit transire de Villa Nova Auinionem 48 s.

pro 2 duodenis banestonum ad portandum dictam arenam 24 s., 42 homines portantes arenam *erhalten je* 3 s. 6 d.

(ornamenta) 1360 Mai soluti fuerunt Gaubertoni de s. Exuperio, domicello et scutifero pape, pro 1 pari cultellorum emptorum pro mensa pape recipiente pro ipso Guillo Glotonis presb. 9 fl.

Juli Guills de la Guilhalmia, serviens armorum pape, de expensis tam in consistorio quam pro capella pape: pro faciendo suere 4 pannos aureos capelle 4 s., pro faciendo mundare et scobare capellam et pannos in vigilia b. Iohannis 4 s., *desgl.* pro festo b. Petri 2 s., festo s. Marcialis 2 s., pro clavellis 2 s., pro 6 flabellis sive meschadors pro papa 4 fl,

(ornamenta) Dez. Guidoni de Podiovallis, domicello et scutifero pape, pro 1 pari cultellorum empto pro mensa pape 6 fl.

(elemos.) 1360 Jan. 3 quintalia cepi pro candelis *zu je* 4 l., *Herstellungskosten für je* 1 quintale 14 s.

(elemosina) 1360 Febr. *In der Panetaria richteten die* **Mäuse** *starken Schaden an, es wurden 22 Sack Gips zum Verschmieren der Löcher verwandt, der Sack kostete* 3 s., *der gyperius arbeitete 5 Tage daran, erhält täglich* 6 s., *die Handlanger täglich* 3 s.

4000 quint. lignorum combustibilium *zu je* 17 d. ob., *sie werden in* 148 *Fuhren* (quadrige), *die Fuhre zu* 2 s., *zum Almosenhaus gebracht.*

(elemos.) pro 300 scutellis pro provisione elemosine Panhote pro pauperibus et familiaribus elemosine, *das Hundert zu* 14 s.

(elemos.) Aug. 36 cobles de cepis 9 s.

(pro cera etc.) März 29 10 saumate carbonis *zu je* 20 s.

April 27 Michael Navarra, mercator lignorum, comput. de 10 000 quint. lignorum combust. ad opus palatii Apost., *das* quintale *zu* 22 d., *zusammen* 763 fl. 21 s. 4 d.

(pro cera) März 31 Petrus Garini, provisor peloni (!) *(vgl. unten Aug. 31)* necessario pro palatio Auin. et Villenove, de pelone tradito a mense Dec. citra ad relationem Helioti de Buffenos servientis armorum:
10 onera peloni *an* Epiphanie.
6 „   „   „ s. Antonii etc.,

zusammen 51 onera *zu je* 6 s.

April 30 Isnardus Porchalha, mercator de Vinayo, de carbonibus traditis per eum in palatio et pro usu palatii, ut constat per relationem Petri Boneti cursoris ad hoc deputati, a 9.—14. März:

pro palatio Auin. 1602 banastones,
pro palatio Villenove 1004 banastones, *den Korb zu* 18 d.

Juni 13 Tucho Lamberteschi de Florentia curiam Rom. sequens, mercator lignorum, de lignis combustibilibus pro usu palatii *(vom 9. Mai bis 5. Juni nach dem Bericht des* cursor P. Boneti) 12 720 quint. lignorum *und* pro palatio Villenove 3008 quint. *zu je* 22 d. (1 fl. = 24 s.), *zusammen* 1201 fl. 15 s. 8 d.

(cera) **1360** Aug. 31 computum per Petrum Guarini, **provisorem pelonis et iunqui sive fresquerie** necessariorum pro palatii tinellis et cameris traditorum per eum tam pro palatio Auin. quam Villenove, ut constat per relationem Massioti et G. la Guillalmia, servientium armorum, . . .: in festo Pasche, quod fuit 5. Apr., 10 onera fresquerie, in crastinum 8 onera, 19. Apr. 4 onera, 26. Apr. 4 onera, die qua transivit papa ultra pontem, 8 onera *und so fort an fast allen Sonn- und Feiertagen, zusammen* 165 onera *zu je* 4 s., *für* 27 fl. 12 s. (1 fl. = 24 s.), *ähnlich am 31. Dezember.*

Okt. 31 d. **Arnaldus de Moleriis**, utriusque iuris professor, de expensis factis per eum cum 4 equis, de quibus conduxit 2 in visitando episcopatum Auin. de novo de mandato dd. camerarii et thesaurarii pape . . . 36 fl. 22 s.

Okt. 31 Iacobus Melioris, serv. arm. et ypothecarius pape, 2 lb. 8 unc. vette, *die* libra *zu* 14 s.; 5 pecie fentri pro **cathedra** Petri pape *zu je* 3 s.

(cera) Okt. 31: **Rostagnus Berqui**, serviens armorum et fusterius pape, *erhält für* 339 canne natarum positarum in palatio Apostolico 84 fl. 22 s., *und zwar* in capella et in revestiario, in 2 cameris tenentibus capelle, in magno corraderio, in turri, in qua iacet papa, in camera paramenti, in gardarauba, in camera d^ni Auxitan., in camera d^ni thesaurarii, in camera d^ni camerarii, in camera magistri hospitii (Golferius de Lieuro), in camera Ademari de Riperia, in camera d^ni Iohannis de Bar (hostiarii *und* cubicularii). Hugo de Claromonte, naterius Auinion., ad relationem mag. Rostagni Berqui, fusterii palatii, comput. de natis: pro camera Guilli Alberti, nepotis pape, pro camera pape d^ni epi Tholonen., confessoris pape, pro camera d^ni Iohannis de Baro cubicularii etc.

10ᵃ. Gartenarbeiten.

(cera) Juni 30 G. de Cruce computavit de expensis factis ratione **vinee et orti** Villenove pape *(vom 1. Jan.—30. Juni 1360):*

40 diete hominum pro excauselando vineam et trelhas *je* 4 s.

36 diete hominum pro fodrendo vineam *je* 4 s.

pro faciendo 1 rotam novam pro puteo orti et pro reparando aliquas trelhas dicti orti 16 fl.

pro curando sive mundando itinera vinee et orti 40 s.

pro falquando sive talhando piadellos sive viridaria hospitii *zweimal:* 10 s.

34 diete hominum pro vinando sive fodiendo vineam et pro ligando tonellas sive trelhas vinee et orti *je* 4 s.

120 picheria ex terra pro rota putei pro adaquando dictum ortum *zu je* 12 d., *zusammen* 6 l.

10 diete mulierum pro plantando cepe, allia etc. in dicto orto, pro dieta 2 s.

2 diete roncini pro hauriendo putheum: 10 s.

pro reparando canallem sive conductum, per quem aqua discurrit ad aquandum ortum, 8 s., pro 2 banastonibus et pro cordis, cum quibus extrahebatur terra et alia, que erant in dicto puteo, quando fuit mundatus, 4 s. 6 d., pro adaquando 49 diebus pradellos hospitii *täglich* 6 s.

pro 1 dieta hominis pro fodiendo terram, ubi fuerunt plantati **porri**, 4 s. 6 d.

16 diete mulierum pro plantando **porros** *je* 2 s. 6 d.

pro 5 grapis ferreis pro rodeto putei 5 s.

Zusammen für die Gartenarbeit 53 fl. 6 s.

Dez. 29 computum per Michaelem Bruni, **custodem cervorum et orti palatii pape Auin.**, *legt die jährliche Rechnung: im Februar* 2 iornales hominum ad scindendum vel resecandum superflua tralhiarum dicti orti 8 s., März pro salario 2 hominum, qui una die foderunt in horto 8 s.,

pro 4 iornalibus hominum, qui foderunt 16 s.

pro 2 „   „   qui portaverunt fimum 7 s.

pro 1 „   mulieris ad purgandum ortum nocivis 2 s.

pro seminibus **petrocilli** et aliarum herbarum 6 s.

pro 1 iornali hominis, qui secavit pratellum.

pro 1 clave in porta orti, que fuerat rupta, 7 s.

Juni: pro quanello plumbi novo ponderis 9 lb.: 25 s.

   3 iornales hominum, qui **rigaverunt** ortum, 12 s.

Juli: 9 „ „ „ „   36 s.

   2 „ „ „ foderunt 8 s.

   6 „ „ „ rigaverunt 24 s.

Sept.: 6 „ „ „ „   24 s.

Innocenz VI. Neuntes Pontifikatsjahr. 1361.

I. E. 294 (systematisch geordnet, aber ohne Schlußsummen und nur vom Oktober 1361 an). I. E. 295 (enthält nur die coquina vom Januar bis Juni). I. E. 296 und 297 (enthalten nur die Ausgaben vom Okt. 1361 an, chronologisch geordnet). I. E. 269 (enthält nur die Ausgaben »pro elemosina« und »pro edificiis«). Die Unordnung in der Registerführung dieses Jahres hängt sicher mit dem im Juli 1361 erfolgten Tode des päpstlichen Thesaurars Reginaldus de Maubernat zusammen (vgl. Vatik. Quellen II S. 7 Nr. 14). Seit dieser Zeit (mit dem Jahre 1361) hören auch die Jahresabschlüsse der Thesaurarie oder der Apostolischen Kammer auf. Es werden hinfort nur monatliche Abschlüsse der einzelnen Titel wie der Gesamtausgaben (und Einnahmen) aufgestellt. Diese beginnen mit dem Oktober 1361, dem Amtsantritt des neuen Thesaurars Gaucelmus de Deux.

A. Übersicht über die einzelnen Ausgabetitel und ihre Schlußsummen.

Ihre Schlußsummen fehlen mit Ausnahme der coquina, wo ich sie berechnen konnte.

1. **coquina** *(I. E. 295 f. 104—109; I. E. 294 f. 63—65)* d. Philippus de Ageduno, emptor coquine pape. *Er wird auch genannt* emptor cibariorum coquine pape. *Einkäufe und Abrechnungen wie früher (wochenweise Berechnung, Monatsabschlüsse).*

Die Monatssummen sind:

Jan.	918 fl.	fortes	3 s.	8 d.
Febr.	644 fl.	„	11 s.	9 d.
März	{ 697 fl.	„	5 s.	1 d.
	484 fl.	„		
April	594 fl.	„	2 s.	4 d.
Mai	491 fl.	„	10 s.	10 d.
Juni	{ 699 fl.	„	24 s.	2 d.
	400 fl.			
Juli	789 fl.	sent.	14 s.	7 d.
Aug.	646 fl.	„	3 s.	1 d.
Sept.	810 fl.	„	11 s.	1 d.

50*

Okt. 582 fl. sent. 15 s. 8 d. *(nach I. E. 294).*
Nov. 857 fl. fortes 5 s. 2 d.
Dez. 1030 fl. „ 19 s. 4 d.
[5 fl. „] [4 s.]

Gesamt- (7119 fl. fortes 126 s. 9 d.
summe { 2827 fl. sent. (= 5 fl. fort. 6 s.)

2. **panetaria** *(I. E. 294 f. 73 s.)* computant dd. Iohannes de Burgo et Petrus de Arfolio, panetarii pape. *Rechnungslegung wie früher. Schlußsummen:* Okt. 44 fl. fort. 18 s. 8 d., Nov. 50 fl. fort., Dez. 65 fl. fort.

3. **buticularia** *(I. E. 294 f. 81 s.)* computavit d. Guillelmus de Cruce, buticularius pape, Iohannes Gitberti desgl. *Erhalten nur die Ausgaben im Nov. und Dezember, vgl. Weineinkäufe B 4.*

4. **marescalla** *(I. E. 294 f. 89 ss.)* computavit mag. Guillelmus Sabaterii, magister marescalle.

5. **ornamenta** *(f. 99)* Guillelmus de Guilhomia, serviens armorum pape, ad custodiendum raubam consistorii et camerarum pape deputatus.

6. **opera et edificia** *(f. 105 ss.)* d. Bertrandus Nageyroli, director operum pape. Petrus de Pinu, sarralherius pape.

Da die folgenden Titel als solche keine besonderen Bemerkungen verdienen, lasse ich sie hier aus, auf die systematisch geordneten Einzelheiten unter B verweisend.

B. Systematisch geordnete Einzelheiten aus den einzelnen Ausgabetiteln.

1. Chronikalisch wichtigere Nachrichten.

(I. E. 294 f. 120 cera) **1361** Okt. 16 cum papa executoribus testamenti quondam . . . d. Guillelmi ep. Tuscul., s. Rom. ecclesie card., in certa pecunie summa teneretur, in deductionem eiusdem summe soluti fuerunt d. Iohanni de Meianesio, clerico collegii dd. cardinalium, tamquam procuratori d. Raymundi abbatis de Valbona, executoris testamenti, . . . 775 fl. camere.

Postmodum eadem die de mandato pape recepta fuit olla auri ponderis 13 marcharum $1^3/_4$ unc. a d. Arnaldo archiepo Auxitan., pape camerario, de pingneribus, que fuerunt apud executores testamenti prefati.

(f. 121ᵛ) Nov. 29 cum nuper 7 mulieres vocate fraticelle per d. Guillelmum Rolandi militem, quondam marescallum iusticie Rom. curie, fuissent capte propter heresim, de qua fuerant accusate et in carceribus dicte curie per 10 menses vel circa detente, et Bertrandus de Castro Vilhari, tunc custos carceris curie, dictis mulieribus expensas necessarias

ministrasset, prout in suis computis sive rationibus . . . plenius continetur, soluti fuerunt 50 fl. fort.

(f. 124) Dez. 24 cum 18. Aug. 1360 . . . d. Petrus tit. basilice 12 Apostolorum s. Rom. ecclesie cardinalis dno pape et eius camere Apost. de pecuniis propriis mutuasset pro recuperatione et defensione terrarum ecclesie Rom. ac guerris in districtu civitatis et diocesi Bononiensi 1000 fl. de Pedemonte boni ponderis, eidem quondam cardinali per papam et eius cameram seu eius heredibus restituendis, prout in quadam bulla recognitionis et obligationis . . . continetur, hinc est, quod de mandato pape in solutionem dicte summe soluti fuerunt mag. Iohanni Boerii, archidiacono Montisfortis, executori testamenti dicti cardinalis, 1000 fl. fortes.

(f. 124) Dez. 27 d. Iohanni de Carro, iudici curie marescalli iusticie curie Rom., misso per papam cum certis personis ad partes Ebredunen. pro quibusdam informationibus ibidem faciendis super negociis papam et eius cameram tangentibus 40 fl. fort.

1a. Botenlöhne.

(I. E. 294 f. 120 cera) **1361** Okt. 16 Geraldo Boneti, servienti armorum pape, misso ex parte camere Apost. apud Montempessulanum pro conducendo de dicto loco collectorem camere Ap. in regno Aragonie 3 fl.

(f. 121) Nov. 9 Anthonio de Fontenaco, cursori pape, misso cum literis reservationis bonorum quondam d. episcopi Mimatensis 6 fl. fort.

Nov. 18 Petro de Ala, cursori pape, misso cum bullis pape et literis camere Ap. ad collectorem Anglie et certas alias personas . . . 30 fl.

Nov. 24 Francisco Lombardi alias Castanel misso cum literis reservationis bonorum quondam d. Alberti ultimi epi Mimaten. ad subcollectorem camere Apost. in civitate et dioc. Mimaten. 2 fl. fort.

Nov. 24 Bartholomeo Petri, cursori pape, misso cum d. Iohanne Celarii apud Ebredunum ad recipiendum et levandum quecunque bona quondam d. collectoris camere Ap. in provincia Ebredun. 15 fl. fort.

Dez. 2 d. Artaudo de Medyolano, iudici insule comitatus Venayssini pro papa, misso in Provincia pro conducendo collectorem Veneciarum 20 fl.

Dez. 27 Petro de Ruppe, cursori pape, misso per papam ad archiepum Tholosanum et comites Convenarum, Fuxi et certos alios nobiles cum bullis clausis pape 3 fl.

1b. Geschenke.

(I. E. 294 f. 120 cera) **1361** Okt. 12 de mandato pape Gauberto de s. Exuperio, scutifero pape, pro dono speciali 100 fl. fort.

Okt. 27 de mandato pape d. Andiberto de Castronovo militi . . .[1] dioc. de speciali dono, Iohanne Artaudi, scutifero d. thesaurarii, tradente

---
[1] Die Diözese ist ausgelassen.

et assignante ac d. Hugone epo Albiensi pro dicto milite recipiente 200 fl. fortes.

Desgl. d. Petro, priori conventus de Glanderio ord. Cartus. Lemouicen. dioc. 25 fl. fortes.

(f. 124) Dez. 26 de mandato pape Geraldo de Rossilhione, scutifero pape, pro dono speciali per papam sibi facto 100 fl. fortes.

(f. 181 assignationes) Okt. 15 *der Papst erhält für seine Privatschatulle aus der Apostol. Kammer in Gegenwart des Kamerars durch den Thesaurar* (mag. Guillelmo Ademari, custode cere, recipiente) 2000 fl. fort.

Dez. 17 *desgl.* (Iohanne Palaysini, scriptore litter. pape et camere Apost. notario recipiente) 2020 fl. fort.

Hiervon verteilt der genannte Johann Palaysini:

1. Isabelle de Ruppe 200 fl., 2. Galiene de Bron. 100 fl., 3. Agneti de Rupperia 400 fl., 4. uxori Stephani de Monte 200 fl., 5. Raymundo de Chabano 200 fl., 6. Aymerico la Rayma 100 fl., 7. Guidoni de Podiovalle 200 fl., 8. Margarete Lacheza 60 fl., 9. uxori quondam Raimundi de Lor 50 fl., 10. d. Nicola archipresbo de Lubiaco 40 fl., 11. Imbaudo scutifero de Montilhiis 50 fl., 12. castellano de Montilhiis 30 fl., 13. d. Radulpho la. Rayma militi 100 fl., 14. Rampnulpho de Bonavalle 40 fl., 15. Iohanni del Estaut 25 fl., 16. cuidam moniali dne de Montilhiis 25 fl., d. Aymerico la Porta 200 fl.

1c. Wohltätige Zwecke (elemosina).

(I. E. 269 f. 144 elem.) **1361** Jan. 4 d. Guidoni de Riperia, elemosinario et panetario pape, pro elemosina secreta singulis mensibus fieri consueta pro presenti mensi 100 fl. *So jeden Monat. Desgl.* pro sudariis emendis pro pauperibus defunctis in Romana curia 100 fl., *ebenso am 10. und 18. Mai, und je* 50 fl. *am 20. Mai und 10. Juni zu gleichem Zwecke.*[1]

Jan. 20 d. Petro de Frigidavilla, administratori domus Panhote, pro visitationibus hospitalium, *an einzelnen Festen und am ersten jedes Monats jedesmal* 50 s., *wie früher.*

Febr. 10 *demselben* pro faciendo mandatum presentis Quadragesime, prout est consuetum, in qua sunt 7 septimane, (31 gross. pro septimana) 217 tur. gross. arg.

April 26 de mandato pape Iohanni fratri de Constancia, procuratori ord. Predic. Auin., pro capitulo generali dicti ordinis celebrando in festo Penthecostes in villa Rothomagensi 100 fl. fortes.

Mai 22 de mandato pape d. Guidoni de Riperia elemosinario pro elemosina secreta et danda ordinibus Mendicantium et monialibus, Repentitis et certis aliis ordinibus episcopatus Auin. et civitatis pro processionibus faciendis pro ista mortalitate . . . 170 fl. fortes.

---

[1] Es herrschte in diesem Jahre wieder eine große Sterblichkeit in Südfrankreich.

Juni 10 d^{no} Guidoni de Riperia, administratori Panhote, pro 100 peciis pannorum brunorum et alborum emptorum in Andusia pro dandis pauperibus et pro usu elemosine Panhote (5 fl. pro pecia) 500 fl.

Juni 19 fr. Stephano Martini, priori conventus N.[1] pro capitulo generali celebrando in loco de Molendino Eduen. dioc. pro speciali dono 20 fl.

Vom letzten Juni bis 5. Okt. ist keine Eintragung gemacht, sondern $1^2/_3$ Seite freigelassen worden.

(f. 146) Okt. 5 d^{no} Bertrando abbati monasterii de Toroneto, administratori Panhote, pro elemosina dari consueta pro visitatione hospitalium de presenti mense facienda 50 s. Auin.

Okt. 9 d. Guillelmo Barsalonis, presb. Lemovicen. dioc., facienti officium elemosinarie secrete pape, pro elemosina secreta singulis mensibus fieri consueta 50 fl. sententie.

So ähnlich in den folgenden Monaten.

Dez. 15 fr. Guillelmo Amici, elemosinario domus Panhote, pro 12 cannis tele ad faciendum mandatum adventus Dⁿⁱ 3 fl.

Demselben pro visitationibus hospitalium *(je* 50 s. pro visitatione) 12 l. 10 s.

(f. 146^v) Dez. 16 de mandato pape d. Iohanni Palaysini, scriptori litterarum pape et notario camere Apost., pro elemosina danda *am Wahl- und Krönungstage (18. Dez. und 30. Dez.) für die Klöster und Armen der Stadt* 760 fl. fortes.

(f. 147) Dez. 29 Hugoni de Sazo, canabasserio habitatori Auin., pro 11 cordis tele traditis d. Guillelmo Barsalonis, presb. Lemouic. dioc., facienti officium elemosinarii pape, pro sudariis pauperum . . . 11 fl.

1^d. Kriegsausgaben.

(I. E. 294 f. 168 guerra) **1361** Nov. 24 cum de mandato pape per cameram Apost. fuisset factum cambium cum Andrea Tisci de Pistorio, habitatore Auin., socio societatis Viscontis Lappi et Bartholomei Henrici de Pistorio, in 3000 fl. ponderis sententie . . . assignandis in Florencia d. Aymerico Chati, electo Wlteran., thesaurario generali guerrarum in partibus Italie pro papa et ecclesia Romana, hinc ad 8. Ian. 1362 (instrum. per d. Iohannem Palaysini not. camere), fuerunt traditi 3000 fl. sententie.

Desgl. pro portu, lucro et cambio ($3^1/_2$ %!) 105 fl. sent.

Desgl. Zenobio Martini de Flor., habitatori Auin., factori et procuratori Thedaldini Rogerii de Richis et soc. de Flor., 3000 fl. sent., *desgl.* pro portu, lucro et cambio 105 fl.

---

[1] Name und Orden ist nicht angegeben. Vermutlich sind Augustiner gemeint.

Dez. 2 *Desgl.* Lamberto de Albertis Antiquis de Flor., procur. et factori soc. Nicolai et Benedicti et soc. Albertorum Antiquorum, 2000 fl. sententie.

Erfüllungsort und Zeit: Florenz 25. Jan. 1362. Wechsel $3^1/_2\%$ = 70 fl. sent.

Desgl. Andree Tici de Pistorio etc. *(wie oben Nov. 24)* 2500 fl. sent., *fällig in Florenz 25. Jan., Wechsel* $3^1/_2\%$: 87 fl. sent. 12 s.

Desgl. Zenobio Martini 2500 fl. sent. *Wechsel* 87 fl. sent. 12 s.

Die Ausgaben für Bewachung und **Verteidigung** *von Stadt und Landschaft* **Avignon** *sind unter dem Titel* »pro custodia« *f. 173 s. für die letzten 3 Monate des Jahres 1361 zusammengestellt. Wir geben hier einige wichtigere Einzelheiten:*

Okt. 7 Iohanni Raynaldi, domicello de s. Laurentio de Arboribus Auin. dioc., capitaneo dicti loci pro papa, pro vadiis mensis Sept., Raymundo Hugonis pro ipso recipiente, 30 fl. fort. *Ebenso in den folgenden Monaten.*

Okt. 14 Fideli de Pontirolo de Mediolano conastabulo 24 brigandorum deputat. ad custodiam castri de Berbentana Auin. dioc. (6 fl. pro brigando, pro ipso 12 fl.) pro 1 mense 15. Okt. inchoando 156 fl. Francie (1 fl. = 13 grossi mon. Francie).

Desgl. eidem Fideli nomine Iohannis de Pontirolo, fratris sui, conastabuli 20 brigand., 132 fl. Francie.

Okt. 27 Bosoni Quintini, servienti armorum pape, capitaneo castri de Mornacio pro papa, pro avantagiis suis ultra vadia ordinaria servientibus armorum solvi consueta pro 2 mensibus (Okt. et Nov.) 14 fl. fort., *dazu* pro vadiis 3 brigandorum *(je 5 fl. monatlich)* 30 fl.

Okt. 31 computavit Guillelmus de Guilhelma, serviens armorum et custos arthilharie palacii pape, de vadiis 1 balistarii et 2 magistrorum ingeniorum: pro salario mag. Iohannis balistarii pro solutione $^1/_4$ anni 25 fl., pro salario mag. Clementis fusterii et mag. Iohannis de s. Anna fusterii *(je* 7 fl.) 14 fl. . . . pro tabulis ad ferrandum »los canons« cum clavellis 2 fl., pro 12 »faros« ad deferendum lumen 12 fl., pro 1000 pannis ad cremandum infra farones predictos 20 fl. etc. *So ähnlich jeden Monat.*

(f. 174) Dez. 21 Raffino de Pectoraria, servienti armorum pape et capitaneo Castri Novarum Auin. dioc. pro papa, pro vadiis 2 hominum armatorum et 1 brigandi 100 fl. fort.

2. Beamte.

(I. E. 294 f. 144ᵛ) **1361** Dez. 29 facta fuit solutio penitentiariis, domicellis, hostiariis, servientibus armorum, coquis et palafrenariis pro eorum raubis hyemalibus istius anni videl. pro festo Omnium Sanctorum proxime preterito:

2. Beamte.

I. 15 penitentiariis *(die mit * versehenen Namen kommen im Jahre 1360 nicht vor):*

1. Iacobo de Assisio.
2. Geraldo de Cambalone.
3. Raymundo Pinholi.
4. Eueno [Regaymon].
5. Isuardo de Senecio (!).
6. Henrico Polonis*.
7. Anthonio de Thelonis*.
(8.) Augustino de Brisaco*.
9. Helye Raymundi*.
10. Nicolao Lebrohim*.
11. Bartholomeo de Benevento*.
12. Dominico de Novoloco.
13. Theoderico Montz*.
14. Thome de Anglia*.
15. Geraldo de Gyniaco (!).

Jeder Poenitentiär erhält 8 fl. *Kleidergeld* = 120 fl.

II. 12 scutiferis:

1. Stephano de Monteruco.
2. Raymundo Cabanis.
3. Ymberto de Sauzeto.
4. Geraldo de Rossilhione.
5. Guidoni de Podiovallis.
6. Bartholomeo de Vasinhaco.
7. Aymerico la Rayma.
8. Guinoto de Rossinhaco.
9. Gauberto de s. Exuperio.
10. Petro de Turre.
11. Gaufrido Vigerii.
12. Bernardo Lugana.

(Jeder scutifer *erhält* 8 fl.*)*

III. 11 usseriis:

prime porte:
1. Ademario de Riperia.
2. Petro de Ianzens.
3. Andoyno de Vassinhaco.
4. Rotgerio de Molendino Novo.

secunde porte:
5. Rotberto de Balli.

6. Guillelmo de Margarita.
7. Radulpho de Gunello.

tertie porte:
8. Iordano de Cameraco.
9. Stephano de Porta.
10. Leoni de Iovis.
11. Guillelmo de Malomonte.

(Jeder usserius *erhält* 8 fl.*)*

IV. magistro ac marescallo equorum ac coquis:
1. mag. Guillelmo Sabbaterii marescallo equorum.
2. mag. Petro Fabri marescallo equorum.
3. mag. Iohanni Postelli coquo.
4. mag. Ymberto Mari alteri coquo.
5. Iohanni de Lauro coquo.

(Jeder erhält 8 fl.*)*

V. 38 servientibus armorum:

1. Bernardo de Senis.
2. Marcho Lando.
3. Guillo Bedocii.
4. Raffino de Pectoraria.
5. Bosono Quintini.
6. Raymundo de s. Michaele.
7. Geraldo Danielis.
8. Bertrando de Veyraco.
9. Bertrando de Falgueyracio.
10. Bosono de Meslaret.
11. Petro de Alta Ruppe.
12. Guillo de Guilhamia.

13. Geraldo Boneti.
14. Leoni de Neapuli.
15. Antonio Abbatis.
16. Anceloto de Breturia.
17. Bartolino de Placentia.
18. mag. Roberto Barberio.
19. Iohanni de Bles.
20. Ademaro de Bordis.
21. Hugoni de Bolonia.
22. Petro de Vernha.
23. Philipoto de Mussi.
24. Angelo Petri.
25. Geraldo de Bellopodio.
26. Guillelmo de Campania.
27. Iohanni Almoyni.
28. Petro Vigerii.
29. mag. Lorino.
30. mag. Guillo Ademari.
31. Hugoni de Sunheto.
32. Iohanni Vigorosi.
33. Petro Mespini.
34. Massiato de Montefalcone.
35. Petro de Tuelha.
36. Iohanni Campeline.
37. Raymondo Gueceualli.
38. Stephano de Bordis.

(Jeder erhält 5 fl. Kleidergeld.)

VI. 7 palafrenariis:
1. Petro Sarrentis (!).
2. Guillelmo Garcerii (!).
3. Dominico de Met.
4. Arnaldo de Busseria.
5. Bernardo Saucii.
6. Guillelmo Cathalani.
7. Micheleto de Gordonis.

(Jeder erhält 2 fl.)

(f. 115 vadia extr.) **1361** Okt. 7 Iohanni de Grandimonte custodi et Iohanni Plantati, ortolano Villenove, pro vadiis extraord. sive eorum expensis presentis mensis 6 fl. sent. 6 s. *Ebenso in den folgenden Monaten.*

(I. E. 294 f. 121 cera) **1361** Okt. 31 computavit Raymundus de s. Michaele, serviens armorum et aquarius pape, de expensis in officio suo Aquerie a 1.—31. Okt.: pro corda ad puteum palacii ponderante 69 lb.: 69 s., pro 1 cornuta pro papa 24 s.

So ähnlich am Ende jedes Monats.

(f. 122v) Nov. 30 computavit d. Helyas Raymbaudi, custos vaccelle pape, de expensis per ipsum in officio suo factis in mensibus Oct. et Nov. 1361: se emisse 6 cordas tele (*zu je* 30 s.) 9 l., pro abluendo vaccellam 24 s.; quando venerunt dd. cardinales novi (Nemausen., Aquen., s. Marcialis), pro 4 hominibus 8 s.; quando venit d. cardinalis Bononien. et omnes cardinales fuerunt simul in prandio, 4 hominibus (*je* 2 s.) 8 s., quando venit cardinalis Morin., fuerunt omnes cardinales simul in prandio: 4 hominibus 8 s.

3. Getreideeinkäufe.

(I. E. 294 f. 160 Panhota) **1361** Dez. 24 d. Iohanni Rosseti, can. Cabilon. ac provisori bladorum, pro expensis factis et faciendis in Burgundia pro dictis provisionibus pro usu hospitii et Panhote pape: 200 fl. parvi ponderis.

(f. 89ᵛ marest.) Im Oktober werden im Marstall verbraucht 46 saum. 2¹/₂ emin. avene, 249 quint. feni.

Im Nov.: 43 saum. 5¹/₈ emin. avene, 103³/₄ quint. feni, 386 banast. palearum.

Im Dez.: 40 saum. 2 emin. avene, 676 banast. palearum, 127¹/₂ quint. feni.

4. Weinanschaffungen und Getränke.

(I. E. 294 f. 157 Panhota) **1361** Okt. 7 ex ordinatione camere Guillelmo de Creti, habitatori in s. Saturnino dioc. Auin., pro expensis factis per eum in recolligendo vindemias in vineis, quas in dicto loco de Saturnino habebat quondam dominus Henricus de Fritzlaria Alamannus, qui nuper in eodem loco diem clausit extremum, cuius bona erant ante eius obitum per sedem Apost. specialiter reservata, et racione ipsius reservationis bona ipsius quondam domini Henrici ad dictam cameram pertinebant, quarum vinearum vina per Panhotam recepta erant et inducta . . . 25 fl. fortes.

(f. 159 Panhota) Okt. 31 computavit fr. Guillelmus Amici, elemosinarius Panhote, se expendisse pro 47 modiis vini per ipsum emptis in villa s. Spiritus (*zu je* 2¹/₂ *fl.*) 117 fl. 12 s., pro portando de villa ad boticam (*je* 4 s.) 9 l. 8 s.; pro expensis per capellanum, qui fecit provisionem in 16 diebus, quibus fuit ibidem cum famulo, una cum conduxione roncini et loquerio famuli et loquerio hospicii et 2 boticarum etc. 11 l. 3 s. 3 fl.; pro portatura 46 botarum grossarum vini de portu Rodani apud s. Spiritum et de s. Spiritu ad portum Auin. (1 fl. pro bota) 46 fl., *zusammen* 183 fl. 15 s.

(f. 81 butic.) Nov. 30 computavit d. Guillelmus de Cruce, buticularius pape: *für den Monat Oktober:* pro 55 picheriis nectaris facti cum zucaro pro papa et cardinalibus, qui cum eo comederunt, (10 s. pro picherio) 27 l.; pro 8 barralibus nectaris facti cum melle pro tinello (60 s. pro barrali continenti 48 picheria, *zu je* 15 d.) 24 l. . . ., pro extrahendo de navigiis et portando cum quadrigis de portu Porte Aurose ad palacium 30 botas parvas sive botarellos habitos de beneficiis dictis de Sereria et dou Dausa ac Tilhio iuxta Valenciam (4 gross. pro bota) 12 l., *desgl.* 20 botas de eodem vino beneficiorum a d. Iohanne Tornada (*zu je* 3 gross.) 6 l. Item pro extrahendo de navigiis et portando cum quadrigis de portu Porte Aurose ad palacium ac stivando in celariis palacii 6 botas sive caudas Belne presentatas per epum Cabilonen. et 4 botas Belne presentatas per abbatem s. Benigni et 8 botas presentatas per abbatem de Tormicio (*zusammen* 18 bote *für je* 4 gross.) 7 l. 4 s.

Dez. 23 d. Guillelmo de Cruce, buticulario pape, pro 2 botis de mena plenis vernachia emptis pro usu hospicii palacii pape (70 fl. *und* 40 fl.) 110 fl.

(f. 82) Dez. 29 computavit Stephanus Vitalis, cursor pape, de provisione vinorum de s. Porciano facta per eum in illis partibus anno 1361: pro 28 botis dicti vini (8 *zu je* 15 fl., 6 *zu je* 12 fl., 13 *zu je* 17¹/₂ fl.) 437 fl., unde d. cardinalis Magalon. habuit ¹/₄ vini et ideo ¹/₄ pecunie debet deduci (109¹/₄ fl.); alias 2 botas vini, quas emit nomine d. cardinalis Penestrini, 30 fl. *Dazu kommen die Unkosten an Fracht etc.* Item dedit capitaneo Anglicorum seu piraidorum, qui erant circumcira s. Porcianum et specialiter in quodam castro vocato Castrum Pauerii, ut daret pro se et suis complicibus salvum conductum pro conducendo botas in fortaressio s. Porciani, 15 fl. . . . Item pro conducendis botis, videl. 25, quia residuum botarum erat vacuatum pro aliis adimplendis, de s. Porciano ad Chalonem *(je* 10 fl.!) 250 fl.

Sciendum, quod de summa botarum remanserunt seu devastatum (!) fuit apud Seruiam penes dominum de Anghols circa 4 (!) botas predicti vini et sic solum remanserunt 22 (!) bote, pro discargandis botis de quadrigis in Cabilone et ponendis in quodam penore et post (!) in navigio 5 fl., pro conducendis botis de Cabilone usque Auinionem 47 fl., pro pedagiariis desuper aquam Sonne et Rodani 8 fl. etc. etc. *Die päpstliche Kammer hat von allen Ausgaben* ³/₄ *zu tragen (*¹/₄ *der genannte Kardinal):* 727¹/₂ fl., de quibus dixit se recepisse a subcollectore Anicien. 200 fl. et a d. Arnaldo de Moleriis et Iohanne Rosseti in Lugduno 224 fl., *so bezahlt die apost. Kammer nur noch* 356 fl. fort. 18 s. mon. Auin.

(f. 83) — pro 50 botis vacuis emptis *(zu je* 16¹/₂ gross.) 68 fl. 9 gross.

(f. 83v) Dez. 29 computavit d. Guillermus de Cruce, buticularius pape, de provisionibus vinorum per ipsum et certos alios anno isto factis pro usu hospicii palacii pape in locis de Villanova, de Ruppeforti, Castronovo, Comis, Bellicadro, Nemauso etc.

    a. . . . pro 487 saumatis racemorum [in Villanova], de quibus fuerunt adimplete 58 bote grosse, 12 s. pro saumata: 292 l. 4 s., pro 36 dietis hominum ad calcandum racemos et faciendo vina (4 s. pro dieta) 7 l. 12 s., pro 12 dietis hominis, qui regebat trolhium, *(je* 5 s.) 60 s., pro 1 saumerio pro trolhio seu districtu, quia alter, qui erat primo, erat fractus, et pro preparando districtum 30 s. etc. etc., *zusammen* 293 fl. 20 d., *so kommt auf die* bota *in Avignon* 5 fl. 15 d.

    b. expense facte pro 10 botis habitis de prioratu de Ruppeforti: pro portando 10 botas de apotheca Auin., ubi fuerunt religate, vacuas ad locum de Ruppeforti et reportando plenas *(je* 36 s.) 18 l., *dazu noch Fracht für 4 Faß Wein* de Montesargiis *(je* 36 s.) 7 l. 4 s., item tradidit fratribus dicti loci de Montesargiis pro faciendo vindemiare vineam 6 fl.

    c. expense pro 15 botis factis in Castronovo (de vinis cellarii pape), *zusammen* 19 l. 16 s. in 16 fl. 12 s.

d. expense pro vinis in Aramone *für die Fracht von 12 Faß nach Avignon (zu je* 16 s. 6 d.) 9 l. 18 s. in 8 fl. 6 s.

Computum vinorum factorum per Iohannem Gitberti pro papa, eiusdem buticularium, in loco de Comis pro 893 quint. racemorum emptis, de quibus fuerunt restitute plene supra locum et in navigio et data bevenda nauteriis 37 bote grosse de vino albo (6 quint. racem. pro 1 fl.) 148 fl. 10 gross., pro mundando tinale et hospitium, in quo fuerunt vina, ... pro expensis victualibus 10 fl. 5 s. etc., *zusammen* 229 fl. 16 s. 8 d., *so kommt auf das Faß bis Avignon* 6 fl. 5 s. minus 4 d. ad totum.

Desgl. in Bellicadro pro 984 quint. racemorum, de quibus fuerunt adimplete 40 bote grosse supra locum et in navigio et data bevenda nauteriis et solvendo pro 3 quint. racem. 8 gross. (1 fl. = 13 gross.) 201 fl. 11 gross.

Dazu die gewöhnlichen Ausgaben für Ernte, Keltern, Fracht etc., zusammen 303 fl. 14 s. 2 d. mon. Auin., *so daß auf das Faß bis Avignon* 7 fl. 7 gross. 2 d. *kommen* (plus 6 d. pro toto).

In·Nemauso 1320 quint. racemorum, de quibus fuerunt adimplete supra locum 55 bote grosse (pro 3 quint. 8 gross., 1 fl. = 26 s. = 13 gross.) 271 fl. 10 gross. 8 d., pro 50 dietis hominum pro faciendo vina (*je* 5 s.) 12 l. 10 s., pro 4 hominibus, qui distrinxerunt vindemiam et calcaverunt vina (precio facto cum illis) 8 fl., pro portu botarum per terram de portu de Comis ad s. Bandilum vacuarum et plenarum (*je* 1 fl. 4 gross. mon. Auin.) 73 fl. 4 gross. mon. Auin., pro loquerio carretarii et ponderantis, qui ponderavit vindemiam, 6 fl., pro portu per aquam botas vacuas et plenas de portu Auin. ad portum de Comis et reportando (*je* 1 fl.) 52 fl. etc.

Zusammen 441 fl. 18 s. mon. Auin., *so kommt auf das Faß in Avignon* 8 fl. 6 gross. minus 6 s. ad totum.

Item recepi de beneficio s. Bandili 20 botas plenas de vino clareto, *dafür an Unkosten bis Avignon* 46 fl. 8 gross., *so daß auf das Faß* 2 fl. 4 gross. *kommen.*

Item recepi de beneficio de Belaguarda 14 botas grossas de vino clareto, *dafür an Unkosten bis Avignon* 28 fl.

Pro vinis factis in loco de Vilatella: pro 504 quint. racemorum (6 quint. pro 1 fl.), de quibus fuerunt adimplete 21 bote grosse: 84 fl., *mit Unkosten bis Avignon* 186 fl. 13 s. 6 d., *kommt aufs Faß* 9 fl. 2 gross. 7 d. ob. et plus 4 d. ad totum.

Expense facte per d. Petrum Iariaya in loco de Lunello pro mutando tinale de s. Stephano extra villam ad claustrum beneficii dicti loci infra villam: pro mutando, lavando, religando 4 magnas tinas bulhitoris pro cadastris, circulis, amarinis, stuppis, clavellis, incastris etc. 10 fl.; pro 3 gabiis, in quibus calcabantur racemi supra tinas, et pro 1 districtu cum 4 parvis tinis pro trolhando racemos 4 fl.

Provisio vinorum per dictum Petrum I. in loco de Lunello: pro 1040 quint. racemorum, de quibus fuerunt adimplete supra locum 45 bote grosse, dando 6 quint. pro 1 fl.: 173 fl. 4 gross., *dazu die verschiedenen Unkosten, zusammen* 235 fl. 2 gross. et 216 l. (1 fl. = 26 s.), *kommt aufs Faß in Avignon* 9 fl. 4 gross. 2 d. et plus 12 d. ad totum. *Dazu* de beneficio de Lunello 10 botas grossas de vino clareto, quas fecit portari de portu s. Egidii per terram vacuas etc., *zusammen an Unkosten* 38 fl. 11 gross. 9 d.

Die Gesamtsumme pro provisione vinorum pro 333 botis impletis in diversis locis, non computatis 40 fl. solutis pro portu vinorum de Lunello per d. ep^{um} Magalon.: 2951 fl. 20 d., de quibus recepit Guillelmus de Cruce buticularius supradictus a camera pape 2800 fl. fort. et sic restant deberi 151 fl. 20 d.

4a. Öl und Essig.

(I. E. 295 f. 104^v coq.) **1361** Jan. 31 pro 50 quanis olei (*je* 15 s.) 37 l. 10 s., pro 255 quanis olei (*je* 14 s.) 178 l. 10 s., pro 3 barrallis aceti 30 s.

Febr. 28 pro 2 barralis aceti 30 s.

(f. 108 coq.) Juni 30 cum per cameram Apostolicam fuissent mutuati Petro Reynaldi, quondam clavario Carpentoraten., nuper defuncto pro certis provisionibus olei per ipsum faciendis in comitatu Veneysini et Provincia pro usu palacii, de quibus provisionibus assignavit certam quantitatem olei d. Geraldo de Castanea, scriptori coquine pape, et adhuc est magna quantitas olei penes heredes clavarii, prout in libris ipsorum clavarii et d. Geraldi latius continetur, hinc est, quod positi fuerunt in expensis 400 fl. fortes.

(I. E. 294 f. 65 coq.) **1361** Dez. . . . pro 100 cannis olei emptis pro provisione (*zu je* 12 s.) 60 l., pro 3 barrallis aceti 30 s.

5. Vieh- und Fleischeinkäufe.

(I. E. 295 f. 106 coq.) **1361** März in festo Pasche dati fuerunt ex parte pape 24 mutones videl. d. cardinali Penestrino 2 mutones et aliis cardinalibus existentibus in curia Romana cuilibet 1 muto, item d. camerario 1 muto, servientibus armorum et magistro marescallie alter muto, de quibus mutonibus 21 fuerunt de provisione et alii 3 mutones fuerunt empti 108 s., item 42 eduli dati eisdem (*je* 15 s.) 30 l. 30 s.

(I. E. 294 f. 65 coq.) **1361** Dez. provisio porcorum:

a. in mercato Auin. *Samstag den 20. Nov.* pro 4 porcis 12 fl., pro macellario, qui respexit linguas porcorum, 3 s.; pro famulis, qui eos adduxerunt, 2 s.

b. in mercato Carpentorac. 26. Nov. *(Freitag)* pro 10 porcis *(je* 3½ fl.) 35 fl., pro 8 porcis *(je* 3¾ fl.) 30 fl., *dazu an Ausgaben* 39 s.

c. in mercato Carpentor. 3. Dez. *(Freitag)* pro 20 porcis 72 fl., *dazu an Ausgaben* 44 s. *(für den Käufer),* 24 s. *(für den Zungenbeschauer),* 14 s. *(für den Treiber),* 8 s. *(für Futter).*

d. in mercato Carpent. 10. Dez. *(Freitag)* pro 20 porcis *(je* 4 fl.) 80 fl., pro 1 apro domestico 4½ fl., . . . pro salario macellarii, qui interfuit in dictis mercatis porcorum et eorum linguas respexit et probavit pro maiori parte, 48 s.; pro salario macellariorum, qui occiderunt et paraverunt ac sallaverunt 62 porcos et 1 aprum *(je* 4 s.) 12 l. 12 s.; pro salario famulorum, qui mundaverunt et abluerunt intestina 40 porcorum, 30 s., pro straminibus ad urendum 6 porcos 15 s., pro 3 stueriis seu natis 30 s., pro 22 iornalibus hominum, qui trissaverunt sal, quo dicti porci fuerunt salsi (5 s. pro iornali) 110 s.

Zusammen für die provisio porcorum 233 fl. 35 l. 8 s.

— In festo natalis Domini dati fuerunt 23 **porci** 20 cardinalibus existentibus in curia Rom. videl. cardinali Pampilonen. vicecancellario 2 porci, cuilibet alteri cardinali 1 porcus, d. camerario 1 porcus, servientibus armorum et palafrenariis marestalle pape 1 porcus: *(zu je* 60 s.) 69 l., pro portu porcorum ad palacium 12 s.

Item 20 **lepores** dati etiam in dicto festo *(zu je* 12 s.) 12 l., item 80 **cuniculi** in defectu leporum, consuetum enim erat dari in dicto festo cuilibet cardinali 2 lepores, et ideo deficientibus tot leporibus fuerunt dati 1 **lepus** et 2 **cuniculi** cuilibet cardinali *(letztere zu je* 4½ s.) 9 l.

5a. Fischeinkäufe.

(I. E. 269 f. 146ᵛ elem.) **1361** Dez. 29 computavit d. Helyas abbas s. Salvatoris de Blauia, collector Apost. in civitate et dioc. Burdegal., (et Dominicus de Lucarie, hostiarius minor pape,) . . . emi 900 **merlucia** (5 leopardos pro centenario) 45 leopardos; 4000 **allecum** (6 leop. pro 1000) 24 leop., *dazu für Verpackung und Unkosten* 4 fl. fort. 28 sterling. *Die* serpilhatores *machen aus den genannten Fischen* 5 cargias.

Pro portagio piscium (et pannorum, *vgl. Tucheinkäufe*) cum curribus de Burdegalis usque Neyracum Condomien. dioc. 12 scudata auri Philippi vetera = 16 fl. Persone, que procuravit currus et portagium, 1 scudatum Philippi vetus (= 1⅓ fl. fort.).

Pro portu de Neyraco 15 cargarum usque ad Auinionem (8 fl. pro carga) 120 fl.

(I. E. 295 f. 104ᵛ coq.) **1361** Jan. 31 pro 1 bala allecum 16 fl.

(f. 105) Febr. 28 . . . de provisione facta Tholose et adducta Auinionem: fuerunt assignate custodi cibariorum coquine 5 bale merluciorum et 13 bale allecum, pro portu ad palacium 4 s.

(f. 106) März 31 computavit G. Stephani, mercator Tholose, de provisione piscium salsorum emptorum Tholose pro usu hospitii pape: 20 balas allecum, que fuerunt empte Tholose (*zu je* 9 fl.) 180 fl., *dazu Fracht bis Avignon je* 2 fl. 6 gross.: 50 fl.; *ferner* 6 balas merluciorum *zu je* 12 fl. 3 gross.: 73 fl. 6 gross., *dazu Fracht bis Avignon je* 2 fl. 6 gross.: 15 fl.; in alio viagio assignavit idem in dicto palacio 9 balas merluciorum (empte Tholose *zu je* 13 fl. 1 gross. arg.) 117 fl. 9 gross., *dazu Fracht bis Avignon je* 4 fl. 5 gross.: 39 fl. 9 gross.; pro expensis famuli, qui conduxit in dictis 2 viagiis a villa Tholose usque ad Auinionem dictas provisiones, 8 fl., *zusammen* 484 fl.

(f. 123v cera) Dez. 6 Colino Lombardi, cursori pape, pro certis nautheriis, qui pisces conduxerunt de Burgundia pro usu hospicii palacii, 22 fl. parvi ponderis.

(f. 126v) Dez. 29 computavit Dominicus Lucarre, hostiarius maior pape, de expensis per ipsum factis cum roncino et famulo per 80 dies, in quibus fuit missus per cameram Apost. pro provisionibus piscium et pannorum . . . 80 fl. fort.

5b. Geflügeleinkäufe.

(I. E. 295 f. 106v coq.) **1361** April 30 provisio facta de caponibus et gallinis de mandato d. camerarii 3. April: 24 capones empti (*zu je* 14 s.) 16 l. 16 s., 24 capones *zu je* 13 s.) 14 l. 8 s., 12 duodene gallinarum (*je* 6½ s. pro gallina) 46 l. 16 s., pro 22 eminis milii datis in pasturam dictis caponibus et gallinis ac eciam pullis expensis in dicto mense, qui eciam fuerant empti, (pro emina 7 s.) 7 l. 14 s.

5c. Heu.

(I. E. 294 f. 123v cera) **1361** Dez. 11 Bertrando de Falgayracio, servienti armorum pape, capitaneo castri Pontis Sorgie pro papa, pro 100 quint. feni per ipsum emendis pro salvaysinis, que nutriuntur et tenentur in dicto loco pro papa (8 s. pro quintali), Iohanne Michaelis, familiari suo, recipiente 33 fl. fortes 8 s.

NB. *Über den monatlichen Heu- und Strohverbrauch im päpstlichen Marstall vgl. oben B 3 Getreideeinkäufe.*

6. Tucheinkäufe.

(I. E. 269 f. 146v elemos.) **1361** Dez. 29 computavit d. Helyas abbas s. Salvatoris de Blauia, collector Apost. in civitate et dioc. Burdegalen., et Dominicus de Lucarie (!), hostiarius minor pape, de provisionibus pannorum diversorum colorum in illis partibus emptorum pro elemosina pape consueta dari annis singulis: emi 100 pecias gross. seu integras pann. computando 2 parvas pecias pro 1 integra, tamen sunt alique pecie

integre in sua specie, et in 30 de dictis 100 invenientur 12 canne in qualibet compensando unam cum alia, in residuis 10 peciis, que sunt de Cloncester ac maioris precii et meliores aliis, in qualibet invenientur 15 canne, in quibus 100 peciis sunt 12 pecie integre de panno albo, 12 p. de rousseto, 12 p. de panno nigro et residuum divers. colorum. Solvi pro qualibet *im Durchschnitt* $12^5/_8$ leopardos, *zusammen* 1262 leopardos = (1 leop. = 34 sterling., 1 fl.[1] = 30 sterling., 9 leop. = 10 fl., quia talem cursum habebant Burdegalis) = $1402^1/_2$ fl. 6 sterling.

Dazu an Ausgaben $8^1/_3$ fl. 2 sterl. arg.

7. Wachs und Kerzen.

(I. E. 294 f. 120v cera) **1361** Okt. 31 computavit Guillelmus Ademari, custos cere pape, a 1.—31. Okt. de expensis factis in dicto suo officio: se debere Guillelmo Fynamor pro 7 quint. cere (*zu je* 30 l.) 210 l., pro portu et carretagio 12 s.; Bertrando Boerii pro 28 quint. cotonis (*je* 5 s. 4 d.) 7 l. 9 s. 4 d., eidem pro 14 lb. fili scopacei (*je* 2 s. 6 d.) 35 s., pro factura 7 quint. cere (*je* 8 s.) 56 s., *zusammen* 185 fl. sent. (1 fl. = 24 s.).

— Agapito Meliorini, apothecario pape, ... pro $17^1/_2$ lb. cere rubee ($1^1/_4$ lb. pro camera pape, 6 lb. pro d. camerario, $10^1/_4$ lb. pro thesauraria) *zu je* 8 s.: 7 l.

(f. 122) Nov. 30 computavit mag. Guill. Ademari, custos cere pape, ... pro 8 quint. cere Barbaresque (*je* 22 l. 4 s.) 177 l. 12 s., pro portu et corretagio 12 s. etc. ... Bertrando Boerii pro manuopere 8 quint. cere (*je* 8 s.) 64 s., pro 4 saum. carbonum (*je* 30 s.) 6 l.

Desgl. demselben pro aliis 20 quint. emptis in Vapnico (*zu je* 2 fl. 12 s. 7 d. additis 4 d., qui non possunt dividi pro quint.) 50 fl. fort. 12 s.

(f. 167 bulla) Nov. 26 fr. Raymundo de Rupemaura, bullatori litterarum pape, pro 1 quint. candelarum de cepo 6 fl. 12 s.

(f. 126) Dez. 29 computavit mag. Guillelmus Ademari *für Dezember:* se debere in operatorio Gerardi de Doma quondam pro 12 quint. cere Barbaresque de provisione (23 l. 4 s. pro quintali) 266 l. 8 s., pro portu et corretagio 16 s. ..., pro manuopere (*je* 8 s.) 4 l. 16 s.

Pro 4 lanternis emptis pro usu hospicii 40 s.

Zusammen 244 fl. fortes 20 s. 3 d.

(f. 126v) Dez. 29 d. Guillelmo de Bresone, presb. Nemausen. dioc., pro 1 quint. 12 lb. candelarum de cepo de mandato camere pro usu thesaurarie (5 fl. 17 s. pro quint.) 6 fl. fort. 10 s.

(f. 161 Panh.) Dez. 29 d. Guillelmo de Bresone ... pro 2 quint. 56 lb. candelarum de cepo pro usu domus elemosine Panhote (5 fl. 17 s. pro quint.) 14 fl. fort. 14 s. 9 d.

---

[1] Es sind flor. fortes gemeint, die dem echten flor. sententie an Wert nachstanden.

7a. Spezereien und Kolonialwaren, Medizinen.

(I. E. 295 f. 104 coq.) **1361** Jan. 31 pro 8 lb. pulveris communis *(je* 8 s.) 64 s., 12 lb. gingiberis *(je* 6 s.) 72 s., 4 lb. piperis *(je* 8 s.) 32 s., 11 lb. cinamomi *(je* 8 s.) 4 l. 8 s., 3 lb. eminii 9 s., 12 lb. zucari *(je* 8½ s.) 112 s., 200 lb. amigdalorum *(je* 10 d.) 8 l. 6 s. 8 d., 4 lb. racemorum parvorum *(je* 3 s.) 12 s., 10 lb. ficuum nigrarum 10 s., 18 lb. avenate 18 s., 8 lb. amidi 12 s., 3 lb. risi 2 s., 21 lb. ordei 21 s.

So ähnlich am Ende jedes Monats vom Kücheneinkäufer abgerechnet.

(I. E. 294 f. 120ᵛ cera) **1361** Okt. 31 computavit Agapitus Meliorini, apothecarius pape, de presenti mense: pro 290½ lb. specierum confectarum *(je* 7 s.) 101 l. 13 s. 6 d. . . . *(folgt Papierrechnung, vgl. unten Titel 9),* pro 2 lb. granorum pro ave 4 s., pro 30 cannis tele inserate videl. pro fenestris palacii 24, pro thesauraria 6 *(zu je* 14 s.) 21 l. . . ., pro diversis medicinis pro papa 16 l. 15 s. 6 d.

(f. 159 Panhota) Okt. apothecario in sirupis et diversis medicinis pro infirmis 62 s.

8. Bauausgaben.

(I. E. 294 f. 106ᵛ edif.) **1361** Okt. 31 computavit d. Hugo Poncioni presb., familiaris quondam d. Petri de Frigidavilla, administratoris tunc domus elem. Panhote, de operibus per eum factis fieri de mandato dicti quondam d. Petri in hospitio porte Ayguerie, quod est pape: pro 12 saccis de gippo camisato pro implendo foramina pilariorum et operando pilaria, per que rati non possent ascendere nec descendere, et operando solum et alia necessaria in dicto hospicio (50 s. pro cadrigata) 60 s., pro portu 6 s., pro 3 dietis gipparii, qui operatus fuit, 18 s., pro 3 dietis manobrae, 9 s.; pro 100 clavellis vocatis denayrals 7 s. 6 d., pro 1 pala fustea pro graneriis 12 d., pro 12 cannis de costeria pro molendino *(je* 2 s. 6 d.) 30 s., pro portu 12 d., pro clavellis magnis et parvis 8 s. 6 d., *zusammen* 5 fl. fortes 21 s. mon. Auin.

(f. 108ᵛ) Dez. 17 d. Bertrando Nogeyroli, directori operum pape, pro operibus faciendis fieri et factis isto mense in palacio Auin. et in monumento, quod edificatur in domo Cartusien. palacii Villenove pro sepultura pape 250 fl. fort.

(f. 105) Okt. 31 computavit d. Bertrandus Nogeyroli, director operum pape, de operibus factis (8.–31. Okt.) in palaciis Auin. et Ville Nove: cuidam magistro cum famulo, qui clausit ianuam de gippo, que in parvo tinello est, 8 s.; pro 3 saccis gippi *(je* 7 s. 6 d.) 22 s. 6 d., mag. Raymundo de Folcano, qui laboravit cum famulo ponendo sementum retro cameram pape, dando magᵒ 8 s. et famulo 5 s.: 13 s., pro 1 emina triboli pro faciendo sementum 10 s., pro 21 lb. plumbi positis in 2 canalibus, quarum una est supra corritorium magni tinelli et alia supra coquinam (15 d. pro libra) 26 s. 3 d. Pro reparando dictas canales, que

fuerunt fracte in diversis locis, 8 s.; 3 hominibus, qui portaverunt fimum, qui erat iuxta stuphas (5 s. pro dieta) 15 s., pro scindendo 10 arbores in nemore de Bederrida necessarias infra clausuram palacii 30 s.; mag. Petro Veyrerii, coopertori domorum, et 4 servitoribus (magistro 9 s., servitori *je* 5 s.) 29 s., pro 6 sandalhis calcis (*je* 6 s.) 36 s.; 3 hominibus, qui portaverunt terram, que erat supra cameram paramenti pape et iuxta superiores latrinas 15 s.; lapicide, qui cooperuit canales, que sunt iuxta puteum, 6 s.; 3 hominibus, qui portaverunt de dicta terra et mundaverunt hospicium (*je* 5 s.) 15 s., pro 37 cannis travasonis pro faciendo studium, scannellos et lectos in camera camerarii et 2 bancos in quodam dressatorio facto de novo in coquina pape (4 s. pro canna) 7 l. 8 s., pro quodam lingno ad faciendum arborem in dicto studio 6 s., pro quodam poste vicininis necessaria, rotis studii supradicti 16 s., pro 16 cannis et 6 palmis cadratis postium pro faciendo solum et rotas dicti studii, 1 magnum scampnium, quoddam taulerium magnum pro computis, 2 mensas in camera camerarii et pro studio d. thesaurarii et pro faciendo ianuam in coquina d. thesaurarii (16 s. pro canna) 12 l. 16 s., pro 35 cannis et 6 palmis cadratis postium pro complendo studium d. camerarii in clausura et copertura rotarum studii et ianuas, in castra fenestrarum ac clausuram taulerii facti pro computis . . . et 1 magno armario ad tenendum libros et literas in camera d. thesaurarii (14 s. pro canna) 25 l. 6 d., pro 2 postibus fortibus pro studio d. thesaurarii 22 s. 4 d. etc. etc. Item pictori vulgariter vocato Nobis, qui pinxit claves capelle, in qua fit monumentum pape, 12 l., pro 2 lb. azurii ad pingendum claves 7 l. 4 s.; 6 hominibus, qui extraxerunt terram, que erat in capella predicta (4$^{1}/_{2}$ s. pro dieta) 27 s., Salomoni de Pormono lapicide pro 30 lapidibus vocatis carreriis (*je* 2 s. 6 d.) et pro 100 lapidibus »bars« (*je* 21 d.) 16 l. 17 s. 6 d., 6 lapicidis, qui laboraverunt dictos lapides (6 s. pro dieta) 36 s. etc., *zusammen* 154 fl. fortes 18 s. 6 d. mon. Auin.

Ähnliche Abrechnungen desselben in den folgenden Monaten.

(*f. 106*) Okt. 31 computavit Petrus de Pinu, sarralherius pape: ad relationem Petri Boneti, cursoris pape, ad hoc per cameram deputati: pro 1 sarralha in thesauraria in coffro, in quo ponuntur libri de thesauraria, 15 s., pro 1 clave in prima porta d. thesaurarii 19 d., pro 2 clavibus camere contradictarum causarum palacii de mandato cursoris 3 s. 2 d.

. . . pro 1 clave pro confessore pape 19 d.

. . . pro 2 clavibus factis mag° gardemengerio coquine pape 3 s. 2 d., pro 1 sarralha cum vecte in coquina d. thesaurarii 15 s., pro 1 clave de lugueto Petri de Bosco, servitori panetarie 19 d., pro 1 clave Iohannis de Roma, servientis armorum, 19 d.; in prima porta camere d. camerarii secrete, in qua solebat esse d. Carcassonensis, 15 s.; pro 1 sarralha Iohanni famulo cambreriorum unius armarii in eorum palacio facta 15 s.; . . . pro 2 sarralhis cum benda in 1 magna capsa in coquina pape, in qua custodiuntur cibaria pape, 40 s. etc., *zusammen* 12 fl. fort. 9 s. 3 d.

So ähnlich derselbe in den folgenden Monaten.

(I. E. 294 f. 123 cera) Nov. 30 computavit d. Guillelmus Brisonis presb. de expensis nuper factis ex ordinatione d^{norum} camere per d. thesaurarium pape et d. Bernardum de Rodes, clericum camere Apost. ac camerarium d. cardinalis Nemausen. et plures alios, qui iverunt de mandato pape in societate d. thesaurarii apud Pontem Sorgie, Biturritas et Castrum Novum pro reparationibus ibidem faciendis, *zusammen* 19 fl. fortes 13 s.

8a. Holz und Kohlen.

(I. E. 294 f. 121 cera) **1361** Nov. 24 computavit Petrus Boneti, cursor pape, de 2409 banaston. carbonum pro usu hospicii palacii pape habitis ab Isnardo Porchalha, provisore carbonum, *vom 16. bis 20. Nov.* (2 s. pro banastone) 240 l. 18 s. mon. Auin. in 200 fl. 18 s. (1 fl. fort. = 24 s.).

9. Bibliothek und Schreibwaren.

(I. E. 294 f. 120ᵛ cera) **1361** Okt. 31 computavit Agapitus Meliorini, apothecarius pape, ... pro 55 manibus papiri mediocris forme: pro camera pape 4, pro d. camerario 4, pro regestro 4, pro thesaurario 43 manus (*zu je* $2^1/_2$ s.) 6 l. 17 s. 6 d.; pro 4 manibus papiri maioris forme pro regestro 24 s.; pro 9 libris continentibus 21 manus papiri mediocris forme (pro camera pape 1 librum unius manus, pro thesauraria 9 libros 20 manuum) *zu je* $3^1/_2$ s.: 3 l. $13^1/_2$ s.; pro 5 libris contin. $12^1/_2$ manus papiri maioris forme (2 libros $2^1/_2$ manuum, pro thesauraria 3 libros 10 manuum) *zu je* $7^1/_2$ s.: 4 l. 13 s. 9 d.

So ähnlich jeden Monat. ·

(f. 123ᵛ) Dez. 2 Iohanni Vezati, domicello Ruthenen., pro caxa papiri, in qua sunt 16 rayme papiri per ipsum empti pro usu thesaurarie et camerarum pape (45 s. pro rayma, 1 fl. = 24 s.) 31 fl. fort., *dazu* pro portu 6 d.

(f. 124) Dez. 29 computavit Petrus Berengarii, barbitonsor d. cardinalis Carcassonen. ac provisor incausti et vernicii pro usu palacii: *vom 1. Juli bis 29. Dez.* (5 s. pro amola et 4 s. pro boscia vernucii), *es folgt eine lange, spezifizierte Rechnung. Einzelheiten:* Juli 19 Raulinus portavit 1 busciam de vernicio pro d. Iohanne Palaysini 4 s., die Martis ante festum b. Marthe tulit Petrus Momore, cursor pape, 1 amphoram incausti 5 s., 1. Aug. clericus mag. Guillelmi Scotlante tulit 1 pixidem vernicii 4 s., Felisotus cursor 1 amolam incausti 5 s., 31. Aug. 1 buretam incausti 5 s., 13. Aug. Iohannes Arnulphi tulit 1 buretam incausti 5 s. ... in vigilia b. Thome pro 1 pixide vernicii tradita per mag. Petrum barbitonsorem 4 s., pro 1 amola incausti portata per Ivonem Britonis cursorem

5 s.; Egidius clericus d. Iohannis Palaysini tulit 1 busciam vernicii 4 s., pro 1 amphora incausti, quam tulit Iohannes Gaufridi, 5 s. etc., *zusammen* 10 fl. fortes 3 s. mon. Auin.

(f. 122) Nov. 30 computavit Saluetus de Stella Iudeus, pergamenarius habitator Auin., de pergamenis emptis pro usu hospitii palacii ac thesaurarie ac secretariorum pape a 1. Okt. citra: sibi deberi pro 1 duodena pergameni rasi de regestro tradita d. Nicolao Iohannis, socio camerarii, 35 s., Guillelmo Secoclausa, servitori camere, pro rotulis mensium receptorum et expensarum camere faciendis 3 duodenas pergameni rasi de regestro (35 s. pro duodena) 105 s., pro 18 duodenis pergameni maioris forme (*je* 26 s.) 23 l. 8 s., pro 30 duod. mediocris forme (*je* 20 s.) 30 l., *zusammen* 50 fl. fort. 8 s.

(f. 171 script.) Dez. 24 d. Iohanni Garrigie, preposito Barchinon., 8 fl., quos solvit pro copiando computa certorum collectorum camere Apost., Odone Auberti, clerico suo, recipiente 8 fl. fort.

10. Verschiedenes.

(I. E. 294 f. 121 cera) **1361** Nov. 9 de mandato pape Petro Gireti, scriptori literarum et cubiculario pape, pro 1 lecto munito ad iacendum coram papa 40 fl. fortes.

(f. 122v) Nov. 30 computavit mag. Hugo Clarmon de Robione notarius de expensis factis in dicto mense pro nattis cadratis mensuratis per Veranum fusterium et positis in certis cameris palacii Auin. ad relationem Guillelmi de Guilhamia, servientis armorum pape, ad hoc deputati: pro camera paramenti pape 50 cannas, pro camera turris pape 25 cannas, pro una gardarauba pape 16 cann.; pro camera, ubi species reservantur, 5 cann., pro munitione pontis novi, per quem itur apud capellam, 10 cann.; pro aliquibus, que deficiebant (quasi medietatem) in magna capella 25 cann.; pro parvo tinello, que fuerunt posite de subtus mensas, 10 cannas; pro studio pape 6 cann., pro studio inferiori pape, quod tenet d. Iohannes de Bar., 7 cannas, pro camera d. camerarii 25 cann.; pro camera, ubi d. camerarius cubat, et pro munitione sui studii 16 cann.; pro camera d. Arnaldi la Ribeyra 14 cann., pro camera Ademari de Riperia 15 cann., pro cam. d^{ni} Albiensis 32 cann., pro studio suo 16 cann., pro cam. d^{ni} Tholonen. 18 c., pro cam. d^{ni} thesaurarii 31 c., pro cam. d^{ni} decani et pro studio suo 13 c., in cam. prefati d. thesaurarii circa lectum 6 c., pro alia camera superiori prefati d. thesaurarii 11 c., pro capella antiqua infra palacium 22 c., *zusammen* 363 cann. (*zu je* 10 s.): 181 l. in 155 fl. fortes (1 fl. = 24 s. mon. Auin.).

(f. 125) Dez. 29 computavit Guillelmus de Guilhalmia castellanus, serviens armorum et custos artilharie pape, de 15 salmatis de pelone emptis et positis in cameris et tinellis palacii Auin. (1 dominica Adventus —29. Dez.), 9 s. pro qualibet saumata: 6 fl. fortes.

(f. 126v) Dez. 29 Iohannes de Chantagrella, trahens campanam pape, pro corda pro campana ponderante 62 lb. (*zu je* 15 d.) 3 fl. fort. 5 s. 6 d.

(f. 167 bulla) Nov. 26 fr. Raymundo Rupemaura bullatori pro 2 quint. cordarum canapis pro usu bulle 50 fl.

10a. Gartenarbeit.

(I. E. 295 f. 106 coqu.) **1361** März ... pro 6 iornalibus hominum, qui putaverunt trilhias orti piscarii, 30 s.; pro 11 iornalibus hominum, qui ligaverunt trilhias, 55 s., pro 3 duodenis fasciculorum canarum 12 s., pro amarinis 6 s. 6 d.; pro 10 iornalibus, qui foderunt in orto, 50 s.

(I. E. 294 f. 126v cera) **1361** Dez. 29 computavit Michael Bruni, custos cervorum et ortolanus viridarii palacii Auin. pape, de expensis per eum factis per totum annum presentem in cultura viridarii: 23. Febr. ad podendum trelhas orti 9 s., pro 2 dietis hominum, qui foderunt, 9 s., pro 2 dietis hominum, qui 25. Febr. foderunt, 9 s., pro 2 dietis hom., qui 1. März ligaverunt trelhias, 9 s.; pro 2 facellis cannarum pro trelhis 12 s., ... 2. März pro 2 iornalibus hominum, qui feces portaverunt in orto, 8 s.; pro sementis petrocilini et aliarum granarum 11 s.; pro 2 iorn. hominum, qui 26. April ortum mundaverunt, 8 s. ... pro 1 corda ponderis 27 lb. pro puteo orti 33 s. 9 d., pro 2 catenis ferreis pro puteo 72 s., *zusammen* 8 fl. fort. 18 s. 3 d.

Innocenz VI. Zehntes Pontifikatsjahr. 1362.

Reg. Avin. 149 f. 109 ss. enthält die Ausgaben chronologisch (und systematisch) geordnet mit Approbation und Monatssummen der einzelnen Titel.

A. Übersicht über die Monatssummen der einzelnen Titel.

Monat	coquina	panetaria	buticularia
Jan.	940 fl. 22 s. 10 d.	52 fl. 8 d.	18 fl. 10 s.
Febr.	609 fl. 18 s. 6 d.	41 fl. 14 s.	19 fl. 13 s.
März	719 fl. 1 s. 1 d.	50 fl. 22 s.	82 fl. 13 s.
April	728 fl. 18 s. 4 d.	60 fl. 1 s.	78 fl. 20 s.
Mai	630 fl. 4 s. 1 d.	50 fl. 19 s.	60 **fr.**
Juni	751 fl. 13 s. 11 d.	60 fl. 8 s.	18 fl. 21 s.
Juli	618 fl. — 7 d.	76 fl. 19 s. 6 d.	—
August	592 fl. 2 s.	86 fl. 19 s. 6 d.	23 fl. 21 s. + 53 fl. 19 s. 6 d. pro racemis

Monat	marescalla	ornamenta	edificia
Jan.	67 fl. 9 s. 3 d.	5 fl. 12 s.	263 fl. 13 s. 2 d.
Febr.	50 fl. — 3 d.	—	368 fl. 34 s. 3 d.
März	100 fl. — 11 d.	—	862 fl. 18 s. 10 d.
April	43 fl. 20 s. 6 d.	390 fl. 37 s.	427 fl. 22 s. 10 d.
Mai	48 fl. 4 s. 1 d.	288 fl. 19 s.	803 fl. 29 s. 6 d.
Juni	92 fl. 17 s. 8 d.	—	516 fl. 37 s. 8 d.
Juli	43 fl. 22 s. 2 d.	—	1559 fl. 16 s. 7 d.
August	38 fl. 9 s. 7 d.	39 fl. 10 s. 6 d.	2473 fl. 2 l. — 5 d.

Monat	vadia extraord.	cera etc.	vadia ordinaria
Jan.	6 fl. 6 s. 6 d.	935 fl. 52 s. 11 d.	4036 fl. 29 l. 11 s. 2½ d.
Febr.	6 fl. 6 s. 6 d.	4 384 fl. 4 l. 19 s. 1 d.	—
März	6 fl. 6 s. 6 d.	963 fl. — 40 s. 3 d.	4133 fl. 29 l. 12 s. 1 d.
April	44 fl. 15 s. 6 d.	1 671 fl. 5 l. 8 s. 6 d.	—
Mai	6 fl. 6 s. 6 d.	1 060 fl. 65 s. —	4167 fl. 32 l. 16 s. 4 d.
Juni	6 fl. 6 s. 6 d.	605 fl. 62 s. 6 d.	600 fl. [pro raubis]
Juli	6 fl. 6 s. 6 d.	2 323 fl. 65 s. 6 d.	3911 fl. 24 l. 1 s. 3 d. ob.
August	6 fl. 6 s. 6 d.	13 962 fl., nicht mehr zu entziffern, weil verwischt.	

Monat	elemosina secreta	Panhota	scriptura et libri
Jan.	183 fl. 7 l. 18 s.	196 fl. 12 s. 5 d.	5 fl. 8 s.
Febr.	386 fl. 6 l. 19 s. 10 d.	225 fl. 4 s. 5 d.	—
März	109 fl. 5 l. 18 s.	307 fl. 40 s. 11½ d.	3 fl.
April	226 fl. 12 l. 10 s.	428 fl. 46 s. 2 d.	3 fl.
Mai	999 fl. 5 l. 18 s.	149 fl. 28 s. 8 d.	10 fl.
Juni	151 fl. 18 l. 2 s.	231 fl. 15 s. 4 d.	—
Juli	581 fl. — 62 s.	672 fl. 24 s. 9 d.	10 fl. + pro bulla 12 fl.
August			100 fl. + 421 fl.

Monat	assignationes pape	custodia et artilharia	Gesamtsummen
Jan.	800 fl.	156 fl. 8 s. 6 d.	7 562 fl. 45 l. 5 s. 5½ d. auin.
Febr.	11 561 fl. 8 s.	306 fl. 14 s.	17 955 fl. 17 l. 1 s. 10 d. auin.
März	2 200 fl.	104 fl. 8 s. 8 d.	9 630 fl. 43 l. 2 s. 3½ d. auin.
April	3 400 fl.	97 fl.	7 495 fl. 26 l. 19 s. 10 d. auin.
Mai	820 fl. 13 s. 8 d.	5236 fl. 12 s.	14 266 fl. 60 **fr.** 48 l. 15 s. 10 d. auin.
Juni	6 150 fl.	81 fl. 20 s. 4 d.	9 216 fl. 28 l. 4 s. 11 d.
Juli	—	252 fl. 7 s.	10 166 fl. 30 s. 4½ d.
August	—	300 fl. ?	18 290 fl. 18 l. — —

Gesamt-Schlußsumme: 94 580 fl. 225 l. 76 s. 54½ d. + 60 fr.

B. Systematisch geordnete Einzelheiten.

1. Chronikalisch wichtigere Angaben, Boten und Gesandtschaften.

(f. 109v) **1362** Jan. 17 Petro Monyoye, cursori pape, misso ad partes Anglie pro quibusdam negociis papam et eius cameram Apost. tangentibus 5 fl. fort.

(f. 110) Jan. 29 Petro de Ala, cursori pape, nuper misso in Angliam cum certis bullis et literis 30 fl. fort.

— Matheo Leonardi alias Bolonino, cursori pape, nuper misso cum quondam d. Dominico de Campo Casseo, collectore tunc Ianuen., ad partes Maritime pro provisione bladorum anno preterito ibi pro usu Panhote facta 30 fl. fort., quos solverat 2 nunciis, quos misit de illis partibus ad Auinionem.

(f. 113) Febr. 8 mag. Petro de Buco, notario curie marescalli iusticie Rom. curie, nuper misso in societate d. Iohannis de Cario, iudicis dicte curie, ad partes Ebredunen. super negociis camere et pape, ubi stetit per 19 dies: 19 fl. f.

Febr. 10 mag. Roberto de Sangallo, servienti arm. ac barbitonsori pape, pro lecto per eum empto ad iacendum coram papa, prout est consuetum, 40 fl. f.

(f. 114) Febr. 26 d. Nicolao Spinelli, advocato fisci, misso per papam ad ... episcopum Sabinen. cardinalem, in partibus Italie Apost. sedis legato, super certis negociis dicto d. Nicolao per papam commissis 200 fl. f.

— Nicolao Martini, scutifero predicti d. legati, pro dono speciali per papam sibi facto 100 fl. f.

— Iohanni Ebrerii, famulo Caturcen. dioc., misso per cameram certis commissariis in civitatibus et dioc. Urgellen. et Oscen., quibus portavit literas d. camerarii, 4 fl. f.

Febr. 28 mag. Arnaldo de Lauen, procuratori in Rom. curia, pro quibusdam secretis serviciis 10 fl. f.

(f. 117) Bartholomeo Petri, cursori pape, misso ad partes Ebredunen. pro expensis ibidem factis in 7 septimanis, quibus ibidem moram traxit, 7 fl. f. 5 s. 9 d.

(f. 117) **1362** März 5 de mandato pape mag. Petro de Pestugalis (!) de Ianua cirurgico pro dono speciali pro quibusdam serviciis per ipsum d^{no} pape impensis 100 fl. f.

— *desgl.* Iohanni de Colongiis, domicello Lemouicen. dioc., ex dono speciali pape 30 fl. f.

März 16 d. Iohanni Garrigie, scriptori penitentiarie pape, 1 fl., quem solverat famulo, qui portavit literas camere collectori Castelle super certis negociis.

(f. 118) März 22 Petro Gasconis famulo, qui portavit citationem contra episcopum Grassen. in Provincia, 4 fl. f.

März 29 Bernardo de Engolisma, domicello Caturcen. dioc., pro expensis per ipsum factis in certis secretis serviciis cameram Apost. tangentibus 5 fl. f.

(f. 121^v) April 7 Iohanni Obrerii, nuncio Caturcen. dioc., misso cum literis camere ad certos commissarios in civitate et dioc. Segobricen. et Valentin. auctoritate Apost. specialiter deputatos 7 fl. f.

— Dominico Manario nuncio misso per cameram ad ep^{um} Pampilonen. super subsidio ab ipso petito 8 fl. f.

— Petro Gasconis nuncio misso ad collectorem Treueren. et archiep^{um} Bisuntin., collectorem in certis civitatibus et dioc. super reservatione bonorum quondam collectoris Treueren. et ep^i Metensis 10 fl. f.

— Naudono nuncio Caturcen. dioc. misso ad collectorem Xanctonen. et Petrum Buffeti de Ruppella, mercatorem, super pecuniis camere mittendis 8 fl. f.

(f. 122) April 22 Petro de Ala, cursori pape, misso apud Massiliam ad abbatem s. Victoris Massilien. 4 fl. f.

April 26 Iohannoto de Gramanhario nuncio misso per cameram ad collectores Senonen., Rothomagen. et Biturricen. et certos subcollectores eorundem 12 fl. f.

— Gunsalvo nuncio de Portugalia misso cum literis camere ad collectorem Portugalie, Raimundo Obrerii recipiente pro ipso, 2 fl. f.

— Iacobo Pelliserii, nuncio Ruthenen. dioc., misso ad collectores Narbonen., Tholosan. et Auxitan. cum beneficiis vacantibus et computis aliorum collectorum 6 fl. f.

(f. 69^v) April 28 Henrico de Molendino, clerico Monasterien. dioc., servitori camere Apost., 2 fl., quos solverat Petro de Ala, pape cursori, misso cum literis citatoriis apud Tarasconem et beatam Mariam de Mari.

April 29 Petro de Bosco, cursori pape, misso apud Aquas Mortuas pro aqua maris necessaria ad usum persone pape 10 fl. f.

(f. 123) April 30 d. Iohanni Palaysini, scriptori pape, 12 fl. f., quos solverat Nicolao de Nurcia et Bartholomeo Petri, cursoribus pape, missis nuper in Provincia pro asportando ramos palmarum datarum per papam die dominica Ramispalmarum.

— *desgl.* pro paratura dictarum palmarum 3 fl. f.

(f. 127^v) Mai 17 Iohanni de Bliaco, servienti arm. pape, misso ad partes Burgundie pro certis provisionibus conducendis in illis partibus factis pro usu hospicii palacii 30 fl. Francie.

— Stephano Vitalis cursori pape misso eciam cum dicto Iohanne 10 fl. Francie.

Mai 18 Bartholomeo de Vassinhaco, serv. arm. et mag° coquine pape, pro certis secretis serviciis per ipsum d^{no} pape et camere sue impensis 200 fl. f.

(f. 128) Mai 31 de mandato pape Leoni de Iouis usserio et Massioto de Montefalco, servienti arm., et Iohanni de Roma, hostiario minori pape, missis ad d. cardinalem Sabinen. legatum in partibus Italie, qui portaverunt eidem legato et d. Aymerico ep° Bononien., thesaurario generali guerrarum in dictis partibus pro Rom. curia 50000 (!) fl. auri, pro equis emendis ratione predicta *(Preis nicht angegeben).*

— *desgl. denselben* pro expensis per ipsos faciendis in regressu ipsorum de dictis partibus cuilibet 30 fl.

— d. Iacobo Albe militi vicarie curie episcopalis Auin. pro papa misso in societate predictorum Leonis, Massioti et Iohannis pro portando predicta 50 000 fl. ad legatum et thesaurarium, Iacobo Petri, scutifero dicti vicarii, [recipiente]. *Summe nicht angegeben.*

— Iohanni Vesati, scutifero Ruthen., pro 4 coffris et 8 varanglis pro portu dictorum 50 000 fl. *(Summe nicht angegeben, am Rande:* vacat).

— d. Michaeli Martini, camerario d. cardinalis Sabinen., in partibus Italie Ap. sedis legati, pro expensis per ipsum faciendis pro portando predicta 50 000 fl. . . . *(Summe nicht angegeben).*

(f. 131) Juni 10 solvi Petro Britonis, cursori pape, misso apud Massiliam cum literis camere Apost. directis abbati monasterii s. Victoris Massilien. 5 fl. f.

— de mandato pape mag. Guillelmo Ademari, serv. arm. et custodi cere pape, pro expensis factis pro exequiis translationis de Castronovo ad domum Cartusien. Villenove Auin. dioc. funeris quondam Guillelmi Alberti, pape nepotis, prout in quodam computo per mag. G. Ademari reddito et in magno libro extensive scripto latius continetur: 177 fl. f. 5 s. 9 d.

(f. 135) Juli 11 de mandato pape ad relationem d. camerarii Bernardo Mutonis, porterio prime porte palacii pape, misso per papam ad partes Lemouicen. super certis negociis 25 fl. f.

— Berengario de Reneria lic. leg., misso nuper apud Nemausum pro certis negotiis papam et cameram tangentibus, pro expensis per eum et mag. Stephanum Pope, notarium Auin., factis in visitando clavarias episcopatus Auin., 100 fl. f. 21 s. 8 d.

— Naudoto Bruneti, nuncio Caturcen. dioc. misso cum literis camere ad collectores Xanctonen., Agenn., Tholos. et Auxitan. 10 fl. f.

— Perrino nuncio Lectoren. dioc. nuper misso cum literis camere ad collectores Pictauien., Petragoricen. et Sarlaten. 10 fl. f.

(f. 135v) Juli 18 Raimundo Guillelmi, cursori pape, misso nuper ad Massiliam pro d. abbate s. Victoris Massilien. super certis negociis papam tangentibus 2 fl. f.

Juli 27 de mandato pape . . . d. Nicolao s. Marie in Vialata diacono cardinali, quos olim d^{no} pape et camere Ap. pro recuperatione et defensione terrarum ecclesie Rom. mutuaverat, prout in quadam bulla . . . plenius continetur, Symone Tegrini de Luca, habitatore et campsore Auin., pro cardinali recipiente 1250 fl. f.

Juli 31 Francisco de Bolonia nuncio, qui portavit literas missas pape per d. legatum in Lombardia super quodam conflictu facto per gentes Ecclesie contra gentes domini de Mediolano 8 fl.

(f. 137) Juli 31 facto computo cum d. Bartholomeo Maderni, emptore hospicii mei, de expensis per me una cum d. archiep^o Viennen. et castellanum Emposte et eorum ac meas gentes factis in prosecutione negocii loci de Lercio Auin. dioc., repertum est nos expendisse . . . 136 fl. f. (*je* 24 s.) 13 s. 6 d.

(f. 138v) Aug. 1 d. Iohanni de Cabrispino dr. decr., can. ecclesie Narbon., misso cum certis bullis et literis camere Apost. ad partes Ungarie, Bohemie et Polonie, super certis pecuniis . . . asportandis seu per modum cambii facere assignari 200 fl. f.

— Anthonio Abbatis, servienti arm. pape, misso cum similibus bullis ad partes Suecie, Dacie et Norwegie super pecuniis per certos nuncios ibidem receptis 150 fl. f.

— Nicolao Spinelli de Neapoli, advocato fisci, misso per papam ad d. legatum in Lombardia super certis negociis 200 fl. f. novis.

— d. Iohanni ep^o Firmano misso per papam ad d. legatum in Lombardia super certis negociis 100 fl.

— Dominico Mindoce de Nauarra nuncio misso cum litera reservationis bonorum quondam ultimi epⁱ Egitannien . . .[1]

(f. 139) Aug. 2 Colino Lumbardi, mag^o cursorum pape, pro expensis factis per 7 cursores pape de mandato castellani Emposte super facto castri de Lertio Auin. dioc. 17 fl. f.

— . . . dd. Iohanni tit. s. Marci presb. card., Gaucelmo abbati Psalmodien. ord. s. Benedicti Nemausen. dioc., executoribus testamenti bone memorie d. Bertrandi epⁱ Sabinen. cardin., in satisfactionem summe per dictum † cardinalem Sabinen. ante eius obitum pro recuperatione et defensione terrarum ecclesie Rom. d^{no} pape et eius camere mutuate, Legone Michaelis de Urbeveteri, campsore Auin., pro ipsis dd. executoribus recipiente 2000 fl. Francie.

— . . . d. Helye tit. s. Stephani in Celiomonte presb. card., 500 fl. f., quos simili modo mutuavit, d. Iacobo Dalbiart, camerario suo, recipiente.

---

[1] Aegidius de Viana, Bischof von Lusitanien im Erzbistum Santiago di Compostella

Aug. 3 *desgl.* . . . d. Guillelmo s. Marie in Transtiberim presb. card. 1000 fl. f., . . . camerario suo recipiente.

(f. 140) Aug. 13 d. Talayrando ep⁰ Alban. . . . cardinali *desgl.* 1000 fl. f., dd. Bernardo de s. Asterio, archidiac⁰ de Bregenaco in ecclesia Petragoricen. et Arnaldo de Faya, scriptore penitentiarie pape, sociis dicti d. cardinalis, recipientibus.

— . . . d. Audoyno ep⁰ Ostien. et Velletren. s. Rom. eccl. cardinali *desgl.* 2000 fl. f. d. Petro de Latapetra, scriptore pape et socio dicti cardinalis, recipiente.

(f. 140ᵛ) Aug. 15 Iohanni Laurentii misso cum 2 aliis ad explorandum de quibusdam pravis societatibus, que de novo venerunt ad istas partes, 3 fl. f.

Aug. 31 de mandato pape Iohanni de Meyanesio, clerico collegii dd. cardinalium, 4000 fl., quos † d. Guillelmus ep. Tusculanus s. Rom. ecclesie cardin. ac dicti collegii camerarius ante eius obitum de pecuniis et bonis nonnullorum † dd. cardinalium penes se existentibus dⁿᵒ pape et sue camere Apost. pro recuperatione et defensione terrarum ecclesie Rom. mutuaverat.

(f. 144ᵛ) Sept. 3 d. Guillelmo de Cursonio, decano ecclesie Valentinen., pro certis expensis faciendis in prosecutione facti castri de Lercio Auin. dioc. 120 fl. f.

(f. 145) — Iohanni de Roma, hostiario minori pape, nuper misso cum certis aliis ad d. legatum in Lombardia pro 1 ronsino in itinere ipso perdito 15 fl. f.

Sept. 10 Narducio Lappi et sociis suis de Florentia, habitatoribus Auin., pro 2 banneriis per ipsos factis ad arma ecclesie Romane portandis et ponendis in castro de Lercio Auin. dioc. 30 fl. f. 5 s.

— Petro Monyoya, cursori pape, pro expensis factis nuper per 3 alios cursores pape de mandato castellani Emposte, quos misit ad certa loca comitatus Veneyssini, 7 fl. f.

(f. 145) Die lune 12. Sept. d. Innocentius papa VI. hora nove migravit a seculo, cuius anima in pace requiescat, amen.

Bezeichnend ist, daß die Schlußabrechnungen der meisten Verwaltungszweige schon am 10. und 11. September, wie am Monatsschlusse erfolgen.

1ᵃ. Geldanweisungen an den Papst.

(f. 110) **1362** Jan. 26 *durch die Hand des* mag. Guillelmus Ademari, serviens arm. et custos cere pape, 800 fl. fort.

(f. 113) desgl. am 7. Februar 9000 fl. sent.

(f. 113ᵛ) desgl. am 19. Februar 2561 fl. fort. 9 s.

(f. 118) März 29 assignavi dⁿᵒ pape, quos recepit Golferius de Campinhaco, domicellus de Petrabuferia Lemovicen. dioc., 200 fl. f.

(f. 118v) März 31 assignavi dno pape in presentia . . . d. Stephani cardinalis Carcassonen. et domini Hugonis 2000 fl. f.

(f. 123) April 30 assignati fuerunt pape 2400 fl. f., qui extracti fuerunt 20. April de fundo grosse turris, in qua iacet papa, . . . cardinali Carcassonensi recipiente pro papa.

— desgl. Guillelmo Ademari, serviente armorum et custode cere pape, recipiente 1000 fl. f.

(f. 126v) Mai 6 assignavi d. pape, quos recepit d. Iordanus Oliuerii, cubicularius pape, pro papa 300 fl. f.

Mai 16 desgl. 500 fl. f., quos de mandato d. camerarii fr. Iulianus Rigordi ord. Cisterc. recepit.

(f. 131) Juni 4 assignavi pape in presentia d. Hugonis epi Albien. et d. Iordani Oliuerii cubicularii et mag. Guillelmi Ademari, serv. arm. pape, ipso papa manualiter recipiente: 6000 fl. novi pond. sententie.

Juni 18 dno pape 150 fl. f., quos recepit pro papa Iordanus Oliuerii, cubicularius pape.

(f. 144v) Sept. 7 assignavi pape d. Ranulpho Dandenau marescallo et Petro Scatisse, thesaurario Francie, pro papa recipientibus, de quibus recepit instrumentum Ioh. Palaysini, notarius camere, 5300 regal. Iohannis novi, 780 Iohannis antiqui, 2200 (? *verwischt*) franqui 170 fl. Francie = (1 franquus = 30 s., 1 regal. novus = 26 s., 1 regal. antiq. = 27 s.), *zusammen* 10 000 fl.

— eidem dno pape, quos dedit ex dono speciali d. Ludouico vicecomiti de Ruppecanardi Lemouicen., 2000 fl. f.

1b. Almosenwesen.

(f. 109) 1362 Jan. 8 d. Guillelmo Barsalonis, presb. Lemovicen. dioc., facienti officium elemosinarii secreti pape, pro elemosina secreta singulis mensibus fieri consueta 100 fl. fort. *(so jeden Monat).*

Jan. 11 d. Raimundo epo Tolonen., pape confessori, pro certis missis, quas debet facere celebrare de mandato pape, 83 fl. fort. 8 s.

(f. 109v) Jan. 13 d. Bertrando abbati de Toroneto, administratori Panhote, pro 3 visitationibus hospitalium (*je* 50 s.) 7 l. 10 s. *So öfters jeden Monat.*

(f. 110v) Jan. 31 facto computo cum d. fr. Bertrando . . . de expensis factis per eum in isto mense in domo elemosine Panhote: 181 l. 16 s. 5 d. (1 fl. f. = 24 s.), Hugeto de Viridario, scutifero suo, recipiente. *So monatlich.*

(f. 117v) März 19 cum hactenus fratres, qui serviebant et serviunt domui elemosine Panhote, reciperent et recipere consuevissent pro qualibet saumata bladi, quod expediebatur seu dabatur pro Deo in dicta domo, 12 d. mon. Auin. et alii servitores et famuli dictorum fratrum recipiebant 4 d. eciam pro qualibet salmata, processit et fuit et est de voluntate d. camerarii et aliorum dominorum de camera, quod ipsi fratres habeant de cetero pro eorum salario quolibet mense 15 d. 8 s. mon. Auin. et cum hiis contentur, quod nichil recipiant a furneriis nec ab aliis nec eorum 2 famuli, nec ab aliis officialibus dicte Panhote, quibus 2 famulis habebant dicti fratres providere de debita pensione; et quia dicti fratres nichil receperunt de dictis saumatis per 38 dies proxime preteritos usque ad 1. Marcii, fuit ordinatum per dictos dominos de camera, quod ipsi fratres recipiant pro dictis 38 diebus 19 fl. et in fine huius mensis Marcii recipiant 15 fl. 8 s. et simili modo observetur de cetero in mensibus subsequentibus. Die presenti racione premissorum solvi fratribus Guillelmo Amici et Raimundo Gayraldi, elemosinariis dicte domus, et eorum 2 famulis 19 fl. f.

(f. 121v) April 15 d. Guillelmo Barsallonis pro dando ad comedendum in prandio ista die de mandato pape 63 pauperibus 13 fl. f. 5 l. mon. Auin.

(f. 122) April 27 de mandato pape ad relationem d. Raimundi epi Tholonen., pape confessoris, fr. Nicolao Petri de Senis, procuratori generali ord. fr. Heremitarum s. Augustini, pro elemosina speciali per papam facta pro capitulo generali celebrando in festo Penthecostes 100 fl. f.

(f. 126v) Mai 1 de mandato pape fr. Petro Iohannis, priori domus Glanderii ord. Cartusien. Lemovicen. dioc., pro capitulo ipsius ordinis celebrando in magno conventu Cartusien., dioc. Gracionopolitan. in Sabaudia, dominica 4. a festo Pasche sequitura 100 fl. f.

— d^{no} pape dicto fr. Petro Iohannis pro papa recipiente 20 fl. cur. 13 s. 8 d.

Mai 2 *desgl.* fr. Guillelmo Militis, procuratori generali ord. fr. Predicatorum in Rom. curia, pro capitulo celebrando in Ferraria in festo Penthecostes 100 fl. f.

— fr. Angelo de Interamne, procur. generali ord. fr. Minorum in Rom. curia, pro capitulo gen. celebrando in festo Pentecostes in Argentina Domenico de Amelia, clerico dicti procuratoris in presentia sui recipiente, 100 fl. f.

(f. 126v) Mai 4 de mandato pape fr. Arnaldo Trenca, procuratori gen. ord. fr. Heremit. b. Marie de Monte Carmelo in Rom. curia, pro capitulo ord. celebrando in civitate Treuerensi in festo Penthecostes 100 fl. f.

(f. 127) Mai 6 d. Guillelmo Barsalonis pro resta sudariorum pro pauperibus defunctis in Rom. curia sepeliendis in mensibus Nov., Dez. et April 18 fl. f. 4 s. *(vgl. Nr. 6 Kleidung und Gewebe).*

(f. 142) Aug. 31 facto computo cum d. Petro Brunelli, canon. Cameracen., provisore domus elemosine Panhote, de expensis isto mense factis tam per quondam d. Bertrandum abbatem de Toroneto,

quondam administratorem dicte domus,[1] immediatum predecessorem suum, quam per ipsum Petrum . . . 139 fl. f. 16 s. 4 d.

(f. 146) Sept. 11 facto computo cum d. Petro Brunelli, can. Cameracen., administratore domus elemosine Panhote, de expensis factis per eum a 1. ad 12. Sept. 65 fl. f. 14 s. 2 d.

2. Beamte.

(f. 109) **1362** Jan. 8 Iohanni de Grandimonte custodi et Iohanni Plantati, ortolano palacii Ville Nove, pro vadiis extraordinariis sive eorum expensis huius mensis 6 fl. fort. 6 s. 6 d., *so monatlich.*

Jan. 14 d. Iohanni Palaysini, scriptori pape, pro 101 gallinis consuetis dari in renovatione pontificatus pape 101 scriptoribus pape: 25 fl. fort.

Jan. 15 Bertrando de Falgayrassio, castellano Pontissorgie, pro expensis factis et faciendis pro vada (!), qui stat nocte et die in dicto palacio ad explorandum de venientibus ad dictum locum et alia circumvicinia pro conquistando, 8 fl. fort.

(f. 110) mag. Iohannes lo Burgonho, cursor et sartor pape, *erhält Macherlohn für die Kleidung des Papstes.*

(f. 111) d. Guillelmus de Cruce, buticularius pape, *legt monatlich Rechnung ab über die Weinanschaffungen,* auch pro nectare facto de succaro et de melle.

d. Bertrandus Nogayroli, director operum palaciorum Auin. et Villenove, *legt monatlich Rechnung über die Bauausgaben.*

mag. Guillelmus de Guilhanna, serviens armorum et custos artilharie, *legt Monatsrechnung über seine Verwaltung ab.*

mag. Guillelmus Sabbaterii, mag. marescalle equorum pape, *desgl.*

domini Petrus de Arfolio et Iohannes de Burgo panetarii *desgl.*

Philippus de Agedun0, emptor cibariorum coquine pape, *legt monatlich Rechnung ab.*

Raimundus de s. Michaele, serviens armorum et aquarius pape, *desgl.*

(f. 117) März 5 Bertrando de Fulgayrassio, servienti armorum pape et castellano palacii Pontis Sorgie, pro expensis et salariis capellani et 2 clericorum, quorum unus servit ecclesie et alter portat claves et administrat, ac porterii et custodis cervorum a 12. Iulii 1361 ad hanc diem 30 fl. f.

(f. 122) April 16 d. Iohanni de Meianesio, clerico collegii dd. cardinalium, pro presbiterio ipsis dominis debito in festo Pasche . . . 38 fl. f. 9 s.

---

[1] Abt Bertrand von T[oroneto, Verwalter des Almosenhauses, starb also im August 1362. Sein unmittelbarer Nachfolger war nach obiger Angabe Petrus Brunelli. Beide sind in Vatikan. Qu. II S. 639 für das Jahr 1362 einzuschalten.

2. Beamte.

(f. 125) April 30 facto computo cum Iohanne la Garriga, scobatore palacii pape, de expensis per ipsum factis et solutis in extrahendo ligna de lignario palacii, que fecit portari ad cameras et tinellos a 29. Dez. usque ad diem Ramispalmarum . . . 16 fl. f. 12 s.

(f. 127v) Mai 14 Petro de Ianzens, cubiculario pape, pro lintheaminibus suis et aliorum cubiculariorum pape: pro d. Helya Lhiero, Ademaro de Ripperia, Iohanne de Baro, Guidone Ferraguti, Hugone la Chieza, Iordano Oliuerii, Petro Gireti, magistro barbitonsore et 2 famulis ipsorum, computatis pro 1 cubiculario 5 fl.: 50 fl.

— d. Iohanni de Sala noviter recepto in cubicularium pape, pro 1 lecto ad iacendum in camera pape, prout est fieri consuetum, 40 fl. f.

(f. 131v) Juni 18 solvi fratribus Guillelmo Amici et Raimundo Gueyraldi, elemosinariis domus elem. Panhote, pro salario ipsorum et 2 servitorum eorundem pro presenti mense iuxta ordinationem factam per cameram *(vgl. oben Nr. 1c)* 15 fl. f. 8 s.

(f. 135) Juli 14 Iohanni Amioti, hostiario minori, pro oleo lampadis porte ferree 2 fl. f.

(f. 141v) Aug. 31 facto computo cum d. Helya Raymbaudi, custode vaccelle pape, de expensis factis per eum in officio suo in mensibus Maii-Aug. . . . 6 fl. f.

(f. 145v) Sept. 11 facto computo cum Guillelmo la Guilhelma, serv. arm. et custode pannorum auri capelle et consistorii pape, de expensis factis per eum in dicto suo officio . . . 21 fl. f. 3 s.

— *desgl. demselben* pro expensis factis per eum in molendino palacii Auin. 45 fl. f. 8 s.

— facto computo cum d. Stephano Borgonio, mag^o capelle pape, pro certis expensis factis in dicta capella a die 24. Iulii 1361 ad hanc diem 21 fl. 11 s.

Kollektorien 456, letzter eingehefteter Quatern, enthält für die Jahre 1361 Jan. 2—1367 Antritt und Austritt von Beamten der Kurie, wann sie von der Kurie weggingen oder wieder ankamen (nur die Anwesenden erhielten ihr Gehalt). Die Liste wurde von einem Kammernotar geführt.

1361 Juni 27 Bartholomaeus de Vassinhaco, serviens armorum, fuit factus magister coquine ad vadia domicellorum.

1361 Aug. 24 Bernardus Lagana, custos carceris exivit; *kehrt zurück 22. Febr. 1362.*

1362 Jan. 28 camerarius mandavit, quod deinceps marescallus curie Romane nec iudices aut aliquis alius officialis sive fuit capitaneus vel servientes curie ipsius dⁿⁱ marescalli recipientes vadia a camera apostolica nulla vadia recipiant ab eadem camera nec solvantur eisdem aut alicui ipsorum, quousque restituerint auditori curie camere generali clericum, quam detinuerunt et detinent in suis carceribus, quem requisiti et moniti canonice restituere recusaverunt et recusant occasione cuius sunt excommunicati et denunciati per dictum auditorem et, quamdiu remanebunt in huiusmodi excommunicatione, dictis vadiis sint privati.

1362 März 12 cum diceretur, quod inter servientes marescalli iustitie curie Romane excommunicatos officium suum capiendo et perquirendo malefactores, qui dicebantur illa nocte precedenti multas dirraubationes in civitate Auin. fecisse et multa hospitia et apotecas mercatorum et aliorum divitum fregisse ac mulieres virgines defloruisse et plures alias violasse ex parte una, et familiares quorundam dd. cardinalium, qui culpabiles premissorum dicebantur ex altera, et reperiebantur fuisse *bricca sei (?)* dissertio mota et exinde ab utraque parte vulnera et mortes inserate et minarentur fieri ampliores, nisi de remedio salubri cito provideretur, ac diceretur per aliquos, quod nonnulli familiares prefati pape prestiterant auxilium et favorem familiaribus dictorum dd. cardinalium et se armaverant contra dictos servientes marescalli indebite et contra formam sui prestiti iuramenti, rev. in Christo pater d. Arnaldus D. gr. archiep. Auxitan., d. pape camerarius, aborrens, quod officiales pape per familiares ipsius pape offenduntur, mandavit fieri informationem, si aliqui servientes armorum aut cursores vel porterii seu aliqui alii familiares vadia a d. papa recipientes invenientur, qui auxilium, consilium vel favorem dederint dictis familiaribus dd. cardinalium et se armaverint contra dictos servientes dicti marescalli et illos omnes et singulos cuiuscunque status sint, qui reperiri potuissent culpabiles exnunc prout extunc privavit perpetuo vadiis et officio, que tenerent et reciperent a papa vel sua curia, nisi papa reconciliet ipsos et restituat de novo ad vadia, et premissa scribi mandavit per me notarium ad memoriam futuram.

3. Getreideeinkäufe.

1362 März 19 vgl. *1c Almosenwesen*.

— *(f. 117v)* fr. Guillelmo Amici pro expensis per ipsum factis et faciendis pro asportando et exonerando 872 saum. bladi parvas, quas solverunt cives Massilien. in deductionem maioris summe per ipsos debite, 100 fl. f.

(f. 118) März 30 facto computo cum fr. Guillelmo Amici, elemosinario domus elemosine Panhote, de portatura per aquam 697 salmatarum grossarum 6 emin. frumenti per ipsum receptis in Arelato a comunitate Massilie (30 fl. pro centenario saumatarum grossarum) 245 fl. 14 s. 8 d., de qua summa habuit 24. Febr. 100 fl. et 19. März alios 100 fl.

(f. 121) April 2 *desgl. demselben* 100 fl. f.

April 15 *desgl.* 100 fl.

(f. 135) Juli 11 d. Iohanni Bosseti, scriptori pape ac provisori bladorum in Burgundia, pro usu hospicii palacii et Panhote pape, pro expensis factis pro emendo et conducendo certas provisiones bladorum et telarum 500 fl. f.

4. Weinanschaffungen.

(f. 142) **1362** Aug. 31 facto computo cum dd. Hugone Faydici, decano Aurelianen. et Stephano de Batuto, camerario d. cardinalis Bellifortis, nuper missis apud Massiliam super facto vindemiarum huius anni 20 fl. 4 s. 5 d., de quibus solvit d. camerarius pro parte collegii 10 fl. 2 s. 2 d. ob. et per cameram totidem.

(f. 143) — facto computo cum Petro de Arfolio, pape panetario, de provisione racemorum facta in Berbentana pro usu palacii, prout est fieri consuetum, 53 fl. f. 19 s. 6 d.

5. Vieh und Fische.

(f. 118) **1362** März 22 Philippo Folcoandi, scriptori penitentiarie pape, clavario castri Novarum Auin. dioc. pro papa, pro provisionibus 30 vaccarum et 200 mutonum per ipsum clavarium faciendis in nundinis Arelaten. pro usu hospicii pape in dicto loco Nouarum tenendorum et nutriendorum, de quibus debet reddere rationem, 470 fl. f.

(f. 135v) Juli 23 2 servientibus Raimundi de Cabanis et Ymberti de Sauzeto, scutiferorum pape, missis ad venandum pro usu hospicii pape 3 fl. sent.

(f. 139) Bartholomeo de Vassinhaco, mag° coquine pape, quos solvit Dalmacio Martini venatori pro venando ad cervos, 10 fl. f.

(f. 145) Sept. 10 Ymberto Mari, coquo pape, pro ponendo in gallinis decoquendis pro persona pape 25 fl. cam.

6. Kleidung und Gewebe.

(f. 113) **1362** Febr. 8 Iohanni Bedocii, draperio de Andusia, pro 50 peciis pannorum alborum et brunorum ab ipso emptorum pro usu elemosine Panhote, quos assignavit d. fr. Bertrando, abbati moni de Teroneto, administratori dicte domus, 5 fl. 2 s. pro pecia: 254 fl. f. 4 s.

(f. 113v) Febr. 21 d. Guillelmo Barssalonis, presb. Lemouicen dioc., facienti officium elemosinarii secreti pape, pro 6 cordis tele pro sudariis pauperum defunctorum in Rom. curia sepeliendorum (1 fl. 2 s. pro corda) 6 fl. f. 7 s.

(f. 114) Febr. 25 Iohanni Vesati de Ruthena pro 2 cordis tele grosse pro Mandato Quadragesime proxime venture faciendo, quas assignavit d. Bertrando, abbati de Teroneto, admin. Panhote, prout idem abbas retulit viva voce, (40 s. pro corda) 3 fl. f. 8 s.

(f. 118) März 22 d. Guillelmo Barsalonis, presb. Lemovicen., . . . pro 3 cordis tele pro sudariis pauperum decedentium in Rom. curia emptis ab Hugone de Sazo, cive et mercatore Auin., (1 fl. 2 s. pro corda) 3 fl. f. 6 s.

März 31 *desgl.* pro 6 cordis tele 6 fl. f. 12 s.

52*

(f. 128) Mai 18 desgl. pro cordis 4 palmis tele 6 fl. f. 14 s. So öfters in den folgenden Monaten.

Mai 1 Iohanni Instandi, draperio Auin., pro medietate 200 peciarum pannorum brunorum et alborum, 15 cannarum qualibet pecia, quas assignare debet Panhote pro elemosina ibidem fieri consueta, ad rationem 4 fl. 18 s. pro pecia, 475 fl. f.

(f. 129v) Mai 31 facto computo cum Narducio Lappi et sociis eius de Florentia, habitatoribus Auin., de sindone, taffatano, serico etc. ad relationem Petri de Ianzens, cubic. pape, 263 fl. f. 16 s.

(f. 134v) Juli 11 Iohanni Instandi, draperio Auin., pro 100 peciis pannorum brunorum et alborum, quarum quelibet pecia continet 15 cannas, ab ipso emptis pro usu elemosine Panhote (4 fl. 18 s. pro pecia) . . . 475 fl. f.

(f. 142v) Aug. 31 facto computo cum Iohanne Vesati, scutifero Ruthenen., pro 1 quint. serici ad opus bulle: 421 fl. f. 21 s.

7. Wachs und Kerzen.

(f. 111) 1362 Jan. 31 facto computo cum mag. Guillelmo Ademari, serviente armorum et custode cere pape, de cera empta pro usu hospicii palacii . . . 430 fl. f. 4 s. 2 d.

(f. 117v) März 15 d. Guillelmo de Brison, canonico s. Pauli Narbon., de 2 quint. 11 lb. candelarum de cepo per ipsum emptis pro usu domus elemosine Panhote (5 fl. 17 s. pro quint.) 12 fl. f. 1 s. 1 d. ob.

(f. 122v) April 30 facto computo cum d. Raimundo Obrerii, rectore ecclesie de Berriol Dertusen. dioc., ad faciendum provisionem cere pro usu hospicii palacii pape in insula Maioricarum per cameram Apost. specialiter deputato: pro $61^{1}/_{4}$ quintalibus cere in dicta insula emptis de 750 fl. receptis a d. Iohanne de Lacinolio, canonico Narbon., in provincia Narbon. Apost. sedis nuntio, de pecuniis in sua collectoria receptis necnon et de 500 fl. sententie receptis per dictum dominum Raimundum nomine d. Guillelmi Piloti, cantoris ecclesie Ulixbonen., in regno Portugalie sedis Apost. collectoris, quos idem collector receperat a d. Laurentio ep^{o} Ulixbonensi ratione gratuiti subsidii per ipsum d^{no} pape et camere pro recuperatione et defensione terrarum ecclesie Romane ac aliis multiplicibus oneribus dicte camere supportandis in personam d. Iohannis Garrigie, prepositi ecclesie Barchinon., tunc in illis partibus Portugalie Apost. sedis nuntii, concessi, que 2 summe suprascripte superius ista die in rubricis collectoris Narbon. et subsidii posite sunt in receptis, . . . repertum est ipsum d. Raimundum expendisse . . . 1176 fl. sent. 15 s. 8 d. mon. Auin.

— eidem d. Raimundo Obrerii, qui iterato mittitur de novo in illis partibus ad faciendam provisionem dicte cere, 63 fl. Francie 8 s. 4 d.

7a. Apothekerwaren und Spezereien.

(f. 111) **1362** Jan. 31 facto computo cum Agapito Melioris, apothecario pape, de speciebus etc. traditis dicto mense pro usu hospicii palacii: 133 l. 7 s. 11 d. in (1 fl. f. = 24 s.) 111 fl. f. 3 s. 11 d.

(f. 145) Sept. 10 Ludovico de Ruspo, habitatori Auin., pro quibusdam perlis et lapidibus ac certis aliis rebus per ipsum traditis Agapito Meliorini, apothecario pape, pro faciendo certa electuaria pro persona pape 11 fl. f.

Am 12. Sept. † Innocenz VI.!

(f. 146) Sept. 11 Agapito Meliorini ... pro speciebus et medicinis pro papa et certis aliis traditis a 1. ad 12. Sept. inclus. (!) 69 fl. f. 19 s.

8. Bauausgaben.

(f. 113v) **1362** Febr. 16 Poncio de Interlaguis, procuratori d. Aymarii epi Viuarien., pro pedagio cuiusdam raselli onerati de fusta grossa conducti per Poncium Pererii fusterium, habitatorem Auin., de partibus Viennen. pro operibus pape 15 fl. f.

Febr. 21 Poncio Pererii ... pro extrahendis fustibus de 2 radellis per ipsum conductis de partibus Sabaudie pro operibus et edificiis 100 fl. f.

(f. 128) Mai 21 Ademario Folcoandi, castellano et clavario Castri Novi de Calcenario Auin. dioc. pro papa, pro reparationibus dicti castri fieri faciendis 100 fl. f.

8a. Militärische Ausgaben zum Schutze Avignons und seiner Umgebung.

(f. 110) **1362** Jan. 27 Bosoni Quintini, servienti armorum pape et capitaneo castri de Mornaco pro papa, pro avantagiis suis ultra avantagia servientibus armorum solvi consueta pro 3 mensibus (Dezember—Febr.) 21 fl. fort.

Desgl. eidem Bosoni pro vadiis 3 brigandorum *(je* 5 fl. pro mense) 45 fl. fort. *So ähnlich wiederholt.*

(f. 110v) Jan. 29 Henrico de Tongris, cursori pape, nuper misso per cameram ad certa fortalicia et loca episcopatus Auin. et comitatus Veneyssini et Montilium Ademari pro avisando custodes, ne certe societates, que dicebantur venire, ipsa [fortalicia] dampnificarent; ubi fuit per 8 dies, in quibus locavit ronsinum, 6 fl. fort.

— Fideli de Pontirolo de Mediolano, capitaneo 8 brigandorum ad custodiam Castri Novarum Auin. dioc., pro ipsius et 8 brigand. salario 1 mensis (6 fl. pro brigando, paga Fidelis duplicata) 60 fl.

(f. 113) Febr. 5 mag. Iohanni de Regio, habitatori Auin., 200 fl. f., quos solvere debebat in subsidium fortificationis et reparationis murorum civitatis Auin., de quibus habet reddere computum.

(f. 127) Mai 6 de mandato pape . . . dd. Raimundo, ep° Penestrin., et Raynaldo s. Adriani dyacono cardinalibus, ad fieri faciendam fortificationem murorum et fossatorum civitatis Auin. necnon ad fieri levandum et recipiendum gabellam et alias impositiones pro dicta fortificatione commissariis specialiter deputatis, et fuit actum, quod dicta gabella levetur et recipiatur pro dicta fortificatione hinc ad festum b. Michaelis proxime venturum et deinde camera Apost. (seu deputati ab eadem) recipiat et levet dictam gabellam, quousque eidem camere fuerit integraliter satisfactum, d. Bernardo Raschacii, milite de Auinione, et mag. Neapulione de Foroliuio, habitatore Auin., pro dd. cardinalibus recipientibus 5000 fl. f.

(f. 128v) Mai 31 Raffino de Pectoraria, servienti armorum pape ac capitaneo Castri Novarum Auin. dioc. pro papa, pro stipendiis 2 hominum armorum et 1 brigandi deputatorum secum ad custodiam dicti castri pro 5 mensibus (27. Maii terminatis) ad rationem pro homine armorum 15 fl. et pro brigando 5 fl. et pro Raffino ultra vadia sua ordinaria (serv. arm. consueta) 4 fl. pro avantagiis suis pro quolibet mense: 190 fl. f.

(f. 140) Aug. 13 Bertrando de Falgayracio, servienti arm. pape, castellano Pontis Sorgie Auin. dioc. pro papa, pro salariis solvendis certis familiaribus per ipsum castellanum receptis ad custodiam palacii 30 fl. Francie.

(f. 140v) Aug. 30 Thoro Berti de Florencia, habitatori Auin., pro 2 arnesiis videl. pro 2 bassinetis, 2 paribus cyrotecarum, 2 bracetorum de ferro et 2 coctis de malha 50 fl. aragon.

(f. 142v) Aug. 31 facto computo cum Hugone de Bononia, serviente arm. pape, de expensis factis pro conducendo et portando machinas et alia ingenia de palacio Auin. ad locum de Lercio Auin. dioc. 99 fl. f.

8b. Brennholz- und Kohleneinkäufe.

(f. 109) **1362** Jan. 8 Ysnardo Porchalla Gracionopolitan. dioc. pro provisionibus lignorum combustibilium et carbonum pro usu hospicii palacii pape 250 fl. fort.

(f. 113v) Febr. 21 Henrico de Tongris, cursori pape, ad portandum Ysnardo Porchalla Gracionopolit. dioc., provisori carbonum pro usu hospicii palacii pape, pro provisione carbonum in illis partibus 250 fl. f.

(f. 115) Febr. 28 facto computo cum Tucio Lambertucii de Florentia, habitatore Auin., provisore lignorum combustibilium pro usu hospicii palacii pape, de 24 588 quint. lignorum a 22. Iunii 1361—12. Febr. 1362 ad relationem Petri Boneti cursoris ad hoc per cameram deputati (2 s. 7 d. pro quintali in lignario palacii reddito) 3175 l. 19 s. in 2646 fl. (1 fl. = 24 s.) 15 s.

(f. 127v) Mai 14 facto computo cum Tucho Lamberti de Florencia, habitatore Auin., provisore lignorum combust. pro usu hospicii pape, de

1900 quint. lignorum datis per papam dominabus Ysabelle de Ruppecanardi et Galiene de Monte viduabus et de 500 quint. datis per papam Guidoni Alberti (2 s. 7 d. pro quintali) 258 fl. f. 8 s.

(f. 128) Mai 28 Ynardo Porchalha Gracionopolitan. dioc., provisori carbonum et lignorum, pro provisione facienda in partibus Burgundie pro usu hospicii palacii pape 250 fl. f.

(f. 142) Aug. 31 facto computo cum d. Guillelmo de Bresone, can⁰ s. Pauli Narbon., deputato per cameram ad recipiendum et ponderandum ac fieri portandum (!) in lignario palacii Auin. quandam quantitatem lign. combust. conductam nuper per Bertrandum de Engolisma, domicellum Caturcen. dioc., provisorem dictorum, 72 fl. f.

(f. 145) Sept. 10 mag. Ymberto Mari, coquo pape, pro expensis faciendis pro faciendo apportari certam quantitatem lignorum combustibilium pro furno palacii Auin. de portu Rodani usque ad palacium 20 fl. f.

(f. 145) Sept. 10 Tucho Lamberti de Florencia, habitatori Auin. ac provisori lignorum combust., pro 800 quint. lign. combust. traditis uxori Ademari de Riperia pro pannis lineis lavandis pro persona pape (2 s. 7 d. pro quint.) 86 fl. f. 2 s. 8 d.

9. Bibliothek und Schreibwaren.

(f. 109) **1362** Jan. 11 d. Raimundi ep⁰ Tholon., pape confessori, pro reparatione breviarii pape 5 fl. fort.

Jan. 12 Ascruto de Veysone Iudeo, habitatori Auin., pro factura 4 librorum, quorum quilibet continet 4 manus papiri; pro factura 2 magnorum librorum, quorum quilibet est de 5 manibus papiri (pro quolibet libro 24 s.); pro 10 manibus papiri magne forme pro dictis 2 magnis libris 4 l.; qui libri fuerunt facti pro usu thesaurarie pape, *zusammen* 5 fl. fort. 8 s.

(f. 121) April 2 Berengario Davidis, clerico Ruthen. dioc., quos solverat pro copiandis obligationibus per beneficiatos per sedem Apost., in Alamania mittendis certis collectoribus Alamanie 3 fl. f.

(f. 128) Mai 28 Henrico de Molendino, clerico Monaster. dioc., servitori camere, 10 fl. fort., quos solverat pro copiando certos libros receptorum et expensarum dicte camere etc.

(f. 134v) Juli 5 Ioaquino Garda, habitatori Auin., pro 16 ramis papiri ab ipso emptis pro usu thesaurarie et palacii pape (1 fl. 21 s. pro rama) 30 fl. f. 2 s.

(f. 134v) Juli 11 Henrico de Molendino, cler. Monasterien. dioc., servienti camere, 10 fl. f., quos solverat pro copiando certos libros receptorum et expen. dicte camere.

(f. 139) Aug. 2 d. Iohanni Garrigie, scriptori penitentiarie pape et servitori camere Apost., 10 fl., quos solvit pro certis scripturis per eum factis fieri pro collectoriis Ungarie, Dacie et Portugalie.

(f. 146) Sept. 11 Godefrido, Sandero et Theoderico scriptoribus, qui copiaverunt certos libros magnos receptorum et expensarum camere Apost., pro eorum salariis, mag. Henrico clerico Monasterien. dioc. recipiente, 19 fl. f.

10. Verschiedenes.

(f. 111) **1362** Jan. 31 facto computo cum Petro Berengarii, habitatore Auin. ac provisore incausti et vernicii, de incausto et vernicio pro usu hospicii palacii ac thesaurarie: 1 fl. fort. 21 s.

(f. 115) Febr. 28 facto computo cum presbitero Iohannis, provisore pelonis, de pelone per ipsum tradito pro usu palacii in mensibus Ian. et Febr. ad relationem Guillelmi de Guilhamia, serv. arm. pape ad hoc deputati, 6 l. 6 s. (1 fl. = 24 s.).

Mai 23 Guidoni de Podiovallis, domicello pape, pro 1 pari cutellorum pro mensa pape, Raynaldo de Silvanecto recipiente 11 fl. f.

(f. 140) Aug. 13 Raynaldo de Silvaneto mercerio, habitatori Auin., pro 1 pari culteliorum ab ipso per Ymbertum de Sanzeto, ipsius pape scutiferum, empto pro mensa pape 10 fl. f.

(f. 146) Sept. 11 facto computo cum Iohanne la Garriga, scobatore palacii pape, pro 125 oneribus fresquerie positis in palacio Auin. a die 19. Marcii ad 31. Aug. (3 s. pro onere) 18 l. 15 s in 15 fl. f. 15 s.

A. Alphabetisches Register
aller im vorliegenden Bande erscheinenden Namen.

(K = C. J = i, h im Worte ohne Bedeutung für das Alphabet.)

A.

de Abbate, B. archidiaconus Mirapisc. ac collector Narbonnen. 504

Abbatis und de Abbatibus, Anton serv. arm. pape 812. 487, 25 (1352). 536. 597, 51. 615. 655, 65. 794, 15

Abbatis, Iohann macellarius 494
— Lucas de Florentia, mercator curiam sequens 704

Abche (Abthe) s. Abbatis

de Abenco, Hugo domicellus Lem. dioc. 524

de Acheriis, d'Achieras alias la Gayta, (s. diesen), Iohann serv. arm. pape (536, 6?) 597, 4. 654, 41. 685 (alias la Gayta) 758, 25
— Iakob serv. arm. 597, 27. 685. 758, 54 ferner s. Dachieres

Achetantis, Matheus de Luca, serviens arm. regis Francie et vigerius s. Spiritus 751.

d'Achieras, Iohann cubicularius pape 498 s. Dachieres

de Acra, Audoynus can. Carpentorac. thesaurarius Veneyssini 751
— Petrus clavarius Biturrite 767
— Guillermus 728 (balistarius de Uzès)

Acursii inquisitor 86

Ademari, Bartholomeus de Flor. merc. cur. Rom. sequens 750
— Berengar 60. 94. 120
— Geraldus oder Giraud dominus Montilii Ademari 137. 700. 744 († 1360)
— Guirandetus filius 744. 753
— Tassieta de Baussio relicta Giraudi 744. 753

Ademari Guillelm. custos cere pape 526 (1353). 530. 531. 534. 550. 557. 589. 591. 266. 643. 655, 71 (serviens arm.pape).758, 66. 794, 30. 670. 675. 676. 698. 700. 702. 708. 720 (serviens arm. pape). 725. 763. 775. 776. 790. 801. 811. 813. 814. 820
— Johannes magister capelle pape 548. 578. 625 (auch capellanus intrinsecus 625). 673. 674. 720
— Raimund 28

Adomaza, villa 585

Adresse, Wilhelm cursor pape 128

de Adria, Robert scriptor et abbreviator pape 204

Aduren. (Aire, Landes, arr. St. Sever) ep^{us} 571

de Affro, Helias cler. et servitor aep^l Cesaraugust. 359

Agatensis (Agde, Hérault, arr. de Béziers) ep^{us} Guiraud 133

Agenesium 200

Agennen. can. siehe Marcellini
— collector 699. 811

Ages, Guillelm 669

de Aggeduno, Philipp presbiter, locum tenens Bernardi Gauelmi emptoris coquine 459. 494 (servitor Bernardi). 561. 742 (emptor coquine). 755. 777. 787. 816

Agneti, Guillelm. trahens campanam 383. 578. 599. 689. 705. 759

Agni, Iohannes presb., elemosinarius pape 564. 613. 640. 693 (wird Karthäuser in Villeneuve). 703

de Agobio, Johann 549

d' Agout, Petrus 150

de Agrifolio, Ademar 406. 430. 201 (magister prime porte). 233. 288. 324. 360. 389. 418. 439. 488 miles
— Guillelm. elect. Cesaraugusten. 358. 603 (archiep.)
— Petrus, Bischof von Clermont 600
de Agrimonte, Johann cursor pape 598, 49 (1355). 685
Agulhierii, Hugo s. Lagulhier
Aycardus archiep. Mediolan. 57
d'Aygrefuel, Aymar s. de Agrifolio
Ayguedia (Ayguières), Priorat Dép. Bouches du Rhône 410
Aiguesmortes 370
Aygueze, Holzeinkäufe 539
Ayme, Rostagnus gipperius 376
Aymericus cardin. tit. s. Martini in Montibus 316
— legatus in Lumbardia 232
Aymini, mag. Bertrandus surgicus 18
Aymon, comes Sabaudie s. Sabaudia
de Ayras, Iohannes capellanus intrins. 625
Ayraudi, Simon de Montpellier Matratzenmacher, Rom. cur. sequ., 134
de Ayrolis, Iohannes capellanus capelle 77 (1338). 94. 120. 159
de Ala, Lala und Aula, Petrus cursor pape 537, 24 (1353). 597. 607. 608. 654. 686. 759. 789. 809. 810
Alay, I., brodarius coquine 528 (1353)
Alamanni, Alamannus mercator 574
— Aniquinus 728 (serrator)
— Bonetus cursor pape 331. 410. 537. 598. 685, 42
— Donatus 574
— Petrus cursor pape 598, 34. 685, 28
— P., brodarius coquine 528 (1353)
— Imbert serv. arm. pape 361 (1347)
— Iohann Parisiensis, olim marescallus Innocentii VI, dum erat cardinalis 651
de Alamannis de Florentia, Abardus und Alpardus Silvestrini 611. 641. 648. 650
Alamannia und Alamanni 76. 608
— Kaiser s. Bayern, Ludwig d. Bayer und Karl IV.
— dux de Alamannia beim Papst 92. comes de Alamannia 642
— päpstliche Boten nach Deutschland 92. 569. 571. 572. 604. 608. 646. 698. 700. 751
— Collectoren 810. 823. Heinrich v. Dortmund 646. 698. 731

Alamannia Bistümer und Bischöfe:
— — Straßburg 604. 703. 773. 815. Lambertus capellan. ep¹ Argentin. 604
— — Cöln, Erzb. 556. 572 St. Aposteln 231
— — Constanz 751
— — Freising, Bischof Paul 748
— — Mainz 58. 556. 572
— — Metz 609. 810 (86. 765)
— — Prag 700 (556). 736
— — Trier 572. 810. 815
— — Trient 321
— — Worms, Bischof Salmann (s. d.)
— Einzelne Deutsche: ⟨
— Bolt, Konrad ⎱ Farbenhändler
de Boslac, Heinrich ⎰
Croppikin, Johann (Schwarmgeist)
v. Fritzlar, Heinrich † 1361 bei Avignon
v. Isendik, Johann, Propst v. St. Aposteln
v. Lothringen, Johann
de Molendino (Mühlheim), Heinrich
v. d. Stein, Ulrich
de Tremonia (Dortmund) Heinrich
Urs, Konrad, Kaufmann
de Vareys, Guillelm.
v. Vilmar, Heinrich
v. Waldbockelnheim, Iohann Ludwigs
Vgl. ferner Niederlande
Alamannus quidam Geschoßverkäufer 750
de Alando castrum Tricastrin. dioc. 744
Alani, Denisotus Corosopicen. dioc. 612
Alanus Thome Britonis penit. pape 360 (1347). 391. 419. 486
Alanzacum (Pfarrei) 39
Alari, Guillelm 345
Alasandi, Iakob lapiscida de Auinione 82. 105
Albamalla 301
Albanensis card. 395. 748. 813
Albani und Albe, Karolus scutif. pape 27 (1335). 44. 120. 159
de Albarno, Isnard Iohanniter-Prior von Capua 323
Albavilla, Tuchort 212. 399. 445
Albe, Bertrandus domicellus de Tarascone 481
— Iakob miles vicarie curie episc. Avin. 811
s. Albani (pedagiator) 583. 708

aller im vorliegenden Bande erscheinenden Namen. 827

Alberti, Bernard merc. pannorum de Andusia 371
— Ferricus cler. Tullen. dioc. (scriptor) 731
— (Daberti, Auberti) s. auch Auberti, Stephan payrolerius 107
— Iohann 223
— Stephan servitor elemosine († 1348) 388
Alberti (Arberti, Auberti), Galterus domic. pape 203. 234. 290. 362
— Guido nepos pape, miles 556. 622
— Guillelmus domic. scutifer pape 612. 614 (1356). 653. 725. 756. 785. 811 († 1362). 622. 651. 680. 697. 699. 702. 713. 715. 719. 752
— Petrus 650. 670. 675 († 1357) — uxor Contorra
— Stephan 586. 600 (Elekt von Carcassonne) 622. 752
— — domicellus pape 756
— Galiana s. Pompadour
Alberti, mag. Iohann 191
— Laurentius pancosserius 657
Albertinus mercator 546
Albertorum societas mercat. 31. 48. 63. 80. 99. 101. 127. 146. 386. 417. 436
Albertorum antiquorum soc. mercat. 573. 611. 649. 792
— novorum soc. merc. 525. 555. 572. 573. 574. 610. 611. 648. 649. 650. 704
de Albertis, Iakob merc. Flor. 386
— Benedikt 792
— Iohann, civis Florent. miles, thesaurarius guerre Romandiole 417. 436
— Lambert 792
Nicolaus 792
Albi, Bischof von 74
d'Albi (Dalbi), Guillelm. capellanus 702 (705. 760 custos piscium)
de Albia, Bernard 31
— cardinalis (Guillelm. Curti) 184. 525
Albiensis (Albi, Tarn) electus 59. 71 (ep^{us}). 92 (cardin.). 586. 600. 628. 629. 677. 725. 739. 740. 790. 805. 814
Albier, Guillelm. vigerius castri Novarum 488
de s. Albino, Wilhelm serv. arm. pape 113. 320
de Albis, Gerald 122
de Albofolio, Guillelm. procurator Palhassie 397. 409. 442. 443. 456. 493
— Rigaldus 291. 325

Albornoz, Egidius cardinalis, legatus Apost. 258. 573. 574. 579. 610. 612. 644. 646. 647. 701 (card. Ispanie). 748. 759. 811.
de Albussone, Bernard lapiscida 105
de Albussaco, mag. Guillelmus cantor eccl. Rothomag. thesaurarius pape 192 (1342). 210
de Albussoro, Iohann sive de Bornia cler. Lemov. dioc. 752
Aldebrandi, Stephan s. Cambaruti
Aldebrandinus marchio Estensis 641
Alectensis (= Electensis, Alet, Suffrag. von Narbonne) ep^{us} 387
Alegreti, Bartholom., custos cervorum pape 15. 122. 123. 226. 353. 362. 354 (cultillerius). 384
de Aleis, Gabriel penit. pape 486. 614. 654. 757
l'Alemant, Iohann 621
de Alesio, Riccus s. Aretio
de Alesto, Andreas perrerius 248
Alexandri, Iakob habitator Avin. 470
Alexandria, Rosenwasser von 472
Alfonsi, Iohannes 645
Alfonsus rex Aragonum († 1336) 40
Aliberti, Siffredus 376
Alidosii, Ligo mercator 704
de Alidosiis, Rotbertus Lupi de Imola 460
Alinerii, Nicolaus mercator de Valencia s. Almerii
Alinor, Iohann domicellus Lemov. dioc. 752
Alint, Walter latomus 406
Aliotus serv. arm. pape 461
Aliscii de Urbe, Paul, notarius auctoritate Prefecti Urbis 23
Allimer, Vincenz 636
Almerii oder Alinerii, Nicolinus mercator Valentin. (Getreidehändler) 122. 267. 292
Almoyni, Iohann serv. arm. pape 794, 27 (1361)
Aln und Abo de Dacia, fr. Petrus penitent. pape 24 (1335) 191. 201
Alorei, Micheletus cursor pape 392 († 1348)
Alquerius, scriptor pape 205
Altaripa (Aalfang) 79
de Alta Rocha und Altarupe, P. serv. arm. pape 487, 49. 597, 22. 615, 72. 654, 57. 793, 11

de Altaruppa, mag. Raymundus Amici notar. Riven. dioc. s. Amici
Altecube, monast. 30
de Altedo, Andreas de Cremona, procurator ducis Veneciarum 610
Altiloci Turcus 416
Altrandi, Altrandus 376
Alvernhia (Auvergne), Käse-Einkäufe 525. 591. 617. 643. 657. 697. 763
— Collector Apost. 763
de Alvernia, Petrus Nuntius apost. in Polen 54
de Alvernhia, Petrus serv. arm. pape 615, 51. 654, 29
Amalrizi, d. Iohannes, Rektor der Romagna 57 (1337). 75. 138 (nuntius Apost. in Sardinien)
de s. Amancio, Guilellmus, magister hospicii pape 202 (1342). 207. 229. 233. 234. 235. 248. 251. 274. 289. 290. 324. 343 (Wohnung). 362. 383. 389. 420. 439. 485. 528. 725
sein domicellus 234
— Iohannes domic. pape 485
de Amandula, Dominicus scriptor pape 421
de Amarano, fr. Petrus procur. ord. Predic. Narbonen. 551
de Ambianis, I. cursor pape 537, 36 (1353). 598, 42 (1355). 686
Amblardi, Stephan 208
Ambrosii Gazoni, Beltralminus de Lenco Mediolan. dioc. 287
Ambrosius cursor 386
de Amelia, Thomas procur. generalis ord. Min. 736
Amelien. (Amelia, Prov. Perugia) dioc. 574
Amelii, Bertrand cursor pape 79. 142. 209. 212. 223
— Guillelm. ostiar. min. pape 25 (1335). 291. 335. 363
— Martin, avunculus pape 75. 77
— Petrus custos coquine 26 (1335)
de Amelio, Iohann archidiac. Forojulien., clericus camere 25. 28. 53. 75. 90 (cler. pape). 136. 197. 204. 232. 264
Amelii, Raymundus carcerarius curie official. Avin. 71
Ameoli, Laurenz de Valence, Fruchthändler 441

Amici, Bartholom. pistor Avin. 267
— Guillelm. elemosinarius pape 196 (nunt. Apost.) 492. 494. 703. 791. 795. 815. 817. 818
— Petrus Binti Avin. 319
— Raymund mercator Avin. (Getreide) 579. 616
— mag. Raymundus de Altaruppa, not. Riven. dioc. 70 wohl identisch mit dem folgenden
— Raymund palafrenarius 465. 480 (scriptor marescalle). 484. 485. 495.
— Stoldus merc. Florentinus 351
Amigoti, Guillelm. emptor hospicii vicecomitis Turenne 477
de Amihana, Iohann 374
Amioti oder Annoti, Iohann ostiarius porte ferree pape 202 (1342). 391. 414. 460. 685. 817 (hostiarius minor)
Amorat, Angelus serv. arm. pape 486 (1352). 537, 23
de Amore, Petrus ostiarius prime porte 391. 414
de Amsano, Vitalis rector ecclesie Villenove 455
Anagninus (Anagni s. ö. Rom) episc. Iohannes 113
Ancellotus domicellus pape 202 (1342)
Ancelmi, Stephan phisicus pape 202 (1342). 234
Ancelotus cursor s. de Pontisara
Ancerti, Iohann serviens maresc. pape 112
Anceti, mag. Bertrand 76
de Ancilla, Philipp capell. comm. 325
Ancona (Stadt) 610. 749
— Mark 39. 88. 111. 137. 569. 570. 571. 572. 573. 574
— Gesandte beim Papste 92
— Rektor: Johann de Riparia
— Thesaurar: Bertrand Senherii
Andel, Tuchwebereien 399. 445
de Andirano und de Diran, Pontius domicellus pape 202. 234. 290. 362. 462
Andreas carnifex 239
s. Andree, Ortschaft bei Avignon 229. 356. 667 (portus)
Andree, Benedict de Caturco 410
— Bernardus castellanus Montis Regalis 113. 188
— Iohann 410

Andree Guillelm. 164 (fusterius). 249. 310. 342
— Petrus de Bernay 410. 669
Andoynus d^ni Magalonensis serviens arm. 615
Andrini, Iohann nuntius mercat. 644
Androinus abbas Cluniac. (päpstlicher Legat) 641 s. Clugny
Andusia (*Anduze*) Tucheinkäufe 30. 48. 63. 80. 99. 128. 145. 212. 243. 273. 336. 371. 438. 497. 533. 552. 561. 588. 623. 668. 737. 743. 791. Schweinekäufe 209
de Anequin, Iohann miles 612
de Angelo, Arnald Guillelmi 665
de Angicuria, Iohann regestrator regestri secreti 759
de Anglade, Raimund cler. intrins. 26 (1335). 44. 60. 94. 120. 159
de Anglia Tuche 212. 214
— Iohann penit. pape 391
— Guillelmus penit. pape 391. 419
— Thomas penit. pape 486 s. auch Thome
Anglici, Iohann lapidifer de Castro Novo 51. 252. 681
— Robert latomus 406
— Wilhecot hostiarius minor
Anglicus *oder* de Anglia, Richard (Bäcker) 28. 45. 46. 61
de Anghols dominus 796
Anguli bei Villeneuve, Weinort 618. 710
de Angulis, Pascalis Tuchhändler aus Anduze 623
Anibaldus cardin. 84
Anicien. (le Puy, Haute-Loire) 444. 607
— Fischeinkäufe 620
— Boten an den collector 644. 645
de s. Anice dominus 702
de s. Anna, mag. Iohann fusterius 727. 792
de Anseduna, fr. Rostagnus, procur. general. ord. Predic. 137. 357
Anselati u. Anzelatoris, Lanselar, Raymund cursor pape 255. 258. 280. 281. 315. 350. 351. 352. 382. 392 († 1348?). 411. 587
Ansona in Burgund Getreide 328
Antenne s. Aucon
Antifex fr. Guillelmus captivus 71. 87. 89
Antonius abbas, Lucas serv. arm. pape 461
— cler. intrinsecus 26 (1335)
— ep. Gaetan. 321

Antonius plumberius s. de Litore
— factor Malabayle 372
Anuso, Iohann 144
Ap(p)amie (Pamiers, Ariège) Viehmärkte 47
— Diöz. fisicus 75
— Tucheinkäufe 63. 80. 161
— Wohltätigkeit 80. 116. 145. 161
de Apamiis, fr. Bernard penitentiarius pape 24 (1335)
— Raimund cursor pape 364 († 1347)
— Raymund scutif. pape 27 (1335). 78
— Raimund serv. arm. 261. 356. 361
de s. Apartello, Guillelm. serv. arm. pape 25 (1335)
de Apcherio, Guarinus 459
de Apcherio oder Aptherio, Iohann serv. arm. pape 536, 6 (1353)
de Apiaco, Guiotus 525
de Apocherio, Maria 452
Apte (Apte, Vaucluse) 569. 745
de Aptherio, Garinus domic. pape 362. 390. 440. 462. 486. 488
Apulien 386
Aque Mortue (Aigues mortes) 404 (Hafen). 582. 620. 732. 780. 810
Aquensis (Aix) ep^us Petrus 738. 745 († 1360). cardin. 794
— partes 761
— civitas 359
de Aquila, Franz in curia Rom. advocatus 204
— H. penitentiarius pape 235 (1343)
Aquileja 39. 700
Aquilegen. patriarcha 287. 288. 321
de Aquis (Aix), Maria sartorissa 718
— Raimund sabaterius 138. 154
Aragonien: rex 40 (Alfons † 1336). 92. 264. 438. 483. 523. 525. 576. 586. 605. 608. 627. 633. 637.
    regina 438
    infans 478. 637
    ambaxatores 284. 611
    collectores Apost. 571. 603. 607. 608. 647. 789
    nuntius Apost. 23
    ferner s. Cabanerii, Bernard. de Guora, Iohann; de Prato, Bernard.
de Aragone, Thomas 662
— Bertrand serv. arm. pape 419 (1349). 455. 461. 487, 38. 537, 13. 597. 615. 654

de Aragonia cardinalis 758
Aramon (arr. Nîmes) 353. 797
de Aramone, Bertrand 68
— Wilhelm 68
Arbale, Iohann serv. arm. pape 419, 34
de Arbenco, Geraldus, cantor s. Petri Lugdunen., collector Lugdun. 329. 441. 466. 468. 558. 543 (obedientiarius s. Iusti Lugdun. collector Apost.) 583. 585. 619. 620. 662. 664. 666. 706. 707. 716. 764
Arbinus, familiaris elemosine 554
de Arbone, Guillelmus de Iuliano Roelo (le „Palhier") 86
Arcambaudi, Wilhelm ord. heremit. s. Augustini, procurator totius ordinis in Rom. curia 21
Archadien. (Arkadi auf Creta) ep^{us} Raphael 483
de s. Archangelo, Chaquus 643
Arcuissi, Franz 31
Arelatensis (Arles) aep^{us} 452 (Stephan Aldebrandi) 744. s. ferner de Valle, Garbertus
de Arelate (Darlay), Bontorius (Bontous) candeler. Rom. curie 51. 128. 147. 215. 446
— Hugo 276
de Arelate (Arles) mag. Petrus 475. 681. 726
de Aressio, fr. Lando operarius conv. Heremit. s. Augustini Avin. 357
de Aretio (Arecio, Alesio) Bartholomeus ser Bandini in Avin. (Maler?) 278
— Iohann 278
— Isuard penit. pape 757 (1360)
— Riccus, Riconus pictor 254. 278. 311
de Arfolio, Petrus panetarius pape 788 (1361). 816. 819
Argentarii, Iohann 308
Argentarii (Largentier), Stephan, carretarius pape 253
Argentinen. (Straßburg) ep^{us} 604
— civitas 703. 773. 815
Argentini, Bidonus, Holzhändler der Kurie 71
de Arida, Raimund giperius 34
Ariminum (Rimini) s. Rimini
de Arimino, Goctius capell. pape 24 (1335)
Arles, Erzb. schenkt dem Papst 16 Faß Wein 46

Arles Weineinkäufe 442. 443. 493. 766
— Fruchtversand 160. 818
— Schweineeinkäufe 423
— Salzversand 427. 432
— sonst 634. 748
Armaniaci, comes Iohannes 194. 282. 284. 360. (544). 572. 606. 644. 645. 694. 747
Armenien, Armenorum rex Leo 41. 138. 285
— Constantius rex 321. 417
— Bischöfe gehen nach Armenien 321
— Gesandte des Königs 23. 41. 138. 285. 321. 374. 417. 437. 459
— Ordensleute von Armenien 91. 114. 139. 241 (301)
Armenier gefangen im Papstpalast 114 (301)
Armis, Amalrich mundator puteorum 413
Arna, Amedeus clericus (scriptor) 731
Arnaldi und Arnaudi, Bertrand prepos. Sistaricen. 53. 190
Arnaldi, mag. Gerald scriptor pape 70. 265
— Henricus (scriptor) 256
— Guillelm. cursor 572
Arnaudi, Bartholomeus (cursor mercat.) 572
Arnaudonus palafrenarius pape 487
Arnulphi, Iohannes 804
— Simonetus mercator Bellicadri 652
de s. Arnulpho, Stephan, serv. arm. regis Francie 197
de Arpadella, d. Iohannes, capellanus commens. pape 89
de Arpayone, Hugo nuntius pape 523
Arquerii, Bernard Avin. (Getreidehändler) 78
— Petrus commiss. pape 116
Arras (Atrebaten.) canonicus von 74
Artaudi, Iohann scutifer thesaurarii 789
de Artisio, Brocard domic. pape 290
— Petrus Thesaurar vom Venayssin 137. 616
de Asilhano, Bernard, cler. dioc. Mirapicen. 16. 29. 30. 36
Assagente, Iohann Iacobi, cursor pape 575
Assati, Petrus rector eccl. de Ulmis (Bistum Orléans) 688
Asser Iudeus giperius 104

aller im vorliegenden Bande erscheinenden Namen.   831

Assimundi und Asmundi, Nicolaus penit.
  pape 486. 614. 654. 757
Assisi, päpstl. Schatz (75) 90
— Minoritenkirche 90
— Generalkapitel der Minoriten 551 (1354)
Assisien. (Assisi) ep^{us} 74
de A[s]issio, Iakob penit. pape 391. 419.
  486. 614. 654. 757. 793
de Assisio, fr. Nikolaus ord. Min. Avin. 86
Assos = Euse
de Ast (de Scribanis), Henricus dr. leg.
  advocatus in curia Rom. 204
    patriarca Constantin. 257. 263. 264
  († 1345)
    ebd. seine Dienerschaft genannt 300
de Ast, Secundinus, draperius Rom. cur.
  sequens 100. 146
Astariaci comes 244
Astensium (Asti) societ. mercat. 80. 100
de s. Asterio, Bernard archidiac. de Bregenaco in ecclesia Petragoricen. 813
de Asti, Iakob Malabayla, domicellus
  pape 210
Astorgius 421 s. de Combis
de Astrata, fr. Petrus, procur. generalis
  ord. Min. 21
Astrug, Iudeus Fruchthändler 464
Atanulphi, Iohannes miles, civis Mar-
  silien. 22
de Atgia, Petrus 398
Athonis, Bernard domicellus Auxitan.
  dioc. 48. 80
de Athorino, Iakob barbitonsor, serv.
  arm. pape 655, 68
Atrebatum (Arras) Tucheinkäufe 746.
  772
Atrebatensis ep^{us} Iohannes 387
Attonis, Iohann Rheder 22
Auberti, Iohann payrolerius Avin. 277
— Odo clericus Iohannis Garrigie 805
D'Auboton, Nicolaus Petit 497
de Auc(eti), Bertrand carnifex Avin.
  261. 91
Aucon oder Anten 583. 765
Audaberti, Petrus s. Audiberti
Audeberti, Petrus lic. leg. Petragor. dioc.
  752
— Raimund iudex marescalli 27 (1335). 44
s. Audemari (St. Omer, Pas-de-Calais)
  Ort 240. 335
Audenarda (Oudenarde) Tuche 301

Audiberti und Audaberti, Petrus lapi-
  scida Avin. 82. 83. 218. 248 (parrerius)
Audini, Guillelm. presb. 424
Audoardi, Guillelm. Getreidehändler 140.
  141. 160
Audoynus card. presb. ss. Ioh. et Pauli
  748. 750. 813 (ep^{us} Ostien. et Velletren.)
de Aueri, Bertrand domicellus 199
Auestalle, Tuche von 552. 562
Augerii, Guillelm. serv. arm. pape 25 (1335)
— Petrus surgicus pape 113. 120. 159. 202.
  234. 324
Augustiner-Orden.
    General 195. 745
    Generalprokurator 21. 551. 577. 652.
  736. 815
    Generalkapitel 21 (1335). 652 (in
  Montpellier). 736 (in Padua). 815
Einzelne Augustiner-Mönche:
    Arcambaudi, Wilhelm
    de Aressio, Lando
    de Bardis, Petrus
    Bermundi, Iakob
    de Brisaco, Augustin
    Damiani, Iakob
    de Esculo, Matheus
    de Ferrara, Thomas
    de Franciscano, Raymund
    Galengaude, Petrus
    Luyta, Iohann
    de Manso, Bernard
    Petri, Nikolaus
de Augustis, Guillelmus serv. arm. pape
  461 (1351)
de Aula, Petrus clavarius Avin. 19
de Aura s. Daura
Aurayca (Orange) 604. 606
— princeps 604
de Aurayca, Gaufridus messagerius 113.
  575 (cursor). 608
— Rostagnus († 18
Aurelianum (Orléans)
— dux 644
— Dom, Subdekan 228
de Aurelianis, Heinrich (*Bäcker*) 28. 45.
  46. 61
de Aurengia s. Aurayca
de Auriavalle, Arnold 377
— Iohann curs. pape 26 (1335). 106. 122
  (porterius pape)
de Aurono, Iakob 68

de Aurono, Ludwig 68
Aurosi, Iohannes miles Lemov. dioc. 751
Aurt s. Aurucii
Aurucii und Auros, Rostagnus de Rupeforti (coopertor domorum) 104. 149. 249. 307. 309. 342. 429. 629. 679. 681
de Auseria, Arnaldus marescallus iustitie 24 (1335). 28 (de Cusena)
de Autafort, domina 524
Autarocha s. Altarocha
Autissidor. cardinalis 184. 463
Auxitanum (Auxerre) Tucheinkäufe 738
— dioc. 48
Auxitanen. archiep[us] dominus 677. 716. 725. 730. 739. 782. 788. 818 (Arnaldus)
— collector 811
de Auxonio, Helias domicellus portitor aque 202 (1342) s. Nexovio
de Auzone, Simphorian 583
Avellini comes bei Tarascon 604. 698. 746 (Hugo)
Avignon
— Bischof 58. 67 s. ferner Iohann de Coiordano
— Statthalter (vicar. tempor.): Raymundi, Berengar (1355. 56); de Spoleto, Falco (1360)
— Kirchen: Dom (b. Marie de Domps) 128. 153. 263. 311. 356 (Dekan). 450. 482. 483 (canonici). 523. 593. 627. 681. 703. 736. 780 (refectorium canonicorum)
— — mons b. Marie 429
— — cimiterium b. Marie 430
— — ecclesia s. Agricole (capella s. Andree) 18. 68. 69
    s. Desiderii 69
    s. Eligii 333
    s. Katharine 68
    s. Marie 82. 258
    s. Marie de Fenolheto 84. 136. 194
    s. Marie de Miraculis 142. 394. 410. 439. 594. 622. 684. 714. 724.
    s. Maximini (alt. b. Marie Magd.) 195
    s. Pontii 200
— — parochie Avinion. 418
    „ s. Agricole 68
    „ s. Desiderii 686
    „ s. Petri 260. 261. 331. 694
    „ s. Stephani 68. 261
    „ s. Symphoriani 68. 69. 356. 481

Avignon
— Kapellen: s. Marcialis 312
    s. Michaelis 309. 312. 463. 592
    Pontis (s. Benedicti) 199
— Iudeorum cimiterium 260
— Klöster (zusammen genannt) 19. 59. 115, 1. 158. 195. (263. 357). 484. 551. 552. 576. 577. 703. 736. 790
    s. Catharine 18
    Karmeliter 288
    s. Laurentii moniales 459
    Predicatorum domus 33. 184. 185 ff. (Krönung Clemens VI.) 206. 258. 263. 288. Prior: Iohann Caysseti 198. Feuersbrunst 613
    Minoriten 288
    Augustiner 288
    s. Verani 652
— Hospitäler 194 (alle genannt)
    s. Antonii 194
    s. Benedicti 194
    de Caritate 194
    Dominarum 194
    s. Iacobi 194
    Iohannis Cabassole 194
    Imberti portalis 194
    Pauli de Sadon 194
    Petitum (Petit) 91. 194
    Pontis Fracti 194
    Raimundi Guiffredi 194
    s. Trinitatis prope Avinionem 652
    hospitale prope forestam pape 249
— Papstpalast, siehe den jedesmaligen 8. Abschnitt der Ausgaben, ferner S. 72
    audientia 68. 69
    Trolhacium 105. 137. 149. 164. 252. 277. 311. 315. 342. 347. 353. 356. 429. 450. 475. 563. 629. 679. 740
    Turris superior versus b. Virginem (Dom) 274
    Magna Turris 275
    capella nova Turris 275
    Skulpturen am Portal 245
— Dependencen (zugehörige Gebäude):
    horrea (Scheunen) s. Benedicti 394. 422. 680. horrea Rodani 422
    palheria (Strohscheunen) 144. 319
    Heuschober beim Trolhas 298
    Kohlenstall 350
    piscaria (Fischteich) pape 320. 444

palafrenaria 356. 628
viridarium 311
Avignon
— Straßen: Fustaria parva 68
  Pairolaria 261. 356. 694
  Peyssoneria 68
  carreria b. Marie 104
— Tore: porta Aygerii 377. 379. 429. 628. 658. 712. 713. 763. 802
  p. Aurosa 465. 628. 795
  p. Aquaria 628
  p. Mataron 194
  p. Imberti 194
— p. Infirmariorum 319
— Häfen, Schiffsanlegestellen (portus)
  portus Ardechie 412
  portus Ayguerie 658. 732
  portus Durancie 658
  portus des Periers 307
  portus s. Stephani 617
— Brückenbau 231. 263. 286. 308. 320 (Holzbrücke). 358. 417. 525
— Hospicia, im allgemeinen s. unter Abschnitt 8 die Unterabteilung „Häusermieten"
  Hospicium regine Iohanne 418
  Hospicium pape ultra Rhodanum s. den 8. Abschnitt der Ausgaben und das hospicium Neapoleonis cardinalis, „ubi papa ultra Rhodanum inhabitat" (350) 121. 277. 281. 282. 308. 309. 310. 313. 345. 348. 350. 353. 410. 429. 430 (s. unter Neapoleon card. weiter)
  Hospicium marescalli curie 261
  Hospicium bullatorum 69
  Hospicium de s. Benedicto 69
— Burgetum turris regie capitis pontis Avin. 228
  locus de Champellis 684
de Avinione, Guillelm. factor natarum 275
— cursor mercatorum 605
— Iohann (cursor mercat.) 572. 605. 701
Azaialorum societ. mercat. 17. 22. 36. 37. 57. 75. 76. 89. 100. 113. 114. 137. 154
Azayoli, Franciscus merc. societ. Azayal. 22. 36. 75. 89. 113. 137
— Philippus 76

B.
Io Babalat, Iohann de Châlon 621
Babilon, Zucker von 104
de Bach, Hugo serv. arm. pape 597 (1355)
— Robert 537, 32 (1353)
— Robert magister hostiarius domicellus 536 (1353)
Bachardi, Petrus cursor pape 685, 45
Baconis, fr. Iohann 28
de Bacuto, Stephan can. Agennen. 483
de Baychona, Petrus scutifer 412
v. Bayern, Ludwig s. auch Ludwig der Bayer 58. 76. 92. 225. 231. 256. 284. 285. 320
— Pfalzgraf Ruprecht 58
de Bailh s. de Caslucerno
de Bayla, Anton mercator Estensis curiam Rom. sequens 586
Bayle, Iaquemimus 374
Baiocen. (Bayeux, Calvados), Tuchort 336. 399. 445
Baiona (Bayonne), Fischeinkäufe 161. 240. 643. 698. 713
— collector 699. 713
Bairani s. Barrani
Bays (Baix, Ardèche, arr. Privas) territorium 539. 765
Bayssaereartus ambaxator ·Grecorum 605
de Balh s. de Caslucerno
Balhanicum, Weinort 123
Balbeti, Reinald burgensis Claromont. 239. 469
de Balbona, fr. Iohann 28
Balbon. abbas 41
de Baldraco, Petrus brodarius 26 (1335
Balduini, Franz, soc. Bardorum 64. 84
Balisterii und Balistarum, mag. Iohann serviens arm. 361 (1347). 436. 487. 576. 615, 66. 654, 34. 685. 758, 34
Balisterii, Stephan ostiarius 3. porte 233. 289. 324.
de Balma, Imbert carbonarius 351. 352
Balneoli (Bagnols von Avignon, Schweineeinkäufe) 145. 209. 239. 270. 271. 296. 332. 398. 423. 424. 465. 570. 666
— eigene Maße 617
de Balnia, Fortonerius 42
Baltazar u. Balsanus de Mediolano s. de Mediolano
Bancha, Petrus 334

Banche, Nicolaus s. Sapobenchi
s. Bandili beneficium 797
Bangnerii, Inardus 503
de Banhanis, Iakob cursor 255
Banolhos s. Balneoli
de Banqueria, Petrus de Paternis Carpent. dioc. 140. 237
Banqui, Iakob mercator s. Blanqui
de Banzeolis, Ambertinus, pistor Panhote 551
de Bar., Iohann 805
de Bar, Petrus sarralherius 150. 273
Baralhi s. Barralhi
de Barbala, Iohann 249
de Barbantia, Iohann vaylet. palafren. pape 487
Barbaria (Berberei), Wachs aus 590. 676. 721. 801
de Barbarino, Corsellus (Marcellus?), tonsor pannorum 467 vgl. Marcellus
Barbe, Iohann domic. ep[i] Foroiul. 157 (rector Veneyssini)
Barberii, Iakob plumberius 428
— Iohann dictus Salandrin 716
Barbitonsoris, Giba scutif. pape 27 (1335). 43. 61. 120 (Guido)
Barchinon. (Barcelona) ep[us] 458 (Michael de Ricomannis.) 539. 605. 612. 710
Barchinonenses collectores 523
Barcelona, Wachseinkäufe 404. 427
Bardarias, P., magister capelle pape 373 s. Sinterii
Bardeci, Matheus servitor elemosine 357. 493 (Baudetus)
Barderii und de Barderio, Wilhelm Biterr. dioc. 23. 24. 40
de Bardis, Alexander 230
— Casentinus und Constantin serv. arm. pape 25 (1335). 361. 419, 20. 487, 17. 537, 20
— Fredericus de Florentia capell. pape 204
— Petrus de Florencia, prior ord. Heremit. Avin. 576. 624
Bardo, Lallus merc. curie Rom. 79
Bardorum societas merc. 40. 64. 72. 84. 198. 414. 436 (Bardi de Corona).
— nova societas 286. 352. 353
Barioci, Iohann 209
Barioli, castrum dioc. Forciulen. (Fréjus) 142 s. auch Balneoli

Barlam, abbas s. Salvatoris Constantin. 91. 138. 157. 198
Barloyni, Guillelm. de Avinione 503
Barnoini und Bernomi, Guillelm. ferraterius 451. 480. 564. 630 (mercator ferratorum Avin.). 681
de Barnhola und Vernhola, Verulhola, Bertrand magister ostiarius 158. 201 s. Verulha
de Baro, Iohann cubicul. pape 600. 717 (1358). 775. 817
Baroa, Guillelmus 208
Baroli, Berengar Iohanniter-Prior 232
Baronis, fr. Iohann manescallus 26 (1335)
Baroti, Petrus familiaris Helie abbatis 585
Barra, Guillelmus 207
Barralha, Bernardus panatarius pape 530 (1353). 545. 599 (olim capellanus pape)
Barralhi, Franz campsor Avin. 72. 153. 251. 356. 455
Barralis u. Barrani, Ademar domic. pape 276. 277. 281. 290. 300. 305. 306. 325. 339. 341. 352. 361. 362. 376. 391. 405. 420 (scutifer). 449. 453. 462. 471. 472. 473. 502
Barrani, Ademar s. Barralis
— Petrus de Marcello, custos monete pape 462
Barre, Geraldus porterius exterior 205
— Wilhelm cursor pape 37. 46. 364 († 1348)
la Barreyra, Guillelmus s. Barriera
Barreti, Iohann de Beaune 240
la Barriera, Guillelmus clericus Reginaldi de Lur 387. 391
de Barro comes 198. 271
Barroti, Iohann de Belna, custos portuum regni Francie 270. 271. 293. 296
Barsalonis, Guillelm. presb. Lemovicen. dioc. (elemosin. secr. pape) 791. 814. 815. 819
de Barsina, Andoynus serv. arm. pape 654, 31
Barte, d. Arnaldus custos carceris hospicii Avin. 71. 87. 89. 114. 121. 149 (Wohnung).
— Iohann 120
— Petrus 41. 90. 94. 101. 120
Bartholini, Bartholomeus mercat. de Florencia 555
— Laurentius soc. de Mechinis 525. 555. 573. 574. 575. 611. 649

Bartholini, Philipp factor Albertorum Antiqu. 649
— Nerossius s. de Senis
de Bartolo, Iakob mercator perlarum 540
Bartholomei, Firminus scriptor 109 s. ferner Firminus
Barthol(ome)i, Guillelm. cursor pape 537 (1353). 539. 599. 637. 783. 598. 685. 759
— Berengaria uxor eius 599. 687. 731. 783
Bartholomei, Stephan palafr. pape 757
Bartholomeus s. Allegreti
Bartucci, Bartuchi u. Bertuchi, Franz aus Perugia merc. cur. Rom. 31. 49. 72. 89. 101. 185. 212. 225. 242. 413
Barut (Beirut) 370
Basanha, Petrus cursor pape 685, 44
de s. Basilio u. Bausiri, Iohannes draperius Avin. 497. 533. 552. 561. 562. 580. 588. 624. 652. 668. 707. 716. 738
Bassi, Reginald serv. arm. pape 615, 56
Bastardi, Colinus cursor pape 392 († 1348)
Basterii, Andreas nauta 268
— Petrus cambrerius pape 113
Bastide, Guillelmus 188
de la Bastida, Iohannes molinarius 554
Bastide, Raimund de Sarrinhano 109
de Batuto, Stephan camerarius d. cardinalis Bellifortis 819
Baucium 604. 698 comes de 570
— Agotus de, miles 85. 89
— Amyot de 604. 606 (Amelius). 645
— Bastardus de 604. 606
— Guillelmus 606
— Tassia relicta Guiraudi Ademari 753. 744
Baudeti, Perrinus de Veru oder Vern 716
Baudetus servitor elemosine 493 s. Bardeci
de s. Baudilio, Iohann mercator Avin. 580 s. Basilio
de Baudio, Tibaud serv. arm. pape 361 (1347)
Baudoyni, Iohann 583. 662
de Baulhanis, Raymund custos secunde porte 60 (1337). 78. 93. 118. 158
Bauduini, Iohann s. Baudoyni
Baulacus und de Baulato, Baulatus, Baula scutif. pape 27 (1335). 44. 61. 120
Baurinus serv. arm. pape 419 (1349)
de s. Bausilio, Iohann 707 s. Basilio

Bausiri, Iohannes mercator 533 s. de s. Basilio
Beardi s. Bernardi
Béarn, Fischeinkäufe 665 v. ferner Vaurensis
Beaucaire s. Bellicadrum
Beaune (Belna), Weine von 155. 186. 206. 208. 239. 269. 270. 293. 331. 332. 366. 368. 466. 491. 492. 532. 545. 583. 619. 662. 764. 765. 795
— Fischeinkäufe 209
— Getreide 328
Becii, Bessi oder Bocii, Paul pistor curie Rom. 46. 61. 122. 205. 236. 325. 326. 365. 706
Bedarida s. Briterrita
Bedocii, Bertrand 604
— Franz cler. coll. cardin. 159. 197
— Iohann draperius de Andusia 819
— Petrus olim clavarius curie temp. Avin. 566 (captus). 569
— Wilhelm emptor coquine 14. 37. 55. 68. 77. 121 (1335—41)
de Bedociis, Amanenus 642
Bedos, Guillelmus serv. arm. pape 226. 419. (461). 487, 47. 615, 29. 654, 37 (Bidessio?). 685. 758, 59. 793
de Beffemis, Heliotus serv. arm. pape 361 (1347).
de Bela, Petrus brodarius 26 (1335)
Belenguel, Rotbert cler. Rothomagen. dioc. 614 (scobator palacii resigniert). 636
Belin, Iohann penitent. pape 614. 654. 757
de Bella Gardia, H. domic. pape 203 (1342)
Bellagarda, Weine 581. 586. 797
Bellavilla 583. 764
Bellicadrum (Beaucaire) 353. 586. 619 (eigenes Maß) 634. 656
— senescallus 24. 524
— Getreide 761
— Weineinkäufe 28. 62. 79. 95. 123. 186. 207. 238. 269. 270. 294. 295. 329. 330. 331. 367. 368. 395. 467. 545. 581. 619. 711. 766. 767. 796. 797
— Heueinkäufe 299
de Bellicadro, Iakob 132
de Bellicadro, Iakob corderius Avin. 106. 248. 317

53*

Bellifilii, Guillelmus cler. Senon. dioc.,
	panatarius pape 193(1342—52). 202. 227.
	236. 283. 318. 355. 371. 394. 435. 456.
	459. 464. 480. 491
Bellihominis, mag. Iohann, aurifaber
	Avin. 51. 54. 107. 251. 310. 347 (factor
	campanarum).
— Iohannes scriptor pape 613. 704. 782
	(rescribendarius)
Bellifortis (Beaufort) vicecomes 263.
	285. 290. 301. 320. 348. 360. 364. 383.
	416. 418 (Guillelmus Rotgerii). 452. 462.
	488
— cardinalis 522. 819
— Rotgerius domic. pape 485. 596. 614.
	684, 11. 756 s. ferner Rogerii
de Belloforti, fr. Geraldus ord. Cartusien.
	de Mortuomari prior 418 (in Catorze
	438) 484
— Guillelm. cardinalis 413. 452. 453. 459. 522
de Bello Monte abbatissa 301
de Bellomonte, Amblard miles 89
— Hugo scutifer marescalli curie 606
Bellumpodium, Armenbeschenkung
	durch die Kurie 63
de Bellopodio u. Belpio, Gerald serv.
	arm. pape 486 (1352). 597. 615, 30.
	654, 18. 758, 55. 794, 25
Belna s. Beaune
de Belna, Iohann 396
Belo, Petrus cursor pape 537 (1353)
Belon, Hugo de Cotinhac 561
Belpel, Iakob lapiscida 308
de Belpio, Gerald serv. arm. pape 486
	(1352) s. Bellopodio
Belserii, Iohann penit. pape 486
Beltramus pictor 452
Belvacensis dominus 200
de Belvaco (Beauvais), mag. Andreas
	illuminator literarum, curiam Rom.
	sequens 70. 85. 109. 133. 152. 165
Belveer, Bernard mercator de Cata-
	lonhia 534
Benchi, Nicolaus de Flor. merc. cur. Rom.
	127 s. ferner Lapi
Benchivenghi (Benthiveni) merc. soc.
	Bardorum 198
Bencii, Landus de Flor. (mercator Avin.)
	717. 718
del Bene de Florentia societas mercat. 411
del Bene, Augustin mercator de Flor. 411

Benedikt XII. 3 ff. s. Grabmal 157. 158.
	170$_3$. 197 (211). 213. 228. 286. 524
— edificium pape 450
— Verwandte: Amelii, Martin; de Car-
	dona, Wilhelm; Catalani, Guillelm.;
	Fornerii, Guillelm.
a. **Benediktiner**-Abteien.
	Balbon. abbas
	Casa Dei, Abtei in d. Auvergne
	Rigaldus abbas
	Lactenti, Anton procur.
	Duriana, fr. Guillelm. procur.
	Monte Casino, de Plumbayrola, fr. Iakob
	Clugny, Äbte Androinus, Iterius
	Fernitatis, Abtei la Ferté
	Fiscanen. (Fecamp) Abtei
	St. Germani (in Auxerre, Abtei)
	Montis Maioris Abtei
	Psalmodien. Abtei
	s. Theofredi Abtei
	St. Victor in Marseille
Benedicti (wohl für Bernardi verschrie-
	ben), Arnaldus de Lados scutif. pape
	43 (1336) s. Bernardi
Benedicti, fr. Geraldus ord. Grandimon-
	ten. 636. 690
— fr. Iacobus ord. Grandimont 636. 690
— Iohann cursor pape 571. 598, 54
— Nicolaus capell. intrins. 44 (1336)
— Nicolaus decanus s. Petri de Douai 387
— Odo notar. regius 387
de Benedicto, Iacobus (mercat.) 574
Benerii, Stephan cler. intrins. 26 (1335)
	Thesaurar der Romagna 39 (1336). 57
Benevent:
— Rektor: Petrus Vasconis, Arnulf Mar-
	cellini
— Thesaurar: Hugo Roquas
de Benevento, Bartholomeus penit. pape
	793 (1361)
— R. magister hostiarius domicellus 43
	(1336)
— Bona Laurentia 274
— Franz messagerius 437
— Guillelm. magister hospicii vicecomitis
	Turenne 453. 458. 476. 490. 570. 572
	(clericus camere Apost. et thesaurarius
	guerre Marche Anconit.). 573. 574. 575.
	608. 609. 610. 611. 642. 643. 645. 646.
	647. 648 ss. 696. 700. 701. 704. 728
	(clericus camere Apost. in Avin.). 759

s. Benigni de Divione Lingoenn. dioc. (St. Bénigne près Dijon, Côte d'Or) abbatia 569
Benlaiga, Petrus assensator vinorum 767
Benpinhe, Gerard coquus 756
Bens, Nicolaus s. Lapi
Bensivenis, Guccio ypothecarius Rom. cur. sequ. 128
Benvenuti, Nicolaus domicellus pape 119 (1340)
Benvenuto, ambaxator Meldule 41
Berardi, Pontius de Balneolis 145
Berbentana Traubeneinkäufe 28. 353. 366. 395. 423. 491. 658. 712. 763. 819
— custodia 792
— Traubeneinkäufe 122
Berardi, Poncius 398
— Pontius 273
Beraudi, Poncius de Banholis Tuchkaufmann 400 s. Bernardi
Berchi, Pontius de Novis, cursor pape 34
de Bercumo, Ancelotus domicellus pape 362
de Berellis, Heinrich domicellus pape 27 (1335). 127. 43. 61. 78. 119. 159
fr. Berengarius bullator s. Maynardi
Berengarii, Geraldus subprior Predicat. Avin. 438
— Petrus barbitonsor d. cardinalis Carcasson. ac provisor incausti palacii pape 804 (1361). 824
— Veranus 395
de Beretanis, Matheus mercator de Lucca 649
de Bergamo, Persevallus serv. arm. pape 68. 231. 362 s. ferner Persevallus
de Berghenio s. Bergamo
Bermundi, Ferrarius, merc. curie Rom. 62
— fr. Iakob procurator Augustin. Avin. 577
— Rostagnus 220
Bermundus oder Bremundus (Comolacii) gubernator prioratus de Palhacia 141. 268. 272. 294. 298. 325. 331. 368. 409 († 1348). 412
Bermuti, Iordan notar. de Tholosa 156
Bernay Tuchwebereien 335. 400. 552. 562
de Bernay und Bernier, Guillelm. lo Viel 396. 497
Bernabo Visconti von Mailand 745 s. Mailand

Bernardi Lacti, Iohann dioc. Bisuntin. 410
s. Bernardi ecclesia s. Paris
Bernardini, Actomannus campsor 455
Bernardi und Berardi, Antonius palafr. pape 390. 420. 487. 615 (Beardi). 655
Bernardi und Bertrandi de Lados scutif. pape 27 (1335). 43 (Benedicti!). 61. 120. 159. 202. 234. 290. 325. 362. 390.
— Petrus barbitonsor 203. 235. 290. 325
Bernardi, Bertrand de Tholosa serviens armorum et sartor pape 419, 9. 548. 557. 622. 624. 631. 654. 670. 671. 717. 718. 720. 757. 774. 775
Bernardi, fr. Guillelm. de Arelate ord. Pred. 91. 410
— Petrus serv. arm. pape 203. 235. 290. 325. 461. 487. 45. 536, 8. 597, 21. 615, 32. 654. 685. 758, 63
— und Bertrandi, Pontius de Balneolis 212. 243. 336. 400
— Raymund cursor 210. 307
— Rogerius vicecomes castri Boni 77
Bernardus Sanxii (Saucii, Sautii) palafrenarius pape 387. 390. 420. 487. 615. 655. 757. 794, 5
Bernardus s. Casamonte und Casedamon custos leonisse
Bernardus custos vaxelle s. de Estassaco
d. Bernardus emptor s. Gaucelmi
Bernardus trahens campanam 119. 158. 317. 324. 353
Bernier, Guillelm. 396
Berqui, Berc, Bert, Rostagnus de Novis serv. arm. fusteriusque pape 33. 66. 123. 244. 245. 277. 311. 342. 361. 376. 377. 379. 406. 419. 421. 428. 450. 451. 456. 461. 463. 472. 482. 487. 547. 564. 567. 592. 594. 602. 615, 75. 627. 629. 630. 640. 654. 678. 681. 683. 685. 724. 742. 758, 65. 776. 777. 781. 785.
de Berra, Iohannes cursor 608
de Berriol ecclesia Dertusen. dioc. 820
de Bersac, Rotger serv. arm. pape 361
Besançon, Bistum (Bisuntin. dioc.) 410
Beschier, Franz cler. Lugdun. dioc. 352
Bessa s. Bessiera
Besset, Bertrand und Stephan 397
de Besseto, Petrus confessor pape 201. 241
de Bessiera (Bessa), Petrus custos 3. porte 201. 233. 289. 290 (domic. pape). 324.

325. 360. 361. 362. 389. 390. 419. 420.
439. 440. 460. 462. 485. 486. 536. 615.
69. 529. 596. 597. 654
de Bessiera, B. serv. arm. pape 655, 69
— Nicolaus cardin. 529, 1
Bert, Berc, Rostagn. s. Berqui
Berta, Bartholomeus 299
Bertaudi, Iohann 495
— Petrus 495
Berthelotus palafrenarius pape 487.
487, 21
Berti, Bonarlus mercator soc. Tedaldini
de Richi 555
— Thorus de Flor. habit. Avin. 822
Bertini, Petrus thesaur. curie marescalli
77. 94. 120. 159. 190
Bertrandi, Iohann capell. intrins. 44
(1336). 60. 94. 120. 159. 136 (nuntius)
— Nicolaus (capell. pape) 60. 94. 120. 159
— Petrus domicell. pape 362. 390. 392
(† 1348)
— Petrus, serv. arm., castellanus turris
pontis Avin. 392 († 1348)
— Poncius s. Bernardi
Bertrandus comes Insule 387
— ep. Lomberiensis thesaurarius 336 (s. de
Cosnaco)
— Ostien. et Velletren. ep. card. 53. 522
— sartor 461. 548 s. ferner Bernardi
Bertranenqui, Bernard serviens maresc.
pape 112
Bertronus pictor 452
Bertuchi s. Bartucci
Bertussii s. Bartuccii
Betdase, Hugoninus de Saycello Holz-
händler 629
Betti, Iakob de Corona 286
de Beumont, Baudinus 427
Biblie, Iohann 43. 61. 119. 158
Bicti, Andreas Rom. cur. sequens 127
de Bictonio, Paulutius Urcissii (in Rom) 23
Bidessius s. Bedos
Bindi, Minús scutif. pape 27 (1335). 43.
61. 119. 159
de Bindo, Franz pistor elemosine 551
Binthi, Franz merc. Florent. 100
de s. Bipo, Rotbert Cont 497
de Bisano (Visano) castrum im Veneyssin
260
de Bisansono, Iohannes 673
— Nicolaus 549

Biscarelli, Bertrand de Castronovo 132
— Rostagnus de Castronovo, Kalkhändler
106
— Pontius 106
Bisi, Martin de Florent. pelliparius cur.
Rom. 101. 146
de Bisignano, Guillelm. curs. pape 25
(1335)
Bisuntium (Besançon) 761
Bisuntin. (Besançon) archiep[us] 810
de Bisuntio, Iohannes 285. 459
Biterre (Bézieres bei Narbonne) dioc. 40.
698
— Tucheinkäufe 48. 145
de Biterris, Raymund cursor pape 25
(1335). 306. 307. 345. 376. 428. 430.
451. 598. 686
Biterrita und Bedarida, Iohann pistor
Avin. 205. 236
Bitini, Daniel mercator 611
Biturrita (Bédarrides bei Avignon) 433. 475
clavarius 71. 533. 553. 560. 709. 767.
768. 770
Weineinkäufe 368. 397. 442. 443. 492.
531. 560. 584
— nemus 803
Heueinkäufe 16. 47. 71. 144. 334.
496. 533. 545. 546. 601. 770
Stroheinkäufe 48. 71. 714. 768
Bituricen. dioc. (Bourges) 524. 632. 699
— archiep[us] Fulcaudi 632
— collector 810
de Blado, Iohannes, clavarius de Bidarrides 442. 443. 560
de Blancaforti dominus 751
Blancardi, Sicardus serviens maresc.
pape 112
Blanchi, Anselmus iudex crimin. curie
marescalli 527 (1353)
— Petrus de Auinione 93
Blandeti, Michael lapiscida 503
de Blandiaco und Blansaco, Guillelm.
scutif. pape 27 (1335). 43. 50. 61. 120.
159. 234. 290. 325. 362. 390. 359 (nepos
card. Ebredunen.)
de Blania s. Blavia
Blanqui, Iakob socius soc. Albertorum
Nov. 427. 525. 555. 572. 573. 575. 610.
611
— Nicolaus factor Spiafamis 555
de Blansaco s. Blandiaco

de Blas, Iohann serv. arm. pape 615 s. Bloys
Blasini, Berengar rector eccl. de Balbineyo Eduen. dioc. 153. 157. 185. 321 (1346 Rektor von Spoleto).
de Blavia, Abtei (Blaye, Gironde), S. Salvator ord. August. im Bistum Bordeaux, Gironde 320. 543. 585
— Elias abbas 543. 713. 738. 743 (collector Burdegal.) 799. 800
de Blinhaco, Wilhelm 36
de Bliaco, Iohann serviens arm. pape 700. 810. 202 (1342) s. de Bloys
de Bloys, Bles, Blas, Bliaco und Broys, Borssi, Iohann serv. arm. pape 202 (1392). 362 (1347). 615. 654. 58. 685. 700. 794, 19. 810
Bocha de Vaca (*Hundemaul*), Betuchus 536 (1353). 597 (1355) s. de Lucca
de Boana s. Roana
Bobiensis (Bobbio, Prov. Pavia) ep^{us} 57
Bocadio, Iohann 503
Bocafuec, Anton Schiffseigner 642
Bocayranni, Pontius de Baniolis 52. 55
de Bocoiran, Raynald Sagrana 494
— Petrus Columbi 494
— Thomas Borelli 494
de Bodri und Boudrico, Perrinus (Peter) aus Lausanne, provisor lignorum combustib., 223. 224. 255. 351
Boerii, Bertrand operator cere 96. 404. 470. 534. 589. 590. 626. 676. 720. 721. 775. 776. 801
— Iohann archidiac. Montisfortis 789
— Petrus pictor 312
— Sicardus serv. maresc. pape 112
— Wilhelm, fusterius Avin. 18. 52
Bohemia 812
— collectores Apost. 556. 647
de Boemia, Iohann penit. pape 391. 419
Boguyreti, Hugo fusterius 679
de Boichan und Boissone, Aymericus custos secunde porte s. de Dumo
Boici, Wilhelm, capellanus s. Agricole Avin., 69
Boye, mag. Petrus magister tumbe Clementis VI. 467
del Boys s. Delboys
de la Boysiere, Arnald palafrenar. pape 615. 655. 757. 794, 4 (Busseria)

Boyso (Boyssonis u. Buxonis),Aymericus 363. 593. 594. 628. 629. 635 s. de Dumo
Boyssant, Hugo mercator Eduen. 624
Boissequin, Iohann 191
de Boyssono, Aymericus s. de Dumo
Boyssoti, Andrivetus massonerius Avin. 546
Boyssum (Limousin) 651
de Bolaresio, Guillelm. ostiarius minor pape 25 (1335)
Bolaroti, Poncius 546
Bolena, Inard 219
Bologna 75. 89. 746. 747. 748
— ep^{us} Aymericus 811 (s. auch Bononia)
Boloniensis cardinalis in Francia 440. 523. 607. 610. 633. 697. 794
de Bolonia, Carlotus valletus mercatorum 263
de Bolonia, Faciolars serv. arm. pape 361 (1347)
— Spicalmus serv. arm. pape 361
de Bolonia, Franz nuntius 812
— Rotgerius ostiarius 3. porte 419. 461 (de Novo Molendino s. d.)
Bolonhinus (Matheus Leonardi) cursor pape 571. 731. 761. 809
Boloninus de Bolonia nuntius 609. 643. 646 († 1357)
Bolt, Colardus Teutonicus Farbenhändler oder Maler 278
Bomarc, Petrus capellanus intrins. 625
le Bon, Thomas de Haugmen 445
de Bona, Iohannes Martini miles et ambax. regis Castilie 153
Bonacursi societ. merc. 31. 80. 100. 116. 287
Bonaguida, Iohann 100
Bonaiuncte, Percevall serv. arm. pape 25 (1335)
Bonamici, Franciscus soc. mercat. Avin. de Flor. 747. 770
Bonardelli, Stephan can. Belvacen. (macht Gewebe-Einkäufe in Frankreich) 401. 402. 445. 468. 496. 587. 624
de Bonavalle, Rampnulph 790
fr. Bonaventura (de Callio) s. de Callio
Boncillani, Petrus 444
Bondonerii, Petrus 147
de Bondrico s. de Bodri
Bonelli, Anton coopertor et operarius plumbi 535. 563

Boneti, Geraldus serv. arm. pape 789. 794
Boneti, fr. Nicolaus mag. theol. 76
— Petrus cursor pape 537. 538 (1353). 563. 564. 565. 592. 595. 597. 627. 629. 630. 680. 683. 723. 729. 730. 739. 784. 785. 803. 804. 822. 685
de Boneto, Durand scriptor 256
Boni, Aimonetus, pelliparius Auin. 32. 80. 101
Bonhi, Bistum Aix, 105
Bonifacii, Eblo de Briva penit. pape 360 (1347). 391. 419. 486. 614. 654
Bonifilii, Iohannes procurator camerarii 493
Bouil 648
Bonihominis, Berengar monachus Fontis Frigidi 91
— Rostagnus 429
Bononatus, thesaur. curie maresc. 527 (1353)
de Bononia und Bolonia, Hugo serv. arm. pape 822. 794, 21
— Nicolaus archidiac. capell. pape 24 (1335)
— Thomasin curs. pape 26 (1335)
de Bonoura, Durand ambaxator aep[i] Smirne 483
Bonsenhorum, societas de Senis 264
Bonsignore di Siena 264
Bonsoni, Petrus capitaneus marescalli 94 (vor 1339)
de Bonto, de Bolhanis, Raymund scutifer pape 27 (1335). 43
Bonvillani cursor mercat. 287
Boquerii, fr. Raymund procur. Predicat. Avin. 577
Boran, fr. Iohannes († 1335) 34
Borbonesii (Bourbon) dux 16. 197. 199. 284. 416. 417. 579. 606. 607. 701. 705. 729
— Weine von 661
— Iakobus (de Borbonio) comes de Marchia 702
Borchardi, Iohann cursor pape et custos 1. porte 598, 35
Bordelli, Matheus lapiscida 503
Bordial, Guillelm. 26 (1335)
Bordille, Guillelm. ianitor prime porte 203 (1342). 221
de Bordis, Aymaronus serv. arm. pape 654. 757 (Ademarus). 758, 61. 794, 20

de Bordis, Bernard ostiarius minor pape 25 (1335)
— Guillelmus lector biblie 205. camerarius pape 339. 290 (1345)
— Stephan serv. arm. pape (ostiarius) 485. 486, 11. 536. 597, 32. 615. 655, 72 (serv. arm.). 794, 38
Bordonerii, Petrus 165
Bordonerii s. Sinterii
Borgonius, Stephan magister capelle pape 817
Borgonhomus carretarius 728
de Borii, Bertrand miles 524
de Bornia, Iohann s. de Albussorio
Bornyo, Michael piscator Lugdunen. 543
Borsicaudus marescallus regis Francie 745
de Borssi, Iohann serv. arm. pape 685 s. de Bloys
de Bos, Wilhelm, prepos. Foroiulien. cler. camere 22. 25. 41. 53. 88. 93. 197. 204. 260
Bosanso, vitriarius 254
de Bosco, Pasquerius 401
— Petrus servitor panetarie 803
— Petrus cursor pape 598, 30. 685. 732. 810
de Boslac (auch de Polla), Heinrich Teutonicus Farbenhändler oder Maler 254
Bosseti, Iohannes scriptor pape ac provisor bladorum 818 s. auch Rosseti
Bossi, Anton mercat. de Carpentor. 404
de Bossia, Dinandus familiaris elemosine 703
Bossin(i), Iohannes 443. 617
Bostren. (Bessereth in Arabien) aep[us] Daniel 321
de Bota, Iohann penitent. pape 360 (1347)
Botarini, Andreas 444
Botel Dorlay, Iohann 490
Botonerii, Iohann 431
le Bouchier, Andreas 237
de Boudone, ecclesia 458
de Boudrico, Primus 235
Bouhons, Iohann pistor Avin. 325
Bour de Galecot s. de Fondis
Boveti s. Boneti
Boverii, Franz Tuchhändler aus Anduze 623
— Jakob elemosinarius Pinhote 262. 357. 388

Boverii, Franz (Kaufmann) 588
Brabantia dux 607. 608
— Tucheinkäufe 31. 145. 210. 336
de Brabantia, Nicolaus nuntius mercat. 699
Bracharen. (Braga in Lusitanien) aep[us] 452 (Guillelm. de la Garde) 605
Bracii, Guillelmus de Insula mercator gippi 376
de Bragadino, Iakob ambaxator ducis Venetiarum 609. 610
de Brayo, Iohann fusterius Avin. 722
Brancalis, Andreas de Lucca mercator 649
de Brantulis dominus (Agotus de Baucio) 85
de Braquis, Iohann clericus notarius apothecarum 731
de Bras, Hugo Fischer in Avignon 47. 339
Bremundus s. Bermundus
de Brengo, Peyronetus Avini 630
de Brenis, Iohann mercator 446
de Breno, Iohann, miles Comoran. 529. 547. 570 (nepos pape Innoc. VI.) 588. 612. 637. 651. 684. 702. 719. 725. 740. 752. 753
— Sibilla soror eius 753
Bres, Guillelmus gipperius 376
de Bresone, Guillelm. presb. Nemausen. dioc. 801. 804
la Bretir und le Bratier, Lebrat, Petrus serv. arm. pape 487, 62. 615. 654, 15. 685. 758, 60
lo Breton, Guilhotus Schreibwarenkaufmann 413
lo Breto und Lobreti, Giullelm. sabaterius s. Britonis
de Brecuria, Ancellus domic. pape 234 (1343). 290. 325. serv. arm. pape 757. 794, 16
Brevis, Crucus, presb. Leon. dioc., scriptor 689
Bria und Bricii, Guillelmus de Insula s. Bricii
s. Bricii ecclesia Vasat. dioc. 57
Bricii, Wilhelm de Insula 83. 217. 428
Brigi, Landolus de Mediolano 160 (Getreide)
de Brisaco, Augustin procurator generalis fratrum Heremit. s. Augustini 551. 652. penit. pape 793

de Brison, Guillelm. can. s. Pauli Narbon. 820. 823 (804)
Brisseti, Iohann 662
Briton, Aymonetus de s. Dionisio 669
Britonis, Laurenz Lamberti pistor elemosine 490. 551. 552. 580. 616. 657. 706
— (lo Breto und Lobreti), Guillelmus sabaterius 403. 425. 426. 500
de Britannia, Alanus penitent. pape 360 (1347) s. Alanus
Britonis, Aymonetus cursor pape 686
— Guilhotus cursor pape 433. 804. 558. ostiar. min. 685
— Berengaria uxor 558
— Petrus alias de Torcapetra cursor pape 537 (1353). 598. 685. 811
— I. cursor pape 598, 50
— Pontius procurator curie marescalli Avin. 746
Briva, mon. Predicatorum 736
de Broa, Iakob cler. intrinsecus 26 (1335). 32. 44. 61
de Brocenaco, Imbert de Mascone 444
de Broys s. Bloys
Brolheti, Petrus cler. captivus 165
de Brolio, Raimund cler. intrins. 26 (1335) buticularius pape 15. 28. 44
de Bron (?), Galiena 790
de Brondis, Petrus gipperius 131
Broquerii, Andrinono 93
— Franz Guardian der Minoriten zu Avignon 551
la Brossa, Guillelmus pelliparius 469. 498
Brossin, Guillelmus 293
de Brossis, Iohann custos palatii Pontis Sorgie 28 (1335). 60
de la Bruha, Colrad griechischer Gesandter beim Papst 232
Brügge, Geldgeschäfte der Kurie 41. 447
— soc. Azayalorum 100
— päpstl. Boten 645
— Gewebe 772
Brunda, Petrus mercator lignorum 595
Brundisinus (Brindisi) aep[us] 286. 287. 288. 305
Brueyra, Brugere und Riviere, Stephan de Viviers, mercator lignorum 315. 351. 382. 411. 412. 476. 477. 504
Brunelli, Isnard 768. 769 (Heuhändler)
— Petrus clavarius Novarum 584 thesaur. archiep[i] Auxitan. 716

can. cameracen., provisor domus elemosine Panhote 815. 816

Bruneti, Iakob de Novocastro in Bilonesio 240 (procurator Iohannis de Mortuo Campo)

Bruni, Andreas de Manna serrator, resecator oder scisor lapidum 84. 105. 131. 376

Bruni, Franz (Flor.) domicellus, serviens arm. pape 166. 214. 222. 242. 245. 285. 339

— Iohannes usserius porte ferri 506
— Iohann scobator domorum 235. 289 cursor 401. 403. 416. 433. 454 usserius minor pape 537 (1353). 597. 614. 637. 685
— Michael ortolanus pape, custos ferarum pape 414. 434. 455. 479. 530. 541. 566. 638. 690. 705. 733. 786. 806
— Iohann usserius minoris porte ferri 601. 637
— Panissa soc. Bonacursorum de Flor. 116
— Iohannes de Flor. factor soc. Albert. Nov. 648
— Rostangnus iudex in criminalibus marescalli 27 (1335). 44
— Wilhelm 132. 220

Bruschardi, Petrus miles Lemov. dioc. 753

Bruse, Prioratus 320

Brüssel
Tucheinkäufe 31. 100. 127. 145. 162. 300. 467. 496. 587. 624. 774
Scharlachseide 101. 670. 675

de Buco, Petrus notarius curie marescalli 809

Bueti, Stephan 341

Buffeti, Petrus de Ruppella mercator 810

de Bufonos, Helias und Heliatus serv. arm. pape 53. 185. 261. 275. 310. 317. 359. 372. 403. 419, 26. 426. 437. 444. 447. 455. 463. 487, 23. 499. 506. 533. 540. 548. 549. 599. 615, 64. 626. 654, 49. 673. 674. 685. 689. 719. 758, 67. 784

de Bulbone, Wilhelm 69

de Burbone, Berengar miles 359
— Gaufried domicellus de Berbentana 261

Burdegalen. civitas (Bordeaux) 608. 698. 699. 703. 746
archiep[us] 746. 320 (Amanevus)

nuntius Apost. 23
collector Ap. 543. 585. 799
Provincia, nuntius Apost. 136
Fischeinkäufe 543. 643. 666. 713. 769
collector 607
Tucheinkäufe 715. 716. 738. 743

Burgensis, Guillelm. (scriptor) 256

de Burgio capitaneus 648

de Burgo, Iohann panetarius pape 788 (1361). 816

lo Burgonho, Iohann cursor et sartor pape 816

de Burgonia, Robert penit. pape 654

Burgum s. Andrioli (Bourg Saint Andréol)
Brennholz-Einkäufe 223
Weineinkäufe 29

Burgundi, Iohann vayletus palafren. pape 487

Burgund
Herzog 58. 139. 197. 271. 262. 263. 358
marescallus 569
regina 761
Getreideeinkäufe 267. 328. 333. 441. 489. 531. 558. 580. 581. 616. 656. 706. 760. 761. 794. 810. 818
Haferlieferungen 28. 465. 580. 621. 707
Fischeinkäufe 79. 123. 209. 240. 271. 444. 531. 585. 620. 666
Gewebeeinkäufe 189. 587. 588. 668. 672. 716. 770. 774. 775
Metallwaren 347
Weineinkäufe s. Beaune, s. Porciani u. a. 396. 467. 583. 764. 765
Holzeinkäufe 823

Burgundionis, Gaufried fusterius de Carpent. 594
— Guillelmus ligator librorum 505. 637. 689. 731
— Iakob calcernerius 164. 219
— Petrus merc. de Flor. soc. de Albertis Novis 525. 555
— Raimund serrator 104. 105. 131

de Buron, Garinus Geben. dioc. mercator tele 243

de Busseria, Arnald palafren. pape 794, 4 s. Boysiere

de Bussi, Iohann serv. arm. pape 487, 61

de Buxeria, Guillelm. Avin. 583

Buxonis s. Boyso

C.

Cabade, Iohann capellanus b. Marie de Fenolheto 136
Cabalitanus, Bisonus pictor 253
Cabanerii, Bernard ambaxator et procurator regis Aragonum 611
— Iakob cursor pape 376. 537, 31 (1353) usserius porte ferri 597. 685. 726
de Cabanis, Raymundus domicellus et scutifer pape 642. 753. 819. 614. 653. 684, 21. 756. 793
— Stephan 41 iudex crim. 24
de Chabano, Raymund 790
Chabaudi, Raimund frigidarius 83. 105. 131. 221
Chaber Buas de Verago dioc. Gracionop. Kohlenhändler 412
de Cabesaco, Guillelm. serv. arm. pape 25 (1335). 275. 361. 383 (de Calsaco)
Cabilon s. Châlon
Cabra, Peter s. Capra
de Cabreriis, comes 576
de Cabrespina, Almeracius, can. Ilerd. 286
de Cabrispino, Iohann dr. decr., can. Narbon. 812
Cadarossa, Hafereinkäufe 62. 78. 668
Cadesquinus, manescallus pape 363
Cadix, Gewebe von 49
Cadomum, Webereien 214. 336
de Cayrasco, prior capell. pape 24 (1335)
Caysseti, fr. Iohann prior Predicatorum Avin. 198
la Calada alias Maffadi, Iohann pistor Panhote 491. 530. 551. 552. 580. 616. 657. 706
Calais 387
de la Calana, Raymund serv. arm. pape 615
de Chalancon, domina 700. baro 682
Calatraven. ordo 321
de Calen, Bertrand serv. arm. pape 68
de Kalende, Bertrand serv. arm. pape 25 (1335)
de Chalenis, Ibland caretarius 413
Calheti, Lorinus serv. arm. pape 537, 19 (1353) s. Laurinus
de Callio, fr. Bonaventura 87
de Calma, Guido 198
Châlon (Cabilon) (in Burgund) ep^{us} 795 parochia s. Iohannis 490

castellanus 583
Getreideeinkäufe 24. 205. 267. 292. 327. 328. 489. 490. 581. 621. 656. 760. 762
Weinverfrachtung 142. 207. 208. 293. 366. 396. 532. 583. 662. 796
Tuchverfrachtung 128. 445
Tuchmärkte 401. 497. 552. 624
Linneneinkäufe 300. 588 (große Märkte)
Fischeinkäufe 332. 665. 666
conventus s. Marcelli 665
de Calsaco, Guillelm. serviens arm. 383 s. de Cabesaco
Chalterii, Iohann cursor pape 392 († 1348)
de Chalus, Hugo serv. arm. pape 615, 34
— Rotbert serv. arm. pape 615, 33
Calvarie, Bartholomeus Bildhauer in Holz 503
Calvi, Petrus nuntius 643
de Chamaraco, Raymund, ep. Rigen. 224
de s. Chamasio, Laurentius miles dioc. Sarlaten. 643
de Cambalo, Gerald penit. pape 419 (1349). 614. 654. 757. 793
Cambaruti, Stephan Aldebrandi päpstlicher Thesaurar 192. 318 (1342—47), dann Kamerar 378 (1348). 417. 613 (ep. Tholosan.) 725. 789
de Cambello, Coumpanus cler. capelle pape 26 (1335)
Chambéry (Savoyen) 91
Chambert, Raimund dioc. Graciopolitan. (Kohlenhändler) 382 (412?)
de Cambiaco B. archid. Lumbariensis in ecclesia Albien. 59
Cambilon. pedagium 764
de Chambonio s. de Combornio
Cambota, Bartholom.
— Ferreria uxor 538. 598. 686
Chamer, Hugo de s. Porciano 492
Cameracen. (Cambrai) ep^{us} 608
de Cameraco, Bernard lapiscida 503
de Cameraco und Chamayraco, Iordan serv. arm. pape 597 (1355). 615, 27. 654, 30. 758, 53. 793 (usserius)
de Camerino, Tolucius oder Colucius cursor pape 25 (1335). 364 († 1348)
Chamgun, Guillelm. 240
Camini, Petrus 55

de Camiraco, Flamingus miles Noviomen. dioc. 702
de Camodea, d. Dapho, familiaris d. Aycardi archiep[i] Mediolan., 57
de Campana, Fredericus cursor mercatorum Avin. 571
de Champanhaco, Petrus 458
Campania (Champagne) Linnen-Einkäufe 49
de Campania, Guillelm. serv. arm. pape 794, 26
de Campanhaco, Petrus scriptor pape 204. 265. 437. 746
Campanie et Marittime rector 458 (1351)
— Rektor: Napoleon de Tibertis
— Thesaurar: Arnulf Marcellini
Campeline, Iohann serv. arm. pape 794, 36
de Champellis, Isabella 689
de Champiers, Gerald ostiarius prime porte 203. 233 (1343). 289. 324. 360. 389. 418. 439. 485
— Rigald domicellus pape 462 (1351). 485
de Campinhaco, P. procurator fiscalis pape 758 (1360)
Champion, Guillelm. coquus pape 528 (1353). 578 (1354). 615. 653. 756
Campion, Rotbert 445
de Campis, Dominicus 359
— Priorat s. Martin 607
de Campocassio, Dominicus can. Ianuen. 761. 762 (collector Januen.) 809
de Chamugni, Guillelm. 293. 296
lo Camus, Hugo dictus Trobat coquus elemosine 357 († 1347)
lo Camus oder de Caunis, Iohann capell. intrins. 203. 234
Canalis, Sanxius dr. decr. auditor Ademari cardin. s. Anastasie 204
de Canaula, Bertrand de Paternis ferraterius 307. 347. 376. 379. 381
de Canavallis, Bertrand, faber de Paris 166
de Candalhicis portus 582
Chandelerii, Philibert de Cabilone 621
Canelle, B. cler. Narbonen. dioc. 65
de Channaco, Guillelm. domicellus pape 234. 485
    magister marescalle 259 (1344). 290. 268. 283. 297. 298. 318. 324. 333. 334.
355. 358. frater Bertrandi 361. 363. 379. 385. 415. 420. 424. 425. 435. 437. 439. 441. 456. 459. 465. 477. 480 (1352). 489. 495. 500. clericus camere 611. 663. 710
— Bertrand cler. camere 284. 358. 363. 377
de Cannhaco, Iohann serv. arm. pape 25 (1335)
Canelle, Bernardus cler. Narbon. dioc. 82
de Canonibus societ. merc. de Florencia 381. 411
Canonis de Canonibus, Bernard, mercator 381. 411
Chanort s. Chavorz
Canortonus serv. arm. pape 361 (1347)
de Chantagrella, Iohann trahens campanam 806
de Cantate s. Caritate
la Chante, Iohann serv. arm. pape 615
Canti, Chornax serv. arm. pape 615, 68
de Cantinave, Christian vitriarius Avin. 563 s. Christianus
de Capdeferro, Iohann scutif. pape 27 (1335). 44. 61. 120. 159
de Capdenaco N. 188
Capelerii, Iohann lapiscida Avin. 66
— Petrus 82 s. Folcoaudi
— Bertrandus 307. 345. 594. 629. 679 (lathomus, massonerius, lapiscida, peyrerius) 690. 722. 741
la Chapelia, Dinand domicellus Guidonis de Podiovallis, domicelli et scutiferi pape 733
de Capite Stagno, Folcrandus Macre serviens maresc. pape 112
de Capra, Petrus cler. et servitor elemosine Pinhote 284. 295. 327. 333. 365
de Capreriis castrum in Provence 726
Capuanus aep[us] Vesianus (Ord. Min.) 458. 572. 701
Capue, Isoardus Iohanniter-Prior 232
Chapus, Raymund 633
de Caraygas, Gerald mercator de Montepessulano 375
Carari, Hugo mercator 704
Charbonelli, Petrus presb. servitor elemosine 389 († 1348)
Carcasson. (Carcassone) ep[us] 398. 549. 591. 600. 608. 609. 627. 628. 643 (Gaufridus). 803. 804 (cardinalis). 814 (Stephan)

Carcassonne (Aude) Tuche 30. 499
Cardarii, Gavaldus comitis 189
Cardis tabernarius 492
de Cardona, Wilhelm nepos pape († 1340) 128
Chardoni, Iohann massonerius Avin. 546
Carducci, Meus mercator soc. Azayal. 57
Carelerii, Symon de Ianua 634
Carencionis, Gozus merc. de Lucca 436
de Careria, mag. Geraldus pape scriptor 71
de Carreria und Scarparia, auch de Giers, de Cursoribus und de Corriere, Petrus mercator et magister cursorum mercatorum Avin. 568 (1355). 569. 570. 572. 605. 607. 608. 609. 643. 644. 645. 647. 682. 696. 699. 701. 761
de Cario, Iohann iudex curie marescalli s. de Carro
de Cario, Obertus Tartarorum ambaxator 114
de Caritate und Cantate, Iohann coquus pape 420 (1349). 461. 485. 536
Cariti, Bertrand commissarius pape 116 (1340)
Carl IV. 92 (filius regis Bohemie beim Papste 1339). 285. 320. 608
— Gesandte an den Papst 642 (comes Alemannie) 747
— päpstliche Boten an den Kaiser 569. 700
Carle, Geraldus aus Nîmes, Kerzenhändler 305
Carlinus de Cremona advocatus fisci 27 (1335). 77. 121. 204
Carmelista (Karmeliter) fr. Iakob 216
Carmeliter-Mönche
  fr. Iakob
  Isarni, Petrus
  Miterti, Bonetus
  de Pulcra Sede, Martin
  Raybaudi, Petrus
  Ricardi, Iohann
  Thome, Petrus
  de Treuga, Arnald
de Carminhano, Pontius tabernarius 186
de Carnaco, Stephan, pistor curie Rom., 45. 46. 61. 205. 236. 267. 365. 366
Carnoten. (Chartres, Eure et Loir), dioc. 39
— Stadt 107
Carnotensis (v. Chartres) cardinalis 225$_1$. 285. 358

Caroccii, Bartholomeus (mercator) 436. 555. 648. 649. 650
Caroli, Vitalis presb. Burdegalen. 745
Caromanni vicecomes 437
— cardinalis 492
Carpentoratum (Carpentras)
  clavarius 561. 761. 798
  Getreidemühlen 680
  Mandeleinkäufe 15. 33
  Schweineeinkäufe 96. 209. 239. 271. 296. 332. 398. 423. 466. 584. 620. 666. 714. 799
Carpentras, Pergamenteinkäufe 108. 133. 134
Charpilh, Stephan 407
Charpinus serrator 593
v. Charran, Bischof an der Kurie 22
Carreti, Dionys frigidarius 218
de Carro und Cario, Iohann iudex curie marescalli iustitie 789. 809
Carthäuser
  Generalkapitel 624 (1356). 815 (1362)
  Kloster: de Flassanis, de Glanderio, Mortuum Mare, Vallis Bona, Villeneuve des Avignon.
  Mönche: de Belloforti, Gerald Iohannis, Petrus de Portu, Petrus
Carthäuser-Kloster in Villeneuve bei Avignon, von Innoc. VI. gegründet 613. 623. 632. 642. 668
de Chartres, Poncius 604
de Casa, Berengar domicellus 188
Casa Dei, Benediktiner-Kloster ChaiseDieu in der Auvergne (Haute-Loire) 198. 228 (Abt). 262 (von Klemens VI. dort Kirche erbaut). 357 (Procurator). 388. 418. 438. 467. 475 (s. Rotberti). 484. 522
de Casalis u. Casalibus, Iohann factor natarum 304. 383
de Casamonte, Bernard s. Casamontibus
de Casamontibus, Bernard, custos leonisse 235. 240. (257). 271. 297. 300. 325. 332. 362. 369 († 1358)
de Casanova, Wilhelm 79
Caseti, Petrus lapiscida 376
de Caslucerno alias de Bailh und Balh, Robert custos 4. porte 201 (1342). 233. 289. 324. 360. 419. 439. 460. 461. 485. 486, 8. 597. 654, 16. 755. 793
— Hugo serv. arm. 654, 17

de Caslucio, fr. Albertus prior 269. 293
— Petrus miles 702
de Cassa, Petrus ambaxator Tartarorum imperatoris 114
Cassalinus nuntius 609. 643
Cassata, Iohann Burgundischer Weinhändler 208
Casseti, Michael 189
Cassinensis (Monte Cassino) ep^{us} 245.321
de Castanhaco, Iohann scutif. pape 27 (1335). 43. 61. 119. 159
— Petrus scutifer pape 27 (1335). 43. 60 (magister ostiarius). 68. 77. 93. 118. 158
de Castanea, Gerard 423. 531. 542 (clericus coquine pape). 713. 798 (scriptor coquine)
— Hugo can. Biturricen. 241
de Castaneto, Wilhelm, can. Anicien. 53
de Castella, Ferrando 258
Castellani, Raymund ortolanus hospicii pape 235 (1343). 266
Castellanus (Castello bei Venedig), episcopus Iakobus 92. 110. 113. 138. 139
Castelli, Paulus 397
de Castello, (Venetianisch) Bischof, (Iakob Alberti) 92. 110. 113
de Castello (Cocello, de la Rocha, Dusselo) Aymericus 201. 233 (ostiarius pape)
— Lucas penitent. pape 24 (1335)
— Castrobono und Castellani, Ponsetus serviens arm. pape 362. 386. 419. 487, 56. 537, 15. 597, 19. 654, 33. 758, 30
de Castellione, Gaucerand domic. pape 462. 485
Castilien 321
— König von 57. 75. 92. 115. (Sieg über die Sarazenen). 138 (sendet dem Papst gefangene Sarazenen). 139 (desgl. ein Pferd). 229. 232. 746
   s. Gesandter 153
   Königin Blanca 571. 576. 606. 746
   Pferdeeinkäufe 297
   Collector. Apost. 571. 645. 810
   ferner s. de Bona, Iohannes Martini; de s. Clemente, Iohann; de Landiavilla, Iohann; Oynel, Iohann; de Ricomer, Nikolaus; Tynel, Iohann
de Castilhone, Guillelm. miles 89
— Iohann 663
de Castilhono, Petrus frigidarius 164. 221

de Castilhone super Lupam, Stephan (in Rom) 23
Castilionum Arretinum 749
de Castonea, Geraldus 398
Castol, Avinion. de Insula 308. 309
Castri, Accolard 445
Castriboni vicecomes 157
de Castrobono s. de Castello
de Castronovo, Andibert miles 789
— Bertrand scutif. pape 27 (1335). 43. 61. 78. 109. 120. 159
— Raynald 61 (1337)
— Biscarelli 132
— fr. Garinus, Prior der Iohanniter in Navarra und Ordensprokurator an der Kurie 263. 264. 322. 323. 333
— Iohann can. Trecensis, collector Remen. 647. 669
de Castro Plebis, Andreas curs. pape 25 (1335)
— Vilhari, Bertrand, custos carceris curie 788
de Castris, Bernard domic. Lemov. dioc. marescallus Romandiole 609
— Petrus pictor 253
Castrum Avisani (Veneyssin) 157
Castrum Novum (Chateau-neuf bei Avignon) 112. 693. 711. 726. 766. 796. 811
Castrum Paverii in Burgund 796
Castrum Reynardi (Chateau Renard) 560. 584 (Weine). 617
Castrum de Ruppeforti (Wein) 796
Catayensis vicaria iuxta Tartaros 75
Catalani 37
Cathalani, Anton scutif. pape 27 (1335). 43. 61. 78. 119. 159
Catalani, Guillelmus nepos pape 138 († 1341)
Cathalani, Guillelmus palafr. pape 298 (saumaterius). 390. 420. 487. 615. 655. 757. 794
Catalani, Ienso s. de Catalauno
de Catalauno, Iessinus u. Iensonus de s. Marco sarralherius 482. 563. 592. 602. 627
— Ludovica uxor 627. 629
Cathalaunum (Châlons s. Marne) 251 (kupferne Kessel) Tuche 80
Catalonia, Strohmatten aus 36. Palmen 460. Granatfrüchte 722

Chatardi, Petrus cursor pape 524. 598. 685
Chatardus (cursor) s. Chatardi
Chatbertus candelerius 590
de Cathena, Haymon Iudeus (Buchbinder) 316. 352
Cathenarii, Iohann habitator Avin.600
Chati, Bernard miles Lemov. dioc. 752
— Aymericus cantor s. Martini Turon., thesaurarius generalis pape in partibus Italie (seit 1358) 704 (electusVulterran.). 748. 791. 811 (ep^{us} Bonon.)
Catholica, Guillelmus 165
Catorze, Minoriten in 58
Caturcensis (Catorze) 410
— senescallus 438. 455
de Caturco can. Xancton., Guido 746
de Catussio, Arnaldus domicellus et surgicus beim Papste 113
de Caulhaco, Robert mercator Montispess. 369
de Chaulhageto, Stephanus, capellan. intrins. 205. 265. magister capelle pape 445. 454 (1351 Febr.)
Chauleti, Petrus ferraterius 379. 383. 429. 435 (magister ferraturarum palacii pape). 450. 456. 480. 553. 592 (faber et sarralherius)
Caune, Tucheinkäufe 48
de Caunis (lo Camus), Iohann capell. intrins. 203. 234
— Petrus scriptor pape 90. 152
Chausela (Burgund) Weineinkäufe 368
Chausier, Raymund 396
de Causinis und Casannus, Giraud serv. arm. pape 361 (1347). 461, 35
— Raymund (de la Caussina)
Chautardi, Iohann de Insula Lemov. dioc. 392
— Petrus custos sigilli curie auditoris camere 392 († 1348)
Cavalerii, Helias prior de Pernis 605
— d. Rostagnus miles Avin. 69
— — domic. Avin. 538. 598. 686
— Iohann et Rostagn. 69
— Iohann domic. Avin. 538. 598
— Wilhelm 69
de Cavalga, Bernard scutif. pape 27 (1335). 43. 61. 78. 119
Cavalli, Peter 107
Cavalier, Petrus 377
Cavallionis, Bertrand presbiter 397

Cavalhon (Cavaillon Dép. Vaucluse) Heueinkäufe 238. 299. 334
ep^{us} Philipp 646. 696 (in Metz). 698. 700
de Cavanhaco s. Cannhaco
Chavant, Ianotus 681
Chavena, Ancelinus can. Gebenn., magister hospitii Hugonis de Gebenna militis 745
de Chaverinno, Chicus merc. curie Rom. 79
Chavetel, Guillelm. 666
de Cavilhaco, Raymund cardinalis 694
Chavortz (Chagny bei Beaune) 293. 366. 764 (Chanort). 765
Cebra, Guillelmus serv. arm. pape 361
de Cheyssione oder Theyssione, Bertrandus capellanus ep^i Convenarum 569.570
Cellarii, Iohannes notarius procuratoris fisc. camere 761. 789
Cellerii, Sifred can. Biterrensis magister conductus aque 502. 504
de Chemeres, Petrus 583
de Chemhi, Gaufried 539
Chemuhi s. Chungay
Cenetensis (Ceneda) ep^{us} Gasbertus 417
Chenigni, Guillelm. custos Pontis Avin. 270
de Cerdona, Anton de Feria 51
— (Cardona), Iaquetus apothecarius 197 (1342)
— Petrinus apothecarius 197. 470 (speciarius)
vgl. auch Cardona
Cereni, fr. Iohann ord. Predic. 751
Kerlinus, Bote der Visconti 321
de Cernere, Petrus serv. arm. pape 362 (1347)
Cerini und Corini, Iohann pistor 530. 551. 552
Cerroni, Guillelmus domicellus 188
Cervia und Cierna 583. 708. 765
de Cesaraco und Cesseranto, Guillelm. scutif. pape 27 (1335). 43. 61. 290. 325 s. auch Seseraco
Cesaraugusta (Saragossa) 605
Cesaraugusten. (Saragossa) archiep. Petrus 286. 358. 359. 417. 452. 459. 522. 603 (Guillelm.)
Cesena 42. 646. 704. 749
Chibaut, Michael 297

Cibo, Bilanus und Babilanus de Ianua, merc. curie Rom. 51. 211
Chidrat, Bertrand
Cien. (Ceos) ep^{us} 359
de Chieras, Iohann serv. arm. pape 615, 58
Chieti, ep^{us} 76
la Chieza, Hugo cubicul. pape 817
de Cigalio, Gasbertus portator aque 27 (1335)
de Cigno, Henricus penitent. 235
de Chimino, Iohann 624
Cyole, palafr. pape 390
s. Ciperii, Hugo 469
Cypern 74. 321. 359. 370.
    rex 418
— ambaxatores 747
s. Cirici (Limousin) 651
Cisci oder Tisci, Andreas de Pistorio mercat. 610. 648
Kissamensis (Kisamos auf Kreta) ep^{us} Guillelmus 417
Cistaricensis 569
Cisterzienser-Orden
    Äbte beim Papste 21. 46. 77
    Nonnen von Cypern 74
    de Prato, Pontius
    Rigordi, fr. Iulianus
    de Rinopullo, fr. Guillelm.
    de Septimo, fr. Remigius
    de Terassina, fr. Petrus
    de Valbona, Raymundus abbas
de Civita, Blasius curs. pape 25 (1335)
de Civitate, Iohann serv. arm. pape 597
Clarentinorum societ. mercat. de Pistorio (Pistoja) 287
Clari, Michael mercator soc. Azayol 75
— mag. Petrus Maurermeister 33. 105. 218. 249
Clarini, Marcus merc. Florent. 417. 436
Clarmon, Hugo de Robione notarius 805
de s. Claro, Raymund serv. arm. pape 361. 419, 34. 461, 30 (1351). 487, 39. 537, 14. 597. 614. 654. 758
Claromontensis (Clermont-Ferrand, Puy de Dôme), ep^{us} 429 (1349). 452. 600 (1355). 612
— cardinalis 308. 360. 459
de Claromonte, dominus Ademarus 645
— Antonius miles 89
— Hugo naterius Avin. 785

Claudert, Nicolaus 699
de Claustra, Ioh. mercator fustarum 728
Clavarii, Andreas de Lucca Getreidehändler 95
Claverii, Aymericus pelliparius Ruthenen. 426
— Geraldus filius 426
la Cleda, Iohann 372
Klemens VI. (Petrus Rogerii de Malomonte) 151, 2. 167 ff. 169 ff.
    Grabmal 286
Clemens fusterius 792
de s. Clemente, Iohann capellanus regine Castelle 576 (746)
— Iohann presb. Baiocen. 746
Clementis, Raymund und Raymbaud, mercator Avin. 16. 29. 30. 48. 99. 101. 128
Clerensot, Geraldus 240
Clermont-Ferrand Tuchmärkte 30. 63. 99. 497
— Generalkapitel der Carmeliten 577 (1355)
— Subcollector 657
s. ferner Claromonten.
Clermont (Clarusmons), Weinverfrachtung 208
Cloucester, Tuche von 801
Clugny, Abt von (apost. Legat in Italien) 605. 609. 641 (scil. Androinus). 642. 643. 644. 645. 647. 696. 699. 701. 704. 745 (in England)
de Clusa, abbatia 459
— monast. s. Michaelis 483
de Clusello, Hugo portitor fresquarie 258
de Coaraza, d. Petrus presb. captivus 71
Cocaroni, Petrus serviens maresc. pape 112
de Cocello, Aymericus custos 4. porte 201 (1342) s. Castello
Cocho, Daniel (mercator) 574
del Codere, Guillelm. 665
de Codoleto, domina Garcenda 128
Coycic, Guillelm. de Novis 617
Coimbra 427 (Rosinen von)
de Coiordano, Iohann. can. Biterren. capellanus pape 24; ep. Avin., thesaur. pape 67. 73. 153. 197
— Petrus scutif. pape 27 (1335) 44. 61
— d. Raymundus, panat. 15. 26 (1335). 37. 44. 55. 61. 120. 135. 155. 159
de Coyren, Gungenus 596

Coytre, Guillelm. de Novis 663
Cola di Rienze 483. 489. 525 (tribunus) 526
Colays, Iohann cursor pape 598, 51 (1355)
Colan, Odo (Weber) 402
de Colello, Anton clericus collegii cardin. 387. 363 (can. Barchin.)
Coleta, capellanus capelle pape 26 (1335)
lo Colier, Colinus 727
Colinetus, clericus cap. intrins. 203. 234. 265
de Collea[l]to, Gentilis capellanus pape 24 (1335)
Colocestre (Gloucester), Tuche von 738
de Colongis, Iohann domicellus Engolismen. dioc. 646. 809
Colonia, St. Aposteln 231
Colonien. (Köln) archiep. 556. 572
Colonen. ep^{us} 452
de Colonia, Arnold domicellus et magister hostiarius pape 596 (1355). 614. 654. 684
de Columberio, Raimund burgensis Avin. 260. 319
Columpna 583. 764
de Columpna, Lellus custos secunde porte 201 (1342). 418
— Roncel 666
— (Colonna), d. Stephanus erhält goldne Rose 73. 76
— cardinalis 76
Comarci, Arnaldus scutifer pape 27 (1335). 43. 60. 78. 93 (custos secunde porte). 118. 158. 201. 324. 360 (tertie porte)
Combarelli, I. cursor pape 477. 598, 45
de Combis, Astorgius familiaris elemosine 442. 490 (provisor Panhote). 540. 553. 560. 588. 617. 623
— Iohannes 457
— Stephan porterius prime porte 530 (1353). 537, 4. 597, 15. 614. 656. 705. 760
de Combornio, dominus 230. 234. 254. 257. 262. 576
— castrum 523
— Archimbaudus domicellus 235 (1343). 420. 462 vicecomes 524. 614. 701. 756
— Guischard miles 526. 568. 576. 651. 654. 684, 17. 752. 753. 204 (1342)
— Guido, archidiac. Vallispini in eccl. Elnen., subdiaconus pape 204 (1342). 235. 245. 651
Comes (Weinort) s. Comps

Comitis, Albert. s. le Compte
— Nicolaus societ. Vanni Ser Arloti 525. 555. 609. 649
Comolacii, Bremundus s. Bremundus
Comolascii, Guillelm. notarius 409
de Comportis, Albert de Mutina 256
Comps (Comes) 141. 207. 340. 540. 581. 619. 659. 709. 711. 766. 796
le Compte, Aubertin pistor 191. 205. 236. 267. 325
Comtessoni s. Cortessoni
de la Comtille, Iohann 445
Condamini, Iohannes cordoanarius Avin. et sabaterius pape 548. 589. 623. 671
Condomiensis (Condom, Gers) ep^{us} 698. 699
Confortunus s. de Placentia
de Conginis, Quiricus palafr. pape 655 (1357)
Conradi, de Iorio und de Iovis, Leo usserius 612. 684 (domicellus usserius). 574. 575. 596 (1355). 653. 654. 749. 793. 811
Conseranen. (St. Lizier) Iohannes de Rochechouart 695
Consilii, Iohann serv. arm. pape 362 (1347). 419, 15
de Consilio, Iohann s. Consilii
de Constantia, fr. Iohann procur. ord. Predic. 754. 790
Constantini, Petrus 287. 494
Konstantinopel 91. 138. 198. 417
— Kaiser 232. 359
— Patriarch beim Papste 77. 257 (Henricus de Ast). 263. 264 († 1345)
— Gesandte beim Papst 229. 232 (genannt)
— Verhandlungen kirchenpolitischer Art 417
Constanz a. Bodensee 751
de Cont, Giraudus domic. Lem. dioc. 524
de Contaminis, Raynald 494
Convenarum comes 114. 158. 244. 789
— comitissa 436
Convenarum (Comminges, St. Bertrand, Haute-Garonne) ep^{us} 535. 563. 569. 570. 745 (Bertrandus)
de Convenis, Guillelm. cler. intrins. pape 26 (1335). 44. 60. 94. 120. 159
de Convenis (Canvenis), Rogerius 22

Coqui, Iacobus mercat. de Veneciis 611. 648. 650
— mag. Iohann serv. arm. pape 487, 51
— cursor mercatorum 387
Coperii, Bertrand 307
Corbati, Hugo custos artilharie 77. 145. 159 (domic. pape). 223 (1343). 234. 265. 289. 324. 363
Corbenco s. Arbenco
Cordelerii, Michalet palafren. pape 757
Corderii, Stephan (corderius) 257
lo Cordier, Andreas 728
— Hugo 728
de Cordona, Terdona, Tortona, Cardona, Cartona, Franz, serv. arm. et ypothecarius pape 33. 40. 65. 103. 113. 128. 130. 147. 163. (197 Söhne)
Corelli, Huguetus de Valentia 210
de Corfano, Chiccus domic. pape 120 (1340)
Corimbria, Trauben von 474
de Cornelio, Guillelm. can. Albien. 395
— Petrus domic. pape 202 (1342). 234. 290. 325. 362. 420. 486
Corneto im Patrimonium 571
de Cornillo, Bertrand 231. 239
de Cornu, Petrus 451
Cornuti, Hugo de Martigniacho, Thesaurar des Patrimoniums 39
Cornwall, Merluzii 543. 585
Coronen. (Coron in Griechenland) electus Iohannes 321. 323
de Corp, Guillermus messagerius ep[i] Cavallic. (in Metz) 696
Corregerii, Wilhelm 84
di Correggio, Asso dominus 92
de Correria s. Carreria
de Corriere s. Carreria
Corsica, Getreide-Einkäufe 761
de Cortapetra, Petrus cursor pape 598, 28
Cortessoni, Iakob 83. 308
Corti, Nicolaus de Florentia 288
de Cortilhis und Cornil, Petrus usserius (ostiarius) pape 528 (1353). 530. 578. 585. 596. 614. 620. 654. 684. 685. 732. 755
Cortoys, d. Iohannes can. Ambian., scriptor pape 64. 99. 100. 127. 144. 145. 161. 162. 190 (1336—42), (dann Gewandmeister) 193. 204. 210. 211. 212. 241. 272. 300. 301. 335. 337. 338. 370. 399. 404

de s. Cosma, Guillelm. de Cabilone 621
de Cosnaco, Bertrand prior Bruse oder Brive, thesaurar. 320. 329. 336 (ep. Lomberien.). 344. 358. 364. 378. 563 (ep. Convenarum)
Cossart, Raoulin (capell. intrins.) 234. 265
Cosserii, Raymund 307
Costel, Iohann (Koch) 202 (1342)
Cotarelli, Berengar marescallus curie Rom. (vor 1340) 113. 225
Chote, Fulco curs. pape 26 (1335)
Cotelherii, Petrus pelliserius de Perpinhano 146
Coterii, Bertrand 311. 343
Coteti, Guillelm. miles Lemon. dioc. 752
— Cator mater Stephani Alberti nepotis pape 752
Chouleti s. Chauleti
de Chourariis, Bartholomeus 418
Coutray, Tuchweberei 402
Cozeranen. (Couserans, St. Lizier, Arriège, arr. St. Girons) electus 700
de Cracovia (Krakau) fr. Stanislaus penitent. pape 24 (1335)
Crapona, Käse 763
Crasemene, Guillelmus clericus 606
Crassen. (Grasse, Suffr. von Embrun) civitas 21 ep. s. Petrus
Cremanens und Cremonensis, Constantius miles, amabassator regis Armenorum 437. 459
de Cremona, Carlinus iudex appellationum de terris Ecclesie 44 (1336)
de Cremuciis, Petrus virgerius s. Andree et Ville Nove 198
Crenga und Trenca, fr. Arnaldus procur. gen. ord. Carmel. 703 s. Treuga
de Creri, Iakob serv. arm. pape 615, 60 (1356)
de Crespino, Odinus, candelerius Auin. 32. 33
Crestoma, fr. Gonsalvus ord. Min. bei den Tartaren 75
Crestonus Choem Iudeus mercator Avin. 656
de Creti, Guillelm. 795
de Crilhone, Raimund s. Crisilhone
a Crisilhone und Crilione, Raimund 83. 131. 219. 252. 307. 344. 376. 431
Christiani, Iohann cler. Pictaven. dioc. 752

Christianus, distributor liter. Apost. 235 (1343)
— de Cantinave, factor vitrearum 308. 348. 430. 563. 592
Christofori, Iohann de Lucca, mercator seu campsor Avin. 726
Chrivertz (?) 208
de Crizilhone, Raymund 431 s. Crisilhone
de Croisilhone, Raymund s. Crisilhone
Croppikin, Iohann vom Bistum Münster, Schwärmer 76
Croseti, Hugo ord. Pred. 91
de Crosilhon, Guilhotus pistor Avin. 267
Crossiensis (Creysse, arr. Gourdon, Lot?) abbas 561
de Crozo, Hugo miles 438
de Cruce, Guillelm. buticularius pape 529 (1353). 532. 545. 567. 582. 602. 618. 652. 658. 663. 664. 667. 765. 816
— Petrus familiaris buticularie 567. 581. 599. 618. 619. 632. 639. 641. 658. 660. 692. 709. 712. 742. 785. 788. 795. 796. 798
Crulhacum (Limousin) 651
de Crusello, Guillelmus serv. arm. pape 361 (1347)
de Cuceyo, Bernard de Sorregio Bisuntin, dioc., Getreidehändler 326
de Cucurno und Cutarno, Philipp scutif. pape 27 (1335). 43. 61. 119. 159
Cuelha s. Guelha
de Cuibat, Rotger serv. arm. pape 361
de Cumbis und Combis, Astorgius clavarius s. Remigii 663. 767
Chungay und Chemuhi, Guillelm. custos pontis Avin. 476. 637
de Cura (Cenoman. dioc.) Matheus lapicida 781
— Stephan lapicida 781
Curri s. Curti
de Cursonio, Guillelm. decanus ecclesie Valentin. 813
de Cursono s. Cusorno
de Cursoribus, Petrus s. de Carreria
Curti, Gaufridus de s. Paulo cursor pape 575
— Ludovicus custos operariorum 218
Curti und Curri, Raimund scutif. pape 45 (1336). 61. 119. 159
Curthonen. comes 41
de Cusena, Arnaldus marescallus iustitie curie Rom. 28 (1335) s. de Auseria

de Cusorno und Cuzarno, Cursono, Raterius und Rainerius scutif. pape 27 (1335). 44. 61. 159. 202. 290. 325. 362. 390. 420. 440. 462. 485. 536
de Cutarno s. Cucurno

D.

Dandenau, Ranulf marescallus regis Francie 814
Dalboy, Gilbert serv. arm. regis Francie 209
Daberti, Iohann s. Alberti
de Dacia, Petrus penitentiarius 191 s. auch Aln
de Dacia (*Dänemark*), Sifredus penit. pape 360 (1347). 391. 419 (aus Lincoping)
Dachieres, Iohann cambrerius pape 302. 348 (1346). 374. 498. 499. 500
Dacra, Guillelm. de Uzès 726
Dagier, Petrus de Insula 219
Daynet, Domec und Deneti, Dominicus palafren. pape 390. 420. 487. 615. 655. 757 (de Met). 794
Dalbars, P. domicellus 230
Dalbiart, Iakob camerar. Helye cardin. 812
Dalboys s. Delboys
Dalboys, Girbertus domic. pape 234 (magister maresc.) s. Delboys
Dalboni, Iohann pictor 105. 154
Dalmasius s. Martini, Delmas
Dalmatii, Gabriel de Orgonio 307
Dalmatius venator s. Martini
Dalmatus Martini, venator 621. 732 s. Martini
Dalphinus Viennen. 58. 73. 85. 89. 92. 135. 199. 222. 260. 263. 284. 285. 314 (Scepter ihm geschenkt). 321. 359. 437. 441. 539. 571. 645. 697
— Alvernie 258
— Dalphina de Rupe 452
Dalsangles, Michael corretarius 562
Dalza, Iohann canonicus Anicien. 713
Damascus 370. 400. 445. 468 (Gewebe). 369 f. 471 (Rosenwasser)
Damginus lapiscida 503
Damiani, fr. Iacob operarius Augustinorum Avin. 438
Damiers, Iohann cursor 437
Dandirano s. de Andirano
Dänemark (Dacia) 812. 823 s. auch Dacia

54*

Danielis, Guillelmus serv. arm. pape 361 (1347). 419, 16. 461, 39. 487, 37. 537, 21. 597, 17. 615, 18. 654. 757
— Geraldus serv. arm. pape 793, 7
Danpini de Pinu, Dalphini, Petrus sarralherius pape 680. 723. 727. 739. 743. 781. 788. 803
— Iohann faber 727
Danreus, Bartholom. lizator librorum 599
de Danzenaco, dominus 417
— Margareta 452
Daren und Deyren, Guinabertus ostiar. pape 289. 324. 360. 389
Darlay s. de Arelate
Dassier, G. ioculator ducis Borgundie 197
Dat oder Dac, Iohann giperius 105. 164. 218. 219. 221
Daubiart, Laurentius phisicus pape 575. 759 (ep^{us} Vasionen.)
Daura, Iohann domic. pape 203 (1342). 234. 290. 325. 362
Daurel, Bartholomeus curator puteorum 376
Daurenga, Gaufridus cursor pape 569
Dauros, Ludovicus domic. de Avinione 538. 598. 686
Dausa 795
Davalartz, Petrus 197
David, Gaufridus 607. 608. 609. 648 (archidiac. Tirachie). 667
Davidis, Berengar cler. Ruthen. dioc. 823
— Iohann Bildhauer 451
— Reginald ostiar. 2. porte 527 (1353)
Davizi, Paul Gerardi civis Florent. 417
Debos s. de Bos
Decani, Bricius cler. Suession. dioc. scriptor 688. 731
Dechesse, Guichardotus de Saysello Holzhändler 150
de Decimaria, Iohann can. s. Ilarii Pictaven. 753
Degoing 711
de Deycio, Iakob dr. decr. canonicus b. Marie de Domps 483
Deyderii (Desiderii), Wilhelm Fuhrwerksbesitzer und Steinhändler 83. 106. 132. 150. 218. 219. 220. 253. 306. 307. 331. 345. 376
Deyren, Guinabert s. Daren
Delsbaus castrum 569

Delboys, Dalbois und Delbois (Dubois), Gibertus serv. arm. regis Francie, magister marescalle pape 193 (1342). 203. 205. 227. 231. 234. 237. 259 († 1344). 265. 267. 271
Delescarparia, Iohann 359
Deluernh, Iohann cubicularius pape 339. 372. 403
Demet, Dominicus s. Daynet
Den Gardis, Petrus 720 s. de Gardis
St. Denis (Lozère, arr. de Mende), Tuchwebereien 144. 399. 445. 552. 562
Dentis, Stephan capell. intrins. 44 (1336)
Deodati, Bertrand Avin. 261
— Bertranda 261 (mater)
— Guillelm. frater 261
de s. Deodato, Widericus servitor in officio scobe pape 759
Dertusen (Tortosa in Spanien) ep^{us} Iohann Fabri 642
Desderii, Inard precentor Gracensis päpstl. Nuntius in Lombardien 438
Deseri, Petrus hospes Avin. 358
Deside, Marcus serv. arm. pape 361 (1347)
Desiderii, Albertus 22
— Petrus Rheder 22
— (auch Geri und de Geyre, auch Desier), Petrus de Florentia magister cursorum mercatorum 287. 288. 321. 358. 386
— Wilhelm 83 s. Deyderii
de Deunos s. Dumo
Deutschland und Deutsche s. Alamannia
de Deux, Gaucelmus päpstl. Thesaurar 511. 787 (1361)
Diamantis, Petrus cler. intrins. 26 (1335). 34. 36. 44. 61. 28 (notarius pape). 120. 159
Diestra, Tuche von 552
Differueto s. d'Ifferneto
de Dignan alias Leuesque, Hugo 275. 353
de Dignant, Giraud 497
Dignensis (Digne, Suffragan von Embrun) ep^{us} 297 (Iohannes Piscis)
Dijon, Hafen 661. 662
Getreidehandel 327
Metalle 347
de Diiuno s. Dumo
de Dinha, Hugo 317. 383
Dinant, Tuche 399

Dini, Iohann de Senis 286
Dinis, Donatus mercator 550
s. Dionisii cardinalis 463
Dionisii, Evonus brodarius pape 528 (1353)
— Iohann 377
de Diran s. Andirano
Divion s. Dijon
Divitis, Petrus 708
Doada, Ademar familiaris elemosine 531. 663
de Doy, Iohann argenterius Rom. cur. sequ. 153
de Doma, Gerard 801
— Wilhelm 105
Domec s. Daynet
Dominici, Anton de Carpentorate 377
— de Salmona, Blasius palafrenarius 283. 297. 362. 390. 420. 487
— Franciscus giperius de Florencia 623. 631
— fr. Iohann penit. pape 24 (1335)
— — cursor mercatorum 698
— Marcus de Perugia, nuntius mercat. 644. 646. 696. 701
Dominikaner-Orden.
    General 91
    Generalprokuratoren 91. 137. 357. 484. 523. 651. 736. 815
    Generalkapitel 651 (Venedig). 703 (Straßburg). 736 (Prag). 754 (Perpignan). 790 (Rouen)
    Viele Dominikaner beim Papste 77 (1338). 91 (1339)
    Niederlassungen s. Avignon, Narbonne
    Einzelne Dominikaner:
      de Amarano, Petrus
      de Anseduna, Rostagnus
      Berengarii, Gerald
      Bernardi, Guillelm.
      Boneti, Nicolaus
      Boquerii, Raymund
      Caysseti, Iohann
      Cereni, Iohann
      de Constantia, Iohann
      Croseti, Hugo
      Feutrerii, Iohann
      de Foresto, Gerald
      Grossi, Guillelm.
      Guido

Guidonis, Arnald
de Isidoro, Hugo
Mathei, Iakob
Militis, Guillelm.
Nicolai, Bertrand
Peyrolerii, Iohann
Pinholi, Raymund
Stephan
Dominicus cursor s. de Lucarel
de Domperia, Domparia u. Dompetra, Thomas can. Tullen., custos domus † card. Neapoleonis (nunc domus pape) 225. 266. 282. 291. 317. 325. 353. 363. 365. 383
Dompetra s. Domperia
Donati, Alamanni societas mercat. de Veneciis 611
Donati, Lucas 726
de s. Donato, Guillelm. mercator Avin. 298. 425
Donsa, Franz merc. curie Rom. 101
Donzenacum dioc. Lemovicen., mon. ord. Min. 703. 736
de Donzenaco alias de Ventedoro, Gerh. domic. pape 202 (1342). 325. 362. 390. 420. 440. 486. 536 (†)
de Dorchia, Iohann mercat. de Lyon 365
Dornacum s. Tornacum
Dote, Iacomonus faber 636
Douai 388
de Drania, Dimitrius 138
Ducellus, Guillelm. domic. pape 202 (1342)
Duci, Iakob de Florencia habitator Avin. 478. 549
Dulle, Guillelm. 760
Dumencho, Poncius 397
Duniane s. Duriana
de **Dumo** (alias Boyso, Boyssorius, Buxonis, de Boyssono), Aymericus, serv. arm. pape 455. custos armorum pape 201. 233. 289. 324. 360. 381 (ostiarius pape). 389. 390. 392. 411. 418. 420. 429. 439. 440. 458. 460. 462. 485. 486. 506. 528. 536. 537, 11. 557: 593. 594. 597. 615. 628. 629. 635. 636 (magister artilharie palacii). 653. 654 (serv. arm.). 681. 726. 727. 750. 756. 758, 23
de Duracio, Robert 288. 523 (captivus in Ungaria)

de Duracio ducissa 386
Durandi alias dicto „de Vilario", Bertrand 84
— Guillelm. can. Parisien. 424
— Iohann decan. b. Marie de Villanova 200. 269. 295
— — capellanus intrins. 44
Durandus custos putei pape 364
Durglas, Iohann magister balistarius 750 (792)
Duriana, fr. Guillelmus monachus et procurator mon. Case Dei 357. 388. 418. 438. 484
de Duroforti, Astorgius domic. pape 234 (1343). 290. 325. 460. 462 (miles, 1352). 488

E.

Ebredunen. (Embrun.) aep^{us} 92. 184. 281 (cardinalis). 333. 358. 359. 444. 809
Ebrerii, Iohann famulus 809
Echannaco s. Channaco
Eduensis (Autun, Saône et Loire), ep^{us} 263
— cardinalis 242. 249
s. Egidii (St. Giles) Fischeinkäufe 444
Weinverfrachtung 582. 660. 661. 710. 798
Egidii, Anton 406
de s. Egidio, Antonius Rheder 22
Egidius cardinalis ep^{us} Sabin. s. Albornoz
Egitannen, (Idaña, Lusitanien) ep^{us} 812
Eguerii und Eguezerii, Petrus Rheder 22
— Rostagnus 2
Elnen. (Elne, Suffr. von Narbonne), ep^{us} 452. 710 (Raymund)
Emanuel referendarius 483
Emerii, Guillelm. serv. arm. pape 655, 62
Emici, Bartholomeus 610 (soc. merc.)
Emposte castellum (Provence) 726. 728. 812. 813
Empuriarum comes beim Papste 92
Emurten. (Città Nova in Istrien) ep^{us} 573
Engilberti, fr. Iohann ord. Cisterc. cubicularius oder cambrerius pape 26. 54. 60. 70. 71. 85. 94. 99. 113. 132. 134. 151. 163. 165. 201. 211. 235. 356 (penitentiarius pape 1347). 360. 391. 419. 486
— P. penitent. 235

England
König 22. 58. 113. 198. 199. 387. 698. 745
— Gesandte des Königs beim Papst 232. 589
— päpstl. Boten 458. 644. 645. 646. 745. 809
— Cornwalles, merlucii von dort 543
— Anglicorum exercitus in Flandern 746
— collector Apost. 789
— Anglici seu piradi 796
Verhältnis zwischen Franzosen und Engländern 199. 572. 745 (Friedensvertrag)
Engolismen. (Angoulême, Charente), dioc. 612
de Engolisma, Bertrand domicellus Caturcen. dioc. 608. 751. 810
de Enzeyra, Bertrand 317
Epeda 648
de Erbelli, Bernard regestrator pape 461. 485
Ermentum castrum 416
de Erna, Matheus massonerius 740
— Stephan massonerius 740
Eschamel s. Leschemel
Esclopdi, Stephan 407
de Escossaco, Scossaco, Cossaco, Estassaco, Bernard custos vaisselle argentee 203 (1342). 205. 224. 225. 234. 235. 324. 363. 371. 390. 391
Escot, Bernard pictor 253. 254. 312. 313
Escuderii, Arnaldus 249. 310
de Esculo, Marcus curs. pape 25 (1335)
— fr. Matheus prior general. ord. s. Augustini 745
Espali, Falco s. de Spaleto, Fulco
Espiamal, Iohann 675
de Estassaco s. Escossaco
del Estaut, Iohann 790
Estensis marchio 641
de Eugubio, Thomas clericus capelle pape 25 (1335)
Euse, Verfrachtung der Fische von Bordeaux aus nach Avignon 544. 666. 715
d'Eusa, Arnaldus vicecomes Caramanni 199. 539
s. Eusebii prior s. Iacobus
Eyrela, Stephan de Nemauso 709
s. Eustachii cardinalis A[rnaldus de Via] 53 († 1336). 70
de s. Exuperio, Gauberto, domicellus nepos et scutifer pape 784. 789. 202 (1342). 234. 571. 612. 614. 654. 684, 18. 756. 793

F.

de Fa, Graciosus palafrenarius pape 390
Faber, Iohann 746
Fabri, Andreas 494
— Arnald scriptor 27. 60. 120. 159. 204
— Bernard de Gauderiis serv. armor. pape 78
— Galterus 222
Fabri, Iohann clavarius Castri Novi 377. 431
— fr. Iohann penitent. pape 24 (1335). 191. 201. 360. 391
— Iohann frigidarius 105. 164. 217. 218. 248. 310. 311. 343
— Lambert (Maurer) 66. 83. 343
— Monetus 191
— Petrus marescallus equorum pape 529 (1353). 596. 615. 653. 756. 793
— — auditor palacii 203
— mag. Pontius secretarius pape 121. 27 (1335). 60. 77. 120. 159. 222
— fr. Raymund ord. Min. 551. 577. 651 (procur. gener.)
de Fabrica, Arnald (scriptor) 256
— Michael pistor Avin. 393. 421
Faenza 42. 57. 555. 704.
   Bischof 556. (Stephan) 566. 642
de Fagia und Lafaie, Iohann rector castri Pontis Sorgie 66. 219. 354. 394
de Fagiis, Grimoard. custos ord. Min. Caturc. 58
de Faya, Arnaldus, scriptor penitentiarie pape 813
Faydici, Hugo can. Aurelian. 819
Falconerii, Bernard 42
— Clarissimus soc. Albert. merc. 80. 99
Faletro de Veneciis, Nicolaus ambaxator ducis Veneciarum 609. 610
de Falgayracio und Falgeriis, Bertrand serviens arm. pape 727. 800 (capitaneus Pontis Sorgie castri). 822. 615. 654. 39. 758. 28. 793. 9. 816
de Falgeyraco, Bertrand 727 s. Falgayracio
de Falsis, Petrus palafren. pape 362
de Fa(n)o, Petrus ord. Min. 526. 570
de Fant, dominus 386
de Fantinelli, The[o]difred serv. arm. pape 361 (1347)
Fardele, Argentina 596

de Fargia und Fargis, Iohann palafren. pape 362 (1347). 390
Farmerii, fr. Guillelm. generalis magister ord. Min. 524
Fastolfi, Thomas auditor palacii 204
del Fau, Stephan clericus, servitor elemosine 443. 554
de Favaresio, Guillelm. ostiar. min. pape 25 (1335)
Februarii, Iohann cler. Melden. dioc. (scriptor) 731
Fey und Mangia Fey, Iakob de Florent. 145. 147. 352
de Felicianis, fr. Petrus penit. pape 24 (1335)
de Fendros, Raimund viguerius episcopatus Avin. 45 (1336)
de Fenolheto, ecclesia b. Marie 84
Ferandi, Monetus civis Avin. 684
Ferdinandi, Iohannes castellanus Emposte ord. s. Ioh. Ierosolimit. 575
de Feria, Anton, mercator de Cerdona 51
Fermo, Bischof Iohann von 812
— civitas 610
Fernandi, Petrus ostiarius tertie porte s. Ferrandi
Fernitatis (= Feritatis, la Ferté-Langeron Nièvre arr. Nevers), abbatia (O. s. B.) 396
Ferrandi, Petrus ostiarius pape 297. 201 (1342). 233. 324. 360. 389. 419. 439. 485. 486. 536. 655. 74. 685 (serv. arm.)
— Petrus venator cuniculorum 444
Ferrara, Gesandte beim Papste 114
— census 264
— sonst 610. 652
Ferrariensis (Ferrara) ep^{us} 417
de Ferrara, Thomas subprior ord. s. Augustini 552
Ferreguti, Guido cubicularius pape 775. 817
Ferrerii, Petrus curs. pape 26 (1335). 686 (1357)
Ferucii, Nikolaus, mercator soc. Bardorum 40. 41
Festa, Philipp mercator de Valencia 422
Fesule, Petrus 254
Feutrerii, fr. Iohann ord. Predic. 199
Ficaldi, Iohann ostiar. min. 685 (1357)
Ficardi, Hugo cler. Vien. dioc. 410
— Petrus penit. pape 419

de Figueriis s. de Figurá
de Figura und Figueriis, Petrus cursor pape 219. 25 (1335)
de Finayo, Iohannes dioc. Albenga 749
Finamore, Wilhelm merc. de Ianua 65. 576. 676. 801
de Fioraco, Naudinus domic. pape 203 (1342)
Firminus (Bartholomei), scriptor 109. 132. 151. 165
Firmana civitas s. Fermo
de Firmo, Iakob cursor pape 392 († 1348)
Fiscanen. (Fécamp, Seine-Inférieure, arr. du Havre) abbatia or. s. B. 387
Flandern 39
    comes 607. 608
    Tucheinkäufe 31. 100. 127. 145. 771
    päpstl. Boten 645
de Flandria, Bauchinus cursor (mercatorum) 572
— Guillelm. capell. intrins. 203. 204. 234. 265
de Flasco (Fiesco), Lucas Kardinal 47. 49 († 1336)
de Flassanis prior Carthus. 604
Flecherii, Guillelm. merc. Avin., Farbenhändler 254. 311
de Flisco (*Fiesco*), Nicolaus 113
— Gabriel eius filius 113
Florenz 22. 31. 57. 63. 75. 101. 570. 749 ferner s. die Kaufleute
— Bischof Franciscus 611
— feine Gewebe 32. 49. 213
— Gesandte beim Papste 114
— Albert de Ricasulis miles Florent.
de Florentia prior capellanus pape 24 (1335)
— Bartulius 699
— Bernard nuntius mercat. 701
— Bieluni cursor mercat. 320
— Bonotius serv. arm. pape 419
— Cozius (Götz) cursor mercat. 262
— Dominicus 646
— Donatinus Sancii corretarius 286. 352. 353. 382. 410. 414
— Franciscus pictor 254
— Franciscus iuperius 720
— — cursor 608
— Fredericus nuntius mercatorum 644. 696
— Iakob 690

de Florencia, Iohann cursor (mercat.) 572
— — ord. Min. 76
— Iohann phisicus 202 (1342). 234. 289. 324. 390
— Lippus cursor pape 25. 364 († 1347)
— Mineatus 287
— Malatestinus nuntius 701
— Nicolaus, rector de Arecio, pictor 254
— Nicolaus curs. pape 26 (1335). 537. 646. 685
— Nutus 605
— Petrus Lamberti 186
— Perrotus 386
— Preco 605
— Robert Theologe 22
— Tierius cursor 232
— Varinus 72
Flota und Floce, Iohannes cursor pape 25 (1335). 453. 476. 531. 537, 6. 685
Flota, Petrus 539
Floterii, Guillelm. s. Flecherii
de Flisco, Manuel notar. pape 204
Focalquerium (ForcalquierBassesAlpes) 569. 607
Fol, Iohann serv. arm. pape 461
de Folcano, Raymund 802
Folco, Petrus Avin. 442
Folcoaudi alias Capellerii, Peter lapiscida Avin. 66. 148. 249. 254. 286. 358
— Iohann 82
— Bertrand 358. 378 (magister operis Pontis). 435
Folcoandi, Philipp scriptor penitentiarie pape, clavarius castri Novarum 819
— Ademar castellanus et clavarius Castri Novi de Calcernerio 821
Folherii, Raymund Kaufmann 468
de Folo, Iakob mercator 776
de Fondis, Raymund (le Bour de Galecot) 200
de Fongeria, Guillelm. 760
de Fonte, Bertrand serv. arm. pape 25 (1335). 361
— Guillelm. camerarius cardinalis Albi 525; clericus collegii cardinalium 549. 610. 611. 641. 695
— Guillelmus scisor lapidum 376
— Iacobus scisor lapidum 377
— Iohann 760
— Stephan regestrator 528. 578. 615. 653.

756. dann cubicularius pape 718 (1358). 725. 739. 775
de Fontenaco, Anton cursor pape 396. 485. 598. 686. 789
de Fontenay, Anton 570
de Fontenet Dagromont, Stephan 494
de Fontibus, Priorat Diôz. Viviers 522
Fontis Frigidi abbas 57. 91
Forcade oder Fortade, Petrus massonerius 679. 724. 739
Forcitoni, Franciscus 574
de Fores, Nicolaus 469
de Foresta, mag. Stephan scriptor pape 205. 257
de Foresto, Geraldus procur. ord. Predic. 484
de Forgis, Iohann ostiarius minor 537 (1353). 597. 685
Forini, Gobilotus palafren. pape 615
Forli 42. 642. 646
Forlimpopoli 41
de Formariis, Geraldus carpentarius 220
Fornerii, Bertrand ostiar. min. pape 25 (1335)
Fornerii, Geraldus custos cere 202 (1342). 215. 234. 235. 246. 265. 276. 282. 304. 305. 324. 339. 340. 374 (dispensator cere pape). 375. 391. 404. 427. 448. 459. 469. 470. 471. 482. 496. 501
— Guillelmus, nepos pape 57
— — hostiarius minor 537. 597. 655. 685
de Fornerio, Laurenz de Condomio 665
de Fornolio, Iohann aus Rouen 497
Fornols, Guillelm. 499
Foroiulien. (Fréius) s. Fréius
de Forolivio, Neapoleon habit. Avin. 822
de Forosulicii (Forli), Odolinus Bartholomei 42
Fortada, Petrus massonerius 679. 724
le Frame 711
de Francavilla, Colinus 188
Francesquini, Vanellus de Lucca corretarius 286
de Francia, Arriguetus nuntius mercat. 696
de Franciscano, Raymund prior generalis ord. s. August. 195
Francisci, Bartholomei de Pistoja societ. mercat. 525. 574. 648. 650.
— Benocius merc. de Florencia 426
— Bernard serv. arm. pape 78

Francisci, Bernard de Clermont 396
— Michael 186
— Tancredus de Flor. mercator 555. 574. 611. 649
Franciscus, pape secretarius 382. 413
— ypothecarius 703
Frankreich
    König beim Papst 41. 49. 437. 440. 454. 459
    filius regis 725. 745. 746
    Stultus regis 469
    2 Botschafter des Königs beim Papst 21. 41. 58. 77. 197. 199. 568. 589. 745
    Königin 568. 701
    — conestabulus Francie 572
    päpstl. Boten an den König 76. 113. 200. 263. 287. 387. 607. 643. 644. 645. 646
    Friede zwischen Frankreich und England 199. 745
    custos portuum regni Francie 270. 271. 293. 296
    Gewebe-Einkäufe 338
de Francia, Iohann 184. 197. 199 (beim Papst). 215. 360
— Matheus vayletus palafrenarie 487
Frederici Soldanerii, Iacobus de Flor. mercator 573
Frederigui, Matheus mercator Florent. 698
Fréius (Forumiulii), Dompropst 358
    Getreide-Einkäufe 761
Freserii und Frier, Bernard frigidarius 104. 131. 310. 343
Frier s. Freserii
de Frigidavilla, Petrus subcollector 239. 269. 293
    administrator domus Pinhote 385. 388. 393. 394. 397. 402. 412. 418. 421. 422. 426. 436. 438. 441. 442. 447. 457. 464. 481. 482. 484. 489. 490. 497. 504. 526. 529. 530. 531. 538. 540. 544. 551. 552. 553. 558. 559. 560. 561. 568. 577. 585. 592. 603. 613. 617. 622. 623. 640. 657. 663. 668. 693. 694. 709. 714. 716. 724. 730. 736. 737. 743. 744. 760. 767. 790. 802 († 1361)
Frisingensis (Freising) ep[us] Paulus regis Ungarie ambaxator, 748
v. Fritzlar, Heinrich († 1361 in St. Saturnin bei Avignon) 795

Frontinhacum dioc. Magalon. 295
Frostre, Petrus carretarius pape 218. 253. 265. 306
Fulcaudi, Guillelmus miles Bitur. dioc. 524
d. Fulco 458
Fulgino 749
Furnerii, Geraudus s. Fornerii, Gerald Iohann 401
— Raymund custos leone 391
de Furno, Petrus 277. 342
Furti, Philippus notarius Avin. 539
de Fusi, Gaufridus 444
— Guiotus 444
— Iohannetus 444
— Patinus 444
Fusterii, Rostagnus serv. arm. pape 487 s. Verqui
de Fuzinone (Frosinone) Capoci in Campania 224
Fuxensis comes 57. 73. 91. 244. 789 vgl. Gaston
— frater comitis 73 vgl. de Fuxo
de Fuxo, Rogerius Bernardi vicecomes 157 (geht nach Granada gegen die Sarazenen)
Fuxum, Armenbeschenkung durch die Kurie 63. 80

G.

la Gaana, Stephan domic. pape 265 (custos carceris). 290 (1345). 325. 361. 362. 390. 420. 440. 462. 485. 486. 529. 538. 654. 756
Gabalona, Iohann penit. pape 486
Gabiani, Stephan 495
Gabriel, penit. pape 419
Gafuel s. Gafuer
Gafuer (Gafuel u. Gaufeul), Bertrand 82. 83. 148. 218. 249
Gay, Rostagnus de Aurasyca 160. 407
Gayetan. (Gaeta) ep[us] Anton (de Aribandis) 321
Gayraldi, fr. Raimundus elemosinarius Panhote 815. 817
Gayraudi, fr. Iohannes mag. marescalle pape 94 (1339). 110. 120
la Gayta (de Acheriis), Iohann serv. arm. pape 361 (1347). 419, 28. 487, 28. 597, 4. 654 etc. s. de Acheriis

Gaite u. Guete, Gaya, Iohann cubicularius pape 242. 244. 245. 255. 273. 274. 304. 358. 371 (vailetus camere pape). 372. 383. 403. 421. 426. 461. 487, 28. 500
de Galhaco, Guillelm. Galicianus serv. arm. pape 25 (1335) s. auch Galan.
Galafredi, Iohann frigidarius 105. 217. 309. 310. 343
de Galan, Galand, Galanto, Galhaco, Galecio, Galenzino, Raymund serv. arm. pape 358. 361. 419, 17. 461. 537, 28. 597, 33. 615. 654, 48. 758, 38
de Galand, Galanto s. Galan
Galhardi, fr. Berengarius elemosinarius 19. 21
Galbanhi, Iohannes subdecan. Aurelian. 228
Galdum (Gualdum), Castrum in ducatu Spoletano 256
de Galecio, Raymund s. Galan
de Galecot, le Bour s. de Fondis
Galengaude, fr. Petrus Augustiner-Eremit 438
Galheti, Lorinus serv. arm. pape 597 (1355) s. Laurinus
Galeti, Simon cler. collegii cardin. 45 (1336)
Galingaya, Angelotus serv. arm. pape 361
Galini, Petrus ostiarius min. pape 25 (1335)
Galippus, Ratherius serv. arm. pape 25 (1335)
de Galis (Wales) princeps 606
Galsavallus serv. arm. pape 655, 63 s. Garsavalli
Galterii, Bertrand curiam sequens (Schreibwarenhändler) 70
Galterii und Gauterii, Bertrand fusterius 114
Galterii, Folcatandus, not. Nemaus. dioc. 53
— Guilhotus palafrenar. pape 390. 401. 487. 615. 655. 757. 794, 2
— Iohann pistor Avin. 236. 267. 325. 366. 490. 530. 551. 552. 580. 616. 657. 706
— Pastor minister Franciscanorum 22
— Petrus fusterius 34. 66. 82. 114. 139. 217. 220 (cursor). 255. 308. 313. 319. 341. 342. 344. 346. 353. 359. 377. 378. 428. 456 (fusterius ac cursor pape). 503. 547 (fusterius ac serviens arm. pape)

Galterus, Alamannus can. s. Thome Argentin., scriptor concordanciarum pape 133. 151. 256. 257
de Gamachiis, Tuchort 445
Gamagen (nicht Garagen.) archidiaconus in ecclesia Vasaten. 23
de Ghammarch, Petrus domicellus 524
la Gana, Bernard custos carceris 817
— Stephan s. la Gaana
Gandia, Peter 36
de Ganiaco, B. lapiscida Avin. 82
Galhunacum prioratus dioc. Claromont. 293
Gappi, Andreas Holzhändler s. Geppi
de Gard (de Gardis, Dengard), Petrus 589. 590. 720. 721
Garda, Ioachim habit. Avin. 823
de Gardaga, Iohann collector Apost. in Baionne 713
Garcie, Iacominus pistor Avin. 236 (366). 580
Garcini und Guercini, Petrus mercator de Valencia 326. 327. 365. 393. 394
Gardi, Martin 550 (Kaufmann)
Gardia 634
de Gardia, Guillelm. scutifer marescalli curie 634
— Raimund domic. pape 203 (1342). 234. 290. 325. 362. 390
— Hugo miles et dominus 634. 575. 614
— Stephan auditor s. palacii 265 (1344)
de Gardis societas mercat. 573
Garini (auch dels Glotos), Petrus 433. 506. 463 s. ferner Guarini
Garinus barbitonsor serviens arm. pape 184. 419, 18. 486, 14
Garnerii, Bernard cler., rector eccl. s. Michaelis de Laves Mirapiscen. dioc. panetarius 193. 202 (191). 266. 283. 291. 318. 337. 355. 365. 366. 371. 393. 402. 415. 420. 423. 435. 456. 480
Garnerius barbitonsor 390 s. Garinus
Garnia, Iohannes 605
Garnoti, Iakob lector biblie 203. 234. 244. 289. 324
  elemosinarius pape 261. 284. 288. 303. 357
  capellanus familiaris, cubicularius pape 195. 212. 215. 224. 228. 274. 290. 302. 304. 337. 338. 373
Garria s. Iarrii

la Garriga, Iohann scobator palacii 817. 824
Garrige (und Gariia), Petrus cursor pape 566. 597. 685
de Garrigia, Bertrand scriptor penitentiarie 201
Garrigie, Iohann prepositus Barchinon. 701. 805. 810 (scriptor penitentiarie). 820 (nunt. Apost. in Portugalia). 823 s. Guarrigia
de Gars, Alanus auditor 204
Garsavalli und Galsavallus, Raymund serv. arm. pape 655, 63. 758, 33. 794, 37. 745 (et serv. curie marescalli iustitie).
Garterii s. Galterii
Gasa, Iohann servitor elemosine 389 († 1348)
Gasbertus archiep. Arelat. s. de Valle
— elemosinarius Panhote 375. 388
Gasconis, Petrus famulus 810
Gasqueti, Petrus alias de la Vaccha serv. arm. pape et buticularius 192. 202. 207. 265. 294. 355. 367. 435. 443. 480. 537, 24. 597. 615, 62. 758, 37
Gasserandi, Raynald s. Gausserandi
Gaston comes Fuxi 57. 73. 77. 91. 139
Gaston (und Gasqueti?), Petrus serv. arm. pape 419, 14
Gaubertus, bullator 413 s. Griffi, ferner Gasbertus
Gaucelmi, Bernard emptor coquine 194 (1342). 202. 227. 234. 265. 270. 283 (sein Kaplan Thomas Goupil). 289. 292. 295. 296. 305. 318. 324. 329. 330. 331. 332. 340. 355. 369. 375. 385. 390. 399. 404. 415. 420. 435. 439. 449. 456. 459. 461. 480. 485. 494. 501. 531. 542. 543. 561. 567. 602. 639. 528. 529. 615. 653. 656. 692
Gaucelmus, card. Alban. episc. 53
Gaucerii, Guillelm. de Insula 678
Gauchier, Benedict 666
Gaufer, Wilhelm serviens, custos carceris 231
Gaufeul s. Gafuer
Gaufridi, Iohann cursor pape 537, 23 (1353). 598, 31. 685. 805
— Pontius mercator piscium 296
— Petrus lapiscida 502. 563. 679. 722. 723. 724. 739 († 1359)
— Richard Theologe 22

Gaufridus, Regensis episc. 115 (Geheim-Almosenier des Papstes). 71. 127. 154. 156. 185. 195. 213. 228. 241. 243. 261. 274. 288. 357. 372. 400 s. Wohnung im Palast 131. 132. 309
Gauliacum ecclesia Sarlat. dioc. 39 57.
Gausenci, P. cubicularius pape 671. 672
Gausserandi, fr. Raymund bullator 228 (1343). 283. 314. 316. 356. 382. 404. 413. 427. 433. 436. 457. 481. 504. 529. 540. 563. 568. 640. 676. 688. 694. 744 (?)
Gauterii (Galterii) Bertrandus, ypothec. Avin. 18. 86. 224
— Petrus s. Galterii
Gauterius peletarius pape s. Goire
de Gavaldano, Gebirge 540
Gavandoni, Petrus cerrator 131
Gavanoni, Bernard de Montpellier 109
Gavella (Aalfang) 79
Gaviia, Petrus cursor 566 s. Garrige
Gavini, Aymericus domicellus 199
Gebennensis (Genf) 773, comes 646
de Gebenna, Hugo miles 745
de Geyre, Petrus de Florencia s. Desiderii
Genesii, Alfanus Avin. 78
de s. Genito, Philipp Seneschall der Provence 40
Gent
    Tucheinkäufe 31. 48. 63. 80. 99. 127. 145. 162. 211. 272. 300. 301. 303. 335
— Prozeß an der Kurie 158
Gentile da Molignano 569
Gentilis, Iakob de Genua, Rom. cur. sequens 128
Genua, Kaufleute von, in Avignon 65
    comes 359
    commune 570. 607
    ambaxatores 92. 695
    Gewebe 214
    collector 761
    sonst 736. 751. 37
Geppi und Gappi, Andreas 255 (Holzhändler). 280. 315
— Geppus 315
Gerada, Hugo domicellus 198
Geraldi, Arnald scriptor
— Bernard de s. Andrea 343
— Guido collector Pictoven. 696. 698
— Guillelm. precentor Foroiulien. 53. 74
— (capell. pape). (676)
    Iohann domicellus pape 188. 203. 235

Geraldi, Petrus can. Burdegalen., apost. Nuntius in Castilien 75
— und Guiraudi, Raymund pistor Avin. 236. 325. 365. 366
Geraldus custos esuum sive gardameniar 540
Geraldus candelerius 32 s. Thomacii
de Gerarda, Martin collector Tholosanus 387
Gerardi, Guillelmus capell. pape s. Geraldi
— Nicolaus de Florencia mercat. Flor. 525
— Raynaldus 407
— Ricus mercator soc. Albert. Novorum 704
Gerenti, Bosson serv. arm. pape 597 (1355)
Geri und de Geyre, Petrus, magister cursorum mercatorum s. Desiderii
Germani, Petrus registr. petit. 202. 289. 390. 420. 439. 461. 472. 485
s. Germani Autissidor. (St. Germain in Auxerre) ord. Bened. abbatia 745
— abbas Guillelmus 745
— de Tilio Mimaten. dioc. 57
de s. Germano, Guigo, pape protonotarius, Statthalter des Patrimoniums 75. 89. 111 (1340)
de s. Germano, Philipp nuntius imperatoris constantinop. 232
Germoaudi, Raymund ostiarius pape 528 (1353) s. Grimoaudi
Gerunden. dioc. (Gérone) 570
Gerundensis civitas ecclesia s. Felicis 404
Gervasii, Iohann cler. intrins. 265 (1344)
— d. Petrus apost. nuntius für Ungarn 39. 74 (1338). 231
    collector Anicien. 396. 607. 617 (can. Anicien.) 763
Geti, Andreas mercator de Florencia 500
Geuri (Gevrey bei Dijon) Weinhandel 270
de Gibiaco, Guillelm. penit. pape 360 (1347)
Gigande (Orange) 604
Giguet, Guillelm. 401
de Gilano, Raimund serv. arm. pape 487, 48
St. Giles (Egidii)
    Weine 186
    Fische 333
Gili, Stephan 308
Gilibertus elemosinarius Pinhote 357

de Gimello, Rossetus serv. arm. pape 534. 655. 66
Ginani und Germani, Petrus regestrator petitionum 202. 289
de Ginsalis, Petrus alias de Lemovicis 539. scriptor pape 689
Ginorcii portus bei Beaune 332
Gintardi, Rigaldus castellanus castri Pontis Sorgie 567. 724. 728. 740. 749
Girardi, Durandus camerarius cardinalis Boloniensis 610
— Iakob serviens maresc. pape 112
— Iohann domicellus 191
Girardini, Stephan 277
Girardus candelerius s. Thomacii
Giraudeti (Gerode), Petrus de Sanci 661
Giraudi und Geraldi, P. macellarius 561. 620
— mag. Thomas de Ponte Sorgie fusterius missus ad Urbem 75. 264
Giraudus guardamangier 739
d. Giraudus s. de Castanea
Gireti, Petrus scriptor literarum et cubicularius pape 805. 817
Gisberti, Pontius de Avin. 140
Gitberti, Iohann buticularius pape 788. 797
Giuorgium 583
Givry (bei Châlon), Guri, Gyurino, Gyvrino, Currini 396
de Glande, Nicolaus Gebenn. dioc. 751
de Glanderio, conventus ord. Carthus. Lemovic. dioc. 790
— prior Petrus Iohannis 790. 815
de Glotonis, Petrus naterius et habitator Avin. 600. 656. 725
— Guillelm. presb. 784
dels Glotos s. Garini, Petrus
fr. Godofredus bullator 25 (1335). 39. 54
Godefredus prepos. Tolonien. 291
Godefridus scriptor 824
Godeti, Iohann nuntius mercat. 701
Gofridi und Guifredi, Petrus penitentiarius pape 391. 419
Gog, Riconus 50
Goire, Guerre und Gorre, Galterus (Walther) pelliparius 211. 243. 244. 273. 302. 337. 374. 404. 426. 444
Gombaudi s. Guinibaudi
Gomolatii, Bermund custos prioratus de Palhassia s. Bermundus

Gonterii, Iohann cler. intrins. pape 26 (1335). 44. 60
Gorda, Hugo de Montélimar 752
de Gorda, Iakob Avin. (Getreidehändler) 78. 94. 95. 140. 160. 579. 616
de Gorda und de Gordis, Ricavus Avignoner Tuchhändler 30. 100
Gordes, Diöz. Cavaillon 637
de Gordonio cardinalis 641 (Guillelm. Farinerii ord. Min. gener.) 650. 655. 658
Gordonis, Micheletus palafrenar. pape 794
Gorgonerii, Iakob (lapiscida) 310
Gorre s. Goire
Gorsson, Iohann 666
Gorze, Abtei bei Metz 297
de Gos Rupis (Rupis de Gos, Claromont. dioc.) 702
de Gosono, Mathesius Iohanniter-Preceptor von Silva, dioc. Ruthen. 322. 323
Goupil, Thomas Kaplan des Bernard Gaucelmi 283. 332
Grado (Gradensis) 39. 570
de Gramanhario, Iohannotus 810
de Graminis, Petrus vicarius de VillaNova 200
Gran, Andreas hostiarius minor pape 25 (1335)
Granada 157
de Grandimonte (Grandmont, Haute-Vienne) Tuche 445
de Grandimonte, Iohannes cursor pape 538 (1353). 759. 816. 578 (et custos palacii Villenove). 613. 640. 705. 760. 794
Granoti, Perellus 583
Gransencii, Petrus 720
Grant, Iohannes de Burgundia 751
de Granutiis, Petrus vigerius s. Andree 229
Grassensis (Grasse, Alpes Maritimes) ep[us] 810
Grassi, Rostagnus 127
Grassis, Bruocius serv. arm. pape 461
Grauerii, Bernard capellanus pape 24 (1335)
Greci in curia 483. 522
Grecorum ambaxatores 92 s. auch „Griechenland"
de Gredissi Leonis, Guillelmus 205
Gregorii, Guido domic. pape 159 (1342)
Gregorius ambaxator regis Armenie 285

Griechenland (im alten Sinne)
— imperator 232. 359. 605. 607 s. ferner Greci und Konstantinopel
de Gresis, Iohann mercat. Carpentor. 236
de Greso vina 618
Grifi, Gasbertus und Gaubertus bullator 413. 427. 433. 436. 457. 481. 504. 529. 540. 563. 568. 640. 688. 744 (Grisi für Grifi)
de Grilione s. Crisilhone
de Grimaldis, Anton 359
— Bertronus de Ianua 128
Grimaldi, Nicolaus campsor camere de Lucca 526. 558 (1354). 571. 576. 598. 605. 613. 631. 632. 633. 642. 670. 674. 675. 688. 689. 694. 701. 717. 718. 719. 729. 731. 740. 762. 775. 780
Grimardi, Nicolaus 526 s. Grimaldi
Grimaudi, Pontius civis Avin. 68
Grimoaudi, Raymund usserius (domicellus Petragor. dioc.) 648. 528 (1353). 574. 575. 578. 596. 614. 653. 654. 684. 755
Grinardi, Martin frigidarius 83. 105
le Grose, Petrus palafren. pape 615. 655
Groselier, Stephan 583
Grossi, Guillelmus prior Predicat. Avin. 288
— Stephan 752. 753. 759
Guarini, Garini, Petrus provisor peloni et iunqui, cirpi seu fresquerie sive iunqui pro palacio pape 447. 557. 599. 656. 689. 725. 784. 785
de Guario, Iohann iurisperitus 682
Guarrigie und Garrigie, Iohannes servitor camere Apost. 701. 823 (scriptor penitentiarie) s. ferner Garrigie
Guasqueti, Bidon cursor pape 364 († 1347) s. auch Gasqueti
de Gubio, N. messagerius 196
Guchii, Riccus merc. de Florentia 100
Guecevalli s. Garsavalli
la Guelha und Cuelha, Petrus scutifer pape 614 (1356). 653. 684, 20. 756 (La Caelha)
de Guenis, Dyonis carretarius pape 253
Guercini, Bosus 462 s. Quintini
— Petrus Fruchthändler 394 s. Garcini
Guerre, Galterius s. Goire
Guertani, Iohann 608
Gueti, Alamannus de Florentia, habitator Avin. 731

Gui, Guillelm. nuntius 609
— Iohannes de Metis Geschützkonstrukteur 311
Guibaudi, Raymund s. Guitbaudi
Guido, lector Predicatorum Lugdun. 523
— panetarius s. de Riperia
Guidonis, fr. Arnald ord. Predic., penitentiarius pape 702. 703. 654 (1357). 757
— Succus famulus Mart. Bisi pelliparii 101
la Guilhalmia, Guillelm. serviens arm. 461. 486. 487, 31. 536, 4. 597. 615. 641. 644. 647. 654, 43. 685. 757. 784. 785. 788 (custos raube consistorii et camerarum pape). 792 (custos artilharie palacii). 805 (castellanus). 817 (custos pannorum). 824. 793. 816
Guilhe, Durandus frigidarius und perrerius 164. 217. 218. 248. 249. 309. 310
Guiliberti, Guillelm. serv. arm. pape 25 (1335)
Guillelmi, Arnald capellanus d^{ni} de Puteo, 368
— Arnald de Angelo de Lascuro 665
— Petrus 106
— Raimund cursor pape 812
Guillelmus cardinalis 695
— card. presb. s. Marcelli et Petri 748
— card. dioc. s. Marie in Cosmedin 748
— card. presb. s. Marie in Trast. 748. 813
— card. ep^{us} Tusculan. camerarius collegii cardinal. 747
— coquus pape 528 (1353) s. Champion
— Damian. socius Iacobi Malebailhe 245
— elemosinarius 457
— operarius ingeniorum 635
Guilloti, Iohann de Montepessulano 287
— — de Narbona 287
Guilhoti, Petrus s. de Morissono
Guinandi, Martin (Maurer) 66
Guinerii, Bernard scriptor penitentiarie 235, camerarius cardinalis de Caramanno 458. 492
Guineta neptis pape 562. 563
Guinetus, Iohann. cursor pape 268. 273. 364 († 1347)
Guinibaudi, Raymund magister s. Guitbaudi
— und Gombaudi, Vitalis maresc. 16. 26 (1335). 30. 38. 43. 47. 48. 56. 61. 62. 63. 68. 71
Guinigi de Lucca s. de Guinisis

de Guinis comes 539
de Guinisis (Gunsis), Francisci de Lucca societ. mercat. 649. 436
Guiolonus, Petrus can. Carpentorat. 299
Guions bei Dijon (?) 270
Guioti, mag. Pontius lapiscida 83. 105
Guiraudi, Raymund s. Geraldi
de Guisal, Petrus 421
Guirandi, Nicolaus 438
Guiscardi, Raymund usserius 612
la Guita, Iohann (Toulouse) 665
Guitbaudi (Guinibaudi und Guitlandi), Raymund director edificiorum pape 196. 203. 220. 221. 420. 421. 429. 430. 431. 435. 440. 449. 451. 456. 461. 475. 480. 485. 502. 504. 529. 530. 547. 551. 557. 562. 567. 578. 593. 594. 602. 616. 628. 640. 653. 678. 680. 693. 723. 724. 726. 738. 740. 742. 756. 780. 781
Guiternum oder Ginternum (Weinort in Burgund) 208
de Gunaco und Gyniaco, Gerald penit. pape 757. 793
de Gunello, Bonfontus serv. arm. pape 758, 26 (1360)
de Gunello, Radulph usserius 2. porte 793 (1361)
de Guora, Iohann coquus regine Aragonum 438
Gurcen. (Gurk) ep^{us} 698
de Gutsono, fr. Deodatus magnus preceptor Rodi ord. s. Iohannis 264
Guttardi s. Gintardi

H.

Hagueti s. Agneti
de Hancenio, Perrimetus laicus Atrebaten. dioc. 499
Hardici, Petrus 221
Haronetus (lapiscida) 343
Haugmen 445
de Heenant, Martin 727
Heinekinus famulus 645
Helias abbas monasterii s. Salvatoris 585 s. de Blavia
— abbas s. Florentii gerens vicecancellariam 204
— card. presb. s. Stephani in Celiomonte 748. 812
Helie, Golferius miles Lemovic. dioc. 751

Helie, Rampnulphus de Pompedorio miles Lemovicen. dioc. 575. 576. 612. 752
— Iohann, studens in Montpellier 576
— Seguinus can. Lemovicen. 701
Heliotus serviens arm. siehe de Bufonos
Henrici, Bartholomeus de Pistorio mercator 791
— Iohann palafren. pape 487
Herbelli, mag. Bernardus 285
Herewardi, Robert archidiac. Tanton. ambass. regis Anglie 232
Hildunum Tuchort 399. 402
Hopequin, Michael pictor 432
Horum, Philipp palafren. pape 487
Hospitalarii (Iohanniter) (schulden der Kurie) 231. 232 (erhalten große Summen)
de Hospitali, Iohann custos secunde porte 201 (1342). 233. 324. 360. 389
Hospitaliter beim Papste 92
de Hostia, Amarus serv. arm. pape 615, 59
Huesca, Bischof von 699
Hueti, Guillelm. de Surra 708
Hugler, Petrus penit. pape 614. 654. 757 (1360)
Hugo corderius 463
— pictor, curiam Rom. sequens 72
— coquus, serv. arm. pape 25 (1335)
— soc. Astens. mercator 80
— corderius 377 s. de Sazo
— card. presb. s. Laurentii in Damaso 748
— vailetus coquine 389 († 1348)
Hugolinus ypothec. s. Tinhachii
Hugonis, Bernard de Cardalhaco auditor palacii 204. 205
— Raymund 792
Hugucionus cursor pape 598
de Huy, Iohann Mathei 402
Huon, Stephan 72

I.

Iacobellus cursor pape 139
Iacobi, Assaiantus s. de Monte s. Martini
— Iohann, mercator soc. Azayalorum 57
— Manutius und Minuchius aurifaber Avin. 56. 73. 135 (Rom. cur. sequens, de Senis). 153. 222. 245. 251. 252. 280. 313. 348
— und de s. Iacobo, Pluvianus u. Plebanus mercator 555. 573. 574. 575. 671

Iacobini, Nicolaus palafren. pape 362 (1347)
de s. Iacobo, Guillelm. de Vanlis 497
Iacobus frater, prior s. Eusebii, captivus 71. 87. 89
— monachus prepositus Cassinensis captivus 165. 231
— la Specier s. Melioris
— Iudeus 218 [gipperius]
Iacominus pistor pape 580 s. Garcie
de Iagonas, Guillelmus domicellus 606
Ialeniacum, Priorat 269
Iandon, Andreas 257
Ianis und Ianas und Ionas, Aymericus scutif. pape 27 (1335). 61. 77. 119. 159
Ianua s. Genua
de Ianua, Iohann surgicus pape 202 (1342). 234. 324. 390
Ianzens, Petrus (usserius et) cubicularius pape 547. 548. 549. 587. 589. 623. 631. 669. 670. 672. 717. 718. 725. 732. 770. 817
— Petrus usserius 533. 527 (1353). 530 (Iaures *verschrieben*). 578. 597, 52. 614. 653. 684, 14. 755. 793
Iaqueti, Guilhelm. lapiscida 594
Iaquetus, Iurneti brodarius pape 615. 653. 686
— ypothecarius s. Melioris
Iariaya, Iakob presb. 660
— Petrus 797. 798
Iarna, Iohann 433
la Iarossa, Iterius 607. 608. 609. 644. 696 (decanus s. Aredii Lemovic. dioc., camerarius card. Magalon.). 697. 700. 701
Iarrii, Garruci, Garria, Garriga und Garrini, Iohannes can. Ilerden., commissarius Apost. in Portugallia 603. 608 642. 644
Iaures, Petrus s. Ianzens
Idrontinus (von Otranto) archiep. Iohannes 287
Ierusalem, Patriarch Peter 22
d'Ifferneto, Stephan 225
Ilareti, Guillelm. cursor pape 537 (1353). 597. 685
Ylarii, Bertrandus capellanus s. Andree in eccl. s. Agricole Avin. 18
Ilerden. 39
Imberti, Hugo mercator 492
— Raimund armauserius 85

Imbertus Dalphinus s. Dalphinus Vienn.
— elemosinarius Pinhote 388. 407
Imblardi, Iohannes nuntius Guillelmi de Benevento 696
Imola 460. 611
Inardi, Bertrand 154
— Raymund 265. 306
de Inchestris, Guillelm. serv. arm. pape 615, 52
Infermi, Theobald quadrigarius 221
de Inferneto, Stephan de Montepessulano operator cere 246. 282. 304. 339. 340. 374. 375. 404
de Infosta, Petrus, pape cursor 24
s. Innocentii prioratus Bistum Genf 522
Innocenz VI. 509 ff.
   s. Verwandte: Alberti, Guido, Guillelm., Petrus, Stephan; de Breno, Iohann; Coteti, Guillelm.; de s. Exuperio, Gaubertus; Guineta; Helie, Iohann und Rampnulphus; de Monterucho, Petrus und Stephan; de Perussia, Ramnulf; de Pompadour, Superana; de Ripperia, Ademarus, Arnaldus, Agnes; de Roffinhaco, Bertrand, Guillelm., Petrus
Insula Veneyssini Mandeleinkäufe 103
de Insula, Iacob capell. pape 24 (1335)
— Martha 436
— prepositura dioc. Cavaillon. 522
— Martin (*Bäcker*) 28. 46. 61
— Petrus Martini furnerius 365
— Petrus Reychebici 3
— Raimund scutifer pape 27 (1335) magister hostiarius
— Thomas penitentiarius 235
Insularum Perditarum princeps s. Spanien
Insule Fortunate 279
Insule comes s. Iordani u. Bertrandus
de Insomano, Bartholom. scutif. pape 27 (1335)
Instandi, Iohann draperius Avin. 820
de Interamna, fr. Angelus procur. gen. ord. fr. Predic. 815
de Interlagnis (Interlaken), Poncius procurator ep[i] Vivarien. 821
Iohann XXII. 17. 31. 35. 41. 53. 54
Iohannes ep. Avin. s. de Coiordano
Iohannes electus Coronen. 321. 323
— presb. provisor pelonis 824

aller im vorliegenden Bande erscheinenden Namen. 865

Iohannes balistarius 792
— cambrerius 26 (1335) s. Engilberti und La Mala
— Carmelita penit. pape 419
— clavarius s. Remigii 397
— Hote coquus maior 202. 239. 390. 420. 440 (615)
— custos carceris curie 234
— ypothecarius in curia 441
— iudex ordin. curie marescalli 527 (1353)
— medicus de s. Porciano 492
— penitentiarius 235
— protovestiarius imperatoris Grecorum 359
— scriptor 35
Iohanneti, Dominicus 665
s. Iohannis de Serra 494
s. Iohannis castrum (in Toscana) 749
Iohannis, Andreas scutif. pape 27 (1335). 43. 61. 119. 159
— Andreas argenterius de Senis 108
— Benedict cursor et scobator 598, 24. 685. 729
— Bruno 574. 610. 650
— Daredinus factor (de Flor.) 75. 649. 650
— Franz de Siena, domicellus pape 154
— Franz mercurie Rom. 50. 72. 111
— Georg cler. collegii cardin. 45 (1336)
— Guillelm. servitor elemosine 357. 389 († 1348)
— Guillelm. 604
— fr. Iohann, custos palacii Pontis Sorgie 26. 55
— — 604
— Lellus de Nurcia dioc. Spoletan. mercator sequens cur. Rom. 61. 62. 122. 140. 141
— Ludwig alias Turci, custos Sarracenorum 139. 140
— Marcus pergamenarius 257. 281
— Maria sartrix 589. 670. 717 (la Gasca † 1358)
— Nicolaus socius camerarii 805
— Petrus (in Rom) 23
— Petrus civis Avin. mercat. curie R. 750
— Petrus Karthäuser-Prior 790. 815
— Pontius desgl. 141
— Raymund pissonerius Avin. 194. 229. 604
— Retinus merc. soc. Azayal 75
— Stephan peysonerius 156 († 1342)
— Zenobius merc. soc. Albert. 101

Iohanniter-Orden
  Großmeister 264. 418. 322
  Generalprokurator s. de Castronovo, Garinus
  Hospitaliter beim Papste 92 schulden der Kurie Geld 231. erhalten große Summen 232
  Einzelne Johanniter:
    de Albanus, Isnard
    Baroli, Berengar
    Capue, Isoard
    de Castronovo, Garinus
    Ferdinandi, Iohann
    de Gosono, Mathesius
    de Gutsono, Deodatus
    de Monte Agitto, Gerald
    de Rilhata, Guillelm.
    de Villanova, Hilion
Iohannoti, mag. Matheus de Viterbio pictor 254. 278. 311. 312. 313. 350. 379. 408 (archipresbiter Vercellensis, pictor pape). 432. 475. 480. 535
Ioya, Petrus 375
de Ioingny, comes gubernator Provincie 662
Iolii, Iohann scriptor pape 26 (1335)
Ionas, Aymericus s. Ianis
Iordani, Iohannes comes Insule 387
— Poncius calcenarius Pontis Sorgie 219
de s. Iordano, Andreas cursor pape 392 († 1348)
Iordanus ep. Bobiensis 57
Iorge, Petrus monachus de s. Porciano 492
Iori, Carolus serviens arm. pape 359. 437. 458. 461. 462. 486 (domic. pape, ebenso 359 u. 462). 487, 29. 615, 63. 645. 655, 70. 685; 757
Iovenc s. Quinquinel
de Iovis und Iorio, Leo Conradi usserius pape 749. 811. 596 (1355). 793 s. Conradi
de s. Ypolito, Helias domic. pape 203 (1342)
Irland, Gewebe aus 31. 49
Isambardi, Iohann familiaris Guillelmi de Benevento 700
Isarni, Isnardi, Arnald cler. intrins. 26 (1335). 44. 120
  cambr. pape 22 (1335). 29. 35. 59 (can. Lodov.) 77. 109
— Guillelm. clavarius s. Remigii 443. 493

Schäfer, Vatikanische Quellen. III.   55

Isarni, Isnardi, mag. Petrus cler. intrins. buticul. pape 16. 26 (1335). 28. 37. 44. 61. 120. 46. 55. 62. 110. 135. 155. 189. 44 (1336). 61. 120. 289. 420
— fr. Petrus procurat. gen. Carmelitarum Avin. 357
de Isendike, Iohann Propst von St. Aposteln in Köln 231
de Isidoro, Hugo prior conv. ord. Predic. Paris. 195
Isoardi, Raymund de s. Martino, Domsakristan von Avignon 195. 357
Ispani, Maranchus Petrus serv. arm. pape 25 (1335)
de Ispania cardinalis 58. 184. 568. 607. 609
— Arnaldus 139
— Guillelm. 455
— Iohann palafren. pape 362 (1347). 487
— Egidius palafr. pape 757
— Lupus penit. pape 360. 391
— Simon palafren. pape 362 (1347). 390
— Petrus famulus Ioh. Iairii 603
Ispanus, Iohann penit. pape 391. 419. 486 s. weiter Spanien
Italien
    s. Ancona(Mark), Androinus(Abt), Albornoz (Kardinallegat); Apulien, Aquileja, Assisi, Benevent, Guillelm. de Benevento, Bologna, Campania et Marittima, Castello, Castilionum Arretinum; Chati, Aymericus; Cesena, Corneto, de Correggio, Faenza, Fermo, Ferrara, Florenz, Forli, Forlimpopoli, Frosinone (Fuzinone), Fulgino, Gentile da Molignano, Genua, Grado, Gubio, Imola, s. Iohannis castrum, Lombardia, Lucca, Mailand, Malatesta, Mantua, Meldula, Montefalcone, Montefiascone, Neapel, de Ordelaffis, Padua, Patrimonium in Tuscia, Pavia, Perugia, Pisa, Pistoja, Ravenna, Rom, Romagna, Sardinien, Sarzana, Siena, Spoleto, Todi, Verona, Venedig
Iterius, Abt von Clugny 262
— magister, scriptor 132
Iudicis, Colinetus oder Nicolaus domic. pape 290 (1345). 325. 361. 362. 420. 440. 462. 486. 756
— Guillelmus cardinalis 200
— Iacobus 335

Iuliani, Raimund payrolerius Avin. 35. 36. 151
Iülich, Graf Wilhelm von 58
de Iumilhaco, Bernarda domina 752 (uxor Ioh. de la Porta)
— Catharina filia eius 752
de Iunqueriis locus (Ort) 617
de Iuquo, R. 203
de Iurgia, Maria 534
Iurii, Iohann magister casularum pape s. Iurini
Iurini, Iohannes magister casularum Avin. 529. 548. 613. 674. 719
de Iustiniano, Bartholomeus 43 (1336). 61

L.

Labe, Iohannes boucherius 540. 561
Labureria, Guillelm. cler. Helie de Nexovio 364
Lacaelha, Petrus domic. pape 756 s. Guelha
Lacedogna, Bischof Franz 264
Lacheza, Margarete 790
de Lacinolio, Iohann can. Narbon. 820
de Lacranias s. Letrangis
Lactenti, Anton prior de Maseraco, procurator m. Casadei 357
de Lacu, Bernard, rector de Alanzaco, nuntius Apost. nach Aquileja u. Grado 39
de Lacu, Guillelm. 377
Lacunacum, Wollentuche 190
Lados, Guillelm. serv. arm. pape 361 (1347)
de Lados, fr. Raymund ord. Min.
de Lados s. Bernardi
de Ladriano und Landuano, Tibald de Placentia serv. arm. pape 419, 25. 461, 43. 536, 9. 597 (1355). 615, 47
Lafaie, d. Iohannes castellanus Pontissorgie 66 s. de Fagia
de Lagarn, Huguetus serviens maresc. pape 112
Lagras, Andreas 444
Laguena, P. cursor pape 245
Lagulhier und Agulhierii, Hugo pergamenarius 35. 38. 54. 70. 86. 108. 133. 134. 152. 224. 256. 281
— Iohann pergam. 316. 352. 382. 413. 453. 477. 505 († 1352)

Lale, Petrus cursor pape 597 s. de Ala
de Lalo, Geraldus capellanus pape 24 (1335)
de Lamberteschis, Lambertus Lapi de soc. Albertorum 48. 63. 80. 436. 611
Lambertesqui, Tuchus de Flor. mercat. Avin. (282). 630. 683. 729. 730. 785. 822. 823
Lamberti, Iohann de Mornacio 425
— Iohann (*Bäcker*) 28
— Laurentius s. Britonis
— Raymund calcenarius 307
— Ruchus de Florentia 630
Lambertus camerarius Lamucen. et capellanus ep^1 Argentin. 604
Lamucensis (Lamego) camerarius Lambert s. Lambert
de Lamura, Iohann calcinarius 376
Lancastrie dux 558 (beim Papst)
de Lanco, Bernard Ruthen. dioc. 316
de Lanconio comes 569
de Landa, Franz furnerius 365. 489. 490. 530. 551. 552. 580. 616. 657. 706. 762 (pistor pape)
de Lande oder Laude, Anicinus oder Amutinus serv. arm. pape 25 (1335). 361
Landemit, Emrich cler. Leonen. dioc. scriptor 688
Landi, Aldebrandus de Florencia merc. Avin. 95. 140
— Lappus 95
de Landiavilla, Iohann domicellus regine Castelle 746
Lando, Aldebrand 209
de Lando, Bertrand scutif. pape 27(1335). 43. 61. 119. 159. 290. 325. 462
de Landuano s. Ladriano
de Langer castrum (Provence) 726. 727
Lanselare cursor s. Anselati
Lanterii s. Lauterii
Laon s. Laudunum
de Lapaira, Iohann cler. collegii cardin. 753 s. de la Para
de Laperiis s. de Luppera
Lapi, Aldebrandus Kohlenhändler 224
— Ducho 282 vgl. Lambertesqui
— Iakobus de Pistoja soc. Bartholomei Francisci de Pistorio 525
— Lapobenchi, Benchi oder Bens, de Florentia Lambert 417

Lapi, Nicolaus Florent. mercator curie Romane 50. 114. 127. 146. 147. 162. 241. 242. 273. 303. 337. 372. 403. 426. 444. 468. 481. 499. 500. 525. 533. 547. 586. 587. 622. 625. 631. 641. 670. 671. 725
— Nardutius de Flor. 775 (mercator) 813. curiam Rom. sequens 820
— Petrus giperius 274. 275. 302. 303. 304. 338. 339. 372
— Philipp 101
— Vescometus merc. de Pistorio 574
Laragin und Lartizian, Borcard domicellus pape 203 (1342). 234
de Larguo, Petrus palafren. pape 487. 615 (de Lorgue). 655
Lartizian s. Laragin
Larva, Stephan 695
Lasbordas, Iohann 262. 357
Lascoutz, Stephan Thesaurar von Tuszien 42
Lascimbas, Stephan cursor pape 686, 9
Lassetier, Iaquetus serv. arm. pape 487
Lasteyria, Petrus dr. decr. 754
Lasterra, Petrus lic. decr. 651
de Latapetra, Bernard, socius d. cardinalis Magalon., 695. 700. scriptor pape 813
Late, Petrus scutif. pape 44 (1336)
Latiniacum (Lagny) Tucheinkäufe 144. 212. 301
de Latrangis s. Letrangis
Latremoliera, Geraldus can. Portugalen. (1335), administrator Panhote 18. 19. 39. 45. 46. 58. 59. 61. 62. 74. 78. 79. 84. 88. 94. 95. 96. 115. 140. 141. 142. 156. 160. 185. 194. 195. 196. 205. 206. 209. 228. 236. 243. 261. 262. 267. 268. 270. 273. 281. 283. 288. 291. 292. 295. 309. 325. 326. 327. 330. 339. 356. 357. 365. 366 (1348). 385 (4. IV 1348). 393. 422 († 1348). 441.
Derselbe oder ein gleichnamiger im Minoritenkloster zu Donzenac 703 (1358). 736
— Guido servitor elemosine 388
— Aldinetus desgl. 388
de Lauardaco und Lauerdaco, Arnald ostiar. min. pape 25 (1335). 537. 597 (alias de s. Petro 1355). 685
de Laude s. de Lande
Laudebri, Alanus cler. Brito 688

s. Laudi, St.-Laud, Angers 336. 401. 445
de Laudiaco, Guillelm. domic. pape 203 (1342)
de Lauduano, Tibaud serv. arm. pape 419, 25. 461, 43 s. Ladriano
Laudunen. (Laon, Aisne) ep^{us} 644
Laudunum 368
de Lauduno, Iakob cursor pape 392 († 1348)
— Iohannes equitator regis Francie 700. 745. 746
de Lauen, Arnald, procurator in curia Rom. 809
s. Laurentii de Arboribus (St. Laurent des Arbres bei Roquemaure) castrum 397. 679. 697. 741. 766
— capitaneus 792
Laurentii, Iohann 813
— Nicolaus s. Cola di Rienzo
— Petrus altararius s. Petri Rome 74 f. 113
— Petrus de s. Germano, procurator operis pontis Avin. 308 (150. 221). 313
de s. Laurentio, Bertrand pelliparius 32. 48. 64. 65. 81. 101. 126
— Chinacus domicellus 245
Laurentii, Peronetus de Tornino Fruchthändler 530. 531
de s. Laurentio, Raymund mercator in curia Romana 447
Laurinus Calheti serv. arm. pape 461 (1351). 486. 537, 19. 615. 654. 758, 47. 794, 29. 397 (Galheti)
de Lauro, Iohann coquus 793 (1361)
Lausanne 773
de Lusano, Xantolinus Rimin. dioc. 643
Lauterii, Iohann faber 107
— Petrus sarralherius Rom. cur. sequens 150. 221
Lautier, L. 504
de Lautrano, comes 644
de Lautrico, vicecomes 139
Lavanta, Iohann capellanus intrinsecus 625
de Lavardaco, Vitalis scriptor pape 363
Lavenier, mag. Iohann Bildhauer aus Paris 157. 197
Lavenha, Gerald custos tertie porte 201 (1342) s. Vernh
— Petrus 289. 324
Lavernha, Bernard (*Bäcker*) 28. 45. 46
Laverulha s. Verulha

Lebrat(ier) s. la Bretir
Lebreti, Imbertus domicellus Claromont. dioc., magister forestarum 702
— Petrus coquus coquine 420. 439. 461
Lebrohim, Nicolaus penit. pape 793 (1361)
de Lede, Franz (*Bäcker*) 365 s. ferner Landa
Legreso s. le Grose
Lemario, Robert (pergamenarius) 281
Lemere, Iohann serv. arm. pape 361 (1347)
Lemovicensis ep^{us} 438 (1350). 452 (Guillelm.) 459
Lemovicenses prelati bei Innocenz VI. 655
Lemovicinium (Limousin) 241
de Lemovicis, Petrus scriptor camere 687. 688. 746. 723. 730. 781
Leo rex Armenorum s. Armenorum
Leo ostiarius pape 614
de Leo, Henricus ferraterius 376
de Leodio, Bertholus palafren. pape 757
Leonardi, Matheus cursor pape 537 (1353). 597. 731. 809 (alias Boloninus s. diesen). 685
Lercium im Bistum Avignon 812. 813
Lers 583. 708. 765
— Sufred (Siegfried) de Malaucena (giperius) 82
de Leschemel und del Eschamel, Gerald magister prime porte 201. 233. 289. 324. 360. 389. 418. 439. 460. 485. 536
de Lescuza, Iohann presb. 753
de Lesine, Iohannes 641
de Lespina, Iohann serv. arm. pape 25 (1335)
de Lesunrua castrum 570
de Letrangis und Latrangis (Lacrangis), Helias domic. pape 202 (1342). 234. 262. 390. 420. 462. 485. 486. 536. 537, 33. 615, 71 (serv. arm.). 655, 73. 685, 4
de Leusa, Galesius 539
Liautart, Stephan Avin. ortolanus pape 225
Limoges, Limousin päpstl. Wohltätigkeit 335. 402. 482. 526
  Linnen-Einkäufe 48. 335. 337
  viele Ritter vom Papst beschenkt 524 (556). 752. 753
— sonst 699. 754. 814
Lingon. (Langres) in Vasconia 42. 745. 769

de Lingon, Albert can. Eduen., camerarius cardinalis Ostien. 574
de Lingonis, Colinus scobator palacii 529
— Iohann curs. pape 26 (1335)
— Iohann sabaterius 154
Lyon (Lugdunum) 157. 196. 644. 645. 701. 745. 764
    Erzbischof 23. 751
    Dominikaner 523
    collector 641. 665. 751
    Fischeinkäufe 210. 543. 665
    Getreideeinkäufe 205. 328. 559. 621. 706. 760. 761. 762
de Lion, Pontius (Fruchthändler) 61
de Liono und Lhierus, Helyas cubicularius pape 719. 817
de Lionro (Lionio, Liorio), Golferius 547. 548 (domicellus scutifer pape). magister coquine pape 529. 614. 615. 653. 781 (magister hospicii pape). 785. 529. 684, 9; 755
de Liorio und Lionio, Golferius s. Lionro
Liortiers 764
Liparien. (Lippari, Insel), ep^{us} 556
Lippi, Garsias serv. arm. pape 361 (1347) s. Lopicz
de Lyrac, Petrus 494
de Lisignhano (Lusignan), Bermund comes Curthonsen., Bruder des Königs von Armenien. 41
de Lissaco, Gerald ostiarius pape 297.233 (1343). 324. 360
de Litore, Antonius plumberius 483. 503. 504
de Litos, Iohann 492
Loberciacum (Limousin) 651
Lobreti, Guillelm. sabaterius 403 s. Britonis
— Laurenz pistor elemosine 490. 530
de Lobre, Iohann 430
Loca (Boca) de Vaca, Betuchus serv. arm. pape 597 (1355) s. de Lucca, Betochus
Locti, Bartholom. 720
de Lodio, Albergueto pancosserius Avin. 365
de Lodos, Bernardi domic. pape 202 (1342) s. Bernardi
Lodovici, Henricus palafren. pape 487 s. Lodus 301
Loisius, Iohannes quadrigarius 221

de Lolio s. Oleo
Lomale s. La Mala
Lombardi, Andreas 198
— Benedikt perrerius 249
— Nicolaus, Colinus cursor 537. 568. 571. 598. 685. 751. 800. 812
— Franz 789
— d. Guillelmus commissarius pape 71
Lombardia, ambaxatores beim Papst 92
Lombardia, Gewebe 770
Loncot, Guillelm. de s. Loz 669
de Longo, Simon cursor
Lopicz und Lippi, Luppi, Garcias serv. arm. pape 25 (1335). 113. 161. 240. 361
Lopitart, Iaquetus alias le Mondaire 394
de Lor, Raimund († 1361) 790
de Lorgne s. de Larguo
Lorinus, serv. arm. pape 486 s. Laurinus
Lotharingie dux 91 (beim Papst). 198. 200
de Lotharingia, Albert 253. 265. 306
de Lotiringia, Iohann 750 -
lo Loureng, Clemens magister spingalarum 752
Lourier, Bertrand mercator de Avinione 634
Lovanium (Löwen)
    Tuche von 31. 48. 63. 80. 99. 145. 211. 272. 496. 773
de Lovanis (Löwen), Iohann capellanus intrins. 159 (1342)
de Lovencis, Symon 669
de Lubiaco, archipresb. Nicolaus 790
Lucca
    primicerius 231 s. Vitalis, Petrus
— mercatores 436. 649 etc. (Guinigi, Rousini Brancalis, de Podio, de Gunsis, de Beretanis, Christofori, Grimaldi, Tegrini)
de Lucca, Angelus serv. arm. pape 597, 48. 758, 49
— Andreas 312
— Betuchus serviens arm. pape 460. 522. 575. 487. 597. 536 (Boca de Vacca). 597 (Loca de Vaca). 615. 654. 757, 15
de Luca, Carathonus Kaufmann
de Lucha, Vanellus Avin. 311
de Lucarel, Dominicus cursor pape 362. 390. 458. 459. 537. 539. 575. 584. 585. 604. 607. 608. 643. 644. 647. 648. 665. 666. 698. 699. 713. 715. 716. 736 (ostia-

rius minor). 738. 743. 745. 746. 769. 799. 800. 597. 685, 33. 759
Lucas cardinalis s. de Flasco
— ypothecarius 554
Lucce, Anton serv. arm. pape 757
Luche, Iohann de Senis pictor 254
Luceuald s. Naldi
de Luciaco, Petrus curs. pape 25 (1335). 537 (1353)
de Lucio, Reginald s. de Lur
de Lucro, Guiotus serv. arm. pape 654, 38
Ludovici, Henricotus cursor pape 700
de Ludovico, S. custos 3. porte 201 (1342)
Ludwig d. Bayer, s. Gesandten beim Papst 58 (1337), s. ferner unter Alamannia
Lugana, Bernard scutifer pape 793 (1361)
de Lhugato, Guillelm. corrector literarum 24. 205
Lugdunum s. Lyon
de Lugduno, Guillelmus sabbaterius 154
— Nicolaus 452
— Nikolaus brodarius 481
— Petrus, Bote des Erzbischofs v. Lyon 23
— Lauduno (Lyon), Petrinus, Perrinus (*Bäcker*) 28. 46. 61. 122
— Symonetus pictor 253
Luyta, Iohann Subprior der Augustiner-Eremiten in Avignon 288
Lumbardi, Benedikt lapiscida 342. 343
— Colinus magister cursorum pape 812 (1362). 537 (1353). 598. 685
Lumberien. (Lombès, Suffr. von Toulouse) ep[us] 386
de Luna, Guillelm. serv. arm. pape 25 (1335)
de Luno, Golferius domic. pape s. de Lionro
de Luna, Lupus 286. 297
Lunellum (*Lunel*) Weineinkäufe 28. 46. 62. 79. 95. 141. 186. 207. 238. 270. 294. 295. 330. 366. 368. 395. 532. 545. 570. 581. 584. 618. 619. 658. 660. 692. 710. 711. 766. 797. 798
— Vetus prioratus 582. 618. 660. 711. 766
— s. Stephani 797
de Lunello, Peter 82. 148. 254. 307. 319
Lunes, Bertrand 377
de Lupchaco, Reynaud cantor Altissiodoren. 647
de Lup(p)era (Luperiis und Laperiis), mag. Iohann lathomus 218. 220. 221.
222. 245. 248. 250. 252. 254. 308. 310. 342. 343. 344. 377. 378. 407 (magister operis pape). 428 (magister edificii palacii novi). 435. 443. 450. 456. 458. 480. 546. 567 (magister operum palacii pape). 421. 529. 592. 594. 602. 629. 679. 722 († 1357)
de Luperiis, Iohann serv. arm. pape 361 (1347). 487, 20. 615, 65. 654, 35. 685, 16 (wohl identisch mit dem vorhergehenden)
de Lupersiaco, Petrus penit. pape 360 (1347). 391. 392 († 1348)
s. Lupi (St. Loup, Rhône arr. Villefranche) Tuche von 552. 562
de s. Lupo, Bossinel 497
Lupi, Guillelm. capellanus intrins. 625
Luppi, Petrus regestrator petitionum 202. 289
Luppi s. auch Lopicz
Lupus, Galhard de Yspania penitent. pape 360 (1347). 391
de Lur, Reginaldus ostiarius (custos) 4. porte 233 (1343). 324. 360. 390. 391 aquarius pape 392. 419 (serv. arm.). 420. 439. 440. 461. 463. 485. 486, 15 (de Lucio!). 488. 489. 528. 530. 557. 578. 705. 729. 747. 615. 653. 564, 53. 655. 755. 757, 12. 758 (1360)
de Lure, Andreas 666
Lurum (Lurs, Basses Alpes) 569
de Lutare cursor s. Lucarel
Lüttich 700
Luxenburg 773
de Luzegio, fr. Arnaldus penitent. pape 24 (1335). 201

M.

Mabille, Iohann 401
Maccat (Markward) serv. arm. pape 487, 16 s. Maciatus
Macelini, Albusso 286
Macellarii, Petrus calcenarius 219
Maceti, Photius serv. arm. pape 758, 35 (1360)
Maciotus serv. arm. 461 (1351). 487, 16. 526. 615, 49. 654. 749. 785
Machiti, Ph. coquus pape 289
Mâcon (Matiscon), Fischeinkäufe 123. 332. 444. 665. 701
pedagiator 583. 764
sonst 745

Macre, Folcrandus serv. maresc. pape 112
Maderni, Bartholom. emptor hospitii thesaurarii 812
de Maderiis, Pontius operarius ecclesie s. Bernardi Paris. 114
Magalon. (Maguelone, Hérault, arr. Montpellier), ep^{us} 532. 540 († 1353)
— capitulum 581. 584
Magalonensis cardinalis 568. 571. 604. 607. 608. 609. 644. 696. 697. 699. 700. 796. 798
de Magniaco, Geraldus s. Manhaco
de Magnaco s. Manhaco
magister curie 69. 613.
Magistri, Iohann burgensis Avin. 237 latomus 345. 356. 410
de Magistro Marenio, Nicolaus 665
Magola Philadelfia ambaxator Grecorum 522
de Magula, Emanuel referendarius et presbiter 483
Maguntin. provincia 556
Maynardi, Berengar bullator pape 25 (1335). 39. 51. 52. 55. 72. 84. 102. 111. 136. 147. 150
v. Mainz, Wilhelm serv. arm. pape 758, 44 (1360)
Mainz, Erzbischof 58. 572
Mayresii, Iohann mercator de Valencia 422
Mailand (Mediolanum) archiep. 57. 437. 460
— Visconti, Bernabos 745. 746.
    Galeazzo 746
    Gesandte beim Papste 92. 114
Mailhardi, Guillelm. venator ducis Normannie 424
Maioricarum rex 36. 41. 73. 92. 285. 358. 701
    frater regis 92
    collector Apost. 603
    electus 417
Maynart, Gassanus 421
Maisiores, Tuche 399
Maiorca, Erzbischof Anton 484. 539
Malabaille, Iakob merc. Astensis 200. 211. 231. 240. 241. 245. 246. 272. 273. 279. 280. 286. 300. 301. 302. 372
— Guido frater Iacobi 231. 606. 670
— Anton draperius 336. 380. 401. 499. 670. 774
— Guillelmus socius Iakobi 280
— Hugo 445

Malaloya, Hafenstadt (a. d. Rhone?) 346
Mala societas (in d. Provence) 751 s. auch de Verinis, archipresbiter
de Malaspina, Petrus civis Avin. 69
de Malatacha, Aldobrandinus 704 (mercator de Bononia)
Malatesta, Galeazzo 570. 573
Malatestinus de Florencia nuntius mercat. 646. 647. 701
de Malausana, Mirabla 147
de Malavicina, Arnald scutif. pape 43 (1336). 61. 120. 159
Malazant, Iohann [lapiscida] 249
Malbec, Peter 82
Malcrot, Petrus familiaris elemosine 554 († 1354)
de Malda, Nicolaus custos hospicii pape ultra Rodanum 455. 463. 464
Le Male, Le Maale Masle Masculi und Lomale (Loumale), Iohannes cambrerius (serv. arm.) 214 (1342). 245. 275. 290. 302. 337. 348. 392. 402. 403. 419. 421. 425. 499. 461. 487, 53. 685
Maleficii, Atomann merc. cur. Rom. sequens 750
Malenutriti, Iohann (*Bäcker*) 28. 45.122. 205. 236
de Malespina, Hugo domicellus Avin. 538. 598. 686
de Malesset, Stephan cambrerius pape 204
Maleti, Geraldus cursor pape 537 (1353). 597. 685, 34. 759
Maleti, Peter civis Avin. 68
Malferio, Iohann brodarius coquine 578 (1354). 686 (Matfienhus)
Malgorium (Mauguio, Hérault arr. Montpellier), Muskateller-Wein 123. 207. 238. 270. 294. 367. 660
Maliani, Stephan, auch genannt Mundoya ostiarius pape 289. 324. 360. 389
Malinia (Mecheln) Tuche von 301. 467. 496
de Malinis, Raynaldinus cursor pape 686
de Malo-Boichone, B. scriptor coquine 202 (1342)
de Malomonte, Guillelm. domic. pape 202 (1342). 234. 325. 361. 390. 420. 536,12. serv. arm. pape 487, 64. 597, 44. 615, 54. 654, 14. 758, 29. 793 (usserius 3. porte)
— Petrus Rogerii 151, 2 s. Klemens VI.
de Malomorte Marsil. dioc., mehrere Personen 115

Malpas, Stephan palafren. pape 615. 655
Malrepacis, Guillelm. mercator de Rocamaureta 663
Mamora cursor pape 685, 22 (1357)
Manacha, Iakob de s. Andrea 34
Manarius, Dominicus nuntius 810
de Manhaco, Magnaco und Monthaco, Geraldus domic. pape 202 (1342). 234. 290. 297. 362. 390. 420. 440. 462
Manasgarden. (Monasguerd in Armenien), aep^{us} 112. 138. 157. 198. 230 Narzesius 262. 285. 321
Manavellum s. Mariavallum
Manciraci, Petrus capell. commens. pape 204
de Mandagachis, Gisbert 184. 302
de Mandalio, Guillelm. burgens. Nemausen. 392
de Manelis, Coldradus can. Paduan., auditor s. palacii 557 (1354). (606)
Manellus mercator 493. 617
Manerbi 648
de Maneriis, Oldradus auditor s, palacii 606 derselbe wohl wie de Manelis, Coldradus
Maneschalch, Thomas serv. arm. pape 361 (1347) s. Thomas
Manfredi, Iohann cursor pape 598, 53
Manga Fey, ser. 286 s. ferner Fey
Manna, Ort in Südfrankreich 105
de Manhollis, fr. Iohannes de Florencia ord. Min. 524
Mansini, Paulus Nicolai, campsor de Urbe (in Rom) 23
de Mansiolani, Pontius secretarius pape 159 (1342)
de Manso, Bernard procurat. ord. August. in curia 736
— Bardus Bertrandus 25 (1335). 361
— Guilelm. clericus 493
— Iordan 443
Mantelini, Albussinus campsor 455
Mantuaner beim Papst 92
Manu, Iohann nuntius mercat. 699
Mahueti, Petrus de Sunayo 669
les Maran, Rostagnus s. Raynaldi
de Maranchis, Bertoluchas ostiarius porte ferri 391. 414 s. ferner Monzengiis
de Marangiis s. Monzengiis
de Maralhaco und Mailhaco, Stephan penit. pape 486. 654. 757

Marca Ancona 569 s. Ancona
de la Marcha, Anton 287
la Marcha, Guillelm. domicellus Lemov. dioc. 752
de Marcaldo Peregrini, Albert (Kaufmann) 414
de Marcaldo Peregrini, Albert (Kaufmann) 414
la Marchania, Iohannes lic. leg. collector provincie Marche Anconitane etc. 694
Marcelha villa 387
de Marcellenchis, Raimund scriptor pape 204
Marcelles, Garinus 255
Marcelli, Laurentius mercator 446
— Marcellus 731
— mag. Raimund in Paris 41
— N. 187
Marcellini, Arnulf can. Agennen., Thesaurar der Campania 57 rector Beneventanus 231
s. Marcelli 412
de s. Marcello, Iohann plumberius 428. 430. 432. 475
de Marcello, Petrus collector Portugalie 571. 603
de s. Marcello, Wilhelm serv. arm. 68
— Iakob 68
Marcellus und Marsolus, tonsor pannorum (467). 496. 624. 675. 774
s. Marci presb. card. Iohannes 812
Marci, Delmas 585 magister venationum s. Martin Dalmatius
— Excardus 579
s. Marcialis cardinalis 794 (1361)
de s. Marciali, Petrus magister ostiarius 233 (1343). 289. 324. 360. 389. 418. 429. 462. 488 (miles). 530. 537. 685
Marches, Aycard miles Lemov. dioc. 752
Marchesii, P. vayletus palafren. pape 487
de s. Marco s. Catalani
de Marcho, Guillelmus familiaris Gisberti del Boys s. de Marcono
Marcolandi de Siena, serviens arm. et aurifaber pape 25 (1335). 50. 146. 234 (domic. pape). 290. 362. 390. 440. 461. 529. 793. 245. 278. 279. 314. 325. 349. 361. 380. 409. 414. 419. 420. 452. 598. 629. 487, 30. 615, 23. 654, 27. 685. 757

de Marcono, Guillotus cler. et servitor Gisberti Dalboys 265. 267. 327. 334. 365. 385
Marengo, Opezinus de Alba, Wachshändler 276
Marescalli, Guillelm. Eduen. dioc., maresc. cardinalis Tornacen. 259
Marfoli, Benvenuto 42
de Margerita, Guillelm. hostiarius secunde porte 262. 201 (1342). 233. 289. 360. 389. 418. 439. 460. 485. 486. 597. 614 (serv. arm.). 655, 67. 793
Margarite, Petrus scriptor pape 204
de Margaritis, Pontius iudex crimin. curie maresc. 77 (1338). 94. 120
de Margico, Iakob 751
Mari, Imbertus coquus pape 819. 823. 793 (1361)
de s. Maria, Girardus miles Lemovicen. dioc. 524
Mariavalle, Tuche 552. 562
s. Marie in Acquiro, cardin. Bertrandus 53 (1336)
Marinati oder Mayniaco, Bartholomeus presb., administrator prioratus Palhassie Uticen. dioc. 582. 595
Marine, Mirabilia civis Avin. 400
Marini, Gautfredus de Portu Venere, patronus galee 748
— Iohann nuntius mercat. 609. 644
— Petrus archidiac. Parmen. 37
Maritima (päpstl. Provinz in Mittelitalien) 809 s. Campania
de Marolio, Petrus 320
Marquezani, Raymund de Nizza 321
de Marsanis, Petrus Caboci 494
de Massano, Guillelm. scutif. pape 27 (1335). 44. 61. 120. 159
Marseille, Ausrüstung von 4 Galeeren 22
    Bürger 818
    Weinernte 819
— Abtei St. Viktor 810. 811. 812
de Marsilia, Petrus 253
Marsolus tonsor s. Marcellus
Martigniacum 39
s. Martini in Campis, Priorat 607. 699
Martini, Alfonsus Portugal. dioc. 637
— Arnald serv. arm. pape 25 (1335)
— Dalmatius venator Triscastrinen. dioc. 561. 585. 667. 621. 732. 769. 819
— Diego scutif. pape 27 (1335). 43. 61. 120

Martini, Egidius palafenarius pape 622. 487. 615. 655
— Gerhard (und Diego?) domicellus 571
— Nicolaus scutifer cardinalis Sabin. legati in Italia 809
— Iohannes de Selhonia (in officio panetarie serviens) 401. 578
— — miles s. de Bona
— Michael camerarius cardinalis Sabinen. 811
— Perrotus de Castro Novo serviens maresc. pape 112
— Petrus (Getreidehändler aus Valence) 261. 365. 366
— Eycardus 616
— Raymund cursor pape 233. 274
— Ricardus burgensis Avin. 490
— Stephan 694. 791
— Zacharias capitaneus galearum 263. 264
— Zenobius soc. de Rigi de Flor. 526. 555. 573. 574. 610. 611. 612. 641. 648. 650. 704. 791. 792
Martonis oder Marconis, Alteracus 596
de Marzis, Franz ord. Min. aus Siena 231. 263
Massarii, Iohann de Castilione (Arezzo) 428
Masconis, Imbertus ostiar. minor 590. 597. 626. 685
Masculi cubicularius s. la Mala
de Maserai, Robinus 669
de Maseriis, Petrus domicellus Lemovic. dioc. 752
de Maserolis, Galhard scutifer pape 27 (1335). 43. 61. 78. 119. 159. 201 (custos secunde porte). 233. 324. 360. 389. 439. 460. 485. 486. 536
la Masiera, Petrus cursor 537 (1353). 568. 597. 685
Masii, Thomas de Florencia 225
de Masino, Nicolaus merc. de Florencia 555. 611 (curiam sequens)
le Masle s. le Male
Masquerat, Petrus palafr. pape 655. 757
de Massan, Guillelm. fusterius Avin. 546
Massarii, Iohann (lapiscida) 344. 378
Masseles, Petrus 309. 219 (Massoles). 345. 346. 377
Massiotus serviens arm. pape s. Maciotus
Massoles, P. 219 s. Masseles
Mata und Mathe, Iohann 82. 105. 148. 307

Mathei, Angelus polalherius cur. Rom. sequ. 190
— Bertrand burgensis Avin. 490
— Iacob lector Predicat. Ilardensis 517
— Petrus cursor pape 537 (1353). 597. 685
Matheus pictor pape s. Iohannoti
Matrek, Erzbischof Iohann von 703
de Maubernart, Reginald thesaurarius pape 524 (1353). 578 (ep. Palentin.). 787 († 1361)
de Mauragiis s. Monrengiis
de Maurazargicas, Petrus 494
Maurelli, Radulf servitor elemosine († 1348) 388
— Petrus 189
Maurenges, Guillelm. messagerius vicecomitis Turenne 458
  cursor pape 597 (1355) s. Monrengiis
de Mauriaco, Rigaldus miles 682
— Rigus domic. pape 234 (1343). 290. 325. 362. 390
Mauricii, Simon capell. intr. 203. 234
Maurini, Petrus 669
Mauserii, Iohann de Carnoto 107
de Mazayrolis s. Maserolis
de Mazano, Bermund civis Avin. 68
— Wilhelm 68
Mazerolas s. Maserolis
s. Maximin 199
Mecheln (Melini) Tucheinkäufe 31. 80. 100. 127. 211 s. auch Malinia
de Mederio, Eblo cler. camere 460
Medici, dominus G. beim Papst zu Tische 73
— Wilhelm can. Ilerden. (*päpstl. Nuntius*) 39
Medii, Meton serv. maresc. pape 112
de Mediolano, Albertus mercator 682
— Artaudus iudex Insule comit. Veneyssini 789
de Mediolano, Milano, Balthasar pistor 205. 236. 267. 325. 365
— Bintus pistor Panhote 491
— Dinotus oder Guinotus pistor 530. 551
— Franz pistor palacii 580
— Petrus Dinoti 552
de Mediolano, Gabriel 312
— Guillelm. Avin. 260. 320
— Lanfrank penit. pape 360 (1347). 391
— Niger Getreidehändler 62. 78. 121. 131. 205. 236. 416. 426. 500. 636. 726 s. auch de Salavernis

de Mediolano, Petrus 75
— Ragassinus 701
Mediolanum s. Mailand
Megini, Iohann 401
Megliore, Enchaton serv. arm. pape 361
de Meianesio, Iohann clericus collegii cardin. 788. 813. 816
Mela, Iohannes arbalistarius 411
de Melhaco, Gaucelm. miles Lemov. dioc. 752
Meldula (Romagna) 41. 42. 57
— ambaxator 41
Melgorium s. Malgorium
Meleti, Gerald cursor pape s. Maleti
Melini, Nicolai et Petri societas mercat. 555
Meliorini, Agapitus apothecarius pape 801. 802. 804. 821
Melioris, Iaquetus serv. arm. pape 654, 25. 685. 758, 31
— iunior (eius filius) serv. arm. 615, 67. 654, 26. 685. 758, 32
— Lapinus de Florencia 525. 555
— Iaquetus, Iacobus, apothecarius 216 (1343). 243. 246. 248. 258. 419 (serv. arm. pape). 461. 470. 471. 501. 529. 534. 557. 545. 550. 590. 615. 626. 676. 677. 686. 721. 722. 730. 775. 776. 779. 782. 783. 785. 586, 9
— Nikolaus de Florencia, merc. Avin. 609. 611. 649. 721. 776
de Melle, Petrus lapiscida 18
de Mennaco, dominus 439
— Petrus regestrator liter. Apost. 204. 410 (et capellanus pape) 407
de Mentil, Nicolaus 497
Menuchius argentarius s. Iacobi
de Meolo, Bartholomeus 555
de Meran, Ludwig cursor 58
Mercatoris, Durandus capellanus et famil. Gasberti aei. Arelat. 56. 67
Mercerii, Petrus 83
— Raymund rector ecclesie de Boudone 458
Merghausum bei St. Laurent 397
Merli, Petrus 187
de Merolhs, Mossonus 191
de Mesclaioto, Boso serv. arm. pape 486, 5. 537, 30. 597, 25. 614. 654, 50. 685. 758, 42. 793, 10
de Mesin, Iohann serv. arm. pape 758, 71

de Mesina, Petrus merc. Avin. 371
Mespi(ni), Petrus serv. arm. pape 758, 22 (1360). 794, 33
de Met, Dominicus s. Daynet
Metz in Lothringen 609
Metensis ep^{us} 810
Metensis (Metz) can. Dominicus 765 s. Daynet
de Metis (Metz), Iohann lavanderius pape 655 s. auch Gui
— (Messis), mag. Stephan 86 scriptor sequens curiam 54
Metscarien. ep^{us} ambaxator regis Armenie 285. 321
de Meulan comes 696
de Mevania, Egidius notar. curie auditoris camere 746
Michael Molini cursor pape 422. 25 (1335)
s. Michaelis monast. de Clusa 424. 483
s. Michaelis de Logiis Prior 459
de s. Michaele, fr. Arnaldus, mag. theologie de curia 24 (1335)
— Raymund serviens arm. pape 482. 486. 536. 604. 647. 597. 614. 654, 46. 758, 46. 793. 794 (aquarius pape 1361). 816
Michaelis, Bartholomeus de Lucca 427
— Franz habitator Avin. 726
— Laurentius de Montepessulano 538
— Ligus de Urbeveteri mercator 555. 812
— Petrus can. Gienn. 753
— Petrus de Villa Nova 229
— Petrus clavarius castri s. Laurentii de Arboribus 679
— Thorocius miles ambaxator regis Armenie 138
Michi, Iohannes apothecarius mercator 492
Michinorum societas s. Ranuchini
Milhanus serrator 593
Mileti, Iohann 619
Miletus estivator vini 367
Militis, Guillelmus procur. ord. Predic. 651. 736. 815
Milonis, Bertrand can. Rigen. 410
Mimatens. (Mende, Lozère) ep^{us} 789 (Albertus)
    Diözese 57
    Tucheinkäufe 743
Minardi, Stephan fusterius (395) 594
Minceti, Philipp serv. arm. pape 615, 43

Mindeti, Gerardus capellanus thesaurarii 681. 687
Mindoce, Dominicus de Navarra 812
Mine, Iohann argentarius 380
Mingueti und Mignoti, Anequinus, Iohann palafren. pape 362 (1347). 390
    ostiarius minor 685
Mini, Corsellus de Florencia 300
de s. Miniato, Bindus nuntius 609. 643
— Lambertus scriptor pape 392
de Minonvilla, Dominicus 665
Minoriten-Orden
    General 22 (1335). 524
    Generalprokuratoren 21. 41. 75. 357. 651. 736. 815
    Ordensreform 21
    Generalkapitel 58 (1337). 75 (1338) 320 (Venedig). 651 (Barcelona). 736 (Genua). 815 (Straßburg)
    Niederlassungen in Catorze 58
    ferner s. Avignon
    Provinz Castilien 75
    bei den Tartaren 75. 76
    Einzelne Minoriten:
    de Amelia, Thomas
    de Assisio, Nikolaus
    de Astrata, Petrus
    Broquerii, Franz
    Crestoma, Gonsalvus
    de Fagiis, Grimoard
    Fabri, Raymund
    de Fano, Petrus
    Farmerii, Guillelm.
    de Florentia, Iohann
    Galteri, Pastor
    de Interamna, Angelus
    de Lados, Raymund
    de Manhollis, Iohann
    de Marzis, Franz
    de Montibus, Petrus
    Ottonis, Gerald
    Pastor (Galteri?)
    Pulli, Petrus
    de Strata, Petrus
    Trosini, Guillelm.
    de Ungaria, Gregor und Helias
    de Varayre, Arnald
    Vertuchi, Iohann
    Viridi, Hugo
Minuchius argentarius s. Iacobi, Manucius

de Mirabello, Raymund carraterius 27 (1335). 43. 60. 119. 158. 203. 234. 289. 324
de Miramont, Gerardus coquus 528 (1353). 615
Mirapissa, (Mirepoix, Ariège, arr. Pamiers), Marschall von 139
   episcopus 58
   Armenunterstützung 63. 80. 116. 127. 145. 161
   Tucheinkäufe 161
— de Mirepoix, Raymund 350
de Mirmanda, mandamentum 744
Mite, Geraldus presb. 128
Miterti, Bonetus ord. Carmel. 577
Miti, Chicus mercator curie Rom. 61
Moges, pedagium 764
Moychoti, Ioh. serv. arm. pape 685, 20 (1357)
Moiol, Iakob mercat. Avin. 668
de Moyrares, Gamotus serv. arm. pape 362 (1347)
Moys, Iohann pictor 253
Moysseti, Philippus 390
de Molano, fr. Nicolaus 76
de Molendino, Heinrich, cler. Monaster. (Münster i. Westf.) dioc., servitor camere Apost.. 810. 823. 824
— Iohann palafren. pape 362 (1347)
— Novo, Roggeyronus, custos armorum et usserius pape 535 s. ferner de Novo Molendino
Molendinum Eduen. dioc. 791
de Moleria, Bernard capellanus b. Marie de Miraculis 439
de Moleriis, Arnald 641. 646. 687. 688 (Armandus). 723. 731 (secretarius pape). 781. 785 (prof. iur. utr.). 796
— Zenobius secretarius pape 781
— Raymund serv. arm. pape 25 (1335). 361
— Reginald 627 s. ferner de Molinis
Molheti, Iohann familiaris elemosine 412
Molini, Foriarius und Ferrarius (Fruchthändler) 61. 94
— Michael serviens arm. pape 116. 139. 145 s. auch Michael
— Thomas quadrigarius 221
de Molinis und Moleriis, Arnaudus und Raynaudinus, auch Amandinus cursor pape 537, 17 (1353). 571. 597. 604. 645. 667
   Geraldus 703
de Molinis, Iohann miles Lem. dioc. 524
— Raynaldus secretarius regis Francie 605
de Mompis, Marcus fusterius 728
Monaldi, Felix mercator soc. Bonacurs. 31. 80
de Moncolo, Petrus capellanus intrins. 625
Mondonus, lancerius Avin. 635
Moniore und Monyoye, Mamora, Petrus cursor pape 804. 809. 813. 597 (1355). 685, 22
de Monrengiis und Maurengiis, Guillelm. cursor pape 537, 8 (1353). 597. 685, 37. 690
de Moncorvet, Iohann 497
Mons im Hennegau, Gewebe-Einkäufe 771
Monsfrigidus 621
Monspessulanus (Montpellier) 458. 522. 570. 582. 584. 605. 634. 644. 647. 700. 701. 715. 789
   curia regis Maioricarum 36. 358
   Einkäufe von Strohmatten 36
   von Blei 316
   Fischeinkäufe 620
   Tucheinkäufe 161
   Metallwaren 504. Blei 540
   Armenbeschenkung durch Benedikt XII. 63. 80. 116. 127. 161
   Hospicium pape 340
   Wachseinkäufe 375. 534
de Montepessulano, Guilglon cursor (mercat.) 572. 699
— Matheus nuntius 609
— mag. Petrus surgicus 186. 390
Mons Villaris (Tuchort) 241. 336
de Monthaco und Manhaco, Gerald domic. pape 202 (1342). 234. 290. 325
de Monte Agitto, Gerald Iohanniter-Marschall 232
Montagut, Petrus capellanus intrins. 625
de Montanhaco und Montilhaco, Guillelm. domicellus pape 202 (1342). 234. 290. 325. 362
de Montanea, Michael serv. arm. pape 25 (1335)
de Montaneo, Stephan domicellus pape 756
de Montargiis und Montisargiis, vinea pape 545
   prioratus 690. 692. 710. 765. 796

Montcornet, Tuche 552. 562
de Monte, Galiena domina 823
— Iacob mercerius 427
— Stephan 790
de Monteacuto, Gerald serv. arm. pape 25 (1335)
— Matfredus, familiaris epⁱ Bobiensis 57
de Montealto, Roger curs. pape 25 (1335) serv. arm. 361
Montebelletum 583. 764
de Monte Breono, Robaudus, Iohanniter, Statthalter von Spoleto 111 (1340)
de Monte Causario, Iacobellus, cursor pape 153 s. de Montecosero
de Monteclaro, Nicolaus scutifer pape 1251. custos marescalle pape 324. 361. 480. 495. 389. 420. 440. 461. 485. 486 magister coquine pape 202 (1342). 233. 265. 289. 480. 491. 542. 543. 528 (1353). 578
    magister hospicii 575 (1355). 578. 593. 594. 616. 629. 739. 740
de Montecolone und Moncolo, Petrus helemosinarius pape 529 (1353). 533. 551. 577. 603. 613. 640. 693 († 1358)
de Montecosero, Iakob curs. pape 26 (1335). 153
Montefalcone 358
de Montefalcone, Manellus, mercator Avin. 712
de Montefaventio cardinalis 58. 184
de Monte Flascone und Montefalco, Massiotus, serviens armorum pape 597 (1355). 604. 757. 811
Montefiascone, Notar Pepo Bonaiuncte 42
de Montefiascone, Romanus 571
Montfrin (Dép. Gard) 586 (Iagden)
de Monte Galhardo, mag. Petrus 87. 89
de Monteissidorio (Moyssidorio) capitaneus 648
de Monte Lauro, Guiotus domic. pape 235 (1343). 325
Montélimars. Montilium oder Mons Ademari
de Montelupello, Ludovicus 752
de Monte s. Martini, Assaiantus Iacobi, cursor pape 537, 7. 597, 7. 685, 35. 760. 762
de Monteregali, Raymund, Carcas. dioc. (in Rom) 23

de Monte Robiano, Iohann curs. pape 26 (1335)
de Monte Rocherii (dioc. Lemov.), dominus Ratherius 651
Montossier und Montrosserii, Petrus cursor pape 483. 537 (1353). 603. 644. 685. 699
de Monterotundo, Hilarius, cursor pape, 76. 26 (1335)
de Monterucho, Petrus 533. 549 (protonotarius et nepos Innocentii VI.) 570. 600 (Elekt von Pamplona)
— Stephan 628
de Monteruc, Stephan domic. pape 529 (1353). 596. 614. 654. 684. 793
Montferrand 497 (Tuchmärkte)
v. Montferrat, der Markgraf beim Papst (1335) 22
de Montibus, Heliotus Lem. dioc. 524
— Hugo miles Lemov. dioc. 524
— fr. Petrus procur. gen. ord. Min. 357
de Monticulo, Petrus 231
de Montilhaco s. Montanhaco
de Montilio Ademari, Stephan pistor Avin. 325. 326. 365
— Michael pistor 422. 441
de Montiliis castrum Carpentor. dioc. 194
de Montilhiis, Imbaudus scutifer 790
Montilii (Ademari, Montélimar), castrum 137. 209. 264. 377. 379. 606. 700. 702. 752. 821
    condominus Gerardus 700. 744
    castellanus 790
Montis Albani (Montauban, Tarn et Garonne) ep^{us} Bertrandus 696
Montis Couiosi comes, Bertrandus de Roricio 24
Montislanii comes 747
Montis Maioris (Montmajour, com. d'Arles, Bouches du Rhône), abbas 184
Montis Oliveti cardinalis 92
de Montoys, Gobinus equitator regis Francie 197
Montz, Theoderich penit. pape 793 (1361)
Monuchii, Iohann argentarius 349
de Moravis, Iohann de s. Audomaro 272
de Morchamp, Iohann merc. de s. Ademaro 300
de Moreriis, domina Garcenda 128
— Rostagnus 596
de Moreto, Petrus 190

Morgia 583
Morinen. (Thérouanne, Pas de Calais, arr. St. Omer) ep^{us} Egidius 745 (cancellarius regis Francie)
    cardinalis 794
de Morissono, Petrus Guilhoti ioculator Petri ducis Borboni 197
Mormoyronum Holzeinkäufe 189
Mornacum (Mornas, Vaucluse), Heueinkäufe 271. 272. 298. 334. 425 (606). 668
    Stroheinkäufe 238. 299
    capitaneus 792. 821
    custodia 727
Morosini, Iohann ep^{us} Emunen. 573
de Mortuo Campo, Iohann de s. Audemaro 240 (Tuchhändler). 335
Mortuummare (Mortemart, Haut Vienne, arr. Bellac), Karthäuser-Priorat 228. 387. 418
    mehrere Klöster 438. 484
Morunum, Tuchort 399
de Mota, Hugo lapiscida 781
— cardinalis 694
— Bernardus nuntius 643
— Hugo rector parochialis ecclesie de Cufreyo 569
Moufflet, Petrus 406
de Moussaco, Dulcia 494
Mulari, Andreas nauta 268
de Mulceone, Stephan decan. Biterricen., taxator hospitiorum 229
de Mulcia, Nicolaus palafrenarius pape 390
de Multis Denariis, Ricardus iudex crimin. marescalli 44 (1336). 60
Mundoya hostiarius tertie porte s. Maliani, Stephan
de Murato castellania im Limousin 697
de Murcia, Egidius tabernarius 186
— und Nurcia, Nikolaus cursor pape 537, 33 (1353). 597. 648. 685. 760. 762. 810
Murne auf Cypern 359
de Mussi, Philipotus serv. arm. pape 794, 23
Musta, Franz 264
Mutonis, Bernard porterius prime porte palacii 811
Mutonis, Iohann latomus 406

N.

Naldi, Lucas de soc. Albertorum de Flor. (Lucevaldi) draperius cur. Rom. sequens 80. 127. 146
de Namos, Iohann penitentiarius 235
de Napis, Ordinetus vayletus ducis Normandie 197
Narbonen. aep^{us} 452
    collector 699. 820
Narbonne, Generalkapitel der Dominikaner 551 (1354)
— Tucheinkäufe 48
de Narbona, sabaterius 138
— Petrus Martini mercator et factor Raymundi Folherii 468
— mag. Rainaldus 245
Nasconis, Arnald s. Vasconis
de Nasiaco und Noisiaco, Norsiaco, Nicolaus capell. intrins. 203. 234. 265
de Nassinhaco, Mauricius, hostiarius pape 561. 604 (domicellus et usserius pape) siehe Vassinhaco
— Robert domicellus pape 600. s. Vassinhaco
Natalis, mag. Petrus panetarius pape 26 (1335). 37. 44. 55. 61. 120. 135. 137. 141. 155. 189. 210 (olim). 110 (frucherius pape). 159
Naudinus brodarius coquine 756
Naudonus und Naudotus Bruneti nuntius Caturcen. 810. 811
Naulonis, Raymund collector Apost. Aquensis 762
de Nautas, Iohann cursor pape 685
Navaysani, Raimund serrator 84
Navarre rex (beim Papst) 41. 199. 200. 258. 417. 437. 549. 556. 701
    regina 232
    collector Apost. 603
de Navarra, Martin cursor pape 392 († 1348)
Navarra, Michael mercator lignorum Avin. 553. 683. 730. 784
de Navarra, Petrus palafrenarius pape 355. 487. 615. 655. 757
Navarre magister s. de Castronovo
Nazaret, Petrus Erzbischof von 91. 115. 139
— Marienkirche 91
Neapel 262. 287. 321. 353. 701 vgl. Sizilien
    regis ambaxatores 744

regina 321
senescallus maior 745
archiep[us] 745. 749
Neapolitan. cardinalis 184. 200. 220. 225. 249. 360. 394
de Neapoli, Andreas serv. arm. pape 25 (1335). 68. 361
— Leo serv. arm. pape 361. 419. 461. 486, 8. 537, 18 (Moducapitis). 597, 20. 615, 12. 654, 24. 757. 794, 14
— Franz 626. 709
Neapoleon [Ursini], Kardinal sub tit. s. Adriani 23. 41. 45. 121. 277. 281 f. 308. 309. 310. 313. 325. 345. 348. 350
— nepos Raynaldus 135
Neyracum Condomien 799
la Nemha, Petrus serv. arm. pape 596
Nemausum (Nîmes) 231. 570. 634. 745
    Weineinkäufe 28. 46. 62. 79. 95. 123. 141. 186. 206. 207. 208. 238. 269. 294. 295. 330. 366. 367. 368. 395. 545. 581. 618. 658. 659. 709. 711. 766. 796
    carceres regii 165
    Feigen 677. 722
    Fische 713
Nemausen. cardinalis 804. 794 (1361)
de Nemauso, Wilhelm (*Bäcker*) 28. 46. 61. 710
Nerces, archiep. Manasgardensis 112. 138. 157 (an der Kurie wegen eines Prozesses). 198
Nerius battitor (auri) 408
de Neuillis, Hugo miles ambax. regis Anglie 232
de Nexonio s. Nexovio
de Mexovio, Bernard clericus camere 710
— Elias portitor aque 1342 (Auxonio). 229 (1343). 234. 235. 257. 258. 259. 260. 265. 281. 289. 299. 304. 308. 324. 337. 371. 361. 363. 364 (aquerius pape). († 1348)
— Wilhelm scutifer 492. 532
de Nicia, Lugerius u. Augerius serv. arm. pape 25 (1335). 361 (1347). (461! de Nuena, Agerius)
Nicolai, Bartholomeus procurator Lapi de Ruspo merc. 436. 555
— Nicolai, Benvenutus scutifer pape 45 (1336). 61. 325
Nicholai, Bertrand ord. Pred. 91

Nicolai, Gentile de Macerata serv. arm. pape 25 (1335). 62. 78. 141. 162. 331. 332. 347. 361. 366. 396. 397(†1348). domic. pape 234. 290. 362. 390
— Thomas cursor et cordenarius pape 245. 303. 336. 346. 359. 372. 685
— Thomas de Flor. mercator 573
s. Nicolai abbatia in litore Veneciarum 610
— Raymundus abbas 610
de s. Nicolao (Burgund), Iohann de Litos 492
— Stephan Motac 492
— Iohann Sabazac 492
— Lavilla Banda 492
Nicolaus cardinalis nepos Clementis VI. 242
— card. dioc. s. Marie in Vialata (242). 748. 812
— card. presb. s. Sixti 748
— interpres ambax. Grecorum 359
Nicolinus nauta 268
Nicolucii, Petrus 286
de Nigra Vernha, Stephan 262. 329 (servitor Pinhote). 330 (cler. elemosine Pinhote). 357. 368
Nigroponte 22
Nîmes s. Nemausum
de Niomis, Pontius de Avinione 114. 138
de Nippe, Armos 138
Nizza 90
de Nobiliaco, Iohann capell. intrins. 203 (1342). 234. 265
„Nobis" pictor 803
Nogayroli, Bertrand director operum pape 788 (1361). 802. 816
Noli, Iohannes 634
de Nontronio, Petrus can. Palent. 752
Normannie dux Iohannes 196. 197. 210. 262. 263. 282. 287. 360. 424. 608. 644. 697 (Ermordung mehrerer Ritter in seinem Pariser Hause). 700. 745
de Norsia, Karolotus cursor mercat. 605
— Bartholomeus cursor 608
de Norsiaco s. Nasiaco
Norwegie (rex) 746. 812
de Nouais und Nonay, Albert Kalkhändler 219. 306. 344
de Novayro, Iohann procurator fiscalis pape 700. 710
de Novalibus, Petrus 494

de Nouircum (Norwich), Guillelmus, decan. Lingolin. 196
Novarien. (Novara) ep^{us} 644
de Novavilla, Colinus (*Bäcker*) 28. 45. 46. 61. 122. 205. 236. 267. 366
Novelli, Iacobus s. Benedikt XII.
Castrum Novarum (Noves bei Avignon) clavarius 553. 560. 584. 819
 Weine 617. 663. 709. 767
 Kerker 704
 custodia 727
 Viehmarkt 767
 capitaneus 792. 821. 822
Novi 112
Noviomen. (Noyon, Oise) dioc. 702 ep^{us} 612
de Novis, Coytre 767
— Bertrand ypothecarius Avin. 357
de Novocastro, Lambert furnerius Avin. 365. 366
de Novo Dompno, Bernardus auditor s. palacii 158. 265
de Novoloco, Dominicus penit. pape 614 (1356). 654. 757. 793
de Novo Molendino, Rotgeyronus [de Bolonia] hostiarius tertie porte 360 (1347). 389. 419. 439. 460. 461. 486. 530. 578. 614. 653. 654. 684, 15. 755. 793
de Noxonio s. Nexovio
de Nuena, Agerius serv. arm. pape 461 s. de Nicia
de Nuovilla, Helyas miles Lemov. dioc. 752
de Nurcia, Nikolaus cursor pape 685, 13 s. auch Murcia

O.

Obrerii, Iohann nuntius Caturcen. dioc. 810
— Raimund rect. eccl. de Berriol Dertusen. dioc. 810. 820
Octalherii, Alfons, campsor Avin. 18
Odeguerri, Iohann 411
Odonis, Petrus coquus Innocentis VI. adhuc cardinalis 523. 524 (pilgert zum Hl. Grabe)
de Offord, Iohann decan. Lincolinen. ambax. regis Anglie 232
Oynel, Iohannes capellanus Blanche regine Castellie 571

de Oleo und Lolio, Guillelm. factor candelarum de cepo 305. 340
Olerii, Bernardus custos manuperariorum 131
— Iohann pistor Avin. 236. 267. 325. 365. 366. 441
Olive, Bernardus subcollector Apost. 404
Oliverii, fr. Bernard ord. Herem. s. Aug. Theologe 22. 54
— Iordanus cubicularius pape 814. 817.
— Raymund serv. arm. 461 (1351). 487, 55. 537, 25. 615, 36. 654, 36. 641
St. Omer 497
Opequin, Radulf lapiscida 781
de Opere, Iohannes serv. arm. pape (413). 419 (1349). 461
Operum, Iohann 413
Operacii, Raymund famulus F. Pererii 603
de Orbeveto s. Orvieto
de Ordelaffis, Franz 42
Orgonium und Urgon (Orgon bei Arles), Steinbrüche 307. 430
 Weine 493. 617. 709
 clavarius 560. 709. 767
de Orgone, Ioh. Calmini lapiscida 376
v. Orléans, Herzog 437
Orléans 200 ferner s. de Aurelianis
Orsandi, Arnaldus cursor pape 223
Ortigia, Petrus miles Avin. 596
de Orto, Petrus 189
de Orvieto (Orbeueto), Savino, messagerius mercatorum 321
Oscen. (Huesca) dioc. 809
Ostiensis cardin. 199. 286. 320. 525. 574 (Petrus). 628. 748. 813 (Audoynus)
Ottonis, Gerald Minoritengeneral 22
Oxomen. (Osma, Toledo) ep^{us} (Alfons Fernandi) 575

P.

Padua 438. 700. 736
de Padua, Dominicus nuntius mercat. 646
Paioul s. Puiol
Payssonis mag. Petrus 34
Palacionis, Domenicus 274
— Iohann mercator de Florentia 274
Palaysini, Iohann notar. reddituum camere 88 (1339). 229. 325. 326. 327. 343. 345. 365. 371. 387. 417. 505. 525. 536. 546. 552. 563. 596. 606. 609. 623. 629.

aller im vorliegenden Bande erscheinenden Namen. 881

631. 643. 656. 679. 684. 695. 704. 719. 748. 781. 790. 791. 804. 810 (scriptor pape). 814. 816
Palharsonorum de Flor. societas mercat. 525. 555. 573. 574. 610. 761
Palhassia, Priorat bei Uzès 46. 122. 141. 206. 238. 268. 270. 272. 294. 298 (Heu). 334. 367. 395. 397. **409**. 425. 442. 443. 493. 495. 533. 545. 546. 582. 661. 667 Kirche vom Papst beschenkt 213 Weine 710
Palasserii, Guillelm. custos porte ferri palacii 599
de Palheriis, dominus 22
de Palissano, Raymund de Lauvena 665
de Palma, Benedikt familiaris ep^l Rimin. 611
Palma, Bernard mercat. Narbon. 302
de Palma, Giliolionus serv. arm. pape 361
la Palmere, Michaelet domicellus regina castelle 746
Palmerii, Lellus scutif. pape 44 (1336). 119
Pamiers Tucheinkäufe 63. 80
Pamplona 810
Pampilonen. ep^{us} 600. 628. 632 (cardinalis). 684. 695. 799 (vicecancellarius)
Pamplona, Generalkapitel der Dominikaner 577 (1355)
de Pampelona, Martin mercator de s. Marcello 412
de Pan, Bernard serv. arm. pape 25 (1335)
Panel, P. vayletus palafren. pape 487
Panetarie, Bernard 326
Panetarii, Gerald 619
Paniferus, Peniferus und Pensierus coquus 420. 439. 461. 485
Panhote, hospicium 137
de Pansano, Anton habitator Parisien. 696
Pantena, Aymericus miles Lemov. dioc. 752
Paphen. (Paphos auf Cypern) ep^{us} 321 (Odo)
de Papia (Pavia), Petrus curs. pape 26 (1335)
de la Para, Iohann cler. collegii card. 641. 753
de Paragio, Anton 68
— Iakob 68
Paratoris, Giletus 191

Paravicini, Beltramin Bischof von Chieti, beim Papst 76
s. Pardoux (Limousin) 651
Paris 113. 116. 200. 263. 287. 387. 458. 572. 607. 609. 644. 696. 697
   Einkäufe von Linnen 31. 49. 64. 145. 162. 189. 210. 214. 300. 301. 445. 468. 587. 625. 669. 673. 695. 770
   ecclesia s. Bernardi von Benedikt XII. erbaut 76. 91. 92. 111. 114. 139
   Gobelins mit Heiligenbildern 586
   Dominikanerkloster 624
   sigillum Castelleti 697
de Parisius, Iohann Bildhauer 286
— Bartolotus illuminator Avin. 689
Parisius sartor 469
de Parisius, Guillelm. nuntius mercat. 644
— Iohannetus 647
de Parisiis, mag. Iohann 254
de Parlhanis, Raimund scutifer pape 27 (1335)
de Parma, Bozolus capellanus pape 24 (1335)
— Iohann phisicus pape 420 (1349). 461. 485. 529. 615. 653. 756
— Odo Thadeus capell. pape 24 (1335)
— Thebaldus Iohannis serv. arm. pape 25 (1335). 361. 487, 24
Parsevallus serviens arm. pape 599 s. Persevallus
Pascalis (Gärtner) 225
— Franciscus 760
Pascallis, Iohann 221
Pascalis, Matheus scriptor pape 482
Pascus, Petrus mercator Avin. 398
Pasini de Florentia societ. mercat. 649
Passini, Franz aus Florenz pelliparius curiam Rom. sequens 101. 146
Pastem, Matheus 539
Pastor fr. ord. Min. 45. 74 (ep^{us} Assisien.)
Pastorelli, Privatus (capell. intrins.) 60. 94. 120. 159. 234. 265
Pastorii, Iohann parrerius Avin. 248
Pastoris, Iohann 287
Paterne (Pernes dép. Vaucluse) Öleinkäufe 65. 87
Patrimonium Petri in Tuscia 524. 525. 571. 745
— Rektor: Guigo de s. Germano
— Thesaurare: Stephan Lascoutz, Hugo Cornuti, Angelus Tavernini

Schäfer, Vatikanische Quellen. III.   56

Patrimonium, Nuntius Apost. 74. 100. 380
Patti et Lipari, ep^{us} Petrus 556. 607
Pauleti, Guillelmus manobrerius 115
s. Pauli (= Papuli, St. Papoul, Suffr. von Toulouse) ep^{us} 452
Pauli, Iohann serv. arm. pape 461. 487, 59. 615, 55. 758, 64
de s. Paulo, Hugo sarralherius Rom. curie 149. 164. 222 (ferraterius). 250. 314
— Wilhelm clericus 59. 74 (Thesaurar von Benevent), im Kerker 139. 149. 153. 165
Paussez, Henricus 706
— Iohann 706
Pavia, Pelzwerk von 64
de Pectoraria und Pecoraria, Raffinus serv. arm. pape 537, 37 (1353). 792. 822 (capit. castri Novarum). 685. 793
Pedenacium (Pézénas) Tucheinkäufe 30. 99. 738 (Märkte)
    Viehmärkte 16. 29
de Peycheneyria, Guillelmus (Bäcker) 61
Peyrolerii, fr. Iohann prior Predic. Avin. 551
de Pelagrua, Monnus serv. arm. pape 615, 38. 757, 13
Peleti, Bernard de Alisco domic. pape 290 (1345). 325. 440
de Pelle Amara, Iohann serv. arm. pape 25 (1335)
Pelherii, Petrus fusterius Avin. 307
Pelliparii, Guillelmus scisor lapidum 377
— Iohann 377
— Vincenz bladerius de Thoro 94
Pelliserii, Iakobus nuntius Ruthenen. dioc. 810
Pelhisserii, Iohann 277
de Penna, Bertr. ostiarius 4. porte 419. 439. 460. 485. 486
    serviens arm. pape 645. 615, 74. (1356). 654, 47. 685. 758, 50
Penestrinen. (Palestrina) card. ep. 45 (1336). 53. 160. 184. 423. 424. 443. 542. 544. 561. 604. 667. 697. 713. 714. 748. 753 (vicecancellarius). 796. 798. 822 (Raimund)
de Pere, Guillelm. latomus 450
Peregrini, Luquinus de Ianua, mercator cere 246
— Peregrinus mercator Ianuensis 448

Pererii, Fulco collector Apost. in Aragonia, Valen., Maiorc. Navarra 603. 605
— Pontius fusterius 307. 546. 821
Pererius, d. Iohannes can. Foroiulien., apost. Nuntius in Tuszien 74. 100 (collector)
de Pereto, Pontius can. Carnoten. 157. 190
de Pernis (Pernes, Vaucluse), prior 605
Pernognon cursor (mercat.) 572
de Pero Palharsone, Angelus 555
Perpignan (Pyrénées-Orientales), rotes Leder von 499. 552 (Generalkapitel der Carmeliter 1354)
Perrinus ypothecarius Benedicti XII. 163
— nuntius Lectoren. dioc. 811
Perroti, Guillelmus notarius 604
— Petrus lapiscida 105. 248 (perrerius)
Perrotus buticularius s. Isarni
Persevallus (de Bergamo) serviens armorum pape 68. 231. 362. 459. 597. 599. 615, 57
Pertelet, Guillelm. 596
Pertusium (Pertuis) Fruchteinkäufe 464
de Pertuso, Franz miles Grecorum 359
Perugia 353. 524. 551 (Generalkapitel der Augustiner-Eremiten 1354). 554 s. Sitz des Kriegsthesaurars 574. 749
    pondus 57
Perusinus archipresbyter capellanus pape 24 (1335)
de Perusio (Perugia), Angelucius nuntius mercat. 699
— Augustin cursor pape 598, 41 (1355). 686. 759 († 1360)
de Perusia, Bernard miles Lemov. dioc. 524
de Perusio, Dominicus s. Dominici
— Franc. Rom. cur. sequens 146
— Iohann Hugocho (cursor) 26 (1335). 345. 539. 685
— Matheus curs. pape 25 (1335)
— Quicius cursor pape 537, 30 (1353)
— (Perugia), Petrus advocatus camere 700. 710
— Venhacus curs. pape 25 (1335)
de Perussia, Ramnulf 526. 529. 547. 570 (domicellus, nepos pape Innoc. VI.). 575. 576. 614. 654. 670. 684, 22. 702. 753
— Maria eius uxor 576
Pestelli, Iohann 653 s. Postelli

de Pestello, Aymericus domicellus pape 202 (1342). 235. 290. 325. 361. 362. 390. 462 (miles). 488
de Pestilhaco, Gaston scutif. pape 43 (1336). 61. 120. 159. 203 (1342). 234. 290. 325. 362. 390. 440. 462. 485
de Pestugalis, Petrus de Ianua cirurgicus 809
Petit Sire Tuchweber in Tilemonte 445
de Petra, Iacob de Tarascone, procurator mon. s. Catharine Avin. 18
de Petrabufferia, Iohann dominus, miles Lemov. dioc. 752
— Golferius domicellus 813
Petragoricen. (Périgueux, Dordogne), dioc. 574
Petragoricensis (Périgueux) senescallus 438. 455. 459
Petragoric. cardinalis 184. 608. 644. 646. 701. 740
— collector 811
Petralata 621. 634
de Petralata, Petrus scutif. pape 61 (1337)
de Petragrossa, Ludwig 28 procurator camerarii (1335); procurator fiscalis pape 195. 200. 204. 225. 230
s. Petri basilica in Urbe s. Rom
Petri, Angelus de Lucca ostiarius pape 460. 485. 486. 536
— Bartholomeus cursor pape 789. 809. 810. 537 (1353). 598. 685, 41
— fr. Bernard elemosinarius Pinhote 205. 259. 262. 267. 268. 273. 284. 292. 294. 300
    bullator 356. 382
— Bonaventura societ. Palharsanorum 610
— Canton cler. serviens in capella pape 60. 120
— Guillelm. 394
— Iohann curs. pape 25 (1335). 392 († 1348)
— Laurentius can. s. Laurentii in Lucina 230. 263
— fr. Nicolaus de Senis procur. gen. ord. s. August. 815
— Ricanus can. Parmen. 53. 187. 230
— Rotland serv. arm. pape 461
— Angelus serv. arm. pape 615, 11. 794, 24
— Symon palafrenarius cardinalis Yspani 262

s. Petri de Rosis abbatia ord. s. Bened. dioc. Gerunden. 570
de Petrilia, Wilhelm precent. Remen., cler. pape 25 (1335). 28. 67 (1337). 93 (cler. camere). 109. 190. 197. 204
Petrus card. dioc. ss. Apost. 748. 789
— card. presb. s. Martini in Mont. 748
— card. ep^{us} Ostien. 748
— card. ep. Penestrin. 748
— card. s. Praxedis camerarius cardin. 72 (1337)
— archiep. Nazaret 91. 139
— ep. Crassen. 352
— prior de Glanderio ord. Carthus. 790 s. Iohannis, Petrus
— confessor pape 241
— custos palacii ultra Pontem 300 s. de Verdeleto
— trahens campanam 27 (1335). 43. 60
Peureria 583
Pézénas s. Pedenacium
Picamilli, Conrad 359
Picardie 572
Picardi, Petrus fusterius de Avinione 83. 309. 342. 376
— Philipp cursor pape 392 († 1348)
Picardia, Gewebe-Einkäufe 771
Pichati, Symon de Florentia interpres Turchorum 416
Pictavis (Poitiers) 696
Pictavensis (Poitiers) collector 811
de Pictavis (Poitiers), Ludwig 197
— Ademar, comes Valentin. 297. 321
— Carolinus 645
— comes 695. 701. 705. 719. 729. 732. 747
Philadelfia 522
Philippus, senescallus Provincie 198
— de soc. Bonacurs. merc. 80
— Ultramarinus, merc. de Ianua 147
Piloti, Guillelm. collector in regno Portugalie 607. 608. 643. 820
de Pinhas, P. 407
de Pinat, Iohann de Verduno 621
Pincyrol, Iohann 576
de Pineio, Petrus cursor pape 537, 25 (1353)
Pinelli, Andreas 590
— Fabian mercator de Ianua 375
Pini, Guillelmus notarius inquisitoris 607
de Pinia, Petrus lapiscida 341

56*

Pinholi, Raymund penitent. pape 526 (ord. Predic.). 614 (1356). 654. 757. 793
Pinoti, Stephan scriptor 256
de Pinsaco, R. domic. pape 202 (1342). 234. 290. 325. 362
de Pinu, P. serralherius Avin. s. Danpini
— S. auditor curie camere 204
de Pirusaco, R. s. Pinsaco
Pisa (bordum) Gewebe 185. 214. 302. 339. 574. 749
— Porto Pisano 748
de Pisa, Nicolaus nuntius mercat. 647
de Pisao, Laurenz curs. pape 26 (1335)
Piscis, mag. Iohann (de Mirapice), weilt in Rom (1335) als nuntius pape 23. 24 (rector eccl. de Esculenchiis Narbon. dioc.). 40 (1336). 41. 68.
    thesaurarius curie marescalli 27. 44. 60
— Petrus (Peyssonis) de Mirapice, päpstl. Baumeister in Avignon 33. 38. 51. 56. 65 (1337). 44. 61. 119 (scutifer pape)
Pistoja, Kaufleute aus 287. 525. 574. 610. 612. 791
de Pistorio, Franz domic. pape 234 (1343). 290. 325
— Michael
— Iohann regestrator petitionum 202 (1342). 234. 289
— Michael serv. arm. pape 361 (1347). 419, 13. 461. 483. 487, 42. 537, 36. 597. 615. 654. 757
de Placentia, Folquellus (*Bäcker*) 28. 45. 61
— Albertinus, Hembertinus pistor 552. 580. 616. 657. 706
— Guido (scriptor) 256
— Gentilis 256
— Iakob capellanus pape 204
— Iacobinus ostiar. min. pape 25 (1335)
— Raynaud alias Confortunus 386
— Rufinus serv. arm. pape 231. 361. 461 (487)
— Bertoletus serv. arm. pape 461. 615, 76. 758, 21. 794, 17
Placenti, Petrus serv. arm. pape 461 (1351). 537, 35. 597. 614. 654, 12. 758, 43
Plancat, Bernard cursor pape 537. 539. 597. 635. 641. 690. 696. 731. 751. 685, 38. 794. 816

Plancat, Iohann ortolanus Villenove 760
— Iohann ortolanus palacii Villenove 640. 705
de Planis, Guillelm. Avin. 307
Plans (Weineinkäufe) 617
de Platea, mag. Bonifaz procur. patriarche constantinop. 257
Plebanus mercator s. de s. Iacobo
Plenitant, Wilhelm presb. captivus 87. 89
de Plumbayrola, fr. Iacobus mon. Casinensis 157
Pocharellus nuntius collectoris Sardinie 571
de Podensaco, Petrus scutif. pape 27 (1335). 43.
    ostiarius (custos) secunde porte 60. 78. 93. 118. 158. 201. 233. 271. 289. 324. 360. 389
de Podio, Andreas aus Lucca, merc. cur. Rom. sequens 127. 135. 375. 381
— Franz de Lucca, merc. cur. Rom. sequens 750
— Chionellus 72
— Rostagnus lapiscida († 1340) 115
— Bertrandus avunculus 115
— Francisca sorella Rostagni 115
— Gerald, serv. arm. pape 536, 3 (1353)
— Sionellus mercat. de Lucca 649
— Alto, Bertrand domicellus 261
— Calvo, Bertrand iunior domicellus 136. 260
de Podiovalli, Guido domicellus pape 234 (1343). 290. 325. 361. 362. 390. 420. 440. 462. 485. 486. 529. 536. 614. 637. 654. 684, 8. 725. 733. 756. 784. 790. 793. 824
de Podiovilati oder Podiovilari, Wilhelm (*Bäcker*) 28
— Colinus 267. 365
— Palinerius 45. 46. 61
— Iohann 205. 236. 267. 365. 366
Poiati, Petrus de Villa Nova 356
Poiade, Raimund serviens maresc. pape 112
de Poiol, Raimund ostiarius pape 461 (1351)
de Poiolis, Raynald serv. arm. pape 461 (ostiar. pape). 685. 757
— Hugo, dominus de Blancaforti miles Agennen. dioc. 751 (capitaneus Venaycini)

aller im vorliegenden Bande erscheinenden Namen. 885

Poiolis s. Puiol
de Poissiaco, Colinus messagerius 200. 233
Polaserii, Guillelm. ostiar. min. 685
de Polenta, Bernard miles Ravennaten. 610
Polenti, Iohann giperius 104
Polerii, Petrus arrendator fructuum 493
Polonia, rex 320
— regnum 556. 647 (collectores Apost.) 812
— amabaxatores 747
Polonia, Wachs aus 590
Polonis, Henricus penit. pape 793 (1361)
Pomeci, Wilhelm frigidarius 104
de Pomeriis, Stephan palafren. pape 362 (1347)
de Pompadour (Lemovic. dioc.), Superana 612
— Rampulph Helie 612
— Galliana 622. 651. 725
Poncetus serviens arm. d^{ul} Penestrini 615, 13
Poncioni, Hugo presb. 802
Pondemi, Stephan cursor pape 537 (1353). 597. 685, 11
Pondulenum (Bollène) nördlich von Avignon
    Stroheinkäufe 334
de Ponsane, Anton nuntius mercat. 643. 644
Pons Cremalis (in Lombardei) 37
de Ponsino, Radulph 665
Pont de Sorgues (bei Avignon) 674. 683 der Papst dort verweilend 15. 21. 22. 23. 32. 114. 144. 707. 768 (päpstl. Tierpark). 225. 230. 600. 641. 652. 674. 690. 770
    castellanus 567
    Fischteiche 47
    Heu 668
    Bauarbeiten 51. 66. 72. 82. 84. 137. 150. 164. 354
        Wasserleitung 52. 55
        Getreidevorräte 423
        Castellan 66. 727. 728. 740. 749. 822
        burgum Poncii Augerii 68
Pont St. Esprit s. s. Spiritus
de Ponte, Bartholomeus palafren. pape 615. 655
— Helias civis Lemovic. 752
— Petrus lic. iur. 695

de Ponte, Petrus Holzhändler 504. 538 (1353). 565. 594
— und Ponts, Raynaldus domicellus, magister carceris pape 69. 43 (1336). 61. 120. 159. 234. 265
de Ponterolis, mag. Neapoleon de Forli 649. 704 (procurator ducis et com. Venet.).
de Ponte Sorgie, mag. Thomas Geraldi, nach Rom geschickt 75. 264
s. Pontii dominus 429 (1349)
Ponte Tremuli 40
Pontii Augerii burgum in Sorgia 68
s. Pontii Thomeriarum (St. Pons de Thomières) ep^{us} (39). 323 (Stephanus Aldebrandi Cambaruti)
de Pontino, Radulph (Avin.), mercator piscium 666
de Pontirolo, Fidelis conestabulus de Mediolano 792. 821
— Iohannes conestabulus 792
Pontisara, Pontoise, (Tuchort) 144. 241
de Pontisera, Petrus 308
de Pontisara, oder Pontoyssa, Ancelotus cursor pape 598, 47. 620. 625. 670. 685, 43. 705. 732 (usserius porte ferri). 780
Pontius cler. intrins. pape 26
— scobatur palacii 27 (1335). 43. 60
— custos capelle pontis Avin. 199
— provisor operum s. Saturnini
Pontoya Tuche 100. 562
de Pontoysa, Nikolaus cursor pape 532
s. ferner Pontisara
de Pontoize, Vincentius Ales (Weber) 402
Pope, Stephan notar. Avin. 811
Porchalli oder Portalli, Aynard, Inard, Erard, Isnard mercator Vinariensis (de Vinagi, Vinay). 382. 412. 432. 433. 453. 476. 477. 538. 564. 565. 595. 630. 635. 683. 729. 730. 784. 804. 822 (Gracianopol. dioc.). 823
Porci, Petrus 19. 236. 266. 291. 365. 366. 394. († 1348)
— Andreas 28. 45. 46. 61. 122
— Gerardinus filius Petri 394
s. Porcianum (St. Pourçain, Dép. Allier) Weineinkäufe 142. 155. 206. 207. 208. 239. 269. 293. 367. 396. 466. 492. 532. 583. 619. 661. 711. 796

de s. Porciano 492
— Franz 492
— Iordis 492
— Reverinda 492
de Pormono, Salomon lapiscida 803
Porolat, G. 494
de la Porta, Iohann miles 752
— Eyda 752
— Aymericus 790
de Porta, Matheus ambaxator regis Sicilie 574
de Portali, Raymund nuntius thesaurarii Romandiole 700
Portalli und Portalha s. Porchalli
la Porte, Stephan serv. arm. pape 486. 536, 10. 597. 614. 654, 45. 758, 45. 793
Porterii, Geraldus cursor pape 392 († 1348)
— mag. Iohann serv. arm. pape 487, 52
de Portibus, Stephan 429
de Porticu, Andreas mercator Lucanus in Genua 467
de Portu und Porta, Petrus prior ord. Carthus. Villenove (604.) 624 (prior Vallis Bone). 667. 668. 738. 743. 747. 754
Portugall collectores Apost. 571. 608. 644. 645. 810. 820. 823
— rex 674. 675
— nuntius Apost. 820
Posilhassii de Castronovo Calcern. 106
Posillaci, Raynald tegularius Castri Novi 219
Postelli, Iohann serv. arm. pape 685, 19 (1357)
    coquus 390. 461. 485. 528. 578. 615. 653. 755. 793
Postelli und Pestelli, Mayetus coquus pape 239
Postelli, Matheus cursor pape 598, 44 (1355). 685
Posterii, Iohann lapiscida 341
de Postilhaco, Gaston domic. pape 203 (1342). s. Pestilhaco
de Praellis und Pratellis (Diöz. Grenoble), Iohann Kohlenhändler 280. 281. 315. 351. 352
Prag, Generalkapitel der Dominikaner 736 (1359)
Pragensis (Prag) archiepus 700
de Prato, Bernard serv. arm. regis Aragonum 523

de Patro, Guillelm. 604
— Iakob ep. Castellanus 138. 139
— Pontius cambrerius ord. Cisterc. pape 23 (1335)
Pratum comitale bei Montélimar 606
Prefectus Urbis 23
de Preychio, Laurenz cursor pape 58
Prelli, Iaquinetus nauterius 760
de Preneria, Peronetus 760
Prepositi, Wilhelm, Schreiber 151
Preveraldo und Prinayrat, Pontius de s. Quintino Uticen. dioc. 52
Primas, fr. Iohannes conversus mon. de Bulben. magister marestalle 38. 56. 60. 62
Prime, Iohann elemosinarius Panhote 196
Prinayrat s. Preveraldo
de Prinazaco, Vitalis serv. arm. pape 25 (1335)
Priozi, Stephan cubicularius camerarii 483. 716 (capellanus camerarii). 738
de Proys, Petrus vitrerius 107. 254 (?)
Prophete, Rostagnus calcenarius 107. 252. 306. 344
Provinciales bei Innoc. VI. 655
Provincialis, Iohannes, canonicus s. Petri 23
— Ugo vayletus palafren. pape 487
Provincie senescallus 40. 746
Psalmodien. (Psalmody, com. s'Aigues-Mortes, Gard) abbas Gaucelmus 812
la Puger, Raimund serv. arm. pape 486
Puiol, fr. Bernard ord. Cisterz., mag. marescalle pape 110 (1340). 135. 144. 155. 159. 160. — 228 (1343 bullator). 251. 283. 314
Pulci, Iaquetus 401
de Pulcra Sede, Martin Subprior der Karmeliten in Avignon 288
Pulchrihominis, Iohann 107 s. Bellihominis
Pulli oder Pulbi, fr. Petrus operarius Minorum Avin. 438. 484
de Pusterla, Guillelm. capell. pape 24 (1335). 205
de Puteo, cardinalis 184. 269. 368. 398
de Putheo, Guillelm. domic. pape 203 (1342). 234. 290. 325

Q.

de Quadraginta Dominicis, Franz 264
de Quanto, Thomas serv. arm. pape 536, 7. 597, 15
Quarti, Stephan cursor pape 537, 28 (1353)
Quartisani, Damian 359
Quattuor Coronatorum cardinalis 286
de Queramo, Rotbert 445
de Quercu, Colinus (fusterius) 629
— Poncius 629
de Quinhano, Iohann 556
de Quinibaldis, Roger serv. arm. pape 25 (1335)
Quinquinelli (Quinquinel), Guillelm. de Usinhano, alias Iovenc, cursor pape, 84. 255. 280. 281. 314. 315. 342. 351. 352. 382. 411. 412. 433. 452. 453. 476. 477. 504
de Quintiaco, Falconetus Vienn. dioc. 702
Quintini, Boso serv. arm. pape 203 (erhält das Gehalt eines domicellus). 234. 290. 325. 361. 362. 389 (ostiarius 4. porte). 419. 439. 461. 462. 485. 486, 14. 536. 537, 22. 615. 654. 727. 758, 39. 792. 793. 821 (capitaneus castri de Mornaco)
de s. Quintino, Iohann cler. intrins. pape 26 (1335). 44. 60. 94. 108 (capellanus pape). 120. 134. 159
— Utic. dioc., Pontius Preveraldo 52
— Raimund Sabrano 52
de Quolibet, Ioh. inquisitor Pictavie 22

R.

Radulphi, Andreas 444
— Bertrand ostiar. min. pape 25 (1335). 363
— Guido cler. intrins. 26 (1335). 34
Radulphus piscator 585
— payrolerius ac factor campanarum 251
Rafatani, Nicolaus Fruchthändler 464
Raffinus serv. arm. pape 487 s. de Placentia
Raybaudi, fr. Petrus procurator ord. Carmelit. 484
de Raychaco und Raysaco, Arnald cler. intrins. 26 (1335). 44. 61. 120. 159

Raynaldi, Grassus 26 (1335)
— Iakob domic. pape 27 (1335). 43. 61. 69. 78. 85. 119
— Iohannes domicellus 792
— Iohann de s. Romulo 282
— Petrus clavarius Carpentor. 761. 762. 798 († 1361)
— Rostagnus genannt le Maran 219
Rammaldi, R. (de Varsio) phisicus 202 (1342). 234. 289
Raynaldus card. dioc. s. Adriani 748. 822
Raynaldus protonotarius pape 204
Raynaldus miles siehe Napoleon cardin.
Raymberti, Laurenz civis Avin. 68
Raimundi, Guillelm. de Serrerio de Santo 665
Raymundi, Helyas penit. pape 793
— Iakob Holzwarenhändler 215
— Iohannes collector Biturric. et Lemovic. 632
Raimundi, Nicolaus cler. intrins. pape 26 (1335)
— Petrus cler. coll. cardin. 159 (1342). 265
Raymundi, Petrus ostiarius minor 227. 238. 270. 294. 367
la Raymundia, Oliver serv. arm. pape 486. 654, 44. 758, 41. 727 (custos Pontissorgie)
Raymundus cardin. presb. s. Crucis in Ieros. 747. 750
— Elnen. ep^{us} 710
— abbas s. Petri de Rosis 570
— medicus pape 317 († 1346)
Raimundus capell. pape 24 (1335)
Raymundus carraterius s. de Mirabello
Raimundus scobator 119. 158
Raynaudorum hospicium Avin. 261
Raynberti, Laurenz 310
Raynerii, Bertrand domicellus marescalli Rom. curie 157
Raynerii, Ubertus (Obertinus) serv. arm. pape 25 (1335). 68. 361
— Ogerius serv. arm. pape 361
Raynoardi, Bertrand domicellus de Avinione 69. 229
— Stephan domicellus 199
de Rayssaco, Arnaldus 16
de Rayssio, Guido capell. commens. pape 760 (1360)
Ramanx faber 636

Rambaudi, Helias custos vaccelle pape 529 (1353). 655. 632. 633. 729. 817. 557. 579. 759. 794
Ramberti, Guillelm. 668
Ranas, Raymund scutif. pape 43 (1336)
lo Rant, Iohann servitor † Benedicti XII. 388 († 1348)
Ranuchii, Bonus merc. de Florencia 211
de Ranuchiis, Iohannes de Florencia 605
Ranuchini (= Michinorum) de Florentia societas mercat. 525. 555. 573. 574. 611. 649
Raolini, Raymund servitor 295
Raolinus portitor aque coquine 119. 158
de Raone, Hugo Ruthen. dioc. (in Rom)23
Ras, Rotbertus 689
Rascassii, Bernardus iudex episc. Avin. 75 (1336). 488 (1352): miles marescallus iustitie Auin. 645. 690. 822
Rascia (Serbien) rex 555 (Unionsversuche)
de Rasigniaco, Bartholomeus serv. arm. pape 486, 2
Raspi, Lapus 605
Raterii, B. auditor penitentiarie 235. 486 (penit. pape)
— Bernard capellanus cardinalis Alban. 203
Raterius serv. arm. pape 419, 21. 615, 50 s. auch Galippus
Ratherius miles 651
Raubac, Petrus serv. arm. pape s. Roubat
Raubati s. Roubat
Raucamaure (= Gausserandi?), Raymundus 744. 806
Ravenna, Grafschaft 42
— Stadt 610
de Ravennatis, Guillelm. 607
de Reatino, Nicolaus nuntius mercat. 646
Rebaut, Petrus pictor 312. 313
Rebelli s. Robulli
la Rebieyra (Ribyera und Riperia), Ademar ostiarius prime porte 527 (1353). 547. 578. 614. 653. 684, 12; cubicularius pape: 725 (1358). 740. 755. 758. 774. 775. 785. 793. 805. 817. 823
— Hugo serv. arm. pape 758, 58 (1360)
Redelerii, Richard 68. 69
lo Rey pictor Avin. 594
Reychebici, Peter de Insula 34
la Reyma s. Reyna

Reims, Tuche 372.
   Linnen 72. 128. 214. 275. 336. 338. 426. 445. 468. 481. 499. 587. 625. 775. 669. 672. 673. 695
— Erzbischof 539. 605. 644
— collector 100. 697. 746
v. Reims (de Remis), Iohannes notarius 731
v. Reims (de Remis), Iohann fusterius 727
Reymundia s. Raymundia
la Reyna, Aymericus domicellus pape 653. 756. 790. 793
— und Reyma, Radulph miles Lemovicen. dioc. 651. 701. 790
Reynaldi s. Raynaldi
Reynheium dioc. Pictaven. 698
Regaymon, Evenus penit. pape 757. 793
Regant dictus Sant serv. arm. pape 487
Regalis Mons Albien. dioc. 90
Regens. ep. Gaufridus s. Gaufridus
Reges portus 346
Reginaldi, Guillelm. 666
Reginaldus thesaurarius s. de Maubernart
de Regio, Iohann habit. Avin. 821
— Lanfranchellus curs. pape 25 (1335). 598, 36
Regis, Iohann scriptor penitentiarie pape 201. 235
Regnaudi, Iohann de Vicenobrio 494
Relhat, Petrus 701
s. Remigii (St. Rémy, Dep. Bouche du Rhône) bei Arles 397
   Weineinkäufe 493
   clavarius 663
   sonst 698
de Reneria, Berengar lic. leg. 811
Renoardi, Bertrand et Guigo domicelli de Vedena Avin. dioc. 229 s. ferner Raynoardi
Renouarda, Clasia Avin. 319
de Resignat, Bertrand serv. arm. pape 361 (1347)
Restesius, Bermundus 185
de Revello, Floto dominus de Scola Nivernen. dioc. 702
Raymundi, Amandus serv. arm. pape 361 (1347)
Raimundi, Arnald domic. pape 27 (1335). 109. 166. 43. 61. 77. 119. 159

Raimundi, Petrus domicellus 184
— Berengar miles, vigerius Avin. 614
Raymundi, Berengar miles, vicarius civitatis Auin. (71). 578. 614. 645
de Reuesto, Philipp, can. eccl. s. Agricole Auin. 35
Revidati, Poncius baiulus Palhassie 409
Reulo, Andreas plebanus s. Cassiani de Veneciis 649
Riatiers 583
Ribe, Durand not. Avin. ep¹ 186
Ribiera s. Riverse und Rebieyra
Richardarius giperius 346
Ricardi, Bertrand 255
Ricardi, Iohann serrator 377. 407 (Ricaut). 594. 726
— fr. Iohann prior Carmelitarum 438. 551
— Radulph capell. intrins. 203 (1342). 204. 234
Richardus abbas de Viconia 297
Ricani, Rostagnus draperius de Avinione 481
de Ricasulis, Albert. domini Bentuchii miles de Flor. 574
Ricaut, Iohann 407 s. Ricardi
Ricavus, can. Belvacen. 263
de Richemont, Guillelm. 727
Richii, Petrus 401
Richi, Andreas merc. 574
de Richi, (Rigi), Tedaldini Rogerii de Florentia societas mercat. 526. 555. 573. 574. 610. 648. 650. 704
Ricomanni, Michael cler. camere 28 (1335). 41. 53. 93. 138. 163. 204. 228. 229. 260. 319 (1345 Bischof v. Vich). 329. 710 (Bischof von Barcelona)
de Ricomer, Nicolaus domicellus regine Castelle 746
Ridolfi, Bartholomeus soc. Bardorum 286
Ridos (wohl für Bidos = Bedos), Guillelm. serv. arm. pape 461 (1351)
Rigaldi, d. Iohann, rector ecclesie s. Germani de Tilio Mimat. dioc., Thesaurar von Spoleto 57
— und Ricardi, Peter de Ruthena pargamenarius 108. 224. 256
Rigaldus, abbas mon. Case Dei 228
Rigaudi, P. 36
Rigensis (Riga) archiep. Fridericus 157 († 1342)
de Rigo, Benvenuto Marfoli 42

Rigordi, fr. Iulianus ord. Cisterc. 804
Riguerii, Raimund s. Riquerii
de Rilhata und Relhano, Guillelmus Iohanniterprior von St. Gîles 322. 323
Rimini, Bischof von 605. 609. 610. 611
de Rino oder Rivo, Bertrand ostiar. min. 537 (1353). 597. 685
de Rinopullo, fr. Guillelmus monachus de Populeto Cisterc. ord. 54
de Rynstede, Thomas penit. pape 614. 654
Rions in d. Auvergne 699
Riotus scriptor 256
de Rip(p)a, Petrus 410
de Ripa Alta, Iohann 494
de Riparia, fr. Iohann Iohanniter-Prior in Rom und Pisa, Rektor der Mark Ancona 88 (1339). 111. 137
de Riperia, Ademar cubicularius pape 725 s. Rebieyra
de Rip(p)eria domina 729
— Agnes 790
— Arnaldus 805
de Riperia, Guido panatarius pape 567. 602. 639. 692. 695. 693 (de novo factus etiam elemosinarius pape). 703. 712. 717. 736. 742. 743. 763. 770. 790. 791
Riquerii, Iohann Avin. Getreide- und Weinhändler 78. 79. 94. 95. 141. 160. 205. 236
— (Riguerin), Raimund giperius 82. 678
Rivensis (Rieux, Suffragan von Toulouse) ep^us 386. 452
— dioc. 14
Riverse, Ribiera, Revere, Riperia und Riverie, Ongerius serviens arm. pape 202 (1342). 419, 31. 645. 647 (Augerius Riverie). 654, 19. 757
de Riveto, Guillelm. 597 (serv. arm.), dann ostiarius pape 614. 653. 654. 684. 755
Riviere, Stephan s. Brueyra
de Rivis, Guillelm. miles Delphini Vien. 263
de Rivo oder Rino, Bertrand ostiarius minor 597 (1355). 685
de Rivo, Paulus 141
de Roana und Rocha, Bernard portarius 77. 119. 461. 528, dann cursor 537 (1353). 557. 578. 615. 653. 686. 755

Roanni, Ioh. 16. 30
Robertus rex s. Sizilien
— barberius serv. arm. pape 794, 18
Robi, Clarus de Florentia mercator 573
Robie, mag. Iohann notar. auditoris 158
Robini, mag. G. sartor 162. 210
Robulli und Rebelli, Iakob curs. pape 26 (1335). 392 († 1348)
la Rocha, Aymericus alias Poscal ostiarius 4. porte 419. 460. 536 s. de Rupe
— und de Rupe, Hugo miles Lemovicen. dioc. 651 (524) s. auch Rogerii
Rocha, Raynald 494
de Rochafort, Ranconus domicellus pape 440 s. de Rupeforti
de Rochas, Guillelm. domicellus 459
Roche, Dragonetus 595
de Rocheforte, vicecomes 696 (beim Papst) s. auch Rupeforti
de Rocamartina, dominus Alba 596
Rocamaura, Iohann capitaneus curie marescalli 558
Roclandi, Hugo burgensis Avin. 230
Roderici, Gundisalv ostiarius 2 porte 653 (1357). 654 (Alfonsus)
de Rodes, Bernardus cler. camere Apost. ac camerarius cardinalis Nemausen. 458. 804
Rodortoyz, Iakob caretarius 413
de Roffinhaco, Bertrand nepos pape Innoc. VI: 570 domicellus pape 529. 547. 550. 557. 596. 614. 627. 651. 653. 675. 756.
— Guido eius filius, domic. pape 654 (1357). 756. 793
— Guillelmus rector Veneycini 569
— Petrus domic. pape 756 (575)
Rogerii (Rotgerii)
— Bernard servitor elemosine 357 († 1347)
— Guillelmus dominus de Cambornio siehe Bellifortis
— Hugo de Belloforti domic. pape 203 (1342). 234. 290. 325. 362. 390. 420
— — marescallus iustitie 201 (1342). 204
— Iohann serv. arm. pape 25 (1335)
Rogerii, Paganus Theologe 22
— Petrus capell. pape 24 (1335)
— Petrus s. Klemens VI.
Ro(t)gerii, Raymund collector Tholosan. 700 s. ferner de Rotgerio
de Rogier s. de Rotgerio

de Rogorio s. Rotgerio
Roye, Petrus magister operis sepulture pape Clementis VI. 451
de Roys, Raboyrus messagerius 196
Rollandi, Nicolaus cursor pape 598, 48. 685 s. auch Rutlandi
Rom und Römer 281
— Botschafter der Stadt beim Papst 58. 747
— Senator Urbis 417. s. ferner Cola di Rienzo
— Präfekt 23
— Ausgaben für den Palast und St. Peter 23. 24 (1335). 40 (1336). 74. 113. 264. altararius von St. Peter: 74. 75. 113. prior: 523; vgl. ferner Piscis, Iohannes; Provincialis; Giraudi, Thomas;
— — für den Lateran 264 (1345)
— — für St. Iohann und Paul 523
— Gewebe 241
— weiter vgl. de Ventadoro; de Vico; de Scrofano; Laurentii, Petrus; de Raone; Aliscii; de Columpna; de Castilhone; de Monteregali; Petrus Iohannis
de Roma, Bartholomeus 359
— Guillelm. 219
— Iohann cursor pape 26. 429. 537. 538. 556. 571. 596. 597, 19. 653. 654. 685. 755; porterius i. porte (ostiarius minor): 578. 614. 760. 762. 811. 813. serv. arm. 803
Romanelli, Guillelm. sartor Rom. cur. sequens 111
Romania (Griechenland) Boten des Papstes 359. 386
Romagna (Romandiola)
— Rektor: Iohann Amalrici, Astorgius de Duroforti.
 Marschall 609. 610
 Thesaurar 39. 42. 57. 700
 pondus 57
 guerra 417
 nuntius 700
Romans nö. Valence (Drôme) 644. 645
— (villa) 260
de Romanis, Robin pictor 253. 254. 312
Romen, Hugo de Avinione 255
de Ronhas, Petrus lapiscida 308
Roncelli, Durand (scriptor) 256
Ronhonacium hospit. s. Iohannis Ieros. 656

Roqua, Petrus servitor elemosine 357
Roquas, Hugo, rector ecclesie de Noalhaco, Thesaurar von Benevent 39
Roqueta, mag. Galhardus fusterius Avin. 52
de Roricio, Bertrandus 24
lo Ros 407
Rosdoli, Petrus pictor dioc. Vienn. 254
Rose, Guischard 708
de Rosinhano, Wilhelm cursor pape 34
Rosseillon pedagium 583. 708. 764
de Rossereya, Guillelm. 562
Rosseti, Iohannes clericus can. Cabilon. ac provisor bladorum 491. 492. 497. (580) 588. 599. 616. 621. 624. 760. 762. 774. 794. 796
   cursor pape 531
— Iohannes notarius camere 694. 704. 739
— Iohannes mercator Avin. 580
— Stephan 706
de Rossilione dominus 329
de Rossinhaco, Guinotus scutifer pape 793 (1361) s. Roffinhaco
de Rossilhione, Geraldus scutifer pape 790. 793 (1361)
Rossinhol, Radulph 445
de Rosso, Arnald scut. pape 43. 48 (Naldus)
Rostagni, B. messagerius 458. 460
— Guillelmus ferraterius Avin. 164. 250. 314. 347. 376. 379
Rostangni, Iohann serv. arm. pape 25 (1335). 79. 156. 209. 333. 361. 369. 399. 419. 424. 444. 495. 461. 487, 41. 615, 70. 654, 21. 685. 758, 68
Rostagni, P. Strohhändler 71
Rostagnus emptor cardinalis Ruthen. 396 (453)
— magister (fusterius) 243 s. Berqui
— coopertor s. Aurucii
de Rotgerio und de Rogier, Raterius serv. arm. pape 358. 361. 386. 440. 461. 529. 596. 614. 654. 684. 685. 726 (deputatus ad custodiam Castri Novi) 487. 537, 38. 654, 61. 727. 758, 24. 756
Rotlat, Thomas 492
Rozi, Guillelmus de Malamorte 123
Rothomagen. (Rouen) aep[us] 452. 572
— Wohltätigkeit Benedikts XII. 114
— Archidiakon 116

Rothomagensis cardinalis 644
   collector 699. 810
   hastiludia 230
Rotundi, Franz 676
— Stephan alias Carretarii presb. 238
Roubat und Raubati, Petrus serv. arm. pape 424. 486. 615, 46. 654, 56. 685, 21. 758, 57
Rousini, Iakob de Lucca mercator 436
Rubey, Bernard 377
Rubei, Pontius 83
Rufferi s. de Valle Ruferia
s. Ruffi ecclesia 58
— Iohann 445
— Martin de s. Dionisio 401
— Moninetus latomus 406
Rufi, Wilhelm päpstl. Kollektor im Bistum Clermont 239. 269
Rufinus archidiac. Remensis 287
de s. Ruffo, Raimund 79
de Ruello, Symon (Koch) 202
Rulicis, Emmanuel Grieche 483
de Rupe und de Rocha, alias de Corthel und Poscal, Aymericus ostiarius pape 289. 324. 360. 389. 419. 439. 460. 485. 486, 12. 536. 597, 30. 615, 39 (serv. arm. pape). 654. 758, 48
— und la Rocha, Hugo miles Lemov. dioc. 524 (651)
de Rup(p)e, Isabella 790
— Petrus cursor pape 789
— Raimund, butic. pape 46. 55. 62. 79. 95. 110. 120. 123. 135. 159. 189
de Ruppe, Wilhelm 138
de Rupecanardi, Aymericus miles senescali Tolosani 523
— Iohann electus cozeran. 700
de Ruppecanardi, Ludovicus vicecomes 702. 814
— Ysabella domina 823
— Symon domic. pape 203 (1342). 243
de Rupe Folcaudi, Aymericus miles Engolismen. dioc. 612
Rupeforte Carnot. dioc. 39
de Rupeforti und Rochaforte, Randonus (und Rantonus) domic. pape 362. 390. 420. 440. 462
Rupemaura (Roquemaure, Gard. arr. Uzès)
   Heueinkäufe 334. 622

Weinkaufmann 663
castellanus 697
Rupemaura pedagiator 708. 765
de Rupemaura, Petrus Humberti 293
Ruphi, Iohannes mercator Montispessulani 720. 721
de Rupis, Petrus s. de Silvaneto
Rupis d'Agulfis (in der Auvergne) castrum 697
Rup(p)is de Cley und de Clivo 583. 708. 765
Rupiscissa (Roquetaillade, Aveyron) 583. 764
de Ruspo, Lapus miles (mercator) 436. 526
— Ludovicus filius Lapi 633. 642. 650. 821
Rusulonis, Guilhonus 325
Ruthenen. cardinalis 360. 396. 412. 452
de Rutheno, Bernard can. Belvacen. 492
Rutlandi und Rollandi, Guillelm. marescallus curie Rom. 575. 578 (1355). 606 (nobilis et potens vir, miles pape). 614. 634. 651. 681 (dominus Montisflasconis). 703. 745. 788 († 1361)
— Aymericus rector Romandiole 643
de Ruviller, Andreas Geben. dioc. mercator tele 243

S.

Sabaterii, Guillelm. domicellus 34 (magister marescallie pape). 528 (1353). 529. 530. 531. 532. 533. 545. 567. 572. 578. 581. 595. 602. 619 (mag. palafrenarie pape). 621. 622. 628. 637. 639. 656. 658. 660. 667. 693. 697. 714. 742. 756. 769. 788. 579 (mit dem Waffenamt betraut). 614 (scutifer). 615. 793. 816
— Iohann de Montepessulano messagerius mercatorum 523
— Petrus cubicul. pape 60 (1337). 94
— Raimund (Bidarrides) 78
— Raimund 127
Sabaudie comes, Aymon 89. 91. 557 Gesandte beim Papste 114
Sabaudia (Savoyen) Holzeinkäufe 255. 634
Sabazac, Iohann 492
de Sabazaco, Petrus 378
de Sabazalgita, Bermundus mercator de Marologio Mimaten. dioc. 743
Sabbe, Arnulf presb. notarius apothecarum 731

Sabinen. cardinalis 604. 809. 811. 812 (Bertrand)
Sabra, Pontius de Villanova 249
Sabrano, Raimund 52
de Sabrano, Wilhelm miles 69
de Sacarone, Colard 669
de Sado, Paulus dr. decr. can. b. Marie de Domps 483
Sagona (Saône) 706
de Saya, Aycardus scutif. pape 27 (1335). (magister hostiarius). 43. 60. 78. 93. 118. 158. 233. 289. 324
Saychel s. Seyssel
de Saychone, Iaquetus ioculator ducis Normandie 197
Saifredi, Iohann miles rector ducatus Spoletan. 387
Sail, Petrus palafren. pape 420
de Saina, Bertrand de Insula 219
Sainterii, Petrus s. Sinterii
de Sala, Diladanus de Bononia 522
— Iohann noviter (1362) receptus in cubicularium pape 817
Salandrin 621
de Salavernis, Wilhelm alias de Mediolano (Schlosser) 107. 131
Sale, Iohann 218
de Salhenco castrum 523
de Salhens, Iacobus balistarius 635
— Stephanus filius Iacobi 635
Saleria 583. 708. 764
de Saleta, Bertrand 287
Salgne, Abtei 424 (Abt Hugo)
de Saliente, Iacominus balisterius Dien. dioc. 758. 750
de Salis, Raimund scutif. pape 44 (1336). 61
Salmann, Bischof v. Worms 76*. 90. 112. 138. 157. 198
de Salmeritis und Salavernis oder Salvertis, Wilhelm alias dictus Niger de Milano s. d.
de Salmoná, Blasius palafrenarius pape 362 (1347), s. Dominici
de Salo, Petrus scriptor penitentiarie 201
Salomon Iudeus giperius 34
de Saloniquo, Georg 138. 157
Salvaticus brodarius 26 (1335)
de s. Salvatore, Durandus auditor palacii 205

Salvatoris ecclesia in Sila Dalphia (Griechenland) 483
s. Salvatoris abbatia ord. s. Basilii de Grecia in Constantinopel 91. 138. 157. 198
Salvi, Vanellus u. Vinellus de Lucca 254. 278
— Salvator stagnerius 312. 350
— Bermonus 312
— Guillelmus frigidarius 83. 105. 131. 217. 310
de Salvis, Iohann de Atalcate captivus 71
le Samier, Guillelm. scriptor 256
de Sampinhi, Iohann monachus mon. Urcicampi Noviomen. dioc. ord. Cisterc. 113
la Sanha, Petrus cursor pape 386. 451. 460. 566. 569. 598
Sancii, Arnaldus 569. 571 (nicht Aricandus)
— Begotus serv. arm. pape 597, 47. 615, 35 (Simeoni?). 654, 40 (Sozoni?). 758, 27 (Suchon?)
— Donatino de Florencia 382. 557 s. de Florencia Donatinus
de Sancquis, Raynaldin curs. pape 25 (1335)
Sancti, Garinus Küchendiener 28
de Sanctoloco, Robinus 716
Sanderus scriptor 824
de Sandrios, Raimund vignerius episcopatus Avin. 27 (1335)
de Sangallo, mag. Robert serv. arm. ac barbitonsor pape 809
de Sanguis, Pascalis corraterius
de Sanholis, Iohann Bildhauer 451
Sansavert, Iohann messagerius 609. 644
Santerii s. Sinterii
Santhi, Donatinus corraterius camere Apost. 557 s. ferner de Florentia, Donatinus
Santiago de Compostella 556
de Santicho, Rondinus serv. arm. pape 487, 32
Sapientis, Bonetus domicellus Lemov. dioc. castellanus 706?
Sapientis, Iohannes 444
— Petrus palafren. pape 362 (1347). 390. 487. 757. 794
Sapiti, fr. Remigius professor theologie 57

Saporis, Stephan scutif. pape 27 (1335). 43. 61. 119. 159
Saragossa s. Cesaraugusten. und Saragosta
Saragustan. (Saragossa) archiep. 604
de Saranghaco, Barthol. serv. arm. pape 614
Sarazenus captus 255. 260. 319. 352
Sarazenen, vom König von Castilien besiegt 115
de Sarda, Petrus 590
Sardinia 138. 571. 761
Sarinhani, Isnardus serviens maresc. pape 112
de Sarlat, Peter 184
Sarlaten. (Sarlat, Dordogne), dioc. 39
— ecclesia de Gauliaco 57
Sarlatensis collector 811
Sarralherii, Alfant 68. 69
Sarralherii, Raimund mercator Narbon. 370. 445
Sarrentis, Petrus s. Sapientis
Sarrosola, Stephan Lemovic. dioc. 736
Sarrigner (Serrigny bei Beaune) 293
Sarzana 644
de Sarzana, Iakob domicellus pape 359. 120 (1340). 159. 235. 290. 325. 362. 390
de Sarxo und Saxonia, Iohann penit. pape 360 (1347). 391. 419 (aus Mühlberg)
s. Saturnini (St. Saturnin-lès-Avignon), Weinort 397. 412. 545. 795 Brennholz 223
Saturnini, mag. Pontius 228. 250 (provisor operum pape). 234. 265. 283. 289. 307. 308. 310. 319. 346. 376
de Sauceto feudum 583. 744
Saucii und Sautii, Bernard palafrenarius pape 487. 615. 757. 794, 5 s. Bernardus
de Sauli (Seuli) dominus 699
de Saulis, Gannus serv. arm. pape 461
de Saumana, caserum 648
— Guirannus 648
Saurelli, Berengar 227. 239. 251
Sauso (oder Sanso), Petrus serv. arm. pape 361 (1347)
de Sauzeto, Bertrand 547
— Humbert domicellus et scutifer pape 529 (1353). 547. 614. 654. 684, 19. 756. 769. 793. 819. 824

Savardunum, von dort der Oheim des Papstes 75. 77
— Wohltätigkeit der Kurie 63. 80. 116. 127. 145
de Savarduno, Iakob brodarius 26 (1335)
de Savinhaco, Petrus Raimundi, clericus collegii cardin. 197
Savoyen (Sabaudia) 34
de Sazo, Hugo canabasserius (Seiler) Avin. 791. 377. 819
de Scala (Verona) domini 281 (vicariatus)
— Mastinus 321
de Scamello, Gerald ostiarius pape 486
Scamendrinorum stagnum 495
Scaranda, Salva de Biturrita 668
Scarci, Stephan cursor pape 597, 18. 685, 40
de Scarparia, Petrus magister cursorum mercatorum curie Rom. 557 s. ferner de Carreria
de Scarpita, Bertrand 656
Scatilli, und Scatini, Andrivetus massonerius Avin. 546. 780
Scatissa, Petrus thesaurarius regis Francie 745. 751. 814
de Schöneck (Sonheco, Sunheto, Signeto, Sugeto, Sunhoco), Hugo serviens arm. pape 438 (1350). 461. 487, 60. 537, 27. 597, 43. 614. 654, 42. 655. 685. 758. 52. 794, 31
Schweden 812
de Scoarsano, Chicus scutif. pape 27 (1335). 43 (Scorfano). 61. 159
de Scorola, Ludovicus domic. pape 202 (1342). 234. 290. 324. 361. 362. 390 ostiarius 419. 439. 460. 486, 17
de Scorphano s. Scoarsano
Scossaco s. Escossaco
Scotlante s. Secoclausa
de Scrofano, Paul prior s. Petri de Urbe 523
Scuerii oder Senerii, Guillelm. serv. arm. pape 486. 685
de Seana, Bartholom. curs. pape 25 (1335)
Secoclausa und Secotlance, Guillelm. 687. 730. 804. 805 (servitor camere)
Secredi, Arnald cursor pape 392 († 1348)
de Seduno, Guillelm. curs. pape 25 (1335)
de Seduno, Iohann cler. capelle pape 43 (1336). 60. 118. 201. 233. 388 (elemosinarius pape). 418. 421. 438. 457. 459. 482. 484. 498
scriptor pape: 557. 655. 705. 758
Segobricen. civitas (Segovia) 810
Seguilic, Gregor, miles regis Armenie 23
Seguini, Raimund 26 (1335). 44. 60. 94. 120. 159. 475
— Stephan phisiscus pape 202 (1342). 234. 282. 289. 324
Seguntinus (Siguenza) ep^{us} in Spanien 297 (Gundisalvus). 606 (Petrus)
de Segurano, Bernard cubicul. pape 758
de Segureto, Wilhelm 106
Seyssel (Saxel, Haute Savoie, arr. Thonon), Bauholzeinkäufe 34. 52. 66. 150
Selhani, Siglavi, mag. Stephan balisterius curie Rom. 85. 151. 223
de Sena (Siena), Pagio nuntius mercat. 646
Senherii, d. Bertrandus sacrista Lumbarien., thesaur. marchie Anconitane 39 (1336)
Senerii, Guillelm. serv. arm. pape 486. 685
de Senis, Franz domicellus, lotor pannorum pape 159 (1342)
— (Siena), Blasius cursor mercatorum 571. 646
— Iohannes nuntius mercat. 644
— Iohannes Luche pictor 254
— Martin cursor pape 344. 429. 431. 451. 537, 32. 598. 685
— Nicolaus 386. 25 (1335)
— Nerossius, Nerochus, Neyresius (Bartholini) argentarius Avinion., nepos Marcholandi 452. 476
— Venachius 191
de Senlis und Silvaneto, Petrus iuperius 403. 425
de Senholis, Guillelm. massonerius 740
Senon. collector 810
de Separano, Calcedonius can. Aquensis scriptor et distributor lit. Apost. 462
de Sepolvega (Sepulvilla), Iohann 258
de Septemfontibus, Gasbertus 26 (1335). cler. intrins. 44. 54. 61. 120. 159. 161. 234 (regestrator). 257. 265. 289. 316. 324
de Septimo, fr. Remigius ord. Cisterc. 74
s. Sepulchrum (Pilger) 524
Sequet, Clemens 401

de Serano, Petrus serv. arm. pape 361 (1347)
de Serato, Naudinus serv. arm. pape 419, 30
Serbien s. Rascia
Ser Bindi, Iohann (cursor mercat.) 572
Serentium in Provincia 460
Sereria 795
de Sergia, Iohannes Gebenn. (Genf) dioc. marescallus pape 693. 742
Sermoneti, Iohann subcollector Apost. in Clermont-Montferr. 497
la Serna, Petrus mercat. 365
de Serra, Bertrand domic. pape 234 (1343). 290. 325. 362. 390
Serralherii, Alfans Avin. 261
de Serris, Simon 406
Serveria (und Serano?), Petrus serv. arm. pape 188. 191 (361). 419
Servientis, Egidius 406
— Iohannes subcollector in Alvernia 531. 591. 617. 708. 711
— Petrus de Lauduno 401
— Raimund cler. intrins. capelle pape 26 (1335). 44. 60. 94. 120. 159
de Seseraco, Guillelm. 78. 119. 159. 234 (domic. pape). 362
de Seuecio, Inard penit. pape 654 (1357). 793
de Severia, Bernard merc. pann. de Andusia 371
de s. Severio, Chicus, subvicarius curie regie Avin., 40
Sicardi, Paul 672
— Petrus penit. pape 391
Sicaudi (und Sicaldi), Iohann cursor pape 386 ostiar. minor 537 (1353). 597 (1355)
Siferdus (neu getauft) 301
Siena, societas mercatorum 231
— Bischof 233. 570 († 1355)
de Siena, Marcus 233
— Bernard, serv. arm. pape 101. 361. 419. 461. 487, 50. 537, 26. 597. 614. 654. 705. 757. 793
— Marcus s. Marcolandi
de Sienraco, Arnald serv. arm. pape 537, 12
Siglant (Siglavi?), Stephan Avin. balistarius 353 (223)

Siglavi, Stephan 223
de Signeto und Sunhoto, Sugeto), Ugonetus serv. arm. pape 461 (1353). 487, 60. 654, 42 s. v. Schöneck
de Signo, fr. Henricus penitent. pape 24 (1335)
de Silvaneto (auch de Senlis), Petrus de Rupis iuperius, gipperius seu factor dubletarum seu gipparum 403. 425. 426. 445. 467. 468. 499
de Silvanecto, Raynald mercerius 824
de Silva Terra, auch Silvarupe Alanus scriptor 688
Silve, Wilhelm de Novis, serviens maresc. pape 112
Silvestrini, Abard de Alamannis de Flor. 611
Simeoni, Bigotus serv. arm. pape 615, 35
Symon regestrator supplicationum 528 (1353). 578. 615. 653. 756
Symeonis, Raimund 320. 394
Sinada, Petrus 407
de Sinemuro, Iohann capell. intrins. 203. 234
Sinerii, mag. Guillelm. serviens armorum pape, notarius marescalli curie 606. 681. 682. 726. 758, 56
Sinterii, Sainterii, Sauterii Bordonerii und Bardarias, Petrus 26 (1335). capellanus capelle pape 44. 60. 94. 120 (1340) magister capelle 140. 159. 162. 166. 199. 201. 203. 204. 212 (magister capelle pape). 213. 234. 244. 245. 252. 265. 273. 274. 290. 302. 306. 319. 324. 338. 373 (Bardarias). 390. 401. 421. 426. 434. 454. 529
Sistaricen. (Sisteron, Basses Alpes) dioc. 42
de Sisteron, Bernard, can. s. Ylarii Pictaven., nuntius Apost. 22
de Sisterono, Iohannes nuntius mercat. 644
de Sitraco, Naudinus domic. pape siehe Suiraco
Sistre, d. B. in Anduze 63
Sizilien 647
    König Robert 23. 40. 70. 72. 198. 224. 569
    regina (Iohanna) 288. 358. 359. 386. 387. 459. 569. 696
    frater regis 629

Gesandte von Sizilien beim Papst 77 (1338). 199. 200. 574
nuntius Apost. 305
ambaxarores regis Neapolitan. 744
Smirna 321. 322. 323
Sobrani, Pontius 191
de Soemosi, P. penit. pape 486
Soissons 387
Soldanus, ubi moratur 598
de Solengello, Bibianus, cursor pape 25 (1335). 221. 347. 379. 381
de Somadiis, Guillelmus de Avinione 215
Someyra 634
de Someyra, Philipp 694
de Someriis, Someyre u. Sonneres, Guillelm. 280. 317. 348 († 1346)
— Philipp 348. 403
de Somnana castrum 727
Sorelli, Berengar 208
Soreta Iudea (Schneiderin) 589
Sornac, Guillelm. 308
Sozoni, Bigotus serv. arm. pape 654, 40 s. Sancii
de Spaleto und Espali, Fulco miles, vigerius episcopatus Avin. 606. 648. 682. 741. 758. 761

Spanien
Boten des Papstes 571. 698
Teppiche 127. 162. 214
Ludovicus de Ispania erhält vom Papste goldnes Zepter, wird zum princeps Insularum Fortunatarum (oder auch Perditarum) ernannt 279 (285)
Carolus de Ispania comestabulus Francie 524
Gesandte beim Papste 320
vgl. ferner Aragonia, Castilia, Catalonia

Spaserii, Iohann de Carpentras 150
Specialis, Petrus 264
de Spello, Vanhalus curs. pape 25 (1335)
Spelte, Baldus serv. arm. pape 25 (1335). 361
Sperandieu, Catharina et Christoph Avin. 137
de Sperogonia, fr. Ubertus penitent. pape 24 (1335)
de Spetaleto, s. Spoleto
Spiafamis, Bartholom. mercator de Lucca 525. 555. 610. 611

Spiafamis, Iohannes merc. de Lucca 555. 641. 648. 650
Spinelli, Bartholomeus pelliparius Avin. 548. 588. 589. 625. 649. 675. 719. 774 (pelliparius pape)
— Nicolaus de Neapoli advocatus fisci 809. 812
— Ricus de Florentia merc. folraturarum 243
de Spinello, Petrus notarius publicus 281
— Petrus cursor pape 598, 46. 685
de Spinis, Matheus 107
s. Spiritus (*Pont Saint Esprit*) Weineinkäufe 28. 123. 186. 209. 270. 295. 330. 442. 443. 492. 524. 584. 570. 616. 617. 663. 795
Getreideeinkäufe 78. 531
Holzeinkäufe 539
pedagiator 583. 708. 765
vigerius 751
Spoleto, ducatus 57. 75. 90. 256
Rektor 111. 387
Thesaurar 57. 321
de Spoleto, Falco miles s. Spaleto, Fulco
— Iohann cursor pape 25 (1335). 364 († 1348)
Squerlic, G. 494
Squi, Lambert mercator soc. Albertorum 417
de Stagine, Bonfilius curs. pape 26 (1335). 392 († 1348)
de Stamello, Wilhelm 222
de Staraco, Arnald ostiarius minor pape 25 (1335)
von dem Stein, Ulrich magister machinarum seu ingeniorum pape 728 .750. 751
Steirola s. Scorola
de Stella, Salomon Iudeus 257
— Arnulph Kohlenhändler 280. 281. 315. 350
— Silvetus Iudeus Avin., pergamenarius pape 591. 636. 687. 730. 781. 702. 805
Stephani, d. Bernardus 184
— B. domic. pape 203 (1382)
— Geraldus domic. 440
— Lellus ostiarius 233
— Guido cursor pape 142. 161. 232. 392 († 1348)
— Guillelm. mercator Tholose 800
— Petrus Lelli 290. 324. 325. 360. 362. 389. 390. 420. 440. 462. 485. 529. 596.

614. 653. 684 (domicellus et scutifer). 756
Stephani, Petrus servitor elemos. († 1348). 389
— Petrus cubicul. cardinalis de Aragonia 758
— Pontius 86
de s. Stephano, Iohann scriptor penitentiarie 201
Stephanus abbas mon. Celle Trecensis, thesaur. pape 192 (1342—47), camerarius s. Cambaruti
Stephanus cursor pape 713
— fusterius 395
— medicus Clementis VI. 282 (1344) s. Seguini
— Minor penit. pape 419
— naterius 258
— porterius elemosine 357
— procurator ord. Predicat. 523
— scriptor pape 204
Storola s. Scorola
Strada, Aymericus 186
de Strata, fr. Petrus procur. gener. Minorum conv. Auin. 41
de Suamatre, mag. Petrus fisicus 75
Suchi, Paulus mercator lignorum Avin. 595
Sudre, fr. Stephan ord. Pred., magister s. palacii 185. 613. 614 (1356)
La Sudria, Guillelm. 435. 443. 456. 467 (buticularius olim palacii pape 1353). 483
Sudrini, Bartholomei societas mercat. 573
— Nicolaus de Florencia mercator 555
Suffredi, Iohannes presb. 151
— Pontius de Avinione 52
de Sugeto, Hugo serv. arm. pape 461 (1351) s. Schöneck
de Suingello, Vivian curs. pape 25 (1335) s. Solengello, Bibianus
de Suiraco (Sitraco), Naudinus domic. pape 234. 290. 325. 362. 390. 420. 440. 462. 485. 597. 615, 44. 758, 36
Suire s. Surra
de la Sulha, Guillelmus miles Bituricen. dioc. 524
Sumadel, Iohann 454
Sumerii, Raimund custos leonisse 369 (1348) s. Furnerii

de Sumidrio und Somedio, Guillelm. 186. 191
de Sunayo, Iohann domicellus 669
de Sunhoto s. v. Schöneck
Surina castrum 526
Surra (Seurre) Getreidehandel 205. 267. 292. 327. 328. 490. 559
Suse 604
Suthon, Begotus s. Sancii

T.

Tabertus habitator Avin. 470
Tafardi, Radulph presb. capell. intr. 203
Taffinus portarius s. Tassinus
Tairlay, Iohann 433
Talayrandus card. ep^{us} Alban. 748. 813
Talardus vicecomes 184
de Talliata, Guillelm. domicellus Caturcen. dioc. 643
de Taranto, Ludwig 288. 360. 387
Tarascon, Weineinkäufe 493. 494. 560. 604. 634. 709
    Heueinkäufe 714
— Denkmal für S. Martha 154
de Tarascone, Petrus corderius Avin. 258
Tarasconis, Stephan de Palhassia 425
Tarbaldus serv. arm. pape 487, 24 s. de Parma
de Taornhaco, Guillelmus scriptor penitentiarie 201
Tartari, Mission der Minoriten 75. 76
    Ihre Gesandten 77. 79. 80
Tartarorum imperator Usubec, ambaxatores 114
Tartarini, Lucas scutif. pape 27 (1335)
Tassinus Flori porterius prime porte 528 (1353). 578. 615. 653. 686. 755
Tauleti ferraterius s. Chauleti
de Taulucio, Hugo serv. arm. pape 487, 57
Tauri(ni), fr. Iohann Normannus penitent. pape 24 (1335). 360. 391. 419. 486
Tavernini, Angelus de Viterbio thesaurarius Patrimonii 482. 483. 525. 526. 554. 555
Tegrini, Symon de Lucca, habitator et campsor Avin., 812
Teirani s. Terrini
de Theysia, Iohannes 604
Thelonis, Anton penit. pape 793 (1361)
Tenturerius, Silvester 191

Theobald und Tibaut ianitor elemosine 262. 357
Theodorunchan, Emanuel miles 483
s. Theofredi abbatia (Benediktiner) Anicien. (St. Chaffre au Monastier, arr. de Le Puy, Haute Loire) 444
Tergesinus (Triest) ep^{us} 287 (Franc. de Amelia)
de Terranonte, Robert (cursor pape) 538
de Terra Nova, Iohann nuntius mercat. 647
de Terrassina, Petrus ord. Cisterc. 394
Terrini, Iohann alias *lo Picart* pistor elemosine 490. 580. 616. 657. 706
Tersola, Nicolaus 295
Testa Aguda, Iohann 96
Testagrossa, Iohann 191
Teulerii, Philipp, domicellus pape, 90
Theulerii, Poncius 409
Teulerii, Wilhelm serviens arm. 28. 37. 62. 78. 79. 83. 95. 104
Textoris, Bertrand 92
— Guillelmus clericus collegii cardinalium 457. 549
— Petrus scriptor coquine 26 (1335)
— Pontius nunt. Apost. 23
— Raynaldus custos cere 203 (1342)
— Raimund rector de Monteclarano 269. 294. 331. 355 (butic. pape). 367. 392 (1349) und 447 (magister et custos vaccelle pape). 454. 464. 505. 532
de Thodi, Romanellus vanni serv. arm. pape 25 (1335)
de Tholosa, Bernard 494
— Ioh. serviens arm. pape, sartor pape 213. 241. 242. 275. 300. 419. 454. 468. 461. 481. 487, 40. 498. 499. 500. 525. 547. 548. 530 (sartor pape). 615. 654, 20. 685. 757
— Raimund, monachus mon. de Bowen 30
— Raimund frigidarius 131
— Symon cursor pape 364 (†1348)
Tholosa, Barbier des Papstes von dort 90
Tholosanus (Toulouse) ep^{us} 333 s. ferner Cambaruti
— Amanevus penit. pape 419
de Thomariis, Bartholom. can. Smirnaren., nuntius Delphini Vien. 321. 359
— Bartholomeus, can. Trecensis (oder Cretensis?), nuntius pape 386. 416. 437

Thomas, cursor pape factor sotularium pape 337
— custos hospicii † Neapoleonis s. de Dompetra
— serv. arm. pape 487, 26
— marescallus 222. 203 (1342). 234 (domic. pape). 361. 419, 19 (serv. arm. pape). 461, 42
— capellanus Bernardi Gaucelmi 296
— cordonarius et cursor pape 275
Thomasii, Geraldus oder Girardus, Giraudus, candelerius curie Rom., 32. 65. 91. 102
Thome, Albanus und Alasius de Britannia penit. pape 391. 486. 614. 793
— Edmund Theologe 22
— fr. Petrus penitent. pape 24 (1335). 556 ep^{us} Pacten.
s. Tyberii monasterium (Abtei) 239
de Tibertis, fr. Napoleon prior Venecirum ord. s. Iohannis, rector Campanie 88 (1339)
Tibri, Raymund 248
de Tichis, Andreas de Pistoja 612
Tiflis, Bischof von 198
de Tilemonte Tuche 445
Tilium (bei Valence) 795
de Timballo, Rogerius serv. arm. pape 78
Timera s. Tineria
Tinhacii, Hugolin Ypothecarius sive speciarius curie Rom. 51. 81. 102. 128. 134. 147. 163. 164
Tinamor, Guillelm. 676 s. Fynamor
Tynel, Iohann capellanus regine castelle 576
de Tineria, Tunera, Timera, Aribert domic. pape 234 (1343). 290. 325. 362. 390. 420. 440. 486
Tinerii, mag. Philipp serv. arm. pape 487, 34
Tirason (Tarazona) ep^{us} 572. 573 (Petrus Calvillo)
de Tiromonte, Rotbertus provisor carbonum palacii 48
Tisci, de Tichis oder Cisci, Andreas de Pistoja mercat. 610. 612. 648. 650. 704. 791. 792
Tobaldi, Iakob cursor pape 392 († 1348)
Todi, Bischof von 605
Toletanus (Toledo) archiep. Gundisalv 297. 523

Tolonen. (Toulon) ep^{us} Hugo 302. 386.
636 (Petrus). 669. 673. 686. 785. 814
(Raimundus, confessor pape). 815. 823
— prepositus 291
Tolonus, Geraud can. Vercellen. 231
de Tongris (Tongern), Heinrich cursor
pape 615 (palafren. pape). 821 (751). 822
de Torcapetra, Petrus alias Io Breto
(537) s. Britonis
Torchi, Iohann Avin. Farbenhändler 254
de Tormicio abbatia (in Burgund) 795
Tornacum, Dornacum, Tornassium
(Tournai) Gewebe 669. 672. 673. 717.
775
    Linneneinkäufe 210. 300. 402
Tornacensis cardinalis 259
de Tornaco, Iakob, cursor pape, 76. 232,
26 (1335). 363 (ostiarius)
Tornada, Iohann 795
Tornamira, Pontius domic. pape 440.
462, 27. 486. 524
Tornerii, Geraud s. Fornerii, Gerald
de Tornequerenchis, Philipp merc.
soc. Azayal. de Flor. 154
de Tornilio, Petrus domicellus pape
s. Cornilio
de Tornoyle, Bonitus serviens marescalli 418
de Torno(ne), Petrus 260. 428. 429 (Fuhrwerksbesitzer). 430. 535
de Toro, Petrus s. de Tornone
de Toroneto monasterium 791
— Bertrandus abbas administrator Panhote 791. 814. 815. 819
Toulouse 697. 698. 700. 715
    Fischeinkäufe 79. 142. 665. 799. 800
    Tucheinkäufe 145
    Errichtung der Universität durch
Innocenz VI. 744
    Wohltätigkeit 63. 80. 116. 145. 161
    Seneschall 523
    Bischof s. Cambaruti
la Tour, Petrus domicellus 612
de Touris (= Tonris), Henricus cursor
pape 751 s. Tongris
Tourman, Iohann lathomos 450
de Tournamira, Pontius domicellus
s. Tornamira
Tournay s. Tornacum
Tranchie, Iohann Prior 459
de Trano, Petrus serv. arm. pape 25 (1335)

Tranors 764
Transfort, Humbert ortolanus pape
Villenove 577. 613
de Transmons, mag. Bernardus, distributor et scriptor cancellarie 454
Trapini, Guido miles Pictaven. dioc. 651
Trebalhi, Wilhelm mercator de Comis,
109
Tregonien. (= Tragurien., Trau, Tragir
in Dalmatien) ep^{us} Bartholomeus 556
de Tregrossio, Iohann capell. intrins.
44 (1336). 60. 94. 120. 159. 204. 234
de Treynhaco, Guischard domicellus
pape 529 (1353)
de Tremonia (Dortmund), Heinrich
archidiac. Leodien. 646. 698. 731
Trencherii, Iohann sacrista monasterii
s. Michaelis de Clusa 483
Trenorchium (Tournus, arr. Mâcon)
    eigenes Maß 235
    Getreidehandel 267. 292. 760. 762
    Fischeinkäufe 296. 332. 665
    Gewebe 4. 6. 8. 469. 774
de Trenta oder besser Treuca vgl.
Treuga, Amandus procur. ord. Carmel.
652. 703. 815
de Treuga oder Trenga und Crenga,
Arnald procurator gener. ord. b.
Marie de Carmelo Avin. 552. 577. 652.
703. 815
Treveren. (Trier) archiep^{us} 572
Treverensis (Trier) collector 810
    Generalkapitel der Carmeliten 815
(1362)
Tria 716
Tricastrin. (St. Paul-Trois-Chateaux,
Drôme, arr. Montélimar) dioc. 744
Tridentin. ep^{us} 321
de Triginta, Petrus Domdekan von
Avignon 356
s. Trinitatis hospitale s. Avignon,
Hospitäler
Trinox 583
de Trizilhone oder Crizilhone, Ray-
mund 431
Trobati, Tholosanus 57
Trocha (Limousin) 651
Trofilhoni, Guillelm. pancosserius sive
furnerius Avin. 365. 366
de Troyes, Iohann cursor pape 598, 52
(1355). 685, 30

57*

de Troys, Martin lapiscida 502. 504
— Robert 624
Trosini und Trophini, Guillelm. ord. Min. inquisitor 569. 571
Trote, Raynald 686
Truci, Turci und Trussi, Gaufridus cursor pape 458. 696. 700. 597. 685, 36. 759
de Tuelha, Petrus serv. arm. pape 794, 35
Truelli, Wilhelm, Thesaurar der Romagna (1335) 42
    capellanus pape 264
de Trulhassio, Petrus Guillelmi 106
Trussi, Gaufridus cursor pape 696. 759 s. Truci
de Tuderto (Todi), Andreas dr. decr. collector Tuscie et Ianue 380. 467
— Franciscus capell. pape, auditor s. palacii 265 (1344)
de Tudrano, Sercichinus von Ravenna 610
de Tuesa, Arnaldus dr. decr. et procurator regine Navarre 232
de Tullo, mag. Iohann, ligator librorum 53. 70. 71
Turci, Ludovicus custos Sarracenorum 140 s. Iohannis
— Iohann 69
— Petrus 69
— s. ferner Truci
Turchorum ambassatores 416
de Tureyo, Gerhard miles 569
Turenne. vicecomitatus 436. 437. 450. 458
    vicecomes 437. 452. 458. 459 († 1351). 471. 477. 490. 505. 524
      filia vicecomitis 437
      domina 447. 452
      Iohann, Nikolaus, Rogerius, Marquerius [filii]
Turnacum in Burgund Weine 396. 397
de Turnhaco, Heliotus Arer serv. arm. pape 25 (1335)
de Turno und Terno, Geraldus buticularius pape 192. 202 (1342—). 206. 227. 269. 270. 280. 283. 289. 293. 294. 313. 317. 318. 329. 331. 348. 355. 366. 367. 395. 415. 420. 435. 456. 480
Turnon 583. 708. 765
de Turre, Bernard capell. pape 204

de Turre, Paulinus Avin. 78
— Petrus scutifer pape 793
— Wilhelm domicellus nobilis 198. 230
Turritan. (Torres in Sardinien) archiep. 571
Tuscia s. Patrimonium
Tusculan. cardinalis 199. 525. 747. 788 (Guillelmus † 1361)
Tutellen. (Tullé, Suffr. von Bourges) cardinalis 266. 298. 325. 360. 450. 452. 459. 522

U.

Ubertus penitentiarius pape 137
de Ublangis, Iohannes panatarius pape 529. 530 (1353). 531. 545. 567. 602. 639. 658. 672. 692. 717. 742
de Ucheyocasto, Egidius camerarius d. cardinalis Neapolit. 191
de Uchello, Petrus cursor pape 685, 39
de Ulcellu, Henricus Anglicus 459
de Ulcheyo Castro, Egidius magister hospitii Hugonis de Gebenna militis et scriptor pape 745
Ulixbona (*Lissabon*) 698
    ep^{us} Theobald 605. 608; Laurentius 820
    cantor 820
    collector 820
de Ultessio, Egidius 189
Ungarn 37. 74. 523. 812
    rex 285. 320. 321. 359. 386 (in Apulien)
    ambaxatores 284. 320
    collectores et nuntii Apost. 231. 647. 823
de Ungaria, Gregor ord. Min. 76
— Helias ord. Min. 114
de Ungaria, Blasius penitent. pape 360 (1347). 391. 419
— Domenicus penit. pape 486
Uramacii, Petrus clericus card. Magalon. 700
de Urbe, Bartholomeus vicarius patriarche Constant. 232 s. weiter de Roma
de Urbeveteri, Ligon capellanus pape 24 (1335)
d'Ure, Pochus 397
Urgellen. (Urgel, Prov. Lérida, Spanien) dioc. 809

Urgellensis cardin. 608. 644. 646. 740
Urgon Holzeinkäufe 189
de Urgone, Petrus distributor et scriptor cancellarie pape 391
Uriaci, Bonifaz serviens carceris 165
Urs, Coraldus merc. Teutonicus 311
de Ursa, Stephan familiaris Panhote 580
s. Ursi magister 263
de Ursinis (Orsini), Raynald notar. pape 204. 205
de Usinhano, Guillelm. s. Quinquinelli
de Ussello, G. domic. pape 234 (1343)
— Hugo miles Lemov. dioc. 556
de Ussone, Sancius 665
Usus Maii, Albert 32
Utica (Uzès) 634
de Utine, Beneventus capellanus commensalis pape et auditor s. palatii 745
de Utis s. Uzès
v. Uzès (Uci und Uti), Stephan capellanus intrins., vorher buticul. pape 15. 16. 26 (1335). 28. 29. 60. 94. 120. 159

V.

Vacca, Anton patronus galearum 359
de Vacayracio, Berengar
— Belrita uxor 538. 598. 686
de Vaccella, Raymund 443 s. auch Gasqueti
de Vacquario, Iakob carnifex 239
de Vaden, Petrus de Iovis Fruchthändler 530
Vagnelli, Egidius socius Iohannis de Seduno 201
Way, Michael mercator Avin. 563
Vaicta 583. 708. 765 (Vote)
Vaycheria s. Vaysseria
de Vayleyres s. Voloyre
Vainerii, Iohannes 629
de Vairaco, Bertrand domic. pape 202 (1342). 234. 325. 362. 390. 440. 462. 485. 487. 529. 536. 537, 31. 596. 614. 615 (serv. arm.). 654, 23. 684, 7. 756. 758, 70. 793, 8
— Guillelmus regestrator pape 205
Vays pedagium 583. 708
Vayshacum dioc. Lemovic., Erbauung der Pfarrkirche 754
de Vaysseria und Vaycheria, Bernard serviens arm. pape 123. 25 (1335)
de Vaissella, Perrotus 238

Vaixeria, Perrotus 293
Valhant, Iohannes capellanus intrins. 625
v. Waldböckelnheim, Iohann Ludwigs, cler. Maguntin. dioc. 231
Valderii, Bernard 36
Valebregue (Valebrice) 95
Valence, Drôme 583. 708. 765
— Bohneneinkäufe 205
  Getreide-Einkäufe 292
  ferner 634—645
— ep[us] 197. 264. 647. 744 (Ludovicus)
Valencia 42. 188. 810
de Valencia, Iohann 184
— Nicolaus nauta 533
Valenciennes Gewebe-Einkäufe 772. 773
Valens, Iohann notarius 316
Valentin. comes Ademarus 291. 297. 320. 321. 364. 387. 416. 462. 464. 744. 746. 765
— comitissa 320. 452
  s. ferner Valence
s. Valerici (St. Vaury, Creuse) 583. 708
de s. Valerio, Iohann mercator Lugdun. 585
Wales, princeps 606. 608. 643
Valeta s. Volta
de Valle, Gasbertus camerarius pape, archiep. Arelat. 24 (1335). 67. 84. 93. 148. 197 (Narbon. aep[us])
— Petrus cursor pape 698
— Raymund rescribendarius 687. 613 (grossator pape)
de Valle Bona (und Valleliena!), Guillelm. 202 (1342). 234. 290. 325. 390. 440. 462. 536
de Val(le)bona (Valbonne, arr. Céret, Pyrénées-Orient., Cisterzienser-Abtei), Raymundus abbas 788
de Vallefeneria, Anton draperius 100
de Vallefenaria, Iacobus 715
— Iohannes draperius Avin. 715
de Valleclara, Robert curs. pape 25 (1335)
de Valle Ruferia, Iakob 25 (1335). 258 serv. arm.). 272. 275. 317. 353. 383
— Heliotus serv. arm. 258
de Valle Viridi, Iohannes Petri 630
de Vallibus, Iaquinetus 760
Vallisbone prior ord. Carthus. 604. 624 vgl. de Portu, Petrus

Valras, Iohann 382
Vanni, Bruno soc. Albertorum Nov. 574. 611. 649. 669 (draperius)
Vannis, Nicolaus mercator Florentie 404
Vanni Serarloti (und Sarloti) de Florentia societ. mercat. 525. 555
Vaperia, Perrotus 269
Vapincen. (Gap, Suffr. von Aix) dioc. 287
Vapnicum 801 (Wachseinkäufe)
Vaquerii, Bernardus archidiaconus Gamagen., nunt. Apost. 23
— Wilhelm de Insula 132. 164. 261. 307. 356
de Vaquerliaco, Iohannes miles Bitur. dioc. 524
de Varayre, Arnald ord. Min. 484
de Vareys, Guillelmus magister ingeniator pape 727. 750
— Ludovicus filius mag. ingeniator pape 727
— Ymbertus 727
de Varnana, Nikolaus hostalarius burgeti turris regie pontis Avin. 228. 229
Warnic, Seandinus magister hospicii patriarche Constan. 264
de Vars, Perrotus 604
de Varsio, R. phisicus s. Rainaldi
Vasaten. (Bazas, Gironde) ep^{us} 746
dioc. 57
ecclesia 23
Vasconia 321. 387. 606. 698
— vinum de 367
Vasconis, Arnaldus ostiarius 3. porte 528 (1335). 578. 755
Vasconis, Iakob 83
— Petrus Rektor von Benevent 88 (1339)
Vassalini, Bartholomeus 186
Vassellini, Balduin de Saint Omer 497
— Barthol. Getreidehändler 122. 140
de Vassinhaco (oder Nassinhaco?), Audoynus serv. arm. pape 654, 32. 757, 14. 793 (usserius 1. porte)
— Bartholomeus serv. arm. pape 654, 55. 751. 758, 62. 793 (scutif. pape). 597. 595 (emptor hospicii neptuum pape). 727 (custos castri de Somnana). 811 (magister coquine pape). 817. 819
de Vassinhaco und Nassinhaco, Mauricius domicellus et usserius pape 530 (1353). 561. 578. 596. 597. 604. 606. 614. 634. 635. 651. 654. 684. 696. 698. 699. 700. 702. 748. 753. 684, 16. 755 (mag. coquine) 595. 597
de Vassinhaco, Petrus porterius prime porte palacii 599. 686, 8 (cursor pape)
— Rotbert domic. pape 529 (1353). 600. 614. 653. 756
Vasionen. (Vaison, Vaucluse, arr. d'Orange) ep^{us} 77. 458 (Petrus). 702 (Laurenz). 752 (phisicus pape). 753
Vatellini, Bartholomeus merc. Avin. 46
Vatzilla s. Vaxella
Vaucluse (Vallisclausa) Öleinkäufe 65
Vaulhart, Dietrich cler. (scriptor Avin.) 731. 824
Vaurensis (Lavaur in Béarn), episcopus 37. 73. 912 (Robert). 386
de la Vaxella und Vaczilla, Perrotus serv. arm. pape 294. 361 (1347). 461. 487. 654, 54 s. auch Gasqueti
— Bernard serv. arm. pape 361
de la Vecchia, Ioh. serv. arm. pape 655, 64
Vedano, s. Vedena
Vedena im Bistum Avignon 229
Vegi, Bartholinus factor 147
de Veyaco curatus 760
de Veyraco, Bertrand serv. arm. pape s. de Vairaco
de Veire turris 744
Veirerii, Franz 708
Veyrerii, Petrus coopertor donorum 803
Veyries, Bartholomeus scutif. pape 43 (1336)
de Veysaco, Bertrand domicellus pape 362 (1347) s. de Vairaco
de Veysone, Astruc Iudeus habit. Avin. (legator librorum) 823
Velate und Vilate, Guillelmus penit. pape 391. 419. 486. 614. 654. 757
de Veli, comes 386
Velini, Guillelmus Getreidehändler 140
Velletren. cardin. 286. 574
Venedig (Venetia)
Doge (dux) 438. 608. 609. 611. 649. 704
Commune 570. 605. 608. 611
ambaxatores 284. 609. 610
päpstl. Gesandte, Collectoren 320. 418. 647. 700

Geldgeschäfte 37. 41. 608. 610. 698
Handelsgesellschaft 611. 648.
Gewebe 31
Generalkapitel der Dominikaner 651 (1357)
Kirchen: s. Cassiani 649 s. Nicolai in Litore 610
de Venesiis, Gerardinus curs. pape 26 (1335)
Veneyssin 65. 142. 157. 209. 241. 459. 524. 575 (guerra). 616. 634. 645. 657. 681. 726. 751. 798. 813. 821
de Ventenaco, Petrus porterius exterior 26 (1335)
de Ventimilia, Nicolaus Tersola 295
de Ventodoro, comes Bernardus 524
— Geraldus dominus de Danzenaco senator Urbis 417
s. Verani moniales s. Avignon, Klöster
Verani, Iakob 83
Veranus fusterius 805
Verardi, Poncius mercator de Verneolis (Tuche) 336 s. Bernardi
Vercellate, Guillelm. penit. pape 486 s. Velate
de Verdala, Arnold, decan. s. Pauli de Fonalhecdesio 53. 54. 56. 92 (in Alamannia), 76 (capell. pape)
Verdelay, Iohann ostiarius minor 537. 597. 685
de Verdeleto, Petrus custos hospicii pape ultra Rodanum 435. 266 (1344). 291. 300. 325. 363. 392. 421
Verdelli, Iohannes mercator Avin. 623
Verderii, Bernard 36
de Verdonio s. Vernosio
Verdun s. le Doubs
Getreideeinkäufe 205. 267. 292. 328. 559. 621
Gewebe 402. 744
pedagiator 708
de Verduno, Petrus furnerius Avin. 365. 366. 441. 490. 530. 551. 552. 580 (pistor Panhote). 616. 657. 706
Vergerii, Petrus broquerius 463
— Stephan mercator de s. Saturnino 327
de Verglaco und Verlhaco, Varliaco, Iohann serv. arm. pape 487, 58. 597, 50. 615, 73. 654, 59
Vergueti und Vergerii, Iaquetus brodarius pape 528 (1353). 578. 598, 55

Verini, Nikolaus mercat. 649
de Verinis (Vélines), archipresbiter (Arnold de Cervole) 647 (681. 751)
de Veris, Nicolaus registrator registri secreti 413
de Veriz, Gero ostiarius tertie porte 233 s. Vernh
Vermelii, Pontius [lapiscida] 249
de Vernh, Gerard (= de Veruh, Verubus, Veriz) ostiarius pape 201 (1342). 233. 289. 324. 360. 389. 418. 439. 460. 485. 486. 597, 49 (Guiotus). 758, 69 (serv. arm.)
— Petrus s. auch Deluernh
la Vernha, Hugo dispensator domus Guillermi Alberti 702
— Petrus hostiarius 4. porte 289. 360. 389. 439. 486,13. 536. 537, 16. 794, 22 (serv. arm. pape)
Vernachia (Weinort in Burgund, dioc. Lunen.) 208. 331
Vernetti, Petrus cursor pape 26 (1335). 344. 376. 392 († 1348)
de Vernholis und Vermola, Bertrand scutif. pape 44 (1336). 60. 78. 93. 118. 271
de Vernhio, Iohann 600
de Vernosio und Vernodio, auch Verdonio, Talayrand domic. pape 203 (1342). 234. 290. 325. 362. 390. 420. 440. 462
Verona 321. 438
Tuche von 214
de Verriguis, Petrus presb. 669. 672. 771 (can. b. Marie de Nigella Noviom.)
Vertuchi, Iohann ord. Min. 571
de Veruh s. Vernh
de Veruculo, Iohann 643
de Verufera, Iakob serv. arm. pape 361 (1347)
de Verulha, Vernhola, Verulhola, Laderulha, Barnhola, Bertrand magister ostiarius pape 158. 201. 233. 289. 324. 360. 389. 419. 485
— Petrus 201. 233
Vesati, Iohann scutifer Ruthenen. 804. 811. 819. 820
Vesiani, Wilhelm 106
de Via, Arnaldus cardin. s. Eustachii 53. 70 († 1336)
Vial, Gualterius 82. 343

de Viana, P. messagerius 76
de Vianna, Ludovicus cursor 344. 345. 376
Viarii, Iohann cursor pape 745. 597 (1355). 685
Viaudi, Guillelmus fusterius 503
Vicfezen. 666
de Viceinstin, Bartholomeus domicellus pape 119 (1340). 159. s. de Vico Iustino
de Vicia oder Nicia, Angerius serv. arm. pape 25 (1335). 361. s. Nicia
de Viclmar (Vilmar), Heinrich missus ad collectorem Remen. 746
de Vico, Arneus scriptor 688
— Eblo scriptor 688
— Herricus cler. Leonen. dioc. 731
— Iohannes Prefectus 524. 525. 526. 571
— Petrus 571
de Vico Iustino, Bertholotus (auch de Viceiustin, Bartholom.) domic. pape 119 (1340). 159. 234. 290. 362. 390
Viconia (Vicoigne, arr. Valenciennes, Nord), Abtei (Präm.) im Bistum Arras 297
— Abt Richard 297
Victini oder Victuri, Daniel mercat. de Veneciis 648. 650
S. Victor, Abtei in Marseille 810
de s. Victoria, Iakob capell. commens. pape 204
Victuri, Daniel de Nicolai de Venetiis mercator 574
Vicum 715. 716
Vidal, Bertrandus 377
Vielho, Angelus domic. pape 119 (1340). 159
de Vienna, Iohann curs. pape 25 (1335)
— Ludwig curs. pape 26 (1335)
— Petrus (Perotus) messagerius 90. 200
Viennensis Dalphinus 58 s. Dalphinus
Viennen. (Vienne), archiep[us] 812
    collector 665
    s. de Arbenco, Gerardus
    Getreideeinkäufe 706
    pedagiator 583
Vigerii, Gaufridus domicellus pape 756. 793
Vigerii, Guillelm. 604
Vigerii, Viguerius, Vigaironus, Stephanus domicellus et usserius pape 696. 755

Vigerie, Viguerius, Vigaironus, Petrus serv. arm. pape 194, 28. 201. 233. 289. 324. 360. 389. 527. 578. 596. 614. 653. 684, 13.
Vigeromus 301
Vignerii, Petrus procurator elemosinarii 18
Vignerii und Vunco, Vulco, Vivico, Raymund scutif. pape 27 (1335). 44. 60 (magister ostiarius). 77. 93. 118. 158
de Vigone, Rostagnus 23. 29
de Vigorma, Robert penit. pape 757 (1360)
Vigoronis, Iohann custos castri de Mornacio 727
de Vigoroso, Iohann serv. arm. pape 486. 597. 614. 654, 60. 758, 40. 794, 32
Viguerius und Vigaironus magister prime porte 201. 233. 360 s. Vigerii
la Vileta, Iohann merc. de Mascone 365
Villa Dei und Villatella (Villedieu, arr. Orange) 332 (Schweineeinkäufe) 765 s. (Wein) 797
de Villa Fera, Petrus iudex marescalli 44 (1336). 60. 94. 120
Villa Magna
    Tuchmärkte 30. 48
Villani monasterium (Tuche) 241. 336
de Villanova, Arnald 187
— Hilion Großmeister der Iohanniter 264. 322
de Villa Nova, Iohann 646
— Petrus palafrenarius pape 412. 442. 539
Villa de Passy s. Passy
de Villari, Iordan domic. pape 159 (1342)
de Villari, Villaris, de Villaribus, Petrus scriptor pape 27 (1335). 60. 120. 152. 153. 256. 133. 134
Viliani, Raymund, peyrolerius Auin. 54 s. Iuliani
Villars, Guillelm. 634
Villaris mag. Petrus 133. 134
Villatelli 711
Villeneuve (hospicium pape) 206. 207. 229. 249. 269. 309. 313. 331. 337. 341. 430. 448. 496. 506. 523. 533. 534. 535. 565. 577. 578 s. 587. 598. 613. 631. 637. 641. 674. 683. 695. 732. 736. 738. 747. 772. 784. 785
    Dekan 368

Weineinkäufe 545. 582. 618. 661.
692. 710. 765 s. 796
Wildgarten 600
fenaria 622. 667
Karthäuser 604. 613. 623. 632. 668.
642. 695. 710. 747 u. 802 (Grabmal
Innocenz' VI.). 754 (Generalkapitel).
811. mon. s. Andree 613
parochialis ecclesia 613
Villenove, Petrus 546
Vinai Tuchweberei 401
de Vinandis s. Vivaldis
de Vincebec, Bartholomeus porterius
prime porte 760. 762
de s. Vincentio, Vincenz, cursor pape,
25 (1335). 219. 221. 306. 345
Vincentii, Bernard mercator 605
— Raimund 260
— Iohann serv. arm. pape 25 (1335).
260
— Petrus 42. 230
Winellic (Weinlich), Theoderich clericus
(scriptor) 731. 824
Vinichi s. Guinigi
de Viraco, Fulco palafrenarius abbatis
Massilien. 263
Viridarii de s. Spirito, Stephan Getreidehändler 78. 121
de Viridario, Hugetus scutifer administratorius Panhote 814
de Viridi, Hugo Vikar des Minoritenkonvents in Avignon 288
— Raimund de Insula 34
de Virix, Guido de Maranco 410
Virlici, Ludovicus vicecomes de Rupecanardi Lemov. dioc. 752
Viscotis, Vicecomitis und Visconti,
Lapi de Pistoia, societas mercatorum
610. 648. 650. 704. 791
Visenobrium (Vézénobres bei Alais,
Dép. Gard) 296 (Schweineeinkäufe).
494
de Vispec, Bartholomeus cursor pape 386.
686, 10
Vitalis, Arnald, prior de Ayguières
409. 410
— fr. Bernard bullator 154 (1341)
— Bertrand servitor elemosine 357
— Garinus serv. arm. pape 25 (1335)
— Guillelmus serv. arm. pape 184. 361.
377

Vitalis, Petrus serv. arm. pape 230. 361.
419, 27. 461, 37. 487, 46. 537, 34.
597. 615
— Hugo 590. 626. 676. 721
— mag. s. Guinibaudi
— marescallus s. Guinibaudi
— Meton serv. maresc. pape 112
— menescallus s. Guinibaudi
— Petrus primicerius Lucanus 231. 232 s.
(collector Apost.)
— Stephan presbiter 142
— Stephan cursor pape 476. 537, 35. 598.
619. 659. 661. 711. 796. 811. 685
de Viterbo, Iohann serv. arm. pape 361
(1347). 419. 461. 487, 22. 537, 17 (alias
Papessa). 597. 615, 40. 654, 22. 685
de Viterbio, Petrus pictor 254. 278
— Matheus Iohannoti s. Iohannoti
de Viterbo, Ticius campsor pape 166
Viteri, Iohann cursor pape 537 (1353)
de Vivaldo, Ludwig mercator Ianuensis
(Wachs) 215. 246. 276. 286. 305. 314.
359
de Vivaldis (Vivandis), Ludovicus, mercator Ianuensis, s. de Vivaldo
Vivariensis civitas (Viviers, Dép. Ardèche 315. 634
— ep^{us} 821 (Aymar)
Vivarien. can. 39
de Vivariis, Peter Holzhändler 36. 52.
72. 84. 86. 108. 154
de Viveriis, Durandus domicellus de
Tarascone 154
— Petrus, alias Pelaprati 154
Viviani, Guillelm. 666
Vivianus cursor s. de Solengello
Vivico s. Vignerii
Viviers 583. 765
Voec, Lambert Notar 232
v. Vogelsant (Wegensant), Andreas de
Saxonia penit. pape 486. 614. 654. 757
de Volta, Bremund domic. pape 235
(1343)
Volta und Valeta, Matheus capell. intrins. 203. 234. 265
de Voloyre und Vayleyres, domina 469.
498 (uxor Petri fratris card. Lemovic.)
de Voragine, Thomas cursor pape 26
(1335). 165
de Wrocham, Iohann penitent. pape 24
(1335)

Vugelscant s. Vogelsant
Vulterran. (Volterra) electus 704 (1358)
de Vulco alias Mondoya, Raimund 138 s. auch Vignerii
Vunco s. Vignerii
de Vurretanis, Matheus merc. de Lucca 649

X.

Xanctonen. (Saintes, Suffr. von Bordeaux) ep[us] 452
— collector 387. 811
Xandeti und Xendeti, s. auch Mindeti, Gerhard capellanus thesaurarii 540. 569; notarius [camere] 632. 656. 695. 719
Xendeti, Gerardus notarius s. Xandeti

Z.

Zacarie, Martin capitaneus galearum 232
Zacharie, Centurio Martini de Ianua 321. 322. 323. 359
Zaquia am Schwarzen Meere 703
Zenobius secretarius pape 781. 782
Zerii, Lapus mercator de Florentia 381
Zerhomiti (? = Ser Hannoti, vgl. Iohannoti, Matheus), Matheus 535

B. Systematisches Verzeichnis
aller im vorliegenden Bande erscheinenden
Kurialbeamten, Adligen, Kaufleute und Handwerker.

NB. Die Fundstellen im Hauptverzeichnisse!

I. Beamte.

a) Kammer- und Kanzleibeamte.

1. **Kamerare:**
   Gasbertus de Valle, vgl. Bd. II S. 5, 4, ferner unter Arelaten. und Narbon. episc.
   Stephanus Aldebrandi, vgl. Bd. II S. 6, 5, ferner unter Cassinen.
2. **Thesaurare der apost. Kammer:**
   de Albussaco, Guillelm. 1342
   de Broa, Iakob 1339—48.
   Cambaruti, Stephan Aldebrandi 1342 bis 61.
   de Coiordano, Iohann 1337—42
   de Cosnaco, Bertrand 1346—55
   de Deux, Gaucelm. 1352—61
   de Maubernart, Reginald 1353—61
   vgl. hierzu *Vatikan. Quellen II* S. 6f.
3. **Beamte der Kamerare und Thesaurare:**
   de Cheyssione, Bertrand capell. ep[1] Convenarum [Bertrandi de Cosnaco] 1355
   Iohannis, Nicolaus soc. camerarii 1361
   Maderni, Bartholom. emptor hospicii thesaurarii 1361
   Mercatoris, Durandus capellanus Gasberti archiep[1] Arelat. [camerarii] 1337/38
   Mindeti oder Xendeti, Gerhard capellanus (notarius) thesaurarii 1354—58
   Priozi, Stephan cubicularius camerarii 1350—60

4. **Clerici camere:**
   de Amelio, Iohann 1335—44
   de Benevento, Guillelm. 1355—60
   de Bos, Guillelm. 1335—42
   de Channaco, Bertrand 1345—47
   de Mederio, Eblo 1351
   de Nexovio, Bernard 1361
   de Petrilia, Wilhelm 1335—42
   Ricomanni, Michael 1335—46
   de Rodes, Bernard 1361
5. **Fiscal-Prokuratoren:**
   Bonfilii, Iohann 1352
   de Campinhaco, P. 1360
   Carlinus de Cremona 1335—42
   Cellarii, Iohann notar. procuratoris 1360
   de Novayro, Iohann 758
   de Perusio, Petrus 1358
   de Petragrossa, Ludov. 1335—42
   Spinelli, Nicolaus 1361
6. **Sonstige Kammerbeamte** (servitores, campsores, scriptores, notarii):
   Diamantis, Petrus, notar. pape 1335
   de Flisco, Manuel not. 1342
   Grimaldi, Nikolaus campsor 1354—61
   Guarrigie, Iohann servitor 1358
   de Lemovicis, Petrus scriptor 1357—60
   de Mevania, Egid. not. auditoris
   Palaysini, Iohann notarius 1339—62
   Raynaldus protonotar. pape 1342
   Rosseti, Iohann notar. 1357—58
   Robie, Iohann notar. auditoris 1342
   Santhi, Donatin. corraterius camere 1354

Secoclausa, Guillelm. servitor
de Ursinis, Raynald notar. pape 1342
vicecancellariam gerens 204

7. Scriptores pape:

Alquerius 1342
de Amandula, Dominicus 1349/50
Arnaldi, Gerald 1338—47
Bellihominis, Iohann rescribendarius pape 1356—61
Bosseti, Iohann 1361
de Campanhaco, Petrus 1342—45
de Carreria, Gerald 1338
de Caunis, Petrus 1339—42
Cortoys, Iohannes 1336—42
Fabri, Arnald 1335—42
— Gerald 1354
— Pontius (secretarius pape) 1335—42
de Foresta, Stephan 1342—46
Franciscus 1348—50 (secretar.)
Galterus Alamannus scriptor concordanciarum pape 1341—46
de Ginsalis, Petrus 1357
Iolii, Iohann 1335
de Lavardaco, Vitalis 1347
de Latapetra, Petrus 1361
de Mansiolani, Pontius (secret.) 1342
de Marcellenchis, Raimund 1342
Margarite, Petrus 1342
de s. Miniato, Lambert 1348
de Moleriis, Arnald 1357—61
— Zenobius 1361
Pascalis, Matheus 1352
Palaysini, Iohann
de Seduno, Iohann 1354—60
Stephan 1342
de Ulcheyo Castro, Egidius 1360
de Valle, Raymund (rescribendarius, grossator) 1356—57
de Villari, Petrus 1335—1344
Zenobius (secret.) 1361

8. Scriptores:

1. **Abbreviatores:**
   de Adria, Robert 1342
2. **Corrector literarum Apost.**
   de Lhugato, Guillelm. 1335—42
3. **Distributores liter. Apost.**
   Christianus 1343
   de Separano, Calcedonius 1351
   de Transmons, Bernard 1351
   de Urgone, Petrus 1348
4. **Illuminatores** (Miniaturmaler):
   de Belvaco, Andreas 1338—42
   de Parisius, Bartolotus 1357
5. **Regestratores** (regestri secreti):
   de Angicuria, Iohann 1360
   de Erbelli, Bernard 1351—52
   de Fonte, Stephan 1353—60
   Germani, Petrus 1342—52
   Luppi, Petrus 1342—46
   de Mennaco, Petrus 1342—50
   de Pistorio, Iohann regestr. petitionum 1342—46
   de Septemfontibus, Gasbertus 1335 bis 47
   Symon regestr. supplicationum 1353 bis 60
   de Veris, Nikolaus 1349/50
   de Veyraco, Guillelmus 1342

8a. Sonstige an der Kurie beschäftigte Scriptores:

Alberti, Ferricus 1358
Arna, Amedeus 1358
Arnaldi, Henricus 1346
Assati, Petrus 1357
Bartholomei, Firminus 1340—42
Blasini, Berengar 1342
de Boneto, Durand 1345
Brevis, Crucus 1357
Burgensis, Guillelm. 1345
Decani, Bricius 1357
de Fabrica, Arnald 1346
Februarii, Iohann 1358
Godefridus 1362
Iohannes 1335
Iterius 1341
de Lanco, Bernard 1346
Landemit, Emrich 1357
Landebri, Alanus 1357
v. Metz, Stephan 1337
Pinoti, Stephan 1344
de Placentia, Guido 1344
— Gentilis 1344
Prepositi, Wilhelm 1342
de s. Quintino, Iohann 1341
Riotus 1344
Roncelli, Durand 1344
le Samier, Guillelm. 1344
Sanderus 1362
de Silva Terra (Silvarupe), Alanus 1357
Suffredi, Iohann 1342

Valras, Iohann 1348
de Vico, Herricus 1358
— Eblo 1357
Vaulhart, Dietrich 1358—62
Winellic, Theoderich 1358—62

9. Bullatores (päpstl. Siegelbeamte):
Gausserandi, fr. Raymund 1343—58
fr. Godefredus 1335—37
Grifi, fr. Gasbertus 1349—60
Maynardi, fr. Berengar 1335—42
Petri, fr. Bernard 1347—48
Puiol, fr. Bernard 1340—46
Raucamaure, Raymund 1360—61
Vitalis, fr. Bernard 1341

b) Kuriere, Nuntien und Collectoren.

1. Cursores pape (päpstliche Eilboten):
Adresse, Wilhelm 1341
de Agrimonte, Iohann 1355—57
de Ala (Aula), Petrus 1353—62
Alamanni, Bonet 1347—57
— Petrus 1355—57
Alorei, Micheletus († 1348)
de Ambianis, I. 1353—57
Ambrosius 1348
Amelii, Bertrand 1338—44
Anselati (Anzelatoris, Lanselar), Raymund 1344—55
de Apomiis, Raimund († 1347)
Assagente, Iohann Iacobi 1355
de Aurengia (Auraica), Gaufried 1355 bis 56
de Auriavalle, Ioh. 1335
Barchardi, Petrus 1357
de Banhanis, Iakob 1344
Barre, Wilhelm 1336—48
Bartholomei, Guillelm. 1353—60
Basanha, Petrus 1357
Bastardi, Colinus († 1348)
Belo, Petrus 1353
Benedicti, Iohann 1355
Berchi, Pontius 1335
Bernardi, Raymund 1343
de Bisignano, Guillelm. 1335
de Biterris, Raymund 1335—57
Bolonhinus (Matheus Leonardi) 1353 bis 61
Boneti, Petrus 1353—62
de Bononia, Thomasin 1335
Borchardi, Iohann 1355

Bordial, Guillelm. 1335
de Bosco, Petrus 1355—61
Britonis, Aymonetus 1357
— Guilhotus 1350—61
— Iohann 1355
— Petrus 1353—61
Bruni, Iohann 1349—51
lo Burgonho, Iohann 1362
Cabanerii, Iakob 1347—53
Chalterii, Iohann † 1348
de Camerino, Tolucius 1335—1348
de Castro Plebis, Andreas 1335
Chatardi, Petrus 1355—57
de Cività, Blasius 1335
Colays, Iohann 1355
Chote, Fulco 1335
Combarelli, I. 1351—55
de Combis, Stephan 1353—55
de Cortapetra, Petrus 1355
Curti, Gaufridus 1355
Damiers, Iohann 1351
Daurenga, Gaufrid 1354
Doadas, Ademar 1353
de Esculo, Marcus 1335
Ferrerii, Petrus 1335—57
de Figura (Figueriis), Petrus 1335—43
de Firmo, Iakob † 1348
de Florencia, Lippus 1335—47
— Nicolaus 1335—57
— Perrotus 1348
— Tierius 1343
de Flota, Iohann 1335—57
de Fontenaco, Anton 1348—57
Garrige, Petrus 1354—57
Gaufridi, Iohann 1353—57
Gauterii, Petrus 1342—50
de Grandimonte, Iohann 1353—62
Guasqueti, Bidon † 1347
Guillelmi, Raimund 1361
Guinetus, Iohann 1345—1347
Hugucionus 1355
Iacobellus 1342
Ilareti, Guillelm. 1353—57
de Infosta, Petrus 1335
Iohannis, Benedict 1355—58
de s. Iordano, Andreas † 1348
Laguena, P. 1344
Lascimbas, Stephan 1357
de Lauduno, Iakob † 1348
Leonardi, Matheus 1353—61
Lingonis, Iohann 1335

Lombardi, Colinus 1353—62
de Lucarel, Dominicus 1351—61
de Luciaco, Petrus 1335—53
Ludovici, Henricotus 1358
Maleti, Gerald 1353—60
de Malinis, Raynald 1357
Mamora 1357
Manfredi, Iohann 1355
Martini, Raymund 1343—45
la Masiera, Petrus 1353—57
Mathei, Petrus 1353—57
Molini, Michael 1335—50
de Molinis, Arnaud und Raynaud 1353 bis 57
— Gerald 1358
Moniore (Monyoye), Petrus 1355—61
de Monrengiis (Maurengiis), Guillelm. 1353—57
de Montealto, Roger 1335
de Montecosero, Iakob 1335—42
de Monte s. Martini, Assaiantus Iacobi 1353—60
de Monte Robiano 1335
de Monterotundo, Hilarius 1335—38
Montossier, Petrus 1353—57
de Murcia (oder Nurcia), Nikolaus 1353—61
de Nautas, Iohann 1357
de Navarra, Martin † 1348
Nicolai, Thomas 1344—57
Orsandi, Arnaldus 1343
de Pavia, Petrus 1335
Pastem, Matheus 1353
de Perusio (Perugia), Augustin 1355 bis 60
— Iohann Hugocho 1335—57
— Matheus 1335
— Quicius 1353
— Venhacus 1335
Petri, Bartholomeus 1353—61
— Iohann 1335—48 (†)
Picardi, Philipp † 1348
de Pineio, Petrus 1353
de Pisao, Laurenz 1335
Plancat, Bernard 1353—62
— Iohann 1360
de Poissiaco, Colinetus 1343
Pondemi, Stephan 1353—57
de Pontoysa, Ancelotus 1355—57
— Nikolaus 1352
Porterii, Gerald 1348 (†)

Postelli, Matheus 1355—57
de Preychio, Laurenz 1337
Quarti, Stephan 1353
Quinquinelli, Guillelm. de Usinhano, alias Iovenc 1338—1353
Raynaldi, Grassus 1335
de Regio, Lanfranchellus 1335—55
de Roana, Bernard
Robulli, Iakob 1335—48 (†)
Rolandi, Nikolaus 1355—57
de Roma, Iohann 1335—57
de Rosinhano, Guillelm. 1335
Rosseti, Iohann 1353
de Ruppe, Petrus 1361
da Sanha, Petrus 1348—55
de Sancquis, Raynald 1335
Scarci, Stephan 1355—57
de Seana, Bartholomeus 1335
Secredi, Arnald † 1348
de Seduno Guillelm. 1335
de Senis, Martin 1346—57
— Nicolaus 1335—48
Sicaldi, Iohann 1348
de Solengello, Bibianus 1335—48
de Spello, Vanhalus 1335
de Spinello, Petrus 1355—57
de Spoleto, Iohann 1335—48 (†)
de Stagine, Bonfilius 1335—48(†)
Stephani, Guido 1342—48 (†)
Stephanus 1358
de Terramonte, Robert 1353
de Tholosa, Symon † 1348
Thomas 1347
T[e]obaldi, Iakob † 1348
de Tornaco, Iakob 1335—44
de Tongris, Heinrich 1360—62
de Troyes, Iohann 1355—57
Truci (Trussi, Turci), Gaufrid 1351—60
de Uchello, Petrus 1357
de Valle, Petrus 1358
de Valleclara, Robert 1335
de Vassinhaco, Petrus 1357
de Venesiis (Venedig), Gerhard 1335
Vernetti, Petrus 1335—48 (†)
de Vianna, Ludovicus 1346—47
Viarii, Iohann 1355—60
de Vienna, Iohann 1335
— Ludwig 1335
de s. Vincentio, Vincenz 1335—46
de Vispec, Bartholomeus 1348—57
Vitalis, Stephan 1351—61

Viteri, Iohann 1353
de Voragine, Thomas 1335—42.

Magister cursorum pape:
Lumbardi, Colinus 1353—62

2. Cursores et nuntii mercatorum:
de Carreria (de Cursoribus, Corriere, Giers, de Scarparia), Petrus de Scarparia magister cursorum mercatorum
Desiderii (Desier, Geri, Geyre), Petrus mag. cursorum mercat.
Andrini, Iohann
Arnaldi, Guillelm.
Arnaudi, Bartholom.
de Avinione, Iohann und Guillelm.
de Berra, Iohann
ser Bindi, Iohann
Boloninus, de Bolonia
Bonvillani
de Brabantia, Nicolaus
de Campana, Fredericus
Copi
Corti, Nikolaus
Dominici, Marcus und Iohann
de Flandria, Banchinus
de Florencia, Bartulius, Bernard, Bielunus, Cozius, Dominicus, Franz, Fredericus, Iohann, Malatestinus, Mineatus, Nicolaus, Nutus, Preco.
de Francia, Arrignetus (Heinrich)
Godeti, Iohann
Gui, Guillelm.
Malatestinus
Manu, Iohann
Marini, Iohann
de Montepessulano, Guilglon und Matheus
de Norsia, Carolotus und Bartholomeus
de Orvieto, Savinus
de Padua, Dominicus
de Parisius, Guillelm. und Iohann
Pernognon
de Perusio, Angeluccius
de Pisa, Nicolaus
de Ponsane, Anton
de Reatino, Nicolaus
Sabaterii, Iohann
de Saleta, Bertrand
Sansavert, Iohann

de Sena, Pagio (Blasius) und Iohann
de Sisterono, Iohann
de Terra Nova, Iohann

3. Sonstige Boten (messagerii et nuntii):
de Aurayca, Gaufred
de Benevento, Franz
de Bolonia, Franz
Cassalinus
Imblardi, Iohann
de Longo, Simon
Marini, Iohann
Maurenges, Guillelm.
de Meran, Ludwig
de s. Miniato, Bindus
de Mota, Bernard
Naudonus, Bruneti
Obrerii, Iohann
Perrinus
de Poissiaco, Colinus
Relhat, Petrus
Rostagni, Bertr.
de Roys, Robyrus
de Vienna, Petrus
de Villa Nova, Iohann

4. Nuntii apostolici:
de Alvernia, Petrus
Amalrici, Iohann
Amici, Guillelm.
de Arpagone, Hugo
Arquerii, Petrus
Bertrandi, Iohann
Cariti, Bertrand
Desderii, Inard
Garrigia, Iohann
Geraldi, Petrus
Gervasii, Petrus
Iarrii (Garria), Iohann
Lombardi, Guillelmus
Medici, Wilhelm
de Sisteron, Bernard
Textoris, Poncius
de Thomariis, Bartolomeus

5. Collectoren und Subcollectoren:
de Abbate, Bernard
de Arbenco, Gerald
de Campocassio, Dominicus
de Castronovo, Iohann
de Frigidavilla, Petrus
de Gardaga, Iohann
Geraldi, Guido

Gerarda, Martin
Gervasii, Petrus
la Marchania, Iohann
de Marcello, Petrus
Naulonis, Raymund
Olive, Bernard
Pererii, Fulco
Piloti, Guillelm.
Raymundi, Iohann
Rotgerii, Raymund
Rufi, Guillelm.
Sermoneti, Iohann
Servientis, Iohann
de Tuderto, Andreas
Vitalis, Petrus

c) Päpstliche Kämmerer, Kapläne und Pönitenziare, Leibärzte, Lector biblie und Magister s. Palatii.

Capellani pape
  (*Wirkliche päpstliche Kapläne*)
1. **capellani intrinseci** (capelle pape):
   Ademari, Iohann 1336—56
   — Berengar 1337—40
   de Anglade, Raimund 1335—42
   de Arpadella, Iohann 1339
   Antonius 1335
   de Ayras, Iohann 1356
   de Ayrolis, Iohann 1338—42
   Benedicti, Nicolaus 1336
   Benerii, Stephan 1335
   Bertrandi, Iohann 1336—42
   — Nikolaus 1337—42
   Bomarc, Petrus 1356
   de Broa, Iakob 1335—37
   de Chaulagueto, Stephan 1342—45
   lo Camus (de Caunis), Iohann 1340—44
   Coleta 1335
   Colinetus 1343—47
   de Convenis, Guillelm. 1335—42
   Cossart, Raoulin 1344—45
   Dentis, Stephan 1336
   Diamantis, Petrus 1335—42
   Durandi, Iohann 1336
   de Eugubio, Thomas 1335
   de Flandria, Guillelm. 1342—44
   Gervasii, Iohann 1344
   Gonterii, Iohann 1335—37
   Isarni, Arnald 1335—40
   — Petrus 1335—42

Lavanta, Iohann 1356
de Lovanis, Iohann 1342
Lupi, Guillelm. 1356
Mauricii, Simon 1342—44
de Moncolo, Petrus 1356
Montagut, Petrus 1356
de Nasiaco, Nikolaus 1342—45
de Nobiliaco, Iohann 1342—45
Pastorelli, Privatus 1337—45
Pontius 1335
de s. Quintino, Iohann 1335—42
Radulphi, Guido 1335
de Rayssio, Guido 1360
de Raychaco (Raysaco), Arnald 1335 bis 42
Raimundi, Nikolaus 1335
Ricardi, Radulph 1342—44
Seguini, Raimund 1335—44
Servientis, Raimund 1335—42
de Sinemuro, Iohann 1342—44
Sinterii (Sainterii, Bordonerii), Petrus 1336—1352
Tafardi, Radulph 1342
de Tregrossio, Iohann 1336—44
de Turre, Bernard 1342
de Uzès, Stephan 1335—40
Valhant, Iohann 1356
de Verdala, Arnald 1338
Volta (Valeta), Matheus 1342—45
de Cambello, Coumpanus cler. capelle pape 1335
Petri, Canton cler. serviens in capella pape 1337—40
de Seduno, Iohann cler. capelle pape 1336—44
Vagnelli, Egidius socius Iohannis de Seduno
2. **capellani** (commensales) **pape:**
   de Ancilla, Philipp 1346/47
   de Arimino, Goctinus 1335
   de Bardis, Fredericus 1342
   de Bononia, Nikolaus 1335
   de Collealto, Gentilis 1335
   de Cayrasco 1335
   de Florentia prior 1335
   Gerardi, Guillelm. 1338
   Grauerii, Bernard 1335
   de Insula, Iakob 1335
   de Lalo, Gerald 1335
   Manciraci, Petrus 1342
   de Mennaco, Petrus 1349

de Parma, Bozolus 1335
— Odo Thadeus 1335
Perusinus archipresbiter 1335
de Placentia, Iakob 1342
de Pusterla, Guillelm. 1335—42
de s. Quintino, Iohann 1340
Raimundus 1335
Rogerii, Petrus 1335
Truelli, Guillelm. 1345
de Urbeveteri, Ligon 1335
de Utine, Beneventus 1360
de s. Victoria, Iakob 1342

3. **magistri capelle pape:**
Ademari, Iohann 1353—58
Borgonius, Stephan 1362
de Chaulhageto, Stephan 1351

4. **Subdiaconi pape:**
de Combornio, Guido 1344

5. **Cambrerii, cubicularii pape (päpstl. Geheimkämmerer):**
d'Achieras, Iohann 1346—52
de Baro, Iohann 1358—62
Basterii, Petrus 1340
de Bordis, Guillelm. 1345—47
la Chieza, Hugo 1362
Delvernh, Iohann 1347—49
Engilberti, Iohann 1335—47
Ferreguti, Guido 1361—62
de Fonte, Stephan 1358—61
Gaite (Guete), Iohann 1344—52
Garnoti, Iakob 1342—48
Gausenci, P. 1357
Ianzens, Petrus 1353—62
Isarni, Arnald 1335—40
Gireti, Petrus 1361—62
de Liono, Helyas 1358—62
Le Male, Iohann 1342—57
de Malesset, Stephan 1342
Oliverii, Iordanus 1362
de Prato, Poncius 1335
la Rebieyra, Ademar 1358—62
Sabaterii, Petrus 1337—39
de Sala, Iohann 1362
de Segurano, Bernard 1360

6. **Penitenziarii Apostolici** (Apostolische Beichtiger):
Alanus (Thome), Britonis 1347—52
de Aleis, Gabriel 1352—60
Aln (Abo) de Dacia, Petrus 1335—42

de Anglia, Guillelm. 1348—50
— Iohann 1348/49
— Thomas 1348—61
de Apamiis, Bernard 1335
de Aquila, H. 1343
de Aretio, Isnard 1360
de Assisio, Iakob 1348—61
Asmundi, Nikolaus 1352—60
Belin, Iohann 1356—60
Belserii, Iohann 1352
de Benevento, Bartholom. 1361
de Besseto, Petrus confessor pape 1343—44
de Boemia, Iohann 1348—50
Bonifacii, Eblo de Briva 1347—57
de Bota, Iohann 1347
de Brisaco, Augustin 1361
de Burgonia, Robert 1357
de Cambalo, Gerald 1349—61
de Castello, Lucas 1335
de Cigno, Henricus 1344
de Cracovia, Stanislaus 1335
de Dacia, Sifredus 1347—50
— Petrus 1343
Dominici, Iohann 1335
Engilberti, Iohann 1342—52
— Petrus 1344
Fabri, Iohann 1335—48
de Felicianis, Petrus 1335
Ficardi, Petrus 1349/50
Gabalona, Iohann 1352
Gabriel 1349/50
de Gibiaco, Guillelm. 1347
Gofridi (Guifredi), Petrus 1349—50
Guidonis, Arnald 1357—60
de Gunaco (Gyniaco), Gerald 1360—61
Hugler, Petrus 1356—60
de Insula, Thomas 1343/44
Iohannes 1343/44
Iohannes Carmelita 1349/50
Ispanus, Iohann 1348—52
de Ispania, Lupus 1341—48
Lebrohim, Nicolaus 1361
de Lupersiaco, Petrus 1347—48
de Luzegio, Arnald 1335—1343
de Maralhaco (Mailhaco), Stephan 1352 bis 60
de Mediolano, Lanfrank 1347—48
Montz, Theoderich 1361
de Namos, Iohann 1343/44
de Novoloco, Dominicus 1356—60

914 B. Systematisches Verzeichnis aller im vorliegenden Bande erscheinenden

Pinholi, Raymund 1356—61
Polonis, Henricus 1361
Raterii, B. 1352
Raymundi, Helyas 1361
Regaymon, Evenus 1360—61
de Rynstede, Thomas 1356—57
de Saxonia, Iohann 1347—50
de Seuecio, Inard 1357—61
Sicardi, Petrus 1348
de Signo, Henricus 1335
de Soemosi, P. 1352
de Sperogonia, Ubert 1335
Stephanus, Minor 1349/50
Tauri(ni), Iohann 1335—52
Thelonis, Anton 1361
Tholosanus Amanevus 1349/50
Thome, Alanus s. Alanus
— Petrus 1335
de Ungaria, Blasius 1347—50
Velate (Vilate), Guillelm. 1348—60
de Vigornia, Robert 1360
Vogelsanc, Andreas 1352—60
de Wrocham, Iohann 1335

7. **Scriptores penitentiarie:**
de Faya, Arnald 1362
Folcoandi, Philipp 1362
de Garrigia, Bertrand 1343
— Iohann 1358—62
Guinerii, B. 1343
Raterii, B. auditor penitentiarie 1343/44
Regis, Iohann 1343—44
de Salo, Petrus 1343
de s. Stephano, Iohann 1343
de Taornhaco, Guillelm. 1343

8. **Phisici et cirurgici pape** (päpstl. Leibärzte):
Aymini, Bertrand 1335
Ancelmi, Stephan 1342—44
Augerii, Petrus 1340—46
de Catursio, Arnald 1340
Daubiart, Laurenz 1355—60
de Florentia, Iohann 1342—48
de Ianua, Iohann 1342—48
de Montepessulano, Petrus 1342—48
de Parma, Iohann 1349—60
de Pestugalis, Petrus 1361
Raymundus medicus 1346(†)
Rainaldi, R. 1342—45
Seguini, Stephan 1342—46
de Suamatre, Petrus 1338

9. **Lector biblie:**
Garnoti, Iakob 1344

10. **Magister sacri Palatii:**
Sudre, fr. Stephan 1356

d) Gerichtsbeamte.

1. **Auditores palacii:**
Fabri, Petrus 1342
Fastolfi, Thomas 1342
de Gardia, Stephan 1344
de Gars, Alanus 1342
Hugonis de Cardalhaco, Bernard 1342
de Manelis (Maneriis), Coldradus und Oldradus 1354—56
de Novodompno, Bernard 1342—45
de Pinu, S. 1342
de s. Salvatore, Durand † 1342
de Tuderto, Franz 1344
de Utine, Beneventus 1360

2. **Advocati in curia:**
de Ast, Henricus 1342
de Aquila, Franz 1342

3. **Der Hofgerichts-Marschall (marescallus iustitie curie):**
de Auseria oder de Cusena, Arnald 1335
Cotarelli, Berengar vor 1340
Rascassii, Bernardus 1336—52
Rogerii (de Roca), H. 1342
Rutlandi (Rolandi), Guillelm. 1355—61

4. **thesaurarii curie marescalli:**
Bertini, Petrus 1338—42
Bononatus 1353
Piscis, Iohann 1335—37

4a. **Procurator curie marescalli Avin.**
Britonis, Poncius 1360

5. **Iudices curie marescalli:**
Audeberti, Raimund 1335—36
Blanchi, Anselm 1353
Bruni, Rostagnus 1335—36
de Cabanis, Stephan 1335
de Carro, Iohann 1361
de Cremona, Carlinus 1336
Iohannes 1353
de Margaritis, Pontius 1338—40
de Multis Denariis, Ricard 1336/37
de Villafera, Petrus 1336—40

6. **Capitaneus curie marescalli:**
Bonsoni, Petrus —1339
de Rocamaura, Iohann 1354

7. **Servientes curie marescalli:**
Ancerti, Iohann 1340
Bertranenqui, Bernard 1340
Blancardi, Sicard 1340
Boerii, Sicard 1340
de Capite Stagno, Folcrand 1340
Cocaroni, Petrus 1340
Girardi, Iakob 1340
Garsavalli, Raimund 1360
de Lagarn, Huguetus 1340
Macre, Folcrand 1340
Martini, Perrotus 1340
Medii, Meton 1340
Poiade, Raimund 1340
Raynerii, Bertrand 1342
Sarinhani, Isnard 1340
Silve, Guillelm. de Novis 1340
de Tornoyle, Bonitus 1349
Vitalis, Meton 1340

8. **Custodes carceris curie officialis, hospicii, pape** (Gefangenwärter):
Amelii, Raymund 1338
Barte, Arnald 1338—42
de Castro Vilhari 1361
la Gana, Bernard 1362
— Stephan 1344—53
Gaufer, Guillelm. 1343
Iohannes 1343
Iohannis' Ludovic. 1341
de Ponte, Raynald 1336—45
Uriaci, Bonifaz 1342

9. **Notare:**
Amici, Raymund
Bermuti, Iordan
de Braquis, Iohann
de Buco, Petrus
Clarmon, Hugo
Comolascii, Guillelm.
Decani, Brictus
Furti, Philipp
Galterii, Folcatandus
de Monteruco, Petrus
Perroti, Guillelm.
Pini, Guillelm.
Pope, Stephan
de Remis, Iohann
Ribe, Durand

Sabbe, Arnulf
Sinerii, Guillelm.
de Spinello, Petrus
Valens, Iohann
Voec, Lambert
Xandeti, Gerhard

e) Küchen- und Kellerverwaltung, Marstall und Wachsamt.

1. **Beamte der Küchenverwaltung:**
   1. **Magistri coquine:**
      de Liorio (Lionro), Golferius 1356/57
      de Monteclaro, Nikolaus 1342—55
      de Vassinhaco, Bartholomeus 1361 bis 1362
   2. **Emptores coquine:**
      de Aggeduno, Philipp 1360—62
      Bedocii, Wilhelm 1335—41
      Gaucelmi, Bernard 1342—57
   3. **Scriptores coquine:**
      de Castanea, Gerard 1353—61
      de Maloboichone, B. 1342
      Textoris, Petrus 1335
   4. **Coqui:**
      Benpinhe, Gerard 1360
      Champion, Guillelm. 1353—60
      de Caritate, Iohann 1349—53
      Costel, Iohann 1342
      Guillelmus s. Champion
      Iohann Hote 1342—56
      de Lauro, Iohann 1361
      Lebreti, Petrus 1349—51
      Machiti, Ph. 1345
      Mari, Imbert 1361—62
      de Miramont, Gerard 1353—56
      Paniferus 1349—52
      Postelli (Pestelli), Mayetus 1344
      — Iohann 1348—61
      de Ruello, Symon 1342
   5. **Brodarii coquine:**
      Alamanni, P. 1353
      Alay, I. 1353
      de Baldraco, Petrus 1335
      de Bela, Petrus 1335
      Dionisii, Evonus 1353
      Iaquetus Iurneti 1356—57
      Malferio, Iohann 1354—57
      Naudinus 1360
      Salvaticus 1335

de Savarduno, Iakob 1335
Vergueti (Vergerii), Iaquetus 1353—55
6. Portatores aque:
de Cigali, Gasbert 1335
Raolinus 1340—42
Amelii, Petrus custos coquine 1335
Hugo vailetus coquine † 1348

1a. Das Wasseramt und verwandte Beamte:
Armis, Amalrich mundator puteorum
Cellerii, Sigfred magister conductus aque
Daurel, Bartholom. curator puteorum
Durandus custos putei pape 1347
de s. Michaele, Raymund serviens arm., aquarius pape 1361—62
de Nexovio, Elias portitor aque, aquarius pape 1342—48

2. Panatarii pape:
de Arfolio, Petrus 1361—62
Barralha, Bernard 1353—55
Bellifilii, Guillelm. 1342—52
de Burgo, Iohann 1361—62
de Coiordano, Raymund 1335—42
Garnerii, Bernard 1342—52
Natalis, Petrus 1335—42
de Riperia, Guido 1355—61
de Ublangis, Iohann 1353—60
de Bosco, Petrus servitor panetarie 1361
Martini, Iohann in officio panetarie serviens 1355

3. Buticularii pape:
de Brolio, Raimund 1335—36
de Cruce, Guillelm. 1353—61
Gasqueti, Petrus 1342—52
Gitberti, Iohann 1361
Isarni, Petrus 1336—46
de Ruppe, Raimund 1337—42
la Sudria, Guillelm. 1350—52
Textoris, Raymund 1346—47
de Turno, Gerald 1342—52

3a. Custodes vaisselle pape päpstl. Silberbewahrer):
de Escossaco, Bernare 1342—48
Raymbaudi, Helias 1353—61
Textoris, Raimund 1348—53
Giraudus, guardamangier (Tischwart)

4. Beamte des päpstlichen Marstalls:
1. Magistri marescallie pape (Oberstallmeister):
de Channaco, Guillelm. 1344—52
Delboys (Dubois), Gibert 1342—44
Gayraudi, fr. Iohann 1339—40
de Monteclaro, Nicolaus (1346)—52
Primas, fr. Iohann 1335—37
Puiol, fr. Bernard 1342
Sabaterii, Guillelm. 1353—62
2. marescalli (Stallmeister):
Baronis, fr. Iohann 1335
Cadesquinus 1347
Fabri, Petrus 1353—61
Guinibaudi (Gombaudi), Vitalis 1335 bis 37
de Sergia, Iohann 1357—60
Thomas 1342—51
de Villanova Petrus saumaterius palafrenarie pape 1353
3. Palafrenarii:
Amici, Raymund 1351
Arnaudonus 1352
Bartholomei, Stephan 1360
Bernardi, Anton 1348—57
Bernardus Sanxii 1348—61
Berthelotus 1352
de Boysiere, Arnald 1356—61
Cathalani, Guillelm. 1348—61
de Conginis, Quiricus 1357
Cordelerii, Michalet 1360
Cyole 1348
Daynet (Deneti, Domec), Dominic. 1348—61
Dominici de Salmona, Blasius 1345—52
de Fa, Graciosus 1348
de Falsis, Petrus 1347
de Fargia (Fargis), Petrus 1347—48
Forini, Gobilotus 1356
Galterii, Guilhotus 1348—61
Gordonis, Micheletus 1361
le Grose, Petrus 1356—57
Henrici, Iohann 1352
Horum, Philipp 1352
Iacobini, Nikolaus 1347
de Ispania, Egid 1360
— Iohann 1347—52
— Simon 1347—48
de Larguo, Petrus 1352—57
de Leodio, Bertholus 1360
Lodovici, Henricus 1352

Kurialbeamten, Adlige, Kaufleute und Handwerker.

de Lucare(l), Dominicus 1347—48
Malpas, Stephan 1356—57
Martini, Egidius 1356—57
Masquerat, Petrus 1357—60
Mingueti (Mignoti), Iohann 1347—48
de Molendino, Iohann 1347
de Mulcia, Nikolaus 1348
de Navarra, Petrus 1347—60
de Pomeriis, Stephan 1347
de Ponte, Bartholom. 1356—57
Sail, Petrus 1349—50
de Salmona, Blasius s. Dominici
Sapientis, Petrus 1347—61
Saucii oder Sancii s. Bernard
de Tongris, Henricus 1356
de Villanova, Petrus 1349
4. Scriptores marescalli:
Amici, Raymund 1352
5. Vayleti (Stallknechte):
de Barbantia, Iohann 1352
Burgundi, Iohann 1352
de Francia, Matheus 1352
Marchesii, P. 1352
Panel (Pauel), P. 1352
Provincialis, Ugo 1352

5. **Wachsamt** (custodes cere):

Ademari, Guillelm. 1353—62
Fornerii, Gerald 1342—52
Textoris, Raynald 1342
Boerii, Bertrand operator cere (1339) 1348—61
de Inferneto, Stephan oper. cere 1342 bis 1348
Peregrini, Luquinus de Ianua mercator cere 1344
de Vivaldo, Ludov. merc. cere (Genua) 1342—46

Andere Wachshändler sind noch:
Espiamal, Iohann; Finamor, Wilhelm; de Gard, Petrus; Ioya, Petrus; Marengo, Opezinus; Masconis, Imbert; Pinelli, Andreas; Ruphi, Iohann; de Sarda, Petrus; Villaris; Petrus; Vitalis, Hugo

Das Wachs kommt z. T. aus
Romania, cera 22. 33. 51. 81. 375. 550. 589. 590. 675. 676. 721. 775. 776
de Barbaria, cera 590. 676. 721. 801
de Polonia 590
de Barcelona 404. 427

candelerii (*Kerzenzieher*):
de Arelate, Bontorius 1336—50
— Hugo 1345
Carle, Gerald 1346
Chatbertus 1355
de Crespino, Odinus 1335
de Oleo, Guillelm. 1346/47
Thomasii, Gerald 1335—40

6. **Sonstige Beamte:**
de Clusello, Hugo portitor fresquarie
Cortoys, Iohann, Gewandmeister 1342 bis 49
Glotonis, Petrus naterius curie 1357
Guarini, Petrus provisor peloni[s] et junqui etc. 1350—61
Iohannes presb. provisor pelonis 1362
Rosseti, Iohann provisor bladorum

NB. Die Baubeamten siehe unter IVa.

f) **Die Palastwache und Leibgarde des Papstes. Türhüter, Custoden, Schloßverwalter.**

1. **Magistri hospicii pape** (Maggiorduomo):
de s. Amancio, Guillelm. 1342—1358
de Lionro, Golferius 1358—61
de Monteclaro, Nicolaus 1344—60

2. **Ostiarii domicelli** (scutiferi et milites):
de Agrifolio, Ademar 241—52
de Boch, Robert 1353
de Bessiera, Petrus 1343—56
de Champiers, Gerald 1343—52
— Rigald 1351—52
de Colonia, Arnold 1355—57
Comarci, Arnald 1335—47
Conradi de Iorio, Leo 1355—61
de Cortilhis, Petrus 1353—60
de Cusornio, Raterius
Grimoaudi, Raymund 1353—60
Guiscard, Raymund 1356
de Gunello, Radulph 1361
de Hospitali, Iohann 1342—48
de Leschemel, Gerald 1343—53
de Lissaco, Gerald 1343—47
Maliani, Stephan 1346—48
de s. Marciali, Petrus 1343—57
de s. Margarita, Guillelm. 1342—61
de Maserolis, Galhard 1335—53
de Novo Molendino, Rotger de Bolonia 1347—61

918 B. Systematisches Verzeichnis aller im vorliegenden Bande erscheinenden

de Penna, Bertrand 1349—52
de Podensaco, Petrus 1335—48
de Poiol, Raimund 1351
de Porta, Stephan 1361
la Rocha (de Rupe), Aymericus 1346 bis 60
Roderici, Gundisalv 1357
de Rupe s. la Rocha
de Saya, Aycardus 1335—1345
Stephani, Petrus Lelli 1342—60
de Vassinhaco, Andoynus 1361
— Mauritius 1353—60
— (Bartholomeus)
de Verulha (Vernhola etc.), Bertrand 1342—52
— (Petrus)
Vigerii (Viguerius), Stephan 1357—60

3. **Ostiarii minores (und servientes arm.):**
Amelii, Guillelm. 1335—47
Amioti, Iohann 1342—61
de Amore, Petrus 1348—50
Anglici, Wilhecot
Balisterii, Stephan 1343—47
de Baulhanis, Raymund 1337—42
de Boichan (Boisson), Aymericus alias de Dumo, s. diesen.
de Bolaresio, Guillelm. 1335
de Bolonia, Rotger s. de Novo Molendino
Bordille, Guillelm. 1343
de Bordis, Bernard 1335
— Stephan 1352—57
lo Breton, Guillelm. 1357
Bruni, Iohann 1353—57
Cabanerii, Iakob 1355—58
de Cameraco, Iordan 1361
de Caslucerno (alias de Balh), Robert 1342—61
de Castello (Cocello, dela Rocha), Aymericus 1342—44
de Columpna, Lellus 1342—50
Daren, Guinabert 1346—48
Davidis, Reginald 1353
de Dumo (de Boyssono), Aymericus 1342—60
de Favaresio, Guillelm. 1335
Ferrandi, Petrus 1342—57
Ficaldi, Iohann 1357
de Forgis, Iohann 1353—57
Fornerii, Bertrand 1335
— Guillelm. 1353—57

Galheti, Lorinus
Galini, Petrus 1335
Gran, Andreas 1335
Ianzens, Petrus 1353—61
de Lauardaco, Arnald alias de s. Petro 1335—57
de Ludovico, S. 1342
de Lur, Reginald 1343—60
de Maranchis, Bertoluchas 1348—50
Masconis, Imbert 1357
Mingueti, Iohann 1357
Petri, Angelus de Lucca 1351—53
de Placentia, Iacobinus 1335
Polaserii, Guillelm. 1357
de Pontisara (Pontoysa), Ancelot. 1356 bis 60
Radulphi, Bertrand 1335—47
Raymundi, Petrus 1343—48
la Rebieyra, Ademar 1353—60
de Rino (Rivo), Bertrand 1353—57
de Riveto, Guillelm. 1356—60
de Roma, Iohann (Romanellus)
de Scamello, Gerald 1352
Sicaudi, Iohann 1353—55
de Staraco, Arnald 1335
de Steirola (Storola, Scorola), Ludovic. 1349—52
de Tornaco, Iakob 1347/48
Vasconis, Arnald 1353—60
Verdelay, Iohann 1353—57
de Vernh, Gerard 1342—60
la Vernha, Petrus 1347—61

4. **Domicelli, scutiferi:**
(Hofjunker, meist aus dem hohen Adel und der Verwandtschaft des Papstes.)
Albani und Albe, Karol 1335—43
Alberti und Arberti, Galterus 1342—47
— — Guillelm. 1356—60
— — Stephan 1360
de s. Amancio, Iohann 1352
Ancellotus 1342
de Andirano (Diran), Pontius 1342—51
de Appamiis, Raymund 1335—38
de Aptherio, Garinus 1347—52
Artaudi, Iohann 1361
de Artisio, Brocard 1348
de Asti, Iakob 1342
Barbitonsoris, Giba 1335—40
Barrani, Ademar 1346—51
Baulacus, de Baulaco, Baula 1335—40

de Bella Gardia, H. 1342
de Belloforti (Beaufort), Rotger s. Rogerii
de Bellomonte, Hugo 1355
Benedicti, Arnald de Lados 1336
de Benevento, R. 1336
Benvenuti, Nicolaus 1340
de Bercumo, Ancelotus 1347
de Berellis, Heinrich 1335—43
Bernardi, Arnaldus 1335—48
— Petrus 1347 († 1348)
de Bessa und Bessiera, Petrus 1345 bis 57
Bindi, Minus 1335—43
de Blandiaco und Blansaco, Guillelm. 1335—49
de Bonto, Bolhanis, Raymund 1335 bis 36
de Breno, Iohann
de Breturia, Ancellus 1343—46
Bruni, Franz 1342—46
de Cabanis, Raymund 1356—61
de Channaco, G. 1343—52
de Capdeferro, Iohann 1335—43
Chapelia, Dinand 1360
de Casa, Berengar 1342
de Castanhaco, Iohann 1335—42
— Petrus 1335—42
de Castellione, Gaucerand 1351—52
de Castronovo, Bertrand 1335—42
— Raynald 1337
Cathalani, Anton 1335—42
de Caualga, Bernard 1335—40
Cerroni, Guillelm. 1342
de Cesaraco, Guillelm. 1335—46
de Coiordano, Petrus 1335—37
de Combornio, Archimbaudus 1343 bis 1359
— Guischard 1353—60
Corbati, Hugo 1342
de Corfano, Chiccus 1340
de Cornelio, Petrus 1342—52
de Cucurno, Philipp 1335—42
Curti (Curri), Raimund 1336—42
de Cusorno (Cuzarno, Cursono), Raterius und Rainerius 1335—53
Dalbars, P. 1343
Daura, Iohann 1342—47
de Donzenaco, Gerhard 1342—52
Delboys, Girbertus
Ducellus, Guillelm. 1342

de Duroforti, Astorgius 1343—52
de s. Exuperio 1342—61
de Fioraco, Naudinus 1342
la Gaana, Stephan 1345—60
de Gardia, Guillelm. 1356
— Raimund 1342—48
Geraldi, Iohann 1342—44
Gregorii Guido 1342
la Guelha, Petrus 1356—60
Ianis (Ianas, Ionas), Aymericus 1335 bis 42
Insomano, Bartholomeus 1335
de Insula, Raimund 1335
Iohannis, Andreas 1335—42
— Franz 1342
Iori, Karolus 1347—52
de s. Ypolito, Helias 1342
Iudicis, Colinetus 1345—60
de Iustiniano, Bartholom. 1336—37
de Lados s. Bernardi
de Lando, Bertrand 1335—51
Laragin, Burchard 1342—44
Late, Petrus 1336
de Laudiaco, Guillelm. 1342
de Letrangis, Helias 1342—57
de Lionro, Golferius 1353—57
Lugana, Bernard 1361
de Malavicina, Arnald 1336—42
de Malomonte, G. 1342—53
de Manhaco, Gerald 1342—51
de Marsano, Guillelm. 1335—42
Martini, Diego 1335—40
— Gerhard 1355
de Mauriaco, Rigus 1343—48
de Montaneo, Stephan 1360
de Montanhaco (Montilhaco), Guillelm. 1342—47
de Monthaco (Manhaco), Gerald 1342 bis 46
de Monte Lauro, Guiot 1343—46
de Monteruc, Stephan 1353—61
Nicolai, Benvenutus 1336—46
— Gentilis 1344—48
Palmerii, Lellus 1336—40
de Parlhanis, Raimund 1335
Peleti, Bernard de Alisco 1345—50
de Perussia, Rampnulf 1353—60
de Pestello, Aymericus 1342—52
de Pestilhaco, Gaston 1336—52
de Petralata, Petrus 1337
de Pinsaco, R. 1342—47

Piscis, Petrus 1336—40
de Pistorio, Franz 1343—47
de Podio Alto, Bertrand 1345
de Podiovalli, Guido 1343—62
de Putheo, Guillelm. 1342—47
Quintini (Quercini), Boso 1342—51
Raimundi, Arnald 1335—42
— Berengar
— Petrus 1342
Raynaldi, Iakob 1335—40
— Iohann 1361
Ranas, Raymund 1336
la Reyna, Aymericus 1357—61
de Rochas, Guillelm. 1351
de Rochaforte, Ranconus 1347—51
de Roffinhaco, Bertrand 1353—60
— Guido 1357—60
— Petrus 1360
Rogerii (Rotgerii), Hugo de Belloforti 1342—50
— Raterius 1350—60
de Rossilhione, Gerald 1361
de Rossinhaco, Guinotus 1361
de Rosso, Arnald 1336
de Rupeforti, Ranconus s. de Rochaforte
de Rupecanardi, Symon 1342—44
Sabaterii, Guillelm.
de Salis, Raimund 1336—37
Saporis, Stephan 1335—42
de Sarzana, Iakob 1340—49
de Sauzeto, Humbert 1353—61
de Scoarsano, Chicus 1335—42
de Scorola, Ludovic. 1342—48
de Senis, Franz 1342
de Serra, Bertrand 1343—48
de Serveria, Petrus 1342
de Seseraco, Guillelm. 1338—47
de Sitraco (Suiraco), Naudinus 1343 bis 56
Stephani, B. 1342
— Gerald 1350
— Lellus 1344
— Petrus 1346—60
Tartarini, Lucas 1335
Teulerii, Philipp 1339
de Tineria (Timera, Tunera), Aribert 1343—52
Tornamira, Poncius 1350—52
de Treynhaco, Guischard 1353
de Turre, Petrus 1361

de Usello, G. 1343
de Vairaco, Bertrand 1342—61
de Vallebona, Guillelm. 1342—53
de Vassinhaco, Rotbert 1353—60
— Bartholomeus 1361
de Veyries, Bartholom. 1336
de Vernholis (Vermola), Bertrand 1336 bis 42
de Vernosio (Vernodio, Verdonio), Talayrand 1342—51
de Vico Iustino, Bertholotus 1340 bis 48
Vielho, Angelus 1340—42
Vigerii, Gaufrid 1360—61
Vignerii, Raymund 1335—42
Villari, Iordan 1342
de Volta, Bremund 1343

5. Servientes armorum, masserii pape (*Palastwache*):
Abbatis, Iohann (1352—1361)
de Acheriis, alias la Gayta, Iohann 1347—1361
— Iakob 1355—60
Ademari, Guillelm. 1357—61
Alamanni, Imbert 1347
de s. Albino, Guillelm. 1340—47
Aliotus 1351
Almoyni, Iohann 1361
de Altarocha oder Altarupe, Petrus 1352—61
de Alvernhia 1356/57
Amorat, Iohann 1352—53
Andoynus 1356
Antonius abbas, Lucas 1351
de s. Apartello, Guillelm. 1335
de Apcherio, Iohann 1353
de Appamiis, Raimund 1344—48
de Aragone, Bertrand 1349—57
Arbale, Iohann 1349
de Athorino, Iakob 1357
Augerii, Guillelm. 1335
de Augustis, Guillelm. 1351
de Bach, Hugo 1355
— Robert, 1353
Balisterii, Iohann 1347—60
de Bardis, Constantin 1335—53
de Barsina, Andoyn 1357
Bassi, Reginald 1356
de Baudio, Tibaud 1347
Baurinus 1349
Bedos, Guillelm. 1349—61

de Beffemis, Heliot 1347
de Bellopodio, Gerald 1352—61
de Bergamo, Persevall s. Persevall
Bernardi, Bertrand 1349—60
— Petrus 1351—60
Berqui, Berc, Rostagnus de Novis 1335—61
de Bersac, Rotger 1347
Bertholotus 1352
Bertrandi, Petrus † 1348
Bessiera, B. 1357
de Bloys (Broys, Bles, Blas, Borssi, Bliaco), Iohann 1342—62
Boca de Vacca s. de Lucca
de Bolonia, Faciolars 1347
— Hugo 1361—62
— Spicalmus 1347
Bonaiuncte, Percevall 1335
Boneti, Gerald 1361
de Bordis, Ademar 1357—61
— Stephan 1361
la Bretir, Petrus 1352—60
de Breturia, Ancelotus 1343—61
Bruni, Franz 1342—47
de Bufonos, Helias 1336—61
de Bussi, Iohann 1352
de Cabesaco, Guillelm. 1335—47
de la Calanca, Raymund 1356
de Calen, Bertrand 1337
Calheti, Lorinus 1353
de Chalus, Hugo 1356
— Robert 1356
de Cameraco, Iordan 1355—60
de Campania, Guillelm. 1361
Campeline, Iohann 1361
de Canhaco, Iohann 1335
Canortonus 1347
Canti, Chornax 1356
de Castello (Castellani, de Castrobono), Ponsetus 1348—60
de Causinis (Casannus), Giraud 1347 bis 51
Cebra, Guillelm. 1347
de Cernere, Petrus 1347
la Chante, Iohann 1356
de Chieras, Iohann 1356
de Civitate, Iohann 1355
de s. Claro, Raymund 1347—60
Consilii, Iohann 1347—50
Coqui, Iohann 1352
Corbaʒi, Hugo 1338—42

de Cordona, Franz 1335—43
de Creri, Iakob 1356
de Crusello, Guillelm. 1347
de Cuibat, Rotger 1347
Danielis, Guillelm. 1347—60
— Gerald 1361
Deside, Marcus 1347
de Dumo, Aymericus 1347—60
Emerii, Guillelm. 1357
Fabri, Bernard 1338
de Falgayracio, Bertrand 1356—62
de Fautinelli, Theodifred 1347
de Florentia, Bonotius 1349
Fol, Iohann 1351
de Fonte, Bertrand 1335—47
Francisci, Bernard 1338
de Galan (Galanto, Galhaco, Galecio, Galenzino) Raymund 1347—60
Galingaya, Angelotus 1347
Galippus, Ratherius 1335
Galterii (Gauterii), Bertrand
Garinus 1344—52
Garsavalli, Raymund 1357—61
Gasqueti, Petrus 1353—60
Gaston, Petrus 1349
la Gayta s. de Acheriis
Gerenti, Bosson 1355
de Gilano, Raimund 1352
de Gimello, Rossetus 1357
de Grassis, Bruocius 1351
Grimoaudi, Raymund 1355
la Guilhalmia, Guillelm. 1351—62
Guilibert, Guillelm. 1335
de Gunello, Bonfontus 1360
de Hostia, Amarus 1356
Hugo 1335
de Inchestris, Guillelm. 1356
Iori, Karl 1350—60
de Ispania, Maranchus Petrus 1335
de Kalende, Bertrand 1335
Lados, Guillelm. 1347
de Ladriano (Landuano), Tibald 1349 bis 56
de Lande (Laude), Anicinus 1335—47
Lassetier, Iaquetus 1352
Laurinus Calheti 1351—61
Lemere, Iohann 1347
de Lespina, Iohann 1335
Lippi, Garsias s. Lopicz
Loca de Vaca, Betuchus s. de Lucca

Lopicz (Luppi, Lippi), Garcias 1335 bis 47
de Lucca, Angelus 1355—60
— Betochus 1351—60
Lucce, Anton 1360
de Lucro, Guiotus 1357
de Luna, Guillelm. 1335
de Luperiis, Iohann 1347—85
Maceti, Photius 1360
Maciotus 1351—61
v. Mainz (Magontia), Wilhelm 1360
le Male, Iohann 1342—57
de Malomonte, Guillelm. 1352—61
Maneschalch s. Thomas
de Manso, Bardus 1335—47
de s. Marcello, Iakob 1337
— Wilhelm 1337
de Margarita, G.
Martini, Arnald 1335
Megliore, Enchaton 1347
Melioris, Iaquetus pater et filius
de Mesclaioto, Boso 1352—61
de Mesin, Iohann 1360
Mespi(ni), Petrus 1360/61
de s. Michaele, Raymund 1352—62
Minceti, Philipp 1356
de Moleriis, Raymund 1335—47
Molini, Michael 1340—42
de Montanea, Michael 1335
de Monteacuto, Gerald 1335
de Montealto, Rotger 1347
de Monteflascone, Massiotus 1355—62
Moychoti, Iohann 1357
Moyrares, Gamotus 1347
Mussi, Philipotus 1361
de Neapoli, Andreas 1335—47
— Leo 1347—61
la Nemha, Petrus 1355
de Nicia, Lugerius 1335—47
Nicolai, Gentile de Macerata 1335—48
Oliverii, Raymund 1351—57
de Opere, Iohann 1349—51
de Palma, Giliolionus 1347
de Pan, Bernard 1335
de Parma, Thebald 1335—52
Pauli, Iohann 1351—60
de Pectoraria (Pecoraria), Roffinus 1353—62
de Pelagrua, Monnus 1356—60
de Pelle Amara, Iohann 1335
de Penna, Bertrand 1356—60

Persevallus (de Bergamo) 1337—56
Petri, Rotland 1351
— Angelus 1356—61
de Pistorio, Michael 1347—60
Placenti, Petrus 1351—60
de Placentia, Bertoletus 1351—61
— Rufinus 1343—51
de Podio, Gerald 1353
de Poiolis, Raynald 1357—60
la Porte, Stephan 1352—60
Porterii, Iohann 1352
Postelli, Iohann 1357
de Primazaco, Vitalis 1335
la Puger, Raimund 1352
de Quanto, Thomas 1353—55
de Quinibaldis, Roger 1335
Quintini, Boso 1348—62
la Raymundia, Oliver 1352—60
Raymundi, Amandus 1347
Raynerii, Ubertus 1335—47
— Ogerius 1347
de Rasigniaco, Bartholomeus 1352
Raubac, Petrus 1356
Raterius (Galippus?) 1349—56
Regant dictus Sant 1352
de Resignat, Bertrand 1347
de Riveto, Guillelm. 1355
Riverse (Revere, Riperia, Riverie, Ribiera), Ongerius, Ougerius, Hugo 1342 bis 60
Robertus 1361
Rogerii, Iohann 1335
Rostagni, Iohann 1335—60
de Rotgerio, Raterius 1347—60
Roubat und Raubati, Petrus 1352—60
de Rupe oder Rocha, Aymericus
Sancii, Begotus 1355—60
de Sangallo, Robert 1361
de Santicho, Rondinus 1352
de Saranghaco, Bartholom. 1356
de Saulis, Gannus 1351
Sauso, Petrus 1347
v. Schöneck, Hüglin 1350—62 etc.
Scuerii oder Senerii, Guillelm. 1352—57
de Serano, Petrus 1347
de Serato, Naudinus 1349
de Serveria, Petrus 1343—50
de Siena, Bernard 1339—61
— Marcus Landi 1335—61
de Sienraco, Arnald 1353
de Signeto s. v. Schöneck

Simeoni, Bigotus 1356
Sinerii, Guillelm. 1357—61
Spelte, Baldus 1335—47
de Suiraco, Naudinus 1360
de Taulucio, Hugo 1352
Teulerii, Wilhelm 1335—39
Thomas 1352
de Timballo, Roger 1338
Tinerii, Philipp 1352
de Thodi, Romanellus 1335
de Tholosa, Iohann 1349—60
de Trano, Petrus 1335
de Tuelha, Petrus 1361
de Turnhaco, Heliotus 1335
de Valle Ruferia, Heliot 1347
— Iakob 1335—48
de Vassinhaco, Audoynus 1357—61
— Bartholomeus 1357—60
de Vaxella, Bernard 1347
— Perrotus 1347—57
de Vaysseria, Bernard 1335—41
de la Vecchia, Iohann 1357
de Veyraco, Bertrand 1342—61
de Verglaco und Verlhaco, Iohann 1352—57
de Vernhola, Bertrand 1345
de Verufera, Iakob 1347
Vigerii, Petrus 1342—60
de Vigoroso, Iohann 1352—61
Vincentii, Iohann 1335
Vitalis, Garinus 1335
— Guillelm. 1343
— Petrus 1343—56
de Viterbo, Iohann 1347—57
6. **Porterii palacii Apost.:**
de Auriavalle, Iohann 1340
Barre, Gerald 1342
Bordille, Guillelm. 1342
de Combis, Stephan 1353—60
Mutonis, Bernard 1361
Palasserii, Guillelm. 1355
de Pontoysa, Ancelotus 1357
de Roana (Rocha), Bernard 1338—60
de Roma, Iohann 1360
Tassinus Flori 1353—60
de Vassinhaco, Petrus 1355
de Ventenaco, Petrus 1335
de Vincebec, Bartholom. 1360
7. **Custodes armorum** (artilharie) **pape:** päpstl. Zeugwarte:
Corbati, Hugo 1343—47

de Molendino Novo, Roger 1353
Raynaldi, Iakob 1338
8. **Scobatores palacii** (Palastkehrer):
Belenguel, Robert 1356
de s. Deodato, Widerich 1360
la Garriga, Iohann 1362
de Lingonis, Colinus 1352
Poncius 1335—37
Raimundus 1340—42
Bruni, Iohann 1343—46
9. **Trahentes, pulsantes campanam** [in palacio Apost.], *Glöckner:*
Agneti, Guillelm. 1348—60
Bernardus 1340—47
de Chantagrella, Iohann 1361
Petrus 1335—37
10. **Hortolani (ortolarii) pape** (Gärtner) und **Tiergartenwärter:**
Bruni, Michael 1349—61
Castellani, Raymund 1343—45
Liautart, Stephan 1343
Plancart, Iohann 1356—58
Transfort, Humbert 1355—56
11. **Custodes cervorum, piscium:**
Albi, Guillelm. cust. pisc. 1358—60
Allegreti, Bartholom. cust. cerv. 1335 bis 1348
de Casamonte, Bernardus cust. leonisse 1343—48
Furnerii, Raymund cust. leone 1348
12. **Custodes palacii Pontis Sorgie:**
de Brossis, Iohann 1335—37
13. **Custodes palacii pape Villenove:**
de Domperia, Thomas
de Malda, Nicolaus 1351
de Verdeleto, Petrus 1344—50
14. **Custos pontis:**
Chungay, Guillelm. 1351—57
15. **Clavarii** (Schloßverwalter):
de Aula, Petrus
Albier, Guillelm. (vigerius)
de Blado, Iohann
Brunelli, Petrus
de Cumbis, Astorgius
Fabri, Iohann
Granutius, Petrus (vigerius)
Iohannes
Isarni, Guillelmus
Michaelis, Petrus
Revidati, Poncius (baiulus)
de Albofolio, Guillelm.

16. Castellane und Verwalter:
Bermundus Gomolatii
de Fagia, Iohann
Iohannis, Iohann
Gintardi, Rigaldus
Marinati, Bartholomeus
la Reymundia, Oliverius
Vigoronis, Iohann

g) Beamte der päpstlichen Armenverwaltung (Panhota)

1. **Administratores domus Panhote:**
de Frigidavilla, Petrus 1348—61
Latremoliera, Geraldus 1335—48
de Toroneto, Bertrand abbas 1361—62

2. **Elemosinarii:**
Agni, Iohann 1354—57
Amici, Guillelm. 1352—62
Barsalonis, Guillelm. 1361—62
Boverii, Jakob 1344—48
Galhardi, Berengar 1335
Garnoti, Iakob 1344—47
Gasbertus 1347—48
Gaufridus, ep^{us} Regensis, 1340—48
Gayraldi, Raimund 1362
Gilibertus 1347
Guillelmus 1351
Imbertus 1348—49
de Montecolone (Moncolo), Petrus 1353 bis 58
Petri, Bernard 1342—45
Prime, Iohann 1342
de Seduno, Iohann 1349—52

3. **Provisores domus elemosine:**
Brunelli, Petrus 1362
de Combis, Astorgius 1350—56

4. **Servitores elemosine:**
Alberti, Stephan † 1348
Arbinus 1354
Bardeci, Matheus 1347
Baudetus 1352
de Capra, Petrus 1345—46
Charbonelli, Petrus † 1348
del Fau (Fan), Stephan 1350—53
Gasa, Iohann † 1348
Iohannis, Guillelm. 1347—48
Lasbordas, Iohann 1345—47
Latremoliera, Guido 1348
— Aldinetus 1348
Maurelli, Radulf † 1348
de Nigra Vernha, Stephan 1344—47
Roqua, Petrus 1347
Rotgerii, Bernard † 1347
Stephani, Petrus † 1348
Vitalis, Bertrand 1347

5. **Coqui elemosine:**
lo Camus, Hugo † 1347

6. **Porterius elemosine:**
Stephan 1347
Theobald (Tibaut) 1344—47

7. **Familiares elemosine:**
de Bossia, Dinand 1358
Doada 1357
Malcrot, Petrus 1354
Molheti, Iohann 1349
de Ursa, Stephan 1353

h) Provinzialbeamte

Provinzialrektoren:
Amalrici, Iohann
Barbe, Iohann domic. rector Veneyssini 1342
de Roffinhaco, Guillelm. 1354

Provinzialthesaurare:
de Artisio, Petrus 1341—56
de Acra, Andoynus thes. Veneyssini 1360
Benerii, Stephan 1336—37
Blasini, Berengar 1346

Sonstige Provinzialbeamte:
de Mediolano, Artaud iudex Insule Veneyssini 1361

vgl. ferner unter den einzelnen Provinzen im alphabet. Verzeichnis.

i) Beamte des Kardinalkollegiums:

(clerici collegii cardinalium):
Bedossii, Franz
de Colello, Anton
de Fonte, Wilhelm
Galeti, Simon
de Lapaira, Iohann
de Meianesio, Iohann
Raimundi, Petrus
de Savinhaco, Petrus
Textoris, Wilhelm
Iohannis, Georg

k) Beamte der Kardinäle:

de Affro, Helias
de Batuto, Stephan
Brunelli, Petrus
Dalbart, Iakob
de Fonte, Wilhelm
Girardi, Durand
Guillelmi, Arnald
Guinerii, Bernard
la Iarossa, Iterius
de Latapetra, Bernard
de Lingon, Albert
Martini, Michael
Petri, Symon
Rostagnus

II. Der Adel.

a) Hoher Adel.

(Herzöge, Grafen und Herrn):
Ademari, Giraud
Aldebrandinus marchio Estensis
Armaniaci comes, Iohann
Astariaci comes
Avellini comes
de Autafort domina
de Barro comes
de Baucio comites
Bellifortis vicecomes
de Bellomonte, Amblard
Belvacensis dominus
Bernabo Visconti
Bernardi, Rogerius vicecomes
Bertrandus comes Insule
de Blancaforti dominus
Borbonesii dux
— Iakob comes de Marchia
Brabantie dux
de Cabreriis comes
de Chalancon baro et domina
Caromanni vicecomes
de Castella, Ferrando
Castriboni vicecomes
de Claromonte, Ademar
de Codoleto domina
de Combornio, dominus
— Archimbaudus
— Guischard
Convenarum comes et comitissa
Curthonsen. comes

Dalphinus Alvernie
— Viennen.
de Danzenaco, Margarita
de Duracio, Robert
Empuriarum comes
Estensis marchio
d'Eusa, vicecomes Arnaldus
de Fant dominus
Fuxensis comes Gaston
— Rogerius
de Galis, princeps
de Gardia, Hugo
Gebennensis comes
de Guinis comes
de Insula comes
Iülich, Graf Wilhelm
de Iumilhaco, Bernarda
de Ispania, Arnald
Lancastrie dux
de Lanconio (Alençon) comes
de Lautrico vicecomes
de Lautrano comes
de Lisignhano, Bermund comes
Lotharingie dux
de Malomonte, Petrus
de Mennaco dominus
de Meulan comes
de Monte, Galiena domina
de Monte Rocherii, Ratherius
v. Montferrat, Markgraf
Montis Couiosi comes
Montislanii comes
Normannie dux Iohann
v. Orléans, Herzog
de Pictavis (Poitiers), Ademar
— Carolinus
— Ludwig
— comes
de Poiolis, Hugo
s. Pontii dominus
de Revello, Floto
de Rocheforte, vicecomes
Rogerii, Guillelm.
— Petrus
de Rossilione dominus
de Ruppecanardi, vicecomes
Sabaudie comes
de la Scala domini
Talardus vicecomes
de Taranto, Ludwig
Turenne vicecomes

de Turre, Wilhelm
Valentinen. comes
v. Wales, Prinz
de Veli comes
de Ventodoro comes Bernard
de Voloyre domina

b) Ritter und Edelknechte:
de Abenco, Hugo
Ademari, Gerald
Albe, Bertrand
— Iakob
Alamanni, Iohann
Alinor, Iohann
de Anequin, Iohann
Atanulphi, Iohann
Athonis, Bernard
de Aueri, Bertrand
Aurosi, Iohann
de Baychona, Petrus
de Blansaco, Wilhelm
de Borii, Bertrand
de Breno, Iohann
Bruschardi, Petrus
de Burbone, Berengar
— Gaufrid
de s. Chamasio, Laurenz
de Caslucio, Petrus
de Camiraco, Flamingus
de Castilhone, Wilhelm
de Castronovo, Andibert
Chati, Bernard
Cavalerii, Iohann, Rostand und Wilhelm
de Claromonte, Anton
de Colongiis, Iohann
Conradi, Leon
Coteti, Guillelm.
Cremanens, Constanz
de Engolisma, Bertrand
Fulcaudi, Guillelm.
de Ghammarch, Petrus
Gavini, Aymericus
de Gebenna, Hugo
Gerarda, Hugo
Girardi, Iohann
Helie, Golferius
de Iagonas, Guillelm.
de s. Laurentio, Chinacus
Lebreti, Imbert
la Marcha, Guillelm.

Marches, Aycard
de s. Maria, Girardis
de Maseriis, Petrus
de Mauriaco, Rigald
Medici, G.
de Melhaco, Gaucelm.
de Molinis, Iohann
de Montibus, Hugo
de Nuovilla, Helyas
la Palmere, Michaelet
Pantena, Aymericus
de Perusia, Bernard
de Petrabufferia, Iohann
— Golferius
de Podio Calvo, Bertrand
de la Porta, Aymericus
— Iohann
Rascacii, Bernard
Ratherius
la Reyma, Aymericus
— Radulph
Raynoardi, Bertrand
— Stephan
de Ricasulis, Albert
— Bentuchius
de Rivis, Guillelm.
la Rocha, Hugo
de Rupe, Hugo
de Rupe Folcaudi, Aymericus
de Rupecanardi, Aymericus
de Sabrano, Guillelm.
de la Sulha, Guillelm.
de Sunayo, Iohann
de Talliata, Guillelm.
la Tour, Petrus
de Tournamira, Pontius
Trapini, Guido
de Turre, Guillelm.
de Ussello, Hugo
de Vaquerliaco, Iohann
Vesati, Iohann
de Viveriis, Durand
— Petrus

III. Kaufleute und Banken.
a) Mercatores curie Romane
(päpstl. Hofkaufleute):
Abbatis, Lucas
Ademari, Bartholomeus
Bardo, Lallus

Bartucci, Franz
de Bayla, Anton
Benchi, Nicolaus
Bermundi, Ferrarius
de Chaverinno, Chicus
Cibo, Bilanus
Donsa, Franz
Gentilis, Iakob
Iohannis, Franz
— Lellus
— Petrus
Landi, Aldebrand
Lapi, Lambert
— Nicolaus
— Narducius
de s. Laurentio, Raymund
Maleficii, Atomann
Miti, Chicus
de Perusio, Franz
de Podio, Andreas
— Franz
de Vivariis, Petrus

b) Mercatorum societates
(*Bankgesellschaften*):

Albertorum
— antiquorum
— novorum
Astensium
Azaialorum
Bardorum
del Bene
Bonacursi
Bonsignori
Brancalis
de Canonibus
Clarentinorum
Comitis, Nicolai
Donati, Alamanni
Francisci, Bartholomei
de Gardis
Gerardi, Nicolai
Guinigi de Lucca
Melini, Nicolai
Palharsorum
Pasini de Florentia
Ranuchini de Flor
de Richi, Tedaldini Rogerii
Sudrini, Bartholomeus
Vanni Serarloti
Viscotis, Lapi

c) Mercatores de societatibus mercatorum
(*Vertreter von Bankgesellschaften*):

de Alamannis, Alpardus Silvestrini
de Albertis, Benedikt, Iacob, Iohann, Lambert, Nikolaus
Azayoli, Franz und Philipp
Balduini, Franz
Banqui, Iakob
de Bardis, Alexander
Bartholini, Laurenz und Philipp
Bencii, Landus
Benchivenghi
del Bene, Augustin
de Beretanis, Matheus
Berti, Bonarlus
Betti, Iakob
Bitini, Daniel
Blanqui, Iakob
Bonaguida, Iohann
Bonamici, Franz
Brancalis, Andreas
Bruni, Panissa und Iohann
Burgundionis, Petrus
Canonis, Bernard
Carducci, Meus
Carencionis, Göz
Caroccii, Bartholomeus
Cisci oder Tisci, Andreas
Clari, Michael
Comitis, Nicolaus
Coqui, Iakob
Emici, Bartholomeus
Falconerii, Clarissimus
Ferucii, Nikolaus
Francisci, Bartholom. und Tancred
Frederici Soldanerii, Iakob
Gerardi, Ricus
Hugo Astensis
Iacobi, Iohann und Pluvianus
Iohannis, Daredinus
— Zenobius
— Bruno
de Lamberteschis, Lambertus Lapi
Lapi, Iakob und Vescometus
Martini, Zenobius
Melioris, Lapinus und Nicolaus
Monaldi, Felix
Naldi, Lucas
Nicolai, Bartholomeus und Thomas

de Pero Palharsone, Angelus
Petri, Bonaventura
Philippus Bonacurs.
Plebanus
de Ranuchiis, Iohann
Richi, Andreas
de Ruspo, Lapus
— Ludovicus
Silvestrini, Abard
Squi, Lambert
de Tichis, Andreas
de Tornequerenchis, Philipp
Vanni, Bruno

d) Sonstige Mercatores

(*Kaufleute*):

Alamanni, Alamannus und Donatus
Albertinus
Alidosii, Ligo
Amici, Stoldus
Arnulphi, Simonetus
Barralhi, Ademar und Franz
Bartholini, Bartholomeus
de Bartolo, Iakob
Belveer, Bernard
de Benedicto, Iakob
Binthi, Franz
Blanqui, Iakob und Nicolaus
Bossi, Anton
Boyssant, Hugo
de Brenis, Iohann
Bruni, Franz
Buffeti, Petrus
Carari, Hugo
de Caraygas, Gerald
de Caulhaco, Robert
Cibo, Babilonus
Clarini, Marcus
Clementis, Raymund
Cocho, Daniel
Crestonus Choem Iudeus
Dacra, Guillelm.
Dinis, Donatus
Donati, Lucas
de s. Donato, Guillelm.
de Feria, Anton
Ferucii, Nikolaus
Festa, Philipp
Fey, Iakob
Finamore, Wilhelm

Folherii, Raymund
de Folo, Iakob
Francisci, Benocius und Tancred
Frederigui, Matheus
Gardi, Martin
Gaufridi, Pontius
Gerardi, Nicolaus
Geti, Andreas
Guchii, Riccus
Guillelmus Damien.
Henrici, Bartholomeus
Imberti, Hugo
Landi, Aldebrand und Lappus
Lourier, Bertrand
de Luca, Carathonus
Malabaille, Anton
— Guido
— Guillelm.
— Hugo
— Iakob
Malatacha, Aldobrandinus
Malrepacis, Guillelm.
Manellus
de Marcaldo Peregrini, Albert
Marcelli, Laurenz
de Masino, Nikolaus
Mayresii, Iohann
de Mediolano, Niger
Melioris, Nikolaus
de Meolo, Bartholomeus
de Mesina, Petrus
Michaelis, Bartholomeus
— Franz
— Ligus
Michi, Iohann
Moiol, Iakob
de Monte, Iakob
de Montefalcone, Manellus
de Morchamp, Iohann
de Narbona, Petrus
Nicolai, Bartholomeus
Palacionis, Domenicus
— Iohann
Palma, Bernard
Pascus, Petrus
Peregrini, Peregrinus
Philippus Ultramarinus
Pinelli, Fabian
de Podio, Andreas und Sionellus
de Pontino, Radulph
de Porticu, Andreas

Ranuchii, Bonus
Robi, Clarus
Rosseti, Iohann
Rousini, Iakob
de Rosso, Naldus
de Sabazalgita, Bermund
Sarralherii, Raimund
de Sazo, Hugo
de Silvanecto, Raynald
Spiafamis, Bartholomeus
— Iohann
Spinelli, Bartholomeus
Stephani, Guillelm.
Sudrini, Nikolaus
Trebalhi, Guillelm.
de s. Valerio, Iohann
Vannis, Nikolaus
Vatellini, Bartholom.
Way, Michael
Verini, Nikolaus
Victini, Daniel
Vincentii, Bernard
— Iohann
— Raymund
Victuri, Daniel
de Vurretanis, Matheus
Zerii, Lapus
Müller:
de la Bastida, Iohann 1354

e) Campsores
(*Wechsler*):

Baralhi, Franz
Bernardini, Actomann
Christofori, Iohann
Grimaldi, Nicolaus
Mansini, Paul
Mantelini, Albussinus
Michaelis, Lego
Octalherii, Alfons
Tegrini, Symon
de Viterbo, Ticius

f) Corretarii
(*Makler*):

Dalsangles, Michael
Francesquini, Vanellus
de Sangues, Pascalis
Sancii, Donatinus

g) Mercatores pannorum
(*Tuchhändler*):

Alberti, Bernard
de Angulis, Poscalis
Bernardi, Pontius
Boverii, Franz
de Buron, Garinus
Clementis, Raymbaud
de Gorda, Ricavus
de Mortuo Campo, Iohann
de Ruviller, Andreas
Sarralherii, Raimund
de Severia, Bernard
Spinelli, Ricus

h) Getreidehändler:

Verdelli, Iohann
de Albis, Gerald
Almerici, Nicolinus
Ameoli, Laurenz
Amici, Raymund
Arquerii, Bernard
Astrug Iudeus
Audoardi, Guillelm.
de Banqueria, Petrus
Brigi, Landolus
Clavarii, Andreas
de Cuceyo, Bernard
de Dorchia, Iohann
Gay, Rostagnus
Garcini, Petrus
Gisberti, Petrus
de Gorda, Iakob
de Gresis, Iohann
Iohannis, Lallo
— Pontius
Laurentii, Peronetus
de Marcon, Guillelm.
Martini, Eycard
— Petrus
de Mediolano, Albert
— Niger
Molini, Ferrarius
Panetarie, Bernard
Pelliparii, Vincenz
Rafatani, Nikolaus
Riquerii, Iohann
de Rivo, Paul
Sabaterii, Raimund
la Serna, Petrus

de Salmeritis, Wilhelm
de Vaden, Petrus
Vasselini, Bartholom.
Velini, Guillelm.
Vergerii, Stephan
la Vileta, Iohann
Viridarii de s. Spirito, Stephan

i) Mercatores lignorum und mercat. carbonum
(Holz- und Kohlenhändler):

Argentini, Bidonus
de Balma, Imbert
Betdase, Hugoninus
de Bodri, Perrinus
Brunda, Petrus
Brueyra, Stephan
Chaber Buas de Verayo
Chambert, Raimund
de Claustra, Iohann
Dechesse, Guichardotus
Geppi, Andreas
Lamberti, Ruchus
Lambertesqui, Tuchus
Lapi, Aldebrand
Marcellus, Garinus
Navarra, Michael
de Pampelona, Martin
de Ponte, Petrus
Porchalli, Aynard
de Praellis, Iohann
Raymundi, Iakob
Ricardi, Bertrand
Romen, Hugo
de Stella, Arnulph
Suchi, Paulus
de Tiromonte, Rotbertus
de Vivariis, Peter

k) Ypothecarii, apothecarii
(Gewürzhändler):

Barralis, Ademar 1345—53
Bensivenis, Guccio 1341
de Cerdona (Cardona), Iaquetus 1342
— Perrinus 1342—51
Franziscus 1358
Gauterii, Bertrand 1338—42
Iohannes 1350
Lucas 1354

Meliorini, Agapitus 1361—62
Melioris, Iakob (Iaquetus) 1343—61
— Nikolaus 1358—60
de Novis, Bertrand 1347
Perrinus 1342—51 (vgl. de Cerdona)
Tinhacii, Hugolin 1336—42

l) Pergamenarii
(Pergamenthändler):

de Comportis, Albert
Iohannis, Marcus
Lagulhier, Hugo 1335—46
— Iohann 1347—52
Lemario, Robert
Rigaldi, Peter de Ruthena
de Stella, Silvetus Iudeus 1355 bis 61

IV. Handwerker und Gewerbetreibende.

a) Baubeamte und Bauhandwerker.

1. Baubeamte:

Guitbaudi, Raymund director edificiorum pape (1335—61)
Nogayroli, Bertrand, director operum pape (1361—) 788. 802
Piscis, Petrus magister operum 27 (1335) etc.
de Luppera, Iohann magister operum palacii pape († 1357)
Saturnini, Pontius provisor operum (1343)
Curti, Ludovicus custos operariorum
Olerii, Bernardus *desgl.*
Laurentii, Petrus procurator operis pontis Avin.
Roye, Petrus magister operis sepulture Clementis VI.
Poncius, provisor operum s. Saturnini

2. lapiscide, latomi (Steinmetzen und Bildhauer):

Alasandi, Iakob
de Albussone, Bernard
Aliberti, Siffredus
Alint, Walter
Altrandi, Altrandus
de Arida, Raimund
Anglici, Robert und Iohann

Audiberti, Petrus
Belpel, Iakob
Blandeti, Michael
Bordelli, Matheus
Boyssoti, Andrivetus
Bueti, Stephan
de Cameraco, Bernard
Calvarie, Bartholomeus
Capelerii, Bertrand
— Iohann
— Petrus
Chardoni, Iohann
Caseti, Petrus
Clari, Peter
Cortessoni, Iakob
de Cura, Matheus
— Stephan
Dalmatii, Gabriel
Damginus
Egidii, Anton
de Erna, Matheus
— Stephan
Escuderii, Arnald
Fesule, Petrus
Fabri, Lambert
de Folcano, Raymund
Folcoaudi, Peter
Forcade, Petrus
Gafuer, Bertrand
de Ganiaco, B.
Gaufridi, Petrus
Gorgonerii, Iakob
Grinart, Martin
Guioti, Pontius
Guinandi, Martin
Haronetus
Iaqueti, Guillelm.
Lavenir, Iohann
Lers, Sufred
de Lunello, Petrus
Lumbardi, Benedikt
de Luppera, Iohann
Malazant, Iohann
Malbec, Petrus
Mata, Iohann
Magistri, Iohann
Massarii, Iohann
de Melle, Petrus
Mercerii, Petrus
de Mota, Hugo
Mutonis, Iohann

Opequin, Radulf
de Orgone, Iohann Calmini
de Parisiis, Iohann
de Pere, Guillelm.
Perroti, Petrus
Picardi, Petrus
de Pinia, Petrus
de Podio, Bertrand
— Rostagnus
de Pormono, Salomon
Posterii, Iohann
Riquerii, Raimund
Raynberti, Laurenz
de Ronhas, Petrus
Rubei, Pontius
Ruffi, Moninetus
de Sabazaco, Petrus
Salvi, Wilhelm
Scatilli, Andrinetus
de Senholis, Guillelm.
Teulerii, Guillelm.
de Tornono, Petrus
Tourman, Iohann
de Troys, Martin
Vasconis, Iakob
Verani, Iakob
Vermelii, Pontius
Vial, Gualterius

Steinhändler und Fuhrwerks-
    besitzer:
Deyderii, Wilhelm

3. **Fregelarii, frigidarii, perrerii** (Keller-
    und Gewölbemaurer):
de Alesto, Andreas
Audaberti, Petrus
de Castilhono, Petrus
Carreti, Dionys
Chabaudi, Raimund
Coterii, Bertrand
Freserii, Bernard
Fabri, Iohann
Fabri, Lambert
Galafredi, Iohann
Grinardi, Martin
Guilhe, Durand
Lombardi, Benedikt
Pastorii, Iohann
Perroti, Petrus
Pomecii, Wilhelm
Salvi, Guillelm.

de Tholosa, Raimund
Vial, Gualterus
4. **Serratores und scisores lapidum** (Holz- und Steinsäger):
Alamanni, Aquiquinus
Bruni, Andreas
— Wilhelm
Burgundionis, Raimund
Charpinus
de Fonte, Guillelm.
— Iakob
Gavandoni, Petrus
Milhanus
Navaysani, Raimund
Pelliparii, Guillelm.
Ricardi, Iohann
5. **Calcernerii** (Kalkbrenner und Kalk- händler):
Anglice, Iohann
Biscarelli, Pontius
— Rostagnus
Burgundionis, Iakob
a Crisilhone, Raimund
Iordani, Pontius
Lamberti, Raymund
de Lamura, Iohann
Macellarii, Petrus
de Nouais, Albert
Prophete, Rostagnus
6. **Quadrigarii, carraterii, saumaterii** (Karrenführer, Maultiertreiber):
Argentarii, Stephan
Borgonhonus
de Chalenis, Ibland
Catalani, Guillelm.
Frostre, Petrus
de Guenis, Dyonis
Inardi, Raymund
Infermi, Theobald
Loisius, Iohann
de Lotharingia, Albert
de Mirabello, Raymund
Molini, Thomas
Rodortoyr, Iakob
de Tornone, Petrus
7. **Giperii** (Stukkateure):
de Arida, Raimund
Asser Iudeus
Ayme, Rostagnus
Bracii, Guillelm.
Bres, Guillelm.

de Brondis, Petrus
Dat, Iohann
Dominici, Franz
Girardini, Stephan
Iacobus Iudeus
Lers, Sufred
Polenti, Iohann
Richardarius
Riquerii, Iohann
Salomon Iudeus
8. **Fusterii** (Zimmerleute und Tischler):
Andree, Guillelm.
de s. Anna, Iohann
Berqui, Rostagnus
Boerii, Guillelm.
Boguyreti, Hugo
de Brayo, Iohann
Burgundionis, Gaufrid
Clemens
de Formariis, Gerald (carpentarius)
de Furno, Petrus
Galterii, Bertrand
— Petrus
de Massan, Guillelm.
Minardi, Stephan
de Mompis, Marcus
Pererii, Pontius
Pelherii, Petrus
Pelhisserii, Iohann
Picardi, Petrus
de Remis, Iohann
Roqueta, Galhard
Veranus
Viaudi, Guillelm.
9. **Coopertores** (Dachdecker):
Aurucii, Rostagnus
Bonelli, Anton
Masseles, Petrus
Posillaci, Roynald
Teulerii, Wilhelm
Veyrerii, Petrus
10. **Vitrerii** (Glaser):
Bosanso
de Cantinave, Christian
de Proys, Petrus
Sale, Iohann
de Someriis, Guillelm.
11. **Sarralherii et fabri** (Schlosser und Schmiede):
de Arelate, Petrus
de Bar, Petrus

Barnoini, Guillelm.
de Canaula, Bertrand
de Canavallis, Bertrand
de Catalauno, Iessinus
Chauleti, Petrus
lo Colier, Colinus
Danpini, Petrus
Dote, Iocominus
Laurencii, Petrus
Lanterii, Petrus und Iohann
de Leo, Henricus
de s. Paulo, Hugo
Ramanx
Rostagni, Guillelm.
de Salavernis, Wilhelm

12. **Pictores** (Maler) und Bildhauer:
de Alesio und Aretio, Bartholomeus
— — Riccus
Bertronus
Beltramus
Matheus
Boerii, Petrus
Boye, Petrus (magister tumbe)
Cabalitanus, Bisonus
de Castris, Petrus
Dalboni, Iohann
Davidis, Iohann Bildhauer
Escot, Bernard
de Florencia, Franz
— Nicolaus
Hopequin, Michael
Hugo
Iohannoti, Matheus de Viterbo
Luche, Iohann de Siena
de Lugduno, Symonetus
Moys, Iohann
Nobis
Rebaut, Petrus
de Romanis, Robin
Rosdoli, Petrus
lo Rey
Salvi, Vanellus
de Sanholis, Iohann Bildhauer
de Viterbio, Petrus

Farbenhändler:
Bolt, Colard Teutonicus
de Boslac, Heinrich Teutonicus
Flecherii, Guillelm.
de Lucha, Vanellus und Andreas
de Mediolano, Gabriel

Forchi, Iohann
Urs, Konrad Teutonicus

**b) Nahrungs-
und Kleidungshandwerker.**

1. **Hof-Bäcker** (pistores curie, pancosserii, furnerii Avin.):
Alberti, Laurenz
Amici, Bartholom.
Anglicus, Richard
de Aurelianis, Heinrich
Baltasar de Mediolano
de Banzeolis, Ambertinus
Becii, Paul
de Bindo, Franz
Biterrita, Iohann
Bouhons, Iohann
Britonis, Laurenz
la Calada, Iohann
de Carnaco, Stephan
Cerini, Iohann
Comitis, Albert
le Compte, Aubertin
de Crosilhon, Guilhotus
de Fabrica, Michael
Galterii, Iohann
Garcie, Iacominus
Geraldi, Raymund
de Insula, Martin
— Petrus Martini
Lamberti, Iohann
— Laurenz
de Landa, Franz
Lavernha, Bernard
Lobreti, Laurenz
de Lodio, Albergueto
de Lugduno, Perrinus
Malenutriti, Iohann
de Mediolano, Bintus, Dinotus, Franz, Petrus Dinoti
de Montilio Ademari, Michael
— — Stephan
de Nemauso, Guillelm.
de Novavilla, Colinus
de Novocastro, Lambert
Olerii, Iohann
de Peycheneyria, Guillelm.
de Placentia, Albertinus
— Folquellus
de Podiovilati, Colinus

— Guillelm.
— Iohann
— Palmerius
Porci, Andreas
— Gerardinus
— Petrus
Rusulonis, Guilhonus
Terrini, Iohann
Trofilhoni, Guillelm.
de Verduno, Petrus
2. **Metzger** (carnifices, macellarii, boucherii):
Abbatis, Iohann
Andreas
de Auc, Bertrand
Giraudi, P.
Labe, Iohann
de Vacquario, Iakob
Martini, Dalmatius **venator**
3. **Sartores, iuperii** (Schneider):
lo Burgonho, Iohann (sartor pape) 1362
Bernardi, Bertrand
Bertrandus (sartor pape) 1351
de Aquis, Maria
Dominici, Franz
de Florentia, Franz
Iohannis, Maria
Iurini, Iohann
Parisius
Robini, Guillelm.
Romanelli, Guillelm.
de Senlis und Silvaneto, Petrus
Soreta Iudea
de Tholosa, Iohann
Thomas factor sotularium pape
4. **Sabaterii** (Schuhmacher):
de Aquis, Raimund
Britonis, Guillelm.
Condamini, Iohann
de Lingonis, Iohann
de Lugduno, Guillelm.
de Narbona, N.
4. **Tonsor pannorum:**
de Barbarino, Marcellus
5. **Draperii:**
de Ast, Secundinus
de s. Basilio, Iohann
Bedocii, Iohann
Naldi, Lucas
Ricani, Rostagnus

Instandi, Iohann
de Vallefenaria, Iakob und Iohann
de Lugduno, Nikolaus brodarius
6. **Pelliparii** (Kürschner):
Bisi, Martin
Boni, Aimonetus
la Brossa, Guillelm.
Claverii, Aymericus und Geraldus
Cotelherii, Petrus
Goire, Gualterus
de s. Laurentio, Bertrand
Passini, Franz
Spinelli, Bartholomeus

e) Sonstige Gewerbe.

1. **Barbitonsores** (Bartscherer):
de Athorino, Iakob 1357
Bernardi, Petrus 1342—46
Garinus 1342—52
2. **Corderii** und **canabasserii** (Seiler):
de Bellicadro, Iakob
Corderii, Stephan
le Cordier, Andreas
de Sazo, Hugo
de Tarascone, Petrus
Thomas cordon. et cursor pape
3. **Payrolerii** (Kupferschmiede):
Alberti oder Auberti, Iohann
— — Stephan
Bellihominis, Iohann (factor campanarum)
Bonelli, Anton
Brossin, Guillelm.
Iuliani, Raimund
Radulphus (p. ac factor campanarum)
4. **Plumberii** (Bleigießer):
Barberii, Iakob
de Litore, Anton
de s. Marcello, Iohann
5. **Goldschmiede** (aurifabri):
Bartholini, Nerocius
Bellihominis, mag. Iohann
de Doy, Iohann
Iacobi, Manutius (Minuchius)
Iohannis, Andreas
Marcolandi
Mine, Iohann
Monuchii, Iohann
Pulchrihominis, Iohann s. Bellihominis

Seguini, Raymund
de Senis, Nerocius Bartholini
— Manutius Iacobi
— Marcolandi
6. **Ligatores librorum** (Buchbinder):
Burgundionis, Guillelm. 1352—58
de Cathena, Haymon Iudeus 1346
Danreus, Bartholom. 1355
de Tullo, Iohann 1336—38
de Veysone, Astruc Iudeus 1362
7. **Schreibwarenhändler:**
Berengarii, Petrus
Bermundi, Ferrarius
lo Breton, Guilhotus
Galterii, Bertrand
8. **Strohmatten-Verkäufer** (naterii):
de Avinione, Guillelm.

de Casalis, Iohann
de Claromonte, Hugo
de Glotonis, Petrus
Stephanus
9. **Hof-Hühnerhändler:**
s. Mathei, Angelus

d) Iüdische Kaufleute und Gewerbetreibende.

Crestonus Choem
Astrug Fruchthändler
Asser ⎫
Salomon ⎬ giperii
Iakob ⎭
Soreta Iudea sartrix
de Stella, Silvetus Pergamenthändler

C. Einige besonders bemerkenswerte Einzelheiten.

Alabaster 287. 308.
Archiv und Schatz der Päpste in Assisi 90.
Armenier im Papstpalast gefangen 114. 139.
Avignon, Zustände 818.
Bauunglück 115 (mehrere Personen schwer verletzt beim Palastbau)
Beamtenrevolte 817 f. vgl. 113
Bußdisziplin 485 (ein cursor exkommuniziert für 39 Tage)
Deutsche Farbenhändler (Maler) in Avignon 254. 278. 311. 379. Geschützkonstrukteure S. 750. Worte: „betsack" Bd. II 606. „Wache" = gache 728. Botschafter des Kaisers beim Papste, liest in der Weihnachtsmesse die 4. Lektion: 642. Verhandlungen Ludwigs des Bayern 58. 76; vgl. auch Croppikin, Johann
Ermordung von Rittern in Paris, im Hause des Herzogs der Normandie 697
Feldschäden bei der Papstreise vergütet 230
Fratizellen in Avignon 556
Gefangene aus dem Papstpalast heimlich entführt 113
Glasfenster in den einzelnen Räumen des Avignoneser Palastes 107. 309. 348. **432** farbige Fenster in der Kapelle 220
Glockenguß 251. Glockenuhr 244
Grabmal Klemens' VI. 451 f. Innoc. VI. 754. 802. 803
Griechischer Wein 28. 293 (von Morea und Creta). 367. gr. Unterricht an der Kurie 198
Hirschjagden 732
Konklave Klemens' VI. 216 ff.
Kreuzzug des Dauphin Humbert 263.
Krönungsfeierlichkeit Klemens' VI. 184 ff.
Kurs(Geld)depeschen von Barcelona nach Avignon 605
Magdalenenstatue Klemens' VI. 199
Papstpalast, Feuersbrunst 92 f. 114. 435; Glasfenster s. d.; Zimmeröfen 406. 429. Warmwasser-Heizung 249. 255. Skulpturen 245. Glockenuhr im Zimmer des Papstes 244. Kupferne Laterne des Papstes 244

Pest in Avignon 357 (1347), auch im J. 1361
Pferdeeinkäufe in Castilien 297
Pferdeheilige: St. Eligius 333. 479, St. Georg 783
Rhone-Überschwemmung in Avignon 206. 353
Rose, goldne 73. 76. 158. 349. 409. 642. wird verkauft 452
Rosenwasser aus Damaskus 471, aus Alexandrien 472
Sarazenen, gefangene vom König von Castilien dem Papste geschenkt 138. 139. 255. 260
Schmelzfarben 408
Söldnerbanden, französische unter dem Erzpriester von Vélines u. a. bedrohen Avignon 647. 681. 726. 751. 821
Straußen(vögel) dem Papste geschenkt 72
Tartaren-Mission der Minoriten 75—77 (524). 80. 114
Taxatoren der Häuser 228 f.
Teppiche und Gobelins, Gewebe aus Damaskus **370**. 400. 445. 468. 576. 613. 672
Pariser Gobelins mit Heiligen-Darstellungen 586
Goldne Tuche aus Cypern 372
Tiergarten in Avignon und Pont de Sorgues 15. 255. 257. 267. 332. canes monstrui 30. custos leonisse s. Bernardus de Casamonte
Türken foltern einen Ritter 612, werden besiegt und darüber große Feier in Avignon 263
Turniere, gefährliche vom Papste verboten 230, vgl. auch m. *Deutsche Ritter* II S. 203
de Visione Dei questio 22
Wappenmaler 72
Warmwasserheizung im Palast 249. 255
Wäsche (Linnen usw.) des Palastes regelmäßig 318 Anm. 1
Zimmeröfen im Palast 406. 429
Zolleinnehmer, sehr zahlreiche an der Rhone 583

BX 1950 .A97 1914

Die ausgaben der
Apostolischen kammer unter